# 国医大师传承录

## ·第二辑·

国家中医药管理局　**组织编写**

余艳红　于文明　**主　编**

秦怀金　　　**副 主 编**

全国百佳图书出版单位

**中国中医药出版社**

·北 京·

**图书在版编目（CIP）数据**

国医大师传承录 . 第二辑 / 国家中医药管理局组织
编写；余艳红，于文明主编 . —北京：中国中医药出
版社，2023.11
ISBN 978-7-5132-8358-8

Ⅰ . ①国… Ⅱ . ①国… ②余… ③于… Ⅲ . ①中医师
—列传—中国—现代②中医临床—经验—中国—现代
Ⅳ . ① K826.2 ② R249.7

中国国家版本馆 CIP 数据核字（2023）第 163932 号

---

**中国中医药出版社出版**

北京经济技术开发区科创十三街 31 号院二区 8 号楼
邮政编码 100176
传真 010-64405721
山东临沂新华印刷物流集团有限责任公司印刷
各地新华书店经销

开本 787×1092 1/16 印张 55.75 彩插 1 字数 1075 千字
2023 年 11 月第 1 版 2023 年 11 月第 1 次印刷
书号 ISBN 978 - 7 - 5132 - 8358 - 8

定价 298.00 元
网址 www.cptcm.com

服 务 热 线 010-64405510
购 书 热 线 010-89535836
维 权 打 假 010-64405753

微信服务号 zgzyycbs
微商城网址 https://kdt.im/LIdUGr
官 方 微 博 http://e.weibo.com/cptcm
天猫旗舰店网址 https://zgzyycbs.tmall.com

如有印装质量问题请与本社出版部联系（010-64405510）
版权专有 侵权必究

# 专家指导委员会

# 丛书编写委员会

主　　编　余艳红　于文明

副 主 编　秦怀金

执行主编　卢国慧　陆建伟　宋春生

编　　委　(按姓氏笔画排序)

丁　樱　王　烈　王　琦　王　鹏　王世民

王永钧　王自立　王庆国　王晞星　王新陆

韦贵康　巴·吉格木德　石学敏　占　堆

卢　芳　包金山　皮持衡　邢　超　吕景山

朱南孙　伍炳彩　刘志明　刘尚义　刘祖贻

刘敏如　刘嘉湘　许润三　孙申田　孙光荣

严世芸　李文瑞　李佃贵　李辅仁　杨　震

杨春波　肖承悰　吴咸中　何成瑶　余瀛鳌

邹燕琴　沈宝藩　张　磊　张大宁　张伯礼

张学文　张静生　陈可冀　陈令轩　陈民藩

陈彤云　陈绍宏　林　毅　林天东　旺　堆

金世元　周仲瑛　周岱翰　南　征　段亚亭

施　杞　涂晋文　姚希贤　夏桂成　柴嵩岩

晁恩祥　徐经世　翁维良　唐祖宣　黄瑾明

梅国强　葛琳仪　韩明向　雷忠义　廖品正

熊继柏　颜正华　潘敏求　禤国维　薛伯寿

# 编写办公室

**主　任**　宋春生

**副主任**　李秀明　王秋华

**成　员**（按姓氏笔画排序）

于　潇　马　勤　马晓峰　王　爽　王　琳

王　琨　王利广　王秋华　毛心勇　孔令青

龙大锋　田少霞　包艳燕　吕　梁　朱　江

华中健　伊丽萦　邬宁茜　刘观涛　刘聪敏

农　艳　孙鲁森　李　昆　李艳玲　李梦缘

肖晓琳　肖培新　沈承玲　宋　佳　张　晨

张　燕　张双强　张伏震　张建美　尚　洁

罗海鹰　单宝枝　房润丞　赵　桐　耿雪岩

钱　月　徐　珊　高　欣　郭　瑨　彭立婷

程佳丽　鄢　洁

**秘　书**　王　爽

# 前　言

习近平总书记强调，中医药学包含着中华民族几千年的健康养生理念及其实践经验，是中华文明的瑰宝，凝聚着中国人民和中华民族的博大智慧。

中医药学是中华民族的原创医学，在几千年的发展进程中，兼容并蓄、创新开放，形成了独特的生命观、健康观、疾病观、防治观，实现了自然科学和人文科学的融合与统一。一部中医药学的发展史就是一部名医大家大师传承精华、守正创新的奋斗史。岐黄问答千古流芳奠中医之根基，医圣张仲景著《伤寒》而创辨证论治之法则，药王孙思邈集《千金方》显大医之精诚，李时珍二十七载写就皇皇巨著《本草纲目》，叶天士创卫气营血辨证论温病……每一座中医药发展的高峰，无不是各个时期的中医药人才在传承创新中铸就的。可以说，历代先贤大家的学术经验、医德医风是中医药学留给我们的宝贵财富的重要组成部分。

党中央、国务院历来高度重视中医药工作，新中国成立以来，特别是党的十八大以来，以习近平同志为核心的党中央把促进中医药传承、创新、发展作为新时代中国特色社会主义事业的重要内容和实现中华民族伟大复兴的大事之一，做出一系列战略部署，推动中医药事业取得历史性成就，发生全局性变化，引领中医药振兴发展迎来天时、地利、人和的大好时机。正是有习近平总书记关于中医药工作的重要论述的科学指引，有以习近平同志为核心的党中央的坚强领导，古老的中医药才在新时代焕发出更加旺盛的生机与活力。这些都凝聚着广大中医药工作者特别是老专家、老教授的心血与汗水。

自2009年以来，人力资源和社会保障部、卫生部和国家中医药管理局开展了"国医大师"评选表彰工作，至今已表彰了四届国医大师共120人。他们长期在中医药临床、科研、教学第一线辛勤工作，心系岐黄、服务人民，不少老先生、老专家耄耋之年仍坚守岗位、孜孜以求、启迪后学，树立了大医精诚、仁心仁术的楷模。

学习宣传国医大师的成长之路、先进事迹、学术思想和医德医风，就是要在全系统大力弘扬大医精诚，激励全系统广大中医药工作者要像国医大师那样坚守岐黄，像国医大师那样践行初心，共同谱写新时代中医药传承、创新、发展的新篇章。

2022年1月，国家中医药管理局启动了《国医大师传承录》编写工作。2022年3月17日，《国医大师传承录》专家论证会在北京召开，就编写方案、结构框架、组织方式等问题进行深入研讨。参会的专家代表等充分肯定了本丛书编撰的重要性、必要性和迫切性。会后，国家中医药管理局综合司向全国120位国医大师工作室发出组稿函。2022年11月至2023年2月，中国中医药出版社组织中医专家、出版专家对来稿进行了审读。2023年3月17日，召开了《国医大师传承录》编审专家会，与会专家进一步就书稿提出修改意见。该丛书的编写工作始终在国家中医药管理局的组织下推进，党组成员、副局长秦怀金多次组织进行研究，提出指导意见和工作要求。历时一年，该丛书终于即将付梓。

本丛书共分四辑，按照国医大师评选届次分册，每个分册按照姓氏笔画排序。分别从成长经历、成才经验、学术精华、临证遣方用药、大医情怀、师徒传承等方面，多维度、多视角展现120位国医大师为医为人之路，客观、真实、全面反映其学术成就、临证特色、文化学养、师徒授受等内容。翻开这套丛书，国医大师传承精华、守正创新的行动跃然纸上，医者仁心、悬壶济世的情怀令人感动，我们从中能感受到博采众长、兼容并蓄的胸怀，触摸到中医药人才成长的规律，汲取到矢志岐黄、接续奋斗的动力。

在本丛书编写过程中，各地中医药主管部门、120位国医大师及其工作室给予了大力支持与帮助，特别是在很多大师已经仙逝，现存文字内容有所缺失的情况下，抢救性地挖掘整理出部分未曾面世的珍贵资料。在此，向所有编写者致以衷心感谢和崇高敬意。医路漫漫，其修远兮。希望本丛书的出版，能够为后学有所启迪和指引。

丛书编委会
2023年6月

# 总目录

陈可冀／**517**

金世元／**547**

郑　新／**575**

尚德俊／**601**

洪广祥／**635**

段富津／**667**

徐经世／**697**

郭诚杰／**729**

唐祖宣／**755**

夏桂成／**785**

晁恩祥／**819**

禤国维／**839**

# 目 录

# 干祖望

干祖望（1912—2015），上海金山人，中国农工民主党成员。南京中医药大学终身教授、主任中医师。从医80年，1956出版了全国第一部《中医耳鼻咽喉科学》，1972年在江苏省中医院建立了全国第一家"中医耳鼻咽喉科"，该科室目前是国家中医药管理局中医耳鼻喉科重点专科的组长单位。1987年主持成立中华中医药学会耳鼻喉科分会，历任主任委员、名誉主任委员。首届全国名中医，首批全国继承老中医药专家学术经验指导老师。享受国务院政府特殊津贴。2014年被授予第二届"国医大师"称号。

干祖望建立了"干氏中医耳鼻喉科理论体系"，并为全国同行所认同，在临床被广泛推广应用，其包括：①"五诊"学说。②耳鼻喉科脾胃学说。③嗓音学说。提出喉有五属，声带属肝的理论。④"中介证"学说。⑤温阳法、清肺法治疗过敏性鼻炎。⑥耳聋治肺，鼻塞治心。⑦泻离填坎、伐震润兑。心、肾、肝、肺，分别与"八卦"的离、坎、震、兑相对应。清心火、补肾水、平肝阳、润肺燥，即泻离、填坎、伐震、润兑法，治疗耳鼻喉科疾病。⑧提出黏膜病证"十辨"：辨色泽、疼痛、肿胀、肿块、斑点、溃烂、假膜、痒、脓血、气味。⑨创"喉源性咳嗽"和"多涕症"两个新病种。

国医大师 传承录·第二辑

# 一、学医之路

干祖望祖居上海浦南金山，祖父是清末的秀才，1916年，其带了4岁的孙子来到当时有名的"南社四子"（柳亚子、邵力子、姚石子、姚蓬子）之一的姚石子的家塾就读。笃信"书中自有黄金屋"的祖父，期待自己的孙子在这里走上成名成家之路。姚家是赫赫有名的望族，姚氏家塾对幼小的干祖望进行了超前、超量的灌输，13岁时，干祖望就读完四书、五经、离骚、史记、唐宋八大家以及六朝的骈体文。1949年出版的《当代医家传略》曾用8个字赞誉他："焚膏继晷，其术益精。"在姚氏家塾读了13年，干祖望17岁时开始学医，拜浙江省嘉善县西塘镇名医钟道生为师。钟道生出身贫寒，自幼丧父，靠母亲辛勤劳动抚养到15岁，被送进苏州沐泰山堂药店当学徒。那时，苏南名医（孟河医派）的马培之正好到沐泰山堂来坐堂行医，马培之见钟道生人虽小，但十分机灵，也勤奋好学，又能吃得苦，便欣然将他收为关门徒弟。所以干祖望应是马培之的徒孙，其从业后显示出深厚的外科基础与此有关。在钟家4年，干祖望眼勤、手勤、脑子勤。每天老师开诊，他都是一边捧墨侍诊，抄录医案；一边用心观察，仔细揣摩，因而很受钟道生老先生的赏识，几年下来，他尽得师传。1933年，干祖望21岁，即在金山挂牌行医。20世纪的三四十年代，社会的卫生防疫工作很差，每年都有"疫喉"流行，浦南一带的老百姓中常常有一些"急喉风"（急性喉梗阻）病情发生，患者咽喉肿痛，甚至呼吸困难，生命危在旦夕。干祖望以娴熟的擎拿技术，配合中药内服、外治，挽救了许多危重患者的生命。1946年，34岁的干祖望乔迁松江，经钟道生之子的推荐，给当地一米业巨商治疗晚期"直肠癌"，而名声大振，因此，他在金山、松江两地医界很有威信。

1953年，干祖望来到北京，在中央机关直属第二医院进修耳鼻咽喉科，学习西医学理论，包括耳鼻咽喉的解剖、生理、病理知识，诊断疾病和检验疗效的检查手段及手术操作，希望"西为中用"，将中医耳鼻咽喉科的理论需要与这些西医知识结合，对今后开办一个新的、名副其实的现代中医耳鼻咽喉科充满了信心，为后来提出五诊学说奠定了基础。

结业回松江以后，干祖望又在联合诊所里诊治了许多病人，逐步积累了一些耳鼻咽喉科的临床经验。此时，他开始在总结经验的基础上，探索中医耳鼻咽喉科学的理论，开始撰写我国第一部《中医耳鼻咽喉科学》。

## 二、成才之道

干祖望自幼就学于"南社"诗人姚石子。受老师熏陶，在古典文学方面打下了良好的基础，垂髫之年，即能诗善文，以后更是常以诵诗作赋、舞墨飞笔为快事。这些爱好除了陶冶情操、调节精神以外，对他在医学上的研究也有很大帮助。他常说，为医不读书，临证难免陷入捉襟见肘的窘境。博学才能多识。读中医书，不可局限于医书，有许多医学知识散在于文学、历史、地理等各种书籍中，因为古代文人中大有许多通晓医道者在。所以读书犹采蜜，能穿梭于百花丛中者则收获愈丰。有些书籍，虽名不见经传，亦有采撷价值。像儒、释、道三教杂著，浏览一番，不无益处。自古以来，中医不断吸收了多种学科的营养。例如，淋巴结肿大之"癭"字，出于《玉篇》；喉疾声嘶而声带休息之护理，最早见于《汉书·昌邑贺王传》；"五轮"一辞，从《楞严经》（佛教书）引进；"水失金生"一语，为《医道还元》（道教书）阐明。《进学解》说"玉扎丹砂，赤箭青芝，牛溲马勃，败鼓之皮，俱收并蓄，待用无遗，医师之良也"，这是很有道理的。所以《儒门事亲》邵辅中亦说："医家奥旨，非儒（即读书人）不能明。"

学识的广博和专一是相辅相成的。干祖望是中医学者，他博览群书，目的是发掘和整理医学的珍宝，提高医学水平。他平时注意在大量的百科书籍以及报纸、杂志、广播、电视等媒介中采集各种信息，遇到有价值的内容，他就取一纸片，记录下来，夹到某一类书中。例如：他翻阅佛教书，发现古天竺吠陀"净身"学说与金元名医张从正"汗吐下"学说有密切联系，就继续选择一些书籍作深入研究，论证了这一古代的"中西医结合"理论。又如，他在《山海经》中找出了许多有关五官科药物的记载，在《苏沈良方》中发现了治疗鼻衄的方法，在《梦溪笔谈》中找到了古代"人工喉"的记载等。至于取用百家之说对某一学术问题博引旁征，更是屡见不鲜。

干祖望认为，学习中医理论，要粗浅读通并不难，但是要精通某些深奥的精微理论，则需要认真思考，思考才能真正理解。不加思考、食而不化的读书方法，古人称"死读书、读死书、读书死"，诚不虚语。而"头悬梁，锥刺股"，苦读精神可敬可佩，倘不能消化吸收，纵有满腹经纶，却是泥古不化、教条主义，则于医学事业何益哉？他提出：学习中医有一个"懂→通→精→化→神"的过程。普通的中医工作者对中医理论应该做到"懂""通"，争取达到"精"。高层次的人员应该在此基础上提高一步，达到"化"和"神"的境界。所谓"化"，即生，造化。艺术达到精妙之境为"化境"。神，《辞源》说："神者，变化之极，妙万物而为言，不可形诘者也；神通广大，变化多端。"要达到这样的境界，除了要具备聪明的智慧以外，知识积累和勤奋思考是必不可少的。

读书要有追根寻底的精神。善于观察事物，去粗取精，去伪存真，是科学地分析事物的方法。干祖望读书，不主张钻牛角尖，但对有些东西也常常花很多工夫追究其所以然。例如，金代刘河间在《素问病机气宜保命集》中提到"耳聋治肺"，这是一种十分独特的观点。按照常理，肾开窍于耳，耳聋应责之于肾，所以刘氏理论不为一般人所理解。干祖望研究发现，刘氏理论是从《难经·四十难》中"肺主声"的观点引申而来的。到清代，又有王孟英在《温热经纬》中提出"肺经之结穴在耳中，名曰茏葱，专主乎听"。结合临床实践，类似咽鼓管急性阻塞或卡他性中耳炎所致的耳聋，往往伴有鼻塞、流涕、咳嗽等肺经症状，可以用三拗汤之类方药，治以疏风宣肺通窍，取得良好效果。

# 三、学术之精

干祖望提倡学术争鸣。他对中医的理论有着深刻的理解，结合临床实际，提出了许多关于耳鼻咽喉科疾病诊断和治疗方面的理论，在多年的临床实践中，独树一帜，形成独特的辨证和用药特点。

## （一）遵循古训，推陈出新

### 1. 在三因学说的基础上提出"中介"理论

他认为中医五官科疾病的病因也大致在内因、外因和不内外因"三因"范畴。然而，事物总是在不断地运动和变化之中，疾病亦不例外。例如：寒邪袭表，可致表寒证；寒邪入里化热，可致里热证；寒邪直中脏腑，可致里寒证。这些病证的原始病因都是寒邪，但证候表现是不同的，因此治疗方法也必然不同。由此可见，"三因"学说只是对病因的静态分析，而对于从病因到病证和治疗的动态分析就难免有其不足。又如：外感六淫，风邪可以产生风证，治以疏风；寒邪可以产生寒证，治以祛寒……内伤七情则不能根据病邪去治疗，也就是说没有治"喜"治"悲"的方药，而必须根据七情所伤的脏腑去辨证治疗。例如：喜伤心者须养心安神，怒伤肝者须平肝潜阳等。因此可以说，"三因"学说在从病因到病证、治疗的一统性上也是不够完美的。基于这些原因，他提出了"中介证"学说。

"中介证"理论对于人体脏腑的影响程度进行分类。具体地说，是把外感六淫侵犯人体而直接致病者列为一级中介证；把内外七情致病的证候、六淫致病后转化而生的证候（例如风化燥、寒化热）以及继发致病因素（痰饮、瘀血）等致病者列为二级中介证；把病情重笃、患者处于弥留之际的证候（例如毒入心包、亡阴、亡阳等）列为三级中介证。

这种分类，强调动态分析和从病因病机到治法遣方用药的一统性。治疗时，对于一级中介证，治疗以祛邪为主；对于二级中介证，治疗以燮理脏腑功能为主；对于三级中介证，亟须抢救，做全身性治疗，防止"阴阳离决"。以鼻炎为例，鼻涕量多清稀，若为新病，系外感风寒所致，属一级中介证，治疗当疏风散寒，选麻黄、桂枝之类；若为久病，虽属寒证，但兼见阳虚不温之象，属二级中介证，治宜温肾散寒，用肾气丸之类。又如急性喉阻塞，见呼吸浅促，面唇青紫，额汗如珠，四肢厥冷，濒临窒息，此具备三级中介证指标，不管它是内因、外因，还是不内外因所致，以迅速解除呼吸困难为急务，宜采用全身治疗，以救急为第一要务。

**2. 在四诊的基础上提出"查诊"的理论**

他认为耳鼻咽喉科临诊中，除了用传统的"望、闻、问、切"四诊以外，还应该运用查诊，因耳、鼻、咽、喉均属空窍，较为隐蔽，难以直视，通过一些专科检查方法，能够更清晰地了解患处的具体情况，再结合四诊，用中医的观点进行分析、辨证，则更加准确。例如声音嘶哑的疾病，自古以来认为"金实不鸣，金破不鸣"，就是说中医认为肺在五行中属金，肺金像敲钟的"钟"那样，只有完好并且中间空旷，才能发出良好的声音。如果肺脏受了风邪，邪气壅塞肺脏，声音就不能响亮；如果肺脏虚损，就好比金钟破碎，声音也会嘶哑。"金实不鸣，金破不鸣"八个字的确概括了声音嘶哑的主要病因病理，但是随着科学的发展，我们在中医耳鼻咽喉科中引进了西医学的喉镜检查方法，发现声带肥厚、声带小结、声带息肉等疾患用治肺的方法效果并不理想。干祖望根据多年的临床经验，结合中医理论提出，对于这些有局部形态明显变化的病变，应采用活血化瘀、化痰散结的方法治疗。又如鼓膜穿孔、鼻甲肥大、中隔偏曲、喉癌、鼻咽癌等，都可以通过查诊来明确诊断。他所有的临床医案均有检查部分，充分体现了他的继承和创新精神。

**3. 在八纲的基础上创"十纲"学说**

干祖望从多年临床实践中体会到，八纲（阴、阳、表、里、寒、热、虚、实八类证候）学说并不完美。首先，阴阳二纲既是八纲中的总纲，则不应与其他六纲并列，否则形同虚设，也不符合逻辑。其次，在辨证时明确标本和体用十分重要，故提出"十纲辨证"的学说，即阴、阳、表、里、寒、热、虚、实、标、本、体、用。

标、本在中医学中含义很广泛，有代表主次、本末、轻重、缓急等多种意义。治病需分标本，这是早在《内经》中就明确了的。除了《素问·标本病传论》和《灵枢·病本》是专论标本的篇章外，还有许多论述散见于各篇。这些论述对临床辨证施治很有指导意义。例如《素问·标本病传论》中"小大不利治其标，小大利治其本"，体现了"急则治标，缓则治本"的思想，是在复杂证情中掌握主次先后的准则之一。

体、用属哲学范畴，指本体和作用。这里作为辨证纲领，是取人体器官和功能的意思。本体器官是功能产生的基础，功能作用是生命器官的表现。两者既相互对立，又相互依存，即如《素问·六微旨大论》所说："器者，生化之宇，器散则分之，生化息矣。"一般而言，器质病变和功能病变是不可决然分开的。但是人体各部位的疾病，都有轻重的不同，因此就分别以"功能性疾病"和"器质性疾病"来表示人体器官病变的量变和质变的不同。器质性病变即"体病"证候，功能性病变即"用病"证候，这就是体用两纲的含义。在耳鼻咽喉口腔科，辨别体用具有重要的临床意义。例如，声音嘶哑，如果只是嗓音疲劳，或是短期的声带充血和水肿，属于"用"的病证，癔病性失音也属于"用"的病证，在这些情况下，内服中药是较佳的方案。如果检查发现有声带息肉之类有形的赘生物，则属于"体"的病证，一般手术摘除效果优于服药；当然，查出属"体"的病证，不一定依赖手术，例如基底广泛的声带息肉、声带肥厚、室带肥厚、慢性肥厚性鼻炎、鼻息肉等，坚持中药治疗，也能奏效。

**4. 在《内经》的启发下创"仿内经"**

干祖望自幼熟谙《内经》，更善于发挥运用。他根据《素问·宣明五气》中"五气所病……肾为欠为嚏"的理论，悟出了温阳补肾治疗过敏性鼻炎的方法。他认为肾阳乃卫阳之根，肾阳不足，则脾肺失其温煦，卫气生化之源不足，宣发之职失司，以致清窍不温，阴霾笼罩，而见喷嚏频频、清涕无制、鼻黏膜苍白等症，用金匮肾气丸治之，俾肾阳充沛，脾肺得温，卫阳宣发而诸症得已。又如《素问·阴阳类论》指出："咽喉干燥，病在土脾。"干祖望将此理论加以发挥，提出了用补中益气汤、参苓白术散等益气升清、健脾利湿的方药，治疗脾虚型慢性咽炎、慢性喉炎，收到很好的效果。他曾编撰"仿内经"，其中论述喉之生理说："喉有五属：无形之气者，心为音声之主，肺为音声之门，脾为音声之本，肾为音声之根。有形之质者，声带属肝，得肺气之橐籥而能震颤；室带属脾，得气血之濡养而能活跃；会厌、披裂属于阳明，环杓关节隶乎肝肾。"也就是说，肺主呼吸与发音，发音依赖于声门的震动；脾为中气之本，肺气的强大依靠脾气的支持；肾为气之根，若肺脾之气不能下达丹田则气短无力；心为气之主，语言的表达全仗心之神明。声带色白，收缩有力，与筋膜相似，而肝主筋，同类相似；室带为肌肉组织，帮助声带活动，而脾主肌肉，有赖于脾之后天之本的濡养；会厌位于咽喉交界之处，引阳明水谷以入胃，当隶属阳明胃经；关节是骨间联系，依赖筋膜而活动，当属肝肾，是肝主筋、肾主骨也。

"音调属足厥阴，凭高低以衡肝气之刚怯；音量属于太阴，别大小以权肺之强弱；音色属足少阴，察润枯以测肾之盛衰；音域或属足太阴，析宽窄以蠡脾之盈亏。肝刚、肺强、肾盛、脾盈，则丹田之气沛然而金鸣高亢矣。"足厥阴肝主魂，肝气刚强则发音高亢；手太阴肺主气，肺气强盛则音量洪亮；足少阴肾主水，肾精匮乏则发音干涩失润；足太阴脾为后天之本，脾气不足则发音无力；故从声音的高低、音量的大小、音色的圆润、音域的宽阔可以帮助辨别脏腑之虚弱，从而指导治疗，证之于临床，这些观点很有指导意义。

**5. 多涕症和喉源性咳嗽是干祖望新制定的两个新病种**

（1）多涕症：常见于儿童和体弱的老人，临床表现为鼻涕量多无制，擤之难尽。在小儿，鼻涕为黄浊，偶见白色；在老人，则均为清稀，且常常在进餐时，涕量骤增，流出鼻腔。小儿多见实证，治宜清泄肺热，可用泻白散合苍耳子散，常用药如桑白皮、地骨皮、苍耳子、辛夷、薄荷、甘草等；老人多为脾肾阳虚证，可用缩泉丸。缩泉丸原是用于治疗脾肾阳虚而致遗尿的。干祖望认为，肾主水液，无论是遗尿还是多涕，其原因都是脾肾阳虚，肾气不能控制水液的正常运行，治疗原则应该相同，所以用乌药、山药、益智仁等组方以温补脾肾，均能取得好的效果。

（2）喉源性咳嗽：其特点是咳嗽因于咽喉作痒，咽喉中疑似有痰，患者竭力想把痰咳出来，却总是剧烈干咳，无法咳出痰来。常常是一天之中有几次阵发性的发作，患者咳得面色通红，颈爆青筋，十分难受。检查肺、气管、咽喉，除了轻度充血以外，并没有大的病变。干祖望提出了喉源性咳嗽的新病名，制定了用疏风宣肺、清心泻火、养阴润燥、滋阴降火、活血化瘀等治疗方法。

## （二）临床辨证，病症相兼

### 1. 在临诊中强调整体观念和辨证论治

干祖望通过五诊了解病因、病史，分析疾病的病位、病机，通过十纲辨证指导立法选方用药。除综合辨证外，他对具体症状亦有独特的辨证经验。如耳鸣辨证，有哄鸣音，且音调高、音量大，拒绝外来噪声（即听到外来噪声而心烦讨厌或鸣声更响）者为实证；鸣声低微，音量较小，能接受外来噪声（对外来频率相似的噪声不拒绝或可以掩盖鸣声）者为虚证。耳聋初起，伴有耳闭者，为肺气不宣或痰浊上蒙；伴心烦失眠者，为心火上炎；伴口苦，血压波动者，属肝阳上亢；久聋常见气滞血瘀；疲劳后加重者，属气血不足；眩晕站立时加重，平卧时缓解者，属气血不足，清阳不升，反之则为肝阳上扰。鼻塞呈交替性，活动后能缓解者，为气虚；持续性鼻塞，活动后不能缓解者，属血瘀证；鼻涕清稀者，常为虚寒所致，但肺热亦可出现清涕，属"金遇火甚可化为水"；清涕如水，遇冷、遇热即自淋者，多为肾虚不固，需结合鼻黏膜色泽及体征来判断。咽部淋巴滤泡散在性增生，病在肺肾，属阴虚；淋巴滤泡团块样增生（数个滤泡融合在一起），病在脾土，为气虚。中鼻道有脓涕潴积者，为鼻渊，多为胆移热于脑；下鼻道积有浊涕者，属鼻窒，属肺热证。若声带肥厚、室带肥厚、声带息肉、小结呈苍白色暗者，多为血瘀夹痰；嫩泽淡白如水泡样者，多为痰湿夹瘀。口干不择饮者为血瘀，口干择温饮者为阳气虚，口干择冷饮者属胃热；咽痒呛咳者多属风邪束肺，咽痒灼痛，午后加重者属相火上炎；脑纹舌如遇咸、酸刺激而疼痛者属阴虚，无反应者为生理性。脓液热臭者属火，腥臭者属湿，无味质稀者属虚。

**2. 耳鼻咽喉口腔疾病大部分为黏膜的病变，将其辨证归纳为 10 个主要方面**

（1）辨色泽：正常的黏膜色红而润泽。深红而鲜艳，是属热证；色淡无华，属寒属虚；暗红、紫红，属于血瘀之证。辨颜色要注意光线，日光和灯光不同，强光和弱光也有差异。如果经验不足，可以观察黏膜颜色与患者的口唇相比较，一般患者无重病时，口唇的颜色能反映其黏膜的正常颜色，因此可以用来比色。

（2）辨疼痛：疼痛重者，实证为多；疼痛轻者，虚实夹杂。耳中疼痛，多属肝火；齿根疼痛，得温热（如热敷、红外线照射等）而减轻者属寒，疼痛伴烧灼感者属热。

（3）辨肿胀：肿胀有虚实，实证肿胀为局限性，病程短；虚证肿胀呈弥漫性，病程较长。肿胀兼见疼痛者，多属实证。肿处按之无痛，属虚证。

（4）辨肿块：肿块是指黏膜内或黏膜下有可以触及的包块。肿块之辨，关键在于其软硬及出血与否。良性肿块大多较软，触之不易出血，例如痰包（囊肿）之类。恶性肿块大多较硬，触之易于出血，且伴有疼痛、溃疡、张口困难、口眼㖞斜等症状。另有《口齿类要》所述"茧唇"一证："唇肿起，白皮皱裂，如蚕茧。"即慢性剥脱性唇炎。此形似下唇肿块，实则不然，是属痂块，由风邪入络，气血不行，久而成瘀致病。

（5）辨斑点：斑点在黏膜，大多应引起重视，尤其是口腔黏膜。白斑、红斑均易发生恶性变。白斑患处红白相兼，而红色区深于他处者，属热；白斑局部兼以糜烂，多因湿浊上蒸；线条状的斑点出现在颊部等处，亦多属于湿热。白斑处黏膜角化，甚则有韧硬感者，属瘀血之证。

（6）辨溃烂：辨黏膜溃烂，要注意发病部位、病程及黏膜的颜色。

部位：溃烂在于舌，以心火上炎或心脾积热为主，有时尚须细分舌上部位。如唇、颊、腭、龈，新病多属胃火，久病则多脾虚。溃烂在喉部及鼻咽部，必须引起高度警惕，因此两处是癌性溃疡好发部位。

病程：新病溃烂，多属火热之证；久病溃烂，多属脾虚而湿浊、湿热上蒸。溃烂日久不愈，应注意是否为恶性肿瘤。

颜色：溃烂色黄属热；色白或灰属虚、属寒。溃处周围充血，属热；溃处周围色淡，属寒。

（7）辨假膜：假膜是指黏膜溃烂处上覆白腐物，形如白膜者而言，又称伪膜、义膜。对此，首先要辨清楚是否为假膜。若以棉球、棉签轻拭即去，黏膜无出血，拭去以后亦不再复生者，则为浮腐物而非假膜。假膜一般色白，高出黏膜，轻拭不易除去，重拭后方能拭下，暴露一出血面，但不久又能再生。假膜常见于白喉与口糜（口腔白色念珠菌病）。前者假膜坚韧，不易捣碎，更难拭除，部位以咽喉为主，有时蔓延到口腔或气管，其病因属外感疫毒；后者假膜质松而厚，似凝乳、雪片，部位在口唇、腭、颊，或在口底，多见于小儿，其病因以湿热上蒸为主。此外，有少数咽喉、口唇的疾患亦可出现黄色或灰白色假膜，应与其他症状、体征综合辨证。

（8）辨痒：黏膜病证常常出现痒的症状，尤其是鼻腔和咽喉最为多见。从病因分，初病多因风邪，久痒则多因于相火；从部位分，在鼻腔或齿龈作痒多因于风邪，在咽喉作痒，则风邪与相火两种病因均较常见。

（9）辨脓血：一般而言，脓之生成，为邪正交争产物。无邪不作脓，正虚亦不能成脓，故化脓性病变多为实证。但亦有邪毒未去、正气已虚之证，即所谓"散固不能，成亦不易"之境，则须扶正托毒。辨脓方法：脓黄而稠，速成速溃，是为实证，多因阳明热盛，兼染火毒而致；脓白而稀，难成难愈是为虚实夹杂，多因肺胃不足，虚火上炎而致。黏膜出血，鼻腔最多，齿龈次之。辨出血要辨色、质、量，其中量之多寡最有意义。虽言色红质稠为实，色淡质稀为虚，但血色总是红赤，混夹涕水唾液则又难分其稀稠。唯出血量可以明辨，量多势急或夹杂脓血，是因胃火燔灼，血热妄行之故；出血量少势缓，点滴而渗，是属虚火上炎或气不摄血之证。病程较长者，要注意有可能兼夹瘀血。

（10）辨气味：人之口中，均有一定的气味。正常情况下，自己不能闻到，亦不为他人所感觉。口鼻咽喉病变，或是有全身性的疾病，常使气味加重，人称"口臭"。对于气味，详审细辨，又可分为数种。气味呈枯焦臭者，为肝火内炽，或心脾积热；如臭鸭蛋气味者，多属胃热；似鱼腥臭者，为血虚，或血虚有热；类同肮脏抹桌布气味者，属脾虚湿浊相兼；近于尸体腐烂气味者，多见于恶性、坏死性病变，例如走马牙疳（坏死性龈口炎）、鼻咽癌等。

**干祖望总结了三字经便于记忆：**

疼痛：风上腾，见表证；红而肿，热毒盛；肝阳升，痛必甚；虚象疼，轻而钝。

瘙痒：皮肤痒，风和湿；多嚏痒，过敏质；喉久痒，相火炙。

肿胀：红肿热，白肿痰，漫肿气，久肿衰。

流脓：虚或寒，清且白，黄和稠，热毒迫。

充血：深红热，淡红寒。久病晦，似猪肝；新病艳，如染丹。

出血：血离经，分虚实。热迫营，涌出急；脾失统，缓渗滴。

积液：积液生，是痰浊。清白稀，因寒作；黄而稠，热与毒。

## （三）博采众方，继承创新

### 1. 临床上灵活运用经方治疗耳鼻喉科疾病

徐灵胎《医学源流论》指出，欲用古方，必先审病者所患之症，悉与古方前所陈列之症皆合，更检方中所用之药无一不与所现之症相合，然后施用，否则必须加减，无可加减，则另择一方。干祖望在临床上灵活运用经方治疗耳鼻喉科疾病。如用麻黄汤、桂枝汤、真武汤、小青龙汤治疗肺气虚寒或脾肾阳虚型过敏性鼻炎，见鼻黏膜苍白，鼻涕清稀量多，或伴有哮喘遇寒而发作加重者，轻症属肺气虚寒，卫表不固，可用麻黄汤、桂枝汤调和营卫、温肺而宣通鼻窍；兼见畏寒、肢冷，小便清长，动则喘息者属脾肾阳虚，可用真武汤、小青龙汤温补脾肾，止嚏敛涕；用小建中汤、黄芪建中汤治疗慢性鼻炎；麻黄杏仁甘草石膏汤治疗急性喉炎；泽泻汤治疗梅尼埃病；五苓散、防己黄芪汤治疗非化脓性中耳炎；独参汤、四逆汤、黄土汤治疗鼻出血；猪肤汤治疗慢性咽炎；半夏厚朴汤、甘小大枣汤治疗梅核气；桂枝茯苓丸治疗声带息肉；百合地黄汤治疗干燥性鼻炎、萎缩性咽炎；甘草泻心汤治疗口疮等，都在临床上收到了良好的效果。另外，运用古方名方，如三拗汤、二陈汤治疗分泌性中耳炎，龙胆泻肝汤治疗化脓性中耳炎、鼻窦炎，七星剑汤治疗耳、鼻疖肿，六味地黄汤治疗慢性咽炎等，也在临床广泛运用。

### 2. 在临床上善于创新

干祖望在临床上善于创新，如用于治疗耳鸣、耳聋的"冲击疗法""泻离填坎法"，治疗过敏性鼻炎的"脱敏汤""截敏汤"，治疗慢性咽炎的"健脾益气法""轻清轻养法"等。针对咽鼓管阻塞、气压变化而致航空性中耳炎，他创制经验方"升清流气饮"（药物组成：升麻 3g，柴胡 3g，黄芪 10g，青皮 6g，木香 3g，乌药 6g，川芎 3g，蔓荆子 6g，菖蒲 3g），是根据《疮疡经验全书》中 20 首"流气饮"，结合航空性中耳炎有气闭、气滞的特点化裁而成的。过敏性鼻炎患者鼻黏膜色红，并有口干、舌红、苔黄等热象表现，这种证候被干祖望称为肺热证。治疗此证，他创制了一个专门的方剂，名为"脱敏汤"，其组成为茜草、紫草、墨旱莲、徐长卿、蝉蜕。临床应用时还可配伍桑白皮、黄芩、枇杷叶等。他灵活运用先贤经验于临床，如"鼻塞治心""耳聋治肺"等，并触类旁通，以古方归脾汤新裁，改用五味子、酸枣仁、山药、当归、龙眼肉组成五味合剂，治疗眩晕症，在临床取得很好的效果。

### 3. 提出耳鼻咽喉科的"脾胃学说"

干祖望认为，虽然五官的归经属脏不同，例如肾开窍于耳、肺开窍于鼻、心开窍于舌等，但这些器官都位于人体头面部，都属于"空清之窍"，有赖于人体清阳之气上升而营养之，才能发挥正常功能，这就是《素问·阴阳应象大论》所说的"清阳出上窍"。脾胃为气血生化之源，脾主升，胃主降。清阳上升，浊阴下降，须依赖脾胃之运化功能。李东垣提出"饮食入胃，先行阳道，而阳气升浮也。浮者，阳气散满皮毛；升者，充塞头顶，则九窍通利也""脾胃内伤，百病由生"。干祖望认为这些理论对五官科临床很有指导意义，健脾补土、益气升阳之法是五官科的重要治疗法则。临床上对于耳鼻咽喉科疾病患者，脾气虚弱，稍一劳累即发作或加重，病变局部肿胀、色淡，分泌物清稀，伴有面色㿠白、头晕、语声无力，食少，大便溏薄、肢倦乏力，舌质淡胖，脉细弱等，即可采用此法，选方以补中益气汤或四君子汤、六君子汤为主。像慢性咽炎，以前医生只知用养阴的方法来解决患者的咽喉干燥，不知有些患者咽部干燥是由于脾气不足，津液不能上承而造成的，对于这些患者，用凉性的养阴药只会加重病情，必须用健脾益气的方法才有效。又如慢性鼻炎，不能仅用温阳来缓解鼻塞不通，还需考虑脾虚不足，清阳不升，应加用益气升清通窍之品；慢性中耳炎耳内潮湿、分泌物清稀等，亦应采用健脾化湿法治疗。

### 4. 痰之为病，在耳鼻咽喉科颇为常见

干祖望对痰证的治疗尤有心得，积数十年经验，制订了治痰九法。他认为痰的含义并不限于咽喉、气管的分泌物，广而言之，体内一切败津腐液皆属于痰，还有一部分有形的结块、无形的经络阻滞亦可责之于痰。9种方法如下：

（1）蠲风痰：风痰即风邪侵犯之后产生之痰。风有内风和外风之别，中风之类属于前者，耳鼻咽喉科所见风痰证以后者为多，如《医学入门》所谓："风痰，外感贼邪。"此类风痰证病程较短。常见于喉痹、喉风、喉喑等疾病，症状有痰质清稀，或伴发热、恶风，往往还有咳嗽等肺经症状。此法选用加味六味汤，常用药如荆芥、防风、僵蚕、薄荷、桔梗、陈皮、紫菀、杏仁、枇杷叶等。

（2）温寒痰：寒痰常见于喉痹、喉喑。症状有咯痰清稀，色白或灰。治疗寒痰要用温法，取《医宗必读》的理中化痰汤加减。常用药如干姜、半夏、白术、茯苓、苏子、高良姜、小茴香等。

（3）清热痰：《医学入门》认为，"热痰，因厚味积热或外感邪热所致"。热痰在耳鼻咽喉科疾病中殊为多见，尤其是咽喉疾病，如急性咽炎、急性扁桃体炎等。症状有咽喉痰多，色黄而稠，或有咽痛，黏膜深红，甚至化脓。干祖望认为，"火为痰之本，痰是火之标"，欲治热痰，清火为先。选用清气化痰丸之类。常用药如浙贝母、竹茹、天竺黄、胆南星、枳壳、黛蛤散、黄芩、山慈菇等。

（4）润燥痰：燥痰一证，诸科少见，喉科独多。燥痰之生，关键在于虚火上炎，肺津不足。症状特点：咽喉有痰却难咯出，或咯出少量黏丝样痰，常作"吭、喀"清嗓；检查患者的咽部，可见其黏膜干燥，甚或萎缩。治疗燥痰，确非易举：化痰不可香燥，生津又戒寒凉。对此，干祖望教授取用《罗氏会约医镜》的清燥汤加减。常用药如川贝母、瓜蒌仁、沙参、麦冬、百合、天花粉、青果、桔梗、竹茹等。除了上述药物以外，尚可取梨汁或萝卜汁作为食疗，效果也很好。

（5）理湿痰：湿痰亦常见。凡耳鼻咽喉的分泌物黏稠、量多者均可从湿痰论治，如耳闭、鼻息肉、鼻渊、口糜，也可视为湿痰证候特点：分泌物黏稠、量多、色白或灰，头重昏蒙，胸闷泛恶，口中黏腻，或有甘味，舌苔白腻。选用二陈汤及其类方。常用药如半夏、陈皮、佛手、枳壳、茯苓、前胡、白芥子等。

（6）攻顽痰：顽痰在耳鼻咽喉多种疾病都可见到，较典型的是一种慢性喉病——室带长期肥厚。干祖望认为，这类疾患往往在舌苔脉象均无明显变化，但局部病变属久不能化之痰，必用攻法。方选礞石滚痰丸，配伍消痰散瘀之品。常用药如礞石、沉香、大黄、海藻、海浮石、海蛤粉、鳖甲、穿山甲等。

（7）消结痰：所谓结痰，指痰浊结聚而成有形之物者，在耳鼻咽喉科有会厌溪囊肿、咽部潴积性囊肿、声带息肉、声带小结、室带肥厚等。症状表现因结痰所在的部位不同而各异，临床上主要根据局部检查而确诊。方选四海软坚汤。常用药如海藻、海螵蛸、海浮石、昆布、山慈菇等。

（8）健脾制痰：《医宗必读》认为，"脾为生痰之源……治痰不理脾胃，非其治也"。痰证日久兼见脾虚不运的表现，如食少、胸脘痞闷、便溏、四肢乏力等，应健脾制痰。方选六君子汤。常用药如人参（党参）、白术、茯苓、半夏、陈皮、佛手、香橼、金沸草等。

（9）益肾制痰：《医贯》对此法论述最详，认为"肾虚不能制水，则水不归源。如水逆行，洪水泛滥而为痰"。肾虚生痰有两种情况：一是肾阳虚，无火；二是肾阴虚，有火。肾虚无火者取金匮肾气丸，阴虚火动者用六味地黄丸。不过，干祖望教授认为，此证属无火者多，抓住分泌物清稀、量多无制这一关键，用温补肾阳法常常奏效。常用药如制附子、肉桂、熟地、山萸肉、茯苓、益智仁、菟丝子、补骨脂等。

## （四）专科治法，独成体系

### 1.攻法

攻是"击""伐"的意思，泛指一般以药物祛邪的方法。包括：

（1）祛邪解表

其一，辛温解表：治疗外感风寒所致病证，临床用得不很多。代表方如荆败毒散、六味汤。

其二，辛凉解表：很常用。代表方有银翘散、桑菊饮。

其三，表里双解：既有恶寒、发热等表证，又有腹痛、便秘等里实证，用此法。代表方如清咽利膈汤。

（2）通腑攻下

其一，润下：用于慢性疾病，肺阴不足，大肠液亏。代表方如麻仁丸、五仁汤。

其二，峻下：用于局部红肿热痛，便秘，口渴狂饮，烦躁不安，血白细胞总数明显升高，中性粒细胞亦明显升高者。代表方如大承气汤之类。此法用之恰当，可以达到"一剂知，二剂已"的效果。

（3）祛寒温中：此法用于脾阳不振，寒邪外袭而致咽痛、下利等症。代表方如半夏桂枝汤。

（4）清热解毒：以药性分，有甘寒解毒和苦寒解毒；以经络分，有肝胆系热证和非肝胆系热证。

其一，甘寒解毒：药性平缓，解毒力弱，但对夹有表邪者、津亏者、体虚者，不会产生强烈的副作用。一般用在急性炎症的初期或化脓性炎症的恢复期，代表方如五味消毒饮、竹叶石膏汤。甘寒解毒剂还有滋阴生津和退蒸除烦作用。前者药如石膏、芦根、天花粉、生地、玉竹、玄参等；后者药如竹叶、青蒿、鳖甲、龟甲、丹皮、地骨皮、人中黄等。

其二，苦寒解毒：以大苦大寒的药物为主组方，寒凉直折火毒，主要用于各种急性炎症，见发热、口渴、烦躁、尿黄者，代表方如黄连解毒汤、三黄凉膈散。因苦能生燥，故阴虚津亏者慎用，又因气血遇寒而凝，故气血不足者亦不宜用此法。

清肝胆系热与非肝胆系热，这是干祖望教授的一种较为特殊的分类方法。一般而言，邪热在肝胆系者比非肝胆系者为复杂。凡是以下证候、病位见火热证，宜用清肝胆系热法：耳部的感染性疾病，鼻窦炎脓涕黄绿，声带炎症充血，舌边严重蚀烂。这是因为：肝胆经脉附于耳；胆移热于脑而致辛颊鼻渊；声带属筋，肝主筋；舌从部位分，舌尖属心，中央属脾胃，舌根属肾，两边属肝胆。耳鼻咽喉口腔的其他炎症，一般属非肝胆系热。清肝胆系热，代表方如龙胆泻肝汤、柴胡清肝汤；清非肝胆系热，用甘寒或苦寒解毒法。对此，以后还将专门介绍。

（5）利湿化浊

其一，芳香化浊：代表方如藿香正气散、升阳散火汤，或自拟的化浊升清汤。

其二，淡渗利湿：药力较缓，但不伤津液，对老人、体弱、久病者用之，无戕伤正气之流弊。代表方如八正散。有些慢性咽、喉炎患者，本属阴虚而标有湿热，要求利湿而不伤阴，养津而不助湿，可选用甘露饮。

其三，清热利湿：代表方如二妙丸、萆薢渗湿汤。

其四，醒脾燥湿：代表方如五苓散。

其五，健脾利湿：代表方如六君子汤、异功散及参苓白术散。

（6）消痰：所谓痰，除指呼吸道分泌的病理产物外，还泛指机体内一切积潴在器官组织中的败津腐液。有些是可以看到的黏液物质，有些则在体表看不到液体而仅在临床症状、体征上有所表现，如"痰浊上蒙"而致眩晕，"痰气相凝"而致咽喉异物感，还有"痰浊积聚"而致鼻息肉、声带小结等。

（7）清脏腑火

其一，清心火：多用于治疗耳鸣、舌炎、口疮。代表方如导赤散。

其二，清肝火：肝胆系热指外感而得者，肝火指内伤而生者，外感邪热可以引动肝火，故肝胆系热与肝火既有区别又有联系，两者的治法相似，代表方如龙胆泻肝汤、当归龙荟丸。

其三，清肺火：鼻、喉的炎症常由肺火所致。代表方如加味泻白散。

其四，清胃火：口齿肿痛、化脓、鼻衄势急量多，是典型的胃火证。代表方如白虎汤。

其五，制相火：代表方如育阴煎。可加入龙骨、牡蛎、石决明、珍珠母之类潜阳药物。

### 2. 和法

和即调和脏腑阴阳气血津液。治病方法，邪实者宜攻，正虚者宜补，既无外邪又非纯虚而脏腑功能紊乱者，可用和法。包括：

（1）调和气机

其一，疏肝气：代表方如逍遥散。

其二，潜肝阳：代表方如知柏地黄汤、天麻钩藤饮。常可加入龙骨、牡蛎、石决明、珍珠母等。

其三，平胃气：代表方如旋覆代赭汤。

其四，开六郁：六郁即气郁、血郁、湿郁、火郁、食郁、痰郁之总称，主要见于梅核气。代表方如越鞠丸。

其五，缓脏躁：用于幻听、幻嗅、梅核气、癔病性失音等病症。代表方如甘麦大枣汤。

（2）升发清阳：代表方如补中益气汤。升发清阳的主要药物在升麻、柴胡、葛根三味，羌活亦可。《成方切用》中有"升麻升阳明清气""柴胡升少阳清气""葛根以发阳明之火，羌活以发太阳之火"，指出了四味药的区别。

（3）宣通开窍：开窍有两种含义，一是指治疗神志昏迷、错乱者，二是指祛除蒙蔽七窍之邪。这里是指后者，亦即治疗《素问·四气调神大论》所谓的"邪害空窍"。开窍用菖蒲、路路通、漏芦、马兜铃、蝉蜕等药，在各种方剂中加入一两味，有"引子药"的作用。

（4）治营理血：

其一，止血：血热妄行者，用茜根散、犀角地黄汤；脾不统血者，用养血归脾汤。轻症用成药十灰丸。

其二，化瘀：代表方如通窍活血汤、会厌逐瘀汤、桂枝茯苓丸等。

其三，破结：主要用于喉室带长期肥厚，声音嘶哑者。代表方如三甲散、加减三甲散。

其四，补血：见补法。

（5）利气散结：代表方如木香流气饮。

（6）酸涩收敛：用于清涕不敛或慢性出血。代表方如乌梅收敛汤。

### 3. 补法

（1）补气血

其一，补血：多用于梅尼埃病、耳鸣、耳聋等。代表方如四物汤。

其二，补气：代表方如益气聪明汤。

其三，气血双补：代表方如八珍汤。兼阳虚者，用十全大补汤。

（2）补肺

其一，补肺：用于萎缩性的鼻炎、喉炎为多。代表方如补肺阿胶汤。

其二，养阴补肺：代表方如养阴清肺汤或增液汤。

其三，肺肾双补：代表方如百合固金汤。

（3）补肾

其一，壮肾阳：常用于过敏性鼻炎及某些复发性口疮。代表方如金匮肾气丸、右归饮。

其二，补肾阳：代表方如六味地黄丸、大补阴丸。

其三，滋阴潜阳：代表方如滋肾清肝饮。

（4）补心

其一，益智补心：代表方如柏子养心丸、天王补心丹。主要用于心气、心阴不足所致耳聋。

其二，心肾双补用于心肾不交证。代表方如心肾交补丸。

（5）补脾

其一，醒脾：代表方如健脾丸。

其二，补脾：代表方如四君子汤、六君子汤。

其三，培土生金：在补脾方中适当加入养肺胃阴津的药物，如麦冬、石斛、玉竹等。

（6）养津

其一，益脾生津：代表方如沙参麦冬汤。

其二，补肾生津：即补肾阴法。

**4. 抢法**

在耳鼻咽喉口腔病的严重阶段，见高热、神昏、呼吸困难等症时，须用抢救法。

（1）劫痰解窒：用于急性喉阻塞，见呼吸困难，痰声如锯，三凹征及其他缺氧表现时。代表方如雄黄解毒丸，同时配合探吐、烟熏、擎拿等方法。

（2）解毒护心：用于鼻疔出现疔疮走黄（并发海绵窦栓塞）、黄耳伤寒（化脓性中耳炎颅内并发症）等。代表方如犀角地黄汤、紫雪丹、安宫牛黄丸等。

（3）回阳固脱：用于严重的鼻衄或外伤失血过多而虚脱者。代表方如独参汤、参附汤、附子理中汤。其中人参一味，须用一支重量30g以上的优质红参，不可用白糖参，更不可用党参代替。

# 四、专病之治

## （一）耳鸣耳聋

耳鸣是指病人自觉耳内鸣响的听觉紊乱现象，可见于多种耳病及全身性疾病，可以分为两大类——主观性耳鸣和客观性耳鸣。客观性耳鸣包括血管性、肌源性、气流性等，主观性耳鸣是中医辨证施治的主要内容。耳聋是指不同程度的听力减退，轻者听力减退，重者全然不闻外声。耳聋有许多种分类方法，与辨证治疗关系密切的是传导性聋、感音神经性聋、混合性聋分类法。干祖望将耳鸣耳聋分为9种类型进行辨证治疗。

### 1. 六淫外感

发病较急，大多在流行性感冒、腮腺炎、带状疱疹等急性传染病后发生，听力明显下降，伴有耳鸣，鸣声轰轰如潮水声，耳内有闷胀及阻塞感，似有棉花塞耳般感觉。检查鼓膜正常或稍有下陷，咽鼓管多阻塞。测听显示传导性聋为多。根据全身症状及舌苔、脉象，可以分析病因为风寒、风热或湿邪等，治法以祛邪为主。属风寒外感者，宜辛温解表，用香苏饮，或荆防败毒散。此法在夏季用之宜慎，防止辛散过度，汗出过多而戕伤正气。属风热外感者，宜辛凉解表，用桑菊饮或银翘散。属湿浊外感者，宜化浊利湿，用八正散、五苓散；在暑季患者多属暑湿外感，宜解暑化湿，参用藿香正气散，或重用六一散。典型处方：滑石、青蒿、扁豆、薏苡仁、车前子、茯苓、泽泻、大腹皮、藿香、佩兰各 10g，甘草 3g，西瓜翠衣 1 团。无论何种外感致聋，均可加入菖蒲 3～5g，路路通 10g，以助"通窍"作用。

### 2. 痰浊上蒙

发病有急有缓。除听力下降外，必伴有耳内阻塞感及胀满感。耳鸣持续不休，音量大而音调较低。头脑昏重，或胀，或有钝痛，胸脘痞闷。检查鼓膜混浊，病程长者混浊更明显。听力检查多呈混合性聋，舌苔滑润厚腻，脉濡。治宜燥湿化痰，方选二陈汤，可加入天竺黄、胆南星、白芥子、菖蒲等；若有痰火相兼，则选用清气化痰丸，加入竹茹、黛蛤散、浙贝母等。

### 3. 肝胆火旺

发病迅速，常在短时间内完全失听，多伴耳鸣，高亢刺耳，如闻汽车、飞机声，烦躁不安，时有阵发性加剧。此型患者往往感觉耳鸣比耳聋症状更难受。伴有头脑胀痛，昏晕目眩，口苦、面赤，两胁作痛。检查鼓膜完整，不充血。少数人在乳突区有压痛。测听多见感觉神经性聋。测量血压往往升高。舌红、苔薄白或薄黄，脉弦有力。治宜清肝泻火，可用龙胆泻肝汤或栀子清肝汤。若兼有腰膝酸软、舌红少苔、脉细数等，是属肝肾阴虚，相火上炎。宜少用或不用龙胆草之类苦寒之品，而选用杞菊地黄汤加夏枯草、苦丁茶等，或选用丹栀逍遥散。

### 4. 心火内炽

发病亦急。耳鸣耳聋均较明显，在情绪波动或受惊恐之后加剧，有时耳内有疼痛感，伴心悸、怔忡，或心中烧灼感，或常发作口疮、面赤、失眠、多梦、小便色黄。检查鼓膜多无异常，少数患者可有轻度充血。测听多见感觉神经性聋。舌尖红，苔薄少，脉数。治宜清心火，轻则选用导赤散，重则选用泻心汤。兼存腰膝酸软、头晕目眩者，为肾阴不足、心肾不交。治宜泻离填坎，即泻心火、补肾水，方选两归汤。典型处方：①重在清心火者，用黄连 1.5～5g，山栀子 10g，黄柏 3～10g，生地 10g，木通 1.5～5g，竹叶 10g，灯心草 3 扎，茅根 10g，菖蒲 3g；②重在补肾水者，用生地 10g，麦冬 10g，墨旱莲 10g，女贞子 10g，山药 10g，覆盆子 10g，菟丝子 10g，木通 1.5g，竹叶 10g，灯心草 3 扎，菖蒲 3g。一般要坚持服药 10～20剂，再根据病情变化用药。若因耳鸣而致失眠较重者，可配合安神剂，方选天王补心丹或朱砂安神丸。

### 5. 瘀滞清窍

活血化瘀法治疗耳鸣耳聋，是近来研究较多的课题。适用于此法者，主要有两种类型：其一为爆震性耳聋，发病于听到强烈声响或耳部乃至头部受击震之后，出现严重的耳聋及较强的耳鸣。鼓膜可有破裂、出血，也有完整者。其二为渐渐发生的耳鸣耳聋，患者难以说清起病时日。检查鼓膜无异常。这两种类型一般都不伴有全身症状，也不一定在舌苔、脉象上有所反映，只是少数患者舌上可见有紫气。治宜活血通窍，方选通窍活血汤。因其主药麝香一味不易获得，因此，也可以用三甲散加减，药如归尾、红花、桃仁、丹皮、赤芍、炮山甲、炙鳖甲、地鳖虫、川芎等。

**6. 肾阳不足**

此证见耳聋渐发，耳鸣音量较大，音调较低。伴形寒肢冷，面色㿠白，夜尿频多，容易感冒等。老年性聋属肾阳虚者更多。治宜温阳益肾，选附桂八味丸或右归饮，亦可用肉苁蓉丸。运用此法要注意两点：①方药温燥，在患者舌质偏红或感冒发热时不宜使用；②患者病程已长者，不易求得速效，因此既要做好长期服药准备，又要经常观察病情变化。

**7. 肾虚精脱**

此证临床最多。病程亦长，听力丧失程度不一。耳鸣声细，如闻蝉噪。外界噪声大时，耳鸣消失。这一点与实证耳鸣相反，后者在外界有噪声时，耳鸣更甚。可伴有头晕、健忘、颧红、五心烦热，或有遗精、白淫等。检查鼓膜不充血，少数患者鼓膜轻度萎缩。测听多见感觉神经性聋。治宜滋阴益肾，方选耳聋左慈丸或磁朱丸。典型处方：熟地、山萸肉、山药、丹皮、茯苓、泽泻、菟丝子、覆盆子、五味子、黑芝麻各10g，磁石30～50g（先煎）。眩晕甚者，加白蒺藜、钩藤各10g，失眠、盗汗加龟甲、酸枣仁各10g。

**8. 中气不足**

听力逐渐减退，耳鸣呈低音调，音量亦低，在疲劳及饥饿时明显。四肢倦怠，食欲减退，脘腹作胀，大便溏薄。检查鼓膜见混浊、内陷。测听以混合性聋为多见。舌质淡胖，或边有齿印，苔薄腻，脉细弱。此型患者亦较多见。治宜健脾益气升阳，方选益气聪明汤或补中益气汤。另外，四君子汤及参苓白术散也可以应用，但应配伍升提中气的药物，如升麻3～6g，葛根10g，柴胡3～6g。三味药中，可以用1～2味，亦可3味都用。这可视为一种"冲击疗法"，鼓动清阳之气上升于耳窍，以通窍助聪，偃息耳鸣。蔓荆子6g，菖蒲3g具有引药上行的作用，也可以配伍作为药引，有助于宣通耳窍。不过患者血压若偏高，升提药物须慎用。

**9. 荣血虚损**

起病缓慢，耳鸣耳聋时轻时重，但大多耳鸣呈高音调，音量亦较大。耳聋程度一般较轻。伴有头晕、眼花，手足麻木，女子行经量少、愆期或经闭等症。鼓膜一般无明显变化。听力检查多为感觉神经性聋，听力损失较轻。舌淡，苔白，脉细。治宜养营补血，方选四物汤或归脾汤。

以上9型不能截然分开，临床上往往兼证比较多。例如，治疗气血不足所致耳聋，典型方剂为党参 10g，黄芪 10g，葛根 10g，白术 6g，山药 10g，当归 10g，酸枣仁 10g，制首乌 10g，五味子 10g，菖蒲 3g。治疗脾虚夹痰湿者，典型方剂如山药 10g，白术 6g，扁豆 10g，佛手 5g，橘叶 10g，柴胡 3g，当归 10g，白芍 10g，苦丁茶 30g，菊花 10g。

## （二）过敏性鼻炎

过敏性鼻炎又称变态反应性鼻炎，为机体对某些物质敏感性增高而出现的以鼻腔黏膜病变为主的特殊病变。临床上分为常年性（持续性）和季节性（间歇性）两种。其症状表现为阵发性鼻塞，继之连续喷嚏，少则几个多则几十个，很快出现鼻腔阻塞不通，流出大量清水样鼻涕，不能控制，嗅觉暂时性迟钝或丧失。局部检查：双侧下鼻甲肥大水肿，鼻黏膜大多苍白，或充血，或暗红，鼻腔内有较多水样或稀薄黏性鼻涕，分泌物涂片检查，可见嗜酸性粒细胞增多。

中医称本病为鼽涕或鼻鼽。干祖望将本病主要分肺寒、肺热、气虚、阳虚 4 型，治疗亦分为以下 4 种：

### 1. 肺气虚寒

本型大多发作于冬春季节或季节交换时际，遇寒、遇风便发，亦多发作于早晨起床之际，鼻痒多嚏，涕多而清稀如水，检查见鼻黏膜苍白水肿，舌苔薄白，脉细。治宜温肺祛寒。方选温肺止流丹、桂枝汤等。药如党参 10g，桂枝 6g，白芍 10g，甘草 3g，大枣 3 枚，蝉蜕 3g，徐长卿 10g，细辛 3g，白芷 6g，荜茇 10g，荜澄茄 10g。

### 2. 肺经郁热

本型多发于夏秋季节，常因接触煤气、油烟、香烟、热气等而发作，对寒冷、冷风等刺激反不敏感，见鼻痒狂嚏不止，涕色呈淡黄色，易于衄血，鼻黏膜充血干燥，舌苔薄黄，脉弦数有力。治宜清肺泄热。方选清肺脱敏汤。药用桑白皮 10g，黄芩 5g，山栀 10g，马兜铃 10g 以清肺泄热，紫草 10g、茜草 10g、墨旱莲 10g 以凉血脱敏。鼻衄者，加生地 10g，丹皮 6g，侧柏叶 10g；涕多色黄者，加鱼腥草 10g。

### 3. 肺卫虚弱，清阳不升

症见喷嚏频频发作，但每次嚏数不多，清涕较多，鼻塞严重而持久，鼻黏膜淡红或苍白，舌苔薄白，舌质淡胖，脉细，平时易于感冒。治宜补肺固卫，益气升阳。方选玉屏风散合补中益气汤。典型处方如黄芪 10g，白术 10g，防风 6g，党参 10g，茯苓 10g，山药 10g，五味子 10g，乌梅 10g，蝉蜕 3g，甘草 3g，柴胡 3g。

### 4. 肾阳不足

本型病程较长，冬季发作严重，伴有畏寒、神疲、腰酸膝冷、四肢不温、小便清而频，大便溏薄，发作时鼻涕如清水，量奇多，鼻黏膜苍白无华，舌质淡，脉沉细。治宜补肾温阳。方选附桂八味汤或右归饮。药如附片 5g，肉桂 3g，白芷 6g，细辛 3g，菟丝子 10g，山药 10g，熟地 10g，诃子肉 10g，辛夷 10g，甘草 3g。亦可加入蝉蜕、徐长卿以助脱敏，清涕多而不敛者可加用缩泉丸，药如益智仁 10g，乌药 10g，山药 10g。临床上常遇到十分顽固的过敏性鼻炎，屡治无效，干祖望仿效铃医取截法，方取截敏蜜梅汤，用药乌梅 12g，防风 12g，柴胡 12g，五味子 12g，甘草 8g。浓煎，分 2 次进服，每次药中加入蜂蜜 15～30g。用于久治不效的顽固性过敏性鼻炎或血管运动性鼻炎。

## （三）慢性咽炎

慢性咽炎为咽喉病中最常见的多发病，主要为咽黏膜慢性炎症，并多伴有咽淋巴组织的炎症。本病多见于成人，常为急性咽炎转为慢性所致。如嗜好烟、酒及刺激性食物，常在刺激性气体或多尘环境中生活及上呼吸道慢性炎症等，均可诱发。本病的主要表现为咽喉干燥疼痛，或有烧灼感，夜间或多言后更为严重，有时咽痒致咳，难以控制，在饮水后可缓解，咽部有异物感或觉有黏痰附丽而清嗓频频。检查见咽后壁呈慢性充血，色淡红或暗红，黏膜干燥少津，小血管暴露、扩张网布，淋巴滤泡颗粒样突起或相互融合呈团块样。

中医历来认为肺肾阴虚，虚火上炎为本病的主要病因。因劳伤损气，肺怯金亏，咽喉失于滋养，或肾虚火旺，燥津灼液，无以上濡咽喉所致。干祖望则认为，脾虚难化精微，津液难以上承咽喉，亦是本病的重要病理之一，这与现代环境变化、精神压力、饮食习惯有很大的关系，甚至认为临床上十有七八者属于脾土虚弱证。他指出：因咽需液养，喉赖津濡，而脾主运化，为精微生化之根本。若脾气虚弱，运化失常，精微生化无源，则无以上承咽喉，咽喉干枯失润则病。所以《素问·阴阳类论》指出：喉咽干燥，病在土脾。

除了有咽干、咽痛、灼热、咽痒、咯痰不爽、异物感等症状外，在临床中干祖望还总结出其他常见的几个症状可以帮助诊断：①胸闷：患者可以清楚地主诉。在胸前及两膺，有闷塞感觉，叹息之后可宽畅片刻。他认为之所以然者，宗气来源于脾，积于胸中，其病当然如此。②双侧颈部有牵掣感：尤以晨起最为明显，严重者甚至误以为是落枕。干祖望认为：津血同源，共荣同辱，津枯者血也虚，血虚难以荣经，经（筋）脉失养而致拘急不舒。③咽部反射感：晨起漱口刷牙，即引起恶心呕吐，检查咽部时，压舌板尚未触及舌体，即可泛恶。他认为是脾气一损，则胃气上逆所致。④偶有耳鸣，听力障碍，也有耳中憋气作闷者：干祖望则认为这即李东垣所谓，胃（脾之里）气一虚，耳、目、口俱为之病。

所以，干祖望对本病的治疗，亦重在脾土，常用补脾培土生金法。因咽喉属清窍，其位在上，故可参用升麻、葛根、柴胡等升清利咽，但诸药有升压作用，故有高血压者应少用或慎用。咽痒有虚实之分，如咽痒急性发作伴有外感，多为风热所致，治拟清疏，用药如荆芥、薄荷；久病咽痒呛咳，伴有咽干思饮，多为阴虚火旺，虚火上炎，治拟滋阴降火，药如知母、黄柏；介于两者之间，往往见于风热所致的咽喉病，失之于表，滥用甘甜敛药，致邪不得泄，束困肺经，治疗仍宜清宣。脾虚有脾阳虚与脾阴虚之分：脾阳虚者，见咽痛，咽干，不思饮或喜温饮，痰多而稀，咽后壁不充血，黏膜湿润，淋巴滤泡呈团块样增生；脾阴虚者，见咽痛咽干，思冷饮，有烧灼、咽痒及咽部异物感，痰少而稠，咽部充血，黏膜干燥或萎缩，淋巴滤泡呈散在性颗粒状增生，小血管扩张暴露。

干祖望将慢性咽炎分为以下几型进行治疗：

肺怯金虚：大多见于急性咽炎反复发作，或嗜烟酒、辛辣等刺激性食物者。见咽干微痛，干咳多痰，伴有神疲乏力，劳累尤甚，咽部充血红艳，后壁淋巴滤泡颗粒样增生，咽侧束亦可增生隆起，舌红脉细数。治宜益肺培金。方选百合固金汤、养阴清肺汤。药如生地 10g，沙参 10g，麦冬 10g，桑白皮 10g，桔梗 6g，甘草 3g，天花粉 10g 等。如咽痛较甚，局部充血明显者，可加金银花 10g，连翘 10g，淡竹叶 10g，薄荷 6g（后下）；大便干结者，加全瓜蒌 15g，当归 10g；痰多者，加天竺黄 6g，贝母 10g；口渴多饮者，加芦根 30g。

肾虚火旺：咽喉干燥严重，频频求饮以求缓解，有烧灼及刺痛感，常伴有阵发性咽痒，因痒而致咳，但咳之不清，痰少难咯，大便干结，并伴有眩晕、烦躁、夜寐不佳，咽黏膜晦暗性充血，小血管暴露网布，后壁淋巴滤泡散在性增生，部分黏膜萎缩，呈红白相间，斑斓污红状，舌红少苔，脉细数。治宜潜阳育阴，生津养液。方选知柏八味汤、左归丸及大补阴丸。药如知母 10g，黄柏 6g，熟地 10g，山药 10g，茯苓 10g，丹皮 6g，泽泻 6g，桔梗 6g，甘草 3g。咽干较甚或咽部黏膜萎缩者，常加乌梅 10g，玉竹 10g，石斛 10g，天花粉 10g 以助生津；黏膜萎缩较甚者，加龟甲 10g，鳖甲 10g；大便干结，加全瓜蒌 15g，柏子仁 10g，当归 10g；少寐多梦者，加酸枣仁 10g，柏子仁 10g。

脾虚土弱：咽头不舒，干燥而不多饮，病程较长，身疲乏力，纳食不香，大便溏薄或不成形，胸闷不适，咽部黏膜充血不明显，但有肿胀感，后壁淋巴滤泡团块样增生，舌质淡胖而嫩，边有齿痕，舌苔薄腻，脉细弱。治宜补脾培土。方选参苓白术散。药如太子参 10g，山药 10g，茯苓 10g，白术 6g，薏苡仁 10g，白扁豆 10g，陈皮 6g，桔梗 6g，甘草 3g。并可参以升提清气之品，如升麻、柴胡、葛根。如伴有咽干思冷饮，咽部黏膜充血干燥，小血管扩张者，则偏于脾阴不足，治疗除健脾利咽外，还当参以养阴之品，方如益胃汤、增液汤、沙参麦冬汤之类，药如太子参

10g，沙参 10g，生地 10g，麦冬 10g，山药 10g，白扁豆 10g，桔梗 6g，甘草 3g；或可加石斛、黄精、天花粉、芦根等。如入冬即甚，畏寒肢冷，痰涎清稀，咽黏膜淡红者，为脾阳不足，治宜温补脾阳，方选补中益气汤、益气聪明汤，加附子、肉桂等。

干祖望特别强调，本病病程漫长，治疗不易，患者往往容易失去信心。再则，本病经治疗也可以苟安于一时，治疗就为之放松。因此，一定要有信心和恒心，坚持治疗，才能有痊愈之日。

## 五、方药之长

干祖望曾说："药物治病，有利有害，故而处方如布阵、用药如用兵，如处方调度不精，用药不审，盲于冲锋于前，不顾其后，定得败北、草菅人命。"辨证施治的方法应该是"固定安排，灵活应用"。所谓固定安排：一是指每个病有常见的证型，每个证型有常规的治疗大法和代表方剂；二是指耳鼻咽喉，有相对的归经属脏，例如耳为肾窍，病位的归经属脏分析也应该灵活。因此其用药，都要审其药物的四气五味、升降浮沉、有毒无毒、归经性能等，然后配伍使用，并据患者的年龄、体质、患病部位范围等不同，用药不同。不同季节，用药亦有特点。如春季多风，肝木偏旺，用药应多疏风、柔肝，如桑叶、菊花、白芍、当归；夏季炎热，用药宜清凉，如生地、连翘、茅根、竹叶；长夏湿困，用药可择芳香健脾，如藿香、佩兰、陈皮、薄荷；秋季干燥，用药宜润，如沙参、麦冬、百合、天花粉；冬季严寒，用药可温，干姜、肉桂、附子、仙茅均可。婴幼儿用药宜少，体虚者药忌苦寒，血压高者慎用升麻、柴胡等。他用药的特点是味少量轻，一般处方，药味控制在 10 味左右，剂量多在 3 ～ 10g，偶有重镇药物用至 20 ～ 30g，如牡蛎、磁石、石膏等。他认为：耳鼻喉科，位于上焦，事属空窍，以通为用，用药宜轻。正如《温病条辨》所说："上焦如羽，非轻不举。"如治疗咽炎，咽痛咽干，常用"轻清轻养"法。轻清，选用桑叶、桑白皮，以及"五味消毒饮"的金银花、紫花地丁、蒲公英等；轻养，则用沙参、麦冬、石斛、芦根等滋养肺胃之阴又有清热作用的药物。临证见到咽痛较甚，可加连翘、竹叶、薄荷；大便秘结者，加全瓜蒌、当归；痰多者，加天竺黄、川贝母。又如，急性咽炎和急性鼻炎，都可以由风热之邪引起，治疗大法也可以相同，处方也都可以选桑菊饮、银翘散之类，这就是中医"异病同治"的原则。但是，两种病的病位不同，前者在咽，后者在鼻，因此用药还是应该有所区别：前者可加入山豆根、蝉蜕、金果榄、射干等；后者可加入辛夷、苍耳子、马兜铃等。这就体现了同中有异，灵活应用。

诸如此类，干祖望还总结了一套经验，在临床上既辨证施治，又兼顾症状部位而选择用药。例如：

耳科一般引经药：苦丁茶、夏枯草。

耳闭气塞：菖蒲、路路通、马兜铃、柴胡。

肝阳上升致疼：石决明、天麻、钩藤、荷叶、白蒺藜。

肾阳虚致耳鸣耳聋：补骨脂、肉苁蓉、淫羊藿、仙茅、蛇床子、韭菜子。

肾阴虚致耳鸣耳聋：枸杞子、墨旱莲、女贞子、桑椹子、龟甲、鳖甲。

神经性耳鸣耳聋：磁石、五味子、黑芝麻、胡桃肉、葛根。

鼻科引经药：辛夷、白芷。

风热致头疼：蔓荆子、桑叶、菊花、藁本。

鼻塞，鼻甲收缩良好：升麻、葛根、石菖蒲。鼻甲收缩不良：桃仁、红花、乳香、没药、五灵脂、三棱、莪术。遇寒而作：桂枝、细辛、荜茇、荜澄茄。

鼻涕量多：鱼腥草、鸭跖草、鹅不食草、金荞麦。

鼻涕黄浊：龙胆草、黄芩、山栀、芦根、桑白皮、白芷、辛夷。

鼻涕清白：诃子肉、荜澄茄、细辛、鱼脑石。

鼻涕带臭气：藿香、佩兰。

咽喉科引经药：桔梗、马勃。

风热致疼：薄荷、山豆根、前胡、牛蒡子。

热毒致疼：金银花、金锁匙、金果榄、土牛膝。

风热致燥：蒲公英、芦根、天花粉、生石膏、大青叶。

阴虚致燥：黄精、玉竹、石斛、玄参、沙参、麦冬、阿胶、乌梅。

扁桃体肿大：挂金灯、山慈菇、马鞭草、白芥子。

分泌物过多：天竺黄、莱菔子、海蛤粉。

实证作痒：茜草、紫草、荆芥炭。

虚证作痒：黄柏、知母。

声门水肿：胆南星、竹沥、白僵蚕、楮实、皂刺、猴枣粉（小儿用）。

咽喉异物感：厚朴花、山楂、沉香曲、苏梗、半夏、旋覆花、代赭石、陈皮、佛手、焦麦芽。

急性嘶哑：蝉蜕、射干、麻黄、菖蒲。

亚急性嘶哑：莱菔英、胖大海、罗汉果。

慢性嘶哑：木蝴蝶、血余炭、凤凰衣、白蜜、鸡子清。

口腔引经药：升麻。

口臭：藿香、佩兰、白芷。

口疮：生石膏、人中白、蔷薇花根、甘中黄。

齿痛：马齿苋、红甘蔗皮、补骨脂。

# 六、藏书著书

干祖望一生最大的爱好就是藏书和读书。他平时生活简朴，但买书从不吝啬。往往是一掷千金。急于买书之时，因手头拮据，竟将自己的手表卖了。他有一习惯，每当伤风感冒，身体不适时，就上街走走，特殊的爱好就是逛书店，出一身汗，病就好了。有一次重感冒，发热较重，头昏眼花，他照样找到书店，买了书回来。可谓嗜书如命。他曾为自家撰写一副对联：买书读书藏书教书著书，一世与书为伍；金子房子顶子车子票子，终身盼子无缘。1990 年，南京文化界评选"藏书状元"，干祖望以超过万册荣登榜首。

干祖望藏书，以学术为主。书室里中医书籍独多，另外，四书五经、字典辞书、佛学道教、天文地理、格律诗词、古史今说，门类俱全，但现代小说不在其内。其藏书分类，有两种方法。一是按印制方法分：将线装书专门归一组书柜，现代排版、影印本放在其他书柜；二是按内容分：如工具类、丛书、医史、医经、本草、方剂、耳鼻咽喉专科、各家医籍、医案、西医等十大类，编号四十余门，排列有序，查找方便。其收藏的线装书甚丰，有许多珍本、善本。如清代喉科专著，就收藏有33 种。其中《尤氏喉科》《喉科指掌》《喉科紫珍集》《重楼玉钥》《烂喉丹痧辑要》等，均藏有两个以上版本。其他线装书也有 100 余种。如《医道还元》《角山楼增补类腋》《古事比》《尚友录》等，都是国内现存量很少的珍本，《医学入门》《河间六书》《东垣十书》《陈修园医书全集》等，也很珍贵。他将自己的书房命名为"茧斋"，并自题诗曰："我事涂鸦你吐丝，凉般姿态一般痴，年年自缚琅缳里，乐仅庐陵太守知。"足见他对书的感情。他潜心书斋，奋笔写作，硕果累累，所写手稿，与身等高。

# 七、大医之情

## （一）思想境界

深受中国传统文化的影响，干祖望将"宁可无才，弗可无德，不为良相，当为良医"作为从医的座右铭。中华民族以诚实厚道著称于世，自古强调一个德字。作为一个医生，面对病患，需要精湛的医术，更需要的是医德，因为医德可以使医术提高。升华发挥到极致。讲医德，首先要设身处地，"见彼苦恼，若己有之"，这种思想感情的支配下，就能视患者与亲人热情接待，仔细询问，认真检查，从而正确诊治，以及时解除病人的痛苦。刻苦钻研业务，实时更新知识，对技术精益求精，不断有新的创造发明，将控制热情化为知识，更及时有效的为患者服务。对患者"皆如至亲之思"，作为一个医生，要凭良心和尊严，首先考虑的是患者的健康，以还病人健康为己任，不能以医谋私，以医谋财，他经常抨击那些"不学无术""滥竽充数"之辈。

干祖望看病认真，众人皆知。如 1998 年 10 月 13 日中午，他已下门诊，换工作服时，一位 23 岁突发性耳聋的患者由多位家属陪同前来询诊，虽然没有挂号，但他仍不厌其烦，重新坐下，反复问诊，逐一解释，仔细分析，最后写出医案：

"禀质虽非藜藿，但殊感气血失充，值此新凉时节，时邪夹痰，上蒙清窍，以致眩晕泛恶，耳鸣失听。经过匝周治疗，浮邪已肃，而不足之证逐渐暴露，事可从补处治。虽然黄苔忌补，但舌质羸象已显，非滋腻之补尚可受领，拟取八珍而除熟地裁方。好在前期西药治疗颇佳，此时进服中药，正是风送轻舟，事半功倍也。"令学生佩服，患者及家属万分感动。

## （二）文化修养

干祖望门诊时，众多学生侍于左右，但他从不让学生代劳，详细问诊之后，亲自书写病案，字斟句酌，条理清晰，书写工整，连标点符号也不漏错一个。他在临床五十多年中，写下数万篇医案，足可看出其治学严谨，一丝不苟，这种精神也值得大家学习。因此，凡跟他抄方的学生，无不敬佩，称这些医案，读来不仅是精辟严谨的医学论文，更是情趣横生的艺术佳品。干祖望幼时熟读四书、五经、离骚、史记，特别喜爱唐宋八大家以及六朝的骈体文。他爱好诗赋，尤其精于押韵、对仗、平仄的格联。平时门诊撰写医案，可谓倚马七步，信手就成，所以其医案不仅写之于症证分析，理法方药，体现中医特色，而且读之朗朗上口，格律工整，显露其文学色彩。在临证中针对不同疾病，辨证分析，处方用药，以理服人。如他在治疗一阴虚不足、咽喉干燥之慢性咽炎患者，用补中益气汤治之。为说明理由，其在医案分析中写道："诸病林林总总，总是因津涸液枯，治疗亦唯从生津养液以求。尽管筋枯属于血虚，但津血同源，津液充沛血自然旺，不过生津养液之法殊多，何去何从应取之适当。考水谷入胃，经熟腐而借道脾以升化运输，再入肾以藏精，肾气上通于肺，借肺朝百脉之功能，将水谷精微输布全身，以资濡养。即所谓津以养肌肤，液以养关节、脑髓孔窍。本案关键，主在脾经，责是取培土生金，赖金生水一法，稍佐养血之品，则更臻周到矣"。学生读后，茅塞顿开。又如一航空性中耳炎，耳内闭闷的病例，其在医案分析中描写："九霄奋迅，肾窍乏适应之能；万里扶遥，听宫失聪聆之职。考六腑以通为补，七窍以空是求，木香流气饮主之。"理法方药俱全，令人回味无穷；有一慢性喉炎患者，声带、假声带红肿，声音嘶哑，干祖望在医案写道：声带一片晦红，大有"水天一色"之慨；室带两厢崤肿，亦兴"冥顽不灵"之叹。常规取药，徒有蒸梨之效，从僻裁方，或邀徙一柳之功，欲破困境，唯此一筹。此医案中"声带一片晦红"与"室带两厢崤肿"两句相对，"水天一色"与"冥顽不灵"俱是成语，而且上下呼应，可谓一气呵成。"常规取药，徒有蒸梨之效，从僻裁方，或邀徙柳之功"两句，是典型的四六对句，抑扬顿挫，韵味俱全，大有六朝文风。全篇医案，字斟句酌，可谓医林隽品，文苑佳章。又如他分析一咽炎患者屡治不效医案：治疗诸般外感唯以宣解表散为不二法门，饴糖、糖浆性属中和，最能遏邪外泄，持篇以治外邪，正是抱薪救火之忌，明明小恙，人为拖延，看来刻下已有狂澜难挽之势，只能再进疏解宣泄，作亡羊补牢，冀桑榆之得。区区数十字，竟把"不二法门""抱薪救火""力挽狂澜""亡羊补牢""失之东隅，收之桑榆"等成语自然嵌入，运用自如，可谓如囊中取物，信手拈来。

# 八、养生之智

干祖望百岁生日时，很多人都十分敬佩其精神气爽，思路清晰，讲话声音洪亮，这与他的养生之法有关，他自己总结了8个字：童心，蚁食，龟欲，猴行。

## （一）童心

干祖望所说的童心主要包括三个方面：

第一，天真。这是所有生命与生俱来的生机和活力所在。他认为，孩童出生伊始，没有旧恶，不想未来，不懂世事，不干名利。襁褓中的孩子，吃饱了，睡足了，睁开眼睛，看到每个人，都会开心微笑，天真无邪。再看看那些幼儿园里的孩童，每天嬉戏玩耍，上蹿下跳，无忧无虑。这就是我们天真的本性。成年人长大以后，接受了各种各样的教育，接触到了社会上各种不同的思想，遇到形形色色的人，遭遇了许多挫折和失败，有这样那样的健康问题，常常会把原本的天真失去了，或者说是失去了自我。

第二，童心无邪。天真的孩童绝无欺诈、蒙骗、设陷阱、占便宜等邪念。为什么这样纯洁的心为儿童所独有？这自然还是因为童年以前，没有被社会上的不良习气所污染，童年一过而成成人，童心也随各种追求而消失。我们会追求红尘中各种功名利禄，会尝试许多不好的事情，甚至是钩心斗角、投机专营等。这样的事情常常给我们带来嫉妒、愤怒、恐惧、失望等不良的心理状态。对养生有百害而无一利。

第三，童心乐观。中医认为，儿童是"纯阳之体"，初生之婴儿，元气最充足；心灵没受到污染，没有受到太多的伤害，孩童时代的思想都是倾向于美好、愉快；他们不知道恐惧，不知道罪恶，也没有过多的奢求，所以对什么事都知足而满意。他们天天憧憬着美好的未来，身体里老是有一股活泼的气在流动，这是一股极其神奇的力量，它能保持积极乐观的生活态度，带来希望，带来力量，带来健康。这种单纯的心灵，天真、无邪、满足，是保健养生的最佳神丹妙药。

失去了童心，使我们很多人变得不快乐了，我们常常烦恼、担心、怀疑，我们对环境中的很多事情不满意。原来我们只要得到老师一句夸奖，就能开心半天，现在我们发了奖金也不快乐。过去我们早上醒来就开开心心地去上学，现在我们很多人不愿意面对工作和生活的压力。过去我们白天学习玩耍了一天，晚上上床就睡觉，可是现在，常常会失眠。如此等等。

中医认为，思伤脾。脾就是脾胃，是后天之本，是气血生化之源。如果我们老是思虑过重，就会伤害到脾胃，脾胃受伤之后，消化吸收就不好，人就会失去气血；没了气血，身体就失去营养，心脏得不到血液滋润，就会造成失眠健忘，肌肉得不到气血的营养，就会消瘦无力；小孩气血不足就会影响生长，老人如果气血不足，就会早衰。大家知道，心主神志，气血不足，心神就不定，就会吃不香，睡不着，有时候还会噩梦连连。没事的时候脑子里乱七八糟的全是想法，而到了工作的时候，却一点脑力也没了，没办法集中精力，没办法去认真完成一项事情。还老是觉得疲劳没劲。

如果过度担心，心情压抑，就会损伤肝胆。中医认为，肝主决断，肝就像一个大将军，需要威风凛凛。但是长期忧心忡忡，肝气就会抑郁，胆中就会生痰。这种痰不是肺里的痰，而是一种看不见的病理产物。过去所说的痰迷心窍，就是这种痰。它会使人神志不清，噩梦连连，心惊胆战，惶惶不可终日。

忧伤肺，肺气就会受伤。肺是一种非常娇气的脏腑，主管人的呼吸和气血的运行，长期忧虑，肺气不得宣泄，上焦不畅，气机被郁，心肺功能不好，脸色苍白，内心不安。

恐伤肾。肾是后天之本，是生殖之本。长期惊恐害怕，必定会损伤肾气，这样的人心神不宁，老是害怕，就好像有人要来抓他一样。长期影响，就会造成肾气不足，男子阳痿遗精，女子月事不调，重则心肾不交，肾气下陷。所以养生者，请千万珍惜保持自己的童心。

## （二）蚁食

蚁食有两个含义：一像蚂蚁一样的饮少食微；二像蚂蚁一样什么都能吃，甚至最坚硬的金子也照样啃一口。通俗地说，就是一是少，二是杂。

中医历来认为，脾为后天之本，后天水谷精微来自饮食。饮食与人身的关系最密切，影响也最大，所以历来养生家谈到保健养生时，必然不假思索地会讨论饮食问题。说到饮食的重要性，中医里面把它上升到一个非常高的高度，那就是把饮食作为"后天之本"。我们自出生以来，每天都在不停地进食，这是获取能量的一个重要渠道。食物中有生命的必需物质，有抵抗疾病的合理成分，还有能使人感到愉快的营养物质等。

吃得少，其实也是有根据的，古人一直提倡"食不宜多，肴不求精"。中医有一句话，叫作"饮食自倍，肠胃乃伤"，意思是说，如果吃饭的时候暴饮暴食，一下吃了很多，那么肠胃就会受到伤害。这是从反面来说明要保持蚁食的重要性。

干祖望十分欣赏饮食必须"量腹节所受"的说法。为什么要量腹？量腹不是拿尺子量肚子，而是强调因各人食量大小不同，要根据各人的食量来权衡。节就是节制人所能承受的食量，也就是千万不要暴饮暴食。我们都知道，食物入胃后的消化，必须依靠胃本身的蠕动和分泌胃液。适量的进食，则恰巧能使自己的胃肠道有适量的胃液和蠕动工作能力；如果吃的过饱、过多则胃液不够，动力不足，即难以完成消化的工作。消化有问题，吸收当然有影响。在消化与吸收两个功能失职以后，人的营养即无足够的来源，怎能谈保健。平时少食一些，则胃液有剩余，蠕动有储力，非但脾胃没有疲劳困乏，而且营养成分也更能吸收与利用。清代的一个文学家李笠翁，就劝人饮食要"饥饱之度，不得过于七分是已"。以医家立场来说，就是"乳贵有时（指婴儿），食贵有节（指成人）"。

蚁食的另一个含义是不求精，不挑食。这是涉及食物质量要求和偏嗜的问题。我们知道，世界上不同地区的不同人群，他们的食物结构各有不同。人是需要许多赖之以生存与生长的营养物质，这些物质就来之于各种不同的食物中。据现代营养学的观点看，一个人每天要吃几十种食物才能保持健康。早在2000多年前，中医就有很科学的论述，《黄帝内经》中就说："五谷为养，五果为助，五畜为益，五菜为充。"中医是以五行学说作为依据的，五能包括所有的东西。这里的五谷就是所有的粮食，按照现代科学来解释就是碳水化合物，包括大米、小麦、小米、高粱、玉米等；同样，五果也就是天下所有的水果，苹果、梨、杏、李子等；五畜也就是所有的动物性食物，猪肉、牛肉、羊肉、鸡肉等；五菜也可以理解为各类蔬菜。

中医很早就意识到我们人类饮食必须符合人体的需要，要有主有次。这个主就是要以碳水化合物为主，这是基础，也就是五谷为养；而次就是五果为助、五畜为益、五菜为充。这个古老的食物养生观点，竟然和现代营养学观点不谋而合。相反那些专挑美味、偏嗜的食物吃的人，不可能均匀地吸收到各种各样有益物质，所以挑食相当有害。我们中医里面有一句话，"高粱之变，足生大疗"，这是什么意思呢？高粱是指肥腻的食物，吃太多肥腻的东西，这些东西在体内消化不掉，就会变成痰火，时间久了就会成为内热，就容易生疗疮之类化脓的疾病。

现在更有人认为食物越贵越好，追求山珍海味，追求稀奇古怪，其实都是愚蠢的。要知道越精制的食品，因为它去粗去得过多而营养成分也随之浪费越多，且看白米就是这样。长期只吃精白米，会得一种维生素缺乏的疾病。而且，现在科学也证明，很多现代"文明病"包括糖尿病、高血压、高血脂、中风、冠心病，甚至癌症，都是不健康的饮食造成的。

## （三）龟欲

龟作为"四灵兽"（麟、凤、龟、龙）之一，以其寿命特长而被奉为祥瑞的象征。曹操曾云："神龟虽寿，犹有竟时。"因之东方文化（中国、日本等）中，养生家把它作为吉祥物，并且提倡在生活上模仿乌龟。它与世无争，平淡而宁静。

干祖望所提倡的龟欲，其实就是无欲。大概可以归纳为两条：一是乌龟与世无争的胸襟，二是一无所求的淡泊心境。正因为具备了这两点，所以在它身上连一个"欲"字的影子都找不到。

我们人生活在现实社会当中，各种矛盾和不顺心的事情层出不穷，或是家庭的，或是单位里的，或是和邻居之间的，或是自己身体上的，总之会有很多。究其原因可以说各种各样。如何对待矛盾和不顺心的事情？如何化解心头的怨气？他认为是减少或降低自己的欲望。"欲"是对人最厉害的杀手。古今中外所有的贪赃枉法、杀人越货，甚至战争，哪一个不是在"欲"字中孕育出来的。刘备因为关羽被杀，一怒之下伐吴，结果以失败告终；吴三桂一怒为红颜，投靠清军。普通人一怒之下有的心脏病发作，有的大脑出血，还有的人成天生闷气，心情郁闷，结果有的乳房长了肿瘤，有的胃部出现恶变。在五官科，有的一怒之下出现耳聋。这样的例子比比皆是。

提倡学习乌龟，减少不适当的欲望，改变对事物的看法，主动地在思想上提高自己，平日里时时刻刻记着宽以待人，虚怀若谷，要多关心别人。一个成功的养生者，一定会控制自己的欲望，把自己的胸怀变得开阔，把自己的能量放到合适的地方上去。这样，就真正做到龟欲了。

## （四）猴行

猴行，即鼓励多运动。猴是动物中最喜活动而无片刻安宁者，终日里蹦跳奔跃，攀高树，登峻岭，走悬崖，探险谷，如履平地。它从早到晚地活跃着，多动少静。舞台上的孙悟空就是浓缩和夸张它的全部形象演绎而来的。为什么会这样呢？因为它有强劲的臂力、腿力及全身性的体力；反过来说，这种强大的臂力、腿力及全身性的体力，正是它超强度的活动中获得的。

人的机体和猴子最相似。所以从养生的角度看，若人也能做到这样，当然可以身心两健、行动灵敏而永葆青春。所以汉代的名医华佗把五禽之戏中的"猿功"，放在第一位。所谓"猿功"，就是模仿猴子的诸般动作，进行锻炼与保健。

干祖望平时就很喜欢猴子的动性，他认为不仅要像猴子一样多运动，而且还要像猴子一样开心活泼。他将跳蹦多动称为"猴行"，即猴的行动。但一位老人要做到这样，必须具备三个条件：第一，健康的心脏，充沛的体力；第二，强有力的平衡的功能（老人之所以经常跌跤，就是掌握平衡功能的组织衰退）；第三，具有无忧无虑而欢乐天真的童心。

# 九、传道之术

干祖望于 1980 年、1981 年、1984 年、1985 年、1986 年在南京中医药大学连续举办了五期全国中医耳鼻咽喉科进修班，为全国各地培养了近 100 名专科人才，可谓桃李满天下。这些学生后来大多成为各中医院校耳鼻喉科教研室和各省主要中医院的负责人和骨干力量，为发展中医耳鼻喉科起到了极其重要的作用。在干祖望 100 年诞辰及学术思想研讨会上，来自北京、河北、天津、辽宁、上海、广东、广西、山东、山西、江西、贵州、云南、四川、福建、浙江、安徽、台湾等地的学生欢聚一堂，共谢师恩。作为全国老中医药专家学术经验继承工作指导老师，在江苏、广东接受入室弟子 4 人。干祖望国医大师工作室每年举行学习班，总结传承其学术思想、临床经验，发挥了很好的宣传示范效应。经过十余年建设，"干祖望中医耳鼻喉科"现已发展成为国内知名学术流派之一。

# 干祖望学术传承谱

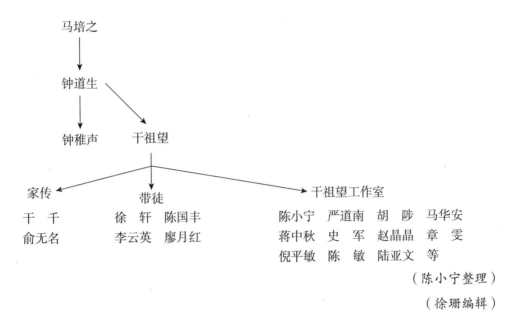

# 王 琦

王琦，男，1943 年 2 月生，江苏高邮人，中国工程院院士，国医大师，国际欧亚科学院院士，第四届中央保健委员会会诊专家，国家重点基础研究发展计划（"973"计划）首席科学家，享受国务院特殊津贴的有突出贡献专家。现任北京中医药大学终身教授（一级教授）、主任医师、研究员、博士生导师，北京中医药大学国家中医体质与治未病研究院院长，北京中医药大学王琦书院院长，国家中医药管理局重点学科中医体质学科带头人，国家中医药管理局中医体质辨识重点研究室主任，中国医学科学院学部委员，中国中医科学院学部委员。兼任中华中医药学会中医体质分会主任委员，世界中医药学会联合会体质研究专业委员会会长，世界中医药学会联合会过敏性疾病研究专业委员会会长，中国医疗保健国际交流促进会中医分会主任委员，安徽中医药大学荣誉校长，成都中医药大学终身教授，香港大学、香港浸会大学、澳门科技大学、天津中医药大学、南方医科大学荣誉教授。2013 年获全国优秀科技工作者称号、首都劳动奖章、何梁何利基金科技进步奖，2014 年获中华中医药学会终身成就奖，2018 年获中国（澳门）中华中医药杰出贡献终身成就奖，2019 年获全国中医药杰出贡献奖及由中共中央、国务院、中央军委颁发的庆祝中华人民共和国成立 70 周年纪念章，2020 年被评为北京高校优秀共产党员、中华中医药学会中医药年度科普特别人物，2021 年获首都精神文明建设奖、第八届树兰医学奖，2022 年获第三届岐黄中医药传承发展奖，2023 年获爱思唯尔 2022 中国高被引学者。

王琦教授发现并证实中国人的九种体质，发起九体医学健康中国计划，构建并完善中医体质学、中医男科学、中医藏象学、中医腹诊学、中医健康医学、中医未病学六大学术体系，开拓中医原创思维等新领域，建立"辨体－辨病－辨证"诊疗模式，并形成"主病主方"的临证特色。先后主持国家级科研项目 18 项（包括"973"项目 2 项，国家自然科学基金重点项目 2 项，国家社会科学基金重大项目 1 项，国家重点研发计划 1 项），获得国家科技进步二等奖 1 项，省部级一等奖 9 项、二等奖 7 项，发明专利 20 项，国家新药 2 项。主编专著 67 部，以第一或通信作者发表中文论文 498 篇，SCI 论文 38 篇，H 指数 58，他引 20,030 次。先后培养博士后 20 名、博士研究生 77 名、硕士研究生 66 名，国家级学术传承人 10 名，各省市师承人员 98 名，各省市访学研修人员 11 名。

## 一、学医之路

王琦于 1943 年出生于江苏高邮，年轻时就职江苏省高邮市中医院，曾先后跟随朱月桥、江韵樵等名医学习。1976 年 3 月，卫生部举办全国中医研究班。经过层层选拔，时年 33 岁的他从江苏省众多学子中脱颖而出，从此师从岳美中、方药中等一代中医学人，领略大师风范。

1978 年，全国恢复研究生教育，卫生部中医研究院与北京中医学院联合举办了第一届中医研究生班招生，他结束研究班的学习，就报名参加考试。那年有 1300 多人报考中医研究生班，最后仅录取 50 名，王琦再次得到命运的垂青，成为中医界唯一一个同时参加了 1976 年全国中医研究班和 1978 年首届全国中医研究生班的中医人，经历了从"师承教育"到"学位教育"的转换。

1980 年毕业后，他相继担任中国中医科学院研究生部教研室主任、研究生部副主任；自 2001 年起，相继担任北京中医药大学中医学院中医体质与生殖医学研究中心主任、北京中医药大学国家中医体质与治未病研究院院长、王琦书院院长等职，从事教学、临床、科研工作至今。

## 二、成才之道

王琦的治学与业医生涯中，走过的道路艰难而又充满憧憬，探索的旅程漫长而又收获丰盈。他常说，王国维说学者有三境界："昨夜西风凋碧树，独上西楼，望尽天涯路""衣带渐宽终不悔，为伊消得人憔悴""众里寻他千百度，蓦然回首，那人却在灯火阑珊处"。以下就王琦读书、立说、临证经验进行阐述，以期为后学提供参考。

### （一）博涉医源，精勤不倦

王琦认为，古往今来，凡欲成大医者，都必须具有广博的知识。《黄帝内经》中就有"上穷天纪，下极地理，远取诸物，近取诸身"的要求。汉代张仲景提出要"勤求古训，博采众方"。唐代名医孙思邈在《备急千金要方》里说："凡欲为大医，必须谙《素问》《甲乙》《黄帝针经》、明堂流注、十二经脉、三部九候、五脏六腑、表里孔穴、本草药对、张仲景、王叔和……诸部经方……如此乃得为大医。"简而言之，欲为大医，就必须博极医源，精勤不倦，这是唯一的路。王琦在治学的过程中，经历了三个阶段，采取了三种方法，体验了三个境界。

**1. 读书三阶段——奠基、提高、拓展**

王琦的读书过程大体经历了三个阶段。

第一阶段为打基础阶段，除教材的一般知识外，首先是读《本草备要》《汤头歌诀》《医宗金鉴》和《伤寒》《金匮》。学了本草、汤头，药性、方剂，开方、用药就有了底气。《医宗金鉴》的各科心法要诀提炼十分精彩，是作为全科医生的最好铺垫。王琦曾治疗鼻衄不止，一剂而止，没有复发，全方只用了八味药。方中精髓：一用川牛膝、赭石，引血下行，选药思路来自张锡纯；二用大黄，取张仲景泻心汤的用法。流鼻血，单纯止血止不住，如何变换思路把鼻血止住？博极医源就是在临床诊治时，能够在脑中迅速想出方法应对，这十分重要。

读书第二阶段是提高，需要深入学习《伤寒论》《金匮要略》《温病学》。王琦的学习方法是通读全文、提要钩玄、译释注评、专题研究。王琦在这个阶段与同学一起出版了《素问今释》，又完成了《灵枢今释》（即将出版）。每本书里都有提要、钩玄。要做到这些并不容易，但能提高个人的中医理论功底和临床水平。

读书第三阶段是知识扩展。王琦跟随过很多老中医学习，有王文鼎老师、任应秋老师等，这些老先生留下了很多宝贵经验。在后来几十年的教学、临床、科研工作中，由于涉及许多全新内容，王琦还不断学习一些西医学的书籍，改变知识结构。

**2. 读书三方法——精读、泛读、研读**

《全国中医图书联合目录》共收集中医图书12124种，《中国医籍大辞典》收录中医药书目23000余种，仅现存中医古典书籍就有19000余种，而人一生中最多也只能读一二百种。所以，王琦采用精读、泛读和研读三种方法。

对于经典著作、著名医家的著作，如《黄帝内经》《难经》《伤寒论》《金匮要略》《神农本草经》等必须精读，王琦在读这些书时，用红笔逐句圈点，并在书页上加释加注，《伤寒论》条文抄在小本子上随身携带，《温病条辨》以口诀形式用毛笔抄写置于案头，方法笨了一些，但笨有笨的好处：刻骨铭心。不仅要做到能读懂、读通，有的还要背诵，脱口而出，做到能探明原意，把握应用，也就是《素问·著至教论》中提出的诵、解、别、明、彰的学习方法。

明清以后的书，数量多，有些是对前人书籍的集成，有些是名著长篇，只能有选择性地泛读，用以拓宽视野，找与自己研究方向有关的东西，或临时查找参考。有些短小作品对临床助益也很大，如明代汪绮石《理虚元鉴》、薛己《内科摘要》、孙一奎《医旨绪余》，清代费伯雄《医醇賸义》、徐灵胎《慎疾刍言》、罗美《古今名医方论》等，同样闪烁着理论与实践的光辉。

研读是探索更深的层次，形成专题研究。如《黄帝内经》的研究，其方法和途径颇多，或从校勘训诂，或从训解次注，或予分类摘编，或集各家之注，皆多有贡献，然亦有受"以经解经""疏不破经"的影响，使问题难以深化。王琦在《黄帝内经》研究中设立中医体质运气干支、气象地理、藏象经络、养生长寿等专题进行深入研究，在国际上产生了影响。法国慕尼黑大学医学史研究所的文树德教授致函说："您发表的有关《黄帝内经》文著，对我们学习研究译释该书有很大的帮助……我们将您的工作业绩载入我们的《黄帝内经》资料库，以供世界各国的学者检索。"

### 3. 读书三境界——领悟、升华、演绎

理论学习，首先是领悟，对理论与思想的理解与把握，使心有所感，豁然贯通，能够解决复杂临证难题。如问《伤寒论》治喘的条文，学生一般会回答麻黄汤、麻杏甘石汤、小青龙汤。其实《伤寒论》提到"利遂不止……喘而汗出者，葛根黄芩黄连汤主之"，如果只知葛根黄芩黄连汤治疗下利，却不知其有治"喘"这一功效就有缺失。因此，从书中得到较系统的认识而灵活地用于临床，这是读书的第一境界。

第二境界就需从理论的梳理中"爬罗剔抉，刮垢磨光"，并能应用其理论思维，通过临床实践，形成自己的认识加以升华。在大家都用补肾之法治阳痿时王琦提出调治宗筋，为中医治疗阳痿提供了新的见解。《黄帝内经》论述"宗筋弛纵""宗筋绕阴器"，王琦在学习过程中对宗筋的概念、生理功能及其与相关经脉的关系作了系统论述，指出"阳痿从宗筋论治"的理论意义，专门撰写了《宗筋论》，这就是升华。中医理论历来都是通过医家的不断创新而向前发展的。

演绎境界要求的是既能融会贯通，又能形成创见。临床上王琦十分注意结合实际进行理论拓展，提出新说，以有效指导治疗。例如，李东垣的"内伤脾胃，百病由生"说了七百多年，王琦在治疗脾胃病的过程中提出"脾胃外感"新说，认为现代中医临床不少脾胃病的主要病因是外邪，外邪包括六淫与邪毒。如病毒引起的胃肠型感冒是由初感肺卫内传脾胃；幽门螺杆菌引发之胃炎及消化性溃疡是由外邪入侵，直入脾胃；而乙型肝炎、丙型肝炎等病毒引发脾胃证候亦是疫毒内伐脾胃。这些论点是根据新的实践提出的新假说，突破了"脾胃内伤"的定式，丰富了脾胃学说的内涵。王琦在读书、看病的时候带入自己的思考，结合临床实际发现脾胃病并不都是内伤的问题，也有外感的问题，因此专门撰写了《脾胃外感论》（即将出版），这就是对于经典的演绎。

## （二）立言开新，创建学说

"通古汇今，知常达变，创三辨理论泽被万众。博学广闻，立言践行，做四大学问自成一家。"这是靳琦研究员在《杏林传薪——王琦学术思想研究》一书中为总结王琦的学术特长写的一副对联。王琦在从医近40年的历程中，对中医学充满了挚爱，时时涌动着无限的激情，不断追古述今，凝练升华，开拓新论，使之异峰突起，

从而构建了中医体质学、中医男科学、中医藏象学、中医腹诊学、中医原创思维、中医健康医学、中医未病学七大学术体系。

### 1. 中医体质学

王琦在临床工作的早期，经常遇到一些棘手的病例，利用常规的诊治方法难以奏效。当时他考虑可能是由于时代发展，自然环境和社会变化，以及疾病谱改变等新情况的出现，中医基础理论研究滞后于实践需求。如传统的中医病因学对遗传禀赋因素、物理化学因素、生物因素等重视不够。体质现象是人类生命活动的一种重要表现形式，与人的疾病和健康密切相关。古今中外，人们对体质差异早有认识。但是西方体质理论多被认为是一种气质学说，难以应用于临床。中医传统体质理论多散在于历代医家文献中，未能形成理论体系，但在临床诊疗中，考虑患者体质差异因素可以提高临床疗效的认识是一致的，这就是中医学"因人制宜"的思想，只是由于缺乏相对具体的表述，难以发挥其特色和优势。王琦认为以人体体质为研究切入点，可以揭示生命现象的本质问题。由于中医对体质的认识和西方医学对体质的研究存在许多共通之处，二者具有通约性和互补性，也预示着中医体质学研究可以成为中医学走向世界、与国际对话的桥梁。因此，他自1977年起从事中医体质学的理论、基础与临床研究，构建中医体质理论体系，形成新的二级学科；发现了中医9种基本体质类型；形成了中医体质辨识方法和工具，开发了体质辨识技术，系统揭示中医体质具有分子生物学内涵，证实体质与疾病的相关性与可调性，提供中医"治未病"的方法与工具，研究成果在国内外得到广泛推广应用。

科学技术部于2010年将"中医原创思维与健康状态辨识方法体系研究"纳入国家重点基础研究发展计划（973计划）中医基础理论重大研究专项之中，王琦作为该项目的首席科学家，带领课题组进行了中医原创思维的研究和探索，确立了"取象运数，形神一体，气为一元"的中医原创思维模式，即中医学的"象数观、形神观、一元观"，并以此形成了独特的自然观、生命观、健康观与养生防治的认知体系，共同构成了中医理论的核心内涵。在中医理论思维方法的指导下，王琦提出并构建了"辨体－辨病－辨证"中医诊疗模式，形成了对人体疾病与健康生命现象的独特认知体系，适应纷繁复杂的临床实际。

### 2. 中医男科学

中医学作为一门医学学科，其学科领域还存有许多空白，中医男科即是其一。汗牛充栋的古代医籍中虽有一些对男科病的记载，但两千多年来没有形成较为完整的理论体系，亦未给后人留下完整的男科学专著，在临床上始终没有形成独立的专科，从而让许多男子发出"七尺男儿多疾苦，难言之隐无处医"的感叹，面对无数男子的痛苦与不幸，面对一双双殷殷以求的目光，王琦油然产生了一种使命感：建立中医自己的男科学。1985年，王琦在中医研究院（现中国中医科学院）首次开设男科专家门诊，同时还撰写了大量论文。一门学科的建立，必须有其理论体系的构建，并明确其研究对象和范畴。为了形成科学的、完备的与现代男性疾患相适应的中医男科学，王琦先后阅读了《马王堆汉墓医书》《抱朴子内篇》《褚氏遗书》《医心方》《素女经》《玉房秘诀》《医方类聚》《诸病源候论》《广嗣纪要》《古今医统》《东医宝鉴》等90余种著作，广泛收集涉及男科和性学方面的内容。经过组织编写，历尽艰辛，第一部《中医男科学》于1988年11月22日出版。理论方面，对"精室""宗筋""肾实证"等进行专门研究，为激活临床思路，提供了理论支持；临床中，构建了现代中医男科辨体 – 辨病 – 辨证相结合的多元化的诊疗模式，拓宽中医诊治男科疾病病种范围（《中医男科学》记载病种40个，《王琦男科学》记载男科疾病11类，病证165个）。在男科临床中形成了善用药对、善用专药、善用经方三个特点。如药对葛根配羚羊粉，治疗高血压阳痿，蒲黄配滑石，通利精溺之窍；专药如以生麦芽、山楂、鸡内金治精液不化；经方如用当归贝母苦参丸治疗慢性前列腺炎等，皆多应手；先后研发了治疗勃起功能障碍的国家新药"疏肝益阳胶囊"和治疗男性不育新药"黄精赞育胶囊"，在全国广泛应用。并结合现代科学，首次进行生殖方药子代安全性观察，包括观察新生儿出生缺陷率、体格及智力发育等，同时证实提高精子密度、活力、活率及运动速度的作用。极大地推动了中医男科学术水平的提高与推广。

### 3. 中医原创思维

思维方式对于知识的产生，对于智力和智慧的形成起着关键性的作用。中医思维是古代医家在中国古代生产条件下，在传统文化和古代哲学的基础上，认识人体生命现象、征服疾病的过程中，逐渐积淀下来的思维方式和方法，是中国传统思维方式在医学领域的具体应用。由此可见，中医思维对生命与疾病的认知是构成中医学理论与实践的关键所在，是中医学发展的内在规律。近百年来，受西方思维方式及"科学主义"的冲击，有关中医哲学思维研究滞后，中医的传承与发展受到了制约和影响，亟须重新认识并努力发掘加以提高。

王琦从事中医临床、科研和教学工作近50年，深深地感受到中医理论与临床思维的重要性，尤其承担国家973计划项目"中医原创思维与健康状态辨识方法体系研究"，对中医思维进行深入研究后，这种感受更加强烈。对中医思维的研究，不仅要重视其理论思维体系的探讨和构建，而且应注重理论思维向实践的转化与运用。王琦对中医思维的认知大约可以分为两个历程：一是早期对有关理论思维的散在思考，一是近年来对中医原创思维模式进行的研究和构建。

王琦经常思考一些问题：在一个医学群体中，他们有着同等条件，受过同等教育，然而在面对众多复杂的临床疾病、重大关键的科学问题研究方面，为什么有的能应付自如，出奇制胜，因之名闻遐迩，有的却困惑多岐，学术上未有突破，临床上甚至误诊误治，弄得门前冷落呢？此外，教学上，应该如何传道授业解惑，培养中医人，铸造中医魂？中医学历经2500多年发展至今，为什么还面临着诸多的困境……究其原因当然十分复杂，他认为很重要的一点就是缺乏中医的理论与临床思维。长期以来，人们多习惯于对名医"经验""技术"的继承，而对思维艺术的探讨却少有顾及，到头来终难有长足的进步。王琦通过系统思考和总结，提炼出中医学四大理论思维特质：第一，中医学是"象"思维而非概念思维；第二，中医学是关系与调控思维而非唯实体思维；第三，中医学是一元论的哲学思维而非两极化思维；第四，中医学是复杂性思维而非线性思维。与西医相比，中医更侧重从宏观整体认知生命现象、以时间为本体、注重功能关系、注重动态变化，是实践－经验－直觉的思维过程，而不是形式逻辑加实验的思维过程。从未来医学的走向来看，中西医应当走"和而不同"之路。当然，中医理论思维也有其历史与时代的局限性，主要表现在理论认知体系存在一定的直观、笼统、抽象；大多借用了哲学术语作为理论表述的工具，致使医学或生命科学专用术语不能源源不断地形成，影响了自身术语发展的需求；思维方式存在"经典决定论"，缺乏理论创新思维等。王琦强调，形成正确的中医思维，首先要投身临床实践产生真知，因为思维是建立在临床实践的基础上，在不断实践的活动中，来丰富和发展思维的内容和方式的。再则，要形成丰厚的理论素养。同时也要敢于质疑，对以往的学说或理论必须采取科学的怀疑态度。最后要独立思考，旗帜常新。正确的思维，就是培养独立思考和分析问题、解决问题的实际能力，它关系着医疗效果的成败，而创造性思维活动可以提供新颖的、前所未有的并具现实意义的思维产品，是创立新说的关键。

科学技术部于2010年将"中医原创思维与健康状态辨识方法体系研究"纳入国家重点基础研究发展计划（973计划）中医基础理论重大研究专项之中，王琦为该项目的首席科学家，带领课题组进行了中医原创思维的研究和探索，提出并论证了中医原创思维模式。通过大量的文献整理、书面征求意见、电话咨询、网络讨论、走访专家、组织会议等多种途径，并运用文献学、发生学、思维科学、比较学等多种方法，对中医原创思维进行溯源、梳理，凝练出"象、数、形、神、气"五个基本要素。并广泛征求学界意见，包括院士、哲学界专家、国医大师、临床医生、科研人员、教师及学生等，不断讨论完善，经过2年多的时间，5次调整与修订，最后确立了"取象运数，形神一体，气为一元"的中医原创思维模式，并以此形成了独特的自然观、生命观、健康观与养生防治的认知体系，共同构成了中医理论的核心内涵。任何理论都不是空中楼阁，都要转化为对实践的指导作用，中医理论的产出必须对中医学术的整体发展产生推动作用，对中医临床实践产生指导作用，从而体现其实用性，这是中医理论的出发点和归宿。王琦在中医理论思维方法的指导下，提出并构建了"辨体－辨病－辨证"中医诊疗模式，形成了对人体疾病与健康生命现象的独特认知体系，适应纷繁复杂的临床实际（详见"学术之精"）。同时，王琦还指出，开方用药也需要思维、艺术和方法，提出了经方应用、名方应用、专方应用、小方应用、自拟方应用、辨体用方、主病主方（详见"学术之精"）等系列处方用药思路，并在《王琦临床方药应用十讲》中讲："经方时方各擅其长，无须各立门户；辨证用方专病专方，无须形同水火；复方单方择善而从，无须厚此薄彼；临证活方活法活用，全在领悟贯通。"

### 4. 中医藏象学

藏象学说是中医理论体系中的核心内涵，也是临床各科辨证论治的理论基础。遗憾的是，有关藏象研究的专著为数不多，进行系统的理论构建尤为亟须。因此王琦从 1976 年起就致力于藏象研究，1979 年与盛增秀写成《藏象概说》一书，并被日本刊物连载，为杏林同仁所瞩目。1997 年着手进行《中医藏象学》的主编工作，该书历经六载，数易其稿，终成 150 万言专著。其间辨章学术，淹贯证治，构建体系，厘定概念，彰其隐旨，皆倾心力。是书构建藏象学科，完善理论体系；辨析学术纷争，阐述理论是非；填补诠释不足，力主面向临床；继承发扬并举，传统融入新知，对中医藏象学作了理论的构建与完善，第一次将其从学说地位确立为学科地位。《中医藏象学》2004 年修订出版第 2 版；2012 年与吴承玉共同主编第 3 版，进一步建立了概念系统，根据王琦提出的中医藏象六个理论模型，规范基本概念和内容的表述，用现代语言阐述了中医藏象的内涵、外延、本质特征和规律；2023 年进行了第 4 版的修订工作。

### 5. 中医腹诊学

腹诊是中医诊病的一种独特的方法，早在《黄帝内经》《难经》《伤寒论》中就有记载，可谓源远流长。但由于历史原因，后来在我国研究较少，临床也鲜有应用，濒临失传。16 世纪以后，日本倡导腹诊，广泛应用于临床，重视程度胜于脉诊，一度居于我国之先，以致日本学者在国际性的学术会议上声称腹诊是日本人发明的，从而产生了中日"腹诊发明权"之争，由此激发了王琦对腹诊进行系统研究的决心。王琦主持的腹诊研究工作与日本腹诊研究相比具有以下优势：一是拓宽了理论研究范围。日本腹诊研究，一派以《伤寒论》为主体，一派以《难经》为主体，各成体系，王琦带领课题组上溯《黄帝内经》，下迄明清，涵盖了腹诊所有文献，汇各家之说，使之全面系统。二是丰富了辨证内容。日本对腹诊应用主要是汤－证（腹）对应，而王琦团队的研究工作则包括了藏象经络、气血津液等辨证，四诊合参，综合考察腹证情况进行论治。三是扩大了腹证症状。日本腹证描述一般为 50 多个，而中医腹诊学有 500 多个。

王琦认为，只有从传统中来，又能超越传统，才能在学术上有所建树。只有在继承的基础上进行创新，中医学才能发展。虽然这条路走起来艰辛，但也其乐无穷。

### 6. 中医健康医学

健康是人类追求的永恒主题。现代的健康理念不仅仅是指躯体没有疾病。按照世界卫生组织（World Health Organization，WHO）1948 年对健康下的定义看，它不仅是要求没有疾病（disease）或者虚弱（infirmity），而且是指一种躯体、精神和社会适应完整良好的状态（Health is a state of complete physical，mental and social well-being and not merely the absence of disease or infirmity）。

王琦作为国家重点基础研究发展计划（973 计划）资助项目"中医原创思维与健康状态辨识方法体系研究"的首席科学家，在对中医健康状态认知理论系统总结、整理、归纳基础上，给健康下了新的定义："健康是指人的不同个体在生命过程中，与其所处环境的身心和谐状态及其表现的对自然及社会环境良好的自适应调节能力。"这一对健康概念的新表述，主要体现了以下 5 个方面的特征：①健康的状态性。状态，在生理上是全身各个组织器官相互协调和统一的综合表现，作为一个整体，其主要表现是功能的协调统一。健康可以用由机体表现的状态来判断和衡量，反映的是机体整体协调的、自组织的、自稳态的功能情况。它是全身多器官系统综合协调的结果，这一结果不能用单一的器官功能或理化指标加以说明，也不能用各器官的理化指标的加减来代替。中医传统的望闻问切、四诊合参是健康状态诊断的基本方法。②健康的形神一体性。形与神是生命不可分割的两个方面，形为躯体有形之质，神为精神情志思维活动，形神关系体现心理活动（神）与人体生理（形）的关系。健康是人生命活动形神统一协调的结果。形神和谐、身心相依是健康状态的重要特征。形神统一是生命存在和健康的基本特征之一。③健康的生命过程性。中医认为，生命过程有生、长、壮、老、已的不同阶段，在不同生命阶段，生理状况不同；不同时期对健康状态进行判定标准应有区别，因为不同生命阶段的生理和心理特征表现出不同的健康状态。健康是一个随生命发展动态变化的过程，而不是任何阶段只有一种状态、一个标准。小儿、成人、老人等不同人群阶段，具有不同的健康状态。④健康的天人合一性。每个生命都与其周边环境有着密切联系。人是社会、自然环境中的一部分，与之息息相关，相互联系，相互影响。当自然环境变化如自然灾害，或是社会环境动荡不安，势必对人体产生影响，甚至会引起一些疫病或是精神重创的发生。⑤健康的个体适应力差异性。每个个体具有不同的自我适应能力和调节能力，不同个体由于适应力不同，在同样的环境下表现的健康情况也不同，说明个体的适应调节力对健康有着重要影响。这也体现了健康状态的个体性和多样性，从而成为个体化诊疗的依据。以上关于健康的五个方面特征缺一不可，共同构成了关于"健康"这一概念的全面表述。同时，王琦还带领团队开展了中医健康状态的分类研究、辨识技术研究、测评方法研究等，形成《中医健康医学》，于2023年由中国中医药出版社出版。

### 7. 中医未病学

"治未病"，一个古老而新鲜的话题。在当代社会，面对医疗保健诸多问题的困扰，以及人们对健康提出的更高要求，"治未病"的理念与实践被提到了前所未有的高度。在中医学漫长的发展历程中，"治未病"的思想始终闪烁着光辉，中医在几千年的防病治病实践中，积累了丰富的应用经验，为后人提供了可资借鉴的有效方法和手段。然而，这一宝贵的理念和实践经验，并没有得到充分的挖掘和系统的梳理，没有明确的概念体系、没有理论体系、没有学科体系、没有行动纲领，无法彰显它的优势和价值。王琦经过十几年的沉淀，从第一本关于治未病解读的书《中医治未病解读》，到第一部中医未病学教材《中医未病学》，到第一本中医治未病发展报告《中医治未病发展报告（2007—2020）》，到第一个中国工程院重大咨询项目"中医治未病与建立中西医结合疾病防控体系战略研究"，明确了治未病系列概念，构建了中医未病学学科框架，系统总结了治未病健康工程的经验与不足，提出治未病升级建设建议，为治未病服务于健康中国指引了方向。以下作简要介绍。

首次系统提出养生是人类保健最基本的认识空间和修为手段，是"治未病"的基石；体质是人体内在的固有特质，与发病及防病治病的联系至为紧密，把握了体质就从根本上解决了"治未病"的主要矛盾；亚健康是当代社会面临的"通病"，预防亚健康的发生和阻断亚健康的发展，将成为"治未病"最直观的表达和所要解决的重大问题。

首次明确给出了"未病"的概念，即中医学所指的"未病"包含无病、病而未发、病而未传3种状态。无病，也就是通常所说的健康机体；病而未发，是健康到疾病的中间状态；病而未传，是指已出现病理状态，尚未进一步迁延、发展，即在变化转归上既未有脏腑经络间的相传也未出现变证，对于将要被累及的脏腑来说，尚属"未病"。王琦认为，认识并界定无病、病而未发、病而未传3种"未病"状态及其含义，是进一步理解中医治未病概念和内涵的理论基础。而"中医治未病"是指遵循道法自然、平衡阴阳、增强正气、规避邪气、早期诊治、防病传变的基本原则，采取无病先防、欲病早治、既病防变、病后防复的措施，从而防止疾病的发生与发展。

系统提出"中医治未病健康工程升级"六大抓手：①通过干预疾病的土壤"体质"实现慢病"早筛查、早预警、早干预"；②针对不同年龄层人群的体质状态进行有差别养生保健，实现全生命周期健康维护；③通过对老年人群体质特点和慢病特点进行系统分析，提出精准健康管理服务；④通过自主自助式体质健康管理，深入基层公共卫生服务；⑤通过贫困县区示范区建设，降低国家医疗经济负担、帮贫扶贫，助力乡村振兴；⑥通过"一带一路"健康服务建设，推进国际化进程，为中医治未病健康工程升级版提供了行动纲领。

系统提出中西医结合疾病防控体系建设的四项建议：第一，建立中医药职能机构，完善中医药突发公共卫生事件应急处置常态化机制。第二，建立医防一体的中西医结合分级诊疗体系，充分发挥基层卫生机构健康服务功能。立足于家庭医生签约的公共卫生服务，把健康责任压实到基层，让中西医结合疾控体系能够真正发挥健康"守门人"的作用。第三，大力支持中西医结合疾病防控技术研究与应用，推进中医四诊客观化、智能化发展，实施九体医学健康中国计划。第四，建立配套的、与中西医深度结合的疾控学科与人才培养体系。在中西医结合一级学科下开设中西医结合预防医学二级学科。设立中西医结合预防医学专业，试点开展长学制中西医结合教育。根据人才定位，建议向中西医结合公共卫生医师开放处方权。

### （三）全科专长，广而求精

中医学术，博大精深，临床诊疗，理法纷呈。故为医者，非勤求博采无以施展济世活人之术，唯通晓各科方能成就术有专攻之业。鉴于辨证论治思想与方法在中医各科的普遍适用性，作为一名学养有素的中医学人和临床医生，必须走全科发展与专科擅长相结合的道路，做到广博而精专，才能在临床上有所作为。此正所谓"致广大而尽精微"是也。

#### 1. 全科之路

中医学是一门应用科学，离开了临床则失去了活力。中医内科过去叫"大方脉"，作为一名中医，虽要术有专攻，但是要建筑在通晓全科的基础上。临床各科间常有密不可分的关系，可相互促进。在近 40 年的悬壶生涯中，王琦对内、妇、儿科均有所涉猎，早年从事、学习中医儿科 3 年，中医妇科 5 年，后又多年从事内科。当住院医师的时候，中医科就将他一人派往病房。妇科宫外孕会诊，传染病房肝炎、流脑会诊，外科破伤风、脓毒败血症会诊，忙得不亦乐乎，但却得到锻炼。《王琦临床医学丛书》收录了王琦的内科医论、医话，涉及外感、心系病、肾系病、脾胃病、神经系统疾病等；外科、妇科、儿科也有多篇临证体会。这些丰富的临床实践是王琦从事中医事业的动力与源泉。王琦对代谢综合征、过敏性疾病、尿路结石、胃肠消化性疾病、睡眠障碍、肾病等多有揣摩；对历代本草药效功用及医家用药经验常进行梳理、钩沉，结合自己医疗实践发现某些药物的特殊功效，主编《62 种疑难病的中医治疗》，由学生整理出版《王琦临床方药应用十讲》。

**2. 专长之路**

自 20 世纪 80 年代，王琦在中医研究院开设男科门诊以来，男科疾病成了其在临床的主攻方向。新的临床实践呼唤新理论的产生。1989 年王琦在《谈中医的理论与临床思维》一文中说："科学研究贵在创新。所谓'新'，势必或有异于前人，或有悖于众说，于此方可谈发展。"王琦从惯性思维与求异思维、单一思维与多路思维、封闭思维与开放思维，讲了中医临床理论思维的变革。在男科临床中，临床思维的变革尤为重要，对于阳痿，传统认为是肾虚所致，要补，各种壮阳药一起上，三鞭酒不行，就来五鞭酒，肾宝不行来男宝。王琦通过大量的临床调研发现，多数阳痿患者正值青壮年，并没有头晕眼花、腰膝酸软、齿摇发落等肾虚症状，而多与情志失调有关，肝气郁结、气滞血瘀也可导致阳痿的发生。因此提出治疗阳痿主要用通法而不轻易用补，也就是说，通过调气机、畅血流，使心情舒畅、气血调和，达到阴茎正常勃起的目的，提出的"阳痿从宗筋论治"和"阳痿从肝论治"的思想，突破了传统补肾壮阳的定式。根据男性不育与生殖系感染、精索静脉曲张有关的现代认识，提出肾虚、湿、热、瘀、毒、虫是男性不育的主要病机，采用补肾填精、活血化瘀、清热利湿等法进行施治，据此研制的国家新药"黄精赞育胶囊"临床疗效显著。对于慢性前列腺炎，提出"精窍不畅，络脉瘀阻，因病致郁"理论，明确指出通泄精道是其治疗原则，并针对病人出现的尿道刺激症状、骨盆综合征和精神症状等不同主症，分别采用化浊利精窍、活血通络脉、疏肝解抑郁等治疗方法。根据良性前列腺增生多见于老年人的特点，明确提出肾虚和痰瘀闭阻是其主要病机，治疗以补肾消癥为原则，采用补肾、化痰软坚和活血消癥治法。由于治疗思路明确，取得了较好的疗效。

在男科临床中，王琦处方用药擅用古方、经方，如用桂枝茯苓丸、当归贝母苦参丸化裁治疗前列腺疾病；对动脉供血不足性阳痿用桃红四物汤加减活血行气以改善阴茎供血为主；对静脉性阳痿以当归补血汤加减补气摄血为主，取得很好的疗效。

# 三、学术之精

在创新思维引领下，王琦构建了"辨体－辨病－辨证"的诊疗模式，提出"主病主方"学术思想，不仅丰富了中医学的诊疗模式体系，也为解决临床疑难问题开辟了新的路径。

## （一）创立"辨体－辨病－辨证"三辨诊疗模式

王琦自 20 世纪 70 年代末开始研究中医体质学，并将中医体质的研究成果运用到临床疾病的诊治中，逐渐形成了"辨体－辨病－辨证"的临证模式。该模式是将辨体、辨病、辨证相结合，进行综合运用的一种临床诊疗模式。辨体、辨病、辨证各有指向，相互联系，三位一体。辨证论治是中医学的特色和临床诊疗的主要手段，与辨病（中医的"病"和西医的"病"）论治一并为临床所习用。辨证指向的目标是"疾病"过程中的某一阶段，将疾病某一阶段的病理特点与规律作为研究的主体，是考虑脏腑气血阴阳盛衰的现状及与本次疾病的关联，并概括现阶段疾病对机体所造成的影响；辨病指向的目标则是疾病全过程的病理特点与规律，是对某一疾病发生、发展规律的总体认识，诚如徐灵胎所云："凡病之总者，谓之病。而一病必有数症。"而辨体所指向的目标是"人"，将人作为研究的主体，主要诊察形体、禀赋、心理以及地域和奉养居处等对人的影响，亦即人对这些因素的反应。以此分析某类人群脏腑阴阳气血的多少，与某类疾病的易罹性，分析某种体质之人患病后体质对疾病的影响，即疾病发展的倾向性，以及对药物的耐受性等。在患病过程中，体质、疾病、证候三者从不同角度、不同层面反映了疾病的本质、规律与特征。王琦认为，临床上运用"辨体－辨病－辨证"临证模式时，要针对具体疾病灵活运用。有以辨体为主，兼辨病、辨证的模式；有以辨病为主，兼辨体、辨证的模式；还有以辨证为主，兼辨病、辨体的模式。

**1. 以辨体论治为主，兼辨病、辨证论治的模式**

以代谢综合征的治疗为例，痰湿体质是代谢综合征发生的共同土壤，只有改善痰湿体质才能更好地治疗代谢综合征。因此治疗此病以辨体论治为主，王琦常用益气健运汤改善痰湿体质，然后再结合辨病、辨证论治。如血压偏高者，酌加槐角、竹茹、川牛膝、葛根等；血糖偏高者，加生地黄、黄连、乌梅等；血脂偏高者，加大黄、绞股蓝、决明子等；尿酸偏高者，加土茯苓、萆薢、晚蚕砂等。此外，王琦指出，辨体论治应注重患者多维度状态的判定。如面部油腻、眼睑浮肿、舌苔厚腻、腹部肥满、四肢沉重、动作缓慢、言语缓和等，综合构成了痰湿体质的整体图景；神情忧郁、交流不畅、敏感多疑、悲伤欲哭，以及涉及多系统多器官的变化多样的不适感如疼痛、麻木、灼烧感、蚁走感等，综合构成了气郁体质的整体图景。而这些多维整体状态构成了相关疾病发生的土壤，临床应注意总结。

**2. 以辨病论治为主，兼辨体、辨证论治的模式**

以阴茎勃起功能障碍为例，王琦认为阴茎勃起功能障碍有其主病机，即肝失疏泄、宗筋失充，并以疏肝通络、调达宗筋为组方思路自拟"疏肝振痿汤"为主方治疗，然后再结合辨证论治和调体治疗。瘀血阻络者，加丹参、蜈蚣、水蛭、赤芍等；痰瘀阻络者，加地龙、僵蚕等；肝经湿热者，加龙胆草、泽泻、车前子、蛇床子等；更年期阳痿属于肝气郁结者，合用柴胡加龙骨牡蛎汤治疗。

### 3. 以辨证论治为主，兼辨体、辨病论治的模式

以慢性浅表性胃炎为例，脾胃虚寒、胃阴亏虚、脾胃湿热、肝胃不和、气滞血瘀均为慢性浅表性胃炎的常见证型，临床上治疗此病，需要以辨证治疗为主。如证属脾胃虚寒者，用理中丸加减治疗；证属胃阴虚者，用地丁散合沙参麦冬汤加减治疗；证属脾胃湿热者，用半夏泻心汤加减治疗；证属肝胃不和者，用柴胡舒肝散加减治疗；气滞血瘀者，用血府逐瘀汤加减治疗。在辨证治疗的基础上，再结合辨体论治。如气郁体质者，酌加疏肝解郁、行气活血之品改善气郁体质；血瘀体质者酌加理气活血化瘀之品改善血瘀体质；阳虚体质者加温阳益气之品改善阳虚体质。

## （二）倡导主病主方论

### 1. 主病主方的临证思路

王琦认为辨病施方是中医诊疗之原始。他认为现存最早的方书《五十二病方》记载了52类疾病的有效方剂，体现了辨病用方的思想。《伤寒杂病论》每篇篇名均冠以"辨××病脉证并治"，全书以病名篇，以病统证，据病施方，初步确立了辨病论治体系。辨病就是辨疾病的主要病机，疾病无论多复杂，总能摸索出主要病机，抓住主要病机组方用药才能治病求本，提高疗效。因此对于临床上经常诊治的疾病，王琦逐步发现并总结出这些疾病的主要病机，然后针对主要病机组方用药，形成了主病主方的临证思路。

### 2. 提炼疾病的主导病机

主病是指贯穿一种疾病始终的主导病机。一种疾病的发生发展过程是由主导病机控制，临床诊治疑难病时，首先要辨清主导病机。如王琦结合现代医学对男性不育的认识提出了"肾虚夹湿热瘀毒虫"的病机，突破了肾虚致不育的传统认识。其中肾虚指先天禀赋不足，后天肾失滋养，肾精亏虚，生殖功能低下，如少精子症、弱精子症等；湿热指过食肥甘辛辣，或过量饮酒酿热生湿，或外感湿热之邪等，从而损伤生精功能，包括前列腺炎及其他生殖系统炎症；瘀是指各种生殖系统的慢性病变形成的血瘀、痰瘀等致病因素，包括精索静脉曲张、精液液化障碍等症；毒是指化学药品、汽油、农药、工业废气及辐射，食棉籽油（棉酚）及腮腺炎引发睾丸炎等对生殖器官、生精功能的损害；虫是指性传播疾病及种种微生物感染，包括梅毒螺旋体、淋球菌、衣原体、支原体、滴虫及结核杆菌和白色念珠菌等。在此病机的指导下，王琦以补肾填精、清热利湿解毒、活血化瘀为治法，自拟升精赞育汤治

疗男性不育症。除此之外，王琦系统总结了临床 62 种疑难病的核心病机。如高血压的主病机为血随气逆，上扰清窍；冠心病的主病机为血瘀痰浊，痹阻心脉；慢性浅表性胃炎的主病机为寒热错杂，胃失和降；习惯性便秘的主病机为脾不布津，传导失司；慢性肾功能衰竭的主病机为脾肾虚衰，湿浊瘀毒潴留等。详见《王琦治疗 62 种疑难病》。

### 3. 依据主导病机确立主方

主方是指针对主导病机而选用专药组成的方剂。临床诊疗疾病时，首先要辨清主导病机，然后根据主导病机确定主要治法，再依据治法选择专效药物，最后按照组方原则合理制方。如针对顽固性失眠，王琦经多年揣摩，认为"肝魂不藏，阴阳失和"为其主要病机，以"调肝安魂，交通阴阳"为治法自拟"交合安眠汤"（由夏枯草、半夏、苏叶、百合组成）。夏枯草治失眠，王孟英多有推崇，谓"夏枯草微辛而甘，故散结之中兼有和阳养阴之功，血瘀不寐者，服之即寐，其性可见矣。陈久者，其味尤甘，入药为胜"。而半夏治失眠，首见于《灵枢·邪客》半夏秫米汤，云其"饮以半夏汤一剂，阳明以通，其卧立至"，明·徐树丕《识小录》又载："半夏一名守田，一名水玉，能治夜不寐。姑苏张濂水，名康忠，尝治董尚书浔阳不眠，用百部一两，半夏一两，董即得美睡，酬之百金。"半夏、夏枯草同用治疗失眠，则见于清人陆以湉《冷庐医话》，书中说："偶从杭城沈雨溥书坊购得《医学秘旨》一册，有治不睡方案云：'余尝治一人患不睡，心肾兼补之药遍尝不效，诊其脉知为阴阳违和，二气不交，以半夏三钱，夏枯草三钱浓煎服之，即得安睡，仍投（以）补心等药而愈'。盖半夏得至阴之气而生，夏枯草得至阳之气而长，二药配伍，和调肝胃，平衡阴阳而治失眠。"此外，王琦又增加苏叶、百合与之相配，更相得益彰。盖苏叶辛温气薄，理气和营，引阳入阴；百合甘而微寒，叶橘泉《食物中药与便方》载"治失眠不宁，易惊醒"，故半夏、夏枯草、苏叶、百合合以为方。临床以此四药为主方加味治疗失眠常获佳效。

王琦临床主病主方，有由经典名方化裁而来，也有合方、自拟方等多形式，但皆强调以主病病机决定主方制方原则，不是随意组合，必须具有新的制方理论和明确的适应范围。如张仲景金匮肾气丸的制方思想突出"阴中求阳"和"少火生气"；钱乙所制六味地黄丸的制方理论则遵循"壮水之主，以制阳光"，因此去金匮肾气丸中附子、桂枝，改干地黄为熟地黄，其主治功效与原方比较已发生了根本变化；张景岳根据"阳中求阴"的制方理论，去六味地黄丸中的"三泻"泽泻、茯苓、牡丹皮，加枸杞子、菟丝子、龟板胶、鹿角胶、川牛膝，制成左归丸；王琦根据《黄帝内经》"阳化气，阴成形"的理论，在六味地黄丸基础上加枸杞子、桑椹子、淫羊藿、巴戟天等，制成少弱精子症主方。诸如此类的制方方法，颇能体现方剂的制方理论，更能显示制方配伍的特色和特殊规律。

### 4. 主病主方的临证思路与三辨临证模式相互补充

主病主方的临证思路与三辨（辨体－辨病－辨证）的临证模式相互补充，并不矛盾。一方面，主病主方的临证模式强调针对主要病机，确立主要治法，依据治法选药组方，对于临床上诊治率高的病证，经过大量临床病例的积累，能够逐渐总结形成针对某一病证的专病方。另一方面，"辨体－辨病－辨证"的临证模式贯穿于主病主方的临证之中。三辨模式强调的是临证思维与方法，任何疾病的治疗都需要以正确的诊疗思维和方法为指导，因此主病主方的临证应用中渗透了三辨思想并在三辨之中有所侧重。如果病理体质作为疾病的主要病机，则以调理病理体质为主形成主病主方；如果该病有较为明确的病因病机，并且临床证型多样，可以在主病主方的基础上进行辨证加减，如王琦治疗过敏性疾病和代谢综合征既用到了三辨模式又体现了主病主方的临证思路。

# 四、专病之治

## （一）过敏性鼻炎

过敏性鼻炎，是机体接触致敏原后主要由 IgE 介导的鼻黏膜非感染性炎性疾病。临床表现为喷嚏、清水样涕、鼻塞、鼻痒等，可伴有眼痒、结膜充血等眼部症状。常见鼻黏膜苍白、水肿，鼻腔水样分泌物。皮肤点刺试验和血清特异性 IgE 检测与临床表现联合诊断过敏性鼻炎。

### 1. 对过敏性鼻炎的认识

过敏性疾病是由变态反应引起的一类疾病的总称，其发病率高，反复发作难以根治，严重影响患者的生活质量。常见的过敏性疾病有过敏性鼻炎、哮喘、荨麻疹、湿疹等，其各自的表现不同，但中医体质学认为过敏性疾病产生的共同土壤为"特禀体质"，与西医所说的"过敏体质"相通。特禀体质即在禀赋遗传基础上形成的一种特异体质，在外在因子的作用下，生理功能和自我调适力低下，反应性增强，其敏感倾向表现为对不同致敏原的亲和性和反应性呈现个体体质的差异性和家族聚集的倾向性。特禀体质是过敏反应发生的基础，只有不断地改善、纠正过敏体质，使机体对外界因素刺激的适应性逐渐增强，才能真正消除过敏性疾病对人们的危害，从根本上阻断过敏性疾病的发生。过敏性鼻炎作为过敏性疾病的一种，其治疗遵循以特禀体质为本、辨体－辨病－辨证相结合的诊疗思路，在调体用方基础上，基于主病机和辨证思路加减用药。

**2. 主要病机——特禀体质，外邪引发，鼻窍不利**

过敏性鼻炎相当于中医古籍中的"鼻鼽""鼽嚏"等病名。明清之后这类以鼻塞、喷嚏、流清涕、鼻痒等症状的疾病，基本上称为鼻鼽。过敏性鼻炎的主要病机是患者平素为过敏体质，伏热蕴肺，复感外邪，外邪引发肺中伏热，热气灼肺，肺失通调水道，津液凝聚为痰饮清涕，火性炎上急迫，逼迫清涕未能化为黄涕即外流于鼻窍，鼻为肺之门户，外邪引动肺中伏热上干鼻窍，因此表现为鼻痒、喷嚏、鼻塞、流清涕等鼻窍不利之象。

（1）特禀体质：过敏性鼻炎的患者每因感受致敏原（如粉尘、花粉、尘螨、冷空气）而引发，并且很多患者还患有过敏性哮喘、荨麻疹、湿疹、药物性皮炎等其他变应性疾病，因此认为特禀体质是患者发生过敏性鼻炎的内在体质基础。

（2）伏热蕴肺，鼻窍不利：王琦认为过敏性鼻炎患者平素有伏热蕴肺。所谓伏热是指未发作时热邪深伏于肺脏，肺为娇脏，一旦感受外邪，特别是风寒之邪，即导致肺气失宣，鼻窍不利，引发鼻痒、喷嚏、流涕、鼻塞。早在《黄帝内经》时代，就认为过敏性鼻炎由火热邪气所致。《素问·五常政大论》中说："少阴司天，热气下临，肺气上从……鼽衄塞室。"《素问·至真要大论》中说："少阴司天，热淫所胜鼽衄鼽涕呕。"《黄帝内经》之后，火热邪气导致鼻鼽的论述很多。其中，刘完素认为此病为肺热所致，而非肺寒所致。《素问玄机原病式》："鼽者，鼻出清涕也。夫五行之理，微则当其本化，甚则兼有鬼贼。故《经》曰：亢则害，承乃制也……由是肝热甚则出泣，心热甚则出汗，脾热甚则出涎，肺热甚则出涕，肾热甚则出唾也。《经》曰：鼻热者，出浊涕。凡痰、涎、涕、唾稠浊者，火热极甚。销烁致之然也。或言鼽为肺寒者，误也。彼但见鼽、嚏、鼻窒、冒寒则甚，遂以为然，岂知寒伤皮毛则腠理闭密，热极怫郁，而病愈甚也。"

鼻痒、喷嚏为火热上冲鼻窍所致。正如《素问玄机原病式》曰："嚏，鼻中因痒而气喷作于声也……痒为火化，心火邪热干于阳明，发于鼻而痒则嚏也。"鼻流清涕看似寒象，实为肺热炽盛，肺失通调水道，水液凝聚为清涕，加之火性急迫，导致清涕未能化为黄涕而流出鼻腔，因此不能见鼻流清涕而按肺寒论治。正如《医碥》曰鼻鼽因"肺热则气盛，化水成清涕，其不为稠浊者，火性急速，随化随流，不及浊也"。皇甫中在《明医指掌》中说"肺热，鼻塞流清水"，张景岳在《景岳全书》中说："鼻涕多者多由于火，故曰肺热甚则鼻涕出。"

（3）外邪诱发：外邪即指引发过敏性鼻炎的外来因素，中医学称为外邪，西医学称为致敏原或变应原，是过敏性鼻炎发作的外因。

外邪包括以下几类：①食入性致敏原：儿童对食物过敏者较成人多见，生食比熟食更有致病性。常见如牛奶、鸡蛋、鱼虾、豆类。②菌性抗原：由造成感染的菌所形成者，如细菌、病毒等。③吸入性致敏原：引起过敏性鼻炎季节性发病的多为花粉，常年发病患者的致病物有室内粉尘、真菌、动物羽毛或皮毛、冷空气等。④药剂性致敏原：由注射或口服药剂而形成者，如青霉素类、磺胺类等药物。⑤接触性致敏原：此类过敏性鼻炎的诱因主要是人体皮肤等直接接触所致，如化妆品、肥皂、新鲜油漆、胶水等。

虽然致敏原是引起过敏性鼻炎发作的重要因素，但是单纯靠避免接触致敏原防治过敏性鼻炎是不现实的，因为有些人对多种类型的致敏原过敏，无法真正做到远离致敏原。王琦在临床上防治过敏性鼻炎并不要求患者远离致敏原，而是通过调节过敏体质达到防治目的；从临床实践来看，改善患者的过敏体质，清除肺中伏热，能够有效地控制过敏性鼻炎的复发。

### 3. 主病主方——脱敏止嚏汤

［药物组成］乌梅 15g，蝉蜕 9g，灵芝 9g，防风 10g，黄芪 18g，黄芩 9g，五味子 9g，苍耳子 6g，辛夷 9g（包煎），白芷 6g。水煎服，每日 1 剂，分早晚 2 次服用。

［功效］脱敏散邪，清肺益气，宣通鼻窍。

［组方思路］本方根据过敏性鼻炎的主要病机——特禀体质，伏热蕴肺，外邪诱发，鼻窍不利而肺气虚损，进行组方用药。药物分为三组：第一组主要为改善过敏体质的药物乌梅、蝉蜕，敛肺散邪、抗过敏。特禀体质是过敏性鼻炎发生的内因，因此在防治时一定要兼顾特禀体质。现代药理研究发现，乌梅、蝉蜕具有抗过敏作用。另外乌梅佐以五味子，增强敛肺、生津止渴之效；蝉蜕祛风止痒，配合防风解表散风。四药收散相伍，调节肺的宣降功能，减轻或消除喷嚏、鼻痒、咽干等不适症状。第二组为宣通鼻窍的药物辛夷、苍耳子、白芷，这些药物中医常用来宣通鼻窍，可以直达鼻窍，兼有散邪祛风的功效，能够明显改善鼻塞、鼻痒、流涕、喷嚏等症状。第三组是清肺益气的药物，其中黄芩擅长清泄肺热，黄芪、灵芝补益肺气，三药配伍使用，清透肺中伏热，又可补养鼻窍不通日久、肺气宣肃不利所造成的肺气、肺阴耗伤。

## （二）代谢综合征

代谢综合征是一组以肥胖、高血糖（糖尿病或糖调节受损）、血脂异常［指高甘油三酯血症和（或）低高密度脂蛋白血症］以及高血压等聚集发病，严重影响机体健康的临床症候群，是一组在代谢上相互关联的危险因素的组合，这些因素直接促进了动脉粥样硬化性心血管疾病的发生，也增加了发生 2 型糖尿病的风险。

**1. 对代谢综合征的认识**

代谢综合征的核心是胰岛素抵抗。产生胰岛素抵抗的原因有遗传性（基因缺陷）和获得性（环境因素）两个方面。基因缺陷可发生在胰岛素受体和受体后信号转导的各个途径，获得性因素包括胰岛素受体抗体、某些升糖激素、胰岛淀粉样多肽、慢性高血糖、高血脂毒性、生活方式西方化及饮食结构不合理等。从普通意义上来说，胰岛素抵抗即胰岛素促进葡萄糖利用能力的下降。葡萄糖利用减少引起血糖水平升高，继而胰岛素代偿性增多，表现为高胰岛素血症，这是胰岛素抵抗的直接表现。

辨体论治是异病同治的要旨。"异病同治"常常反映在体质的同一性上。王琦认为，糖尿病、高血压病、高脂血症、冠心病、脑卒中、与肥胖有关的"代谢综合征"，与痰湿体质有内在关联，成为发病的共同基础。通过辨识体质类型可揭示多种疾病的发病倾向，并成为发病基础，而抓住体质特征则可执简驭繁。

**2. 主要病机——痰湿夹瘀，运化失司**

代谢综合征主要表现为体型肥胖，伴有代谢的异常。中医学认为脾气亏虚，运化失司，津液不归正化而凝聚为痰湿，痰湿蕴结则表现为肥胖。《仁斋直指方论》说："肥人气虚生寒，寒生湿，湿生痰……故肥人多寒湿。"《叶氏女科证治》曰："肥人气虚生痰。"《石室秘录》云："肥人多痰，乃气虚也，虚则气不能运化，故痰生之。"痰湿阻滞气机，气滞则血瘀，痰瘀交阻，进一步影响全身的气机气化，如此恶性循环，导致代谢紊乱。《杂病源流犀烛》谓："河间曰：人肥则腠理致密而多郁滞，气血难以通利，故多卒中也。"概言之，痰湿夹瘀、运化失司是代谢综合征的主要病机。

**3. 主病主方——益气健运汤**

［药物组成］生黄芪60g，肉桂10g（后下），制苍术20g，冬瓜皮30g，干荷叶20g，茯苓30g，泽泻15g，生山楂30g，昆布20g，海藻20g，姜黄10g，生蒲黄10g（布包）。

［功效］益气温阳，化痰祛湿，活血祛瘀。

## （三）阴茎勃起功能障碍

阴茎勃起功能障碍（ED）又称阳痿，是临床上常见的男性性功能障碍，指性交时阴茎不能勃起，或虽勃起但不坚，或勃起不能维持，以致不能完成性交全过程的一种疾病。该病可分为功能性、器质性与混合型三类。

**1. 对阴茎勃起功能障碍的认识**

关于阳痿病机，张景岳提出："凡男子阳痿，多由命门火衰，精气清冷……但火衰者，十居七八，而火盛者，仅有之耳。"后世多遵"命门火衰"说，每投温肾壮阳之品，疗效并不满意，并有口干咽燥、鼻腔流血、痤疮等副作用。而王琦指出："阳痿求诊者青壮年并不少见，其年肾气本应旺盛，临床用治肾法往往收效不显。究其病由，常因情志所伤，而性交乃宗筋用事，《素问·痿论》有'筋痿者，生于肝使内也'之论，故从肝论治，颇收良效。"

王琦认为，阳痿责之于"肝"的理由有四：一为肝之经脉过阴器，《灵枢·经脉》曰："肝足厥阴之脉，起于大指丛毛之际……上腘内廉，循股阴，入毛中，过阴器，抵小腹。"若肝脉运行正常，则气血条达，阴器得以濡养，勃起正。二是宗筋为肝所主，肝筋结于阴器。宗筋指前阴部或阴茎，而肝在体合筋，诸筋皆为肝所主，筋伸缩的正常活动和功能的发挥，有赖于肝血的滋养。三是气机调畅，则宗筋和，用事彰。肝主疏泄，具有调畅气机和情志的作用。肝的疏泄功能正常，则气机调畅，气血和调，经络通利，宗筋得以濡养，用事自如。四是肝血充盈，则阴茎怒、大、坚、热：肝藏血，具有贮藏血液和调节血量的作用。肝体阴而用阳，若肝藏血功能正常，肝血充足，肝木得养，疏泄得以冲和调达，气血充盈，则宗筋得以濡养。宗筋有赖肝血的濡养，用事之时以有形之血使阴茎胀大充盈，这对阴茎功能的维持起着极为重要的作用。可见，肝藏血，主疏泄，体阴而用阳，又肝与前阴密切相关，故肝之功能正常，则气血旺盛，宗筋得养，阴茎得以充盈，反之则病阳痿。在当今社会，由于工作、生活压力大，气郁体质、肝失疏泄者非常多见，因此阳痿病"肝"者为多，而临床治疗也应从疏肝解郁调体考虑。

### 2. 主要病机——肝失疏泄，宗筋失充

王琦认为，阴茎勃起功能障碍的主要病机是肝失疏泄、宗筋失充，以疏肝通络、调达宗筋为组方思路自拟"疏肝振痿汤"为主方治疗。此外，肝伤所致阳痿，病因虽然复杂，但均由寒热虚实之邪阻碍气血、不能充盈宗筋所致。临床上常见阳痿因于肝者，有肝经本病、邪客肝脉和他脏相病。

（1）肝经自病

①肝郁气滞：情志不遂，郁怒伤肝，或"思想无穷，所愿不得"（《素问·痿论》），导致肝气不畅。表现为阳痿不举或举而不坚，情志抑郁，善太息；脉弦。

②肝火炽盛：郁怒伤肝，久而化火，导致肝火炽盛。表现为阳痿不举，烦躁易怒；舌质红，苔黄，脉弦而有力。

③瘀血阻络：肝之疏泄失职，肝气不行，无以帅血，导致瘀血阻络。表现为阳痿不举，睾丸和小腹刺痛；舌紫暗或有瘀点、瘀斑，脉涩。

④肝血虚：禀赋不足，或久病重病失养，或饮食化源不足，或失血，导致肝血亏虚。表现为阳痿不举或痿软无力，爪甲苍白，面色萎黄，头晕目眩；舌淡脉虚弦。

（2）邪客肝脉

①湿热蕴结：平素嗜酒或过食肥甘，酿成湿热，或感受湿热之邪，客于肝脉，导致湿热蕴结。表现为阴茎痿软，阴囊潮湿，肢体困倦，口苦或黏滞；舌苔黄腻或厚，脉滑数而弦。

②寒滞肝脉：久卧冰冷之地，或天寒入水，或啖食生冷，或房事后受寒，感受寒邪，侵袭肌体，客于肝脉，导致寒滞肝脉。表现为阴茎痿软而缩，少腹拘变疼痛，畏寒肢冷，小便清长；脉沉弦。

（3）他脏相病

①肝脾同病：肝之疏泄太过，气机逆乱，横逆犯脾，肝病传脾或中焦虚弱，化源不足，肝失所养，导致肝脾同病。表现为阳痿不举，烦躁易怒，胸胁胀满，食少纳呆；舌淡脉弦。

②肝肾亏虚：思虑焦劳忧郁太过，肝血暗耗，伤及肾精，或房事不节，肾精被伤，精血不能互生，导致肝肾亏虚。表现为阳痿不举，耳鸣健忘，抑郁或易怒，五心烦热，腰膝酸软，失眠梦遗；舌红苔少，脉弦细数。

③肝胆虚怯：突遭不测外扰，或乍视恶物，尤其房事之中卒受惊恐，或平素胆怯，多疑善感，导致肝胆虚怯。表现为阳痿不振，心悸易惊，胆怯多疑；脉象弦细。

### 3. 主方——疏肝益阳方

[药物组成] 柴胡 12g，枳壳 10g，杭白芍 15 ～ 30g，白蒺藜 10g，合欢皮 20g，丁香 6g，蜈蚣 2 条，乳香 6g，九香虫 10g，炙甘草 6 ～ 10g。水煎服。

[功效] 疏肝通络，调达宗筋。

[结合药膳和心理辅导] 治疗阳痿，在以药疗为主的同时，结合辨体辅以食疗也很重要。

首辨体质类型。如湿热质表现为面生痤疮、阴囊潮湿、舌苔黄腻者，可辅以冬瓜粥；痰湿质表现为形体肥胖、口黏苔腻、睑浮肢重者，可辅以茯苓饼、薏仁粥；血瘀质表现为面颊红丝、肤色晦暗甚或暗斑、舌质紫络隐现者，可常服桃仁泥；阴虚质表现为面颊潮红、烦热口燥、舌红少苔者，可选食银耳羹、虫草炖鸭等。

其次根据不同年龄体质状态分别调治。如年轻人体质大多偏于湿热、阴虚，治当侧重清热祛湿或养阴润燥；老年人体质多偏阴虚或阳虚，治当侧重滋阴补肾或温润肾阳。

在上述辨病 - 辨证 - 辨体论治相结合、药疗与食疗相结合的基础上，还有必要对患者进行一定的心理辅导。部分阳痿患者因缺乏性知识和性经验而误以为阳痿，造成较大的心理负担，本无阳痿但由于情绪不畅而肝郁致痿者亦不少，不容忽视。

# 五、方药之长

## （一）经验用方

王琦在多年的临床实践中，逐步探索出活用经方、组合小方、参合药理新拟验方的主病主方的制方方法。谨守方证病机特点，移植成方挪作新用，是主病主方的重要制法和特色之一。

### 1. 创制过敏性疾病主方"过敏康"

王琦认为经方灵活应用，当以病机为核心。抓住病机，明确制方思想，就可举一反三，触类旁通。关于乌梅丸的制方思想，王琦指出，学乌梅丸要牢牢记住几个字：第一个是"酸"，即酸收、酸敛；第二个是"苦"，苦能泄能降；第三个是"辛"，辛能通能行。此外，还有"甘"，甘能补能缓急，因此乌梅丸里面核心的问题是酸苦、酸甘、辛苦、辛甘，其中酸味药是最主要的，乌梅丸里乌梅用量高达三百枚，同时还要放在苦酒里浸泡一昼夜。其他药的一些剂量如细辛是 6 两，当归是 4 两，蜀椒是 4 两，桂枝是 6 两，跟酸味药量比相差甚远。用乌梅既可涩肠止泻，还能泄肝和胃，敛肝生津。在学乌梅丸的时候不要把温脏安蛔作为唯一功效，应该是泄肝和胃、温脏散寒，安蛔只是其中的一小部分内容。在叶天士《临证指南医案》中，腹痛、痢疾、呕吐等这些医案里都用到乌梅丸或者用其化裁，这样就把乌梅丸用活了。如用乌梅丸治疗崩漏，把乌梅改成乌梅炭，它就能作为止血药，这在妇科病中用得也很多。这样掌握乌梅丸就能够在临床上举一反三。王琦依据乌梅丸的制方思想拟定"过敏康"，用以调节过敏体质治疗过敏性疾病。

［适用范围］过敏性疾病，包括过敏性鼻炎、花粉症、过敏性哮喘、荨麻疹、过敏性皮炎、过敏性紫癜、免疫学不育等。

［组成用法］黄芪 15g，牡丹皮 10g，乌梅 10g，黄芩 10g，百合 15g，水煎服。

［功效］脱敏调体。

［制方原理］本方可视为乌梅丸的变法。乌梅为酸，黄芩为苦，牡丹皮为辛，黄芪、百合为甘缓，属于整合药组，开发潜能的变通用方模式。从功效考虑，方中黄芪益气扶正、调节机体免疫功能为君药。乌梅收敛精气，百合滋阴清热生津，二者配合为临床常用的"抗过敏汤"，主要成分具有清热退敏的功效。牡丹皮可抑制免疫功能亢进，抑制抗体的产生，对抗变态反应性病变，减轻或消除免疫抑制所引起的副作用。同时，丹皮酚能明显对抗戊四氮、士的宁和电休克等所致的惊厥。黄芩能抑制组胺和 SRSA（过敏性慢反应物质）的游离量，黄芩中的黄酮苷有抗过敏作用，

是肥大细胞巯基酶的抑制剂，可对抗组胺和血管紧张素的作用。同时黄芩能抑制抗原与 IgE 结合，减少抗原抗体反应。乌梅可减少实验动物的蛋白性休克的死亡数，对豚鼠的蛋白质过敏休克及组胺性休克有对抗作用。百合水提取液有抗过敏作用，可对抗组胺引起的蟾蜍哮喘。

[加减运用] ①辨病加减：过敏性鼻炎者加苍耳子散，过敏性哮喘者加麻杏石甘汤，过敏性荨麻疹者加消风散。②辨证加减：兼有气虚，平素气短、恶风、易感冒者，加黄芪 20～30g，白术 15g，防风 10g。③辨症加减：鼻塞重者，加白芷 10g，薄荷 10g 增强宣通鼻窍、疏风散邪的功效；鼻痒、眼痒者，加路路通 10g，百部 10g 以杀虫祛风止痒；大量清涕者加五苓散温阳化气、利水渗湿。兼有咳嗽者，加杏仁 10g，桔梗 10g，青黛 6g，百部 10g；兼有痰多色白者，加苏子 10g，莱菔子 10g，白芥子 6g；痰黄黏稠者，加黄芩 10g，浙贝母 10g；兼有过敏性哮喘者，加炙麻黄 8g，生石膏 30g，杏仁 6g，炙甘草 6g；咳喘剧烈，呼吸急促困难者，加射干 10g，地龙 10g；病久入络，舌下静脉怒张、口唇紫暗者，加当归 15g，桃仁 10g；呼多吸少、肾不纳气者，加沉香 3g；兼有口干口渴者，加麦冬 10g，玄参 10，生地黄 10g。兼有荨麻疹者，加茜草 15g，紫草 10g，旱莲草 15g，白鲜皮 15g，地骨皮 15g，冬瓜皮 30g；皮肤瘙痒严重者，加白鲜皮 15g，白蒺藜 10g，徐长卿 15g。

**2. 创制代谢性疾病主方"益气轻健方"**

如前所述，王琦指出，新拟验方既不是传统方剂的简单加减，更不是随意的组合，必须具有新的制方理论和明确的适应范围。益气轻健方是王琦创制的用以调节痰湿体质防治代谢性疾病的主方。痰湿体质以体形肥胖为主要特征，易发多种代谢性疾病。痰湿体质源于气虚阳弱，进而痰瘀兼夹为患。因此拟方配伍应考虑益气温阳、化痰祛湿综合配伍，形成益气轻健方，调节痰湿体质防治代谢性疾病。

[适用范围] 肥胖及代谢综合征符合痰湿体质特征者。体形肥胖，腹部肥满松软，面部皮肤油脂较多，多汗且黏，胸闷痰多，面色黄胖而暗，眼胞微浮，容易困倦，口黏腻或甜，身重困倦，喜食肥甘，大便正常或不实，小便不多或微混；舌苔白腻，脉滑。查有血脂高、血压高、血糖高、血黏稠度高、皮下脂肪堆积等。

[组成用法] 生黄芪 60g，肉桂 10g（后下），制苍术 30g，冬瓜皮 30g，干荷叶 30g，茯苓 30g，泽泻 20g，生山楂 15g，昆布 30g，海藻 20g，姜黄 10g，生蒲黄 10g（布包）。水煎服。

[功效] 益气温阳，化痰祛湿，健运祛瘀。

[制方原理] 方中生黄芪益气健脾，肉桂温肾助阳，制苍术燥湿运脾。《本草纲目》云："苍术，消痰水，解湿郁，治痰夹瘀血成囊。""治湿痰留饮……"茯苓、泽泻、冬瓜皮、干荷叶渗湿泄浊；昆布、海藻化痰软坚；生山楂消食化积，合姜黄、

生蒲黄活血祛瘀。诸药合用，用于痰湿体质易患肥胖及代谢综合征者多有效验，为"异病同治"治法。

[加减运用] ①辨病加减：血压偏高者，去肉桂，酌加槐角、竹茹、川牛膝、葛根、决明子等；血糖偏高者可去肉桂，加生地黄、黄连、乌梅等；血脂偏高者，加大黄、茜草、决明子等；尿酸偏高者，可予土茯苓、萆薢、晚蚕砂。②辨症加减：腹胀者，加炒莱菔子、鸡内金、砂仁；便秘者，酌加炒莱菔子、决明子、牛蒡子。

**3. 创制勃起功能障碍主方"疏肝益阳方"**

"四逆散"原治阳郁厥逆，后世拓展用于肝郁气滞所致的多种病证。王琦针对男科阳痿多与肝郁气滞、阳气郁遏有关，治肝之法多为常用，故将四逆散加味移植用于阳痿主方"疏肝益阳方"，体现阳痿"从肝论治"的制方思想。

[适用范围] 阳痿不举，或举而不坚，性欲冷淡，情志抑郁或烦躁易怒，胸胁不舒，脉弦。

[组成用法] 柴胡12g，枳壳10g，杭白芍15～30g，白蒺藜10g，合欢皮20g，丁香6g，蜈蚣2条，乳香6g，九香虫10g，炙甘草6～10g。水煎服。

[功效] 疏肝通络，调达宗筋。

[制方原理]《灵枢·经脉》曰："肝者，筋之合也；筋者聚于阴器。"《广嗣纪要·协期》云："阳道昂奋而振者，肝气至也。"是以肝气行于宗筋，气行则血至，阴茎则勃起刚劲。王琦指出，治疗上要把握两点：一则疏肝气，二则行肝血。疏肝益阳方是在四逆散用以疏肝解郁的基础上加味而成。方中白蒺藜，《慎斋遗书》有单味刺蒺藜散治阳痿，《临证指南》用以开郁，与合欢皮相伍以增强舒达肝气之力。蜈蚣合乳香以活血通络。丁香醒神兴奋、助阳起痿，《本草求真》谓其"辛温纯阳，细嚼力直下达……暖肾"，《医林改错》又云其"补肝，润命门"。九香虫既可理气解郁，又能兴阳起痿，《本草纲目》云其"补脾胃，壮元阳"；《摄生众妙方》治阳痿之乌龙丸更谓"理膈间滞气，助肝肾之亏损……妙在九香虫一物"。诸药相配，共奏疏肝通络、调达宗筋之效。

## （二）核心用药

### 1. 乌梅

运用"乌梅"治疗过敏性疾病，体现了王琦吸纳现代药理学新成果提高临床疗效的思想。乌梅性酸、涩，味平，有敛肺涩肠、生津、安蛔之效，用于治疗肺虚久咳、久泻久痢、虚热消渴、蛔厥呕吐腹痛等。现代研究发现，乌梅提取液能够明显降低肥大细胞脱颗粒模型中RAR-2 mRNA和蛋白的表达，抑制肥大细胞脱颗粒反应；亦有研究表明乌梅提取液可以降低组胺水平，抑制IL-4、IL-13分泌，以及

Akt、ERK 蛋白的表达，从而缓解过敏性炎症反应。可见乌梅是一味抗过敏良药。从中医角度亦不难理解乌梅抗过敏的作用。过敏反应与中医"风邪"表现类似。风邪袭表，可使腠理开泄、肺失肃降，呈现皮肤过敏瘙痒或鼻炎、咳喘等病症。而乌梅味酸，能够收敛肺金，敛其耗散。同时，乌梅酸入肝而补肝体，王琦临床常将乌梅与蝉蜕配伍，疏风解表与酸涩收敛并用，使得风邪得解、卫外固密；将乌梅与百合相配伍，收敛精气兼清热滋阴，有清热退敏功效；将乌梅与黄芩配伍，酸苦泄肝、柔肝息风，以抗过敏。

### 2. 肉桂

运用"肉桂"治疗肥胖和相关代谢性疾病，是王琦"加法"减肥核心思路的体现。肉桂，味辛、甘，性大热，归肾、脾、心、肝经，补火助阳、散寒止疼、温通经脉、引火归原。《日华子本草》云其能"治一切风气，补五劳七伤，通九窍，利关节，益精，明目，暖腰膝，破痃癖癥瘕，消瘀血"。陈士铎在《本草新编》中总结肉桂的功效，谓其味辛甘香辣，气大热，入肾、脾、膀胱、心包、肝经。养精神、和颜色、兴阳耐老，坚骨节，通血脉，疗下焦虚寒，治秋冬腹痛、泄泻、奔豚，利水道，温筋暖脏，破血通经，调中益气，安卫护营，安吐逆疼痛。王琦认为肥胖及糖脂代谢性疾病多为痰湿体质，机体"运化不及、聚湿生痰"的状态是导致肥胖及代谢紊乱发生的"土壤"。临床应注重"加法"（益气温阳法）的应用，肉桂补命门心包之火，开胃化痰，健脾祛湿，"使根本渐充，则痰将不治而自去矣"。正如《石室秘录》中记载："肥人多痰，乃气虚也。虚则气不能营运，故痰生之。则治痰焉可仅治痰哉，必须补其气，而后带消其痰为得耳。"又云："气之补法，又不可纯补脾胃之土，而当兼补其命门之火"，认为"肉桂于补药之中，行其地天之泰，水自归经，痰从何积"，肥人之治法有如此，"全在肉桂之妙"。现代研究发现，肉桂能够扩张血管，增强血液循环，增加胃肠动力，提高免疫抗炎，抗肿瘤，解热镇痛，增强胰岛素敏感性；肉桂多酚可能是通过抑制高脂饮食喂养的小鼠脂肪酸从头合成途径，促进脂肪酸的 β 氧化，从而改善肝脏脂质沉积；肉桂醛可通过诱导白色脂肪组织褐变减轻高脂喂养肥胖小鼠的体重。

### 3. 白蒺藜

运用"白蒺藜"治疗勃起功能障碍是王琦"阳痿从肝论治"思想的重要体现。白蒺藜，辛、苦、微温，归肝经。《本草汇言》云："刺蒺藜，去风下气，行水化癥之药也。其性宣通快便，能运能消，行肝脾滞气，多服久服，有去滞之功。"《本草便读》则载："蒺藜，善行且善破，专入人体肝肺二经，主以宣肺之滞，且疏肝之瘀也。"《本草再新》则提及："刺蒺藜，可镇其肝风，泻其肝火……主以散湿和破血……散其疮毒也。"可见白蒺藜有疏肝解郁、活血通络的功效。如前所述，在当今社会，由于工作、生活压力大，阳痿患者更多见肝失疏泄、宗筋失充，临床治疗应疏肝通络、调达宗筋，白蒺藜则常用之。现代研究发现，蒺藜皂苷、总黄酮具有改善动脉血液循环、促进供血、降血脂、降血糖和促进性欲、性强壮的作用；蒺藜皂苷还可通过改善大鼠阴茎内皮功能上调 NO/cGMP 通路表达，改善平滑肌纤维化，抑制细胞凋亡，改善勃起功能。临床中，王琦运用白蒺藜，又常配伍蜈蚣。《医学衷中参西录》谓蜈蚣"走窜之力最速，内而脏腑，外而经络，凡气血凝聚之处皆能开之"。蜈蚣通达走窜的能力猛烈，其疏达人体血脉，通达宗筋之力俱佳。王琦认为蜈蚣得刺蒺藜，能直入肝经，除辛温走窜兴奋性神经外，其活血通络之力更强，以改善阴茎供血。

# 六、读书之法

读经典是中医成才之不二法门。纵观历代名医，无一不以精研经典，并应用于临床实践而有新的建树和发明。唐代医家孙思邈在《备急千金要方·论大医习业》中说："凡欲为大医，必须谙《素问》《甲乙》《黄帝针经》《本草药对》……张仲景、王叔和等诸部经方……如此乃得为大医。"而孙氏自己也是"白首之年，未偿释卷"，终成一代名医。王琦认为读经典关键在"读"。由于经典著作研究者众多，而且多有自成一家之言者，往往造成偏执一词。如《伤寒论》一书，由于历代医家研究的切入点不同，出现了"伤寒六经说""六经提纲说""三纲鼎立说""错简重订说"等。所以，读经典又存在"怎么读"与"读什么"的问题。经典著作不能泛泛而读，而是要勤读、精读、熟读，带着问题读，带着思考读，还要深入研究，进行深层次的思考。读经典要以原著为出发点，探讨经典著作之本义，只有深刻理解其本义，才能触类旁通，而不走极端。王琦将品读经典分为亲近经典、走进经典和延伸经典三个阶段，也是品读经典的三个层次。以下以《伤寒论》为例予以说明。

## （一）亲近经典，要以勤恳的心态来学习经典

亲近才能产生感情，进而加强学习经典的主观能动性。因此，学习经典的第一步，就是自己亲近经典。经典学习对中医人的重要性毋庸置疑，成为一个好中医不可能跨越经典而用其他。唐代刘知几《史通·叙事》指出："自圣贤述作，是曰经典。"经典的意义，是历经岁月的流衍而价值永存，跨越千年更替而留存不朽。经典的永恒性不因为时间的跨越而降低生命力。如天人合一的思想，是东方人对世界巨大的贡献，敬畏自然，顺应自然，利用自然，而不去破坏自然。在解释人体的生命过程中，五行学说实际是解释一个反馈机制，互相克制和反馈，使这个世界的所有

元素都处于一个平衡状态，互相制约。因此中医经典理论具有先进性，永不过时。

新型冠状病毒感染疫情暴发时，广泛使用的"三方三药"，小柴胡汤、五苓散、麻杏甘石汤，都是《伤寒论》里的方子，这就是经典的价值。经典理论中"阳化气，阴成形"怎么用？临床上总是用天花粉、麦冬，不一定能治好口渴。《伤寒论》中"渴欲饮水数升者，白虎加人参汤主之"，此方没有加天花粉、麦冬，只是加人参，却能治好"渴欲饮水数升"，这便是"阳化气，阴成形"思想的应用。因此，我们要亲近经典，感受它的伟大。

### （二）走进经典，对经典有新的理解和解读

王琦在走进经典的探索之路上，通过对经典著作的学习、研究、讲解与应用，先后主编或参编了《素问今释》《黄帝内经专题研究》《五运六气的研究与考察》《内经与临证》《伤寒论讲解》《伤寒论研究》《伤寒论注评》等多部专著，并发表了许多相关论文，走进经典后，对经典会产生新的理解和解读。

### （三）延伸经典，很多原始创新，就是从经典里来

王琦创立的中医体质学、中医藏象学、中医腹诊学、中医男科学等都来自经典著作。中医体质学说来自《黄帝内经》，提供了体质分类的思维，但不是九种体质。《黄帝内经》讲阴阳二十五人，启迪了人是有不同的，并且是可以分的。王琦从这个点出发，把它延伸形成了中医体质学说，同时还赋予了它很多现代研究。中医藏象学说、中医男科学也是从《黄帝内经》延伸而来的，腹诊理论是由《伤寒论》而来的。这4个学说的形成对中医来说，是非常重要的理论支撑的发展，这就是延伸经典。

经典的永恒价值就在于此，现在许多人也在学经典、背经典、悟经典，但是怎么用经典？用，不光是临床，对于经典的理论也需要再应用。中医人要敬畏经典、亲近经典、走进经典、延伸经典，实际上是要发挥经典、发展经典。经典的本源作用还要进一步被大家广泛认识，很多原始创新都是从经典里来。如《黄帝内经》的时辰与十二经脉，就是时间医学、天干地支、子午流注等的源头，只要我们坚持去做，就能有很多收获。许多人对于经典可能只是以尊重、敬畏之心在学习，但是在怎么发展上仍有所欠缺。从王琦的研究中可以看出，既要继承，同时也要创新。用发展经典的思维指导科学研究和临床应用，是王琦教授的"道"。

# 七、大医之情

## （一）思想境界

精诚为医、厚德育人、勤勉治学是王琦精神境界的生动写照。作为一名医生，他秉承先贤"凡大医治病，必当安神定志，无欲无求，先发大慈恻隐之心"的名训，对患者一视同仁，无论贫富长幼，皆尽心诊治。对家境贫寒的患者，常免费为其诊疗。曾经有一老母亲，带着患有精神分裂症的儿子从东北来京求治，王琦见其家境贫困，便免费为其诊病。他常对学生说，从医术上来讲，患者就是医生的老师，没有患者的信任与托付，就培养不出医术高明的医生，因此要对患者心存感恩。从医德上来讲，医者父母心，哪个父母能够看到孩子受病痛折磨而无动于衷呢？一个好的医生对于难治的病也要有勇气、胆识面对挑战，要以一颗诚挚的心，为患者解除痛苦，担当起一份厚重的责任。这种"誓愿普救含灵之苦"的大医之举，生动地诠释了王琦自己的两句诗"但求慈航心中渡，不著袈裟亦如来"。

德国哲学家雅斯贝尔斯说："教育的本质是：一棵树摇动另一棵树，一朵云推动另一朵云，一个灵魂唤醒另一个灵魂。"也就是说，教育真正的价值是一种启发，一种唤醒，一种打开，一种得道……作为一名老师，王琦亦主张"授人以鱼，不如授人以渔"，他不仅重视知识的传授，更重视思维的启发。他常说："有道无术，术可求也；有术无道，止于术。"在中医传承工作中要做到以道驭术、道术相济，明道以修术，正道而强术。正是在这样的育人理念下，王琦先后培养硕博士、博士后133名，学术经验继承人11名，及临床研修人才数百名，并获全国优秀临床指导老师称号。如今，他的多名学生也已经成长为体质学研究领域的领军人物，并在教育中继续践行"绣出鸳鸯凭君看，乐将金针度与人"。近年来，王琦还一直在思考如何对中医高端人才进行再培养，并在全国中医药高校中率先成立"王琦书院"。王琦为书院拟定的办学宗旨是"发经典之奥义，融现代之新知，汇百家之言论，畅自由之思想"，人才培养目标是"遵循中医药人才成长规律，培养中医药高层次领军人才"。此举开启了中医药教育的崭新模式。

作为一名学者，王琦始终提倡治学之"独立精神，自由思想"，重视学术思维创新、研究方法创新，而不固守拘泥，因此创立了"六大学术体系"，不断有新的研究成果迸发。他像一个年轻的"80"后，始终保持着探索未知的激情。不仅致力于对中医经典的挖掘与梳理，常年在《黄帝内经》《伤寒论》等经典医籍中游弋，还通过承担国家自然科学基金、973计划项目等课题，创新性地将体质学与生物物理学、基因组学、蛋白组学、肠道微生态学等多学科联系起来，用现代科学方法来诠释中医理论。此外，王琦还不断地思考如何能够维护更多人的健康，他将当代人群健康需求与中医体质学相结合，"告诉老百姓，我是什么体质、我应该怎么管理身体，才能达到少生病的目的"。2005 年，王琦带领团队开发出了《中医体质量表》，并进行了专家咨询论证。2013 年王琦团队创立的中医体质辨识与健康管理被纳入国家基本公共卫生服务项目，越来越多的人从中受益。如今，《中医体质量表》已被翻译成八种语言，使中医体质学原创成果实现了国际共享，为不同国度、不同民族的健康作出了贡献。

王琦每天的时间都安排得很满，数十年如一日，临床、教学、科研、学术交流，工作日程排得非常紧。他认为中医教育是一份很严肃的工作，时代在不断发展进步，如果为师者故步自封、思维僵化，既跟不上时代的要求，还可能约束人的创造力。所以为师者，必须更加精勤，慎于德、专于能，方能不辱使命。他的儿子回忆道："爸爸总是特别忙，上门诊，给研究生上课，写书、写论文，印象特别深的是每天吃完晚饭，就钻进他的小书房，一直工作到很晚。我记得在他的办公桌玻璃板下，压着一篇写苏联昆虫学家柳比歇夫如何珍惜时间取得巨大成就的短文。"如今的王琦，虽已近耄耋之年，工作节奏却没有丝毫放松。繁忙的事务填满了他的日程表：门诊、教学、社会工作、行政事务，学生管理……他把要办的事分成若干单元，按每天的进度用表格划在记事本上，写明起讫日期，办完即划"√"，以免遗漏。王琦常说，除去常规工作的 8 小时，从晚 7 点到 12 点还可工作 5 个小时，一年可得 1825 个小时。如果说生命的尺度是时间的话，那就多获得了"额外"的 76 天生命。正是这份异于常人的坚守与付出，成就了今日的王琦。

### （二）文化修养

中医学是一门历史悠久的医学，是一门博大精深的医学，是一门东方智慧之学。中医理论蕴含着丰厚的东方文化，涉及文、史、哲、儒、释、道、天文、地理等各个方面，若要学好中医，只有把握其理论渊源，才能真正理解中医学的丰富内涵。古往今来，凡欲成大医者，都必须具有广博的知识，深厚的文化学养。《黄帝内经》中就有"上穷天纪，下极地理，远取诸物，近取诸身"的要求。汉代张仲景提出要"勤求古训，博采众方"。唐代名医孙思邈在《备急千金要方》里说："凡欲为大医，必须谙《素问》《甲乙》《黄帝针经》、明堂流注、十二经脉、三部九候、五脏六腑、表里孔穴、本草药对……至于五行休王，七耀天文，并须探赜。若能具而学之，则于医道无所滞碍，尽善尽美矣。"简而言之，欲为大医，就必须博极医源，精勤不倦，兼收并蓄。

王琦也以这些前贤的文化修养与精神境界严格要求自己，他曾引用宋代王安石《游褒禅山记》"入之愈深，其进愈难，而其见愈奇"，以说明治学道路的曲折与闻道的喜悦。从1976年参加中医研究院举办的全国中医研究班开始，到后来读研究生，他对《黄帝内经》《伤寒论》《金匮要略》《温病条辨》等经典进行了较为深入的学习和研究，并参与了对医学经典著作的注评。在注解《黄帝内经》的时候，任应秋教授指出需要深厚的"小学"功底，即熟悉文字学、音韵学、训诂学的研究方法。为此，王琦常常骑着自行车往返于西苑医院与北京中医药大学的图书馆之间，带一个馒头、"啃"一本书。在宿舍的墙上拉起细细的绳子，绳子上挂满了写着字词注解、释义、考据的纸条，按照题解、提要、原文、注解、语译、讨论的顺序对《黄帝内经》81篇进行了详细注释，几位同窗焚膏继晷，一年后基本完成了书稿。任应秋阅完书稿后给予充分肯定，又亲自给书题名为《素问今释》。这本书后来不仅成为注释《黄帝内经》的畅销书，而且在海外翻译出版，并被德国学者收入《黄帝内经》文献库。这种通读全文、提要钩玄、译释注评、专题研究的研究方法，不仅奠定了王琦扎实的文献基础，还使得其中医理论水平也有了很大的提高。

业余时间王琦对古代散文、诗歌、史学、哲学等方面著作亦多有涉猎，并在书法、诗词、国学方面均有造诣。《王琦医书十八种·王琦诗文方笺集》共纳诊余创作诗词96篇，散文杂谈32篇。诗词歌赋、散文杂谈的内容或因感而发，或因景而咏，皆体现出王琦乐观、旷达的心境。他尤擅书法创作，不仅常为人作词书法，且其处方多为毛笔书写的传统方笺，体现并延续了传统的中医方笺文化。王琦教授作为一名"博古通今，学贯中西"的医学大家，在他的身上还散发着医道与文采交相辉映的神韵。

# 八、养生之智

王琦日常工作非常繁忙，但仍精力充沛、精神矍铄，耄耋之年的王琦有其独特的养生智慧。

## （一）养生不在养

首先，王琦主张"养生不在养"，也就是提倡生活要有追求，而不是遛鸟、养花、种草。一个人没有生活的追求，没有生活的目标，精神就很空虚。王琦常说一句话，那就是"六十岁还在摇篮里，七十、八十笑嘻嘻，百岁老人不稀奇"。按着这个标准来说，七八十岁的时候，还是一个很年轻的状态。不能从生理年龄，而是要从心理的年龄来认识。尤其是对于老年人来说，养生应当保持心理的年轻状态，要老有所用，老有所学，老有所求，而不是总是老有所养。正如《庄子·达生篇》所述："善养生者，若牧羊然，视其后者而鞭之。"在甲骨文、金文中"养"字本是一个会意字，像手执鞭杖赶羊之形，表示放牧羊群，意思与"牧"字相同。养生如牧羊，就像一个牧羊人一样，在蓝天之下，在绿草如茵的地上，赶着羊群，是一种自由的、顺其自然的状态，就是人的心情要处在这样一个放松的、自然的状态，是一个顺应自然的过程，而不是成为一个程式。羊群在奔跑的时候时不时有落下来的，把落下的羊赶上去，"视其后者而鞭之"。把落下来的那只羊赶上去，把这个问题解决了，养生就是一个这样的状态。你采用的生活方式健康、饱满，形成自己的自适应能力，这就是养生。

养生是一种境界，不应把养生看作是一种方法，而应当看作一种理念，一种境界。会养生的人，能够化"门前冷落车马稀""人走茶凉"的悲观为"停车坐爱枫林晚"的独特意境。引用一句陶渊明的诗——"采菊东篱下，悠然见南山"。现在去见南山没有问题，问题是"悠然见南山"。陶渊明作为一位田园诗人，在那样一种生活的境遇下，他能够以这种心态来看待社会，来看待生活，以一种悠然自得的心态，去跟山水构成了一体，形成了一种自我的境界。这个才叫作养生。

养生是一种态度，把养生保健的思想深深扎根生活之中，做到防病健身、祛病延年，提高健康水平，身体上"健康强壮"，心理上"天高云淡"，将自身与大自然融为一体，使人生境界得到升华。生活目标是一个人的精神追求。是否活得有追求，这决定了一个人的心态，进而决定他的生理状况。很简单，一个没有生活目标的人，他的心态就是一种颓萎的心态；你天天在工作，天天在生活，或者是找一件事情去做，有生活目标的人，就会有一种积极的、向上的、激情满怀的心态和状态。所以，生活的态度很重要。王琦大概一天工作16小时，累了就在沙发上睡一觉，睡4小时就4小时，睡5小时就5小时，除了大年初一的上午是休息的，其他时候大多就是在工作。感觉工作的状态是一种幸福的状态，当然也可能是痛苦的状态，这主要取决于你对它的态度，你要把它看成一种痛苦就是痛苦的，你要把它看成是一种幸福的就是幸福的。

养生要顺应自然，要跟大自然和环境达到一个和谐的状态。《素问·上古天真论》所言"上古之人，其知道者，法于阴阳，和于术数，饮食有节，起居有常，不妄作劳，故能形与神俱，而尽终其天年，度百岁乃去"，即是顺应自然的问题。养生不是个人的问题，而是要把自己看成是大自然的一分子。宇宙间存在着寒暑交替，春去秋来，大自然的法则是春生、夏长、秋收、冬藏。应当使自己融入大自然当中，使身体状态与大自然适应，处在一个和谐的状态。

## （二）养生不在补

王琦总是强调养生绝不是"补"，要树立一个综合的养生观。世界卫生组织公布的健康公式为100%健康＝15%遗传＋17%环境＋8%医疗＋60%生活方式。其中，影响健康的4个因素中，有遗传因素、环境因素、医疗因素和生活方式。医疗水平再高，也只占健康因素的8%，而生活方式这一个因素，却占到了60%。生活方式就需要树立一种养生的理念。如果人们不注意生活方式在养生中的作用，那么生活方式病极有可能成为人类的头号杀手。生活方式对健康具有十分重要的作用。对于综合养生，主要包括精神养生、饮食养生和运动养生等几个方面。

**1. 精神养生——养生先养心**

要做到精神养生，就是要养心，以达到身心的和谐、个体与社会的和谐。养心就是要做到平常心、宽心、开心、静心等。正如魏晋养生家嵇康在《养生论》中所述："养生有五难：名利不灭，此一难也；喜怒不除，此二难也；声色不去，此三难也；滋味不绝，此四难也；神虑精散，此五难也。"故以心境以除五难。

**2. 饮食养生——养生不在补**

对于饮食养生，应当有一个养生不在补的理念。大家有时候一听说到饮食养生，就想到是要补，要吃什么补品，要吃什么营养品。这是一种错误的理念。其实，健康状态在于阴阳平衡，一味地进补，打破这种平衡，便会产生疾病。清代乾隆皇帝活了89岁，他认为自己养尊处优，所以每天服用少量大黄，以大黄活血化瘀、推陈出新，使身体通畅。这也是养生。还是那句话，要根据自己不同的体质特点养生。

**3. 运动养生——养生要通畅**

对于运动养生，就是要运动，就是要通畅。要像流水一样畅通。生命在于运动，正如"滚石不生苔""流水不腐，户枢不蠹"。"动则不衰"是中华民族养生、健身的传统观点，早在数千年前，运动锻炼就已经成为强身防病的重要手段。如后汉名医华佗创立的"五禽戏"就是模仿五种不同的禽兽的动作，根据意守的部位不同，达到强壮不同脏器的作用。

## （三）养生在不同

王琦认为，养生中还有一个重要的方面是要有个性化的养生观。世界上没有完全相同的两片树叶，同样世界上没有两个完全相同的人。这种不同就是个体差异。个体之间存在的差异性就要求养生要采用个体化的状态表达的方法进行，找到个体的特色方法。对于个体差异性的不同，美国健康专家阿特金斯医生说了这样一段话，"都是有着不同的基因倾向，不同的历史，不同的需要克服的健康问题，不同的饮食口味和不同的代谢反应的个体，没有一个可以适合所有人的饮食"。有这些不同，再加上每个人教育背景不同、社会地位不同、经济收入不同、地域环境不同、饮食习惯不同……所以每个个体的健康就不同！在这种不同当中，就形成了不同的体质状态类型。

王琦采用模块式的方法，把人群分成了9种体质，即平和质、气虚质、阴虚质、阳虚质、痰湿质、湿热质、血瘀质、气郁质、特禀质。每种体质的人都是一种聚类。对于个体的健康不好把握，但是把人群分成9种体质，分成了模块的时候，就好把握了。王琦将养生之道概括为"中医保健六要歌"，就是"一辨体质分九种，因人制宜各不同；二顺四时适寒温，人与自然自相通；三养心神调情志，精神爽朗沐春风；四调饮食需均衡，少而清淡不肥壅；五适运动持以恒，流水不腐筋骨松；六慎起居谙规律，劳逸适度精力充；把握保健六要诀，健康自在我手中"。现在很多中医院体检都有九种体质辨识。每个人可以根据体质辨识的结果，进行个体化的养生保健。至于如何根据体质进行个性化养生，可参考王琦体质养生相关科普书籍。

# 九、传道之术

王琦长期从事中医教育和临床传承工作，曾先后任教于中国中医研究院（现中国中医科学院）、北京中医药大学，是北京中医药大学终身教授，是第二届国医大师、中国工程院院士，第二、三、四、七批全国老中医药专家学术经验继承人指导老师。在中国中医研究院任教期间，讲授《黄帝内经》《伤寒论》《中医写作与科研方法》《藏象学说及其临床应用》等课程。2005年，在北京中医药大学任教期间，编写了《中医体质学》创新教材，并于2021年修订再版，目前已在全国高等中医院校授课。2009年，针对当前中医教育思维与方法学较欠缺的现状，在高等中医院校（主要对本科高年级学生和研究生）中开设《中医理论与临床思维方法》选修课程。2009年5月，北京市中医管理局"王琦名医传承工作站"项目正式启动；2011年10月，国家中医药管理局"王琦名医传承工作站"获准成立，为培养高层次临床人才搭建了新的平台。2017年担任北京中医药大学国家中医体质与治未病研究院首任院长，2019年当选为中国工程院院士，2021年创办并担任北京中医药大学王琦书院院长，在人才培养方法上有独特的见解，并取得了系列理论、人才、教育成果。

## （一）人才培养方法

### 1. 编著《师承论》，形成系统理论

中医之学，璀巍光灿，垂二千余年。然其推移演进，繁衍传继者，师承之教，

未曾离之。《黄帝内经》以岐伯、黄帝师生问答而为师承之肇始，故中医之学为岐黄之学，此其后者，每以"岐黄传人"称之。王琦撰写5000余字《师承论》，系统回顾了历史上中医从师而成、代有人才的典型案例，发现中医学之绵绵沛沛、江河长流，师承之教功莫大焉。并对中医师承中"师之传"与"弟子之承"提出了明确要求，形成系统的师承理论。

王琦认为，以往中医师承往往更重视"承"，而对师之传无明确要求。他认为医既非人人可学，师更非人人可为，并今仿徐氏意补《医非人人可教论》，申其不可为师者亦凡有五。一者，学无广，不可为师；二者，学无勤，不可为师；三者，术无专，不可为师；四者，心无诚，不可为师；五者，目无远，不可为师。

同时认为"人命至重，有贵千金"，故古之师承，于学者遴选，要求甚高。正如徐灵胎《医学源流论·医非人人可学论》申言不可学医者，凡有五种：非聪明敏哲之人不可学、非渊博通达之人不可学、非虚怀灵变之人不可学、非勤读善记之人不可学、非精鉴确识之人不可学。

**2. 理论联系实际，进行道术传承**

《王琦医书十八种》总前言中说："每每临危履薄，恐得知不见，笔耕未辍，虑学之不传。"纵观中医学几千年历史光耀华夏，各个历史时期，一辈辈中医人坚守主体。若主体丢失则成为无源之水，地位和作为将会受到根本的动摇。而传承工作是中医人保持主体的重中之重。在当前复杂纷纭的时代环境下，在各种思维撞击、各种因素交织的环境中，保持"我主人随"的地位非常重要，保持"道术结合"的指导思想非常重要。所谓"道"，是路径、规律、理论；"术"，是技艺、方法和行为。道术相依，道为指导，术为道之具象与载体。无道则术无以立，传承精华需要道术结合，活态传承，医学心悟，厚积薄发。

韩愈《师说》云："师者，传道授业解惑也。"如何传承古有明训，把传道放在第一位。老师在知识的传授上，不应只是"鸳鸯绣取凭君看，不把金针度与人"，除了知识灌注、知识积累，教会"金针如何绣鸳鸯"，还应传授学生"道"——思维的技巧、应变的能力，以便实现传承"活化"。正如新兴的"活态传承"提法，其中重要的思想就是不能磨灭老中医的思想内核，不是形似而是神似，是能够得其思想精髓、思想内在的灵魂，而这就是老中医的"道"。因此，在研究名老中医传承时，要把"道"的问题阐述明确，要通过扎根理论等方法，把若干的事实存在上升为理论概念。

思维方式是传道的一个重要途径。相较于知识的多少，如今知识结构的问题更需要关注。中医讲"悟"，叫医学心悟，悟的是道，如果不能悟，就不能成为名医。悟的过程，实际上是掌握思维方法的过程。如若只看老师开方用药，流于表面，虽然也是学习的方法之一，但不能得道。从思维方法的角度而言，老师思想结晶的真谛、人脑灵活的应变能力，所谓"名医之手眼""心灵之感悟"才是道。不能得道，就不能造就名医。正如古语云："有道无术，术可求也，有术无道止于术。"因此，中医传承应以道驭术，道术相济、明道修术、正道强术。

"博"就是要求知识的宽泛、积累的厚度以及时间的长度。欲为大医，就必须博极医源，精勤不倦，这是唯一的路。王琦常说需要意识到自己的"渺小"。这并非自谦，古往今来，凡欲成大医者，都必须具有广博的知识。张景岳，精通音律、天文，他的《景岳全书·古方八阵》研究"方"、《类经》研究《黄帝内经》，其思维的宽度和厚度令人赞叹；徐灵胎，精于方药，批注叶天士医案，出版《洄溪道情》；傅山，擅长文学、策论、书法，医学研究只是一部分。现代名医也是如此。从任应秋老师、方药中老师、董建华老师等121位名老中医的成长历程可以发现，他们都是"厚积"非凡的老师。

**3. 创办王琦书院，培养高端人才**

在不断推动中医药创新发展的过程中，王琦始终挂心着中医学术思想和临床经验传承工作。他希望在新时代背景下，中医药人才队伍能诞生更多高素质、强技术的领军人才。为了满足我国中医药传承创新发展迫切需求，加快建设高层次中医药人才队伍，培育一批中医药领军人才，打造全国中医药高级人才培养的示范高地，在王琦教授的倡导和组织下，北京中医药大学王琦书院正式成立。

"中医走到了今天，随着时代前行就需要解决人才的问题。""如何在新的历史条件下造就一批中医人才"就成了王琦所关注的问题。在他看来，古时书院"教师授课、学生研讨"的办学方式就非常符合中医的教育模式，并通过系统考察学习苏世民书院、初步尝试线上书院教学，再到最后"线上转线下"，于2021年正式成立北京中医药大学王琦书院，成为首家公立书院。

"中医学必须要跟时代前行，我们除了培养出名医之外，一定还要有战略科学家。"因此王琦书院聘请了钟南山、张伯礼、路志正、孙光荣等115位两院院士、国医大师、国学大师任特聘教授。在教育方式上，王琦书院采用一种创新的教学模式——院校教育和师承教育相结合。王琦书院采用课堂教学、体验临床、自由探讨、论道争鸣讲坛、师生问难讲坛、学员小组合作等独具书院特色的教学方式，更好地将院校教育的"标准化"与师承教育的"个性化"相融合。王琦书院以经典研修、临床研究、学科交叉、战略思维作为四大培养模块，全面提升学员能力，优化中医"治未病"服务，提升诊疗能力，也能从宏观上、顶层架构与政策设计上推动中医药学的传承创新发展。

除了常规教学外，书院内还通过开展多学科交叉研究，开创了"导师指导""论道争鸣讲坛""师生问难讲坛""学员小组合作"等独具书院特色的教学方式。可以说，王琦书院正努力用全面、开放、包容的培养理念，成为中医药名医名师名家的摇篮。

## （二）人才培养成果

### 1. 理论成果

《师承论》，形成系统师承理论。

《两代中医论传承，学思悟践解道术》，明确提出道术传承理念。

《万里云天万里路 一重山水一重天》《基于名老中医访谈探索中医人才的中医原创思维培养方案》《对中医治未病人才培养的思考》《运用定性方法研究名医学术思想和经验传承初探》等文章中阐发治学与思辨之法、人才培养方法等，为传承指示了明确方向。

### 2. 人才成果

（1）学术继承人培养成果：王琦为第二、三、四、七批全国老中医药专家学术经验继承工作指导老师，已培养和正在培养学术继承人 11 名，分别为骆斌、吴少刚、靳琦、盖海山、倪诚、姜敏、李东、王济、赵永烈、李杰、李玲孺。王琦被国家中医药管理局、北京市中医管理局评为全国老中医药专家学术经验继承工作优秀指导老师、全国和北京市优秀中医临床人才研修项目优秀指导老师；有 1 位学术继承人被评为第三批全国老中医药专家学术经验继承工作优秀学术继承人。

（2）室站建设成果：北京市中医管理局及中华中医药学会成立的王琦名医传承工作站被评为全国先进站，并在此基础上成立国家中医药管理局王琦名老中医传承工作室，形成了"两站一室"的学术传承格局。同时，王琦名医传承工作站站刊《师承》于 2009 年开始编印，为学术思想经验更好地传承提供了平台，成果显著：已出版与传承相关的专题论著 3 部，关于王琦名医传承工作站及传承工作简介 1 篇，中医体质学派 1 篇，学术传承思想及经验总结论文 100 余篇。形成清晰、明确、完整的学术思想传承脉络图（谱系），包含了中医体质学、中医男科学、中医藏象学和中医腹诊学等，并在中医体质学之下，形成体质辨识、体病相关、辨体用方、体质养生、体质治未病等研究方向，均有相应的学术继承人，从而形成王琦学术思想传承的特色，出版《王琦医书十八种·王琦学术传承及谱系》。2011 年，国家中医药管理局"中医学说流派课题组"明确了中医体质学派，王琦被确定为体质学派代表人物。

（3）王琦书院培养成果：在正式办学后，王琦书院首期培训班为期三年，开设有岐黄学者班、首都名中医班、海外学者班、王琦院士高徒班等四个班，学员共计 190 名。截至目前，已举办 8 期，学员们通过线上线下方式，每期脱产集中学习 3

天。同时先后成立成都分院、黄山分院、珠海分院、河南分院、山东分院。北京中医药大学王琦书院与九体医学馆被中国科学技术协会、教育部、中国科学院等单位评为2023年度科学家精神教育基地。

### 3. 教育成果

（1）形成系统的中医教育理念：王琦提出了明确、系统的中医教育理念。

王琦提出临床是总纲领、是总目标、是中医教育的重中之重。明确指出，临床总纲是根本，教育模式要更新；师承教育是正道，学位教育亦并重。主张改变中医院校普遍存在的以课堂为中心、教材为中心的状况，应以培养合格的中医师为目标。

王琦提出重视思维方式的培养。提出学习中医应培养宏观思维、抽象思维、求异思维、辨证思维、多元思维、反向思维等多种思维方式。

王琦提出重视对学生全面素质的培养。指出中医人才的知识结构，应该是医学知识、自然知识、社会知识的相互渗透交叉，需要一个网络型的知识结构。这一知识结构应具有知识、能力、科学方法"三个要素"。并且应包括文史哲及人文学科基础、现代自然科学基础、专业基础这"三个基础"。

王琦提出重视中医高素质人才"三种能力"的培养，即继承能力、临床实践诊疗能力、创造能力。王琦在培养学生的过程中，对他们的具体要求是"四个会"，即会临床、会科研、会著述、会演说，为培养高素质中医人才指明了方向。

（2）明确师承教育要求：王琦明确提出，传承既要注重"承"，也要注重"传"，汇百家之言论，对中医师承中"师之传"与"弟子之承"提出了明确要求，形成系统的师承理论。

（3）探索教育模式创新：王琦认为，大学教育、院校教育的规范化教学已经培养了大批学子，但还有一些教学需要通过师承教育的方式，两者相结合将释放出更大的优势。由此形成王琦书院"师承教育"模式，既可与院校教育互补，同时突破了传统师承一对一的局限。

# 王琦学术传承谱

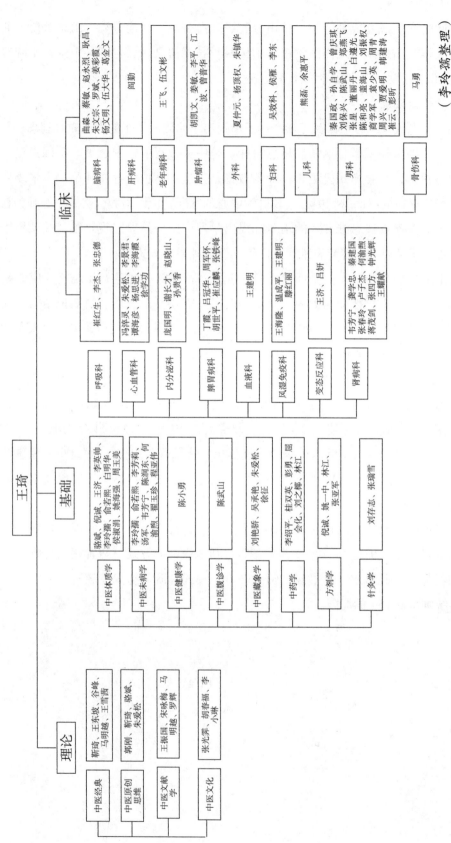

（李玲孺 整理）
（马晓峰 编辑）

# 巴黑·玉素甫

　　巴黑·玉素甫（1934—2014），维吾尔族，新疆洛浦人。中共党员，主任医师。第三批全国老中医药专家学术经验继承工作指导老师，中华人民共和国卫生部药品标准《维吾尔药分册》编者，维吾尔医药学本科、专科统用教材《维吾尔医药学》编写委员，国家中医药管理局民族适宜技术筛选推广专家组顾问，国家中医药管理局重点专科维吾尔医妇科、肺病科、脾胃病科学术带头人，《中华医学百科全书——维吾尔医药学分卷》编委。1995年被卫生部、国家中医药管理局、人事部评为全国卫生系统先进工作者，2009年被中华中医药学会授予中华中医药学会成就奖。2014年被授予第二届"国医大师"称号。

　　从医60余年，他积极投身维吾尔医药事业的发展中，主动提供大量处方供医院研发和生产。2010年，国家中医药管理局公共卫生资金项目——民族医药文献整理及适宜技术筛选推广项目启动，巴黑·玉素甫担任专家组顾问，以其维吾尔医药理论为指导进行临床基础研究、临床疗效评价研究、常用院内制剂规范化研究、外治（非药物）疗法技术操作规范研究。巴黑·玉素甫晚年依然热心为专程远道而来的患者看病，用自己的一生诠释着"医者仁心"。

## 一、学医之路

1934 年，巴黑·玉素甫出生于新疆和田地区洛浦县一个世代靠维吾尔医谋生的普通人家。其祖父和父亲都是民间医生，靠祖辈传下来的医学技艺给乡亲们看病。童年时期，他跟随祖父和父亲学习维吾尔医术，从小看着他们用地产草药给患者治病。地产草药引起了巴黑·玉素甫的兴趣并激起了他的学医欲望。当看到受尽疾病折磨的患者露出满意的笑容时，巴黑·玉素甫的心中树立了一定要学好医术，将来像祖父和父亲一样治好大家的病，给他们带来欢乐的志向。

父亲手把手地传授巴黑·玉素甫医术，让他学习维吾尔医药诊治理念。每次碰到患者来诊，父亲总是先听巴黑·玉素甫的诊断想法，并告诉他一定要细致准确，医生的诊断结果决定了患者痛苦时间的长短。随着年龄的增长，他对于父辈的医术不断创新突破，为日后成为名医打下了坚实的基础。

1960 年，26 岁的巴黑·玉素甫与父亲一起背着简单的行李去距离家乡近两千公里外的乌鲁木齐，租了一个门店行医，主治胃病和皮肤病，先治病后收钱，治不好不要钱，很快，这对善良又医术高明的父子就得到了当地群众的认可和接纳。

1981 年，巴黑·玉素甫因工作需要调到新疆维吾尔自治区维吾尔医医院工作，在条件和求知方面，医院为巴黑·玉素甫带来了极大的方便。稳定的工作、正规的科室以及相应的身份，坚定了巴黑·玉素甫完善并发展维吾尔医学的信心和勇气。

巴黑·玉素甫运用维吾尔医学理论治疗慢性支气管炎、糖尿病、冠心病、高血压、各类肿瘤、胃及十二指肠溃疡、关节炎、结核病等，都取得了很好的效果。他又将自己多年的行医临床经验，结合刻苦的学习求索，融汇贯通，主持编写了《维吾尔医病历标准》《维吾尔医药的临床分析》《维吾尔医内科学》等重要维吾尔医学著作，在国家级和省部级刊物及会议上发表学术论文 20 多篇。

作为医院返聘专家，巴黑·玉素甫每周都要出一个全天和两个半天的门诊。医院担心老专家的身体，规定了巴黑·玉素甫的每日门诊量，可他总是说："他们都是专程来找我的，有的患者可能坐了两天的火车才赶到这里，如果看不上病，肯定会很着急，我多看几个患者，休息一会儿就没事了。"2014 年 4 月 14 日，巴黑·玉素甫因心脏性猝死而病逝。

# 二、学术之精

## （一）探寻心血管病致病病因

巴黑·玉素甫利用维吾尔医学的"艾尔康"学说，还原了心血管疾病的本来面貌，使其不再可怕。

"艾尔康"学说是维吾尔医学的基本理论之一，汉文译为"四大物质"，指自然界的火（太阳）、气（空气、风）、水、土四种物质。"艾尔康"学说是古代维吾尔人的朴素唯物、自发辩证的思想方法与医学实践相结合的产物，即古代维吾尔人民在长期的生活实践中，通过对自然界各种事物和现象的观察及体验，认识到自然界的四大基本特质影响着万物的生、长、盛、衰，所创立的哲学理论。它广泛应用于天文、地理、气象、农业等各学术领域，并用于医学理论。

巴黑·玉素甫认为，这一哲学理论对于诊疗心血管疾病具有重要的指导意义。先对就诊患者辨证分析，是物质性还是非物质性，明确体液发生异常的类型，并对异常体液具体分型，给予成熟剂、清除剂调节体液，再根据疾病及患病个体的具体情况使用对症的维吾尔药物。

巴黑·玉素甫根据长期研究，将心脏疾病分为气质失调型心脏病和非体液型气质失调性心脏病，气质失调型心脏病的维吾尔医学名为"开力比苏依密杂吉"。根据气质失调的程度，又分为非体液气质失调性心脏病和体液气质失调性心脏病两类。前者分为非体液热性气质失调心脏病、非体液湿性失调心脏病、非体液型寒性气质心脏病和非体液干性气质失调心脏病四种；后者分为体液型胆液质性气质失调心脏病、体液型血液质性气质失调心脏病、体液型黏液质性气质失调心脏病和体液型脾液质性气质失调心脏病 4 种。

## （二）自成体系的异常脾液质诊疗理论

巴黑·玉素甫在临床中了解到，异常脾液质导致的疾病——肿瘤、高血压病、糖尿病在新疆维吾尔族自治区高发，尤其在农村更为多见，他按照维吾尔医学四大物质学说、气质学说、体液学说治好了难以计数的患者。异常脾液质性致病理论的广泛运用，使维吾尔医学重放光彩。

2004 年，在巴黑·玉素甫的带动下，维吾尔医医院的年轻医生与其一起组成了课题攻关小组。课题组在巴黑·玉素甫的指导下，应用生物化学发光分析技术、电子顺磁共振技术、流式细胞技术、PCR-SSCP、PCR-RFLP 技术开展了对于异常脾液质更深层次的专项研究。

巴黑·玉素甫课题组通过对1081例异常脾液质症患者进行临床分型，首次提出维医"同证异源的论点"；首次对异常脾液质的基因多态型进行深入研究，从分子水平上阐述了异常脾液质疾病"异病同源"的科学内涵，从而提出了"异病同治"的科学结论，为异常脾液质型患者基因突变分析和共性基因探寻工作，以及为开发异常脾液质型疾病的治疗药物奠定了理论基础。

值得一提的是，巴黑·玉素甫课题组还首次规范了异常脾液质成熟剂和清除剂的制备工艺，归纳出了异常脾液质的成熟和清除所需要的时间、疗程和用量，为异常脾液质症的临床治疗及其成熟剂和清除剂的临床应用，提供了技术规范。

巴黑·玉素甫通过对异常脾液质问诊患者成熟剂和清除剂治疗前后的氧化和抗氧化指标进行检测，首次推理出体液"燃烧"后产生异常脾液质的过程可能是一种自由基产生的过程，提高机体抗氧化酶活性、防止脂质过氧化损伤、重建机体氧化和抗氧化系统平衡可能是异常脾液质成熟剂及清除剂临床有效的部分理论依据。

课题组还对异常脾液质成熟剂和清除剂抗氧化功能、保护线粒体氧化损伤功能、保护 DNA 氧化损伤功能、保护辐射损伤功能、对机体免疫功能的影响等作用进行了较深入的研究，从而阐明了异常脾液质成熟剂和清除剂作用的部分物质基础。

另外，巴黑·玉素甫在维吾尔医学、基因组学、维吾尔医药与细胞生物学方面进行了研究，发现异常脾液质成熟剂和清除剂对肿瘤细胞凋亡基因表达及肿瘤细胞凋亡有一定的影响。这一结论的得出及深入论证，获得了"新疆维吾尔族自治区科学技术进步奖"及"中华医学科技奖"。巴黑·玉素甫的异常脾液质"提前治疗"的思想被广泛应用于维吾尔医临床，带来了良好的经济效益和社会效益。

## （三）维吾尔医外治疗法的开拓者

巴黑·玉素甫遵循维吾尔医学理论和法则，研制出自己独特的外治疗法，并普及推广应用。

### 1. 科玛特药熏疗法

科玛特药熏疗法是在维吾尔医药理论指导下，配备相应的维吾尔药材，用药材粗粉经煮沸后产生的蒸汽熏蒸蚕砂致透心，将蚕砂与药材粗粉药渣混合，按量装入透气、透水的药袋中，放在患处，进行全身或局部熏蒸，达到防治疾病的目的。这种外治疗法，广泛应用于骨科、内科、妇科、皮肤科、男性病等，特别对关节痛、坐骨神经痛、关节炎、骨质增生、颈椎病、肩周炎、腰椎间盘突出症、前列腺炎、痛经、盆腔炎、阴道炎等有独特的疗效。每日1次，10天为一个疗程。禁忌：重症心血管病、妇女妊娠期及行经期。所用方剂：①科玛特巴日提：红花、甘松、洋甘菊、野苜蓿、麻黄、莴苣子、龙葵果、菝葜、地锦草、玫瑰花、刺山柑、干姜、莳萝子、天山堇菜、蜀葵子、大麦、紫草、荷花。②科玛特哈尔提：乌梢蛇、甘松、薰衣草、桂皮、紫草、丁香、刺山柑根皮、莪术、肉豆蔻、莳萝子、红花、香青兰、白花丹、干姜、麻黄、高良姜、石菖蒲、菝葜、洋甘菊、野苜蓿。

**2. 阿必赞药浴治疗法**

阿必赞药浴治疗法是在维吾尔医药理论指导下辨证选方，选择适当的维吾尔草药，将药材煎汤取汁倒入浴盆，患者裸体浸入浴盆，药液没至胸骨剑突下，药物的有效成分通过毛孔渗进皮下组织后，通过血液循环到达各个器官，起到活血化瘀、增强机体血液循环、强化各个器官的代谢功能、促进异常体液的成熟并通过排汗渠道清除已成熟的异常体液等作用，从而达到治病、防病目的的维吾尔医学外治疗法之一。该法适于干热、干寒气质的疾病，如手骨性关节炎、膝关节骨性关节炎、髋关节骨性关节炎、脊柱骨质增生、跖趾关节炎等。其禁忌证包括皮肤炎症、传染病、癫痫、心功能不全、冠心病、甲状腺功能障碍、出血倾向、妇女妊娠期及行经期、外伤、烧伤、脓流、高热、晚期癌症、高血压病、重症心血管病、体质过度虚弱等。每日1次，10天为一个疗程。所用方：①阿必赞哈尔提（妇科专用）：洋甘菊、野苜蓿、莪术、高良姜、红花、刺蒺藜、伯孜旦、丁香、肉豆蔻、菝葜。②木发日阿必赞哈尔提（高血压病专用）：香青兰、薰衣草、小茴香、玻璃苣、三条筋、青香茅、玫瑰花、洋茴香。③木发日阿必赞巴日提（高血压病专用）：红枣、天山堇菜、荷花、芫荽实、玻璃苣、马齿苋子、黄瓜子、诃子、小檗实、檀香、黄花柳。

**3. 尼克巴布药蒸治疗法**

尼克巴布药蒸治疗法是在维吾尔医药理论指导下，通过维吾尔医学辨证分类，选择合适的维吾尔草药，利用中药熏蒸治疗器，用药材浸液煮沸后产生的蒸气进行局部或全身药蒸，可增强机体血液循环、强化各个器官的代谢功能、促进异常体液的成熟并通过排汗渠道清除已成熟的异常体液，从而达到治病、防病目的的外治疗法之一。该法适于湿热、湿寒气质的疾病，如手骨性关节炎、膝关节骨性关节炎、髋关节骨性关节炎、脊柱骨质增生、跖趾关节炎等。每日1次，7天为一个疗程。凡高血压病、重症心血管病、妇女妊娠期及行经期、体质过度虚弱患者不宜使用本法。所用协同方：①木发日尼克巴布巴日提（高血压病专用）：红枣、天山堇菜、荷花、芫荽实、玻璃苣、马齿苋子、黄瓜子、诃子、小檗实、檀香、黄花柳。②木发日尼克巴布哈尔提（高血压病专用）：香青兰、薰衣草、玻璃苣花、小茴香、玻璃苣、三条筋、青香茅、玫瑰花、洋茴香。③尼克巴布巴日提（妇科专用）：洋甘菊、野苜蓿、锦灯笼、菝葜根、龙葵果、苣根、莳萝子、荷花、天山堇菜、菝葜、蜀葵子。

**4. 帕雪雅膝下药浴治疗法**

帕雪雅膝下药浴治疗法是在维吾尔医药理论指导下，选择适当的维吾尔草药粗粉，煎汤取汁，对双足及膝关节以下部分进行局部药浴，通过药液的温热作用对双足进行良性刺激，活血、消肿、止关节痛、清除异常体液，从而达到预防和治疗疾病目的的疗法。这种外治疗法广泛用于内科、骨科、妇科、男性病等，特别对盆腔炎、附件炎、前列腺炎、膝骨性关节炎、风湿性关节炎、糖尿病引起的下肢疼痛、失眠等有显著疗效，同时对体力劳动、脑力劳动而致的困倦、疲劳等患者有保健作用。凡皮肤炎症、重症心血管病、妇女妊娠期及行经期、外伤等忌用本法。所用协同方：①帕雪雅巴日提（妇科专用）：洋甘菊、野苜蓿、龙葵果、菊苣根、莳萝子、荷花、天山堇菜、蜀葵子。②帕雪雅哈尔提（妇科专用）：洋甘菊、野苜蓿、莪术、高良姜、红花、刺蒺藜、莳萝子、伯孜旦、丁香、肉豆蔻、菠萝。③木发日帕雪雅哈尔提（高血压病专用）：香青兰、薰衣草、玻璃苣花、小茴香、玻璃苣、三条筋、青香茅、玫瑰花、洋茴香。④木发日帕雪雅巴日提（高血压病专用）：红枣、天山堇菜、荷花、芫荽实、玻璃苣、马齿苋子、黄瓜子、诃子、小檗实、檀香、黄花柳。⑤复方卡瓦吾亲帕雪雅：花椒、丁香、肉豆蔻、黑胡椒、干姜、荜茇、莪术、秋水仙、洋甘菊、甘松。⑥帕雪雅西发依哈尔提：秋水仙、洋甘菊、高良姜、骆驼蓬子、肉豆蔻、青香茅、丁香、莳萝子、阿那其根、栀子、莪术。⑦Mupasil（木帕斯）帕雪雅（风湿病专用）：秋水仙、莳萝子、莪术、白花丹、洋甘菊、苦木香、曼陀罗叶、刺山柑根皮。

**5. 特地民治疗法**

特地民治疗法是在维吾尔医药理论指导下，以维吾尔医理论为原则，根据患者的气质分类，选择合适的维吾尔医药油涂擦局部或全身，达到治疗疾病目的的疗法。临床上针对不同气质的疾病，选择的维吾尔药油种类也各有不同。巴旦木油用于各种头痛、关节痛、支气管炎、失眠；库斯特油用于瘫痪、面瘫、类风湿；古丽油（玫瑰油）用于四肢疼痛、皮肤瘙痒、关节炎等；依拉尼油用于妇科炎症、风湿性关节炎、关节肿痛、四肢麻木等；马钱子油用于关节疼痛等；蛋黄油用于关节炎、腰腿痛等；丁香油用于类风湿性关节炎、风湿性关节炎、坐骨神经痛等。

# 三、专病之治

## 支气管哮喘

支气管哮喘是临床上常见和多发的顽固疾病，患病率高。目前，国内外治疗该病的系统和局部治疗药物种类不少，但疗效有限，不能解决问题，治疗上没有质的突破，许多药物的药理作用只能是针对哮喘复杂机制环节中的一部分，治疗不彻底，难以治愈。

哮喘，维吾尔医学名为"热布"，指以呼吸急促、气短不续和喉间哮鸣为特征的病症。维吾尔医学基础理论认为，体内有异常胆液质和异常黏液质，异常黏液质属性时寒性，异常胆液质属性时干热，影响人体全身或局部代谢及支气管黏膜血液循环产生炎症反应，从而导致哮喘，而平喘颗粒具有成熟和清除异常气质的功能。

巴黑·玉素甫从维吾尔医学角度把哮喘分为乃孜乐喘、痰阻性气喘、心源性气喘、气原性气喘、松弛性气喘、干性气喘、寒性气喘和热性气喘8种。

乃孜乐型气喘，是指以伤风感冒为主要特征的气喘。巴黑·玉素甫认为，此类气喘多因伤风感冒久治不愈，多以热性和寒性体液失衡形式出现。发病后先有咳嗽、喉咙塞紧、流清鼻涕等伤风感冒和乃孜乐症状，后有头痛，常打呵欠，伸懒腰，突发气喘，并显出热性或寒性乃孜乐的一系列症状。治宜先以成熟和清除热性乃孜乐为原则，后以清热平喘化痰为主。成熟方法：方用台尔亚克乃孜乐解毒膏加谢日比提糖浆、海西哈西糖浆或谢日比提高孜班蒸露内服。清除方法：用艾比比乃非谢小丸内服；清热平喘，宜用朱拉比加、罗望子、莲花、大枣、白蜀葵子等内服。或寒性乃孜乐型哮喘者先以成熟和清除寒性乃孜乐为则，后以祛寒平喘为主。用相应成熟剂后，从艾比阿、克亚小丸等清除剂中选一种内服。祛寒平喘：方用从买朱尼、白尔西夏蜜膏、谢日比提海西哈西糖浆、谢日比提排尔亚德热斯糖浆、鲁欧克赛尔皮斯坦制剂、合米日高孜班糖膏、谢日比提都糖浆中选一种内服。

巴黑·玉素甫认为，痰阻性气喘多由痰液黏于呼吸道所致，症见肺中有啰音，咳出黏性痰液，咳嗽时很难咳出痰液。治疗以化痰平喘为主。治疗的方法有维吾尔医研制的谢日比提祖法糖浆内服。若顽痰不化可用粗研亚麻子煎汤加砂糖内服或萝卜汁加蜂蜜内服催吐黏痰，多食加黑胡椒、肉桂、干姜等芳香性药物及鸟类动物肉，但要禁用热性三四级药物，如麝香、西红花。要禁食烤馕、烤羊肉、包子、阿力瓦糖糊等。

在治疗支气管哮喘的大量临床实践中，巴黑·玉素甫还发现，由于新疆特殊的气候条件，许多老年人容易患松弛性气喘。巴黑·玉素甫用维吾尔医学命名为"热布依斯提尔哈依"，是指以呼吸道肌肉松弛为主要特征的气喘。病因多由呼吸道黏膜淤积乃孜乐液或呼吸道肌肉之常态性松弛或非体液型寒性损害于呼吸道所致。症见急促呼吸，胸部姿势若不正，呼吸便不通畅，胸闷难受，脉软而松。对此类患者，巴黑·玉素甫首先以祛寒健肌平喘为主。用维吾尔医药热维改尼尔改斯油、热维改尼苏维散油、热维改尼司亚当油中选一抹擦于胸部；可煎煮桂皮，加蜂蜜内服；可以将适量无花果干、黑种草子研细，加以大麦面粉及热维改尼西比提油调成糊剂外搽于胸前。

干性气喘，维吾尔医学名为"热布亚比斯"，是指干性偏盛呼吸道肌肉痉挛为主要特征的气喘，多由肺和呼吸道受非体液型干性侵扰，累及微细气道，使其痉挛所致。症见气喘明显，发出丝音、口渴等。若进食湿性物，病情即可缓解，反之，若食进干馕或久留太阳下，病情即可加重。巴黑·玉素甫认为，治疗此类气喘以生湿镇痉为主。可以用菊花、青葫芦、马齿苋等煎水，趁湿坐塘洗浴，每日清晨以开水送服亚麻子，可饮用山羊奶，内服或外用湿性制剂和药物。

寒性气喘，维吾尔医学名为"热布巴日德"，多由过多摄取寒性、湿性药物和食物，长久身处寒湿之地或淋雨时久所致，治疗必须从除湿寒入手。

在新疆维吾尔自治区的南疆地区，由于气候干燥，热性气喘的发病率较高。热性气喘，维吾尔医学名为"热布阿日"，是以非体液型热性偏盛为主要特征的气喘。病因是在体内外各种不良因素的影响下，热性偏盛，引起非体液型人体温表气质偏盛，使肺中湿性有一定程度的损失，并使呼吸道出现干性，阻碍舒张和收缩的活动所致。主要症状表现为呼吸困难、口渴、喜凉空气、喜欢凉食、尿色偏赤、脉粗数等。治疗以调整气质，降热定喘为主。巴黑·玉素甫的治疗方案为，用鲜马齿苋加罗阿比衣斯皮胡力黏液或白腊加热维心尼比乃非谢油涂于胸部，将樟、大麦汁、菊苣、龙葵汁等煎汤内服，也可以用维吾尔医药当中的谢日比提比乃非谢糖浆或合米日比乃非谢糖膏内服。

在50年的行医生涯中，巴黑·玉素甫通过对支气管哮喘的治疗经验积累，诊治范围扩展到了整个呼吸道疾病，并研究出了维吾尔药背部贴敷治疗呼吸道疾病的方法。经过长达12年的观察，巴黑·玉素甫得出的结论是，呼吸系统疾病是脑内形成乃孜乐并流窜呼吸器官损害气管、支气管和肺脏，邪气上逆所致。致病的淡味黏液质体液受到过盛湿性的影响变稀形成异常黏液质体液。因黏液性咳嗽、黏液性哮喘、黏液性胸膜炎等无特殊的味道，故被称为淡味黏液质。人体内形成这种黏液质，可使人体热能下降，物质代谢活动减慢，应排出体外的废物质（随汗排出的液体）因缺少热能而滞集于器官组织空间内，引发诸如炎症和过敏。从而在呼吸道产生黏稠液并在局部引发水肿、充血和刺激等反应。主要症状为呼吸困难、胸闷、咳嗽、咳痰、哮喘鸣音、缺氧、口唇指甲和鼻尖出现紫绀黏液性咳嗽、黏液性哮喘、黏液性胸膜炎等等。背部疗法具有加热胸部，减少支气管和肺脏中的液体，从而畅通呼吸道、活血、抗炎、化痰、止咳的作用。

巴黑·玉素甫在治疗呼吸道疾病方面的经验及现代研究的基础上，对呼吸道疾病积极进行维吾尔医药学与现代医学相结合的研究，不断在理论和实践上有所创新、有所突破，为广大呼吸道疾病患者带来了福音。

# 四、方药之长

## （一）复方高兹班片治疗高血压病

高血压病在维吾尔医学中有千百年的记载，维吾尔医学文献中称"朱沙尼混"，汉语意思为"血液沸腾"，是指以头痛、头晕、血压升高为主要特征的病症。维吾尔医学认为，人体气质的失调，体液的失衡，是导致疾病的主要原因。四种体液中，脾液质的异常变化是引起高血压病的主要因素。

脾液质过剩出现异常变化时，往往导致血液浓度增高，促进血液脂肪的形成，减慢血液的循环，增加血管壁的压力，从而引起高血压病的发生。巴黑·玉素甫从维吾尔医对高血压病发生的理论基础出发，采用调整异常脾液质的传统药方"复方高兹班片"治疗脾液质性高血压病取得了良好效果。

巴黑·玉素甫运用维吾尔医学对于高血压病的认识，总结出具有独特疗效的药方——"复方高兹班片"。这是他在维吾尔医治疗高血压病"朱沙尼混"千年验方的基础上创制的，在临床上多年反复使用，是临床效果较好的复方制剂。它是以牛舌草为主药，由近10种维吾尔药组成的处方，具有调整异常脾液质、清理血液、软化血管、安神除烦等功能，还能有效地降低胆固醇、甘油三酯，降低低密度脂蛋白，升高高密度脂蛋白。尤其能有效地阻断体外油脂在体内的吸收，阻止胆固醇与甘油三酯的结合，同时还能加速血液中油脂的分解和排出，调整血脂，从而达到改善血液循环、扩张血管、保持血压正常的目的。

巴黑·玉素甫通过多年的临床应用，发现复方高兹班片没有明显的不良反应，成本低、疗效高，不但能有效地治疗高血压病，而且对血管的硬化也具有一定的预防作用。该药对治疗高血压病，探索新的途径和开发新的药物都具有一定的临床意义。

## （二）骆驼蓬子胃病

胃炎，维吾尔医学名为外热糜·买衣代·木孜满。维吾尔医认为，凡长期食用难消化的食物，如甜食、油腻食物、浓茶、药茶，长期饮酒，饭后饮用大量凉水，食物过热或过冷，边食边劳动或暴食少动，或长期便秘，或情志内伤，或常患口腔疾病和某些心、肺、肝、肾等疾病，关节炎、类风湿性关节炎等疾病都可以成为诱发胃炎的因素。

巴黑·玉素甫曾在乌鲁木齐南山牧场行医。由于该地气候潮湿，患胃病的人很多。巴黑·玉素甫在治疗胃病中发现，给患者使用成熟剂时，效果总是不太理想。他细心琢磨，发现当地气候潮湿，关节炎发病率高，是诱发胃炎的一个因素。所以，他考虑先利用生干生热、祛风止痛的药物，对患者的寒湿性体质进行调理。

1994年秋天的一个午后，巴黑·玉素甫巡诊时坐在山坡上休息，一株骆驼蓬子碰到了他的脚，他眼前一亮，眼前不就是他一直要寻找的良药吗？骆驼蓬子不是正有生干生热、祛风止痛的效果吗。回到诊所后，他大胆地在治疗胃炎的药剂中加入了骆驼蓬子，在临床中获得了很好的效果。巴黑·玉素甫的这一发现为维吾尔医学治疗胃病增添了新的用药经验。

《中国医学百科全书·维吾尔医学》中详细记载了骆驼蓬子的药用研究。骆驼蓬子，维吾尔药物名为"阿德热斯曼·乌日格"，别名白祖如力·乌尔米力、吐胡米依斯番德，属于蒺藜科植物骆驼蓬的干燥种子。这种植物主要分布于我国新疆、河北、山西、内蒙古、宁夏、陕西、甘肃、青海等地，国外主要分布于蒙古、印度、巴基斯坦及中亚各国。

骆驼蓬子呈三棱状肾形，长2～3mm，棕色至棕褐色，表面粗糙，一端较厚钝，另一端较尖，在放大镜下可见密集的蜂窝状皱缩表皮，切面外层棕褐色，内部白色。在维吾尔药物中，骆驼蓬子性二级干三级热，味苦，功能生干生热，祛风止痛，强筋补神、镇咳平喘，温身通窍，主治温寒性或黏液质性疾病。

巴黑·玉素甫提出：脑、心、肝为人体三大支配器官，肝、心、肺、胃、胆、肠、脾、肾、神经作为人体主要被支配器官，与体液的变化息息相关。换而言之，胃病与冠心病、高血压病等由异常脾液质引起的疾病是同一类疾病。推而广之，胃癌多是在体内外不良因素影响下，体液失衡，气质失调，多为脾液质烧焦，伤害胃脘所致。

维吾尔医学认为，导致胃癌的病因与其他癌症病因相同，多由脾液质或血液质的烧焦所致，另外就是黏液质中混入异常热性或渗入异常胆液质所致。

巴黑·玉素甫借用中医理论，在胃癌的治疗中加入藿香、薄荷。他提出：治疗要先成熟和消除致病体液，以调整气质，以毒攻毒，以止痛止呕、控制癌变、增进食欲、保存体力为主。经过13年的探索，巴黑·玉素甫总结出了一整套治疗胃病的方法，为许多胃病患者解决了病痛，延长了他们的生命，提高了患者的生活质量。

## 五、大医之情

巴黑·玉素甫经常说，自己是真正意义上的"草根大夫"，师承祖辈的维吾尔医术，没有系统接受过维吾尔医学体系培训，但他渴望对于历史悠久的维吾尔医学进行更深层次的探究。

1981 年，巴黑·玉素甫被抽调到了乌鲁木齐，成为新疆维吾尔医医院的首批创业者，并很快成为了首屈一指的内科大夫。吾买尔·巴黑这样回忆父亲的那一段历程："父亲在进入到自治区级大医院后，在政治思想、业务、专业水平方面都给自己定了很高的标准。他严格要求自己，在工作中认真负责、刻苦钻研、不断提高自己的专业水平。关心患者就像关爱自己的亲人一样，不怕苦、不怕累，在一天 24 小时之内，患者可以随时随地找他看病，他从来不会借故推辞。特别是节假日，是他接待患者最多、工作最忙的时候。多少年来几乎没有好好休息过一天。父亲在行医的过程中深深地理解各族患者，对他们表示极大的同情，认真检查、解决他们的各种困难。"

在医院工作期间，由于表现突出，1987 年，巴黑·玉素甫光荣地加入了中国共产党。当时乌鲁木齐医疗机构少，巴黑·玉素甫的门诊量每天都有七八十位患者，周六、周日还要下基层巡诊，加班加点是常有的事，但他从不抱怨，遇到难事也总是笑笑，没有过多的言语，有的只是为患者忙碌的身影。

"和蔼可亲的笑容，平易近人的作风，高超的医术，高尚的人格"，这是很多患者和同事心中的巴黑·玉素甫。在新疆乌鲁木齐市这家三级甲等维吾尔医医院里，年逾古稀的主任医师巴黑·玉素甫几十年如一日坚持坐诊，用岁月和真诚，谱写了一曲崇高的维吾尔医赞歌。

## 六、传道之术

巴黑·玉素甫也常说："维吾尔医历史悠久，作为中华传统医学中的一个重要组成部分，一代代维吾尔医将精华传承下来，到了我身上，我更有责任有义务把这一学科发扬光大。"

随着医学造诣的精进，巴黑·玉素甫更大的心愿是把自己满腹的维吾尔医学经验传播下去，普及开来，把自己的医学知识，编写成书籍。为了后继有人，他收了两名关门弟子。为弘扬维吾尔医学，他全力以赴，把全部的知识，一点一滴地向弟子传授。

巴黑·玉素甫有 7 个孩子，两个儿子跟随他进了医学的大门，大儿子吾买尔·巴黑成为了巴黑·玉素甫的关门弟子。

1985 年，吾买尔·巴黑到了考大学的年龄，当时没有维吾尔医学校，吾买尔·巴黑在父亲的支持下考取了新疆医科大学临床医学系。1991 年毕业后，被分配到新疆肺科医院工作。受父亲的影响，吾买尔·巴黑一直怀着学习维吾尔医的梦想，

2002年经新疆维吾尔自治区卫生厅同意，人事部、卫生部和国家中医药管理局审核，吾买尔·巴黑被确定为第三批全国老中医药专家学术经验继承人。

巴黑·玉素甫像自己的父亲教自己一样，手把手地教授儿子吾买尔·巴黑和迪里夏提等一些年轻的医生。经巴黑·玉素甫三年多的师带徒教育培训，年轻医生基本掌握了维吾尔医学诊断疾病的临床知识和技能。巴黑·玉素甫共培养了阿里甫、迪里夏提等20多名维吾尔医学继承人，这些年轻医生现在都成了医院的业务骨干。

巴黑·玉素甫经常说，一名医生只有具备高度负责的精神，才能为患者的健康服务，才能对得起自己神圣的职业。巴黑·玉素甫治学严谨，在维吾尔医医院是出了名的。一次，儿子吾买尔·巴黑为患者开药，在告知患者用药方法时，把汤剂说成了粉剂。巴黑·玉素甫严肃地指出：尽管有时这种药物的两种使用方法可以互换，但是我们首要的是要有一丝不苟的工作态度，确保患者安全有效地用药。

在工作实践中，巴黑·玉素甫一直用他高尚的医德、独特的学术思想，以及专业的医学技艺，影响和带动年轻的医生。巴黑·玉素甫说，维吾尔医学作为我国传统医学家族中的一员，一定要博采众长，不能唯我独尊，要善于借鉴西医学，汲取中医学及其他民族医学的精华，融会贯通，才能不断创新。

尽管巴黑·玉素甫已经成为名老维吾尔医，但他一直谦虚谨慎，他与儿子吾买尔·巴黑共同探讨，在维吾尔医与西医结合治疗肺结核，尤其是难治性、耐药性肺结核、慢性阻塞性肺疾病、5支气管哮喘等疾病的治疗方面，取得了很大的突破。

2007年，经国家中医药管理局会同人事部、卫生部组织专家对吾买尔·巴黑及另一名年轻的医生结业考核结果进行验收，审定他们为继承人出师验收合格。

（买尼沙·买买提、迪力夏提·艾力整理）

（朱江编辑）

# 石仰山

石仰山（1931—2015），江苏无锡人，中共党员，中国民主同盟盟员。上海中医药大学教授。曾先后担任上海市中医药学会常务理事、上海市伤科学会主任委员、中国中医研究院特约研究员。1990年任上海市黄浦区中医医院院长，后任上海市黄浦区中心医院名誉院长。2006年被中华中医药学会授予中医药传承特别贡献奖，2012年获得中华非物质文化遗产传承人薪传奖。2014年被授予第二届"国医大师"称号。

石仰山为石氏伤科第四代传人，上海市黄浦区中心医院中医骨伤科在他的带领下于2008年成为国家中医重点专科，石仰山为国家级非物质文化遗产"石氏伤科疗法"代表性传承人。他参与主持的"益气化瘀法治疗椎间盘退变性疾病的基础研究和临床应用"获得2010年国家科技进步奖二等奖。他编撰了《中国百年百名中医临床家丛书·石筱山石仰山卷》《中华名中医治病囊秘·石筱山石仰山卷》等专著，发表论文20余篇；先后主持多项课题研究，其中一项科研成果石氏伤膏（现名复方紫荆消伤膏）1999年获得卫生部三类新药批文，两项课题获得上海市科学技术进步奖三等奖，三项课题获上海市黄浦区科学技术进步奖一等奖。

# 一、学医之路

　　石氏是上海著名的中医骨伤科世家，19世纪70年代迁沪悬壶济世，历经石兰亭、石晓山和石筱山三代的不断潜心努力，石氏伤科誉满沪上，成为江南伤科一大流派。石仰山是石筱山独子，年少时酷爱体育，并不热心祖传的医道。石仰山高中毕业时，忠于祖业又承袭祖业的石筱山决定让儿子跟随自己学医。石筱山是严父也是严师。只要筱山先生为患者诊病，就一定要石仰山端端正正地坐在一边，看他为患者摸索、按捺，最后由他口授，石仰山抄写药方。起初，石筱山开药时，总要给石仰山讲解药的用途，后来，遇到同样病情的患者，石筱山便让儿子拟写药方，由他修改、增减，并让儿子陈述药的用途、为何用此药、分量何多何少等。

　　石仰山跟随父亲和黄文东先生学习5年，经区卫生部门考核批准独立开业行医。从独立行医到"文革"前的10年中，石仰山一面继续钻研医学，一面根据父亲口述，参加整理了20万字的《石筱山医案》。

　　1966年，即石筱山去世后的两年，就在石仰山开始崭露头角时，"石氏伤科"遭遇厄运。"文革"开始后，"石氏伤科"的牌子被砸了，石氏子孙百年积累的珍医学资料被一扫而光，石仰山精读过的两大车中医典籍，包括国内的珍本、孤本，全部被卖到古籍书店当废纸处理，石仰山本人也遭到批斗。尽管环境相当恶劣，石仰山还是冒着风险，把《石筱山医案》藏匿起来，不忍心百年祖传医术付之流水。

　　"文革"结束后，"石氏伤科"重见天日，石仰山也精神振奋，斗志昂扬。虽然他因病右肺被切除一叶，需要长期半休，但他还是加班加点地工作。在他的工作表上，几乎连休假日都没有，每天除了出诊、随访、讲学之外，晚上还要著述。从1977年开始，石仰山除了撰写《石筱山医案集注》外，又陆续发表了一系列论文，并受到医学界的高度评价。

# 二、成才之道

　　石仰山从事伤科临床五十余载，理伤续断注重实践，推崇整体观点"十三科一理贯之"的指导思想，力求明其病理，察其病机，撮其要旨，结合骨伤之特点，取其医理之精华，融古训与新知于一体。他擅长气血兼顾，注重兼邪，突出痰瘀，内外并重，脾肾同治，治病求本。他临证用药颇具特色，内服配伍强调君臣佐使，尤以药对运用而屡建奇功；外用之剂配伍又讲究辛窜走窍，注重剂型改革，疗效颇著。

石仰山对内伤、颈腰痛、骨质疏松症、骨质增生、术后关节粘连等骨伤疑难杂病等的诊治有独到之处，积累了丰富的经验。

石仰山的父亲石筱山先生深深懂得，当一名合格医生，仅有临床经验是远远不够的，还必须精读医书，具有扎实的医学理论基础。如果既有扎实的理论细识，又坚持实践，就能够在医学领域自在游弋，不断攀登新高峰。本着这一指导思想，石筱山亲自登门拜访了当时著名中医专家、他的莫逆之交黄文东先生，请他收石仰山为弟子。黄文东见一代名医如此诚心，自然满口应允。这样一来，石仰山白天跟父亲学习临床经验，晚上便到黄文东先生家里，听黄先生讲解中医学理论，回家后还要继续刻苦攻读卷帙浩繁、晦涩难懂的医学典籍，真至夜阑人静。

石仰山开始学医的时候，其父石筱山先生就要求他一定要学好中医基础知识，掌握中医的思维方式，把握中医理论的精髓，为"运用之妙，存乎一心"打下坚实的理论基础。筱山先生十分重视对中医经典原著的学习与体会，原汁原味地体会中医之道，而不是简单地学习一些别人编辑过的东西。石仰山有了一定的中医理论基础之后，就随父亲进行临床实践，实现理论知识与临床实践的互动。石筱山先生还有一个特点，就是不囿于自家所学。他常要求石仰山学习他人之长，通过学习借鉴其他学派的经验进一步提高自己的水平，发展石氏伤科的学术。

父亲的严格和黄文东先生的言传身教给石仰山留下了深刻的印象。他回忆说："父亲坐堂时，让我坐在一旁，看他问诊检查，然后他口授，我抄写药方，最后亲自核对无误后才让药方出门。有一天上午，我抄方时睡着了，严厉的父亲当着满屋子病人的面，当头给我一击，把我从睡梦中敲醒，这在大庭广众之下的'当头一击'令我终生难忘。"石仰山还常说："我还很感激我的恩师黄文东。我清楚地记得，在我拜师的那些时候，每当夕阳西沉，黄教授送走最后一位病人后，便到我家给我仔细讲解中医经典著作以及各个流派的中医理论，博学卓识如春风雨露滋润着我的心田，昏黄的灯光下，老师静静地听我背诵《汤头歌诀》《医学三字经》《伤寒论》《黄帝内经》等中医著作，不时为我指正谬误，解难释疑。望着老师瘦小的身躯和清瘦的面庞，我常常难以抑制自己的感激之情。"授课之余，石仰山还随先生坐堂门诊，抄写药方。黄先生崇高的医德和精湛的医术更是令其折服。前来求治的患者，黄先生不分贵贱，一视同仁。他细听患者的陈述，仔细望闻问切，反复推敲每一个处方。对于那些囊中羞涩的患者，还常常免收诊费，甚至奉送药物，因此慕名而来的患者络绎不绝。石仰山常说："老师的善行给我留下了最难忘的印象，影响着我的一生。"

# 三、学术之精

## （一）以气为主，以血为先

《内经》论疾病发生之理，是基于阴阳而归结到气血。《素问·调经论》说："血气不和，百病乃变化而生。"石氏认为：伤科疾病，不论在脏腑、经络（脉），还是在皮肉、筋骨，都离不开气血。气血之于形体，无处不到。《素问·调经论》说："人之所有者，血与气耳。"说明了气血的重要性。气属阳而血属阴，故气血是阴阳的物质基础。气血不和即阴阳不平而有偏盛，所以因损伤而致的疾病，亦关乎气血阴阳之变。

对于因损伤而成的疾病，其辨证论治原则，虽然说内伤应注意经络（脉），外伤当着重筋骨，但约言之，总不离乎气血。故伤科的理论基础，主要是建立在"气血并重"之上，不能专主血或专主气而有所偏。巢氏《诸病源候论》说："血之在身，随气而行，常无停积。"可知损伤而成之瘀血，是由于血行失度，不能随气而行之故。清代沈金鳌《杂病源流犀烛》中说："跌扑闪挫，卒然身受，由外及内，气血俱伤病也。"清代胡廷光在《伤科汇纂》中更明白地指出："若专从血论，乃一偏之说也。"

石氏理伤的基本原则，亦是气血兼顾而不偏废的，然而形体之抗拒外力，百节得以屈伸活动，气之充也，血的化液濡筋，成髓养骨，也是依靠气的作用，所以气血兼顾而宜"以气为主"。不过积瘀阻道，妨碍气行，又当祛瘀，则应"以血为先"。今以新伤来说，一般内伤有时发作较缓，受伤后当时或不觉得什么，过后乃发作，对此类病情，治法多"以气为主"而予以通气、利气。倘为严重一些的外伤，如骨折、伤筋、脱臼等，其病态立现，其治就需"以血为先"而予以祛瘀、化瘀。临床所见，病情变化多端，必须随机应变。总之，"以气为主"是常法，"以血为先"是变法。这是石氏理伤对内治所掌握的原则。

明代刘宗厚认为，损伤是"外受有形之物所伤，乃血肉筋骨受病"，"所以，损伤一证，专从血论"（《玉机微义·卷四十三·损伤门》）。其实，这一观点并非刘氏首创。早在《内经》中就已指出，不可为期而致的"有所坠堕，恶血留内"等外伤，治从血论，通利泻瘀。《千金要方》所辑的治疗伤损诸方也就是刘氏所提到的"须分其有瘀血停积，而亡血过多之证"。这两种类型都是从血而论的诊治方。刘氏则是把这一规律进行了归纳，提出了纲领，遂给后世留下很深的影响。由此而始，其后伤科著作言及内治几乎都说"损伤一证，专从血论"，有时会使人误以为此为治伤的唯一法则。检阅刘氏原文，尚有以下言论："宜先逐瘀血，通经络，和血止痛，然后调养气血，补益胃气，无不效也"，强调逐瘀后还要调养气血，并着重在补益胃气，这就不是"专从血论"了；他又说逐瘀的"大黄之药惟与有瘀血者相宜，其与亡血过多，元气胃气虚弱之人，不可服也"，这也不是"专从血论"。他甚至提出忠告："有服下药过后，其脉愈见坚大，医者不察，又以为瘀血未尽而后下之，因而夭折人命，可不慎钦！"所以，对刘氏所说的"损伤一证，专从血论"应予以全面理解。明代薛己作《正体类要》，在"正体主治大法"中，他提出"瘀血在内也，用加味承气汤下之"的同时，更强调要调益气血，如"青肿不消，用补中益气汤以补气"，"胸胁作痛，饮食少思，肝脾气伤也，用四君、芎、归"等，多处指出伤重更须"预为调补脾气""预补脾胃"。薛氏的依据是诊治百余例伤损患者，气血不虚者惟一人耳。薛氏《正体类要》序中明确提出"肢体损于外，则气血伤于内"的观点。石氏通过丰富的临床实践，体会到薛氏之说诚为治伤之准绳。

肢体者，即皮、肉、筋、骨所组成。每遇外伤，则皮肉筋骨首当其冲，肉眼易见，切（摸）之能辨。

气血者，滋沛乎脏腑、器官、组织，如发生病变或生理功能失常即可出现"气虚""气滞"，以及"血虚""血瘀""血热"的病理现象。这些病理现象在损伤性疾病中都能出现，尤其"气滞"和"血瘀"更与伤科疾患直接相关。

"肢体损于外，则气血伤于内"有两种含义：

一是说明如果受到外伤，筋骨皮肉固然首当其冲，但气血亦同时受到损害。任何外伤，除皮、肉、筋、骨有损伤外，必然会形成"血瘀"肿胀，从而阻滞筋脉引起疼痛。"通则不痛，不通则痛"其意是也。特别是脊柱受伤形成压缩性骨折的患者，其出现的症状更能说明此句话的含义。脊柱压缩性骨折是肢体受到外伤所出现的症状；疼痛剧烈，转侧起坐艰难，胸闷腹胀，便秘纳呆，则是"气血伤于内"的征象。"气滞"和"血瘀"二者俱见。

气运行于全身，应该疏通流畅。如人体某一部分或某一脏腑发生病变或受到外伤，都可使气的流通发生障碍，出现"气滞"的病理现象。疼痛、胸闷腹胀、便秘纳呆均是气滞的表现，尤其遇到内伤，如胸胁迸挫伤、腹部迸挫伤，更多见"气滞"症状。

"血瘀"是指全身血流不畅或血溢脉外局部有"离经"之血停滞，因而局部会出现肿胀、青紫、疼痛。

从伤科门诊中遇见的脊栓压缩性骨折来看，患者都有疼痛、转侧起坐艰难、胸闷、腹胀、便秘、纳呆的症状。

在伤科疾病患者中，气滞、血瘀每多同时出现，内伤如此，外伤肢体亦每伤及气血。一般说来，单纯气伤仅是气滞疼痛，而血伤则成瘀，肿胀疼痛并见。《素问·阴阳应象大论》曰："气伤痛，形伤肿。"形伤肿即指瘀血造成肿胀而言，这是因为伤者多少兼有血瘀，而血伤瘀凝，必然阻碍气机流通。伤科临床中，每多气血两伤，肿痛并见，但有偏重伤气或伤血及先痛后肿或先肿后痛等不同情况。

二是说明在损伤的治疗中要强调气血的辨证和治疗。气与血往往是不可分开的。正如清代《沈氏尊生书》所述："气运乎血，血本随气以周流，气凝则血亦凝矣。"有些外伤仅局限于小部分肢体，造成血瘀，青紫肿痛，似乎与气无关。这对于平素气血运行正常的患者来说，每能迅速恢复；而对体质素弱，特别是气虚患者来说，虽是轻微外伤，但肿痛等症状迟迟不易消失，治疗中需加入理气之药方能奏效。在伤科临床上单纯用活血化瘀药或者单纯用理气药的情况是少见的。有时虽有侧重，但两者均不可偏废。从中医学角度来看，血和气沿着经脉一起流行，互相联系，互相制约，是矛盾的对立统一。"气为血之帅""血随气行""气行则血行""气滞则血凝"，因此治疗伤科疾患，不论是内伤、外伤，还是内治、外治，都必须注意气血的流通。因为"气血运行于全身，周流不息，外而营养皮肉筋骨，内而灌溉五脏六腑"。从另一种意义上说，"肢体损于外，则气血伤于内"这句话指出，虽然肢体损伤，但治疗不外乎气血两方面。以骨折为例，清代陈士铎《辨证录》接骨门认为，"（骨折）内治之法，必须以活血祛瘀为先，血不活则瘀不能去，瘀不去则骨不能接"，说明治疗骨折应强调活血化瘀。活血化瘀又离不开气的推动，特别是后期用药，益气养血方收全功，更能说明问题。因此，石氏认为，理伤宜气血兼顾，气血的关系则是以血为先、以气为主。气血理论是与损伤有关的基础理论的核心，也是指导治疗的关键。石氏正是在这一点上继承了前贤经验，在新的高度提出了带有规律性的观点，发展了伤科理论。

### （二）筋骨并重，内合肝肾

伤科的疾病中有很大一部分是伤筋动骨。中医所讲的筋，范围比较广。筋，束骨而利机关，主全身之运动。"机关"可以理解为关节。也就是说，与关节活动有关的就是筋，包括关节囊、韧带、肌腱等。古代有十二经筋的名称，配合十二经脉，多起于四肢、爪甲之间，终于头面，内行于胸腹空廓，但不入于脏腑。《素问·五脏生成》说："诸筋者皆属于节。"所以筋的主要功能是连属关节。人体的俯、仰、屈、伸等一切动作都需要筋来支持。骨是立身之主干。《内经》中说"骨为干"，又说"骨者髓之府，不能久立，行则振掉，骨将惫矣"，所以骨的主要功用是支持人体，保护内脏免受外力损伤。

筋束骨、骨张筋，筋与骨的关系殊为密切，因而在治疗上就要筋骨并重。特别是骨折、脱位的治疗，要很好地复位，这是大家都很重视的，而治骨的同时要治筋，就容易被忽略。伤科传统治疗，在骨折复位的同时是要理筋的。中西医结合治疗骨折的手法中也有一条是推拿按摩，顺骨捋筋。早期的被动和主动功能锻炼，也是在治骨的同时治筋。这对疾病的痊愈、功能的恢复是很重要的。

中医学认为，筋骨与肝肾两脏是密切相关的。肝主筋，《内经》讲"肝者……其充在筋"，"肝主身之筋膜"，这就说明了肝与筋的关系。书中又提到"肝藏血"，肝血充盈就能"淫气于筋"，使筋有充分的濡养，筋强才能"束骨而利关节"。肾主骨，"肾者……其充在骨"，"肾生骨髓……在体为骨"。"肾藏精"，所谓肾藏精，精生髓，髓养骨，也就是讲骨的生长、发育乃至损伤以后的修复，要依靠肾脏精气的滋养。从筋骨损伤的治疗来讲，也要注意肝肾两脏的情况。中医学亦认为，凡外伤疾病，从现象上看来是外来暴力所造成的，而实际上，身体若不健康，虽受轻微之外力，亦能引起伤筋、伤骨。年老体弱者，肝肾精血较衰，稍受外伤即易发生骨折，而且骨折后愈合较差，这就是肝肾不足的原因。青年人肝血肾精旺盛，也就不容易外伤筋骨，即使伤了也容易恢复。因此临床上有些病例是随着年龄的增长而变化的。肝血肾精盛，筋骨亦劲强有力；肝血肾精衰退时，骨也随之衰退。

## （三）调治兼邪，独重痰湿

石氏对伤科的"兼邪"施治，尤多心得。什么是"兼邪"？石氏认为："凡非本病，其发生不论前后，而有一个时期与本病同时存在的，都叫兼邪。"例如："有因劳力辛苦而着寒，文献上称为'劳力伤寒'，劳力辛苦、内伤气血是本病，着寒则又兼外感寒邪是兼邪。又如腰痛这一病证，役用伤肾、风寒湿外侵、强力举重等都可引起，其中强力举重的腰痛是本病，倘与本病在某一时期同时存在，则役用伤肾、风寒湿外侵都是兼邪。"这类病例，"似伤非伤，似损非损，病者，果疑于似伤而来，医者，岂能混以为伤而治"。总之，"须审症辨因"，然后施治才能得效。损伤的人是生活在自然界和社会的具体的人，外受风寒暑湿，内有七情六欲，而且体质有虚羸壮实之异，一旦受伤，"肢体损于外，则气血伤于内，营卫有所不贯，脏腑由之不和"，除了损伤局部有肿胀、瘀斑、畸形诸症状外，尚有身热、口渴、纳呆、便秘等症（石氏把这些因损伤而出现的一切症状都称为兼症）。此外，或损伤时有恼怒惊恐，或损伤后兼受风寒，则又有一番有关证候，更多见的是损伤后气血失和，易致风寒湿邪外袭，或因气血不和，内生痰湿留络。这些情况必须辨析后再施治，否则，独以损伤为治，难得功效。《医宗金鉴》"内治杂证法"中也专论"夹表"，辨形气虚实而分立主方。

石氏提出兼邪就更着重从患者的全身情况入手辨症求因而治。"损伤变证"也包括在兼邪之内。损伤变证是指损伤起因，变生他证，而且这一"证"不只是个别的症状，而是一个病证。如伤后结毒就不只是郁瘀化热，而是由损伤引起，却与损伤并存的病证。

石氏认为，损伤气血属于气脉闭塞、脘窍凝滞之类，易于痰聚为患。《本草纲目》云："痰涎之为物，随气升降，无处不到……入于经络则麻痹疼痛，入于筋骨则颈项胸背腰胁手足牵引隐痛。"清代何梦瑶的《医碥》中认为，痰"积久聚多，随脾胃之气以汔，则流溢于胃肠之外，躯壳之中，经络为之窒塞，皮肉为之麻木，甚至结成窠囊，牢不可破，其患固不一矣"。

在骨伤科临床上，常见痰与风、寒、湿、瘀诸邪相合为患。痰湿入络，其症有因损伤而致，但更多的是积劳或过劳所致。因反复损伤，致气血呆滞，痰湿因之留恋，痰瘀交凝，筋损失用，而成缠绵难已之痛疾。损伤日久，如患处残留疼痛、肿胀、关节拘挛与屈伸不利，或皮肤不仁、肌肉萎缩、筋结成块等，石氏认为此皆气虚而为邪所凑也。或本虚标实，或虚实夹杂，故不可凡伤者均论之为血瘀，须知日久必有兼邪。严用和《济生方》曰："皆因体虚，腠理空疏，受风寒湿气而成痹也。"陈伤或劳损之类，多有阳气虚衰不足、卫阳不固，故腠理空疏，易遭风寒湿三气杂至而流走经络，凝滞血脉，遂成痹证，病情也往往较为复杂。由于人体之经络发源于脏腑，气血之运行亦有赖于脏腑，若痹证迁延不愈，波及脏腑，亦将导致络道不通，气血运行不畅，从而加重病情，调治亦较困难。故曰：及时温补脾肾，调和气血，是为"上工治未病也"。

关于风寒湿三者，石氏则尤重湿邪，认为伤损之后气血不和，痰湿每能凝滞经络。正如《仁斋直指方论》中所说："血气和平，关络条畅则痰散而无，气脉闭塞，脘窍凝滞，则痰聚而有。"在痰湿的论治中，石氏结合损伤的特点，特别强调与脾肾的关系。张介宾曾指出："夫痰即水也，其本在肾，其标在脾。"故主张其治宜温补肾阳，"补火生土"以化散痰结。宗前贤之说，石氏治理痰湿亦每将化散之法与温补脾肾之阳相结合，以自拟化散痰湿之方"牛蒡子汤"为主，合补中益气汤、金匮肾气丸等，相参运用，而使痰湿阻滞渐消，气血失和日调。牛蒡子汤由牛蒡、僵蚕、白蒺藜、独活、秦艽、白芷、半夏、桑枝等组成。牛蒡子豁痰消肿，通十二经络，《本草备要》谓其"散结除风……利腰膝凝滞之气"。白僵蚕化痰散结，《本草思辨录》谓其"治湿胜之风痰"。石氏历来重视痰湿的化散，牛蒡、僵蚕等即为石氏家传方中医治痰湿之常用要药。若痰湿甚者，尚可加入制南星。大凡损伤病程较长者，临诊每见痹痛缠绵、关节僵凝，天气阴寒则更剧，并可移行到损伤肢体以外的部位。对此气血不足，脉络久瘀，而风寒之邪留缠不已之症，治非辛温不能活血通经除痹，因而石氏十分推崇《伤科补要》的"麻桂温经汤"，该方用麻黄、桂枝、红花、白芷、细辛、桃仁、赤芍、甘草等。临床应用时，如加入益气之参、芪，以及温经止痛之川乌、草乌等疗效更著。如头部内伤，瘀阻于上，清气不升，浊气不降，神明被扰，瘀阻不散，使津液周流障碍，聚而成痰，痰瘀交凝，致使病情重笃难已。其治惟以祛瘀生新、升清降浊合豁痰开窍为法。常用菖蒲、南星、远志、竹沥、龙骨（张锡纯认为其性又善利痰，收敛中仍有开通之力）。其昏愦期，瘀热夹痰者，拟逐瘀醒脑、清热豁痰，取至宝丹清热开窍；清醒期，拟活血化瘀、升清降浊，取柴胡细辛汤，或用葶苈大枣汤加味；恢复期，痰浊阻滞者，治以化痰健运为主，以半夏白术天麻汤或温胆汤化裁，礞石滚痰丸可参用。

胸胁内伤，除了常用理气活血、化痰止咳之品外，还可用白芥子去除由气血凝滞而聚积于皮里膜外的无形之痰。

新伤骨折伤筋，常用南星、万灵丹祛痰湿，以达消结散肿之效。痰瘀流注经络所致者（包括周围神经损伤），宜用益气活血、化痰通络之法，以补阳还五汤为主，配桂枝、南星、泽漆之类以温经化痰。痰湿入络者，宜祛风豁痰通络，石氏投牛蒡子汤方治此证。方中牛蒡子能豁痰消肿，通十二经络，白僵蚕化痰散结，两味合用，专治湿痰流注经络。兼风寒者，则配祛风散寒之属；气血阻遏者，则佐通经活血之品。

腰腿痛（腰椎间盘突出症），取牛蒡子、白芥子、泽漆，以化痰利水消肿，缓解神经根水肿。石氏认为，虫类药如蜈蚣、全蝎等都有化痰散结的功效。骨折后期患肢肿胀不消，石氏常取补阳还五汤加苍术、茯苓、泽泻、桂枝等以益气活血、健脾利湿，或酌加草乌、南星、泽漆以温化痰瘀，其效甚捷。正如朱丹溪所言："治痰瘀，实脾土，燥脾湿，是治其本。"

对于髋关节一过性滑膜炎、股骨头骨骺炎、退行性膝关节炎等，石氏除治以祛风活血、益气温阳之法外，常用健脾化痰之品治疗，如牛蒡子、炙僵蚕、地龙、南星、威灵仙、半夏、陈皮等。对于股骨头缺血性坏死的治疗，则常取熟地黄、山萸肉、巴戟肉等。石氏除在内治法中取法化痰浊外，在外治中也常用化痰瘀之法。如其常用的消散膏、黑虎丹，就是以化痰消散软坚之品治疗头皮血肿、瘀结成块，以及劳损疼痛，多有较满意的效果。痰之为患，变化多端，还须辨证施治。

痰本为人体津液，由于气血滞凝而致津液输布受碍，聚而成痰；或郁瘀化热则灼津成痰。与内科疾病中脾虚生湿酿痰有所不同，骨伤科多见于损伤致气血不和，内生痰湿留络。总之，新伤多为痰瘀互结，劳损杂病多为痰湿入络。

### （四）勘审虚实，施以补泻

"百病之生，皆有虚实"，损伤之病，亦不例外。一般说来，损伤之初，无论内伤外伤，多数属气滞血瘀的实证。损伤而致气血不足者，惟在新伤出血之血虚，其至气随血脱之候。这在开放性外伤及脏器损伤中时可见到，在目前伤科临床中并不多见。

素体虚弱而损伤者，属邪实正虚，虚中夹实之证。治疗当先调补虚怯之体，然后祛瘀，或攻补兼施，视具体情况而定，关键是审定患者是否耐攻。盖损伤之病，虽非外邪所害，七情所伤，然气血离经，瘀滞既成，则气血本源亦必因损而弱，甚至亦有重伤久不愈而导致人体阴阳气血脏腑虚弱者。故理伤之际，既当攻其瘀滞，又应顾其不足。一般而言，往往祛瘀在先，尔后调补肝肾以壮筋骨，扶助脾胃以资化源而养气血。石氏言及薛己《正体类要》通篇所强调的惟在调补脾胃与肝肾命门时，认为损伤后由气滞血瘀所致的实证，是逐渐转化为虚实夹杂之证，甚至因气散血失而虚脱，并指出理伤时应顾护正气。

临床常见的"劳伤"，石氏认为亦属损伤虚证范畴，乃过度劳力，积渐所伤，而使体质虚弱，以致经脉之气不及贯穿，气血养筋生髓之功失其常度，故见腰酸背痛、纳呆、头晕，甚至关节变形等症，因此也习称"脱力劳伤"。在治疗上，应注意先天与后天相互资益的关系，石氏的"调中保元汤"即是此意，临证常以此方变化而治疗劳伤筋骨、损及元气一类病证。石氏善从脏腑关系出发，运用"脾主四肢""禀气于脾""肺主一身之气"等理论，治疗伤病有虚的疾患。

石氏临诊精于辨证，勘审虚实。常曰：凡初损之后，日渐由实转虚，或虚中夹实，此时纵有实候可言，亦多为宿瘀也；而气多呈虚象，即使损伤之初，气滞之时，亦已有耗气之趋向。故又认为此后之"以气为主"，必着眼于一个"虚"字。前贤薛己便是主张理伤以气为主、病责于虚损的代表。其在《正体类要》中指出，"若肿不消，青不退，气血虚也"，"青肿不消，用补中益气汤"。石氏宗前贤之说而赋予新意，指出伤损之后，实证阶段较短，虚证阶段则为时甚长，故理伤取攻逐之法是其变，用补益之法方为本。至于补法的应用则是多样的，或先攻后补，或先补后攻，或攻中寓补，或攻前预补。临诊虽可灵活多变，但万变不离其宗，总以温补脾肾为主。《灵枢·决气》曰："谷入气满，淖泽注于骨，骨属屈伸泄泽，补益脑髓，皮肤润泽。"《灵枢·痈疽》说："肠胃受谷，上焦出气，以温分肉，而养骨节，通腠理。"说明脾胃功能正常，可以使皮肉、筋骨、脑髓均能得到温养灌注。又肾主骨，为先天之本，取益脾健运以促资化、滋补肾元以壮骨生髓的治则，可使耗损之气复原。因此，在伤损后期或慢性损伤时，石氏多用自拟验方"调中保元汤"，方中用党参、黄芪、冬术、熟地黄、山药、鹿角胶、川断、枸杞子、龟甲、山萸肉、陈皮、茯苓、补骨脂、甘草等，是一张由补中益气、六味、八味、左归、右归诸方参合化裁而成的方剂，充分体现了温补脾肾的学术思想。

# 四、专病之治

石仰山先生擅治各种急慢性筋骨损伤，治法上注重内外兼治、气血兼顾、注重兼邪，临床疗效显著。

## （一）伤筋

石氏将伤筋的诊治分为以下三类。

### 1. 不显著的伤筋

不显著的伤筋常因劳倦过度而形成。《素问·阴阳应象大论》中"地之湿气，感则害皮肉筋脉"的寒湿伤筋，外表虽无显著现象，但"民湿寝则腰疾偏死"（出自《庄子·齐物论》，唐成玄瑛疏"言人湿地卧寝，则病腰胯偏枯而死"）。患处局部初起暂时失去正常的活动能力，久而不愈，以致恢复困难。外象无青紫肿胀呈现，但觉酸痛麻木。

治疗：用敷料或膏药外治及汤剂成药内服，并辅以按摩手法和针灸治疗。

### 2. 不甚显著的伤筋

不甚显著的伤筋往往出现在腕、肘、膝、踝等骷位，因蹩扭或支撑所致。外象无显著青肿，但患处旋转失常。

治疗：主要用捺正筋位的手法，并辅以敷料或膏药外治及汤剂成药内服，更可参用熏洗法，但治疗过程较慢，而且易成宿伤。

### 3. 有显著外形的伤筋

由外来某种因素如强度支撑等而造成的伤筋，外象有青紫肿痛，突出而又离位的伤筋，部位多见于膝前或肘后。膝前伤筋，膝盖骨上有粗筋隆起，屈伸不利；肘后亦然。但必须注意这与骨折是截然不同的。

治疗：先用捺正拔伸的手法将隆起的粗筋纳入筋位，使隆起部分平复如常，恢复屈伸活动，再用化瘀消肿敷药敷裹，内服汤剂成药，并辅以按摩手法。

有时伤筋，骨虽不折，但因屈筋影响，形成歪曲移动，则必须先用捺正的手法使其复位。如因骨折而屈筋者，则理筋正骨两者并重。

清代沈金鳌曰："筋也者，所以束节络骨，绊肉绷皮，为一身之关纽，利全身之运动者也。其主则属于肝，故曰：肝者，筋之合。按人身之筋，到处皆有，纵横无算。"一旦扭、按、撕、挫、磋、蹩，则伤筋之候成焉。初受之际，当按揉筋络，理其所紊，内调气血之循行，以安其络，则可完复。若耽延时日，则筋膜干而成萎缩者，此血液槁也。属此之时，风、寒、湿三气之邪，每易入腠，是故忽之于始，多成伤筋夹邪之患，故兼邪之证，十居其七八耳。其治云何？若创伤较深，脑破筋绝者，当先予化瘀清热，创口敛后则继以调理气血，以续筋膜之气。若筋伤夹感，则先治其表，兼利其筋，表彻后则专治其筋。若筋膜血络扭蟄，新伤则当以化瘀通络，并加以节制活动为要。如久延失治，络道阻碍，筋膜强硬，甚则增变，此血脉不荣于筋之故，当以养血荣筋为主。若关节筋膜陈伤不时反复，牵强酸楚，如留瘀未化者，仍活以活血生新、舒筋通络。如病肢肉削形减，此气血大失所养故也，当以重补气血。若筋伤而风湿乘隙窃踞，则以祛邪和营利络为治。若伤筋而为寒邪痼蔽者，当以温经通阳和络为主。若筋伤络阻，肢节麻木者，此气血失于周流也，则宜活血行气宣络治之。其次随症所需，可以针刺、膏贴、温熨等，相辅施治，以平为期。

伤筋是伤科临床极为常见的损伤，石氏指出，"初受之际，当按揉筋络，理其所系"，施以必要的手法，又要"加以节制活动为要"，做必要的固定，药物内服外治"则当以化瘀通络"。手法与固定两项，目前临床上仍未予充分重视和认真运用，仅以一纸药膏为治的并不鲜见。能按石氏所述而做，才体现了中医中药治疗伤筋的特长，疗效方能提高。石氏又述伤筋后各种变化的治疗原则及多种辅助治疗方法，强调"是故筋之有关人身岂浅鲜哉，而伤筋之为病，其可忽乎，其治之严，可不谨耶"。足见石氏对伤筋这一常见损伤的治疗是很重视的。俗语所谓"伤筋动骨，一百二十日"，也是把伤筋与伤骨等同看待。切不可以为伤筋而未及骨认为其仅是损伤轻症，因而治疗及调摄较为疏忽，致使其症日久不愈，或遗患于后。

石氏说的"若耽延时日，则筋膜干而成萎缩者"，与《内经》中的类似提法有些不同。《素问·痿论》所谓："肝气热，则胆泄口苦筋膜干，筋膜干则筋急而挛，发为筋痿。"其涉及范围更广泛一些，当然也包括损伤以后治疗失时所致。在伤科范畴内，这一段经文所指的多数是积劳所致的慢性劳损，常见于腰背臀部的慢性劳损；而石氏所说的是损伤失治而局部功能失用，如膝部伤筋以后，治疗及锻炼不当以致膝酸痛弱，筋络却牵掣强硬。至于"创伤较深，脑破筋绝者"，石氏早年用化瘀清热药内服，合祛腐生肌药外用，如开放性骨折中提到的方药，目前则多以西医学方法扩创缝合，但在有些情况下采用中药治疗仍有独到的功效。

## （二）伤骨

### 1. 伤骨的诊断（摸法）

骨损：疼痛的重点不在肌肉而在骨骼，故用手摸靠骨面上有肿胀的痛处，不是周围都痛，仅局限在受伤的部位。

骨折：类似上面的情况，觉有不显著的动摇。

骨断：有"辘辘"及"淅淅"的声音。不论骨损、骨折、骨断，都应在诊断明确后，用手法使伤骨部位平复。

### 2. 断骨的处理

在夹裹前，先纠正骨位，然后用敷药外治，四肢长骨的折断必须双重夹裹，并内服汤剂或成药。

根据《仙授理伤续断秘方》《医宗金鉴·正骨心法要旨》讲：伤科"夹缚"的原则是大小要适合，软硬要适中，固定要牢靠。当然还要注意材料来源要因地制宜。一般材料来源很广泛，树皮、竹帘、硬纸板总是各地较容易找到的。固定力量如果仅用竹帘"恐挺劲之力不足"，再外加杉篱即双重固定还是很可靠的。

### 3. 近关节骨折的处理

敷药、服药如上。夹裹除了股髋关节骨折以外，时间不宜太久，恐日后妨碍屈伸。

### 4. 破皮断骨的处理

敷药、服药如上。须先清洗创口，次止血防作脓，然后再用手法按平夹裹。

开放性骨折，伤科称为"破皮断骨"，中医学有一定的治疗经验。隋代巢元方《诸病源候论》中提到，破碎的关节和折断的骨骼可以缝合，但是"须急及热，其血气未寒"，外伤后立即缝合"应除碎骨尽，乃敷药，不尔，疮永不合"，"其疮内有破骨断筋，伏血腐肉，缺刃竹刺，久而不出，令疮不愈"，"当破出之，疮则愈"。《仙授理伤续断秘方》治疗"皮破骨出"，采用的方法是"煎水洗"，"相度损处"，"拔伸"。如果"拔伸不入，搛捺相近，争一二分，用快刀割些捺入骨"，"风流散填疮口"，"黑龙散贴疮之四周，夹缚"。这些在 7～9 世纪所记载的治疗原则，清楚地表明祖国医学对开放性骨折早就有很科学的处理方法，比西方早几百年，只是我们现在还没有很好地发掘整理。

总之，祖国伤科的治疗是整体观的，除手法外治以外，内服则随着当时情况的需要，观察患者体质的强弱，随证治之，所以制方也占有很重要的地位。

## （三）内治的三期治则

石氏把损伤后分为早、中、后三个时期，这是根据损伤后气血和筋骨的情况来划分的。

### 1. 早期

筋损骨折，气滞血瘀。治疗一方面要采取接骨续筋、手法固定等措施，另一方面采用活血化瘀、消肿止痛的内外用药，这一段时间是从损伤开始到青紫肿胀基本消退，一般为 10～14 天。用内服药有三点要注意：一是四肢的损伤主要是血瘀，用药以活血化瘀为主，稍佐理气药物；躯干损伤则往往气血兼顾。二是瘀血容易化热，活血化瘀药要偏于凉血活血。热象明显的还要加重清热药剂量；但凉药不能太过，使用时间也不能太长。三是结合全身辨证，辨别虚与实而分别施以补或泻。

四肢损伤早期参考方：荆芥 6g，生地黄 12g，当归 9g，地鳖虫 9g，赤芍 9g，忍冬藤 12g，泽兰叶 9g，留行子 9g，炙乳香、炙没药各 3g，青皮、陈皮各 4.5g，桃仁 9g。

局部青紫严重加黄荆子 9g，紫荆皮 9g；如有骨折，加煅自然铜 12g，骨碎补 9g。

### 2. 中期

筋骨已开始接续，瘀血散而未尽，气血仍未调和。治疗一方面继续固定，一方面"曲转"，也就是适当活动关节，使气血通畅。用药则以活血舒筋和络为主。

参考方：当归 9g，丹参 9g，防风 6g，独活 6g，川断 12g，狗脊 12g，川芎 4.5g，泽兰 9g，红花 3g，伸筋草 12g。

### 3. 后期

肿胀消退，筋骨接续，但尚未坚固，酸软少力，关节活动也觉牵强。这一时期的治疗要加强活动，使气血通畅，恢复筋骨的力量。内服益气活血、健筋壮骨药。

参考方：炙黄芪 12g，炒党参 9g，焦白术 6g，当归 6g，独活 6g，川断 12g，狗脊 12g，红花 9g，伸筋草 12g。

局部畏冷，加桂枝 3g，白芍 6g，以温经通络，健壮筋骨，必要时可加鹿筋 6g（先煎），虎骨粉（现用代用品）1.5g（吞）。

损伤中后期可加用一些祛风通络药，如独活、防风等。这是因为气血失和后局部卫阳不固，易为风寒所袭。后期解除固定后，可常用中药熏洗以助功能恢复，如桂枝、羌活、独活、花椒、甘松、山柰、伸筋草等。民间也常用接骨木（即扦扦活），剂量可不拘多少。

为了便于掌握，临床上用药可以桃红四物汤为基础：早期加凉血清热药；后期加益气血、补肝肾药；止痛用乳香、没药；骨折加续骨药，如煅自然铜、骨碎补等；上肢损伤加姜黄、桑枝；下肢损伤加牛膝；胸背部损伤加重理气药用量。外用药用三色敷药。外用药有几个好处：一是使固定物与肢体外形更贴切；二是临床症状改善快，早期同用汤药内服尤其明显；三是后期酸痛无力的情况少，其结果有利于恢复。

## 五、方药/手法之长

石氏伤科在方药运用及正骨理筋手法上均颇具特色，石仰山先生在石氏先辈经验的基础上，对其进行了整理及发展。

## （一）手法辑要

### 1. 石氏手法要点

石氏认为："手法是医者用双手诊断和治疗损伤的一种方法。"手法首先是用于诊断的，比摸患处以了解伤情。摸法在历代文献中都曾提及，石氏则在应用摸法的过程中还注意对比，与健侧比、与正常情况比。因为只有这样，才能更清楚地通过手法获得诊断。以往没有条件用 X 线检查以辅助诊断，比摸是极为重要的。现在，X 线检查十分普遍，而比摸手法仍不可忽视，是伤科医师应掌握的基本诊断手法。只有亲手比摸，才能具体了解伤情，有时还可使某些在早期 X 线检查中难以明确的骨折得到临床诊断。

诊断后即要以"稳而有劲、柔而灵活"的手法施以治疗。石氏疗法一般常以十二字为用，即拔、伸、捺、正、拽、搦、端、提、按、揉、摇、抖（亦作"转"）。拔、伸、捺、正主要用于正骨。《仙授理伤续断秘方》治疗骨折就是用这四种手法。拽、搦、端、提则主要用于上髁。拽是向前拉，搦是握住，《世医得效方》中有说"拽直""搦教归窠"。端为端托，提乃上提。这四种手法应用时往往两手并用，左右分工。如右手或端或提，相机而行，左手为辅，或拽或搦；或助手拽搦，医者端提，互相配合。按、揉、摇、抖多用于理筋。《伤科大成》用治伤筋说："轻轻揉捏"，"摇动伸舒"。抖是用手抖动，也有舒筋的作用。

石仰山先生就这些手法还指出过两点：一是"这十二法在应用上并没有严格的界限，无论正骨、理筋上髁，随着需要，可以互相换用"。因此，不宜机械地划分这是正骨手法，那是理筋手法。二是理筋手法不独用于伤筋，"接骨前后亦须注意理筋，使之活动顺和"，"骨折接续后期，亦应以理筋为辅助手法"。这一点，石氏在临证时极为重视，目前仍有必要予以强调。

石氏还认为："用手绑扎固定的方法，似亦可附列于手法之内。"这主要是说明其重要性不亚于正骨复位。尤其是骨折整复后，石氏必亲手绑扎，多在损伤部位外敷药物及棉花垫衬妥后，用绑带先绑三圈，并在以后的包扎中注意使该部稍紧而得固定确实，两端则较松，能使气血流通。要求绑扎固定后的外观是匀贴的，复诊时当不松动，不变样。这样既能使患处不再移位，又无包扎不当带来的肢体肿胀、筋脉拘挛之弊。

### 2. 正骨手法举要

清代胡廷光说，上髁要"法使骤然人不觉，患如知也骨已拢"。以往治疗不用麻药，整复骨折便要达到这个要求。石氏正骨以拔、伸、捺、正为总则。拔伸不是一味依靠猛力，而是刚柔相济，在要点使巧力以恰到好处，如《仙授理伤续断秘方》

说"拔伸当相近本骨损处，不可别去一节骨上"，使发力达到最大的效能，并且在拔伸时结合推按、旋转，然后依骨折移位加以捺正。这样，在配合默契的助手协助下，各类骨折多能在瞬息间达到比较满意的功能复位。继之，顺络理筋，绑扎固定。

以桡骨远端骨折为例，具体的手法就是先摸清楚断端移位情况。患肢中立位，助手固定前臂上段；医者两手拇指在背侧，其余四指在掌侧把握骨折近断端处，两手边拔伸边向下滑移，刚及断端即在拔伸的同时稍做旋转，同时以拇指用力为主捺正向背桡侧移位的骨折远端，两手继续边拔伸边向下滑移，及骨折远端时整复已基本完成，随即一手握住断端，另一手捏手掌，稍微拔伸而小范围掌压背伸腕关节，最后逐个牵拉手指。

这个手法虽完成于瞬息之间，但是顺序明确，兼顾了各个方向的移位。拔伸时纠正嵌插和旋转移位，捺正纠正成角移位，以背桡侧拇指用力为主就顾及了桡骨的掌倾角和尺倾角，小范围活动腕部能涉及关节面的骨折，使关节面趋于平整，逐个牵拉手指则使伸肌腱能更好地纳入桡骨远端背侧的骨沟内。

复位后仍由医者为主予敷药，衬以棉花垫后夹板绑扎，棉花垫在断端掌侧及尺骨茎突部稍厚，绑扎的着力点主要是断端。以后 2 ～ 3 日复诊更换敷药，其时仍握住断端，轻度活动关节以使筋络顺和。3 ～ 4 周骨折基本接续，以拇指舒理筋腱。

### 3. 上骱手法举要

上骱似乎是伤科医师最基础的手法。首先，石氏上骱极注意患肢的体位，认为只有特定的体位才能使脱出的骱复位。如肩关节前脱位复位时，要求"一二助手，捏住患者臂肘及腋窝部"牵拽，骱头下移将及骱位时，则改"手掌向上翻"的体位，即先顺势，而改旋后位牵拽，医者则搦住肱骨头下拽并端提上托。髋关节后脱位则取俯卧位，以利医者发力，在助手牵拽下推动向后上移位的股骨头，使其向下纳入髋臼。

其次，在不同的脱位整复中要把握住重点手法。如颞颌关节脱位整复时，以拇指在口内或口外推按牙关尽处为重点。虽然许多介绍中还提到其余手指要端托下颌，其实往往难以顾及，而只要拇指用力推按，克服颞部肌紧张，使脱向前的下颌骨关节突向下、向后滑过颞骨关节结节，自然能进入下颌窝而得以复位。又如小儿桡骨小头半脱位，石氏以一手把握肘部，一手捏住患肢掌拽直患肢，重点则在使患肘充分旋转（先是伸直位旋后，不成功则旋后位屈曲，偶尔旋前位屈曲），有时在旋转的最后几度才能成功。

半脱位虽有"牵拉肘"之称，但关键的外伤暴力不是牵拉而是旋转。众所周知，半脱位实质上是关节囊嵌顿，牵拉仅有使关节囊向内吸引的趋势，只有旋转才会使关节囊前外侧挤入关节间隙嵌顿其间，所以也只有充分旋转使关节囊拉紧，同时使桡骨头旋转，才能把嵌顿的关节囊挤出来。至于石氏一手捏手掌的把握部位，也有独到之处（一般介绍均不强调这点）。部分患儿其病在腕，复位的弹响在腕，年龄稍大的幼儿也可能指出痛在腕部，但是毕竟多数幼儿难言其病所，石氏以捏手掌而施手法，则兼顾肘、腕。

再次，石氏在骱位得复后必按揉摇转以理顺筋络，在复诊时也必施以适当的按揉摇转，以使患者早日康复。脱位实质上是严重的伤筋，复位只是治疗的开始，尚需使损伤的筋络恢复其原，适度的手法能舒筋疏通气血，并减少关节周围的粘连。只有这样，才能使之尽快得愈。

**4. 关于伤筋与理筋手法**

伤筋是临证最为常见的病证。石氏把它分为三类，包括手法在内的治疗各有不同：一为不显著的伤筋，二是不甚显著的伤筋，三是外形有显著改变的伤筋。石氏认为，第三类伤筋施以手法是绝对必要的，手法之前"必须注意这与骨折是截然不同的"，要注意鉴别。法之所施，以肘后伤筋为例，一手按压鹰嘴后上两侧隆起粗筋，一手将患者处于半屈半伸而又难以屈伸的上肢急骤伸直，而后充分屈曲，或屈曲后充分伸直，手法也要"骤然人不觉"，否则患者因强烈的酸楚感而予以抵抗以致难以屈伸。手法实施以后症状即基本消失，不做手法则极难在较短时间内痊愈。

石仰山先生指出，骨伤手法是在大量实践的基础上不断发展和完善的，如颞颌关节口外复位、髋关节后脱位俯卧复位都是改变后的方法。石仰山先生认为，"伤科手法的临床应用，各家所施虽有不同，但殊途同归，其理一致"。在大的原则上各家各派是一致的，但细节上各有特长，这正是后学所要注意的。

## （二）方药要略

### 1. 内服药

根据损伤的不同部位、性质和伤后兼邪的各异，石氏将伤疾分为外伤（伤及皮肉筋骨）、内伤（损伤及脏腑经络气血）、伤科杂症（风寒湿诸邪的留滞等）而予以分类用药。

（1）外伤方药要略：外伤一般指四肢筋骨损伤，如伤筋、骨折、脱臼等，可分为初、中、后三期而分治之，仅举骨折为例，其他诸证均可仿此加减参阅之。

①初期以活血祛瘀、消肿息痛为主。

常用方药：新伤续断汤（当归、土鳖虫、丹参、苏木、桃仁、泽兰、炙乳香、炙没药、骨碎补、煅自然铜、川断、延胡索、桑枝）。本方功能化瘀消肿、续骨息痛，用治新伤骨折。

肿胀剧烈者，可选加紫荆皮、刘寄奴、王不留行子、荆芥、防风、南星、万灵丹等。

疼痛剧烈者，可选加血竭、三七、制草乌、磁石等。

瘀血化热者可选加牡丹皮、赤芍、生地黄、忍冬藤、连翘、山栀、制川大黄等。

大便秘结者可选加枳实、川朴、生川大黄、玄明粉、瓜蒌仁、郁李仁、火麻仁等。

一般上肢损伤加姜黄、桑枝，下肢损伤加牛膝、威灵仙，除去续骨药亦可主治伤筋、脱臼所致的瘀滞肿痛症外，视病情的不同亦可加用生地黄、天花粉等以补充骨折后津血的消耗，并可加用枳壳、陈皮等理气药以助血行。

②中期以和营生新、接骨续筋为主。

常用方药：和营续骨汤（当归、赤芍、白芍、川芎、生地黄、杜仲、川断、骨碎补、五加皮、红花、陈皮、桑枝、独活）。

肢麻酸楚者选加黄芪、桂枝、木瓜、鸡血藤等。

脾虚面色苍白者选加党参、白术、山药、茯苓、甘草等。

阴虚津少者选加沙参、麦冬、玉竹、石斛等。

湿困纳呆者选加苍术、川朴、蔻仁、谷芽、麦芽、生山楂等。

③后期以益气血、补肝肾为主。

常用方药：坚骨壮筋汤（党参、黄芪、白术、白芍、当归、熟地黄、川断、狗脊、鹿角、鸡血藤、红花、陈皮、茯苓）。

关节疼痛、活动不利者选加千年健、络石藤、伸筋草等。

关节酸麻者选加蚕沙、木瓜、五加皮、乌梢蛇等。

（2）内伤方药要略：内伤一般指头脑、胸腹等躯干部的损伤，即以脏腑经络气血受病为主，按损伤的部位、久暂而分治之。

内伤诸症较严重者，可现气闭昏迷之证，宜先服苏合香丸或至宝丹以开闭宣窍，如化热烦躁不宁者亦可服琥珀抱龙丸、安宫牛黄丸或紫雪丹等。

胸腹内伤，气滞窜动作痛者，以理气通络为主，活血化瘀辅之。常以小柴胡汤及金铃子散加减，亦可用验方理气止痛汤出入（柴胡、香附、当归、川楝子、延胡索、木香、青皮、枳壳、乳香、没药、路路通等）。

胸腹内伤，瘀滞疼痛者，则以活血化瘀为主，理气和络辅之。可用复元活血汤（柴胡、天花粉、归尾、甲片、大黄、桃仁、红花、甘草）或膈下逐瘀汤（当归、赤芍、川芎、桃仁、红花、枳壳、香附、延胡索、乌药、五灵脂、牡丹皮、甘草）等加减。

胸部内伤有咳痰者，可选加杏仁、贝母、桔梗、前胡、旋覆花、白芥子、黛蛤散等。

有瘀血者，可选加茜草、蒲黄炭、仙鹤草、藕节、旱莲草、三七等。

纳呆泛恶者，可选加姜半夏、姜竹茹、藿香、建曲、砂仁、茯苓等。

腹部胀滞者，可选加大腹皮、槟榔、枳实、木香等。

大便秘结者，可选加大黄、玄明粉、瓜蒌仁、郁李仁、麻仁丸等。

疼痛较剧者，可选加降香、血竭、三七等。

少腹部或会阴内伤而见小便涩滞者，可用柴胡桔梗汤（柴胡、桔梗、升麻、延胡索、乳香、没药、地鳖虫、归尾、丹参、泽兰、小蓟炭、牛膝炭、梗通草、琥珀）。

陈伤延久不愈，瘀化未尽者，可予三棱和伤汤（三棱、莪术、青皮、陈皮、党参、白术、白芍、当归、乳香、没药、枳壳、甘草）。

头部内伤用药，一般亦以三期辨证法：早期常用柴胡细辛汤（柴胡、细辛、薄荷、归尾、土鳖虫、丹参、半夏、川芎、泽兰、黄连）合防风归芎汤（防风、当归、川芎、丹参、桃仁、泽兰、苏木、荆芥、蔓荆子、乳香、没药）以升清降浊、化瘀宣络为主。中期常用天麻钩藤汤（天麻、钩藤、白蒺藜、当归、丹参、赤芍、白芍、川芎、枣仁、茯神）参以川芎茶调散加减，以平肝息风、和血宁神为主。后期常以补气养血、养心宁神、平肝和胃等法参合应用，如以六味地黄汤、补中益气汤、归脾汤等加减。

如见神昏痰蒙者可选加胆星、竹沥、天竺黄、石菖蒲、白金丸等。

胸闷者可选加姜竹茹、姜半夏、藿香、左金丸、玉枢丹、砂仁等。

头痛剧烈者可选加川芎、白芷、蔓荆子、全蝎、蜈蚣等。

心烦、失眠多梦可选加茯神、远志、朱灯心、枣仁、合欢皮、夜交藤等。

躁动不安者可选加羚羊角、钩藤、龙骨、牡蛎、磁朱丸、马宝、玳瑁、全蝎、蜈蚣等。

目眩、视物昏糊者可选加钩藤、蒺藜、菊花、石决明、枸杞子、茺蔚子等。

病久肢冷偏废不用者可选加黄芪、桂枝、细辛、鹿筋、蜈蚣、地龙、僵蚕、归尾、桃仁、红花等。

（3）伤科杂症用药：损伤而兼有风寒痰湿等痹着之邪留滞，以及筋骨劳损、骨节变形等似伤非伤谓之伤科杂症。

损伤未彻而兼有风寒甚者，常用麻桂温经汤（麻黄、桂枝、红花、桃仁、赤芍、白芷、细辛、甘草）以祛邪宣络、活血止痛。

兼风邪痰湿入络而见关节肿胀、筋结成块、活动牵掣或为麻痹疼痛者，常以牛蒡子汤（牛蒡子、僵蚕、白蒺藜、独活、秦艽、白芷、半夏、桑枝）加减治之。

腰腿痛兼邪或夹瘀血留滞太阳经者，常用独活寄生汤合地龙散（地龙、肉桂、苏木、麻黄、归尾、桃仁、黄柏、甘草）加减。

劳伤筋骨，损及元气，而见腰背酸痛、四肢瘀乏、动作呆滞无力、头晕纳呆，甚至关节变形诸症，常以调中保元汤（党参、黄芪、冬术、熟地黄、山药、山萸肉、川断、补骨脂、枸杞子、龟甲、鹿角胶、陈皮、茯苓、甘草）加减。

疼痛剧烈者可选加制草乌、制川乌、附子、威灵仙、羌活、独活，或虫类搜剔药如甲片、乌梢蛇、全蝎、蜈蚣，以及活血化瘀药如当归、赤芍、桃仁、红花、虎杖等。

兼肢麻痰湿流注者选加南星、白芥子、指迷茯苓丸等。

肿胀重滞者选加茯苓皮、泽泻、防己、木瓜、米仁等。

痿软无力者可选加苁蓉、锁阳、淫羊藿、鹿角、黄芪等。

关节变形者可选加生地黄、熟地黄、骨碎补、威灵仙、蜂房、蕲蛇等。

湿热下注者选加苍术、川柏、牛膝、防己、虎杖、川椒目等。

关节不利者可选加伸筋草、寻骨风、海风藤、石楠叶等。

以上对伤科内服方药作一不全的概括，从中可以看出：外伤用药以化瘀消肿、和营止痛、坚骨壮筋、舒筋通络作为重点；内伤用药则侧重于活血理气、和络止痛，并以调整脏腑之功能为主；损伤之杂症，又以祛邪蠲痹、调益肝肾气血为要务。

**2. 外用药**

伤科外用药的种类和剂型很多，大都是古今医家的经效验方，各具特色。石氏在长期的临床诊疗过程中，积累总结了一些颇具疗效的外用药，下面介绍部分外用方药。

（1）三色敷药（紫荆皮、黄金子、番木鳖、当归、赤芍、丹参、白芷等）以活血化瘀、消肿止痛见功。

（2）接骨丹（血竭、骨碎补、煅自然铜、乳香、没药、麝香等）具接骨续筋止痛之功。

（3）伤筋药水（生川乌、生草乌、生南星、苏木、红花、威灵仙、山奈、樟脑等）用治损伤风湿筋骨麻木疼痛、筋络挛缩诸症。

（4）石氏洗方（生川乌、生草乌、甘松、山奈、羌活、独活、当归、紫草、海桐皮等）用治骨折及软组织损伤后期，筋骨疼痛、关节不利等症。

**3. 药对应用**

药对数量众多，类别复杂，应用广泛，各家均有独特的经验。但按其组成分析，以相须、相使配伍者居多。药对配伍后，性能主治发生变化，受到历代医学家的重视。首先，多数药对的功效，比单味药要强。其次，一味药的功效比较简单，配成药对则可扩大应用范围，以适应临床病证的复杂多变。有些药物具有毒性、烈性，或具有副作用，容易引起不良反应，与某些药组成药对，可以制约其毒性、烈性、减轻或避免不良反应。

药对是相对固定的配伍单位，具有一定的独立性，但在病情变化复杂时，可按病情需要灵活变化。可以两个或两个以上的药对联合应用。如牛蒡子、僵蚕合用祛痰消肿、宣滞破结、石氏常用于痰湿入络之颈椎病、肩周炎、腰腿痛等病症。若兼有肢麻者，可联合南星、防风行血解痉，化痰祛滞，从而使肢麻康复。对于某些病证，通过调节药对本身之用量比例，即可改变药对的功效主治。例如桂枝、白芍配对，调和营卫，当卫表之证明显时可加大桂枝的相对用量，当营血之证较重时则相对加重白芍用量，以适应病情不断变化。

石氏擅用药对治疗伤科疾患，疗效颇佳。此仅举数对，以窥其药对运用之精要。

（1）牛蒡、僵蚕：牛蒡、僵蚕是石氏擅长运用于伤科临床的一对要药，尤其是在伤科杂病中的运用更为广泛，如颈椎病、腰椎间盘突出症、肩关节周围炎、肱骨外上髁炎、桡骨茎突狭窄性腱鞘炎、髋关节滑膜炎、膝关节创伤性滑膜炎、拇囊炎等。石氏认为该类疾病大多属中医学的痰湿入络范畴，其主要病因是人体气血不和、运行不畅，导致气血壅滞、津液凝积，进而聚积成痰。若入于经络则麻痹疼痛，入于筋骨则头项胸背腰骶掣痛，手足牵掣隐痛，聚于局部则肿而成块。沈金鳌在《杂病源流犀烛·湿》中曰："以故人自初生，以至临死，皆有痰，皆生于脾……而其为物，则流动不测，故其为害，上至颠顶，下至涌泉，随气升降，周身内外皆到，五脏六腑俱有。"说明痰湿为患，随气升降无处不至而遍于全身。因此石氏依据中医学辨证施治特点，牢牢抓住痰湿致病之因，针对性地采用化痰利湿、通络散结之法，对该类疾病进行辨证治疗。石氏每每以牛蒡、僵蚕两药为其治痰散结之要药。牛蒡性凉，味辛、苦，祛痰消肿，通行十二经络，《本草备要》曰其"散结除风……利腰膝凝滞之气"，《药品化义》曰其"能升能降，主治上部风痰"，《本事方》曰其"治风热成历节，攻手指作赤肿麻木，甚则攻肩背两膝"。僵蚕性平，味辛、咸，祛风解痉、化痰散结，《本草求真》曰其为"祛风散寒、燥湿化痰、温利血脉之品"，《本草思辨录》曰其"治湿胜之风痰……劫痰湿散肝风"。由此，牛蒡、僵蚕两者配伍应用可通行十二经脉、开破痰结、导其结滞、宣达气血、滑利关节。故石氏名方"牛蒡子汤"即以此两药为君组成。

（2）柴胡、香附：柴胡、香附药对是石氏治内伤疾患之要药。石氏认为："头胸腹之内伤不论其新伤宿损，或虚实之证，总与肝经相系。"故施治时往往使用肝经之药，多以柴胡与香附相需为用。柴胡味苦，性微寒而质轻，为厥阴、少阳二经的引经药，按足少阳经的循行是由上至下，足厥阴经则由下至上，故可随经气上下，能升能降，具升清阳、降浊阴之功。《医学启源》曰："柴胡，少阳、厥阴引经药也。"

石仰山曾言："柴胡能升能降，因而得着一个'和'字，只要善于用，不论病在上、中、下哪一部，都很适宜，其是治伤科内伤的一味有效良药。"香附味微苦、甘，性辛，入肝、三焦之经。《本草纲目》曰其入"手足厥阴、手少阳，兼行十二经，八脉气分。"又认为"香附之气平而不寒，香而能窜，其味多辛能散，微苦能降，微甘能和。生则上行胸膈，外达皮肤，熟则下走肝肾，外彻腰足"。伤科内伤初成皆由猝然身受，其部位都在头、胸、腹、会阴等处，属于瘀阻或气滞，其症状除疼痛胀滞外，更是诸变百出，但总由阴气不舒（气滞）、阳气不达（气郁）所为。故应用此药对疏泄肝胆三焦气血之郁滞最为适宜。柴胡、香附药对运用，在脏主血，在经主气，故以之治脏是血中之气药，以之治经是气分之药。只要配伍得宜，自能开郁散滞而通达上下，用治伤科内伤瘀阻气滞诸症，确有良效。

石氏善用柴胡、香附药对，但并不独用之，每多佐他药合用。如对头部内伤（脑海受震）初期，症见昏厥、恶心、呕吐、眩晕等，往往加用细辛、半夏、薄荷等治之，取柴胡细辛汤之意。若少腹部或会阴部内伤，浊瘀内阻，气化失司，窍隧不通，症见癃闭、口渴、烦躁等，常加用桔梗、升麻、通草、琥珀等药治之，用柴胡桔梗汤之理。若胸胁、腹部内伤，气机失畅，腑气受阻，症见胸闷腹胀、便秘等，每每加用桃仁、天花粉、芍药、当归、枳实、川大黄等药治之，仿柴胡疏肝汤、复元活血汤之法。可见，不论损伤内证病位于上、中、下何处，皆可运用柴胡、香附之药对，只要正确辨证，灵活配伍，用之每多合辙。

（3）草乌、磁石："疼痛"在骨伤科疾病中是极常见而又难以解决的症状。石氏伤科在临床治疗上，一方面运用中医学整体观念、辨证施治的特点进行治疗，另一方面运用辨证与辨病相结合的方法进行临床用药。石氏尤其擅长运用草乌、磁石药对治疗伤科疼痛，且应用范围十分广泛，如骨折、脱臼、伤筋、劳损、宿伤、杂病等。石氏认为该类疾病的疼痛机理为气滞血瘀，或风寒痹塞，或痰湿互阻等，使人体脉络不利，运行失畅而产生疼痛。《杂病源流犀烛》曰："跌扑闪挫，卒然身受，由外及内，气血俱伤病也……必气为之震，震则激，激则壅，壅则气之周流一身者，忽因所壅而凝聚一处，是气失其所以为气矣。气运乎血，血本随气以周流，气凝则血亦凝矣，气凝在何处，则血亦凝在何处矣。夫至气滞血瘀，则作肿作痛……"《素问·举痛论》曰："寒气入经而稽迟，泣而不行，客于脉外则血少，客于脉中则气不通，故卒然而痛。"《素问·痹论》曰："风寒湿三气杂至，合而为痹也。"从古代医家的论述可以看出，不通则痛是疼痛的根本机理。因此石氏牢牢抓住疼痛的致痛之因，采用通脉息痛之法，并根据临床变化随症治疗。其中每每运用草乌、磁石为通脉息痛之主药。草乌性热，味辛，宣通血脉，搜风胜湿，散寒止痛。《药性论》谓草乌"通经络，利关节，寻蹊达径而直抵病所"。《医学衷中参西录》曰其"热力减于附子，而宣通之力较优"。《本草纲目拾遗》曰其能"追风活血"。磁石性平，味、辛、咸，活血化瘀，消肿镇痛，补肾益精。《本经》曰其"主周痹风湿，肢节中痛"。《千金要方》曰其"通关节消肿痛"。《名医别录》曰其"养肾脏，强肾气，通关节"。由此草乌、磁石配伍应用可通利血脉、消肿息痛，并且磁石之咸凉可制约草乌之峻烈，草乌之辛烈又可启磁石之阴寒，两药相辅相成，相得益彰，故石氏每每用之，其名方固腰汤就是以草乌、磁石为君药组成的。

（4）白芍、甘草：芍药甘草汤出自《伤寒论》一书，具有酸甘化阴、甘缓止痛之功。根据《内经》"脾欲缓，急食甘以缓之，甘补之""肝苦急，急时甘以缓之"的论述，甘味所缓之痛是以脾虚、肝旺克脾或心火所致的里急腹痛、身痛、疮疡疼痛等。该方剂广泛用于治疗肠痉挛、急慢性肠炎、面肌及腓肠肌痉挛等病症，取得了较好的疗效。

关节粘连属中医学"痹证"范畴。石氏认为，肝为刚脏，体阴而用阳，肝主血液储藏并司调节筋骨关节，肝血不足，血不养筋，血脉流行失畅，从而引起局部经络、筋脉血行痹阻，产生局部关节疼痛活动不利之候，形成关节粘连之症。石氏巧用芍药甘草汤配以益气活血、通利关节之药，治关节粘连疗效显著。

据药理研究证实，白芍与甘草两药相伍，对横纹肌、平滑肌的痉挛，不论是中枢性还是末梢性的均有镇静作用，并指出芍药的镇静作用属中枢性的，直接作用于脊髓反射弧，甘草的镇静作用属末梢性的，直接作用于平滑肌和骨骼肌。白芍有养肝血之功，而无壅滞经遂之害，又酸敛性寒，补虚和营，缓急止痛；甘草甘平，安中解毒，调和诸药，缓急止痛。根据患者疼痛之寒、热、虚、实辨证分型，运用芍药甘草汤加味治疗关节粘连，具有养血柔肝舒筋、缓急止痉解痛、疏通经络筋脉、增强关节活动的作用。

石氏运用芍药甘草汤治疗关节粘连能取得良好疗效的要领：牢牢抓住疼痛这一实质，而以该方缓急止痛获得治疗目的；运用肝主筋原理，以该方酸甘入肝，起到治疗筋脉拘急之功，从而使气血调和，关节通利，病症自除。

（5）地龙、土鳖虫：痰病是中医学的特有概念，是一类病的总称。朱丹溪指出："痰之为物，随气升降，无处不到。"说明痰可成为多种疾病的致病因素。石氏理伤注重气血、痰瘀相关理论，认为骨折伤筋导致人体气血不和，运行失畅，气血壅滞，引发津液凝结聚积成痰。疾病的形成必然导致气机受阻，气滞则血瘀，而血瘀的同时又必然加重痰浊的形成，痰瘀交凝而使顽疾不去。临床上表现为局部疼痛、肌肤麻木、皮下结块不化、关节活动受限，如颈椎病、腰腿痛、头胸腹内伤、肩肘关节粘连、骨折脱臼、伤筋等。

清代周学海明确指出："治痰必用破瘀。"因此石氏在治疗此类疾病伴有痰瘀互阻时，擅长运用土鳖虫、地龙化痰破瘀。土鳖虫，又名䗪虫，具有较好的逐瘀破积、通络理伤功效，专治跌打损伤、瘀血阻滞经络。《本草经疏》曰："䗪虫治跌扑损伤、续筋骨有奇效。"《长沙药解》言："䗪虫善化瘀血，最补损伤。"地龙又名蚯蚓，具有解痉镇痛、化痰通络作用。临床上两药往往与理气活血化痰药合用，如牛蒡、僵蚕、制南星、桃仁、红花、陈皮、香附之类，共奏化痰破瘀、疏通络脉之效，使气机宣畅，顽疾去矣。

（6）当归、黄芪：石氏理伤的基本原则是气血兼顾，以气为主，以血为先，认为伤科疾病不论在脏腑、经脉，还是在皮肉、筋骨，都离不开气血。气血之于形体无处不到，《素问·调经论》中"人之所有者，血与气耳"说明了气血的重要性。形体之抗拒外力，肢骸百节能屈伸活动，是气之充盛、血之化液濡筋以成髓养骨的反映，而气的化生功能起着助动作用。因此，治疗伤痛应气血兼顾，宜"以气为主"。在病理情况下，如骨折、伤筋、脱臼等瘀血停留脉道，则当活血祛瘀以生新，"以血为先"为治法。清代陈士铎《辨证录》对骨折论述道："内治之法，必须以活血祛瘀为先，血不活则瘀不能去，瘀不去则骨不能接。"石氏在疗伤治痛中强调气血兼顾，"气为主而血为先"，无论是损伤的早期、中期还是后期，都贯穿了这一思想。一般来说，损伤早期宜活血化瘀，佐以理气；中期宜调和气血；后期则宜益气养血，调益肝肾。在治疗上尤其重用当归、黄芪药对。当归味甘、辛，性温，归肝、心、脾经；《本草纲目》云当归"温中止痛，除腰痛，除客血内塞，中风痉，汗不出，湿痹中恶，客气虚冷，补五脏，生肌肉；气血昏乱，服之即定。有各归气血之功，故名当归"。《景岳全书》云："（当归）气轻味重，可升可降，阴中有阳。其味甘而重，故专能补血；其气轻而辛，故又能行血。补中有动，行止血上行，身养血中守，尾破血下流，全活血不走。大约佐之以补则补，故能养营养血，补气生精，安五脏，强形体，益神志，凡有形虚损之病，无所不宜。"黄芪味甘，性微温，归脾、肺经。《药性赋》曰："（黄芪）温分肉而实腠理，益元气而补三焦，内托阴证之疮疡，外固表虚之盗汗。"《开宝本草》曰："（黄芪）逐五脏间恶血，补丈夫虚损、五劳羸瘦，止渴，益气，利阴气。"由此当归、黄芪相为辅佐，气血并治，通补兼顾，为石氏理伤之要药。

# 六、读书之法

中医伤科有着几千年的历史，它是在各个历史时期人们与疾病斗争的实践中产生的，其发展过程中所留下的诸多著作，是经历史选择直接经验的保存。石仰山先生说，这些实践过程中产生的科学文献并不是用来欣赏的"古董"，而是应该加倍重视、细致认识、合理利用的宝贵遗产。只有正确对待它们才有利于整个医学的发展。

伤科典籍的分散性甚于其他各科，专门独立的著作也是寥若晨星，基础经典著作的研读对伤科医师来说是十分重要的，例如《黄帝内经》《神农本草经》《脉经》对指导伤科疾患的病机诊断与治疗都具有指导价值。《黄帝内经》是我国传统医学四大经典著作之一，是一部研究人的生理学、病理学、诊断学、治疗原则和药物学的医学巨著，在理论上建立了中医学的"阴阳五行学说""脉象学说""藏象学说""经络学说""病因学说""病机学说""病症""诊法""论治""养生学"及"运气学"等学说，是每位中医专业学生必须研习的专著之一。《脉经》里面也涉及伤科疾病，如卷四中"病疮腰脊强急瘛疭者皆不可治""金疮出血太多，其脉虚细者生，数实大者死""从高倾仆，内有血，腹胀满。其脉坚强者生，小弱者死"等若干条文，都可以在临床诊断时选择应用。南朝龚庆宣《刘涓子鬼遗方》五卷，其中第二卷为治金疮的方剂，共三十一方。唐代孙思邈所著《千金要方》三十卷，其中卷二十五备急门记录伤科共四十九方；孙思邈《千金翼方》三十卷，其中卷二十记录伤科内服外用共五十四方。唐代王焘《外台秘要》是现存唐代以前医书中很少见的巨帙，更宝贵的是它所采用的许多方书都注明了出处，很多古医书现在已经亡佚，幸而得此犹可窥其概略；《外台秘要》中有关伤科部分共二十三门，里面容纳了一百二十七方。唐代蔺道人《理伤续断方》一卷，是我国现有最早的一部伤科专书，全书有方四十五首，其中最为珍贵的就是特别重视手法，书中提到的正骨手法及包扎术的应用，在今天来看仍具参考价值。书中通过朴素简单的叙述说明治伤处理的各种方法，使人能在这些原则中得到很多启发。此外，《正体类要》是伤科的病例专书、《接骨手法》为伤科的手法专书、《跌损妙方》为伤科医方的专书，可供我们学习参考。清代《医宗金鉴》中的《正骨心法要旨》二卷是当时伤科诵习的教本，至今仍颇具实用指导价值。

# 七、大医之情

## （一）思想境界

石仰山先生常告诫自己的弟子，作为一名医生需时刻牢记"为医者应以仁慈为怀"的古训，竭尽全力奉行仁爱为怀、救死扶伤的道义。作为一名共产党员，他本人也以其一生的操守为后辈垂范。

石仰山先生多次荣获"上海市劳动模范"光荣称号，从医五十余载，虽身兼行政和临床多职，但直至退休前，他仍每天坚持出门诊，常常一天要接待五六十位患者，有时忙得连饭都顾不上吃。有的患者被石仰山治好了病，悄悄地给他送来各种礼品，石仰山拒绝接受，他对送礼的人说："我们医务人员目前收入是不太高，但绝不能因此而收受病家财物，这样做就会失去我们医生济世救人的品格。"作为沪上一代名医石兰亭的后裔、"石氏伤科"的第四代传人，石仰山在海内外颇有名望，慕名而来的求医者接踵而至，户限为穿。有人请他去海外定居创业，能够获得优越的生活条件和环境，能够获得丰厚的物质和经济利益，也有人劝其辞职开办个人诊所，凭借"石氏伤科"的社会知晓度和仰山先生自己的声望，一定能获得更大的收益，还有人拉他去主持专家门诊，然而，这一切都没有让仰山先生动心。石仰山在年逾花甲之年依旧坚守在自己的岗位上，坐门诊、查病房、带学生，在黄浦区中心医院任劳任怨地忙碌着、奉献着。

大凡接触过石仰山先生的患者，均被他高超的医术所折服，更为他高尚的医德所感动。一位年逾八旬的老太太，年迈多病而卧床不起，想请一位大夫上门诊治，又觉得现在的医生门诊、病房都很忙，所以有点难以启齿……仰山先生获悉此情况后，对着愁眉苦脸的家属说，我去看看吧！家属既惊喜又有点过意不去，说道："石大夫，您是名医，又是这医院的院长，我们不敢给您添麻烦啊，您为我们随便请一位大夫就行！"家属执意要拦一辆出租车接送石先生。仰山先生谢绝了："骑自行车方便，看病要紧，快带我到你家去吧！"以后的日子里，一次、二次、三次……仰山先生利用业余时间一次次定时上门，推拿、开方、用药、诊视、观察，不厌其烦，终于治好了老人的颈椎病……有人悄悄统计了一下，一年内，石仰山先生利用业余时间出诊300多次，为患者义务咨询500多人次。那辆被同事们戏称为"老坦克"的旧自行车，伴随着他风里来雨里去，穿行在上海的大街小巷。

石仰山的名气蜚声海内外，但是，当他走在大街上与你对面相遇，甚至坐在你身旁、站在你面前时，人们很难将那一长串头衔和光荣称号同眼前这位朴实无华的老人联系在一起：一张黑黝黝的脸，谢了顶的头上只剩下几许发丝，那笑容、那语调，慈祥而让人放心，即刻缩短了他与病家之间的距离，畅通了心灵感应的渠道，没有了疑惑，只有信任！只要石仰山先生应诊，医院伤骨科的患者就悄然增多，而且大多数患者指明要请石仰山医师诊治。患者再多，工作再忙，石先生都毫无怨言，从不皱眉板脸，从不推塞敷衍，从不得过且过！他说："我要对每一个病人负责，我应当尽自己最大的努力不让病家失望。"

## （二）文化修养

杰出的医者除了崇高的医德和精湛的医术外，也必然具有高尚的文化素养。正如《内经》所云"上知天文，下知地理，中知人事""通神明之德""类万物之情"。

石仰山先生年轻时一边随父临诊学习骨伤及针灸，同时也跟随黄文东先生学习中医典籍及传统文化，他深刻地体会到扎实的文化功底对一名中医师的成才是十分重要的。石仰山先生常对自己的弟子说：做好一名医生，必须具有广博的学识和高尚的文化情操，不仅应有医学基础，还要有文史基础，不但要通医理，还要通文理通、通哲理，这样才能够成为一名好中医，才是一个杰出中医师应具备的文化底蕴。石仰山先生不仅精通文史，也热爱书法和音乐，他认为，人文情操的培养对一名医师也是十分重要的。中医学不仅是一门自然科学，而且是一门人文科学，它服务的对象是人，具有人文精神的医师才能更贴切、更完善地处理好"人体"这一复杂的系统。

# 八、养生之智

石仰山先生谈养生，将其概括为八个字：心态、有度、兴趣、导引。

## （一）积极的心态

首先，也是最重要的一个因素，就是"心态"。石先生曾说："世界上所有长寿的人，不论是医生，还是其他职业，不论是否抽烟喝酒，他们的经验之谈中都有一个共通点，就是性格乐观开朗，也就是心态特别好。"

心态为什么这么重要呢？从中医学角度来讲，情志不畅可以导致疾病的发生。长期的情绪不佳虽不会马上致病，但其脏腑气机会渐渐失调，升降乖戾，出入失常，久则气血循环不畅，脾肾俱损，不能推陈致新，自不能延年益寿。若严重者，则大病一场，折寿而不彰。所以练就乐观开朗的心态是十分重要的养生之道。心情舒畅，则气机畅通，即使有外邪内毒，也不易损伤人体，能顺利排出体外，恢复机体功能的正常运作，诚如《黄帝内经》所言："正气存内，邪不可干。"

## （二）凡事皆有度

石仰山先生认为，中医养生讲究阴阳平衡，《黄帝内经》谓"阴平阳秘，精神乃治"。如何把握这一平衡，关键在于"有度"，即每一件事都有一个限度，过了这个限度，阴阳即会出现失衡，久之疾病便会上身。

比如饮食，石仰山先生的三餐不是十分讲究营养物质的搭配比例，他也有喜欢吃的和不喜欢吃的，但他每样东西都不会过度，喜欢吃的不会暴饮暴食，不喜欢的不会点滴不碰，因为《黄帝内经》有"五谷为养，五果为助，五畜为益，五菜为充，气味合而服之，以补精益气"之说，说明五谷、五果、五菜、五蔬、五畜等分养对应之脏腑，不可长期偏废。石仰山先生还对时令果蔬非常喜好，对于反季作物则很少摄入，尤其对转基因食品，更是极力反对。石仰山先生说：违反自然规律的事物必然对人不利，有些虽然不见得立刻招致灾祸，但日久必然产生不良之影响。若要养生长寿，一定要遵循"道"，什么是"道"？道法自然，自然就是"道"。

再如起居，石仰山先生的作息也十分有规律。他一般在晚上9点便已就寝，因为他认为老年人的新陈代谢较慢，清理排毒功能较差，晚上是内脏休息兼清理排毒的时间，所以保持充足的休息对身体自身的清理排毒是十分有利的。如果很晚还在进行体力或脑力劳动，则气血不能回归脏腑，清理工作必然效率低下，同时又会增加内脏的负担。时下的年轻人仗着年少力壮，经常通宵达旦，加班加点，久之便脏气自败，百病丛生，甚至年纪轻轻便过劳猝死。当然"久卧伤气"，睡得太多也不是好事，所以早睡早起是一个比较好的习惯。

此外，石仰山先生先生还十分重视子午睡。他认为子时、午时为水火交通的时候，心肾相交则精气缓缓化生，受用无穷，故而这两个时间点哪怕只睡一会儿，几分钟也是很有好处的，人会觉得比较有精神。而经常熬夜或上夜班的人，他的精气神都是不太好的，一眼就可以看得出来。

种种养生之道，在石仰山先生看来，无非都是一个对"度"的把握。所以，能自制自控之人，才能谈养生，否则一切方法都是徒劳。

## （三）培养兴趣

兴趣爱好是人的精神支柱与寄托，一个好的兴趣爱好能愉悦身心，调畅气血，对于健康养身是十分有利的。石仰山先生的兴趣爱好也比较广泛，最喜欢的还属音乐与戏曲，尤其对于古典音乐与黄梅戏、京剧等情有独钟，偶尔还会哼上两句。从传统中医的角度来说，五音能入五脏，五体分属五脏，好的音乐能够调整五脏气血阴阳平衡，起到定气宁神、疏肝和血等作用，对于日常一些失眠、眩晕等慢性疾病亦能起到调理作用。基于音乐的这一原理，石先生和我们一起研究创制了一套音乐颈项平衡操，将音乐与导引进行结合，为颈椎病的治疗增添了一种新疗法，若能长期练习，足以却病延年。

## （四）勤练导引

导引也是古代的养生术之一，华佗的"五禽戏"、少林的"易筋经"，还有八段锦等，皆有舒筋活络、调畅气血之功效。导引亦是武术的起源之一，最著名的当属武当的"太极拳"。石氏伤科最早由镖局起家，代代皆习武术，于江南一带小有名声。石仰山先生从小就跟祖父习武强身，打下了很深的武术根基，对于导引，石仰山先生颇有心得。在患老年慢性支气管炎前，石仰山先生几乎天天都要练一段武术套路，三九三伏，亦不间断。故而，石仰山先生如今的劲力仍要较同龄人强出许多，这都受益于武术、导引之功。

# 九、传道之术

## （一）人才培养方法

石仰山先生在担任上海市黄浦区政协副主席期间，多次建言献策，关注中医药教育事业的发展，在谈到中医人才培养时，他指出了以下需注意的方面。

### 1. 中医药教育的方向

其一，教育作为一个产业，必须提高它的市场化程度。当前中医教育与市场需求相差甚远，特别在专业的设置方面，一定要加强市场调研。

其二，教材改革严重滞后。目前教材与中医发展的要求不相符合，有些地方不够注重经典著作，仅把经典列为选修课，这是十分错误的；还有的地方把经典合并拼凑，这对继承工作是十分不利的。

其三，中医教育在安排教育计划与课程设置时，创新不够，需加大力度开设一些能够与国际市场接轨并富有竞争力的课程及研修内容，如中药新药的研究与发展课程、知识产权法、专利法、国际贸易知识、网络信息指示等。

其四，教师队伍素质还不够高，要切实加强师资队伍建设。

其五，中医院校毕业的学生动手能力较差，理论与实践脱节，必须加强技能学习与训练，再不能出现中医院校毕业的学生不会开处方的现象了。

### 2. 对中医教育成才之路的体会

对于中医人才的成才之路，石仰山先生主要有五点体会：

第一，多年的实践证明，中医学非常深奥，探索它是比较难的，中医师要成才必须要有热爱中医的思想，也就是说树立牢固的专业思想是首要任务。

第二，要建立一个终生学习平台和技术创新平台，让中医师能不断地学习探索，为他们提供一个宽松良好的学习环境和学习机会，如学历教育、师承教育的机会等。

第三，必须具备"大医精诚""以人为本""以病人为中心"的服务理念，具有良好的医德医风。

第四，应加强自身业务素质与科研素质的提高。如基础理论基本功的训练，专业技术水平的提高，科技研发能力的提高等。

第五，树立科学的人生观，不拘一格选拔人才，做到"让愿干者有舞台，让能干者有位置"。

**3. 对中医教育和人才培养的几点建议**

石仰山先生说，中医学是中华优秀传统文化的重要组成部分，它的生命力根源于民族文化，其本身就是一种文化现象；中医药学的理论体系是建立在中国古代哲学、人文科学和大量临床实践基础上的，中国传统文化是中医药的核心，因此在中医教育中首先须重视和加强哲学和人文学科等方面的内容和文化素质的教育。其次，要加强中医药学在公共卫生突发事件中发挥作用等方面的教学内容。第三，在人才培养方面，既要注重加强基本业素质培养，也要加强创新能力的培养，既要注重继承也要重视创新，这样才能培养出合格的振兴中医的人才。第四，在人才培养上还要树立"大人才观"，要学历，不唯学历，要不拘一格选拔人才。对有高精尖技术和临床经验丰富的人才一视同仁，对引进的人才和原有人才一视同仁，对中西医人才一视同仁，特别要注意学科带头人和学科带头人接班人的培养，加强后备梯队的建设。

## （二）人才培养成果

石仰山先生为了尽心传授"石氏伤科"学术经验，使"石氏伤科"后继有人，他打破石氏传人"传内不传外"的老规矩，于1993年年底，在上海市名老中医收徒拜师会上，接纳邱德华、李浩钢为其弟子，并于2001年开始异地带徒，接纳广东省中医院林定坤、苏海涛为其弟子。在行医的50余年中，石仰山先生亲身带教培养了诸多优秀的学术继承人。先生除了在医术上指导自己的学生，还和学生一起进行科学研究，一方面改进祖传的膏药验方，另一方面将自己的临床心得进行总结，形成独特的经验。先生非常器重自己的学生，他自豪地称他们是"石氏伤科第五代人"。

# 石仰山学术传承谱

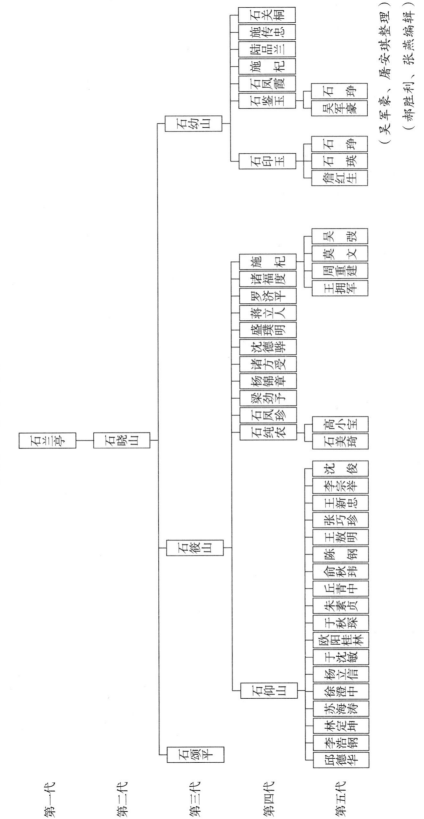

石兰亭

石晓山

石筱山　石仰山　石颂平　石幼山

第四代：石纯衣　梁劲予　杨锡章　诸方受　沈德骅　盛燮明　蒋立人　罗济平　诸福度　施杞

石美琦　高小宝

吴燹　莫文　周重建　王拥军

石仰山：邱德华　李浩钢　林定坤　苏海涛　徐澄中　杨立信　于敏　欧阳桂林　干秋琛　朱素贞　丘青中　俞秋铒　陈新钢　王敖明　张巧珍　王新忠　李宗举　沈俊

石印玉：詹红生　石瑛　石珲

石鉴玉　石凤霞　施杞　陆品兰　施传忠　石关桐

吴军豪　石珲

（吴军豪、屠安琪整理）

（郝胜利、张燕编辑）

第一代　第二代　第三代　第四代　第五代

# 石学敏

　　石学敏（1938—　），天津人，中共党员，中国工程院院士、主任医师、教授、博士生导师。现任国家中医针灸临床医学研究中心主任，天津中医药大学第一附属医院名誉院长，中国针灸学会高级顾问。国家有突出贡献专家，国家级非物质文化遗产项目"针灸"代表性传承人，全国中医药杰出贡献奖获得者，首批全国老中医药专家学术经验继承工作指导老师。荣获谢赫·扎耶德国际传统医学奖，王定一杯中医药国际贡献奖，世界针灸学会联合会"天圣铜人奖"，国家卫生健康委员会"中国好医生""最美医生"等称号，享受国务院政府特殊津贴，2014年被授予第二届"国医大师"称号。

　　石学敏是现代中国针灸奠基人。他结合现代医学知识，形成了独特的中医针灸学术思想体系。选取中风病为研究方向，创立了"醒脑开窍针刺法"，制订了严谨的组穴处方，开辟了中风病治疗的新途径，并从分子基因、细胞、组织等多层次、多水平揭示了针刺作用主要机制。他认为施针必须明确量学概念，并率先提出针刺手法量学，标志着针灸学迈向规范化、标准化、科学化。他整合多年的临床研究和现代药理研究成果，先后研发"丹芪偏瘫胶囊"等药品，以"醒脑开窍针刺法"为核心，中西医学并重，形成系统化、科学化脑血管病综合诊疗体系——"石氏中风单元"。他主持完成包括国家973计划项目在内的科研课题43余项，获国家科学技术进步奖1项，国家教委及天津市教学成果奖3项，获国家专利6项，共培养国内外硕士、博士、博士后300余名，出版著作55部。他制订的国际标准《国际中医技术操作规范 醒脑开窍针刺法治疗中风》已经由世界中医药学会联合会发布。

# 一、学医之路

1938 年，石学敏出生于天津西郊的普通农村家庭，年幼时他就读于私塾，后转入新式学堂继续学业。20 世纪 40 年代，他的家乡暴发黄病、疫情肆虐，迫于当时落后的医疗卫生条件，他身边亲友饱受疫病折磨甚至亡故，从而他刻苦学习，立志成为一名济世救人的医者。

后来，他以优异成绩考取天津中医学院。大学期间，他勤研古训、遍览群书，在不断汲取经典医籍养分的同时重视医疗实践。他的学习成绩始终名列前茅，由于品学兼优，在大学期间就破格加入了中国共产党。

1962 年，石学敏作为天津中医学院首届毕业生，被分配到天津市中医医院（现天津中医药大学第一附属医院）工作。参加工作后他不断钻研技术，积累经验。1965 年，他以优秀的工作表现被单位选派至北京参加由卫生部举办的全国针灸研修班。在那里，他博采众长，获得多位名师指导，针灸理论及临床经验均得到显著提升，从此立志深耕中医针灸领域。

1968 年，他身负重任，远赴非洲，参加中国援助阿尔及利亚医疗队。当时阿尔及利亚国防部部长萨布，因骑马摔伤导致腰椎间盘突出急性加重，瘫痪月余，遍请欧洲名医未见好转。石学敏妙手施术，针到痛除，从而在北非一举成名。第二天，阿尔及利亚官方媒体做出了专题报道，记录了在非洲大地上绽放光芒的"中国魔法"——中国针灸技术。在阿尔及利亚医疗援助的 3 年，经他诊治的非洲患者不计其数。石学敏光荣完成援阿任务，并因此受到外交部、卫生部表彰，获得"针灸大使"称号，开辟了针灸外交的先河。

20 世纪 70 年代初，石学敏结束中国援阿任务荣归祖国，在当时的历史背景下，医疗制度混乱，天津中医药大学第一附属医院针灸科被"新医科"所取代。1973 年，在石学敏的主张下，医院重新组建针灸科并率先建立针灸病房，并于同年成立了针灸科电生理室。他带领针灸团队熟读中医四部经典，并邀请天津医科大学教授为医生系统化培训西医学知识，派遣业务骨干赴外地进修、学习先进技术，确立了天津中医药大学第一附属医院针灸学科的中西医结合多元化知识框架。

我国中风病发病率居于世界第一，给社会经济、国民健康带来了沉重负担。石学敏选取了中风病这一世界难题，查阅古籍，潜心研究，在继承的基础上勇于创新，打破治痿独取阳明的传统观点，创立"醒脑开窍针刺法"，制订了严谨的组穴处方，明确针刺手法操作标准。他认为施针必须明确量化概念，提出针刺手法量学，标志着针灸学迈向规范化、标准化、科学化，推动了针灸现代化进程。他主张针灸与现代科学技术相结合，引进先进的仪器设备，实现多学科交叉融合创新发展。他主导引进多学科人才成立了天津市针灸研究所，建立针灸项目博士后工作站。他带领学科采用国际公认的研究方法和疗效评定体系，开展符合中医自身规律又具有科学性的针灸治疗中风病的研究工作。1999 年，"醒脑开窍针刺法"被国家中医药管理局认定为向全国推广的十大技术之首。

20 世纪末，在"醒脑开窍针刺法"的基础上，石学敏突出中医特色，发挥针灸优势，中西医并用，贯彻个体化治疗方案，将中药、针灸、西药、康复、心理、膳食、预防保健等疗法有机结合，形成了完整的程序化、科学化脑血管病综合诊疗体系——"石氏中风单元"。

石学敏是一名敢为时代先的医院管理家。1983 年起石学敏出任天津中医药大学第一附属医院院长，履职 20 余年。20 世纪 80 年代患者存在"看病难""住院难"的问题，医疗服务难以满足日益增长的就医需求，医院运营同样出现困难。石学敏以问题为导向，锐意改革出台了一系列举措，开设了"业余门诊""家庭病床"以解决患者医疗需求。当时天津市统计局调查结果显示，在没有额外投资、没有额外配备人员的前提下，此方法相当于增加了拥有 300 张床位中型医院的服务能力，也解决了医院经营困境。1986 年，卫生部、人事部、财政部，以及天津市委、市政府，充分肯定了"业余门诊"的改革举措，天津中医药大学第一附属医院也跨入了全国重点中医医院的行列，石学敏作为获得"全国十佳院长"奖项的唯一一家中医医院院长，也由此赢得了"医疗卫生战线改革家"的荣誉称号。

1991 年医院迁入新址，病床数达到 701 张，天津中医药大学第一附属医院实现了第一次历史性腾飞。石学敏提出"发展在门诊，成功在病房"的医院建设方向，形成"一老一小一急"的医疗核心。2000 年 4 月，由医院自筹资金建设的国际医疗康复大厦落成，医院的开放病床数达到 1300 张，天津中医药大学第一附属医院实现了第二次腾飞！2018 年，石学敏亲自挂帅指导国家中医针灸临床医学研究中心的申报工作。2019 年，经科技部、卫生健康委员会、军委后勤保障部、国家食品药品监督管理总局批准，天津中医药大学第一附属医院成为首批中医类的国家临床医学研究中心之一。现今该医院已建设成为以中医为诊疗特色，突出针灸优势，集医疗、预防、教学、科研于一体的现代化中医医学中心。

石学敏已年届高龄，依旧奋战在临床、教学、科研工作的一线。为阻断中风病的危险因素，从根源上减少中风病的发生，他将中风病的治疗重心转向预防，并设立了针刺高血压专病门诊，开展针刺治疗高血压的研究，在临床及科研方面均取得了丰硕成果。他在全国乃至世界各地推广技术、传承学术，培养师承人员百余人，于多地建立国医大师传承工作室。

石学敏有个独特的称号——"针灸外交家"，曾被国际媒体誉为"华夏第一针"，他的针灸外交受到外交部、卫生部的高度赞扬。从20世纪70年代末开始，石学敏先后与日本、德国等国家开展了海外医疗和学术交流。20世纪80年代，石学敏10余次东渡日本，进行访问交流、科研合作。他在后藤学园、早稻田针灸学校和筑波大学授课并现场演示针灸疗法。他精湛的针灸手法、立竿见影的疗效，在当地掀起了"石氏旋风"，日本相继出版了《实验针灸学》《脑血管病针刺——醒脑开窍法》等日文专著。石学敏首次将快速老化鼠引入我国，成功地开展了针刺抗衰老研究。

石学敏教授带领天津中医药大学第一附属医院针灸学科与美国、德国、法国、日本、韩国、瑞士、墨西哥、加拿大、罗马尼亚、俄罗斯、新西兰等60个国家和地区开展了不同形式的医疗合作和学术交流。此外，他还创办了国际性针灸学术交流大会——中国·天津国际针灸学术研讨会，自1989年开始已成功举办了15届。中国·天津国际针灸学术研讨会成为国内非常有影响力的国际学术交流品牌，参会的外国学者涉及40多国家和地区，极大促进了国际针灸学术的交流。

石学敏是中医科学化、现代化路径的开创者、实施者、践行者，是当之无愧的现代针灸学奠基人。他现已年过耄耋，仍秉持护佑国民健康之初心，以领军者的前瞻性思维，带领后学在中医药守正创新的道路上矢志不渝地前行，为人民卫生健康事业作出卓越贡献。

## 二、成才之道

石学敏发岐黄之精微，立时代之新意，是现代针灸奠基人，深耕针灸领域，见证中医针灸从日渐式微到发扬光大。他以纤毫立广博世界，使针灸昂立世界医学之林。他认为要成为一名扎根杏林的医者，必须要念好"守正创新"四字心诀。

### （一）念好"守"字诀，初心济世，仁术为民

初心往往简单朴素，为医者，必知人命贵重。石学敏从医60余年，始终坚守在临床一线，将仁爱精诚倾注医疗事业，以针灸技术救死扶伤、扶危救困，这是他不能动摇的医者初心。他认为医生的成果不应拘泥于荣誉称号，让吞咽困难患者恢复功能，让瘫痪的患者行走自如，精心诊疗每一名患者，使其恢复幸福生活，回归社会工作，这是作为医生的最大获得感、幸福感。

石学敏坚守红色信念，秉持家国情怀。作为针灸外交的开拓者、先行者，曾有许多国际机构以丰厚的条件邀请他就职，石学敏始终不忘国家教导，感念党的支持、

信任和培养，对此他从来都是婉拒。他总是说能够成为一名人民的医生是光荣的，他将永不懈怠，以精诚之医术为祖国卫生事业奋斗终身。

## （二）念好"正"字诀，传承经典，博采众长

守正是传承之本，创新之核。具有 2000 余年历史的中医药包含着中华民族几千年的养生理念、实践经验，做好经典传承，才能诠释其深奥哲理，还祖国医学以原貌。石学敏重视经典传承，从求学时期他就醉心于医书古籍。20 世纪 60 年代中期，他参加卫生部举办的全国针灸研修班，至今他回忆跟随针灸国手学习的过程仍历历在目。在全国针灸研修班上，石学敏博采众长，收获颇丰，为今后顿悟岐黄、深展其术，打下了深厚的基础。他善于理清中医理论源流，汲取精华汇于实践，创新理论内涵，深刻领悟中医理论中"神"的奥秘，逐步形成以调节"脑神"（元神）为核心的醒脑开窍针刺法，构建中医脑科学理论体系，这无疑是传承经典、锐意创新的生动实践。

## （三）念好"创"字诀，开拓进取，勇攀高峰

医之大家，妙悟岐黄，谙熟医理，治贵达变。

中医当中有很多未解之"谜"，很多宝藏就蕴藏在这些"谜"中。石学敏认为挖掘更深层次的宝藏，就要引进先进设备和技术，用科学的办法说明中医的科学性。在针灸研究开展的早期，他深知这是一个漫长而艰辛的过程，也曾有人规劝这条路艰辛泥泞，很可能研究几十年仍然朦胧不清。但他为了中医药现代化、科学化的理想信念，开拓进取、坚毅笃行，引入先进的研究方法和手段，对针刺疗效进行了综合系统评价，获得了高级别临床证据，并结合现代科学技术，系统地阐明了针刺治疗的科学内涵。石学敏靠着革故鼎新的超越精神、披荆斩棘的奋斗精神、敢为人先的创新精神，使中医针灸逐步迈向现代化、科学化的新路径。

## （四）念好"新"字诀，与时俱进，面向未来

中医学产生于中国农耕文明时代，不同文明体系、不同科学知识冲突、裂变、融合，历经千年，至今仍迸发着勃勃生机，其根源在与疾病斗争的实践中与时俱进、守正创新。

全球卫生治理面临诸多挑战——医学模式转变、世界人口老龄化、生活方式病日趋增多、传染病全球暴发、各国医疗负担加重……中医药学的整体观、辨证观和以人为本的健康理念，针灸确切的临床疗效，对解决上述挑战具有独特优势和作用，针灸的发展必将紧跟时代步伐，实现在人民卫生健康事业中的独特价值。除中医自

成体系的创新外，多学科协同创新同样是未来发展的主线。石学敏倡导"中学为体，西学为用"，多学科参与、多学科交叉、认知互鉴，为实践的进步提供空间，为理论创新提供可能，这样才能面向更广阔的未来，承担时代赋予的使命。

# 三、学术之精

石学敏溯本探源，理验俱丰，在临床实践、学术理论方面均颇有建树，为中医针灸学发展作出了突出贡献。他选取重大疑难疾病中的中风病作为突破口，创立"醒脑开窍针刺法"，开创了中风病治疗新途径；率先提出针刺手法量学理论，使传统针刺手法向科学化、规范化、标准化发展；综合多年临证经验和研究成果，形成以"醒脑开窍针刺法"为主，集康复训练、饮食调理、心理健康、预防教育于一体，具有中医特色的规范化脑卒中综合治疗体系——"石氏中风单元"。此外，石学敏采用国际公认的研究方法和疗效评定体系，开展针灸临床研究、基础研究，从组织、细胞、分子基因等多层次、多水平揭示了针刺作用主要机制，推动针灸学迈入现代科学的大门。

## （一）创立"醒脑开窍针刺法"

《黄帝内经》中将中风称为"大厥""薄厥"，"血之与气，并走于上，则为大厥"。对于中风病的病因病机，历代医家认识各异。石学敏教授研习中医典籍，参读各家学说，结合现代医学理论和临证经验，基于对中医理论中"神"的深刻领悟，创新性提出中风病的根本病机在于"窍闭神匿，神不导气"，确立了以醒脑开窍、滋补肝肾、疏通经络为治则，以取阴经及督脉经穴为主，具有明确针刺手法量学规范的"醒脑开窍针刺法"理论和技术体系。

### 1. "醒脑开窍针刺法"的理论基础

《灵枢·本神》说："凡刺之法，必先本于神。""醒脑开窍针刺法"正是立足于"醒脑""醒神""调神"。

《说文解字》说："神，天神引出万物者也。"中医基础理论对神的认识有狭义和广义之分。狭义之神，仅指思维、意识、精神状态、认知能力等；广义之神，主宰一切生命活动的正常运转，是脏腑气血盛衰显露于外的征象。广义之"神"包含了整体高级中枢神经活动在内。人能视物辨味、站立行走、感受自然、认知社会，以及人体五脏六腑功能的正常运转均为"神"所主。

历代医家已逐步认识到脑与神的关系尤为密切，清代王清任《医林改错》之"脑髓说"开篇便言明："灵机记性，不在心在脑。"脑主神明，脑藏神。神由先天之精化生，赖水谷精微滋养，舍于五脏，集藏于髓海，布行于气血，依附于身形，从而主宰生命活动。神机失用，则百病始生，出现神志失常，脏腑功能失调。

正是基于对脑与神的生理功能、病理状态的深刻认识，石学敏提出：神之所在——脑为元神之府；神之所主——人体一切生命活动的体现；神之所病——百病之始，皆本于神；神之所治——凡刺之法，必先调神。

中风病的病因病机复杂，临床症状以神志障碍、肢体运动障碍多见，部分中风患者虽无昏迷、嗜睡等神志病变，但表情淡漠、反应迟钝、言语不利等症皆为神机失常，故而神机失用是中风病发病的关键。

石学敏基于现代医学理论和大量临证经验，明确提出中风病的根本病机在于窍闭神匿、神不导气，确立醒脑开窍、滋补肝肾、疏通经络的中风病治疗原则，从而创立了"醒脑开窍针刺法"。

"醒脑"包括醒神、调神双重含义，醒神调神为"使"，启闭开窍为"用"，开脑窍、醒脑神，使神能导气于五官九窍、四肢百骸，恢复其功能，故而确立醒脑开窍为首要治则；饮食不节、起居失调、劳逸无度等原因导致阴阳失调，肝肾亏虚为中风病最常见的证型基础，故而确立滋补肝肾这一治则；脑窍闭塞，患侧肢体不遂，气血运行不畅，经络阻滞，故辅以疏通经络为治则，以运行气血，加快肢体功能的恢复。

**2. "醒脑开窍针刺法"的选穴组方特点**

历代中风病多遵循治痿独取阳明或外风致病学说，治以散风活络法，所以常循阳明多气多血之经而取之，以阳经穴为主，阴经穴为辅。但传统取穴方法忽略了中风病的病变部位在脑，脑为元神之府这一重要方面。石学敏创立的"醒脑开窍针刺法"大胆创新，遣穴组方以开窍启闭的阴经穴和督脉穴为主，选取内关、水沟、三阴交为主穴，辅以极泉、尺泽、委中，并随证加减。诸穴合参可调神醒神，使之达明；调理阴阳，使之平和；通理气血，使之冲和；疏通经脉，使之畅达。该法组穴配伍精炼、主次分明，多年临床经验证实，该法治疗中风病及其并发症疗效显著。

**3. "醒脑开窍针刺法"的操作量学规范**

传统中风病治疗基于"正气本虚、风邪外入"的认识，故而行针施术多以"补"法为主。石学敏明确中风病病机为窍闭神匿、神不导气，并确立醒脑开窍、滋补肝肾、疏通经络的治则，在这一创新理论的指导下，施针手法以"泻"法为主。由于针刺疗法的特殊性，同一选穴组方，进针方向、深度、施术手法不同，临证疗效则大相径庭，故而"醒脑开窍针刺法"除组方配穴外，对进针方向、深度、手法、刺激量都做出了明确规定，改变了以往针刺手法缺乏量学规范的传统，使其趋于科学化、规范化，临床可重复性强，更利于推广应用。

石学敏创立的"醒脑开窍针刺法"理论技术体系，不仅应用于中风病的治疗，还可广泛用于以失神为因的各类病证，如血管性痴呆、脑外伤或脑手术后恢复期、多发性硬化症、锥体外系病变、脊髓神经和神经根病变、臂丛神经损伤、腓总神经损伤等神经系统疾病，抑郁症、焦虑症、癔病、神经官能症、胃肠功能紊乱等精神心理性疾病，对多种原因引起的疼痛，尤其是剧烈疼痛收效显著。

经过多年临证实践探索，石学敏应用国际先进的研究方法和手段进行了综合疗效评价，逐步完善发展"醒脑开窍针刺法"，使之成为科学化、系统化、规范化针刺治疗方法。"醒脑开窍针刺法"的临床和实验研究于1995年获得国家科学技术进步奖，1998年被国家中医药管理局确立为十项中医药科技成果推广项目之一在全国推广应用，2013年被列入"财政部、科技部科技惠民计划推广成果库"。"醒脑开窍针刺法"被写入《针灸学》《针灸治疗学》等多部中医院校统编教材，《石学敏针灸治疗学》英文版被列为美国国家针灸医师考试委员会教材。"醒脑开窍针刺法"自创立以来，被广泛应用，据不完全统计，已推广至国内200余家医疗机构、国际100余个国家和地区，为中风病及其并发症等多种疾病的针灸治疗开辟了一条行之有效的途径。

### （二）首创针刺手法量学理论

受病有浅深，使药有轻重，度其浅深，分毫不可差，明其轻重，锱铢不可偏，浅深轻重之间，医者之精粗，病者之性命，差以毫厘，失之千里。

石学敏认为，针灸作为物理刺激，剂量是必须要考量的问题。《黄帝内经》对于针灸"量学"的概念已有萌芽。如《素问·刺要论》中"病有沉浮，刺有浅深，各至其理，无过其道"，又如《素问·长刺节论》中"病在肌肤，肌肤尽痛，名曰肌痹，伤于寒湿。刺大分小分，多发针深之……"可见，针刺手法对于针刺疗效具有关键性作用，历代医家对针刺手法相当重视，但规范化的量学概念始终混沌不清，这一问题桎梏着针灸学的发展。

石学敏认为针灸学属自然科学范畴，施针必须规范，明确量化概念。他在继承传统针灸手法的基础上，率先提出了"针刺手法量学"，即研究和确定针刺最佳治疗剂量的理论，对针刺作用力方向、大小、施术时间、两次针刺间隔时间等针刺手法的四大要素进行了科学界定。石学敏带领团队将针灸治疗有效的30余种疾病，逐一病种、逐一穴位进行手法最佳量学标准的筛选研究，在"醒脑开窍针刺法"治疗中风病的规范化、剂量化手法的研究基础上总结了椎基底动脉供血不足、无脉症、支气管哮喘、冠心病、胆石症、高血压病、习惯性便秘、截瘫、颈椎病及腰椎间盘突出症等多种病证的针刺量学规律。针刺手法量学使针刺疗法更具有规范性、可重复性、可操作性，填补了针灸发展史的空白。

**1. 关于捻转补泻手法的定义及理解**

历史上不乏医家对针刺补泻的论述，如《标幽赋》中"迎夺右而泻凉，推内进搓，随济左而补暖"，但直至近代才将捻转补泻定义为"大指向前为补，大指向后为泻"，以及"捻转幅度小，用力轻为补；捻转幅度大，用力重为泻"。此种定义在临床上确有一定的治疗作用，但仍有诸多尚未阐明、欠缺规范之处，比如此种定义中缺乏对医生和患者的体位方向的界定，在此基础上谈大指向前或向后的补泻容易产生歧义；另外，捻转幅度小用力轻和捻转幅度大用力重，其中涉及的轻重大小均无量学概念，不利于临床操作，降低了针刺治疗的可重复性及推广应用价值。

石学敏经过大量临床观察、理论探索和实验研究，将捻转补泻予以重新定义并规范了量学操作。捻转补泻的第一定义，即十二经脉以任督二脉为中心，两手拇指开始捻转时作用力切线的方向为标准，医生采用面向患者的体位，规定作用力的方向向心者为补、离心者为泻。具体操作：捻转时加作用力，倒转时自然退回，一捻一转连续不断；捻转泻法，与捻转补法相反，其作用力起始方向左右两侧均为离心，即左侧为逆时针、右侧为顺时针。任督二脉的经穴多采取小幅度高频率为补、大幅度低频率为泻的捻转手法。捻转补泻的第二定义，捻转时施行小幅度高频率，其幅度＜90°，频率在每分钟120次以上是为补；大幅度低频率的捻转，其幅度＜360°，频率在每分钟50～60次是为泻。

**2. 针刺手法量学的四大要素**

针灸治疗应有明确的、科学的量学观，临证施治手法应持续时间、治疗后持续时间等量学概念在古典医籍中尚未阐明。石学敏提出针刺手法量学应具有以下几大要素：第一为针刺作用力的方向，是决定针刺补泻的重要因素，即十二经脉以任督二脉为中心，两手拇指开始捻转时作用力切线的方向为标准，医生采用面向患者的体位，规定作用力的方向向心者为补、离心者为泻。第二为针刺作用力的大小，与针刺补泻有直接关系。在施行补法时，术者手指轻轻地捻转，然后自然退回，形成一个有节奏的捻转频率，以起到徐徐激发经气的作用。在施行捻转泻法时，术者手指、腕及全臂协调用力，其作用力较大，能迅速激发经气，以达到气至病所的目的。第三为针刺持续时间，施行捻转补泻手法的最佳参数为每个穴位操作1～3分钟。第四为两次施术间隔时间，施行捻转补泻手法后其治疗作用持续时间的最佳参数为3～6小时。

临床上应根据以上针刺手法量学的四大要素来决定针刺"剂量"。当然，患者接受刺激的强度存在较大的个体差异性，临证施治还应根据患者的体型、体质、生理状态等个体因素进行适当的调整。此外，针刺的深度同样是决定针刺刺激量的重要参数，应予以重视。

针刺手法量学的提出使针刺手法向规范化、标准化、科学化发展，这是石学敏对针灸学发展的又一重大贡献。针刺手法量学的成果曾获全国（部级）中医药重大科技成果乙级奖，被国家中医药管理局确立为科技成果推广项目。

# 四、专病之治

石学敏教授善于治疗以神机失用为病机的各类疾病，现将专病论治特色简要概述如下。

## （一）中风病及其并发症

### 1. 以"脑腑"立论、以"调神"为纲，创建中医脑病治疗新法则

脑卒中指急性脑血管疾病，为脑血循环障碍病因导致的突发局限性或弥散性神经功能缺损的脑部疾病的总称，24 小时之后往往留有后遗症（包括症状、体征及新的脑梗死病灶）。根据病理可分为缺血性卒中及出血性卒中，后者包括脑出血及蛛网膜下腔出血。脑卒中具有高发病率、高致残率、高死亡率和高复发率、高经济负担的特点，是我国成年人致死、致残的首要原因，是全球重大公共卫生问题之一。

脑卒中属中医中风病范畴，主要以猝然昏仆、不省人事、半身不遂、口眼㖞斜、语言不利为主症。中医关于中风病的记载首见于《黄帝内经》，病机以"荣卫稍衰，则真气去，邪气独留，发为偏枯"立论；汉代张仲景认为，中风以外风为因，有中络、中经、中腑、中脏之分证；时至宋元时期，"非风"学说逐渐占主导地位且不断深化；明清时期，诸多医家对于中风病内因认识已有显著发展；时至近代，随着西医学的传入，中西汇通学派明确中风病的病位在脑。

《黄帝内经》对脑的生理功能、病理表现具有一定认识。《灵枢·海论》说："脑为髓之海，其腧上在于其盖，下在风府。"《素问·脉要精微论》说："头者，精明之府，头倾视深，精神将夺矣。"《灵枢·海论》说："髓海有余，则轻劲多力，自过其度；髓海不足，则脑转耳鸣，胫酸眩冒，目无所见，懈怠安卧。"时至明清，对脑的病理、生理功能有了更为深刻的认识，明代李时珍明确指出："脑为元神之府。"但碍于历史条件，中医对脑的结构功能及脑作为中枢对运动感觉支配作用的理解尚不充分，没有形成中医脑病理论，对中风病的认识也有待进一步完善。

石学敏结合西医学理论，深刻领悟到中医"神"的深奥理论，在以"脑神"（元神）为核心的基础上，认为中医广义之神应包含西医学中枢神经系统，神不导气则百病始生——神不导气，不能任物，则出现神识失常，全身功能异常，故神匮、神

散、神失、神昧、神痴、神呆，这是脑病的基本病因病机。故而以"调神"立法，针以"守神"为首务，效以神应为保证，逐渐形成以"醒脑调神、健脑宁神、通关利窍、醒神启闭"为轴心的脑病治疗法则，并完善了中医脑病理论。内关、人中醒脑开窍；印堂、上星醒神调神；百会、四神聪宁神安神；风池、完骨、天柱健脑养神；风池、完骨、翳风通关利窍；四白调神开窍等。

此外，"醒神""调神"可广泛应用于如脑外伤恢复期、多发性硬化等诸多脑病的疑难杂症，在基础研究中也得到了证实，为中医脑病开辟了一条行之有效的治疗法则。

**2. 倡导辨病与辨证结合，开辟中风病治疗新途径**

（1）对中风病病因病机的认识：在临证施治中，石学敏倡导辨病与辨证相结合。"辨证施治"是中医学的特色之一，是个体化治疗的典范，单纯的辨证过度重视患者个性化病机而忽视疾病共性化过程，使得临床重复性受到一定的限制。石学敏认为，中医诊疗技术不但应该了解个性化病机，更应该重视共性化病机或称之为总病机、关键病机。他化繁就简，倡导辨病与辨证相结合，还祖国医学理论以原貌。

结合多年大量临证经验，他提出中风病的根本病机在于"肝风夹痰浊、瘀血上蒙脑窍，致窍闭神匿，神不导气"。中风病主因为内伤积损，复因劳逸失调、情志不遂、饮酒饱食等导致。患者平素肝肾亏虚，诱因扰动，正气积损，气血运行不畅，夹痰浊上阻清窍；或精血不足，阴虚阳亢，阳化风动，血随气逆，夹痰夹火，上蒙清窍；或外伤跌仆，气血逆乱，上冲巅顶，阻闭清窍，窍闭神匿，则神志惛乱，突然昏仆，不省人事；神不导气，则筋肉、肢节活动不利，喎僻不遂，日久气血涣散，筋肉失于濡养，故痿软废用，经脉偏盛偏衰，故挛急僵硬。

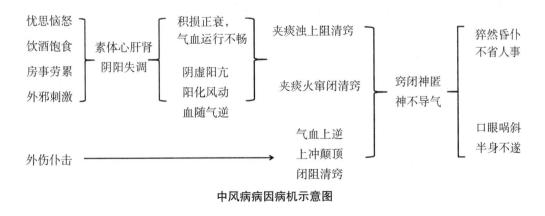

中风病病因病机示意图

根据中风病的病机特点，石学敏创立了以醒脑开窍、滋补肝肾、疏通经络为法的"醒脑开窍针刺法"。

（2）"醒脑开窍针刺法"主配穴处方及适用范围

主穴Ⅰ：内关、水沟、三阴交；主方Ⅱ：内关、印堂、上星、三阴交。

适用范围：主穴Ⅰ适用于中风后尚未接受醒脑开窍针刺法治疗的患者，宜至少连续应用主穴Ⅰ治疗3次；中风后意识障碍患者，宜用主穴Ⅰ治疗直至意识清醒；主穴Ⅱ适用于中风后意识清醒，且出现主动运动的患者。主穴Ⅰ、主穴Ⅱ交替应用：中风后意识清醒，但主动运动尚未出现的患者，宜交替应用主穴Ⅰ、主穴Ⅱ进行治疗。

辅穴Ⅰ：风池、完骨、天柱；辅穴Ⅱ：极泉、尺泽、委中。

适用范围：辅穴Ⅰ适用于所有中风患者，尤其适用于椎基底动脉供血不足患者；辅穴Ⅱ适用于中风合并肢体功能障碍患者。

（3）临证加减：配穴根据脑卒中不同的临床表现及并发症进行针对性选取，既体现整体观念，又是个性化诊疗的具体应用。①吞咽障碍配合应用点刺咽后壁，针刺风池、完骨、翳风；②语言障碍配合应用针刺金津、玉液，点刺舌面；③肩手综合征配合应用肩髃、肩髎、肩贞、肩中俞、肩外俞、阿是穴，先针刺腧穴，起针后再进行阿是穴刺络拔罐；④手指功能障碍配合应用合谷、上八邪；⑤足内翻：配合应用丘墟向照海方向透刺。

### 3. 规范化中风病治疗体系——"石氏中风单元"

卒中单元，是多元医疗和循证医学的具体体现，是对卒中患者融抢救－治疗－康复－预防于一体的科学管理和综合治疗体系。Meta分析显示目前在脑血管病的治疗中，最有效的方法是卒中单元，也是卒中治疗理念上最重要的进展。针灸、中药在脑卒中治疗中疗效确切，在卒中康复医疗中起主要作用，而国外卒中单元的设立并未涵盖针灸、中药、推拿等传统医学手段，削弱了卒中单元的有效性、完整性。

石学敏教授在治疗中风的实践中不断地总结和完善，整合多年临床研究和现代药理研究成果，逐步形成以"醒脑开窍针刺法"为主体，配合康复训练、饮食营养、心理防护、健康管理等，形成完整、规范的脑卒中综合治疗体系——"石氏中风单元"。

"石氏中风单元"在卒中单元概念基础上，中西医结合，进一步凸显中医特色优势，以患者恢复最佳功能、最少并发症、防止卒中复发、提高患者和家属满意度为目标。"石氏中风单元"由多学科共同组成，实现跨学科的交叉合作，包括急救医学、针灸学、神经外科、神经介入、心理学、综合康复、影像学、功能检查科、护理学、营养学等。

"石氏中风单元"的特色之一在于以"醒脑开窍针刺法"为主体，第一时间介入针灸治疗。"醒脑开窍针刺法"对脑卒中急性期有良好的正向调节作用。基础实验证实醒脑开窍针刺法对改善脑组织血液动力学、调节急性期钙离子通道抑制钙超载、清除自由基、抑制再灌注损伤、阻止脑细胞凋亡等具有多方面的良性作用。

针药并用是石氏中风单元又一特色。针对脑卒中及其合并症、并发症，石学敏教授研制出以丹芪偏瘫胶囊为代表的脑血栓片、醒脑治瘫胶囊、化瘀通脉汤剂、扶正合剂、益肾养肝口服液、脑血栓丸、中风丸、针洗 1 号等治疗脑卒中的系列药物。其中，代表药物为丹芪偏瘫胶囊，具有补气活血、豁痰息风的功效，2001 年获国家新药证书，2002 年获得国家 GMP 认证并投产上市，并且在国际上市，被批准为新加坡商品中成药。经国内外研究证实，丹芪偏瘫胶囊起效迅速、安全可靠，可促进细胞增殖、神经突起生长，促进密集性的轴突、树突网络的发展，中风超早期应用可以降低死亡率，对于中风不同时期的治疗均有重要意义。

石氏中风单元以"醒脑开窍针刺法"为主，科学合理地将中药、针灸、西药、康复、心理、膳食、预防保健等各种疗法有机地结合，充分整合各种疗法的特点和优势，从而使中风的治疗形成了一个比较完整的、程序化的、科学的脑血管病综合诊疗体系，本成果 2003 年被国家中医药管理局确立为推广项目，据不完全数据统计，目前已造福数千万中风患者。

## （二）颈椎病

颈椎病是指颈椎椎间盘退行性改变及其继发的相邻结构病理改变累及周围组织结构（神经、血管等），出现与影像学改变相应临床表现的疾病。颈椎病可分为颈型颈椎病、神经根型颈椎病、脊髓型颈椎病、椎动脉型颈椎病、交感型颈椎病，其临床症状因分型不同表现各异。颈型颈椎病临床表现以颈痛为主，且位置常局限于颈部；神经根型颈椎病有颈痛并放射至肩、上肢、手，可出现上肢无力等症状；脊髓型颈椎病临证中可见可四肢无力、步态蹒跚、易于跌倒、胸腹束带感、二便障碍等；椎动脉颈椎病多有头晕、头痛、视力模糊，甚至猝倒发作等症状；交感型颈椎病可有头晕、头痛、心动过速或心动过缓等自主神经症状。本病呈慢性过程，病情发作易于反复，如不及时医治常预后不佳。随着信息时代的到来和电子设备的普及，颈椎病发病率明显升高且具有年轻化趋势，石学敏教授汲取祖国医学精华，结合临证经验，以经筋刺法和刺络拔罐疗法论治本病，临床疗效显著。

### 1. 从经筋病论治，创颈椎病治疗新法

经筋是经络系统的重要组成部分，是中医学对人体运动系统结构及功能的概括。经筋病现泛指运动、神经系统疾病，其主要特征为运动功能障碍。早在《阴阳十一脉灸经》《足臂十一脉灸经》中就提出了"筋"的概念，"阳病折骨绝筋而无阴病，不死"。《黄帝内经》对经筋的生理病理、诊断治疗、预后转归等做出了经典总结。《灵

枢·经脉》说："骨为干，脉为营，筋为刚，肉为墙。"《素问·痿论》说："宗筋主束骨而利机关也。"《灵枢·本脏》曰："经脉者，所以行血气而营阴阳，濡筋骨，利关节者也。"

经筋具有联络四肢百骸、司关节运动、保护脏腑的功能，而经筋发挥束骨利机关的作用依赖十二经脉的濡养。如经脉不通或不荣，则会出现一系列症状。《灵枢·经脉》云："经筋之病，寒则反折筋急，热则筋弛纵不收，阴痿不用。阳急则反折，阴急则俯不伸。"经筋为病主要责之三个方面：第一，可由外感六淫，不濡筋脉，经筋失养，经筋为病；第二，多由年老体虚，气血衰少，或所愿不遂、情志怫郁，或饮食失节、嗜食偏食，或劳逸损伤，气血不濡筋脉，致经筋为病；第三，跌仆损伤，气血凝滞，导致瘀血停滞经脉，经筋失养，经筋为病。临证中往往多强调经络、脏腑发病，对于经筋为病缺乏重视，而临床诸多疾病均应归属于经筋病。

石学敏对经筋病见解独到、造诣颇深，他将古籍文献中精髓与西医学理论融会贯通，创立了"经筋刺法"，具有丰富的思想内涵和学术价值。他将人体软组织病变，包括肌肉、韧带、肌腱、部分神经等躯干、四肢、颜面等部位病灶归属于经筋病，并且根据《灵枢·经筋》"治在燔针劫刺，以知为数，以痛为输"的治疗原则，将"以痛为输"的"痛"引申为病痛、疾痛，扩展了经筋病的治疗范畴，制订了排刺法、透刺法、围刺法、阻力针法等适合于经筋病的治疗方法，收到非常理想的临床疗效。

颈椎病属中医学"项痹""颈痛"范畴，以颈项板滞不舒、头胀痛、晕眩、肢体麻木等为主症。其病因病机多为颈部感受风寒、痹阻经脉，或劳作过度、外伤损伤筋脉，气滞血瘀，或因年老肝血亏虚，肾精不足，致筋骨失养。《素问·痹论》曰："风寒湿三气杂至，合而为痹也……在于筋则屈不伸。"石学敏认为颈椎病应以经筋病论治，并拟定活血通络、祛风止痛为该病治则，以"经筋刺法"选取风池、完骨、天柱和颈夹脊为治疗处方。其中风池、完骨、天柱行捻转补法可补益脑髓，颈夹脊行捻转补法可调气血、营阴阳、濡筋骨，诸穴合参，可共奏祛风散邪、调和气血、濡养经筋之功效。

### 2. 阐释刺络新法，祛瘀除邪得速效

经筋病治疗选穴多崇古训，即"以痛为输（腧）"，后杨上善进一步阐述，他认为："腧，谓为孔穴也，言筋但以筋之所痛之处，即为孔穴，不必要须依诸腧也。"石学敏将"腧"引申理解为天应穴、阿是穴，乃至压痛点、反应点，更体现《灵枢》所提出的"筋部无阴无阳，无左无右，候病所在"的经筋病治疗思想。石学敏辨治颈椎病在经筋为病的基础上，在确定的痛点或压痛点实施刺络拔罐，可祛风通络、助邪外出、舒筋活血，收到立竿见影的临床疗效。

刺络法又可称为"放血疗法"或"刺血疗法",是针灸学古来有之的治法之一。刺络法源于《灵枢·官针》中"凡刺有九"中的"络刺","刺小络之血脉也"。它是以三棱针、皮肤针等刺破肌肤浅表血管,放出少量血液,以达治疗疾病目的的一种方法,具有清热解毒、通经活络、消痈散结、活血止痛、祛瘀除邪之功效。

"菀陈则除之""凡治病必先去其血"是《黄帝内经》对刺络法的治疗原则、机理的阐述。《灵枢·官针》中更对刺络法有进一步说明,对适用范围也做出了详细介绍,包括发热、疼痛、喘咳、疮疖肿痛等。《医学源流论》中云:"凡血络有邪者,必尽去之,若血射出而黑,必会变色,见赤为止,否则病必不除而反为害。"刺络法的作用特点在于泻阴阳俱有余而不伤正,而刺络法疗效的关键在于出血量,出血量的判定可以出血颜色为依据。但单纯刺络法,血液自然流出或稍稍挤压针刺局部,往往致瘀血留驻不消,贼邪伏而不退。虽有祛邪、散风、疏经通络之作用,但不能达到尽祛其邪之效果。

石学敏充分领会刺络法真谛并加以创新,设计了于病变部位点刺后置罐拔之的方法。这样医生可透过玻璃罐直接观察出血、控制血量,此即"刺络拔罐法"。该法可使血尽邪出,故疗效速矣。"刺络拔罐法"量学概念明确,出血可达到预定标准,提高了临床操作的简便性、可重复性。治疗颈椎病选取确定的痛点或压痛点行刺络拔罐,可改善微循环瘀滞,促进渗出物吸收,消除局部肿胀,松解局部痉挛,促进新陈代谢,缓解疼痛,经临床实践证实,取得了良好疗效。

# 五、针法之长

## (一)醒脑开窍针刺法

[组成]
①主穴Ⅰ:内关、水沟、三阴交;主穴Ⅱ:内关、印堂、上星、三阴交。
②辅穴Ⅰ:风池、完骨、天柱;辅穴Ⅱ:极泉、尺泽、委中。

[主穴及操作规范]
①主穴Ⅰ按内关、水沟、三阴交的顺序进行针刺。

内关:单手进针,直刺0.5～1寸,采用捻转提插结合泻法,双侧同时操作,施术1分钟,不留针。

水沟:单手进针,向鼻中隔方向斜刺0.3～0.5寸,采用雀啄泻法,以眼球湿润或流泪为度,留针30分钟。

三阴交:无下肢功能障碍患者,取双侧三阴交,单手进针,直刺1～1.5寸,采用捻转补法，双侧同时操作，施术 1 分钟，留针 30 分钟；合并下肢功能障碍患者，取患侧三阴交，单手进针，沿胫骨内侧面后缘进针，针体与胫骨内侧面呈 45°，刺入 0.5 ～ 1 寸，采用提插补法，以患侧下肢抽动 3 次为度，不留针。

②主方Ⅱ：按内关、印堂、上星、三阴交的顺序进行针刺。

内关：单手进针，直刺 0.5 ～ 1 寸，采用捻转提插结合泻法，双侧同时操作，施术 1 分钟，不留针。

印堂：取提捏进针法，向鼻尖方向平刺 0.3 ～ 0.5 寸，采用雀啄泻法，施术 1 分钟，留针 30 分钟。

上星：取夹持进针法，向百会方向透刺 2.5 寸，采用平补平泻手法，施术 1 分钟，留针 30 分钟。

三阴交：无下肢功能障碍患者，取双侧三阴交，单手进针，直刺 1 ～ 1.5 寸，采用捻转补法，双侧同时操作，施术 1 分钟，留针 30 分钟；合并下肢功能障碍患者，取患侧三阴交，单手进针，沿胫骨内侧面后缘进针，针体与胫骨内侧面呈 45°，刺入 0.5 ～ 1 寸，采用提插补法，以患侧下肢抽动 3 次为度，不留针。

［辅穴及操作规范］

①辅穴Ⅰ：按风池、完骨、天柱，按风池、完骨、天柱的顺序进行针刺。

风池：单手进针，向对侧眼球方向直刺 1 ～ 1.5 寸，采用小幅度、高频率捻转补法，双侧同时操作，施术 1 分钟，留针 30 分钟。

完骨、天柱：单手进针，直刺 1 ～ 1.5 寸，采用小幅度、高频率捻转补法，双侧同时操作，每穴施术 1 分钟，留针 30 分钟。

②辅穴Ⅱ：按下极泉、尺泽、委中的顺序进行针刺。

下极泉：使患侧上肢外展 90°，充分暴露下极泉，单手进针，直刺 1 ～ 1.5 寸，采用提插泻法，以患侧上肢抽动 3 次为度，不留针。

尺泽：使患侧上肢屈肘 120°，单手进针，直刺 0.5 ～ 0.8 寸，采用提插泻法，以患侧前臂、手外旋抽动 3 次为度，不留针。

委中：使患侧下肢抬起呈伸直状态，单手进针，直刺或向外斜刺 1 ～ 1.5 寸，采用提插泻法，以患侧下肢抽动 3 次为度，不留针。

［配穴及操作规范］

①吞咽障碍：配合应用点刺咽后壁，针刺风池、完骨、翳风。

咽后壁：嘱患者抬头张口，医者用压舌板将舌体压下，使咽后壁充分暴露，以毫针在咽后壁点刺 8 ～ 10 次。

风池、完骨、翳风：单手进针，均向喉结方向直刺 2 ～ 2.5 寸，采用小幅度、高频率捻转补法，双侧同时操作，每穴施术 1 分钟，留针 30 分钟。

②语言障碍：配合应用点刺金津、玉液，点刺舌面。

金津、玉液：用舌钳或无菌纱布将患者舌体拉起，以三棱针点刺，出血1～3mL，术后嘱患者温水漱口。

舌面：嘱患者抬头张口，以毫针在舌面散刺8～10次。

③肩手综合征：配合应用肩髃、肩髎、肩贞、肩中俞、肩外俞、阿是穴，先针刺腧穴，起针后再进行阿是穴刺络拔罐。

肩髃、肩髎、肩贞：均取患侧，单手进针，直刺1～1.5寸，采用提插泻法，每穴施术1分钟，留针30分钟。

肩中俞、肩外俞：均取患侧，单手进针，斜刺0.5～0.8寸，采用提插泻法，每穴施术1分钟，留针30分钟。

阿是穴：使患侧上肢被动运动，寻找肩部痛点，三棱针点刺3～5次后拔罐，适量出血3～5mL，留罐时间不宜超过5分钟。

④手指功能障碍：配合应用合谷、上八邪。

合谷：取患侧，单手进针，向三间方向斜刺1～1.5寸，采用提插泻法，以患者紧握的手指自然伸展或食指不自主抽动3次为度；另取一支毫针，仍在合谷位置，向第1掌指关节基底部斜刺1～1.5寸，采用提插泻法，以拇指抽动3次为度，留针30分钟。

上八邪：取患侧，单手进针，向掌指关节基底部斜刺1～1.5寸，采用提插泻法，以手指抽动3次为度，留针30分钟。

⑤足内翻：配合应用丘墟。

将患足摆放至功能位，一手固定患足，另一手持针自丘墟向照海方向缓慢透刺，针体从踝关节的骨缝间隙穿过，进针2～2.5寸，在照海部位看到皮肤鼓起但针尖不刺破皮肤，且以患足出现背屈为度，然后将针体退至皮下1寸，留针30分钟。

[主治] 脑血管疾病及其并发症的治疗；广泛应用于病机为"失神"疾病的治疗，如痴呆、脑外伤、脑部手术恢复期、多发性硬化、视神经脊髓炎等神经系统疾病的治疗；臂丛神经损伤、坐骨神经损伤、腓总神经损伤、脊髓神经和神经根病变等周围神经疾病的治疗；抑郁症、焦虑症、围绝经期综合征、癔病、神经官能症等精神障碍性疾病的治疗。多种原因引起的疼痛病症，尤其是剧烈疼痛的治疗，本法亦收到非常理想的疗效。

[方解] "凡刺之真，必先治神，凡刺之法，必先本于神。""醒脑开窍针刺法"治病求本，立足于醒神、调神，将辨病与辨证有机结合，通过调元神、利脑窍、补肝肾、充脑髓，达到以神导气、以气通经的功效。

组方中主穴内关为手厥阴心包经之络穴，通于阴维脉，又为八脉交会穴之一，有养心安神、疏通气血之功。水沟属督脉穴，为醒神急救之要穴，督脉起于胞中，上行入脑达颠，与脑及其他脏腑联系密切，以雀啄法泻水沟可开窍启闭、健脑宁神。三阴交属足太阴脾经，为足太阴经、足厥阴经、足少阴经之会，取之可补三阴，益脑髓，调气血，安神志。印堂为督脉穴，可醒神清窍。上星穴同属督脉，督脉与足三阳经、肝经汇于颠顶，上星透百会可调理阴阳、平息肝风、填精益髓、醒神开窍。诸辅穴侧重疏通经脉、调和气血，以达到气行血和、神安窍利的目的，以期恢复痿废的神经功能。

[临床心得]

①"醒脑开窍针刺法"治疗中风病的临床应用：石学敏教授认为中医是科学的，祖国医学理论的博大深奥，对理论的认识和理解要基于大量临床实践，并且要以现代科学先进的技术和方法检验和证实。在"醒脑开窍针刺法"创立之初，石学敏带领团队对该法治疗中风病进行了初步研究。经过对 9005 例脑血管病临床各期住院患者采用国际公认的诊断标准，以及爱丁堡、斯堪的纳维亚疗效评定标准，进行系统严格的对照观察，临床治愈率 59.27%，显效率 23.15%，总有效率达 98.56%，显著优于传统针法及中西药物疗法。

石学敏在临床实践中，逐步形成了针刺治疗中风病及其并发症的诊疗规范化评价体系。近年来，他更是引入先进的研究方法和手段，对其疗效进行了综合系统评价，获得了高级别的临床证据，并结合现代科学技术，系统地阐明了针刺治疗缺血性中风病的科学内涵及疗效。临床研究严格按照循证医学原则进行随机对照试验（RCT）证明：针刺可明显改善各期中风患者神经功能缺损程度，改善各期中风患者日常生活能力，急性期的改善尤其明显。针刺可降低各期中风患者残障程度，为针灸治疗中风病的安全性和有效性提供了有力支撑。该法自创立以来，被广泛应用，推广至全国医疗机构和国外（包括美国、德国、法国在内的百余个国家和地区），建立了"由技术到学术、由治疗到预防、由城市到乡村、由国内到国外"的成果推广新模式，提升了我国针灸事业的国际影响力。

②"醒脑开窍针刺法"治疗中风合并症、并发症及"失神"疾病的临床应用：在研究"醒脑开窍针刺法"治疗中风病主症的同时，石学敏教授开展了"醒脑开窍针刺法"治疗中风病合并症、并发症的研究。如加风池、完骨、天柱、翳风治疗吞咽困难；加外水道、外归来、丰隆治疗便秘；加双侧气舍治疗中枢性呼吸衰竭；加中极、关元、曲骨治疗尿失禁、尿潴留；加风府、哑门、颈夹脊治疗共济失调；加大陵、鸠尾、风池治疗癫痫；加上星、百会治疗失眠等，同样取得了良好疗效。

石学敏对中医学"神"的概念领悟深刻，"醒脑开窍针刺法"作用根本在于"调神"，因而可适用于各种以失神为主的病机的病症。如神机失调、情志不舒、心神失主的郁证；脏器不平、神机逆乱的癫狂；气机逆乱、升降失常的厥证；心窍闭阻、心神郁逆的百合病；多种原因引起的疼痛尤其剧烈疼痛以及痹病、痿证、呃逆、胸痹等运用"醒脑开窍针刺法"均可收到立竿见影的疗效。大量临床实践证明"醒脑开窍针刺法"具有广泛的适用范围及实用的价值。

## （二）刺络拔罐法

刺络拔罐是刺血术与拔罐法相结合的独特针刺方法。石学敏基于临床实践体会单纯刺络法，血液自然流出或稍稍挤压针刺局部，虽有祛邪、散风、疏经通络之作用，往往瘀血留驻不消，出血量难以达到最佳疗效，导致邪伏而不退，不能尽祛其邪。若在病变部位点刺后加以拔罐，以负压增加出血，既可诱邪外出，施术者又可通过玻璃罐观察、控制出血量，使瘀血退尽且不伤正气，临床中使用本法可得速效。

［操作方法］在辨证选取施术穴位，用三棱针或七星针、梅花针等，对穴位点刺或叩刺，再行拔罐，在局部吸拔出适量瘀血，观察其出血情况（面部 3～5mL，其他部位 5～10mL），留罐时间不超过 5 分钟，出血颜色变红即止。

［功效］活血通络，祛瘀生新，祛风除湿，通络止痛，泄热消肿。

［主治］治疗以瘀血阻络为病机的各种病症。如支气管哮喘、带状疱疹、颈椎病、面肌痉挛、面瘫；以疼痛为主症的疾病，如神经性疼痛（三叉神经痛、臂丛神经痛、坐骨神经痛等）、运动系统软组织损伤急性扭伤或劳损引起的疼痛、风湿及类风湿关节炎等风湿痹痛；发热、丹毒、急性乳腺炎、淋巴结炎、静脉炎，以热毒壅结为因的疮痈疖肿等。

［方解］瘀血可由外伤跌仆离经之血未及时消散，瘀积于内产生，也可由气虚、阳虚而运血无力，血行迟缓导致，刺络拔罐可活血通络，疏通壅滞气血，又可祛瘀生新，泻实补虚促进新血以生，故可应用于支气管哮喘等病症；血寒致血脉凝滞、脉道壅塞，刺络拔罐具有温经散寒、祛风除湿之功效，故可应用于以风寒湿邪为成因的瘀血病证如面神经麻痹、风寒痹痛、风湿及类风湿骨关节炎等；湿热、痰浊等有形实邪阻塞脉络，瘀血内积，气血运行受阻，不通则痛，刺络拔罐可通络止痛，故可应用于运动系统软组织急性扭伤或劳损引起的疼痛，如颈椎病、腰椎间盘突出症等；血热则血行壅聚，血脉运行受阻，瘀血内生，通过刺络拔罐，可消除局部脓毒瘀血，泄热消肿，故可治疗急性乳腺炎、淋巴结炎、静脉炎热毒壅结之疮痈疖肿等病症。

［临床心得］石学敏将刺络拔罐法应用于临床，收效显著，现将典型病种分述如下。

①支气管哮喘：支气管哮喘是由多种细胞（如嗜酸性粒细胞、肥大细胞、T 淋

巴细胞、中性粒细胞、气道上皮细胞等）和细胞组分参与的，以气道慢性炎症为特征的异质性疾病。这种慢性炎症与气道高反应性相关，通常可出现可逆性呼气气流受限，导致喘息、气促、胸闷和（或）咳嗽等症状，多在夜间和（或）清晨发作或症状加重。支气管哮喘属中医哮证范畴，主要责之肺、脾、肾三脏，多因风寒郁热、痰湿郁久，致肺肾皆虚，摄纳失司。发作期多为邪气偏盛，气郁血滞，本虚标实。《医学源流论》中有云："凡血络有邪者，必尽去之。"石学敏指出，刺络可活血行气、泻实补虚，泻血祛邪必使瘀血尽邪实出，故刺络后加以拔罐导邪外出，祛邪肃肺。相关临床研究证实，刺络拔罐后局部白细胞数量轻度增多、吞噬功能增强，网状内质系统吞噬功能增强，有助于化痰解痉、平喘止哮。临证使用刺络拔罐治疗支气管哮喘可立获止哮平喘之良效，可见患者发热渐退，痰液减少，痰鸣减轻，紫绀缓解。

②带状疱疹：带状疱疹是皮肤科的常见病、多发病，常好发生于年龄较大、免疫抑制或缺陷人群中，是由长期潜伏在脊髓后根神经节或颅神经节内的水痘-带状疱疹病毒再行激活引起的感染性皮肤病。本病除皮损外，常伴剧烈的神经病理性疼痛，严重影响患者生活质量。

带状疱疹中医称为"缠腰火丹"，本病或因情志内伤、肝气郁结、久而化火而致，或因脾失健运，蕴湿化热，湿热搏结并感毒邪而成。石学敏临证论治本病，认为本病由于脾湿肝火郁于内，复感毒邪诱于外，气血瘀阻，毒留血分则症见红斑，湿热困于肝脾则症见水疱，瘀血内阻则症见疼痛。故使用刺络拔罐法，可通经活络、活血化瘀、消肿止痛。从西医学角度来说，带状疱疹主因病毒感染致神经根炎症水肿，刺络拔罐可改善局部循环，调节机体细胞免疫和体液免疫功能，促进全身和局部特异性免疫，临床止痛消肿疗效显著且无明显毒副作用，是治疗本病的妙法。

③面神经麻痹：面神经麻痹可分为中枢性面神经麻痹和周围性面神经麻痹，以口眼㖞斜为主要表现。本病属中医"口僻"范畴，其发生主要因脉络空虚，气血阴液不足，不能濡养络脉、经筋，正虚邪凑，复感风寒，侵袭阳明、少阳经脉，经气阻滞，经脉失养，局部肌肉弛缓不收，口眼向健侧歪斜。石学敏以经筋论治本病，加用刺络拔罐法可行血滞、通经络、祛邪气、散风寒、泄湿热，临床证实疗效显著。研究证实，刺络拔罐可改善局部微循环，增强神经组织代谢，提高神经兴奋性，加速麻痹神经功能的恢复。

④丹毒：丹毒是一种累及真皮浅层淋巴管的感染，主要致病菌为A组β溶血性链球菌，以皮肤突然变红，色如涂丹，焮热疼痛，伴发热恶寒等全身症状，因其特点为患部皮肤或黏膜发红，状如涂丹。本病潜伏期为2～5天，好发于小腿、颜面部。《圣济总录》中记载："热毒之气暴发于皮肤之间，不得外泄，则蓄热为丹毒。"中医学认为，丹毒的病因或由火邪侵犯血分，郁于肌肤而发，或素体血分有热，外

受火毒，相互搏结致经络阻滞，热毒蕴于肌肤而病。

石学敏治疗本病强调泻血祛邪、疏经祛风，在丹毒局部或加大椎穴用刺络拔罐法以清热解毒、活血通络、祛瘀生新。取皮损部位中央与周围交替刺络拔罐，以三棱针点刺 3～5 次，加以闪火罐，令其出血 3～5mL，出血以赤为度，留罐 5 分钟即可；配合大椎、曲池穴针刺。发于颜面取双侧风池、中渚、外关，发于胁肋、腰部取双侧支沟、血海、委中，发于胫踝部取双侧丰隆、太冲。应用刺络拔罐法治疗本病疗效理想，方法简便，可缩短病程。

### （三）经筋刺法

经筋是经络系统的重要组成部分，是中医学对人体运动系统结构及功能的概括。经筋病是针灸科的常见病，泛指以运动障碍为主的运动、神经系统疾病。石学敏汲取传统经筋理论精髓，对经筋病的理、法、方、穴、术见解独到，在大量临床实践的基础上融会贯通，从而创立了"经筋刺法"，应用于经筋病疗效显著。

［操作方法］取病变经筋，按照经筋循行，采用排刺法、透刺法、围刺法、阻力针法等。

［功效］祛风散邪，调和气血，舒筋活络。

［主治］以运动功能障碍为主要特征的运动、神经系统疾病，如面神经麻痹、颈椎病、肩周炎、腰椎关节疾病、臂丛神经痛、三叉神经痛、急慢性软组织损伤等。

［方解］经筋具有联络四肢百骸，司关节运动，保护脏腑的作用。经筋护卫经脉，调节气血在经脉中正常运行、流通输注，而经筋功能的发挥赖十二经脉以濡养。筋属木，其华在爪，肝主筋，肝藏血，血以养筋。《素问·生气通天论》中有"阳气者，精则养神，柔则养筋"，由此可见阳气也是经筋发挥功能的基础。

经筋之病，寒则反折筋急，热则筋纵不收，阴痿不用。阳急则反折，阴急则俯不伸。经筋为病，外因可由外感六邪，如风伤筋；寒主收引经筋挛缩；湿性重着，湿热不攘，大筋软短，小筋弛长，软短为拘，弛长为痿；火性炽热，热气淳盛，下陷肌肤，筋髓枯。经筋为病，内因多责之劳逸损伤、饮食失节、情志怫郁、年老体衰，气血衰少，正气不足，不能濡养经筋。

石学敏对经筋病颇有见地，将人体软组织病变，包括肌肉、韧带、肌腱、部分神经等躯干、四肢、颜面等部位疾病归属于经筋为病，并根据《灵枢·经筋》"以知为数，以痛为输，燔针劫刺"的经筋病治疗原则，制订了排刺法、透刺法、围刺法、阻力针法等适合于经筋病的针灸治疗方法，并扩展了经筋病的治疗适应范畴。他认为，《灵枢·经筋》"以痛为输"中"痛"应为病痛、疾痛，"输"引申为天应穴、阿是穴、压痛点、反应点，这也体现了《灵枢·卫气失常》指出的"筋部无阴无阳，无左无右，候病所在"。应用石学敏教授创立的经筋刺法，临床上治疗周围性面神经麻痹、周围神经损伤、肩周炎、急慢性软组织损伤、三叉神经痛、臂丛神经痛、坐骨神经痛等均可获得理想疗效。

[临床心得] 以面神经麻痹为例，简述经筋刺法的临床应用。现主要介绍周围性面神经麻痹，中枢性面神经麻痹可参照治疗。

周围性面神经麻痹指各种原因导致面神经核或面神经核以下的面神经损伤，致同侧面神经支配的表情肌弛缓性瘫痪。特发性面神经麻痹又称贝尔麻痹，是常见的脑神经单神经病变，为面瘫的最常见原因，是指发生在茎乳孔以上面神经管内段的一种非特异性炎症。该病的确切病因未明，可能与病毒感染或炎症反应有关。临床特征为急性起病，多在3天左右达到高峰，表现为单侧周围性面瘫，无其他可识别继发原因。早期合理治疗可尽快使面瘫恢复，减少并发症。

周围性面神经麻痹属中医"口僻"范畴，石学敏认为，本病为经筋病，正气不足，腠理疏松，经脉空虚，外邪侵袭手足三阳筋脉，经气阻滞，气血失和，经筋失养，筋肉弛纵不收，症见口眼㖞斜、目睛不合、耳中鸣响等。本病治疗当以祛外邪、调气血、通经筋为主。

石学敏教授以经筋刺法治疗本病，采用排刺及一针多向等透刺法，该针法综合《灵枢·官针》中"分刺""恢刺""合谷刺"。"分刺者，刺分肉之间也"，"恢刺者，直刺旁之，举之前后，恢筋急"，"合谷刺"即"合谷刺者，左右鸡足针于分肉之间"。遣方取穴，主穴取阳白（阳白四透，针向上星、头维、攒竹、丝竹空）、太阳（太阳透地仓或颊车）、颧髎，地仓与颊车间阳明经筋排刺；配穴为睛明、四白两透（针向目内眦、目外眦）、迎香、下关、承浆、风池、翳风、健侧合谷。随症加减，口苦、耳鸣者加外关（捻转泻法）、率谷（捻转泻法）、关冲（刺络法），病久体虚者加足三里（提插补法），久病伴面肌痉挛者加刺健侧腧穴配合太阳、颧髎等刺络拔罐。操作方法取阳白四透、四白两透，为一穴多针多向刺法，针尖与表皮呈15°；地仓与颊车间阳明经筋排刺，按照阳明经筋循行，采用多针浅刺、排刺，每隔0.5寸一针，主配穴中除下关以捻转补法外，余穴均采用捻转泻法，各穴施手法0.5分钟，留针20分钟，每日针1次，28天为一个疗程。所取穴位均为手足阳明、足太阳及足少阳所过及所会之处，施术后可共奏祛风散邪、调和气血、和顺经筋之功效。

## （四）针刺"治神"

"治神"是《内经》中一个重要概念，《素问·宝命全形论》曰："故针有悬布天下者五……一曰治神，二曰知养身，三曰知毒药为真，四曰制砭石小大，五曰知腑脏血气之诊。"又强调："凡刺之真，必先治神，五脏已定，九候已备，后乃存针。"

说明"治神"是针刺治疗的关键。此外，该篇还提出"治神"是针刺补虚泻实，实现疗效的前提，并对"治神"的要求和感觉做出了简要描述："人有虚实，五虚勿近，五实勿远，至其当发，间不容瞚。手动若务，针耀而匀，静意视义，观适之变，是谓冥冥，莫知其形，见其乌乌，见其稷稷，从见其飞。不知其谁，伏如横弩，起如发机。"

石学敏将经典中医理论中"神"的精髓发挥应用到极致，他认为治以"调神"为根本、针以"守神"为首务、效以"神应"为保障、"治神"为核心贯穿于针刺治疗的始终。石学敏"治神"理论，不仅应用于中医脑病，对周围神经病变、多种原因引起的痛症，抑郁症、焦虑症等精神心理性疾病，以及心脑血管疾病的预防均有理想疗效。大量基础实验研究数据也为石学敏教授"治神"论提供了有力的科学支撑，"治神"理论为中医学针灸治疗学开辟了行之有效的治疗法则。

（1）脑主神明与心主神明：《素问·灵兰秘典论》有"心者，君主之官，神明出焉"，中医理论中曾认为心主神明。随着实践经验的累积和西医学的传入，医家对脑的生理功能有了更加清晰的认知，明清时期李时珍等已经明确提出脑主神明。

脑主神明，此处神的定义应包括机体外在生命活动和内在精神活动；而心主神明，此处之神应为血脉之神、五脏神之一，是在心主血脉基础上衍生而来，并非指精神意识思维活动。血者，神气也，血是精神活动的重要物质基础，脑的正常生理功能赖血脉以养，《灵枢·平人绝谷》曰："血脉和利，精神乃居。"心主血脉，心通过血脉完成主神志的功能，但人体的精神、思维、记忆、神志等都受脑神统配。脑主神明，神能使气，则可协调脏腑、调整形神、通关窍、泽肌肤，故而治疗当以"治神"为先。

（2）"治神"在针灸治疗中的应用

①"治神"对患者的要求："治神"要求患者接受针灸时情绪平稳，神志安定。《标幽赋》中言："凡刺者，使本神朝而后入，即刺也，使本神定而气随。神不朝而勿刺，神已定而可施"。情绪是内外刺激的一种客观表现，同时也是一种主观体验。当情绪不稳定时，人的兴奋性下降，其生理功能、心理承受能力、机体的免疫功能随之下降。针灸治疗在于激发、推动机体的自我调整能力，调动机体固有的积极因素扶正祛邪，从而调和阴阳气血，实现疾病的治疗和康复。

同时，患者情绪平稳、神志安定可提高大脑皮层的兴奋性，使得循经感传的效率明显提高，可进一步提高针灸疗效，正如《金针梅花诗抄》云："病者之精神治，则思虑蠲，气血定，使之信针不疑，信医不惑，则取效必宏，事半功倍也。"

②"治神"对医生的要求："治神"首先要求医生精神专一，身体健康。《灵枢·终始》强调："专意一神，精气之分，毋闻人声，以收其精，必一其神，令志在针。"

137

《标幽赋》中要同样求医生"目无外视,手如握虎,心无内慕,如待贵人"。石学敏认为,针刺治疗即是在明辨虚实、确定穴位的基础上运用各种手法予以补泻,正确的手法操作是"治神"的主要内容,是得气的关键。医生在施术时必须专心致志,心无旁骛,只有这样才能认真观察、仔细体会、及时捕捉针下得气的感觉,以保证针刺疗效。

此外,"治神"还要求医生引导患者调整和稳定情绪,这有助于针刺疗效的发挥。针灸科患者以慢病疾病、久病不愈者多见,由于长期受病痛折磨,患者多情绪低落,对治疗信心不足甚至对疗效产生怀疑。为提高针刺疗效,在施术前医生要为患者提供安静舒适的治疗环境,积极开导患者,消除其对治疗的疑虑,帮助患者保持良好的情绪和最佳状态,如此方有助于良好针刺效应的取得,获得最佳针刺疗效。

## 六、读书之法

石学敏始终坚持继承、发扬中医药事业。他理论造诣深厚,认为要正确处理继承与创新的关系,就要重视经典医籍研究,否则就没有理论创新的源头。

《黄帝内经》是现存最早、内容较为完整的经典著作,其记载了中医基础理论,并分别从经络理论、刺法灸法、临床治疗等方面对针灸学进行了系统论述,对针灸学具有不可估量的影响。纵观后世 2000 年针灸学者的学术成就,无一不是源自《黄帝内经》,无一不是对《黄帝内经》理论的完善和发挥。在岐黄发展历程中,《黄帝内经》占有毫无争议的地位。

石学敏在研习中发现《黄帝内经》中不仅有较为完备的中医基础理论,对诸多疑难疾病的认识亦颇为深刻细腻。中医理论根植于临床实践,因此其研究也应该与临床实践紧密结合。而《黄帝内经》成书年代久远,文意古奥,虽历代医家结合学术思想、临证实践进行诸多版本的疏注校释,但玄冥幽微、难以言明之处颇多。

石学敏崇古不泥古,致力于探索《黄帝内经》等古典文献中的临床价值,以临床实践诠释其丰富内涵。本《灵枢》原旨,参医家之论,对《灵枢·经脉》中十二经脉病候进行深入研究。石学敏提出"是动病"多为实证、急性病,"所生病"多为里证、虚证。他认为"是动病""所生病"是广义的概念,是对十二经脉及其相连属脏腑,由生理转变为病理所产生的各种症状、体征、传变和转归的综合性论述。因此,全面地理解"是动""所生",应该包括病因、病位、发病急缓、病程长短、标本虚实、预后转归等疾病发生、发展、性质、证候的全部内容。

石学敏对每一条经络的病候都进行了系统阐释,并与现代相关疾病进行对照研究,确定了治则治法。这一理论已指导临床应用,经过多年实践,证实了其疗效安全和有效，是具有科学属性和临床价值的新观点和新理论。石学敏赋经旨以新意，阐释"是动""所生"内涵，这一观点发展了经络学理论，为古典医籍的研究树立了典范。

# 七、大医之情

## （一）思想境界

石学敏幼承庭训，敏而好学，博采沉奥，德行贵重。他品学兼优，在大学在读期间被党组织破格批准加入中国共产党，如今已光荣在党 60 余年。

《临证指南医案·华序》有言："良医处世，不矜名，不计利，此其立德也；挽回造化，立起沉疴，此其立功也；阐发蕴奥，聿著方书，此其立言也，一艺而三善咸备。""良医三善"是医者毕生之所求。他与银针结缘，集众家之长，汇中外之萃，医德高尚，医术精湛，致力于为患者解除病痛，为学生传道授业，心系中医药事业的发展。他救治的海内外患者以百万计，他将国之精粹发扬光大，将医之精华传向世界。

他始终心怀家国，秉承红色信念，诠释着初心与使命。他曾说，1968 年当他初登北非大陆，在地中海沿岸望着东方时，心中所思所想即是祖国。海外曾有很多机构高薪聘请，但石学敏坚定地选择回到祖国。一个甲子的从医执教经历，他深感党和国家对中医药事业的支持，更加难以忘怀党对他的信任和哺育。在庆祝建党百年的一次采访中他表示，能够成为一名人民的医生，完全是党培养的结果，他仍然觉得自己做得不够，希望为人民卫生事业奋斗终身，以报答党的信任和培养。

他不辞辛劳，奔波于各地推广学术，在全国建立传承工作室，通过多渠道方式，为全国临床医生提供特色针灸适宜技术培训，面向基层、面向边远地区医疗卫生需求，推广针灸适宜技术，极大地促进了优质针灸资源的下沉，惠及更广大的群众。为传播中医药文化，提升公民健康素养，石学敏多次受媒体邀请讲授中医知识，普及针灸治未病理念和方法。石学敏的讲述风趣幽默，浅显易懂，贴近实践，一经播出便得到广泛关注。特别是中央电视台科教频道的"大家"栏目、中央电视台"中华医药"栏目《气至病所化中风》、北京电视台"养生堂"等栏目均在全国引起热烈反响。

## （二）文化修养

博学而后成医，厚德而后为医，谨慎而后行医。

世界上最复杂的学科莫过于生命科学。随着人类社会的发展，医学模式已从传统生物医学模式向生物－心理－社会医学模式转变。人类对疾病的认识已从单一机体病理变化，逐渐重视社会因素、心理因素的多重复杂作用。这就要求医者不仅要博极医源，精勤不倦，还必须海纳百川，涉猎社会人文知识领域。

石学敏无疑是一位岐黄巨匠，还曾被时任中国工程院院长的朱光亚教授誉为"鬼手神针"。除运动外，读书是他闲暇时最大的爱好。他涉猎广泛，除古籍经典外，西方文学也是他所钟爱的。

科技的日新月异为医学插上丰满的羽翼，为人类带来巨大的福祉。西方哲学与经典文学，蕴含着科技发展的源泉。从青年时期，石学敏就对西方文学名著有所偏爱，这也造就他中西合参——"中学为体，西学为用"的知识结构。石学敏曾表示："我热爱中医，同时也反对中医西化。但知识是多元化的，学问的发展是唯物的，应该以科学的态度思考中医的长处和短处。泥古不化、故步自封是要不得的，发展中医，继承经典是必要的，但创新绝不能舍弃。"他认为中医药必须面向健康需求，与现代科学深度融合，应用科学技术，才能把握未来医学的发展方向。

# 八、养生之智

石学敏工作繁忙，经常几日内辗转多地推广学术。他年届高龄，仍可承担如此繁重忙碌的工作，这要仰赖于他"动静结合"的养生智慧。

## （一）指针按摩治未病

预防心脑血管事件的发生，最主要是控制血糖、调节血压。除了定期监测，按时服用药物外，还有一种简便验廉的保健方法就是指针穴位按摩。石学敏结合临证经验，拟定一套醒脑保健操，用于日常防病保健，可改善脑循环，保持大脑年轻态。

取穴：印堂、听宫、风池、天柱、完骨、翳风。

操作：以拇指点压穴位，其余四指自然张开，依次按压穴位，每次每穴按压 1 分钟，以微微出现酸胀感为度。

## （二）饮食清淡不过饱

石学敏推崇饮食适量，营养搭配合理，每餐食七分饱，不过量摄入。饮食调味清淡，平素白煮清蒸居多，红烧煎炸较少，从不过浓，过甜、过酸、过咸、过辣皆影响本味，不利于食物中精微营养的吸收。石学敏重视营养搭配、荤素配比。他平素喜爱低温烹饪的蔬菜，确保其中维生素、叶酸不因高温烹调所损失。为均衡营养，他尤其注意蛋白质的摄入补充，每日早晚饮用牛奶，正餐中配以适量的肉类，多食用高蛋白、低脂肪的鱼肉。此外，他的正餐总会佐一碗汤或粥，白菜汤、菠菜汤都是他所喜爱的。

### （三）"动静结合"促健康

"动静结合"中"动"指适量运动。石学敏青年时期就是一名运动健将，他最喜欢的三项运动是篮球、跑步、游泳。他认为只要运动就一定会受益，适度的运动可促进新陈代谢，调节神经中枢，使人精力充沛，提高睡眠质量，这一点对脑力劳动者尤其如此。多年来他坚持运动，每天走路过万步，在他看来，这有利于提升心肺功能，保持健康体魄。

"动静结合"中"静"指内心平和、安定的状态。"恬淡虚无，精神内守"是石学敏奉行的生活哲学，也暗合《黄帝内经》中的养生理念。宁静淡泊、少私寡欲，量力适度追求心中所想，常保持愉快心情，无过激情志滋扰，如此病邪难以侵犯机体，这是疗愈身心、保持康健的良方。

# 九、传道之术

## （一）人才培养方法

20世纪是中医学求新求变、继承发扬、蓬勃发展的百年。学术发展需要人才，人才的培养离不开教育。人才培养必须着眼内涵建设，做好战略谋划，大力培养和造就复合型人才、创新型人才、领军型人才。多年来，石学敏深耕针灸学教育领域，承担着本科生、硕士和博士研究生、国际留学生的培养工作。他的学生遍及海内外，早已是桃李满园，硕果累累。

针灸作为一门实践性学科，需要将复杂的理论融会贯通，再应用于临床实践中，石学敏意识到传统针灸教学存在人才成长慢、实践能力差、科研意识弱的问题，亟待教学方法的创新。他重视针灸学本科教育，坚持为本科生授课，将针灸、中药、方剂融会贯通，将晦涩难懂的医学知识结合临床实例条理清晰地阐明，言语又不失风趣幽默，使学生产生浓厚的学习兴趣。石学敏突破传统针灸教学模式，提倡经典理论知识、临床实践能力并重，以适应当代针灸发展需求侧重多学科知识结构和外语能力培养。在教学方法上，以先进的医疗设备、教学工具为抓手丰富教学手段，让学生徜徉于科技海洋，乐于钻研。

石学敏作为天津第一位中医博士生导师，对硕博士研究生等高层次人才培养见解独到，结合学术专业特色研修理论知识，精读本专业书目，同时，增强临床实践经验，鼓励进修深造，提升解决疑难病症的能力；关注针灸学科发展国际前沿，及时了解国内外先进诊疗技术，提倡科研合作学术交流。此外，石学敏教授还将医德教育贯穿于教学始终，将仁爱精神薪火相传。

1997年1月，石学敏教授被确定为全国老中医药专家学术经验继承工作指导老师，培养了多位学术继承人，在学术思想传承方面，起到了"承上启下"的作用，使学术思想传承更加规范，促进了推广传播。

石学敏教授认为只有培育国际针灸人才，开展针灸国际化教育，才能保证针灸医学在国际上的健康发展。近年来，天津中医药大学第一附属医院接纳了来自93个国家和地区的留学生，以及高级进修生13000人次的海外学子进修学习中医针灸。

石学敏体系化、链条式的针灸教学设计，使天津中医药大学第一附属医院针灸教学基地从初具规模到蓬勃发展，针灸教学水平迅速提升，具备临床科研能力的复合型针灸人才茁壮成长，获得国内中医药高校专家的广泛赞誉。

## （二）人才培养成果

石学敏教授是天津市第一名中医博士生导师，共培养国内外硕士、博士、博士后300余名，其中不乏高级科研人才，造就了一批又一批优秀的针灸后备力量遍布海内外，造福着世界人民。

石学敏教授主编主讲的《针灸学》被评为国家级精品课程；《针灸治疗学》将醒脑开窍治疗中风理论及调神理论指导下治疗疼痛、郁证、脑病、各种疑难杂症纳入教材，贴近临床，获得学界广泛认可。

作为全国老中医药专家学术经验继承工作指导老师，他已培养了8位学术继承人，并在全国各地推广技术、传承学术，宁夏、广西、广东、河南、河北、山西、山东、内蒙古等培养师承人员百余人，于湖南、福建、重庆、山西、山东、河北建立国医大师传承工作室。

石学敏教授在培育高水平针灸人才的同时，也锻炼了一支优秀的针灸教学团队，1993年、1996年取得了"开辟教学新途径，培养针灸新人才""中医针灸高级人才培养模式及机制""独辟新径，探索中医博士生培养之路"等3项教学成果，分别荣获普通高等学校国家级优秀教学成果奖一等奖和天津市普通高校优秀教学成果奖一等奖。

在中医药守正创新的历史车轮下，探索符合中医针灸自身规律的人才培养模式，将为针灸学的发展插上崭新羽翼，加速针灸学的腾飞的步伐。

# 石学敏学术传承谱

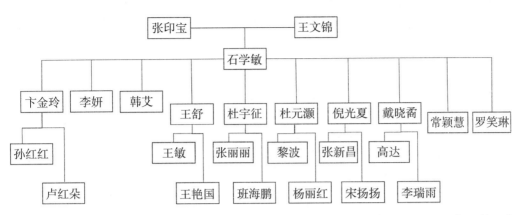

（罗笑琳、杜宇征整理）

（尚洁编辑）

# 占 堆

占堆（1946—），西藏仁布县人，中共党员，主任医师、博士生导师，西藏自治区政府参事，中国中医科学院学部委员，西藏自治区藏医院名誉院长，西藏藏医药学会第六届会长。国家级非物质文化遗产藏药炮制技艺项目代表性传承人，中国科协七大代表。享受国务院政府特殊津贴。荣获全国中医药杰出贡献奖，首届全国名中医，中医药科技管理优秀工作者称号。第六、七批全国老中医药专家学术经验继承工作指导老师，国家药品监督管理局药品审评中心古代经典名方中药复方制剂专家评审委员会委员。2014 年被授予第二届"国医大师"称号。

占堆精读《四部医典》及其他藏医经典著作，提出藏医药学是具有一定哲学理论的独特医学体系。他认为藏医是以三因学说为理论核心，以五源学说为指导思想，以七物质、三秽物及脏腑经络的生理病理为基础，以整体观念、辨证论治为特点，形成的独特理论体系。他还提出三因在相生相克状态下保持平衡，同种疾病治疗也需进行辨证施治等重要论断；首次提出过敏性紫癜本质是藏医木布病扩散，是毒性热和陈旧热症为病因的理论；对治疗凯掌母病（ གལ་ཆེ་འགུལ་མ། ）运用十九味阿扎丸；研发了"十味蒂达胶囊""六味能消胶囊""十味龙胆花颗粒"等藏药的改造剂型；开展了"糖康福"治疗糖尿病的临床研究，为临床提供了一批质量可靠、疗效好、服用方便的新药。他创建了藏医外科、妇科、眼科、骨科等科室，为医院的发展作出了贡献。他发表了《浅谈藏医院分级管理》《加强科学管理，发挥示范医院作用》《西藏藏医药科研现状与发展对策》《藏西医结合治疗小儿过敏性紫癜的临床疗效观察》等 6 篇论文，出版了《藏医药学大辞典》《藏医药名医传奇故事》《著名藏医学家噶玛群培传》等著作，先后参与编著《中华本草·藏药卷》《藏医成方制剂现代研究与临床应用》，其中《中华本草·藏药卷》荣获 2004 年中华中医药学会科技学术著作二等奖，担任主编的《藏医成方制剂现代研究与临床应用》获 2013 年西藏自治区科技学术奖一等奖。

# 一、学医之路

占堆国医大师出生于西藏自治区日喀则仁布县的一户农民家中，他 8 岁那年离开家，跟随曾在门孜康藏医星算学院毕业返回老家从事医疗工作的藏医专家叔叔米朋益西一边学习藏文，一边背诵藏医《四部医典》中的内容。当时他每天晨起背诵四部医典的内容，晚上去屋顶上复习和巩固已经背诵过的内容，大概用了两年时间背完了《四部医典》第一部、第二部、第四部的内容（第三部是实践篇，主要讲述各种疾病的诊断和治疗，因此不要求背诵）。此后的一段时间，由于叔叔米朋益西需要外出，占堆返回老家跟随当地一位藏文老师学习藏文书法。

11 岁那年，叔叔米朋益西被藏医院的老院长钦绕罗布邀请到门孜康藏医星算学院当藏医学教师，占堆随叔叔进入门孜康，开始了在藏医学最高学府全面系统学习藏医的生活。在这里，占堆感受到了藏医药学的博大精深，如饥似渴地吸取医学知识的养分，不断充实自己。进入门孜康后不久的一个早上，年仅 11 岁的他，在早会上当着众多师生的面流利地背诵了《四部医典》的三部内容和相关的藏医经典。在门孜康学习期间，除了平常的理论学习外，占堆还需要到门诊部进行临床实践，还要学习制药、配药、认药等制作加工藏药技能。

在占堆 12 岁时，经过民主改革，门孜康藏医星算学院正式改为拉萨市藏医院，门诊业务扩大到内科、外科、妇儿科、针灸科和药剂科 5 个门诊科室。占堆最初被分到药剂科工作，后来又到了外科，当时的外科是综合性的外科，除了治疗外伤以外，还要看口腔、眼部、耳鼻喉等五官疾病，另外藏医外治和抽血输液等也是在外科完成的。因此，在外科工作期间占堆得到了很好的临床锻炼。在贡嘎平措、土登次仁和康卓央嘎等老师的教导下，他很好地掌握了藏医放血疗法的技术，经过几年的时间，就能熟练运用藏医放血疗法为患者服务了。

占堆的祖父是一名藏医眼科专家，特别擅长藏医传统白内障针拨术，此技术全部传授给了占堆的叔叔和父亲。占堆回忆，小时候每次过年回家，父亲和叔叔就利用羊头做示范，手把手教会了他白内障针拨技术。后来医院引进西医学的白内障囊外摘除术和人工晶状体植入术，并广泛应用到临床，使医院眼科得到进一步发展。

1965 ～ 1966 年，占堆在西藏自治区人民医院口腔科进修。他刚到该院时，由于从未学过西医学知识，又不懂汉语，因此遇到了不少困难。在老师们的尽心教导下，加上刻苦努力和天资聪明，不久占堆就学会了拔牙术、口腔麻醉、颌下间隙感染的治疗方法等。当时每周只有一天能休息，他便利用周日休息的时间到西藏自治区人民医院耳鼻喉科学习相关疾病的治疗。在进修期间，他学会了五官科常见疾病的常规治疗、鼻衄的前鼻孔填塞术和后鼻孔填塞术等。进修结束后，占堆回到在拉萨市藏医院，开展了麻醉下的拔牙术等相关技术。之后在临床工作中，占堆凡是遇到问题都虚心请教老师或翻阅相关资料来探究原因，从来没有因困难而放弃，在长期发现问题和解决问题的过程中积累了丰富的知识和经验。

## 二、成才之道

占堆认为，成才离不开不懈的努力和正确的学习方法，他一生的学习经验可归纳为以下几点。

### （一）立志学医，济世利众

占堆出生于医学世家，从小就热衷于藏医学，也立下了长大后为藏医药事业贡献一生的志向，并为实现理想而不懈努力。他说自己出生于旧社会，成长于新社会，在党和政府的教育培养下，从一名学生成长为一名真正的医生，并获得国医大师的殊荣，离不开组织多年来对他的教育和帮助，因此他时刻铭记党的恩情，不忘初心，救死负伤，持之以恒地追求热爱的藏医药事业，明确了奋斗的目标和意义，坚定为人民服务的理想信念。

### （二）拜求名师，精益求精

拜求名师并虚心学习师傅的经验，更容易学习到丰富的理论知识和实践技术，也可以少走弯路，学习上更易取得进步。占堆在成长的过程中先后求学于米朋益西、钦绕罗布、贡嘎平措、益西坚参、土登次仁、康卓央嘎、强巴赤列、次朗大师及其父亲等10余名藏医大师和现代医学的老师，这使他在藏医理论和实践能力不断提高的同时，现代医疗技术也有了突飞猛进的发展。

### （三）熟读经典，拓宽视野

熟读古籍文献不仅能巩固自己的知识，还能知悉前辈们的观点及实践总结出的好方法。占堆说，他从小就背会了《四部医典》中的三部，还背了相关的文献，这些内容对他在临床上看病诊病有很大的帮助。他还反复熟读《月王药诊》《八支精要》《蓝琉璃》、金巴才旺的《四部医典详解》、苏卡罗追杰布的《祖先口述》《藏医十八支》《藏医秘诀补遗》等经典文献，体会到了藏医理论体系的博大精深。此外，他还会阅读西医学、中医学和其他民族医学的相关文献来开阔视野，增加知识积累。

虽然现在他年事已高，但还在继续阅读经典文献，做到活到老、学到老，给后辈们树立学习的榜样。

### （四）勤于诊治，积累经验

临床上诊病治病不只是把自己的经验和成果奉献给人类，也是知识积累、知识升华的过程，诊病治病过程中能学到书本上学不到的很多东西，只有理论与实践相结合，理论应用于临床，用理论来指导实践，用实践来检验理论，才能从理论认识疾病上升到真正解决临床实际问题，同时将实践中遇到的问题在典籍中寻找答案或者继续探究，经过理论与实践相结合，认真思考，勤于探索，才能不断积累新的经验。

## 三、学术之精

占堆精读《四部医典》及其他藏医经典著作，提出藏医药学是具有一定哲学理论的独特的医学体系。他认为藏医学是以三因学说为理论核心，以五源学说为指导思想，认为世界是物质的，是五行相互作用的结果。藏医学是以七物质、三秽物及脏腑经络的生理病理为基础，以整体观念、辨证论治为特点，形成的独特理论体系。他还提出三因在相生相克状态下保持平衡、同种病治疗也需进行辨证施治等重要论断。

### （一）三因在相生相克状态下保持平衡

对于藏医核心理论三因学方面，占堆提出了在生理状态下，隆、赤巴、培根是相生相克地保持平衡的关系。隆具有糙、轻、微寒、微、坚、动6种特性；赤巴具有微腻、锐、热、轻、臭、泻、湿7种特性；培根具有腻、凉、重、钝、柔、稳、黏7种特性。如果三因素中的一个因素偏多时另外两个因素就会起到制约作用，如果某个因素减少时另外两个因素就会起到相生作用。比如赤巴的热性相对偏高时，由培根的寒和隆的微寒来制约其继续上升，同样培根的寒性增强时，在赤巴的热和隆的糙作用下就会达到平衡状态。在正常生理状态下，三因素在人体内保持着一定的容量和固定的居处，处于相互依存、相互制约的状态，保持着平衡和协调，共同维持人体的生命活动，保证人体健康无病。但是，在病理状态下，即在各种内外致病因素的影响下，三者的容量及存在的位置发生变化，出现偏盛偏衰、相互占位，原先平衡和协调的状态被破坏，进而侵害人体的七精华、三秽物，变成致病的因素，人体将失去平衡。

## （二）同种病治疗也需进行辨证施治

藏医认为辨病主要从病因、环境、时令、禀性、年龄、发病部位、发病时间、饮食消化、所喜恶的饮食习惯、症状、三诊等多个方面着手进行诊察。虽然是同一个疾病，但病因、环境、时令等因素不同，其治法也不同。如治疗感冒，对象是年轻人或壮年人时按病程相关症状来治疗就可达到目的，但治疗老年患者时，一般寒性药物不可多用，由于年龄为 70 岁以上的老人和体力衰弱的隆型人，容易隆的平衡失调，因此治疗过程中多以平性药物和治疗隆的药物联合应用。现在临床上有些人认为用药时必须遵循《四部医典》服药的最佳时间：中午和午夜是赤巴病易发时间，故在此两个时间段用凉药和凉性饮食治疗赤巴病为佳；黄昏和早晨是培根病易发时间，故在此两个时间段用养护胃火的热性药物和饮食治疗一切寒性疾病最佳；晚上和黎明是隆病易发时间，故在此两个时间段用引诱隆病聚集的性热、有营养的饮食和药物治疗零星散在的隆病最佳。但是单一疾病诊治过程中不一定要给早中晚不同的药。有些人认为治疗疾病时主病药必须要占 80% 以上，占堆认为这是不符合藏医学基本理论的治法，藏医治疗的根本原则是三因五元达到正常量的动态平衡，因此要全方位考虑，不能一味追求主病的治疗，在临证过程中必须做到辨病辨证治疗疾病。

# 四、专病之治

占堆善于治疗五官与皮肤病、风湿免疫疾病、内外科疾病等，特别在治疗过敏性紫癜方面具有独特的方法。

## 过敏性紫癜

西医学认为，过敏性紫癜是一种侵犯皮肤和其他器官细小动脉和毛细血管的过敏性血管炎，发病原因可能是病原体感染、某些药物作用、过敏等致使体内形成 IgA 或 IgG 类循环免疫复合物，沉积于真皮上层毛细血管而引起血管炎症。在临床治疗过程中，此病仅用西药治疗效果相对一般，治疗过程很长，易复发。占堆在 20 世纪 70 年代首次提出了此病是藏医培根木布病的亚型，通过此理论筛选改良两种藏药应用于临床，取到了良好的疗效，此后他不断地进行临床观察和理论钻研，形成了独特的观点。

### 1. 病机

藏医药学中，关于过敏性紫癜的藏医病名目前并未形成统一术语。有人认为是

"木布病（混合因素疾病）"；有人认为是"久毒"，其病因为饮食不适等；还有人认为是"巴母"病。虽然病名不同，但疾病性质都与血和黄水相关，治疗原则和方法大同小异，也能取得不同程度的临床疗效。占堆结合自己多年的诊疗经验和其他专家对此疾病的诊疗思维等，进行研究分析后发现，大多数患者有饮食和药物过敏及感冒后发病的病史特点，其脉诊和尿诊偏热证，毒性热和陈旧热证作为病因，经侵入血液和黄水，导致病血与黄水增剩，并与培根为伴而变成混合性疾病，又称木布病，主要表现为局部出血，次要表现为黄水浸热之症。这种病症体现与《四部医典》记载的"培根木布为血液之糟粕"描述一样，其性质与血液和培根性疾病相同，使用木布收散疗法效果极佳。有黄水浸热之症的表现是个别患者会出现下肢浮肿，有的像关节炎一样剧痛。这是因为表皮下的黄水过剩引起肿胀，关节疼痛是因为关节部位是黄水主要居处之一。在临床实践中，使用治黄水药不仅可以减轻疼痛，而且对于皮肤红点现象效果也有良效。

占堆认为，本病在治疗原则上要遵循"收""消""泄"三大步骤。首先，服用收治汤剂，以收散于机体内外的疾病。其次，当患者有了收散成功之症时，根据发病部位和性质，再使用"消治"药物，并根据疾病的缓急轻重选择适当的咔擦调理配制。最后，使用"泄治"药物，以使疾病不再反复或不留后遗症。对于药物选择方面，占堆根据隆、赤巴、培根的增减程度，以及患者体质、发病部位、季节变化、生活位居等综合分析评估后认为，不能用单一固定药物治疗，而应该选择相应的药物。在具体治疗时，要坚持卧床休息，不能过于劳累。饮食方面，绵羊肉、鸡肉、辣椒等热性食物导致热源的增进，而牛奶、酸奶、豆类等引起培根增加，因此要禁止摄入上述饮食。

**2. 专病专方**

根据本病的治疗原则，占堆收敛病邪主要用二十五味大汤，按部位以三黄汤和加味三红汤配合使用。消灭病邪时，他用十三味红花散、七味铁屑丸等来护肝平血热，仁青达西、珠托洁白丸等扑杀木布，十味乳香散等来燥曲色。前两者治疗无效则用《后续部》中的导泻剂和散剂下泻来治疗。

二十五味大汤：尼泊尔红花、诃子、毛诃子、余甘子、藏木香、木香、波棱瓜子、岩精膏、石榴、白豆蔻、木瓜、猪血、骨碎补、芫荽、印度樟牙菜和虎耳草混合粉、兔耳草、麻花秦艽花、甘青乌头、角蒿香、须弥紫菀、乌奴龙胆、毛瓣绿绒蒿、鸭嘴花、水柏枝叶、甘青青蓝。

三黄汤：姜黄、川滇小檗、大黄。

加味三红汤：藏茜草、紫草茸、藏紫草、月石。

十三味红花散：藏红花、丁香、牛黄、白犀角、朱砂、紫檀香、麝香、大托叶云实、甘青乌头、木香、诃子、毛诃子、余甘子。

七味铁屑丸：铁屑（诃子制）、寒水石、藏木香、木香、甘青青蓝、红花、五灵脂膏。

珠托洁白丸：寒水石、诃子、木香、岩精膏、矮紫堇、兔耳草、蜂蜜。

十味乳香散：乳香、决明子、黄葵子、木香、鸭嘴花、诃子、毛诃子、余甘子、宽筋藤、岩精膏。

# 五、读书之法

## （一）启蒙书

《确觉》是一部集藏医药理论、临床、树喻、药方等基础知识于一体的札记，在药王山利众医学院，该书就是藏医初学者必读并需熟背的一部医学著作。《四部医典》中的第一部根本医典，讲述的是藏医药学的概论。《新旧宇妥传》《雪域历代名医传》是藏医药史入门书籍。过去入门学医大致要先读这些书，说它们是启蒙读物，并不是由于浅学易懂，而是这些书抓住了藏医药学的主脉，熟练掌握后可以由浅到深掌握藏医药学的整个理论体系，因此这些典籍既是藏医药学的启蒙读物，也是藏医药学整体概括性的基础。

## （二）经典著作

占堆读了启蒙书后，进一步精读《四部医典》后三部分，即论说医典、秘诀医典、后续医典；钻研《医学八支》《比其黄函》《月王药诊》，品尚《四部医典》成书历程及众书内在要义；熟读《医学概论·仙人喜宴》，深刻了解藏医药经典史记；学习《五行推算学明月之光》《天文历算学之日丹心要》《白琉璃》，感悟藏医药星算合一，诊治世间疾苦之伟大智慧。

## （三）著作诠释

《蓝琉璃》《祖先口述》《八支正文注释》《八支精要句义·月光注释》是历代名家大师对藏医药及藏医药相关经典著作的诠释，要掌握藏医药经典名著，就必须先从诠释入手，品读经典。

## （四）读医论、医案

《千万舍利》《秘诀补遗》《医诀集"ཤ"函》《医诀集"ཁ"函》《德格拉曼医著》

《藏医临床札记》是历代藏医大师的临床医论、医案，也是进入藏医临床实践阶段必不可少的经典论著。

### （五）藏药专著

《度母本草》《文殊本草》《宇妥本草》《晶珠本草》《本草神奇金穗》《生药本草·如意宝瓶》《水银提炼法》是系统学习藏药本草、炮制洗练必须掌握的经典药学著作，以此为基础可以知百药、通药理。

### （六）读相关书籍

藏族的传统文化可笼统地概括为大、小五明。小五明包括修辞学、辞藻学、韵律学、戏剧学、星象学，大五明包括工艺学、医学、声律学、正理学、佛学。大、小五明既是分门别类的学科，又是相辅相成、相互联系、不可分割的学科。因此，如果要弄懂、学透藏医药学博大精深的思想精髓、辨证内涵，就必须用毕生的精力，以细致的思辨能力去学习和钻研，如此才能达到上知天文、下知地理、中晓除病防疾，悠然自得的藏医药学术和治疗境界。

## 六、大医之情

### （一）思想境界

占堆出生于藏医世家，从小受父辈不辞艰辛、精益求精、恪守医德、救死扶伤的民族文化大爱精神熏陶，每当他看到被病痛缠身的患者时，就下定决心学得医学精髓，救民众于水火之中。于是他自幼跟随叔叔米朋益西学习读写识字，后又跟随叔叔到门孜康藏医星算学院，成为一名正式学员，开始在藏医药学的最高学府全面系统地学习藏医药知识。自12岁起，他一边师从钦绕罗布、贡嘎平措、益西坚参、米朋益西等前辈藏医大师学习大、小五明，一边进行临床实践。1959年正式参加工作后，占堆在药剂科工作，他认真熟悉了300多种方剂，且由于其与生俱来的细心、担当、为民的习性，出色地完成了日常门诊发药、释疑解惑等各项工作，其耐心细致的服务得到了前辈和大众的一致认可。后来他到外科从事医疗工作，当时的外科集外科、五官科、皮肤科为一体，他不断在理论与实践相结合的学习、诊疗生涯中深思明辨，继古纳新，在此期间他掌握了藏医放血、艾灸、敷疗、药浴、涂擦等18种实践技能。

由于需要加强基层医疗卫生工作，上级组织计划派年轻大夫到基层支援。为了圆儿时的梦想，占堆没有沉迷于眼前的成就，而是选择到民众最需要的艰苦的地方，扶危济困，锤炼自我。他来到拉萨以北海拔4200m的林周县人民医院工作，并担任医院院长和林周县文教卫生科科长。该县是异地搬迁后新建的，各方面条件都很差，县所在地海拔4200m，生活用水需从河里用扁担挑，晚上只供应3个小时的照明用电，重症患者只能全部转运到拉萨。有一次占堆转运患者返回途中，经过海拔5000m的恰拉山时，由于车子出故障，200多千米的路程走了一天一夜才回到县里。他为建设提升基层医疗卫生条件献计献策，甘于充当冲锋在前的排头兵，而且送医送教，培养基层赤脚医生和接生员，夏天组织他们上山采药，痢疾等传染病流行时熬三颗针大锅汤来控制疫情。占堆深信"身教重于言教"这一真理，用自己的脚步丈量着广阔的农牧区，身体力行，率先垂范，下基层，到边远牧区巡回治疗，为百姓送去了实实在在的贴心服务。

古人云："其身正，不令而行；其身不正，虽令不从。"1981年占堆被调回西藏自治区藏医院（原拉萨门孜康）从事医疗工作，担任外科主任，他将藏医综合外科单独分为口腔科和眼科，在此基础上再分耳鼻喉、皮肤等科室；1984年，他担任医院副院长，在此期间负责全院业务工作；1996年，他担任医院院长，在此期间重点抓了医院建设、科学研究、人才培养、药品生产等各项工作，直至2014年光荣退休。一生岁月漫长，一路走来，占堆奉献了青春，收获了善因，践行着"治病救人、救死扶伤"的医德理念，用一生诠释着医者基于智、善、守、践、勤、行的根本法则。

### （二）文化修养

占堆学习和传承藏医药传统文化，启迪于救度众生于病疾苦难的觉悟，以及《四部医典》医德论中"医者要始于熟练读写，拜于名师，不耻下问，练就自如"的箴言，自幼跟随叔叔从34个藏文字母和音母的读写开始，有着"咬定青山不放松，立根原在破岩中，千磨万击还坚劲，任尔东西南北风"的定力，孜孜不倦，勤学苦练基础知识。功夫不负有心人，占堆不仅能识字读写，还练就了一手好书法。在学医过程中，他先后求学于钦绕罗布、强巴赤列、贡嘎平措、益西坚参、米朋益西、措如次朗、崔成坚参等藏医药名家，熟读字词诗经，背诵《确觉》，系统学习《四部医典》《医学八支》等藏医药理论类著作，《医学概论·仙人喜宴》《医学概论·白银明镜》等藏医史记类经典名著，通晓"三因"，悟道"身由四因成，病由四因生，药也四因质，身病药同源"的阴阳、五因、天文地理人和之精髓内涵，结合现代社会实践前沿科技文化，把古人的智慧运用到现代中国的建设当中，在与病患亲人般的大爱诊疗实践中弘扬中华优秀文化宝库之藏医药传统文化。

## 七、养生之智

占堆认为，藏医药学的理论基础是五元和三因学说。藏医学认为，隆、赤巴、培根三大因素和七大物质基础之间保持着协调和平衡的关系。平衡失调，就会导致疾病的发生。因此，保持平衡是藏医药学防病养生的重要法则。《四部医典》中详细讲述了养生保健的行为起居和饮食方面的内容，占堆在平时的衣食住行上基本能做到这些，比如他很早就有喜欢到处走走、活动活动的习惯，这样可以活络筋骨，晒晒太阳。退休以前，他忙工作时就坚持多走动，退休后时间多了活动时间更多了。在藏医行为起居中讲到，想要达到无病健康的目的，适量饮食很重要。占堆在一日三餐中坚持早餐吃糌粑和少量酥油茶，同时遵守每顿限量，让食物占胃容积的 2/4，水占 1/4，最后 1/4 留作空气流动位置的理论。他还认为，住在西藏这边的人每天都喝酥油茶，酥油茶里加了盐，每天喝多了，人体盐的摄入量就会超标，这对人体是不好的，应当改变这种习惯。

另一个养生方法是养生先从静心开始。前人对品行修养很重视，说明健康的德行、良好的习性是养生的基础，心理活动和生理功能之间有着十分紧密的内在联系，良好的精神状态和精神面貌可以使生理功能达到最佳状态，反之则会降低或破坏人体生理功能，从而使人体健康受到影响，诱使疾病的发生。所以，从更深一层理解，心理养生要比生理养生更为重要，就如《四部医典》记载的在身、语、意三方面要放弃不善。此外，对受贫穷、疾病、痛苦所扰的人，要力所能及地消除其痛苦；对凡是有生命的东西如昆虫，也要像爱护自己一样地加以爱护；对人不能欺骗，要诚实待人；对危害自己的人不忿恨，要以德报怨。

## 八、传道之术

占堆国医大师作为第六、七批全国老中医药专家学术经验继承工作指导老师，西藏藏医药大学研究生导师，国家级非物质文化遗产项目"藏医药（藏药炮制技艺）"代表性传承人、西藏自治区级非物质文化遗产项目"门孜康老字号"代表性传承人，西藏自治区藏医院名誉院长、西藏第二个荣获"国医大师"（2014 年）称号的藏医专家，经过多年的努力，培养了师承学徒 4 名，硕士研究生 3 名，博士研究生 5 名，为西藏、四川、甘肃等省区培养了 8 名学徒，指导培养藏医炮制制剂生产工作人员 20 余人，学历提升培养 30 人次，特色专科培养 5 人，培养科研人员 35 人，在全区范围内培养各地、市、基层医院藏医药学临床骨干及"藏医药（藏药炮制技艺）"代表性传承人 500 余人。在师承的过程中，占堆严格要求弟子，作为医生必须树立崇高的为人民服务的思想，鼓励多读经典文献，运用藏医辨证的方法指导实践工作，为患者解除痛苦。

占堆悉心培养的师承学徒弟子、继承人大多数已经成为藏医药事业发展的骨干力量。

占堆培养的医务人员，不仅在医疗方面技术精湛，科研能力水平不断提高，而且能利用现代科学技术和建设思维，创新炮制工艺，建设新型炮制设施、设备，与时俱进，完善和提高了传统炮制技能质量和效率，不断扩大藏药生产规模，推动藏医药的发展进程，对研发的四个藏药成方的剂型改造取得了成功，获得国家新药证书，取得了较好的社会效益和经济效益，传播了"门孜康老字号"品牌文化，丰富了"门孜康老字号"品牌内涵建设。

占堆国医大师传承工作室完成了制定《藏医疾病分类与代码》、外用油苦兴坎扎治疗斯尔妥病临床疗效评价项目等，完善建立了师承管理、学习交流、科学研究等五项制度，规范了运行模式。目前，占堆国医大师传承工作室已经建设成为集学术传承、特色服务、人才培养、学术交流和文化展示等为一体的传承弘扬藏医药学的重要平台，发挥了国医大师传承工作室的作用，为进一步推动发挥藏医药事业奠定了坚实的基础。

# 占堆学术传承谱

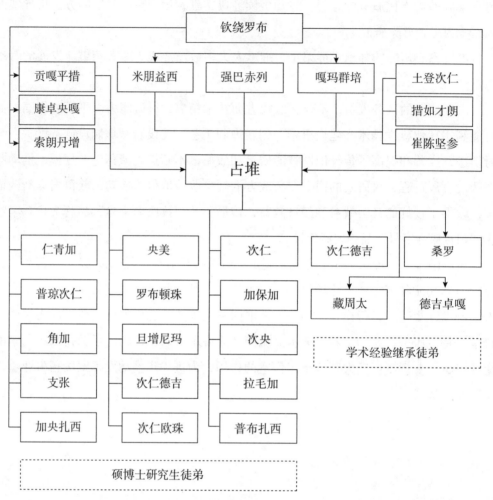

（普布扎西、藏周太整理）

（鄢洁编辑）

# 阮士怡

阮士怡（1917—2020），河北省丰南县人。天津中医药大学第一附属医院教授、主任医师、硕士研究生导师。曾任天津市中医医院（现天津中医药大学第一附属医院）副院长、天津市中医研究所副所长、中国中西医结合学会资深理事、天津市中医药学会理事、天津市中西医结合学会理事及老年医学专业委员会副理事长等职，第五批全国老中医药专家学术经验继承工作指导老师，国家中医药管理局第一批传承博士后合作导师，天津市名中医，享受国务院政府特殊津贴。2014 年被授予第二届"国医大师"称号。

阮士怡从事中医、中西医结合内科工作七十余载，是著名的心血管病、老年病专家，我国中西医结合领域的开拓者之一，提出"心-脾-肾"三脏一体观防治增龄性疾病，首创"益肾健脾，涤痰散结"法治疗冠心病，创制上市药物"通脉养心丸"，开辟天津市中医药实验研究先河，培养了一批国内外知名的医学专家；推动了天津中医、中西医结合学科的分化与发展，创建了天津中西医结合心血管病学科、老年病学科，是我国现代中医医院的奠基者。

# 一、学医之路

　　阮士怡出生于中医药世家，叔祖父阮鹤庭是当地有名的郎中，父亲经营一家中药铺。他自幼受到中医药文化的熏陶，幼年时就喜欢站在叔祖父身后，看叔祖父给患者把脉查舌，诊病处方；也喜欢在父亲的中药铺帮忙，总是被整面墙的中药柜所吸引，父亲注意到了他的兴趣，时常为他讲解一些中药材知识。从小的耳濡目染，逐渐在他脑海中形成了对中医、中药的初步认识。1937年，日军全面发动侵华战争，正在北京大学专心攻读工学专业的他反思："国难之时如无强健体魄，何以御外侮强敌？"于是，为展"国强体健"的抱负，他毅然放弃了工学专业，于1940年以优异成绩考入北京大学医疗系，走上医学之路。1944年大学本科毕业后，阮士怡在日籍教授畑邦吉的指导下，留校攻读两年研究生。毕业后的他来到天津铁路医院，正式开始医疗工作，从事内科临床工作。

　　阮士怡与中医的缘分源于天津市中医医院的筹建。1955年，经过组织考察，阮士怡作为筹建中医院工作的负责人之一参与其中，与中医的接触逐渐增多。1956年，阮士怡先后拜天津名中医赵寄凡、陆观虎为师，学习中医，随师侍诊，深得老师教诲，受益良多。在跟师临证的过程中，阮士怡认真思考，善于总结，对中医学的经方验治颇有心得。1964年，为了更好地学习和掌握中医药学，阮士怡个人要求参加天津市第三届"西医离职学习中医研究班"，开始系统地学习中医理论。通过两年的学习，他全面精读了中医基础理论，潜心研究中医古籍，虚心求教，深得学习中医的益处。之后一直在天津中医药大学第一附属医院从事教学、临床、科研工作。

# 二、成才之道

　　阮士怡学贯中西，精于《黄帝内经》，根据未病先防理念，提出用中医药延缓血管老化的新理念。他认为血管老化的根本在于"脾肾亏虚"，提出了"心-脾-肾"三脏一体观的学术思想，指导增龄性疾病的防治；认为心之阴阳平衡被打破是冠心病发生之肇始，提出以"益气养阴"法平衡心之阴阳治疗冠心病，在此基础上研制出商品药通脉养心丸，上市40余年，疗效显著。阮士怡衷中参西，首倡"脉中积"理论指导动脉粥样硬化性疾病治疗，创立了以"益肾健脾，软坚散结"为代表的治法，研制出补肾抗衰片、降脂软脉灵Ⅰ～Ⅳ号系列方、新生脉散片等院内制剂，临床疗效肯定。对于心血管疾病的防治，他提倡紧跟病症变化，不断更新防治理念，从强心到育心，从扩张血管到濡养血管，创新性地提出"育心保脉"理念指导心血管疾病稳定阶段的辨治，显著改善了预后。阮士怡是百岁国医，熟谙养生之道，主张无病早防，已病早治，提出"养生不限于老年，应从孕胎开始"的理念。阮士怡将科普中医药作为自身使命，先后在《中老年时报》《家庭中医药》等刊物上发表中医药科普文章65篇，使中医防病治病理念深入人心。发表高水平学术论文62篇，学术专著7部；先后获得省部级科学技术进步二等奖3次、三等奖5次、天津市卫生局医学科技进步奖一等奖3次等；研制中药制剂8种、上市品种1种，创造了巨大的社会效益及经济效益。

阮士怡培养了一大批以张伯礼院士为代表的中医药名家，联系自身经历认为，成为中医名家以下几点是成才关键。

## （一）兴趣驱使，树立榜样

人之成才，要有发自内心的力量驱动，要树立榜样作为目标。阮士怡在老年回忆往事时讲述道，年少时的事情大部分都想不起来了，但有一段记忆一直在心中未曾遗忘，虽逐渐变得隐约，但却一直散发着力量，这便是小时候在父亲的影响下识中药、在叔祖父的影响下背诵中医经典的记忆。小小年纪的他就可以熟练背诵中药药性歌诀，如"人参味甘，大补元气，生津止渴，调荣养卫……"从小生活在药香环境中使得阮士怡对于中医中药有着莫名的熟悉和亲切感，这也使他产生了对于中医中药的初步兴趣。叔祖父治病救人时高大伟岸的背影亦屹立在幼年阮士怡的脑海中，是他学习的榜样，为病患解除疾苦的想法就像一颗种子，慢慢在他心里生根发芽。

## （二）心系大众，乐于奉献

医生是奉献型职业，医疗的对象是人，心中有人民，才能做到乐于奉献。在阮士怡的学生时代，硝烟炮火弥漫，民不聊生，国家卫生基础设施极不完善，国人相对体弱多病，被讥讽为"东亚病夫"。阮士怡意识到国人不仅精神上被奴役摧残，而且由于体质较差饱受欺凌。他深刻反思："国难之时如无强健体魄，何以御外侮强敌？"于是在家人的支持下，他毅然弃工从医，于1940年考取北京大学医疗系，以图强健国人之体魄。后来，阮士怡顺利进入临床工作，回忆刚工作时的经历，他印象最深的有两条：一是"忙"，二是"缺医少药"。忙是因为患者太多，应接不暇，经常忙到下午2点还顾不得吃午饭，遇到急危重症，抢救后还得留守观察，白天晚上连轴转是常有的事。所谓缺医少药，缺医是缺少医生，关键是缺有经验的高资历医生，每每遇到疑难病症，阮士怡虽倍感压力，但仍冲锋在临床一线，挑起了大梁。少药是因战争年代，药物资源匮乏。在后来的医学道路上，阮士怡几十年如一日始终保持着为人民生命健康服务、强健国人体魄的从医初衷，心怀大众，乐于奉献，直至期颐之年仍坚持出门诊，用自身所学回馈社会。

### （三）潜心好学，博采众长

中华人民共和国成立初期，中央政府确立了"预防为主，团结中西医"的卫生工作基本原则。国内的西医尚在发展初期，西医西药远远无法满足社会需求，阮士怡作为拥有西医医院工作经历的技术骨干，打破门第观念，毅然投入天津市中医医院的建设中。1956 年，阮士怡先后拜天津名中医赵寄凡、陆观虎为师，在幼时耳濡目染的基础上更为系统地学习中医理论和临证经验，随师侍诊，受益良多。在两位名医的指导下，阮士怡正式步入杏林，开始学习用中医思维行医。阮士怡善于在西医学研究成果中获求提高中医中药疗效的方法，在缺医少药的年代，他凭借扎实的西医功底进行诊断，再用中医中药进行治疗，诊断明确且疗效显著；通过学习药理知识，阮士怡在中医组方原理的基础上将中药药理知识融于处方用药之中，大大提高了疗效，促进了我国中西医结合事业的蓬勃发展。

### （四）仁心仁术，勤于临证

阮士怡对患者和蔼关切，一视同仁。有时患者由于情绪郁结，急于倾诉，他总是耐心倾听，不忍打断。他常说："有病已经很痛苦了，要做患者的心理疏导，解除患者焦虑情绪，是我们当医生的责任，有助于病患的恢复。"阮士怡倾心于临床，诊病从来都是事无巨细，详加诊察，每个患者的相关化验检查都一一过目，看不清楚的必由弟子代为叙述。每每有远道而来或没有挂上号的危重患者，需要临时加号，即使增加了工作量阮士怡也不忍拒绝。在处方用药方面，他继承了陆观虎、赵寄凡等名医用药轻灵、善用经方的特点，精简效佳，无大方大剂却疗效显著。对于经济条件差的患者，大多不收诊费，还予以方便就诊。"当一名医生，必须要医德医技并重，站在患者的角度体贴患者的痛苦，视患者如亲人，勤于为患者缓解压力，做患者的除病者和疏导患者的宽慰者。"阮士怡常如此勉励自己和教育学生，并穷其一生去践行。

### （五）发皇古义，融汇新知

在系统学习中医期间，阮士怡常挑灯查阅老师所引经典，并在老师的指导下开始阅读学习中医经典。阮士怡认为："中医经典，比如《内经》，内容高深，道理玄妙，尽管内容晦涩难懂，需要反复领会其中的奥秘，但其理论博大精深。"学习中医就应该遵循"辨证求因，审因施治"的原则，研习中医经典可以为临床工作奠定坚实的理论基础。在注重学习经典的同时，阮士怡追求不断更新，时代在更新，中医也要更新，90多岁高龄时他更新了学术思想，并且非常注重中草药的现代研究。阮士怡接受过系统的西医学教育，在留校攻读研究生期间，他一半以上的时间都在实验室随导师畑邦吉做实验研究，这对阮士怡在后来的从医道路上形成注重临床研究与科学研究相结合的风格影响巨大。如何科学地研究中医，形成客观化的中药有效研究报告，阐明中药的作用机制，更好地将中医药应用于临床成为阮士怡在系统学习中医之后一直追求的目标。1982年，天津中医学院成立了天津市中医研究所，这也是天津市最早开展中医药科研工作的单位。阮士怡作为创立研究所的骨干成员之一，积极提倡将现代医学方法和科学手段融入传统中医药的研究当中，对一系列中成药进行临床疗效观察及作用机制研究，并取得了一批有益于临床中西医结合防治心血管疾病的科研成果。

# 三、学术之精

## （一）"心－脾－肾"三脏一体观

基于"上工治未病""正气存内，邪不可干"等思想，阮士怡在研究心血管疾病、老年病等以动脉粥样硬化为病理基础的慢性疾病时提出"心－脾－肾"三脏一体观。认为三脏亏虚，导致痰浊瘀滞于脉道，脉道损伤，形成血管衰老性疾病。讲究以预防为主，顾护人体正气为要，重视补益脾肾二脏以养心病，结合涤痰软坚散瘀之法等，三脏同调，养心育心。

### 1. 心脾相关，心制于脾

《灵枢·经脉》有"脾，足太阴之脉……其支者，复从胃，别上膈，注心中"的论述。经脉上，脾与心相关。脾为气血生化之源，其气上通于心；脾主运化，生血以充养心脉，行津液以输布全身。五行上，心属火，脾属土，心为脾之母。生理情况下，心阳能温煦脾土，助脾运化；病理情况下，心病可以传脾胃，脾胃病变亦可传心。脾脏功能失调致气血运行失常是致胸痹的主要原因。脾虚则气血运化不足，气虚无以推动血液运行，血虚则脉道不能充盈，因而留滞成瘀；脾虚中阳不足，水液运化失常，则内生痰饮湿浊积于脉内，闭阻心胸。临床发现，冠心病发病与饮食结构密切相关。在症状上，冠心病患者多有饱食后心痛加剧，以及胸痞腹胀、恶心嗳气、纳呆便溏等脾虚中气不足之症。另外，冠心病与脂质代谢的相关性也验证了心脾相关的合理性。

### 2. 心肾相关，心本乎肾

肾为先天之本，寓元阴元阳，为一身阴阳之根本，正如张景岳云："然命门为元气之根，为水火之宅，五脏之阴气非此不能济，五脏之阳气，非此不能发。"肾阳为一身阳气之根本，而心阳源于肾阳，心阳温煦血脉运行。同时，心主血，肾藏精，精血同源，精血互化。《素问·五脏生成》云："心之合脉也，其荣色也，其主肾也。"故心主血脉，心本乎肾。肾气是人体生命活动的原动力，脉中血液的正常流动依靠肾气的激发和推动。《素问·脏气法时论》有"肾病者……虚则胸中痛"，指出肾虚则心脉失于温养可致胸痹。《诸病源候论》载："肾气不足，则厥，腰背冷，胸内痛。"《金匮要略》指出胸痹的病机为"阳微阴弦"。历史上各位医家对胸痹病因病机的总结颇多，但究其证型表现多为阳虚。从发病年龄看，临床资料显示，冠心病为老年性血管疾病，其发生与年龄衰老呈正相关；从临床症状上看，多数冠心病患者有肾虚症状，表现为头晕耳鸣、腰膝酸软、气短乏力、夜尿频数、舌淡胖等。所以，冠心病的发生与肾虚密切相关。阮士怡总结，胸痹虽病位在心，但多由脏腑亏虚造成，脾、肾、心共为本，三脏相系。正所谓"正气存内，邪不可干"。脾肾二脏气血充盛则正气盛，五脏得养，则外邪不易侵袭心脉。脾肾亏虚，则影响心系疾病。

## （二）脉中积理论

阮士怡在长期的医疗实践中，遵从《内经》整体观念、"治病必求于本"的思想，更注重在疾病治疗过程中邪正斗争病理变化的关键环节。阮士怡立足于实验研究的基础，结合中医基础、临床经验和西医学知识认识到：冠心病虽为心之病，但究其根源，是脉道中堆积了大量的脂质斑块，化而为邪，阻碍其通畅条达，不通则痛，实邪积滞，自然会引起机体不适，发为疼痛。冠状动脉管腔中的斑块类似中医的积证，只是形成的部位不同，此积块在脉壁，虽触之不及，但实为有形，是客观存在的病理产物，为"有形之邪"。阮士怡根据其病变发展及病理特点首次提出了"脉中积"的概念及其相关临床理论，认为"脉中积"的形成可分为三个阶段：初始人体正气不足，血中痰浊壅盛，附于脉道形成积聚，相当于西医学的高脂血症、斑块前期，尚未形成粥样斑块，"积"以痰浊结聚为主；继而气机不利，瘀血渐聚，痰瘀互结阻塞脉道，相当于纤维粥样斑块的形成，"积"以瘀阻脉络为主；脉中积聚郁久化热，形成疮疡，火热妄动致癥瘕积聚糜烂、破裂，甚至完全阻塞脉道，相当于易损斑块的形成及急性冠脉综合征的发生，"积"以热毒蕴结为主。阮士怡将"脉中积"理念运用于临床指导动脉粥样硬化性疾病的治疗，取得了显著的疗效。

## （三）育心保脉理念

随着对心血管疾病的深入研究，阮士怡的治疗理念不断更新，从强心到育心，从扩张血管到濡养血管。他在20世纪末提出了"育心保脉"的理念，将心血管疾病从治疗转为预防、调护，并对育心保脉理念进行了进一步阐释。"育心"不局限于养心，而是兼具养心和使心生发、生长之意，既滋养心之气血，又助心之生长生发，以延缓心之衰老。就西医学角度而言，育心的目标在于增强心脏本身的功能，增加冠状动脉血流量，提高心肌缺血缺氧的耐受力。治法主要包括通心阳、化痰滞、培心气。"保脉"在此有保护、抚育的意思，旨在保护脉道的同时又激发血管新生，从而维持血管生理功能。保脉的目标在于保护血管结构和功能的完整性，以维持相对平衡的状态，延缓动脉粥样硬化的发生发展。该法主要适用于冠心病发病前期，或是有家族史、高危因素的潜在心血管病患者，具体治法主要包括调气疏脉、清热和脉、化浊保脉。

# 四、专病之治

阮士怡在心血管疾病、失眠等杂病诊疗方面具有特色，疗效确切，具体介绍如下。

## （一）冠状动脉粥样硬化性心脏病

冠状动脉粥样硬化性心脏病（简称冠心病）是冠状动脉粥样硬化斑块形成致使冠脉狭窄或者阻塞，使心肌缺血、缺氧，从而出现以胸痛、胸闷为主要临床症状的心脏疾病。其病理特征可概括为以脂质介导的粥样硬化斑块形成为主的慢性炎症性疾病。在西医学治疗方面，慢性期稳定期以药物（降脂、抗血小板、改善心肌缺血）治疗为主，急性期主要以血运重建（PCI/CAGB）治疗为主。而预防粥样硬化斑块的形成、发展、破裂及斑块破裂后的心肌损伤是动脉粥样硬化型心脏病治疗的重点，结合中医辨治疾病的特点，总结阮士怡辨治冠心病的经验如下，以供学习。

### 1.病因病机认识

根据中医认识疾病的特点，依据冠心病胸痛彻背、背痛彻心的临床表现，冠心病被归于"胸痹心痛"的范畴。在病因方面，阮士怡认为动脉粥样硬化多因血中痰浊、瘀血阻滞脉道形成，其病变特点与中医的积证相似，在"脉中积"理念的指导下，依据"坚者削之，结者散之"理论，提出了以"软坚散结"为主要治法的动脉粥样硬化治疗原则。并根据动脉粥样硬化的病机动态变化特点，将冠心病归纳为三个阶段，即血浊期（斑块形成早期）、脉积期（斑块形成期）、积变期（斑块易损期）。阮士怡认为血浊期主要病机为脾肾亏虚，痰浊蕴盛，治当益肾健脾、涤痰散结；脉积期主要病机为痰瘀互结，阻塞脉道，治当活血化痰、逐瘀散结；积变期主要病机为痰瘀日久，化热生毒，治当活血解毒、清热散结。在此基础上，阮士怡认为，心主血脉，与血液运行和脉道畅达关系密切，同时，冠心病与脾肾关系密切，故在"脉中积"理念的基础上，结合中医整体观，提出了"心-脾-肾"一体观的冠心病防治理念。他认为脉损后造成心体损伤，并根据心体损伤后的病机特点，提出了育心保脉为治疗方法的冠心病治疗策略。

### 2. 冠心病分阶段辨治核心

（1）血浊期——益肾健脾，涤痰散结：阮士怡认为，"正气内存，邪不可干"，动脉粥样硬化始于人体正气不足，与脾、肾密切相关。脾为后天之本，肾为先天之本，生命形成于肾而延续于脾，脾肾主气血生成和水液运化。脾虚则水液代谢失司，痰浊内生，气血生化不足；肾虚则机体代谢功能减退，痰浊内聚。故血中痰浊内聚是脉中积发生的始动环节，而脾肾亏虚为内在关键因素。血中痰浊壅盛，附于脉道形成积聚，相当于西医学的高脂血症、高尿酸血症、高血糖等，属于斑块形成前期，此时"积"以痰浊结聚为主，故治当益肾健脾、涤痰散结。在药物使用方面，常用的益肾药有桑寄生、杜仲、枸杞子、菟丝子、制何首乌、淫羊藿、女贞子等，健脾药有绞股蓝、党参、茯苓、白术、甘草等。其中补肾药如淫羊藿能增加心脑血管血流量、抗衰老、可抑制血管平滑肌凋亡及抗高脂血症，何首乌具有抗衰老、降血脂及抗动脉粥样硬化的作用；健脾中药如绞股蓝可调节血脂代谢，减少主动脉病变斑块程度，防止动脉粥样硬化的发生。

（2）脉积期——活血化痰，逐瘀散结：冠心病常呈缓慢性进展，久病入络成瘀，随着病情进展，痰浊痹阻易致血行瘀滞，此时更易形成痰瘀互结，结聚而成"脉中积"。正如《临证指南医案·积聚》所言："初为气结在经，久则血伤入络。"又如《灵枢·百病始生》所云："凝血蕴里而不散，津液涩渗，著而不去而积成矣。"阮士怡认为此时痰瘀互结于脉道形成有形斑块，检查可见冠状动脉粥样硬化斑块形成，定义此期为脉积期。此期主要病机为痰瘀互结，故治当活血化痰、逐瘀散结。在药物使用方面，阮士怡常使用的化痰散结药物有海藻、昆布、浙贝母、石菖蒲、瓜蒌、半夏；活血化瘀药如：丹参、川芎、当归等。瓜蒌、半夏涤痰散结，能降脂、抑制血管内斑块生长；海藻、昆布能降低血清胆固醇，减轻动脉粥样硬化；丹参、当归等能扩张冠状动脉，增加冠状动脉血流量，改善心肌的血氧供应，降低心肌耗氧量；同时改善血液流变性，降低血小板表面活性，抑制血小板凝集，预防血栓形成。

（3）积变期——活血解毒，清热散结：痰瘀互结日久，常化热生毒，导致痰、瘀、毒搏结胶着，留连不去，故曰"积者，脏病也，终不移"，积聚郁久化热生毒，形成疮疡，火热妄动致癥瘕积聚糜烂、破裂，斑块失稳，甚至完全阻塞脉道，相当于易损型斑块。此时"积"以热毒蕴结为主，治以活血解毒、清热散结目的在于防治粥样硬化斑块的破裂。在药物使用方面，阮士怡常使用的药物有夏枯草、丹参、连翘、白花蛇舌草、玄参、当归、赤芍等。夏枯草、玄参、丹参、连翘等均有调节脂质代谢、抗氧化，抑制斑块内炎症反应，增加斑块表面纤维帽厚度，减少斑块内巨噬细胞和脂质含量，稳定易损斑块的作用。

（4）心损期——育心保脉：随着病情进展，粥样硬化斑块破裂，会引发急性冠脉综合征，导致心肌梗死，引起心之本体受损，殃及心之功用，使心主血脉功能受损。在治疗上，阮士怡提出要通畅血脉，保护血管结构和功能，以改善心肌供血，濡养心肌，修复受损心肌，助心血生发，以维持心脏功能，延缓心脏衰老。基于此，阮士怡提出育心保脉理论防治冠心病，从整体上维护心脏结构和功能。育心不局限于养心，而是兼具养心和使心气生发生长之意，既滋养心之气血，又助心气之生长生发，以延缓心之衰老。从西医学角度而言，育心的目标在于增强心脏本身的功能，增加冠状动脉血流，提高心肌对缺血缺氧的耐受力。育心之法主要针对心的基本功能，对已罹患冠心病者出现心之功能受损、心肌舒缩功能不良均有效，主要分为两个方面：一是养心之气阴、通心阳；二是保脉，旨在保护脉道，激发血管新生，从而维持血管生理功能，维持血管稳态。此期主要病机为心体受损，心主血脉功能失司；治当以育心保脉。在药物使用方面，阮士怡常使用醋鳖甲、知母、生地黄、沙参、麦冬、玉竹、石斛、黄芪、绞股蓝等养心之气阴，附子、桂枝、薤白等通心阳；丹参、荷叶、枸杞子、女贞子、菟丝子、五味子等保脉。

冠心病作为一种进展性疾病，预防其发生、发展、破裂及破裂后心肌损伤均是防治的重点。阮士怡以中医整体理念、治未病理念为基础，提出了"心 – 脾 – 肾"三脏一体观、"脉中积"的辨治理念，从斑块的形成早期、斑块形成期、斑块易损期，到心肌损伤，均提出了相应的治法与方药，形成了以益肾健脾、软坚散结、育心保脉为主要治则的冠心病中医分期辨治策略，为冠心病的防治作出了巨大贡献。

## （二）失眠

失眠，通常是指患者睡眠量不足和（或）睡眠质量异常，并伴有日间功能障碍的一种主观体验。轻者入睡困难，或寐而不酣，或易醒，或醒后不能复眠，重者彻夜难眠。失眠可独立存在，也可合并各种躯体、精神类疾病。失眠作为一种常见病、慢性病，正严重损害着患者的身心健康，且迁延难愈影响合并病的治疗及预后。

### 1.病因病机认识

失眠属中医学"不得卧""目不瞑""不寐"等范畴，多由情志失常、饮食不节、劳逸失调、体虚病后等多种因素致心神受扰或心神失养而发。阮士怡辨治失眠重整体观念，认为肝肾不足为失眠发病的主要矛盾，痰瘀胶着是久治不愈的关键，因情志因素急性发病者首重调整气血，在治疗上标本兼顾，治心而不唯心，以滋补肝肾、益精填髓法扶正固本，同时兼顾气血，痰瘀为标，圆机活法，用药轻灵精细。

（1）肝肾不足为病机之核心：《灵枢·大惑论》有"卫气不得入于阴，常留于阳，留于阳则阳气满，阳气满则阳跷盛，不得入于阴则阴气虚，故目不瞑"，认为失眠责之于营卫失和，阴虚不纳阳。肾为先天之本，内寄元阴元阳，为五脏阳气生发和阴津滋养的源头，肾阴肾阳充沛，则心阳得以推动血液荣养五脏六腑，心阴得以滋养而心神得安。又肾藏精，生髓通于脑，脑需要肾精的灌养才能髓海足而神旺。肝属木，体阴而用阳，为藏血之脏，舍魂，喜条达恶抑郁而调畅气机。若情志不遂日久，肝郁化火，伤阴耗血，肝血不荣，血不养神，魂不安舍，则夜寐难安。正如《症因脉治·内伤不得卧》所云："肝火不得卧之因……或尽力谋虑，肝血有伤……则夜卧不宁矣。"综合上述理论，阮士怡认为辨治失眠应重肝肾二脏，注重固护阴液。

（2）气血紊乱为急性发病之源头：中老年人久伤劳倦，气血渐衰，若面临亲人去世或事业、家庭不顺突遭打击，往往造成失眠急性发病。肝主疏泄，其中心环节是调畅气机，五志过极，肝气不能条达，必致气血紊乱，阻碍肝血运行和脾胃之气的升降，肝血不能上充心脉，脾胃运化失调，气血生化乏源，心血不足，心阴难以抑制亢盛之心阳，君相火炽，终致心神不宁，虚烦不能寐。临证以气血紊乱为基本病机，临床表现为失眠多梦，虚烦易怒，伴头晕头胀，情志不遂时容易诱发或加重，时欲太息，脉弦细。

（3）痰瘀胶着为久治不愈之关键：《灵枢·本神》有"心藏脉，脉舍神"，认为脉道的完整和通畅是心运营血液、濡养五脏六腑、神明运行、神机升降的保障。中青年时期五志过极、饮食劳倦可加速人体血管老化，到老年血管生理性退化已渐明显。五脏虚衰，尤以肝脾肾不足为著，肾虚失于气化，肝失柔和条达，脾虚失于运化，津液输布失司，水湿停滞，阻滞气机，血行不畅，聚为痰瘀，积于脉中，日久积聚成结；痰瘀日久化火耗气伤阴，又可阻碍新生，气血生化无力，病情迁延反复，经年不愈，正如王清任《医林改错》所云："失眠一证乃气血凝滞。"临证以痰瘀互结为基本病机，临床表现为久病不寐，头重如裹，泛恶嗳气，舌苔白腻，脉弦滑。

**2. 辨治失眠经验**

（1）调补肝肾治根本：从事脑力工作的中青年失眠患者多伴有头痛、头晕昏沉、耳鸣、健忘、腰膝酸软等症状，阮士怡认为这是肝肾不足，髓海空虚，脑不能发挥元神之府作用的表现，通常治以益精填髓。临证多不予滋腻之品，而用杜仲、枸杞子、女贞子、五味子、天冬、制何首乌、补骨脂等药以图平缓。同时，辨治失眠应结合病因及不同年龄段患者的病理生理特征。阮士怡每接诊患者，首要详细询问患者既往病史、发病诱因、生活习惯、工作情况等。他认为对于情志不遂日久、老年及更年期患者，不可一味应用理气药疏肝解郁，应重视滋养肝阴、养血柔肝，以求肝之条达。临证可用白芍、酸枣仁、当归等。

（2）理气和中舒血脉：对于五志过极导致的急性失眠患者，阮士怡指出应以理气活血药为主，配伍和胃宽中之品，使"血脉和利，精神乃居"。常用理气药有川楝子、佛手、枳壳等。同时他认为女性用药应有特殊之处，女子以血为用，故多用香附、郁金、当归等。当归味甘，性温，补血活血，《本草正》记载"其味甘而重，故专能补血，其气轻而辛，故又能行血，补中有动，行中有补，诚血中之气药，亦血中之圣药也"。对于土为木郁而生湿的患者，阮士怡治疗的常用药有豆蔻、砂仁；对于老年患者，他素来注重脾肾二脏，治疗常配伍党参、茯苓、绞股蓝。木郁化火伤阴者常以玄参与百合配伍，滋阴清热，养阴生津，并可缓解焦虑抑郁状态。其中百合味甘，性平，《本草新编》记载其可"安心益志，定惊悸狂叫之邪，消浮肿痞满之气，止遍身疼痛……兼能补中益气"。《医学启源》记载玄参可"治心中懊恼，烦而不得眠，心神颠倒欲绝"。同时阮士怡强调情志疗法，嘱患者放松心情，适度运动，睡前保持心境平和。

（3）涤痰化瘀去痼疾：顽固性失眠患者多伴有脑血管疾病、冠心病、高血压病、高脂血症、胃肠病、糖尿病等疾患，动脉粥样硬化是其中重要的病理环节。阮士怡认为，治疗合并症较多的患者要首先解决血管的问题，抓关键点，做到治病求本。临证时阮士怡多在益精填髓、滋补肝肾的基础上，配伍活血化痰、软坚散结药缓解其进程。研究表明，具有软坚散结功效的中药复方可降低高脂动物模型的胆固醇，改善微血管退行性病变，发挥抗动脉粥样硬化的作用。临证常用炙鳖甲、海藻、夏枯草、丹参、鸡血藤、川芎等。对于痰浊阻络、痰瘀互结明显者，可酌加桂枝、伸筋草、独活等；郁痰易生热，临床多见痰热扰动心神者，治疗时加黄连温胆汤化裁，常用药物有川黄连、竹茹、郁金、陈皮、枳实、胆南星等，以清心降火，化痰宁心；若胃中不和、嗳腐吞酸者，加焦山楂、神曲、莱菔子等，以理气和中。

# 五、方药之长

## （一）常用方剂

### 1. 通脉养心丸

阮士怡认为调和心之气血是辨治冠心病的重要途径，确立了以益气养阴为法则的处方用药思路。益气可调整机体的气血，促进血液的运行，疏通痹阻血脉，通则不痛；养阴则可以扶正、生津，津液得复，心脉得养，荣则不痛。在此理论基础上，结合临证经验，阮士怡研制出通脉养心丸用于冠心病的治疗，对胸痛、胸闷憋气、心慌等症状有明显缓解作用。

[组成]生地黄，鸡血藤，麦冬，炙甘草，制何首乌，阿胶，五味子，党参，醋龟甲，大枣，桂枝。

[用法]口服，40粒/次，1～2次/日。其中，病情稳定阶段时可选择每日20粒/次；病情不稳定或者急性发作时可按40粒/次，2次/日服用。

[功效]益气养阴，通脉止痛。

[主治]气阴两虚型心绞痛，尤其是稳定型心绞痛，包括微血管性心绞痛；气阴两虚型心律不齐，包括室性早搏、房性早搏、心动过速、心动过缓和心房纤颤等；气阴两虚型心力衰竭。

[方解]方中炙甘草、党参益气养阴，补心气血阴阳之虚；麦冬、五味子、制何首乌、生地黄益气滋阴；阿胶、醋龟甲、鸡血藤既可养阴补血，以充盈络脉，又可通脉止痛；桂枝温通经脉，通阳活络，心阳通，心气复，则血脉得以鼓动；大枣既温通经脉，又调和诸药。本方阿胶、醋龟甲得桂枝之辛则补而不腻；桂枝得麦冬、阿胶之润则温而不燥，从而使本方具有温阳不燥、补气不壅、滋阴不腻、养血不滞的特点。诸药合用，标本兼顾，既补气血阴阳，又温通复脉，共奏益气养阴、通脉止痛之功。

[临床心得]阮士怡临证常在通脉养心法方药的基础上加减，以治疗胸痹、心衰、心悸等属气阴两虚型患者。阮士怡认为，胸痹的发生与中青年时期饮食不当、劳倦所伤、七情失调等损伤脾胃、耗伤心血，以及老年时期年迈体虚、脾肾亏虚，形成血瘀、痰浊、气滞、阴寒等病理因素痹阻心脉相关，故本虚标实之证居多。心主身之血脉，气为血帅，血为气母，气行则血行，气与血二者互存互生，若心气不足、心阳虚衰，则运血无权，无以濡养五脏及四肢百骸，此阶段病机属于气阴两虚，治以益气养阴。益气药调节机体整体气机，以促血行，疏通痹阻之血脉，改善微循环，使心肌供氧耗氧达到平衡；养阴药以生津扶正，津液得复则失养之心脉得濡润，心肌缺血缺氧得到改善。方中以炙甘草、党参补心气，桂枝、鸡血藤通阳活络，麦冬、五味子、生地黄、阿胶、龟甲以养阴补血，全方通心阳、养阴血。

在心悸的辨治上，阮士怡认为心悸虚者多因气血不足致心神失养，实者多因痰饮、瘀血阻滞心脉，扰动心神。他推崇"正气存内，邪不可干"，而邪气扰心者多本于正气不足，心中气血亏虚，而心主神明，气虚无力助血运行，血脉瘀滞，心神失养，心悸故而发作。又心悸久病，耗伤气阴，致心失所养，进一步加重疾病；气阴两虚贯穿心律失常的始终。基于此，治以益气养阴大法，主方选用生脉散。人参、麦冬、五味子具有益气生津、养阴复脉之效，佐以丹参、当归等活血之品；对于心神受损者，多加酸枣仁、远志养血、宁心、安神。

心衰病之始为气虚，即心气不足，后因利尿药的使用或气血生化乏源等因素，阴伤或阴津不足，而渐气阴两虚，阮士怡常在通脉养心的基础上加减治疗心衰气阴两虚之证。"久虚必瘀"，心气虚，则血不行；"血不利则为水"，血液瘀滞、脉道不畅则导致水肿。阮士怡开方大多从保脉、和血、养心、益气、利水五方面着手。保脉，以软坚散结为法，一般选用鳖甲、夏枯草等，散脉道积聚，维持脉道通畅；和血，以活血散瘀为法，多用活血之品，如丹参、当归等，以改善血液性状；养心，以强心和育心为法，强心选择五加皮、苦参等具有强心利水作用的中药，育心则选择桂枝等温通心阳类中药；益气，以补益心气为法，多用炙甘草、党参等；利水，以通阳化气、健脾利水为法，发汗损耗心气，使心气愈虚，故心衰患者主通利下窍，从小便利水，常用白术、葶苈子、泽泻之品。

此外，女性冠心病患者，因围绝经期的生理病理因素，易产生肝气郁结、气虚血瘀等证候，阮士怡在益气养阴的同时，顾及女子以阴血亏虚为本，重视调畅气机与滋阴养血，以补血调血治根本，将"治病必求于本"和"心 - 脾 - 肾"三脏一体观贯穿整个治疗过程。他认为气血和畅则百病不生，常用四物汤滋养阴血，酌加焦三仙顾护脾胃，以先安未受邪之地。

**2. 补肾抗衰片**

阮士怡基于"心 - 脾 - 肾"三脏一体观及"脉中积"理论，提出以补肾软坚法辨治慢性虚损性疾病。治疗时讲究以预防为主，顾护人体正气为要，重视补益脾肾二脏以治本，结合涤痰软坚散瘀之法以治标，并在补肾软坚方药的基础上研制出中成药补肾抗衰片。

［组成］茯苓、川芎、陈皮、肉桂、党参、龟甲（醋制）、石菖蒲、丹参、杜仲（盐炒）、菟丝子、桑寄生、制何首乌、夏枯草、海藻、昆布。

［用法］口服。每次 6 片，每日 3 次，温开水送服，或遵医嘱。

［功效］调和阴阳，扶正祛邪，益气轻身，填精补髓，强身健脑，益寿延年。

［主治］冠心病、高血压、脑动脉硬化、阿尔茨海默病、慢性支气管炎、颈椎关节病、糖尿病及前列腺肥大等多种中老年疾病。

［方解］方中茯苓、陈皮、党参、石菖蒲可以益气健脾，燥湿化痰，滋先天养后天，杜绝生痰之源；杜仲、菟丝子、桑寄生、制何首乌补肾助阳滋养先天；醋龟甲、夏枯草、海藻、昆布等软坚散结，使瘀血、痰浊有形之邪得以软化，再配伍川芎、丹参等活血化瘀药物，能更有效地祛除瘀血、痰浊，以缓解症状。

［临床心得］阮士怡在临床中提出以益肾健脾为基础，灵活应用软坚散结之法，其要点如下。

①益肾健脾为基础：阮士怡提出"益肾健脾"是诊疗疾病的基本治法，可以用

169

于预防治疗冠心病及其他心血管疾病。肾为先天之本，脾为后天之本，通过益肾健脾可助心生血、行血以濡养五脏六腑、四肢百骸，使病无所生。现代药理研究发现，滋肾阴、补肾阳、健脾的药物有助于血液的生成、运行。

益肾以温肾阳、滋肾阴为要：肾作为先天之本，与人体的正气、衰老都有着非常密切的关系。阮士怡临床注重固护先天肾阴肾阳，尤以重视温补肾阳，而阴阳互根互用，常配合使用滋补肾阴药物，使得阴精得续，阳气化生有源。阮士怡常用的温肾阳药物有桑寄生、杜仲、巴戟天、川续断、淫羊藿、山萸肉、补骨脂、肉苁蓉等，常用的滋补肾阴药物有女贞子、旱莲草，阴虚明显加用生地黄、知母、北沙参、麦冬、五味子等，以滋补肝肾之阴。

健脾尤重补脾气、升脾阳：脾胃为后天之本，是脏腑精气生成运化的枢纽，对人体正气的盛衰有非常重要的作用。阮士怡认为健脾主要有两方面作用，一是固护正气，二是通过健脾运化水湿痰浊，以防治疾病，临床时常益气健脾、利水健脾、升举脾阳同用。阮士怡常以白术为基础健脾药，白术味甘、苦，性温，归脾、胃经，《本草通玄》记载其为"补脾胃之药，更无出其右者"，是补气健脾的第一要药，同时具有燥湿利水、固表的功效。增加益气功效常配伍党参、炙黄芪等，增强健脾燥湿功效常配伍杭芍、苍术等，增强利水渗湿功效常配伍茯苓、猪苓、泽泻等，增强升举脾阳功效常配伍升麻、葛根、柴胡等，增强涤痰理气功效常配伍瓜蒌、薤白、浙贝、陈皮等。

②软坚散结活用：软坚散结法为"脉中积"理论指导下形成的基本治疗大法。用药方面，阮士怡常以炙鳖甲、海藻、昆布等咸寒之品为基础。因咸走阴分，可直入阴血凝结之处；咸能软坚，直达病所，正如《类经》所云："血为水化，咸亦属水，咸与血相得，故走注血脉。"此外，在软坚散结的基础上，结合辨证，阮士怡还灵活运用化痰散结、活血散结、清热散结之法以散血中之聚、软脉中之积。

化痰散结：冠心病老年患者的病机虚实夹杂，易出现脾失健运，不能运化水谷精微，升清降浊失调，水谷精微壅滞，聚而为痰，患者多有痰浊瘀阻的表现。阮士怡认为此时用散结之法在于化痰通痹，临证多选用化痰通痹之品，如海藻、瓜蒌、浙贝母、绞股蓝等，以消痰软坚、化痰散结。因"脾为生痰之源"，故阮士怡常佐党参、茯苓等健脾化痰之品，以健脾化湿，则痰浊得消。

活血散结：冠心病常呈慢性发作，痰浊痹阻日久入络成瘀，正如《临证指南医案·积聚》所云"初为气结在经，久则血伤入络"，又如《灵枢·百病始生》所云"凝血蕴里而不散，津液涩渗，著而不去而积皆成矣"，更易形成痰瘀互结之癥积，所以散结之法在于活血散结、祛痰逐瘀。阮士怡对活血药物的运用比较灵活，以丹参、桃仁为主药祛痰化瘀，辅以川芎、当归、赤芍等物，此取四物汤之意，以养血活血。若病程日久，再加灯盏花、银杏叶、荷叶等以增活血通络之效。

清热散结：现代人的生活方式、饮食结构、所处气候环境较以往有很大不同，糖、脂等代谢紊乱，蓄积体内，易致火热之邪内生，变生热毒，败坏形体，损伤心脏，不仅加快冠心病的发生，还会增加动脉粥样硬化斑块的不稳定性，进而导致急性缺血事件的发生。因此，从清热凉血解毒的角度论治"脉中积"，对于稳定粥样硬化斑块、预防病情急性恶化有着重要作用。阮士怡针对热毒蕴结证，采用散结之法以清热凉血、解毒散结，常用连翘、夏枯草以散结解毒，牡丹皮、赤芍以凉血活血，可谓凉血不动血，散结不伤正。

**3. 降脂软脉灵Ⅰ～Ⅳ号**

血脂为血液中正常的营养物质，血脂异常为脂质代谢异常的病理状态，血脂异常造成的血管内皮损伤是形成动脉硬化的始动环节，最终导致心脑血管疾病的发生。"降脂软脉"突出了降血脂、畅脉道的重要性。阮士怡认为，动脉粥样硬化及血脂异常的根本原因在于脾肾虚衰，精不能化气，气不能化精，化源不足，致脏腑功能紊乱而生痰浊、血瘀等。"百病多由痰作祟"，随着年龄增长，脏腑功能虚衰，津液不能正常输布而聚为痰饮，痰浊瘀阻血脉，致气血不畅而生百病。治疗上在调节血脂的同时，还应固护正气、畅通血脉，因此阮士怡提出了"益肾健脾、涤痰散结"防治冠心病的基本法则，据此组方降脂软脉灵Ⅰ～Ⅳ号方防治冠心病，疗效卓著。

〔组成〕

降脂软脉灵Ⅰ号：人参、茯苓、砂仁、桑寄生、炙淫羊藿、丹参、海藻、昆布、泽泻、鸡血藤、牡蛎、夏枯草。

降脂软脉灵Ⅱ号：天麻、泽泻、桑寄生、丹参、砂仁、炙淫羊藿、海藻、昆布、牡蛎、夏枯草、灵芝、川芎。

降脂软脉灵Ⅲ号：人参、豆蔻、丹参、苦参、五加皮、桑寄生、山萸肉、厚朴、夏枯草、海藻、昆布、龙骨、牡蛎、车前草。

降脂软脉灵Ⅳ号：丹参、降香、沉香、醋延胡索、茯苓、川芎、夏枯草、海藻、昆布、桑寄生、白芷、三七、冰片。

〔用法〕口服。每次6片，每日3次，温开水送服。或遵医嘱。

〔功效〕益肾健脾，涤痰散结。

〔主治〕降脂软脉灵Ⅰ～Ⅳ号方，可以用于不同证型的冠心病。降脂软脉灵Ⅰ号治疗慢性冠心病、心绞痛、胸闷、气短、高血脂、微循环障碍、血黏度增高等。Ⅱ号用于治疗冠心病合并高血压患者，针对脾肾阳虚、痰瘀阻络所致的心前区疼痛、眩晕头痛、健忘失眠、腰膝酸软、乏力气短等症。Ⅲ号适用于冠心病合并各种原因造成的心律不齐者。Ⅳ号适用于冠心病心绞痛痰瘀互结证病情较重者，有心前区刺

[方解]降脂软脉灵Ⅰ号：方中人参、茯苓、砂仁益气健脾、导浊化痰、温中行气，脾气健运，以助水谷津液之转化，减少水湿痰浊的形成；配伍泄肾浊之泽泻，利湿以助排浊；桑寄生、淫羊藿补益肝肾，以培补后天之本；丹参、鸡血藤养血活血、化瘀通络；海藻、昆布、夏枯草、牡蛎软坚散结涤痰，以祛除体内痰瘀之邪。全方合用，既可益肾健脾以治本，又可使瘀血、痰浊等病理产物得以软化、涤荡，气血和畅，经脉条达，以起到保护血管、抑制炎症反应、稳定动脉粥样硬化斑块的作用，标本同治，攻补兼施。

Ⅱ号方在益肾健脾、软坚散结的基础上，加入了天麻平肝息风，灵芝补气安神、平肝养肾；川芎为血中之气药活血化瘀，兼能行气止痛。研究表明灵芝、川芎可促进大脑皮层血液循环，改善脑功能。诸药合用，能起到疏通经络、祛除瘀血、平肝潜阳、消除痰湿的作用。Ⅲ号方中人参归心经，补益心气，安神益智；丹参养血活血，清心除烦；龙骨、牡蛎，除软坚散结外，亦能重镇安神；苦参，《神农本草经》记载其"主心腹结气，癥瘕积聚"，现代药理研究发现本品可使心率减慢，具有抗心律失常的作用；五加皮、豆蔻、车前草三药合用，祛痰胜湿，强心利水。全方共奏益肾健脾、涤痰散结、稳心复脉之功。Ⅳ号方中丹参、川芎、三七活血化瘀，通络止痛；佐使白芷、冰片，以增强通脉止痛之力；降香、沉香、醋延胡索行气散结、宽胸解郁。诸药合用，具有行气活血、散结止痛、补益脾肾之功效。

[临床心得]

①扶正为主，脾肾为本，益肾健脾：降脂软脉灵Ⅰ～Ⅳ号方是阮士怡研制的治疗冠心病、动脉粥样硬化的中药制剂，已在临床使用40多年，临床和实验研究证实其有降压、抗动脉粥样硬化作用。阮士怡认为，肾是先天之根、生命之源，脾为后天之本，化生气血。人体健康不外先天之气充实，后天脾胃健运。脾肾二脏气血充盛，则能输水谷之精微以养五脏。所以他提出，"益肾健脾法"是预防多种疾病之源，是防治冠心病之本。

阮士怡常用的益肾药有桑寄生、枸杞子、淫羊藿、巴戟天、旱莲草等。桑寄生味苦、甘，性平，归肝、肾经，《神农本草经》载其"充肌肤，坚发齿，长须眉"。阮士怡发挥其补肝肾、强筋骨的功效，常以不同剂量分别配伍杜仲、巴戟天、川续断、淫羊藿、山萸肉、补骨脂、肉苁蓉等温补肾阳药物，适用于高血压病、冠心病、心律失常、先天性心脏病等属肾阳虚衰证的患者。配合女贞子、旱莲草等滋补肾阴的药物，使得阴精得续，阳气化生有源。阴虚明显加用生地黄、知母、北沙参、麦冬、五味子等，以滋补肝肾之阴。

阮士怡喜将益气健脾和利水健脾法同用，常用的健脾药有白术、茯苓、猪苓、泽泻等。白术为补气健脾第一要药，同时具有燥湿利水、固表的功效。阮教授常用白术治疗脾虚失运、清阳不升、痰湿内阻的眩晕，脾气虚衰、运化无权，胸中阳气不展、痰饮内停的胸痹等，临床增加益气功效时常配伍党参、炙黄芪等，增加健脾燥湿功效常配伍苍术等，增加利水渗湿功效常配伍茯苓、猪苓、泽泻等，增加涤痰理气功效常配伍瓜蒌、薤白、浙贝母、陈皮等。

②兼顾祛邪，痰浊为标，软坚散结：在高血压病、冠心病、心律失常、慢性心力衰竭等心血管疾病的发生发展过程中，痰瘀互结是影响预后的重要病理环节。补肾软坚法可能通过调节脂质代谢、保护动脉内膜完整性、增强细胞免疫功能、抗血小板聚集等方面达到防治动脉粥样硬化的作用。阮士怡常用的软坚散结药物有炙鳖甲、海藻、昆布、夏枯草、浙贝母、丹参、绞股蓝等。其中，海藻除能软坚散结，还可以消痰利水；夏枯草归肝、胆经，偏于清热泻火、散结消肿；绞股蓝尚具有益气健脾的功效，因此根据病情轻重，酌情加减。

③病症结合，衷中参西，用药不拘：阮士怡衷中参西，倡导辨病与辨证相结合，在降脂软脉灵的基础上灵活加减，不拘于用法陈规。例如，若冠心病患者合并快速性心律失常，如室性早搏、房性早搏、室上性心动过速等，加甘松、苦参和黄连；而见缓慢性心律失常，则加炙麻黄、炙附子、细辛；若伴传导阻滞，则用人参、仙鹤草。如果冠心病合并高血压者，可加天麻、决明子、川牛膝、钩藤、白芍等；冠心病合并心衰者，则加人参、附子、猪苓、泽泻、益母草等，可强心利尿，改善心衰。同时阮士怡用药常参考现代药理研究，如丹参、三七、川芎等既能扩张冠状动脉、改善心肌缺血，又能扩张外周血管，改善微循环，还有抗凝、抑制血小板聚集、抗血栓形成等作用；白芍有镇静、镇痛、降压、扩血管、增强心肌营养性血流量作用；当归有抗血小板、抗血栓、抗心肌缺血和扩张血管等作用。

**4. 新生脉散片**

新生脉散片是治疗心力衰竭气虚血瘀水饮证的院内制剂，由阮士怡在古方"生脉散"的基础上灵活加减、不断创新而成，临床治疗多种慢性心力衰竭具有显著疗效。

［组成］党参、泽泻、三棱、莪术、炙鳖甲、丹参、麦冬、五加皮。

［用法］口服，每次6片，每日3次。

［功效］益气养阴，活血利水，化痰散结。

［主治］心气虚，心阳不足所导致的血瘀水饮证。

［方解］方中党参甘平，善补益心气，麦冬甘寒生津，与党参相协，气阴双补，相得益彰；泽泻利水化痰，五加皮强心利水，两药相配使痰饮无所停聚；丹参活血祛瘀，清心除烦；三棱、莪术活血行气，破积消瘀以通心脉；炙鳖甲咸而微寒有活

血软坚散结之功效。诸药合用，切中气阴两虚、血瘀水停之病机，共奏益气养阴、活血利水、化痰散结之功。

［临床心得］本方最早源自金代张元素《医学启源》中所载的生脉散，起初用于治疗"肺中伏火，脉气欲绝"，所用药物核心在肺而非在心，然而生脉散立法重于补益气阴，因而后世医家又进一步将本方推广运用于内、外、妇、儿等各科辨证属于气阴两虚的多种疾患。阮士怡在前人方基础上加以修改，最终形成了治疗多种心系疾病的新生脉散片。

新生脉散片易人参为党参，乃取党参平和、不燥不腻之性，同时又能健脾益气，适用于病程较长、病势较缓的慢性病患者，而人参则常用于治疗急危重症的患者，若气阴不足，兼有内热者则可用西洋参代替。患者久病除气阴两虚之外势必波及心阳，心阳虚则水饮内生，临床患者常表现为水肿之象，阮士怡用泽泻和五加皮以发挥全方强心利尿的作用，同时能够补肝肾、强筋骨，对于已经出现心衰的患者极为奏效。水饮之邪易凝聚成痰，此时单纯应用利水药恐难以消除痰邪，因此阮士怡用炙鳖甲软坚散结以化痰核，临证时若痰饮、瘀血郁结较重者，还可加海藻、昆布等以加强软坚散结之功。除此之外，阮士怡在组方时融入了《温病条辨》中三甲复脉汤的思路，进一步发挥了炙鳖甲滋阴潜阳的功效，配合生脉饮之益气养阴的功效以求改善心律、调节血压、增加血容量，为全方最妙之处。现代人的心脏疾患受到生活习惯和社会环境的多方面影响，其病因病机具有复杂性，阴虚、阳虚、痰饮、血瘀等情况往往同时出现，因此阮士怡创制新生脉散片旨在解决临床上遇到的多重问题，具有与时俱进的特点。

新生脉散片创制以来，阮士怡及其弟子通过不断的临床研究，发现该药在治疗射血分数保留型心衰方面具有显著疗效。射血分数保留型心衰是心室舒张功能减低导致心室充盈不良引起的，在心室收缩功能正常或轻度减低情况下，心肌舒缓性和顺应性降低引起心室充盈减少、充盈压升高，从而出现心悸、气短、呼吸困难等症状。西医学治疗射血分数保留型心衰尚无特效方法，阮士怡认为该病为本虚标实之证。本虚以气虚为主，常兼有阴虚、阳虚；标实以血瘀为主，常兼痰、饮等。治法上当以益气活血为主，常兼以化痰利水。阮士怡团队曾对136例射血分数保留心力衰竭患者开展了临床研究，使用新生脉散片进行4周干预，结果发现新生脉散片可明显改善射血分数保留型心衰患者中医证候积分、生活质量积分、6分钟步行试验，明显提高患者生活质量和运动耐量。进一步发现，新生脉散片可降低患者血管内皮素、血管紧张素Ⅱ等血管活性物质的含量，可能是新生脉散片调节血压的内在机制，同时显示出一定逆转心室重塑的作用。总之，阮士怡善用此方治疗多种慢性心力衰竭，本方的起效机制可能与降低慢性心力衰竭患者血浆BNP、AngⅡ、ALD水平，进而改善心室舒张功能，降低左室质量指数，逆转左室重构有关。新生脉散片自创立至今被广泛应用，其成药及基础方在治疗多种心系疾病方面大放异彩，取得了显著疗效。

## （二）活用药物

### 1. 角药——枸杞子 – 女贞子 – 五味子

"角药"最早记载于《素问·至真要大论》，书中言："一君二臣，奇之制也。"仲景将这一理论运用于临床治疗，在麻黄附子细辛汤、小陷胸汤中可见一斑。角药是指在中医理论的指导下，以辨证论治为前提，结合中药性、味、归经等特点，将三味中药配伍联合使用的处方用药形式。其与方剂组方中七情理论的相须及相使有一定相似之处，介于中药和方剂之间，既可独立成方，如麻黄附子细辛汤，亦可作为方中主药，如三子养亲汤，具有三足鼎立、互成犄角、合纵连横之势，通过相互辅助、相互制约以发挥减毒增效之用。

阮士怡倡导"治病必求其本""正气存内，邪不可干"的中医理念，重视"虚"在疾病发展中的重要作用，强调"固本"是治疗的核心要素，针对冠心病、高血压病、风心病、脑梗死后遗症等心脑血管疾病及防老抗衰，提出"益肾健脾，软坚散结"的治疗原则，并将角药理念融入"益肾"的这一具体治疗法则中，以"枸杞子 – 女贞子 – 五味子"三味连横为阵，协同扶正固本以御敌。枸杞子、女贞子、五味子同以种子部位入药，历经春发陈、夏蕃秀、秋容平、冬闭藏的四时之化，饱含生生之机，质柔润、性平和，具有滋肾藏精之功。方中枸杞子味甘，性平，又名"却老子"，《神农本草经》中记载其"主五内邪气……久服坚筋骨，轻身，不老"。现代药理研究发现本品主要成分为枸杞多糖、甜菜碱等，能显著提高机体非特异性免疫功能；同时枸杞子有良好的抗氧化、抗衰老作用。女贞子味甘，性凉，经冬不凋，滋补之中蕴清凉之意，酒制可增益其效，《神农本草经》言其"补中，安五脏，养精神，除百疾"。现代研究表明，女贞子主要含三萜类、环烯醚萜类成分，在调节机体免疫、调节机体能量代谢和改善雌激素水平方面发挥了重要作用。上二药味甘而润，相携共奏补肾填精益阴之功，又《素问·六节藏象论》云："肾者，主蛰，封藏之本"，故在此基础上合酸甘之五味子：一方面取其收敛固涩之用，固肾关以适肾封藏之性，使藏于肾之精而不致无故流失；另一方面五味子甘以益气，酸能生津，可滋肾经不足之水，可谓生津之要药，收敛之良剂。三者一平，一凉，一温，互制互携，平补肝肾，补火而不助火，且育收涩之意，滋水而不忘固涩，以连横之势奏补肾固本之功。

临证之时，阮士怡取"枸杞子 – 女贞子 – 五味子"角药平补之性，灵活应用于方剂配伍之中。首先，其可用于肾虚诸证的治疗。肾主骨生髓，肾虚则精亏不固，腰府、头目失养，耳窍失荣，症见腰膝酸软、筋骨不强、眩晕耳鸣、健忘神疲、齿发不坚等表现，于方中配以角药"枸杞子－女贞子－五味子"，可收补肾填精之效。其次，肾与生长发育和生殖功能密切相关，如《素问·上古天真论》言："肾气盛，天癸至，精气溢泻，阴阳和，故能有子。"故对于辨证为肾虚的不孕症、不育症，以及小儿发育迟缓而症见五迟、五软者，可在方中配伍枸杞子、女贞子、五味子，取种子得子之意，以其生生之气使精充气盛，同时也可以三药收敛固涩之性用于肾虚精关不固之遗精、遗尿、泄泻等滑脱症状的治疗。再者，"枸杞子－女贞子－五味子"关于肾而不局限于肾，其总协脏腑之阴阳，为一身精气之根，针对肾虚摄纳无权之喘咳气逆的患者，处方中配伍此角药亦可收效。值得注意的是，中医疗法取效要建立在长时间、多周期的基础上，此三味为药食同源之品，毒副作用小，因此，在密切监测肝功能的情况下，凡辨证符合者，皆可长期配伍使用。

**2. 对药——鳖甲－海藻**

鳖甲味咸，性微寒，归肝、胆经，具有软坚散结、滋阴潜阳、退热除蒸之功效，常用于治疗劳热骨蒸、癥瘕疟癖、小儿惊痫。海藻味苦、咸，性寒，归肝、胃、肾经，具有软坚散结、消痰、利水、泄热之功效，常用于治疗瘰疬、瘿瘤、积聚、水肿等。鳖甲与海藻皆为咸寒之品，相伍为用具有软坚散结之效。因此阮士怡在辨证论治的基础上使用鳖甲、海藻两药配伍治疗冠状动脉粥样硬化、心肌纤维化、房颤射频消融术后复发，临床应用广泛，均取得了很好的疗效。

（1）治疗冠心病：中医认为冠心病的发生与痰饮、瘀血等病理产物在体内蓄积有着密切的联系。视其发病过程，多因禀赋异常，加之后天饮食（肥甘厚味、吸烟、饮酒等）、情志（易怒、忧思）失调，致使痰湿内生、气机停滞，气滞则血行不利，痰湿内生，脉道不畅。气滞、血瘀、痰湿是动脉粥样硬化的主要病理产物，贯穿于疾病的始终。阮士怡将此病理变化归纳为"坚、结"二字，处以软坚散结之法。《神农本草经》中记载，鳖甲"主心腹癥瘕，坚积"，具有滋阴潜阳、软坚散结之功；海藻软坚行水，《本草便读》谓其"一切瘰疬瘿瘤，顽痰胶着之证，皆可用之"。《本草经疏》云："正咸能软坚之功也。"咸味之药，性浸润，能使瘀血顽痰消散。因此临床上凡是邪实结聚之证均可选用鳖甲－海藻配伍使用，以达到使之逐渐软化进而消散的目的。现代药理研究显示，鳖甲－海藻具有改善血流、降血压、降血脂的作用，可从根本上控制冠心病的发生发展。但值得注意的是，心脑血管疾病患者应该限制咸味药物及食物的摄入，因为食咸不利于血压的控制，并且加重肾脏的负担，早在《黄帝内经》中就提到"血病无多食咸""多食咸，则血脉凝泣而变色""味过于咸，大骨气劳，短肌，心气抑"。因此在临床应用鳖甲－海藻对药时应注意其剂量，以达到"有故无殒，但取无过"的目的。

（2）治疗心肌纤维化：心肌纤维化是以心肌成纤维细胞增生和胶原纤维过量沉积，胶原浓度及胶原容积分数显著增加，各型胶原比例失调和排列紊乱为主要特征的疾病。中医古籍中无心肌纤维化的直接描述，但心肌纤维化导致的心肌肥厚、僵硬形态学表现，可归属于"微型癥积"。心肌纤维化的病位在心，进一步可认为病位在心之络脉。中医学认为心主血脉，慢性心系疾病必然影响血液的运行，血行不利则易成瘀血，而津血同源，瘀血亦可化生痰饮，从而形成痰瘀互结之势，痰瘀日久不化则易于蕴毒骤发，蚀肌伤肉。痰、瘀、毒三者相互影响，最终形成恶性循环，从而诱导了心肌纤维化的发生。阮士怡指出鳖甲-海藻药对具有消痰、化瘀的作用，治疗针对心肌纤维化之痰瘀互结的本质，其意在延缓心肌纤维化心室重构进程，改善患者预后。有研究发现，鳖甲单味药及其复方制剂的活性组分在氧化应激、脂质过氧化、RAAS异常激活、炎症因子和多细胞因子及其介导的下游信号转导通路过表达等方面抗心肌纤维化作用显著；海藻提取物能保护血管内皮，从而限制心肌纤维化的进程。

（3）治疗房颤射频消融术后复发：在房颤射频术后早期，虽然引发房颤的主要异位起搏点已被消除，但此时窦房结的起搏优势并未重新建立，原有的次级异位起搏点仍占据着调控心脏搏动的重要地位。阮士怡将这些次级异位起搏点视为"坚结"，认为它们是术后房颤复发的重要危险因素。此外，射频消融术属于外来金刃之伤，不仅消除作祟"坚结"，还扰乱气血运行，诱发炎症反应，形成新的瘀血、痰浊等实邪从而诱导房颤复发。海藻软坚而消癥，破散结气之力强，着重于破散术后气血运行紊乱导致的气滞坚结，海藻提取物具有抑制心肌纤维化、抗凝、抗心律失常的作用；鳖甲"主心腹癥瘕坚积"，醋制可以增强其软化坚结之功，着重于软化术后瘀血、痰结及残存的异位起搏点，除具有抗纤维化作用之外，还可调节免疫功能、促进血红蛋白生成。

总而言之，对于痰、瘀导致的冠心病、心肌纤维化、房颤射频消融术后复发，鳖甲-海藻药对的软坚散结功效可发挥重要作用，为中医药"异病同治"提供了可能，具有广阔的应用前景。

**3. 绞股蓝**

绞股蓝为葫芦科植物绞股蓝的干燥地上部分。医书记载首见于《救荒本草》，谓其性寒，味甘、略苦，归脾、肺经，具有益气健脾、化痰止咳、清热解毒功效。阮士怡师从先贤，取《备急千金要方》"心劳病者，补脾气以益之，脾旺则感于心"之意，结合自身临证经验，提出了冠心病的"脉中积"理论，确立了"益肾健脾、软坚散结"的治疗大法，并常在遣药组方时使用绞股蓝，主要用于以下几方面。

（1）益脾气，逐瘀散结：绞股蓝益气健脾，益后天，滋先天，与白术、茯苓、人参等药合用可治疗脾气虚弱证。冠心病常呈慢性发作，久病入络成瘀，正如《灵枢·百病始生》所云："凝血蕴里而不散，津液涩渗，著而不去而积成矣。"此时更易形成痰瘀互结，而成"脉中积"，散结之法在于活血散结、祛痰逐瘀。阮士怡认为早期血管内膜的病理变化有逆转的可能，应重视保护血管内皮细胞的完整性，提高血管内膜抵抗力，使其免受或少受痰浊脂毒的侵袭，以延缓动脉粥样硬化的进程。故临床他常用绞股蓝、茯苓等健脾化痰药，海藻、夏枯草等软坚散结药以祛痰浊脂毒之积聚，保护血管内皮，同时配伍丹参、桃仁祛痰化瘀，辅以川芎、当归、赤芍等物，此取四物汤之意，以养血活血。若病程日久，再加灯盏花、银杏叶、荷叶等兼活血通络之效。药理研究表明，绞股蓝可通过抑制 TLR4 及其下游信号分子减轻血管炎症反应、上调 Bcl-2 表达、下调 Caspase-3 表达来抑制细胞凋亡等途径延缓动脉粥样硬化的形成。同时，绞股蓝还可在肿瘤细胞 DNA 的合成过程中发挥重要的作用，可有效抑制胃、子宫、皮肤等多部位癌症的癌细胞增殖。

（2）调气机，化痰散结：绞股蓝调气化湿，消痰软坚。阮士怡认为临床代谢性疾病的病机为血中痰浊痹阻，因饮食所伤而起。酒湿伤脾，运化功能失常，机体水液代谢失调，痰浊膏脂伏于脉道，积久不去，妨碍气机，血行不畅，滞而为瘀，痰浊瘀血互结为患，导致肠通透性异常、血中内毒素增加，易变生诸疾，在脉可表现为脂质斑块的沉积，发为肥胖、糖尿病、高脂血症、冠心病等。故在慢病的诊疗中，阮士怡常以有升降之性的绞股蓝调节机体代谢，配伍海藻、昆布、瓜蒌、浙贝母等消痰软坚、化痰散结之品，助无形之气，化有形实邪，帮助机体恢复代谢平衡。因老年冠心病患者往往本虚标实，"脾为生痰之源"，故临证之时加入党参、茯苓等健脾化痰之品，以健脾化湿，则痰浊得消。研究表明，绞股蓝具有调节脂质代谢、抗肝纤维化、保肝降酶等作用，可有效延缓肝纤维化的进展，减少预后风险。

（3）益肺气，清肺散结：绞股蓝调补肺气，另因其性味甘寒，兼有生津止渴、化痰止咳之效。针对病久郁而化热之肺气阴两伤证，症多见咳嗽痰黏、五心烦热等，阮士怡常将绞股蓝与川贝母、百合、瓜蒌、桔梗等药同用，以养阴润肺、化痰止咳，还可防止补气药助火生热；若肺气虚而兼见痰湿内盛，出现咳嗽痰多者，多与半夏、陈皮等燥湿化痰药同用；若肺气虚兼有风寒外束，出现咳白稀痰，伴有鼻塞、肢体酸痛、恶寒无汗者，多与荆芥、白芷、紫苏叶等发散风寒药同用；若肺气虚兼有风热侵袭，出现咳痰不爽、咽痛、恶风等症者，可与桑叶、菊花、升麻等疏散风热药同用。脾为生痰之源，肺为贮痰之器，因绞股蓝健脾之功甚而化痰之力稍弱，故在化痰止咳时常与健脾药配伍应用，以增效力。

阮士怡擅用绞股蓝，认为绞股蓝有着极强的药用价值，饥荒时又可作为野菜食用，是药食同源的代表药物之一，值得深入开发其功效并推广应用于临床慢性病的治疗。现代药理学研究表明，绞股蓝含有皂苷类、黄酮类、萜类、多糖、氨基酸以及微量元素等多种成分，其抗衰老的作用效力远高于维生素 E 和番茄红素，故又有"长生不老仙草""南方人参"的别称。

# 六、读书之法

《黄帝内经》《神农本草经》《伤寒论》《金匮要略》《温病条辨》等中医经典著作，在中医发展史上起到重要作用，对古代乃至现代中医都有着巨大的指导作用。中医经典著作之中，阮士怡最推崇的是《黄帝内经》，其次是《金匮要略》和《神农本草经》。阮士怡在长期的医疗实践中，遵从《黄帝内经》之"整体观念""治病必求于本"思想，临证治疗中时刻顾护机体的正气，重视"先后天之本"——以益肾健脾为所长，提出"心－脾－肾"三脏一体观。此外，阮士怡认为，"正气存内，邪不可干""邪之所凑，其气必虚"，疾病发生的根本原因在于正气不足，不能固护人体，冠心病之发病就与正气不足相关，责之于精气血津液不足及脏腑功能失调。阮士怡还将"上工治未病"作为自己的养生指导思想，主张"无病早防，有病早治"，指出预防疾病，养重于治。

阮士怡说："中草药学是我们中医文化的瑰宝，《神农本草经》是东汉以前药物学的集大成之作，总结了许多药物的功效和炮制，并根据它们功效的不同，提出了上、中、下三品分类法，记载了药物的四气五味、方剂的君臣佐使、用药方法等，为古代药物学奠定了基础，值得对本书内容进行深入研究。青蒿素是个很好的例子，屠呦呦教授通过《肘后备急方》中'青蒿一握，以水二升渍，绞取汁，尽服之'的记载获得启发，带领团队潜心研究，并最终研制出抗疟药物青蒿素，荣获了诺贝尔奖。这是对我们中医药事业最大的鼓励和肯定。"

阮士怡认为学习古籍，不能只是单独学习一本古籍。比如研究《内经》大家只读《黄帝内经》，研究《伤寒》大家只读《伤寒杂病论》，其他的经典古籍也要有所涉猎，增加自己的中医文化底蕴。这些知识融会贯通，累积到一定程度就能有所成。阮士怡是在跟师赵寄凡、陆观虎学习中医期间，在老师的指导下开始阅读中医经典。回忆起自学经典经历，阮士怡说："中医经典，比如《内经》，内容高深，道理玄妙，尽管内容晦涩难懂，需要反复领会其中的奥秘，但其理论博大精深。"阮士怡在初学《内经》时面临过两个问题：一个是古籍中都是繁体字，而且有很多生僻字，不容易认识；另一个是各家释义不一样，一句话有很多人注解，而且都不一样。阮士怡从研究文言文开始，认真聆听老师们的讲解，再参阅各家注解，通过对经典著作的熟读与深入研究，并结合临床实践，反复体验，领会到书中的理论充满哲学思想，正是指导临床治病的"道"，在他看来，这是西医学理论所不及的。

# 七、大医之情

## （一）思想境界

大医精诚术，仁德济四方。阮士怡出身于中医世家，自幼受到中医药文化的熏陶，既看到过药到病除、患者喜笑颜开的千恩万谢，也见过病入膏肓、医患皆手足无措的长吁短叹。人间的疾苦、中医药的神奇深深影响着年幼的阮士怡，长大做医生为患者解除病痛的想法，深深地埋在他的心里。1933年，阮士怡进入江苏萃英中学（现苏州第五中学）学习，新的学习环境，新的学习课程，激发了阮士怡更高的学习热情，他如饥似渴地阅读各类书籍，《三国演义》《水浒传》《红与黑》等经典作品让阮士怡认识到了丰富多彩的世界，其中，《冰心全集》对阮士怡世界观的形成影响巨大。在冰心的文字里他看到在半殖民地半封建的旧中国，帝国主义、封建主义、官僚买办阶级压迫蹂躏中国人民的惨景，以及英雄人民、爱国青年奋起反抗，英勇斗争的画面，生动而形象地反映了近一个世纪来，中国动荡复杂的社会生活的某些侧面。之后阮士怡以饱满的工作热情参与到振华医院的医疗及医院筹建工作中，振华医院的工作经历，使阮士怡不仅在内科常见多发病方面积累了丰富的治疗经验，抢救急危重症的水平大大提高，更是在医院筹建、病房管理等方面显示出超出常人的才能。1953年，阮士怡意识到心脏病，尤其是心衰，严重危害人们生命健康，对研究心脏病产生了浓厚的兴趣，信心满满地开始了心衰的治疗研究。他开辟了一个六人病房，专收心衰患者，对每个患者细心观察，认真制定治疗方案，配合饮食等调理。半年多过去，阮士怡发现事与愿违，心衰病的病死率极高，可用药物极少，眼看着患者备受心衰折磨，用药后病情反反复复，最终离世。阮士怡的自信心受到极大打击，一度产生退出临床的念头。随后阮士怡转去做生理病理及药物研究方面的工作，想要在实验室里彻底弄清楚心衰等疾病的奥秘，急切盼望研究出疗效显著、能根除疾病的良药。从那时起，研发新药，造福人类成为阮士怡追求的一大梦想。

医生可以是一门谋生糊口的职业，也可以是一份毕生追求的事业，生而平凡，但能在平凡的岗位上全神贯注、全力以赴便是在创造不凡。阮士怡医术精湛，对患者认真负责，满腔热情，对家庭困难者经常给予资助，其高尚的医德有口皆碑，全国各地慕名求医的患者络绎不绝，而他的亲切更叫人如沐春风。阮士怡行医70余年，从未出现过医疗事故，从未与患者发生过口角。他非常重视患者，而遇疑难杂症不能自行解决者，即请有关方面专家会诊，从不傲慢独行、贻误病情，体现了大医精诚的崇高品德。阮士怡说："我热爱中医事业，愿意解除患者疾苦，尽力把我所学的知识最大限度地奉献给我的患者，患者的康复是我最大的欣慰。自问做到了医德、医技并重，视患者如亲人，不使用大方大剂，不曾与患者疾言厉色。"可见其医德的高尚，真正弘扬了大医精诚、仁心仁术、尊重生命、精益求精的国医精神。

## （二）文化修养

中医药根植于中华传统文化，离开了传统文化的滋养，中医药就是无源之水、无本之木，所以阴阳五行、五运六气、诸子百家、棋琴书画等都可适当涉猎。阮士怡认为没有中华优秀传统文化的孕育，就没有中医药学，他用实际行动践行着中医和中华传统文化是密不可分的。阮士怡在私塾时期就做到了熟背四书五经，并在书法、诗词等方面皆有建树。阮士怡从8岁开始练习书法，从小就受到爷爷的熏陶，对毛笔产生了浓厚的兴趣，那时候他对于软笔的运用方法特别热衷，一直坚持到了今天。阮士怡被软笔的力度和写出字的美感深深地吸引，他在草纸上反复练习，后来又买了字帖，当时有柳公权、颜真卿、王羲之的，他每天都照着字帖练习。在闲暇之余将自己置身于书法艺术的海洋里，练习不止、钻研不息，日积月累打下了扎实的书法功底。他的字俊朗如山峰，秀奇如松柏，凸显出一种别样的苍劲有力。行云流水中见精神，见深意；百转千回处挥豪情，洒真心。铁画银钩、笔墨纵横，体现了阮士怡对生活的无限热爱。目睹阮士怡书写是一种享受，每每倚案而立，一派儒者风范。宣纸铺就，他总是深思片刻，然后拾笔在手，凝力于腕中，行笔于臂肘，无论是条幅楹对抑或宏幅巨制，都胸有成竹，行云流水。从他勉励友人至交的格言诗句中，你分明感到，一位严肃又慈爱的智者在与你倾心交谈。还有一种深刻的心灵感应则是从先生的作品蕴含的激情中，感受到他精湛的艺术主张与恪守艺道的内心世界。阮士怡临摹作品多数为杜甫、李商隐、温庭筠等人的诗词，更是为其科学严谨的医疗工作者形象增添了几许儒生雅致和仙风道骨。除临摹外，阮士怡还会将自己的一些人生感悟赠予学生，看着弟子们逐渐成长，也有了各自的学术成就，阮士怡欣然将诗句改写成"强欲从君无那老，借因卧病解朝衣"来表达自己对后生晚辈的鼓励和避路让贤的豁达；面对名利世俗的诱惑，阮教授写下"金钱和权势是人生两种最沉重的负担，最不开心者往往过剩地拥有它们"，朴素的言语之中，透露着阮士怡历经沧桑后的平静淡泊。也正是这些作品的流传，让我们得以从多角度、深层次了解这位德高望重的国医大师。百岁老人，一代儒医，情系岐黄，孜孜不倦，坚守初心无悔，从容走过百年。

# 八、养生之智

阮士怡长期专注于衰老的研究，并一直以高度的自律践行养生，这使其能在鲐背之年依然精神矍铄、思维敏捷，坚持每周出诊服务患者。阮士怡在70余年的临证实践中积累了丰富的经验，认为养生重于治病，并总结出一套行之有效的养生理论及方法。

## （一）遵循《黄帝内经》，防患未然

阮士怡对《黄帝内经》尤为推崇，他将其中的"上工治未病"作为养生指导思想，主张"无病早防，有病早治"，指出预防疾病，养重于治。阮士怡一直主张养生防病绝不能限于老年，老年人五脏六腑俱已退化，此时养生为时已晚。养生一定要自孕胎开始，按时期与年龄进行，这样才能保持晚年身体健康。他认为养生的关键是心情愉快，生活有节，饮食规律，经常保持阴阳平衡，气血畅通，这样可使全身各个器官如心、脑、肾、肠、胃等功能不衰，身体强健，自然能长寿。

## （二）养护正气，重在脾肾

阮士怡根据《黄帝内经》提出的"治病必求于本""正气存内，邪不可干""邪之所凑，其气必虚"等理论，认为人体患病的原因除了"邪盛"外，"正虚"更是疾病发生的本质因素。他提出预防疾病的关键在于养护正气，若人体正气充足旺盛，邪气就不会导致人体发病；注意把正气保持在一个比较好的状态，就相当于增强自身体质，提高身体免疫力。肾为先天之本，是元气之根；脾为后天之本，是气血生化之源。阮士怡认为寿命跟人体的肾、脾二脏关系密切。

## （三）顺应自然，天人合一

老子云："人法地，地法天，天法道，道法自然。"阮士怡认为人生活于自然中理应顺应自然，他注重"顺四时而适寒暑"，根据气候变化增减衣服。在自然界面前，人们不仅要做到与天气相应，也要有效地避免不利因素，掌握自然界的变化规律，并适应之。"春夏养阳，秋冬养阴"，就是要顺应季节变化，春夏之时保养阳气，秋冬之时保养阴气，以增强人体对外在环境变化的适应能力，减少疾病的发生。人只有与自然界和谐统一，才能达到天人相应；人们的养生观只有建立在这种整体观念的基础上，才会发挥其独特价值。

### （四）心境平和，随遇而安

阮士怡素性恬淡随和，很少大喜大悲。他指出养生首先要从养神做起，最重要的养神方法是"恬淡虚无"，且忌五志过激，因五志过激最耗人体正气。应谨记《黄帝内经》教诲："恬淡虚无，真气从之，精神内守，病安从来。"阮士怡认为自己能够长寿还有一个很重要的因素，就是他拥有"随遇而安"的心态。他理解中的"随遇而安"并不是消极的"得过且过"，而是无论环境发生怎样的变化，都不怨天尤人、自暴自弃，尽力做好目前能做的事，把握住每一个到来的机遇，并随着变化调整自己的步调。

## 九、传道之术

### （一）人才培养方法

阮士怡作为中医药事业的发扬者与托举者，培养出了大批优秀中医药人才。阮士怡是第五批全国老中医药专家学术经验继承工作指导老师，国家中医药管理局第一批传承博士后合作导师。在人才培养方面，先后获得天津市卫生系统和天津中医药大学第一附属医院"育人伯乐奖"，他付出的心血获得了医疗界同仁的广泛认同。

**1. 德才兼备，宽厚仁和**

"以德御才，德才兼备"是阮士怡培养学生的基本准则。他常教育学生："当一名医生，必须要医德和医技并重，要善于站在患者的角度体贴患者的痛苦，要视患者如亲人，不使用大方大剂，更不能对患者疾言厉色，要勤于做患者的除病者和疏导患者的宽慰者。"阮士怡身体力行，临诊无论尊卑，一样细致认真；即使工作再忙，患者再多，也从不生气着急。阮士怡的学生们常用"宽厚仁和、与人为善、治学严谨"来形容老师。

**2. 学术"放任"，循循善诱**

"学术放任，鼓励实践"是阮士怡所奉行的教育原则，授业解惑，传承有道，因材施教，倡导学术自由及鼓励技术创新，让弟子们在各自的专业领域有更多的机会实现突破和创新。阮士怡在担任天津市中医研究所副所长及心血管病研究室主任期间，成立了动物实验室，建立了细胞培养室，并鼓励学生进入实验室，学习实验技能，使学生们既具备传统中医看待疾病的思维，又具有从事现代科学研究的能力，为学生进行中医药临床、基础研究打下了坚实的基础。

**3. 重视传承，桃李天下**

20 世纪 60 年代，阮士怡承担了天津中医学院本科教学和师带徒工作。1979 年，天津中医学院开设了研究生教育，阮士怡作为首批研究生导师，积极地投身于培养研究生的工作中。他言传身教，把自己的科研思路、方法及临床经验毫不保留地传授给自己的学生。他经常对学生说："要有创新思维，要勇于实践。"经阮士怡培养毕业的 13 名研究生及数十名"师带徒"医生后来均在国内外生命科学的各个研究领域和教学、临床中发挥着骨干作用，可谓桃李满天下。

## （二）人才培养成果

在阮士怡培养的学生之中，不乏中国工程院院士、岐黄学者、"万人计划"领军人才等中医药事业的佼佼者。中国工程院院士、天津中医药大学名誉校长张伯礼就是阮士怡的高徒之一，还有北京大学医学院王学美教授，加拿大的李艳梅博士，美国的何聪、祝炳华博士等，天津中医药大学第一附属医院王化良、张军平教授，天津中医药大学高秀梅、郭利平教授等，均师从阮士怡。

阮士怡是天津中医药大学第一附属医院的奠基者，列席首批创建人之一，开办徒弟班培养了既精通中医，具有中医特色，又懂西医，能胜任病房医疗工作的人才。并且亲自制定出编写原则并拟定书名《中医内科》，是天津市贯彻中医政策后首部中医著作，为中医治疗规范化做出表率。此外，阮士怡最早在天津市把现代科技手段应用于中医药研究，开辟了中医药科研之先河；益气养阴法 651 丸防治冠心病心绞痛临床与实验研究课题，获得了 1981 年天津市科技进步奖二等奖。随着科研工作的不断发展及人才队伍的壮大，研究所和实验室建立后培养出无数优秀的学生并渐渐形成自己的研究团队和研究领域，获得多项省部级科技进步奖，并研发了一批以通脉养心丸、补肾抗衰片为代表的、疗效肯定、安全可靠的中药制剂。

# 阮士怡学术传承谱

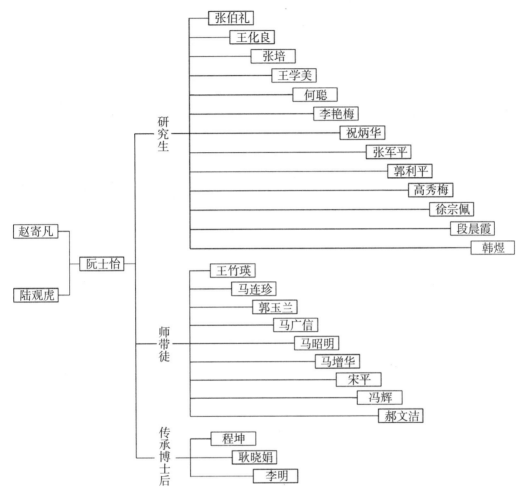

（张军平、严志鹏整理）

（于潇编辑）

# 孙光荣

孙光荣（1940— ），湖南浏阳（祖籍安徽庐江）人，无党派人士。北京中医药大学教授、博士后合作导师。曾任中华中医药学会继续教育分会第一任主任委员。现任国家中医药管理局中医药改革发展咨询委员会专家，全国中医药文化建设与科学普及委员会专家，全国中医药继续教育委员会专家、全国中医临床优秀人才中医理论集中培训班班主任，全国第五批、第六批、第七批和北京市第四批老中医药专家学术经验继承工作指导老师，中华中医药学会第五届理事会常务理事、学术委员会副主任委员等。第五届中央保健专家组成员，首届全国中医药杰出贡献奖获得者，首届中国中医科学院学部委员、执行委员，首届国家药品食品监督管理局中医药管理战略决策专家咨询委员会委员；"2015年度中国中医药新闻人物"，"2022年国家体育总局'中国冰雪'医疗卫生保障特聘专家"；享受国务院颁发特殊津贴的有突出贡献专家。2014年被授予第二届"国医大师"称号。

孙光荣教授在传承创新中医临床思辨模式及组方用药、文献整理研究、中医药高等学历远程教育、全国中医临床优秀人才培养、中医药文化传承传播以及为中医药事业发展建言献策等方面，奉献了智慧和力量，作出了杰出贡献。他参编著作25部，发表论文168篇；获国家中医药管理局中医药科技进步奖二等奖、中华中医药学会学术著作一等奖、全国首届中医药科普著作奖一等奖、中华中医药学会科技进步奖二等奖、全国优秀科技图书奖二等奖等。主编《中华经典养生名言录》为国家新闻出版署等十五部委联合推荐的优秀科普著作；主持并完成科技部十五科技攻关项目成果之一《当代名老中医典型医案集》、全国名老中医学术经验数据库；《全国中小学中医药文化知识读本》（中学版）被科技部评为"2020年全国优秀科普作品"等。

# 一、学医之路

## （一）家学渊源，勤求博采

孙光荣先生幼承庭训，一是儒学，二是医学。家教极其严格，传承极为正统。其父孙常勋（字伯和，号佛生），安徽人，清末中举，河南方城知事致仕后，师从寺庙隐士朱丹溪第七代传人。孙佛生老先生为人德厚才高、谨言慎行，博通天文地理，精研文史哲医，擅长诗词歌赋，通晓书法音律，以医术、儒学名世，曾医疗服务于清朝皇室，亦是当时政、军、文、医各界的知名人士，曾悬壶济世于京湘皖绥鄂等地。抗日战争期间因避战乱辗转来到湖南安家，凭精湛的岐黄之术养家维生。湖南和平解放后，应邀为时任湖南省省主席程潜先生专职医疗保健服务，曾有一段时间住在程公馆。孙光荣自幼就在这样的名儒大师的耳提面命之下研国学、习医术，以《幼学琼林》《汤头歌诀》《药性赋》等作为开蒙读物，与其弟妹一起接受习字、吟诗、撰联等一系列中华传统文化基本素养的训练。及长，又熟读中医经典及《论语》《道德经》，后又广涉经史子集。由于家学渊源，孙光荣以中华文化为根基，以中医药学理技为羽翼，矢志岐黄之术、凤怀医者仁心。至10岁，正式拜父为师习医，其父利用一切可以利用的时间和机会带他去药号坐诊或四处行医，传授《格致余论》之精髓。自此凭着坚实的中华传统文化基础及中医学的"童子功"，以"丹溪学派"为学医、习医之门径，孙光荣步上了中医药学的漫漫求索之路。可以说，其父不仅是孙光荣的国学开蒙授业之师，也是其步入医门的引路之人。

1974年7月，柏嘉卫生院录用孙光荣，随后选派他担任了门诊、病房负责人。入院上岗之初，需要培训西医知识技术，乡党委决定令其拜院长、中西结合医易中林先生为师。于是，他跟随易老师走村串户，虚心求教，迅速掌握了常用的西医知识与技能。易老师逢人便感叹："有名气不自负，还谦虚好学，一讲就懂，一学就会。我带的学生就数孙光荣最踏实、最规矩、最灵性！"后来，浏阳县卫生局又选派孙光荣到浏阳县人民医院进修为期一年的西医内科、传染科。他废寝忘食、夜以继日地学习西医的诊断、治疗及护理。每当他主动学习肌注、输液、穿刺之术时，带教老师问："你又不当护士，为什么学这些？"他回答道："在基层做医生，什么都得会，碰到紧急情况，难道还能等护士来？"他利用值夜班和节假日，自学了第四军医大学的全套教材。在众多进修人员中，唯有他首先获得浏阳县人民医院的处方权。勤求博采、多技傍身，为他今后临床科研贮备了厚重的资源。

## （二）泰斗真传，笃学精研

为贯彻落实中共中央〔78〕56号文件精神，卫生部在全国举行选拔中医师统一考试，孙光荣以全县第一名的成绩被录取，分配至湖南省中医药研究所理论研究室工作，师承全国著名中医药学家李聪甫研究员。此后的七年半，孙光荣作为李老的学生、助手兼理论研究室学术秘书，跟师临床诊疗、整理医案、开展科研。真传授受，师生情深，促使他完成了从中医临床实践到中医文献理论研究的跨越式飞跃，自此学道大开、医技日精。李老的为人、处世、临床、治学深刻影响了孙光荣。他跟随、协助李老深入开展了临床科研、文献整理研究、理法方药教学和中医药事业发展建言献策等诸多工作。可以说，是李老一手把孙光荣领上了致力于中医药事业发展的大道，让一个普普通通的临床中医师，步上了以中医药学术进步和中医药事业改革发展为己任的攀登之路。

# 二、成才之道

从孙光荣学医、习医、行医的艰难跋涉历程中，可以探知其成才具有6个关键因素，即严格的家教、名师的传授、扎实的临床、典籍的精研、众长的融合、独立的思考。

孙光荣在回答新华社记者"您对走好中医之路有何感悟"的问题时说："不是读了几本中医书，就可自恃可以为医的。要做一个真中医、好中医，第一是'垫底'，从'四小经典'开始，即《中医三字经》《药性赋》《汤头歌诀》和《濒湖脉学》，同时要夯实国学的底子；在有条件时再读四大中医经典，即《黄帝内经》《伤寒论》《金匮要略》以及温病学著作等。第二步是'入门'，拜老中医药专家为师，接受医德、医风、医学、医术等的传授，做好临床笔记，好问善思，跟师临床、独立处方。第三步是'问道'，积极参加中华中医药学会等学术团体的会议，读论文、听讲课、多求教。第四步是'自修'，积累笔记，分门别类，整理思考的问题与答案，试写专论。但所写文章不要急于发表，而一定要厚积薄发，千万别在一知半解阶段自我张扬。越积累、越深沉，越能有望走向成功。"

# 三、学术之精

孙光荣先生在长期的临床实践中，经过不断地传承创新，逐渐凝练，形成了自己的学术思想。

他首创中和医派，提出"中和思想、中和辨治、中和组方"，擅长治疗中医内科、妇科疑难杂症，特别是脑病、肿瘤、脾胃病、妇科带下病及情志病等。辨治精准、组方缜密、用药轻灵、疗效显著。其临床学术观点是"护正防邪，存正抑邪，扶正祛邪"，临床思辨特点是"调气血，平升降，衡出入"。他在处理传承与创新的关系上，讲究"宗经方之旨，不拘泥于经方用药"；在辨治方法上，宗仲景之法创建"中医临床六步辨治程式"；在组方用药上，讲究用药轻灵、"中病即止""勿滥伐无过"；在提高临床疗效上，追求"心中有大法、笔下无死方"。

## （一）宗古开今，首倡中和

孙光荣先生的临床经验具有鲜明而突出的继承性和独创性，其卓有疗效的临床思维和方法主要源于四个方面：一是因其家学渊源及其父为丹溪学派传人，所以孙老的早期辨治注重"滋阴"，讲究"有常病、无常证；有定法、无定方"；用药讲究"机圆法活、清平轻灵"，不多用、妄用香燥之药。二是因其第二位师父是中西结合医，所以孙老青年时期的处方曾有中药、西药、民间单方偏方验方综合使用的诸多案例；三是因其第三位师父是东垣学派的传人，所以孙老壮年时期的处方注重"补土"，组方讲究君臣佐使、因人因地因时因脏腑经络之受损态势而灵活化裁经方，用药讲究升降浮沉之药性；四是因其整理研究《中藏经》，所以孙老晚年辨治注重"阴阳逆从""从顺其宜"，善于应用《中藏经》"寒热虚实生死逆顺"脏腑辨证八纲，用药力求精简，剂型涉及膏丹丸散酒，而且特别重视外治法。可见孙老的学术经验是融合丹溪、东垣，融贯中西、《中藏经》多方面的精华而形成，通过经典、临床的长期研究与积累，宗古开今、首倡"中和"。2017年4月26日，在以"中医临床原创思维的科学内涵及应用"为主题的香山科学会议第594次学术讨论会上，孙光荣先生第一次提出中医临床思维模式是"中医临床辨治六步程式"：四诊审证→审证求因→求因明机→明机立法→立法组方→组方用药。

孙老认为："中和是机体阴阳平衡稳定的基本态势，中和是中医临床遣方用药诊疗所追求的最佳境界。"如果说"阴阳平衡"是机体稳态的哲学层面的概念，那么"中和"就是人体健康的精气神稳态的具体描述。"中和"更能在人体气血层面和心理层面阐释机体的生理、病理。基于此，孙老强调临床要做到"四善于"：善于调气血，善于平升降，善于衡出入，善于致中和。

中和思想的要义：辨识其偏盛偏衰，矫正至其中；察知其太过不及，燮理达其和。中和思想的主要内涵：①以"谨察阴阳所在而调之，以平为期"作基准，认知和坚持中医以维护健康、治疗疾病为主旨。②以阴阳为总纲、以气血为基础、以神形为主线，把握对立统一的"失中失和"的基本元素，进行中医辨证。③以"调平爕和"为目的，以扶正祛邪、补偏救弊为总则，根据临证认知而化裁经方，针对"失中失和"而组方用药。

中和辨证的要素是以"神形"为主线的 20 个辨证元素。一般元素是时令、男女、长幼、干湿、劳逸、鳏寡、生育、新旧、欲涩、旺晦。重要元素是神形、盛衰、阴阳、表里、寒热、虚实、主从、标本、逆顺、生死。任何一组都是正反一对，也就是概念相对。辨析之，即可辨明"失中失和"之所在。

组方用药的要领：以选定经方为基础，以"三联药组"按君臣佐使组方；存正、扶正、护正，必须注重气血的盈亏与通塞、脾肾的虚实与盛衰；防邪、抑邪、祛邪，必须注重"祛邪防伤正、扶正防留邪"；祛邪必须针对病因病机精准用药，补（益）、引（导）、纠（偏）、和（调），直达病所，以期能致中达和。

### （二）遵从仲景临证思维方法，传承创新六步辨治程式

孙老总结提炼的"中医临床六步辨治程式"是遵从张仲景《伤寒论》第 16 条"观其脉证，知犯何逆，随证治之"思维方法，致力于中医临床思维守正创新的研究成果。

第一步"四诊审证"：审证不完全等同于辨证，而是辨证的基础，就是确认"主证"。不是单纯察知患者的机体之病证，而是应结合天地人、精气神，更不是单纯依靠现代仪器检测即可作出中医诊断。审证是在望、闻、问、切基础上，对于所搜集的各类病证资料进行审察、总结、提炼与判断。

第二步"审证求因"：基于上述的"司外"与"揣内"，探求病因。中医必须认知理化检查所提供的结果，主要是病理产物，其检验报告应该参照，但不可依赖。中医临床必须追究的是风寒暑湿燥火、喜怒忧思悲恐惊的太过与不及，必须分析的是受伤在肤发腠理、经络脏腑之何处。通过思辨找准"治病必求于本"的门径。

第三步"求因明机"：在已"求因"的基础上，必须注重审时度势地明辨病机。即依据病因（内因、外因、不内外因）、病位（肤发、腠理、脏腑、经络）、病性（表、里、虚、实、寒、热）、病势（生、死、逆、顺）、病理产物（痰饮、瘀血、结石等）、体质、病程等以认知病机，最终运用相应的辨证纲领以确定其证候，抓住了"主变"即"知犯何逆"，从而形成立法处方的依据，使治疗有的放矢。

完成上述三步，才算真正完成了"辨证"的过程。

第四步"明机立法"：治则治法是根据病因病机拟定的治疗方案，也是指导处方用药的圭臬，是连接病机与方药的纽带，是论治的纲领。在辨证精准以后，治则治法的确立就能顺理成章。因为治法就是基于完整的辨证而采取针对性的方法，"明机立法"就是确立治疗之圭臬，为立法组方用药指明方向。

第五步"立法组方"：通过"明机立法"就可以决定治法之"方"（俗称"汤头"），实际上就是根据确立的治则治法在相应的经方、时方、师传方、经验方中选择适合之方。

第六步"组方用药"：立法组方之后，须对所选定之方进行加减化裁，结合证候合理用药，讲究"方证对应"。一定要因时、因地、因人、因证"制宜"化裁，切忌食古不化、刻舟求剑、生搬硬套、同病一方，要力求做到"心中有大法，笔下无死方"。

要强调机体的内外形神、阴阳气血、脏腑经络、津液代谢的和谐畅达，要重视"调气血、平升降、衡出入、达中和"。孙老所创造的依据中药性味功能形成的"三联药组"，是为了发挥药物的联合作用、辅助作用、制约作用。按照君臣佐使的结构组方，谨守病机，知常达变，以平为期。尽量避免无的放矢和"狂轰滥炸""滥伐无过"，力争燮理阴阳、扶正祛邪、标本兼治。总之，"组方用药"是保证整个诊疗得以成功的最后一环。

完成上述三步，才算真正完成了"论治"的过程。

孙老进一步明确指出中医临床六步辨治程式的思维方式：四诊审证、审证求因，是"求解思维"；求因明机、明机立法，是"上升思维"；立法组方、组方用药，是"决断思维"。

# 四、专病之治

## （一）湿热咳嗽

湿热咳嗽，即由湿热之邪犯肺致使肺失宣降而发生咳嗽之证候。

第一步，四诊审证：其临床表现错综复杂，甚至有自相矛盾之处，所以"四诊"须全面详察，综合考虑，方不致误诊。临床应把握湿与热的孰轻孰重。与其他湿热证相同，舌质红是判断疾病性质属于热证的重要指征，苔腻是判断存在湿邪的重要根据，苔的厚薄程度是判断湿邪轻重的依据。

（1）望诊

精神：双眼视物有神或无神，精神状态或可见疲惫面容。

舌象、咽部：舌红，苔白而黏腻，或黄而黏腻。咽部或有充血。

痰、涕：如有痰、涕，其色或黄或白。

（2）闻诊：咳声重浊，或干咳无痰。

（3）问诊：咳嗽，或干咳无痰，或痰黏稠难以咳出，头重头沉，胸闷不适或身重困倦，纳呆，或身热不扬，或低热，汗出热不退；或咽喉不利，或口黏，渴不欲饮；或口淡不渴；或大便黏滞不爽，尿黄或有异味。

（4）切诊：脉滑，或濡。

（5）审证：湿热咳嗽。

第二步，审证求因：人久居在潮湿、闷热之处，或湿热交蒸季节，自然界中湿热邪气自口鼻或皮毛侵犯人体；或人冒雨涉水，久卧湿地，致湿邪侵犯，郁久化热或与内蕴之热相合，侵犯人体。此为湿热之外因。或人久坐久卧少动，紧张焦虑过度，或嗜食肥甘厚味、辛辣酒酪等助湿增热之品太过，脾失健运，内湿蕴于中焦，日久形成湿热，使得人体对湿热之邪极具易感性，或感受湿邪后易转为湿热。或滥用滋补，平素恣服滋腻温补之品；或有咳嗽初起，失治误治，不当补而误补，日久造成脾运不健，湿热内生，这种"湿热型"体质导致人们一感外邪则易入里，随湿化热。正如《外感温热篇》中所说："酒客里湿素盛，外邪入里，里湿为合。在阳旺之躯，胃湿恒多，在阴盛之体，脾湿亦不少。"也如《湿热病篇》所说："太阴内伤，湿饮停聚，客邪再至，内外相引，故病湿热。"此为湿热之内因。

第三步，求因明机：外感湿热和（或）脾胃湿热上犯于肺或肺脏本身病变而致停湿蕴热，肺气宣降失常，而发生咳嗽。其病位在肺与脾胃，病性为实或实中夹虚。

第四步，明机立法：湿热咳嗽治法以祛湿清热、疏利肺气为主。祛湿与清热需兼顾，不得偏废，但以祛湿为首务，只有"湿去"才能"热孤"。祛湿需根据患者症状灵活掌握"宣上""畅中""渗下"的方法。咳嗽之病位终不离肺，故需疏利肺脏气机，使之宣降有常。肺气宣降有常，一则"气化则湿化"，利于祛湿；二则对咳嗽又能产生直接治疗作用。治疗应注意湿热之轻重，湿重于热者当以利湿为主，热重于湿者当以清热为主，湿热并重者则祛湿清热并重。若病患日久或阳虚，或津伤者，还当酌情佐以温阳、生津之品。

本证之治疗，禁辛温发汗、苦寒峻下、甘寒滋补，正如《温病条辨》所云："汗之则神昏耳聋，甚则目瞑不欲言，下之则洞泄，润之则病深不解。"因湿热相合，难以速去，故临床咳止之后，多需健脾化湿以调理善后，否则湿热不能驱尽则易致症状复发。

第五步，立法组方：湿热咳嗽，可选孙光荣先生之经验方"孙氏清热祛湿三叶汤"加减。

第六步，组方用药：用药宜清平轻灵，药量不宜大。慎用温燥化湿、苦寒清热、竣猛泻肺之品。"孙氏清热祛湿三叶汤"组方如下：西党参10g，生黄芪10g，紫丹参10g，冬桑叶15g，藿香叶10g，佩兰叶10g，生薏米15g，云茯苓15g，连翘壳10g。此方中的"三联药组"之运用：君以冬桑叶、藿香叶、佩兰叶和胃化湿、开胃散热、清肺利气；臣以西党参、生黄芪、紫丹参，健脾益气活络；佐以生薏米、云茯苓、连翘壳健脾、利水、渗湿、清肺热。全方组方严谨，用药清平轻灵，以宣上为主，兼顾畅中、渗下，共奏祛湿清热、宣肺止咳之功。

## （二）带下病

一般带下病主要指带下过多，即带下之量明显增多，或色、质、气味异常。西医妇科疾病如阴道炎、宫颈炎、盆腔炎及肿瘤等均可见带下量多，应明确诊断后按带下病辨证论治，结合妇科检查及排癌检查，避免漏诊误诊。

第一步，四诊审证：

（1）望诊：（患者自诉或追询）带下之量、色、质。带下之色，大致有白、黄、青、赤、黑等，所谓五色带。色白提示虚证，白带白黏是湿热的表现；白带清稀如水提示脾肾虚衰。青带及黄带，二者提示有热。黑带若非寒极，即是热极。色黄黏稠或黄绿如脓，质黏稠或呈泡沫状，提示湿热偏盛；色白如豆渣状或凝乳状，为湿浊偏盛；黄绿如脓，或赤白相兼，或五色杂下，状如米泔，多为湿毒蕴结，甚或癌变的可能性大。观察面色、舌象：脾肾阳虚为主者，可见面色淡白或晦暗，舌体淡，或润，苔白，或薄白，或白腻。湿热为主者，可见舌红，苔黄腻；若夹有阴伤，或可兼见颧赤唇红，苔少。

（2）闻诊：（患者自诉或追询）带下有腥臭味，甚或臭秽难闻，多为湿热甚或湿毒作祟。

（3）问诊：脾肾阳虚为主者，可伴有神疲倦怠、四肢不温、纳少便溏、两足浮肿、头晕耳鸣、腰痛如折、畏寒肢冷、小腹冷感、小便频数夜间尤甚、大便溏薄等一种或数种表现。湿热为主者，可伴有阴部瘙痒，若有阴伤或可伴阴部干涩或灼热不适；全身表现或可见胸闷心烦、口苦咽干、纳差、小腹或少腹作痛、小便短赤、腰膝酸软或腰骶酸痛等。若兼有阴伤，或可有头晕耳鸣、五心烦热等表现。

（4）切诊：脾肾阳虚者，脉多缓弱、沉细。湿热为主者，脉多滑数。

（5）审证：实证，多以湿热下注证为主，或伴有阴伤，甚或湿毒内蕴；湿热日久，或伤阴，或伤阳，形成虚实寒热错杂之证。虚证，多以脾肾阳虚为主；或素体阴虚，又兼湿热；阳虚日久，水湿不化，又可蕴湿生热，形成虚实寒热夹杂之证。

第二步，审证求因：带下病的病因主要是湿邪，但湿有内外之别。外湿，指外感湿邪，如经期涉水淋雨，感受寒湿，或产后胞脉空虚，摄生不洁，房事不禁，湿毒邪气乘虚内侵胞宫等。内湿产生原因更为复杂，如饮食不节、劳倦过度，或忧思气结，损伤脾气；或素禀肾虚，或恣情纵欲，或肾阳虚损，或相火偏盛；脾虚湿盛，郁久化热，或情志不畅，肝郁化火，致肝热脾湿。

第三步，求因明机：带下病的发生与湿、毒、热和脏腑失调关系密切。湿毒邪气乘虚内侵胞宫，以致任脉损伤，带脉失约，引起带下病。脾肾阳虚，气化失常，水湿内停，下注任带；素体阴虚，感受湿热之邪，伤及任带。脾湿日久化热，或肝火脾湿相杂，湿热互结，流注下焦，损及任带。终致任脉损伤，带脉失约，而形成带下病。

带下病系湿邪为患，而脾肾功能失常又是发病的内在条件；病位主要在前阴、胞宫；任脉损伤，带脉失约是带下病的核心机理。

第四步，明机立法：脾肾阳虚为主者，以调理脾肾、补元摄带为主要治则治法。湿热证为主者，以清热解毒、利湿止带为主要治则治法；毒邪偏盛者，需增解毒之力。素有阴虚，或湿热伤阴者，可酌情配合养阴之法；若湿邪日久伤阳者，则当佐以散寒除湿之法。女子之"带"犹如男子之"精"，女子带下绵绵，日久则可导致人体虚证丛生，故带下病日久者尚需加用固涩敛带之法。

第五步，立法组方：清热解毒、利湿止带之内服方剂多选用五味消毒饮等方或"孙氏分清泌浊饮"加减。调理脾肾、补元摄带之内服方剂多选用完带汤、归脾汤、肾气丸等方化裁。

第六步，组方用药：①"孙氏分清泌浊饮"：西党参、生黄芪、紫丹参；川萆薢、车前仁、蒲公英和生薏米、芡实仁、生甘草。②归脾汤（《济生方》）：白术、人参、黄芪、、甘草、白茯苓、酸枣仁、木香、龙眼肉、生姜、大枣。③完带汤（《傅青主女科》）：白术、山药、人参、白芍、车前子、苍术、甘草、陈皮、黑芥穗、柴胡。④肾气丸（《金匮要略》）：地黄、山药、山茱萸、泽泻、茯苓、牡丹皮、桂枝 / 肉桂、附子。

在辨证使用汤药内服的同时，配合药物外洗，其效更佳。外用方可选用孙光荣先生外用经验方——"孙氏清带汤"。

# 五、方药之长

## （一）常用方剂：孙氏清带汤（外用）

［药物组成］蛇床子 15g，炙百部 15g，白花蛇舌草 15g，蒲公英 15g，金银花 15g，生薏米 30g，煅龙骨 15g，煅牡蛎 15g，芡实仁 15g，白鲜皮 15g，地肤子 15g，紫苏叶 10g，生甘草 10g。

［功能主治］清热止痒，敛湿止带。

［加减应用］带下夹血丝者，可加白茅根；局部瘙痒严重者，可加蝉蜕、白蒺藜

等；带下日久量多者，可加木槿皮增强敛涩之力；白带腥味较重者，可以鱼腥草替换紫苏叶，或二者同用；如因相关肿瘤引起白带增多者，可加山慈菇、半枝莲、菝葜根等，以增清热解毒、软坚散结之力。

[使用方法]水煎，每日1剂，坐浴两次，早晚各1次，每次15分钟左右。

[方剂解析]三联药组"蛇床子、炙百部、蛇舌草"解毒杀虫止痒，为君药组；"蒲公英、金银花、生薏米"清热解毒利湿，药对"白鲜皮、地肤子"祛风止痒。两组药共为臣药组。白带增多无论何种原因所致，固然是病理现象，日久则可导致人体虚证丛生，因此带下病的外治不能只顾针对症状而一味使用清热解毒止痒的药物，若如此则效果难以持久，容易反复。所以，还要兼顾"带下"原属人体生理现象这一情况，要注意适当加用固涩敛带的药物。故以三联药组"煅龙骨、煅牡蛎、芡实仁"，以固涩止带，为佐药组。方中紫苏叶，芳香辟秽，可消除带下增多所致之腥味；生甘草调和诸药。全方融清、利、敛为一体，相反相成，相得益彰，全面兼顾了带下的生理病理特点。

## （二）经典用药

**1. 野山参、生黄芪、紫丹参**

此三联药组，功能益气活血，适用于气血不足、气虚血瘀等证。人参、黄芪补气，入气分，主补，主升。丹参活血，走血分，主泻，主降。三药虽主要为调理气血而设，但攻补同施，升降出入俱备。

**2. 紫苏叶、蒲公英、鱼腥草**

此三联药组，气味芳香，功能既可芳香辟秽，又可清热利湿。孙老师临床中多用于白带有腥味者，可视其腥味之轻重，而灵活应用此药组。如腥味较轻，则单用紫苏叶；腥味较重，则三药联合应用。

**3. 石决明、川杜仲、川牛膝**

此三联药组，功能滋补肝肾、平肝潜阳，资下以制上，适用于上实下虚之肝肾不足、肝阳上亢证，见头痛、头晕、头胀、耳鸣、脑鸣、面红目赤，急躁易怒，腰膝酸软等症者。

**4. 广陈皮、法半夏、淡黄芩**

此三联药组，温燥之陈皮、半夏，配以苦寒之黄芩，功能清热化痰。适用于痰热阻肺或胆热痰扰，症见发热咳嗽、喘息痰鸣、胸膈满闷、咯黄稠痰或痰中带血、胸胁作痛、舌红苔黄腻、脉滑数等。

**5. 净水蛭、土鳖虫、上肉桂**

此三联药组，功能破血散结、逐瘀通经。适用于瘀血留滞之癥块不散、血瘀经闭等证；脑中风后遗症之半身不遂者，再加紫浮萍。本三联药组中，水蛭、土鳖虫为主药，肉桂为矫水蛭之腥味而设。

**6. 云茯神、炒枣仁、灯心草**

此三联药组，功能清心安神，用于心经热盛之失眠、多梦、惊悸等。其中，云茯神、炒枣仁为孙老治失眠惊悸的基本药对，灯心草清心火，入心经，为引经报使之药。

# 六、读书之法

孙光荣先生笔耕不辍，已出版、发表著作、论文累计 1500 余万字，内部印发资料 500 余万字，其著作都不是一蹴而就的，而是千锤百炼而成的，真可谓"操千曲而后晓声，观千剑而后识器"。

**1. 辨章学术，考镜源流**

唐代陆德明《经典释义》曰："经者，常也，法也，径也。"中医经典，是由中华文化孕育而成并以《黄帝内经》《伤寒论》《金匮要略》《神农本草经》等为代表的、研究并解决人类"生长壮老已"全程问题的、融通理法方药于一体的生命科学典籍。其具有原创性、奠基性、权威性、实用性，是经久不衰的万世之作，是中医药传承创新发展的根基。

孙光荣先生属于中华人民共和国第一批中医药古籍整理研究专家，他在相关会议上多次发言强调："现代统称的'基础研究'，是针对客观事实和现象进行证真、证伪的实验性、理论性研究，目的是获取基本原理、基本规律、基本方法的突破性成果。而中医药古籍是历代无数中医人，经过数千年的理论思考和亿万次临床实践积累、遗留、传承的精华，早已经过了不断去粗取精、去伪存真的研究过程，这也是世界上所独有的历时最长的研究过程。所以，中医古籍整理研究，就是中医药的最重要、最关键的'基础研究'。开展中医古籍整理研究，是引领中医药传承创新发展的根本途径！"他在《中医文献研究内容的求索》中，阐明中医文献研究应分为两个层次：第一层次，应该面向中医之书、中医之术、中医之谜；第二层次，应该面向典籍之用（包括发掘应用专书、发掘应用专病及其专方、专药）。他提出："要熟读、理解、应用、发挥经典，首先就必须辨章学术、考镜源流，求本、求真、求实。"

**2. 探赜索隐，开门觅径**

20 世纪 80 年代初，湖南省中医药研究院获批中医硕士学位授予权，举办第一届硕士研究生班，由理论研究室主任刘炳凡老担任班主任。为了慎重选择医古文及中医文献学课程的教师，刘老找李聪甫老、欧阳锜老反复商议，最后选定由孙光荣先生任教。当时，既没有中医硕士研究生的统一教材，也没有教学参考资料。孙光荣先生凭着家学的积累，经过6个月的辛勤著述，编撰了涵盖句读、校勘、音韵、训诂、古籍选读等，共5个分册组成的《医用文言基础学》，作为试用教材，解决了这一难题。接着，卫生部中医司中医古籍整理办公室遴选、组织全国著名中医药学家，开展了中华人民共和国第一次大规模的中医古籍整理研究，以第一批的11部中医古籍整理研究开其先河，为中医典籍的古为今用奠定了坚实的基础。这是一个全新的"开山掘宝"的巨大工程，必须共同探讨、通力协作。于是，中医古籍整理办公室决定在全国按地域成立协作片。欧阳锜老担任了河南湖北湖南协作片片长，他敏锐地察觉到首先必须使全片研究人员厘清理念、统一认知、规范实施，于是邀请李聪甫老、刘炳凡老商议。这三位全国中医药著名学家针对这个协作项目时间紧、任务重、怎么办的问题，讨论了很久。最后欧阳老说："这项研究要保期、保质、保量完成，就只能我们先搞个整理工作手册之类的东西出来，请各省权威专家审定，然后发给全片参照执行。"李老说："这是光荣的任务，就让光荣来完成吧！"刘老欣然同意，说："他既是临床出身，又有博览典籍的底子，同时他已经成功编著了《医用文言基础学》，打下了基础，这事非他莫属！"会后，欧阳老给孙光荣布置任务，介绍了三老协商的意见后，说："交给你一个'探路'的任务，这是我和李老、刘老的共同决定！"接受任务后，孙光荣先生每天黎明即起、秉烛夜书，经过三个多月艰难地广搜博采、探赜索隐，终于完成了由"版本"（源起、术语、分类、鉴别、选择）、"目录"（源起、定义、作用、类别、方法）、"校勘"（源起、定义、宗旨、条件、术语、方法）、"训诂"（源起、定义、体例）及"工具书简介"构成的初稿，并指导研究生编写"历代帝王年号、干支纪年、公元纪年对照表"作为附编。欧阳锜老审阅初稿后喜不自胜，满面红光地当面表扬道："光荣，行！真正无愧为开路先锋！"随即将初稿印发给各协作片负责人暨施奠邦、张镜人、潘廉澄、邓铁涛、凌一揆、万友生、张灿玾、史长永、张学文、郭霭春、方药中、丁光迪、何任、路志正、凌耀星、马继兴、李振华、李今庸、余瀛鳌、于文忠、杨沛煊、钱超尘、李聪甫、刘炳凡、谭日强、夏度衡、肖佐桃、周一谋、刘祖贻等全国29位中医药学权威专家审阅。孙光荣先生根据专家们的意见和建议进行修改后，欧阳老亲笔题写书名《中医古籍整理入门》。1984年7月内部印发至全国各协作片，有效地推动了第一批中医古籍整理的有序开展。为此，欧阳锜老特地为孙光荣先生题诗给予评赞和鼓励，曰："万事纷纭费琢磨，等闲得失付烟波；立言无声继往哲，济世有术起沉疴；且向深堂求妙谛，何须远戍舞金戈；休嗟怀璞少人识，海内殷期日渐多。"

### 3. 参议通则，守正评审

孙光荣先生参与了《中医古籍校注通则》的研究、制订、定稿工作，并提出了中医古籍整理研究的"六用"法："用系统比较法选择版本，用择点觅据法训释音义，用由句及章法语译原文，用钩玄提要法撰写提要、按语，用多面追溯法考镜源流。"他一贯强调，中医药古籍整理研究要尊重历史、尊重文化、尊重原创，切忌"以今律古""以通例律特例""以己意律原意"。为了解决中医古籍校注中最令人困惑也令人最难以把握的"理校"问题，发表了《"理校"在医籍校勘中的地位与作用》一文。

孙光荣先生参加了第一批中医古籍整理研究课题的开题论证和评审评议，担任过《伤寒论》《太素》《诸病源候论》等中医古籍整理研究课题的评议书的起草人。在这类专业性、学术性极强的工作中，他一贯坚持唯理是从、唯真是从、唯实是从，秉公守正、坦诚直言。为了促进形成关于中医古籍整理的关键问题的共识，孙光荣先生在多次会议中发表了创见。例如，1984 年 12 月 19 日，在"《诸病源候论》整理研究"课题开题论证会上，他从"论病因、《病源》创卓越之新见；析病理、《病源》集前代之大成；分证候、《病源》为后世之津梁；列养生导引、《病源》开分证候非药物治疗之先河；存佚文、《病源》立殊功于千载"的六个方面论证，有力地支持了《诸病源候论》整理研究"的立项。他实事求是的点评和肯定、真知灼见的意见和建议，确实发挥了积极推动作用。因之，有关会议之后李克光、丁光迪、刘渡舟、凌耀星等老前辈都向当时正值壮年的孙光荣先生当面致谢并给予赞扬和鼓励。

由于积淀深厚又善于独立思考，孙光荣先生在中医古籍整理研究中往往灵感勃发、释疑解难。例如，1988 年秋，孙光荣先生出席审稿会到达长春，正值他的好友、长春中医药大学崔仲平教授领衔整理研究《古今医统大全》之时。崔老立即想到要把遇到的几个疑难问题趁机拿出来商酌，希望得到孙光荣先生的援手。次日，任继学老安排专家们畅游吉林松花湖。在游艇上，崔仲平教授向孙光荣先生提出：《古今医统大全》引用的《雷公炮制论叙》里面的一句话，原文是"目辟眼矈，有五花而自正"。就是这个"矈"，任何字典辞书都查不到，而且历来注解《雷公炮制论叙》的人也都逢疑而默。孙光荣先生眼望远山，近观湖水，忽然灵感爆发，有了顿悟，面对烟波浩渺的松花湖，他发表了独到的见解。孙老说："此字就是'睸'。目辟，就是斜眼。眼睸，就是翻白眼。"然后做了一个双眼上翻的表情。崔仲平教授立即回家，查找《说文解字》。果然，许慎解释"睸"曰："仰目也。"正好是翻白眼的意思。崔老无限感慨地称孙老为"一字师"，曾在"百度"发文曰："得一善，拳拳服膺；得一善，念念不忘。昔范仲淹有言曰：微斯人，吾谁与归？我则曰：若不是孙光荣那次灵光一闪，我的《古今医统大全》将如何交差？快要 25 年了，此情此景依然历历在目。"

### 4. 揭示尘封秘籍，发掘诊疗精华

1982 年 3 月，孙光荣先生在其师李聪甫老的直接指导下，与其大师兄、时任湖南省中医药研究院院长的刘祖贻研究员一道，承担了全国第一批中医古籍整理研究重点课题"《中藏经》整理研究"，孙光荣先生担任了执笔人。为了完成国家的科研任务，揭开已沉寂 1600 多年的《中藏经》之谜，首先就得寻找失传的《中藏经》赵孟頫手抄本。他独自一人赴北京、四川、广州、上海等地万里求真。由于当时课题经费有限，坐硬座、带干粮、睡地铺，都是家常便饭。通过众多线索，终于找到唯一知道《中藏经》赵本下落的上海博物馆的一位退休技师，却被其婉言拒绝接待。但老技师见到孙光荣先生在他家门口守候三天，坐在台阶上带着盐茶蛋充饥时，深为感动，就走出家门来告之，因其妻患风心病多年，近日加剧，头面、四肢皆肿，动则气喘，苦不堪言，所以无心谈版本问题。孙光荣先生主动诊治，并出资买药，经过 7 天治疗，获得明显好转，老技师终于指引他找到了赵孟頫手抄本《中藏经》这一绝本。

找到赵本回湘后即开始研究，但当时科研条件十分有限，连空调也没有，只得暑天赤膊在大会议室、冬天用棉絮包裹双足在办公室从事考校、注释、语译。经过历时 4 年的案牍劳形，完成了《中藏经校注》《中藏经语译》，第一次揭开了尘封千载的《中藏经》真貌，总结了《中藏经》脏腑辨证八纲，揭示了断生死、判顺逆的规律和处方用药特点。奉师命，孙光荣发表了《〈中藏经〉学术思想考析》《〈中藏经〉在脏腑辨证理论发展中的三大贡献》《〈中藏经〉"疗诸病药方六十道"初考》等一系列论文。

孙光荣先生的关于《中藏经》的主要学术观点：①以"天人相应"为指导，提出"阴阳否格、上下不宁"病机学说；②重视"形证脉气"之诊断，创立"寒热虚实生死逆顺"脏腑辨证八纲，辨病机则定性为寒、热、虚、实，辨病势预后则为生、死、逆、顺；③提倡"从顺其宜"之治疗原则，确立"调平阴阳、水火相济"之治疗大法；④推崇"贵阳贱阴"之观念，启导崇阳、扶阳、壮阳之学，启迪扶阳温补之医学流派。概言之，《中藏经》概括地叙述了中医学天人相应的哲学基础，确立了脏腑辨证论治体系，开创了"虚实寒热生死逆顺"脏腑辨证之先河，总结了各种疑难杂病论治大法，从理论到临床，形成了一整套完整体系，起到了执简驭繁的作用，在中医学史上有着独特的理论和临床价值。故孙老评价《中藏经》为"璀璨之明珠，医家之宝典"。并由此得出关于中医古籍价值的独家结论："名真术真其书须传，名真

术伪其书不传，名伪术真其书可传。"

### 5. 寻七论基础，觅活水源头

《黄帝内经·素问》中所载七大论《天元纪大论》《五运行大论》《六微旨大论》《气交变大论》《五常政大论》《六元正纪大论》《至真要大论》)，一直是中医人攻克的难点，也是中医界、现代科技界聚焦的重点。孙光荣先生在执教硕士研究生班中医文献学时，广集深研，撰成《唐·王冰纂补〈内经〉"七大论"新探》。文章开宗明义指出："中医理论奠基于《内经》之后，随着再实践、再认识而不断发展、不断提高。其发展提高的第一个阶段，也可以说是最重要的阶段，就是唐·王冰纂补《内经》'七大论'。以往，'七大论'被单纯地、局限地认为是运气学说的肇端；实际上，'七大论'并非单纯言及'五运六气'，其理论原则，尤其是病因、病机学说及诊断、用药原则，千余年来一直指导着中医的理论研究与临床实践，既综合反映了中医理论的基质，也集中体现了中医学的认识论与方法论。其内涵极为深奥，指导临床历久不衰，用以医学研究取之不竭。"

全文用"基于气一元论认识宇宙""应用阴阳五行解析万物""引进天文历数推演五运六气"三部分全面阐释了"七大论"主要内涵。再进一步研究论述"七大论"是"根于'人与天地相应'的观点搜集类比客观常变信息""本于阴阳五行恒动平衡理论描述医学应用模式"，总结、提炼出"七大论"的病机模式、治法基本模式（亢害承制）、制方基本模式（调之使平）、药物分类应用模式（质、性、味；补、攻）以及"五运六气太过天地灾变及民病预测表""五运六气不及天地灾变及民病预测表"等。

当作为理论研究室学术秘书孙光荣的领导和师叔的刘炳凡老审阅此文时，立即联想到孙光荣不折不扣地接受并善始善终完成《医用文言基础学》《中医古籍整理入门》《中藏经》校注语译等事迹，深感惊喜欣慰，连夜给孙光荣同志题赠五言古诗予以褒奖、激励、警醒，诗曰："辞章传晋代，掷地作金声。家学本渊源，训诂开群蒙。精心在仁术，造诣仰师风。辨章历坎坷，考镜岂无功？注经至深夜，累见启明东。高堂每切呼，充耳如失聪。奋笔尽天职，抢秒以争锋。同侪刮目看，予智莫自雄。持志毋暴气，含虚责在躬。敏事慎于言，至诚感苍穹。——光荣同志雅正"

### 6. 阁中肆外，拓开新径

孙光荣先生历来主张"继承不泥古，发展不离宗"。基于这一宗旨，他阁中肆外、拓开新径。20世纪80年代后期，中医药学界掀起一股"规范化""标准化"热潮，孙老对此提出了质疑："中医治病讲究因人、因地、因时制宜，炎症不一定要'消炎'，肿瘤不一定要'消瘤'，所谓'见痰休治痰，见血休治血，无汗不发汗，有热莫攻热，喘生莫耗气，精遗莫涩泄，明得个中趣，方是医中杰'！"于是，孙老率领笔者等学术团队经过一年的努力，由王凤岐、孙光荣联合主编的《炎症的中医辨治》一书问世了。该书创建了西医病名、西医诊断与鉴别诊断，中医辨证、中医治疗再加民间疗法备选的模式，拓展了西医病名中医辨治的新径。之后，诸多西医疾病中医辨治的系列书籍陆续出版。

**7. 集成先贤经验，赓续名家学术**

20世纪90年代初，孙光荣先生开始思考如何系统总结历代名医的学术思想和临床经验，给年轻一代中医人一个比较清晰的名医成才"路线图"。孙老认为，"纵观历代名医成才之路，无不具备必须通晓中医药典籍、必须经过大量临床实践、必须执着追求中医药事业发展的三个条件；而历代医家在长期的'悬壶济世'中，经过不断实践而总结、丰富、升华的学术思想和临床经验，逐步积累成为后世中医执业人员传承中医药学术经验的阶梯。因此，研究中国历代名医学术，也就是培养造就新一代的优秀中医临床人才和继承发展中医药学术的必由之路。"由此，孙老联系国内近百名中医界中青年专家学者历十度寒暑、三易其稿，最终编撰完成了《中国历代名医名术》一书。该书跨度从战国秦越人至清末民初时期张锡纯，共对85位医家按生平考略、师承治学、主要著述（原文精要、古评今鉴）、学术经验（学术思想、诊断方法、治疗方法、方药运用）、研究进展、轶闻趣事、序年记事而胪列阐述，资料翔实，考订精详，突出了历代名医的学术思想源流及其学术的临床应用价值，从医史、文献、临床、各家学说等方面进行了综合论述，可谓集古代名医学术经验之大成。

**8. 聚焦中风康复方略，深入开展文献研究**

1991年，王永炎院士主持了世界卫生组织（WHO）脑血管疾病中医康复合作项目，邀请孙光荣先生负责中风康复文献研究部分。根据王永炎院士提出的"中风病的康复治疗，要采用综合疗法，注意康复训练。在患者神志清醒、病情稳定后，即进行康复训练，并掌握循序渐进的原则"的指导性意见，孙光荣先生综合国内外的相关文献信息深入研究，充分认识到：中风病后遗症已成为国际医学界康复治疗的难题。所以，他决定从文献与临床两个方面组织力量，围绕定义、证候、治法、治则、内治与外治方药、方术开展深入研究。于是，与杨宝琴、周慎教授率领杨维华、蔡铁如、宁泽璞、何清湖、吴永贵、李佑生、孙玉冰、刘芳、周亦农、肖燕等一支来自文献、临床的科研团队，经过长达9年的潜心研究，终于系统地编撰成《中风康复研究》，成为世卫组织和我国第一部中风康复文献研究的专著。王永炎院士在序言中衷心评赞孙光荣教授"素有的开阔思路，治学严谨、厚积薄发的风格"。

以上，简述了孙光荣先生在临床研究和文献研究的主要成就，其学术精华可用孙光荣先生的好友、著名学者钱超尘教授所题赞之词予以概括："国医大师孙光荣教授真乃'医林之巨擘，文苑之翘楚'！"

# 七、大医之情

孙光荣先生从小就接受"修身，齐家，治国，平天下"的志向教育。5 岁启蒙时，就聆听其父以曾国藩家书为蓝本进行的训导："第一要有志，第二要有识，第三要有恒。有志，则断不甘下流；有识，则知学问无尽；有恒，则断无不成之事。"家庭的传统教育为孙光荣先生立下了为人的规矩、处世的准则。

## （一）思想境界

### 1. 秉持家训，注重修为

"俭以养廉，勤以补拙，躬以持身，恕以待人"是孙氏祖传家训。孙光荣先生不仅是秉持家训、率先垂范者，而且是注重修为、发扬光大者，更是将济世救人付诸实践者。其"俭"，体现在他一生淡泊明志、洁身自好、生活朴素。他谨遵"做医生首先要有菩萨心肠，救死扶伤是医生的本分"的父嘱，终生"不以医术图财牟利。"命运通达之时，他不以术谋财堪称难得；命运困蹇之时，他依然固穷尤为可贵；其"勤"，主要体现在学习和工作两个方面。在学习上，他勤求博采、涉猎广泛、蕴藏丰厚。在工作上，他恪尽职守，尽心尽力。早上班、晚下班是他的工作常态；其"躬"，体现在他时刻注意自我约束。任何时候、任何场合都能严格自律，待人接物讲究"温良恭俭让"，保持高调做事、低调做人的风格。正是因为他的温良、敦厚、严谨、谦逊，赢得了众人的尊重；其"恕"，主要承续了其母孙太夫人的为人传统，自幼就能既稳健持身又胸襟宽阔，一直坚持以"恕"处世待人。他认为，只有坚守"恕道"才能一生平安，达己达人。孙老对待有所失误的同道，总以"人非圣贤，孰能无过"而恕之；孙老对于某些难以避免的嫉妒、压制、打击、毁谤、挑拨之人，总是一笑了之。他认为"清者自清"，即使有所误会，也只是考虑"自清可能尚有不足"，而从来不出手回击。为什么？他曾多次将自身的经验告诫弟子："把时间花在倾听闲言碎语、考证道听途说上，将精力用在或逢迎或辩解或反击上，导致彼此患得失、忙纠缠、开敌衅，那太不值得了！"他为人处世的感悟是"处世持身，应真诚谦和；由来功名输勋烈，心底无私天地宽；宠辱不惊，得失不计；是真英雄真洒脱，是真名士自风流"！

### 2. 不忘初心观大局，探求真谛进忠言

中医药事业，是关系到人民"生长壮老已"、关系到中华文化传承弘扬、关系到中华民族伟大复兴的国计民生大业！孙光荣先生从 1982 年 4 月 16 日至 22 日担任"衡阳会议"（首届全国中医医院和高等中医药院校建设工作会议）秘书组副组长开始一直到现在，都谨遵会议提出的"突出中医特色，发挥中医药优势，发展中医药事业"的指导方针，为促进中医药学术进步和中医药事业发展参与了《中华人民共和国中医药法》的起草、修订工作，参与了国家中医药管理局及湖南省等部分省市中医药管理部门"七五""八五""九五""十五""十一五""十二五""十三五""十四五"的中医药事业发展规划，以及中医药科技进步、中医药文化进校园等计划、意见、方案的调研、论证或执笔起草工作，充分印证了他"做中医人、立中医心、践中医行"的初心。

### 3. 深谋远虑建言，忠心赤胆献策

2005 年、2013 年、2019 年，他先后向国务院主管医药卫生工作的三位副总理致函或面呈建议书，及时提出了建议：①明确中医、中医学、中医学体系等的基本概念及其特色优势；②将中医药发展纳入国家战略，建立并完善跨部委决策常态化机制；③国家卫生工作方针调整为"三并重、三优先"（预防与医疗并重，预防优先；农村与城市并重，农村优先；中医与西医并重，中医优先）；④制定《中医药法》及相关系列政策措施；⑤加强中医药文化传承与宣导；⑥按照中医成才规律开展师承教育和继续教育，培养临床优秀人才；⑦按地域建设示范中医院和中西医结合医院，加强基层服务，改进服务布局，扩大服务阵地；⑧固本培根，加强中医古籍整理研究，加强高层次中医人才培养，加强优质道地药材的保护与繁衍等传承工作；⑨必须制定中医药的自身规范与标准，改进和提高人才和成果的中医药评价体系；崇洋师外、以西律中和食古不化、故步自封都不利于中医药传承创新发展；⑩中医药全程参与抗疫。他始终尽心竭力"忠言商国是"，奉献出自己的心血和智慧，发挥了积极的推动与促进作用，得到首长们的高度重视与支持，如时任副总理吴仪同志明确批示："孙光荣同志为振兴中医药殚心竭力、仗义执言，提出了一系列意见和建议，令人感佩。请组织有关同志逐项进行深入研究，提出意见，择时约孙光荣同志面谈、请教。"

### 4. 纵观全局呈净谏，厘清概念树中医

孙光荣先生在各个时期，各种会议，各种媒体，以多种方式力求从全局的视野厘清关于发展中医药的基本概念。综合《中国中医药报》、新华社《经济参考报》《光明日报》和"学习强国"、《中医杂志》《湖南中医药杂志》《湖南中医药大学学报》《中医药通讯》等所发表的相关采访、报道、文章的内容，他提出主要观点：①中

医，是以中医基本理论为指导，以望闻问切"四诊"为主要手段采集临床信息，通过四诊合参，运用辨证论治方法诊断疾病和证候，采用天然药物组方或非药物疗法，实施预防、治疗、保健的医学行为主体；②中医学，是由中华民族文化孕育的、以中医基本理论指导临床实践的中国古代社会和现代社会的主流医学；③中医学体系，是中华民族在长期认识自然、认识生命、防治疾病与养生保健活动中创造、应用、传承、发展的医学体系；④中医药文化是中华优秀传统文化中本质体现中医药特色与优势的精神文明和物质文明的总和，核心理念是以人为本、效法自然、和谐平衡、济世活人；⑤中医药五大特色是个性化的辨证论治、调治求衡的防治原则、人性化的治疗方法、多样化的干预手段、天然化的用药取向，中医药六大优势是临床疗效确切、用药相对安全、服务方式灵活、费用比较低廉、创新潜力巨大、发展空间广阔；⑥中医成才基本规律是"九重"：重精研经典、重临床实践、重师承授受、重勤求博采、重经验积累、重学术流派、重思考悟性、重医德修为、重文化素养；⑦中医传承创新发展要重视"四求"：理论求诸典、经验求诸师、专长求诸野、医技求诸新。

### 5. 辑释总书记指示，高擎新时代旗帜

为了解读习近平总书记关于中医药工作的系列重要指示和运用中医经典理念、术语于治国理政的重要论述，2014 年，国家中医药管理局召开专题会议讨论。《中国中医药报》拟开设"读懂习总书记讲话中的中医观"专栏，主持此栏目的责任极其重大、工作极其艰苦，且不允许有任何丝毫的失误。筛选栏目撰稿专家时，大家一致首选孙光荣先生。孙老接受任务后，他在百忙中自费搜集、购置习近平总书记的讲话及相关的大量材料、书籍，认真研读、反复构思、精心辑释，近乎废寝忘食。《中国中医药报》王淑军总编辑回忆道："好在孙老一生关心国家大事，素有积累，胸中本有丘壑，数月后终于出手第一稿，2014 年 9 月 25 日在《中国中医药报》头条刊出后，即引起行业内外的强烈反响。此后，直至 2017 年 6 月，孙老以顽强的毅力历时 3 年，陆续写出 21 篇。文章引经据典，对习总书记有关中医药的论述，以深邃的思考、透彻的理解，做了深入浅出的诠释，既帮助中医药从业者全面深刻学习领会习总书记发展中医药的重要论述，又使得行业外的领导干部加深了对中医药重要价值和作用的了解，一时引起轰动。"

### 6. 撰写长文擘画三大战役，贯古通今探索八大规律

为了有效推动新时代中医药事业大发展，孙光荣先生于 2019 年 5 月 9 日、5 月 13 日、5 月 23 日连续在《中国中医药报》发表了《传承·融合·创新是发展中医药事业的三大攻坚战》。①传承：中华文明保卫战；②融合：健康服务阵地战；③创新：知行合一持久战。精心擘画、深刻论述、清晰阐明了发展中医药事业的三大关

键。"学习强国"等平台转发后，更激起积极热烈的反响，浏览量超过 100 万人次。继之，中华中医药学会顾问温长路教授、山东省政协副主席王新陆教授等先后发表了题为《展现中医药发展的斑斓色彩》《与时俱进 打好三大攻坚战》《让中医药在中国特色基本医疗卫生制度中大有作为》等读后感，予以积极而有力的呼应。

2019 年 10 月 25 日，首届全国中医药大会在北京召开，孙光荣先生作为"全国中医药杰出贡献奖"获得者以正式代表身份出席了大会。会后接受记者群体采访"从古到今中医药一路走来有没有规律可循"的问题时，孙老回答说："古往今来中医药事业的兴衰具有八大规律！"他详尽地阐述了自己的认知："一是运势兴衰同步规律；二是文化枯荣共济规律；三是疗效促成崛起规律；四是知行合一传承规律；五是跨界融合创新规律；六是共谋共建共赢规律；七是医药统筹共进规律；八是强基固本必兴规律。"这也是迄今为止有关中医药事业发展规律的第一次总结。

**7. 审时度势抗疫建真言，揆情度理撰文明大义**

新型冠状病毒肺炎疫情的暴发，是对国际态势、国家体制、医学科学、官民本性、人文环境、自然生态、物质资源等方面的一次极为严峻的综合考验。孙光荣先生为此发声：①忠心永驻，及时建言：疫情暴发之初，孙老立即上书党中央、国务院，审时度势建言，阐明此疫具有多样快速（疫情潜伏期不一、症状多样，来势猛、传播快）、多脏受损（先后可波及肺、脾、肾、心、肝多个脏器，病情、病程、病势不一）、辨治度难（临床辨治难度较大，如卫气营血、标证本证；如何分消走泄等），并提出了具体措施与方药建议，呼吁中医药应参与抗疫全程。2020 年初，孙老的部分学生和徒弟受命奔赴武汉支援疫情防控，收到学生和徒弟的来信后，他立即以微信方式致函给予指导和鼓励，要求他们把握好"四不要"："疫情暴发不要慌；抗疫展开不要软；疫情反复不要躁；抗疫初胜不要狂。"要求他的学生和弟子既要随时总结成绩和经验，也要在肯定成效的同时预见到未来前进道路上的艰辛。②勇斗瘟神，中医亮剑：当"三药三方"初具成效时，孙老在《中国中医药报》及时发表了《中医药向新冠肺炎亮剑——谈"清肺排毒汤"的意义和作用》，开宗明义题曰："新冠病毒逞凶狂，勇斗瘟神战犹酣。永葆初心民幸福，恒担使命国安康。殚精竭虑精施策，聚力凝心共克难。今有中医终亮剑，祛邪扶正定安邦！"全文从"大疫即大敌、大战谋大计、大军需大器、大勇必大胜"四个方面论述了抗疫的形势和对策。③义正词严，守正发声：2021 年 6 月 10 日，在中国医药物资协会主办的以"国际视野下的后疫情时代全球健康"为主题的"中西对话"活动上，孙光荣先生针对疫情溯源等国际舆论，义正词严地提出了"六个不确定"的见解和"五重"的建议。他认为，此次疫情主要具有六个不确定的特点："一是隐形多变的传染源不确定；二是多样快速的传播途径不确定；三是易感人群不确定；四是除中医药疗法外，多疗法、多药物、多途径的预防、治疗、康复的预期不确定；五是多器官受损、多突发症状的临床表现和后遗症不确定；六是疫情中断、终止的时限不确定。"针对疫情后期的相关国际合作，他建议要共同把握"五重"："一重科学普及，二重学科融合，三重传承创新，四重心神调治，五重环境净化。"他的意见和建议得到与会专家的认可，并在中外媒体上广为传播。

## （二）文化修养

### 1. 倡导中医药文化传承，致力中医药文化传播

什么是"文化"？《周易》说："观乎人文，以化成天下。"这是"文化"一词的语源。文化，是知识、信仰、艺术、道德、法律、习俗等一切人类物质文明和精神文明的总和。孙光荣先生从 2005 年致函国务院开始，一直倡导中医药文化传承，致力于中医药文化传播。在国家中医药管理局领导下，通过上级支持和志同道合者的共同努力，逐渐使中医药文化成为显学。这是自西学东渐、中医式微以来，多少代中医人梦寐以求的理想之光得以东曦初露！

### 2. 廓清基本理念，提炼主要内涵

2007 年 11 月 12 日，孙老在广东省中医院文化建设会议上，发表了题为《突出中医药文化核心价值 提高中医医院竞争实力——关于中医医院加强中医药文化建设若干问题的思考》的专题报告。他从"主题——突出中医药文化核心价值；关键——充实中医药文化内涵；重点——彰显中医药文化特征"三个方面阐明了中医医院加强中医药文化建设的必要性、重要性、可行性以及具体方法。

2009 年 1 月 5 日，孙老在《中医药文化核心理念初探》中，从中医治病的实际案例说起，探讨了中医药文化的定义及其核心理念渗透到中医的人文观念、防治思想、思辨模式、治学方式、医德医风、行为准则六个方面。

2009 年 4 月，在第十二届全国中医药文化学术研讨会上，孙老发表了《关于中医药文化建设基本问题的思考》的专题报告。他从中医药文化的战略地位、战略价值、历史周期、表现形式，以及中医药的特征、作用等方面，论述了有关中医药文化建设的理论问题，从主题、关键、重点，以及研究报告、规范标准、图书系列、实体建设四个方面，提出了关于加强中医药文化建设所面临实际问题之解决办法的建议。

2014 年 9 月，在国家中医药管理局中医药文化建设大会上，孙老作了题为《中医药文化发展的面向与路径》的发言。他从中医药文化发展须要面向"中华文化的伟大复兴、世界医药学的创新、人类健康需求的增长"三个不同维度，充分论证了中医药文化发展的"面向"；从"遵循中医药自身发展规律，走特色发展之路；构建合理的大发展格局，走科学发展之路；适应新时代发展的需求，走创新发展之路；

加大支持力度，走可持续发展之路"四个方面探讨了中医药文化发展的"路径"。

孙老还在相关大会上进一步指出："中医药健康文化素养提升工程，是促进中医药改革与发展的引擎"；同时，他认为应"通过宣导，提高中医药文化的自觉；通过熏陶，增强中医药文化的自信；通过实践，实现中医药文化的自强"。

### 3. 建圭立臬，传承传播

为了培养中医药文化科普专家，国家中医药管理局从中医教育、临床、科研队伍中遴选了一批有临床实践经验、有中医药文化底蕴、有文字、讲授、绘画等宣传能力者组成了"中医药文化科普专家培训班"。孙光荣先生连续主讲了四批培训课程，孙老主讲的题目是《中医文化科普的宗旨、原则、内容与要领》。他重点讲授了中医药文化科普的宗旨和使命、原则与内容、要领及方法三个问题。

为了宣传中医药文化，孙光荣先生应邀在海内外已进行过59场专题讲座，参与了多次学术活动。他奉中华中医药学会、中国中药协会、全国中医临床优秀人才研修项目、医圣祠等组织、单位之命，为神医扁鹊、医圣张仲景、药王孙思邈等撰写碑文。例如，2006年，国家中医药管理局原副局长、中国中药协会原会长房书亭教授委托孙老起草中国中药协会公祭张仲景的碑文。现在，铭刻在医圣祠博物馆。兹将碑文抄录如下，作为他"妙手著文章"的又一印证：

#### 医圣德业碑

惟公元二〇〇六年九月十六日，岁次丙戌金秋，中国中药协会率全国中药企业同仁，本敬祖之心，怀拜圣之诚，瞻仰医圣祠，树立德业碑。颂曰：

| 张公仲景 | 降生南阳 | 医坛至圣 | 德业流芳 | 体察疫疠 | 悲悯伤亡 |
| 长沙太守 | 恩沐万邦 | 勤求古训 | 博采众方 | 创始六经 | 提挈八纲 |
| 伤寒金匮 | 功德无量 | 辨证论治 | 纲举目张 | 明圭正臬 | 燮理阴阳 |
| 配伍用药 | 协和柔刚 | 天人合一 | 未病先防 | 驻颜强身 | 救死扶伤 |
| 垂范千载 | 德泽八荒 | 功盖寰宇 | 源远流长 | 万世宗师 | 岐黄荣光 |
| 中药协会 | 立志弘扬 | 念兹民瘼 | 开掘宝藏 | 保持特色 | 必自本章 |
| 发挥优势 | 务求精良 | 继承创新 | 科技自强 | 中医中药 | 人类共享 |
| 欣逢盛世 | 镌石斯堂 | 承先启后 | 惠众安康 | 继往开来 | 永续辉煌 |

中国中药协会　立　　撰文　孙光荣

## 八、养生之智

"实践出真知"，孙光荣先生通过熔古铸今、养生实践、言传身教，形成了自己的养生保健经验，推广中医治未病的理念和方法。1993年4月，在青岛举行的首届养生康复学术研讨会上，孙光荣先生首次提出了他的养生理念——养生总则：合则安；养生要领：上静，中和，下畅；养心要义：是非审之于己，毁誉听之于人，得失安之于数（引自岳麓书院讲堂楹联）；养生要法：童心，蚁食，龟欲，猴行（引自国医大师干祖望教授之言）。2000年年初，孙光荣先生又率先总结了他的养生方法，撰写《孙光荣养生十诀》，在海内外主讲中医药文化及养生专题讲座97场，经各大媒体发表或转载而广泛传播：

**《孙光荣养生十诀》：**

①中医养生大道扬，阴阳平衡是总纲。顺应四时避邪毒，未病先防第一庄。
　内外环境须中和，气血充盈且调畅。食养药养与术养，万法归宗合则安。

②养生重点心食性，知易行难贵修养。暴饮暴食定伤身，纵欲无度必遭殃。
　适口饭菜七分饱，细嚼慢咽且喝汤。人到中年慎交合，酒怒惊忧莫同房。

③养生第一要养心，心态平和万事安。世间名位与财色，合法合理合情享。
　过度贪求必招损，获取一分十倍偿。淡然面对浮与沉，量力而行身自安。

④睡好原比药食强，厚垫薄盖少衣装。枕头高度莫过肩，向右曲卧最安然。
　睡前热水泡双足，子午必须睡得香。醒来喝杯白开水，掀被缓起慢下床。

⑤晨起坚持养生操，垂肩直立面朝阳。如狮睁目视蓝天，缓呼深吸胸腹张。
　以头书凤双臂展，左右踢腿慢俯仰。站跷蹲振各三百，九九自振百骸强。

⑥一日六漱是良方，晨起三餐与睡前。再加午间小睡后，刷牙漱口别嫌烦。
　清洁口腔防蛀牙，口气清新精神爽。有助保持好身材，诸多疾病亦可防。

⑦合理膳食在三餐，早饱午好晚少量。最好过酉不进食，不饿无须再加餐。
　三荤七素搭配好，隔夜饭菜不可尝。油炸烧烤应少食，偏食贪食难健康。

⑧善用双手自保健，自按自摩保安康。十指梳头防脱发，双掌摩腹六腑安。
　搓热双掌再搓面，皱纹减少肤发光。提肛兜肾可壮阳，按摩涌泉体自强。

⑨衣饰言谈系养生，莫将小事视等闲。奇装异服遭歧义，装嫩卖萌易自伤。
　发声要练丹田气，声嘶力竭心肺伤。开言之前静三秒，稳健从容心体安。

⑩养生方法深且广，易懂易学精却难。各人禀赋不一样，养生应用细端详。
　适合之法要坚持，日久必有收获享。关键保有精气神，顺其自然保安康。

　　以上仅简略地记述了孙光荣先生的部分奋进中医征程的足印。一路走来，孙光荣先生坚守的座右铭是坚持的为人处世原则是"两无两不"："无愧，无畏；不争，不炫"。这充分体现了"吃得苦、霸得蛮、耐得烦"和"敢为天下先、能为天下先、善为天下先"的湖南人精神。

# 九、传道之术

众所周知，国医大师孙光荣先生既是名医又是名师，但他毕生追求的却是成为明医、明师。为什么？他认为晋代杨泉之言可珍："夫医者，非仁爱之士不可托也，非聪明达理不可任也，非廉洁淳良不可信也。"所以，他自觉自律，不敛污财、不图虚名，从来不为学生和徒弟的著作或成果领衔署名，更从来不议论或贬低他医而炫耀自己，但他甘愿夙兴夜寐、竭心尽力地为国、为民，为中医药学传承、延续、兴旺而"拼却老红一万点，换将新绿万千重"。

## （一）人才培养方法

### 1. 立规矩固本，传心法培根

孙光荣先生在开创中医药高等学历远程教育、负责实施全国中医临床优秀人才中医理论集中培训、联合主编《全国中小学中医药文化知识读本》、建设"医圣张仲景博物馆""仲景书院"、研制《实用中医临床技术示范 VCD 研制标准》、推广中医适宜技术等工作中，付出了艰辛的努力，作出了无私的奉献。

如何传承？《礼记·学记》曰："善歌者，使人继其声；善教者，使人继其志。"如何才能达到传承的效果？《春秋繁露·玉杯第二》曰："善为师者，既美其道，有慎其行。"所以，孙光荣先生为响应国家中医药管理局传承老中医学术经验的号召，提出培养中医后继之才，须要达到明志、明德、明理、明术、明法、明业之"六明"的要求。2007 年，他在北京同仁堂中医院正式收徒。自第一批徒弟入门之时起，就制定以"诚、净、严、精"为纲的《医师规》。2017 年 1 月 20 日新华社《经济参考报》发表了刘蔚、何清湖撰写的《解读国医大师孙光荣〈医师规〉：中医自律发展伦理之道》，有的医院乐于采用，在门诊大厅以大幅文字公布实施。

#### 《医师规》

为加强医德医风建设，规范执业行为，特秉持"大医精诚"精神制定医师规，以期本门同道谨遵恪守。

立规矩以简明、具体、易行为要，故本"医师规"仅列具"诚、净、严、精"四条，每条分为"必须""应当""不准"三个层次，共十二项。

一、以"诚"执业

1. 必须坚持"生命至贵，病人至上"的服务理念，尊重患者的人格与选择诊疗方式的意愿。

2.应当以仁爱、悲悯之心给患者一视同仁的重视、关心、照顾；在不违反法律法规的前提下及条件许可时，满足病人及其家属的合理要求；以诚恳、友好的态度建立互尊、互信、和谐、合作的医患关系。

3.不准由于种族、国籍、信仰、性别、出身、地位、病种、病情及经济状况等因素歧视甚至拒诊、拒治病人；不准以夸大病情等方式恐吓、误导、讹诈病人；不准由于畏势、畏强、畏惑等因素迁就患者及其家属不合理要求，要恪尽职守，维护医师的荣誉与尊严。

二、以"净"执业

1.必须坚持"清廉自律，干净执业"的服务操守，严禁挟技谋取、交换患者的利益。

2.应当不务虚名以求"心净"，不图财色以求"身净"。

3.不准参与、支持违背人道主义的行为；不准在非诊疗必需时为炫耀医术或为谋取利益而开具大检查、大处方；不准以任何方式接受企业及其中介为推销其产品而提供的赞助、提成、宴请、礼品、旅游、休闲等利益输送。

三、以"严"执业

1.必须坚持"严谨尽职，规范执业"的服务风格，在临床、教学、科研、管理、宣传中，充分体现医师的职业风范和社会责任。

2.应当保持谦虚谨慎的作风，对患者认真、耐心接诊，正确、亲切、朴实地与患者沟通；应当对同行的诊疗给予公正、准确的评价和正当的维护；应当对学生认真、正确地给予传授、指导。

3.不准挟技危害患者或让患者在不知情时承担隐性的治疗风险，不准在未征得患者同意的情况下，以传授、指导为名泄露可能造成伤害患者身心的隐私；不准因自恃医术、自顾名誉而隐避、拒绝讨论或转诊以致造成误诊、误治或延误治疗，在任何情况下不准提供虚假的诊疗数据与资料；不准在患者、学生中诋毁、贬低、打击、讥讽同行；不准对违背医师道德的言行包庇和袒护。

四、以"精"执业

1.必须坚持"勤求博采，精益求精"的服务精神，精确诊断、精准治疗。

2.应当认真坚持终身学习，按年度完成师承、培训任务，积极参与学术交流，不断提高专业知识和技能；应当及时、精确记录诊疗过程和数据。

3.不准自行对患者试用未经政府批准使用的药物、医技、医疗器械；不准隐瞒、销毁原始诊疗资料；不准在自身论著中剽窃、抄袭他人论文、著作；不准利用电视、广播、网络、报纸、图书、课堂、带教等平台或载体，宣讲、传授、传播违背道德、违背科学或非自身熟悉专业的知识和技术。

医师职业重要而高尚，医师服务覆盖人类生老病死全程，首先必须遵守医师规，坚守职业道德，致力造福人民大众。

孙光荣谨订

二○○七年十月一日

孙老以身作则、率先垂范。在传授中医辨治方法时，他多次作了专题十二讲，并给予"入门九方"等的方药心传。他既能严格要求学生、弟子修德敬业、精研经典、勤求博采、攻坚克难，又能关心呵护、激励鞭策、指引提携。尤其令人感动的是，孙老杰出的传承方式方法，他从来不自我标榜、好为人师、颐指气使，但对徒弟的要求又几乎达到严苛的程度，然而他注重"扬善于公庭，规过于私室"而教之，使之扬长避短，成为贤达之人。

**2. 创建全国老中医经验数据库，编纂全国名老中医经验集**

2010年6月28日，孙老奉命担任课题组长，筹划科技部"十五"国家科技攻关计划项目"名老中医学术思想、经验传承研究"之数据库建设和启动编纂《当代名老中医典型医案集》。在李振吉、贺兴东、姚乃礼、翁维良等领导和专家的指导与协助下，孙老首先提出了"三个立足"、正确处理"三个关系"的顶层设计思想："立足现实、着眼理想，正确处理抢救性采集和探索性挖掘的关系；立足个体、着眼群体，正确处理名老中医个体学术经验原汁原味的保存和名老中医群体学术经验精提、精炼的升华关系；立足继承、着眼创新，正确处理名老中医学术思想、临证思辨及成才规律的继承性研究与中医临证思路方法、学术理论发展方向及传承模式的创新性研究的关系。"2010年7月10日，在全国征集和编纂名老中医医案专题培训班上，孙老作了题为《认知原创性，确保真实性，突出实用性，深化名老中医学术思想、思辨特点的传承研究》的专题报告，为研究者们打开了研究思路、掌握了研究方法。嗣后，孙老与鲁兆麟先生并肩携手共同率领何清湖、贾德贤教授等研究团队，在48个工作日内顺利完成了信息库的研制任务，综合信息库全面搜集、保存了当代名老中医回顾性和前瞻性医案30000余例，筛选典型医案3656例，为当代名老中医典型医案研究奠定了坚实的基础。又经过9个月的日夜奋战，终于完成了我国第一部全国名老中医典型医案的研究与编撰任务。《当代名老中医典型医案集》的研究成果具有五个"首次"的特点：①首次明确了中医医案定义、地位与作用；②首次对医案与病历进行了系统比较性研究；③首次对全国名老中医医案进行普查式的全面整理研究、采用章节式对全国名老中医医案进行系统的类案研究；④首次采用传统文献研究与现代信息技术相结合的研究方法研究医案；⑤首次创造性提出并确立了当代名老中医典型医案的统一体例与格式。

### 3. 勇于承担，甘于奉献

自 2003 年起，至今 20 年来，孙光荣先生奉命承担了国家中医药管理局第一批、第二批、第三批、第四批、第五批全国中医临床优秀人才研修项目中医理论集中培训班班主任兼主讲老师的工作，起草培训方案、培训主题，协助遴选授课师资、培训场所，组织教学、巡视课堂，协调授课内容、点评授课精华，备课讲课，保障师生安全、考察学员学习效果等。为了完成"安全、严格、精准、有序、高效"的中医理论集中培训，他率领工作团队忠诚履责，事无巨细亲力亲为，圆满完成任务。20年来，他有许许多多深深感动领导和师生们的事迹，只是纸短情长，不能一一叙述。

尤其值得一提的是，第一批集中培训开始时，国医大师朱良春先生应邀授课，孙光荣先生前往迎接这位忘年之交。刚见面，朱老就直率地说："班主任？！您何必吃这份辛苦？以您的临床经验和文化功底，看看病、写写书，就是大贡献，自身也安逸，多好！这班主任其他人也可以干嘛！"果然，每一批培训三年结束之际，国家中医药管理局往往收到关于中医理论集中培训工作"可否不采用委托，而通过竞标"之类的建议。第一批是原卫生部副部长兼国家中医药管理局局长佘靖同志、李振吉副局长、贺兴东司长共同委托孙老承担任务的；第二批是接到有关建议并通过调研后，由时任副局长的于文明同志、洪净副司长共同委托孙老继续承担任务的；第三批又是接到有关建议并通过调研后，由王志勇副局长、洪净副司长共同委托孙老继续承担任务的；第四批还是接到有关建议并通过调研后，由原卫生部副部长兼国家中医药管理局局长王国强同志、卢国慧司长、张欣霞副司长共同委托孙老继续承担任务的；第五批，更是接到有关建议并通过调研，由余艳红书记主持会议，于文明局长，王志勇、闫树江、秦怀金、黄璐琦副局长等集体研究讨论之后，由秦怀金副局长、卢国慧司长、张欣霞副司长共同委托孙老继续承担任务的。对此，孙光荣先生不争不炫、坦然面对，并提出了年事已高的实际情况。但只要作出了委托决定，他依然谦谨奉命，因为他记住了朱良春老在那次授课后的一番感慨："光荣，通过这次讲课我看明白了，这是培养新一代真正中医的大事，是振兴中医的千秋大业，您这奉命而行是做对了！这贡献比我要您看看病、写写书大多了！但干这事要有担当，要为人师表，要呕心沥血，还真不容易。昨晚我琢磨了很久，国家局的领导真有眼光，选您真是选对了！"真可谓"路漫漫其修远兮，吾将上下而求索"。20年来，孙老承担了何等的责任和压力、经历了何等的曲折和艰难、付出了何等的心血和精力、贡献了何等的智慧和力量！

## （二）人才培养成果

经国家中医药管理局人事教育司严格考试、考核，一至四批研修学员共已结业

1337 人。在国家中医药管理局领导及其人事教育司的指导下，对每一批研修学员坚持运用"读经典、做临床、拜名师"（第四批、第五批结合"强素养"）的模式进行严格培训。由于全体老师的精心传授和全体学员的自身努力和地方政府与学员所在单位的支持，全国中医临床优秀人才共同具有政治思想强，医德医风正，经典理论通，医疗技术精，人文素养好，门诊率、治愈率、影响力明显提升的六大特征。其中不少学员已被评选为全国名中医、岐黄学者、青年岐黄学者、师承指导老师、省市名中医、抗疫先进个人；不少学员当选为各级党代表、人大代表、政协委员；不少学员被提拔为省市各厅委局、省市中医药学会、各级中医临床科研教育机构以及各临床科室的主要负责人。以上，累计占结业总人数的 80% 以上。因此可以说，这些德业双修的真中医、好中医种子，已经播散在祖国 960 万 km² 的土地上了！他们成为全国各地中医药学术进步和中医药事业发展的顶梁柱、主力军，从多维度、多层次有效地推动了整个中医药事业的高质量发展，因而这个项目被誉为"金牌项目"，在很多地方、很多单位把全国优才誉为"中医黄埔"学员，他们确实无愧于"全国中医临床优秀人才"这一光荣称号。

孙光荣先生的中和医派入室弟子，同样是因春风化雨而花红果硕，相继涌现出众多全国名中医、岐黄学者、青年岐黄学者、省市名中医、研究生导师、973 项目等学术带头人、抗疫先进个人、全国脱贫攻坚先进个人，遴选出全国和省市人大代表、政协委员，中国民族卫生协会会长、全国工商联常委，以及医院、科室负责人，他们众口一词："孙老，真是值得我们尊敬、热爱的好老师！"

国医大师孙光荣先生为中医药学术进步和中医药事业发展呕心沥血、德业双馨、贡献杰出，得到领导们的信任和肯定。原卫生部副部长兼国家中医药管理局局长佘靖同志题赞为"中医柱石"；原国家卫生计划和生育委员会副主任兼国家中医药管理局局长王国强同志说："国医光荣格物明道，大师风范致知明医。我们要学习他德业双修、大医精诚的医德医风，精勤不倦、不断创新的学术态度，甘为人梯、诲人不倦的大师风范，忠诚事业、无私奉献的赤子情怀和人民至上、生命至上的家国情怀"；国家中医药管理局副局长王志勇同志说："孙老在医德修养和医术修为等很多方面，都值得新一代中医人认真学习和继承。"北京中医药大学党委副书记靳琦教授从为人、为学、为医、为师等方面论及"孙老是一位慈祥的长者、儒雅的学者、高尚的医者以及不知疲倦的攀登者。"全国政协副主席、民革中央常务副主席何报翔同志说："大师的风范、洒脱的品行、精湛的医术、纯然的医德都值得我崇敬和学习。"中国红十字会会长陈竺院士说："国医大师孙光荣，不仅医术精湛，更有一份为国为民之情怀和担当。"

同时，国医大师孙光荣先生在杏林的"只问耕耘，不问收获"，赢得了专家们的赞同和感佩。人民英雄、中国工程院院士、国医大师张伯礼谈到孙老时说:"他在临床研究、理论创新、人才培养、政策建议等方面都作出了突出的贡献,是我们中医一代人的楷模";湖南中医药大学党委书记秦裕辉教授引用湖南中医界流行的一句话说"湖南有两个'北漂'成功人士:一个是历史上的齐白石先生 60 岁'北漂',成为国画大师;一个是现代的孙光荣先生 60 岁'北漂',成为国医大师。"中国工程院院士、国医大师王琦题诗赞曰:

### 《大师颂》

浏阳河畔多名贤,大师光荣亦中坚。整理古籍提六法,文献研究四有先。

经方化裁探模式,中学读本任主编。文化传承多高论,养生名言成佳篇。

远程教育创大纲,优才弟子近百人。临证擅治脾胃病,安神定志已载天。

建言献策国务院,特色优势万言捐。八秩春秋殊贡献,更期耄耋笑语嫣。

纵观国医大师孙光荣先生筚路蓝缕、砥砺奋进之路,原卫生部部长、中国宋庆龄基金会副主席、中国福利会副主席张文康同志在《我的兄弟叫光荣》一文中诚挚地回顾道:"我和光荣相识于 20 世纪 90 年代初期,我到国家中医药管理局任职不久。当时有不少同志与我谈及湖南中医药界有位奇才叫孙光荣,激起了我的求贤之欲、问道之思。我清楚地记得,第一次见面是我去京西宾馆看望与会专家,孙光荣教授也在场。我当即对他说,希望他多为中医药事业发展贡献智慧和力量,他竟然没有恭维、没有客套、没有敷衍,立即坦诚直言:'中医、西医、中西结合医,是中国特有的医疗卫生体系,而中医是国宝。没有中医,就没有中国医疗卫生的特色和优势。建议领导不要介入学术之争,部长的工作重点是在于提供学术进步和事业发展的主导、支撑和保障。'一语中的,建言献策,智慧闪光,给我留下了贤能高士的深刻印象。光荣在中医药理论研究与临床实践中,通过继承创新提出了诸多创见。正因如此,我进一步认识到,我国医疗卫生事业的发展以及中医药的继承创新,需要一种特殊的人才。这种人才需要有一种品德,叫坚贞;这种人才需要有一种智慧,叫悟性;这种人才需要有一种精神,叫奋斗。光荣就是具备了这种品德、这种智慧、这种精神的一个人才!"

伟哉,诚如斯言!中医药事业传承创新发展,首先就需要传承具有坚贞品德、悟性智慧、奋斗精神的人才。

(何清湖、孙英凯整理)

(王秋华编辑)

# 刘志明

刘志明（1925—　），中国中医科学院广安门医院主任医师，中国中医科学院教授、资深研究员，中华中医药学会顾问，中国中医科学院首届学部委员。曾任中国中医科学院及广安门医院学术委员会副主任委员、学位委员会委员，北京中医药大学教授，全国高等教育中医药类规划教材（六版）顾问委员会顾问，中华中医药学会副会长，第六届、第七届、第八届全国政协委员。首届首都国医名师，首批、第六批、第七批全国老中医药专家学术经验指导老师，首批博士研究生导师、博士后指导老师、传承博士后导师，首批享受国务院政府特殊津贴专家，中央保健会诊专家，中国中医科学院建院首批专家。荣获卫生部"中医药事业突出贡献奖"，中华中医药学会"全国首届中医药传承特别贡献奖""中医药学术发展终身成就奖"。2014年被授予第二届"国医大师"称号。

刘志明从医八十余载，擅长治疗外感热病、心脑血管疾病、风湿病、肿瘤等内外妇儿疑难杂病，在20世纪五六十年代全国中医药防治乙型脑炎、血吸虫病、病毒性肺炎和发热性疾病的防治工作中作出了突出贡献；多次出访海外国家进行中医药学术交流，为多个国家的元首及领导人诊治疾病，以高超的医术广受赞誉。先后指导国家级及省部级各项课题26项，获得北京市、中华中医药学会等科学技术奖5项，发明专利4项，成果转让1项。发表论文200余篇。代表性论著有《中医内科学简编》《中医学》《刘志明医案精解》《国医大师刘志明临证经验集》《中华中医昆仑·刘志明卷》等。培养硕士、博士、博士后及师承徒弟数百名。

# 一、学医之路

## （一）出身岐黄，师承名医

刘志明 1925 年出生于湘潭岐黄世家，幼承家训，习读医书，他对医学产生了浓厚的兴趣。刘志明高祖是悬壶湘水两岸的名医，医术精湛，闻名遐迩，因出诊从不坐轿，常步行怀揣中药出诊，被称作"刘四差马"。其曾祖是国医刘碧泉，祖父、父辈也都是当地的名医。刘志明就在这样一个中医氛围浓厚的环境中成长，在祖父辈的严格要求下，自幼诵读《三字经》《百家姓》《唐诗三百首》等。刘志明自幼聪颖，6 岁上私塾，教书的老先生都是博学之人，属于一方名流。刘志明白天在私塾学习《论语》《孟子》《大学》等儒经，晚上在家念诵《内经》《难经》《伤寒论》等医籍，虽然对其中的道理并不能深刻理解，但对经典医籍有了一个初步的感性认识。11 岁时，刘志明父亲病故，家境每况愈下，不能继续读书，只得在家自学，经过几年的发奋努力，又读了不少书。私塾和自学的经历都为他后来学医奠定了良好的基础。有人说"文是基础，医是楼"，说明古文造诣越深，学习中医越易入门，也越易深究精髓。15 岁是刘志明人生的一个转折点。学习中医，自古重视师承，刘志明的叔父虽然身为名中医，但为拓宽眼界，摒弃门户之见，决定让他从师名医，拜湘潭名老中医杨香谷为师。杨香谷当时年逾六旬，行医已四十余年，临证经验丰富，医术高明，为人正派，曾师事于名医"楚九郎中"门下，颇得其传，在当地威望甚高。杨香谷常常教诲弟子："研究医学之门径，须先熟读《内经》《难经》《神农本草经》《伤寒论》《金匮要略》《温病条辨》，然后博览《备急千金要方》《外台秘要》《临证指南医案》诸书，更须勤于临证，以验证先贤之言，方得岐黄之真谛。"杨香谷认为《伤寒论》乃医家最紧要之书，必须熟读直至背诵，临证时方可运用自如，因此对《伤寒论》的学习督促尤严。刘志明在跟随杨香谷学习期间，白天侍诊左右，晚上诵读经典。严寒酷暑，春去秋来，寒窗三载，不敢有丝毫懈怠；遇到疑问，或求之于师，或求之于书，每每有茅塞顿开之感。星移斗转，刘志明孜孜不倦地阅读了历代经典及各家学说，从中汲取了大量的知识并获得了宝贵的启示。

在西方，医学家未发明抗生素之前，人们对发热性疾病往往束手无策，不知所措。早在东汉末年，张仲景《伤寒论》就对外感热病进行了系统论述，后来发展为理论完备的温病学，可见温病与伤寒是一脉相承的。当刘志明步入伤寒之门，潜心体悟之时，恰逢战乱频繁，民不聊生，百姓多患温热之疾。杨香谷审时度势，言传身教，指导刘志明系统学习温热病的理论，并放手让他大胆诊治，参悟治病之道。当时刘志明随杨师出诊，足迹遍及湘江两岸。对于发热性疾病，杨师根据病程的长短，治疗分早、中、晚三期，病期不同，治法迥异；或升降兼调，或寒温并用，或清消，或通利。对于高热患者，往往三两剂药下去，热退身凉，非常灵验。杨师治疗发热性疾病的神奇效果，激发了刘志明学习温病的热情和兴趣。在老师的指导下，刘志明系统地学习了温病学的经典著作，如吴又可的《温疫论》、叶天士的《温热论》和《临证指南医案》、吴鞠通的《温病条辨》。这使刘志明对于温病的发生、发展、传变、预后，顺症、逆症，治疗之常法、变法有了系统的掌握，并构建了诊治发热性疾病的知识体系，对以后治疗发热性疾病具有极大的启发。杨香谷以善治"外感证"闻名，对吴又可、叶天士、吴鞠通、薛生白、王孟英、余师愚等温病诸家学说无不通晓；尤其推崇清代名医杨栗山《伤寒温疫条辨》一书，主张治外感必须"急以除秽为第一要义"，善用杨栗山"升降散"等十五方，对使用石膏、大黄的运用独具经验。这些对刘志明都产生了深远的影响，所以说刘志明的中医事业是由师承而奠定基础的。

### （二）独立行医，悬壶三湘之地

由于刘志明家学深厚，承名医指点，加之天资聪颖，勤奋刻苦，跟师第三年，杨香谷认为弟子可以独立开业行医。在家族的帮助下，刘志明在当地开了一家药铺，开始了他的行医生涯。所谓药铺，其实除了一床一桌和几个大药柜子，就是床下满满的各种医书。白天看病，晚上在油灯下研读医书，查阅白天遇到的疑问。带着问题有针对性地学习，使刘志明临床诊疗水平日渐提高。因祖辈都是当地名医，加之师出名门，到药铺求治的人络绎不绝，开诊不到半年，刘志明在当地已经小有名气，尤其在治疗发热性疾病方面，已经独树一帜。1944年夏天，日寇的侵华战火烧到湘中、湘西一带。当时战火纷飞，人心惶惶，士兵死伤无数。伴随大战而来的是大疫，尤其是发热性疾病，更是疯狂肆虐。这种疾病症状凶险，憎寒壮热，上吐下泻，遍身斑疹杂出，似丹毒风疮，且来势猛烈，传染甚快，路人避之唯恐不及。百姓无处就医，生灵涂炭。对此情景，刘志明看在眼里，急在心里，不惜冒着生命危险，积极救治。经过多次探索性治疗，他发现升降散与达原饮合方治疗此怪病甚是有效。于是，对于大多数就诊者，以此方为基础并随证化裁，大力救治，很快就控制了疾病的蔓延。这样，"刘志明善治热病"的誉名不胫而走，不久即闻名遐迩。

### （三）南雁北飞，加冕国医大师

新中国成立后，百废待兴，中医事业也迎来了新生。毛主席、周总理高度重视中医事业的发展，要求从全国各地抽调数十名在全国有影响的中医名师进京组建国家中医药研究机构，刘志明有幸被点将入京。为了中医事业的发展，他毅然离开了一家老小和名扬一方的三湘之地，只身北上，参加中医研究院的筹建工作，从此定居京城。1953年，刘志明在卫生部中医进修学校学习。这期间，他不但系统学习了西医知识，而且有幸得到清宫御医袁鹤侪老先生亲授，刘志明的学术水平显著提升。1954年，卫生部组建中医研究院，由于刘志明擅长治疗热病，他被安排负责八大组之一"传染病组"的创立和建设。次年，石家庄、北京地区流行乙型脑炎，患病人数众多，死亡率高，刘志明受命于危难之际，主导全国中医防治乙型脑炎的工作，并在北京、浙江、辽宁建立了传染病医院。对于壮热不恶寒、一派阳热表现者，刘志明大胆使用辛凉重剂白虎汤，石膏用量之大者达每日500g，几剂药后，患者往往热退身凉。对于舌苔厚腻者，刘志明认为属热夹湿证，湿热交阻，病情往往缠绵难愈，其治疗更为棘手。单用白虎汤一般不易取效，多在白虎汤的基础上加利湿、燥湿之品，如猪苓、茯苓、泽泻、苍术等，取得满意的疗效。1956年，为响应政府"消灭血吸虫病"的号召，刘志明领导组织了全国第一支中医防治血吸虫病的工作队，在浙江等地工作一年，口碑载道，成绩显著，受到党和国家的高度肯定。1957年，北京地区流行小儿病毒性肺炎，西医治疗效果不明显。刘志明和几位西医儿科专家一起开展研究，采取西医诊断观察、中医治疗的方案，很快控制了疾病的流行，为人称道。

因其在临床和研究上的特殊贡献，刘志明得到了党和国家的高度重视。20世纪60年代北京召开某重要会议，年仅30余岁的刘志明曾作为特邀专家坐诊北京饭店，很多人都慕名前来就诊。2006年，香港浸会大学中医药学院访问学者李致重教授在其著作《中医复兴论》中写道："20世纪50年代，刘志明领队在北京、辽宁、浙江治疗'乙脑''病毒性肺炎'时，年仅30出头。在中医大学林立的今天，'非典'肆虐首都北京，有多少位敢于横刀立马的年轻的刘志明呢？"其赞美之词溢于言表。由于刘志明的卓越成就，他赢得了广大群众的称赞，受到卫生部、北京市人民政府嘉奖，曾先后荣获卫生部"中医药事业突出贡献奖"及中华中医药学会颁发的"全国首届中医药传承特别贡献奖""中医药学术发展终身成就奖""中国中医科学院建院特别贡献奖""北京中医药薪火传承贡献奖""北京市科学技术进步奖""中华中医药学会科学技术进步奖""中国中医科学院中医药科技进步奖"等。2009年元月，北京市卫生局、市人事局、市中医药管理局为弘扬中医药学术思想，促进首都中医药事业长远发展，褒奖首都中医药精英的突出贡献，联合授予京城12名老中医"首都国医名师"的称号，刘志明荣幸地加冕"首都国医名师"。2014年11月，刘志明被国家卫生和计划生育委员会、人力资源和社会保障部、国家中医药管理局联合授予"国医大师"荣誉称号。

青衿之岁，高尚兹典，白首之年，未尝释卷。从师承名医到独立行医，从悬壶三湘到名扬神州，刘志明用他的智慧、赤诚和汗水走到了一个辉煌的顶点。数十年来，临床之余，还著书立说，硕果累累，其代表著作有《中医内科学简编》《中医学》《刘志明医案精解》等，这些记录了他运用中医理论降服病魔、造福人类的点点滴滴，使中医学瑰宝发出更加灿烂的光辉。

# 二、成才之道

大医孙思邈曾说自己"青衿之岁，高尚兹典，白首之年，未尝释卷"，在年少时就尊崇医学经典，直到白首之年仍然手不释卷。刘志明也是这样一位甘于寂寞、不舍医典、躬身临床的人。刘志明认为，要成为一代名医，务须做到以下几点：

## （一）穷经开思路，博采广学识

师承与家学为刘志明打开了步入医学殿堂的大门，但欲立足于杏林之中，仍须不断努力。拜师期满后，他便开始独立行医。因有师承与家学，加之对患者认真负责，颇得患者信任，求诊者与日俱增，在临证中遇到的问题也愈来愈多，这促使他利用诊余闲暇，致力于系统地阅读各家学说。历代各家学说，内容极其丰富，遍读实非易事。刘志明将历代医家分为几个学派，每个学派选择代表性著作重点学习，然后旁及其他。如研究《内经》，以王冰的校注为主，参以张介宾的《类经》、杨上善的《黄帝内经太素》，旁及吴崑、马莳、张志聪等著作。《伤寒论》注家尤多，刘志明钻研《伤寒论》以成无己、柯琴、尤在泾为主，略事其他注家。对温病学说，刘志明认为首起刘河间，此后吴又可、戴天章、余霖、杨栗山之论温疫，叶天士之论卫气营血，吴鞠通之论三焦，薛雪之论湿热，王孟英之论六气属性及霍乱都在必读之列。只有全面、系统地了解各家学说的学术体系，才能丰富学识，开阔思路，才能在继承前人学术的基础上有所创新。

新中国成立后，湘潭医务界在党的领导下建立了中医组织机构，刘志明被推举为机构主要负责人之一。由于工作之便，刘志明有更多机会接触同道名师，常与他们切磋医道，受益匪浅。1954年，刘志明参加了成立中医研究院的筹备工作。当时全国各地名医云集北京，刘志明工作之余，利用这个极好的学习机会，学习各地名医的学术特点和治疗经验，这对他提高学术水平、广开思路大有裨益。不仅如此，凡有出差机会，刘志明必拜访当地名医，如上海程门雪，湖南李聪甫，浙江叶熙春、潘澄濂等老先生，他都曾亲聆教益。古人云"与君一席话，胜读十年书"，又云"独学而无友，则孤陋而寡闻"，寻师访友，可以广学识，长见闻，对于个人医道提高大有裨益。

## （二）师古不泥古，辨疑不苟同

刘志明在深究古典医籍的基础上，结合自己的临床经验，对于脉学、本草、方剂以及临床各科，均有深入的研究和独到的见解。他认为医学的内容虽极丰富，临床病证虽极复杂，但只要从阴阳入手，就能从根本上掌握中医理论和辨证施治原则。因此，刘志明常说："凡诊病施治，必须先审阴阳。阴阳无谬，治焉有差？医道虽繁，可以一言以蔽之，曰阴阳而已。"刘志明认为在探究医学原理和处理医疗实际问题时，要有唯物论观点和辩证法思想，以实事求是的态度将理论和实践相结合，这样才能有所创新。中医学的经典医籍诞生年代久远，当时的社会经济条件落后，科技不甚发达，对一些疾病的认识、治疗不免存在局限性。对于那些不符合实际，经不起临床验证的记载，应该存疑待考，而不应该盲从。治学之要就是在博览群书的基础上，博采众长，结合临床进行独立思考，提出独特见解。刘志明的学术研究工作充分体现了"师古不泥古，辨疑不苟同"的批判精神和严谨治学态度，他始终认为："凡读书上万卷，宜加深究，勿谓古人之法如此，便可执而用之。"

"辨证论治""整体观念"是中医学的两大特点，也是诊治疾病的灵魂和原则。中医学强调的是个体治疗，因人、因地、因时制宜。但在个体治疗中，也有共性的、规律性的东西。所以，既要掌握辨证论治，也要遵循治病大法。刘志明非常推崇清代吴鞠通对外感、内伤病的治疗大法。吴鞠通在《温病条辨·杂说·治病法论》中言："治外感如将，兵贵神速，机圆法活，去邪务尽，善后务细……治内伤如相，坐镇从容，神机默运……而人登寿域。"名医岳美中曾说"治急性病要有胆有识，治慢性病要有方有守"。这些观点，对指导临床都很有意义。刘志明的"治病大法"，即治病的指导原则是"治外感如将，注重祛邪；治内伤如相，善于调理"。对于外感疾病，刘志明认为当以祛邪为重。外来之邪，起病急骤，变化迅速，若形体不虚，其治当速，祛邪于体外，切不可姑息养奸，错失良机。其要诀在于辨证准确，选药精当，药量要足，药力要猛，一战成功。而对于内伤杂病，当以调理为要。内伤之疾，阴阳不调，气血不和，脏腑功能失其常度，每易藏邪，此谓"奸佞"之徒也。对此，当审时度势，安内以攘外，特别对于胃气虚弱不胜药力者，更当先调养中土，缓缓图之，不可孟浪，待正气来复，脏腑功能恢复，气血和调，则邪无可藏，病可痊愈。

刘志明临证八旬有余，对此感触甚多甚深。作为一位临床医家，对前贤的学术思想和临床经验以科学的态度提炼与吸收，在此基础上，发展形成个人的风格，做到继承中有发展，无论是宗景岳之说，还是承东垣之论，无论是效法丹溪之术，还是化裁清任之方，都结合了自己独到的学术见解。刘志明对于中医学术的研究工作，既尊重前人的学术成果，又善于辨疑、勇于创新，既重视各家学说得失，又不断在实践中求得真知，这种求真务实的治学态度和探究精神，非常有利于中医事业的发展和进步。

## （三）实践求真知，诊治重辨证

刘志明认为中医学之所以能长期存在，是由于中医学术不断发展，临床疗效过硬，深得广大群众的信任。而疗效的取得，固然需要理论的指导，但更重要的是依靠实践。因此，勤于实践是中医医师提高学术水平、丰富临床经验最主要的方法。自学医以来，刘志明从未离开过临床，即便在"文化大革命"的十年，也未曾有一日擅离职守。几十年来，他的足迹遍及大半个中国，走到哪里，就在哪里行医，从不懈怠，每日诊务极为紧张。他认为，只有不断实践，方能丰富自己的经验，在医术上才能精益求精。作为临床医生，最忌满足于一知半解的空头理论，若仅有理论，乏于实践，必致临证游移，漫无定见，药证难合，难能奏效。在临床实践中，他对"治病大法"的灵活应用就很能体现这一点。治病大法，实际上就是他治疗疾病的总体原则和指导思想，也是他临证经验的精髓和灵魂，具有很好的临床指导意义。

刘志明认为外感热病为六淫时疫所致，起病急骤，变化迅速，所以治疗之初，必须当机立断，采取有效措施，迅速祛邪于体外，以截断疾病的发展，正如将军之用兵，应有胆有识，不宜过于犹豫。至于祛邪的具体方法，历代医家都有不少阐述，不尽相同，但都强调兵贵神速，祛邪务尽，这就是"治外感如将"的意义所在。外感病，邪实为主，祛邪为先，故药物剂量往往宜重，否则难能为功。如刘志明借鉴古人用大黄的经验，治急性细菌性痢疾里急后重而辨证属实者，用生锦纹大黄末30g，一日作三次服，乃建奇功。再如1956年刘志明推广治疗乙型脑炎的经验，借鉴温病学派大师余师愚用石膏法，以白虎汤为主方，对重症邪实者，一日用石膏达500g，迅速清热，疗效卓越。

内伤病多因经年累月、正气耗伤，脏腑功能失调而成。治之当如宰相治国，统筹全局，深谋远虑，从容不迫，因势利导，悉心调治，即"治内伤如相"。如刘志明治疗功能性水肿，患者多呈颜面及下肢凹陷性水肿，似属邪实，但患者年龄多在40岁以上，病程较长，且同时伴见头晕、心悸、气短、乏力、失眠、纳差等心脾两虚之证候。辨其病机属本虚标实，治疗应着眼于整体，以补虚培本为主，不宜过用分利之剂，否则不但水肿难消，且易耗伤正气。临证时，刘志明常用健脾胃调气血之法，以归脾汤加减，多获效验。由此可知，内伤病多属本虚，故治疗必须重视标本论治。又因其来也渐，其去也缓，故须因势利导，不可操之过急，制方求稳，保护胃气，有方有守，徐徐图之。刘志明治内伤病往往守方十几剂、几十剂乃至上百剂，其间只根据病情变化稍事增损，疗效满意。

在实践中求得真知，在诊治中求得辨证，在临床中求得疗效，这就是刘志明临证的"治病大法"深得人心、广为流传的主要原因。而在推崇中有思考，在探究中有批判，在继承中有创新，这是刘志明临证精髓所在。

# 三、学术之精

## （一）治外感如将，注重祛邪

刘志明以善治外感热病闻名遐迩，屡起沉疴大疾，积累了丰富的经验。对于外感热病，刘志明认为祛邪是治疗热病重症患者的关键。刘志明常言，外来之邪，起病急骤，变化迅速，若形体不虚，其治当速，祛邪于体外，切不可姑息养奸，错失良机。其治疗要诀在于辨证准确，选药精当，药量要足，药力要猛，力求一战成功。在具体治法上，刘志明临床多用表里双解法，尤其强调在外感初期即用表里双解。一方面，热病单纯为外感所致者较少，多由外邪诱发体内伏热所致，故疾病初期往往就表现为表里同病，表里双解之法运用宜早，以防变生他症。另一方面，温热病邪传变迅速，刘志明认为外感初期即便里证初显而不重，只要有入里化热之势，也应酌情采用表里双解之法，有效截断病程发展。若待里证完全具备再施清里之法，则疗效差而取效慢。

### 1. 热病重症关键在于祛邪

刘志明认为，热邪侵入人体，与正气相搏，在表为热重寒微，在里为内热炽盛，故热病重症，多因热邪迅速入里、急剧恶化而成，治疗此病必当以祛除外邪最为关键。准确辨证是祛邪法应用的前提，刘志明常言，要全面收集患者病情资料，四诊参合，可识万病根源，病候多端时尤其要注意抓住主症，执简御繁，辨疾病当下的主要矛盾、关键病机。祛邪重点在于给邪气以出路，顺势而为，因势利导，方可事半功倍。治疗上应谨守病机，处方配伍精当，不可杂药乱投。正所谓"医者如将，用药如用兵"，对于每味药，医者要对其性味、炮制、用法等做到心中有数。比如对石膏一味药，刘志明就反复强调，治疗热病一定要使用生石膏，不可用煅石膏代替。过去很多医生有用石膏治疗温病后，患者病情反而加重的经验，往往是由于种种原因使用了煅石膏之故。"药味紧要，药量更为紧要"，病情危重时，往往非大剂不能取效，故刘志明提出药量要足，药力要猛，直捣病所，力求一战成功，祛邪务尽，以免病重药轻，贻误病机，热势反复。

刘志明曾治一高热3天的6岁患儿。就诊时患儿高热，体温40℃，头痛，烦躁不安，神昏谵妄，时发抽搐，舌质红、苔薄黄。西医曾诊为"乙型脑炎"。刘志明认为，患儿受疫热毒邪侵袭，毒邪迅速入里，侵犯心包，损及于肝，此时病势危急，祛邪当用重剂，药少力专，直捣病所。故以白虎汤为主方，生石膏用至120g，知母9g，川大黄9g，金银花15g，连翘15g，清火解毒，宣散邪热，又佐以安宫牛黄丸溶于汤药中，分 5 次鼻饲，清心开窍。患儿 24 小时服上方 2 剂，体温降至 38℃，惊厥止，可自行进食，但仍时有谵妄，大便 3 日未行，脉沉数。刘志明认为患儿现为阳明里热腑实证，在前方基础上配合釜底抽薪之法。处方：生石膏 60g，玄参 9g，甘草 5g，大黄 9g，玄明粉 5g，连翘 12g，忍冬藤 15g，莲子心 9g，更用紫雪丹开窍。服上方后，患儿体温 37.5℃，大便通，神志清，转危为安。刘志明继用此方酌加养阴之品，调治数日，病告痊愈，未留后遗症。

**2. 外感初期即用表里双解**

人体感受外邪，多从表入。表邪需用汗法，此即"在卫汗之可也"。然外感之邪多随风邪而入，所谓"风为百病之长"，风善行而数变，夹邪很快从表入里，并非停留在表。故刘志明认为，外感热病初期，不可只看到表证而忽视里证，治疗之初就要注意运用表里双解之法。若仅用汗法，表邪虽去而病不易解，反而会使里热更盛，邪热深入，病情加重，所以在治疗时要表里双解，内外分消，若拘泥先表后里，则易延误病机，不能达到治疗目的。临床上刘志明多用刘河间的防风通圣散、双解散等方剂加减治疗，取得满意疗效。

刘志明曾治一发热 3 天的患者，症见恶寒、头痛，身困、腰及肩背部酸痛，纳差，小便黄，大便干结，舌尖红、苔薄白，脉微弦数。患者虽发热 3 天，以表证为主，但已有纳差、小便黄、脉微弦数等邪热入里之象。刘志明以双解散表里双解治之，用荆芥穗、防风辛热开玄府；金银花、薄荷辛凉解肌退热；以栀子、黄芩、石膏清里；川芎、连翘开郁散结；稍佐生大黄泻热通便。患者服药后 1 剂热退，2 剂病愈。刘志明强调，表里双解法运用关键在于分清表里之轻重主次，权衡表里药物的比例而后用之，此患者已有邪热入里之势，则不必拘泥于"开门揖盗、引邪入里"之说，宜尽早表里双解截断病程。此外，刘志明认为，外感热病初期，辛凉之品虽可散热，但发汗力量不足以祛邪外出，宜辛温、辛凉两者结合，辛凉以解肌退热，辛温以发汗祛邪，使发汗无助热之弊，辛凉无凉遏之憾。故以辛温解表药荆芥穗、防风，配合辛凉解肌之金银花、薄荷，四药配合，以达发表祛邪之作用，此类视之无奇，然临床疗效甚佳。

## （二）治内伤如相，善于调理

### 1. 心系病心肾同治

心系疾病为常见病且病死率极高，刘志明对心系疾病的临床治疗尤为关注。刘志明从"心肾相关"理论出发，提出"心病表现于心，根源于肾"的学术观点，主张从"肾虚血瘀"和"阳郁血瘀"的病机角度分析心血管疾病的发生、发展和预后。在治疗上提出了"心肾同治"的学术思想及"温肾－通阳－活血"和"滋肾－活血－

化瘀"的系统治疗观，原创"滋肾活血方"和"通阳活血方"治疗冠心病、病态窦房结综合征等心血管疾病，疗效突出。

"心肾相关"理论古已有之，刘志明认为，"心肾相关"理论起源于《周易》，雏形于《黄帝内经》，发展于唐宋时期，完善确立于明清时期，其形成与发展的理论基础为五行生克制化和阴阳水火升降。该理论内涵主要可概括为以下三个方面：首先，精血同源，相互资生。心主血脉，肾主藏精，脾胃所化生的水谷精微是心血与肾精的源泉，血的化生有赖于肾精之气化，精气旺盛亦有赖于血之滋养。由此可见，精血两者之间存在着异形同源、互为化生的关系。其次，心藏神，神能驭精役气，为精气之主；肾藏精，肾精是心神活动的物质基础，也是心气发挥功能的基石，二者相互为用。最后，心肾经络互联，坎离互济。根据《灵枢·经脉》中描述，心肾同为少阴经所属，经络循行线路上互相交通。再结合《周易》与人体的脏腑属性，心属火，居太极之上而属阳，配离卦；肾属水，居太极之下而属阴，配坎卦，虽然心肾分居于上下焦，但借经络相互交通，心之离火可下行以资肾阳，使肾水不寒，肾之坎水又上济以资心阴，使心火不亢。

因此，心肾两脏水火既济，相互交感，任何一方受损势必会影响另一方功能的发挥，进而出现心肾失调，心系疾病丛生，肾系疾病发展的现象。如果患者本身肾阳虚衰，无力气化肾阴上承于心，则心火独亢，火不归原，阳气浮越，而引起失眠多梦、心悸健忘、口渴躁烦、腰膝酸软、舌红、脉细数等心系疾病症状。可见，心与肾生理上密切相关，病理上互相影响，肾病可影响于心。

基于上述"心肾相关""肾病及心"理论，刘志明结合自身八十余载临证经验深入探求心系疾病病机，凝练出"心病表现于心，根源于肾"的学术观点。即心系疾病发生的根本在于肾元匮乏，肾病及心，心失资助，内邪丛生，发为心病。心病虽然表现于心，实则根源在肾，肾虚是各种心系疾病发生的根本，也是心系疾病发展的最终归宿。具体而言，刘志明主张从"肾虚血瘀"和"阳郁血瘀"的病机角度分析心血管疾病的发生、发展和预后。如刘志明认为冠心病乃肾之阴阳俱不足所致，肾阳不足，心阳失助，鼓动无力，血行瘀滞，脉络痹阻；肾阴亏虚，心阴失滋，心火偏亢，耗伤阴血，心脉不荣，脉道失润，血液凝涩，发为胸痛，此为"肾虚血瘀"的由来。刘志明认为，病态窦房结综合征的病机主要为肾阳亏虚，心脉无以温煦，血寒凝滞，流动不利而致阳气闭郁，失于鼓动则血脉凝滞更重，阳气愈虚，久而久之发为"阳郁血瘀"的迟脉证。

治疗上，刘志明提出了"心肾同治"的学术思想及"滋肾-活血-化瘀"和"温肾-通阳-活血"的系统治疗观，原创"滋肾活血方"和"通阳活血方"治疗冠心病、病态窦房结综合征等心系病证。所谓"心肾同治"乃从肾入手治疗心系疾病，补肾以养心，通脉以助心，通补兼施，心肾并调，使君相各安其位，功能协调。刘志明针对"肾虚血瘀"的病机，以"滋肾－活血－化瘀"为法原创滋肾活血方治疗冠心病。滋肾活血方主治肾精亏虚、血脉瘀滞型胸痹，方由首乌延寿丹合瓜蒌薤白半夏汤化裁而成。前者为《世补斋医书》中延缓衰老之名方，后者始于《金匮要略》，有通阳散结、行气解郁、祛痰宽胸之功，为历代治疗胸痹之经典方。滋肾活血方以首乌、桑椹补肾精、滋肝血，精血互化使心脉得养；以丹参活血化瘀，通畅血脉；血脉涩滞往往会影响水液代谢，导致湿聚成痰，故以瓜蒌宽胸涤痰，薤白通阳散结，并加用茯苓，渗湿宁心。诸药合用，共奏滋肾活血之功，临床可以有效减轻患者胸闷胸痛症状，缓解心肌缺血，提高患者生活质量。

针对"阳郁血瘀"的病机，刘志明以"温肾－通阳－活血"为法原创通阳活血方治疗病态窦房结综合征。"温肾—通阳—活血"系统治疗观的关键在于"通补兼施"。《素问·生气通天论》有"阳不胜其阴，则五藏气争，九窍不通"之说，阳气不仅需要量的充足，更需要状态的通畅，两者相辅相成。病窦患者以中老年人为主，且发病率往往随年龄增长而增加，所以病窦患者大多会出现肾精不足伴随肾阳亏虚的状态。故病窦"阳郁血瘀"中的"阳郁"实属年老肾精和肾阳亏虚的"因虚致郁"。阳性主动，可通窍、通脉；而阴气性质为静，主凝滞、停留。若阳气不足，阴气强盛，则经脉、九窍闭阻不通，血液凝涩。故刘志明临证在温补肾阳的同时，兼顾血瘀阳郁，提出"阳无取乎补，宣而通之"及"以通为顺""以通为补"的观点，用药常虚实兼顾，温通并举。刘志明所创通阳活血方就以人参温补元气，附子温通肾阳；三七散瘀，增附子通达之力；佐以黄精滋阴润燥。诸药相合，温通并举，温阳无辛燥之虞，活血不伤正，共奏"温肾—通阳—活血"之效。临床研究显示，滋肾活血方与通阳活血方在冠心病、病窦、室性前收缩等心系疾病的治疗中疗效突出，这也进一步证实了刘志明学术思想的科学性。

**2. 老年病治在肝肾**

我国是老年人口最多的国家，预计到 2030 年，中国人口快速老龄化将导致慢性非传染病的负担至少增加 40%，老年病的防治刻不容缓。生、长、壮、老、已是生命活动的自然规律，随着年龄的增长，老年人精血逐渐亏耗，肾气逐渐衰弱。刘志明认为，老年人多虚损之证，但无论是生理性的衰退，还是病理性的致虚，总以精血亏耗、脏腑阴津损害为先，这是导致老年慢性疾病的根本原因。精血亏虚责之肝肾二脏，尤以肾脏最为重要。刘志明根据老年人的体质特点和老年疾病多兼肾虚的病机，结合自己多年的临床实践，提出治疗老年病要重视高年下亏，治在肝肾，脏腑虚损，兼补五脏，本虚标实，攻补适度的原则，凝练出"老年病治在肝肾"的学术观点，治疗多从肝肾二脏入手，尤其强调肾为五脏之根，并在临床实践中取得了较好的效果。

具体治法上，刘志明强调阴为阳基，治老年病宜滋阴补阳，补肝肾，益精血。因此，滋养肝肾之阴是刘志明在老年病治疗中的一个重要法则，刘志明多用何首乌、枸杞子、桑椹、黄精、桑寄生、牛膝、川续断、杜仲、女贞子、墨旱莲、当归等。此类药物性味多甘平或微温，作用平和，善收缓功，且滋而不腻，亦可保养胃气。至于熟地黄、紫河车、龟甲胶、阿胶等，多为血肉有情之品，味厚滋腻，有碍胃气，故非在精血大亏之时不用，非用不可者，亦当佐以理气健胃之品。

对于老年病，刘志明既重视养肝肾之阴，又不忽视温肾助阳法的应用。张景岳曾言"阴亏于前，阳损于后"，老年疾病中属阳虚者，多为阴损及阳，其中又有微甚之别。阳虚不甚者，选用巴戟天、肉苁蓉、淫羊藿、菟丝子、冬虫夏草等，其性温而不燥，有温滋之长，较为适合于老年人。对于命火衰竭、阴寒内盛所引起的疾患，可选用附子、肉桂、干姜等温肾助阳的药物。因此类药总属温热燥烈之品，有伤精耗阴之弊，故临床用之当慎。

老年人多有慢性疾患，而五脏虚损常是这些疾病的病理基础。据《医贯》"五脏之真，唯肾为根"的理论，刘志明认为，补肾乃治疗老年病的根本法则，其治疗作用主要体现在它对于人体机能的加强和调节。此外，刘志明还提出要注重补肾与五脏的共同调理。因为对于脏腑虚损证的治疗，单纯施以补肾的方法似嫌力薄，只有把补肾与调养其他脏腑结合起来，才能更有效、更充分地发挥扶正培本的作用。刘志明治疗老年病，针对不同的脏腑疾患，常采用补肾与调养五脏相结合的方法，如脾肾双补法、滋肾益胃法、补肾养心法、益肾化痰法等。这些扶正培本方法的使用，既立足于老年人精亏肾虚之全局，又着眼于脏腑病变之局部，对改善老年人的体质，祛除病邪，恢复健康颇有意义。肾与五脏是相互资生的关系，通过调养五脏气血，也可达到补肾的目的。在调养五脏以补肾的问题上，刘志明尤其重视脾胃的调养。因老年人所表现的精血不足与其脾胃之气薄弱、消化吸收能力差有很大的关系。脾为生化之源，补脾即能补肾。所以，健脾补中，开气血生化之源，切合老年人体质特点，从而可达到补肾的目的。

老年疾病，除单纯的五脏虚损证外，虚中夹实之证亦属多见。因此，刘志明强调治病在扶正培本的同时不忘祛邪，认清虚实标本，处理好扶正与祛邪的关系尤为重要。加之老年人肾脏虚衰，最易招致外邪，且老年患者气化不力，血行不畅，邪之易聚难散。所以，痰、浊、瘀血在老年疾病中表现较为突出。治疗上能否及时有效地消除有形实邪是影响疾病转归、预后的关键因素。故治疗老年慢性病应在扶正的基础上祛邪，这样更为契合"虚中夹实"之病机。譬如老年人中风，其病变脏腑在肝肾，但又可影响他脏、气血及经络等，导致一系列功能紊乱，产生风、火、痰、瘀，形成阴虚阳亢、风火上扰、风火夹痰、气虚血瘀等各种不同的病机，治疗上则有滋阴潜阳、养血息风、益肾化痰、益气通络等法，但皆不越扶正祛邪之规矩。即使元气大伤、阳气暴脱之中风脱证，亦应采用独参汤、参附汤，益气、回阳、固脱，救脱与固本浑然一体。

## 四、专病之治

刘志明临床擅治湿热、内伤发热、心血管疾病，疗效确切，医名远播，兹介绍如下。

### （一）湿热病证

刘志明对湿热病证的治疗，有独到的学术见解。对许多内科疾病，能及时准确地运用清热祛湿法，并取得较好的疗效。他治疗热痹、咳嗽、胁痛、慢性肾炎等病证经验独到。刘志明治疗热痹强调清热利湿。他认为，热痹的发病，主要取决于患者体质和感受外邪两大因素。素体阴虚阳盛或感受湿热之邪均易发为热痹。其临床有热偏胜和湿偏胜之异。加之热邪最易伤阴，故热痹常兼有阴虚证。刘志明将其归纳为热痹热胜证、热痹湿胜证、热痹阴虚证。治疗常取李东垣当归拈痛汤与吴鞠通宣痹汤为基本方，随证加减。热痹热胜证多选黄芩、连翘、知母、栀子、忍冬藤、海桐皮、生甘草等；热痹湿胜证多选防己、生薏苡仁、半夏、苦参、滑石等；热痹阴虚证，酌情增入生地黄、太子参、白芍等。热痹后期，大多正气已虚，以致余邪留连，疗效不佳，此时宜增补气血之品，如黄芪、太子参、当归、白芍等。如1982年9月16日他治疗过一位14岁男性病人。患者2个月前涉水后即觉周身不适，入夜恶寒发热，4日后周身皮肤出现散在红斑，继而指、趾关节肿痛，当地医院诊断为风湿性关节炎。经治疗，体温渐降至正常，但关节肿痛不除。就诊时两手指关节及双膝关节肿痛，手足关节屈伸不利，伴精神不振，口干，纳食不香，二便通调，苔薄黄腻，脉弦滑。查血沉60mm/h，抗链球菌溶血素"O"为800IU/mL，类风湿因子弱阳性。证属湿热痹阻，气血失和；治宜清热利湿，祛风通络。处方：当归15g，白芍9g，防风12g，白术12g，生薏苡仁24g，羌活20g，独活12g，忍冬藤8g，海桐皮12g，连翘12g，防己12g，黄芩9g，苦参15g，生甘草9g。服7剂后，关节疼痛减轻。以上方随症加减治疗2个月后，关节肿痛已除，诸症告愈。翌年，患者告知，关节痛未复发，曾在当地医院复查类风湿因子、血沉、抗链球菌溶血素"O"，均未见异常。

刘志明治疗湿热咳嗽，突出用药轻灵。湿热致咳，其临床主要表现除有气逆咳嗽外，尚可见胸闷不舒、口渴而饮水不多、口中发黏、食欲不振、肢体困重、小便短赤、大便黏滞不爽、舌苔白腻微黄、脉滑数等。刘志明认为，湿热致咳时，多属实证，其病变主要在肺，此时应以清化上焦湿热为主。久咳虽多见肺、脾、肾等正气虚损之证，但湿热之邪，往往留连不去。咳嗽虽不独在肺，但又不离于肺，故虽久病，仍不可忽视上焦湿热。清化上焦湿热，宣通肺气是治疗本病证的重要法则。因肺为娇脏，居上焦，故刘志明用药多选轻灵之品，正所谓"治上焦如羽，非轻不举"，临证善用千金苇茎汤加减。痰热明显者，合麻杏石甘汤，酌加白茅根、黄芩、川贝母、瓜蒌等；湿盛痰多、舌苔白腻、不渴者，加半夏、厚朴以祛痰；风寒外束，加苏叶、前胡以辛散；久咳肺虚，益气养阴之品必不可少，但总以不碍湿热、补而不滞、滋而不腻为原则，常用太子参、北沙参之类。1984年他治疗过一位53岁湿热咳嗽女性。患者咳嗽反复发作十余年，当年9月因感冒，咳嗽又作，发热恶寒，有痰不易咳出。经某医院治疗，体温恢复正常，但咳嗽较甚，喉中痰鸣，头晕，胸闷不饥，口干而饮水不多，大便不成形，解之不爽。舌质淡红、苔薄黄略腻，脉弦细滑。证属湿热蕴肺，治宜清化湿热，宣肺止咳。处方：苇茎24g，白茅根18g，杏仁9g，半夏9g，黄芩9g，瓜蒌15g，川贝母6g，苏子9g，苏叶9g，麻黄6g，生石膏18g，沙参15g，川厚朴12g，橘红9g，甘草6g。服5剂后，咳嗽减轻，喉中痰鸣声亦减。宗前法增减，服药20余剂，咳嗽遂除。

刘志明治疗胁痛注重清利疏通。胁痛主要责之于肝胆，因其经脉皆循胁肋。据临床观察，胁痛患者常以肝失疏泄、肝胆湿热为主，二者互为因果，因此刘志明认为，清利湿热、疏通气机是治疗胁痛不可忽视的重要法则。临证常以大柴胡汤、小柴胡汤、四逆散为基本方，如湿热明显则加滑石、泽泻、茯苓之类；若肝脾失和，气滞明显则多选用枳壳、川厚朴、郁金之品；若正气未虚，而见肠燥便结等湿热化火之象，则加酒军、元明粉、瓜蒌等药。同时还需兼顾调理脾胃，扶助正气，常用太子参、当归、白芍、砂仁、茯苓、白术等。

1979年4月11日，刘志明接诊一位69岁女性。患者右胁肋及右上腹绞痛反复发作十余年，近3个月明显加重。发作时绞痛难忍，连及右肩背和腰部。伴有发热、恶心、大汗淋漓等症，常常需注射吗啡、杜冷丁等药方可缓解。本次于年初发病，某大医院诊断为胆囊炎，动员手术治疗，患者因年老体弱而未同意。经人介绍遂求诊于刘志明。当时患者右胁肋及右上腹部绞痛难忍，伴发热、恶心、大汗淋漓、腹胀痛等症；大便时干时稀，每日一到两次；两天前吐蛔虫两条。脉弦细滑，舌苔薄白腻。曾经服驱虫药未见下虫。刘志明诊断为胁痛，证属肝胆疏泄失职，湿热蕴阻中焦。处方：柴胡9g，半夏9g，黄芩9g，白芍9g，郁金9g，泽泻12g，滑石12g（包煎），元明粉4.5g，枳壳6g，焦三仙各9g，金钱草24g，党参9g，甘草6g。服上方 8 剂，二诊时，右上腹疼痛减轻，腹胀亦减，纳食稍增；大便已经正常，每日一次。唯觉腰背部酸痛，小便频数、灼热。脉弦细滑，苔薄黄。此乃湿热未尽，在上方基础上加减。处方：柴胡 9g，黄芩 9g，半夏 9g，白芍 12g，陈皮 6g，泽泻 9g，川续断 12g，川楝子 6g，桑寄生 15g，焦三仙各 9g，茯苓 9g，当归 9g，金钱草 24g，太子参 9g，甘草 9g。服上方 7 剂，三诊时，上腹部疼痛已止，腹胀亦除，二便正常，腰背部微有不适。湿热已清，气机已畅，疏泄复常。原方去陈皮，加生薏苡仁 18g，再服药七剂，巩固疗效。并嘱其避免受凉、生气、饱食，并服用驱蛔虫药。随访 3 年未再复发，其间仍从事劳动，操持家务。

刘志明治疗慢性肾炎主张清热利湿养阴。慢性肾炎常见尿液浑浊，尿中有蛋白、血细胞、管型等。《素问·至真要大论》云："水液浑浊，皆属于热。"尿液浑浊可作为辨湿热证的重要依据。临床以下焦湿热阴伤者多见，故应清其热、利其湿，阴虚者养其阴为治疗大法，以猪苓汤为基本方。该方利湿而不伤阴，滋阴而不恋邪，用于下焦湿热阴伤之证十分合拍。刘志明治疗肾炎患者时，大多在此方基础上根据病情适当加减，确能取得显著疗效。对辨证属湿热兼表而肿者，主要用荆防败毒散加减治疗，若水肿甚者可用疏凿饮子；阴阳两虚者用六味地黄丸为基本方；脾胃失和者常用补中益气汤或胃苓汤；尿毒症辨证属肾竭胃败时，则用橘皮竹茹汤等。如湿热较甚，增入车前子、石韦、白茅根等；阴伤明显者，加生地黄、女贞子、墨旱莲等；湿热互阻可致血瘀，则应注意调畅气血，常在方中加用牛膝，补肝肾而活血；兼见气虚者，酌加生黄芪、太子参等，以气阴兼顾，扶正祛邪。

1984 年 4 月 27 日，刘志明治疗一位 23 岁男性患者。患者 1983 年 1 月因面部浮肿、下肢肿，在某医院诊断为急性肾小球肾炎。半年前因自行停服激素，疾病复发。就诊时患者腰酸痛、乏力，劳累后加重，双下肢肿，烦躁多梦，纳食一般，大便正常，小便短赤。苔薄黄微腻，脉细滑。查尿常规：蛋白（+++），白细胞 0 ～ 1/HP，颗粒管型 0 ～ 1/HP，透明管型 0 ～ 2/HP，辨证属湿热蕴结下焦，气阴不足，治宜清利湿热，益气养阴。处方：太子参 18g，猪苓 12g，泽泻 12g，生黄芪 18g，滑石 15g（包煎），阿胶 12g（烊化），白茅根 18g，石韦 18g，川牛膝 9g，车前子 9g，茯苓 12g。服 7 剂后，尿量增加，浮肿减轻。守前法加减，调理 4 个多月面浮肢肿消失，面色红润，体力增加，尿检正常。1 年后复查，未见异常。

## （二）内伤发热

刘志明治疗内伤发热有独到之处，刘志明认为内伤发热分为长期低热和长期高热两种情况，辨治上刘志明认为长期低热不可忽视实证，长期高热要注意温中。长期慢性低热，为临床常见病证，许多患者进行各种检查，均属正常，且用解热镇痛药、抗生素甚至激素治疗无效。中医多认为此乃阴虚或气（阳）虚而致，多用滋阴、补气（阳）之法治之，但相当一部分患者用此治法亦难奏效。刘志明经多年临证体会到，慢性低热患者，病程已久，并非纯属虚证，虚中夹实，不可忽视实证的存在。对于长期高热的情况，则多见于小儿，尤其在农村。刘志明认为，此等病证，多为脾虚发热、阳虚发热，与长期积食、消化不良有关，刘志明多治以温中法治疗。

刘志明曾治一长期低热男性患者。患者午后低热5年，一般在午后2～7点发热，自感手足心及颜面发热，每次测体温多在37.2～37.6℃，及至腋窝蒸蒸有汗热方渐退。并有心中烦热、口苦、身感疲乏、纳差、大便偏干、腹胀矢气多。舌淡红、苔薄，脉弦稍数。曾多次查胸片、血常规及生化等均未发现异常。处方：柴胡9g，白芍9g，黄芩9g，太子参12g，焦三仙各9g，厚朴12g，连翘15g，栀子9g，生薏苡仁15g，桑寄生12g，半夏9g，甘草6g，川大黄12g。嘱患者注意劳逸适度。上方服7剂，体温渐至正常，仍有午后颜面微热。以后宗此方加减，继服20余剂，诸症消失。此病患虽低热5年，但除发热外，尚有心烦口苦、汗出病减、大便偏干、腹胀矢气等，尤似少阳之症，多为外邪久羁不解而致，故用大柴胡汤和解少阳、内泻热结。以栀子、连翘、川朴以行气清热；太子参、桑寄生以养阴；生薏苡仁淡渗利湿。5年之低热，1个月内治愈。刘志明特别嘱咐道，长期低热未必是阴虚内热所致，若按阴虚发热治疗，易致邪气与补阴药交结不解，病难痊愈。

刘志明曾治一高热50天患儿。杜某，男，8岁。体温39.4℃，经西医多次诊断未明，用各种抗生素及中药治疗，效果不显。就诊时症见高热、颜面稍红、纳差、腹胀、大便稀溏，苔微黄，脉细弱。处方：附子9g（先煎），白术9g，炮姜6g，炙甘草5g，连翘12g，金银花7g，黄芩9g，焦三仙各9g。上方服1剂即效，3剂即愈，后改为异功散调理脾胃而愈。刘志明认为，此患儿除高热外，尚有纳差、腹胀、大便稀溏诸症，可见，病在脾胃无疑。脾虚发热，治疗当以温阳健脾为主，少佐清降之剂，故以附子理中汤加味而获效。刘志明认为对此类小儿发热，要抓住脾阳虚寒这一特征，温中是最主要治法，若有热象则可少佐甘寒之品以清降。

## （三）高血压

高血压属于中医眩晕范畴，刘志明治疗眩晕颇具特色。历代医者对眩晕论述很多，《内经》主上气不足，河间崇风火，丹溪力倡痰，景岳重下虚，林林总总，各有所重。刘志明根据多年临床经验认为，眩晕乃肝肾两脏本虚标实之证，总结出从肝肾论治眩晕八法，并在临床辨证施治，灵活运用，或从肝治，或从肾治，或肝肾同调，所治甚众，每奏显效。刘志明在论治阴阳两虚眩晕方面，推崇张景岳的先天学说。张景岳在《内经》"上气不足"的基础上，提出了"下虚致眩"的见解，有一定的创新意义。所以才有"上虚补其气，下虚补其精"之说，精气并补乃成治疗阴阳两虚眩晕的不二法门。刘志明认为，阴阳俱虚之眩晕的根本在肾。肾为阴阳水火之宅，故主张以阴阳为纲论述眩晕的病因病机，以阴阳互生互长理论确定治疗大法。刘志明根据"虚者补之，损者益之"之旨，治疗上采取平补阴阳、养脑定眩之法，方用自拟补虚益损定眩汤，如用怀地黄、怀山药、枸杞子、山萸肉、菟丝子、牛膝、杜仲、川续断煎服。偏于阳虚者加鹿角胶、肉桂；偏于阴虚者加龟甲。在使用温肾药时，多用平和之剂，少用燥烈之品，意取"少火生气，壮火食气"之意。同时考虑到阴阳两虚眩晕患者多为年老体弱者，故常加焦三仙以助运化。

1980年10月29日，刘志明治疗一位80岁女性患者。患者近3个月来常常头晕、耳鸣，尤以夜间为甚。两目昏花，视物模糊，四肢酸楚，项强，烦躁，二便调。舌苔薄黄，脉弦细，沉取乏力。血压230/100mmHg。证属年高精血亏损于下，亢阳逆扰于上，治宜滋肾抑阳。处方：杭菊花9g，钩藤9g，桑椹12g，首乌9g，杜仲9g，牛膝9g，当归12g，白芍9g，葛根6g，黄芩9g，草决明12g，石决明24g。服上方5剂，眩晕即止，视物较清，项强、烦躁皆除，耳鸣减轻，脉细苔薄。继以丸药滋之，饮剂清之，合而为功，以资巩固。处方：首乌片四瓶，早晚各服1次，每次3片；杭菊花100g，开水浸泡，代茶饮。刘志明认为，眩晕与肝脾肾三脏关系密切，故治疗有调肝、健脾、益肾等不同。老年人眩晕总以滋肾为基础，诸法合用，取效甚捷。该病患八旬高龄，故先予滋肝肾、养精血、抑亢阳之汤剂；眩晕即止，再予首乌片、菊花茶饮，乃治中有防、防中有治也。

## （四）冠心病

冠心病的发生多与年老体虚、寒邪内侵、饮食不当、情志失调等因素有关。其病机总体上属本虚标实，本虚为心、脾、肝、肾亏虚，功能失调，尤以肾虚为关键；标实为气滞、寒凝、痰浊痹阻胸阳，阻滞心脉。临床表现多虚实夹杂，或以虚证为主，或以实证为主。在治疗时，刘志明强调必须分清轻重缓急，标本虚实。刘志明认为，冠心病的本质属虚，因虚致实，故治疗原则应以补为主，以补为通，通补兼施，补而不壅塞，通而不伤正。因此，他在临床中常用首乌延寿丹补益肝肾精血，以瓜蒌薤白半夏汤通阳宣痹化浊。如遇有脾胃症状，则合橘枳姜汤等，以心胃同治。心绞痛缓解期，刘志明重视肝肾之治，以调补脏腑气血阴阳为主，常取得满意疗效。

刘志明在1987年4月23日治疗过一位63岁男性。患者心前区憋闷，阵发性心绞痛无规律发作月余。患者曾于1956年患高血压病，1961年又患糖尿病，1972年出现心前区闷痛，在北京某医院诊断为冠心病。心绞痛发作时需服硝酸甘油、心痛定等方可缓解。1973年曾患脑血栓，左侧半身不遂，经治疗恢复正常。目前，左胸前区憋闷，气短，不耐劳累，稍劳则心绞痛发作。精神欠佳，左侧体温低于右侧，左手握物发抖，汗少，腰膝酸软无力，口干纳少，大便微干，舌苔薄，脉弦细，沉取无力。血压 130/90mmHg（服用降压药后）。此属老年肾阴素亏，胸阳不振，气血不和。治宜滋肾通阳，兼理气血。处方：瓜蒌 15g，薤白 12g，首乌 12g，桑寄生 12g，当归 9g，太子参 12g，牛膝 9g，枳壳 9g，赤芍 9g，川芎 4.5g，三七粉 1g（冲服）。上方服 7 剂后，自觉精神转佳。继以此方为主，调治半年余，心绞痛基本无发作，临床症状改善，血压稳定。治疗 4 个月后，恢复正常工作，只有特别劳累时才出现胸闷，但稍作休息即可缓解。当年 10 月 20 日在某医院行心电图检查，T 波低平较前好转。后改服丸剂，以资巩固。处方：西洋参 30g，首乌 45g，桑椹 45g，瓜蒌 45g，薤白 30g，茯苓 30g，生黄芪 30g，桑寄生 45g，牛膝 45g，酸枣仁 30g，枳实 30g，三七 30g。共为细末，炼蜜为丸，每丸 10g，日服两丸。1 年后，患者来信告知：上药服用三料，后因工作需要出外半年余，身体较为健康，虽有时劳累，但不曾发生心绞痛。冠心病相当于中医学中的胸痹、心痛、短气等疾患。本病病机与心、胃、肝、肾相关，尤与心、肾关系密切。肾虚则精气不得上承，致使心气失养，胸阳不振，阴浊内生，气血失调，治疗上应注意和阴通阳，心肾兼顾。本患者有高血压病、糖尿病、冠心病等多种老年疾患，证情较为复杂。刘志明抓住胸痹心痛之主症，采用滋肾通阳之法，调阴阳、和气血，标本兼顾，攻补兼施，使频繁发作之心绞痛得以控制，心电图转佳，其他疾病也得到相应改善，体现了中医治病求本的思想。

# 五、方药之长

刘志明 80 余年的临床实践中指出，临床病症变化多端，十分复杂，立法处方，当随病变化，最忌以方套病，呆板不化。刘志明用方，必先深刻理解其方义，再随证灵活加减变化，或取其方义，或化裁其方，务求与病相符。

## （一）核心方剂

### 1. 胸痹饮

［组成］全瓜蒌 15g，薤白 12g，何首乌 12g，三七 3g（冲服）等。

［用法］上方，每日 1 剂，水煎 500mL，早晚分服。

［功效］滋肾活血、通阳化浊。

［主治］胸痹（肾阴亏虚、心阳瘀阻型），或因年老肾亏，或因久病伤肾，或因劳累损精，肾虚则不能上承，心气失养，胸阳不振，浊阴内生，气血失调，导致胸痛频发、气短乏力、腰膝酸软、精神萎靡、口干纳少、大便微干、舌质淡紫、舌苔

薄白、脉弦细、沉取无力。

［方解］方中（制）何首乌为君，补肾精、滋肝血，精血互化、心脉得养；瓜蒌开胸涤痰，薤白通阳散结，二者合用为臣，痰去结散，胸阳得展；佐以三七，活血化瘀、血脉通畅。四药合用，共奏滋肾活血、通阳化浊之功。

［临证心得］刘志明指出：首先，流行病学显示胸痹（冠心病）发病多在40岁以后，与衰老发生密切相关，人体衰老发生、发展的过程，也是肾元始亏、匮乏、衰微的过程，二者亦步亦趋。肾虚伴随衰老、衰老伴随本病，且现代冠心病的发病年龄与中医学肾元始衰的时间相吻合。以此推之，年老肾虚是冠心病发病的始动因子。其次，五脏之中，心肾相通，关系密切。心肾以经络维系，上下联络，相互交通。《灵枢·经脉》对其描绘曰："肾足少阴之脉……其直者，从肾上贯肝膈，入肺中……其支者，从肺出络心，注胸中。"结构上的紧密联系，不仅决定了生理上相互依存，病理上亦相互影响。肾阳不足，心阳失助，鼓动无力，血行瘀滞，脉络痹阻，胸痛发作；肾阴亏虚，心阴失滋，心火偏亢，耗伤阴血，心脉不荣，脉道失润，蹇涩作痛。故《景岳全书》明言："心本乎肾，所以上不宁者，未有不因乎下；心气虚者，未有不因乎精。"再次，肾元亏虚，痰浊、血瘀、阴寒诸邪随之丛生。一则，肾阳亏虚，心失温煦，阳不胜阴，阴寒内盛，寒性收引，则心脉挛急，发为胸痹心痛。二则，气化失司，运化失常，聚湿成痰，停聚心脉，阻滞气机，发为胸痹。三则，肾精虚损，生髓不能，血无所生，"心血一虚，神气失守，神去则舍空，空则郁而停痰，痰居心位，易阻心脉，而发胸痹"。四则，肾中元气为人体原动力，若元气不足，诸气必虚，推动无力，血行不畅，而成血瘀之患。据此，刘志明提出胸痹一病"肇始于肾""肾匮为根"的学术观点，并依据这一理论观点，确立"补肾""通阳""祛邪"为胸痹心痛治疗大法，创制胸痹饮一方，用于治疗肾阴亏虚、心阳瘀阻型冠心病。

临证之时，刘志明针对患者自身情况，在胸痹饮的基础上灵活变化，加减用之，务求契合病机。若年老久病，肾亏严重，无力化精生气者，刘志明常增以桑椹、桑寄生、太子参，以补肾填精、益气养心；若胸阳不展者，辅以枳实通痹消滞，黄酒走窜血脉、扶阳宣通，以助瓜蒌、薤白畅达胸中阳气之功效；若瘀血显著者，选用川芎、当归、丹参，与三七伍用，活血养血，祛瘀而不伤正；若痰浊壅盛，胸中憋闷明显者，则遵仲景之说，即"胸痹，胸中气塞，短气，茯苓杏仁甘草汤主之"，合用茯苓、杏仁，从而配合瓜蒌以祛胸中之痰；若胸痛剧烈者，刘志明多用细辛、蒲黄、姜黄、辛散寒邪、行气导滞、畅通血脉，共奏止痛之效；若伴见心中悸动、惕惕不安者，刘志明取法仲景所言"其人叉手自冒心，心下悸，欲得按者，桂枝甘草汤主之"，加以桂枝、甘草，辛温扶阳、通血脉、止悸动。刘志明强调，临证之时，应知常达变，紧扣病机、灵活化裁，切忌死守成方，生搬硬套，此即白石老人所谓："学我者生，似我者死。"

**2. 肾炎经验方**

［组成］猪苓 12g，茯苓 15g，泽泻 12g，阿胶 9g（烊化），滑石 15g，萆薢 24g，金银花 12g，连翘 12g，玉竹 12g 等。

［用法］上方，每日 1 剂，水煎 500mL，早晚分服。

［功效］清利湿热。

［主治］慢性肾小球肾炎，可由急性肾小球肾炎发展而来，也可起病之时即为慢性改变，临床常以蛋白尿、血尿、高血压、水肿为主要临床表现。该病相当于中医学中"水肿""水气"范畴，其特点主要为湿热伤肾，治疗以清补兼顾为法。

［方解］本方以猪苓汤为基础方，增金银花、连翘、萆薢、白茅根，以助清热祛湿之功；辅以太子参，健运脾胃，脾健则升、胃和则降，脾胃升降得调，则湿热之邪易化；反佐生地黄、玉竹、生甘草，滋养阴液以杜利水伤阴之虞。诸药配伍，和缓不峻、补而不滞、利而不伤，既可清利湿热，又能育阴固本，实为治疗肾炎之良方。

［临证心得］刘志明认为，慢性肾炎病程较久，单纯的实证或单纯的虚证较为少见，其病机常表现为虚中夹实、实中夹虚、虚实错杂。其正虚主要有肺、脾、肾之不同，然尤以肾虚最为病机关键；其邪实主要责之水湿、热毒、瘀血等，诸邪是导致疾病不断加重、发展的条件。对其治疗，刘志明主张"主以治肾，辅以健脾，兼以祛邪"。刘志明认为仲景猪苓汤既可清下焦湿热，又可以滋少阴之源，十分切合湿热伤肾的病机特点，实为治疗肾炎的一张良方。

## （二）经典药对

### 1. 生石膏 – 大黄

单味功效：生石膏味辛、甘，性大寒。入肺、胃二经。本品质重气轻、辛寒清透，不但能清内里积热，亦可解肌表热邪。此正如《疫疹一得》所言："石膏性寒，大清胃热；味淡而薄，能表肌热。"清代张锡纯更赞石膏"凉而能散，有透表解肌之力""有外感实热诸症，直胜金丹"。石膏因其清热功效显著，故有"降火之神剂，泻热之圣药"的美称，被广泛用于温热病之高热不退、口渴、烦躁、斑疹、脉洪大，胃火亢盛所致的头痛、齿痛、牙龈肿痛，肺热咳喘，水火烫伤等病症。大黄又名川军，为蓼科多年生高大草本植物掌叶大黄、唐古特大黄或药用大黄的根和根茎。其味苦，性寒。入脾、胃、大肠、肺、心经。本品气味俱厚，性降下行，善于泻下攻积，清热泻火，凉血解表，活血祛瘀。《本草经疏》谓："大黄气味大苦大寒，性禀直逐，长于下通，故为泻伤寒，温病、热病实热，热结中下二焦，二便不通，及湿热胶痰滞于中下二焦之要药，祛邪止暴，有拨乱反正之殊功。"

伍用功效：石膏甘辛而寒，体重气浮，既升又降，表里之热，得其可除；大黄气味俱厚，大苦大寒，上下通行，亢盛之阳，非此莫抑。两药相配，相辅相成，既可导热下行而出，又能驱热透达于外；既清气分无形之热，又除里实有形热结。

用法用量：生石膏 30 ～ 150g，打碎先煎。大黄 6 ～ 9g，后下。

用药心得：刘志明常伍用二药治疗高热重症、急症。刘志明认为，热病发生，皆由外邪所致。热邪侵袭人体，与正气相搏，在表为热重寒微，在里为内热炽盛，故热病重症，多因热邪迅速入里，急剧恶化而成，治疗当以急祛外邪最为关键。刘志明强调此时治疗，用药要准，用量要大，祛邪务尽，方能救人于危急之中。刘志明指出，石膏解热之功远优于其他清热之品，凡遇患者体若燔炭、烦躁欲狂，皆需急用石膏。刘志明补充，此时使用石膏应放胆重用，方可直捣病所，以收起死回生之功；切勿畏手畏脚，病重药轻，方虽中病，亦徒劳无获、延误病情。诚如张锡纯所言："用生石膏以治外感实热，轻证亦必至两许；若实热炽盛，又恒重用至四五两，或七八两。"刘志明对"温病下不嫌早"之说十分认同，故于重用石膏之时，酌用通里泻热之大黄，以祛除秽滞，通畅导热外出之通路，加速降温除热，达到存阴保津之目的。两药相配，清透、清泻共用，内外通和，相得益彰，实为治疗热病重症、急症之有效药对。

### 2. 石菖蒲 – 远志

单味功效：石菖蒲，又名山菖蒲等，为天南星科植物石菖蒲的干燥根茎。本品始载于《神农本草经》，位列上品，言曰："主风寒湿痹，咳逆上气。开心孔，补五脏，通九窍，明耳目，出声音。久服，轻身、不忘、不迷惑，延年。"宋人王敬美总结："菖蒲以九节为宝，以虎须为美，江西种为贵。"石菖蒲性温、味辛，入心、胃二经。该药入于心经，芳香走窜，具有开窍醒神、健脑益智、聪耳明目之功效，可治疗中风神昏、痰厥癫痫、健忘耳聋、心悸怔忡、失眠多梦。此外，石菖蒲辛温芳香，善化湿浊，又能醒脾胃、行气滞、消胀满，能疗脘腹胀满、不思饮食等症。远志，又名葽绕、小草根等，为远志科植物细叶远志和西伯利亚远志的根。本品始载于《神农本草经》，列为上品，谓其："主咳逆伤中，补不足，除邪气，利九窍，益智慧，耳目聪明，不忘，强志倍力。"远志性温，味辛、苦，入心、肾二经。该药辛散，宣泄通达，既能开心气而宁心安神，又能通肾气而强志不忘，为交通心肾、安定神志、益智强志之佳品，主治心肾不交之心神不宁、失眠、惊悸等症。加之，其气芳香清洌，能利心窍、逐痰涎，治疗痰阻心窍所致之癫痫抽搐、惊风发狂等症，其效甚著。此外，远志苦温性燥，入肺经，尚能祛痰止咳。

伍用功效：石菖蒲辛香宣通，能除痰开窍，宁心安神，又聪耳明目；远志芳香清冽，辛温行散，交通心肾，安神益智，又散郁化痰。两药相配，相济奏效，可使养心安神、健脑益智、开窍启闭之力倍增。

用法用量：石菖蒲 6～10g；远志 6～10g。

用药心得：远志、石菖蒲伍用，出自《圣济总录》之石菖蒲丸，主治风虚，安寝寐，镇心神，止恍惚，化痰滞。刘志明认为，二药皆入心经，又均具祛痰化浊、开窍醒神之功，最宜用于痰湿秽浊蒙蔽清窍所致之中风神昏、痴呆、癫狂、抑郁、不寐等神志疾病的治疗。

# 六、读书之法

所谓"经典"，乃指人类思想文化史上异峰突起、博大精深、影响深远、常读常新之传世巨著。它们是古人智慧的结晶、知识的凝炼、外化的感悟，同时也是先贤认知万物、逻辑推理、科学验证的浓缩与升华。刘志明指出，就中医范畴而言，历代医著汗牛充栋，前贤诸家均有阐述发明，但流出有源，不论哪种学术流派，均是以《内经》《难经》《神农本草经》《伤寒杂病论》等经典著作为基础。其中，《内经》一书，"理论渊深，包举宏博"，实为中医学理论之渊薮，后世医家虽于医理上多有创建，各成一家之说，但就其学术思想的继承性而言，无不发轫于《内经》。仲景所著《伤寒杂病论》为"医方之祖"，它与《内经》一脉相承，更将中医基础理论与临床实践相结合，从而确定了中医学辨证论治的完整体系，首开辨证论治之先河，是一部理法方药具备的指导临床医疗实践的医学典籍，后世大家莫不遵其典范。对于医者而言，这些经典著作犹如树之根、水之源，不读则学无根本，无根之木，何谈叶茂枝荣？

刘志明主张，有志于中医之人，就应从四大经典入手，耐住寂寞、心无旁骛、潜心研读经典，如此方可开启心智、历练思维，达到与前辈名家思想脉搏相同步，实现穿越时空与其倾心交谈。通过这样不断"对话"与"交流"，反复产生"感悟"与"碰撞"，才能最终领悟经典中所蕴之"道"，即伟大的医学思想、严密的医学理论；掌握经典中所载之"术"，即认识、分析、治疗疾病的方法、手段。

除对中医四大经典反复研读之外，刘志明还提倡"博览各家，广得其益"。仲景之后，医家辈出，代有发展，存世医书琳琅满目、浩如烟海。刘志明推崇金元四大家之学说以及温病学派叶、薛、吴、王之著作，谓之各具特色，各有其优，实应细细品味。各家学说，合读则全，分读则偏。刘志明强调，学习之时应摒弃门户派别之偏见，择善而从，着眼其心得发明之处，或取其论，或取其法，或取其方，或取其药，或取其巧，或取其妙，总要取精去粗、扬长避短。

中医经典著作，成书时间距今过于久远，书中文字佶屈聱牙、艰涩古奥。对于初学者而言，诵读已属不易，若想明了其中所蕴藏的深邃理论，则更是难上加难，非潜心研读、穷思精悟，莫得其要。因此，刘志明提出，对于经典的学习要分三步循序渐进：首先，对于上述经典论著要做到"熟读""背诵"。其次，在"熟读""背诵"的基础上，更要"勤思善悟"。最后，学习经典还要"坚持实践"。

# 七、大医之情

## （一）思想境界

如果把刘志明的医学境界与日常生活联系起来看，可以归纳为八个字：心存高远，意守平常。

### 1. 生活朴素，大道至简

刘志明在中医学术上造诣极深，但生活极其朴素，给人一种返璞归真之感。住房是几十年前医院分的，只有几十平方米，客厅靠墙是几张旧沙发，中间摆放的是一张一平方米大小的小方桌。这些家具都是老式的，十几年也不曾更换，显得很陈旧。唯独里间那个兼卧室的书房，虽然摆满各类书籍，但却古香古色，气度不凡，让人感到他拥有一个广袤而深邃的精神世界。那些厚厚的、线装本的古典医籍，整整占据了房间三分之二的空间，而且大多数书都被翻得有些破损。他是一位不知疲倦的耕耘者，在中医这片广阔的原野中默默耕耘了八十余载。

刘志明脸色红润，神志安详，喜穿毛料中山装、黑皮鞋，略带湖南口音的普通话为他平添了几分儒雅，满头银丝和上衣袋中的金笔又显出学者风度，给人一种雅致而超然的感觉。虽已百岁，仍面带红光，自己动手写学术材料，洗衣、下厨样样自理，走起路来健步如飞，上下五层楼不乘电梯。

刘志明的简朴生活，可谓大道至简，不以物喜，不以物悲。他清心寡欲，从不沾烟酒，多年来一直坚持素食，只有女儿在节假日看望他时，才会特意添些鱼肉荤腥，但自己并不动它。刘志明又是独步云天的人。从他书房墙壁上挂着的丹彤书赠的条幅"胸中常满艳阳春，医术精湛济世人"，可以看出刘志明的内心世界辽阔而富饶。无论他的生活多么朴素、简单，他心中都有一个艳阳天，春光明媚，让人心旷神怡。

### 2. 精研学术，不涉金钱

刘志明的医德医术在业界和群众中有口皆碑。他一生兢兢业业，为中医药事业继承、发展、交流做出了很大的贡献，深受行业内、外人士敬重，影响深远。翻开刘志明既往的手稿，有一段话是这样的："吾自 14 岁行医至今，谨遵师训，博览医学经典著作，广涉各家学说；因淡泊名利，众人不解，曰余'怪、愚'；余曰：学术不能掺杂金钱，不可借学术之声望谋取私利。"1993 年 7 月 17 日，《北京日报》以"名老中医刘志明"为题，作了客观报道，其中有一句话是这样写的："刘志明又是一个怪人，他不愿谈自己，不愿接受采访。他生性高远，淡泊名利，行医几十年从不收受患者的礼物，就是应得的加班出诊费也从不领取。"于是，有人觉得刘志明是个怪人，而且怪得几乎达到了"愚"的地步。

刘志明在业界的威望是一笔巨大的财富，但他没有运用它去谋取一己私利。1983 年他首次出访墨西哥，谢绝了当局高薪聘请。在旧金山换乘飞机间隙，他顺便光顾一家中药店，刚交谈两句，老板就请求他留下主导研发工作，他摇摇头，只淡淡一笑。刘志明在担任中华中医药学会副会长期间，因工作需要，多次出访国外，每次出访都尽量缩短行程，如期或提前归来，为国家节省开支。出访泰国时，他精打细算，尽量减少费用，回国后把节省下的外汇如数交公。这就是刘志明的金钱观：对国家的钱，每一分钱都用在刀刃上；对自己该得的，不去攀比；自己不该得的，拒之门外，一分也不要。刘志明认为学术是不可用金钱来衡量的。

### 3. 不言赋闲，心忧中医

用当代大收藏家唐裕龙《客夜书怀》之最后两句"南来长为客，岂敢顾双鬓"描述刘志明的中医生涯很适合。从而立之年南雁北飞入京，如今已经半个世纪了，但他仍然不言赋闲，心忧天下。改革开放以后，中外交流的大门打开了。已过知天命之年的刘志明开始担任中华中医药学会副会长职务，他利用每一次出访机会，在国际上大力宣传、弘扬中医药学术，把中华民族的医学瑰宝推向世界。1983 年 5 月首次出访墨西哥进行学术交流，交流之余，他凭借自己精湛的医术，为当地人民诊治疾病，疗效卓著，受到墨西哥总统的接见，为中医学在墨西哥的发展打开了局面，为国家赢得了荣誉。1987 年刘志明前往泰国曼谷主持中国医疗队的工作，他严格管理，提倡业务上精益求精，使得医疗队在当地很受欢迎。

中医学源远流长，对日本传统医学影响尤大。日本曾以其强大的经济实力为后盾，运用现代科学理论和先进的技术手段研究中医药，取得了一定的成就。1989 年，刘志明率团赴日参加中日医药学术交流会议，与日本关东、关西、福冈等地的"医师汉方研究会"进行了学术交流。日本汉方医界的不少权威人士都拜会了刘志明。通过刘志明的学术报告，日本医学界都为中华医学的博大精深而叹服。通过与日本医学界的接触，刘志明看到了中华医药在日本的巨大影响，也增加了他对于国内中医学亟待发展的紧迫感。

刘志明是第六、七、八届全国政协委员，针对中医药行业的特殊情况，为了更好地发展中医药事业，多次联合中医药行业同道，建议中医中药联合发展，共同促进；呼吁国家成立中医药专门管理机构——国家中医药管理局。为了继承、发扬名老中医的临床经验、学术思想，积极倡导中医药高学历、高水平人才的培养，亲自培养硕士、博士、师承制学生数十人。

现在刘志明虽然年事已高，仍心系中医药事业的发展。2003年"非典"肆虐时，刘志明积极响应国家号召，为中医药防治"非典"献策献方，致信吴仪副总理，为"非典"的中医治疗工作献方献策，总理也欣然采用了信中的方药救治非典患者。2008年汶川大地震后，为了防止灾后发生瘟疫，充分发挥中医药简、验、便、廉优势，贡献清热化湿、解散疫毒之经验方，为防止灾后瘟疫发生贡献了一分力量。己亥岁末、庚子年初，全国多个地区陆续开始出现新型冠状病毒感染，疫情席卷全球。刘志明虽已百岁高龄，但仍然心系疫情的防控工作。其间刘志明多次通过中国中医科学院广安门医院远程会诊平台为黑龙江、湖南等地区重症患者进行会诊，发现患者多为厚腻苔，认为属于温病中湿温范畴，辨证施治，均取得了令人满意的疗效，全部患者通过治疗后均已康复出院。

刘志明一直心系中医，曾语重心长地说："新中国成立几十年来，中医中药管理工作是大大发展了，但还远远不够，还存在不少问题。客观形势要求我们更加重视振兴中医，发挥老中医学术带头人的作用。因此，要制定重视老中医的政策，搞老中青结合，正是当务之急。"刘志明曾就中医发展问题多次向政府提出宝贵建议。在全国政协会议上，他为不断改善中医事业的现状而大声疾呼，受到各界重视，提出对外要宣传中医治病的科学性，对内要认识到中医发展的危机感。"大医精诚，志存救济"，这是对国医大师刘志明的最好写照。

## （二）文化修养

"文是基础医是楼"，刘志明幼时博闻强记，酷爱读书。6岁上私塾，先生博学而严厉，刘志明几年内背诵了《论语》《古文观止》等不少古书，对于中医古籍，虽不甚明白其中含义，却已早早开始诵读。11岁时，父亲病故，家境每况愈下，只得在家自学，经两年发奋努力，博览群书，为他后来学医奠定了良好的基础。15岁时刘志明拜湘潭名老中医杨香谷为师，遵照杨师教导深入汲取中医四大经典及各家学说的精华。刘志明将各家学说分为几个学派，每个学派选择有代表性的医家著作重点学习。比如学习温病学，刘志明认为温病首起刘河间，不仅系统阅读了刘河间的诸多著作，对吴又可、戴天章、余霖、杨栗山、叶天士、薛雪等温病大家的论述亦是如数家珍。刘志明孜孜不倦地阅读了历代经典及各家学说，从中汲取了大量的知识并获得了宝贵的启示。刘志明不仅酷爱读书，更是习得一手好字。其字如人，舒展大气，处处透露着淡然、平和、宁静的韵味，令观者心生欢喜。虽已百岁高龄，刘志明出诊仍然坚持手写处方，一气呵成。患者拿到处方每每赞叹不已，表示要当作墨宝存留。

刘志明以实际行动诠释了"青衿之岁，高尚滋典，白首之年，未尝释卷"的含义，经年累月古典文化的熏陶带给他的不仅是一身救死扶伤的医术，也为他营造出一个广袤深邃的精神世界。岁月流转，刘志明的坦荡赤诚之心从未改变，其从容不迫、温润儒雅、淡然高远的气度却愈胜从前。

## 八、养生之智

刘志明精研历代各家养生之学，常年身体力行。年已百岁仍然坚持一个人生活工作，耳聪目明。自己买菜、洗衣、做饭，自行参加各类社会活动，坚持不用他人帮助和照顾，并且每周坚持临证，指导学生。更为重要的是，刘志明平日极少生病，并且自我总结出了一整套行之有效的养生方法。

### （一）四时养生

"四时养生"就是顺应一年四季气候变化的规律和特点，采取合适的调摄方法，提高人体适应自然的能力，其核心思想即"顺应四时，趋利避害"。针对春令之气升发舒畅的特点，刘志明提出春季养生"当审时气，节宣调摄，以卫其生"。意为节制和宣达春阳之气，避免阳气的耗伤及郁闭，使体内之阳得以保护充沛。夏季养生要顺应阳盛于外的特点，注意顾护阳气，不食生冷，以达到防病健身、延年益寿之目的。秋令养生要顺应自然界从"夏长"到"秋收"的阴阳消长变化，将"养收"原则贯穿始终。冬季养生，刘志明强调应该时时处处围绕"藏养"，避寒就暖，敛阳护阴，养精蓄锐，以待来年勃发旺盛。

### （二）精神调摄

刘志明的养生摄神心得，可概括为涵养道德、淡泊名利、笃志不衰、怡情悦心四个方面。他身体力行先贤之说，始终注重修身洁行，涵养道德。节制名利诱惑而少思寡欲，是保持内心宁静、神气清灵的养神手段。刘志明将"清心寡欲，淡泊名利"视为养生真要，指出老年人要想保持健康的体魄，就必须要有一个积极向上充满活力的精神境界，这是每一个人的生命基石和精神支柱。因此，他胸中常存"莫道桑榆晚，为霞尚满天"之信念，坚持自己的人生追求，力所能及地做一些有益于社会的工作，老有所为、笃志不衰，就能使自己的生活充满希望和乐趣，从而远离烦恼疾病，尽享美好生活。刘志明之所以能够常存一片艳阳春，皆得益于他对情志调摄的重视并且找到了合适方法，才使得心境始终处于"乐观""开朗""愉快""积极"的健康状态，这就是他得以高寿的重要养生秘诀之一。

### （三）饮食调补

刘志明继承先贤之说，结合自身饮食调摄体会，对传统饮食养生理论加以提取凝练，删繁就简，将其精华归纳为五个方面，即"平衡饮食，兼而取之""谨和五味，切忌偏颇""节制勿贪，定时定量""四季不同，应有侧重""人亦有别，区分对待"。

### （四）运动健身

刘志明一贯主张"运动健身，抵抗疾病"，认为适当运动、勤于锻炼，可促使人体气机调畅、血脉流通、关节灵活、形神合一，收到内以养生、外以却恶的效果，此所谓"血气冲和，万病不生"，提倡可进行游泳、跑步等各种形式的运动。刘志明依据太极哲理，在传统武术太极拳的基础上，结合老年人的自身特点，剔除跳跃发力动作，弱化技击功能，突出健身效果，自行创编太极养生保健拳。刘志明平常虽诊务繁忙，却作息有时，极少熬夜，尤其是步入老年后，更加注重睡眠养生。他指出，老年人气血阴阳俱亏，"营气衰少而卫气内伐"，故常有"昼不精，夜不瞑"的少寐现象出现，对健康十分不利，正如古代养生家所说"少寐乃老人大患"。因此，年老之人应当增加必要的休息。

# 九、传道之术

## （一）人才培养方法

在中国医学史上，师承制教育曾经是中医药人才培养的主要途径，保障了中医药学术的传承发展。在中医药专家学术思想的传承方面，师承制教育具有无可比拟的优势。2007年9月10日，中国中医科学院启动第一批著名中医药专家学术经验传承博士后研究工作，开始在中医药领域探索培养"中医药大师"之路。刘志明作为中医药学科领域中的领军人物之一，被聘为中国中医科学院第一批著名中医药专家学术经验传承博士后合作导师。2008 年 4 月 28 日，中国中医科学院著名中医药专家学术经验传承博士后工作室揭牌暨广安门医院名中医工作室启动仪式在北京举行，它标志着中国中医科学院著名中医药专家学术经验传承博士后工作全面启动，刘志明作为导师代表，高兴地参加了揭牌仪式。2015 年"刘志明国医大师传承工作室"成立。刘志明认为中医药人才培养方面重点在于师承，传承工作室的建立，对于人才培养提供了基础和保障。

### （二）人才培养成果

"刘志明国医大师传承工作室"负责人刘如秀教授是首都名中医，刘志明全国首批学术继承人，作为刘志明的长女，也是刘氏第八代传人。在刘如秀教授带领下，工作室的传承工作开展得井井有条，有声有色。全面收集、总结、研究刘志明老中医擅治急性热病、老年病、心血管疾病、肾病等诊疗医案，共整理医案 1000 余例，其中回顾性医案 300 余例，前瞻性医案 700 余例，典型病例 200 余例。总结刘志明学术思想及临证思辨特点，尤其对于心系疾病、慢性肾炎、湿热病症、发热病症、老年病等进行了深入总结，完成"冠心病——胸痹心痛辨治""高血压病——眩晕病辨治"等病种的特色诊疗方案，并形成推广应用报告。

工作室出版《刘志明医案精解》《国医大师刘志明临证经验集》等专著 4 部，在国内、外核心期刊发表学术论文 200 余篇，SCI 收录 20 余篇（影响因子最高 10.75 分）；申请国家专利 4 项，成果转让 1 项，承担课题共 26 项，包括国家自然科学基金 5 项、"十一五"国家科技支撑计划项目 1 项、国家中医药管理局课题 5 项、北京市自然科学基金项目 3 项、北京市科技计划"首都特色"重点项目 1 项等；获得北京市、中华中医药学会及中国中医科学院科学技术奖共 5 项。先后培养硕士、博士、博士后、传承博士后及师承徒弟数百名。

刘志明在带教过程中发现，中医药人才教育是高等教育的重要组成部分，但是随着现代教育的发展和西医学科的冲击，目前许多带教的中医临床研究生没有建立较为完善的中医思维模式，这是不符合名中医成长路径的。

刘志明提出中国传统文化与中医经典是临床中医理论的源头活水，故而经典的学习是临床中医师成长路径上不可或缺的一部分，也是成为一名优秀中医的基石。他认为，中医是根植于中国传统文化和古代哲学的一门医学。由于中医基础知识在民众中的普及不够，大部分带教的学生在接受高等中医药教育前接受的医学相关教育是生物学、化学等现代科学知识，步入大学学习专业课时多忙于中医专业课程本身的学习，从而忽视了与中医相关的基础知识的学习，尤其是中国传统文化的学习。

所以大部分中医研究生普遍缺乏对中医的认同感，缺乏继承中医事业的使命感和发扬中医的责任感。所以刘志明在培养带教学生之时要求较为严格，要求学生熟读四大经典著作。刘志明告诉学生在平日的硕博或博士后研究过程中，要具有扎实理论基础和较强的中医临床能力，方可继承中医药之精华为其所用，又要勤跟临床，具有广博知识视野，并且对"病—证—症"和"理、法、方、药"具有深入的洞察能力。在学术研究过程中还要具有批判思维和科学思维能力，进而在继承中加以创新，才能让中医走向世界，走向更多人的身边。

文是基础，医是楼。中国传统文化中的很多思想对中医学的发展产生了极其深远的影响，渗透着我国古代历史、哲学、语言、文字、天文、地理、气象、历法、生物、社会等多学科的知识和学术成就，如将传统文化中的阴阳学说、五行学说、气论及朴素的唯物主义思想都融入经典著作的医理中，可以帮助带教学生更好地了解中医理论的精髓。中医经典理论是中医的根本，一旦带教过程中只重视学生的研究思维和学术思维，忽视了对中医经典文化方面的培养，中医这棵屹立不倒的大树也会受到严重的影响。在带教期间通过经典方面的学习，学生可以加深对本科阶段初学中医时不甚理解的医理的认识，对现有知识进行很好的查缺补漏，这将为不久后正式成为一名中医师投身临床工作打下坚实的中医理论基础。勤读经典，深耕临床，方能成为一代大家。

卷帙浩繁的中医经典著作充分体现了中医学的伟大之处，是中医学的宝库，是必须要学习并掌握的。而治学之要，在于博览群书博采众长，加以独立思考，独特见解。因此，刘志明认为通过学习中医经典和中医传统文化，可以增强学生的专业自信，从而使学生能以一种积极的态度去学习钻研。尤其是在传统中医繁荣发展的新时期，更需要中医学习者以一种坚定自信的态度去传承和学习中医，中医理论所特有的文化属性决定了中医的传承这一主要特性，同时中医的传承是其发展的重要基础和动力。

刘志明还认为，带教的学生在经典学习过程中，可以对中医传承的重要性有更深入的认识，从而可以更好地促进中医理论的继承和发展。这也是为何全国优秀中医临床人才研修项目中特别地强调了中医经典的重要性和突出性。而且就临床角度来讲，中国传统文化是中医思维的基础，而中医思维是作出临床诊疗决策的基础。可见只有先将医书背熟，打好古文基础，才能掌握其中理论，在临床中准确辨证，使药证相合，药到病除。这是刘志明对带教学生的殷切希望和培养过程中的必修课。通过学习中医经典文献，可以在打牢中医学理论根基的同时，为临床实践研究提供思路，为临床基础研究提供借鉴，促进临床中发现新的研究课题。刘志明督促学生们一定要坚持传承精华、守正创新，实施好中医药振兴发展重大工程，深入发掘中医药宝库中的精华，切实把中医药这一老祖宗留给我们的宝贵财富继承好、发展好、利用好。

## 刘志明学术传承谱

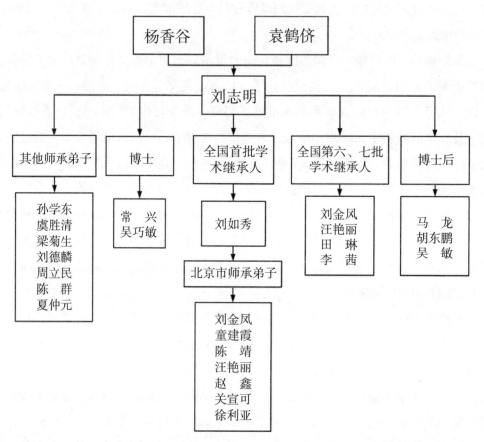

（刘如秀、汪艳丽整理）

（张伏震编辑）

# 刘尚义

　　刘尚义教授（1942— ），主任医师，博士生导师，师承博士导师，师承博士后合作导师，享受国务院政府特殊津贴专家。第三至第七批全国老中医药专家学术经验继承工作指导老师，中华中医药学会第二至第四届理事，国家中药品种保护审评委员会第一、第二届委员，国家医疗保险（中药）咨询专家。首届贵州省名中医。曾任贵阳中医学院院长、党委副书记，贵阳中医学院第一附属医院党委书记、院长等职。先后荣获"全国先进工作者""全国中医药杰出贡献奖""贵州省医疗卫生事业发展特别贡献奖""贵州省杰出人才奖"等称号。2014年被授予第二届"国医大师"称号。

　　刘尚义教授师从贵州名医葛氏疡科第七代传人赵韵芬，深入学习疡科疾病的诊疗以及丸、散、膏、丹的炼制，擅用丹药、线药，将葛氏疡科对"九子疡"的治疗理念贯通于肿瘤诊疗的临床实践中，系统总结出"疡理诊瘤""疡法治瘤""疡方医瘤""疡药疗瘤"的观点，逐渐形成"引疡入瘤"学术思想，极大地丰富了中医肿瘤诊治学术思想；刘尚义教授在临床诊疗中不断总结，提出"肤膜同位""肤药治膜"的诊疗理念，以此总结出"从膜论治"理论，将其运用在临床疑难杂症中。刘尚义教授临床常用处方"药味少而精，用量小而和，配伍神而妙"。他自谓"仲景门徒"，"勤求古训，博采众方"，"抗志以希古人，虚心而师百氏"，主张兼收并蓄，倡导"中西既济""引西润中"，志在与时俱进，发展中医。在治病求本的前提下，随证用药，巧取经方之核心用药，善用对药，数方合用，用方辨证精妙，疗效显著。

# 一、学医之路

刘尚义出生于贵州省大方县，自幼聪颖好学，博闻强识，1961 年 8 月以优异的成绩考入贵阳医学院祖国医学系，踏上了岐黄之路，1965 年转入新成立的贵阳中医学院，并成为贵阳中医学院的首届毕业生。在校期间，他受黄树曾、方以正、李彦师、张致安等一大批中医名家的影响，遍览图书馆的中医典籍，并对其中的中医经典著作进行了深入的学习和研究，为从医之路打下了坚实的基础。在校学习期间，刘尚义通过大量阅读中医典籍以及老师们的点拨，深知学习医案的重要性，常通过阅读名家经典医案获得宝贵中医临床知识和经验，并且通过比较不同医案的治疗方法和效果，提高自己的诊疗水平。

刘尚义深知中医是一门实践学科，需要将中医理论与实践相融合，才能成为一名好的中医医师。没有家学渊源的他，对于学习完全凭着对中医的热爱与坚持。白天跟师学习，晚上就把默记的方子抄在本子上，然后感悟思考每一张药方为什么这么开，每一味药的药性是怎样的，和其他药配在一起会产生什么样的作用，先研究弄懂，总结规律，再变成自己的知识储存一辈子。贵州中医界著名的葛氏疡科第七代传人赵韵芬老师被刘尚义勤奋好学的精神打动，遂将疡科疾病诊治要领和秘方悉数传于他。刘尚义不负老师的厚望，通过长期临床实践并结合自身体会，不断将疡科理论发扬光大。他所提出的"引疡入瘤"和"从膜论治"理论，不仅拓展了疡病的治疗范围，还创造性地将疡科药物应用于肿瘤的治疗，极大地丰富了肿瘤的治疗原则和治疗方法，为中医治疗肿瘤作出了重要贡献。

# 二、成才之道

## （一）遍览中华群书，精晓杏林医方

刘尚义从小在父母和大哥的影响下，深知读书可以明晰事理，读书可以开阔视野，读书可以增长知识，读书可以培养思维，读书可以丰富人生，渐渐养成了爱读书的习惯，且嗜书如命。为了不漏读一本书，他在图书馆按照图书编号进行阅读。当时图书馆的管理员赵奇曾这样描述刘尚义："他就是那个把图书馆的藏书都顺着读遍的娃娃。"书籍帮助他构建了世界观、人生观和价值观。

进入大学后，学校图书馆里一排排的中医典籍，为刘尚义学习中医提供了丰富的学习资源。通过阅读《黄帝内经》《伤寒杂病论》《神农本草经》《难经》等经典医籍，他学习掌握了中医的基础理论、辨证思维、诊疗理念、辨治原则、中药方剂、针推技法等。刘尚义从此沉浸其中，与古为徒，私淑百家，师法造化，揣测领悟，融会新知。除了利用学校图书馆的资源，刘尚义还热衷于在旧书店搜寻中医书籍。只要手头宽裕，他就会把有价值的书籍买回去仔细研读；若囊中羞涩，他便会在旧书店中迅速浏览，抓紧时间汲取知识的营养。

刘尚义读医书不是一读二背，而是心悟。心悟，是向内心求学问的认知方式，在大量古代优秀文化经典的基础上结合自身所遇，细心琢磨，终有所悟，提出"中医是科学，指导用哲学，表述靠文学，辨证论治有美学，全过程充满社会学"。这种全新的认识是他不断努力、不断思考的结果，也是他用心领悟、认真思索的体现。

## （二）师承葛氏疡科，贯通内外之理

刘尚义考入贵阳医学院祖国医学系后，深知要学好中医，除了要多读经史典籍，更重要的是多临证、多实践。因此，他利用课余时间，积极寻找各种机会跟随名老中医学习临床经验。在一次机缘巧合下，他知晓有一位擅长治疗"九子疡"的贵州中医界著名的葛氏疡科第七代传人赵韵芬医师在贵阳开设了一家疡科诊所，就前去拜访这位备受尊敬的老师，并得到了她的同意，留在诊所里学习。

在诊所里，刘尚义负责熬制药汤、调制药膏，将水银、明矾和芒硝等药材研磨成粉。这些工作既辛苦又脏乱，但他毫无怨言，每天忙完回到学校时，身上都会散发出中药的味道。这样的付出也为他带来了宝贵的实践经验。在接下来的 6 年时间里，无论是周末、节假日还是寒暑假，刘尚义都会前往赵医师的诊所参与中医相关的各种工作。这段经历为他的中医学习提供了极大的帮助，使他在实践中深化了对中医理论的理解和应用。

在赵医师的诊所里，刘尚义学到了升丹、降丹、药线等外疡基本知识，然而对于一位勤奋好学的中医学子来说，其期待却远不止于此。每次赵医师让他配药或研磨药粉时，他都会默记药名，并在夜晚将其抄写于笔记本上，仔细推敲这些药物的运用之理。在此期间，他不仅亲身体验并目睹了众多外疡病例，还积极尝试炼制各种丸、散、膏、丹，系统地阅读疡科医书，几乎阅遍了已发表或出版的疡科学术论文和著作。

直至参加工作前夕，赵老师语重心长地对刘尚义说："你跟随我已有六年，我深知你是一个聪明勤奋且有极高悟性的年轻人，未来你必将成为一名治病救人的良医。现在，你要开始独立行医了，我教你两招在农村非常实用的医术，但按照葛氏师徒传统规矩，你只能用耳朵听，不允许用笔记。"刘尚义被这突如其来的信任深深打动，全神贯注地聆听赵医师的每一个字，拼尽全力去记忆这些宝贵的知识，一刻也不愿错过。从赵医师家出来后，他匆忙回到宿舍，迅速拿出笔和本子，将心中牢记的疡科疾病诊治要点和丸、散、膏、丹的秘方记录下来。自那以后，刘尚义真正成了一名有师承、有特长、有专业领域的中医师。在之后长期的临床实践中，他不断将中医理论、疡科理论及自身体会融合，将疡科理论发扬光大，提出"引疡入瘤"和"从膜论治"的全新理念，扩大了疡科的诊治范围，丰富了肿瘤的治则和治法。

### （三）扬中医药之旗，著书立方传道

刘尚义追随名师以开阔自己的视野，同时涉猎群书，注重古为今用，不拘泥于传统。其中他最崇拜张仲景，常自谓"仲景门徒"，并自拟一副对联："医宗仲景百病胜，独领风骚在创新。"他的理想是穷医道精髓、承仁医博爱，成为像张仲景那样医德医术皆达最高境界的苍生大医。在临床实践中，他常遇到一些怪病，也就是在医学史上不多见、尚没有现成病名可归置的病，治疗时既没有可采用的常规方式，也很难找到可借鉴的医案病例。每次面对这样的患者，刘尚义都将其当成对中医新领域拓展的一次尝试，调动自己的知识积累，继承与创新相结合，用现代医学观点对疾病进行审视，出奇制胜，常常取得可喜的效果。通过长期的摸索总结，他研制出龙膏、凤膏、温阳化癥膏、蟾灵膏及固垒膏等制剂，这些药用于临床屡显妙手回春的奇特效果，其中龙膏、凤膏和蟾灵膏还取得了贵州省医疗机构制剂备案许可证，并申报获批了发明专利。

一个卓有成就的中医人，不仅应具备临床上的成功，还需具备对长期积累的临床经验进行归纳提升的能力，以及对学术新思想的探索和研究。从医近60年来，刘尚义独立撰写论文《学习李杲的脾胃内伤学体会》《张介宾温补思想初探》《温补学派源流浅说——兼论张景岳学术及医疗经验》《中医思维反观》《谈尿路结石》《读〈王锡章内科、妇科、儿科医案〉后》《试论〈中医诊断学〉的起源及发展》《中医温病学术发展述要及对SARS病辨证论治思考》等。他主编或参编并正式出版的书籍有《南方医话》《医林拔萃》《中医证候辨治轨范》《中医证候鉴别诊断学》《中医疾病诊疗纂要》等10余种，其中主编的《南方医话》是刘尚义为推动中医由经验医学向实验医学发展所作的重要贡献。

### （四）"引疡入瘤"通其妙，"从膜论治"立新意

凭借深厚的中医学素养，刘尚义认为疡科与肿瘤的治疗在很多方面是相通的。通过将肿瘤的内治与疡科的外治相结合，他把针刺、艾灸、药物敷贴等疡科治疗方法，以及口服、外敷多种用药引入肿瘤治疗中，极大地丰富了肿瘤治疗手段。他提出"引疡入瘤"理论，该理论将疡科方法和药物治疗应用于肿瘤治疗，取得了极大

的成功。这一理论包括疡理诊瘤、疡法治瘤、疡方治瘤、疡药疗瘤的核心要素，为恶性肿瘤的诊疗提供了一个全新且行之有效的方案。在"引疡入瘤"理论的指导下，按照膜痒、膜疮、膜烂出血的诊治规律，对肿瘤进行"从膜论治"。刘尚义提出了"从膜论治"的理论，这一理论拓宽了中医疡科的诊疗范围，将疡科的诊治范围扩展到对黏膜丰富的空腔脏器疾病的诊治。包括食管癌、胃癌、结直肠癌、膀胱癌、子宫癌、乳腺癌等在内的恶性肿瘤疾病，都已纳入他的治疗范畴。"引疡入瘤""从膜论治"理论，不仅是对传统肿瘤治疗的创新，更是为患者带来了新的希望和福音。

# 三、学术之精

## （一）疡科疗瘤，"引疡入瘤"治恶疾

刘尚义教授早年师从于赵韵芬老师，学习疡科疾病的诊疗，以及丸、散、膏、丹的炼制，深得真传。他在长期的临床实践中，逐渐将葛氏疡科对"九子疡"的治疗理念融会贯通，将外疡科特色诊疗技术应用于肿瘤疾病的防治中，取得良好的临床疗效，逐渐形成了"引疡入瘤"的学术思想，凝练成"疡理诊瘤""疡法治瘤""疡方医瘤""疡药疗瘤"的整体诊疗思路。通过中医传承辅助系统，可分析出刘尚义在治疗肺癌、胃癌、肠癌、膀胱癌、宫颈癌等居前十位肿瘤的常用药物，总体挖掘得出前四位分别是鳖甲、莪术、冬凌草、葎草，故其用方称为"甲术二草汤"，极大地丰富了中医肿瘤诊治的学术思想和治疗理念。

## （二）内病外治，"从膜论治"疗杂病

刘尚义教授将外在疡科之理运用于内在疾病的治疗中，他认为基于这种内在之病，采用外在之法的诊疗思路，体内很多疾病均可予此。故刘尚义教授将其思维发散，认为"体内疾患，临证中犹如一囊"，可以想象把内"皮"翻过来，犹如将咽、食管、胃、肠、膀胱、子宫等黏膜外翻暴露在视野下，一目了然。正如各脏器的黏膜病变如炎症、溃疡、肿瘤、白斑、糜烂、出血等均能在现代诊疗技术下观其貌、察其变，与皮肤疾病有共通之处，刘尚义教授提出在内之膜如在外之肤，肤膜同病，肤膜同位，异病同治，即为膜病理论的核心内涵，以此建立了"从膜论治"雏形。其治疗涵盖呼吸道黏膜覆盖部位（鼻腔、咽、喉、气管、支气管和肺）、消化道黏膜覆盖部位（口腔、咽、食管、胃、小肠含十二指肠、空肠、回肠和大肠含盲肠、阑尾、结肠、直肠）、泌尿系统黏膜覆盖部位（肾、输尿管、膀胱及尿道）、生殖系统黏膜覆盖部位（阴阜、大阴唇、小阴唇、阴蒂、阴道前庭、阴道、子宫和输卵管）

等。刘尚义教授还总结出膜病的病因为风、痰、瘀、毒，并根据症状分为膜痒、膜疮、膜烂出血三类，以及总结了不同类型膜病的辨证论治，如外风证、内风证、湿热证、痰热证、湿毒证、瘀毒证、阴虚证、阳虚证等。这种内病外理，内病外法，内病外治之理念，体现了刘尚义教授的思辨创新，为临床疑难杂症的辨证和治疗提供了思路。

## （三）重视气化，擅用风药医怪病

刘尚义教授认为，百病怪病生于风，故善用风药，常按风邪致病特点进行辨治。风药是指其质轻气清具有疏解宣透作用，但刘尚义教授在临床中的运用，远远超出了解表祛邪之功：①味之薄者，可生发肝胆春升之令，进而提举清阳，以风药助生发。风药通过发挥其生发调动之力，使脏器恢复功能，撬动顽疾。②升阳除湿：风药味辛能行散，疏调气机，内利三焦，外通腠理，使湿邪外出有路。③通经络：风药具有辛散走窜之效，对于经络不畅而致的疼痛，可加风药以通络止痛。④发散郁火：风类药具有升散之性，以其辛散之性，行气开郁，调畅气机，通达腠理而发散郁火。⑤体内有水湿积聚者，或溢于肌肤，或积于体内，治之当以风药，通过其开腠理、利水道而起到利水的作用。⑥调畅气机：风药之辛散升浮，遂肝木曲直之性，行而不滞，散而不郁，气机舒畅，郁自无存。⑦风行有声：人和自然相统一，人体内有声的疾病多因于风，如肠鸣、耳鸣、阴吹之疾，当以祛风药以治之。⑧助力补益：在补益脾肾的药物中常配伍少量的风药，以其升阳的特性，促进脾气的升清，使脾胃气机调畅，更好地发挥其运化和化生气血的功能。在补肾的药物中少佐风药，以其升阳之性达到鼓舞气化，促进阳生阴长。但临证中当注意此处风药的运用为少佐，因风药有辛燥和耗散之弊，防止用之不当，耗气伤阴。

## （四）痰瘀共论，祛痰消瘀诊难疾

"怪病多因痰作祟"，刘尚义教授在临证中常注意有形之痰和无形之痰所致之疾，而临床中"痰"时与"瘀"相合，两者常为致病之根，相互影响，相互转化，关系十分紧密，津液运行不畅，而致痰浊内生，阻滞气机，血运不畅，二者在病变过程中互为因果，交结难分，而致疾病缠绵难愈。故刘尚义教授在用药中不仅治痰，还注意调血，治痰与化瘀同治，改善其难以分消、缠绵难愈的状态。治痰者，刘尚义教授临床中常从寒痰、热痰、湿痰、风痰、燥痰言之，予以温阳化痰、清热化痰、燥湿化痰、疏风化痰、润燥化痰，分而论治，并治病求源，依据痰饮者"其本在肾，其标在肺，其制在脾"，配合健脾、补肺、益肾之物。治瘀者，刘尚义教授从气虚致瘀、气滞致瘀、血寒致瘀、血热致瘀、血虚致瘀、出血致瘀论治，治以益气活血、行气活血、温通活血、清热活血、养血活血之法。治痰与祛瘀相结合，兼顾合治，分消其势。

### （五）久病入络，活用虫药治久病

病程日久，正气不足，经脉空虚，络脉气血运化、营养、濡润不足；气血亏虚，温煦运化无力，因虚而滞，致使虚、瘀、痰、毒产生，即为络病的基本病理特点，并具有虚、瘀、滞的特点，此即"久病入络"。所以对于病程日久的患者，刘尚义教授常配合养血、活血之品。但有时草木之品难以奏效，刘尚义教授认为膜病日久，风痰瘀毒混处络中，乃络之重病，需以虫类药物搜剔经络，具有破积消癥、消肿散结、活血通络、祛瘀生新、行气止痛、息风止痉、疏风泄热之效。诚如叶天士所云："初为气结在经，久则血伤入络，辄仗蠕动之物松透病根。"刘尚义教授推崇仲景，其创大黄䗪虫丸、抵当汤、鳖甲煎丸等通络之方沿用至今，也常常是刘尚义教授络病用药指导的依据。同时刘尚义教授注重虫类与风药的运用，利用风药善行走窜之力，以助通络开瘀之功。又因络病多夹虚的特点，病久多耗伤津液，故他常在虫类搜剔之中兼予养阴之品，通补兼施。

### （六）穷必及肾，推崇久病治肾

"百病之极，穷必及肾"，病自上损下，至肾则病重矣；或他脏先病，后及于肾，及于肾者，危重症也。故刘尚义教授经常强调，不要等到图穷匕见之时才关注肾，贵在见微知著，在疾病早期就要顾护肾气，临证中重视肾在人体生理、病理、疾病预后与病后康复过程中的重要作用。肾为先天之本，藏精，主生长发育及生殖，主骨生髓，又主水，主纳气，内藏元阴元阳，为脏腑之本，性命所系。若先天禀赋不足，或后天失养、房劳过度、久病失治、重病耗伤肾精，往往出现肾虚症状；若痰、饮、水、湿、热、毒、瘀、风等乘之，累及膀胱，导致肾、膀胱邪实之证。对此，刘尚义教授采用温阳、滋阴、化痰、逐饮、除湿、利水、清热、泄毒、逐瘀、祛风、通淋、去浊等多种方法治之。肾为阴阳水火精气同居之脏，人体健康归于阴阳水火的相对平衡。一旦摄生不慎，易致虚损病证迭起，因"阳虚易治，阴竭难医"，故刘尚义教授临证时尤其重视调补肾阴，以阴化阳，以阴养气，以阴生血，从而使得阴阳水火平衡。

### （七）阴阳为纲，彰显中医特色

阴阳失调是疾病发生的内在根本原因，因此临床治疗中，分清阴阳病理状态是治疗的原则。阴阳辨证乃中医八纲辨证的总纲，亦是刘尚义教授临床常用辨证方法，且以养阴为主。一方面，刘尚义教授遵朱丹溪所说，"阳常有余，阴常不足"，故滋阴护精应为疾病治疗的重要思路。另一方面，临证用药中，刘尚义教授常配伍苦燥、辛散之品以及病因本身因热均损阴液。刘尚义教授尤其注重两者互相资生的关系，在滋阴的时候，有时会加入少量温阳补阳之品，以使得阴得阳助，在补阳的时候亦是如此，使得阳从阴化。所以刘尚义教授在临床辨证时，以阴阳辨证为总纲，善平衡阴阳，且注意阴液的调护，擅长于阳中求阴，阴阳和谐，则百病缓消。临证中刘尚义教授常内病外治，外病内治。基于这种整体观念，刘尚义教授以外治观念治疗内在疾病，肤膜整体协调，比如治外之祛风止痒、消肿排脓、生肌敛疮、清热解毒、收敛止血、活血化瘀等治法均可用于内在疾病中，正如"从膜论治"所表达的，也正是整体观念。刘尚义教授将人体视为统一整体，外法治内，外药疗内，为"从膜论治"奠定基础。

# 四、专病之治

刘尚义教授长期致力于中医临床工作，精通岐黄，博览群书，常将各类文化、思想融入中医治疗中，并逐渐将疡科理念与临床融会贯通，擅长治疗肿瘤疾病、妇科疾病、肺系疾病、脾胃病、泌尿系疾病等，疗效确切。下面重点介绍刘尚义教授在辨治恶性肿瘤和妇科疾病的独特经验。

## （一）恶性肿瘤的辨治

恶性肿瘤属于中医学"癥瘕""积聚"等范畴。《灵枢·百病始生》中早有记载："是故虚邪之中人也……稽留而不去，息而成积。"许多恶性肿瘤如食管癌、胃癌、结直肠癌、膀胱癌、子宫癌等都属于富含黏膜的空腔脏器疾病，通过西医学内镜技术发现恶性肿瘤往往有溃疡、糜烂、流脓流血等表现。刘尚义教授认为这些表现与疡科之症相同，总结出"肤膜同位""肤药治膜"的诊疗理念，独辟蹊径，主张将"膜"作为恶性肿瘤的诊疗重点，并利用治疗疡科的药物、思路等对其进行治疗，推陈出新，获得了不错的临床效果。刘尚义教授在临床逐渐形成了"引疡入瘤"的学术思想，将其凝练成"疡理诊瘤""疡法治瘤""疡方医瘤""疡药疗瘤"，充实了中医学治疗肿瘤的学术思想和治疗理念，也是中医"异病同治"治则的临床体现。

### 1. 病因病机认识

刘尚义教授认为，恶性肿瘤的病机核心与风、痰、瘀、毒四者在体内的蓄积密切相关，四者互为因果。风为百病之长，当风邪夹杂其他邪气侵犯肌表后，可致营卫失和，发为恶性肿瘤膜痒；外邪郁闭经络，或久而化热，或气血运行不畅，则加剧体内痰、瘀、毒的积聚，发为恶性肿瘤膜痒、膜疮、膜烂出血；痰湿阻滞，影响气血运行，而致瘀血，痰瘀胶结，化热生毒，而致恶性肿瘤膜疮、膜烂出血；瘀血停滞，影响水湿运化，化生痰湿，痰瘀胶结，化热生毒，而致恶性肿瘤膜疮、膜烂出血；痰瘀日久化热，胶着不解，便成为毒邪。恶性肿瘤膜病的发生多与肺、肝、脾、肾四脏密切相关。肺主皮毛是恶性肿瘤膜病的病机关键。

**2. 分型论治**

刘尚义教授将恶性肿瘤证候特点总结为膜痒、膜疮、膜烂出血。恶性肿瘤膜痒的主要表现为黏膜瘙痒、疼痛、麻木或分泌物增多，如喉癌患者咽喉瘙痒、疼痛，结直肠癌大便次数增多，子宫癌阴道分泌物增多等；恶性肿瘤膜疮则以黏膜红肿、结块，或表面破溃成疮为主要表现，如胃癌会出现胃黏膜溃烂、结直肠癌肠黏膜结块；恶性肿瘤膜烂出血则会出现黏膜疮面破溃糜烂、流血或脓血等表现，如子宫癌患者出现阴道出血、结直肠癌患者出现便血、胃癌患者出现吐血。关于恶性肿瘤膜病的治疗，刘尚义教授根据"肤膜同位，肤膜同病"的治疗理念，治疗时善用"消、托、补"三法。同时刘尚义教授认为应遵循疡病三期治疗原则：在病之初期，除了针对病情合理手术、放化疗外，中医则以豁痰解毒、活血通络，祛邪为主；在疾病中期，则应豁痰软坚、化瘀搜络、祛腐生肌，同时需一并扶正祛邪；疾病后期，伤阴耗气，穷必归肾，治疗以补为主，兼顾祛邪。在治疗方法方面，刘尚义教授提倡传统剂型和膏方并用，内服中药和外敷、药线并用，自创蟾灵膏（内服）、温阳化癥膏（外敷），形成了肿瘤治疗的体系，取得较好疗效，在肿瘤疾病的治疗中独树一帜。

（1）从膜痒论治恶性肿瘤

①外风证

［辨证］风性开泄为阳邪，易搏于皮肤黏膜，发为痛痒；风善行而数变，或窜于皮肤黏膜经络，或客于腠理，营卫不和而致痛痒；风为百病之长，寒、湿、热等邪气易随风而入，侵袭人体，湿毒内蕴，腠理失和，而致皮肤黏膜痒痛。《外科大成》认为"风盛则痒"。在治疗上宜祛风止痒，可予露蜂房、羌活、蝉蜕、白芷之品祛风解表，调和营卫；并兼予刺蒺藜、当归、莪术等化瘀通络之药物，以祛络中之邪，同时还寓有"治风先治血，血行风自灭"之意。血热者，可予生地黄、牡丹皮之品；湿热者，可予地肤子，白鲜皮之类；夹痰湿甚者，加藿香、胆南星等清化痰湿之品，化痰除湿，以恢复肝之疏泄、脾之运化。

［治法］祛风清热，解毒止痒。

［特色方药］在恶性肿瘤膜痒的用药组合中，常选用厚朴、苍术组合。其中厚朴具有燥湿、除满之功，可除中焦湿邪；苍术能燥湿健脾、祛风散寒。两药相合可以湿除脾运，中阳得振，解湿邪困脾。地肤子性寒，能清热利湿、祛风止痒；白鲜

皮清热燥湿、祛风止痒、解毒。二药合用可祛则内外之湿，并能祛风解表止痒。金钱草与田基黄合用具有清热利湿、散瘀消肿之功。以上三组药物组合从肺、脾、肝入手，通过肺之宣降，通调水道，以及脾之运化、肝之疏泄等功能以调节水液代谢，使痰湿得去，但在用药配伍中注重祛风除湿，充分体现了"风盛则痒"和膜痒为病之初起的疾病特点。

②内风证

［辨证］肾藏精，肝藏血，肝肾同源，素体虚弱，或久病失养，或多产房劳，或失血过多，重耗精血，肝肾亏损，血虚生风，则局部瘙痒；肝肾阴液亏虚，局部黏膜失于滋养，而致色素改变。情志不畅，肝失疏泄，气滞血瘀，五志化火而致血热，热盛风动而致瘙痒；久病血伤入络，脉络瘀滞，黏膜失于濡养，而致色素改变。

［治法］疏肝养血，化瘀通络，祛风止痒。

［特色方药］以蝉蜕、蜂房、防风、白芷之品祛风通络止痒；若兼阴虚，常以黄精、桑椹、玉竹、石斛等养阴生津，甚者用大补阴丸滋阴降火；兼血热，可用生地黄、牡丹皮之品凉血润燥；兼肝郁，予佛手、郁金等疏肝解郁；兼络伤瘀滞，轻者加莪术、刘寄奴等活血化瘀，重者以水蛭、蜈蚣等虫类药收剔经络。

③湿热证

［辨证］饮食不节，嗜食肥甘厚味，损伤脾胃，脾运失职，蕴湿化热，或情志抑郁，肝木乘脾土，肝郁化热，脾虚生湿，湿热内蕴，内不疏泄，外不畅达，郁于皮肤黏膜腠理，而致瘙痒；湿毒内袭，浸渍黏膜而致瘙痒，局部色素减退；湿热下注而致带下量多、色黄气秽，日久局部黏膜破溃、渗流黄水；湿热蕴结则胸闷烦躁，口苦口干，尿赤便秘。

［治法］清热利湿止痒。

［特色方药］湿热证，常以清热利湿止痒为法，多以草薢、六月雪、田基黄等为主药；肝木乘脾土，常以石决明平肝潜阳、抑肝扶脾；毒甚，以天丁（皂角刺）排毒搜风，荆芥、防风祛风除湿，冬凌草清肺以治水之上源，使肺通调水道，下输膀胱，邪从小便而出；大便不通者，从肺和大肠相表里入手，以紫菀、草决明、生大黄、熟大黄等通腑泄热，使邪从大便而出。

④阳虚证

［辨证］阳乃温煦之气，阳虚则气化无力，阳不温煦则化水生津不利，以致水饮痰湿滞于体内，注于皮肤黏膜而致瘙痒；寒湿阻滞经络，络伤血瘀，无力透邪，而致瘙痒。若脾肾阳虚，则内生虚寒，皮肤黏膜失去温煦，气血流通受阻，故皮肤黏膜色素减退。四肢不温，少腹冷痛，腰酸乏力，面色不华。舌淡光滑，脉沉细均为阳虚温煦失职的证候。

［治法］温阳利湿，通络止痒。

［特色方药］治疗当从肺、脾、肾三脏入手，以熟附片、胆南星温阳化痰利湿，其中胆南星清热化痰，可以制约附子热性，二药合用温化痰饮。附子、巴戟天、续断、狗脊温脾肾之阳，治痰之源和痰之根；冬凌草清热化痰从贮痰之器入手，恢复肺脾肾三脏主水之功；以金钱草、田基黄、萆薢、六月雪清热化痰利湿，以除体内痰湿；以当归、川芎、莪术、鸡血藤活血化瘀通络，恢复局部皮肤黏膜的气血濡养，缓解瘙痒、色素减退等症状。

（2）从膜疮论治恶性肿瘤

①痰热证

［辨证］一为先天禀赋；二为饮食不节，嗜食肥甘厚味；三为劳逸失衡，水谷精微输布运化失常；四责之于情志失调，肝郁气滞，水液运化失常，聚湿生痰，气郁痰结日久而生热。痰阻日久，阻碍气血运行可致痰瘀互结，气血瘀阻，水液运行障碍可集聚为痰，二者胶结不解，缠绵难愈。

［治法］清热豁痰，化瘀通络。

［特色方药］以胆南星、浙贝母、莱菔子、茵陈、萆薢、六月雪清热化痰，从肝之疏泄、脾之健运两方面入手解决痰湿问题。金钱草、田基黄、地肤子、白鲜皮清热利湿、散瘀消痈，使邪有出路。金银花、冬凌草能疏散风热、清热利湿、解毒消痈，从通调水道入手引邪外出。羌活、蝉蜕祛风升阳除湿，充分体现了风能胜湿的用药特点。莪术、川芎、茜草活血化瘀通络，利于水湿的运行，解决痰瘀胶结的矛盾。在膜疮的用药组合中，黄连、吴茱萸抑肝和胃。葛根、黄芩、黄连合用可外解肌表之邪，内清肠胃之热。厚朴、苍术祛风燥湿化痰，两药相合可以湿除脾运，中阳得振，解湿邪困脾。瓜蒌皮、法半夏合用可以通过调节肺通调水道和脾主运化的功能，使痰湿有出路。胆南星、藿香清热化痰。其中胆南星燥湿化痰，寒能清热，故有清热化痰之功效；藿香祛暑解表、化湿和胃，其清分温，善理中州湿浊痰涎，二者合用从肺、肝、脾入手，善治各种风热痰阻。金钱草、田基黄清热利湿，金钱草利水通淋、清热解毒、散瘀消肿，田基黄清热利湿、解毒、散瘀消肿，二者合用，善清下焦湿热。在膜疮的病理因素中同样有痰热，但在用药中与膜痒有区别，体现了疾病由表及里、由浅入深的过程。在膜痒的治疗中注重风痰病机，故加以宣肺化痰、祛风豁痰；而在膜疮的治疗中注重中焦脾胃，体现了脾为生痰之源的核心地位。

②湿毒证

［辨证］本证指湿气郁积日久成毒而言。若正气亏虚、湿毒壅盛，或因治疗失时或不当，致正不胜邪，反陷入里，湿毒内陷营血，血郁气滞，毒湿发于黏膜腠理则为疮疡肿胀，称为"湿毒流注"。

［治法］养阴豁痰通络，散瘀解毒消痈。

［特色方药］在痰热瘀阻用药的基础上加上蜈蚣，以搜剔络中之邪；以黄精、桑椹、玉竹、石斛滋养肺胃肝肾之阴，以托补之法促进邪毒外出。若湿重于毒，治宜益气健脾、化湿解毒，常选参苓白术散加减，配伍藿香、佩兰、苍术等芳香之品化湿解毒。若湿气弥漫，水湿内停，方选五苓散加薏苡仁、白术、茯苓、扁豆等渗湿消肿解毒。若毒势重于湿，应搜剔湿热之蕴毒，如土茯苓、猪苓祛除湿毒之品。湿毒可寒化或热化，寒化治宜温中化湿解毒，多选用真武汤合实脾散加减，并加豆蔻等性温之品以除湿解毒。化热，治宜清热燥湿解毒，常选用四妙散加减，并加土茯苓、冬凌草、萆草等以清热解毒。

③阴虚证

［辨证］素体阴虚，或劳倦思虑、大病久病耗伤阴液，肝肾阴虚，虚热内扰，正不胜邪，而致皮肤黏膜疱疹及溃疡反复发作，临证多以咽干口渴、舌红、脉细数为阴虚征象。

［治法］养阴清热消痈。

［特色方药］以玉竹、石斛、黄精、桑椹补益肝肾，通过精血的化生促进皮肤黏膜的濡养，另外，通过精微物质的化生促进功能的恢复，即阴中求阳；石决明、珍珠母疏肝解郁、平肝潜阳，恢复肝体阴用阳的功能；生地黄、牡丹皮清热凉血；冬凌草、地肤子、白鲜皮清热利湿，使邪有出路；莪术、川芎、刘寄奴、刺蒺藜活血通络，促进局部皮肤黏膜的血液运行，促进创面愈合。在膜疮用药主要体现为养阴，玉竹、石斛为代表药对。方中玉竹能养阴润燥、生津止渴，用于肺胃阴伤；石斛益胃生津、滋阴清热。二者合用可以滋养肺胃之阴。黄精、桑椹滋养肾阴，二者合用主要补益肝肾之阴，能养血润燥、祛风止痒。膜疮和膜痒在阴虚的治疗中也体现了疾病由表入里的特点。在膜痒的养阴治疗多从肺胃之阴入手，而在膜疮的治疗中，从肺胃、肝肾之阴入手，体现了疾病由轻到重，穷必归肾的演变过程。

④阳虚证

［辨证］素体阳虚，或因其他而致阳虚者，阳虚则生内寒，皮肤黏膜失去温煦，而阳虚不能温化寒湿，寒湿不化聚于皮肤黏膜，气血流通不利，故发生疮疡。寒湿郁久化热，影响气血运行，痰瘀热凝滞于皮肤黏膜，发生疮疡。

［治法］温补脾肾，通络消痈。

［特色方药］附子温脾肾之阳，胆南星清热化痰治痰之源和痰之根，通过温补脾肾之阳，温煦皮肤黏膜；葛根、黄芩、黄连、金银花清泄里热，解肌散邪，利湿解毒消痈，体现肺与大肠相表里，使邪有出路；当归、川芎活血化瘀通络，促进气血运行，增加局部血供；黄芪、白及是疡科治疗的托法运用，黄芪益气，白及消肿生

肌，促进疮疡愈合。在膜疮的用药中使用率较高的药物组合是巴戟天、续断，二药合用能振奋阳气，祛风除湿，通调血脉。

（3）从膜烂出血论治恶性肿瘤

①肝热证

［辨证］平素情志暴躁，易发怒，肝火旺，加之饮食喜辛辣肥甘，喜饮酒，湿热滋生，肝之疏泄失常，日久化火成毒，犯于食管黏膜，而致肿块，故见吞咽不利。犯于胃黏膜，而致胃脘部灼热疼痛；犯于肠道黏膜，故见腹胀；犯于气道黏膜，故见咳嗽；犯于鼻咽黏膜，故见头痛头晕。舌暗、苔黄、脉弦数为肝热之征。

［治法］疏肝清热，养阴解毒。

［特色方药］左金丸为刘尚义教授常用的肝热证引经方剂。黄连平肝火、泄胃热、清心，内寓"实则泻其子"之意，但黄连苦寒太甚，可少佐辛热之药制约黄连寒凉、伤阳碍胃之弊，吴茱萸入肝经，辛热苦燥，既可助黄连降逆止呕，又可暖肝散寒，二药合用，一寒一热，辛开苦降，相反而成。此外，龙胆泻肝汤、天麻钩藤饮等亦可使用。

②痰毒证

［辨证］饮食、情志等因素导致肝脾功能失调，肝失疏泄，脾失健运，痰湿内生，气滞血瘀，痰瘀互结，缠绵难愈，日久化火生毒，痰瘀毒胶结，而致黏膜肿块、溃疡，热盛肉腐，热伤血络而致疮面糜烂、流血或脓血；正不胜邪，邪毒内陷而致迁延难愈；邪毒流注而致全身蔓延。

［治法］豁痰软坚散结，化瘀搜络扶正。

［特色方药］以鳖甲滋阴潜阳，软坚散结，化瘀通络，退虚热；莪术温通，破血祛瘀，行气止痛。"病痰饮者，当以温药和之"，二者合用可振奋阳气，从而使肺通调水道，脾运化水湿，肾蒸化开阖、气化，恢复水液代谢的生理功能正常。此对药以消络中痰瘀，并以鳖甲血肉有情之品滋阴托补，促进疮疡恢复，同时也助正气抗邪，将下陷之毒托举于外；冬凌草、猫爪草、厚朴、苍术、萆薢、六月雪化痰散结，解毒消肿；仙鹤草、地榆、紫珠叶收敛止血，清热解毒，消肿敛疮；以蜈蚣、水蛭等虫类药软坚散结，搜剔络中痰浊瘀血，搜风通络，以祛除顽邪。

③阴虚证

［辨证］由于年老体弱，大病久病，失治误治伤阴耗液，或手术、放化疗后损伤人体正气，可致黏膜失于濡养，破溃糜烂；正气不足，无力祛邪外出，邪毒内陷而致迁延不愈，弥漫周身。

［治法］益气养阴，豁痰散瘀。

［特色方药］以鳖甲、莪术消法清除内伏于络中痰瘀毒，并以鳖甲血肉有情之品

滋阴托补，促进疮疡恢复，同时也助正气抗邪，将下陷之毒托举于外；冬凌草归肝、胃、肺经，通过肝主疏泄、肺主宣降、脾胃主运化等功能清热解毒，活血祛痰消痈，协助鳖甲、莪术将痰瘀毒托邪外出；肾为先天之本，主元阴元阳，大病、久病，穷必归肾，手术、放化疗等耗伤肾阴，脾胃为后天之本，气血生化之源，以黄精、桑椹、玉竹、石斛滋养肺胃肝肾之阴，先后天同补，充实物质基础，另可阴中求阳，恢复功能；以蜈蚣，水蛭等虫类药软坚散结，搜剔络中痰浊瘀血，搜风通络，以祛除顽邪。

④脾虚证

［辨证］平素嗜食肥甘厚味、烟酒，影响脾胃功能，脾失运化，痰浊内生，影响气血运行，痰瘀内阻，日久化热生毒，痰热瘀毒阻于胃肠道、食管、气管、女子胞等黏膜，遂形成肿块、糜烂；热灼血脉而致出血。

［治法］健脾除湿，益气养血。

［特色方药］六君子汤合八珍汤加减。刘尚义教授认为"瘀、湿、痰、郁、热毒"是恶性肿瘤的病机关键，所以针对脾虚，主要以健脾益气扶正为主，使气血生化有源。常配伍鳖甲、莪术、冬凌草、猫爪草、葎草之品，从关键病机上入手外，还常选用茯苓、党参、白术、甘草、黄芪、升麻、柴胡、党参、当归、陈皮之品健脾除湿，补气养血。此外，刘尚义教授在治疗脾虚时也常使用醋龟甲、山萸肉、醋鳖甲、淫羊藿等补肾药物，玉竹、石斛、黄精等养阴之品，旨在肝肾脾全局调整。

**3. 特色加减**

（1）善用养阴药物，阴中求阳：刘尚义教授在恶性肿瘤的治疗中善用养阴药，每获奇效。《素问·经脉别论》云："饮入于胃，游溢精气……下输膀胱。"水液代谢通过胃的腐熟、脾的运化、肺之通调水道、肾之气化与开阖共同完成，布散周身，起着滋润和濡养的功能。临证中针对津亏不甚者，多从滋养肺胃肝肾之阴入手。多选用平和之品，如玉竹、石斛、沙参、麦冬、百合、黄精、桑椹等养阴而不滋腻；阴伤较重者，虚不受补者多用鳖甲、龟甲等血肉有情之品滋阴复阳。《温病条辨》有云："盖热病未有不耗阴者，其耗之未尽则生，尽则阳无留恋，必脱而死也。"刘尚义教授在养阴药的运用方面，根据阴阳互根理论，结合对经典的理解，提出针对恶性肿瘤的治疗当平衡阴阳，阴为物质基础，阳为功能体现。恶性肿瘤的病理基础为风痰瘀毒，病邪入侵，易伤阴液，治疗中苦燥、辛散、热灼均易耗伤阴液，阴虚则阳无以附，病难治，因此临证中注重养阴药的运用，通过物质的补充，使功能有所依附，即阴中求阳，正如《本草求真》云："阳随阴附，而阳自见兴耳。"

（2）注重引经药物，灵活辨证：刘尚义教授在临证中常根据恶性肿瘤病位的不同运用引经药物，直达病所，增强疗效，可总结为脏腑经络、疾病部位、药物特性三个方面：①脏腑经络：如外阴部及胞宫恶性肿瘤，多考虑肝经绕阴器，因此常用川芎、石决明；对于胞宫恶性肿瘤，多用益母草，行中有补、祛瘀生新；对于肠道肿瘤，多以白头翁、大黄等以通为用；肺部肿瘤多以桔梗开宣肺气；肝胃不和多以吴茱萸、黄连疏肝和胃。②疾病部位：位于上部的病证用羌活，位于下部的病证用独活；腰膝、下肢部病证多用牛膝；肩、背、上肢部病证多用桂枝；四肢病证多选桑枝；腰背部多选狗脊为引经药。③药物特性归经：指通过中药的物理特性如形、色、气味、性作为归经依据。如白芍味酸入肝经，养肝柔肝；黄连味苦入心经，能清热燥湿，泻火解毒，用于心火亢盛；二是通过颜色作为归经的代表：如青皮色青，五行皆属木，能疏肝理气；赤小豆色红，五行属火，故归心、小肠二经，能清热利湿；陈皮色黄五行属土，故归脾经，能健脾化痰；杏仁、白芷色白，五行属金，入肺经，能祛风解表；桑椹色黑，五行属水，故归肾经，能滋养肾阴，自然之理，可以意得也。

## （二）妇科疾病的辨治

根据膜病概念和病位，结合女性生殖器的解剖特点，妇科疾病涉及的病位是皮肤、黏膜以及肤膜交界，刘尚义教授认为其属膜病的范畴。刘尚义教授对于妇科疾病的中医治疗经验丰富，具有不同的理论体系探讨，独具特色和优势，弥补了激素治疗、手术治疗、放化疗等疗法的不足，减少了副作用。刘尚义教授从"膜病"理论思想并结合女性生殖系统黏膜病变的特点，探讨"肤膜同病，异病同治"的核心思想在妇科疾病系统中的运用思路，现梳理如下。

### 1. 病因病机认识

（1）肝肾不足是疾病根本：《素问·上古天真论》中"二七而天癸至，任脉通……故形坏而无子也"，明确指出了肾精对人体的生长发育、月经的来潮与断绝、生殖功能的盛衰、机体衰老起着决定性作用。肝藏血，主疏泄，女性一生经历经、孕、产、乳，均以血为用，因此有"女子以肝为先天"的说法。冲任失调是女性疾病的根本，冲任二脉与女子生理功能紧密相关，冲脉为血海、十二经之海，调节经脉的气血；任脉主胞胎，为阴脉之海，冲任二脉同起于胞中，与肝肾在经脉循行上有交汇；在脏腑功能方面肝主疏泄，肾藏精，可调节冲任二脉生理活动，因此调理肝肾，在女性疾病中具有重要意义。

（2）气血失调为基本特征：《灵枢·五音五味》指出，"妇人之生，有余于气，不足于血，以其数脱血也"。所谓有余于气，主要指女子的性格特点为多愁善感，易为情志所伤，而致肝气郁滞。所谓不足于血，是指女子经带胎产乳虽为正常的生理活动。但它们均以阴血为主要消耗来源，如月经、滋养胎儿、乳汁哺乳均以阴血为基础，故谓女子"以血为体，以血为用"，而常表现为"不足于血"。可见，女子病理特点，一为气病，二为血病，肝为气机枢纽，肾藏精、精血同源，因此气血二病与肝肾有密切的关系。

（3）痰瘀是主要的病理产物：肝郁气滞，水液运化失常，聚湿生痰，气郁痰结日久而生热；痰阻日久，阻碍气血运行可致痰瘀互结，气血瘀阻，水液运行障碍可集聚为痰，二者胶结不解，缠绵难愈。肾藏元阴元阳，为先天之本，主气化，司开阖，若肾阳不足，肾之气化失司，三焦气化失常，水道不通则水液停聚，痰浊内生；同时肾阳不足，不能温煦脾阳，而致脾功能失调，不能运化水湿，聚湿生痰。故刘尚义教授认为"肾为痰之本"。肾阴不足，阴虚内热，也常可炼液成痰，痰浊内阻，影响气血运行，瘀血停滞，痰瘀交阻。脾为后天之本，主运化，脾虚则不能运化水湿，聚湿为痰，因此"脾为生痰之源"，痰浊内阻，影响气血运行，产生瘀血，瘀血停滞，影响水液的运行，产生痰湿，因此由痰生瘀，由瘀生痰，痰瘀胶结是妇科疾病病变的主要病理产物。

**2. 分型论治**

（1）肝肾不足

[辨证]肾以藏精为本，主生殖，胞络系于肾。肾有阴阳二气，为水火之宅。五脏的阴阳，皆以肾的阴阳为根本。若先天不足，或房劳多产，或久病大病"穷必及肾"。肝以阴血为主，以气为用，喜条达，恶抑郁，其病理特点有郁滞、上亢、下迫、横逆、流窜之特点，病有太过、不及、化热、化寒之差异。肝的病变反映于妇科疾病方面，主要是气郁和血虚，而乙癸同源，故治妇科疾病必重肝肾。

[治法]滋养肝肾。

[特色方药]在阴痒、阴疮、宫颈癌和子宫内膜癌等女性生殖系统黏膜病变的治疗中，滋养肝肾的药物中，黄精、桑椹、菟丝子、玉竹、石斛出现的频率最高。根据女性生殖系统黏膜病变病机特点，运用滋养肝肾的药物主要有三层意思：第一，女性一生经带胎产均耗伤气血，因此阳常有余、阴常不足是其生理特点，同时也是疾病发生的病理基础，因此滋养肝肾是治疗妇科疾病的病机根本。第二，寓意为肝肾阴虚，生风化燥而致膜痒，滋养肝肾可以养阴祛风；阴血不足不能滋养病灶而致膜疮、膜烂出血，滋养肝肾可以用托补之法促进疮面修复；再者至虚之处便是留邪之所，因此通过补益肝肾以养络，配合祛邪通络之品通补兼施，达到搜剔伏邪之功。第三，阴阳互根，阴虚则阳无以附，通过滋养肝肾，补充物质基础，则阳得阴助生化无穷，以恢复脏腑功能。

（2）气血失调

[辨证]妇科疾病极易导致气血失调。病在气分的以治气为主，治血为佐；病在

血分的以治血为主，治气为佐；气虚者补气，气陷者升提。但在临床应用时，应先辨别其病机，然后分清主次，审因施治，从而促使气血和调，冲任通盛，督带固约，着重在于调整全身机能，诸证自可顺利治愈。

［治法］调理气血。

［特色方药］刘尚义教授在阴痒、阴疮、宫颈癌和子宫内膜癌等妇科疾病病变的治疗中，调理气血的药物用莪术、川芎、刘寄奴、皂角刺、当归、川芎、益母草、佛手、郁金等药组。女子为病肝肾为基础，肝主疏泄，肾藏精，精血同源，因此气血失调是妇科疾病病变的主要表现。而根据经络循行的特点和女子以肝为先天的特点，疏肝理气活血是主要的调治方法。该治法体现了三层意思：一则通过行气活血，使气行则血行，气行则水行，改善痰瘀交阻的病理状态；二者风在膜病的发病中有着重要的地位，特别是女性肝郁的特点，肝风内动更为突出，因此调理气血可以达到"治风先治血，血行风自灭"；三者气血失调可导致病灶局部血运不畅，一方面不能濡养，另一方面影响药物的运行，达到病所，因此调理气血可以促进病灶局部的血运，配合滋阴药物达到托补之功。

（3）痰瘀互结

［辨证］痰多因脾虚湿滞、湿聚生痰，而血瘀是指血液流行迟缓和不通畅，可由情志、寒邪等多种原因导致。妇女以血为本、以血为用，关系甚为密切，患病血证虽然多见，但"血积既久，亦能化为痰水"。在妇科疾病中，痰浊、瘀血常见相互转化，或因瘀生痰，或因痰致瘀而疾病迁延，发展到疾病后期往往痰瘀同病，互结难解。再者痰与血同属阴，更易交结凝聚，气血流畅则津液并行，无痰以生，若气滞则血瘀痰结，而成痰瘀同病。

［治法］痰瘀同治。

［特色方药］刘尚义教授在妇科疾病痰瘀治疗的药物以地肤子、白鲜皮，萆薢、六月雪、金钱草、田基黄，苍术、厚朴、冬凌草、猫爪草等药组为主。女性的性格特点为多愁善感，加之现代社会女性在处理家庭、生活、工作的关系中压力过大，形成的疾病以肝郁为核心，肝木克脾土，日久导致肝脾同病，肝失疏泄、脾失运化而致痰浊瘀血阻滞，日久化热生毒，形成膜病痰瘀毒交阻的病理特点，因此针对性运用以肝脾为核心的清利湿热、活血化瘀的药物，这样就形成了妇科疾病膜病痰瘀治疗的药物特点。

### 3. 特色加减

（1）肺主皮毛，尤重风药：风药之名是由李东垣明确提出的，具有疏、散、宣、通、升、行之性。刘尚义教授在治疗妇科疾病中善于运用风药，主要包含风药和虫类药物。常用的风药有防风、秦艽、天麻、羌活、独活、柴胡、葛根、蔓荆子、荆芥、薄荷等，刘尚义教授运用风药灵活多变，认为肺主皮毛为"膜病"的病机，风药的运用是理所应当，但不拘于常规的祛风解表，而是根据风药的特性和妇科疾病的特点结合，达到药精而效宏。肝经循行入阴毛中，环绕过生殖器，至小腹，因此根据归经理论以归肝经药物引经，可以提高治疗效果；根据妇科疾病的病机特点痰瘀交阻，运用风药以其辛散温通可以达到风能胜湿以祛痰湿，风能通络以化瘀阻，风能升阳升提脾阳，发挥中州运化之力以化痰瘀，同时以其升发之力以撬顽疾。蝉蜕、蜈蚣以其虫类药物破瘀通络之性一者软坚散结，二者入络，搜风解毒，搜剔络中伏邪。

（2）异病同治，男药女用：一般意义上的男药多指用于男性性功能减退、男性不育等疾病的药物，多为温补肾阳一类的药物。刘尚义教授在妇科系统的用药中，不拘于性别，而是秉持了"异病同治"的原则，只要病机相同，一些男用的中药，按照辨证论治的思路，同样运用于女性疾病。常用的药物有巴戟天、锁阳、淫羊藿、肉苁蓉、菟丝子、韭菜子等。温肾壮阳，针对肾阳虚弱，命门火衰，不能温化水湿，致水湿停聚，湿聚日久，影响气血运行，痰瘀阻滞而致痒、痛、疮、烂。温补肾阳有三方面的意义：一者肾藏元阴元阳，通过温补肾阳，使命门之火旺，则一身之阳得以生，脾阳得肾阳的温煦恢复运化功能，运化水谷和水湿，使生痰之源得以清；肾阳充足，则温煦有力，肾的蒸腾和气化功能恢复，水湿不能停聚，使生痰之本得以治。二者通过温补肾阳，促进气能推动血液的运行，改善肾虚血瘀的状态。三者阴阳互根，阳生阴长，肾阳充足，能促进精血津液的生长，起到托补之功。因此刘尚义教授针对肾阳虚而致痰瘀交阻产生的妇科疾病，不拘于性别，异病同治，"男药女用"，临床运用疗效显著。

# 五、方药之长

自古医药不分家，"用药如用兵"，刘尚义教授熟读经典，勤求古训，博采众方，临证十分重视传统中医药研究，重视药之用、味、气、色、质、形、性情、所生之时、所长之地，药之阴阳、升降、开阖、轻重、浓淡、浮沉等。临床拟方更是包含了多方理论之精粹，甚至只取一方中君药，取四两拨千斤之意，古方新用，体现了"同方异治"。刘尚义教授还结合方剂的现代药理研究，扩大了方剂的使用范围，充实了中医方剂的内涵，验证了中医方剂的科学性，临床上做到了"一方用九药，九药现几方"的妙意，常常令同道及患者赞叹不已。

## （一）注重药性

刘尚义教授用药之妙在于切病，不妄、不畏、不奇、不执，慎而精，融而治，经过前期整理，临床常用中药300余味，最常用百余味，总的来说刘尚义教授十分重视药性，正如清代医家徐灵胎所云："凡药之用，或取其气，或取其味，或取其色，或取其形，或取其质，或取其性情，或取其所生之时，或取其所成之地，各以其所偏而即资之疗疾，故补偏救弊，调各脏腑。"

**1. 观五色，药入五脏**

色青入肝，疏肝理气、清肝泻火，治肝郁、肝火等，药如青黛、青蒿、青皮。色赤入心，安神宁心、活血化瘀、养血和血，治心神不安、血瘀血虚之证，药如朱砂、红花、桂枝。色黄入脾，健脾消食、益胃生津、温胃止痛，药如黄芪、党参、太子参、石斛、黄连、黄芩、黄柏、干姜、延胡索。色白入肺，养肺润肺、清肺化痰、培土生金，药如石膏、桑白皮、百合、白术。色黑入肾，补肾、利水、止血，药如熟地黄、玄参、黑豆、制首乌、桑椹、王不留行、血余炭、地榆炭。

**2. 食五味，药养五脏**

辛入肺，辛以散之，宣肺利卫，药如桂枝、麻黄、细辛、薄荷。酸入肝，酸以收之，泻肝、敛肝、柔筋，药如白芍、木瓜、山萸肉。苦入心，苦以泻之，清热泻火、清心宁心，药如黄连、莲子心。甘入脾，甘以培中，健脾益胃，药如炙甘草、麦冬、黄芪、大枣、天冬。咸入肾，咸以软之、潜之，软坚散结、滋肾潜阳，药如龟甲、鳖甲、牡蛎、杜仲、续断。

**3. 观其形，以形治形**

中空升发，能发汗通窍，药如木贼、麻黄。以叶升发，能发汗透邪，药如桑叶、大青叶。以子补肾，药如菟丝子、女贞子、韭菜子、枸杞子。以核治丸，药如荔枝核、橘核，在男子治睾丸之疾，在女子治乳房之疾。以花治女，药如合欢花、玫瑰花、红花。以藤治经，药如大血藤、络石藤、鸡血藤。以枝达肢，药如桑枝、桂枝。以木通气，药如檀香、降香、沉香。以仁润肠，药如桃仁、郁李仁、火麻仁。

**4. 触其质，以质养质**

质重者，多降、多潜、多滋填，如金石类、贝类、种子类。药如代赭石降逆；牡蛎、龟甲、鳖甲能潜阳；车前子、王不留行利尿通淋；菟丝子、女贞子入肾补肾。质轻者，多升、多散、多通利，如叶类、花类。淡竹叶利尿，金银花、菊花轻宣透除热，玫瑰花行气开郁化瘀。质润者，属阴，滋阴、养血、生津、填精、润下为多，药如玄参、生地黄、当归、桃仁、杏仁、黄精、桑椹。质枯者，属阳，温阳、升散、散寒、祛风、胜湿为多，如风药、温阳类，药如羌活、柴胡、荆芥、细辛、桂枝。

### 5. 探其性，知其功用

虫类药，喜蛰伏，昼伏夜动，常居于穴或石隙间，善打洞、穿行，能入络搜邪、解痉止痛。介贝类，居于水中，性静，喜潜藏，药如珍珠母、牡蛎、龟甲、石决明、鳖甲等，偏凉，多能养阴潜阳、清热、安神。僵蚕、桑叶、桑白皮、桑枝、桑椹，性静，偏凉润。蚕食桑叶，其肌肤白嫩光洁，且能吐出晶莹光洁丝，桑叶、桑白皮、僵蚕能清热化痰祛斑，桑椹养血容颜、乌发；桑枝生发、乌发，可治痤疮、脱发、发早白。

### 6. 居之地，取其效用

居田边、溪边、低洼湿地或较阴湿的林下者：或可清热，药如金钱草、鱼腥草、泽泻；或可除湿，药如虎杖、薏苡仁、石菖蒲、羌活；或可养阴生津，药如麦冬、玉竹、芦根。居于石隙间，可祛风通络，治痹痛，药如狗脊、骨碎补、络石藤、鸡血藤等。骨碎补生于树干、岩石上，能补肾强骨，续伤止痛。居于严寒之地，能耐寒者，其性多温，药如天山雪莲，其株所在地周积雪融化，而其药甘、苦、温，能温肾，止带；东北之鹿茸、人参，性温，大补之品。

## （二）善用药对

### 1. 生熟药对

张元素谓药"熟升生降"，生药多主降，熟药多主升。刘尚义教授认为，因炮制改变或新增药物功用，生熟药同时入药，可相辅为用。刘尚义教授常用生熟对药有以下几类：①熟地黄与生地黄：熟地黄专入肝而补血，因肝苦急，以甘味缓之，兼主温胆，亦补肾水，益心血；生地黄苦寒清热，甘寒质润，入心肝血分。二者相配，补中有清，滋而不腻，常用于治疗水亏火胜之中风、衄血等证。②熟酸枣仁与生酸枣仁：熟酸枣仁可补肝宁心安神、收敛津液，以补肝体为用；酸枣仁生用则长于安神，又可补养心肝之阴血，为养心安神之要药。其味酸能敛，又具有收敛止汗之效。二药相配，清补合用，宁心安神力增强。③生蒲黄与炒蒲黄：可增强化瘀止血之效。④生麦芽与炒麦芽：二者作用于胃经，可增强开胃消积之效。

### 2. 同株药对

同一植物因入药部位不同，其功用各异，刘尚义教授常常并用，各取其长，有"殊途同归"之妙。他常用同株药有以下几类：麻黄与麻黄根治疗咳喘；槟榔片与大腹皮治疗气滞水壅；制首乌与夜交藤治疗阴血不足；金银花与忍冬藤治疗风热痈肿；桑叶与桑白皮治疗风热郁表袭肺；橘核与陈皮理气健脾；枸杞子与地骨皮治疗肾虚；益母草与茺蔚子活血调经。

### 3. 协效药对

历代本草，同"名"者颇多。药能同"名"，或入药部位相同，或有相同或相近的功用，其所治病证或部位亦应有相近或相同之处，刘尚义教授常常配对使用，协同增强疗效。如白术与苍术健脾燥湿；白芍与赤芍养肝补血、敛肝止血、治痢疾；白丑与黑丑利水通便、消积杀虫、祛痰逐饮；白前与前胡化痰降气止咳；知母与贝母清热润肺、止咳化痰；小蓟与大蓟散瘀解毒消痈、凉血止血；牡丹皮与地骨皮清热凉血、除蒸；仙茅与仙灵脾（淫羊藿）祛风除湿、补肾壮阳；骨碎补、补骨脂补肾壮阳、纳气平喘、止泻；石决明与草决明清肝明目；麦冬与天冬滋阴降火、养阴清热；炒麦芽与炒谷芽健脾消食开胃。

### 4. 经方药对

历代经典方剂，简便效验，其药味少，主治明确。刘尚义教授常用经方药对有以下几类：左金丸之吴茱萸、黄连清肝泻火、降逆止呃；交泰丸之肉桂、黄连清火安神、交通心肾；栀豉汤之山栀、淡豆豉清热除烦；良附丸之香附子、高良姜疏肝理气、温胃祛寒；失笑散之五灵脂、蒲黄活血化瘀止痛；金铃子散之延胡索、川楝子行气止痛；枳术丸之枳实、白术行气消痞；二至丸之墨旱莲、女贞子滋补肝肾。

### 5. 辨病药对

刘尚义教授常用辨病药对有以下几类：①癌肿：用鳖甲与莪术、冬凌草与蕹草。②肺痨：用蕹草与百部。③黄疸：用茵陈与田基黄。④瘿瘤：用黄药子与海藻。⑤肤病、膜病：用地肤子与白鲜皮。⑥疮疡：用紫草、紫花地丁。⑦痹证：用豨莶草与海桐皮。⑧鼻疾：用苍耳子与辛夷。⑨目疾：用石决明、草决明。⑩风疾：用羌独活与防风。⑪眩晕、头痛，用法半夏、天麻、羌活、独活。

### 6. 辨证药对

刘尚义教授常用辨证药对有以下几类：①气郁：用佛手与郁金。②湿郁：用苏叶与藿香、苍术与厚朴。③湿热：用金钱草与田基黄、萆薢与六月雪。④痰证：用胆南星与浙贝母、石菖蒲与远志。⑤痰瘀：用石菖蒲与郁金。⑥阴亏：用白薇与玉竹、石斛与玉竹。⑦气阴亏虚：用北沙参、二冬、五味子，或黄芪、百合、薏苡仁。⑧肾虚：用生地黄、熟地黄与山茱萸，或巴戟天、续断、狗脊。

### 7. 对症药对

刘尚义教授常用对症对药有以下几类：①纳差：用益智仁与木瓜。②呃逆：用丁香与柿蒂。③便秘：用紫菀与草决明。④寒热错杂：用柴胡与葛根、柴胡与黄芩、黄连与桂枝。⑤便血：用槐花与地榆。⑥尿血：用大蓟、小蓟与石韦。

### 8. 经验药组

刘尚义教授行医五十余载，有很多独到的经验药组，临床疗效颇佳。刘尚义教授常用经验对药有以下几类：①表里双解，清热燥湿：用黄连与黄芩、葛根。②补肾壮阳：用巴戟天、狗脊、续断。③补气滋阴，健脾化湿：用黄芪、百合、薏苡仁。④益胃生津，养阴清肺：用天冬、麦冬、五味子、北沙参。⑤化痰润肺止咳：用紫菀、款冬花与百部。⑥活血化瘀：用刘寄奴、当归、川芎。⑦宽胸散结，清热化痰：用黄连、瓜蒌壳、法半夏。⑧滋阴养血，补益肝肾：用山茱萸、生地黄、熟地黄。⑨清热化痰，软坚散结：用玄参、浙贝母、皂角刺。

## （三）核心方剂

### 1. 三甲复脉汤

［组成］鳖甲、龟甲、白芍、麦冬、炙甘草、生地黄、牡蛎、阿胶、麻仁。

［功效］滋阴潜阳。

［主治］主治温病热邪深入下焦证。症见心中憺憺大动，心胸疼痛，热深厥甚，脉象细促者。

［方解］本方是由复脉汤化裁而来，仲景针对寒邪伤阳设复脉汤，而加减复脉汤针对"伤于温者之阳亢阴竭"，故而去人参、桂枝、生姜、大枣、清酒补阳之品，加白芍以收敛三阴之液。若热耗肾阴日久，则会出现阴虚热炽，阴液下泄，便溏诸症，此为真阴耗损，阳不敛阴而迫津外泄，当宜滋阴固摄，故去麻仁加牡蛎，此为一甲复脉汤。若邪热久恋，致使真阴耗损欲竭，临床可见脉沉数、舌干齿黑、手指蠕动等症，此乃真阴欲竭，虚风将起之征兆，故在加减复脉汤基础上加生鳖甲、生牡蛎滋阴潜阳息风，此为二甲复脉汤，增强了滋阴清热、重镇潜阳之力，息虚风，复脉育阴，以防虚风内动之痉厥发生。若热灼于内，阴竭于下，水不涵木，则见"热深厥甚"，热入下焦，肾阴耗伤，筋脉心神失养，三甲复脉汤在二甲复脉汤之滋阴潜阳的基础上，加龟甲"镇肾气、补任脉、通阴维、止心痛"，以息内动之虚风。

［临证经验］刘尚义教授在临证时每遇肿瘤放化疗后阴虚津亏、低热不退等症时均会使用本方。三甲复脉汤除了具有滋阴潜阳息风作用外，还有软坚散结的作用，临床上常用于痰瘀互结、瘀热互结类病证，每获奇效。

［医案举隅］

李某，男，65岁，退休职工。2016年4月初诊。

患者因持续咳嗽，咳血，低热，于贵州某医院就诊，诊断为"肺癌"，住院行放化疗5个月。近1个月患者出现心慌胸闷，咳嗽，潮热盗汗，神疲乏力，今为求中医治疗就诊于我院国医堂门诊。症状表现：心慌、胸闷、咳嗽、潮热盗汗，疲乏无力，纳差，舌红苔薄，脉细数。诊断为阴液亏虚证，治以滋阴潜阳为法，拟方如下：

鳖甲20g（先煎），龟甲20g（先煎），莪术10g，葶苈子20g（布包），生地黄

20g，熟地黄 20g，山茱萸 20g，牡蛎 20g，冬凌草 20g，炙甘草 30g。

二诊：20 天后复诊，诸症较前缓解，患者自诉失眠多梦，继以滋阴潜阳为法，拟方如下：

鳖甲 20g（先煎），莪术 10g，生地黄 20g，葶苈子 20g（布包），熟地黄 20g，山茱萸 20g，冬凌草 20g，莶草 20g，牡蛎 20g，百合 20g。

三诊：20 天后复诊，患者精神状态明显好转，当进一步益气固本、软坚散结，拟方如下：

鳖甲 20g（先煎），莪术 10g，冬凌草 20g，葶苈子 20g（布包），莶草 20g，黄精 20g，肉苁蓉 20g，百合 20g。

[按语] 肺癌属中医学"肺积""积聚"范畴，首诊患者症状表现为心慌胸闷、咳嗽、潮热盗汗、疲乏无力、舌红、苔薄、脉细数等。刘尚义教授用三甲复脉汤化裁，治以滋阴潜阳为法。龟甲、鳖甲软坚散结、滋阴潜阳；莪术破血行气；葶苈子止咳平喘；熟地黄、生地黄、山茱萸、牡蛎滋阴补血，清热润燥，使虚火不生；冬凌草清热解毒，活血止痛；炙甘草补气生血，益心脾肾。诸药齐用，共奏良效。二诊诸症较前缓解，患者自诉失眠多梦，在上方基础上去龟甲，加百合清心安神。三诊患者精神状态明显好转，当进一步软坚散结、益气固本。

**2. 薏苡附子败酱散**

[组成] 附子、败酱草、薏苡仁。

[功用] 排脓消肿。

[主治] 主治肠痈成脓证，症见腹痛，腹皮急，如肿状，按之软，肌肤甲错，身无热，脉数者。

[方解] 本方证属肠痈成脓，食后暴走，致气滞血瘀，肠络受损，或饮食不节，暴饮暴食，湿热内蕴于肠间，损伤肠胃；或因情志失调、跌仆损伤等导致热壅、瘀阻、湿滞、积热不散、血腐肉败而成痈肿。方中用薏苡仁以利湿排脓，附子扶助阳气，以散寒湿，败酱草破瘀排脓。配合成方，共奏排脓消肿之功。

[临证经验] 本方主要主治肠痈成脓证。刘尚义教授在临证时每遇与肠痈有关的病证，如慢性阑尾炎急性发作、急性阑尾炎脓肿已成均会使用本方加减，遇湿滞瘀阻之盆腔炎、鹅掌风、卵巢囊肿均可使用本方。刘尚义教授在临证时常常将本方加用莪术、川芎、当归增强活血化瘀缓消癥瘕之功；加黄柏、黄芩、栀子、连翘、金银花等清热；加香附、木香等行气止痛，体现利湿排脓，破血消肿之功。

[医案举隅]

李某，女，69 岁，务农，2016 年 5 月初诊。

患者无明显诱因出现腹痛、腹泻伴脓血便两个多月，就诊于贵州省某医院肛肠科门诊，行结肠镜示溃疡性结肠炎。予美沙拉嗪栓剂等治疗，症状未见明显好转，今为求进一步系统诊治，遂就诊于我院国医堂。现患者腹泻，黏液脓血便，腹部胀痛，便后可缓解，每天3～5次，时胃脘部隐痛，纳差，寐欠安，小便可，舌红，苔黄腻，脉弦滑。中医诊断为肠痈，湿热毒。治以健脾补肾，清热化湿解毒为法。拟方如下：

薏苡仁20g，败酱草30g，白头翁10g，附片6g（先煎），防风10g，砂仁6g（后下），草豆蔻10g，白术10g。

二诊：1周后，患者排黏液脓血便次数减少，腹痛明显缓解，舌红苔薄黄腻。以前方加减，拟方如下：

薏苡仁20g，败酱草30g，白头翁10g，附片6g（先煎），防风10g，黄芪10g，草豆蔻10g，肉桂10g，栀子20g。

三诊：大便无黏液及脓血，症状大为改善，继续巩固疗效，2个月后复查肠镜恢复正常。

[按语]结肠炎属于中医学"肠痈"等范畴，刘尚义教授将其归属于肠痈成脓证，独辟蹊径。草豆蔻、白术、砂仁以健脾利湿助薏苡仁消痈、排脓；附子辛散郁结、振奋阳气；苦寒之败酱草，配以栀子、白头翁排脓散瘀。诸药合用，起到相辅相成的作用，提高疗效。辨证准确，二诊后诸症缓解，故在上方基础上加减治疗。三诊后诸症缓解。刘尚义教授对溃疡性结肠炎用药常谨守病机，注重湿邪为患，祛邪治标，扶正固本。

### 3. 四妙勇安汤

[组成]金银花、当归、玄参、甘草。

[功用]清热解毒，活血止痛。

[主治]主治热毒炽盛之脱疽。临床症见患肢暗红肿灼热，发热口渴，腐臭溃烂，疼痛剧烈，舌红，脉数者。

[方解]脱疽一证，其病机多端。此病好发于四肢末端，初起病邪内扰，气血不畅，筋肉失于温煦濡养，故见肢端麻木、行动不便，继之疼痛加烈，肌肤紫黑，腐烂不愈，甚至指趾脱落。方中重用甘寒之金银花清热解毒，为君药。当归养血和营，玄参清热泻火为佐药。甘草和中解毒为使药，也可加强金银花清热解毒之力，共为辅佐。四药合用，药少，效专，能赶到清热解毒、活血化瘀的功效。

[临证经验]刘尚义教授将本方用于宫颈癌、乳腺癌、肺癌、糖尿病足、血栓闭塞性脉管炎、下肢深静脉栓塞、口腔溃疡、乳腺炎等属于热毒炽盛者。刘尚义教授将常用金银花、当归、玄参三味治疗清热解毒，认为肿瘤发生的部位乃"黏膜"，如在外之皮肤，故可用外科用药来治疗肿瘤疾病。体现刘尚义教授"引疡入瘤"的学

术观点。

[医案举隅]

赵某，女，54岁，退休。2016年3月29日初诊。

患者1年前因阴道流液，色黄，味臭，夹杂少量血色就诊于贵州省某医院，经完善相关检查诊断为"宫颈癌"，术后予以放疗联合化疗治疗。现为求进一步中医治疗，就诊于我院国医堂刘尚义门诊。刻下症：阴道流液，色黄，肢软乏力，纳眠欠佳，神疲倦怠，舌红，苔少，脉细数。诊断为"五色带下"，治以化瘀消癥、清热解毒为法，拟方如下：

鳖甲20g（先煎），莪术10g，黄精20g，肉苁蓉20g，山银花20g，当归10g，玄参20g，冬凌草20g，猫爪草20g。

二诊：以上诸症缓解，药不更方，继予前方治疗。

三诊：患者未诉特殊不适，继予软坚散结、清热解毒为法，并加以辅助正气，拟方如下：

鳖甲20g（先煎），莪术10g，黄精20g，肉苁蓉20g，玉竹20g，石斛20g，葎草20g，冬凌草20g，猫爪草20g。

[按语]刘尚义教授认为，宫颈癌为机体正气不足，外邪入侵所致。本病用山银花、当归、玄参清热解毒、活血化瘀，鳖甲、莪术活血化瘀，软坚散结，并用葎草、冬凌草、猫爪草清热解毒，加之增强软坚散结的功效。诸症消退后采用黄精、肉苁蓉、玉竹、石斛益气养阴固本。

## 4. 五味消毒饮

[组成]金银花、紫花地丁、野菊花、蒲公英、紫背天葵、白酒。

[功用]清热解毒，消散疔疮。

[主治]主治疔疮初发，临床症见痈疡疔肿，根深坚硬，状如铁钉，红肿热痛，舌红苔黄，脉数者。

[方解]本方证属热毒蕴蒸肌肤，致生疔疮痈肿初起。方中重用金银花消散痈肿、清热解毒，为君药；余四味药清热解毒，共为臣药；白酒通行血脉增强药力，为佐药。诸药合用，共奏清热凉血解毒、消散疔疮之功。

[临证经验]刘尚义教授常用该方治疗疔毒、痈疮、痤疮、湿疹等。金银花、野菊花、蒲公英、紫花地丁、紫背天葵五药合用，三焦同治，气血共清，清热解毒之力强，少加白酒助药势，增强消散疔疮之功。

[医案举隅]

杨某，女，26岁，学生。2018年10月初诊。

患者面部反复出现痤疮3年，出现丘疹脓包结节，伴局部破溃，曾服替硝唑、四环素、B族维生素治疗月余，上症缓解，停药后复发，今为求中医治疗就诊于我院国医堂门诊。症状表现为面部可见脓包和结节，相互融合，伴有红肿疼痛，小便黄赤，大便干结，舌红，苔薄黄，脉滑数。诊断为热毒阻滞证，治以清热解毒、化瘀行滞为法，拟方如下：

山银花20g，当归10g，川芎10g，紫花地丁20g，茵陈20g，地肤皮20g，白鲜皮20g，白花蛇舌草20g，制大黄10g。

二诊：15天后复诊，诸症较前明显缓解，无大便秘结，继以清热解毒为法，拟方如下：

山银花20g，当归10g，玄参20g，紫花地丁20g，茵陈20g，苦参20g，刺蒺藜20g，白花蛇舌草20g。

三诊：15天后复诊，痤疮症状进一步缓解，自诉月经不调，拟方如下：

山银花20g，当归10g，玄参20g，紫花地丁20g，茵陈20g，白鲜皮20g，川芎20g，白花蛇舌草20g，益母草20g。

［按语］蜂窝织炎、多发性疖、肿等属于中医学"疔疮"等范畴。刘尚义教授认为，本案患者可辨为"热毒阻滞证"，治以清热解毒、化瘀行滞为法。白花蛇舌草、山银花、紫花地丁清热解毒，地肤皮、白鲜皮为治疗皮肤性疾病常用药对，对皮肤性疾病有良好疗效，川芎活血行气、化瘀行滞，制大黄通便泄热。二诊诸症较前明显缓解，继以清热解毒、化瘀行滞为法。三诊患者痤疮进一步缓解，因月经不调，用川芎、益母草调理月经，诸药合用，共奏佳效。

# 六、读书之法

刘尚义教授一生博览群书，经史子集，琴棋书画，可谓无不涉猎。在他的从医生涯中，更是勤求古训，博采众方。

## （一）传承创新，熔古铸今

刘尚义教授1961年就读贵阳医学院祖国医学系，1965年贵阳中医学院中医系成立，他继而研习中医理论和西医学知识，得到了李彦师、方以正、黄树曾等著名中医学家亲自授课，系统专研《伤寒论》《金匮要略》《温病条辨》《黄帝内经》等中医经典著作，打下了扎实的理论功底。刘尚义教授认为中医之本在于研习中医经典、探究中医之源，中医经典了然于胸，可终身受益。医者要多读书、读好书，他经常光顾旧书摊，寻找旧版本医书，多年来收集王孟英、程杏轩、张聿青等多个中医名家医案，承接古人遗绪，饱览群书，揣摩领悟。他谙习中医经典，尤为推崇《伤寒论》和《金匮要略》。刘尚义教授善用经方，数百上千经典名方烂熟于心，临床用药师古而不泥古，用药量少而力专，常不过九味。有时就诊患者自觉病情严重，要求用药再多一些、重一些，他则风趣地说"四两拨千斤，开七副够了，这叫作旗开得胜怎么样"！

中医药虽然历史悠久，但其理念并不落后，如天人合一、整体观念、动态求衡、辨证论治、养生保健、复方治疗等与当代医学前沿有异曲同工之妙。中医学之所以能历久弥新、学术长青，其内生动力就是学术的不断进步。中医学恒定的是它的哲学思想，而理论方药却在不断发展进步。中国传统文化是中医学的文化基因，中医学源远流长，从中国传统文化中孕育而来。刘尚义教授教导我们：要守正创新，熔古铸今，让传统中医药更好的传承和弘扬。刘尚义教授任教于贵阳中医学院期间，讲授《中医各家学说》《中国医学史》《中医基础理论》等课程，由于其深厚的中医功底、精彩丰富的临床案例，常引得满堂喝彩。数十年的研习加深了他对中医的感悟，主编的《南方医话》汇集了中医人集体智慧的结晶，临证教义颇深。

## （二）引西润中，雅俗共赏

俗文化即为大众文化，中医历史的发展也是俗文化到雅文化的不断转变形成，从神农尝百草，到最后形成的中药的性味归经、作用功效、道地药材，形成中药学，这是在俗文化基础上不断总结和凝练的。比如最早砭石治病，到最后形成针灸推拿治疗等，都是很好的佐证，这也就是感性认识到理性认识的途径、方法，即包含意识形态的雅文化。俗文化要上升为雅文化，就需要我们去了解中医，学习中医，实践中医，然后领悟中医，发扬中医。

恶性肿瘤因其复杂性、难治性，迄今仍是世界难题。刘尚义教授中西并济，基于多年的临床经验，将葛氏疡科对"九子疡"的治疗理念融会贯通，推陈出新，大胆运用于肿瘤的诊治，形成"疡理诊瘤、疡法治瘤、疡方医瘤、疡药疗瘤"的学术思想，为肿瘤的诊治开启了新的大门。中西医辨病论治各有差异，需要注意的是，中医理论传承与创新应当坚持姓"中"，重视中医内涵培育，让传承创新不失其根。中医辨病论治和辨证论治，既不可相互割裂，又不可相互替代，相互结合更显中医临床诊疗思维，临证时需看到辨病与辨证的必要性。中西医对疾病的认识虽然角度不同，但都存在内在联系。病是疾病全过程的临床综合体现，证是疾病过程中不同阶段的体现。临证时应秉持病证结合的思维，坚持在中医辨病论治基础上的辨证论治，以中医之病统中医之证，"衷中参西"、中体西用，应更有助于中医诊疗优势、特色的体现。刘尚义教授提出了病症结合治疗的思维与方法，需要立足中医，做好辨病与辨证相结合，需要明辨虚实兼病，指导临床立法与遣方用药，指出病证结合难为治，分期论治效力彰。

### （三）国学互通，淡泊宁静

刘尚义教授国学底蕴深厚，熟谙唐诗宋词、元曲杂剧，醉心篆刻、国画、武术，擅长书法，且作品自成一家、浑然大气。他的传统文化修养无形中融入了医学研究，"神会于病、因心而得"，审证把脉间气定神闲、了然于胸。他常笑谈"始于戒律，精于定慧，证于心源，妙于了悟"的治学理念，对徒弟们常耳提面命："学习中医，既要精通岐黄，更要博览群书，功夫在书外。"他观于海者难为水，游于圣人之名者难于言。君子立志于道，不到一定的程度不能通达。凡是在圣人门下学习过的人，便难以被其他言论所吸引。刘尚义教授常说"入则循规蹈矩，出则山花烂漫"，无论是外科疡科理论，还是中医基础理论，他在学习时乃遵理守正，而当纳诸家之法后，将其融会贯通，并从国画、书法、京剧、围棋、易经等传统文化中，找到与中医的相似之处，运用于临床中，形成具有自我特色的中医诊疗过程。

刘尚义教授多次受邀远赴俄罗斯、韩国、奥地利等国讲学和从事中医诊疗工作，传播中医文化，展现中医魅力。2007 年在全国优秀中医临床人才研修班上，刘尚义教授系统论述了中医与易经、书法、音乐、京剧、国画等国学在哲学思维上的共通性。2023 年，世界中医药大会第七届夏季峰会在贵阳举行，刘尚义教授做了"世界医学瑰宝——中医药学"的主旨演讲，再一次向世界展示了中医药的博大精深。

# 七、大医之情

## （一）思想境界

### 1.抗志以希古人，虚心而师百氏

刘尚义教授在大学期间得到了黄树曾、李彦师、方以正等多位中医大师的亲自教授，全面学习了多部中医经典著作，拥有扎实的理论基础。1962 年，他拜师于贵州名医葛氏疡科第七代传人赵韵芬老师，刻苦研习疡科疾病的诊治和丸、散、膏、丹等的炼制。刘尚义教授认为，学习中医要承各家之所长，通过跟随各大著名医家刻苦学习，拓宽了他中医药知识的广度和深度。刘尚义教授还认为医学要求真，医患要求和，医风要求孝，医药要求简，最后达到很好的治疗效果，最终是我们追求的东西。正如他所说的那样："入则循规蹈矩，出则山花烂漫。"

### 2.引疡药之入瘤，从膜病而论治

刘尚义教授经过多年的临床经验积累及对外疡科的潜心钻研，在肿瘤疾病的诊治方面提出"引疡入瘤""从膜论治"诊疗思想，形成了"疡理诊瘤、疡法治瘤、疡方医瘤、疡药疗瘤"的学术思想。刘尚义教授在古代膜的概念基础上加以创新，进一步丰富膜病内涵，认为"在内之膜如在外之肤，在外之肤如在内之膜，肤膜同病，肤膜同位，异病同治"，提出"从膜论治"这一观点。"引疡入瘤""从膜论治"学术观点极大丰富了中医学术思想，为治疗各类恶性肿瘤疾病、肾病、疮疡外科、妇科及各种疑难杂病等多种疾病具有临床指导价值，成为刘尚义教授对中医药事业创新发展所作的重大贡献。

### 3. 穷医道之精髓，献仁术之爱心

"把手伸出来我把个脉""头伸出来看看"……在贵州中医药大学第一附属医院门诊部国医堂诊室里总是可以听到这样的声音，刘尚义教授对待每一位患者都十分耐心细致。"挂刘教授门诊号的人太多了，一般都要提前3个月才能挂到"，这是患者对刘尚义教授门诊挂号情况的描述。即使每天中午已经看完患者，对于特殊患者，如外地患者、病情危重患者，刘尚义教授都会特事特办，不会让患者白跑，欣然给他们加号。刘尚义教授几乎是有求必应，所以坐诊半天，患者少则八九十，多则一百二三十，最多时看过一百四十六个患者。刘尚义教授认为，用药处方没有必要拘束在药物的数量上面，没有必要牵强附会，应该心有主见，强调精简有效。在门诊用药方面，为了减轻患者经济负担，刘尚义教授都尽量避免使用贵重药材，保证疗效的情况下，常用药往往不超过9味。"穷医道精髓，献仁术爱心"正是对刘尚义教授的真实写照。他常说，希望能充分发挥中医药防病治病的独特优势和作用，用毕生所学帮助更多有需要的患者，增进百姓健康。

### 4. 抗疫运筹帷幄，彰显大医担当

在2020年新型冠状病毒肺炎疫情期间，刘尚义教授根据贵州地域、气候等特征及疾病发展特点，第一时间开出了一张具有贵州元素既可用于预防也可用于治疗的药方——养阴解毒合剂，被贵州省中医药管理局正式列为《贵州省病毒性肺炎中医药防治参考方案》预防用方第1号，并在全省各医院推广，为贵州全省在短时间内迅速控制病毒扩散立下了汗马功劳。后当疫情在全世界蔓延之时，养阴解毒合剂曾由官方渠道组织运往法国援助当地的抗疫工作。此外，疫情严峻时期，在贵州省将军山定点救治医院正式集中收治全省确诊患者期间，刘尚义教授为将军山的抗疫又立下战功。他根据将军山医院医生描述的患者症状及上传的舌苔照片，以养阴解毒合剂为基础，针对患者的个体情况进行加减，开出一张张药方，后由贵州中医药大学第一附属医院安排专人煎成药汤后由专人送往将军山医院，患者喝下药汤，核酸检测很快转阴。在全国组织医疗队驰援湖北时，贵州中医药大学及两个附属医院组建的贵州省援鄂中医专家医疗队即将完成任务准备撤离鄂州，有两名确诊患者的核

酸检测却是始终阳性，令人担忧。医疗队长唐东昕组织远程会诊，请刘尚义教授通过电脑远程指导。通过刘尚义教授的用药指导，两名确诊患者服药三天，核酸检测先后转阴，援鄂医疗队圆满完成重症清零的救治任务。传国医之大道，拯苍生于疾厄。刘尚义教授虽然没有穿着厚重的防护服出现在抗疫战场的第一线，但是他运筹帷幄、为抗疫组方开方的白衣战将风度必将在贵州鏖战疫情的光辉史册上留下浓墨重彩的一笔。

## （二）文化修养

中国的传统文化特别强调智慧，强调人文修养，讲究方正圆融。志在成为张仲景式苍生大医的刘尚义教授，一生刻苦自律，精神领域里既修炼出医者的大医精诚，又秉怀儒佛道的济世仁德、慈悲救苦和道法自然无为而治。刘尚义教授学贯中西、博古通今，除了在中医药领域方面取得的巨大成就外，还对书法、篆刻、武术、京剧、园林等多种中国传统文化有极深的造诣，钻研经、史、子、集、易、儒、道、释，背诵诗词歌赋，学习戏曲国画知识，练书法品印鉴钻研收藏，将传统文化融入医学研究，情趣远博，最终神会于病。

### 1. 饱览国学，神会于病

刘尚义教授从小就喜欢阅读文学、历史、哲学类书籍，尤其是国学经典，几十年的阅读累积了丰富的国学底蕴。他通过对中国文化的深入研究，领悟了"万物负阴而抱阳，冲气以为和"的中医阴阳平衡理论。在日常交往中，他总是生动多彩，引用的名言种类繁多，让人惊叹不已。刘尚义教授说："中医是一个大罐子，在里面任何东西都可以学习，可以理解，就像绘画一样，心沉道才精，心不沉道不精。"他认为，学习中医不仅要医术高超，更需博览群书，从博大精深的中华文化中汲取洞见，将优秀的中华传统文化融入中医。他常说，中医之所以疗效好，一方面是药材的作用，另一个更重要的方面是中医注重与患者的思想交流。在刘尚义教授几十年的从医生涯中，他做得最多的就是与患者沟通，让患者放心，增强患者抗病的信心，达到身心共养的效果。他也经常教导学生，医生不能板着脸面对患者，要与患者多沟通、多交流、多洞悉患者的内心想法，拉近和患者之间的距离会达到事半功倍的疗效。

### 2. 笔酣墨饱，独树一帜

刘尚义教授对书法颇有研究，他的书法挥洒自如不拘流派，只凭心之所至，自成一家。大字银钩铁画，气概万丈，正若他独领风骚的医学成就和豁达磅礴的人生风骨胸襟。小楷风姿绰约，千娇百媚，恰如他细致周到的医学态度和温婉亲切的待人接物。"入则循规蹈矩，出则山花烂漫"，这是刘尚义教授书法创作的规律。基于此，结合中医辨证论治的核心要领，在中医经典的研读方面，刘尚义教授认为要反复思考，揣摩各中医大家的长处，领悟精髓，掌握核心内容，当变则变，运用经方，无须拘泥于古人，一切唯效是求。国医大师路志正教授这样评价刘尚义书法："既见其腕底清逸，更见其魏晋风骨，平和简静而飘散洒脱，取法高古而简约玄澹，虚实动静之间，激人之心魄，励人之性情，发人之幽思。"2021年11月，由贵州省书法家协会主办的"刘尚义书法作品展"在贵阳市美术馆开展，此次书法作品展为期10天，得到了各书法家及众多书法爱好者的高度评价。

### 3. 博览众长，百花齐放

除国学经典、书法外，刘尚义教授对古瓷玉石、名家书画、文房四宝、杂项收藏，也具有很深造诣，保存了很多珍品，对各大名窑出品瓷器的纹饰、造型、款式、胎釉等知识，他都烂熟于心。刘尚义教授把广阔的兴趣爱好注入各种层面，玩民乐、拉二胡是一把好手，用以养生的太极拳也打得功夫到家，招式入流。平时有闲就读点当代文学作品，对国际时事、天文地理、建筑园林也有兴趣，甚至娱乐趣闻、明星轶事，也会关注。他像个知识和正能量的宝库，朋友聚会聊天，不管何种话题，他都能出口成章，娓娓道来，自带强大的气场。他经常教导弟子，我们学习中医，既要精通岐黄之精要，更要博览众多之群书，广泛涉猎多种学科门类，尽力优化知识结构，掌握边缘学科的相关知识。很多时候，功夫在医外，功夫在书外，他山之石可以攻玉。刘尚义教授行医之余，酷爱赏印、治印、藏印，以印言志，方寸之间映射出他的医道人生。印如人生，人生如印，在刘尚义教授身上不但有着儒家的济世情怀，又体现着佛家的慈悲之心，同时还兼备着道家之淡泊自守。"医为何物，救死扶伤，德在哪里？菩萨心肠"，这就是刘尚义教授的大医之情。

### 4. 仲景门徒，苍生大医

在众多的国医大家中，刘尚义教授最崇拜张仲景，他怀着一片赤诚，自谓"仲景门徒"，并自拟一副对联：医宗仲景百病胜，独领风骚在创新。对于国医大师这个称呼，刘尚义教授却说："不管有没有，我都当不起大师名头。"在他的心中，只有医圣张仲景才称得上是真正的"国医大师"，他时常对身边的人说"叫我郎中更好听一些"。无论是在医院门诊，还是早年在学校任教，刘尚义教授都拥有很多"粉丝"，大量中医学生把他当作自己心中的偶像，在他们心中，刘尚义教授是闪烁在医学界的"大明星"，能够听到他的授课，是一种荣幸、一种幸福，更是一种修为，学生们纷纷表示成功"追星"。每当刘尚义教授听到这些言语，他总是笑着说："自己不是什么大明星，只是在学生求学路上的一匹识途老马，可以告知学生走近路，获得最大的成功。"在他心中，中医药是人文科学和生命科学的结合体，博大精深，丰富多彩，值得他为之敬畏一生，奉献一生。刘尚义教授的理想是要穷医道精髓，承仁医博爱，成为像张仲景那样医德医术皆达最高境界的苍生大医。

# 八、养生之智

刘尚义教授对于养生之道也很有研究，而他的养生方法非常简单。他认为，养生之道的核心理念是"知足常乐，有常有节"，只有在平衡的生活中保持节制和满足，才能真正享受到健康和快乐。

## （一）知足常乐

"知足常乐"这是刘尚义教授的生活心态，也是他养生之智的体现。他时常强调"动能增寿，静可延年"。他认为生活之道、养生之智内涵里面运动具有重要的意义，同时静止也同等重要，这就像中医里面的阴阳对立制约，同时也包括阴阳的互根互用。人体静养之前提首先在于知足常乐，满足于现状，不肆意菲薄，不妄思，不妄动，不贪求，感恩现实，满足当下。在"静"方面，刘尚义教授酷爱书法、国画及围棋等一系列"静养"方式，并且将其借鉴传承到中医养生疗疾上面，真正做到"知足常乐"，体现养生之智。此外，在"动"方面，刘尚义教授长期坚持锻炼，并且坚持至今，体现"动"足常乐。他常告诫弟子与就诊患者，不以物喜、不以己悲，知足而常乐，以一种阔然的心态来对待，处理生活、工作中的事物。人理应求心安，知足常乐。

## （二）有常有节

知足常乐外，有常又有节。除了知足常乐的心态外，刘尚义教授认为无论是生活还是工作，均需强调有常有节。对于具体的养生上面，他认为人体需要适当的活动、饮食起居有常有节，养成良好的生活方式及规律，这对于人体的养生极为重要。刘尚义教授的养生良方就是强调生活规律，正如《黄帝内经》曰："上古之人，其知道者，法于阴阳，和于术数。食饮有节，起居有常，不妄作劳。故能形与神俱，而尽终其天年，度百岁乃去。"他常说，一个人的养生贵在坚持，只有长期坚持，做到有常有节，才能真正怡情养性，体现养生之大智。

刘尚义教授还强调，人体养生还需要顺应自然、尊重自然、顺应四季变化、顺应环境变化。他说，自然是春生夏长，秋收冬藏，那么人就应该春夏养阳，秋冬养阴。在适应环境变化方面，则应该随遇而安。

# 九、传道之术

## （一）人才培养方法

"十岁裁诗走马成，冷灰残烛动离情。桐花万里丹山路，雏凤清于老凤声"，这是刘尚义教授时常鼓励学生的话，他希望学生能站在老师的肩膀上，发展中医，造福百姓。他寄语青年学者要珍惜机会，努力学习，不要妄自菲薄，坚持"读经典、做临床、多思悟、做科研、写文章"，学习孙思邈的大医精诚精神，不忘初心、牢记使命，把中医药的宝贵财富继承好、发展好、利用好。

对于人才培养，刘尚义教授重视"以学生为中心"，指导团队试行"多维度导师制"，从不同角度、不同层次、不同深度出发，全方位为学生提供生活导师、班级导师、临床导师、师承导师及科研导师。在浓郁的中医学术氛围中，让学生充分体会到文化传承的魅力，对"秉承师训、铭记师德"有更直观的体验。通过提早临床见习、门诊跟师学习以及临床实习轮转，切实做到早临床、多临床、反复临床。研究生教育阶段临床能力培养要按照住院医师规范化培训要求进行，注重临床综合能力的培养。学好中医知识、做好中医科普、推广中医文化。刘尚义教授聚焦本专科长期建设和发展需要，发展以中医药民族医药为己任，围绕稳定的研究方向、明确的行动目标，广泛开展对外合作，积极进行专科建设和人才培养。坚持以"博士、硕士高层次人才培养为主，兼顾本科生教育"的培育方针；通过阶梯式人才培养模式，以临床和基础科研成果双向转化的思路，中西医优势互补，通过人才建设全面促进专科建设；其次立足于专科优势，瞄准研究前沿，以肿瘤中西医结合防治的临床和基础研究为突破点，围绕延长肿瘤患者生存期和提高生存质量的关键问题，以科研项目和临床技术为载体，促进产学研有机结合，推动科研成果转化，为建成临床与科研相结合的优势专科建设提供保障。围绕专科建设，制定科研激励机制和人员管理制度，促进诊疗技术创新突破和应用，大力开展适宜技术推广应用，制定建设规划，充分利用现有优势基础和平台，实行开放、流动、竞争的运行机制。

## （二）人才培养成果

刘尚义教授是第三至第七批全国老中医药专家学术经验继承工作指导老师，2014年获第二届"国医大师"荣誉称号时，其弟子杨柱赋诗赞曰："弱冠未逮家园别，问道轩黄仲景徒。纸绢挥毫身性养，膏丹祛疾死昏甦。研儒习易仁心宅，化古开今妙论姝。疡理癥瘤成一帜，衍肤治膜辟新途。书编医话声名播，学讲西洋国粹输。

七十名医黔首幸，少年壮志不违辜。"这是对刘尚义教授从医从教的生动写照。2015年获批成立国医大师刘尚义工作室，工作室积极致力于挖掘、整理、收集，分析刘尚义教授的学术思想、临床经验和技术专长，以及收集整理刘尚义教授的医案、教案、笔记、临证心得、论文、论著等宝贵资料，通过对其临床资料的深入挖掘整理和研究，总结凝练并形成其独特的学术思想和经验总结。目前，工作室培养了工作人员28名，其中高级职称20名，博士后2名，博士6名，硕士20名。已获科研立项42项，其中国家重点研发计划项目1项，国家级项目7项，省部级项目6项，发表论文52篇，其中SCI 3篇，中文核心期刊16篇，出版专著7部，发明专利3部。此外，刘尚义教授培养学生数千人，入门弟子20余人，皆为贵州省中医骨干，部分弟子被评为岐黄学者、青年岐黄学者、国家健康突出贡献中青年专家、贵州省名中医和省管专家等。在人才队伍建设上，已发展成集本、硕、博、博士后为一体的专科人才培养模式。现已建成了一支以国医大师、岐黄学者、青年岐黄学者为带头人以及多名骨干构成的人才梯队特色鲜明、优势突出的贵州省中医肿瘤传承与科技创新人才团队。

## 刘尚义学术传承谱

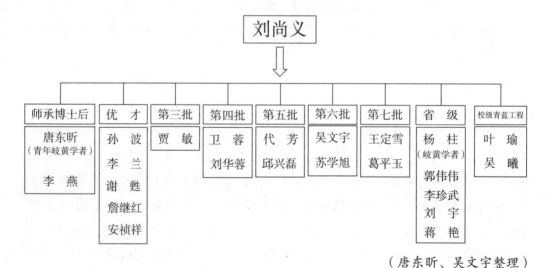

（唐东昕、吴文宇整理）

（伊丽萦编辑）

# 刘祖贻

刘祖贻（1937—　　），湖南安化人，主任医师，刘氏医派第九代传人。湖南省中医药研究院终身研究员。曾任湖南省中医药研究院首任院长，兼任国家新药评审委员会委员、国家中医药管理局专家咨询委员会委员、加拿大中医针灸学会名誉顾问、第八届全国人大代表等职。荣获国家有突出贡献中青年专家、中华中医药学会首届中医药传承特别贡献奖等称号。担任首批、第六批全国老中医药专家学术经验继承工作指导老师，全国优秀中医临床人才指导老师，中国中医科学院首批学部委员。享受国务院政府特殊津贴。2014年被授予第二届"国医大师"称号。

刘祖贻是最早研究中医脑病的中医学家之一，是我国中医脑病学领域的领军人物。对中医免疫学、温病学及中医临证思维方法研究亦作出了突出贡献。刘祖贻学术造诣深厚，在国内率先提出"调畅元真，气阳主用"的学术观点；创建脑病"六辨七治"辨治体系，创新性地提出"脑髓阳生阴长"学说；倡导"杂病调中"，主张"理脾胃关键在于助化"。刘祖贻先后主持国家自然科学基金等科研课题 10 余项，发表论文 60 余篇，研制复方黄参片等中药新药 11 个，获得国家中医药管理局科技成果二等奖等科研奖励 10 余项，编撰出版《神经系统疾病的中医辨治》等著作 13 部。

# 一、学医之路

刘祖贻 5 岁入私塾，完成启蒙教育后，即开始学习四书五经，12 岁步入岐黄之门。由诵读中医"四小经典"开始，继而精读《内经知要》《伤寒论》《金匮要略》《温热经纬》等经典名著。13 岁的刘祖贻在父亲永康公的指导下，边临证，边读书。最初为侍诊，即父亲出诊时，他从旁协助，观察并体会诊治方法。通过实践，进一步加深了他对书本知识的认识。16 岁时，刘祖贻已能够独立应诊。20 岁那年，刘祖贻考入湖南省中医进修学校，次年以年级第一名的成绩毕业。毕业前夕，时任该校校长的李聪甫对他说："我授课以来，考试从没有打满分的学生，你是第一个。你还如此年轻，将来肯定有出息。"

毕业后，刘祖贻被分配到湖南省中医药研究所工作，拜李聪甫为师，成为李老的开山弟子。李聪甫是中医界屈指可数的大家，对刘祖贻的影响甚为深远。刘祖贻是幸运的，不仅继承了刘氏家族 300 余年的医脉，而且经过学校学习，有了系统的根底，又得遇名师口传心授，还经常与一起共事的刘炳凡、欧阳锜等名老中医切磋医理，研讨学术。其学术水平迅速提升到一个新的高度，最终成为一代名医。

# 二、成才之道

刘祖贻的成才经验主要归结为力学求是，继承创新。他强调学经典、学国学，并非因循守旧，而是学习中医的根基所在。同时，他也十分重视学习新的知识。他认为，中医学从来就不是封闭的理论，而是开放的体系，是在不断汲取新的科学知识的过程中发展起来的。他注重及时把握现代医学研究进展及中医药研究动态，致力于创新性研究。他关注学科进展，定期查阅医学期刊，掌握专业动态。每有所得，必摘录之，以供临床、科研参考。他认为，学习新的医学知识不仅有益于提高临床水平，还有利于始终保持敏锐的视角，启迪科研思路。

"博观而约取，厚积而薄发"，刘祖贻读书有精与博之分，在精读经典的基础上，再博览历代医家名著。他认为，一家之言必有所长，当取其所长而补己所短。他常说，所谓聪明人，就是那些善于汲取他人长处和经验的人。除注意学习各个医学流派的思想，了解其临床特点外，他认为内、外、妇、儿各科代表作均须用心研读，临床时才能各有所本，对各科疾病方能应付自如。刘祖贻不仅广泛学习古代医学著作，对于近现代名家的学术思想、临床经验，他也认真学习，甚至于民间验方他都会留意记下，并验之于临床。

刘祖贻常说，做学问不能仅靠读书，要想将书本知识变成自己的知识，必须通过实践达成。尤其是对于实践性、经验性很强的中医学而言，只有通过长期的临床实践，才能将书本知识、前人经验变成自己的知识和学问。他特别注重临床实践，即便从事行政工作后，也一直注重临床实践，坚持门诊，至今不辍。

人们常说：学中医要有悟性。刘祖贻认为，所谓悟性，除天资禀赋外，其实更为重要的是思维方法；掌握正确的哲学思想，能培养良好的思维方法，促使人们站在更高的角度去看问题，并深入透彻地认识事物本质。他在青年时期曾对哲学产生了浓厚的兴趣，进而较为全面地学习了东西方哲学，这对他的世界观、人生观的形成产生了重大影响，对其学习中医也有很大的帮助。

刘祖贻诊治的病证多而杂，且大多是久治未效的疑难病症。他临床思路广阔，医术高超，精于辨证、识证。他用方不拘一格，既擅用经方，又不薄时方，亦有不少自拟方，常谓不能认为未用经典方或前人方就是无方。医者根据自己的经验，遵循一定的法度所组之方，只要有临床疗效，也当得到肯定。

# 三、学术之精

刘祖贻博古通今，兼容并蓄，在学术理论及临床辨证上均有精深独到的造诣，解决了诸如伤寒温病源流之争、中医免疫学实质、中医病证结合临证思维等中医学术领域的诸多疑难问题，开湖湘中医源头活水，对中医药事业影响深远。他创新性地提出"调畅元真，气阳主用"学术观点、"先机而治"的温病源流新说；创建脑病"六辨七治"辨治体系，提出"脑髓阳生阴长"学术思想，临床运用益气温阳法治疗帕金森病、中风偏瘫等脑病，取得显著临床疗效；倡导"杂病调中"，认为健脾可实卫，培土可生金，验之临床效果确切，丰富了中医脾胃学说内涵。临证不拘前人之方，但师其理，圆机活法，创制系列新方验方，以治疗脑病、肺病、心病、脾胃病、风湿免疫病、肿瘤及妇儿疾病见长，其医术精湛，常于平淡中见神奇，擅决疑难而起沉疴，深受患者信赖，在社会各界及行业内享有很高威望，被尊称为"杂病国手"。

## （一）构建脑病"六辨七治"辨治体系

刘祖贻在长期临床实践基础上，经过归纳总结，构建了以"六辨七治"为主体的脑病辨治体系。认为脑病之病因，主要在于外邪、痰、瘀、气郁、内风、正虚等六个方面，六者互为因果，但重在内风、血瘀及正虚；脑病之病机，重在肾虚髓亏络瘀；脑病之治疗，当以治外邪、治痰、治瘀、治肝、治肾、治脾、治心等七法为基础，有机组合，构成脑病辨治体系。在此辨治体系指导下，制定了益肾健脑通络、益气活血化瘀、息风化痰通络等系列治法，并广泛应用于临床，对于疑难脑病，每能妙手回春，疗效国内领先，赢得无数病家赞誉。

### （二）强调"调畅元真，气阳主用"

刘祖贻指出，中医学在认识疾病时，强调正邪的相互作用，认为机体自身即具有维持生理功能、抵御疾病、促进康复的能力，此即为正气之功用。他在杂病诊疗中，愈加重视正气在疾病发生发展过程中的主导作用，强调真气畅达对于保持健康的重要性，而气、阳气为发挥作用的关键，提出"调畅元真，气阳主用"的学术观点。

元真畅达是机体健康的基本保证。《金匮要略》指出："若五脏元真通畅，人即安和。"元有元首、元始之意，即主要的、本原的；真为本真，指机体最基本的精微物质。刘祖贻指出，元真即元气、真气，主要为脏腑所藏精气。脏腑是机体保持生命活动的重要器官。五脏六腑各藏精气，精气运行以实现脏腑功能、气机升降出入。《素问·平人气象论》有"脏真"之谓，提出"脏真散于肝，肝藏筋膜之气也……脏真通于心，心藏血脉之气也……脏真濡于脾，脾藏肌肉之气也……脏真高于肺，以行营卫阴阳也……脏真下于肾，肾藏骨髓之气也。"可见五脏主藏精气，各有不同，以司骨、脉、肌肉、筋之气血阴阳运行。刘祖贻认为，脏真以脾、肾二者之精气最为关键。脾主运化，对人体摄入的水谷进行消化，为机体精微的"仓廪之脏"；肾藏先天之精，另受各脏之精气有余者藏之。腑与脏的功能不同，六腑泄而不藏，腑与脏相表里，因腑以通为用，脏以藏为用，两者互为牵制，互为所用，使开合并举，升降有序，散精泄浊。

元真运行推动生命代谢。刘祖贻指出，在健康状态下，脏腑藏泄有序，通过脏腑元真在体内的流通敷布，内入脏腑，外达肌腠，实现水液、水谷精微、气血的基本代谢。《素问·经脉别论》讲述了谷之气由胃入肝、心、肺，再分别分布至筋、脉、皮毛，最后仍留于四脏（除脾外），归于平衡（气归于权衡）。此外，水饮入胃，先上输于脾，再散精上至肺，才可以使水路通畅，乃能下达膀胱，由此脾的"散精"作用非常重要，次之肺主开合的功能也必须正常，小便才能畅通。诸如此类，五脏又与脉、皮、筋、肉、骨等相合，与六腑相表里，将人体联系成为有机整体，其间联系的形成离不开各脏腑精微物质的输送、敷布。故而维持机体正常运转，必须保证元真、精气的畅通。脏腑元真通过气血津液之通道——三焦，布达循行于全身。正如《难经·六十六难》所言，三焦为"原气之别使"，同时也是水谷代谢的通道。

刘祖贻提出，三焦为元真运输的主要通道，类似于现代解剖学的疏松结缔组织、筋膜等结构，其内深入于脏腑之中，外达肌表之间，纵横表里，无间不至。脏腑元真经由三焦气化功能，灌溉渗透，荣养机体。由上可知，一方面，脏腑元真既为脏腑自身功能活动的原动力；另一方面，全身精气通过脏腑藏泄活动，并经由三焦气化，敷布于全身，濡养四肢百骸、九窍，保持健康和谐的生命状态。

气阳主用是元真调畅的关键。刘祖贻强调，气阳为生命之宝。《素问·阴阳应象大论》曰："阳化气，阴成形。"气、阳二者的功用有诸多相似之处，而其要点全在于"化"，即生化、运化、变化。阳气推动机体代谢、脏腑功能活动，即为化，没有阳气，则无生命活动。故自《内经》以来，诸多医家都十分推崇阳气的作用。如明代张景岳提出，阳常不足，阴常有余。《景岳全书·传忠录·阳不足再辨》指出："夫人之所重者，唯此有生，而何以能生，唯此阳气，无阳则无生矣。然则欲有生者，可不以此阳气为宝，即日虑其亏，亦非过也。"因阳气于生命如此重要，而惜世人不知，张氏自叹有"惜春杞人"之慨。

气阳调畅元真。刘祖贻总结数十年临证所得，重视气、阳的作用，进一步提出"调畅元真，气阳主用"的观点，认为脏腑元真在机体内通行畅达，是机体健康的基本保障，而气阳充沛是元真调畅的关键。《灵枢·天年》有云："五脏坚固，血脉和畅，肌肉解利，皮肤致密，营卫之行，不失其常，呼吸微徐，气以度行，六腑化谷，津液布扬，各如其常，故能长久。"《素问·热论》更提出："荣卫不行，五脏不通，则死矣。"说明元真、气血通畅的重要性。阳气除温煦、推动、兴奋等作用外，更加重要的是对机体元真的生化、敷布。精气在体内畅行无阻，与气、阳的功能密不可分。一是阳、气的生化功能。经云：阳予之正，阴为之主。阳气之用为"下基上苗"，即生发、生化之意。人体精气，包括脏腑精气、阴血均在不断消耗，也在不断生长。精气、阴血的化生离不开气阳的生发、生化，故而称阳为生生之本。二是气、阳的敷布功能。人体精气通过脏腑运动、经络运行，既濡养脏腑，又荣养四肢百骸。《素问·生气通天论》云："阳气者，精则养神，柔则养筋。"认为机体元真畅达，则身体气与阳尤为身体动能，凡运动必为气、阳之用。机体自身即为自稳态的结构，处于不断的调节、运动中。疾病状态为失稳态，中医治疗即是着眼于帮助机体纠偏，重新恢复稳态。在此过程中，气阳的发动作用十分重要。

气阳求于脾肝肾。刘祖贻认为，从脏腑言，脾胃、肝胆、肾最为关键。肾主藏精，其重要性历代医家备有论述，不遑多论。精为生命物质的化生基础，故《灵枢·决气》谓："两神相搏，合而成形，常先身生，是谓精。"其精有先天之精，亦能将其他脏腑之精储藏备用。精之用，可生髓，亦能化生营血。相对精而言，又有肾气之称。若从阴阳论，中藏肾阴、肾阳，又称为元阴、元阳。肾气、肾阳并不能完全分开，也不能完全相互包含。它们都有推动生长、发育、脏腑功能发挥的作用，同时肾气司呼吸，又司二阴之开阖；肾阳为命门之火，有温煦、蒸化水液等作用。肾之气阳为一身阳气之根本，亦是生命的根本。故《难经·八难》提出："所谓生气之原者，谓十二经之根本也，谓肾间动气也，此五脏六腑之本，十二经脉之根，呼吸之门，三焦之原，一名守邪之神。"肾之精气充沛，元阳充足，则五脏六腑功能正常，生机旺盛。

刘祖贻指出，脾胃功能正常是气阳主用的根基。脾胃为气血生化之源，人体之元气、宗气、卫气皆与之相关。元气来自先天之精气，藏之于肾，需得脾胃所生后天之气的不断滋养。宗气积聚于胸中，为水谷化生之清气与呼吸纳入之清气所共生，其功能司呼吸、行血脉、养元气。《素问·痹论》称卫气为"水谷之悍气"，亦来源于脾胃之运化。因流动性强，游走于经脉之外，有温分肉、充皮肤、肥腠理、司开阖之用。《灵枢·痈疽》载"上焦出气，以温分肉，而养骨节，通腠理。"脾胃为运化水谷之处，气血、营卫皆源于此，脏腑精气的生成与补给也维系于脾胃运化，故《素问·平人气象论》言："得胃气则生，无胃气则死。"脾胃为运化之枢机，脾胃健运，则源泉不竭，气阳旺盛。即使先天精气不足，亦可能在调理脾胃后，使精气渐增，乃至于正常。而此处脾胃为泛指，大小肠、三焦，乃至膀胱亦包含在内，皆与水谷转化相关。《素问·六节藏象论》即有言："脾、胃、大肠、小肠、三焦、膀胱者，仓廪之本，荣之居也，名曰器，能化糟粕，转味而入出者也……此至阴之类，通于土气。"而脾胃运化正常，使气和而神生，乃能形神合一，亦即《素问·六节藏象论》所言："五味入口，藏于肠胃，味有所藏，以养五气，气和而生，津液相成，神乃自生。"

肝胆主疏理气机，又与情志、意志相关，肝主藏魂，胆主决断，其在体属筋。《素问·生气通天论》云："阳气者，精则养神，柔则养筋。"正与肝胆功能相应，昭示肝、胆阳气的重要性。肝藏血，体阴而用阳。肝阴血得阳气温暖，魂神安宁；肝气充沛，则全身气机疏泄适宜，情志舒畅。同时，一身筋脉亦需要阳气的温煦、濡润，方能筋脉柔和，动作自如。又肝胆均为少阳，肝为脏属阴，为阴中之阳，胆为腑属阳，为阳中之阳。《素问·六节藏象论》云："凡十一脏取决于胆。"张景岳释胆为少阳，可通达阴阳。任继学指明，胆为少阳生发之处，可以生化万物。《说文解字》解"决"为行流，疏通水道之意。刘祖贻认为，决为流通之肇始，提示五脏六腑之精气通行，离不开胆的初始推动力。少阳属春气，胆为阳木，主阳气升发，与肝之阴木主疏泄，重在条达有所不同。而肾内藏相火，外寄于肝胆，亦存此意。肾主封藏，而其元阳之功能实依赖于肝胆实现。胆气因借于相火，犹如春季阳气方生，此谓发陈，万物升发，其生发、推动力更强。

基于"调畅元真，气阳主用"学术思想，刘祖贻在临证中形成了杂病调中、助化为先，髓病温肾、阴阳既济，郁病补肝、法宜温通，虚实相因、通补相须等辨治特点。临床运用益气温阳法治疗帕金森病、中风偏瘫、不寐、焦虑抑郁障碍等脑病，以及肺纤维化、白细胞减少症、再生障碍性贫血等多种杂病，取得显著疗效。

## （三）提出"脑髓阳生阴长"学术思想

刘祖贻认为肾与脑髓化生密切相关，肾藏精，精生髓，髓聚于脑，脑为髓海，肾精化生脑髓过程中，肾中阳气的推动至关重要。《素问·阴阳应象大论》认为"阳生阴长，阳杀阴藏"，指明阳主生发，阴主敛藏。阴精为生命构成的物质基础，而生命体生长的过程，需要阳气的孕育、催化、推动，故中医学强调阳气对机体生长发育的作用。基于此，刘祖贻提倡阳气的生化、鼓舞作用，又因头为阳气汇集之所，大脑主宰生命活动及肢体运动，因此阳气在脑部的作用显得尤为重要，认为脑部"气阳主用"，生命物质，不仅肾精，乃至于津、液、血等的生成、积蓄、循环周流，皆有赖于阳气的生化、推荡作用。肾精足、阳气充，则髓盈，髓盈则脑得所养，其所主精神意识和感觉运动的功能则正常；肾精虚、阳气衰，则髓亏，髓亏则脑失所养，其主精神意识和主感觉运动的功能则发生异常。肾虚髓亏为神经功能缺损的病理基础，阳气为生生之关键，根据脑主神机、气阳主用的特点，提出"脑髓阳生阴长"的观点。因此，刘祖贻在临证治疗卒中、脑震荡等多种脑损伤疾病时，注重补益肾精，并强调益气温阳以化生脑髓。

## （四）倡导"杂病调中"

刘祖贻认为，脾胃同居中焦，是人体气血生化之源，亦是脏腑相互联系的中心环节、气机升降出入运动的枢纽。诸般杂病的产生与发展均与脾胃之气充盛与否有关。因此，提出"脾胃健则脏腑和，脾胃伤则百病生"的观点，确立"调五脏以和脾胃，理脾胃以安五脏"的治则，主张"理脾胃关键在于助化，畅元真气阳主用"，形成了"杂病和中"的学术思想，并确立"和中以助化为先、以扶助气阳为要，用药不忘护脾胃、疗虚证以理脾胃为先"的应用准则。

杂病调中，刘祖贻首重气、阳，认为气、阳是维持正常生命活动的关键物质，尤当惜护；主张从益气温阳入手，治疗多种疾病。例如治疗围绝经期综合征，通常从阴虚着手，而刘祖贻老认为，本病实因天癸衰竭、精气亏虚所致，虽见面赤烘热、汗出等热证，但又兼见汗出后畏冷，或乏力倦怠、足冷身寒等症，均为气阳虚表现，故其证既非真热、实热证，更非纯阴虚，指出治疗宜以温养精气为治疗大法，选温养精气之品如菟丝子、枸杞子、仙茅等，并佐用山药、山楂以运脾助化，取得良好疗效。

又如，他指出放化疗所致白细胞减少的病机关键在于癌毒、药毒损伤气血，故主张从脾论治，以健脾益气法配合排毒泻浊法，研制成国家新药芪仙升白颗粒，临床疗效显著。他认为健脾可实卫，培土可生金，据此研制成固表防感冲剂治疗体虚易感，研制成新药并批量生产，获得了良好的社会和经济效益。刘祖贻杂病调中的学术思想既传承了湖湘中医五老李聪甫、刘炳凡两位名医的脾胃学术思想，又另有创见，既丰富了脾胃学说内涵，又推广了其临床应用，使脾胃学说在湖湘大地代有发扬，名医辈出。

# 四、专病之治

## （一）帕金森病

帕金森病是一种中脑黑质纹状体通路障碍、缓慢进展的常见神经系统变性病。多见于中老年人，临床以运动迟缓、静止性震颤、肌强直以及姿势步态障碍为主要表现，是严重危害中老年人身体健康的疾病之一。本病目前仍以复方左旋多巴类药物治疗为主，但迄今尚无根治药物，而脑深部电刺激术虽可明显改善运动症状，但也不能控制非运动症状和疾病进展。中医药治疗帕金森病具有独特优势。本病常归属于中医学属于"颤病""拘病"或"颤拘病"范畴。

### 1. 病因病机

（1）阳虚生寒风，根在肾阳：刘祖贻认为，本病病位虽在筋脉，但归属于肝，根在于肾。筋脉调控肢体运动，肝主身之筋脉，筋脉进行正常功能活动依赖于阳气的温煦和津血的濡养。肾阳为一身阳气之本，"五脏之阳气，非此不能发"（《景岳全书》），肝肾同源，肾阳亏虚则肝阳亦虚。阳虚则生内寒，一方面寒性收引，凝滞筋脉，筋脉拘急，另一方面阳气能促进津血化生，阳气盛则津血化生充足，阳气亏虚，则化生津血不足，肝筋失养，则易引发内风肢体震颤或肌肉拘急之象。如《素问·生气通天论》曰："阳气者，精则养神，柔则养筋。开阖不得，寒气从之，乃生大偻。"《素问·至真要大论》记载"诸风掉眩，皆属于肝""诸暴强直，皆属于风""诸寒收引，皆属于肾"。故阳气虚引起肢体颤动或拘急，属于阳虚生寒风，根在肾阳。

（2）诸邪阻经络，湿瘀为甚：刘祖贻指出，阳气通过经络运输津血等物质到筋脉，以发挥营养作用。若湿瘀阻滞经络，营养物质运输受阻，也会加重肢体震颤或肌肉拘急症状。帕金森病患者肝肾阳气渐亏，血液流动缓慢，停留成瘀；肾阳亏虚，温煦之力减退，脾阳失温，津液代谢失常，日久聚液为湿。湿瘀阻滞经络，津血运行滞碍，营养物质不能输送至周身筋脉，筋脉失濡，便加重肢体颤抖或肌肉痉挛。如《灵枢·邪客》云："邪气恶血，固不得住留，住留则伤筋络骨节，机关不得屈伸，故拘挛也。"《素问·至真要大论》所言"诸痉项强，皆属于湿"以及《伤寒论》所记载"太阳病发汗，汗出不解，其人仍发热，心下悸，头眩，身𣊬动，振振欲擗地者，真武汤主之"。

**2. 辨治经验**

（1）温阳散寒息风，重在温肾：刘祖贻在治疗帕金森病过程中有其独到的见解，在"调畅元真，气阳主用"学术思想指导下，提出在治疗此病中应当重视阳气的固护，治法以温补肝肾阳气为主，而尤重肾阳。肝肾阳气渐复，寒散风息，而非认为此病只为单纯的阳证、热证，用滋阴养血、柔肝息风的药物。肾中之阳为一身阳气之根本，脏腑阳气均依赖肾阳的温养，其功能活动得以正常进行。肾阳亏虚，肝阳亦不足，阳虚生内寒，寒凝筋脉，筋脉失温，风邪内生，故温阳散寒息风，重在温补肾中阳气。又阴阳互根互用，孤阳不生，孤阴不长。临床治疗常使用淫羊藿、巴戟天、刺五加等平补肾中阳气，甘温助少火。并在温补肾阳药中配伍何首乌、枸杞子等滋肾益精之品，微微生火，使肾中阳气生化有源。

（2）祛邪通经络，湿瘀为先：因阳虚血凝致瘀，津停为湿，且本病病程长，湿瘀互结，阻滞经络，阳气难复，筋脉失养，循环往复，导致病情缠绵难愈。临床治疗时在温阳散寒息风基础上，佐以祛湿活血之品，阳气得充，血液得以温煦，运行顺畅，水湿渐运。其次，健脾益气祛湿，恢复水液运化，湿生无源，亦助血液运行。常运用黄芪、白术、干姜、炙甘草、桂枝、山楂、鸡内金，同时配伍活血化瘀药以消散瘀滞，助血运行。刘祖贻善用葛根配丹参。因葛根辛散之力强，与丹参共用，不但加强助气活血，疏通脉络之效，亦升脾脏清阳之气，加强脾胃运化水谷能力。若为顽固瘀血，须酌情配伍地龙、水蛭、僵蚕、全蝎、蜈蚣、乌梢蛇等血肉之品，性灵动，善于走窜经络。

**3. 随症加减**

（1）疼痛：《素问·上古天真论》有"七七，任脉虚，太冲脉衰少，天癸竭，精少，肾脏衰……七八，肝气衰，筋不能动"。肝主筋，应春日阳气，性质柔和，肢体运动敏捷。帕金森病患者肝肾阳气不足，日久水湿瘀血渐生，阻滞经络，发为疼痛。常配伍芍药甘草汤，祛瘀生新，滋阴补血，可缓急止痛，同时增强止痉息风之效。

（2）头昏：头为清阳之府，需要先天肾精化生脑髓、后天脾胃化生气血濡养以及经络畅通，无瘀血、湿邪等阻滞，脑主神志功能方使正常。若肾中阳气不足，脑髓化生障碍，加上脾胃升降运化失常，生成气血不足，且易致水湿停留，阻碍清阳上升至头，而发为头昏。治疗时，刘祖贻常在温补肝肾阳气、活血通络基础上，配伍黄芪、白术、葛根、升麻健脾化湿升清。

（3）二便不利：肾司二便，二便不利多与肾密切相关。《素问·灵兰秘典论》曰："膀胱者，州都之官，津液藏焉，气化则能出矣。"肾与膀胱相表里，肾中阳气充盛，膀胱气化正常、调控尿液有度，才会使浊液得下，津液得留，若肾阳虚衰，开合无度，尿液排泄、储蓄调节失衡，致小便失禁、多尿。常配伍沙苑子、菟丝子、覆盆子、桑螵蛸等益肾固精缩尿。《素问·灵兰秘典论》有言："大肠者，传道之官，变化出焉。"肾中阳气不足，阴寒内生，气机阻滞不通，肠道传导无力，大便艰涩难解而致便秘。常配伍附子、干姜、当归、桃仁、枳壳、肉苁蓉开冰解冻、行气养血、润肠通便。

（4）睡眠障碍：胃不和则卧不安，肝肾阳虚，虚阳上浮，又脾土失于温煦和疏泄，水湿内停脾胃，湿聚久成痰，虚阳夹痰湿扰乱心神，则出现入睡困难、梦中喊叫、惊跳、梦境或恐惧或紧张或不安、打鼾、呼吸暂停、易早醒、复睡难等睡眠障碍，临床治疗在温阳散寒、活血息风基础上常配伍刺五加、石菖蒲、茯神、远志、半夏、龙骨、牡蛎以益气化痰、芳香开窍、镇惊安神。

（5）抑郁：本病患者多属阳虚体质，肝阳不温，肝木失于条达，肝疏泄失常，易出现胸闷不适、情绪低落之象。在温补阳气基础上，常配伍香附、吴茱萸、佛手、川芎等疏肝解郁之品。合并抑郁患者除药物治疗外，刘祖贻强调，需家属与患者积极配合，进行情绪疏导，保持心情愉快，多晒太阳、适当锻炼，日常多食用温热饮食。

## （二）冠心病

冠心病是一种因冠状动脉粥样硬化导致管腔狭窄或闭塞，心肌缺血缺氧或坏死所引起的心脏病，属于中医"胸痹心痛"范畴。该病因其发病率、病死率和复发率均高而尤为医家所重视。刘祖贻认为本病的发病起于心气亏虚，成于脉络瘀滞，有阴阳痰水风之变，其治疗宜以益气通络贯穿治疗始终，擅用芪丹护心饮加减治疗，取得了很好的临床疗效。

### 1. 核心病机

心主血脉，有主持血液、脉管和推动血液在脉管中运行等三方面的作用，正如《医学入门·脏腑》所谓："人身动则血行于诸经……心乃内运行之，是心主血也。"血液丰盈，脉管通畅，血液在脉管中运行的动力旺盛，全身能得到充足的血液濡养，则身体健康，心脏自然无病。一旦血液不足以充盈脉管，或脉管狭窄甚至闭塞，血行不畅，则疾病蜂起，冠脉病变也就难以避免了。从心主血脉，到冠心病的发生，刘祖贻老认为存在三个环节，即起始于心气亏虚，成病于脉络瘀滞，有阴阳痰水风之变。

（1）起始于心气亏虚：刘祖贻认为在冠心病诊断成立之时，冠脉早已出现病变，要溯其源，追踪冠脉出现病变的起始阶段，乃起病于心气亏虚。如果心气旺盛，自然能化生血液，使之充盈冠脉，自然能推动血液在脉管中运行，使之冠脉血行流畅，此即"气能生血"（《读医随笔·气能生血血能藏气》）、"气行乃血流"（《素问·五脏生成》王冰注）之意。同时冠脉也因为心气的充盈，"正气存内，邪不可干"（《素问遗篇·刺法论》），却邪防病能力得以上升，冠心病也就难以发生。一旦心气不足，生血不足则致血液难以充盈冠脉，行血无能则令冠脉血流不畅，却邪无力亦使诸邪易犯冠脉为病，逐渐引起冠心病的形成，从而成为该病的起始因素。这是冠心病发病的第一个环节。

（2）成病于脉络瘀滞：冠心病以胸痛为主症，《灵枢·经脉》曰："心主手厥阴心包络之脉，起于胸中，出属心包络。"若心脉充盈、通畅，则心得其养，胸中无痛，一旦心脉因虚而不能充盈或因邪而失于通畅，则心失所养，出现胸痛，此即《素问·脏气法时论》所谓"心病者，胸中痛"之意。因此刘氏认为，只要确立了冠心病的诊断，就一定存在脉络瘀滞这一发病机制。冠脉通畅，则病情好转；冠脉失畅，则病情加重，这是该病发病的第二个环节。

（3）有阴阳痰水风之变：所谓阴阳痰水风，分别指阴虚、阳虚、痰浊、水饮和内风。主要指在冠心病的发病过程中，可能出现合并阴虚、阳虚、兼夹痰浊、水饮、内风等病机变化。阴虚和阳虚通常与患者体质有关，亦可因气虚而损及阴阳所致；痰浊和水饮乃心气亏虚而水津不化、脉络瘀滞而津液留滞所致，常见于肥胖患者；内风与阴虚阳亢的体质有关，此五者乃冠心病发病的第三个环节。

**2. 治法方药**

由于刘祖贻认为冠心病的发病机制，起始于心气亏虚，成病于脉络瘀滞，有阴阳痰水风之变，其病机关键在于气虚络瘀，因此在治疗中主张以益气通络为主，通常用自拟方芪丹护心饮贯穿于整个治疗过程之中，再根据所合并的阴虚、阳虚，所兼夹的痰浊、水饮、内风等病情变化进行加减，常分以下六个证候进行辨治。

**3. 辨证分型**

（1）心气亏虚，脉络瘀滞证：此乃冠心病的基本证候和最常见证候。症见心胸疼痛，痛有定处，劳累或活动后明显，伴神疲懒言，乏力自汗，心悸不宁；舌质淡黯，苔薄，脉细涩。治宜益气活血，蠲痹通络。方用刘祖贻自拟方芪丹护心饮加减。药用：黄芪 30g，生晒参 10g，葛根 30g，丹参 30g，郁金 10g，降香 10g，水蛭 10g，山楂 30g。方中用黄芪、生晒参大补元气；丹参、葛根活血通脉；郁金、降香行气开郁；水蛭深入络脉，逐瘀通经；山楂助化消食。全方共奏益气通络之效。该方为刘老治疗冠心病基础方，临床加减运用，除可有效改善心绞痛症状外，坚持服用，还有软化斑块作用。

（2）气阴两虚脉络瘀滞证：多见于气阴两虚体质和合并各种期前收缩、高血压病的患者。症见胸闷而痛，气少乏力，心烦易怒，口干苦，大便干；舌质黯红，苔薄白，脉细弦数。治宜益气养阴，活血通络。方用生脉散合芪丹护心饮加减。药用：黄芪30g，生晒参6g，葛根30g，丹参30g，郁金10g，降香10g，水蛭10g，麦冬10g，五味子10g，山楂30g。若头胀痛者，加天麻、钩藤；心悸不宁者，加灵芝。

（3）阳气亏虚脉络瘀滞证：常见于阳虚体质或合并心动过缓、房室传导阻滞的患者。症见卒然心痛，背痛彻心，或感寒痛甚，心悸气短，形寒肢冷；舌淡黯而胖，苔薄白，脉沉细而迟。治宜温阳益气，活血通络。方用桂枝甘草汤合芪丹护心饮加减。药用：桂枝10g，黄芪30g，丹参30g，郁金10g，水蛭10g，降香10g，山楂10g，甘草5g。形寒肢冷明显者，加红参、附子。

（4）心气亏虚痰瘀阻络证：常见于痰湿偏重的肥胖体质和合并高脂血症、脂肪肝的患者。症见胸闷而痛，痛有定处，形体肥胖，痰多气短；舌质黯红，苔厚腻，脉弦滑。治宜益气化痰，活血通络。方用瓜蒌薤白半夏汤合芪丹护心饮加减。药用：黄芪30g，丹参30g，降香10g，郁金10g，瓜蒌皮10g，法半夏10g，薤白10g，甘草5g。

（5）心气亏虚瘀水互结证：常见于冠心病合并心力衰竭的患者。症见心悸而痛，胸闷气短，动则更甚，下肢水肿；舌质淡黯，苔滑腻，脉细弦。治宜益气活血，化气利水。方用苓桂术甘汤合芪丹护心饮加减。药用：桂枝6g，茯苓30g，白术10g，黄芪30g，丹参30g，降香10g，山楂10g，甘草5g。

（6）气虚络瘀阳亢风动证：常见于冠心病合并高血压病的患者。症见胸闷而痛，头晕而眩，劳累后更甚，心烦气少；舌质黯，苔薄，脉弦细。治宜益气活血，平肝息风。方用天麻钩藤饮合芪丹护心饮加减。药用：天麻10g，钩藤15g，白芍15g，龙骨30g，丹参30g，黄芪30g，葛根30g，刺蒺藜10g，山楂10g。若气虚症状不明显者，去黄芪；气坠脱肛者，加升麻。

# 五、方药之长

## （一）验方心悟

刘祖贻强调，临证要谨守病机，知常达变，圆机活法，不可固执一法，套方套药。中医开方有三境界，第一是套方，第二是辨证处方，第三则是随心所欲不逾矩，达到无盘化境的最高境界。现代疾病,症见多端,变化莫测,多重而复杂,临证往往寒热错杂、虚实夹杂、合病并病较为多见。所以临证辨治需要考虑全面,执一方不能概万全,而要据证灵活处方,杂病杂治,这样更能提高整体疗效。

### 1.“脑髓阳生阴长”学术思想代表方——芪仙通络方

[组成] 黄芪 30g,淫羊藿 15g,枸杞子 30g,制首乌 15g,丹参 30g,葛根 30g,水蛭 9g,山楂 15g。

[用法] 每日一剂,水煎,早晚分服。

[功效] 益气温阳,补肾活血。

[主治] 中风病,症见半身不遂,口舌歪斜,语言謇涩,肢体不温,头晕耳鸣,倦怠乏力,夜尿频多,舌质淡红或紫暗或有齿痕,苔薄,脉细弦或涩或弱者,证属肾虚髓亏血瘀所致的缺血或出血中风及其后遗症,均可适用。

[方解] 方中黄芪为君药,大补元气;淫羊藿、制首乌、枸杞子为臣药,补肾填精、温补肾阳,达到助阳生阴之用;葛根升清入脑兼活血化瘀,丹参、水蛭活血通络,共为佐药;山楂为使药,活血消导,助药物运化。诸药合用,共奏益气温阳、补肾活血之功。

[加减应用]

①随证加减:夹痰浊者,加胆南星、僵蚕;瘀血重者,选加地龙、川芎、红花;肾虚重者,选加巴戟天、菟丝子、肉苁蓉;肝郁者,加香附、郁金、合欢花;脾胃虚弱者,选加党参、白术、苍术、砂仁、干姜、佩兰、陈皮、半夏、鸡内金、炒麦芽、神曲。

②随症加减:肢体不温者,选加桂枝、细辛、制附子;肢体强急者,选加白芍、炙甘草、鸡血藤、伸筋草;语言謇涩者,加石菖蒲、郁金;夜尿频或尿失禁者,选加覆盆子、桑螵蛸、沙苑子、麻黄、肉桂;大便干结者,选加当归、桃仁、枳壳、莱菔子;耳鸣者,加骨碎补、石菖蒲、磁石。

③随病加减:失眠辨证偏阴虚者,去淫羊藿,加酸枣仁、夜交藤、合欢皮,偏阳虚者,加石菖蒲、刺五加、五味子;合并糖尿病、辨证属气阴不足者,去淫羊藿,选加西洋参、太子参、生地黄、山药、山茱萸、鬼箭羽、黄连;合并高血脂、动脉斑块者,加蒲黄、泽泻、神曲;合并高血压者、辨证属肝阳化风者,去淫羊藿,选加天麻、钩藤、杜仲、牛膝、夏枯草、石决明、珍珠母、龙骨、牡蛎、益母草。

[注意事项] 方加黄芪根据病情,逐渐加量,最大用量至 120g,若出现口舌生疮或面部痤疮,可加知母或金银花以佐制黄芪温燥之性。

### 2.冠心病经验方——芪丹护心饮

[组成] 黄芪 30g,生晒参 10g,葛根 30g,丹参 30g,郁金 10g,降香 10g,水

蛭 10g，山楂 30g。

[用法] 每日一剂，水煎，早晚分服。

[功效] 益气活血，通络止痛。

[主治] 气虚络瘀之胸痹心痛，症见心胸疼痛，痛有定处，劳累或活动后明显，伴神疲懒言，乏力自汗，心悸不宁，舌淡暗，苔薄，脉细涩。

[方解] 胸痹心痛之病虚实互见者尤多，是以《金匮要略》明示其病机为"阳微阴弦"。刘祖贻认为，心主血脉，气为血帅，故本病以气虚络瘀为基础病机，治宜益气活血、通络止痛。方中黄芪、生晒参大补元气，丹参、葛根活血通脉，气血同调，益气之所以行血，共为君药。气虚瘀滞则胸阳不展，故予郁金、降香行气开郁，并助君药活血通脉，为臣药。水蛭深入络脉，逐瘀通经，为佐药。脾胃运化为气血生化之源，山楂助化消食，又兼活血化瘀之效，为使药。全方配伍得宜，气血并治，胸痹可解。该方为刘祖贻治疗冠心病基础方，临床加减运用，除可有效改善心绞痛症状外，坚持服用，还有软化斑块的作用。

[加减应用]

①随证加减：瘀血重者，选加川芎、地龙、红花；肝郁者，合四逆散或越鞠丸；夹痰浊气滞者，选加半夏、陈皮、薤白、茯苓、枳实、生姜、杏仁、厚朴；心悸气短辨证属气阴不足者，加麦冬、五味子；辨证属阳气亏虚者，加桂枝、炙甘草；胸脘闷胀、纳差、大便溏、苔腻，辨证属脾虚湿盛者，选加白术、砂仁、干姜、炙甘草、佩兰、豆蔻、神曲、麦芽、鸡内金；形寒怕冷、倦怠嗜卧，辨证属阳虚寒凝者，选加附片、桂枝、当归、细辛；合并低血压，辨证属水饮上冲者，合苓桂术甘汤或泽泻汤或真武汤，辨证属阳气虚者，加仙鹤草、红参或四逆汤。

②随症加减：大便干结者，选加全瓜蒌、紫苏子、当归、桃仁、枳壳、莱菔子；自汗者，选加浮小麦、麻黄根、煅牡蛎、仙鹤草、五味子、山茱萸、冬桑叶。

③随病加减：合并慢阻肺者，选加白术、砂仁、枸杞子、巴戟天、淫羊藿、红景天、野荞麦根、凤尾草、重楼、矮地茶、桔梗、木蝴蝶；合并心动过缓者，选加麻黄、制附子、细辛、桂枝、炙甘草；合并失眠辨证偏阴虚者，去淫羊藿，加酸枣仁、夜交藤、合欢皮，偏阳虚者，加石菖蒲、刺五加、五味子；合并糖尿病、辨证属气阴不足者，生晒参改为西洋参，选加山药、山茱萸、鬼箭羽、黄连、天花粉、石斛；合并高血脂者，加蒲黄、泽泻；合并高血压者、辨证属肝阳化风者，选加天麻、钩藤、杜仲、牛膝、夏枯草、石决明、珍珠母、龙骨、牡蛎、益母草；合并颈椎病，选加桂枝、白芍、威灵仙、姜黄、鸡血藤；合并心衰者，选加四逆汤或参蛤散或苓桂剂或真武汤或破格救心汤。

### 3. "杂病调中"学术思想核心代表方——香砂六君子汤

[组成] 党参15g, 白术15g, 茯苓10g, 炙甘草9g, 砂仁9g (后下), 陈皮10g, 半夏9g, 木香9g。

[用法] 每日一剂, 水煎, 早晚分服。

[功效] 益气健脾, 理气化痰。

[主治] 面色萎黄, 消瘦倦怠, 脘腹胀满或疼痛, 纳呆嗳气, 呕吐泄泻, 舌淡苔白, 脉滑或濡重按无力, 辨证属脾胃气虚、痰阻气滞之证。

[方解] 香砂六君子汤出自《古今名医方论》, 由四君子汤加陈皮、半夏、木香、砂仁化裁而来, 也是刘祖贻的习用方。脾胃位居中焦, 为一身气机之枢要。因认识到脾胃对于机体的重要性, 李东垣提出"内伤脾胃, 百病由生"。在杂病诊疗中, 刘祖贻亦十分重视调理脾胃, 对于恶性肿瘤、多种疾病的恢复期调理, 尤其有纳呆、便溏、乏力等脾虚症状者, 他常选用此方。此方健脾益气, 又因有砂仁、木香之芳香流动, 可起到醒脾开胃作用, 脾胃开, 纳谷增, 则病有转机, 即"得胃气则生, 无胃气则死"。该方用于真菌感染等难治性感染、辨证准确者, 久服, 缓缓图之, 确有力挽沉疴之效。

本方组方严谨, 药性平和, 方中党参益气健脾为君药; 辅以白术健脾燥湿, 扶助运化, 配以茯苓甘淡渗湿, 健脾和胃, 共为臣药; 陈皮、木香行气止痛, 半夏燥湿化痰, 砂仁健脾化湿, 温中止呕, 共为佐药; 炙甘草甘温益气, 并可助诸药达补气健脾之功, 为方中之使药。诸药合用, 补而不滞, 温而不燥, 祛痰湿之邪, 促脾胃运化, 使脾气升, 胃气降, 湿浊化, 痞痛消, 为治疗脾胃气虚、痰阻气滞证的要方。

[加减应用]

①随证加减: 夹食积者, 加焦三仙; 兼水饮者, 合苓桂剂或真武汤; 痰浊重者, 加三子养亲汤; 夹瘀血者, 选加丹参、莪术、三七、醋延胡索、益母草、泽兰; 阳气不足者, 选加黄芪、生晒参、仙鹤草、干姜、制附子、巴戟天、淫羊藿、补骨脂; 寒湿重者, 加苍术、佩兰、防风、草豆蔻; 夹湿热者, 选加凤尾草、败酱草、薏苡仁、黄连; 兼肝气郁滞, 辨证化热者, 加柴胡、赤芍、郁金、丹皮、栀子; 辨证属寒者, 加桂枝或肉桂、吴茱萸、乌药、香附、小茴香; 若寒热不显者, 加佛手、香橼、玫瑰花; 血虚者, 加四物汤。

②随症加减: 大便干结者, 选加干姜、制附子、蒲公英、当归、桃仁、枳壳、莱菔子、锁阳、肉苁蓉; 口舌生疮者, 加升麻、蚕沙、露蜂房; 恶心呕吐者, 加竹茹、生姜; 呃逆者, 加桂枝、丁香、柿蒂; 反酸者, 选加黄连、吴茱萸、乌贼骨、瓦楞子、浙贝母; 胃痛, 辨证属寒者, 加高良姜、乌药; 辨证属热者, 选加蒲公英、

连翘、蛇舌草；口干辨证属胃阴不足者，加石斛、太子参；大便溏者，加炒山药、炮姜。

③随病加减：如用于治疗老年慢性阻塞性肺疾病的稳定期，咳喘不显，咯吐痰沫，根据症情加入黄芪、大枣、淫羊藿等益气健脾温肾药物，以及矮地茶、浙贝母等化痰止咳药。"脾为生痰之源，肾为生痰之本"，通过稳定期健脾益气、温肾益精，既可增强体质，明显减少慢阻肺急性发作次数，又可减少痰量，防止痰栓形成。如用于防治化疗期间的胃肠道不适，常配伍竹茹、枳壳、佩兰等健胃降逆止呕，以及薏苡仁、八月札、蛇舌草等抗癌解毒之品，常有良效。如治疗肺结核，症见体瘦、咳嗽、咳黏痰或咯血，胸闷或胸痛，纳差、腹胀、大便稀，根据症状酌情加入黄芪、佩兰、丹参、野荞麦根、百部、十大功劳、白头翁、矮地茶、桔梗、黄芩、白茅根、仙鹤草、侧柏叶、枸杞子、紫河车等健脾补肾、清热化痰、凉血止血、活血抗痨之品。

## （二）活用药对

药物与药物配伍以后，调其偏性，制其毒性，增强或改变原有功能，发挥其相辅相成或相反相成的作用。药对，又称"对药"。是临床常用、相对固定的两味药物的配伍形式，是中药配伍的最小单位。刘祖贻擅用黄芪类药对与附子类药对，临床加减运用，出神入化，兹介绍如下：

### 1. 黄芪药对

黄芪，原名黄耆，因色黄而又补气之力最大，为补药之长，故名黄耆。其味甘、性微温，归脾、肺经，具有补气升阳、固表止汗、托疮生肌、利水消肿作用。黄芪的临床应用，历史悠久，一直为临床历代医家所推崇和重用。黄芪始载于《神农本草经》，说："味甘，微温，主痈疽，久败疮，排脓止痛，大风癞疾，五痔鼠瘘，补虚，小儿百病。"至张仲景《金匮要略》，更将黄芪在杂病的应用进行了比较全面的阐述，如治疗血痹之黄芪桂枝五物汤、虚劳之黄芪建中汤、风水之防己黄芪汤、皮水之防己茯苓汤、黄汗之黄芪芍药苦酒汤。后世如李东垣治疗中气下陷之补中益气汤，王清任治疗中风偏瘫之补阳还五汤，张锡纯治疗大气下陷之升陷汤、疮疡疮口不收敛之生肌散等。

临床见黄芪体质者，即《金匮要略》所谓的"骨弱肌肤盛"的"尊荣人"，尤其适合使用黄芪。其人多面色偏黄，缺乏光泽；浮肿貌，目无精彩；肌肉松软，腹壁软弱无力，按之无抵抗感以及痛胀感；平时易于出汗，畏风，遇风冷易于过敏；手足易麻木；舌质淡胖，边有齿痕，舌苔润。

黄芪为补药之长，适应证很广，与不同的药物配伍后，可发挥不同的功效。但需要引起注意的是，黄芪和其他中药一样，也有禁忌证。如明代医家缪希雍在《本草经疏》中指出："黄芪功能实表，有表邪者勿用；能助气，气实者勿用；能内塞，补不足，胸膈气闭闷，肠胃有积滞者勿用；能补阳，阳盛阴虚者忌之。"

（1）黄芪配淫羊藿

［药对详解］黄芪甘温，补益肾中元气，淫羊藿，味辛、性甘温，温肾壮阳，补益精气，二者配伍，共达少火生气、益气温肾、助精化髓之功效。

［灵活运用］黄芪－淫羊藿药对临床常用于脑病、肺病、妇科病、血液病的治疗。如加制首乌、枸杞子、丹参、水蛭等药，治疗肾虚髓亏血瘀之中风、痴呆、脑外伤等脑病；加香砂六君子汤、丹参、红景天、野荞麦根等药治疗脾肾两虚、痰瘀热互结之慢性阻塞性肺疾病；加仙茅、黄柏、菟丝子、覆盆子、枸杞子、龙骨、牡蛎治疗肾阴阳两虚、虚阳上浮之更年期综合征；加仙鹤草、鸡血藤、大枣、虎杖、蛇舌草、枸杞子等药治疗肾阳亏虚、气血不足、瘀毒内阻之再生障碍性贫血。

（2）黄芪配大枣

［药对详解］黄芪健脾补肺、益气固表，大枣补脾和胃、养血和营，黄芪主入气分，大枣主入血分，一以卫气为主，一以营血为主，二药配伍，既有益脾胃、补后天之功效，又能使气血同调、营卫互济，得阴阳互生之妙，共凑益气健脾、实卫御邪之功。

［灵活运用］黄芪－大枣药对临床常用于慢性肺病或其他慢性病，易反复感冒、感染诱发加重，辨证属脾气亏虚者。若症见纳呆便溏者，加党参、白术、砂仁、陈皮、神曲等益气健脾、芳香助运药；若肾阳不足者，选加淫羊藿、巴戟天、枸杞子、紫河车等温肾益精药。

（3）黄芪配丹参

［药对详解］黄芪补宗气而益心气，丹参活血化瘀，养血而不伤正。二药配合使用，益气与活血并用，气旺血行，共奏益气活血之功。

［灵活运用］黄芪－丹参药对临床常用于治疗心脏疾病。如加葛根、降香、水蛭等药，治疗气虚络瘀之冠心病；加葶苈子、毛冬青、桂枝、茯苓、附子、麦冬、党参、五味子治疗心肾阳虚、饮瘀互结之心衰；加附子、白芍、茯苓、白术、钩藤、龙骨、牡蛎、磁石治疗饮瘀夹杂、阳虚阳浮之高心病，需要注意地是，高血压时，黄芪需加大剂量，30g以上方有降压作用。

（4）黄芪配金银花

［药对详解］黄芪益气托毒，善达肌表，为外科家圣药；金银花清热解毒，能透

能达，为治疗疮疡肿毒要药。二药合用，补清结合，补不助热，清不伤正，托毒清解之功显著。

［灵活运用］黄芪－金银花药对临床根据具体情况，辨证加入阳和汤或生肌散或五味消毒饮或仙方活命饮用于治疗糖尿病足部溃疡、瘰疬癌肿溃破等疮口久不愈合收口者，其效如神。

（5）黄芪配升麻

［药对详解］黄芪甘温，为补气升阳的要药，升麻辛甘微寒，能升提脾胃清阳、清解阳明热毒，二者配伍，一寒一温，升阳举陷之力大增，而无温燥生火之弊。

［灵活运用］黄芪－升麻药对加党参、白术、柴胡、陈皮等药治疗气虚下陷所致久泻脱肛、崩漏下血、发热、眩晕、眼睑下垂等病证。加知母、桔梗、柴胡治疗胸中大气下陷之咳嗽、气短、呼吸困难；加葛根、蔓荆子治疗气虚、清阳不升之眼疾及耳疾。

**2. 附子药对**

附子味辛、甘，大热，有大毒。入心、肾、脾经。有回阳救逆，补火助阳，散寒止痛之功。其气味俱厚，走而不守，火性迅速，无处不到，善治阳衰阴盛及一切沉寒痼冷之疾。刘祖贻认为，附子是临床上最有用亦最难用之一味要药、峻药和猛药，若辨证准确、配伍得当常能起沉疴、拯垂危于顷刻。如症见面色㿠白，神疲乏力，少气懒言，怕冷或手脚冰凉，舌质淡暗，舌体胖大，舌边齿痕，舌苔水滑或白腻，脉沉迟、尺脉重按无力，则可大胆使用。阴寒较甚者，附子重用，但需久煎至泥状，且煎药过程中不能加冷水。

（1）附子配麻黄

［药对详解］附子，其味大辛而气大热，有毒，入心、脾、肾经，为回阳救逆、补阳益火、温中止痛、散寒燥湿之要药；麻黄，其味辛微苦而气温，入肺与膀胱经，为发汗解表、宣肺平喘、利水消肿之要药。二者配伍，一攻一补，一表一里，一上一下，畅通十二经脉，启闭开窍，无处不达。形瘦肤白、纹理细腻、易汗出、肌肉松弛者慎用，舌红少苔、阴虚内热及孕妇禁用。

［灵活运用］附子－麻黄药对加炙甘草，临床常用于治疗阳虚外感，若夹水饮者，加细辛，此类患者大都体格偏胖，皮肤黄暗，嘴唇偏暗，毛孔粗大，平素不易汗出，有浮肿倾向，属于麻黄体质。加桂枝、炙甘草治疗阳虚型心动过缓；加炙甘草、白术治疗寒湿身痛；加细辛、葶苈子治疗阳虚水泛、水寒射肺之心衰或胸水；加细辛治疗阳虚感寒之突聋、感冒失音、暴盲，加黄芪、防风、辛夷、淫羊藿、细辛等治疗阳虚型过敏性鼻炎；加阳和汤、乌药、香附、莪术，通阳活血，治疗阳气

亏虚、痰瘀互结之多囊卵巢综合征、子宫内膜癌术后等妇科病，但运用时需注意，麻黄小剂量，通常 1～3g 方能发挥活血消癥作用，深入痰凝瘀之中，无孔不入，引领其他化痰活血药，专门治疗妇科癥瘕类疾病。

（2）附子配干姜

［药对详解］附子长于回阳救逆、补火助阳，走而不守，能通彻内外上下。干姜，其味辛而气热，入脾、胃、肺经，具有温中回阳之功，守而不走。二药配伍，相须并用，使回阳救逆、温中散寒的作用大增，正如前人所说"附子无姜不热"。且附子有毒，配伍干姜后，干姜能减低附子毒性，附子配干姜有增效减毒之功。

［灵活运用］附子－干姜药对加炙甘草、人参、山茱萸、龙骨、牡蛎、磁石、麝香，重用附子、山萸肉，回阳救逆，为中医的强心剂，常用于治疗心衰亡阳证。加炙甘草、党参、炒白术、茯苓、桂枝、吴茱萸、肉桂、砂仁、黄芪、葛根等治疗脘腹冷痛、神疲乏力、吐泻、肢冷、舌淡嫩、脉重按无力之脾肾阳虚型脾胃病，若易上火者，加龙骨、牡蛎、黄柏，若舌胖大、下利黏液白冻者，加半夏、黄连。此外，临床常加炙甘草、肉桂、砂仁等药，温阳扶正，治疗隐潜性阳虚证。如症见口干、鼻干、眼干、舌面干燥少津之干燥综合征；干咳痰不易出，但咳甚重浊；咳黄痰，但不黏稠；苔黄腻，但舌面有津液，脉浮，但重按无力；鼻出血、便血、咯血、吐血、紫癜等血证；口不干渴或渴喜热饮或渴喜冷饮但不欲多饮；饮水即欲小便；面色红；咽痛，但漫肿不红；大便干结，但无实热表现；焦虑抑郁烦躁，但思维正常、避亲疏；白天总想睡觉，晚上睡不着。以上症状，但见舌嫩、脉重按无力，则可大胆使用。

（3）附子配大黄

［药对详解］大黄苦寒攻下，荡涤胃肠积滞，泻下逐瘀。附子大辛大热，温阳散寒，通行十二经脉。二药配伍，寒温并用，互制互补，攻下无伤阳之弊，且温经通瘀之力增，共下寒实。

［灵活运用］附子－大黄药对加细辛，善治寒实内结之偏侧疼痛；选加麻黄、炙甘草、黄芪、玉米须、白茅根、鹿角片、丹参、干姜、白术、茯苓等药，温阳泄浊，用于治疗尿毒症；选加干姜、炙甘草、肉苁蓉、火麻仁、厚朴、杏仁、枳壳、当归、党参、黄芪等药治疗寒性便秘。

299

# 六、读书之法

中医药学的经典著作很多，其中比较公认的是《黄帝内经》《伤寒杂病论》《难经》以及《神农本草经》四大经典。经典著作历史悠久、源远流长，为中医界所公认，具有重要的理论和实践指导意义。实践证明，中医的疗效在于经典，所以是必读之书。而《伤寒杂病论》是对刘祖贻影响至深的一部经典著作，他认为是学好中医最应该学习的专著。

医圣张仲景所著《伤寒杂病论》集汉代以前医学之大成，结合其丰富的临床实践经验，系统阐述了外感热病与内伤杂病辨证论治思维，言简意赅，朴实无华，理法方药俱全，归纳总结了疾病千变万化的各个层次，是世界上第一部经验总结性的临床医学巨著，在中医学发展史上具有划时代的意义和承先启后的作用。

汉代以后的中医大家以及历代各大学术流派，如金元四大家、叶天士、张锡纯以及明清时期的温补学派、温病学派等流派学术思想的创立，无不受到《伤寒杂病论》的启迪，后世所创方药，亦大都是在仲景经方的基础上加减化裁，并经临证实践检验而成。如成无己所说"仲景之方，最为群方之祖"。朱丹溪更是指出"仲景诸方，实万世医门之规矩准绳"。清代医家徐灵胎在《慎疾刍言》中赞誉到"《伤寒论》此一切外感之总诀，非独治伤寒也。明于此，则六淫之病无不通贯矣。《金匮》此一切杂病之祖方，其诸大症，已无不备。能通其理，天下无难治之病矣"。

刘祖贻认为学习《伤寒杂病论》不仅要熟读背诵原文，更重要的是要理解《伤寒杂病论》病脉证治之法度、六经之实质、经方之内涵，深入领会和汲取仲景原汁原味的临证思维方式，其中明六经（疾病）—析病机—辨方证—知加减是其学习《伤寒杂病论》的心法要诀，而白天临证–夜间读书则是学习《伤寒杂病论》的技法要诀。

刘祖贻通过反复研读并不断地实践，深刻体会到《伤寒杂病论》的精髓，可以概括为扶阳气、保胃气、存津液之核心思想，亦即中医扶正大法。

第一，扶阳气。"阳气者，若天与日，失其所，则折寿而不彰""阳气者，精则养神，柔则养筋"《素问·生气通天论》。阳气是天地自然和谐变化以及万物生长化收藏的主动力，也是提供生命机能动力和能量的源泉。《伤寒杂病论》之论伤寒、论杂病，贯穿重阳思想，多用温阳、回阳、通阳之附子、干姜、桂枝等药物，《伤寒论》113 方，用附子者 21 方，《金匮要略》262 方，用附子者 11 方，用桂枝者 35 方。如扶心阳用桂枝甘草汤类方，扶脾胃阳气用甘草干姜汤、理中汤之类，扶肾阳用四逆汤、真武汤、肾气丸之类，扶肝阳用吴茱萸汤、温经汤之类，使用相当广泛。扶阳气也体现在慎用寒凉药伤人体阳气，攻下必待里实已成，如小承气之试探，以及汗、吐、下三法诸禁忌，大多以保护阳气为着眼。

第二，保胃气。胃气是脾胃消化功能的总称。"平人常禀气于胃。胃者，平人之常气也。人无胃气曰逆，逆者死。"（《素问·平人气象论》）人以胃气为本，胃气是人生命机能的依托，为五脏六腑之气的后天本源，人的生长发育及抗病愈病能力皆赖于胃气。在临床遣方用药中，顾护胃气是必须要遵循的一个法度，《伤寒杂病论》中始终体现着这一思想。从汗、吐、下、和、温、清、消、补八法到具体方药，仲景均不忘"保胃气"。如桂枝汤是汗法的代表方剂，方中生姜、大枣、炙甘草益气和中，资助汗源，特别在药后调护法中强调药后喝热稀粥。粥有内充谷气的作用，既可益胃气以扶正，又可助发汗以祛邪。药后禁忌生冷、黏滑、肉面、五辛、酒酪、恶臭等物，也是考虑预防伤及胃气。此调护方法不仅适合于服用桂枝汤，服用一切中药汤剂皆应如此忌口，以顾护胃气为要。吐法之瓜蒂散，方后嘱："不吐者，少少加，得快吐乃止"，若服药后并未呕吐者，下次服药只可多加少许，到呕吐量比较大时，则停止服药，这些都是防止呕吐过多损伤胃气。下法的调胃承气汤，虽苦寒攻下，但方中妙在用炙甘草甘缓和中，既可缓硝黄峻下之力，使之偏于泻热和胃，又可保护胃气，以防伤中。应用大、小承气汤，皆特别强调得下腑通后，立即停服，以防下伤胃气。此外，下水之十枣汤中大戟、芫花、甘遂都是逐水峻药，所以配大枣十枚为君药，健脾益胃、缓和其他三味药毒性，同时在服法中还嘱咐泻下后再进稀粥，这也是为了顾护胃气出发。小柴胡汤是和法的代表方剂，方中人参、炙甘草、大枣益气和中，顾护胃气。温法的代表方剂四逆汤，方中炙甘草益气养胃，干姜温补脾胃，亦体现仲景的保胃气思想。清法的白虎汤辛寒清热，易伤人胃气，则加入粳米、炙甘草益气和中。消法之桂枝茯苓丸破癥消瘀，瘀去则新血自生而能养胎，仲景恐桃仁等破瘀力猛损伤正气，故"炼蜜和丸"，取"丸者缓也"之意，使药力缓慢释放，胃气得保，正气得护，消癥化瘀而不伤胎。补法之炙甘草汤、小建中汤，以炙甘草补中益气，生姜、大枣补益脾胃滋化源。可见仲景在临证处方用药时，是处处注意顾护胃气的。

第三，存津液。仲景不仅重视扶阳气、保胃气，亦强调存津液。

其一，发汗解表，不忘顾津。发汗解表，是祛邪外出的一种较好治法，适用于一切外感病的初期。"其在皮者，汗而发之"，如汗之得法，将疾病消灭于初期阶段，免致病邪深入，使患者及早康复。然汗为心之液，血汗同源，汗乃津液之所化。若汗不如法，必伤津耗液，变症百出。仲景深究此理，故每于运用汗法时，始终不忘保津护液之旨。如太阳中风之用桂枝汤，方中既用桂枝、生姜辛甘化阳、解肌发汗，又用芍药、大枣、炙甘草酸甘化阴，敛阴和营。即便如此，仲景还在其方后注中特别指出"服已须臾，吸热稀粥一升余"，使之助胃气，益津液，以资汗源。太阳伤寒必赖辛温发汗之麻黄汤以开腠理而祛风寒，但仲景用在麻黄汤时，亦嘱其"复取微似汗"，唯恐过汗伤津。此外，仲景还反复申明，凡津亏血弱之人，如咽喉干燥者、淋家、疮家、衄家、亡血家、汗家，虽有表证，亦不得贸然发汗，此时若强行发汗，会致便血、发痉等各种急危变症出现。

其二，清热通腑，意在护津。清热通腑，即通过清热通腑而达到保存津液之方法。诸如辛寒清热之白虎汤，生石膏配知母，既清阳明之热，又能养津补液，炙甘草配粳米，既能益胃生津，又可顾护石膏、知母之寒凉伤胃，共奏清热生津之效。若兼见脉洪大无力，背微恶寒，是汗多伤津之象，仲景于白虎汤中加人参，其目的是以白虎汤清阳明之燥热，加人参以益气生津。以清热生津、益气和胃为法的竹叶石膏汤，用淡竹叶、生石膏清热除烦，人参、麦冬益气生津，粳米、炙甘草和中养胃、益气生津，充分体现了以"存津液"为前提的治疗原则。若症见痞满燥实之阳明腑实证，仲景根据病情的轻重缓急，分别制定了三承气汤，使腑气通，邪热去，津液存，正气复。少阴病也有三急下证，阳明三急下偏于实热内结，少阴三急下偏于津亏火炽之危候。这里的急下存阴，乃釜底抽薪之法，祛邪更多的是为了扶正，为了保津液、存津液、固津液。

其三，滋阴降火，旨在生津。如少阴热化之黄连阿胶汤，芍药、阿胶、鸡子黄滋肾水，黄连、黄芩清心火。又如，面对阴伤而水热互结证，仲景巧妙地运用了猪苓汤，育阴清热而利水，做到利水而不伤阴，清热而不碍阳，可谓尽善尽美。治疗百合病心肺阴虚内热证之百合地黄汤，方中百合色白入肺，养肺阴而清气热，生地黄色黑入肾，益心营而清血热，泉水清热利小便，诸药合用，心肺同治，阴复热退，百脉因之调和，疾病自愈。

总之，仲景《伤寒杂病论》全篇始终贯穿着"扶阳气、保胃气、存津液"之核心思想。刘祖贻强调，阳气为人身之大宝，有阳气、有胃气则生，无阳气、无胃气则死，留得一份津液，便有一分生机。时至今日，这对我们临证实践仍然具有极其重要的现实指导意义。

# 七、大医之情

## （一）思想境界

刘祖贻为人恬淡自然，知足常乐。常言，做事须有入世之心，做人当有出世之心。用入世之心做事，积极努力，就会觉得充实、踏实；用出世之心做人，则能淡泊名利，少烦恼，无忧虑，自得其乐。

刘祖贻以入世之心投入临床、科研工作，多次因不舍临床、科研而放弃晋升机会。从事临床管理工作后，也以建设中医事业为工作重心，多次向领导建言建策，使全省各地中医纳入国家计划，与西医人民医院享有同等地位，为中医院的发展提供了良好条件，大大提高了中医从业人员的积极性，对湖南省中医药事业的发展影响深远。

刘祖贻以出世之心做人，为官公正严明、两袖清风，为医德艺双馨。他医术精湛，声名远播，患者遍及海内外。早在20世纪60年代，即经组织推荐，参与省级领导干部的医疗保健工作。至今除每周固定门诊外，仍承担繁重的干部医疗保健任务，还常常受邀参与中南大学湘雅医院、中南大学湘雅二院及湖南省人民医院等综合医院的疑难重症会诊。无论高官巨贾，还是普通百姓，均一视同仁；尤其体恤患者疾苦，处方力求价廉而效宏；考虑患者挂号困难，对于临时病情变化者常开两张处方，一张治疗现症，一张做调治之用。近年来，为爱护其身体，医院对其专家门诊实行限号，但求诊者甚众，应接不暇，每次他都要延迟下班时间。繁忙的诊务中，偶尔会出现有特别要求的病患，其助手有时会不耐烦，而他总是在耐心地处理完诊务后，于无人处教导我们要设身处地为患者着想，这样才会真正懂得去理解患者。

退休后由于慕名求医者众多，每年都有许多社会医疗机构高薪请其坐诊，但他一概拒绝，坚持只在本单位医院应诊。除诊室外，工作室里、院内、会场、甚至散步路上都是刘祖贻诊病处方的场所。"愿乞杏林仙家种，移向人间遍地春。"这是他诗作中的两句，充分体现了其大医情怀。其事迹多次在《湖南日报》《中国中医药报》等刊载。

## （二）文化修养

中医学与儒学都根植于中华文明，都是中华文化的瑰宝。由中华文化所蕴含的自然观、方法论而形成的思想和理论体系，深深地影响着中医学的发展。自古以来，医道与儒学就是相通的。刘氏家族医学的传承也与历代传承人熟读儒学经典，国学基础深厚不无关系。刘祖贻家中世代行医，也是世代诗礼传家，对于小儿的文化教育十分重视，于学医之前都延师至家或送入私塾学习古典文化，这不仅培养了刘祖贻爱好学习的好习惯，而且有益于以后的中医学习，且自小受儒家思想影响，品德修养也在无形中得到提升。

文是阶梯医是楼，刘祖贻自小学习四书五经等中华文化经典，打下了扎实的文化基础，他回忆自己的学习历程时感慨："现在看来，学好国学，学好经典，是学好中医的必由之路。"又赋诗云："束发承庭训，藜阁书香浓；薪传历十代，医学境无穷；纸上得来浅，实践始能通；春回生意满，花映杏林红。"刘祖贻闲暇时喜爱书法，借此怡养心神。他处方用药时，思维敏捷，胆大心细，书写处方时娴熟细致，独特的草体使得脉案清灵、秀雅，堪称书法作品，也饱含着他对中医的热爱。

除阅读医籍外，刘祖贻青年时期还对哲学产生了浓厚兴趣，广泛浏览了西方哲学名著，并对中国古典哲学、哲学与中医学的关系进行深入思考。这对其世界观、人生观的形成产生了重大影响，乃至对学习中医也有很大帮助。在众多哲学思想中，刘祖贻尤为推崇辩证唯物主义哲学，认为其对中医学体系的形成与发展影响深远。他对如何实现中医现代化及当时所存在的"废医存药""阴阳五行可废，藏象学说可存"等思想混乱问题进行了深入的哲学思考，并撰文《哲学对实现中医现代化的指导意义》阐明其观点。刘祖贻认为，任何自然科学必须接受哲学的支配，中医学也不例外。中国医学从开始即具有了自发的辩证法及朴素唯物论的特征，古代哲学与中医学是紧密的联盟关系。正因为中医学体系的形成发展过程坚持了唯物主义方向，并蕴含丰富的辩证法思想，因此才具有旺盛的生命力，历经数千年而不衰。因此，无论是进行中医学现代化研究，抑或临床实践，都不能脱离辩证唯物主义的指导，这样才能正确处理继承与发扬的辩证关系，缩短中医学的现代化进程。

## 八、养生之智

刘祖贻生活简单，粗茶淡饭甘之如饴，不喜欢无谓的应酬。谈及养生要诀，他认为得益于自己的三大爱好：一是吟诗写字。刘祖贻加入了梅麓诗社，虽不常作诗，但诗思敏捷，常常是兴之所至，随口吟来。某日一中医学校教务长请他为毕业生名册题词，来者说明来意后，嗑完七粒瓜子，刘祖贻已将诗作完。其诗云："四载耕耘苦，桃李满园栽；一朝东风起，千朵万朵开。"书法是他的又一爱好。他临池挥毫之时，神情十分专注。他说练字如练气功，需心无杂念，凝神运气，意到，气到，运笔才有力。他每日必习练数小时，较少摹帖，随意写来，自成一体，边写边评赏，自得其乐。二是读书，他说书中别有洞天，其乐无穷。他的床头案边常堆满书籍，除医书外，文史哲无不涉猎。有时如年轻人一样，他还爱读武侠小说，阅读兴趣十分广泛。刘老认为，读书不但可丰富知识、开阔视野，而且可以启迪思维、凝神敛思，防止老年痴呆症等的发生，有利身心健康喝延年益寿。三是运动。刘祖贻寓居岳麓山下、湘水之畔，他常于早晨、下午或登山，或漫步江边，徜徉于山光水色之间。他说，这是动以养形，怡以养神。他还结合气功原理，自创放松功，每于疲劳或闲暇时间练习，方法虽简单，却十分有效。刘祖贻至今仍坚持临床、科研工作，反应敏捷，精力充沛，多得益于此。

# 九、传道之术

## （一）人才培养方法

刘祖贻平日工作繁忙，其注重于中医传承，对弟子从不吝惜所学，倾囊相传。他桃李满天下，共培养优秀传承人10余名。刘祖贻曾说："中医传承，主要靠人。如果能发掘培养更多中医人才，让中医事业更好地传承下去，必定能造福更多百姓，也有利于国家。"他勤勉不辍，年届八旬仍未离开临床一线，每周坐诊，数十年如一日，雷打不动，虽然辨证用药颇费心神，仍坚持言传身教，弟子如遇临床难题向其请教，他必然耐心分析问题，答疑解惑，点拨思路。他重视中医文化与方法学研究，关心中医发展与未来，洞见中医西化，痛心疾首，撰文并多次发言，要求弟子们坚定中医文化自信、坚守自身规律发展中医。刘祖贻常说医为仁术，仁者医道，医道亦即人道；怀博爱之心，具回春之术，方可为医。他待患者"皆如至亲之想"，"一心赴救"，且常教导弟子要设身处地为病人着想。

## （二）人才培养成果

刘祖贻曾说"我还有使命，让中医被更多人了解，让中医的学术精华薪火相传、生生不息。"虽然他年事已高，但仍坚守临床，并一直坚持着对中医人才的培养。作为首批、第六批全国老中医药专家学术继承工作指导老师，刘祖贻先后指导周慎、卜献春、胡学军、刘芳、伍大华、刘春华、蒋军林等不同层次的传承人才百余名，形成完整的学术传承梯队，其中10余名成长为脑病、老年病、肺病领域杰出专家，享受国家政府特殊津贴，分别成为国家第二至六批老中医药专家学术继承指导老师，国家中医临床研究基地重点病种负责人，国家区域中医诊疗中心老年病科专科负责人，湖南省名中医，湖南中医药大学博士生导师，多人入选全国中医临床优秀人才，湖南省121创新人才，湖南省高层次卫生人才"225"工程学科带头人，湖南省中医药脑病方向学科带头人。刘祖贻带领团队申报并获批了国家中医药管理局全国名老中医药专家刘祖贻传承工作室、国医大师刘祖贻传承工作室。两个工作室自获批建设以来开展了大量卓有成效的工作，成果显著：全国名老中医药专家工作室被中华中医药学会授予"全国先进名医工作室"；先后完成国家自然科学基金项目、十五国家科技攻关计划分课题、国家中医药管理局重点项目等省部级以上课题多项；获省科技进步奖 4 项、省中医药科技进步奖 7 项；研发丹黄颗粒、昇力合剂、舒郁安神颗粒、复元通络颗粒等中药新药、医院制剂 5 个；编著整理《刘祖贻临证精华》《刘祖贻医案精华》《国医大师刘祖贻临床经验实录》《国医大师刘祖贻论临床》等医学专著 10 余部。

## 刘祖贻学术传承谱

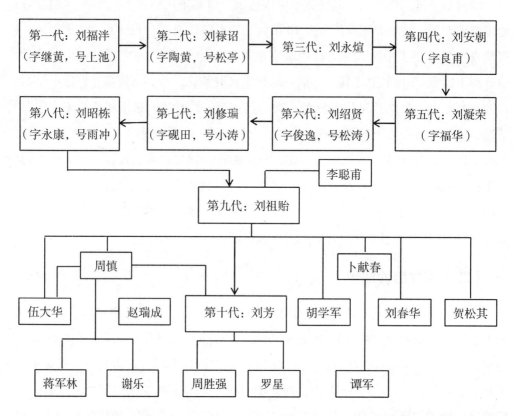

（刘芳、周胜强整理）

（钱月编辑）

# 刘柏龄

刘柏龄（1927—2022），男，吉林扶余人，中共党员，长春中医药大学终身教授、主任医师、博士生导师，第一批至第五批全国老中医药专家学术经验继承工作指导老师，国家中医学术流派"天池伤科流派工作室"主要创建、传承人。曾任长春中医药大学附属医院骨科主任、骨伤教研室主任。兼任世界中医药学会联合会中医骨伤科专业委员会顾问、中华骨伤医学会终身荣誉会长、中华中医药学会骨伤科学会学术顾问、中国中医科学院客座研究员、全国高等中医院校骨伤教育研究会常务副会长、普通高等教育中医药类规划教材编审委员会委员。"全国中医药杰出贡献奖"获得者，首届"中医骨伤名师"，被中华中医药学会授予"国医楷模"称号，获"首届中医药传承特别贡献奖"和"成就奖"。享受国务院政府特殊津贴，2014 年被授予第二届"国医大师"（中医骨伤首位）称号。

刘柏龄深明经旨，继承家传医技，融各家所长，确立"治肾亦即治骨"学术思想，以"肾主骨、生髓，髓充则能健骨"理论指导临床，并研制出一批新药应用于临床。如"骨质增生丸"被纳入《中华人民共和国药典》，1992年获国家中医药管理局科技进步三等奖；"壮骨伸筋胶囊"于 2003 年获中华中医药学会科学技术奖三等奖；等等。刘柏龄应用家传手技结合临床，创立"二步十法"推拿治疗腰椎间盘突出症、点刺"暴伤点"治疗急性腰肌扭伤、"一针一牵三扳法"治疗腰椎小关节紊乱症、"理筋八法"治疗慢性腰肌劳损等，手法独具一格，疗效卓著，在国内得到广泛公认和应用。编写医学教材及著作 24 部，发表学术论文近百篇。

# 一、学医之路

刘柏龄自幼涉足医坛，在祖父的熏陶、叔父的教诲、老师的帮助下，立下了"以医济世"的决心；在祖父的教导下读书、识字、写字，既学文，又学医，每天除了按时去学校读书外，还坚持在叔父的督促下攻读医书，不时地随叔父诊病、采药、制药等。

16岁随叔父刘秉衡老中医学习，尽得其传；幼承家学，攻读四大经典、经史百家，且博览群书，深研《黄帝内经》《伤寒论》及《医宗金鉴》等医学巨著，学业日臻向上；1946年末悬壶于扶余三岔河镇，名噪一方；1955年，刘柏龄被选入吉林省中医进修学校（长春中医药大学前身），成为吉林省首批学员。他的第一位老师——张继有，认为"中医是科学"，对人类健康大有益处，要深入研究加以应用，造福于人民。受教于王海滨、董翼章、赵太伯、陈玉峰、云鹏等名望很高的老师，以及当时胡永盛、刘冠军等年轻老师，还深受吉林省名医、骨科专家、胡氏正骨传人胡黎生老师指导和帮助。因优异成绩，1956年毕业留校任教，与任继学（国医大师）作为优秀教师，共同被选送到北京中医学院中医师资班深造，师从任应秋、秦伯未、董建华、宋向元、刘寿山等中医名宿，在恩师教诲下，努力学习，深入探索，为其后的学术思想形成与建立奠定了理论基础。先后组建了长春中医学院附属医院大外科系并任主任，兼任中医医史教研室主任，自20世纪60年代创建长春中医药大学骨伤科以来，任骨科主任、教研室主任，始终在骨伤的教学、临床、科研一线工作。

# 二、成才之道

## 1. 食古能化，贵在创新

刘柏龄精研典籍，博览各家学说，在长期临床实践中，对肾主骨理论及其临床意义领会至深。刘柏龄认为："肾藏先天之精，禀赋于父母，受助于后天之水谷。肾精充足则身体强壮，筋骨刚韧。肾精不足，幼则成长、发育迟缓，筋骨软脆，年长则体不强健，筋骨松软，甚则别生歧异。"刘柏龄强调对幼时因肾精不足引起之筋骨发育迟缓、骨生佝疾等候者，当以调养脾胃为先，着重食疗，用后天水谷之精充补先天之不足，以强健筋骨而疗诸病候；及至年长，由于肾精不足而引起的诸骨疾病，常伴有腰膝酸软，或不能久立，或不能健步，或头项不能转摇，或手摄失职而不能抓取等，除食补扶正外还当佐以适当方药为治。如因劳伤或外伤，以致出现骨赘，则当以专门之方药针对治疗。刘柏龄经多年研究，悉心探索，创立了治疗骨赘（增生）的良药"骨质增生丸"，其方由熟地黄、鹿衔草、骨碎补、肉苁蓉、鸡血藤、淫羊藿、莱菔子等组成，炼为浓缩丸，治疗全国各地骨质增生患者 4.3 万余例，均获较好疗效，使许多患者痛苦而来，高兴而归。刘柏龄虽重补肾，但反对按图索骥，胶柱鼓瑟，而主张详察病情，随症为治以求效。

**2. 理伤之法，心手相和**

刘柏龄深明经旨，对《黄帝内经》提出的按摩、导引的医疗作用领悟颇深。他认为手法治疗疾病，是我们祖先在与疾病长期的斗争中总结出来的宝贵经验，应当发扬光大。于是他荟萃隋唐以来的伤科手法精华，进行整理研究，并涉猎后世伤科名家之长，融会贯通，再加以分门别类，制定出各法的实施要领，明确适应证，使之既便于临床运用，又适于启迪后学。刘柏龄常讲，使用手法，首先必须根据辨证施治的原则来掌握运用。因伤有轻重之分，又有皮肉、筋骨关节深浅厚薄之别，故要求按情况选用相适应的手法。为了使手法治病能起到应有的作用，达到预期的治疗效果，刘柏龄非常重视手法基本功的训练，要求既要熟练、灵活，又要保证手法准确，轻重适度。刘柏龄在临床中注意到，骨伤科疾病形成多源于血瘀气滞。外伤、邪热、寒凝、痰湿阻遏、气郁不畅可致血瘀内结，血亏气弱，血气运行不畅，亦可致血瘀，故而在骨伤科疾病（如创伤性疾病、邪热而致的炎性疾病、某些功能减退的疾病及这些疾病的后遗症等）治疗中，应根据其不同的病因、病情，应用活血法为主，并结合其他方法进行辨证审情施治。

# 三、学术之精

## （一）临证强调"治肾亦即治骨"的学术思想

肾为人体脏腑阴阳之本，生命之源，与骨的生长发育密切相关。《黄帝内经》记载：肾藏精、主骨；其充在骨；肾生骨髓，其体在骨。说明骨的生长、发育、修复均须依赖肾精的滋养。若肾精不足，髓不能养骨，则骨的生长、发育、修复就会出现障碍。刘柏龄在继承《黄帝内经》及总结前人的理论基础上，结合现代疾病的特点，创制了治疗骨伤科疾病的系列方法和药物，初步确立了"治肾亦即治骨"的学术思想。

"肾主骨、生髓，髓充则能健骨"，且腰痛的病因"有寒、有湿、有风热、有挫闪、有瘀血、有滞气、有积痰，皆标也，肾虚，其本也"，所以肾虚者，易患腰部扭闪和劳损等，而出现腰酸背痛、腰脊活动受限等症状。又如骨伤折断，必内动于肾，因肾生精髓，故骨折后如肾精不足则无以养骨，骨折难以愈合。临床治疗时，必须用补肾之法，以续骨、接骨。"治肾亦即治骨"也。

刘柏龄秉承"肾主骨""治肾亦即治骨"的理论，提出保养肾的精气是抵御病邪，防治骨病、骨折，延缓衰老的重要措施这一论点。如"女子七七、男子八八"以后肾脏衰、精少，筋骨、肌肉得不到很好的濡养，因而形体皆极，骨质脆弱，易发生骨折，且折后愈合较慢。临床上女性绝经后发生骨质疏松、男性高龄好发骨质疏松，与《素问·上古天真论》所述"男不过尽八八，女不过尽七七，而天地之精气皆竭矣"的年龄段相吻合。因此刘柏龄在学术上推崇"肾主骨"的理论，临床中贯彻"治肾亦即治骨"的原则，同时强调，调肾为主，重视阴阳，筋骨为重，不离气血；痰湿瘀兼顾，虚实分清；折骨伤筋病，手法先行。形成了独特的学术体系。

## （二）推崇手法，多标新见

刘柏龄认为手法治疗疾病，是先贤们在与疾病长期斗争中总结出来的宝贵经验，应当继承与发扬。其在70余年骨伤科医疗实践中，自创了多种风格独特、疗效卓越的理筋手法，在我国北方独树一帜。其手法的特点是"重而不滞，轻而不浮，稳而见准；法之所施，使患者不感觉痛苦"。

手法三个施术阶段的内容与意义：

第一阶段为准备阶段：运用手法为进行治疗做准备，具有镇痛、解痉、散瘀活血、放松紧张肌肉的作用。使手法在肌肉舒松的情况下，得以顺利地进行，以达到满意的治疗效果。另一方面也是使患者的肢体具有一个适应过程。如轻度按摩法（或叫抚摩法）、深度按摩法（或称推摩法），以及搓、擦、揉法等。

第二阶段是解决疾病的主要矛盾阶段：即应用手法治疗各种软组织损伤（筋伤），以达到理顺筋络、调和营卫、通经活血、矫正畸形等治疗目的。

第三阶段：是在理筋手法操作之后，患者往往有一个刺激反应过程，特别是使用较重、较猛手法解决主要矛盾以后，还可能筋骨间微有错落不合缝者，是伤虽平，而气血流行未畅，此时可用叩击、揉按、摇晃、运展等手法，使紧张的肢节放松，进而推动气血的运行，这是手法结束，整理收功的最后一步。

总之，理筋手法的应用是由轻到重，再由重到轻，循序渐进的过程。

# 四、专病之治

## （一）骨性关节炎

骨关节炎为一种常见的慢性、进展性骨关节病，又称增生性关节炎、退行性骨关节炎。北方地域寒冷，其发病率相对较高。20世纪60年代开始，刘柏龄在前人的经验基础上，依据"治肾亦即治骨"学术思想，特别强调治疗骨关节疾病应以调肾为主，重视阴阳；筋骨为重，不离气血；痰湿瘀兼顾，分清虚实。

### 1. 以调肾为主，重视阴阳

刘柏龄经过临证与实践研究，在"肾主骨生髓，髓充则骨健"的理论指导下，结合疾病发展与临证经验，确立了"治肾亦即治骨"的学术思想。20世纪60年代，重视"命门"相关研究，对"肾主骨"理论进行了细致的分析与研究，认为保养肾中精气是治疗骨病的根本，故使"肾气充盈，骨得以健壮和坚实"，是延缓骨骼退变的重要措施。《素问·逆调论》记载："肾不生，则髓不能满。"阐明了肾与骨髓的密切关系，若出现肾病变即会导致一系列骨疾病发生，正如《素问·痿论》所言："肾者水脏也，今水不胜火，则骨枯而髓虚，发为骨痿。"故认为在骨关节炎治疗时，宜取入肾益髓、填精入骨之法，以壮水制火的药物为主。

随着社会人口老龄化，因老年性骨质退变所致的骨关节炎逐渐增多，其病理变化主要表现在肾与骨、骨与髓内在的生理关系，表明了骨质的退变与年龄、体质的密切关系。故刘柏龄在骨关节炎临证中组方常以熟地黄补肾中之阴为主，淫羊藿（仙灵脾）兴肾中之阳为之辅，兼以肉苁蓉入肾充髓、骨碎补与鹿衔草补骨镇痛，且此基础上佐以通畅经络、活血脉之药物，既可增强健骨舒筋的作用，又能达"通则不痛"的功效。刘柏龄认为肾阴、肾阳在"治肾亦即治骨"中有不同作用及治疗的区分，其在治疗骨关节疾病中对于补肾类中药偏重，如川杜仲、金毛狗脊、熟地黄、枸杞子、淫羊藿、肉苁蓉等，且要注重人体阳气，因"阳气者若天与日，失其所则折寿而不彰"（《素问·生气通天论》）。临证时善于运用制附子、肉桂等温阳生发类中药，以提携升发阳气，达到促进骨病痊愈之效。

### 2. 筋骨为重，不离气血

骨关节炎的发生离不开筋骨的损伤，且肝肾之精血不足常为发病的根本。当人之肝肾精血充足，则筋强骨壮而有力；反之，肝肾之精血不充则筋骨痿软。正如明代医家主张补"命门"为治病之本，调补肝肾、益精血的同时，要兼以行气活血，结合临证经验与整体辨证论治。"肝主身之筋膜，筋膜干，则筋急而挛，发为筋痿"

（《素问·痿论》），阐明了筋骨得肝血濡润营养，其肢节才"能步""能摄"。若肝病则筋病，可见筋痿、筋软、筋挛等症。人体的肢体运动，完全依靠筋的功能，而筋需要肝血的濡养，故骨关节炎临证治疗时，特别强调柔肝养筋，活血和血以舒筋，补血养血以续肌。然《正体类要》中提出"筋骨作痛，肝肾之气伤也"，说明治筋骨疾病应调补肝肾，也应不离气血。若气血不足，则筋骨亦随之衰退，若气血充足，再加以调补肝肾，则筋骨功能强壮，此即年轻气血充盈，虽伤但机体修复快，年老气血亏虚，筋骨伤后则机体修复较慢的原因。如《杂病源流犀烛》记载，"跌仆闪挫，卒然身受，由外及内，气血俱伤病也"，也说明了伤筋动骨必然会伤及气血，所以治疗骨关节炎疾病，在调补肝肾时务必调治气血。

刘柏龄认为预防和治疗骨质增生应首选补肾精、健脾胃、通经络、活气血的药物，不可大量或长期应用抗风湿药物或酒剂，认为这类药物不仅能损及阴阳，而且还有克伐胃气之弊，不但不能抗衰老，反而会加速衰老。至于体育锻炼，认为应采取适当的锻炼方式，如太极拳、广播体操。身体欠佳者可以户外散步或适当活动关节。不论身体状况如何，中老年人都不宜跑步锻炼，以免顿挫损伤关节。锻炼必须循序渐进，轻柔适度，不宜操之过急，更不能间断，要坚持经常，久而久之，自见功效。

刘柏龄体会到肾与骨、骨与髓内在的生理、病理变化，充分揭示了由骨质增生而引起的腰腿痛的内在因素是肾气虚不能生髓充骨而致骨的退变——骨质增生。由此形成了本病的治疗规律和治疗骨质增生的"骨质增生丸"处方，这样使"骨质增生"从"不治"向"可治"方面转化，前进了一步。

骨质增生丸由熟地黄、肉苁蓉、淫羊藿、骨碎补、鹿衔草等六味药组成，制成浓缩丸剂。方中以熟地黄补肾中之阴（填充物质基础）、淫羊藿兴肾中之阳（生化功能动力）为君，臣以肉苁蓉入肾充髓，骨碎补、鹿衔草补骨镇痛；再加入佐药鸡血藤，配合骨碎补等诸药，在补益肝肾、益精填髓的基础上，进一步通畅经络，行气活血，不仅能增强健骨舒筋的作用，而且可收到"通则不痛"的功效；使以莱菔子之健胃消食理气，以防补而滋腻之弊。从 20 世纪 60 年代至现在，已应用半个多世纪，共治疗骨质增生患者 10 万多例，取得较好疗效，总有效率在 90% 以上，从而填补了治疗骨质增生的国内外空白。应用到现在，其疗效不减，信誉不减，销量不减。该药已纳入《国家药典》，目前国内很多药厂均在批量生产。

## （二）类风湿关节炎

刘柏龄对于类风湿关节炎诊治强调伤病以"活血化瘀为先"，亦即"瘀去、新生、骨合"。在"从血论治"的学术思想基础上，积极实践，提出治疗此病以温肾壮骨、通督脉为关键。

类风湿关节炎早期多半以清热化湿、祛风通络为主；年龄大者、病程长者，多考虑后期调养，以补肾填精、强骨通络为主。

**1. 病因病机**

类风湿关节炎在中医属于"痹病""历节""尪痹"范畴，其病与《灵枢》中"周痹"相似。《素问·痹论》载："风寒湿三气杂至，合而为痹也。"《中藏经·论痹篇》中言："痹者，风寒湿之气中于人脏腑之为也。"《济生方》载："皆因体虚，腠理空虚，受风寒湿气而成痹也。"古代医家对类风湿关节炎的形成，从最早的风、寒、湿三邪，经过临床不断研究诊治，逐步认识到体虚、邪盛、痰湿、血瘀皆可导致本病发生。体虚、先天不足，则导致邪气入侵；痰湿、血瘀则可导致血脉不通、经脉受堵，发而为痹；风、寒、湿三邪，风性多走，寒为收引、凝滞，湿性重浊，三者致病多使血脉不通，不通不荣，而又多游走不定，久而为痹。本病日久，则可导致阴亏、阳虚、气血不足。

**2. 诊治思路**

刘柏龄认为类风湿关节炎多为本虚标实，其病在骨，骨与肾关系密切，肾精亏虚，则导致邪气侵袭骨骼、筋脉，故本病治法早期多以治标为主，后期当以补肾填精、壮骨通络，补虚为主。

早期治法治则为清热利湿、疏风活络。以薏苡仁、苍术益气健脾除湿为主药。合土茯苓、汉防己、泽泻助其淡渗化湿之力，配忍冬藤、黄柏以清热解毒消肿；豨莶草、蚕沙、秦艽以通络舒筋祛风，益以紫丹参、泽兰、川牛膝、大黄之破瘀血、化凝滞、除湿热。诸药相伍，疗湿热痹证而奏良效。

刘柏龄强调临床审因、辨证、治法应详，本病为"风湿淫热流注经络所致"然有偏热、偏湿、夹风的不同。若其人发热不恶寒，汗出热不解，关节红肿热痛拒按，口干渴喜冷饮，舌苔黄糙，脉象弦数或滑数，乃热偏盛，治宜清热解毒为主，重用生石膏、金银花、连翘、知母、竹叶、黄柏等；若发热微恶寒、关节肿痛，四肢沉重，胸闷纳呆，口不渴，或口干而不欲饮，脉弦滑或滑数，舌苔淡黄而腻，属湿偏盛，宜重用薏苡仁、苍术、土茯苓（或茯苓）、汉防己等药；若关节疼痛，游走不定者，为夹风之证，治当以疏风通络，选用秦艽、豨莶草、海桐皮、威灵仙等药。

后期治疗时，考虑肾为先天之本，主骨生髓，肾阳不足，气血亏虚，全身乏力，关节变形，甚至僵硬不用，则不宜过用渗利、风燥之药，以防克伐之弊。常用杜仲、金毛狗脊、续断等药物，以补益肾阳、益精生髓、强筋壮骨；又因病证而异，多辅以祛风除湿、通络关节之药物。

# 五、方药/手法之长

## （一）常用核心方剂

### 1. 骨质增生丸

［组成］熟地黄 300g，淫洋藿 200g，鹿衔草 200g，骨碎补 200g，肉苁蓉 200g，鸡血藤 200g，莱菔子 200g。制成浓缩丸（每丸 2.5g）。

［功效］补益肝肾，强筋健骨，活血止痛。

［主治］增生性骨关节病、肥大性脊柱病、颈椎病、足跟痛，大骨节病等。

［用法］每次服 2 丸，每日 3 次。

［方解］方中以熟地黄补肾中之阴（填充物质基础）、淫洋藿兴肾中之阳（生化功能动力）为君；臣以肉苁蓉入肾充髓，骨碎补、鹿衔草补骨镇痛；再加入佐药鸡血藤，配合骨碎补等诸药，在补益肝肾、益精填髓的基础上，进一步通畅经络，行气活血，不仅能增强健骨舒筋的作用，而且可收到"通则不痛"的功效；使以莱菔子之健胃消食理气，以防补而滋腻之弊。

［临证心得］骨关节病是以"肾气虚"的内在因素为根本，以日常的小外伤积累为诱因。最初自觉关节僵硬、酸痛，尤其休息之后反应较明显，但在活动后僵硬现象消失为其特征。经过一段时间，关节边缘或多或少地有"骨唇"或"骨刺"形成（在 X 线拍片检查时可发现），这时不仅疼痛加重，而且关节活动时有粗糙感。因此，治疗本病应当以使肾气充盈，骨坚实、健壮，具有旺盛的活力为原则。故以"肾主骨""肾之合骨也""肾生骨髓"和"治肾亦即治骨"的理论为指导，在不断的实践中，探索、筛选以入肾充髓治骨为主的数种中药，制成"骨质增生丸"，临床应用，疗效颇为满意。

实验结果表明：①该复方及单味药熟地黄和肉苁蓉具有抑制炎性肉芽囊的增生和渗出作用；②有一定的镇痛效应；③其抑制增生的作用，可能是由于刺激垂体—肾上腺皮质系统释放肾上腺糖皮质激素的结果。从 20 世纪 60 年代开始应用于临床至 70 年代末，治疗各类骨质增生病 34571 例（其中包括 131 例地方性大骨节病患者），收到较满意的效果。系统观察的 1181 例患者，总有效率 94.3%，证明该药的临床疗效是很高的。

### 2. 壮骨伸筋胶囊

［组成］熟地黄 100g，淫洋藿 83g，鹿衔草 83g，骨碎补（炙）66g，肉苁蓉 66g，鸡血藤 66g，赤人参 66g，延胡索（醋炙）100g，白茯苓 33g，葛根 33g，威灵

仙 33g，狗骨 33g，豨莶草 33g，姜黄 33g，桂枝 33g，生山楂 33g，洋金花 6.6g。制成 1000 粒（每粒装 0.3g）。

[功效] 补益肝肾，强筋健骨，活血化瘀，通络止痛。

[主治] 颈椎病、腰椎间盘突出、腰椎管狭窄症、骨质疏松，以及增生性（退行性）骨关节病等。

[用法] 每次 6 粒，每日 3 次，口服。孕妇及青光眼者忌服。

[方解] 本方选用熟地黄以滋肾阴、淫羊藿以兴肾阳为方中之君药。合臣药肉苁蓉之入肾充髓，骨碎补、鹿衔草、延胡索补骨镇痛，再加入鸡血藤配合骨碎补等诸药，在补肾益精、滋肝舒筋的基础上，进一步通畅经络，行气活血。如此，君臣药力集中，不仅可补肾生髓，髓充则骨健，而且可养血滋肝，肝疏则筋展，于是改善由肝肾虚损所导致的筋骨退行性变而致的颈臂痛以及腰腿痛等证。佐以威灵仙、豨莶草、狗骨、葛根、姜黄、桂枝等舒筋络、止痹痛之品，通十二经以利关节也。使以人参、白茯苓之补气健脾、安神益智，目的有二：一可扶正，二可和调气血。因"气运乎血，血本随气以周流"（《杂病源流犀烛·跌仆闪挫源流》），虽所谓"痛无补法"，但与行散药相结合，可提高患者的抗病能力，改善医病的功效。方中洋金花少量，与诸药偕行，其解痉、止痛之力尤著。更用生山楂之健胃消食理气，以防补而滋腻之弊，这是本方的特点所在。故本方药对颈肩臂痛、腰膝酸软疼痛有良效，无不良反应，是一安全可靠、符合中医药理论的中药新药配方。

[临证心得] 颈椎病属于中医学"痹证""痿证"等范畴，从其症状特点看，颈椎病的发病，内因肝肾亏虚，精血不足，筋骨失养；外由损伤及慢性劳损，或风寒湿邪侵袭，痹阻经络筋骨所致。

病因病机：刘柏龄教授认为本病的发生与发展，影响因素有两方面：一是机体正气的盛衰，二是外邪侵袭。病变部位主要在脊柱，肾主骨生髓，髓充骨，故与骨的关系尤为密切，正气虚以肾气损为主。正气虚则卫外不固，风、寒、湿、热之邪乘虚而入，邪阻经络，气血瘀滞，一则"不通则痛"，二则气血不周行以濡养筋骨而出现"不荣则痛"。正气不足，则脏腑功能失调，出现痰浊、瘀血之症，病邪留滞经络筋骨，日久伤筋，病程缠绵不已。《外科集验方》曰："肾实则骨有生气。"唐宗海曰："骨内有髓，骨者髓所生，周身之骨以脊背为主，肾系贯骨，肾藏精，精生髓，髓生骨，故骨者肾之所合也。"这些论述均阐明了肾气是骨骼修复生长之源，同时也是骨骼抗病能力的来源。风寒湿热之邪是本病重要的外在因素，如久居潮湿阴寒之地，久卧当风，或冒雨涉水等，外邪入侵，闭阻经络，气血津液不得流行布散等，进一步加重经络阻滞，筋骨失于濡养，终成本病。

辨证论治：刘柏龄教授认为本病治当补肾壮骨、养血通络、祛风散寒除湿、解痉止痛诸法并用。经实验研究证实，本品方具有明显的镇痛消炎和抑制肿胀、活血化瘀的作用。

### 3. 健骨宝胶囊

［组成］淫洋藿 550g，熟地黄 370g，鹿角霜 277.5g，骨碎补 277.5g，肉苁蓉 277.5g，败龟甲 277.5g，生黄芪 277.5g，生牡蛎 277.5g，鹿衔草 222g，鸡血藤 222g，全当归 222g，川杜仲 222g，汉三七 222g，广陈皮 222g，怀山药 222g，鹿角胶 222g（烊化），莱菔子 111g。制成 1000 粒（装胶囊，每粒 0.5g）。

［功效］补肾健骨，益血舒筋，通络止痛。

［主治］骨质疏松、骨质增生、股骨头无菌性坏死等。

［用法］每次服 6～8 粒，每日 3 次。孕妇慎服。

［方解］方中淫阳藿入肝肾经，补命门、兴肾阳、益精气，以"坚筋骨"也，主腰膝酸软无力，肢麻、痹痛，为君药；合臣药肉苁蓉、鹿角霜、鹿角胶之入肾充髓、补精，养血益阳，与君药相配伍，其强筋健骨之力益著；佐熟地黄、龟甲之滋阴益肾健骨，骨碎补、鹿衔草以入肾补骨镇痛，归芪之补血，牡蛎、杜仲益气敛精，盖有形之血赖无形之气而生，故久病或年老体衰，气血不足，精少、力疲，骨痿筋弱者，由此将会获得很大裨益；加入鸡血藤、三七之活血补血，通经活络住痛，以收"通则不痛"之功。怀山药、陈皮、莱菔子理气健脾和胃，且可拮抗本方滋补药腻膈之弊，皆为佐使药。以上诸药相伍，有补命门、壮肾阳、滋阴血、填精髓、通经络、坚筋骨之功效。

［临证心得］中医理论认为"肾为先天之本，主骨生髓"，因此肾虚证涉及神经、内分泌、物质代谢、生殖、免疫、受体等多方面，肾虚证主要表现在全身功能减退。现代医学研究表明，肾虚者往往伴有下丘脑–垂体–性腺轴功能减退、性激素分泌量下降，导致机体骨功能下降，使单位体积内骨组织量减少，以致骨质疏松。骨质疏松症是一种全身性骨量及骨组织结构改变伴有脆性增加及易导致骨折的一种致残性疾病。许多骨质疏松症的患者同时也表现为明显的肾虚症状。健骨宝胶囊能够明显增加羟基脲肾虚证小鼠的自主活动次数，抑制羟基脲所致肾虚模型动物的体重下降程度，并对肾虚模型动物的性器官和肾上腺重量萎缩有明显的改善作用，具有补肾益精、健骨生髓之功效。通过长期临床观察总结，对肾虚证所伴有骨质疏松症有明显的疗效。本方药临床应用三十多年，疗效可靠，无任何不良反应。

## （二）常用手法

### 1. 刘氏"二步十法"治疗腰椎间盘突出症

第一步：运用按、压、揉、推、擦五个轻手法。

按法：患者俯卧按摩床上，术者立其身旁，以双手的拇指掌面侧自患者的上背部沿脊柱两旁足太阳膀胱经之第二条经线，自上而下地按摩至腰骶部，连续3次。

压法：术者两手交叉，右手在上，左手在下，以手掌自第1胸椎开始，沿棘突（即督脉）向下按压至腰骶部，左手于按压中稍向足侧用力，连续3次。

揉法：术者单手张开虎口，拇指与中指分别置于两则肾俞穴。轻轻颤动，逐渐用力。

推法：术者以两手大鱼际自腰部中线向左右两侧分推。

擦法：术者用手背或掌指关节的突出部，着于皮肤上，于背部足太阳膀胱经两条经线及督脉，自上而下地滚动（腰部着力，直至患侧下肢足部），反复3次。

第二步：运用摇、抖、扳、盘、运五个重手法。

摇法：术者将双手掌置于患者腰臀部，推摇患者身躯，使之左右摇摆，连续数次。

抖法：术者立于患者足侧，以双手握住患者双踝，用力牵伸与上下抖动，将患者身躯抖起呈波浪形，连续3次。

扳法：分俯卧扳与侧卧扳。①俯卧扳腿法：术者以一手按住患者第3、4腰推，另一手托患者对侧膝关节部，使关节后伸至一定程度，双手同时相对交错用力，恰当时可听得弹响声，左右各做1次。②俯卧扳肩法：术者一手按压患者第4、5腰椎，另一手搬起对侧肩部，双手同时交错用力，左右各做1次。③侧卧扳法：患者健肢在下伸直，患肢在上屈曲，术者立于患者腹侧，屈双肘，一肘放于髂骨后外缘，另一肘放于患者肩前与肩平，两肘在躯体上相互交错用力，然后换体位，另侧再做1次。

盘法：分仰卧盘腰与侧卧盘腿。

盘腰：患者仰卧屈膝、屈髋，术者双手握其双膝，并过屈贴近胸前，先左右旋转摇动，然后推动双膝，使腰及髋、膝过度屈曲，反复做数次。继之以左手固定患者右肩，右手向对侧下压双膝，扭转腰部，然后换右手压其左肩，左手向相反方向下压双膝，重复一次。

盘腿：患者侧卧，健腿在下伸直，患肢在上屈曲，术者站在患者腹侧，一手从患肢下方绕过按着臀部，此时前臂部即托拢患者患肢小腿，术者腹部在患者膝关节前方，同时另一手握住膝部上方，这时术者前后移动自己躯干，使患者骨盆产生前后推拉动作，带动腰椎的活动。然后屈髋，使膝部贴胸，术者一手向下方推屈膝部，另一手拢住臀部，以前臂托高患肢小腿，并在内旋的动作下，使患肢伸直，然后换体位，另侧再做一次。

运法：术者以左手握住患者膝部，右手握其踝部，运用徐缓加提的运动手法，使患肢做屈伸逐渐升高和略行拔伸的动作，运展的时间稍持久为好。

术后处理：术后卧床休息30分钟后再活动；每天可有规律地做腰背肌锻炼；避免在腿伸直姿势下搬重物，以防突然扭闪腰部，引起病情加重或复发；注意预防感冒，汗后避风冷。

二步十法的作用机理：刘柏龄认为就腰椎间盘突出症的临床症状来看，乃属于腰背部督脉和足太阳膀胱经两经气血运行失调所致，而运用按、压、揉、推、搓等轻手法，使经络气血得以畅通，则骨正筋柔，其痛自止。正如《医宗金鉴》所说，"按其经络以通郁闭之气，摩其壅聚以散瘀结之肿"，其患可愈。又据本病乃腰椎间盘突出物压迫脊髓神经根为其主要原因，只行推摩之法，对本病之治尚恐有所不及，因而运用摇、抖等重手法可以改变腰椎间盘的位置，加宽椎间隙，利用纤维环外层及后纵韧带的张力逼使突出的椎间盘还纳，再通过扳盘等手法分离粘连及受压的神经根。特别是侧扳手法，能使上下两椎体相互旋转、扭错，可将突出物带回原位或使之变小；运法通过徐缓加提，反复直腿抬高动作，而达到松解神经的作用。总之，二步十法是通过疏通经络改变突出的髓核位置，松解神经根与椎间盘粘连，消除神经根水肿，来改善患侧神经、血管功能，从而达到治疗的目的。

**2. 刘氏"一针一牵三扳法"治疗急性腰肌扭伤**

急性腰肌扭伤较常见，俗称"闪腰""岔气"，是腰痛中最多见的疾病，运用一针一牵三搬法治疗本病疗效显著，兹介绍如下。

一针法：先用三棱针将唇系带之粟粒大小的硬结刺破，然后将上唇捏起，用毫针刺入中穴（针尖斜向上45°；重刺激，留针15分钟，每5分钟捻转1次），针刺后嘱患者深呼吸，活动腰部。往往针后立见功效。

一牵法：患者取俯卧位。术者立于患者足侧，以双手握住患者双踝上，把双腿提起，使腰部后伸，缓缓用力牵伸（与助手行对抗牵伸），重复3次。

三扳法：

（1）一扳：患者取俯卧位。①扳肩压腰法：术者一手以掌根按压患者第4、5腰椎，一手将肩扳起，与压腰的手交错用力，对侧再做一次。②扳腿压腰法：术者一手以掌根按压患者第3、4腰椎，一手将一侧大腿外展抬起，与压腰的手上下交错用力，对侧再做一次。③双髋引伸压腰法：术者一手以掌根按压患者第3、4腰椎，一手与前臂同时将双腿抬高，先左右摇摆数圈，然后上抬双腿，下压腰部，双手交错用力。

（2）二扳：患者取侧卧位。①腰部推扳法：患肢在上屈曲，健肢在下伸直，术者立其背后，助手立其胸前，双手扶持胸背部，二人协同向相反方向推和扳，使患者腰部获得充分的旋转活动。此法重复3次。②单髋引伸压腰法：术者一手用力按压腰部，一手握持患者大腿下端，并外展 40° 后方拉，使腰髋过伸 30°；后再做屈膝、屈髋动作，如此交替进行，重复 3 次。

（3）三扳：患者取仰卧位，屈髋屈膝。术者双手握其双膝，过屈贴近胸前，先做左右旋转摇动，然后推动双膝，使腰及髋、膝过度屈曲，反复数次。

术后让患者卧床休息 30 分钟再活动。用上法治疗急性腰肌扭伤数千例，疗效满意，往往一次即可治愈。

一针一牵三扳法的作用机理：急性腰肌扭伤，缘由腰背部经络气血受创，致经脉瘀滞不得宣通，发为腰痛，病在督脉。经云："督脉为病，脊强反折""腰痛似折，不可俯仰。"而"龈交"乃督脉之端，督伤经阻，结聚于该穴，遂现"经结"（即"报伤点"）于斯，针之以宣通经气，同时配刺"人中穴"，此穴亦督脉之络也，是治疗腰脊背痛项强之要穴。于是经气通，血脉和，"通则不痛"。复以手法牵伸理顺腰肌筋络，舒散筋结，宣通郁闭之气，再用扳、压法以解除骨节间微有错落（小关节紊乱）、不合缝者之虞。

### 3. 刘氏"理筋八法"治疗腰背肌劳损

腰背肌劳损是一种慢性腰背痛病。缘由腰部经常固定于一种姿势，做持久而超重的劳动，致使腰背部分肌肉、筋膜、韧带等长期处于紧张状态，引起局部组织水肿、纤维变性、粘连和失去正常张力等，以致腰肌萎缩无力，腰痛或腰背痛。治疗本病，刘柏龄运用"理筋八法"，即按、揉、推、擦、劈、击、摇、晃法。主要作用是推理肌肉，活血通络，舒筋散结，解痉祛痛。

按法：患者俯卧位，术者立其身旁（俯卧位左侧），以右手掌根置于患者腰背部，沿脊柱即督脉及两旁之足太阳膀胱经经线，自上而下按压至腰骶部，反复数次。

揉法：术者单手虎口张开，拇指与中指分别置于患者两侧肾俞穴，轻轻颤动，逐渐用力。

推法：术者以两手大鱼际，自脊柱中线（背及腰部）向左右两侧分推。

擦法：术者用手背或掌指关节的突出部着于患者的皮肤上，沿背部足太阳膀胱经两条经线及督脉，自上而下滚动直至腰骶部。

劈法：术者双手小鱼际劈打患者腰背部。

击法；术者用双手十指指端叩击患者腰背部。

摇法：术者将双手掌置于患者腰臀部，推摇患者身躯，使之左右摆动。

晃法：患者取仰卧位，屈膝屈髋，术者双手握住双膝，并屈膝贴近胸前，作环转摇晃。

以上每法，均须连续做 3～5 次，手法宜轻柔和缓，切忌粗暴，每日或隔日做 1 次，10 次为一疗程，本法若能与全身药浴或腰背部熨腾中药相结合，疗效更佳。

理筋八法作用机理：按、揉、推、擦4个轻手法，用以推理肌肉，活血通络；而劈、击、摇、晃4个较重手法，主要用以舒筋理气散结，并通过摇、晃法来解除肌筋痉挛而祛痛。必须注意，在应用八法时一定要因人制宜，对青壮年人手法宜重些，对妇女、老年人手法应轻些。总之，法之所施使患者感到舒适而无痛苦为原则，最终要达到取得治疗效果的目的。

刘氏手法的禁忌证：临床诊断不清者，患有严重心脑血管疾病者，骨关节结核、骨髓炎、骨肿瘤，全身性皮肤病，以及妇女妊娠或月经期等，均禁忌施行手法。

**4. 推擦揉捻挑刺法治疗第3腰椎横突综合征**

第3腰椎横突综合征，又称"第3腰椎横突周围炎""腰3横突滑囊炎""第3腰椎横突痛"等，是以第3腰椎横突部位明显压痛为特征的腰部损伤性疾患。以前对本病的认识不足，多笼统归于"慢性腰痛""腰肌纤维组织炎"及"风湿病"等疾病。本病好发于从事体力劳动的青壮年，多有轻重不等的腰部外伤史。对本病的治疗，首选手法，对其纤维硬结，可采用挑刺法，以舒散筋结，缓解痉挛，宣通经气，活血散瘀，其患可愈。

术前准备：患者俯卧在按摩床，术者立其俯卧位的左侧，先以右手掌根按摩患者的腰部（以第3腰椎为中心）以松解腰部的紧张肌肉，缓解疼痛，便于施术。

手法：在按摩的基础上，术者于患者腰部（第3腰椎为中心）施行分推法和擦法，然后将拇指按在第3腰椎横突的顶端，用揉、捻法。揉捻的时间宜长些。最后在腰部（第3腰椎为中心）再行浅度按摩法，逐渐进行深度按摩法，使腰部肌肉充分放松。

挑刺：局部常规消毒，于第3腰椎横突纤维性硬结处，用三棱针挑刺，以挑破表皮、挑断部分肌纤维为度。每周1次，最多3次。

**5. 按摩理筋法治疗肩关节周围炎（轻型）**

肩关节周围炎是肩关节周围软组织（关节囊、肩轴、韧带等）的退行性病变，有渗出液渗出或细胞浸润，继而出现纤维化和粘连，又称肩凝、冻结肩、漏（露）肩风、五十肩等。本病多发于40岁以上的人，以50岁左右为多见，不外乎年老体弱、筋脉失养、慢性劳损、内分泌紊乱，复感风寒湿邪侵袭肩部，筋脉拘急而发病；或继发于肩部损伤，骨折、脱位后长期固定不动，组织挛缩粘连，功能活动受限，逐渐发展到整个肩关节的各方活动受限。疼痛剧烈，尤以夜间明显，甚至痛醒，影响睡眠，患者多取侧卧位。日久肌肉萎缩，腋窝的前后壁、胸大肌的筋膜、背阔肌筋膜均呈挛缩僵硬状态。

本病应与冈上肌肌腱炎、冈上肌肌腱破裂、肱二头肌肌腱炎、肩部滑囊炎（肩峰下或突下滑囊）等疾患相鉴别。上述疾患，肩部疼痛并不广泛，往往有某局限性的疼痛和压痛，肩关节活动限制并不像肩关节周围炎那样严重。风湿性肩关节炎与天气变化有关，多发关节痛，且呈游走性。颈部疾患放射到肩部痛，如颈椎病、颈椎间盘突出症、颈椎半脱位等，多为神经根受刺激所引起的放射性神经痛，而肩部并无活动受限，疼痛常因颈部活动或被动性检查时疼痛加剧，重者可放射至前臂和手指，肩部和上肢往往有感觉受累，晚期可出现上肢肌肉萎缩。

治疗：要掌握肩关节周围炎的病因、病理、病程及发展规律，在临床中遇到每一具体的患者时，要分析是急性期还是慢性期。急性期，首先于局部施用药物热敷（自制剂熏洗Ⅱ号），然后用按摩理筋手法进行治疗。慢性期，首选推拿松解法，以解除粘连，帮助功能活动。

术前准备：患者取坐位（最好坐于矮凳上），患肩、臂充分暴露，先于患肩部涂擦按摩后，术者用右手在患肩及上臂进行拿捏按摩约3分钟，以缓解肩、臂部的紧张肌肉，以便于施行手法，提高治疗效果。

手法：在按摩理顺的基础上，术者施行推拿擦揉手法，以进一步理顺筋络，并以开叉的虎口对患者肩臂自肩髃穴附近起，向下揉按拿捏，使肌肉痉挛进一步减轻后，将上臂充分外展再内收及屈臂后伸，施擦法，然后将肩关节再做一环行运动，先低摇，然后根据病情逐渐提高，应前摇一周，后摇一周，相向而行，可由5～7遍逐渐增加，使三角肌各部的肌纤维都受到牵拉，再将患臂提起作抖动运展活动。如此运展，使肩关节的每个肌肉都被照顾到，以患者感到活动受限减轻为度。

## （三）经典用药

中药是治病的重要武器，历代医家经过长期的医疗实践，积累了丰富的用药经验，值得我们继承发扬。现结合刘柏龄临床经验介绍25味对治疗骨伤骨病有较好疗效的常用中药。大体分为5类。①解表类：麻黄、桂枝、羌活、葛根。②祛风湿类：独活、桑枝、五加皮、威灵仙、豨莶草、伸筋草、桑寄生。③活血祛瘀类：鸡血藤、牛膝、土鳖虫、泽兰、自然铜。④平肝息风类：天麻、牡蛎、蜈蚣。⑤补益类：熟地黄、狗脊、续断、杜仲、骨碎补、山茱萸。下面分别介绍这些药物的性味归经、功效、临床配伍应用及现代药理研究，重点介绍其在治疗骨伤骨病方面的应用价值。

### 1. 解表类

（1）麻黄：用名净麻黄、炙麻黄、麻黄绒；辛、微苦，温，归肺、膀胱经。功能发汗解表，止咳平喘，利水消肿。

用药心得：本品善散肺与膀胱经风寒。脊柱疾病用麻黄，取其轻扬之性，能使肌肉间郁积之邪透达皮外。常作为佐使药用于治疗脊柱退行性变、颈腰部急性扭挫伤瘀肿疼痛等的方剂之中。常用量为5～10g。用于腰椎管狭窄症，配鸡血藤、骨碎补、杜仲、鹿角霜、地龙、狗脊、赤芍、苏木、独活、乳香、没药、天麻等，即通督壮腰汤（刘氏经验方）；用于肥大性脊柱炎，配熟地黄、淫羊藿、肉苁蓉、杜仲、骨碎补、鹿衔草、鸡血藤等；用于瘀血阻滞之腰腿痛，配儿茶、血竭、没药、乳香、穿山甲（代）、土鳖虫、红花、地龙；用于膝关节滑膜炎，配黄柏、苍术、薏苡仁、赤芍、鸡血藤、威灵仙、虎杖、牛膝；用于腰部损伤中后期，配杜仲、狗脊、肉桂、熟地黄、白芍、菟丝子、牛膝、泽兰、续断、丝瓜络等；用于类风湿关节炎，遇寒加剧者，配五加皮、炙川乌、桂枝、防风、青风藤、鸡血藤、细辛等。

（2）桂枝：用名桂枝、嫩桂枝、桂枝尖。辛、甘，温，归心、肺、膀胱经。功能发汗解肌，温经通脉，助阳化气，平降冲逆。

用药心得：本品主入心、肺、膀胱经，兼走脾、肝、肾经。桂枝辛散，温通经脉，活血散寒，横通肢节，上可用治胸阳不振，心脉痹阻，胸痹绞痛；中可用治脾胃虚寒；下可用治妇女血寒经闭及癥瘕腹痛。长于温经通络而止痛。常用量为 3～10g。外感热病、阴虚火旺、血热妄行的出血证均当忌用。用于风寒湿痹、肩背肢节酸痛，配附子、姜黄、羌活、桑枝等；用于颈部扭伤而兼风寒侵袭者，配麻黄、白芍、葛根、甘草、生姜、大枣，水煎服，并用药渣湿热敷颈部；用于腰膝酸痛、肢体无力，配杜仲、牛膝、木瓜、鱼鳔，先将鱼鳔土炒成珠后，与诸药共研为末服；用于坐骨神经痛，配豨莶草、牛膝、地龙、赤芍等。

（3）羌活：用名羌活、川羌活、西羌活。辛、苦，温，归膀胱、肾经。功能解表散寒，祛风胜湿，通利关节，蠲痹止痛。

用药心得：本品辛温，上升发表，气雄而散，主散太阳经肌表游风及寒湿之邪。对外感风寒湿邪引起的项背强痛、关节疼痛诸症，皆可应用。尤适用于上半身肌肉关节风湿痛或腰背部肌肉自觉畏冷挛缩者。与桂枝相比，本品长于散头颈脊背风寒，桂枝善于散四肢风寒。常用量为 3～10g。用于肩背痹痛，配天仙藤、姜黄、桂枝。用于全身肢节疼痛、二便不利，配当归、独活、防己、车前子、大黄、枳实等。用于筋骨损伤、发热体痛，配独活、当归、川芎、防风、续断、牡丹皮、桃仁、生地黄、乳香、黄芩、柴胡。用于历节风痛、关节痹痛，配独活、松节、秦艽，各等份，酒煎。羌活有抑制结核杆菌及真菌的作用，又有解热、发汗及镇痛作用。

（4）葛根：用名葛根、粉葛根、干葛根、煨葛根。甘、辛，凉，归脾、胃经。功能解肌退热，透发麻疹，生津止渴，升阳止泻。

用药心得：葛根在脊柱疾病的治疗中应用较多，各型颈椎病均可在辨证的基础上加入本品。近年来，以葛根为主治疗颈椎病的报道逐渐增多。葛根能发表解肌，升阳生津，祛风邪，尤对改善颈椎病之头晕头痛、项背强痛、耳鸣、肢麻疗效为佳。

**2. 祛风湿类**

（1）独活：用名独活、川独活。辛、苦，温，归肝、肾、膀胱经。功能祛风除湿，舒筋活络，散寒止痛。

用药心得：本品辛散苦燥温通，主入肾经，善祛风湿止痛，为治疗风寒湿痹的要药。凡风寒湿邪痹着肌肉关节者，无问新久，均可应用。对下半身风湿、腰腿疼痛、两足痿痹，不能行走者尤为适宜。本品与羌活均有祛风湿作用，但羌活善攻，透肌表之游风及上半身风寒湿邪，能通达全身；独活善行，主散在里之伏风及下半身风湿之邪，还有通经活络、强筋骨、疗痹痛之效。常用量为 10 ～ 15g。用于腰脊损伤后期，肝肾虚损之风寒湿痹，腰膝冷痛无力等，如独活寄生汤；用于坐骨神经痛、肩周炎、风湿性关节炎，配羌活、全蝎、蜈蚣、三七、麻黄、白芍、威灵仙、红花、甘草等；用于腰椎管狭窄症属于风寒湿邪痹阻经络出现腰膝酸痛、下肢麻木，配桑寄生、秦艽、豨莶草、防风、防己、木瓜、杜仲、牛膝等。

（2）桑枝：用名桑枝、嫩桑枝、炒桑枝。苦，平，归肝经。功能祛风通络，行水消肿。

用药心得：本品通达四肢，祛风湿、通经络、利关节、舒拘挛、镇疼痛，不论风寒或湿热痹证均可应用。尤以肩臂关节拘挛疼痛用之为佳。《本草纲目》谓其"利关节，除风寒湿痹诸痛"。常用剂量为 15 ～ 30g，大剂量可用至 60g。用于腰部损伤初期，积瘀肿痛；或兼小便不利者，配赤芍、当归、续断、木通、秦艽、延胡索、枳壳、厚朴、木香；用于风湿性关节炎红肿热痛者，如桑络汤；用于上肢痹痛，配姜黄、当归、川芎；用于关节痹痛，屈伸不利，四肢拘挛，遇寒加剧，配威灵仙、秦艽、海风藤、桂枝等；用于颈椎病之肩背上肢麻木疼痛，配葛根、桃仁、红花、姜黄、白芥子、威灵仙、没药、陈皮、木瓜、白芍、甘草。

（3）五加皮：用名五加皮、南五加、北五加、香五加。辛、苦，温，归肝、肾经。功能祛风湿，强筋骨，通经络，逐痹痿，利水道。

用药心得：本品辛、苦，温，并有芳香之气，在外散风湿之邪，在里温升肝肾之阳，为强壮性祛风湿要药。与通经药同用，则祛风除湿作用强；与强壮药同用，则强壮筋骨。故民间有"浑身软如泥，离不了五加皮"之说。常用量为 5 ～ 10g。用于肝肾不足，腰膝酸软，筋骨无力者，配杜仲、牛膝、川续断、菟丝子、桑寄生等；也可单用五加皮浸酒服；用于骨折愈合不良，配骨碎补、自然铜、续断等；用于风湿性关节疼痛，配秦艽、豨莶草、苍术、老鹳草，泡酒服；用于腰椎间盘突出症术后腰膝酸软无力，配丹参、防己、杜仲、续断、牛膝、何首乌等。

（4）威灵仙：用名威灵仙、葳灵仙、灵仙。辛、咸，温，归膀胱经。功能祛风湿，通经络，止痹痛。

用药心得：本品味辛行散，性温通利，主入膀胱经，宣通十二经脉，有较强的祛风湿、通经络、止痹痛的作用，为治风湿痹痛的要药。既可祛在表之风，又可化在里之湿，通达经络，治全身痹痛。常用量为 5 ～ 10g。治骨鲠可用至 30g。本品能损真气，气弱者不宜服。忌茶、面汤。治风湿腰痛，配当归、桂心，为神效丸；用于肥大性脊柱炎和腰部劳损，威灵仙注射液于华伦夹脊穴注射，一般每次取穴 2 ～ 4 个，每穴注射 1mL，日 1 次；用于腰部损伤中后期之腰部酸痛等症，配川续断、杜仲、当归、熟地黄、牛膝、白芍、桑寄生、炙甘草。水煎服，药渣热敷腰部；用于关节疼痛，日久变形，或腰腿疼痛沉重者，取威灵仙 60g，酒浸 3 ～ 7 日，晒干研细末，炼蜜为丸（9g），1 次 1 丸，日 2 次；用于跟骨骨刺之足跟痛，单味威灵仙用醋煎，熏洗患足；用于跌打损伤疼痛及风寒腰背疼痛，配大茴香、桂心、当归，名神应丸。

（5）豨莶草：用名豨莶草。辛、苦，微寒，归肝、肾经。功能祛风湿，通经络，清热解毒。

用药心得：本品生用，善化湿热，用于祛风湿、平肝阳较宜。酒蒸后性变甘温，用于风湿痹痛兼有腰膝酸软者较好。刘柏龄常于治疗脊柱疾病的方剂中加入本品。现代应用治疗高血压、尿酸性痛风及坐骨神经痛。常用量为 10 ～ 15g。本品为燥散之品，无风湿者不宜服。用于四肢麻木、疼痛，配熟地黄、炙川乌、羌活、防风，名为豨莶丸；用于腰椎管狭窄症，如通督壮腰汤；用于湿热痹证，配臭梧桐、桑枝、忍冬藤、地龙、防己等；用于风湿痹痛损及肝肾者，配桑寄生、牛膝、杜仲、菟丝子、熟地黄、木瓜、当归。

（6）伸筋草：用名伸筋草。辛、苦，温，归肝、肾经。功能祛风胜湿，通利关节，舒筋通络，健骨止痛。

用药心得：本品常用于骨关节损伤后关节肿痛、屈伸不利及风寒湿痹之腰膝冷痛等症。常用量为 9 ～ 12g，熏洗方中多用至 30g。孕妇及出血过多者忌用。用于风寒湿痹之腰腿疼痛，配桂枝、牛膝、秦艽、细辛、当归、杜仲、防风、蜈蚣；用于损伤性关节僵硬、屈伸不利，配千年健、五加皮、炙川乌、炙草乌、红花、白芥子、威灵仙等；用于腰椎骨质增生及强直性脊柱炎等症，配透骨草、炙川乌、忍冬藤、青风藤、红花、威灵仙、防风、乳香、没药，水煎熏洗并热熨。

（7）桑寄生：用名桑寄生。苦、甘，平，归肝、肾经。功能祛风湿，补肝肾，强筋骨，养血安胎。

用药心得：本品质润，能降血中风湿，为祛风益血之品，兼能润筋通络。尤长于补肝肾、强筋骨，为治疗肝肾不足、腰膝酸痛的要药。常用量为 10 ～ 20g。用于经常性腰痛，动则加重者，本品 60g，红糖 30g，水煎服；用于腰膝关节疼痛、屈伸不利之痹证，配续断、独活、牛膝、木瓜、五加皮、伸筋草；用于肥大性脊柱炎之腰背酸痛，常在辨证的基础上加入本品。

**3. 活血祛瘀类**

（1）鸡血藤：用名鸡血藤。苦、微甘，温，归肝、肾经。功能活血补血，舒筋通络。

用药心得：本品既能活血，又能补血，且有舒筋活络之功，是脊柱外科常用中药之一。也可用于骨关节损伤后期，肢体肿胀、活动不利及腰膝酸痛、筋骨麻木、风湿痹痛等症。常用量为 10～15g。大剂量可用至 30g。用于骨质疏松症之腰背疼痛，配骨碎补、续断、鹿角霜、鹿衔草、山药、白术、牡蛎、熟地黄、茯苓；用于强直性脊柱炎，配忍冬藤、络石藤、海风藤、青风藤、豨莶草、伸筋草、五加皮、蜈蚣、炙川乌等；用于腰椎间盘突出症恢复阶段之下肢麻木、腰膝酸痛，配续断、杜仲、豨莶草、当归、天麻、威灵仙、狗脊等；用于腰椎管狭窄症，如通督壮腰汤；用于颈椎病之头晕目眩、颈肩臂痛等症，配天麻、钩藤、丹参、白芍、半夏、茯苓等。

（2）牛膝：苦、酸、甘，平，入肝、肾经。功能活血通络，强筋壮骨，利尿通淋，引血下行。

用药心得：怀牛膝细长，肉润而柔，走而能补，长于补益肝肾，强壮筋骨。凡损伤而致肝肾不足、腰膝痿弱之症均可用之。川牛膝粗短而微黑，柔而枯，为通络破血下降、宣通关节之品，凡瘀血阻滞、筋脉不利诸症多用之。酒制牛膝通经络，盐制补肝肾，生用散恶血、破瘀、引血下行，故牛膝亦可作为引经药。牛膝配泽兰能利腰膝间死血。常用量为 3～10g，量大者可用到 30g。用于骨痿筋弱，配杜仲、草薢、防风、菟丝子、肉桂、肉苁蓉，炼蜜为丸（《保命集方》）；用于跌打而致腰膝疼痛，配杜仲、木瓜、天麻、菟丝子、白芍、续断、当归、苏木；用于风湿所致腰痛、四肢无力，配山茱萸、肉桂，共为末，温酒送服；用于跌打损伤、肿痛或骨折瘀肿，配骨碎补、苏木、自然铜、没药、乳香。

（3）土鳖虫：用名土鳖虫、地鳖虫、魔虫、土鳖、土元。咸，寒，有小毒，归肝经。功能破血逐瘀，续筋接骨。

用药心得：本品破血逐瘀之力较强，多用于急性腰肌损伤。常用量：内服煎汤为 5～10g。研末后服，每次 1～1.5g。用于骨折筋伤瘀滞肿痛，可配骨碎补、桃仁、红花、乳香、没药、煅自然铜等同用；用于急性腰扭伤，可单用本品，焙干研末吞服；用于腰椎间盘突出，可配杜仲、狗脊、骨碎补、续断、桑寄生、红花、桃仁、牛膝等同用。

（4）泽兰：用名泽兰、泽兰叶。苦、辛，微温，归肝、脾经。功能活血祛瘀，行气消肿。

用药心得：本品辛散温通，性较温和，行而不峻，能疏肝气而通经脉，具有祛瘀散结而不伤正气的特点。常用量：内服煎汤 10～15g。用于跌打损伤，瘀血肿痛，可与当归、川芎、桃仁、红花等配伍；用于胸胁痛，可与丹参、郁金、柴胡、白蒺藜等合用；用于腰腿痛，可与杜仲、狗脊、桑寄生、牛膝、木瓜配伍应用。

（5）自然铜：用名自然铜、煅自然铜。辛，平，归肝经。功能散瘀止痛，接骨疗伤。

用药心得：本品为伤科要药。常用量：内服煎汤 10～15g，入散剂每次 0.3g。用于跌仆骨折，瘀血肿痛，可与当归、泽兰、赤芍、土鳖虫等药配伍；用于扭挫筋伤，瘀肿疼痛，与桃仁、红花、乳香、没药配伍同用；本品宜醋煅用。可广泛用于跌打损伤、筋伤骨折、瘀血肿痛、心气刺痛等症。

**4. 平肝息风类**

（1）天麻：用名天麻、明天麻、煨天麻。甘，平，归肝经。功能息风止痉，平肝潜阳，祛风活络，通痹止痛。

用药心得：本品甘平质润，主入肝经，凡头晕目眩、痉挛抽搐、肢体麻木、手足不遂等一切风证，皆可应用，故有"定风草"之美称。古方中多用治风寒湿痹等证；现各种眩晕均多用之。常用量 3～10g，研末吞服，每次 1～1.5g。用于椎动脉型颈椎病，配半夏、陈皮、茯苓、钩藤、丹参、石菖蒲等；用于风寒湿痹、四肢拘挛，配秦艽、桑枝、羌活、川芎、蜈蚣；用于坐骨神经痛，配豨莶草、怀牛膝、蜈蚣、防风、乌梢蛇；用于腰椎管狭窄症，如通督壮腰汤；用于落枕，配当归、川芎、羌活、乌药、葛根、白芍、甘草。

（2）牡蛎：用名牡蛎、生牡蛎、煅牡蛎。咸、涩，微寒，归肝、胆、肾经。功能补阴潜阳，收敛固涩，软坚散结，镇惊安神。

用药心得：本品性寒质重，能清热镇惊；味咸涩，有软坚散结收敛之功。用于骨折和创面迟缓愈合及各种创伤后期，身体软弱无力、多汗、盗汗者。本品常用于治疗骨质疏松症。常用量为 15～30g，先煎，收涩宜煅用，其他均生用。用于跌打损伤疼痛，如牡顺散；用于骨质疏松症之腰背疼痛，配熟地黄、骨碎补、续断、鸡血藤、鹿衔草、补骨脂、三七；用于损伤后心悸不安、胆怯惊恐、烦躁失眠等属于肝阴不足者，配首乌藤（夜交藤）、龙骨、远志、炒酸枣仁、白芍、当归等。

（3）蜈蚣：用名蜈蚣。辛、咸，温，有毒，归肝经。功能息风止痉，解毒散结，通络止痛。

用药心得：本品性善走窜，为息风止痉要药。多用于脊柱疾病诸痛证，以增强止痛之效。常用量为 1～3g，研末吞服 0.6～1g。外用适量，研末或油浸涂敷患处。

本品用量不宜过多，用时不宜过长。血虚发痉及孕妇忌用。用于腰椎管狭窄症，如通督壮腰汤；用于致密性骶髂关节炎，配当归、川芎、茯苓、苏木、天麻、没药、忍冬藤、海风藤、豨莶草；用于强直性脊柱炎，配忍冬藤、鸡血藤、络石藤、青风藤、海风藤、豨莶草、伸筋草、杜仲、狗脊等；用于顽固性风湿痹痛，配全蝎、穿山甲（代）、当归、鸡血藤。

### 5. 补益类

（1）熟地黄：用名熟地黄、大熟地、熟地、熟地炭。甘，微温，归心、肝、肾经。功能养血滋阴，补精益髓。

用药心得：本品甘温味厚，质地柔润，既补精血，又益肝肾，为骨伤科常用的补益肝肾之药，补阴诸方中均以本品为主药。常用量为 10 ～ 30g。宜与健脾胃药如砂仁、陈皮等同用。用于骨质疏松症，配骨碎补、续断、鸡血藤、牡蛎、陈皮等；用于坐骨神经痛，配桂枝、没药、牛膝、白术、郁金、地骨皮、生姜、甘草、生茶叶、茄子花、公鸡（1 只）。将上药用纱布包好，和公鸡一起入砂锅中，加水淹没为度，用火煮熟，食肉喝汤；用于损伤后气虚血滞证，配党参、香附；用于骨质增生，配肉苁蓉、骨碎补、鹿衔草、鸡血藤、淫羊藿、莱菔子（骨质增生丸经验方）。

（2）狗脊：用名狗脊、金毛狗脊、生狗脊、制狗脊。苦、甘，温，归肝、肾经。功能补肝肾，强腰膝，祛风湿，利关节，镇疼痛。

用药心得：本品苦能燥湿，甘能养血，温能益气，有温而不燥，补而能走，走而不泄的特点。对肝肾不足兼风寒湿邪之腰脊强痛、不能俯仰、足膝软弱最为适宜，为治疗脊柱疾病常用药物。本品补肾之功不及续断，祛风湿作用则较续断为优。近来临床多以本品与补肝肾、祛风湿、通血脉药同用，治疗脊椎骨关节炎、脊髓病、压缩性骨折后遗症等。常用量为 10 ～ 15g。用于腰椎损伤后遗症，腰不能伸，配骨碎补、龙骨、续断、牛膝、没药、乳香、白术；用于坐骨神经痛，配牛膝、木瓜、杜仲、薏苡仁、炙川乌，泡酒内服；用于腰膝软弱胀痛、时轻时重，配秦艽、海桐皮、川芎、木瓜、萆薢、五加皮，泡酒服；用于强直性脊柱炎腰背僵硬、屈伸不利，配续断、杜仲、牛膝、海风藤、桑枝、木瓜、秦艽、熟地黄、桂枝、当归。

（3）续断：用名续断、川续断。苦、甘、辛，微温，归肝、肾经。功能补肝肾，行血脉，续筋骨，活血止痛。

用药心得：本品具有补而不宣、行而不泄的特点，为骨伤科常用药物。用治腰腿脚弱，有补而不滞、行中有止之效；用治软组织损伤的早、晚期关节疼痛，软弱无力，有通利关节、接骨续筋之效，又可通行血瘀。常用量为 10 ～ 20g。用于一切筋骨关节酸软疼痛，配丹参、千年健、伸筋草、海桐皮、五加皮等；用于腰膝酸痛无力，配牛膝、补骨脂、杜仲、木瓜、萆薢，为蜜丸（《扶春精方》）；用于肥大性脊柱炎，配熟地黄、鹿衔草、骨碎补、威灵仙、鸡血藤等。

（4）杜仲：用名杜仲、厚杜仲、绵杜仲、炒杜仲、焦杜仲。甘，温，归肝、肾经。功能补肝肾，强筋骨，固胎元。

用药心得：肝主筋，肾主骨，肾充则骨强，肝充则筋健。脊柱乃筋骨聚集之处，筋骨病变繁多，因而本品乃治疗各种脊柱病变的要药。《神农本草经》云："主腰脊痛，补中益精气，坚筋骨，强志。"另外，凡腰腿部创伤、骨折后期筋骨无力及损伤后遗症均可用之。炒用治疗损伤性胎动不安或习惯性流产。常用量为 10～15g。用于颈椎病之头目眩晕等症，配白芍、石决明、天麻、钩藤、半夏、茯苓等；用于外伤劳损腰腿痛及跌打损伤、瘀阻作痛，配当归、赤芍、乌药、延胡索、牡丹皮、桃仁、续断、红花，水煎服（《伤科补要》）；用于腰椎管狭窄症、腰椎间盘突出症等。如通督壮腰汤中用杜仲；用于关节韧带软弱无力，配儿茶、五加皮、续断、松节、海桐皮、萆薢等外敷。

（5）骨碎补：用名骨碎补、猴姜、毛姜、申姜。苦，温，归肝、肾经。功能补肾强筋续骨，祛风活血止痛。

用药心得：本品苦温性降，既能补肾，又能收浮阳，还能活血。常用于各类骨折、筋伤、骨质增生、肾虚腰痛等症，为治疗脊柱疾病之要药，骨伤科常用药之一。常用量为 10～20g。阴虚内热及无瘀血者不宜服。用于肾虚腰脚疼痛不止，配补骨脂、牛膝、胡桃仁等（《太平圣惠方》）；用于颈椎病、腰椎病、跟骨骨刺等，配熟地黄、肉苁蓉、鹿衔草、鸡血藤、淫羊藿、莱菔子，即骨质增生丸；用于骨质疏松症之腰背酸痛，配熟地黄、牡蛎、续断、鹿衔草、山药等；用于腰椎管狭窄症，如通督壮腰汤；用于肌肉、韧带伤及闭合骨折，配大黄、续断、当归、乳香、没药、土鳖虫、血竭、硼砂、自然铜，研末外敷，即接骨散。

（6）山茱萸：用名山茱萸、山萸肉、枣皮、酒制山萸肉、酒枣皮。酸，微温，归肝、肾经。功能补益肝肾，强筋壮骨，涩精固脱。

用药心得：本品质润不燥，补涩俱备，标本兼顾，为平补肝肾阴阳之要药。常用量为 10～20g。用于肝肾亏虚、头晕目眩、腰膝酸痛、阳痿等证；用于坐骨神经痛，配乳香、没药、牛膝、当归、丹参；用于损伤所致肾气不足、腰膝酸痛、足跟痛、梦遗滑精、自汗盗汗，配熟地黄、山药、牡丹皮、茯苓、泽泻、黄柏、知母，如知柏地黄汤，或加锁阳、龟甲、牛膝，疗效益著；用于寒性腰痛，配怀牛膝、桂心，捣为细末，每于食前温酒调服（《太平圣惠方》）。

# 六、读书之法

学者一则认真阅读、理解、思考加工；二则全心听，发挥主观能动性，独立思考，排除干扰，掌握知识核心，这样才能达到学习的真正目的。中医成才也离不开承袭前人经验，读书学习就是承袭前人经验的最主要方式之一。因此学习中医，必须重视读书如何得其法，下面是刘柏龄根据自己从医 60 多年的亲身经历所谈的一些心得体会。

## （一）经典为先

中医是一门根植于临床的实用性科学，其检验理论的标准就在于能否有效地指导临床实践。因此，选择书籍好坏的原则就是看它是否经典，适用于临床。诸如《黄帝内经》（中医理论之渊源）、《医宗金鉴》（病种门类比较齐全，理论比较工整、公允，实古代皇家医学之教科书）、《伤寒论》《金匮要略》（中医界称之为辨证论治之纲要与鼻祖）、《温病条辨》（发展《伤寒论》，补六经辨证之不足）之类，其最可贵之处就在于理论紧密联系临床、学能致用，因而是最值得推崇的精品典籍。

## （二）依据经典，纳百家之长

中医古籍众多，学术又有各家之说，如何认识、处理彼此不同的学术关系呢？刘柏龄认为：要把中医的各种学说统一到经典理论上来，即首先要以经典为立说之本，为理论之纲，再把后世的各家之说，作为经典理论的延伸、补充和发展，加以沟通、融汇，这样才能既保证学术根基正宗稳固，又有利于学术体系的丰富与发展。总之，要先熟读经典（《黄帝内经》《伤寒论》《金匮要略》《温病条辨》），再泛读诸家（如《类证治裁》《临证指南医案》等）。另外，《医宗金鉴》作为清代皇家的医学教科书，比之现代教科书，更原汁原味，临床使用也较平稳可靠，可以根据专业的不同，有重点地选择内容精读。

## （三）重在医术，汇于旁通

中医是基于中国传统文化思想的医学，中医中药不易为国外民间所接受，其中一个重要原因是文化背景的差异。现代国人看中医的效果不如过去，其中也有传统文化思想淡化的因素；近十几年来，中医药院校的学生学习中医的效果不如从前，同样也有传统文化底蕴不厚的成分。因此，刘柏龄认为，学中医，有必要在有关传统文化的外围知识上补补课。如古代的文学四大名著、《古文观止》《孙子兵法》，近代鲁迅、巴金、老舍、郭沫若等的作品、毛泽东的《实践论》《矛盾论》，现代报纸期刊如《读者》《中国中医药报》等，都能潜移默化地起到积累文化阅历、丰富传统意识、启迪辩证思维等作用。当然，博览要有所侧重、立足与泛读，书要为增长学医兴趣而选，且不可倒辅为主，沉醉于文而淡漠于医，甚至出现余云岫之流，不在中医临床上下功夫，一心追求从理论上"以己之矛，攻己之盾"，则有背"专于医术而博于文道"之初衷，还不如不学为好。

## （四）读书技巧

学习中医有两种程式，一种是由难而易，另一种是由易而难。由难而易，是先读四大经典，再读后世百家；由易而难，则是先读后世通俗作品，后再攻读四大经典。前者需要比较深厚的古文修养，且要名师的精心指导，否则头关难过；后者适用文化水准较低者，故许多学徒出身，都是由此步入医林。刘柏龄认为，从适应广泛的角度来看，以先易后难为宜，同时还要结合临床实践，循序渐进、学用循环。

初习入门时，宜先诵读《医学三字经》《药性赋》《汤头歌诀》《濒湖脉学》之类。这些书浅显易懂，易学易记，简便适用，如《医学三字经》三字一句，朗朗上口，还概说了中医的医学史貌；《药性赋》阐述中药功效，简明扼要、重点突出；《汤头歌诀》极富韵律，且包含主治病机；《濒湖脉学》描述形象、习惯类比。读这些书不仅能在较短的时期内，使学医者对中医有个初步的知识、印象与感悟，而且能培养其中医的文化修养与思维习惯，尤其便于较快、较直接地联系临床，激发其学医的兴趣。学了一段理论，就要及时验之临床，这才能体会其理论的真实性和有效性，才能巩固专业知识、激发学习热情，并从临床实践的体验中修正书本学习的偏差。此时虽然还不具备规范的辨证论治思路，但已可以根据主诉，列出几个相关的主治方剂或药物，简单比较伴随症状，选择其中相对合适的方剂或药物，加以治疗，是可以产生一定疗效的，这近似于简单的方证辨证吧，也算完成了学习中医的理论入门阶段。

临床一段时间，有一定感性知识和初步认识后，就应该花大力气攻读四大经典，通过系统学习中医经典理论，真正树立辨证论治的思维方式、提高辨证论治的运用技能。然而，经典理论，文字古奥，寓意深刻，内涵丰富，故要透彻理解、真正学懂弄通，并非一朝一夕之事，需要长期不懈，熟读勤思，因此，无论理解与否，首先都要通读背熟，熟读才能理解，背熟才能勤思，进而才能经常运用，多用才能活法圆通。刘柏龄对《医宗金鉴》学习曾下苦功，对每条治疗心法除背熟外，着重对于正骨心法的学习与领悟。

熟读经典之后，从实践中去加以领悟、去寻找答案，而且把经典理论验之于临床运用，才能切实领会其辨证论治之真谛所在。因此，对经典不仅要反复温习、终身研究，并且要立足临床应用以求之。有道是"读书是学习，使用也是学习，而且是更重要的学习"。联系临床，研习经典，经典要回归临床，这样中医的经典才有旺盛的生命力，才能不断发挥威力，才能再求发展创新。这是学习中医的理论升华阶段。

### （五）读书体会

理论与实践相互印证：要真正做到理论与实践紧密结合，就必须学时想到用，用时回顾学。古人学医讲究半日临证、半日读书，交互循环，提高较快。这种边学边干、边干边学的方式，正是传统师承的优势所在，也是目前院校教育极为欠缺的方面。

求师指点，教学相长：读四大经典，最好有名师指点或讲授，则能进步快、少走弯路。学习经典若能积极参与教学，则有助于对经典知识的系统整理与融会贯通。刘柏龄认为，有机会参与教学，特别是经典课程的教学，对于系统提高中医理论也是一个非常有效的方法。刘柏龄早年毕业留校，即因任教中医骨伤专业，在诸多老师的严格要求下，通过系统的备课温习，和针对疑问的查阅资料，对有关学术体系有了更全面具体的认识和理解，临床辨证论治的能力也有了较大的飞跃。

读有专攻，精学百家：俗话说，医术有专攻，不偏不成家。要有所专长，就要有所专攻，读书也必有所偏专。因此，应选择一些与本专业关系密切的专书加以精习。

总之，要重视对专著的精读，专著往往有其一定的精华，而综合性的大书，浏览有些大致印象，以供必要时查考之用即可。

## 七、大医之情

中医药文化的核心价值观是中医药文化的灵魂，是中医药几千年发展进程中积累形成的文化精髓。刘柏龄认为医者应始终坚持"仁心仁术、以人为本、生命至上"的价值观。中医学把整体观念贯穿于基础理论、临床学科、理法方药和辨证思维，形成了中医长盛不衰的基石，然大医精诚构成了中医药文化核心价值观的重要内容。医生治病一定要安定神志，无欲无求，以慈悲同情之心，解决人类的痛苦。遇到患者不避忌艰险、昼夜、寒暑、饥渴、疲劳，全心全意地去救护患者，不能有推托等不良想法。医生不能依仗自己的专长一心谋取财物，要有救济别人痛苦的想法，自会感到幸福和自信。

刘柏龄常说："一分学问，一分医。医生，过去古人也常讲：医生是人高品仰。你没有很高的文化素养，想做一个好医生是极难的。"所以"不为良相，愿为良医"。他一生保持的生活习惯就是上班出诊治病，下班读书写字，有着一颗恬淡的心，也有永无止境的追求。

# 八、养生之智

刘柏龄步入耄耋之年，仍思维敏捷，身体硬朗，步履稳健，丝毫不逊色于年轻人，依然有精力出诊、讲学、开会、出差。

刘柏龄认为要保持良好的心态，就要正确对待自己、正确对待他人、正确对待社会。其中最难的就是正确对待自己。自己的人生定位要准确，不要越位，也不要错位，要能真正地了解自己一生中究竟想干什么、能干什么和怎么干，这很重要。人贵有自知之明，"知人者智，自知者明"，明比智要难。刘柏龄永远铭记年少时母亲经常和他说的一句话："学医，要学好医才行，必须靠技术吃饭，要记住'技术至上'，只有这样你才能一生无忧。"正是心中常记这句话，他一直准确定位自己，老老实实做人，踏踏实实做学问、行医。只要能让自己做这些事情，就是最大的快乐。他非常喜欢杜甫的一句诗："细推物理须行乐，何用浮名绊此身。"此话也道出了刘柏龄的心声。也正是怀着这样的心态，他在这半个多世纪的时光中积极地行医，专心致志地搞技术、搞科学研究。淡泊名利，坦率做人。

刘柏龄将心胸宽广、不斤斤计较放在养生的重要位置。20世纪60年代初，他全家刚到长春，医院条件有限，住房面积只有18m²，生活也较为拮据。但他却感到满足，虽然生活清苦，但苦中有乐。即使在"文革"时期受到打击，他也能够保持一种平常心态和乐观的情绪。一个人一生中不会总处于顺境，世界上的事物纷纭变化，人对事物的看法也不尽相同。生活中遇到被人猜疑、嫉妒、窃取、故意陷害之事，常常有之，遇到麻烦，处于矛盾之中，该怎么办？他常说："世事如棋，让一步不为亏我；心田似海，纳百川方见容人。"他要求自己，在复杂的人际关系中，要待人以宽，责己从严，保持平常心态，适应环境变化，永远保持乐观情绪。正如《黄帝内经》所说："恬淡虚无，真气从之，精神内守，病安从来。"

刘柏龄几十年如一日，坚持每天早晨5点多钟起床，然后到外面散步，呼吸新鲜空气。30分钟后回房间，用过牛奶、馒头等早餐后，7点半乘车去上班；中午吃米饭或面食，再加上或鱼或肉以及蔬菜等，保证营养均衡；晚饭常喝粥，之后看看电视节目，有时再看一会儿书，一般在11点以前入睡。根据自己的年龄和身体状况，他不断调整作息时间，量力而行，尽量不让自己累着。九十多岁高龄时，体检各项指标仍非常好，几乎没有任何毛病。

除了经常散步之外，适当用脑也是运动的一部分。刘柏龄的观点是，老年人多看书读报，多提笔写字，可刺激脑细胞，使其经常处于兴奋状态，可以避免老年痴呆。他的一生除了看书、医病、做学问、搞科研，就再也没有别的爱好了。闲暇时他几乎都是手不离书，爱书成癖。在读书中，淡泊宁静，洗涤灵魂，感受美好的人生。

刘柏龄认为晚年家庭和睦，环境融洽，也是他健康长寿的重要因素。他共生育一儿两女，儿女们也都步入了"不惑"或"知天命"的年龄，孙女、外孙们有的也成了家、有了孩子。在这个四世同堂的大家庭里，家庭和睦、儿女孝顺、互敬互爱，让刘柏龄的晚年家庭生活充满了温暖和幸福。刘柏龄常说，人到晚年，一定不要闲着，生活安逸不等于饱食终日。要不辞辛劳，量力做一些事情，让自己的生活充实起来。"老骥伏枥，勤于锻炼"，坚持为社会做些有益的工作。

作为终身教授的刘柏龄，总是坚持工作在临床第一线，每周坐诊 3 个半天。他非常珍惜这个能够发挥余热的机会。在门诊工作，说是半天，有的时候一忙起来就到下午两三点，他并不觉得累，反而感到一种奉献的快乐。回到家里，也不闲着，做一些力所能及的家务活，来舒缓一天的工作压力。他觉得这也是一种非常好的体力锻炼。人到晚年，体力日衰，除了每天必要的活动量外，最主要的是坚持脑力锻炼。如思考问题、读书、看报，使大脑充分运转。因为积极用脑，勤于思考，学习知识，脑细胞也在运动中保持活力。许多学者、艺术家、作家、科学家都是终身工作；而偷闲消极的人，大脑将会逐渐萎缩，反应就会越来越迟钝，反倒容易衰老，正所谓"用进废退"。基于此，刘柏龄仍然致力于著书、写文章、练书法、学绘画，把自己晚年生活打理得充实、健康、快乐。"长寿从何而来？靠药补、靠食疗、靠遗传，这些都只能是一些辅助的措施。实践证明：长寿关键靠自己！"刘柏龄肯定地说。

# 九、传道之术

## （一）人才培养方法

刘柏龄作为第一、二、三、四、五批全国老中医药专家学术经验继承工作指导老师，全国首批中医药传承博士后导师，全国中医骨伤科名师，全国名老中医工作室、天池伤科流派创建人（国家级流派工作室），培养国内外研究生 20 余名、传承人 30 余名，很多已成为中医药领域的学术骨干、博士生导师，也是我国中医药事业的栋梁，在当地颇有名气、受欢迎。这都与刘柏龄的言传身教、悉心指导是分不开的。

## （二）人才培养成果

经几十年的人才培养，刘柏龄教授的首批高徒赵文海教授已成为全国名中医、全国老中医药专家学术经验继承工作指导老师、长春中医药大学终身教授，另有1人当选国家中医药管理局"岐黄学者"，1人当选"国家973计划项目首席科学家"，1人当选"长白山技能名师"，1人获得"国家五一劳动奖章"，还有多人获得吉林省突出贡献专家、拔尖创新人才、高级专家、吉林省名中医等称号。刘柏龄学术经验传承人遍布国内外，其中一些人已经成为学科领军人物。

传承人赵文海，国医大师刘柏龄亲传弟子，首批高徒，长春中医药大学终身教授，主任医师（二级）、博士生导师，国务院政府特殊津贴获得者，全国名中医，中华中医骨伤名师，全国名老中医药专家学术经验继承工作指导老师；吉林省高级专家，吉林省名中医，吉林省有突出贡献专家，吉林省首批拔尖创新人才（第二层次），先后担任中华中医骨伤学会副主任委员，世界中医药学会联合会骨伤科分会副会长，吉林省中医骨伤科学会主任委员，吉林省中西结合骨科学会主任委员等。1977年至今一直（1970～1973年赤脚医生）在长春中医药大学附属医院骨伤科工作。完善了天池伤科流派"治肾亦即治骨"的学术思想构建，明确了"肾主骨""瘀滞痹阻"的骨伤疾病理论方向。提出了股骨头坏死病的中医分型标准、早期诊断标准和用药疗程等诊疗方案。并提出了"关节软骨细胞修复紊乱"学说，建立中药防治骨关节炎的基础理论。建立了天池伤科流派、国医大师、全国名老中医工作室，成立了示范门诊，因其诊疗技术水平卓著，医德高尚，受广大患者认可。

此外，基于国家中医学术流派——天池伤科流派工作室，传承模式由最初的族系传承发展到后来的师承传承、学系传承、培训传承、交流传承等逐渐开放式的传承模式，并通过建立天池伤科流派二级工作站，与北京、辽宁、江苏、甘肃、海南、深圳及港、澳、台地区多家医院建立合作关系，开展示范门诊；通过招收国外研究生，开展国际会议交流与培训，使得天池伤科学术经验在东南亚及美国、加拿大、英国等地均有传承。目前拥有传承人500余人。

# 刘柏龄学术传承谱

## （一）第一代传人：刘德玉

刘德玉，为"刘氏正骨"传承人，行医之余，还教授学术文史及医学。于清代在吉林省三岔河镇悬壶济世，擅长正骨科和疡科（外科）的诊治，其精湛的医术，乃家传经验秘方与博采众家之长，结合东北地域气候特点，充分发挥道地药材的优势，妙用正骨、理筋之手法，创立了独特的骨伤疾病诊治手段。

## （二）第二代传人：刘秉衡

刘秉衡，天池伤科流派的第二代传人。深受家传影响，因其医术高超，远近闻名，其坚持祖训"看病抓药，只求微利，贫苦之人不收分文"，将毕生医术尽传给刘柏龄第三代传人，为天池伤科流派的传承奠定了基础。

## （三）第三代传人：刘柏龄

刘柏龄（1927—），天池伤科流派的第三代传人代表，首位中医骨伤的国医大师。深受祖父与叔父影响，熟读医书，在实践中，确立了"治肾亦治骨"的学术思想，以"肾主骨、生髓、髓充则骨健"的理论，形成了独特的诊疗风格，在骨伤科手法治疗和理论、临床方面自成一派，为全国中医骨伤的杰出代表者。

## （四）第四代传人

赵文海（代表性）、张万芳、夏德林、陈相明、张文泰。

赵文海（1951—），天池伤科流派第四代传人，完善了天池伤科流派"治肾亦治骨"的学术思想构建，明确了"肾主骨""瘀滞痹阻"的骨伤疾病理论方向，提出了股骨头坏死病的中医分型标准、早期诊断标准和用药疗程等诊疗方案，并在骨关节方面提出了"关节软骨细胞修复紊乱"学说，建立中药防治骨关节炎的基础理论。

## （五）第五代传人

冷向阳（代表性）、黄铁银、郝东明、李新建、王晶石、闻辉、黄丹奇、李成刚、齐万里、李跃飞、尹宏兵。

冷向阳（1966—），天池伤科流派的第五代传人。为全国百名杰出青年中医、吉林省高级专家、吉林省首批长白山技能名师、吉林省第三批拔尖创新人才、吉林省高校首批学科领军教授、吉林省第九批有突出贡献的中青年专业技术人才、首届"新世纪科学技术优秀人才"。以脊柱疾病及"骨质疏松症"为主要研究方向，擅长运用中医与现代技术相结合，在脊柱相关疾病与骨质疏松症的基础及临床研究中具有较高水平。

## （六）第六代传人

李振华、罗宗键、赵长伟、刘钟华、沙里泉、李绍军、刘茜、王旭凯、杨春辉。

## （七）第七代传人

崔镇海、龚庆、庄世伟、蔡文君，以及海内外传承弟子千余人。

（赵文海、赵长伟整理）

（李昆编辑）

# 巴·吉格木德

巴·吉格木德（1938—），内蒙古伊克昭盟（现鄂尔多斯市）人，中共党员，内蒙古医科大学主任医师、教授、博士生导师。曾任中华医史学会委员、中国少数民族科技史研究会副理事长兼秘书、内蒙古自治区科学技术协会第二届委员、内蒙古蒙医药学会秘书长及副理事长等职。现任中国民族医药学会常务理事和专家委员会成员，蒙古国传统医学学会名誉理事等职务。为全国老中医药专家学术经验继承工作指导教师，享受国务院特殊津贴。获中华中医药学会终身成就奖、中国民族医药协会终身成就奖。2014年被评为第二届"国医大师"。

巴·吉格木德一直坚持临床医疗工作，在用蒙药和温针疗法治疗神经、消化、心血管系统及妇儿科常见病取得了显著疗效，尤其擅长治疗肾结石、高血压、脑积水、睡眠性血红蛋白尿、肿瘤、小儿肺含铁血黄素沉着症等疑难病症。在临床理论方面，提出"以震治震"等新见解。研制出塔拉满92612丸、B2号丸、脉泻丸、当归-15汤及当归-12丸等疑难病专用方。在蒙医基础理论方面，完善了五元学说、阴阳学说、七素学说、脏腑学说、白脉学说等理论创造性地提出了"赫依（相当于气）是人体生理活动的动力和引导，协调希拉（相当于火或胆）、巴达干（相当于水土）的正常活动""寒热学说是蒙医学总纲领"等诸多学术观点。在国家级和省级学术刊物发表学术论文60余篇，出版学术专著和高等院校蒙医药教材12部，其中2部输出海外（日本和蒙古）。

# 一、学医之路

1951 年，年仅 12 岁的巴·吉格木德跟随喇嘛叔父开始学习蒙医。叔父膝下无子，带着巴·吉格木德从乡村牧区的赤脚医生做起，将自己从实践和《大藏经》中得来的蒙医药知识全部传授给了他。从那时开始，巴·吉格木德便踏上了探索蒙医学的艰辛之路。不久，叔父又把他介绍给了当地一位很有名的医生利格桑。在走完蒙医特有的拜师学艺"献哈达"仪式后，利格桑开始教授他《珊瑚验方》等经典蒙医医书，同时教授脉象学、常用方剂、药物炮制法等。

1958 年，巴·吉格木德考入内蒙古医学院中蒙医学系，师从首届国医大师苏荣扎布先生，开始接受系统正规医学教育。1963 年，巴·吉格木德顺利完成学业，成为该院第一届蒙医本科班学生。毕业后留校，在内蒙古医学院从事教学、临床、科研工作至今。

# 二、成才之道

巴·吉格木德教授认为，要成为一代名医，务必要从以下三点入手：

## （一）从原文背诵入手，精勤不倦

吉格木德教授表示：临床经验用文字表现很难全面，而读书人对同样的文字理解，又会受到文化水平、临床经验、阅历、判断力和想象力等种种因素的影响。因此，要还原作者用文字表达的实际想法，其准确性就比较差。我们根本不可能走到已经作古的前辈名家面前，由他们通过实际病例讲解所写的文字，既然无"名师亲授"的可能，那么就只有通过精读，反复读，以至背诵，再在临床上去反复揣摩，从中悟出真谛，这是其一。

其二，经典著作中的条文，乃是从无数病例中总结出来的具有规律性的"真知"，也就是俗话所说"万变不离其宗"之"宗"。记住它，背诵它，就能在临床上触发思绪，吃透精神，从熟生巧，才能别出心裁。

## （二）从注文眉批入手，博采众方

经典著作距今时代久远，文意古奥，要想单从原文入手就能完全掌握实非易事，注文的重要性就得以体现。吉格木德教授认为："在诵读原文的同时，要选择一些注本进行阅读，以加深对原文的理解。且许多注家有精辟的论述和极有见地的发挥。除先读序言、凡例以了解其写作动机、过程及大致内容外，还要重视注文的学习。"另外，"眉批"亦是评注者在熟读精思、深明个中三昧后，以最简练的语言在原文上方提出的个人评价或见解，多是最关键、最吃紧处。使读者从疑似之间得到正确的理解，具有提纲挈领、画龙点睛之妙，亦值得认真阅读。

### （三）从句读校勘入手，勤求古训

吉格木德教授在介绍他学习《四部医典》的经验时称，只有逐字逐句地分析研究，长时间的积累，方能对赫依、希拉、巴达干等蒙医最基本的概念有比较具体的认识。其次是校勘。中医（蒙医）古籍是传承中医学术的载体，但古籍在流传过程中几经辗转，几近失真，这就需要用文献学的方法辨章学术，考镜源流。一方面还原古籍之真面目，另一方面也加深自己对古籍的理解。博览群籍，进行正确的校勘工作能够解决不少疑难杂症，能够收到事半功倍之效。

## 三、学术之精

巴·吉格木德教授是蒙医基础理论系统化的奠基者，在蒙医基础理论方面，系统化和完善了五元学说、阴阳学说、七素学说、肺腑学说、白脉学说等理论。创造性地提出了"赫依是人体生理活动的动力和引导，协调希拉、巴达干的正常活动""寒热学说是蒙医学总纲领"等重要学术观点。从医40多年来，巴·吉格木德教授致力于蒙医学教学、科研及临床工作，潜心研究，勤耕不辍，在蒙医学史、蒙医和古印度医学古籍文献研究方面也取得突出成就，成为国内外著名蒙医学家。巴·吉格木德教授治学严谨、融古贯今、学验俱丰，精于理论，勤于临床，以不断创新的科学精神，为传承和发展蒙医药理论体系、提高蒙医基础理论研究水平做出巨大贡献。

### （一）完善并将蒙医基础理论系统化

#### 1. 五元学说

对于蒙医五元学说，历代前贤对其虽有所论述，但并不系统，且无定说可循。巴·吉格木德教授剖析喀尔喀蒙古著名学者罗布桑丹金贾拉森的天文学专著《辨者明光》和藏族学者第斯·桑杰加措的天文学经典专著《白琉璃》中记载的五元学说内容，融会贯通，确定了五元学说准确的内涵，在《关于五元学说的研究》等研究成果中提出："蒙医药学有'两五'学说，一是源于古代印度哲学的五元，即土、水、火、气、空；二是源于中国古代哲学的五行，即木、火、金、水、土。前者更广泛五元学说是把一切事物归属于五元，并以其性质和相互之间的联系来解释宇宙万物，进而用其来认识和解释一切事物发生、发展、变化规律的学说。巴·吉格木德教授用五元学说诠释蒙医学的生理、病理、诊断、方药、治疗原则、四施（药物、外治、饮食、起居）等医学内容，提出"五元学说是三根理论的哲学指导""三根理论是将五元学说落实在人体具体化的理论"等学术思想，并论证了五元与三根（赫依、希拉、巴达干）、五脏六腑的关系，认为三根中巴达干属土、水，五脏脾、六腑胃属五元的土，五脏肾、六腑膀胱属五元的水；三根希拉属火，五脏肝、六腑胆属于五元的火；三根赫依属气，五脏肺、六腑大肠属于气，循环属于空，五脏心、六腑小肠属于空。

巴·吉格木德教授的上述研究改变了蒙医学界有关五元学说理解较为模糊的状态，为蒙医基础理论的进一步研究扫清了障碍。

### 2. 阴阳学说

蒙医阴阳学说起源早，具有自然、朴素的辩证哲学思想的特点。巴·吉格木德教授运用唯物辩证法对蒙医阴阳学说的精髓给予了准确把握，并对其进行了科学阐释。1972年，在内蒙古医学院蒙医专业教材改编会上，巴·吉格木德教授以《论述蒙医学阴阳学说》为题做了专题讲座，指出：

"阴"和"阳"最初是作为自然概念的表述而出现的，是指日光的向背，向日为"阳"，背日为"阴"，后来随着实践的发展，人们开始使用"阴"和"阳"的概念，对事物属性进行分类，将自然界一切事物及其运动归属于"阴"和"阳"两个方面，并用其表示对立统一的关系。凡是在事物的本质和现象中，动与静、明与暗、快与慢、热与寒、显与陷、兴奋与抑制等对立统一的双方均可被归属于"阳"或"阴"。阴阳双方既对立又相互依存，处于彼增此减、彼减此增的不断运动中，相互消长保持动态平衡。如四季变化——春暖、夏热、秋凉、冬寒即可表示阴阳动态之平衡。阴阳在偏盛、偏衰、彼进此退的变化中发展到一定阶段，可以相互转化，进而产生质变。阴阳学说是解释自然界一切事物既相对立而又统一规律的古代朴素辩证思想，符合"对立统一规律"的基本内容。巴·吉格木德教授指出，早在2000年前，古代蒙古人的思想意识中就萌生了如太阳、火、热等属阳，月亮、水、寒等属阴等阴阳的思想观念。后来又将这一思想应用到了蒙医学领域。蒙医学把人体组织、器官、三根乃至疾病的本质、治法、四施等均归于"阳"和"阴"。如男性、五脏、阳性脉、血脉、希拉、热症、热症四施、热效药物等属阳，女性、六腑、阴性脉、白脉、巴达干、寒症、寒症四施、寒效药物等则属阴。在上述理解的基础上，巴·吉格木德教授对蒙医学阴阳学说在解释人体的组织结构和生理功能、辨明病理变化、探求药性功效、诊断和治则治法等的阐释和运用方面，进行了系统论述。这是蒙医学界首次对蒙医阴阳学说概念、范畴、起源、发展、内容以及阴阳既对立又相互依存、相互消长保持动态平衡等问题所进行的系统阐述，可看作巴·吉格木德教授在蒙医阴阳学说方面的创新。

**3. 寒热学说**

巴·吉格木德教授提出"寒热学说是蒙医学总纲领"的创新学术思想。巴·吉格木德教授的这一思想，是以他本人的蒙医文献学和历史学研究为基础，通过归纳总结蒙医药历代前贤的相关思想和医疗实践提出的。巴·吉格木德教授认为，传统蒙医疗法很早就萌生了以寒热来解释疾病本质的理论。古代北方民族灸（即蒙古灸）、热敷法、热沙疗术就是遵循"以热制寒"的原理治疗寒症的疗法。而传统的放血术、冷罨法、酸马奶疗法和冷泉浴则是遵循"以冷制热"的原理治疗热症的疗法。这种将疾病按其本质分为"寒"和"热"两大类，并认为保持寒热平衡状态，才能维持人体正常生理活动的医学认知和观点，正是古代传统蒙医学寒热理论的起源。

后来传入的《四部医典》只对热病论述得较为详细全面，对寒病的论述则较为粗略。蒙古族医学家伊希巴拉珠尔对蒙古地区常见寒性病症的治疗经验进行了总结，将古代传统蒙医药的"寒热理论"同《四部医典》有关热病理论有机结合，进一步深化了对寒热病的研究，在《甘露四部》(《甘露之泉》《甘露医法从新》《甘露点滴》《甘露略要》)中把"沉入土中的寒症""势如火焰的热症"两章列于"十要症"之首，并写了"强敌对抗般的寒热相搏症""野牛回击般的寒热相互倒变症"等数章，使蒙医寒热学说得以进一步充实和系统化，成为 18 世纪以后的蒙医学病性辨证总纲。后来，随着蒙医学的发展，人们在蒙医学临床实践的基础上，以阴阳学说辩证哲学思想为指导，将寒热学说与三根理论有机地结合起来，使之逐步发展为蒙医学的指导理论总纲。当代蒙医学认为，人体的正常生理活动是建立在寒热相对平衡之上的。寒热学说可将疾病本质和"四施"高度概括和总结为"除病四水四火"。这说明临床实践进一步证明寒热学说是蒙医学的指导理论总纲。基于上述蒙医文献学和历史学研究，巴·吉格木德教授在蒙医前贤成果的基础上，进一步吸收阿育吠陀三体液理论，用唯物辩证法将其与古代蒙医学的寒热理论有机地结合在一起，使寒热学说与蒙医其他基础理论得以形成有机整体，认为"蒙医学以阴阳学说哲学思想为指导的寒热学说为总纲，以三根七素相互依赖的协调关系理论研究解释人体生理，以三根七素相克的关系理论研究解释人体病理。在临床上，以寒热学说和六基症学说为病性辨证、病因辨证"。

**4. 肺腑学说**

蒙医学古籍文献对五脏六腑的生理、病理、白脉等仅有零星论述，而对于脏腑

341

功能、起病部位等更是无清晰记载。脏腑学说不完善，极大地影响了蒙医学基础理论的进一步发展，进而也影响了蒙医医疗实践的健康发展。巴·吉格木德教授潜心钻研《医经八支》《白琉璃》《四部医典》《医宗要旨》《蓝琉璃》《甘露四部》《诃子鬘》等古籍，梳理记载人体脏腑生理、功能的相关内容，系统解释了五脏六腑在五元和三根的归属、位置和形态结构、功能、白脉分布、脏腑内在关系、"开窍"等内容，使蒙医脏腑学说内容得以具体而充实。他认为，脏腑系人体内脏总称。人体心、肺、肝、脾、肾等内实器官被称为五脏；胃、小肠、大肠、胆囊、膀胱、三舍等受纳五源精微之糟粕的内空如囊的器官被称为六腑。由于脏腑各自的五元属性、三根分布、运行之道、依存部位、功能等不尽相同，所以以五脏六腑对人体所起到的生理作用也不尽相同，但五脏六腑都以白脉、血脉和赫依的运行相互贯通连接，形成一个有机的整体。以肝胆为例，五元学说中肝属火源精微为主的体温之崇；胆囊属受纳火源精微的糟粕之腑。肝胆位于希拉之总位，是血和希拉依存部位，血和希拉均属热性，呈火源。血来源于食物精微，胆汁则属于血精微之糟粕。五行学说中肝胆均属木。肝在胃分火和变色希拉的作用下，将食物精微生化为血液，血液在肝内再度进行清浊生化，其糟粕变为胆汁，贮存于胆腑。在十三条隐性白脉中产生希拉的一条白脉与肝相连，另一条与胆连接，通过此脉运行希拉和感应，形成肝、胆和脑的连接。肝和胆属同源，胆为肝之管辖之腑。肝开窍于目，肝脏病变常诱发眼部症状。巴·吉格木德教授的上述观点，已经成为蒙医学界的共识，并编入高等院校教材《蒙医基础理论》（1964 年），在蒙医基础理论、诊断、治疗等多个方面发挥着重要作用。

### 5. 七要素理论

阿育吠陀和蒙医学古籍文献虽对七素和清浊生化进行了阐述，但却未见七素滋养过程的相关详述，这在一定程度上造成了相关理论在具体医疗实践中无可遵循的困境。巴·吉格木德教授将清浊生化分为食物清浊生化和七素清浊生化两大内容，创造性地提出了滋养七素是指"滋养七精华"滋养"基础七素"的观点，从而具体化了基础七素滋养过程。巴·吉格木德教授以《四部医典·论述本》中所记载的元气理论（"食物在胃火的作用下分成精华与糟粕，糟粕进入小肠时又分为稠与稀两种，稠的变成了大便，稀的变成了小便。在精气的热能作用下，使胃内的食物的精华部分成熟，通过接受精华的九条脉位，依次经过肝脏，进入肝脏后的精华变成血液，再由血液变为肌肉。进而又从肌肉变为脂肪，再由脂肪变成骨质，又从骨里生出骨髓，再从骨髓生出精液"）为基础，结合蒙医学其他理论，对蒙医七素理论进行深入研究，在《蒙医基础理论》第一版中首次明确了"七素"的两层含义。

在《蒙医基础理论》第二版中进一步提出了"滋养七精华"的概念。而在《蒙医基础理论》第三版中则对基础七素的滋养过程、滋养七精华的概念、起源、机能、物质基础等方面做了系统的阐述，丰富和完善了七素和滋养七精华理论的内涵。巴·吉格木德教授认为：将构成人体和维持生命活动的七种基本物质，食物精华、血、肉、脂、骨、骨髓、精液简称基本七素。由食物精华再分解产生的精华和在新陈代谢过程中由血、肉等六要素分解产生的精华，称为滋养七精华。基本七素是人体形态结构的最基本单位。滋养七精华是不断滋养基本七素和三根的营养。在人体生命活动中，滋养七精华滋养着七素，以保持身体发育成长。

此外，巴·吉格木德教授还对赫依的性质进行了深入探讨。关于赫依的性质，学术上一直有不同的观点。巴·吉格木德教授在对不同的观点进行剖析的基础上，创造性地提出了"赫依是生理活动的动力和引导，协调希拉、巴达干的正常活动"这样独到的观点，从而使蒙医基础理论得到了进一步的系统化和完善。

### （二）整理蒙医学基础理论，撰写专著与教材

巴·吉格木德1963年接受了编写蒙医学基础理论讲义任务，开始整理散在于古籍经典中的蒙医五大元素学说、五行学说、阴阳学说、脏腑学说、脉络学说；1965年他编写的内蒙古医学院《蒙医基础理论讲义》中第一次较系统地论述了蒙医五大元素学说、五行学说、阴阳学说、脏腑学说、脉络学说，为这些学说的系统化研究奠定了基础。在此基础上于20世纪70年代立项研究"蒙医学基础理论整理研究"课题，发表了《论正常赫依、希拉、巴达干》《蒙医学基础理论发展史》等10多篇论文；1984年出版了科研专著《蒙医学基础理论》（1984年第一版，1988年第二版），该书是新中国成立以来系统整理蒙医基础理论的第一部科研专著，书中较系统地整理了蒙医学基础理论，重点研究和系统论述了蒙医学基础理论发展史、五大元素学说、阴阳学说、脏腑学说、脉络学说、六基证病理学说、寒热病理学说、脏腑病理变化特点等，并提出了不少新的学术见解。其后，吉格木德教授主编了高等医药院校教材《蒙医学基础理论》（1988年），为蒙医药基础理论研究、教材建设方面做出了突出成就。

### （三）整理蒙医学古籍，梳理蒙医学史

巴·吉格木德是系统研究蒙医学史的第一人，从20世纪70年代开始立题研究蒙医学史，到国内各地，以及蒙古国、苏联布利亚特等有关国家进行考查，掌握了大量医史文献资料，发表了40多篇论文；出版的主要科研专著有《蒙医学简史》（1984年蒙文版、1997年汉文版）、《蒙古医学史》日文版（1991年，东京）、《蒙医学史》（2002年），书中科学地提出蒙医药学的四个发展阶段，系统地研究了五千多年的蒙医药发展史。任副主编编写了《中国少数民族科技史丛书·医学卷》（1999

年）、《内蒙古医学史略》（1993 年），填补了蒙医学史研究之空白，成为蒙医学史学科奠基人，创立了高等医学教育蒙医学史学科，培养了首届蒙医学硕士研究生（医史文献学）。不久前，编写完成《蒙医学史》（蒙医学高等院校教材）。

巴·吉格木德收集了大量国内外古籍文献资料，发表了《蒙医学古典著作考略》《古印度医学经典巨著＜医经八支＞的研究》等 10 多篇论文；提出了蒙医古代文献中《四部甘露》等三部古籍为蒙医药学"三大经典"的新观点，出版了《蒙医学史与文献研究》（2004 年），书中研究、考证和介绍了近 80 部蒙医药古籍文献，成为蒙医文献学学科带头人。他组织编写《蒙古学百科全书·医学卷》（2002 年）；参编《中国医学百科全书·蒙医学》《中国医学通史》《医疗手册》等多部著作。

巴·吉格木德教授对于蒙医基础理论的完善和系统化，是在辩证唯物主义和唯物辩证法的指导下进行的。对辩证唯物主义的坚持，使得巴·吉格木德教授能够在继承蒙医学历代前贤优秀成果的同时，克服了前人因受藏传佛教等的影响而在其思想中所包含的唯心主义内容。对于唯物辩证法的秉承，使得巴·吉格木德教授能够准确把握蒙医基础理论中所蕴含的朴素辩证法思想，并为蒙医基础理论赋予新的科学内涵，进而使其完善和系统化。巴·吉格木德教授对于蒙医基础理论的完善和系统化，是以有关蒙医文献学和蒙医学史研究的深厚功底为基础的。巴·吉格木德教授是蒙医文献学研究和蒙医史学科的开创者。对于蒙医基础理论的历史发展脉络和蒙医古籍文献的全面把握，使得巴·吉格木德教授能够在辨析历代蒙医前贤各种学说的基础上，取其精华，弃其糟粕，进而进行开拓创新。

# 四、专病之治

在临床研究方面，巴·吉格木德教授认为，蒙医学以阴阳学说为哲学指导，寒热学说为总纲，以三根七素协调关系理论研究解释人体生理，以三根七素相克关系理论研究解释人体病理。因此应以寒热学说辨证施治，在六基症学说病因分析前提下，与病位、病程阶段相结合进行辨证施治。

巴·吉格木德教授临床善于治疗脑积水、小儿特发性肺含铁血黄素沉着症、肾结石、面部斑点、神经根炎、高血压等疑难杂症，其疗效确切，医名远播，兹介绍如下：

## （一）脑积水

脑积水又称水脑症，是一种发生于脑部，于脑内积聚脑脊液（CSF）的病症，指循环于蛛网膜下腔包围着脑部与脊髓的脑脊液异常增加或积聚，导致颅内压异常增加的情形。较年长的病患可能产生头痛、复视、平衡感丧失、尿失禁、性格改变或智能障碍等症状。在婴儿患者中可见到头部尺寸迅速增大。其他可能有呕吐、嗜睡、癫痫发作和眼睛视线向下等症状。在严重情况下，过度积聚的脑脊液可能压迫脑部使穿越枕骨大孔的延髓受损，导致死亡。

### 1. 病因病机

巴·吉格木德教授认为，脑积水多因先天不足，三根失调，消化三能失衡，功能衰减而引起巴达干、赫依增盛而生寒，寒胜折火，不能温煦七素以助其正常生化功能，则血液之生成受阻，而胆之精华——黄水激增，扩散于脑部，导致脑部气血运行不利，损害白脉引起脑积水。

因此，吉格木德教授强调从病因入手，通过调理胃肠道，增强精华与糟粕的代谢、滋养白脉、疏通气血运行、利尿等从整体角度辨证用药。

### 2. 专病专方

根据本病的病机特点，巴·吉格木德教授认为大脑是白脉中心，治疗白脉炎症需从治理巴达干和黄水炎症入手，为此特创立水专病专治方。

药方：嘎西 3g，水晶珠丸 19 颗，雅曼章古 -3 汤 6g，额尔德尼丸 19 颗，大乌兰 -13 汤 3g，嘎日迪 -13 丸 9 颗，苏格玛拉 -3 汤 3g。

### 3. 典型医案

患者，女，55 岁，2014 年 3 月 17 日初诊。

半年前，患者因外伤导致颅内出血，术后出院。不久出现头痛、呕吐症状，经 CT 检验为脑积水。每周需输 3 次甘露醇进行脱水，主要症状为偏头痛，觉少，恶心等。

处方：早上服用嘎西 3g；午饭前服用水晶丸 19 颗，雅曼章古 -3 汤 6g；午饭后服用额尔德尼丸 19 颗，大乌兰 -13 汤 3g；晚饭前服用水晶珠丸 19 颗，雅曼章古 -3 汤 6g；睡前服用嘎日迪 -13 丸 9 颗，牛奶煮苏格玛拉 -3 汤 3g。用药 1 个月。

二诊：患者服用上述药物半个月后头痛症状完全消失，睡眠明显改善，没有再出现恶心、呕吐症状，脉象明显变好，舌头呈微白色。甘露醇输液量降至每周 1 次。继续服药 1 个月。

三诊：患者没有再出现偏头痛症状，未曾呕吐，睡眠质量提升明显。微调治理赫依的药物服用量。

处方：早上服用嘎西 3g；午饭前服用水晶丸 19 颗，雅曼章古 -3 汤 6g；午饭后服用额尔德尼丸 19 颗；睡觉前服用苏茹格金 -11 丸 21 颗，阿嘎茹 38 汤 3g。

服用此方 1 个月后彻底停止使用甘露醇。

四诊：患者初步痊愈，为根除疾病，继续服药 1 个月。

## （二）小儿特发性肺含铁血黄素沉着症

小儿特发性肺含铁血黄素沉着症是一种肺泡内反复出血，致肺间质内铁质积聚，终而造成进行性肺纤维化的疾病。本病是一种肺泡毛细血管出血性疾病，多见于儿童，临床以缺铁性贫血、咳嗽、咯血及进行性气促为主。

### 1. 病因病机

小儿特发性肺含铁血黄素沉着症病因病机至今未明，一般认为与遗传因素、免疫、牛乳过敏、环境因素和铁代谢异常有关，现倾向认为与免疫相关。

巴·吉格木德教授认为，小儿特发性肺含铁血黄素沉着症可划归为蒙医六种基本疾病范畴内，是一种肺血病，可用蒙医学原理医治。该病症状主要分为两大类：一类多为突发性，具有咳嗽频繁、气短、咳中带血、痰中带血等呼吸道疾病常见症状；二是出现贫血症状，嗜睡乏累。巴·吉格木德表示，该病一般经历急性出血期、慢性发作期和病情稳定期。

### 2. 分型论治

（1）急性出血期

症状：发病突然，脸色苍白，身体乏累，发热咳嗽，痰中带血，偶有吐血，气短胸闷，唇齿发紫，严重时可引发心脏功能衰竭。

巴·吉格木德教授认为，急性出血期首先要以止血为主，服用图鲁格给王-9、熊胆止血补血，再利用水晶丸、沙棘汁、苏日鲁-4汤等药物促痰吸铁，持续服用数月；最后，在肺炎制剂基础上结合苏日鲁-4、苏鲁格沁-11等药进行止咳。

（2）慢性发作期

症状：在急性发作期后，病症呈现长期低频咳嗽、胸闷、高热、呼吸不稳等，痰中伴有少量血丝或小块棕褐色血块。

巴·吉格木德教授认为，该阶段在继续服用上述药物的同时，应加服让阿嘎如-8、嘎布日-25、额尔和木-8等药物，并加大沙棘-5的服药量，促进肺内铁性物质的排出。

（3）病情稳定期

症状：该阶段肺出血现象明显消失，但肺功能弱化将导致心、肝、脾等脏器受到不同程度影响。

巴·吉格木德教授认为，在该阶段主要以养肺，增强血液流通为主。

## （三）肾结石

肾结石指发生于肾盏、肾盂及肾盂与输尿管连接部的结石。肾是泌尿系形成结石的主要部位，其他任何部位的结石都可以原发于肾脏，输尿管结石均来自肾脏，而且肾结石比其他任何部位结石更易直接损伤肾脏，因此早期诊断和治疗非常重要。肾结石为泌尿系常见病、多发病。临床上通常把结石分为四大类：含钙结石、感染性结石、尿酸结石和胱氨酸结石。男性发病多于女性，多发生于青壮年，左右侧发病率无明显差异。有40%～75%的肾结石患者有不同程度的腰痛。结石较大，移动度很小，表现为腰部酸胀不适，或在身体活动增加时有隐痛或钝痛。较小结石引发的绞痛，常骤然发生腰腹部刀割样剧烈疼痛，呈阵发性。该病属于中医淋证范畴，以小便不爽、尿道刺痛为特点。常以小便排出砂石为主证，中医称之为石淋。

**1. 病因病机**

肾结石的形成过程多因某种因素造成尿中晶体物质浓度升高或溶解度降低，呈过饱和状态，析出结晶并在局部生长、聚积，最终形成结石。影响结石形成的因素很多，年龄、性别、种族、遗传、环境、饮食习惯和职业与结石的形成均相关。机体的代谢异常（如甲状旁腺功能亢进、皮质醇增多症、高血糖）、长期卧床、营养缺乏（维生素 $B_6$ 缺乏、缺镁饮食），以及尿路梗阻、感染、异物、药物的使用均是结石形成的常见病因。目前已知泌尿系结石有32种成分，最常见的成分为草酸钙，其他成分有磷酸铵镁、尿酸、磷酸钙及胱胺酸（一种氨基酸）等。肾结石很少为单纯一种晶体组成，大多是两种或两种以上，而以一种为主。

**2. 专病专方**

巴·吉格木德教授以寒热学说为总纲，利用其独创的塔拉满92612丸、B2号丸治疗肾结石取得了显著的疗效。

巴·吉格木德教授针对不同原因形成的肾结石灵活运用药物及药量，对热性占主导的肾结石，使用萨日嘎日迪、博格日阿如热–10等药；对寒性占主导的肾结石，使用那仁曼都拉、苏格玛拉–10、苏曼毛都–6汤等药物。服药期间，尽量让患者多饮热水，根据体能适当安排运动活动等。巴·吉格木德教授治疗肾结石专方多适用于体积小于1cm的结石。

# 五、方药之长

巴·吉格木德教授善用经方，知守善变，不落巢窠，发现并倡导"寒热学说"等理论。吉格木德教授虽喜用经方，但又不薄时方，善于古今接轨，经时结合，多方采撷各取其长。对经方运用颇有心得，兹介绍如下：

**1. 塔拉满92612丸**

[药物组成]沙棘、诃子、木香、山奈、紫贝齿、麝香。

［用法］1.5～3g，一日1～2次，温开水送服。

［功效］促精华与糟粕代谢、破痞、提高免疫力。

［主治］各种结石与囊肿。

［方解］沙棘止咳祛痰，祛巴达干，治巴达干包如病。诃子祛三弊所引起的诸侯，调理体素即三根，解毒之功效。木香祛巴达干，破痞，调节体素，收敛脓、痰，防糜烂，平气血相搏，止痛等功效。山奈祛巴达干赫依，清血，调理胃火之功效。紫贝齿破瘤、燥湿、止血、去翳。麝香杀黏虫、解毒、开窍、止痛、消肿、除黄水。

［临床心得］主要治疗未消化病、包如病、血管瘤、胆结石、胃溃疡、胃癌、子宫肌瘤、乳腺结节等肿瘤。

**2. 脉泻丸**

［药物组成］蒺藜、冬葵果、螃蟹、海金沙、牛蒡子。

［用法］1.5g，一日2次，温开水送服。

［功效］利尿、消肿。

［主治］扩血管、利尿，治疗各种浮肿与水肿。

［方解］蒺藜祛肾寒性赫依，补阳，利尿消肿之功效。冬葵果开脉窍，利尿，消肿，燥脓，止泻，止渴。螃蟹利尿，消肿。海金沙利尿消肿，破石痞。牛蒡子破痞，泻脉病，利尿。

［临床心得］主要治疗胸腔积液、脑积水、肝硬化腹水、心包积液、高血压病。

**3. 当归-15 味汤**

［药物组成］沉香、丁香、兔心、阿魏各25g，广枣30g，肉豆蔻、木香、诃子各20g，木棉花芯、天竺黄15g，白云香10g，当归15g等共研细末，制成汤剂。

［用法］一日1～2次，一次1.5～3g白开水或牛肉汤送服。

［功效］调理三根、镇赫依、降血压、安神、催眠等作用。

［主治］高血压、神经衰弱、失眠等。

［方解］本方由顺沉香八味，加强心作用的兔心、阿魏、丁香，清心热、解毒、止痛、平赫依作用的当归，以赫依病专门药物沉香、丁香、兔心、肉豆蔻、次药。主要治疗心脏、主脉、游走性疼痛、睡眠障碍等疾病。

# 六、读书之精

巴·吉格木德教授是蒙医学界的一颗耀眼之星，但他的卓越不是一蹴而就的，其背后是众多经典著作和典籍的浸润与启示，这些书籍为他提供了深厚的理论底蕴和丰富的实践经验。

首先，《饮膳正要》对巴·吉格木德教授影响深远，这部早期的蒙医经典著作深入挖掘了食疗的奥秘，以丰富的民间食疗经验和中医本草学的果为基础，为后世提供了宝贵的饮食建议。巴·吉格木德教授表示，从这本书中他学到了蒙古族传统食物，如牛羊肉和乳制品如何在医疗中发挥作用。这不仅使他对蒙古族饮食文化有了深入了解，更为他后续的研究和实践打下了坚实的基础。

其次，16世纪末至20世纪中叶的蒙藏医经典典籍，为巴·吉格木德教授提供了另一视角。佛教的传播使得印、藏医学著作逐渐进入蒙古，其中包括古印度医学经典《医经八支》和藏医学著作《四部医典》。不仅如此，满巴扎仓和其他医学机构也培养出了大量医学家，其中包括许多致力于研究、注释和著述的蒙医药学家。他们的努力促成了《甘露四部》《蒙药正典》《方海》《无误蒙药鉴》《蓝琉璃》《认药学》《珊瑚验方》《通瓦嘎吉德》等近百部蒙医学著作的出现，为蒙医药学的发展奠定了坚实的基础。这些著作的翻译和流传为蒙医学提供了新的视野和思考方向。巴·吉格木德教授从这些典籍中吸收了大量的医学知识与经验。

巴·吉格木德教授也受益于中医与蒙医的交流。许多中医学著作被翻译成蒙古文在内蒙古地区广泛流传，其中的阴阳五行学说、脉诊等理论也逐渐成为蒙医学的重要组成部分，这使得巴·吉格木德教授在自己的研究和实践中，更能融会贯通，达到中医学和蒙医学合璧的境界。

更值得一提的是，巴吉格木德教授在研究蒙医文献学时，特意钻研了《蒙古秘史》《蒙古源流》《黄金史》等历史类经典著作。这些历史巨著记录蒙古历史的同时还记载了当时的生活背景，这些内容对研究蒙医史学的发展有着重要意义。通过研读这类历史书籍，巴·吉格木德教授更加清晰地捕捉到了蒙医学在不同历史时期的发展脉络，并将蒙医基础理论研究与蒙医史研究相结合，不但为其研究提供了宝贵的历史背景知识，还证明蒙医是独立的具有完整理论体系的民族医学，有力地否定了"蒙医学的历史始于13世纪、蒙医即是藏医"等各种错误观点。

# 七、大医之情

人命至重，有贵千金。

多年来，巴·吉格木德教授一直将医圣张仲景"上以疗君亲之疾，下以救贫贱之厄"的远大理想作为自己的不懈追求，精研医术，心怀仁爱，志存救济。巴·吉格木德教授年过八旬仍坚持出诊，为基层百姓服务，临床善用蒙医经方和温针疗法治疗神经、消化、心血管系统及妇科儿科常见病，尤其对肾结石、高血压、脑积水、小儿特发性肺含铁血黄素沉着症、肿瘤等疑难病症的治疗取得了显著的疗效。

巴·吉格木德教授处方精当，用药灵活，随机应变，疗效确实，赢得了患者的爱戴，造福了一方百姓。其硕士研究生莫日根图表示，我们遇到疑难杂症，老师不管工作多忙都会过来会诊，有一次遇到一位77岁的女患者，基础病是慢阻肺、肺源性心脏病、急性胰腺炎，在治疗过程中还出现了肠梗阻，病情危重，外科医生及麻醉师都不敢冒险做手术。而患者的家属不愿放弃，非常着急地找到巴·吉格木德教授，询问有没有蒙医的方法，愿意试一试。教授看过患者后给开了一些传统蒙药，通过胃管喂药，患者的肠梗阻情况迅速得到好转，后来经过特色温针疗法等后续治疗，患者几乎痊愈，成功出院。

# 八、养生之智

关于养生之道，巴·吉格木德教授曾表示："自1963年从医以来，我就坚持节制饮食。这使我食欲平和、身体轻松，精神自然焕发。"他解释道，节制食欲并不是狭隘地少食。少食、厌食会损伤五脏六腑，导致全身无力、面色无光，甚至诱发赫依病。"而暴饮暴食则会导致食物难以消化，使胃火偏衰，诱发各种病变。因此吃多少食物要根据自身状况来定。蒙医讲究'四分胃容得二分食物一分饮料一分留空为佳'。"蒙医食疗方法独特，巴·吉格木德举例说，坚持饮用马奶发酵而成的饮料，可防治多种老年常见病，这就是蒙古族特有的"酸马奶疗法"。每年6～9月，内蒙古当地人会先将正宗的牛奶2斤发酵作起子。5天后，缸内的鲜奶变为淡青色，中间隆出沫子，香气扑鼻，"酸马奶"的起子就制好了。接着按1：10的比例把"酸马奶"起子与新鲜马奶放入大缸内拌搅，放置3～5天后即可饮用。"马奶中含多种人体必需的微量元素，同时对预防高胆固醇血症有良好作用。"巴·吉格木德称，"喝酸马奶的前两天可能腹泻，属正常现象。不过，酸马奶中含少量酒精，酒精过敏者及驾车人士不适宜饮用。"

巴·吉格木德强调，蒙医强调饮食要与季节相合。"寒冬时节人体毛孔闭合，减少饮食会引起津液缺乏，导致全身乏力。因此冬季选择甘、酸、咸味的饮食，比如可多食用炒米、酸奶、牛肉等。"到冬末春初，蓄积潜伏于胸的"巴达干"易因春天阳光的热量而诱发病变，导致胃火受损，可食用辛、涩味的饮食，如奶酪、黄油、羊肉等。春季阳光强烈，导致体力下降，适宜选择性甘、轻、腻、凉的饮食，如奶制品、荞面、绿豆等。进入炎夏，食用温腻食品较为合宜，如喝酸马奶。而到了秋季，蓄积潜伏于体内的"希拉"在阳光下久照会诱发病变。因此秋季应选择味甘、苦、涩的饮食，饮用稀酸奶、食用炒米、烤奶豆腐为佳。"蒙古族传统饮食中很少有煎炸、辛辣食物，属健康饮食。"

# 九、传道之术

巴・吉格木德教授常常对青年教师和学生讲："从事蒙医基础理论的教学、科研人员，必须坚持参加蒙医临床医疗，不然你搞的理论就有脱离临床实践的危险，这是传统医学研究中的一个重要问题。""吉格木德教授要求自己不说没有证据的话，一切学术观点都要问清出自哪儿，有什么根据，容不得半点马虎。"他的学生这样描述他。巴・吉格木德治学严谨，古文献研究的功底深厚，他广阔深邃的学术境界、踏实严谨的治学作风，成为新一代学者的典范。他的硕士、博士研究生深受其影响，在学术方面踏实肯钻，很多学生现已成为内蒙古自治区乃至全国蒙医界的中坚力量。

作为第五、六批全国老中医药专家学术经验继承指导老师，巴・吉格木德教授先后培养学术继承人4人次、接收入室弟子8名。另外，作为全国优秀中医（蒙医）临床人才指导老师，从内蒙古自治区范围内收徒10余名。在师承带教过程中，巴・吉格木德教授严格要求弟子，帮助他们打好蒙医学基本功，训练临床辨治思维，指导处方用药技巧，系统传授蒙医药学术经验，使他们更好地传承蒙医学术，造福广大患者。

经过多年的悉心培养，巴・吉格木德教授培养的弟子、学术经验继承人大多数已经成为蒙医事业发展骨干力量，其中1人入选岐黄学者，1人入选青年岐黄学者，4人入选"国家万人计划"，10人当选内蒙古蒙医药学会中青年创新人才。

此外，在深入研究蒙医学术流派发展壮大、传承消亡、构成要素与传承规律的基础上，巴・吉格木德带领团队申报并获批内蒙古自治区国际蒙医院国医大师巴・吉格木德传承工作室，出版《国医大师巴・吉格木德学术著作选集》丛书9部，《国医大师巴・吉格木德教授临床医案手稿集锦》6部，阿育吠陀医学经典著作8部，指导门徒出版古籍文献经典著作3部，其中，《琉璃鉴》一书荣获中国民族医药学会学术著作二等奖。为更好培养蒙医药学人才，向内蒙古医科大学捐赠个人收藏图书千余册，蒙医药相关文物几十件。门下弟子及再传弟子35余人，在全国蒙医药界占有重要地位。

# 巴·吉格木德学术传承谱

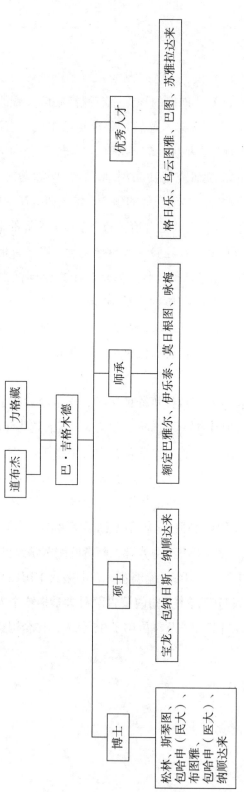

力格藏

道布杰 ─ 巴·吉格木德

巴·吉格木德

**博士**
松林、斯琴图、包哈申（民大）、布图雅、包哈申（医大）、纳顺达来

**硕士**
宝龙、包纳日斯、纳顺达来

**师承**
额定巴雅尔、伊乐泰、莫日根图、咏梅

**优秀人才**
格日乐、乌云图雅、巴图、苏雅拉达来

（额定巴雅尔、格日乐整理）

（王爽编辑）

# 刘敏如

刘敏如（1933—），女，四川成都人，中国共产党党员、中国农工党成员。成都中医药大学终身教授、博士生导师、主任医师。曾任第八、九届全国政协委员，全国妇联常委，农工民主党中央常委；中国中医科学院学部委员、中华中医药学会终身理事、中华中医药学会中医妇科专业委员会荣誉主任委员、中国针灸学会妇科生殖专业委员会名誉主任委员、世界中医药学会联合会养生专业委员会终身名誉会长、国家药品监督管理局药品评审中心古代经典名方中药复方制剂专家审评委员会委员、全国老中医药专家学术经验继承工作指导老师，澳门政府卫生局中医药顾问、澳门中国中医药文化研究促进会首席专家、澳门中华中医药学会荣誉会长。获全国中医药杰出贡献奖、中华中医药学会成就奖、中国科学技术协会科技先进工作者，享受国务院政府特殊津贴。2014年被授予第二届"国医大师"。

刘敏如专攻中医妇科学。提出了"脑－肾－天癸－冲任－胞宫"是调整生殖周期的轴心，"脏腑、经络、气血、胞宫是调节生殖周期的生理基础"理论。多年来进行妇产科同一病种的中西医对应研究，提出外阴白色病变证（外阴营养不良障碍）、经水早断诸证（卵巢早衰）、胞中脂膜壅塞诸证（多囊卵巢综合征）等中医病名。提出的妇科十大证，体现了中医病证结合、"同病异治，异病同治"法则。她以"肾气为根，保阴为本"的中医妇科临床观点，对痛经、崩漏、不孕症、妇科郁症、妇科肿瘤等疑难病的病机和论治的中医机理和临床论治研究颇具心得。发表论文30余篇，主编高等院校妇科教材和专著17部。

# 一、学医之路

刘敏如出生于四川成都一书香世家，自幼受到系统的基础教育及医学专业教育，1951 年考入华西大学医学院西南委托班专科，开启了医学之蒙。经过 3 年学习，毕业分配到云南省干部疗养院从事医疗保健工作，任医务组组长，其间在云南大学医学院进修营养学和西医内科学。工作 3 年后，相应国家号召"青年向科学进军"，刘敏如被单位推荐考入成都中医学院（现成都中医药大学）医学系，从此开始了她的中医之路。经过 6 年的本科学习，她作为首届毕业生以优异成绩于 1962 年毕业并留校任教。

受卓雨农、王渭川、唐伯渊等中医名家师传，将学校教育和师承教育相结合，经实践锻炼，一路走过来，奠定了扎实的知识结构，使她成为中医界难得的医、教、研、管复合型人才，是当代中医女科承上启下的传承人代表。

# 二、成才之道

刘敏如教授本着宗古为发展、继承为创新、临床是根本的原则，在中医医、教、研、管等方面耕耘 70 余年。在工作中锻炼，在锻炼中树才。刘敏如教授说："事业的成功不但靠个人，是很多因素助力而自然获得的。"所谓"自然"，是指她个人的勤奋、知识的积累，当然也离不开外力因素。她从小接受普及教育和专业教育，是她获得成功的重要因素。她忘不了她的小学——拥有百年历史的成都市实验小学的校训"堂堂正正做人，勤勤恳恳做事"，是她终身践行的准则，也是使她成为一名尽职尽责医生、宽严有度的教师的指引。

## （一）悟开智，勤思维

提升悟性是刘敏如教授最强调的人生素质训练，她说悟性是人生成功之要素，人的悟性虽与先天有关，但后天熏陶亦是关键，关键在受教育，从文化沉淀、社会磨炼而提升悟性，方能开智，她不仅十分注重自己的脑力训练，更是在中医传承工作及教学中重视弟子、学生的悟性培养与锻炼，如今 91 岁的她仍保持了悟性常新，思维灵敏。

## （二）挖根源，创新说

刘敏如教授的中医科研观是：研究中医不离本，"本"就是中医原创理论，发现问题必须正本清源，以本为根，否则就是空中楼阁。她不时告诫学生，在学术上要认真思维，注意发现问题，一经思考后发现了问题，就需研究解决问题，例如中医妇科在理论上明显缺如，就不能采取简单的"沿袭旧说"或"回避不谈"的态度。应在系统整理的基础上，通过溯源、去伪存真，进行拓展、提炼升华，形成新的假说、推理、论点，然后通过临床或研究进行论证，最终得到学术界的认同，取得进展，突破创新。她说："任何事物都是在传承中求发展，生物的存在都是在传承中生存，何况人类；中医文化的传承路径就是学习中医精华，传递临床思维，提升理论水平，临床疗效。传活、传实、传精、传深，代代相传，薪火相传，代代坚守作好中医传承人。"

## （三）做到老，学到老

刘敏如教授学到老，做到老，老而不老；学术创新，从不保守；新生事物，从不拒绝；年逾九十，依然满腔热血，她对毕生从事的中医妇科事业投入了巨大精力，习医、行医、科研、任教、行政管理70余年。她说："学习是终身积累的过程，不管是否有名，不管处于何种职位，都要虚心学习，怎么认识的疾病，怎么带学生，怎么搞科研，怎么坚持学习，怎么面对病人，理论实践相结合时常革新，持续学习。"这正是刘敏如对她自己提出的"形与神俱而为以应天地的生命活态表达"健康观的最好诠释。

## （四）重实践，下基层

刘敏如教授还在读大学时，就经常下基层实践和锻炼。当时正值解放初期，农村地区产妇分娩大多靠产婆，破伤风、产后出血等发病率高。在医学院读西医的刘敏如，假期时就随着老师下乡宣传、培训新法接生。乡村医生也具有很多实践经验，跟随他们到缺医少药的乡村去服务，得到了不一样的见识。刘敏如教授常说："不能只到条件好的地方去为病人服务，条件不好的地方更需要医生。"她坚持面向基层，数十年如一日。如今已是91岁的她，仍带领弟子下基层，先后走进四川遂宁及北川、乐山市沐川县、德阳市和罗江县、阿坝、广元，宁夏银川，安徽亳州，陕西延安，广东肇庆，珠海横琴等地，通过义诊、查房、讲座、业务指导及学术交流等多种方式传经送宝，深入基层、了解基层，助力基层中医的业务发展，受到当地群众的好评。同时也受邀赴海外参加中医学术研讨会，传播中医文化。她经常说："我们要自豪地向国际宣扬，只有我国有两种主流医学——中医和西医，共同发展为人民健康服务，这就是中国卫生事业的特色！"她到过西雅图、洛杉矶、都灵、伦敦、巴黎、墨尔本、罗马、马来西亚、泰国等地参加国际学术活动，进行中医学术交流，起到传播中医文化的作用。

# 三、学术之精

刘敏如教授对中医妇科基础理论及疾病学等方面进行了系统梳理、规范、创新与补遗性研究。力倡中医学发展须在继承传统经典理论的基础上，注重创新与再发展，致力于中医妇科学学术发展的同时，为临床实践开展提供有力的理论支撑。如她首先概括了中医的健康观："健康是形与神俱而为以应天地的生命活态表达。"据此做了多项研究，如围女性生理期的健康维护等研究。又如系统整理了经、带、胎、产、乳中医生理观，提出了"月经周期调节机理中医观"，进一步阐述了中医生殖理论，概括为"脏腑、经络、气血是调节女性生殖周期的生理基础，脑－肾－天天癸－冲任－胞宫是生殖调节轴心"，丰富了中医妇科生殖轴的基本理论。据此，对中医妇科尚未涉及的证、病进行了梳理和新认识，归纳妇科十四证，如血证、痛证、带证、癥瘕证、热证、呕吐证、汗证、痒证、郁证、乳证、疡证、抽搐证、急证；对西医妇科提出的一些新病种及疑难病而中医妇科尚未涉及的，刘敏如从病名至理、法、方、药进行了对应性研究，如盆腔疼痛诸证、经水早断诸证（西医称卵巢早衰）、胞中脂膜壅塞诸证（西医称多囊卵巢综合征），女性骨疏诸证，女阴白色病损诸证等，补遗了中医妇科疾病学病种的缺失。

## （一）深入研究中医生殖理论

### 1. 脏腑、经络、气血是女性生殖周期的生理基础；脑、肾、天癸、胞宫是女性生殖周期调节的轴心

刘敏如教授根据古今对天癸的认识及"脑为元神之府"和"肾藏精，精生髓，脑为髓海，肾与脑相通"的原创理论，在其《中医天癸古今论》一文中进一步提出了"脑－肾－天癸－冲任－胞宫"是调节女性生殖周期的轴心，阐述了脑与肾的关系，指出肾主生殖的功能是由天癸来表达。"脏腑、经络、气血作用于胞宫是产生月经的生理基础"，发展了中医生殖学的相关理论，丰富了中医妇科学女性生殖轴的内涵。她建议界定胞宫为女性特有的内生殖器官，而子宫即是当今解剖上称的子宫，得到了教材采纳。

**2. 阐释月经周期调节的中医模式**

既往中医妇科教材论"月经周期"只提及月经产生的机理而未及月经周期的调节机制。刘敏如教授带领其研究生开展了"月经周期气血变化""月经失调患者气血变化"和"补肾填精促卵泡发育与排卵"等临床实验研究，初步验证"月经周期是阴阳消长、气血变化节律的体现"。"月经周期气血变化呈月节律""月波动的现象"等研究内容的客观存在，深化了对月经失调病机的认识，在此基础上形成的中药周期疗法，广泛应用于月经不调、崩漏、闭经、月经前后诸证等，颇具疗效；初步为中医"月亏勿泻""月满勿补"之说提供了客观依据，也为研究月经周期调节机理提供了佐证资料。刘敏如教授提出"月经周期的形成是'应月'、月经周期源于先天、月经的周期节律（月经周期是女性生殖生理过程中阴阳消长、气血变化节律的体现，在月经的产生过程中，随着阴阳的消长、气血的盈亏变化而有月经期、经后期、经间期、经前期的生理节律，从而构成了月经周期）。

月经周期中，脏腑、经络、气血是调节女性生殖周期的生理基础，脑－肾－天癸－冲任－胞宫，是生殖调节轴心，它们之间由脑、肾主宰，天癸表达，与自然界相应，形成生殖周期，表现为月经周期的四个阶段，这四个阶段的连续与再现形成了月经周期节律，故称"月经""月事""月汛""月信"等名，表其周期性按月而至。正如《血证论·男女异同论》所说："夫新生旧除，天地自然之理，故月有盈亏，海有潮汐。"

## （二）提出"肾气为根，保阴为本"的防治观点

刘敏如教授在中医健康观、中医生殖观等的学术见解基础上，提出了"肾气为根，保阴为本""产后多虚多瘀"等临床学术观点，指导临床提高某些妇科病证的疗效，如采用补虚（气阴双补）化瘀（活血逐瘀）作为产后治未病大法；研制新药产泰，有助产褥复旧，防护产后病的发生；采用气阴双补法为主治疗崩漏（子宫功能不良性出血），以及相关妇科血证，研发出益宫宁血口服液，提高了妇科血证的疗效；补肾填精法为主，研发资癸女贞丸、资癸元阳丹、滋阴荣颜丸及养精壮本丹，有助更年期男女调理及青年男女体质改善等药。

## （三）补遗研究中医妇科病机

### 1. 充实崩漏病机

崩漏曾泛指一切妇科出血，刘敏如教授指出崩漏既然列入月经疾病，则应排除其他疾病，如妊娠、肿瘤、感染性等导致的阴道出血，所以应从学术上澄清崩漏的概念。属月经疾病的阴道下血，为妇科疑证、难证、急证。她提出"崩漏是一种病

因复杂、因果相干、多脏受累、穷而及肾"的月经疾病，其出血期的病机特征在于"阴血外泄，气随血耗，终至气阴双亏"，所以气阴双亏是"崩漏出血期的共同的主体病机"，主张气阴双补贯穿崩漏治疗的始终。

对于崩漏的辨证，刘敏如教授提出不能简单地从临床现症概括几个证型而施治，而应根据病机参合现症辨识崩漏的证型；强调其发病有在气、在血、在脏、在经的不同，但终归病变在于脏腑、气血、经络、胞宫之间功能维系失常，或冲任二脉直接受损；无论病起何脏，四脏相移，必归于肾，肾气不固，固摄无权，阴虚失守，冲任不能约制经血，最终导致气阴双亏。

刘敏如教授认为，崩漏急在暴失阴血，出血是"本"病的见症，仅以"标"证对待试图止血是难期良效的，崩漏论治当根据病机求治本之法。肾虚是致崩漏之本，病变在冲任失于约制，故治本当固本治肾、调固冲任。用方遣药宜相对稳定，组方宜平正，以防动血，亦便于灵活化裁。

刘敏如教授拟定益气养阴、固冲止血治法，并结合个人用药经验，研发出上市中成药益宫宁血口服液（人参、麦冬、五味子、北沙参、制何首乌、女贞子、茜草、海螵蛸、补骨脂、赤石脂、益母草等）用于塞流止血。

**2. 痛经病机新解**

在痛经病机方面，刘敏如指出前人有关痛经"不通则痛""不荣则痛"的致痛机理不能完全解释痛经为何随月经周期而发。而非经期不见疼痛。她解释为女性经期的生理环境是痛经发病的内在条件，一定的素体因素是发病的潜在因素，致痛病因是发病的决定因素。由于痛经患者未行经时，冲任气血尚平和，致病因素不及引致冲任气血瘀滞或不足，故不发生疼痛。在经期或经期前后，由于血海由满溢而泻溢至暂虚，冲任气血变化为较平时急骤，此时胞宫易虚易实，因而易受致病因素的影响，致冲任、胞宫瘀滞或失养，便可发生痛经。经净后冲任气血渐至调复，故平时不发生疼痛。痛经发病究其本源，实者多责之肝，虚者多责之肾，病位在冲任、胞宫，变化在气血，表现为疼痛；"夹虚者多，全实者少"，丰富了痛经的病机内容。

**3. 阐释生殖疾病的中医基本病机**

刘敏如教授在深入研究中医生殖理论中，初步验证了绝经前后诸证的主要病机为肾气虚、天癸竭。补肾法可调整"脑－肾－天癸－冲任－胞宫"轴，改善绝经前后诸证症状；肾精不足是卵泡发育障碍的基本病机，填补肾精是促卵泡发育的主要治法；研发补肾复方资癸女贞胶囊，可改善子宫血流、内膜厚度，提高子宫内膜容受性和卵子质量，提高临床妊娠率和活产率；发现补肾中药复方可保护大脑皮质及海马区神经细胞，这些研究结果也初步说明中医生殖理论对临床具有一定的指导作用，有待后继接力研究。

#### 4. 生理带下机理的梳理

张山雷《沈氏女科辑要笺正》述及："带下女子生而即有，津津常润，本非病也。"也提到生理性带下具有月水样的周期性，故称为"信水"。刘敏如教授根据中医生理观梳理带下机理，认为肾主水，人体精、津、液、血，皆由肾所施泄调控，以供生理之需，故今称为生理带下。生理带下由脾胃水谷之津所化，入肾禀藏、施泄，转输统摄于脾，任脉主司，带脉约束。当肾气充沛，肾精盛实，天癸泌至，脾气健运，任脉固，督脉强，冲脉充盈，带脉调节，阴液泌淖于胞中，施于前阴空窍，成为生理性带下，与生殖生理有关。故妇女的生理常态中，青春时期肾气始盛，天癸泌至，冲任通调，月事有时，带下可常润阴中。月经期前或妊娠期中，气血下聚，冲任血盛气充，带下的量较平时稍有增加。经绝以后，肾气渐衰，真阴渐亏，天癸竭止，月经绝断，带下亦涸竭，阴中失润。这些自然生理现象说明，生理带下的泌淖与涸竭，直接同肾气的盛衰、天癸的泌注与竭止有密切关系。这个梳理为带下病理提供了生理依据。

#### 5. 提出产后"多虚多瘀"生理论证

刘敏如教授总结："月经为血所化""胎元由气所摄，由血所养"；产时"气血调顺，推动分娩"，产褥期"蓄精推恶露，促产创复原"；乳汁由气血生化，"故女子一生易伤于血，以其故脱于血而当重于血"。由此可知，产后"亡血伤津，百脉空虚"，元气受损；自当排恶露逐瘀生新。故而，产褥期生理上呈现"多虚多瘀，易生产后诸瘀"，为此，刘敏如教授带领其研究生首先进行多项研究，证实产后多虚多瘀的生理状态，提出补虚化瘀是防治产后诸疾的大法，开发了产泰等产品。她说："中医文化很重视保护产妇健康，有坐月子的民俗，这体现了一个国家的文明程度。"

#### 6. 泌乳与肾的生理关系新解

中医学对泌乳机理的阐释较为笼统，肾主生殖，肾气盛、天癸调、气血和，可以调节胞宫藏泄功能，使乳汁化生得到保障。刘敏如教授从"补肾中药对女性生殖轴的影响"相关实验研究中观察到补肾促乳房发育与乳汁分泌。在肾气主导下，肝舒脾健、胃和，血气旺，促乳汁生而充足；故治缺乳常加入补肾药，如山茱萸、淫羊藿，临床以补组方治疗，较之单纯补脾为主疗效更佳。

### （四）研讨中医妇科疾病学病种缺如

刘敏如教授认为随着自然界的变化和社会的发展，人类疾病谱的变化和新病种不断出现，中医学也应该随之不断发展，以适应防治疾病的需求。她强调应开展中医妇科疾病学新病种、疑难病研究，从中医病因病机认识出发为临床新病种命名，如此才有利于中西医学术对话，体现中医治疗特色。刘敏如教授回忆，她的师辈卓雨农先生早在 20 世纪 60 年代就注意到这类病种缺如现象，如更年期综合征（现称围绝经期综合征），既往中医学无此病名，在 1963 年全国高等院校中医药统编教材《中医妇科学》编写会议中，他建议以"经断前后诸证"病名与"更年期综合征"相对应开展研究，教材收录后沿用至今，是中医妇科学病种发展的一个范例。

刘敏如教授认为中医妇科疾病学病种研究滞后，于是她着手进行中医新病种研究。1964 年以来，她进行过多个新病种研究，如她根据中医学"有诸内必形诸外""审证求因""异病同治"等观点，结合临床所见，将外阴皮肤出现的非正常白色病变和伴随症概括为"女阴白色病变证"，并据此阐述其发病机理，进行辨证论治。该病名的提出既具有中医特色，又参考了西医"外阴营养不良障碍"的临床证候，有利于中医学病种的拓展。

1988 年，刘敏如教授提出的"盆腔疼痛症"中医新病名，列入《中医妇科学》教学参考书，盆腔疼痛症为发生于女性盆腔部位与妇科有关的非周期性疼痛，实际上是多个妇科疾病引起的慢性病变，在病因病机上分为湿热邪毒（急性疼痛）和血瘀气滞（慢性疼痛），中医"异病同治"具有治疗优势，因而本病立为中医病名具有临床意义。在 1998 年刘新民等主译的《现代妇产科疾病诊断与治疗》中才出现"慢性盆腔疼痛症"的论述，其临床表现与中医妇科的"盆腔疼痛证"中的血瘀气滞证类似，应该视为中医学先行一步，且病名不谋而合。其后，刘敏如教授又提出胞中脂膜壅塞诸证（多囊卵巢综合征）、经水早断诸证（早发性卵巢功能不全）、女性骨疏症等病名，与西医有关病种对应研究。

刘敏如教授认为当应从临床对应研究中医妇科疾病病名，及其中医的理、法、方、药。由此她做了相应研究。如中医病名胞中脂膜壅塞诸证对应多囊卵巢综合征、病名经水早断对应卵巢早衰，丰富了中医疾病学内容。刘敏如教授认为："如果仅以西医新编病种行中医治疗，久之则有可能导致中医疾病学的衰退。"她从中医病因病机角度出发补遗临床新病种，对中医妇科疾病学的发展具有指导新意。

# 四、专病之治

## （一）不孕不育 / 无子症

刘敏如教授明确提出"肾主生殖由天癸来表达"，天癸属精，藏于肾，女子以血为本，血属阴，因此她提出女子当重肾保阴，"肾气为根，保阴为本"的学术观点。

不孕不育关系女方或男方，或男女双方，治疗上有所侧重，她生动形容男女诸外之象。"在女子，以阴为本，阴主藏，主守，其形在外，以阴柔之质为态，故女子重在不伤阴血，而育阴当扶阳阳；在男子，以阳为纲，阳主动、主泄，其形在外，以阳刚之气为表，故男子重在不伤阳气，但扶阳必配阴；具有临床意义。

**1. 治疗心得**

（1）刘敏如教授在临床治疗不孕不育症，首先"衷中参西，审因为先"，让男女双方进行检查，明确原因所在，结合临床辨病辨证，有针对性地进行调治。如女性先找出有无任何内分泌因素、输卵管因素、子宫因素或免疫性因素，有针对性地测知预后，调治其相关病理状态。

（2）以补肾养阴贯穿治疗始终，在"脑－肾－天癸－冲任－胞宫"生殖轴理论指导下，以"肾气为根、保阴为本"学术观选方用药，补肾以营脑髓资天癸、养精血、调冲任。

（3）注重"用药平和，通调气血"。临床上极少用附子、肉桂等大温大热或辛温燥动之品，常提示用药宜于调补，阴虚不可过于滋腻，以防阻遏阳气；阳虚者不可过用辛燥，过则耗损阴津。特别是现代研究有伤胎儿的中药当慎用之。

（4）秉持"药物论治与身心并调"的原则。发挥中医临床望、闻、问、切优势，从心理、社会方面重视心理疏导。

（5）提倡"不孕不育男女同治"。刘敏如教授认为对于不孕不育，不应刻板地划分女方不孕症或男方不育症，主张凡成年男女双方在未避孕而有正常性生活12个月以上仍未怀孕者，可诊为无子症，建议双方共同检查、治疗。

**2. 治疗特色**

"顺应月经四个阶段，择期论治"是刘敏如教授治疗妇科的特色之一。她认为，不孕与治疗月经病的分期治疗原则一致，但用药各有侧重，补肾贯彻治疗始终，应充分发挥中医药的特色与优势，调整受孕内环境以达到助孕的目的。

（1）经后期（卵泡期）：血海空虚，阴阳气血不足，当平补肾阴肾阳为主，以促精血恢复，肾气充盛，方可选左归丸。如患者兼夹其他妇科病，例如子宫肌瘤、子宫内膜异位症、子宫腺肌症、多囊卵巢综合征等，经后期亦是治疗关键，治疗佐以活血化瘀，常用柴胡、枳壳、橘核、荔枝核、山楂、益母草、薏苡仁、仙鹤草、夏枯草、莪术、王不留行等，以祛因治瘕。

（2）经间期（排卵期）：是阴阳转化，排出卵子的关键时期，当平补肾阴肾阳，以促天癸充盛，佐以活血化瘀通络，促进阴阳转化，以利卵子排出，方选归肾丸加淫羊藿、王不留行、皂角刺、丝瓜络、葛根等。

（3）经前期（黄体期）：阴阳气血俱盛，为孕育提供条件，为孕卵着床做准备，当补肾健脾，填补肾精，常用寿胎丸合四君子汤加淫羊藿、肉苁蓉、黄精、熟地黄、山茱萸，或用槐花、黑豆、黑芝麻，食之有利于健黄体，改善子宫内环境，提高孕育的成功率，但不可轻投活血化瘀药物，以免误伤早期胎元。

（4）月经期：血室正开，经血以排出为畅。如无明显不适，月经期可予以停药。若明显痛经或经血量多，则以痛经或妇科血证论治。此期若出现异于平常的阴道出血或腹痛，尤当注意早孕流产的可能性。

**3. 用药规律**

刘敏如教授认为肾藏精，精化气，精气即肾气，寓元阴元阳，是维持人体阴阳的本源，是女性生理活动的根本；强调女性不孕症基本病机为肾虚，补肾应贯穿于不孕症的治疗始终；主张补肾气、营脑髓、资天癸、调冲任治疗不孕症。

（1）主张辨病与辨证相结合治疗不孕症：《诸病源候论》记载："夹疾无子。"指出不孕症常是许多妇科疾病导致的后遗症和结果。刘敏如教授临床治疗不孕症，她常以西医协助，诊断辨病找出不孕的基本原因，在男方或在女方，了解生殖功能指标，然后运用中医生殖理论进行辨病辨证治疗，特别对中医病机需着眼肾气虚损、天癸失调，但也不可忽视邪犯所致。用药组方，补肾填精，以平为期。

（2）以"肾气为根、保阴为本"的学术观，指导不孕症治疗，常采用气阴双补法，补肾培精法：刘敏如教授治疗不孕症处方中出现频次较高的主要为补益类和行气类药物，补益药物有北沙参、黄芪、枸杞子、菟丝子、山茱萸、当归、黄精、白芍等。

刘敏如教授强调不孕症病机根本在肾，并开展了一系列补肾中药对女性生殖轴调控的实验和临床研究，证实补肾中药可以有效调控女性生殖轴。在临床用药方面重视气阴双补，高频药物以补气、养阴药物为多。

刘敏如教授治疗不孕症药物组合以山茱萸－枸杞子、菟丝子－枸杞子、北沙参－枸杞子、麦冬－北沙参、北沙参－五味子等多见，其核心药组具有补肾、益气、养阴的特点。选药性温而不燥，补而不峻。

（3）用药平和，重视气血流通：刘敏如教授治疗不孕症用药平和，多选用温、微温、微寒之品，如山茱萸微温，北沙参微寒等，少用肉桂、附子等大辛大热或黄连等苦寒之品；强调"脾胃为后天之本"，食疗重于药疗，故所选药物大多药食同源，能较长时间服用，如西洋参、枸杞子、麦冬等；注重药物的选择和配伍，强调中药口味应调整至患者易于接受，才能坚持治疗。她指出气血贵在流通，在治疗不孕症的过程中从肾虚的根本病机出发，以补益为主，佐以枳壳、柴胡等行气类药物，使之补而不滞，故高频药物中除了补益类药物就是行气类药物。

（4）喜用参类药物：刘敏如教授治疗不孕症组方中参类药出现频次较多，如北沙参、花旗参、明党参等。她强调女子以阴为本、以血为用，血足则易于受孕养胎。《傅青主女科》记载："生气以助生血，则血生自然迅速。"一味补血易致凝滞不行，气生血，兼能行血，故临床用药配伍中常用参类补气生血、滋阴养血。

参类药物中北沙参、明党参为伞形科植物，花旗参为五加科植物。花旗参性凉，北沙参、明党参皆性微寒；北沙参、花旗参、明党参味甘微苦，均归肺经，北沙参归胃经，花旗参归心肾经，长于女子补气养阴，明党参归肝脾经，长于补气养阴兼清热，明党参擅于润肺化痰、养阴和胃解毒，但补益之功较花旗参弱。刘敏如教授根据气、阴不足症状的偏重，随证选用参类。北沙参性微寒，味甘、微苦，较其他参类长于入胃经，有益胃生津、养阴清肺之功效，其常配伍以滋补脾胃，补益气血生化之源，且价格低廉，口味甘甜，常用于食疗，易于患者接受长期坚持服用。

（5）多用生脉散、五子衍宗丸为基础方加减治疗不孕症：刘敏如教授治疗不孕症多用麦冬、五味子、北沙参和山茱萸、菟丝子、枸杞子，分别为生脉散和五子衍宗丸的组方雏形。生脉散可益气生津、敛阴止汗，药味虽简，但补气养阴功效显著。因人参入口味苦，价格高昂，故她临床常用北沙参、花旗参等代替人参使用。现代临床研究也证实生脉散加味治疗排卵障碍以及无自觉症状不孕症颇有成效。五子衍宗丸原名"五子守仙方"，首见于道教《悬解录》，被称为"古今种子第一方"，补肾为主，气阴兼顾，补而不滞，植物种子为植物的精华，具有圆润灵动之性，取义以子补子。研究发现五子衍宗丸较左归丸、右归丸改善卵巢功能疗效更佳。二者的运用体现了她治疗不孕症"肾气为根、保阴为本"的学术思想。

### 4. 加减

不孕不育症病因复杂，治疗又需辨证与辨病相参，病证结合，临床审清原因后对因立法。例如功能性无排卵以肾精不足为主；多囊卵巢症不孕，肾虚为本，兼有痰湿阻滞；子宫肌瘤或子宫内膜异位不孕，多气滞血瘀；输卵管不通，以湿浊阻滞为主等。因此在治疗上，以补肾填精为主兼理气活血，随证化裁，养血活血，或疏肝解郁，或清热利湿，或健脾益气等。正如《景岳全书·妇人规》所说："种子之方本无定规，因人而药，各有所宜。"

兼夹脾虚或痰湿阻滞者，刘敏如喜用参苓白术散、温胆汤、三仁汤、豆蔻、淡竹叶、车前子、白茅根等；兼夹肝郁者，喜用四逆散、逍遥散、合欢皮等；兼夹湿热者，喜用知柏地黄汤、四妙丸、三仁汤等；兼夹血虚者，喜用四物汤、枸杞子、桑椹、大枣等。补肾方面，刘敏如除喜用左归丸，亦推崇用五子衍宗丸，取其补中有行，无补而留邪之嫌，按肾阴肾阳偏衰之别及月经周期所处之阶段，亦灵活选用二至丸、六味地黄丸、左归丸、归肾丸、右归丸、寿胎丸等，选加淫羊藿、肉苁蓉、巴戟天、鹿角霜等。

## （二）经水早断诸证（卵巢早衰）

经水早断之称中医妇科学并未列入病种，即西医妇科学所称的卵巢早衰，在中医亦是妇科疑难病，以未及绝经期而出现卵巢功能低下导致月经不调、闭经、不孕等，甚至出现绝经期症候微特征。患者常求治于中医治疗，中医临床则根据出现的症状和西医生殖内分泌诊断进行辨证论治而获得一定疗效。但由于中西医理论体系不同，仅采用西医诊断、中医治疗似有说理不清之弊。因此，刘敏如教授认为，有必要作为中医妇科疾病学一病种进行研究，与时俱进地补遗中医妇科病种，为中医临床、科研、教育提供参考。

### 1. 中医病名论证

《素问·上古天真论》首次记载月经初潮及绝经的年龄；《素问·阴阳应象大论》提出早衰之龄以 40 岁为界；唐代王焘《外台秘要·卷三十四》说明了产后出血，血脉虚竭、血脉不通而致天癸早耗，经水早断，闭经难复；《傅青主女科》首次提出"经水早断"之名，此可视为与今所指卵巢早衰临床吻合。

根据中医生殖理论，论证经水早断的年龄界限确定在 40 岁以前，与今天西医卵巢早衰的年龄界定一致。明确提出经水早断的概念是女子在 40 岁以前，出现月经稀发不定甚至断绝，受孕困难或不孕，兼有经断前后诸证的临床表现。

### 2. 病因病机

"经水早断诸证"主要是先天因素导致肾气不足，肾水不济，精气不盛，冲任失充，天癸衰少失调；或后天多种致病因素，损耗肾气，多态变化以致天癸早耗，不能施化月经，导致"妇人年未至七七之期经水早断"，肾气益弱，精血流通受碍，则肾气不开；肾水不足，不上济于心，则水火不能相济，肾虚不能温煦于脾；则脾失运化，湿阻清阳；肾精耗损，肝失滋养，肝气郁结，肾气失开则肺气失调，可见发生经水早断的病机复杂，肾施化受碍，故《辨证录》言经水早断，实关肾水不足，三经齐郁所致。

（1）病因：先天禀赋不足，肾精本亏；劳神过度，耗伤阴精；久病及肾，阴精难复；房劳产伤，肾精虚衰。或因六淫时毒内侵，如腮腺炎病史、结核病史、免疫性疾病病史；化疗、放疗，使用化学药物、长期服用抗风湿药物雷公藤等；过用促排卵药、服用避孕药，环境污染、吸烟吸毒；或妇科手术史、腹腔手术史等，伤肾而及天癸、冲任及胞宫，出现天癸早竭诸症。

（2）病机：主要是先天不足或后天损伤导致天癸早竭。肾精亏虚日久，则精不化气，精亏气衰，精气两虚；肾气不足，可导致脾失健运，化生乏源，天癸亏乏；精不生血，则经血乏源；肝阴失养，则肝阴虚少，肝失疏泄，气滞血瘀，冲任不通；

肾水不上涵心火，心火不下温肾水，心肾不交；精亏阴虚，可虚火内生，又或虚火蒸液为痰，痰凝血瘀。

### 3. 辨病论治

参考西医卵巢早衰的研究和临床积累，卵巢功能衰竭的临床表现多样、病因复杂且进行性发展（包括隐匿期、生化异常期、临床异常期、卵巢衰竭四阶段）。卵巢早衰的概念有一定局限性，难以体现疾病的进行性发展和多样性，仅代表卵巢功能衰竭的终末阶段。这一认识为研究经水早断诸证提供了借鉴。结合中医对经水早断病机的认识，在辨病上分为肾气不足，天癸不裕；肾气亏虚，天癸早耗两个阶段，最终均至天癸早竭，经水不复。

（1）肾气不足，天癸不裕（相当于早发性卵巢功能不全）

临床表现：40岁前出现月经稀发，间而停闭不复或伴见绝经前后诸证症状，或有第二性征发育不健，脉沉弱，苔薄白。实验室检查符合早发性卵巢功能不全（POI）诊断。（POI是指女性在40岁以前，卵巢出现内分泌或生殖功能失全。在1～2个月内重复平衡检测血清 FSH、LH 及 $E_2$，水平在绝经后范围内。POI 相对于40岁后卵巢的自然衰退，在49岁左右自然绝经而言）

治法：补肾气，调气血。

处方：①左归饮、右归饮（《景岳全书》）。若患者属肾阳虚或肾阴虚，当禁用左归丸或右归丸。

左归饮：熟地黄9～15g，山药6g，枸杞子6g，炙甘草3g，茯苓6g，山茱萸3～6g，（胃酸者少用之）。

右归饮：熟地黄6～9g，炒山药6g，山茱萸3g，枸杞6g，炙甘草3～6g，姜制杜仲6g，肉桂3～6g，制附子3～9g。

②芪韭杞太极膏（刘敏如自制习用方）

（2）肾气亏虚，天癸早耗

临床表现：月经停闭不复至，或有产创失血史、慢性疾病史，或兼见绝经前后诸证，情志不舒，或无明显症状，纵欲。脉弱，或舌淡多津薄白，或舌红少津，苔薄黄，或苔厚腻。实验室检查符合卵巢早衰（POF）诊断。卵巢早衰是一直被临床广泛使用的专业术语，指女性40岁之前出现闭经，伴有 FSH 水平升高（FSH＞40U/L）、雌激素水平降低等内分泌异常及绝经症状。

治法：补肾资癸，填精益髓。

处方：①溢经汤（《辨证录》）：大熟地10g，白术10g，山药10g，当归10g，白芍10g，生枣仁6g，丹皮6g，沙参10g，柴胡6g，杜仲6g，人参6g，水煎。连服八剂补以通之，散以开之。

②资癸女贞丸合资癸元阳丹（刘敏如习药方）

**4. 辨证论治**

（1）肾阴虚、肝气郁证

临床表现：月经推迟、稀发、量少，甚或停闭数月；平时带下少，阴道干涩，性交疼痛，受孕困难。腰膝酸软，头晕耳鸣，失眠多梦，皮肤瘙痒或如虫爬。或烘热汗出，五心烦热，盗汗。舌红少苔，脉细数。

治法：滋肾清肝解郁。

处方：①滋水清肝饮（高鼓峰方）：熟地黄10g，当归身10g，白芍10g，枣仁10g，山萸肉10g，茯苓10g，山药12g，柴胡6g，山栀10g，丹皮10g，泽泻6g。

②生脉五子复经汤（刘敏如习用方）：枸杞子、菟丝子、覆盆子、五味子、车前子、川芎、当归、丹参、西洋参、麦冬、山茱萸、黄精。

（2）肾阳虚、脾不运证

临床表现：月经稀发，三五月一至或停闭，经量少质清稀，舌暗。腰膝酸软，四肢不温，或畏寒浮肿，痰多舌白，倦怠气短，饮食欠佳，或大便稀，夜尿多，舌暗苔薄白或白腻，脉沉。

治法：补肾温脾。

处方：①右归饮合补中益气汤：黄芪15g，白术10g，陈皮6g，升麻6g，柴胡6g、人参6g，甘草3g，当归6g，熟地黄10g，山药（炒）10g，山茱萸10g，枸杞子10g，甘草（炙）3g，杜仲（姜制）10g，肉桂3g，制附子3g。

②滋肾育胎丸（罗元恺）：菟丝子、砂仁、熟地黄、人参、桑寄生、阿胶（炒）、首乌、艾叶、巴戟天、白术、党参、鹿角霜、枸杞子、续断、杜仲（煎剂常用量）。

（3）肾水亏、心血不足证

临床表现：月经停闭数月乃至一年以上，阴中干涩。心悸、心累，腰痛，骨痛，眠差，胸闷，舌质淡苔薄白，脉沉弱或迟或起伏不定。

治法：滋水益气养血。

处方：①生脉散合补心丹：党参、麦冬、远志、生地、玄参、天冬、丹参、茯神、酸枣仁、五味子、柏子仁、桔梗、当归，以蜜为丸。

②续补汤：人参10g，当归10g，白芍10g，柴胡6g，麦冬12g，北五味6g，白术10g，巴戟天10g，炒枣仁10，红花0.5g，牛膝6g，沙参10g，水煎服。

③左归饮合五子衍宗丸（刘敏如习用方）：熟地黄10g，山药10g，枸杞10g，炙甘草6g，茯苓10g，山茱萸10g，枸杞子10g，菟丝子（炒）10g，覆盆子10g，五味子（蒸）6g，车前子（盐炒）10g。

（4）肾精虚、髓海空虚证

临床表现：月经停闭数月乃至一年以上，经水量少黏稠，阴中干涩。头晕耳鸣，眼干，健忘或口渴，伸展不利，大便或干结，小便或黄，阴中或灼热，舌红苔薄黄，脉细数。

治法：养精气补脑髓。

处方：①花旗参 10g，麦冬 10g，枸杞子 10g，五味子 6g，黄精 10g，山萸肉 10g，肉苁蓉 10g，当归 6g，生地 10g，槐花 15g，核桃仁 10g，黑芝麻 6g，甘草 3g。

②知柏地黄丸合五子衍宗丸（刘敏如习用方）：知母 6g，熟地黄 10g，黄柏 10g，山茱萸（制）10g，山药 10g，牡丹皮 6g，茯苓 10g，泽泻 10g，枸杞子 10g，菟丝子（炒）10g，覆盆子 10g，五味子（蒸）10g，车前子（盐炒）10g。

**5. 治疗心得**

（1）问病史：末次月经，盆腔手术、放疗或化疗的病史；POI 家族史、家族脆性 X 染色体综合征；自身免疫性疾病；肾上腺皮质功能不全、甲状腺功能减退等。

（2）检查：单纯的原发性 POI 患者没有体征；显著异常或严重 POI 患者可见雌激素缺乏引起的萎缩性阴道炎、卵巢萎缩甚至摸不到；POI 患者经常间歇性地产生雌激素，因而可能没有表现出雌激素缺乏的体征，故宫颈黏液及盆腔检查的结果未必能排除 POI 的诊断；卵巢肿大可能提示患有淋巴细胞性卵巢炎或类固醇生成酶缺陷。

（3）检测项目：妊娠测试，如 β-HCG；诊断 POI，1～2 个月内重复 FSH、LH、E2 水平；澄清病因，例如染色体核型、卵巢抗体等；筛查 POI 患者中高发的其他疾病，如促甲状腺素（TSH）、抗甲状腺过氧化物酶抗体、血清肾上腺抗体及扫描骨密度（DEXA 测定法）。

（4）如何诊断本病隐匿状态的患者：本病有时与某些病同时出现，如家族遗传病（46XY 性腺发育不全），原始卵泡禀赋不足，Turner 综合征（X 染色体短臂基因缺失），卵泡加速闭锁，甲状腺疾病，肾上腺皮质功能不全（见直立性低血压、色素沉着斑、腋毛和阴毛稀少），免疫性卵巢炎（有胀大的卵巢），雌激素水平低下（可见萎缩性阴道炎、卵巢很小甚至无法触及）。

（5）鉴别诊断：停经患者当与妊娠鉴别。借助实验室检查，当与妇科类似症状疾病鉴别，不可轻易下经水早断（卵巢早衰）的诊断。经水早断不属世医所谓的血枯经闭，乃是肾气本虚，与心肝脾之郁有关，一经有郁则肾之气即郁而不宣，不能盈满化经水外泄。治法必须散心肝脾之郁，而大补其肾水，仍大补其心肝脾之气，则精溢而经水自通矣。

**6. 病案举例**

患者，女，38 岁。2016 年 3 月 1 日初诊。

主诉：未避孕 5⁺ 年，月经周期时前时后停经 2⁺ 年。

纳可，睡眠欠佳，梦多，无潮热，盗汗，大小便正常，口干口苦，舌红苔白，脉沉数。

个人史：G1P0，3 年前行人流 1 次。初潮 13 岁，经期 5～6 天，周期 20～25 天，LMP 2017 年 2 月 3 日，PMP 2017 年 1 月 13 日，服芬玛通月经来潮。

检查：甲状腺功能正常；性激素六项：2015 年 3 月 26 日查 $E_2$ 165mg/mL，FSH 39.4U/L，LH 22IU/L；2015 年 7 月 2 日查 $E_2$ 605U，FSH 6.6U/L，LH 5.1IU/L；2015 年 7 月 4 日查 $E_2$ 691mg/mL，LH 5.3IU/L。输卵管未查。

诊断：续发不孕症，POF?。

处方：淫羊藿 12g，枸杞子 12g，当归 6g，黄芩 12g，肉苁蓉 10g，杜仲 15g，熟地 10g，菟丝子 15g，覆盆子 12g，西洋参 6g，麦冬 10g，北五味子 6g。7 剂，每两日 1 剂，分两次服。

医嘱：①建议输卵管检查；②丈夫精液常规复查（禁欲 5 天）；③月经第三天复查 FSH、LH、$E_2$、P。

二诊（2016 年 4 月 25 日）：舌红苔白，脉滑。

2016 年 4 月 20 日性激素六项：LH 24.11IU/L，FSH 15.8U/L，$E_2$ 145mg/mL，P 0.63ng/mL。

处方：①经后期方：淫羊藿 12g，山萸肉 12g，黄芪 20g，枸杞子 15g，菟丝子 15g，桑椹 15g，白芍 15g，当归 6g，川芎 6g，肉苁蓉 15g，柴胡 6g，炙甘草 6g。7 剂，每日 1 剂，分 3 次服。②非经期方：定坤丹 3g，每日 2 次。

三诊（2016 年 5 月 24 日）：诉月经周期恢复，自然来月经第二天伴痛经，色正常，量偏少，余无特殊舌红苔薄白，脉滑数。LMP 5 月 23 日，PMP 4 月 18 日。

处方：黄芪 20g，枸杞子 15g，淫羊藿 12g，山茱萸 12g，玉竹 12g，菟丝子 15g，枳壳 10g，川牛膝 10g，柏子仁 15g，砂仁 6g，艾叶 6g，白芍 12g。10 剂，每日 1 剂，分 3 次服，先服 2 剂，余药经净后服。

四诊（2016 年 6 月 29 日）：LMP 5 月 24 日，经期 8 天，量少，腹痛，因牙痛未服定坤丹，脉沉，苔中部腻。

处方：沙参 20g，麦冬 10g，北五味子 6g，玉竹 12g，黄芪 15g，枸杞子 15g，山萸肉 15g，肉苁蓉 15g，王不留行 15g，丹参 15g，白芍 15g，罗汉果 1/4 个。7 剂，每两日 1 剂，早晚各 1 次，分四次服。

五诊（2016 年 7 月 25 日）：服药后 6 天月经来潮，本次月经 7 月 22 日，量中等，脉平。PMP 7 月 7 日，经期 7 天。

处方：北沙参 15g，麦冬 10g，黄芪 20g，菟丝子 15g，枸杞子 15g，山萸肉

15g，肉苁蓉 15g，百合 15g，淫羊藿 15g，北五味子 6g，丝瓜络 15g，藿香 10g。7剂，每日 1 剂，分 3 次服，经净后始服。

六诊（2016 年 9 月 6 日）：末次月经 7 月 22 日，上上次月经 7 月 7 日，经期 7天，伴绞痛。

处方：当归 10g，黄芪 20g，淫羊藿 15g，山萸肉 15g，肉苁蓉 18g，鹿角霜 15g，紫河车 6g，石斛 15g，川芎 10g，生地 10g，白芍 15g，柴胡 6g。10 剂，每日 1剂，分 3 次服。

七诊（2016 年 10 月 17 日）：情绪一般纳可，睡眠欠佳，梦多，二便调，诉月经未潮 96 天，LMP 7 月 22 日，舌红苔少，脉滑数。

诊断：①月经后期；②月经量少，冲任不足。

处方：北沙参 20g，黄芪 20g，枸杞子 15g，砂仁 6g，百合 12g，菟丝子 15g，竹茹 12g，枣皮 15g，车前子 15g，陈皮 6g，淫羊藿 15g，五味子 10g，白芍 12g，苏叶 10g，覆盆子 12g。7 剂，每两日 1 剂，分 2 次服。

建议：明日复查激素六项 +HCG。

八诊（2016 年 11 月 3 日）：月经未潮，停经 113 天，排除怀孕，情绪焦躁，手足心稍热，汗出阴道分泌物少，口微干不苦，舌红少苔，脉滑数。

11 月 3 日性激素六项：LH 43.92IU/L，FSH 54.22U/L，$E_2$ 155mg/mL，P 0.62ng/mL。

处方：黄芪 15g，枸杞子 15g，王不留行 15g，菟丝子 15g，车前子 15g，川芎 6g，当归 6g，山萸肉 12g，巴戟天 12g，淫羊藿 12g，三七粉 3g，鹿角霜 10g，黄精 10g，石斛 15g。7 剂，每两日 1 剂，每日 2 次，药渣煎水泡足。

九诊（2016 年 12 月 5 日）：黄体酮胶囊 10mg，日 2 次。5 天后阴道出血，现为出血第四天，量中，色深红，无痛经，纳可，眠安，二便调，潮热较前好转，舌红苔少，脉滑尺沉。

处方：沙参 15g，麦冬 10g，北五味子 6g，枸杞子 15g，石斛 12g，知母 6g，鹿角霜 15g，槐花 12g，菟丝子 15g，覆盆子 15g，淫羊藿 15g，怀山药 15g。10 剂，每日 1 剂，分 3 次服，药渣煎水泡足。

十诊（2017 年 2 月 7 日）：B 超示右侧卵巢 19mm×9mm，左侧 19mm×9mm，内见 1～2 个细小卵泡，未见较大卵泡。LMP 2017 年 1 月 10 日（7 天）。月经第 3天雌激素检查：FSH 34.1IU/L，AMH 0.04ng/mL，LH 9.5IU/L，PROG 0.3nmol/L，泌乳素 3.9μg/L，雄激素 34ng/dL，FT4 1.2pmol/L，甲状腺激素 0.35μIU/mL。月经第 8天复查 FSH 72.4U/L，$E_2$ 25pmol/L。

处方：山萸肉 10g，巴戟天 10g，淫羊藿 15g，枸杞子 15g，鸡血藤 20g，黄芪

20g，当归 6g，川芎 6g，王不留行 15g，熟地黄 12g，枳壳 12g，丹皮 10g，西洋参 10g，紫河车 6g（另包，后下）。每日 1 剂，分 3 次服，经期停服，每剂药渣再煎水，晚上睡前浴足。

建议平时服用 VitE，助孕酮的生存分泌。

十一诊（2017 年 3 月 24 日）：LMP 3 月 2 日，5 天净，量极少，PMP 1 月 10 日，7 天净，量多。

检查：3 月 4 日查 LH 8.67IU/L，卵泡 FSH 10.2U/L，$E_2$ 131mg/mL，PROG 5.64nmol/L。3 月 11 日查 $E_2$ 146pmol/L，LH 37.2IU/L，FSH 7.4U/L。3 月 12 日取卵一颗，并已成功受精保存待用，纳眠可，近 3 个月经前面生痤疮，二便调，舌质淡红，苔薄白。左脉沉细，右略滑。要求试管婴儿前调理身体。

处方：淫羊藿 10g，巴戟天 10g，山萸肉 15g，枸杞子 15g，鸡血藤 15g，黄芪 20g，麦冬 15g，石斛 15g，熟地黄 12g，当归 6g，川芎 6g，白芍 12g，西洋参 6g，北五味子 6g，紫河车 6g（另包后下）。煎法、服法、用法同上。

随访告知怀孕。

按：本案因不孕经西医确诊为卵巢早衰，中医诊为不孕（经水早断），西医内分泌治疗，月经偶来潮或闭经（监测排卵，未发现成熟卵），要求中医治疗，以"肾气为根，保阴为本"指导该患者治疗，经坚持中药复方论治 1 年余，共十一诊，监测发现优质卵子而行试管婴儿成功，追踪随访小孩已 5 周岁，身体健康。

# 五、方药之长

## （一）常用方剂

刘敏如教授常用方介绍如下：

补肾滋天癸：左归丸，右归丸，五子衍宗丸，归肾丸，寿胎丸。

补血：四物汤，当归补血汤。

补阴：二至丸，六味地黄丸。

健脾益气：四君子汤，参苓白术散。

气阴双补：生脉散。

活血化瘀：桃红四物汤，桂枝茯苓丸，生化汤。

疏肝理气：四逆散，逍遥散。

化痰除湿：二陈汤，三仁汤，温胆汤，藿香正气散，苍附导痰丸。

清热利湿：四妙散，甘露消毒丹，甘露饮。

清热解毒：五味消毒饮。

消食化脂：保和丸，防风通圣散。

临床上辨证施治，根据病因病所病机的不同，灵活加减化裁，可以有很多组合。如五子衍宗丸合六味地黄丸、生脉二至六味丸、逍遥五子左归丸、四逆归肾丸、逍遥四妙散、生脉五子四物汤等。

刘敏如教授临床上最常用逍遥五子左归丸加减治疗妇科疾病，多能取得理想的疗效。

逍遥五子左归丸的功效为疏肝健脾补肾，月经先后无定期、月经量少、经行不畅、卵巢功能下降、绝经前后诸证、不明原因不孕、复发性流产、工作或求子压力大而焦虑紧张、试管婴儿周期前 3 个月调治，具备肝郁脾虚肾虚证者，均可加减使用。

【典型病案】

刘某，28 岁，2019 年 8 月 17 日初诊。

主诉：初潮后月经量少 12 年，发现幼稚子宫 8 年。2011 年因月经量少，在深圳市妇幼保健院行 B 超检查，提示幼稚子宫（双侧卵巢大小正常，子宫 4cm×3cm×2cm）。行人工周期治疗 1 个月，因为服药出现恶心、呕吐等胃肠道反应，无法耐受而停药。近数年间断服中药治疗。2019 年 6 月 3 日复查 B 超同前，妇科内分泌检查（D3）无异常。月经 5 天 /35 ～ 40 天，量少，色暗红，无血块。经前 3 天乳房胀痛，情绪波动，或烦躁，或低落哭泣。LMP 2019 年 8 月 11 日。平素焦虑，担心无法怀孕。胃纳一般，多食易腹胀、恶心，进食凉性食物易腹泻。入睡可，多梦，夜醒 1 ～ 2 次，半小时内可再入睡。晨起腰酸，口略干，无口苦。白带量偏少，无阴痒。舌淡红苔薄白，脉弦细，尺脉沉。

辨证：脾肾不足，肝郁血虚。

治疗：予以疏导情绪，嘱患者放松情绪，有规律同房。逍遥五子衍宗丸加减。

3 次复诊后，情绪波动明显好转，胃纳可，无明显腹泻。

第四至第九诊予以逍遥五子左归丸加减，经期停服。

第十诊（2019 年 10 月 11 日）：患者昨日查尿 HCG（＋）。疲倦，腰酸，大便偏烂。舌淡红，苔薄白，脉略数，尺脉不沉。予以四君子合寿胎丸加减。

2019 年 10 月 25 日 B 超见胎心。孕中后期因间发宫缩，间断服药，于 2020 年 5 月 21 日顺产单胎女，母女平安。

按：诊断为幼稚子宫，临床治疗难度大，患者因担心无法生育而焦虑紧张，影响临床疗效，每次诊疗都予以情绪安抚。患者体型瘦小，脾胃较虚弱，第一至第三诊予逍遥五子疏肝健脾，略加补肾，待脾胃功能恢复；第四至第九诊加强补肾的力量，予以逍遥五子左归丸，渐达肝气舒，脾肾强，精血旺而胎成。

妇科病（尤其不孕症、复发性流产）不可忽视精神因素导致的身心俱累。临床治疗中，仔细询问病史，分析化验报告，给患者合理解释，舒缓精神压力，灵活辨证施治。正如《伤寒论》中所言："虽未能尽愈诸病，庶可以见病知源，若能寻余所集，思过半矣。""观其脉证，知犯何逆，随证治之。"肝主疏泄，脾胃为气血生化之源，肾主生殖，肝脾肾功能协调，胎孕乃成。逍遥五子左归丸能疏肝健脾补肾，统治三脏，在临床中灵活运用，可以获得理想疗效。

### （二）活用药物

刘敏如教授治疗重视补肾，同时注重气血双补、气血同调、气血贵在流通的思想。常用药对拆解介绍如下：

山茱萸＋淫羊藿：山茱萸滋肾阴，淫羊藿补肾阳，共同使用具调整肾阴肾阳之功，有助排卵期之阴阳转化。刘敏如教授常言此药对有促排卵的功效。

菟丝子＋枸杞子＋五味子：菟丝子、枸杞子补肾阳、益精血，五味子补肾固涩，皆为种子，取"以子补子"之义，治疗不孕症。

川牛膝＋桔梗：是刘敏如教授无论在治疗妇科或内科或其他各类疾病喜用的经验药对。《本经逢原》记载："丹溪言牛膝能引诸药下行。"《本草求真》云："桔梗……可为诸药舟楫，载之上浮。"两药共同配用，一上一下，使气血通调达利。

枳壳＋益母草：枳壳行气，益母草活血，气血并调，有助气血的运行，常用于气滞血瘀证或癥瘕一类的疾病。

山茱萸＋麦冬＋熟地：滋肾阴。

牡丹皮＋黄柏：除肾热，治相火。

茯苓＋白术：健脾祛湿。

蒲公英＋马齿苋＋薏苡仁＋仙鹤草：马齿苋善解痈肿热毒；蒲公英清热解毒，消肿散结；仙鹤草消痈散结，解毒补虚，消中寓补；薏苡仁利水渗湿，解毒散结，如此配伍可使活血散结之功效增强的同时兼顾脾胃，使祛邪而不伤正。

橘核＋荔枝核＋山楂＋枳壳：行气散结，常用于治癥瘕一类疾病。

## 六、读书之法

刘敏如教授认为读书可分为初读、深读、深研几个层次。

初读的启蒙书中，教科书是集大成的代表，可作为入门书籍之一。经典著作中，中医药领域拥有超逾万计的医著传承至今，《黄帝内经》《伤寒杂病论》《神农本草经》《本草纲目》等经典为世界所瞩目，是学医必读之书。尤其是《黄帝内经》，虽托名黄帝所作，实际上是我国古代劳动人民长期与疾病作斗争的经验总结和智慧结晶。它不仅仅是医书，更是以医书为依托，以生命为中心，从宏观角度论述了天、地、人之间的相互关系，从医学、哲学、政治、天文等多方面描述奥秘宇宙、生命起源的百科全书。

在中医妇科方面，刘敏如教授作为承上启下的传承人，推荐初读《医宗金鉴·妇科心法要诀》与《傅青主女科》，深读《景岳全书·妇人规》，下功夫深研《金匮要略》妇人病三篇，即"妇人妊娠病脉证并治""妇人产后病脉证并治"及"妇人杂病脉证并治"。《医宗金鉴》为清朝皇家御制的医学教材，为医学界创立了规范的教科书，也是现代学习中医的一部重要读物，其中的《妇科心法要诀》，简明扼要，提纲挈领，朗朗上口，便于记诵，主要讨论了中医妇科四大证：胎、产、经、带，内容涉及疾病的病因、症状、诊断、治疗等各个方面。《傅青主女科》由清代傅山所撰，蕴含的妇科底蕴丰厚，论述了妇人经、带、胎、产诸疾共计八十症，病立一案，案列一方。诊断辨证以肺、脾、肾三脏立论，治则以培补气血，调理脾胃为主，为妇科病的辨证论治提供了新方向。其条分缕析，言简意赅，有独到的经验。《景岳全书·妇人规》为明代张景岳所著的妇产科专章，内含很多与中医妇科密切相关的中医理论。提出"妇人之病，本与男子同，而妇人之情，则与男子异""月经之本，所重在冲脉，所重在胃气，所重在心脾生化之源耳"，认为天癸是人体后天滋养而产生的阴液，为无形之水，妇科病证当首重调经等。《金匮要略方论》（亦称《金匮要略》）赞誉其为方书之祖、医方之经，治疗杂病的典范。各代医家对《金匮要略》的整理阐释是对原文的再创造与发展，形成了疾病学雏形，其中妇人病三篇中所述的理论和方药，可以说是中医妇科疾病学的鼻祖，其分经、辨证（具有鉴定诊断意义）及方药均具临床真实性、实用性，是后世治疗和研究妇科临床疾病的准绳。

刘敏如教授总结出学习经典的心得：学习经典必须通读原文；注意与其他经典（如《内经》《伤寒论》等）的联系；学会对经典条文进行归纳分析；通过重温再次感到经典的"经典性"。

刘敏如教授经常说："传承是高层次的思维的传承。"思维的传承是刘老的特色。比如刘敏如教授在研读《金匮要略》妇人病三篇时，追溯到该书与《伤寒论》存在渊源，得出二书内容彼此独立，又相互联系。《金匮要略》以脏腑经络学说为基础，《伤寒论》以六经病学说为理论框架。再比如老师发展了中医的生殖轴，提出"肾气为根、保阴为本"的学术观、"形与神俱而为以应天地的生命活态表达"健康观等，都是来源于《内经》。这反映出刘敏如教授对经典的修为功夫，吸收了经典的思想并运用于思维，而不是死记硬背。

对于读书，她建议，最好以需求为导向进行学习。除专门研究某本、某类书籍外，最好重视经典，博览百家，擅于取舍，这样才能"由博返约，自出心裁手眼，吸取精华而用之"。对于前人的学术观点，需要具体情况具体分析，不可拘泥于古，要学其所长，避其所短。除了接受书籍经验以外，还要在实际用药中进行创造，真正服务于临床。她的治学态度是"要有通功，才有专功"。

她认为作为中医人，应具备的知识结构是先做"通才"，才有"专才"，即重视基础，先有宽厚的理论基础和通科临床实践，才能谈得上专科攻尖，也就是金字塔"底"与"尖"的关系。

# 七、大医之情

## （一）以情历世

刘敏如教授经常对家人和弟子们说：医生是个特殊职业，是良心职业；做事先做人。人生两个字，"情"与"悟"，没有情就融不入社会，没有悟就开不了智。爱国情、事业情、亲友情、尊师情、师生情、忘年情、同窗情，还有医患情，贯穿于她的一生。刘敏如教授以情动人、以情感人、以情诲人、以情施术、以情齐家、以情历世，正是这些数不尽道不完的情，让我们见证并感受到她真善美的心灵。

爱国情，刘敏如教授爱国情深，感染着周围人们和后代。她在国际或国内任何情况下不少实例体现了她爱国心，不崇洋媚外。在中医药国际会议上发言，她总是大气争取中医话语权。她说："爱国是做人的前提""爱我中华心，兴我国医"。

事业情，是刘敏如教授70余年对医教事业灌注的情怀。她一生以创新祖国医学为己任，奋勇不息。体现了她一生承、传、扬学术思想的溯源立新，特别突出的是她年轻时代即在中医妇科临床上耕耘不懈。她在教学、科研的同时带学生上山下乡、走基层到工厂为工农服务。如今，91岁的她依旧带着弟子们走基层为临床服务，会诊妇科疑难杂症。

亲友情，是刘敏如教授事业与生活最大的支柱。冯光宇先生（刘敏如教授的丈夫）1958年写给刘敏如教授一段深情的诗："我知道，我留在你的心上，一如你在我的心中，过去和现在，我们，我和你一样，一直是个不能分离的生命，无论顺境或者挫折，都不会改变，从生命的开始直到它逐渐凋零，任死亡或早或晚，这最早的情谊将把我们系到最后一天！"这是刘敏如教授家庭的感情支柱，刘敏如教授说："我和他吵吵嚷嚷60年，苦苦乐乐一辈子。"他们有一双儿女，她对儿女、孙辈，爱之濡，培之严，在她预设与丈夫合穴的墓碑上刻有：寄语家人，人生之重，悟、格、为。悟开智，格有则，为在行。开悟，遵格，善为，行之指南也，做人之要也。反映她对后人的要求，她的儿孙已成长为优秀之才。刘敏如教授对她的亲朋好友特别是他们的子弟的生活教育都给予无私的帮助。

尊师情，刘敏如教授尊师之情，是我们学生的楷模。她对中医妇科专家卓雨农、唐伯渊、王渭川、曾敬光等先师全心聆听教诲，守候临终；对李斯炽、吴棹仙、凌一揆、邓绍先、陈达夫、胡伯安、冉品珍等老师的传授精华至今学习运用，或是校外前辈廖冥阶、黄绍芝、韩百灵、哈荔田、罗元恺、蔡小荪、邓铁涛、颜德馨、路志正、朱南孙等名中医，以及乐以成、张光玗等西医妇产科教授，刘敏如教授均十分爱戴敬重，向师长虚心学习。先师们在生时，她恪尽弟子、后学之礼，有的病中守护至离世丧葬，她尽可能亲临灵堂或追悼会致哀，重情感人。这已经成为业界众所称道的佳话。她说："我在91岁的今天，记下直接教过我的这些专业老师的名字，是为了我要永远怀念恩师之情。"

师生情，刘敏如教授的学生称誉她是"教学上的严师，生活中的慈母"。她在学校以严与宽著名，有一次外国人听课，有人两脚翘在课桌上，她马上严肃说："我们中国尊师重道，把你的脚放下去！"教室不整洁她会说："十分钟做好清洁，我再回来上课。"她常常不定期地召集学子们到家中去座谈聊聊，有目的地就学术或研究等内容提出问题，让学生们回答。有时问题层次深，学生们来不及充分思考，回答欠佳，她就会严正地当面指导，顿时现场显得有些难堪，学生们事后回味思量，终于领悟和发现就是在这些看起来不经意的谈话中，解答了学科发展方向的某些前瞻性问题，发现了学术理论中的某些缺如，开拓了临床诊疗中的新思路。

对于研究生，刘敏如教授不仅经常关心他们的生活起居、清洁卫生，甚至他们的恋爱、结婚、生育、子女的户口入籍、上幼儿园、进小学等均关心和尽力帮助，她会帮有困难的研究生假期回家买火车票。她的子女说："妈妈更关心她的学生。"刘敏如总是幽默地说："谁叫你不学医，不是我的同行！"研究生们都记得，每逢教学或科研实验耽误了吃饭时间，她都会叫上学生去她家，无论早晚，不管是面条、饺子、抄手（馄饨）、米饭、川菜，有啥吃啥，围成一桌，或坐或站，有说有笑。看到学生们无拘无束，吃得开心，笑得欢畅，她也坐着惬意地微笑。就这样在教学和生活切磋中建立了深厚的师生之情，有如今已逾八十的学生，还经常回忆当年年轻的刘敏如老师的宽严态度和师生融洽之情。他们说："我们的恩师，亦师、亦母、亦友，情深难忘。"刘敏如教授说："中医发展希望寄托在他们身上，我和他们教学相长，传承互进，他们是我的忘年交朋友。"

同窗情，刘敏如教授特别重视她从小到大的同窗。"一朝同窗缘，一世同学谊。"有难就帮，特别到老年，她周围有小学到大学的同窗，经常互助关心，得知弥留之友，都必去探望，病故都要亲自写挽联或悼词，如邓明仲（大学同窗）病逝，刘敏如十分悲痛，写下"堂堂男儿病无情，一生清骨留后人"的挽词，遥寄哀悼之情。唐德言（大学同窗）中年患病，住院期间刘敏如经常到医院看望他，每逢同学们聚会，无论她身处何地，总是排开一切活动，参加聚会。她的中学同学写给她八十岁生日祝词："80年，人生路，你一路开跑不停步。60年，医学路，你洒下了多少汗水，饱尝了多少酸、甜、苦、辣和眼泪。光荣而艰辛的历程锤炼了你、造就了你，让你能始终发散正能量，实现了你人生的价值。我们是同龄人，我们还记你儿时的情景：调皮逗人，活泼甜美，豪爽大方，热情善良，上进自尊。长大了，你成为一位仁爱、仁术、仁德、仁心的好医生；你的品德魅力是我们友谊长青的基石。老了，你有颗不老的心，还在继续跑步，向医学高难度攀登。让我们共渡耄龄，同祝自己：永葆童心，大爱永恒。"如今这些好友多以辞世，真切之情仍鼓舞着90岁刘敏如健康传业。

医患情，是刘敏如教授治疗疾患中最重视的感情。行医70余年，在理论与实践结合的引导下，积累了丰富的临床经验，她把自己的医学智慧、学识和大半生精力奉献给了事业和患者。临证诊病，四诊合参而首重问诊，她总是耐心倾听患者叙述病情，不轻易打断，但也不时予以有针对性的指导，对疑难病证，她更是常常从患者口述中仔细寻觅有价值的资料，作为辨证求因的依据。有的病例，她又以中医学传统四诊与现代检查诊断相结合、中医学的病因病机与西医学的生理病理观相结合，进行分析、求因论治。临床立法严谨，立方继承古方、重视验方，用药既强调中医传统理法方药的一致性，也不时参照中药药理研究加减，临床疗效良好。

对待患者，刘敏如教授总是着眼在疑难患者和经济困难的患者的救治与帮助，她总是尽心救治和尽力设法解决困难，不少事实不胜枚举，所以她的医患关系很好。

## （二）文化修养

刘敏如教授在专业学习之余，兴趣多样，修读文史、弹琴唱歌、下棋绘画，更是写得一手漂亮的书法。但是她说："都是表皮，算不了修养。"她总是散发出青春的朝气，一位熟悉她的国医大师、院士在视频中祝贺她90岁诞辰时说道："我们的刘老师要精气神有精气神，要风采有风采，要活力有活力，要魅力有魅力，她这几十年来可以说唱的是一支青春之歌……刘老师在我们行业内有很多的浓墨重彩，她不仅是国医大师，更是巾帼英模……她在中医妇科方面的贡献尤其多，主编过多部《中医妇科学》，影响深远，科研硕果累累，不仅在国内有诸多影响，为香港培养中医人才，还到过许多国家讲学，这些都表现了她无论是在学识成就，以及在中医药方面的都有诸多贡献……她获得了中医药的全国基础人才奖。我和刘老师经常一起开会，感受到她思维活跃，站位很高，每每说到中医药如何发展，她就慷慨激昂，给我们很多的感动，我们借这个机会，祝刘老师永远年轻，给我们中医药继续做出贡献。"90岁的刘敏如教授笑着说："过奖了！差远矣！但能得到诸方鞭策，追求美丽人生亦是幸事！"

　　刘敏如教授体会，中医药具有浓郁的传统文化特色，是中华儿女在同疾病作斗争的过程中积累的经验总结，是世界医学发展的道路上起了不可估量的作用。两千多年来，中医药在不断发展和提高中，形成了独特的理论体系和诊治方法。她常常引用习近平总书记曾说的："中医药学是中国古代科学的瑰宝，也是打开中华文明宝库的钥匙。"她深刻感受到中医文化是中国传统文化的精髓，是中国传统医学的根基，也是中医药走向世界的本钱。因此她时时告诫弟子们，务必了解什么是"文化"？为什么称"中医文化"？"中医文化"的内涵是什么？以及这些为什么是中医药学术讨论与研究的前提，要把"传承精华，守正创新"作为发展中医的守则。

　　"文化"二字历来有各种精辟的理解，《辞海》广义指出："人类社会的生存方式以及建立在此基础上的价值体系，是人类在历史发展过程中所创造的物质财富和精神财富的总和。"的确，文化内容深广，不是简单的文字可以概括出来的。刘敏如教授在《辞海》注解的基础上理解："文化"是人类生存进化所必需，是在社会历史长河中不断造就的一种行为表达形式，随着生存质量的要求，文化不断地深化。我国的历史发展，展示了五千多年历史记载，体现了丰厚的文化传承，称之为中华文化或华夏文化，至今我国优秀的传统文化是我国文化的主体，它是我民族对生命、宇宙现象、社会进步、天文地理、政治经济无所不包含的历史发展的表达。人类创造文化，文化记录传承认知，促进思维，观察事物，提高创造性解决问题的能力。所以文化是人类生存发展的必然产物，文化作用的本质是传承创新，文化的发展促进了各种生存必需的事物发展，促进了人类生存的质量，促进了人类社会的发展。各种事物都要依赖于文化传递、交流、发展，所以文化是人类生存依赖的必须，是一个国家发展的灵魂。

　　人类生存最本质是生命，生命的体现是健康。疾病损及健康、威胁生命，因而出现救治知识。随着社会文化的进步，逐渐形成了医疗行为，随文化发展而产生医学。中医即是我国原始的医疗行为中依托中华文化发展起来的、一门独具中华文化特色的医学，所以中医文化就是研究中医药学术的根，也是最本质的探讨。

　　近几年，经常提及中医文化，什么是中医文化？鉴于以上对文化的认识和医学的出现，再而溯源去领会什么是中医文化，就不牵强了。

　　关于"中医"的称谓，要从1840年鸦片战争说起。西方文化进入中国，也带入西方医学，为了区别于我国固有的医学，从此称西方医学为"西医"，称我国固有的医学为"中医"。以后习惯上成为中医药的概称，现今称中医学、中药学，临床医生称中医。

那么，什么叫"中医文化"？简单地说就是促进中医学、中药学传承创新的文化；中医师、中药师的行为文化，是在中华文化孕育下建构的一种原创的独特的具有系统理论和临床特色而发展的一门医学，本身不是文学文化，也不是哲学文化，但文化最重要的构建又是以文学和哲学为基础的，要用这种辩证关系认识中医文化。文化起源于人类的思维，为什么人类才能产生文化，就是因为人类的生命结构不同，人的思维是高级的活态思维（智能机器人它可以拥有大量的数据，它可以拥有比人脑容纳更大量的智库，但它不具活态，所以它也比不上人类的智慧）。所以，中医文化是建筑在中华文化基础上的一种医学文化。为此，刘敏如教授体会：中医文化是人类思维的优质产物，我承传中医思维并为之守正创新。鉴于此，她不时和弟子们交流不仅是一方一药，而是中医理念传承的相辅相成。

中医文化形成的中医学具有它独特的理论体系及医疗实践，其特色及内容有认为是天人合一和整体观及审证求因、辨证论治，这种概括也过于简单化了。中医学和中药学，相辅相成共同发展，它的主体理论是阴阳、五行、精气神、运气诸学说，以及藏象、经络、气血生理学说；病因病机、辨治学说等。它的认识论"有诸内必形诸外"；诊断方法有望闻问切四诊、八纲辨证；治疗方法有内治外治等（中药、方剂、针灸、推拿、按摩、气功，以及民间的单方、验方和各种简易疗法）。

其次，在中医药文化背景下，中西医应并重共同发展，不要耗在无谓的争端上，在发展变化中以开放的心态不断去接纳新事物与新知识，与现代科学成为共同体。中医药经历了千年辉煌，百年沧桑，70 年崛起的发展之路，70 年来也在"西方科技霸权"的影响下，经历了各种干扰，在中医政策的保护下而得到发展，并纳入了国策，成为我国主流医学之一，即中、西医并重，共同发展。中、西医互补肩负着我国 14 亿人口的健康事业，没有哪一个国家具有这样两种主流医学的服务特色，也可以说是世界上独树一帜的医疗卫生服务模式。这是我们走向国际的资本，应予大力彰显。

同时，随着现代科学技术的发展，生物、化学、分析等领域的新技术、新手段层出不穷，也为中医药的发展插上了新的翅膀。她经常对自己说："我要尽力把我的教训、经验传授给弟子，为中医药发展服务，为健康中国服务。在临床上每开出一个重病方，就拿到大数据库中筛选一次，看看我的理法方药和大数据的符合率有多少，根据筛选出来的方子在基因靶点上打靶，看在基因学方面可以打中哪些，评价效果。我发现这个方法现在比较符合中医研究的方法。我们要把中医药服务女性大健康的体系完善起来，促进健康中国早日实现。"

# 八、养生之智

刘敏如教授几十年孜孜不倦的耕耘、求索，形成了"形与神俱而为以应天地的生命活态表达"的健康观，高度浓缩了她对健康的理解、对治病的追求和对患者的责任，继而影响和奠定了她的人生观、世界观和职业观等。

刘敏如教授的健康观中，"形"是指人体外在的形态。《素问·宝命全形论》说"人生有形，不离阴阳"，阴平阳秘，精神乃治。"神"是指人体内在生理活动形于外的精、气、神的活态表达。"为"，是指人的作为、行为、行动，适应自然环境、社会交往的能力。生命的全息加生命的活态便是生命的健康。

为什么要以应天地？《黄帝内经》记载："人与天地相参也，与日月相应也。"以应天地，强调我们生活在一定的环境中，要根据自然环境的变化而改变，针对不同体质、不同气候和不同地域，运用不同的方法主动适应自然界的环境和变化，顺应自然、适应自然，这是天人合一观的重要部分之一，是健康的重要原则。现在常说的大健康指个人生理、心理、社会、环境相和谐的状态，被称为"四要素健康"。而中医对健康状态的解读：形体健康，《素问·宝命全形论》记载："人生有形，不离阴阳。"阴阳平衡和谐，形则健康；心理健康，是一种比形体健康更高层次的健康要求，属中医"神"的范畴；社会适应性健康，是人体健康的高级状态，是中医整体观的体现；道德健康，属于健康的高层次范畴，《备急千金要方·养性序》中提到，道德可使百病不生，道德健康胜过服用药饵。品德高尚的人能遵守社会道德准则，正直仁义，如此，则可健康。

刘敏如教授虽已鲐背之年，却依然体态挺拔、精神矍铄。刘敏如把自己对生活的态度，总结为三个"自"：自在、自律和自为。一是自在，即在生活中做到心态宽松，减少心理负担，兴趣多样，随性自在。二是自律，即生活上求自在，行为上却要自律。不是任性行为要有底线，把握好自在和自律之间的尺度。三是自为，即自己要有所作为，和谐人际，有助他人。三者协调则是养生秘诀。

刘敏如教授作为地道的成都人，她有着典型"川妹子"的豪爽之气。在生活起居方面，该睡，她就不拘泥睡觉的时间、地点，到了九旬高龄依然是说睡说睡，要熬就熬，如果困了，就会马上放下自己的工作去睡觉，如果有工作需要必须加班，她甚至可以彻夜工作；她乘坐任何交通工具都能做到随时入睡，以养精蓄锐；当医生值夜班时，被喊醒立刻起床，事过倒头便入眠。在饮食方面，她可谓"百无禁忌"，并不像大家想的老年人就必须少盐少肉，她是想吃什么就吃什么，但不过食；保证基本营养摄入，每天吃鸡蛋、牛奶，保证身体蛋白质的摄入，而晚餐会多吃蔬菜水果，帮助消化；平时也注意补充膳食纤维和维生素；不喜欢的食物，只要身体需要就不挑食，但也不会过食。

刘敏如教授认为，养生是综合的、动态的、自在的、宽松的、发展的，是在自觉不自觉中形成的，没有什么固定的、硬套的养生方法。每个人的情况不一样，要因人而异、因地制宜，找到适合自己的养生方法。

# 九、传道之术

## （一）人才培养方法

刘敏如教授长期在中医妇科教学方面上颇具匠心，她参与历次中医高等院校教材建设，先后授业成都中医药大学（原成都中医学院）本科班、大专班、成人教育班、全国中医妇科高师班、进修班、海外学习班，培养硕士研究生、博士研究生等不同层次的教学对象，能因地制宜，因材施教，致力于提高学生独立思考、分析、解决实际问题的能力。严谨灵活的教学方法深受学生欢迎，荣获教育部颁发的"巾帼建功奖"。她在全国中医妇科师资班的教学中，提出"师资班双线教学法"，在中医教学界颇有影响。在她的带领下，成都中医药大学中医妇科学科评为国家级重点学科，是教育部授予的首批中医妇科博士点之一，刘敏如教授也被评为中医妇科首批博士生导师，培育硕、博生重质不求量。成都中医药大学与香港东华三院于2020年联合开办特色中医妇科人才培养班——"刘敏如班"，强化中医经典教育，鼓励学员参加中医经典等级三、四、六级考试，国家级中医经典类比赛等，并为通过的同学提供奖励，以激发学生主动学习中医经典、诵习中医经典的习惯。同时，"刘敏如班"注重学生学术意识、创新思维和创新能力的培养，营造浓厚的科研及实践氛围，配备妇科优秀师资，鼓励及指导学生发表人类生殖疾病方面的专业性学术论文、申请人类生殖疾病方面的研究课题等，并对学生的科研学术成果进行奖励。评为国医大师后，重负传承使命，改革传授模式，刘敏如教授积极支持刘敏如女科医系研究院（深圳）、北京刘敏如中医女科研究所等的创新办院办所工作，她说："这是整合传承的新形式。"旨在进行女科医系教育文化、临床实践、新药开发等研究。以"直线式"（中医妇科临床思维与实践课程传承）与"方圆式"（周边学科辅助支撑）、近距离和远程辅导相结合方式，在学术、临床、实践、做人等方面传思维、传理念，要求传活、传实、传精，为大家开悟、传道，并经常谦虚的说是教学相长；对培养传承弟子，她考核严格，传承内容宽深精实，她对招收传承弟子很严格：①单位推荐，主管部门培养计划输送地；原培养已毕业的硕、博士愿再为弟子者。②经师父考核。

③有淘汰制和延迟毕业制。④毕业时限4～8年。教学方式以在原职岗位学习为主，线上线下授课、教材与自学相结合，定期临床，由成都中医药大学国医大师传承工作室与公证处发放入学和毕业证生效。拜师弟子不收取任何费用，拜师仪式上，弟子们朗读大医精诚医训，而她自费赠送传承戒指，并告诫大家要"戒谀，戒伪，戒妄"，不忘初心。

## （二）人才培养成果

她培养的硕博士和75名传承弟子多已是岗位上的骨干力量，多服务在临床第一线，成绩斐然！其中国家中医药管理局重点学科学术带头人5名、中华中医药学会妇科分会主任委员1名、副主委及常委数名、岐黄学者3名、全国名中医号5名。

刘敏如教授2002年受聘前往香港东华三院、香港大学临床教研中心任顾问中医师13年，在香港起到传播中医的作用，香港中医界至今与之来往密切，为此成立了"刘敏如国医大师工作室"，与成都中医药大学共同举办"刘敏如班"，至今已三期，在成都中医药大学九年制学生中进行选拔，每期20人，教学进行良好。对于"刘敏如班"，刘敏如教授从班级的策划，到学生的遴选，再到学生的教学计划制定及传道授业，无一不亲力亲为。截至目前，"刘敏如班"共计招生两届，成员39名。该班将院校教育与师承教育创新性结合，是做好活态传承的一个重要举措，能够加强内地与香港中医药人才的交流。

刘敏如教授一辈子教书育人，桃李天下，现传承人和已拜师弟子123人，学生、弟子遍布美国、加拿大、意大利、澳大利亚等国，以及我国香港、澳门、北京、山东、河北、广东、陕西、江苏、浙江、福建、贵州、四川等地，在中医妇科科研、教学与临床、中医药开发与研究、中医文献整理与挖掘、中医药与基因结合研究、中医药服务女性大健康等领域各有建树。做到了真正的传承精华，守正创新，造福社会。

# 刘敏如学术传承谱

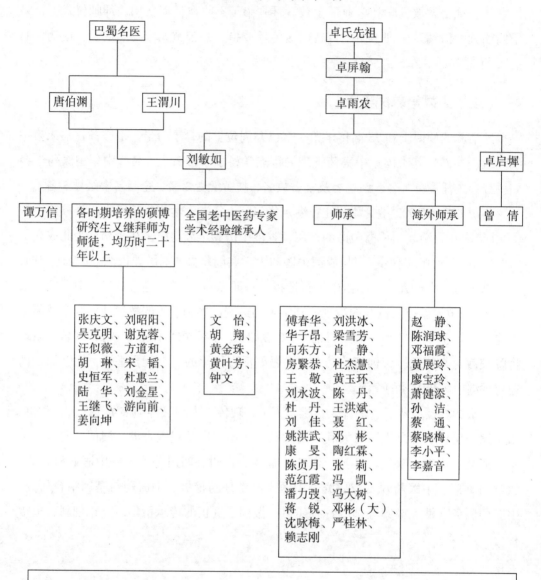

巴蜀名医

唐伯渊　王渭川

卓氏先祖

卓屏翰

卓雨农

刘敏如　　卓启墀

谭万信

各时期培养的硕博研究生又继拜师为师徒，均历时二十年以上

全国老中医药专家学术经验继承人

师承

海外师承

曾倩

张庆文、刘昭阳、吴克明、谢克蓉、汪似薇、方道和、胡琳、宋韬、史恒军、杜惠兰、陆华、刘金星、王继飞、游向前、姜向坤

文怡、胡翔、黄金珠、黄叶芳、钟文

傅春华、刘洪冰、华子昂、梁雪芳、向东方、肖静、房繄恭、杜杰慧、王敬、黄玉环、刘永波、陈丹、杜丹、王洪斌、刘佳、聂红、姚洪武、邓彬、康旻、陶红霖、陈贞月、张莉、范红霞、冯凯、潘力弢、冯大树、蒋锐、邓彬（大）、沈咏梅、严桂林、赖志刚

赵静、陈润球、邓福霞、黄展玲、廖宝玲、萧健添、孙洁、蔡通、蔡晓梅、李小平、李嘉音

注：
一、刘敏如传承弟子来源有三方面：
1. 从 1984 年起硕博点培养又从师者；
2. 刘敏如获国医大师后公立单位推荐招收的具有博导资历的传承人；
3. 国家中医药管理部门分配的继承人。
二、每位弟子经 4 ～ 8 年间断临床跟师及学术培养及大师考核，由成都中医药大学刘敏如国医大师工作室考核发出师证，并经国家公证处公证为传承人，其传承人均有任务。
三、现已出师传承人75名，尚有48名学人继续跟师。

（张庆文、胡翔整理）

（王爽编辑）

# 吕景山

吕景山（1934—），河南偃师人，中共党员，教授，主任医师，博士生导师。曾任山西省中医管理局高级顾问，中国针灸学会第三届理事会理事，中国针灸学会腧穴分会副理事长，中华全国中医学会山西省分会常务理事，山西省针灸学会理事长，山西省卫生系统高级职称评审委员会委员，山西省政协七届委员会委员，山西省科协四届委员；还受聘担任加拿大中医针灸学院名誉教授、加拿大中医针灸学会顾问、新加坡康民中医针灸学院学术顾问、香港中华中医师公会顾问、香港中医骨伤学会名誉教授、香港经络学会顾问、香港中文大学中医学院中医学会学术顾问。首届山西名医，第三、四、六、七批全国老中医药专家学术经验继承工作指导老师。2014年被授予第二届"国医大师"称号。

吕景山师从"京城四大名医"之一的施今墨先生。"精研对药，创用对穴"，独创"无痛进针，同步行针"手法。其著作《施今墨对药临床经验集》荣获1982年度全国优秀科技图书一等奖、山西省1983年科技成果二等奖。后该著作经过多次修订、增辑，最终定名为《施今墨对药》。该书一版再版，共发行了包括日文版、韩文版、繁体字版在内的7个版本。吕景山编著的《针灸对穴临床经验集》于1986年出版，首开针灸腧穴配伍之先河，中国工程院院士、首届国医大师程莘农赐墨宝"针灸正宗"表示祝贺，影响颇大。

# 一、学医之路

每一位中医大师都与中医有着不解之缘，吕景山也不例外。他学中医，缘于"山野郎中"外祖父和自己"很差的身体"。他的外祖父余祯从清朝末年到20世纪30年代，一直在本县山区开药铺，以行医售药为职业。德惠乡邻，济世活人，惠泽百姓，深受乡亲们赞誉，吕景山自小就对中医中药耳濡目染。

吕景山从小脾胃功能就很差，一顿饭吃的东西还不如一只猫多。长大一些后，吕景山随父母搬到了山西永济。有一次患了中耳炎，父亲用石榴花和冰片磨成粉往他耳朵里吹，没几次就好了。"这次生病，勾起了我学医的兴趣"，吕景山说。有鉴于此，吕景山便萌发了学医的理想。一则传承外祖父的精神，二则为乡亲百姓治病疗伤。

1953年初中毕业，吕景山通过统考考入山西省太原市卫生学校。除了学习西医基础知识外，他还第一次系统地学习了针灸学知识。在校期间，他经过2年的系统学习和半年的临床实习，以全年级第一的成绩毕业。因学习成绩优异，加上平时表现卓尔不群，深受学校老师和领导的喜爱，学校举荐吕景山和几名学生读大学本科，在备考栏里，他写了"我愿意学中医"，就这样，吕景山走上了真正的中医之路。

进入北京中医药大学以后，吕景山秉承外祖父学好中医，为人民服务的思想，克服各种困难，勤学苦练，在学业上蒸蒸日上。一分耕耘一分收获，时任北京中医药大学教务长的祝谌予教授看到吕景山勤奋好学，非常喜爱，将自己办公室的钥匙交给他，让他有了一个安静读书的地方，同时在日常学习和生活中也给了吕景山很大的指导。

在1961年进入毕业实习后，祝老对吕景山提出了几点要求：①毕业前读一本名著，如《景岳全书》《证治准绳》等；②祝老出门诊时，要求吕景山把临床病历进行逐案整理；③看书时间，每天不少于2小时，有问题随时问；④查资料，做笔记；⑤根据所学，结合临床，写一篇学术论文。

祝谌予教授师承"京城四大名医"施今墨先生。为了使吕景山能够更全面地学习和掌握施今墨先生的学术思想和临床经验，祝老引荐吕景山和吕仁和拜施老为师，随侍于左右，聆听施老的教诲。

祝谌予教授了吕景山如何把施老的学术思想、临床经验学到手的方法，他说："没有捷径可走，只能是规规矩矩、踏踏实实地认真学习，虚心求教，而学习的初始阶段必须先从形似开始。我随施今墨先生学医期间，就这样一丝不苟、循序渐进地认真学习，模仿他的思路、治疗风格和用药特色，如果能达到以假乱真的程度，说明已由形似开始向神似转化，再进一步总结其规律，掌握其精华要点，融会贯通。"

随施今墨先生侍诊期间，吕景山处处留心他的思路、治疗风格和用药特色，甚至达到了"以假乱真"的程度。

吕景山毕业时，把祝谌予教授曾在1959年将施今墨习用的百余对"对药"整理成册，又增加了百余对。施今墨看到吕景山整理的稿子后十分喜悦，并逐字逐句予以审阅修正。关于定名一事，祝老提出两个方案，施老赞同叫《施今墨常用药物配伍经验集》，油印成册后，颇受学友欢迎，屡经翻印，施氏对药从此传遍大江南北。施今墨老在修改稿上曾写下一段话："古往今来，凡治病有效之方剂，必不违乎辩证法的规律，即是以主观能动性符合于客观事实，做出机智的决定，掌握一切证候，使之量变由重到轻质变，从有到无而已。对药的作用，即辩证法中相互依赖，相互制约的实践，非相生相克之谓。"毕业后，吕景山先后在山西省中医研究所妇科、内科、针灸科工作，边临证边应用边积累边修改，将药对增至270多对。

1982年，《施今墨对药临床经验集》一书出版，被评为当年度全国优秀科技图书一等奖。从油印本到正式出版经过了20年的时间，这也是将临床实践上升到理论的过程。著名中医学家任应秋教授评价说："这是一本好书，主要是具有实用价值，定会不胫而走，风行于世。"从第一版到第四版《施今墨对药》，共发行了包括日文版、韩文版、繁体字版在内的7个版本，共计14.4万册，因其实用、有效，一度成为中医畅销书，填补了自南北朝迄今1400多年以来药对配伍专辑的空白。

## 二、成才之道

吕景山说："要想成为一代名中医，首先要明白什么是名中医，然后按照名中医的标准，一步一步地去实践，这样才是正确的方法。"吕景山认为名中医是中医理论发展和临床实践的领军人，他们当具备深厚的人文底蕴、理论功底和精湛的临床技能，在总结前人经验的基础上，历经数十年的临床磨练，不断突破自我，形成新的学术思想和理论体系，为后人继承中医的博大精深奠定坚实的基础。因此，要成为名老中医，需要做到以下几点。

### （一）拜名师，重传承

名中医之所以能够成名，是因为他们都有自身独特的经历，其中一个共同点就是"拜名师"，吕景山也是这样。

吕景山从就读于北京中医药大学起，就深受祝谌予教授的喜爱，同时，通过多种方式传授自身学术思想。为了使吕景山更好的学习中医，由把他引荐给自己的岳父和老师——"京城四大名医"之一施今墨先生，随侍于左右，聆听施老的教诲。

"中医有些东西，当时不明白，长期实践后，就有了悟性，悟出来的，便是真知。"所有这些悟到的"零金碎玉"，都被吕景山工工整整地抄到了小本子里。

吕景山在毕业之际，开始着手整理施门"对药"。他把祝谌予曾在 1959 年将施今墨习用的百余对"对药"整理成册，又增加了百余对。这就是《施今墨对药》这部享誉全国的当代中医著作的雏形。

所谓重传承，"传"有两层意思：一是传道授业，要求善于总结名老中医的个人经验；二是传播，要乐于放开门户观念，广纳和传播中医精华。"承"，一是继承，把名中医经验如实的继承下来，加以发扬光大；二是引申出来的创新之意，批判地继承，辩证地创新。传承是发展的基础，是创新的源泉。

### （二）青云志，宜恒持

吕景山认为，人当立青云之志，并持之以恒。唯此，人生才会有目标、有意义。目标是每一个成功者必不可失的，一个人有多大的目标，就有多大的成就。人生需要目标，有了目标才有奋斗的方向。当你为目标而奋斗时，就会有一种乐趣，一种充实。每当做成一件事，你就会富有成就感，而强烈的成就感也就更加奠定了你的自信心。人生并非一帆风顺，有顺心，必然也有逆境，在人生的道路上越向上走，越会发现它是一条充满艰辛坎坷而又充满挑战和挫折的路。当面对挫折时，就需要自信。自信反过来就是"信自"——相信自己。不论何时、不论何地都要相信自己的能力！

我们要实现自己的目标更重要的是脚踏实地地去努力、去奋斗、去拼搏、去坚持。认定一个目标，带着永不熄灭的激情，用旁若无人的心态勇往直前。在面对优秀的事物时，可以择其善者而从之，但不要为此而停留太久，做一个领跑者。将目标定在前方，而不是太过在意身后追赶者的状态，做一个全力向前奔跑的领跑者。而如果毫无规划地实现它，最终的结果一定是失败的。

## 三、学术之精

吕景山教授在先贤"阴阳"学说的基础上，将其运用到中药、针灸的临床实践中，提出了"吕氏对法"理论。"吕氏对法"是具有独特理论和实践经验的学术体系，其源于中国古典哲学与中医经典理论体系"阴阳"学说，有着两千余年的历史传承。"吕氏对法"理论的提出，进一步将经典理论"阴阳"学说与中医的理论和临床实践相结合，以"对"为核心，形成了一套融合了理、法、方、穴、术的独特理论体系。

## （一）方选对药，生克制化

吕景山在系统总结施老学术思想和临床经验的基础上，提出了对药理论。所谓对药，即两种性味归经和主治功用相同、相近或相对中药的有机组合，通过两味药物之间的有机配伍，调整或改变药物原有的作用，取得一种全新甚至更佳的疗效。从形式上看，它仅仅是一对一对简单的药物配伍，而实质上它是历代医家总结出的经方、名方、时方、小方中的精华，因此又被称为"经方中的经方"。它的组成原则即以"阴阳"为总纲，在中医八纲辨证"阴阳、表里、虚实、寒热"的基础上，进一步融入了"气血""脏腑""升降"等思想。"对药"配伍颇具巧思，疗效显著，充分反应了方剂配伍药物中升降相乘、动静相随、开阖相济、正反相佐的用药艺术，将"以平为期""阴平阳秘"的中医理论精髓发挥得淋漓尽致。

"对药"理论既不同于中药学中所研究的单味中药，又有别于方剂学中的方剂，可以说"对药"理论是连接中药与方剂之间的中介与桥梁。"对药"理论的提出对中医药理论的成长和壮大具有重大意义。"对药"理论的研究不仅有助于认清"对药"是中医方剂的基本构造单元，更有助于指导临证实践中科学施药，而且能够进一步反应方剂配伍理论的科学内涵。

## （二）针取对穴，意在精疏

吕景山在施今墨对药的启迪下，将"对"的思想应用于针灸领域，首创了对穴理论。"穴对"又叫"对穴"，自古以来从未有之，它是两个穴位的有机配伍和应用。这里所说的"对"有两层含义：其一谓成双、配对之意，这是表象，只是外在的形式；其二是具有"相互"的意思，这才是"对"的核心内涵，是实质所在。它说明了"对穴"的组成并不是简单、随意的拼凑，而是基于对穴中两个穴位在性能上升降相承、动静相随、开阖相济、相辅相成、相反相成的有机联系。针灸穴位配伍的原则与药物类似，都要依据患者的病情，在中医理论特别是经络学说的指导下辨证立法，选穴用穴。与对药的产生和发展历程一样，临床应用单穴治疗疾病到发展为双穴，进而形成针灸处方，唯有形成一整套系统的配伍原则和方法，才能更好地适应临床实践，有效地发挥穴位的性能。中医老前辈杨甲三教授曾说："用穴贵在精疏。"《灵枢·官能》记载："先得其道，稀而疏之。""对穴"的临床应用，正是基于这种思想。临证时，只有精通腧穴的功用主治，再根据客观病情辨证立法，精简取穴，才能达到"稀而疏之"、效专力宏之疗效。对穴理论的创立，不仅丰富了腧穴学的内容，为针灸临床处方的研究提供了全新思路。如胆俞－日月这组对穴：胆俞是胆腑精气输注于背部的穴位，功能清泄肝胆、疏调气机，进而行气活血、散瘀止痛；日月是胆之精气募结于上腹的处所，穴位的深部又是肝胆脾胃的居所，本穴能够疏调肝胆气机，调和脾胃，清热化湿，理气止血。二穴合和，一阴一阳，一前一后，前后夹击，疏调肝胆，通络止痛，直达病所。这组对穴不仅可用于治疗肝胆疾病，还可用于治疗肋间神经痛。

### （三）术用对法，同步行针

"百穴易得，针法难求。"吕景山教授在不断总结前人经验的基础上，结合自身临床实践，提出"术用对法"的针术理念。术用对法，采用"无痛进针、同步行针"手法，即速刺进针，选用同一经、同名经、左右、前后、异区穴位，同步行针，达到气至病所，增强疗效的独特手法。

无痛进针法，是指将刺手与押手化于一手的独特进针方法。具体操作手法（以右手为例）：右手的拇指与食指呈弯曲状持针，针尖露出 0.3 ～ 0.5 寸，中指呈伸直状态，按压在穴位旁（起到押手的作用），进针时拇指与食指迅速由屈曲状态变为伸直状态，中指向下用力，由伸直状态变为屈曲状态，这样就可以快速地刺入穴位。注意：三指进针时的动作要协调有力，否则容易发生弯针，甚至难以进入皮肤。无痛进针法具有速度快、痛苦少、得气快、针感强、后劲大、疗效佳的优点。特别是对于儿童和怕针的患者更为适用。

同步行针手法，就是选取相应对穴，以左右两手持针，同时捻转，角度不超过90°，频率在每分钟 200 次左右，每次行针 3 ～ 5 分钟。它是吕老独特的行针手法，能够在针刺时得气更快，守气更好，气至病所，病痛缓解迅速。

### （四）针药并举，各施其宜

中医的治疗手段多种多样，各有所长，不可有所偏废，这种理论由来已久，本已定论。早在春秋战国时期，神医扁鹊就留下了"针、灸、药三者得兼，而后可与言医"的古训。《史记·扁鹊仓公列传》记载了扁鹊先刺百会穴，继用药熨，最后服汤药，使虢国太子起死回生的故事，这就是针药灸并用的典范。但在现代中医临床实践中，不少医生重药轻针的情况尤为严重，对针灸疗法有失偏颇，没有充分发挥中医综合治疗的优势。吕景山先生结合自身多年的临床实践，重新论证了"针药并举，各施其宜"的思想，并身体力行之，效如桴鼓。

## 四、专病之治

吕景山临床善于治疗厥证、胃脘痛、痛经、糖尿病，疗效确切，医名远播，兹介绍如下。

## （一）厥证

厥证又名厥逆，是指以突然昏倒、不省人事、手足逆冷为主症的一类病症。本证发作，多数病人在短时间内可逐渐苏醒，醒后不遗留偏瘫、失语、口眼㖞斜等症，少数严重病人，也有一厥不复而导致死亡者。厥证属于心脑血管病范畴，可见于休克、虚脱、昏厥、低血压、低血糖昏厥、中暑、血管神经性头痛、癔病性昏厥等病。

### 1. 厥证的病因

厥证的病因有外感六淫（湿热邪毒），热毒过盛，邪毒内陷，蒙闭心神，或邪从热化，热郁气逆者；有内伤劳倦，病后体弱，年老体衰，气虚下陷，清阳不升，或突然失血，气随血脱，血不上荣，心脑失养者；有情志不遂，七情内伤，以致气机逆乱，或五志化火，肝阳暴张，血随气行，气血并逆，上冲于脑者；有暴饮暴食，偶感风寒，或郁怒触动，气逆上壅，以致清窍闭塞，或脾胃不健，运化失职，聚湿生痰，阻塞中焦，清阳不升，浊阴不降，蒙闭清窍者。其发病机制主要是人体阴阳失调，气机突然逆乱，导致气血运行失常，殃及血脉的功能和心主神明、意识的活动。

### 2. 辨证要点

首辨病因：如气厥虚证，素体虚弱，多在过劳、眠少、饥饿、悲恐后发生；血厥虚证，多在失血后发生；气厥、血厥实证，形体壮实，多在精神刺激下发生；痰厥，好发于恣食甘肥、体丰湿盛之人，多在恼怒时发生；食厥，多在暴饮暴食、情志触动、食后发生；暑厥，多在烈日、高温下出现。

继审寒热：如热厥，多见于湿热病的早期，即火毒炽盛，正不胜邪，邪毒内陷，内攻脏腑，灼液伤津，阳气被遏，不能通达四末而为厥；寒厥，多见于热性病的后期，或为其他各种病证发展为阳气衰微，阴寒内盛，导致气血凝滞而为厥。

再查虚实：虚证多为形体不足，气息微弱，口张，自汗，身冷肢凉，脉细微；实证多为形实壮实，气喘息粗，喉中有痰，牙关紧闭，两手握固，四肢僵直，脉弦实或沉伏。

另外，本病应与昏迷、中风、痫证进行鉴别。昏迷一症，病情较重，在短时间内不易苏醒，醒后常有原发病症存在；中风之厥，厥逆时间为长，同时兼见口眼㖞斜、半身不遂等症；痫证，既往有发作病史，发则号叫卒倒，口吐白沫，遗溺，咬破唇舌，醒后倦怠无力，头昏、头痛。

### 3. 治则与方穴

厥证是临床上常见的危重急症。凡遇本病，尽快使之苏醒是治疗的当务之急，必须用"留人治病"的方法进行抢救。意即先治危候，待厥消除，患者复苏，再辨其本病进行治疗。厥证临床表现甚多，仅就常见的病证、治则、方穴分述如下。

（1）寒厥

主症：面青神倦，四肢厥冷，指甲青暗，甚则昏厥。

治则：回阳救逆。

处方：①百会、人中；②神阙、气海、关元（均施重灸）。

方义：百会位居颠顶，人中位于口鼻之间，同为督脉腧穴，督脉有总督（统帅）一身之阳经、阳气之理，配伍为用，故回阳救逆、醒脑开窍、苏厥回生之功益彰。神阙、气海、关元均为任脉腧穴，三穴伍用，共收补肾气益元气、温下元散寒邪、和营血救厥逆之功。

操作：百会沿皮刺0.3～0.5寸，人中向上斜刺0.3～0.5寸，左手持针于百会穴，右手持针于人中，施以同步捻转行针1～2分钟，亦可持续行针，直至苏醒为度。神阙隔盐灸，气海、关元施以艾条重灸，灸至肢温、肢起、苏醒为度。

（2）热厥

主症：面赤身热，烦躁口渴，大便秘结，小便短赤，甚则神昏谵语，惊骇抽搐。

治则：清热退烧，散邪启闭。

处方：①手十二井穴；②人中、合谷。

方义：十二井为阴阳、气血交接的处所，针刺放血，有调和阴阳、调理气血、疏利塞滞、散邪退热、醒脑开窍之功；人中以开泄为主，合谷以通降为要，二穴伍用，一开一降，一上一下，相互为用，泄热启闭、醒脑开窍之功益彰。

操作：手十二井穴，常规消毒，三棱针点刺放血，血色由黑紫转为鲜红为度；人中同前，合谷直刺1～1.5寸，亦可施以同步行针法1～2分钟，休息3～6分钟，依法行针3次。

（3）气厥

主症：气虚而厥，症见眩晕昏仆，面色㿠白，汗出肢冷，气息微弱，气实而厥，症见猝然昏仆，胸膈喘满，面红耳赤。

治则：气虚致厥拟益气回阳，培补气血；气实而厥拟行气散结，顺气开郁。

处方：①涌泉、足三里；②人中、合谷、太冲；③膻中、内关。

方义：涌泉为肾经井穴，又是回阳九针穴之一，足三里为足阳明胃经合穴、土穴、下合穴，也是回阳九针穴之一。二穴合用，相得益彰，强心升压，醒脑开窍，苏厥急救之力增强，用于治疗气虚厥证。人中同前，太冲、合谷伍用，名曰四关穴，盖合谷为手阳明大肠经输穴、原穴，太冲为足厥阴肝经输穴、原穴，合谷主气（阳明为多气之经）、清轻升散，太冲主血（肝藏血，为多血少气之经）、重浊下行，二穴相合，一气一血，一升一降，相互制约，相互为用，燮理阴阳，行气活血。人中、合谷、太冲三穴配伍，通调气血，醒脑开窍，善治气实而厥。膻中为任脉经穴、气之会穴、心包络之募穴，善调胸中大气，内关为心包经络穴，又是八脉交会穴之一，通于胃、心、胸。二穴参合用，并走上焦，协力为用，开胸散结，降气化痰，通窍醒神之功增强，用于治疗气实厥证。

操作：涌泉直刺 0.5～1 寸，足三里直刺 0.5～1.2 寸，均施补法，亦可行雀啄术（即小距离提插法）。人中、合谷针法同前；太冲直刺 0.5～1 寸，亦可施以同步行针法。膻中斜刺 0.3～0.5 寸，亦可采用鸡爪刺，即向前、后、左右斜刺，并施以泻法，其目的在于散气、行气、消瘀；内关直刺 0.5～1 寸，施以同步行针法。

（4）血厥

主症：血虚而厥，症见突然晕厥，面色苍白，四肢厥冷，呼吸缓慢；血实而厥，症见突然昏倒，面赤唇紫，牙关紧闭。

治则：开窍醒神，血虚者培补气血，血实者行瘀散结，引血下行。

处方：①素髎、内关；②合谷、太冲；③合谷、劳宫、行间、涌泉。

方义：素髎为督脉经穴，位于鼻尖，入走上焦，以泄热开窍为主，内关同前，二穴伍用，并走上焦，心肺同治，宣肺行气，泄热开窍，强心升压，回阳救急之功益彰。合谷、太冲同前。合谷主气，劳宫、行间为荥穴，主血，三穴伍用，调节气机，镇肝降逆，再伍涌泉，以阴引阳，引热下行而降逆气。四穴参合，共收开窍启闭、平降气血上逆之功。

操作：素髎从下向上斜刺 0.1～0.3 寸，施以雀啄术 1～3 分钟，内关、合谷、太冲同前，行间直刺 0.5～0.8 寸，涌泉同前，均施以泻法。

（5）痰厥

主症：痰涎壅盛，四肢厥逆，甚则昏厥。

治则：温化痰涎，清痰降火。

处方：①膻中、气海；②天突、列缺、丰隆；③少商、内关、丰隆；④中脘、丰隆。

方义：膻中位于上焦，又名上气海，气海居下焦，又名下气海，膻中以行气散结为主，气海以纳气归元为要，二穴伍用，一上一下，斡旋一身之大气，犹诸气归入大海，故人体气机和、百脉通、升降灵、痰涎去、气息匀，人即康泰是也。天突为任脉经穴，居于结喉下，通于天气，丰隆为胃经络穴，别走太阴，能沟通脾、胃两经，列缺为肺经络穴，别走阳明，能沟通肺、大肠两经，丰隆以化痰降浊为主，列缺以宣肺平喘为要，丰隆突出一个"降"字，列缺突出一个"宣"字，二穴伍用，宣降合法，理气和中，燥湿化痰，下气平喘，与天突参合，开窍祛痰之功益彰。少商为肺经井穴，主气，三棱针点刺放血能行气除痰、开窍醒神，内关、丰隆为调中祛痰之要穴，三穴参合，有标本兼顾善治痰厥之妙用。中脘为任脉经穴、胃之募穴，内应胃腑，针灸本穴，谓之直达病所，有调升降、理三焦、促健运、化湿带之功，丰隆同前，二穴合用，相得益彰，健脾化痰之功增强。

操作：膻中、气海同前。天突针尖沿胸骨柄后缘、气管前缘下方斜刺 $1 \sim 1.2$ 寸，若有窒息感，切勿再向里进针深刺，亦不可施以强刺激手法，以免发生针刺意外，列缺向肘部斜刺 $0.2 \sim 0.3$ 寸，丰隆直刺 $1 \sim 1.5$ 寸。少商三棱针点刺放血，内关、丰隆同前。中脘直刺 $1 \sim 1.2$ 寸，丰隆同前。

（6）食厥

主症：进食过多之后，昏厥不醒，气息窒塞，脘腹胀满，嗳腐食臭，但当食物吐出后即可苏醒。

治则：和胃降逆，健脾消食。若昏厥在食后不久，应先以盐汤或姜汁探吐。

处方：①璇玑、足三里；②中脘、内关、足三里；③脾俞、胃俞。

方义：璇玑宣通气机以升清，足三里调和中焦气机以降浊，二穴参合，一升一降，舒调气机，消食化积，开胃增食之力增强。内关理气宽胸，中脘健脾和中，足三里建中消食，三穴伍用，共收理气和中、消食导滞之效。脾俞、胃俞为足太阳膀胱经腧穴，乃脾、胃之气输注、转输的处所，脾胃同居中焦，互为表里，脾主运化，胃主纳谷，脾气宜升，胃气宜降，二穴相合，一阴一阳，一表一里，一纳一运，一升一降，相互促进，相互为用，升降协和，纳运如常，饮食自倍矣。

操作：璇玑针尖向下斜刺 $0.3 \sim 0.5$ 寸，足三里同前，施以提插捻转法，先泻后补。中脘、内关、足三里同前。脾俞、胃俞均斜刺 $0.5$ 寸，或向脊柱方向斜刺 $0.5 \sim 1$ 寸，在得气的基础上，施以补法。

**4. 其他针灸法选介**

（1）指针法：凡是厥证，无论何时何地突然发生而又无针具的情况下，都可使用指针方法治疗。

操作方法：医生用拇指，使指关节尽量弯曲，与皮肤构成 90° 角，将指尖放在人中穴（合谷穴亦可）上，再慢慢加强压力，同时上下左右揉动，使患者产生一定的感觉（酸、麻、胀的复合感觉）。证属痰厥者，医生将食指指腹放在中指背侧，中指指腹置于天突穴，稍用力向下、后、上划弧压迫气管，引起神经反射性呛咳时，患者即可苏醒。注意施术宜快，动作不可粗暴，否则可致窒息。

（2）刺血法：厥证表现为实证、热证者，均宜刺出血治疗。如名医扁鹊取"三阳五会"治疗虢太子"尸厥"证。又如高热引起的昏厥，治宜泄热醒脑开窍，选用人中、大椎、陶道、十宣等穴治疗。再如肝风内动，气血上逆，"血菀"于脑所致的颅内压增高引起的昏厥，治宜平肝息风、还阳救逆、醒脑开窍，选取委中、曲泽、至阴、窍阴、大敦、中冲穴放血为治。至于出血量的多少，可因人、因证而异，一般来说，视其出血颜色，由紫黑色渐渐转变为鲜红色为度。

## （二）闭经

闭经是妇科常见的病证，治疗不易奏效，临床上分为生理性闭经、病理性闭经。生理性闭经包括妊娠期、哺乳期绝经后月事不潮。病理性闭经是指年满 18 岁月经尚未来潮，或月经已经来潮而连续 6 个月不行者，前者称为原发性闭经，后者称为继发性闭经。正常月经周期的建立依赖于下丘脑 – 垂体 – 卵巢轴功能完善以及子宫内膜对性激素的周期性反应，它们当中的任何一个环节发生功能或器质性病变，均可引起闭经。按引起闭经的病变部位，可将闭经分为子宫性、卵巢性、垂体性和下丘脑性闭经。西医常用激素替代的人工周期疗法治疗，但停药后每易复发，效果欠佳。中医则辨证结合辨病，着眼于整体的调整，使脏腑气血阴阳之平衡而达到治愈目的。

**1. 辨证要点**

（1）调虚实，气血为纲：闭经原因繁多，清代医家吴本立认为，"经闭之由，必要所因。或月事适至之时，因渴饮水，并食生冷之物及坐冷水中洗浴，寒气内入，血即凝滞，遂令经闭。又或因堕胎多产而伤其血，或因久患潮热而消其血，或因久发盗汗而耗其血，或脾胃不和，饮食减少，而不能生血，凡此类，皆令人经闭"。中医学认为：妇女以血为本，月经的主要成分是血，但血的生成、统摄、运行有赖于气，气的营养又来源于血。气血相互资生，相互为用，关系密切，故有"气为血帅，血为气母，气行则血行，气滞则血瘀，血瘀气亦滞"之说。气血协调则五脏安和，经脉通畅，月事以时而下。因此，治疗闭经首重气血，以气血为纲。

（2）理冲任、肝肾为本：冲任二脉内联脏腑，隶属肝肾，冲任之气的盛衰直接影响月经之盈亏，所以补益肝肾即可以调理冲任。肝主藏血，司血海，女子以肝为先天，肝血充盈，肝气畅达则冲盛任通，月事以时下，若肝虚血枯或气郁肝脉，轻者月经稀发，重者渐成经闭。肾主藏精，为先天之本，天癸来源于先天肾之精气，靠后天之精不断补充，肾精不足，无源化血，则冲任空虚无血以下，如《医学正传》所云："月经全借肾水施化，肾水既乏，则经水日以干涸。"所以治疗时应重视肝肾功能，调冲任、养肝肾是治本之举。实践证明，补肾能够提高雌激素水平，促进卵泡的发育。

**2. 辨证论治**

闭经原因虽多，归纳起来不外虚实两类。虚者多为气血亏损，血海空虚，无血可下，或肝肾两虚，精血不足；实者多因气滞血瘀，瘀血内阻或寒凝血滞，胞脉不通，血不下行。根据虚则补之、实则泻之的原则，分别采用益气养血、填精补髓、行气活血、散寒通经的治法，使气血调和，冲任充盈，经血自下，若虚实夹杂则攻补兼施。吕景山教授常分四型辨证论治。

（1）气血两虚型：体质素弱或劳倦过度，以及生育过多，反复流产，刮宫过度，或各种原因大量失血，导致血海空虚，冲任失养，而经闭不行。

主症：月经逐渐后延，量少，经色淡而质薄，继而停闭不行。面色无华，头晕目眩，乏力神疲，心悸气短，腰膝酸软，食欲不振，毛发不泽，舌淡苔薄白，脉沉细。

治则：以益气养血通经为主。

①中药方用圣愈汤（黄芪、党参、当归、川芎、熟地黄、赤芍、白芍）加丹参、益母草、鸡血藤、川断、女贞子等药。

党参－黄芪：党参甘温补中，和脾胃，促健运，益气养血；黄芪甘温，补气升阳，益卫固表，托毒生肌，利水消肿。党参补中气，长于止泄，黄芪固卫表，擅长敛汗。党参偏于阴而补中，黄芪偏于阳而实表。二药相合，一表一里，一阴一阳，相互为用，益气之力更宏，共奏扶正补气之功。

党参、黄芪伍用，出自《脾胃论》补中益气汤。用于治疗脾胃气虚所引起的身热有汗、口干口渴，喜用热饮、头痛恶寒、少气懒言、饮食无味、四肢乏力、舌嫩色淡、脉虚大，或中气不足、清阳下陷所引起的脱肛、子宫脱垂、久痢、久疟等症。盖二药均为补气要药，均有益气健脾之功，相伍为用，益气之力更宏。诸凡素体气虚、劳伤气弱、年老体衰者，均有良效。

当归－川芎：当归性柔而润，补血调经，活血止痛，祛瘀消肿，润燥滑肠；川芎辛温香窜，行气活血，祛风止痛。当归以养血为主，川芎以行气为要。二药伍用，互制其短而展其长，气血兼顾，养血调经，行气活血，散瘀止痛之力增强。

当归－白芍：白芍酸敛，补血敛阴，守而不走；当归香散，补血行血，走而不守。二药伍用，一散一收，一走一守，相互制约，相互为用，以收补血而不滞血、行血而不耗血、养血补血、柔肝和血止痛之力。

白芍－熟地：白芍酸寒，入肝养血补血；熟地滋腻，补肾填精养血。二药参合，一肝一肾，肝藏血，肾藏精，肝肾同源，相互依赖，相互促进，滋肾养肝，养血补血之力益彰。

川断－女贞子：川断补肝肾，强筋骨，通血脉，止疼痛，固冲任，止崩漏；女贞子性禀纯阴，色黑入肾，功擅填补真阴，滋阴补肾，养肝明目。二药同走下焦，故相伍为用，其功益彰，补肝肾、壮筋骨、兴阳事（增强性欲）的力量增强。

妇人隐疾又叫性不感症，就是以性欲减退为主的病症。前人经验，以女贞子、川断伍用治之。施师经验，若与麝香、樟脑、乳香、仙茅、淫羊藿、巴戟天、胡芦巴等药伍用，其效更著。

②针灸处方：足三里、三阴交、脾俞、气海、归来、肝俞、肾俞。

[操作]

足三里：直刺 1 ～ 1.5 寸，针刺用捻转补泻手法，先泻后补。

三阴交：直刺 0.5 ～ 1 寸，针刺用捻转补法。

脾俞、肝俞：先直刺 0.3 ～ 0.5 寸，针刺用捻转补法，再将针提至皮下，向脊椎方向斜刺 0.5 ～ 1 寸，并施以捻转补法。

气海：直刺 1 ～ 1.5 寸，针刺用捻转补法；加灸，艾条灸 10 ～ 15 分钟。

归来：斜向前阴方向刺 2 ～ 3 寸，令针感直达病所。

肾俞：直刺 1 ～ 1.5 寸，针刺用捻转补法；加灸，艾条灸 10 ～ 15 分钟。

[方解]

足三里 - 三阴交：足三里为足阳明胃经腧穴、下合穴，为本经脉气所入，属合土穴，具有健脾和胃、化积导滞、理气消胀、行气止痛、和胃健身之功。三阴交为足太阴脾经腧穴，又是足三阴经交会穴，有补脾胃、助运化、疏下焦、理肝肾、通气滞之效。足三里以升阳益胃为主，三阴交以滋阴健脾为要。二穴伍用，一脾一胃，一表一里，一纳一运，益气生血，通络疗痹之功益彰。

肝俞 - 脾俞：肝俞为足太阳膀胱经腧穴，为肝之精气转输、输注的处所，有清泄肝胆、平肝息风、安神定志、养阴明目、补血消瘀、通经止痛之力；脾俞为膀胱经腧穴，是脾气转输、输注之处所，是治脾病之重要腧穴，本穴具有补脾阳、益营血、助运化、除水湿之效。二穴伍用，一土一木，疏肝理气、抑肝扶脾之功益彰。

气海 - 三阴交：气海为任脉腧穴，为生气之海，有调补下焦之气机、补肾虚、益肾元、和营血、理冲任、振元阳、祛寒湿、涩精止带之功；三阴交为足太阴脾经腧穴，又是足太阴、足少阴、足厥阴三经之交会穴，有补脾胃、助运化、利水湿、疏下焦、理肝肾，通气滞、调血室、理精宫，通经络、祛风湿之效。气海以振奋下焦气机为主；三阴交以调理肝、脾、肾三经气机为要。气海为病所取穴，三阴交为循经远道配穴。二穴伍用，相互促进，固下元、促气化、敛阴精、止漏泄之功益彰。

归来 - 三阴交：归来为足阳明胃经腧穴，有疏调下焦气机、行气止痛、暖宫散寒、升阳举陷之功；三阴交为足太阴脾经腧穴，足三阴经之交会穴，有补脾胃、助运化、疏下焦、理胞宫、调气血、通经络之效。归来以疏调疏调少腹经气为主，三阴交以调理三阴经气为要。归来为病所较近取穴，三阴交为循经远道配穴。二穴伍用，一近一远，梳理下焦、调和气血、调经止带、升阳举陷之功益彰。

（2）肝肾两亏型：闭经常见于子宫、卵巢发育不良，无排卵性以及激素水平过低的病人。多因先天肾之精气未充，或多产房劳，人流术后刮宫损伤肝肾，致冲任失养。

主症：月经初潮来迟，或由月经后期量少逐渐至经闭，体质虚弱，头晕耳鸣，腰膝酸软，舌质淡黯，脉细弱等。

①中药方：肝肾不足者，治宜滋肾柔肝、养血调经。方用贯煎（枸杞子、沙参、麦冬、当归、生地、熟地、川楝子）加女贞子、川断、丹参、鸡血藤、益母草等养血通络之品。若烘热汗出者加黄芩、黄连；性急易怒加香附、郁金；腰疼加桑寄生、菟丝子、金毛狗脊、功劳叶；大便干燥者加制首乌、生白芍。若伴有阳虚加仙茅、淫羊藿，韭菜子、蛇床子等于水中补火，以冀阴中求阳。

肾气不足者，治宜补肾填精、阴阳并调。方用五子衍宗丸（枸杞子、菟丝子、五味子、覆盆子、车前子）加川断、女贞子、紫河车、丹参、鸡血藤等，加强益肾养血通经之效。

川断 – 女贞子：补肝肾、调冲任药中必用此组对药。古医书记载此二药可治女子性冷感症，临证体会其有提高性腺功能，促进排卵作用。另外对于一些30余岁便出现闭经，同时出现烦躁烘热出汗等类似更年期症状者，属"早衰"，为肝肾不足，冲任虚损所致，故多以此法治疗，补肝肾，理冲任，以固其本。

川断 – 桑寄生 – 菟丝子：三药均入肝肾经，有补肝肾、强筋骨、壮腰膝、固冲任、通血脉之功，故参合使用，其力益彰。川断、桑寄生配菟丝子为祝老治疗妇科疾病经验所得。三药尚有安胎之效，欲安胎时各用10g为宜。

金狗脊 – 功劳叶：狗脊补肝肾，强腰膝，祛风湿，坚筋骨；功劳叶补肝肾，养真阴，退虚热，敛精血，止咯血，坚筋骨，除酸痛。二药伍用，相得益彰，补肝肾、强筋骨、壮筋骨、疗酸痛的力量增强。

黄芩 – 黄连：黄芩清热燥湿，泻火解毒，止血，安胎；黄连清热燥湿，泻火解毒，止痢。黄芩苦寒，善于清肺、大肠火热；黄连苦寒，善泻心火，除湿散郁。二药参合，清热燥湿，泻火解毒，效果益彰。

黄芩、黄连伍用，《医宗金鉴》名曰二黄汤。治上焦火旺，头面大肿，目赤肿痛，心胸、咽喉、口、耳、鼻热盛，以及生疮毒者。

黄芩清肺火，黄连泻心火，二者取其酒炒，并走于上，清热解毒之功倍增，善除上焦实火诸症而降低血压也。

仙茅 – 淫羊藿：仙茅辛热，温肾壮阳，祛寒湿，壮筋骨；淫羊藿甘温，补肾助阳，祛风除湿，降血压。二药伍用，相互促进，补肾壮阳、祛风除湿、降血压的力量增强。

②针灸处方：肝俞、肾俞、关元、三阴交、太溪。

［操作］

肝俞、肾俞、三阴交同前。

关元：直刺 1～1.5 寸，针刺用捻转补法；加灸，艾条灸 10～15 分钟。

太溪：直刺 0.3～0.5 寸，针刺用捻转补法。

［方解］关元－肾俞：关元，又名丹田，是人生之关要，真气之所存，元阴元阳交关之所，故曰关元为精血之室、元气之所，是人生命的根本。功专培肾固本，补益元气，温中散寒，回阳固脱，暖宫固精，止血止带，分别清浊，祛除寒湿，强壮保健。肾主藏精，为先天之本。肾主水，内寄相火，为水火之脏。肾上连肺，为元气之根，主纳气。肾俞为肾脏之背俞穴，功擅滋补肾阴，温补肾阳，益阴填髓，聪耳明目，促气化、利水湿、壮筋骨、强腰膝、固下元、涩精缩尿止带。关元以补气为主，肾俞以补阴为要。二穴同走下焦，协同为用，培补先天，温养后天，纳气平喘之功益彰。

（3）气滞血瘀型：七情内郁，五志过极，精神过度紧张而使肝气郁结，气机不畅，血瘀不行，则冲任受阻，经闭不行。

主症：月经停闭数月，胸胁胀闷，乳房胀痛，精神抑郁，心烦易怒，小腹胀坠，或胀痛拒按，舌质黯，有瘀斑，或舌下络脉瘀紫，脉弦。

①治疗时根据气滞与血瘀情况侧重不同而选方用药。

气滞为主，用逍遥散（柴胡、薄荷、当归、芍药、茯苓、白术、甘草）加味以疏肝解郁、养血调经。在诸多行气药中，多用香附，该药芳香走窜有疏肝解郁、除三焦气滞之功，李时珍称其为"气病之总司，妇科之主帅"，诚为调经之良药。

血瘀为主则根据瘀血之轻重分别治之。一般来说，闭经未久，瘀血尚轻，用桃红四物汤（桃仁、红花、熟地、当归、芍药、川芎）；闭经日久，瘀血较重，用血府逐瘀汤（柴胡、桔梗、枳壳、桃仁、红花、川芎、芍药、熟地、当归）去牛膝改益母草，以活血化瘀，理气通经。后方中柴胡、桔梗二药可引药上行于脑部，治疗垂体性闭经有效。

血瘀兼有寒象者，常用艾附四物汤（艾叶、香附、熟地、当归、川芎、芍药）加益母草、丹参、鸡血藤、王不留行等，以温经散寒，活血通经。

柴胡－白芍：白芍养血敛阴，柔肝和血，缓急止痛，清解虚弱；柴胡疏肝开郁，和解退热，升举阳气。白芍酸寒收敛，能敛津液而护营血，收阳气而泄邪热，养血以柔肝，缓急而止痛，泄肝之邪热，以补脾阴；柴胡轻清辛散，能引清阳之气从左上升，以疏调少阳之气，而理肝脾、调中宫、消痞满。二药伍用，相互依赖，相互促进，互制其短而展其长。故以白芍之酸敛，制柴胡之辛散，用柴胡之辛散，又佐芍药之酸敛，以引药直达少阳之经，而起清胆疏肝、和解表里、升阳敛阴、解郁止痛之功。

香附－乌药：香附辛散苦降，不寒不热，善于理气开郁，为妇科调经之良药。它又能入于血分，故有人称本品为"血中气药"。本品善于宣散，能通行十二经脉，疏肝理气，调经止痛；乌药辛开温通，顺气降逆，散寒止痛，温下元，调下焦冷气。香附以行血分为主，乌药专走气分为要。香附偏于疏肝理气，乌药长于顺气散寒。二药伍用，直奔下焦，共奏行气消胀、散寒止痛之效。

杏仁－桔梗－枳壳－薤白：桔梗辛散，宣通肺气，祛痰排脓，清利咽喉，升提利水，以升提上行之力为最，故前人有"载药上行"之说；枳壳苦温，理气消胀，宽胸快膈，以下降行散为著。二药参合，一上一下，一升一降，相互制约，相互为用，行气消胀散痞的力量增强。薤白辛温，行行气于左，温中通阳，行气散结，活血止痛；杏仁入肺，行气于右，宣肺平喘，祛痰止咳，润肠通便。二药伍用，一左一右，升降调和，气机通畅，理气宽中，消胀除满益彰。综上所述，桔梗行上，枳壳下降，薤白行左，杏仁行右，四者相合，相得益彰。上、下、左、右，平调升降，燮理气机，开胸顺气、行气消胀、散结止痛之力增强。

三棱－莪术：三棱苦平辛散，入肝脾血分，为血中气药，长于破血中之气，以破血通经；莪术苦辛温香，入肝脾气分，为气中血药，善破气中之血，以破气消积。二药伍用，气血双施，活血化瘀、行气止痛、化积消块力彰。

桃仁－红花：桃仁破血行瘀，润燥滑肠；红花活血通经，祛瘀止痛。桃仁破瘀力强，红花行血力胜。二药伍用，相互促进，活血通经、祛瘀生新、消肿止痛的力量增强。

乳香－没药：乳香辛温香润，能于血中行气，舒筋活络，消肿止痛。没药苦涩力强，功擅活血散瘀，消肿止痛。乳香以行气活血为主，没药以活血散瘀为要。二药参合，气血兼固，取效尤捷，共奏宣通脏腑、流通经络、活血祛瘀、消肿止痛、敛疮生肌之功。

蒲黄－五灵脂：蒲黄辛香行散，性凉而利，专入血分，功善凉血止血，活血消瘀；五灵脂气味俱厚，专走血分，功专活血行瘀，行气止痛。二药伍用，通利血脉、活血散瘀、消肿止痛的力量增强。五灵脂、蒲黄伍用，名曰失笑散，出自《太平惠民和剂局方》。治男女老少心痛、腹痛、少腹痛、小肠疝气，诸药不效者。施老经验，治妇科疾病，多伍以当归、川芎，香附、艾叶；治胃寒而痛，与干姜炭、高良姜伍用；治心绞痛，与紫丹参、三七、葛根、降香参合。

艾叶－香附：艾叶温经止血，暖宫散寒止痛；香附开郁调经，行气止痛。艾叶除沉寒痼冷为主，香附开郁散气为要。二药参合，温开并举，调经散寒、理血利气、通经止痛的力量增强。艾叶、香附伍用，出自《寿世保元》艾附暖宫丸。治子宫虚寒不孕，月经不调，肚腹时痛，胸膈胀闷，肢怠食减，腰酸带下等。艾叶、香附与四物汤参合，用于治疗妇女下焦虚寒，宫寒宫冷，少腹冷痛，经前为甚，或宫寒不孕等均有良效。

白芍－熟地：白芍酸寒，入肝养血补血；熟地滋腻，补肾填精养血。二药参合，一肝一肾，肝藏血、肾藏精；肝肾同源，相互依赖，相互促进，滋肾养肝，养血补血之力益彰。

②针灸处方：合谷、三阴交、中极、血海、气冲、地机、子宫。

［操作］

三阴交同前。

合谷：直刺 1 ～ 1.2 寸，针刺用捻转泻法。

中极：直刺 0.5 ～ 1 寸，针刺用捻转泻法。

气冲：避开动脉，直刺 0.3 ～ 0.5 寸，针刺用捻转泻法。

地机：直刺 0.5 ～ 0.8 寸，针刺用捻转泻法。

血海：直刺 0.5 ～ 1 寸，针刺用捻转泻法。

子宫：斜向前阴方向刺 1.5 ～ 2 寸，针刺用捻转泻法。

［方解］

合谷－三阴交：合谷为手阳明大肠经腧穴，乃本经脉气所过，为本经原穴，有通经活络、行气开窍、疏风解表、清泄肺气、通降肠胃、镇静安神之功；三阴交为足太阴脾经腧穴，足三阴经交会穴，有补脾胃、助运化、利水湿、疏下焦、理肝肾、通气滞、理精宫、通经络、祛风湿之效。合谷以理气为主；三阴交以理血为要。二穴伍用，一气一血，气血双调，行气活血、调经催产之功益彰。

中极－三阴交：中极又名膀胱募、玉泉、气原、气鱼，为任脉经穴。任脉居中，为足三阴经之会极处，即位居人体上下左右之中央，故名中极。内为胞宫、精室所居，有培下元、助气化、调血室、温精宫、理下焦、利膀胱、清利湿热之功。三阴交为足太阴脾经腧穴，又是足太阴、足少阴、足厥阴三经之交会穴，有补脾胃、助运化、疏下焦、理肝肾、调血室、理精宫、通经络、祛风湿之效。盖任脉总任周身之阴经，为阴脉之海，二穴伍用，总调任脉与足三阴经之经气，理下焦、促气化、固下元、涩精止遗之功益彰。

血海－地机：地机为足太阴脾经郄穴，有健脾利湿、调补肝肾、理血固精之功；血海为足太阴脾经穴，具有宣通下焦、行气活血、清热凉血、祛风止痒之效。二穴皆属脾经，一以益甚固精为主，一以宣通下焦为要，合而用之，健脾利湿、调和气血之功益彰。

中极－子宫：中极为任脉经穴，膀胱募穴，足三阴与任脉之会穴，有培元阳、促气化、理下焦、清湿热、调血室、温精宫之功；子宫位居少腹，内与生殖器相应，有暖宫散寒、调经种子之效。中极以调经为主，子宫以种子为要。二穴伍用，相互促进，调经种子之功益彰。

（4）痰湿阻滞

主症：月经停闭数月，带下量多，色白质稠，形体肥胖，或面浮肢肿，神疲肢倦，头晕目眩，心悸气短，胸脘满闷，舌淡胖，苔白腻，脉滑。

治法：豁痰除湿，活血调经。

①方药：苍附导痰丸加减。

茯苓-白术：白术甘温补中，补脾燥湿，益气生血，和中消滞，固表止汗；茯苓甘淡渗利，健脾补中，利水渗湿，宁心安神。白术以健脾燥湿为主；茯苓以利水渗湿为要。二药伍用，一健一渗，水湿则有出路，故脾可健、湿可除、肿可消、饮可化，诸恙悉除。

②针灸处方：脾俞、三焦俞、中极、中脘、丰隆、三阴交。

［操作］

脾俞、中极、三阴交同前。

三焦俞：直刺 0.5～1 寸，针刺用捻转泻法。

中脘：先直刺 1～1.2 寸，施以提插补泻手法，平补平泻，嗣后，将针提至皮下，沿任脉向下斜刺 1.5 寸，再向两侧、前下方斜刺 1.5 寸，手法与直刺相同。

丰隆：直刺 1～1.5 寸，针刺用捻转泻法。

中极-三阴交：见前文。

中脘-丰隆：中脘为任脉穴，位于上腹，内与胃相应，有调升降、理三焦、健脾运、化湿滞、止疼痛之功；丰隆为足阳明胃经穴、络穴，有和胃气、降浊逆、化痰湿、清神志、安心神之效。中脘为病所取穴，以健运为主；丰隆为循经远道配穴，以清降为要。二穴伍用，相互促进，相互为用，疏通经络、燥湿化痰之力增强。

［结语］历来医家遵"闭经者，闭阻也"之义，治疗每用"闭而通之"之法。但根据临床所见，我们认为本病实证者少，虚证或虚实夹杂者居多，治疗以顾扶正气为主，同时通经活血，用药多选用鸡血藤、丹参、益母草、月季花等既补血养血又能通经之品，以免攻伐太过，徒伤正气。只有在正盛邪实，久闭不通时才加用苏木、王不留行、刘寄奴、路路通等破血通经的药物。血具有"寒则涩而不流，温则消而去之"的性质，故闭经因外感寒湿或兼有寒象者，常加桂枝、干姜、吴茱萸、小茴香等温经祛寒之类，以助生发之机。由于闭经为妇科难治病证，故治疗疗程较长，且停药后又有再闭之可能，故常采用汤剂与丸剂分阶段治疗的方法。即在月经未行之前，先用汤剂调治，一旦经血来潮，易以丸药培补气血、滋补肝肾，为下次月经

来临做准备工作。丸药常用女金丹、八宝坤顺丸、人参养荣丸、安坤赞育丸、河车大造丸等。待下次行经前1周，再根据病情投以汤剂。如此汤丸交替治疗，既减少了每日熬药之麻烦，又可巩固疗效。

## （三）胃脘痛

胃脘痛是指以上腹部胃脘处疼痛为主的症状，俗称"胃痛"。《素问》称"胃脘当心而痛，"《寿世保元》称"心胃痛"。历代医家又有"心腹痛""心痛""心下痛"等称谓。胃脘痛的病位在胃，发病多由长期饮食失节、饥饱劳倦、脾胃虚寒、情志郁结等因素所致。上述病因，既可单独致病，又往往相互影响，而出现寒热互见、虚实错杂、阴阳并损之证候。脾位居中焦，与胃相表里。脾主肌肉、四肢，开窍于口，其华在唇，外应于腹。脾的主要生理功能是主运化水谷、水湿，输布精微而藏营，为气血生化之源，故有"后天之本"之称。脾又主统血，其气主升，喜燥恶湿。胃居中焦，与脾相表里。胃主受纳、腐熟水谷，为"水谷之海"。胃气以降为顺，喜润恶燥。脾的病变主要以运化、升清功能失职，致使水谷、水湿不运，消化功能减退，水湿潴留，化源不足，以及脾不统血，清阳不升为主要病理改变。因此，临床以腹胀或痛、纳少、便溏、浮肿、困重、内脏下垂、出血等为脾病的常见症状。胃病以受纳、腐熟功能障碍及胃失和降，胃气上逆为主要病理改变。临床以食少、脘胀或痛、呕恶、呃逆、嗳气等为常见症状。然胃之受纳、腐熟及消化功能，又要依赖于脾气的运化、肝气的疏泄，与肾阳的温煦，故胃脘痛也与脾、肝、肾的病变有关。主症为疼痛；兼症为纳差、嗳气、吐酸、呃逆、嘈杂、痞满、恶心呕吐、腹胀、吐血、便血等。多见于急慢性胃炎、胃及十二指肠溃疡、胃下垂、胃痉挛、胃神经官能症等病症。

胃病发病率高，病变类型多，中医治疗方法多、见效快，但根治较难。缘由一日三餐胃得不到休息，加之致病因素多，稍不注意，旧病易于复发。为此，必须治养结合，方为良策。

吕老认为由于本病多为复合致病，可由一种为主，其余间杂而至；亦可多因素综合致病，故病证多见寒热互见、虚实错杂，故治疗上也应在辨证论治的基础上，寒热并用，补泻兼施。而脾胃为气机升降之枢纽，脾胃不和则气机必当逆乱，故当治疗时应注意调畅气机，恢复脾胃升降平衡。

胃脘痛的治疗，仍以辨证施治为本，吕老认为：当首辨虚、实、寒、热，继辨气、血、虫、食，再辨痰、饮诸证。

**1. 虚、实、寒、热证治**

（1）虚证：多为脾胃虚寒所致。症见疼痛多在空腹出现，或空腹时疼痛加剧，痛而喜按，进食后痛减，纳少便溏，肢倦乏力，脉沉细无力。治宜益脾温中止痛。方用黄芪建中汤、理中汤化裁。

白芍-桂枝：白芍和营敛阴，桂枝和营解肌。二药伍用，发汗之中寓有敛汗之意，和营之内有调节之力。白芍养血敛阴而不滞邪，桂枝和营解肌而不伤阴。二药相合，一收一散，一寒一温，相互制约，而收调营卫、和气血、启发心阳、益阴止汗之功。

桂枝色赤，入于血分，可通血脉；白芍善走阴分，能益阴护里，缓急止痛。桂枝又能振奋脾阳，白芍又善养胃阴。二者相合，一阴一阳，共奏通调血脉、缓急止痛、振奋中阳、调整脾胃功能。

白芍-桂枝：《三因方》名曰桂枝芍药汤，《保命集》名为芍药散。白芍180g，桂枝90g（2∶1），如此用法重在缓急止痛。盖白芍缓急止痛，桂枝散寒止痛。吾辈体会，二药参合，寓有调和脾胃，鼓舞中气，增强抗病能力的作用。桂枝汤为胃之强壮剂。瘀象者，加赤芍。

党参-白术：党参甘平，补中益气，生津止渴，补脾养肺，益气养血；白术甘温补中，苦温燥湿，补脾益气，燥湿利水，固表止汗。党参以补气为主，白术以补脾为要。二药参合，益气补脾，健运中宫，增强集机体抗病能力益增。党参、白术伍用，出自四君子汤，是一种强壮健胃剂，善治脾胃虚弱，胃纳不佳，食少便溏等，为健脾胃之良药。

（2）实证：胃痛之实证，多因饮食积滞所致。症见胃脘饱胀疼痛，嗳气反酸，恶闻食嗅，粪便异臭，舌苔厚腻，脉滑。治宜消积化滞。方用保和丸、平胃散化裁。

白术-鸡内金：白术甘温补中，苦温燥湿，能补脾燥湿，益气生血，和中消滞，固表止汗，安胎；鸡内金甘平无毒，可生发胃气，养胃阴、生胃津、消食积、助消化，还可固摄缩尿，化结石。二药伍用，白术偏于补，鸡内金善于消。白术多用、久服有壅滞之弊，故与鸡内金伍用，其弊可除。二药相合，一补一消，补消兼施，健脾开胃之力更彰。

丹参-鸡内金：鸡内金甘平，生发胃气，健脾消食，固摄缩尿，养胃阴，生胃津，化结石，消瘀积；丹参活血化瘀，祛瘀生新，消肿止痛，养血安神。《医学衷中参西录》云："鸡内金，鸡之胃也，中有瓷石、铜、铁皆能消化，其善化瘀积可知。"《本草汇言》谓："丹参，善治血分，去滞生新，调经顺脉之药也。"《重庆堂随笔》说："丹参，降而行血，血热而有滞者宜之。"由此可见，鸡内金以化积为主，丹参以祛瘀为要。二药伍用，祛瘀生新，散结化积，开胃口，增食欲，止疼痛之力增强。

木香-槟榔：木香辛温香散，行气止痛，健胃消食；槟榔辛通苦降，下气通便，利水消肿，杀虫消积。二药伍用，行气止痛、消积导滞之力增强。外科用木香槟榔丸治疗术后大便难者。

（3）寒证：多由胃阳不足，冷饮内伤，寒积凝滞而成。症见胃脘疼痛，遇冷加剧，手足逆冷，二便清利，口吐涎沫，脉迟。腹诊胃脘部，表皮凉，按之有震水声，为心下有水气（苓桂术甘汤主之）。治宜温中散寒止痛。方用温脾汤（大黄、人参、附子、干姜，甘草）、良附丸化裁。

附子-干姜：附子辛温大热，其性善走，为通行十二经脉纯阳之药，外通于皮毛而除表寒，里达于下焦而温痼冷，彻内彻外，诸脏各腑，果有真寒，无可不治；干姜气足味厚，暖脾胃而散寒，回阳通脉以救逆。二药伍用，回阳救逆之力倍增。前人谓"附子无干姜不温"，即是此意。

高良姜-香附：香附辛散苦降，药性缓和，为理气之良药，能通行三焦，疏肝解郁，善行血中之气而理气活血，调经止痛；高良姜辛辣芳香，温热行散，功专温胃散寒，行气止痛，健胃消食。二药伍用，相得益彰，温中散寒、理气止痛甚效。

"寒者热之"为中医的根本治疗大法，然而在临床常常出现热之不热的现象，这种现象只是寒热之间出现的格拒病证的结果，面对病人治之不效，当在处方之中加入中介药物，以资打破格拒，沟通格拒才能奏效。

（4）热证：中焦郁热，邪热犯胃，致使胃热而痛。症见胃痛时作，热痛急迫（胃脘灼热之感），口渴唇燥，面赤身热，多汗便秘，烦躁易怒，舌红、苔薄黄，脉弦数。治宜清热泻火，疏导止痛。方用清胃黄连丸（汤）、清胃散化裁。

知母-石膏：知母甘苦而寒，质润多液，既升又降，上能清肺热，中能清胃火，下能泻相火；生石膏甘辛而淡，体重而降，气浮又升，其性大寒，善清肺胃之热，又偏走气分，以清气分实热。二药伍用，相互促进，清泄肺胃实热之力增强。

黄芩-黄连：二药以酒制。①使药上行直达病所；②火郁发之；③不致败胃伤正气。黄芩清热燥湿，泻火解毒，止血，安胎；黄连清热燥湿，泻火解毒，止痢。黄芩苦寒，善于清肺、大肠火热；黄连苦寒，善泻心火，除湿散郁。二药参合，清热燥湿，泻火解毒，效果益彰。

知母、生石膏、黄芩、黄连是为胃热证而设。经云："火郁"发之，故常与升麻伍用。若有口舌生疮者，更为相宜，尚有引药力直达病所之意也。

**2. 辨气、血、虫、食**

（1）气：多由肝失疏泄，木郁犯胃是也。症见胃脘痞满，隐隐作痛，痛引两胁，口干口苦，舌红，苔薄黄，脉弦。治宜疏肝和胃。方用逍遥散、四逆散化裁。

柴胡-白芍：出自《太平惠民和剂局方》逍遥散，治五郁（木、火、土、金、水）及骨蒸劳热最效。盖肝为风木之脏，体阴而用阳，性喜条达，以白芍之酸敛养血柔肝，补肝之体制肝之用，以柴胡之辛散补肝之用。二药参合，刚柔相济，动静结合，体用兼顾，互制其短，而展其长，以达升阳敛阴，调和表里之妙用，故凡肝郁气滞、表里不和诸证均宜使用。

紫苏梗－藿香梗：紫苏梗辛香温通，长于行气宽中，温中止痛，理气安胎；藿香梗气味芳香，醒脾和胃，化湿止呕，行气止痛。二药伍用，相得益彰，理气宽中，消胀止痛的力量增强。

青皮－橘皮：青皮与橘皮，同为橘的果实，幼果为青皮，成熟的果皮为橘皮。因老嫩不同，而功效有异。橘皮辛散升浮，偏理脾肺气分，长于行气健胃，燥湿化痰。青皮苦辛酸烈，沉降下行，偏于疏肝胆气分，兼能消积化滞。二药伍用，青皮行气于左，橘皮理气于右，左右兼顾，升降调和，共奏疏肝和胃、理气止痛、调中快膈之功。

枳壳－桔梗－杏仁－薤白：桔梗辛散，宣通肺气，升散上行为主；枳壳苦温，理气消胀，宽胸快膈，行散下行为要。二药参合，一升一降，相互制约，相互为用，行气消胀，散结除满之力倍增。薤白辛温，行气于左，温中通阳，行气散结，活血止痛；杏仁入肺，行气于右，宣肺平喘，祛痰止咳，润肠通便。二药伍用，一左一右，升降调和，气机通畅，理气宽中，消胀除满益彰。综上所述，桔梗行上，枳壳下降，薤白行左，杏仁行右，四者相合，相得益彰。上、下、左、右，平调升降，燮理气机，开胸顺气、行气消胀、散结止痛之力增强。

香附－紫苏梗：香附疏肝解郁，理气活血，调经止痛；紫苏梗行气宽中，温中止痛，理气安胎。香附入血分，行血中之气；苏梗走气分，以行气宽中。二药伍用，一血一气，气血双调，理气解郁、行气止痛、消胀除满的力量增强。

瓜蒌－薤白：薤白温中通阳，行气散结，活血止痛；瓜蒌清肺化痰，宽胸散结，润燥滑肠。薤白辛散苦降，温通滑利，以辛散温通为主，散阴结而开胸痹；瓜蒌甘寒滑润，以清降为要，宽胸利膈而通闭。二药伍用，一散一收，一通一降，通阳行气、清肺祛痰、散结止痛、润肠通便之力益彰。

橘皮－枳实：橘皮味辛善散，故能开气，味苦善泄，故能行痰，其气温平，善于通达，故能理气、调中、燥湿、化痰；枳实辛散苦降，破气消积，泻痰消积。橘皮升多降少，以升为主；枳实降多升少，以降为要。二药合用，一升一降，直通上下，相互促进，相互为用，行气和中，消胀止痛之力增强。

（2）血：盖由胃病日久，伤及络脉，血脉瘀阻使然。症见痛有定处，刺痛，按之痛甚，腹诊有块，或大便色黑，舌质紫黯，有瘀点、瘀斑，舌下脉络瘀甚，脉滞涩。治宜活血通络止痛。方用失笑散、丹溪方（桃仁、红花、延胡索、神曲）化裁。

蒲黄－五灵脂：蒲黄、五灵脂伍用，名曰失笑散，出自《太平惠民和剂局方》，治男女老少心痛、腹痛、少腹痛、小肠疝气，诸药不效者。蒲黄辛香行散，性凉而利，专入血分，功善凉血止血，活血消瘀；五灵脂气味俱厚，专走血分，功专活血行瘀，行气止痛。二药伍用，通利血脉、活血散瘀、消肿止痛的力量增强。施老经验，治妇科疾病，多伍以当归、川芎、香附、艾叶；治胃寒而痛，与干姜炭、高良姜伍用；治心绞痛，与紫丹参、三七、葛根、降香参合。

桃仁－红花：桃仁破血行瘀，润燥滑肠；红花活血通经，祛瘀止痛。桃仁破瘀力强，红花行血力胜。二药伍用，相互促进，活血通经、祛瘀生新、消肿止痛的力量增强。

乳香－没药：乳香辛温香润，能于血中行气，舒筋活络，消肿止痛。没药苦涩力强，功擅活血散瘀，消肿止痛。乳香以行气活血为主，没药以活血散瘀为要。二药参合，气血兼固，取效尤捷，共奏宣通脏腑、流通经络、活血祛瘀、消肿止痛、敛疮生肌之功。

三七－白及：三七活血散瘀止血，消肿止痛；白及补肺生肌，收敛止血。三七走而不守，白及守而不走。三七以散为主，白及以收为要。二药伍用，一走一守，一散一收，相互促进，相互制约，补肺生肌、行瘀止血之力增强。三七、白及伍用，善治出血性病证。根据吕老用药习惯，多采用粉剂吞服，一般来说，每服 1.5 ～ 3g，日服 2 ～ 3 次。

海螵蛸－茜草：海螵蛸禀水中阳气，有收敛止血、止泻、固精止带、制酸止痛之功；茜草凉血止血，行瘀通经。海螵蛸以收为主，茜草以行为要。二药伍用，一涩一散，一止一行，动静结合，相反相成，共收止血而不留瘀、活血而不耗血之妙。

（3）伤食（食积）：多因脾胃运化失常，伤食积滞不化所致。症见胃纳不佳，嗳腐食嗅，脘腹胀满，腹痛拒按，触之有块，大便秘结，舌苔厚腻，脉弦滑。治宜健脾胃、促运化，消食化积，宽中快膈。方用苍白二陈汤、保和丸化裁。

苍术－白术：苍术健脾平胃，燥湿化浊，升阳散郁，祛风湿；白术补脾燥湿，益气生血，和中安胎。苍术苦温辛烈，燥湿力胜，散多于补，偏于平胃燥湿；白术甘温性缓，健脾力强，补多于散，善于补脾益气，止汗。二药伍用，一散一补，一胃一脾，则中焦得健，脾胃纳运如常，水湿得以运化，不能聚而为患，人则康复无恙。

半夏曲－沉香曲：半夏曲和胃止呕，燥湿化痰，消痞散结，下气宽中；沉香曲疏肝和胃，行气消胀，化滞止痛。二药伍用，疏肝和胃、健脾燥湿、行气止痛、化滞消胀益彰。

莱菔子－莱菔缨：莱菔子消食化积，行滞通便，祛痰下气；莱菔缨行气消胀，和胃消食，清咽。二药伍用，行气消胀、化滞通便的力量增强。

厚朴花－代代花：厚朴花利湿宽中，化湿解郁，健胃止痛；代代花理气宽胸，疏肝和胃，开胃止呕。二药伍用，相互促进，香气浓郁，生发之性倍增，芳香化浊、理气宽中、醒脾开胃、增进食欲之力益彰。

玫瑰花-代代花：玫瑰花理气解郁，和血散瘀；代代花理气宽胸，疏肝和胃，开胃止呕。玫瑰花偏走血分，以和血散瘀为主；代代花偏入气分，以理气散结为要。二药伍用，一气一血，气血双调，芳香化浊、醒脾开胃、理气止痛的力量增强。

厚朴花、代代花与玫瑰花、代代花，均可治肝郁气滞，脾胃不和诸症。前者以气滞为主；后者兼见血瘀，用时宜审。

施老经验，诸花入药者均宜后下，否则有效成分即被破坏，以致影响治疗效果也。

（4）虫积：虫积是指腹内虫积的病症。羔由饮食不洁，生虫成积所致。症见面黄肌瘦，时吐苦水、清水，腹部膨大，脘腹疼痛，痛处多在脐周，时痛时止，或有积块，腹诊可触及，面部有境界明显的圆形或椭圆形的淡白色斑片，上覆有少量灰白色糠状鳞屑，即单纯糠疹。治宜驱虫消积。方用化虫丸、肥儿丸化裁。

木香-槟榔：木香辛温香散，行气止痛，健胃消食；槟榔辛通苦降，下气通便，利水消肿，杀虫消积。二药伍用，行气止痛、消积导滞之力增强。

槟榔-南瓜子：槟榔杀虫消积，正气通便，利水消肿；南瓜子杀虫。据现代医学研究所知：二者又均可麻痹虫体，驱除绦虫，然而，槟榔作用于绦虫的头和未成熟的节片，也就是绦虫的前段；南瓜子作用于绦虫的中段和后段。故二药伍用，其效益彰，驱除绦虫甚效。

槟榔-南瓜子：治疗绦虫最为有效。但中医并不单纯治虫，尚予调理肠胃为辅。虫被驱下，仍宜健脾调理，以恢复体力。

有报道称：南瓜子和槟榔浓缩口服液治疗牛肉绦虫50例，均排出有头节的完整活动虫体，随访4～6个月未见绦虫节片。具体用法：南瓜子80g，打碎去壳，水煎过滤浓缩至50mL，上午口服1次。5～10分钟后，服槟榔80g，浓缩口服液50mL。30分钟后，再服30%硫酸镁100mL。配泻药瓜蒌、玄明粉，将头排出。

**3. 辨痰、饮**

稀者为饮，稠者为痰，实为一体是也。羔由脾胃阳虚，运化失职，痰饮则生。症见口渴不欲饮，口吐清水，饮水即吐，心下满闷，摇之有震水声，舌淡、苔白，脉弦滑。治宜健脾化痰。方用二陈汤、苓桂术甘汤化裁。

白术-茯苓：白术甘温补中，补脾燥湿，益气生血，和中消滞，固表止汗；茯苓甘淡渗利，健脾补中，利水渗湿，宁心安神。白术以健脾燥湿为主；茯苓以利水渗湿为要。二药伍用，一健一渗，水湿则有出路，故脾可健、湿可除、肿可消、饮可化，诸羔悉除。

橘皮-半夏：半夏燥湿化痰，消痞散结，健脾止呕；橘皮理气健脾，和胃化痰。

二者均入脾经，两药参合，相互促进，故脾可健，湿可去，痰自化，气机通畅，恶心呕吐、咳嗽自除。

半夏 – 陈皮：二药伍用，出自《太平惠民和剂局方》二陈汤，治痰饮咳嗽、痰多色白、胸膈胀满、恶心呕吐、头晕心悸等症。

治痰须分燥痰、湿痰。治燥痰用蛤粉、竹茹、竹沥、贝母，治湿痰用半夏、陈皮、茯苓、白芥子等，用时宜审。

吕景山经验，针灸治疗本病有立竿见影之效：①中脘、内关；②公孙、内关；③委阳；④至阳：针感传至胃脘部，刺入 1.5 ～ 2 寸，中病即止；⑤放血疗法：肘静脉或腘静脉（委中），放至血色转成鲜红色。

## （四）糖尿病

糖尿病是由遗传因素、免疫功能紊乱、微生物感染及其毒素、自由基毒素、精神因素等各种致病因子作用于机体，导致胰岛功能减退、胰岛素抵抗等而引发的糖、蛋白质、脂肪、水和电解质等一系列代谢紊乱综合征，临床上以高血糖为主要特点，典型病例可出现多尿、多饮、多食、消瘦等表现，即"三多一少"症状，糖尿病（血糖）一旦控制不好会引发并发症，导致肾、眼、足等部位的衰竭病变，且无法治愈。

### 1. 病因病机

中医认为先天禀赋不足是糖尿病发生的基本原因，后天饮食不节、情志失调、房事过度或过服温燥药物等是糖尿病发生的重要条件。消渴病机，河间主燥，子和主火，丹溪主阴虚，献可、景岳又力倡命门火衰，肾阳不足。近代医家阐发古人之论，或曰阴虚燥热，或曰肾命火衰，或谓脾虚失运，或曰气血瘀阻。有纯从虚论，有从虚实夹杂，本虚标实论，其说甚繁。吕景山认为，辨证仍当以三焦辨证为主。

### 2. 辨证要点

糖尿病是由于糖、蛋白质、脂肪代谢障碍所引起的烦渴、多饮、多食、多尿、消瘦、乏力等症，加之蛋白非酶糖基化所造成的进行性血管损害和神经纤维脱髓鞘病变，以致出现大血管、微血管及神经等并发症，因而证候错综复杂，如不掌握辨证要点，难以在头绪烦杂的症状中把握疾病的关键。为使辨证正确无误，须掌握四个结合。

（1）辨病与辨证相结合：糖尿病的诊断标准，国内外基本一致。但是用同一诊断标准确立的糖尿病患者，中医的辨证分型却不完全相同，为了遵循中医"同病异治、异病同治"的辨证规律，务必采用辨病与辨证相结合的辨证方法，才能提高疾病的治疗效果。

（2）宏观辨证与微观辨证相结合：由于中西医学治疗糖尿病的着眼点不同，对疾病的认识也各不相同。中医运用辨证求因、审因论治的宏观辨证，而西医则着眼于细胞分子学的研究。如何运用现代科学技术的检测方法，同中医的宏观辨证相结合，是掌握疾病本质，提高治疗效果的又一关键。

（3）年龄组别、病情久暂与病情相结合：鉴于糖尿病患者的病程较长，疾病的不同阶段往往出现不同证候。如年轻初病者，多见上焦燥热；年长病久者，往往阴损及阳而出现阴阳两虚证候。

（4）原发疾病与并发症相结合：糖尿病患者由于代谢障碍，极易造成多系统、多脏器损害，加之蛋白非酶糖基化所致的血管进行性损害造成血管、神经的诸多并发症，因而必须同时兼顾原发疾病代谢障碍的总体，以及血管、神经病变的局部表现。这是提高健康质量，益寿延年的又一关键所在。

**3. 治疗原则**

（1）常宜滋补，慎用攻伐、寒凉：消渴病属慢性消耗性疾病。其本为虚，水液精微物质下泄，日久虚甚，故常多滋补，益气养血，滋阴温阳，每每选用。其补又宜动补而忌一味静补，若刚柔相济，动静结合，方为妥贴。养血滋阴，不宜腻膈，故选甘凉、甘寒，不可苦寒，苦寒太过，易伤阳气，易戕脾胃。益气温阳，不可刚燥，温燥太过，易犯阴血而助阴火。虽或见实证，当虑本虚标实。其火多为虚火，阴足则火自灭。瘀血痰浊，亦脏腑气血虚损而成，不可一味活血化瘀，祛痰化浊，而忘气血不足，脾虚不运，肾阳虚而不化。若为实证，亦与积滞之胃家实证不同，治疗上苦寒大剂，承气峻攻，当禁用或慎用，或中病即止，不可过用、久用，免生他变。杨士瀛说："此虚阳炎上之热也，王叔和有言，虚热不可大攻，热去则寒起。"张景岳云："中消火证以善饥而瘦，古法直以调胃承气及三黄丸之类主之。然既已善饥，其无停积可知，则止宜清火，岂堪攻击。"喻嘉言亦说："瘅成为消中，胃热极深，胃火极炽，以故能食易饥多渴，诸家咸谓宜用大承气汤下之矣。不知积渐之热，素蕴之火，无取急下，下之亦不去，徒伤肠胃，转增其困耳。"

刘河间论消渴之治，对阴虚燥热者较为公允。他说："故治消渴者，补肾水阴寒之虚，而泻心火阳热之实，除肠胃燥热之甚，济一身津液之衰，使道路散而不结，津液生而不枯，气血利而不涩，则病日已矣。"

（2）三消分治，立足于脾：消渴之病，古有上、中、下三消之分，肺燥、胃热、肾虚之别。主症三多一少，即多饮、多尿、多食及体重减轻，且伴有疲乏无力。临床之际，三多一少有同时见者，有以烦渴、多饮为主者，有消谷善饥、多食者，有小便频数、多尿者。由于三消症状各有侧重，故是以上、中、下三消之名，作为辨证的标志，用以确定病位所在。

消渴病虽为整体性疾病，但病理变化的实质，无不与脾的关系至关重要。中医所说的"脾"包括了西医解剖学脾和胰的功能在内。中医认为脾主运化，转输功能，与西医学胰的内分泌功能有着近似的关系。脾的生理功能，《内经》云："饮入于胃，游溢精气，上归于肺……水津四布，五经并行。"消渴病的基本病理变化乃是运化、转输的功能失职，久而久之，水液代谢、糖代谢、脂肪代谢等出现功能紊乱，这种紊乱突出表现在烦渴引饮而不解渴，饮而多食反而消瘦，疲乏无力，形体消瘦，肢体废痿。对于这些病征，施今墨先生云："此乃脾不敛精，精微物质丢失是也。"另外，还有渴饮无度，责之于脾。有学者曾统计过自汉唐以来治消渴方 300 首，其中配用治脾的药达半数以上。如近代名医张锡纯治消渴的玉液汤，滋脾饮均重用黄芪。施今墨、祝谌予先生降糖对药绿豆衣配薏苡仁、黄芪配山药、苍术配玄参，均是立足于敛脾精、止漏浊是也。

（3）三消分论，治肾不可少：金元以后，论治消渴，多分三消而治。上消初起，宜清肺泻火，久则阴气受伤，宜滋阴润燥，益以益气。中消初起，宜清胃泻火，久则火去脾伤，宜健脾益气而养阴。下消初起，宜滋阴清热，久则热耗真元，阴损及阳，宜阴阳并补。

消渴虽有上、中、下三消之分，肺燥、胃热、肾虚之别，实际上三多症状往往同时存在，仅表现程度上有轻重的不同，或渴烦而多饮明显，或以消谷善饥多食为主，或以尿多为重。由于三消症状各有偏重，故冠以上、中、下三消之名作为辨证的标志。通常把多饮症状较突出者称为上消，多食症状较突出者称为中消，多尿症状较突出者称为下消。三消分证利于辨证之求其病位所在，所以治疗上当分而治之，但不宜偏执而泥于此。正如程钟龄所说："大法治上消者，宜润其肺，兼清其胃"，"治中消者，宜清其胃，兼滋其肾"，"治下消者，宜滋其肾，兼补其肺"，"夫上消清胃者，使胃火不得伤肺也；中消滋肾者，使相火不得攻胃也；下消补肺者，滋上源以生水也。三消之治，不必专执本经而滋其化源，则病易痊矣"。盖程氏可谓深得治消渴之要矣。

还要指出的是，三消均需治肾。古人多有明论，赵献可专主治肾，张景岳谓治肾为主，陈士铎更谓无论上、中、下三消，均先治肾为急。近之诸家，亦谆谆告诫治消渴不忘治肾。或组一基本方加减治消渴，无不顾及治肾；或辨证分型治消渴，属肾者，治肾理所当然，即使病位主要不涉于肾，亦刻刻不忘顾护肾虚。至于治肾之法，通常阴虚火旺者，宜滋水清热；病久肾精亏耗者，宜填精固下；阴虚及阳，阴阳两亏者，当双补阴阳；肾气不固，气不摄精者，壮水益气；素体元阳不足，或年暮病深，命门火衰，气不蒸腾，气不化液者，宜温阳煖下，以升摄水气；虚火浮游者，宜引火归原。

另外，消渴每兼血瘀，所以在辨证施治的同时，适当佐以活血化瘀之品更能提高疗效，尤其是见血瘀之征者，更不可忽视活血化瘀。消渴病程较长，并发症较多，或痼疾难疗，或危候莫救，因此，除及时发现、有效治疗外，在治疗过程中见其倪端，预先遏制十分重要。在治疗消渴本证的同时，对有火燥蕴结，腠理涩滞者，当兼予清热解毒之品，免生痈疽；对中寒食少者，不可过用寒凉，要注意健脾助运，免生中满肿胀之候；注重肝肾精血之亏，见之则重以滋肝肾填精血之味，以防白内障、雀盲、耳聋之疾。活血化瘀之药，亦含防患癌证、中风、胸痹之未然，不可轻视。

（4）活血化瘀，贯穿始终：中医古代医学家也曾发现消渴的发病与瘀血有关。瘀血可以导致消渴，消渴日久又易产生瘀血。如《灵枢·五变》中说："其心刚，刚则多怒。怒则气上逆，胸中蓄积，血气逆流，皮充肌，血脉不行，转而为热，热则消肌肤，转为消瘅。"指出消渴是因大怒气逆，气血不畅，瘀血内停，蓄久化热，灼伤阴津使然。明代李梴《医学入门》也说："三消……总皆肺被火刑，熏蒸日久，气血凝滞。"说明消渴为阴虚燥热，血液被煎熬则浓缩，黏稠不畅，日久可致瘀血。关于瘀血发渴的机理，清代唐容川《血证论》中论述明确："瘀血在里则口渴。所以然者，血与气本不相离，内有瘀血，故气不得通，不能载水津上升，是以发渴，名曰血渴。瘀血去则不渴矣。"虽然古代的消渴不完全等同于现代的糖尿病，然而古人的这些认识对研究糖尿病瘀血证不无启发，是可以借鉴的。

# 五、方药／手法之长

## （一）经典用药

### 1. 绿豆衣、薏苡仁

绿豆衣（清上焦热）即绿豆的种皮，味甘性寒，有滋脾胃、厚肠胃、润肌肤、和五脏、清火解毒之功；薏苡仁甘淡渗利，有滋养化源、清肺热、促运化、除脾湿、行水消肿之效。二药参合，相互促进，益脾胃、促运化，清虚热、解毒热、治消渴之力益彰。米豆煮粥取互补之意。

### 2. 麦冬、乌梅

麦冬甘寒益阴，苦寒清热，入肺胃经，清热滋阴，益胃生津，养阴润肺，善治上消诸症；乌梅酸涩，和胃生津，敛肺涩肠，止渴、止泻、止咳、止血、安蛔。麦冬以养阴清心润肺为主，乌梅以清凉生津止渴为要。二药参合，酸甘化阴，生津止渴之功益彰。

### 3. 升麻、黄连

升麻辛寒，轻清升散，既能升举肺胃清阳之气，清泄胃火，清热泻火；黄连性寒苦降，清心胃之火，泻热解毒。升麻以升为主，黄连以降为要。二药参合，升麻载黄连直达胃腑，以清热泻火，寓有"火郁发之"之意也。升麻、黄连伍用，出自《兰室秘藏》清胃散，用于治疗胃热上窜，遂有口舌生疮、牙龈肿痛诸症。笔者藉以清胃火、治中消之证，亦有良效。

### 4. 黄芪、生地

生黄芪甘温，质轻升浮，助脾气上升，散精达肺，通调三焦，维持机体内环境平衡，提高机体抗病能力，收到双向调节血糖的作用；生地甘凉，味厚气薄，滋阴清热，养阴润燥，凉血止血，生津止渴。黄芪以补脾阳为主，生地以补脾阴为要。二药伍用，一阴一阳，阳生阴长，健脾滋肾，养阴生津，以治消渴诸症。黄芪、生地伍用，出自张锡纯《医学衷中参西录》滋膵饮。方由生黄芪、大生地、生怀山药、净萸肉、生猪胰子组成。用以治疗消渴诸症。脾虚甚配山药；肺燥者配生地。

### 5. 生地、淫羊藿

生地甘凉，味厚气薄，滋阴清热，养血润燥，凉血止血，生津止渴；淫羊藿辛香甘温，既能补命火、兴阳事、益精气、祛风湿、壮筋骨，又能舒张周围血管、降低血压、降低血糖。生地以补肾阴为主，淫羊藿以补肾阳为主。二药参合，阴阳俱补，提高机体免疫功能，提高人体抗病能力益彰。生地、淫羊藿伍用，善治糖尿病下消之证，表现为阴阳俱虚者用之最宜。

### 6. 五味子、细辛

五味子酸涩收敛，敛肺滋肾，生津敛汗，涩精止泻。肺主气司呼吸，肺气宜宣。细辛辛散温通，温肺化饮，发散风寒，祛风止痒。外感风寒，则致肺气抑郁，应以宣通肺气，温散寒邪为治。咳嗽伤气，气伤则涨，故云肺气宜拢、宜敛。五味子收敛肺气，细辛宣肺散邪，温肺化饮。二药伍用，以细辛之辛散，制五味子之酸敛；五味子之酸敛，又制细辛之辛散。二药参合，一散一敛，一开一合，相互制约，相互促进，止咳平喘甚妙，主治风寒感冒，咳吐白痰，或寒饮咳喘诸症，以及肺肾两虚，久咳虚喘等症。根据辨证施治的原则，细辛、五味子的用量应灵活掌握。咳嗽初起，以开、宣为主，多用细辛；久咳之后，以敛肺气为要，多取五味子。古人谓，五味子之敛，制细辛之升发。二者参合，则升降灵而咳喘自止矣。盖"肺气阳中有阴，故能降，治肺气以阴降为主，然气之降先本于升，五味子合细辛升降皆备，所以阳邪伤阴，固宜清阳，以之收阳；阴邪伤阳，亦宜此辛温畅阳，而寓收阴"。此即细辛合五味子治咳喘之机理也。

### 7. 滑石、甘草

滑石寒滑，质体滑腻，故可利窍，上能清水源，下可通水道，荡涤六腑之邪热从小便而出，此药走而不守为动药；甘草甘缓泻火解毒，缓和药性，甘缓善守是为静药。以甘草之甘缓，制滑石之寒滑；又以滑石之寒滑，制甘草之甘滞。二药伍用，名曰六一散，亦名天水散，除清暑热之外，又长于渗湿利水，通利膀胱，使湿热之邪从下渗泄，故又能利水通淋，治一切砂石诸淋，如石淋（尿路结石）、淋浊（急慢性肾炎、肾盂肾炎、膀胱炎、尿道炎）表现为小便不利者。柯琴曰："滑石禀土中冲和之气，行西方清肃之令，秉秋金坚重之形，寒能胜热，甘不伤脾，含天乙之精而具流走之性，异于石膏之凝滞，能上清水源，下通水道，荡涤六腑之邪热从小便而泄，炙甘草禀草中冲和之性，调和内外，止渴生津，用以为佐，保元气而泻虚火，则五脏自安和矣。"施师经验，六一散应用范围较广，除治疗上述中暑吐泻等症之外，尝治尿路感染，尿路结石诸症均获良效。尤其对尿路结石治愈后，持久服用，有预防结石复发之功。

### 8. 升麻、柴胡

升麻辛甘微寒，能发表透疹，清热解毒，升阳举陷；柴胡苦辛微寒，透表泄热，疏肝解郁，升举阳气。升麻以引阳明清气上行为主，柴胡以升少阳清气上行为要。升麻行气于右，柴胡行气于左。二药参合，一左一右，升提之力倍增。可以治疗清阳下陷所引起的泄泻，或中气不足，气虚下陷所引起的脱肛，子宫脱垂、胃下垂，以及崩中带下诸症。升麻、柴胡伍用，出自《脾胃论》补中益气汤、《医学衷中参西录》升陷汤。二者伍用之理，张锡纯说："柴胡为少阳之药，能引大气之陷者自左上升。升麻为阳明之药，能引大气之陷者自右上升。"祝谌予教授亦常用于治疗肺癌手术后，或施用放疗、化疗后，证属气虚下陷，整体功能衰弱者，也有良效，但宜与党参、黄芪、半枝莲、藤梨根配伍使用才好。

### 9. 知母、石膏

知母甘苦而寒，质润多液，既升又降，上能清肺热，中能清胃火，下能泻相火，故有清热泻火，滋阴润燥，退蒸除热，降低血糖，消除或减少尿中酮体之功；石膏辛寒，质重而降，气升又浮，善清肺胃之热。二药参合，相互促进，清泄肺胃实热，降低血糖之力益彰。急性热性病皆可用生石膏。

### 10. 生黄芪、怀山药

黄芪甘温，皮黄内白，质轻升浮，生品入药，升发之性为最，功专升阳举陷，温分肉、实腠理、补肺气、泻阴火，炙后入药，功擅补中气、益元气、温三焦壮脾阳、利水消肿、生肌长肉、内托排脓。山药甘平，鲜品质润液浓，不热不燥，补而不腻，作用和缓，以补脾胃、助消化、补中气、益气力、温分肉、润皮腠，炒黄入药，尚有人参之功，为补益之佳品。黄芪以补脾阳为主，山药以补脾阴为要。二药参合，一阴一阳，阴阳相合，相互促进，相互转化，共奏健脾胃、促运化，敛脾精、止漏浊，消除尿糖甚妙。

## （二）经典用穴

### 1. 大椎、身柱

大椎为督脉腧穴，又为手、足三阳经之会穴，纯阳主表，既有宣通诸阳、调和营卫、疏散表邪、解肌清热、行气利水之功，又有除寒祛邪、通经活络、行血止痛之效。身柱为督脉腧穴，为一身之支柱，既有搜风顺气，祛邪退热之功，又有强壮腰脊、镇静安神、息风止惊之效。二药伍用，清热祛风、息风止惊、强壮腰脊、通络止痛之力益彰。主治疟疾，症见寒热往来，发有定时者，小儿高热惊风诸症，阴虚骨蒸潮热等症。

大椎、身柱伍用，原为治疗疟疾而设。有位老战士说：早在抗日战争最艰难的岁月，我得了疟疾病，持续两个多月不愈，嗣后，在太行山上有位乡村医生给我在背部先针刺，后拔火罐，连治两天，竟治好了我的病，经他指给我看的针刺部位，大体与大椎、身柱相仿。阴虚骨蒸潮热者，宜鱼际、太溪参合，太溪补水中之土，润燥生津；鱼际泻金中之火，扶正益肾是也。

### 2. 合谷、足三里

合谷为大肠经原穴，五行属火；足三里为胃经合穴，五行属土。二穴伍用，有火土相生之妙用。合谷清经主气，以升散为主；足三里重浊下行，以降浊为要。二穴同用，一升一降，清升浊降，升降协合，调理肠胃，理气止痛，消胀除满，降浊通便，整肠止泻之功益彰。

合谷、足三里伍用，原为治疗脾胃不健，升降功能紊乱，症见脘腹胀满，大便硬结，或大便初硬后溏，或大便泄泻等而设。近几年来，也常用于治疗感冒、流行性感冒，属胃肠型，阳明有郁热之象者，屡见功效。吕景山在临床中体会，诸凡外感病证，多因内有郁热，外感风热，风寒之邪，内外相合，病乃发矣。治疗之时，也应清、解合法，即一面解表散邪，一面清泄里热。若能守法施治，灵活变通，往往可收事半功倍之效。

### 3. 归来、太冲

归来，又名溪谷、溪穴。在下腹部，当脐中下4寸，距前正中线2寸，为足阳明胃经腧穴。穴居天枢穴下4寸，中极穴旁开2寸处。既可纳气归原（归根），又可治气分病（男子囊缩，女子阴挺），而使其复原，故名归来。本穴具有疏调下焦气机，以行气止痛、暖宫散寒、升阳举陷之功，用于治疗腹痛、疝气、睾丸肿痛、经闭、阴挺、带下、阴冷肿痛。

太冲，又名大冲。在足背侧，当第1跖骨间隙的后方凹陷处，为足厥阴肝经腧穴，乃本经脉气所注，既是本经原穴，又是输土穴。太，大也；冲，通道也。比喻本穴为肝经木的通道所在，也是元（原）气所居之处，故名太冲。本穴具有疏肝理气、活血通络、清降肝阳、镇肝息风、清利下焦湿热之功，用于治疗胸胁支满、疼痛、呕逆食少、眩晕头痛、头重脚轻、烦躁失眠、惊风抽搐、癫痫、目赤肿痛、崩漏、疝气、遗溺、小便不通、内踝前缘痛。

归来位于下焦，有调理气机、纳气归原、行气止痛、温经散寒、升阳举陷之功；太冲处于蹞趾本节后，能疏肝理气、活血通络、平肝潜阳、镇肝息风、清利湿热。归来以升清为主；太冲以清降为要。归来突出一个"补"字，太冲侧重一个"泻"字。二穴伍用，一升一降，一补一泻，相互制约，相互为用，升阳举陷，清热利湿，消肿止痛之功益彰。

### 4. 攒竹、三间

攒竹，又名员在、小竹、始光、眉中、光明、夜光、员柱、元柱、明光、眉本、眉头。在面部，当眉头陷中，眶上切迹处，为足太阳膀胱经腧穴。眉如竹叶，穴在眉内侧端凹陷处，为诸阳气攒聚之所，犹新竹之茂，故名攒竹。本穴具有宣泄太阳经气、祛风散邪、清热明目、通络止痛之功，用于治疗寒热头痛、眉棱骨痛、面赤颊痛、视物不明、流泪、目赤肿痛、雀目，眼睑瞤动、视网膜出血、视神经萎缩、尸厥。

三间，又名少谷、小谷。微握拳，在食指本节（第2掌指关节）后，桡侧凹陷处，为手阳明大肠经腧穴，乃本经脉气所注，为输木穴。穴在食指之拇指侧（桡侧），本节后凹陷处，穴当本经第三个穴位，故名三间。本穴具有疏调大肠腑气、宣泄邪热、清利咽喉、消肿止痛之功，用于治疗目痛、齿痛、咽喉肿痛、肩背疼痛、手指及手背红肿、身热、胸满肠鸣、气喘、大便不通、多卧善睡。

攒竹宣调太阳经气，祛风散邪，清热明目，通络止痛；三间疏调大肠腑气，宣泄邪热，清利咽喉，消肿止痛。攒竹以升清为主，三间以降浊为要。攒竹以解表为主，三间以清里为要。二穴伍用，一升一降，一清一解，相互制约，相互为用，清热解毒、消肿止痛之力益彰。

### 5. 支正、飞扬

支正，在前臂背面尺侧，当阳谷与小海的连线上，腕背横纹上5寸，为手太阳小肠经腧穴、络穴。正，正经也；支，络脉也，离走也。穴在腕后5寸，居手太阳正经之上，其支别络脉由此别走手少阴之脉，故名支正。本穴具有疏调经气、舒筋活络、解表清热、清心定志之功，用于治疗项强、肘挛、手指疼痛、头痛、目眩、颔肿、热病、发热恶寒、癫狂。

飞扬，又名厥阳、厥扬。在小腿后面，当外踝后，昆仑穴直上7寸，承山外下方1寸处，为足太阳膀胱经腧穴、络穴。穴在外踝上7寸，经气由此飞而走向足少阴肾经，针之能使人扬步似飞，故名飞扬。本穴具有宣通太阳经气、舒筋活络、清热利湿、消肿止痛之功，用于治疗头痛、目眩、鼻塞、鼻衄、腰痛、小腿肚肿痛、筋急不得屈伸、下肢软弱无力、癫痫、痔疮。

支正为手太阳小肠经络穴，别走手少阴心经，有沟通表里二经、疏调经气、舒筋活络、解表清热、清心安神之功；飞扬为足太阳膀胱经络穴，别走足少阴肾经，有沟通表里二经、宣通经气、舒筋活络、清热利湿、消肿止痛之力。二穴伍用，同经相应，同气相求，有通调心、小肠、肾、膀胱诸经功能，并可增强舒筋活络、利水渗湿、消肿止痛、清热明目之力。

### 6. 翳风、听会

翳风，在耳垂后方，当乳突与下颌角之间的凹陷处，为手少阳三焦经腧穴，又是手、足少阳经交会穴。穴在耳后凹陷中，四周隆起，既能蔽风，又能祛风，故名翳风。本穴具有疏调三焦气机、疏风通络、清热泻火、开窍益聪、镇静止痛之功，用于治疗耳鸣、耳聋、口眼㖞斜、牙关紧闭、颊肿、目视不明、瘰疬。

听会，又名听呵、后关、机关。在面部，当耳屏间切迹的前方，下颌骨髁突的后缘，张口有凹陷处，为足少阳胆经腧穴。穴在耳前凹陷处，针之能使听觉得以聚会，故名听会。本穴具有疏通气机闭塞、清泄肝胆湿热、驱风邪、开耳窍之功，用于治疗耳鸣、耳聋、耳内疼痛、下颌关节脱位、牙痛、腮肿、口眼㖞斜。

翳风为手少阳三焦经腧穴，有调三焦气机、疏风通络、清热泻火、开窍益聪之功；听会为足少阳胆经腧穴，有疏调肝胆气机、清泄肝胆湿热、祛风开窍益聪之效。二穴伍用，同经相应，同气相求，祛风清热、宣通络道、启闭开窍之功益彰。

### 7. 天突、尺泽

天突，又名玉户、天瞿。在颈部，当前正中线上，胸骨上窝中央，为任脉之经穴，任脉与督脉之交会穴。人之胸腔喻天，腹腔喻地，本穴位居胸腔之上，穴处之脉气突起于天部，故名天突。穴居至高，其气以通为顺，尚有宣肺化痰、下气平喘、利咽开音之功，用于治疗哮喘、咳嗽、咳逆上气、喉中水鸡声、暴喑不能言、咽肿、喉中生疮不得下食、呕吐、噎膈、黄疸、瘿瘤（甲状腺肿大）、肺痈。

尺泽，又名鬼堂、鬼受。在肘横纹中，肱二头肌腱桡侧凹陷处，为手太阴肺经腧穴，乃本经脉气所入，为合水穴，按金水相生之理，又为肺经子穴。本穴具有疏调上焦气血，以清肺热、泻肺火、降逆气、止咳喘、舒筋活络、缓急止痛之功，用于治疗咳嗽、咳血、肺痨、潮热、胸部胀满、咽喉肿痛、小儿惊风、肘臂挛痛、遗尿、闭经、乳痈、无脉症。

天突为任脉经腧穴，居于结喉下，通于天气，有宣肺化痰、下气平喘、利咽开音之功；尺泽为肺经腧穴、合穴，有清肺泻火、降气平喘、舒筋活络、缓急止痛之效。天突以宣肺为主，尺泽以降气（降肺气）为要。二穴合用，一宣一降，宣降合法，止咳平喘之功益彰。

**8. 足三里、太冲**

足三里为足阳明胃经腧穴，为本经脉气汇合之处，为合土穴，具有调理肠胃、健脾和胃、理气消胀、化积导滞、行气止痛、利水消肿、化痰止咳、降气平喘、疏通经络、调和气血、和胃安眠、强壮健身之功。太冲为足厥阴肝经腧穴，为该经脉气所注，为输土穴，具有疏肝理气、通经活络、平肝息风、镇肝潜阳、清热泻火、疏泄下焦湿热之效。二穴均为土穴，合而用之，同气相求，疏土补中之功益彰。足三里突出一个"补"字，太冲侧重一个"泻"字。二穴伍用，一补一泻，相互制约，相互为用，培土抑木、清泄肝胆之力增强。

**9. 膻中、气海**

膻中，又名元儿、元见、上气海、胸堂。在胸部，当前正中线上，平第4肋间，两乳头连线的中点，为任脉经气所发。穴居两乳之间，为宗气之海，又善治气病，故称气之会穴；又是心包络之募穴，足太阴少阴、手太阳少阳与任脉之交会穴。本穴具有调气降逆、清肺化痰、止咳平喘、宽胸利膈之功，用于治疗短气、哮喘、肺痈、咳嗽、唾脓、咯血、心胸疼痛、心中懊侬、噎膈、妇人乳汁少、脏躁、尸厥、冠心病心绞痛。

气海，又名脖映、下肓、丹田、季映、下气海。在下腹部，前正中线上，当脐中下1.5寸，为任脉经腧穴，乃本经脉气所发，男子生气之海，又为大气之所归，犹百川汇集如海，故名气海。本穴具有调补下焦气机，而补肾气、益元气、温下焦、祛寒湿、和营血、理经带、纳肾气、止虚喘之功，用于治疗真气不足、脏气虚惫、羸瘦、四肢无力、卒中虚脱、阴冷囊缩、四肢厥冷、妇人崩漏、赤白带下、经闭、月经不调、产后出血、疝气、遗尿、尿闭、遗精、阳痿、腹痛、泻泄、便秘、脱肛、水肿、小便不通、失眠。

膻中又名上气海，位于两乳之间，前胸的中央，功专宣调胸中大气，以理气散瘀，宽胸利膈，降气平喘，清肺化痰；气海又名下气海，穴居脐下正中寸半处，功擅调补下焦气机，而益肾气、补元气、温下焦、祛寒湿、和营血、理经带、纳肾气、平喘逆。膻中以行气开通为主；气海以纳气归元为要。二穴合用，一补一泻，一开一阖，止咳平喘之功益彰。

**10. 志室、三阴交**

志室，又名精宫。在腰部，当第2腰椎棘突下，旁开3寸，为足太阳膀胱经腧穴。肾藏志，穴在肾俞旁，内与肾相应，为肾气留住之处所，又主肾疾，故名志室。本穴具有补肾益精、强健腰膝，清利下焦湿热之功，用于治疗遗精、阳痿、小便不利、水肿、阴中疼痛、腹胀、胁满、腰脊强痛。

三阴交，又名承命、太阴、下之三里。在小腿内侧，当足内踝尖上3寸，胫骨内侧缘后方，为足太阴脾经经穴。其又为足太阴、足少阴、足厥阴三经之交会穴，故命名为"三阴交"，又是回阳九针穴之一。本穴具有补脾胃、助运化、利水湿、疏下焦、理肝肾、通气滞、调血室、理精宫、通经络、祛风湿之功，用于治疗消化系统病症（脾胃虚弱、消化不良、脘腹胀满、肠鸣泻泄）、泌尿系统病症（水肿、小便不利、小便频数、遗尿）、生殖系统病症（早泄、遗精、阳痿、阴茎疼痛、月经不调、子宫出血、痛经、带下）。另外，还可治头昏、头晕、失眠、健忘。

志室为肾气、肾精留驻之处所，有补肾益精、强健腰脊、清利下焦湿热之功；三阴交为足三阴经之交会穴，有补脾胃、助运化、利水湿，疏下焦、理肝肾、通气滞、调血室、理精宫、通经络、祛风湿之效。志室以益肾精为主，三阴交以调肝、脾、肾三经气机为要。二穴伍用，其功益彰，补肝肾、强腰膝，固精关、止漏遗之力增强。

# 六、读书之法

中医古籍，浩如烟海，汗牛充栋，总有让人有种不知从何看起的感觉，但是在这么多的医书中，有许多都是值得我们认真学习的。可是现在很多人不重视经典的学习，认为里面的文字意深难懂，经典学习已经过时。两千多年来的古典医籍，能够传承至今仍被后辈推崇备至，一定是因为这些著作太过经典。古代名医大家每一位都深刻地研究过这些经典医籍，从中汲取营养。

孙思邈在"大医精诚"中更明确指出学医者当"博极医源，精勤不倦"。所有医家大都有渊博的学识，而知识的积累绝非朝夕之功，往往倾注了一生的精力。李东垣在《内外伤辨惑沦》序言中讲："仆幼自受《难》《素》于易水张元素先生，讲诵既久，稍有所得。"朱丹溪之恩师罗知悌也曾经对他说："学医之要，必本于《素问》《难经》……"

吕景山在大学时期，就在祝谌予教授的指导和讲授下认真研读了《景岳全书》《丁甘仁医案》。此后，在临床工作的同时，吕景山还大量阅读了中国古典医籍。逐步增大的阅读量不仅开阔了眼界，提升了对中医理论的认知，更是显著提高了临床疗效。这些前期的积累，为吕景山日后撰写传承施今墨临床经验的《施今墨对药》和创论对穴撰写《吕景山对穴》提供了极大的营养。

吕景山认为《黄帝内经》是中医的理论基础，里面讲了中医的生理、病理、诊法、治疗原则，后世医家虽然对中医多有发展，但他们提出的理论，其根源依然是《内经》。如果要理解他们的思想，仍然要读懂这部经典巨著。而《伤寒论》和《金匮要略》这两部经典是中医临床基础学，是由理论到临床的最早和最经典的学说。

因此，内、外、妇、儿各科医生都应该认真研读，这将对自身的组方、用药有极大的帮助。其他如《脾胃论》《格致余论》《外感温热论》《湿热论》《温病条辨》等，也要当作经典来读。因为它们在临床上很实用，从理论上提出了自身的全新观点，在组方用药上也有独到之处。

# 七、大医之情

## （一）思想境界

中国文化的内核特别强调"仁"。孟子曰："君子所以异于人者，以其存心也。君子以仁存心，以礼存心。仁者爱人，有礼者敬人。"仁者爱也。同情、关心、尊重是仁的具体体现。孔子曰："夫仁者，已欲立而立人，已欲达而达人。能近取譬，可谓仁之方也矣。"这两位古代圣人算是把仁的好处和仁之方法给说透了。吕景山师从施今墨先生，深受中国传统文化的影响。从医之始，施老就强调过要"仁者爱人"，要"推己及人"，体会患者的痛苦，学好医术，做一个德术俱佳的医生。

吕景山从医以来，疗效卓著，受到广大患者的认可。对于边远地方不能来诊的患者，吕景山就采用书信来往、电话交流指导的方式，免费提供治疗方案，亦收到良好的效果。他还多次参加义诊活动，在偏关、曲沃县等地义诊时，就诊患者每日达120人次，不仅为广大基层患者解除了病痛，更扩大了中医的影响。吕景山走到哪里，就将门诊设到哪里。2006年10月，他赴香港讲学期间，恰遇香港中华中医师公会、香港骨伤学会、香港经络医学会联合举行义诊活动，吕老虽年逾七旬，仍毅然将返程时间后延，参与义诊之事。

吕景山教授的精湛医术在国外也留下了深深的足迹。1975年7月15日作为我国首批赴喀麦隆共和国工作组的一员，吕景山在两年零四个月的工作时间里，诊治患者4万余人次，每天诊治100～180人次。这些患者中，包括该国的元首、部长，驻该国的外交使节、普通群众。吕景山总是一视同仁，全心全意地为每一位患者服务。

## （二）文化修养

吕景山常常说：人的一生其实就是一次修心的旅程，唯有日日拂拭，才能无垢亦无碍。而修心修的是一颗赤子之心，这种从简到繁的修心之旅，往往需要从无到有返璞，深入浅出归真。当满头华发、生命禅悟的一刹那，这种修行会偿还予你幸福，也会记得加倍偿还予你最美的风景。生活中最使人疲惫的往往不是路途的遥远，而是心中缺乏信仰带来的郁闷。最使人纠结的往往不是生活中的不幸，而是幸福的时候由于没有禅悟人生的鉴赏之心。

吕景山教授是一位国学修养很深的"大医"之才。他自大学期间就博览群书，特别是对中国古典书籍，他涉猎知识广泛，注重人文修养。吕景山教授曾说过：中医学者不仅要掌握中医学相关专业知识，更要"明阴阳、知人事、晓天时、通地理"，唯有如此，才能把人放进自然、社会、精神的大系统之中，在"天人相应"的理性思维指导下，用药如用兵，运筹帷幄之中，决胜千里之外。

# 八、养生之智

吕景山出生时家境不是很好，幼年时又由于日本帝国主义的入侵，饱受战火，颠沛流离，因此他从小脾胃就很差，一顿饭吃的东西还不如一只猫多。从医以后，他通过自身的调养，精力旺盛，体力充沛，再无脾胃虚弱之患。

吕老认为，调养身体必首重脾胃。脾胃为后天之本，为气血生化之源，脾胃一虚，诸脏腑不得充养，百病由生，故养生必先养脾。同时，要恬淡虚无、志闲少欲。《内经》有云：志闲少欲，饮食有节，起居有常，减其思虑，省语养气，庶几于道，何病之有？如或不慎，病形已彰，若能调其脾胃，使荣气旺，清气上升，则四脏各得其所。

# 九、传道之术

## （一）人才培养方法

中医最讲究师承和传带，谈到收徒，吕景山讲，数十年临床经验是不断的探索和感悟，非耳提面命不易被他人掌握，言传身教，才能真正领会中医的精髓。吕景山教授自己就师出名门，是北京四大名医之一、国内外享有很高的声望中医临床家、教育家施今墨先生的弟子，并师从祝谌予教授、杨甲三教授、程莘农教授及"山西四大名医"韩玉辉先生。

作为第三、四、六、七批全国老中医药专家学术经验继承工作指导老师，第一、二批山西省老中医药专家学术经验继承工作指导老师，吕景山教授先后培养学术继承人 12 人次、接收入室弟子 12 名。另外，吕老在 20 世纪六七十年代就通过山西省卫生厅组织的"县级医生培训项目"，推广自己的学术思想和临床经验，该项目共举办 40 余期，短的 3 个月，长的达 1 年之久，培养县级医生数百名。吕景山一生走到哪里，就将中医的种子播撒到哪里。为了更好地传承中医，吕老自 2002 年受聘为全国老中医药专家学术经验继承工作指导老师以来，共培养了吕玉娥、郝重耀、黄安等学术经验继承人9名；通过山西省"全省优秀中医临床人才研修项目"先后收徒5名。在广东讲学期间，许多香港的后学慕名而来，想拜吕老为师。此后，吕老不辞辛劳，在国内于北京、山东、河北、甘肃、广东、香港、台湾，在国外于加拿大、英国等地多次收徒。不仅如此，吕老还将自身成长经历书写成文章，收录于《明医之路 道传薪火》一书，以诱掖后学。

为进一步总结和传承吕老的学术思想，在国家中医药管理局的资助下，成立了"吕景山国医大师传承工作室"。目前，各项工作正有序开展，吕景山的学术思想将得到全面总结和继承。

### （二）人才培养成果

经过多年的悉心培养，吕景山教授培养的弟子、学术经验继承人大多数已经成为中医事业发展的骨干力量，其中2人当选"山西省学术技术带头人"，3人成为国家中医药管理局"国家重点临床专科"负责人。弟子先后承担国家"九五"攻关、"十五"攻关、"十一五"科技支撑计划、863计划、973计划和国家自然科学基金、北京市科委重大项目等课题36项。

## 吕景山学术传承谱

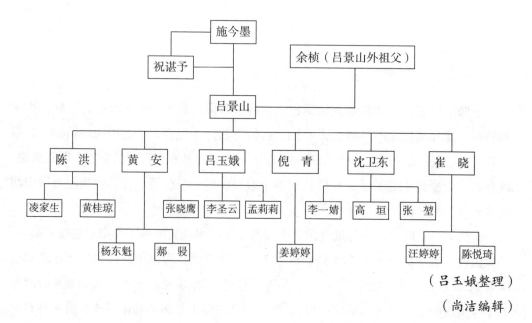

（吕玉娥整理）

（尚洁编辑）

# 张大宁

张大宁（1944—），天津人。中央优秀保健医生，中央文史馆馆员，国际欧亚科学院院士，我国中医肾病学奠基人，天津市中医药研究院名誉院长，首席专家，主任医师，教授，博导，博士后导师，中国中医科学院学部执行委员，中医肾病学国家授衔专家，国家卫生和计划生育委员会公共政策咨询专家委员会委员，国家中医药管理局中医药改革发展专家咨询委员会委员。曾任中国中医药研究促进会会长，中华中医药学会副会长、肾病分会主任委员。担任全国老中医药专家学术经验继承工作指导老师，国家级重点学科学术带头人。首批享受国务院特殊津贴专家。2014 年被授予第二届"国医大师"称号。

张大宁是我国中医肾病学奠基人，20 世纪 80 年代即科学、严谨地规范了"中医肾病"的概念、范围及常见病证辨证论治的基本规律，从而使"中医肾病学"从中医内科学中科学地分离出来，形成一门系统完整的中医临床学科。他提出了"心－肾轴心系统学说""肾虚血瘀论与补肾活血法""肾本学说－肾为人体生命之本"等理论，研制了 20 余种制剂，先后荣获各级科技进步奖一等奖、二等奖等 10 余项科技成果奖及多项发明专利。主编了我国第一部《实用中医肾病学》和《中医肾病学大辞典》。因为张大宁的卓越成就，"国际天文联合会"把中国科学院发现的 8311 号小行星命名为"张大宁星"，这是世界上第一颗以医学家名字命名的小行星，同时，"张大宁星"也被列入世界吉尼斯大全。

# 一、学医之路

张大宁出生于中医世家，父亲张阳是天津市名中医。张大宁小的时候，父亲在家里开诊所，他除了每天看父亲诊病，还经常跑去中药房玩，有些药小孩是可以吃的，像枸杞子、桂圆肉，所以从很小的时候他就接触了中医和中药。再加上父亲让他学一些国学的东西，所以张大宁儿时就能熟练背诵《三字经》《弟子规》，熟读《论语》《中庸》《老子》等经典，长大后，通过自己对经典的感悟，加上父辈的期许，他走上了行医之路。

张大宁的父亲是一位中医功底深厚、临床经验丰富、认真做学问的人，每天除了看病，就是在书房里念书，所以全家人，包括很小的孙辈都知道，爷爷每天晚上吃完饭就在书房里念书，有时还背诵。父亲对张大宁的影响是最早的，他做人、行医的态度及学问学识，都对张大宁有着很大的影响。天津市有很多名医，张大宁也虚心地向他们学习，像哈荔田老、何世英老，张大宁都跟他们学习过，深受他们医德、医术的影响。张大宁最崇拜的人是张仲景，因为他认为张仲景奠定了中医学的独特诊治体系、辨证论治的基础和典范，中医学至今所使用的辨证论治方法主要来自张仲景的《伤寒杂病论》。《黄帝内经》里对辨证论治的论述是很少的，所以张大宁认为在中医学领域贡献最大的应当是张仲景。张大宁曾请范曾给其书房取名，范曾问："你认为对中医学贡献最大的、对你影响最大的是谁？"张大宁说："是张仲景！"所以范曾给其书房起的名字是"景行庐"，"庐"就书房的意思，"景行"就是紧跟着张仲景的意思，张仲景是张大宁最崇拜且终身学习的偶像。

# 二、成才之道

张大宁总讲，中医大夫要想成才，要注意以下几点：第一，年轻人要坐下来认真念书，"风声雨声读书，声声入耳"，要坐下来，踏实念书，不念书不行。第二，要不断实践，脱离了病人的医生不是医生，世界上是先有的病人后有的医生，从个体上讲是病人求医生，实际从总体上讲是医生求病人，因为医生的经验是从病人身上取得的，医生要不断实践、不断总结。第三，在学习和实践的基础上，要不断向别人学习，他们不一定都是大师、名医，但三人行必有我师，要向很多人学习，谁有方法治病就跟谁学习。第四，要有灵感，医者"意"也，"意"是意境的"意"，就是在大量读书、大量实践、大量学习的基础上产生了灵感，继而产生了一个飞跃和升华，这样就能成为一位好大夫。

# 三、学术之精

张大宁从事中医肾病专业医、教、研工作 50 余年，主编了我国第一部《实用中医肾病学》和《中医肾病学大辞典》，科学严谨地规范了"中医肾病"的概念、范围及辨证论治的基本规律，并提出了"肾本学说－肾为人体生命之本""肾虚血瘀论与补肾活血法"和"心－肾轴心系统学说"的理论，被誉为中医肾病学的奠基人。在其理论指导下，不仅治疗肾脏疾病能取得很好的疗效，同时在其他慢性病、老年病等疾病中也效果颇佳，获得国内外同行的认可。

## （一）提出肾虚血瘀论与补肾活血法

### 1. 肾虚血瘀论

张大宁指出，在各种致病因素作用于人体而产生疾病的过程中，其表现形式有两个方面：一是表现在外的，就是我们通常意义上的病的概念，它是特异性的，是疾病的个性。其可以有不同的表现形式，如心脏病、脑病、肾脏病等。二是表现在内的，就是我们通常意义上的病理变化概念，它是非特异性的，是造成疾病的根源，是疾病的共性。

张大宁在长期临床实践中发现，不同的致病因子所导致的不同疾病，发展到某一阶段，都会出现相同的病理改变，即"肾虚血瘀"。"肾虚"与"血瘀"几千年来一直作为独立的病因病机指导着中医临床，始终未能将"肾虚"与"血瘀"完整、有机地统一起来。张大宁认为，临床上出现的肾虚与血瘀不是孤立存在的，肾虚必兼血瘀。肾虚是本，血瘀是标；肾虚为因，血瘀为果。反过来血瘀又构成新的致病因素，从多方面加重肾虚的程度，形成恶性循环，产生各类疾病。肾虚血瘀作为一种病理改变是产生多种疾病的根本病理基础，是疾病的非特异性表现，是疾病的共性。

"肾虚血瘀论"因此而形成。肾虚血瘀是导致多种慢性疾病发生的根本病理机制：肾虚血瘀是气血功能失调的结果，中医气血关系的理论又为解释肾虚血瘀的机理提供了依据；肾虚血瘀是人体衰老的生理特性及病理基础，"虚－瘀－衰老"将是人体衰老模式的重要组成部分；肾虚血瘀是"久病及肾"和"久病多瘀"的结果，也就是说肾虚血瘀是各类慢性病的共同病理学基础。

### 2. 补肾活血法

补肾活血法是建立在"肾虚血瘀论"基础上的，针对"肾虚血瘀论"的病理机制提出的治疗大法，是针对疾病非特异性治疗的一种治疗方法。临床研究发现，该方法对不同种疾病都有很好的疗效。补肾活血法不是"补肾法"与"活血法"简单、机械地叠加或同用，而是将补肾法与活血法有机结合、高度统一。通过补肾促进活血，应用活血加强补肾，两者相互协同，达到改善肾虚血瘀病理变化，使机体阴阳平衡，邪去正存的一种新的治疗大法。"补肾活血法"的作用，应是通过调节机体的神经内分泌系统（特别是下丘脑－垂体－内分泌腺轴的功能），调节机体自主神经系统、免疫系统功能，改善微循环等一系列综合作用的结果。

**3."补肾、活血、通腑排毒三合一"的新概念**

在"补肾活血法"基础上，张大宁通过调查发现，不同疾病及病证中都存在"肾虚血瘀"的共性，而且随病程延长、病情加重、年龄增长和腑气不通，"浊毒内蕴"也成为普遍存在的病理基础。因此他提出了"补肾、活血、通腑排毒三合一"的新概念。"补肾－活血－排毒"的思路贯穿于各类肾病治疗的始终。

## （二）提出"肾本学说－肾为人体生命之本"

中医学文献从《黄帝内经》开始，即重视心在五脏中的地位，提出"心为君主之官，神明出焉"，而对肾的生理功能重视不足，认为"肾者，作强之官，伎巧出焉"。《医宗必读》虽提出"肾为先天之本"，但并未解释肾为什么为先天之本。张大宁认为，"肾为先天之本"之说不足以概括肾脏的生理功能，更不能使人们认识到肾脏在人生命活动中的重要地位。首先，肾为先天之本，主要指肾与父母关系和与下一代关系的重要性，而论及与本身生命活动的重要性似显不足。其次，人体生命活动包括五脏六腑、四肢百骸，其功能活动无不与肾脏有着直接或间接的联系。肾不仅是"先天之本"，更应称为"生命之本"。张大宁认为，"肾为人体生命之本的肾本学说"是描述肾脏功能最恰当的语言，是对肾脏功能高度概括的重要学说。

## （三）创立"心－肾轴心系统学说"

### 1."心－肾轴心系统学说"的提出

中医学认为，心主神明、心藏神。心在人体中处于最高主导地位，调节着人体一切生理活动，为思维意识的中心。《素问·灵兰秘典论》载："心者，君主之官也，神明出焉。"心的功能正常与否，直接影响着体内所有脏腑活动的正常与否。故《灵枢·邪客》又谓："心者，五脏六腑之大主也，精神之所舍也""主明则下安""主不明则十二官危"。肾为先天之本，主藏精，为人体生命活动的物质基础，包括先天之精和后天之精，二者相互影响，相互为用，从而维持人体脏腑的各种功能活动。故肾又称为"生命之本"。心与肾都很重要，而两者关系的正常与否更为重要。唐代著名医家孙思邈曾引用道家理念，用"心肾相交""水火既济"来说明心在上属火、肾在下属水，"水升火降"维持心肾、水火的相对平衡，阴阳平衡则人体健康。张大宁就是根据这一启示，于 1964 年提出了"心－肾轴心系统学说"。"心－肾系统"表示在心为主导的条件下，心肾之间相互促进、相互制约的相对平衡关系。"轴心"表示此系统在人体的生理活动与病理变化中起着重要的轴心作用。

**2. "心－肾轴心系统学说"的西医学剖析及其临床意义**

西医学认为，大脑皮质为人体思维意识的中心，皮层及其下中枢调节着机体一切生理活动。这一点包括在中医学"心"的功能之中，已为当前医学界所公认。研究表明，"肾"的概念包含了近代内分泌系统的功能，特别是肾与"下丘脑－垂体－肾上腺皮质轴""下丘脑－垂体－性腺轴"及"下丘脑－垂体－甲状腺轴"的关系，应是中医"肾"的主要内容。结合以上论述，我们认为"心肾相交"理论应指大脑皮层通过下丘脑对垂体、肾上腺皮质、性腺、甲状腺等的控制。

其中心火下降，下交于肾，则指神经中枢对垂体、肾上腺皮质、性腺、甲状腺的调节机制；而肾水上升，上达于心，则是指肾上腺皮质、性腺或甲状腺通过垂体或直接作用于神经中枢的机制，即所谓"反馈机制"。

著名的巴甫洛夫学说十分重视神经系统，尤其是大脑皮质的作用，近代塞里的应激学说把内分泌系统，尤其是垂体－皮质系统提高到了很高的位置。近年来西医学注意到这两个学说各有偏执，了解到神经与内分泌是紧密联系不可分割的，并开始形成了"神经－内分泌"学说。张大宁根据中医"心肾关系"的论述而提出的"心－肾轴心系统学说"实际上是朴素地综合了以上两种学说的长处，并有效地指导了临床。

从病理角度讲，任何一种致病因子作用于机体而发病，都会引起两种不同的反应。一种是由于致病因子、机体体质等因素的不同而表现出不同的疾病；另一种是不同的致病因子、不同的疾病，在发病的某一阶段，会出现相同的机体反应，即非特异性反应，此所谓疾病的共性。近代的巴甫洛夫学说、塞里学说等实际上都是从不同角度论证了疾病的共性。而中医学的"心－肾系统"实际上在疾病的共性之中正好起着重要的轴心作用。近几十年的临床实践证明，中医的所谓扶正培本（特别是补肾益气等）实际上是通过对"心－肾轴心系统"的调节，促使疾病的个性转化。中医学"异病同治"的内容固然很多，但我们认为掌握了"心－肾轴心系统"这一理论，施以同治则抓住了疾病共性的根本。这对于我们提高中医疗效、改善机体体质，以至延年益寿，都将起到重要的作用。

# 四、专病之治

## （一）肾衰病（慢性肾功能衰竭）

根据慢性肾功能衰竭的主要临床表现、病机及其病理改变过程，应将其归属于中医"肾劳""肾风""溺毒""癃闭""关格"等范畴。该病的发生发展一方面由于各种慢性肾脏疾病迁延失治到晚期，导致正虚；另一方面由于肾本身的功能衰退导致湿浊、瘀血的产生，使机体气机逆乱、脉络阻滞，出现程度不同的邪实病理变化。

### 1. 病机

本病演变过程是因虚致实，再因实重虚。据此，张大宁将慢性肾功能衰竭的病机概括为虚、瘀、湿、逆四个方面：虚证有脾肾气（阳）虚和肝肾阴虚两种；湿证有湿困、水湿之不同，共同造成湿浊内蕴；逆证主要为浊毒上逆；瘀证则贯穿于疾病始终。

### 2. 专病专方

根据其病机特点，张大宁创立了补肾活血、降逆排毒的专方来治疗。该方以肾衰方加减而成。

[组成]生黄芪60～90g，川芎20g，赤芍30g，丹参30g，大黄炭30g，茵陈30g，海藻炭30g，土茯苓30g，鳖甲30g，龟甲30g，鸡内金60g等。

[方解]方中以"肾衰方"补肾活血、降逆排毒为基本法，重用黄芪补脾益肾，为主药；丹参、赤芍活血化瘀，川芎行气活血，与黄芪共用补肾活血；茵陈、土茯苓清化湿浊；大黄炭、海藻炭排毒降浊；鳖甲、龟甲、鸡内金软坚散结。诸药合用，共为补肾活血、排毒降浊之用。

[加减]脾肾阳虚存在面色㿠白，倦怠乏力，气短，纳少，腹胀，腰酸痛，畏寒，肢冷，溲少或夜尿多，舌淡暗苔白，脉沉细或沉弱者，方中以"肾衰方"补肾活血、降逆排毒为基本法，重用生黄芪60～90g，太子参10～30g，补骨脂30g，茯苓30g，白术30g等，兼以温肾健脾益气。肝肾阴虚存在手足心热，目涩，耳鸣，咽干，头晕，溲黄，腰膝酸软，舌暗红苔薄，脉细弦者，方中以"肾衰方"补肾活血、降逆排毒为基本法，兼用女贞子30g，墨旱莲30g，山萸肉30g，龟甲10g，当归10g，白芍10g等补益肝肾、益肾填精之品，以补益肝肾、养血生精，对肾衰病合并肾性贫血者尤为适宜。血瘀存在面色晦暗、腰痛固定不移或刺痛，出血紫暗，舌质紫暗有瘀点，脉涩者，方中以"肾衰方"补肾活血、降逆排毒为基本法，重用赤芍10～30g，丹参30～60g，并用三棱10g，莪术10g，桃仁10g，红花10g等活血逐瘀通络之品，在补虚的同时予以活血，通过活血促进补虚，瘀血去，新血生，气机畅达，恢复脏腑功能。水湿泛溢存在水肿，胸腹水，胸闷气急，舌苔白润，脉濡缓者，方中以"肾衰方"补肾活血、降逆排毒为基本法，并用茯苓30g，茯苓皮30g，猪苓30g，泽泻30g等健脾化湿，利水消肿，与"肾衰方"合用，以补肾健脾，利湿化浊。湿毒蕴结存在面色灰滞，恶心呕吐，口中氨味，头痛，嗜睡，昏迷，瘙痒，舌苔腻，脉沉者，方中以"肾衰方"补肾活血、降逆排毒为基本法，重用大黄

30g 泻下瘀滞，排毒化浊，并以蒲公英 30g，败酱草 30g，半枝莲 30g，石韦 30g 清化湿浊，合肾衰方使排毒降浊之力更甚。

另外，治疗时可配以张大宁研制的院内制剂新肾康宁胶囊、补肾扶正胶囊，具有补肾健脾、扶助正气等作用。活血化瘀胶囊具有活血化瘀、软坚散结、改善肾脏供血的作用。肾衰排毒胶囊、肾衰灌肠液具有补肾活血，排毒降浊的作用。针对慢性肾衰的补肾活血膏方适用于慢性肾脏病患者经中药汤剂治疗病情趋于稳定后，以此调理可进一步稳定病情，改善预后。

## （二）慢肾风（慢性肾小球肾炎）

慢性肾小球肾炎是指由不同原因、不同病理所形成的一组原发性肾小球肾炎疾病。中医根据临床表现将其归于"水肿""虚劳""腰痛""尿血"等范畴。本病起病隐匿、进展缓慢，病情迁延，临床基本表现是蛋白尿、血尿、高血压、水肿及不同程度的肾功能损害。外感侵袭是该病的主要诱发因素，脏腑虚损是该病的病理基础。

### 1. 病机

慢肾风水肿的病机主要是与肺、脾、肾及三焦对水液代谢功能的失调有关。慢性肾炎在急性发作时由于风邪外袭，肺的治节、肃降失司，可以出现面部水肿或加重原来脾、肾两虚所引起的水肿；脾虚不能运化则水湿潴留也可以引起水肿；肾虚不能化气，亦可造成水湿潴留而肿。三焦为水液运行的道路，三焦气化的正常与否，直接与肺、脾、肾三脏的功能有关，另外肝主疏泄，肝气失于条达，亦可使三焦气机阻塞，决渎无权，而至水湿内停，因此间接与肝的功能有关。

蛋白是人体的精微物质，精微物质由脾生化，又由肾封藏，因此蛋白尿的形成实与脾肾两脏的虚损密切相关。脾能升清，脾虚则不能升清，谷气下流，精微下注；肾主闭藏，肾虚则封藏失固，肾气不固，精微下泄。因此，蛋白尿发生的机理可以从脾肾气虚，即脾气下陷，肾气不固来理解。另外，他脏功能失调或病邪扰肾，亦可影响肾之封藏而致蛋白尿。

### 2. 专病专方

根据其病机特点，张大宁创立了补肾活血，佐以利湿的专方来治疗。该方以肾炎1号方加减而成。

［组成］生黄芪 30g，土茯苓 30g，丹参 30g，川芎 30g，三棱 30g，蒲公英 30g，白术 30g。

［方解］方中生黄芪、白术补益脾肾为主药；丹参、川芎活血化瘀。慢肾风患者病程较长、瘀滞较甚，故用三棱活血逐瘀；慢肾风患者病程中多兼有湿浊内蕴之证，故酌情加用土茯苓、蒲公英以利湿化浊。全方共以补肾活血为主，兼以利湿化浊。

[加减] 肺肾气虚存在面浮肢肿，面色少华，倦怠乏力，易感冒，腰膝酸软，尿频数清长或夜尿多，舌淡，苔白润，有齿痕，脉细弱者，以肾炎1号方合玉屏风散加减以补益肺肾，活血利湿。脾肾气虚存在腰脊酸痛，疲倦乏力，面浮肢肿，纳少或腹胀，少气懒言，尿频或夜尿多，大便溏，舌质淡红，有齿痕，苔薄白，脉细者，以肾炎1号方合参苓白术散加减以补肾活血，健脾祛湿。该方重用生黄芪、白术补胃健脾，山药、茯苓健脾化湿。肝肾阴虚存在目睛干涩或视物模糊，头晕，耳鸣，五心烦热，口干咽燥，腰膝酸软，舌红少苔，脉弦细或细数者，以肾炎1号方合二至丸加减以补肾活血，滋阴养肝。该方重用生黄芪，加女贞子、旱莲草、山萸肉健脾益气，滋肾养肝。气阴两虚存在面色少华，倦怠乏力，易感冒，腰膝酸软，午后低热，或手足心热，口干咽燥或长期咽痛，咽部暗红，舌质偏红，少苔，脉细数或细涩者，以肾炎1号方合生脉散加减以补肾活血，益气养阴。其中重用生黄芪，加麦冬、党参、五味子益气养阴。脾肾阳虚存在面色㿠白，形寒肢冷，腰膝酸软，尿少浮肿，甚至出现胸、腹水，神疲乏力，腹胀纳差，大便稀溏，舌嫩淡胖，有齿痕，苔白滑，脉沉细或沉迟无力者，方以肾炎1号方合二仙汤加减以补肾活血，温阳化湿。湿热内蕴存在全身中度以上水肿或胸腹水，皮肤疖肿、疮疡，咽红肿痛，扁桃体肿大，脘闷纳呆，口干不欲饮，小便黄赤、灼热或涩痛不利，或肉眼血尿，或镜下血尿，舌苔黄腻，脉濡数或滑数者，以肾炎1号方合猪苓汤加减以补肾活血，清热利湿。

另外，治疗时可配以张大宁研制的院内制剂新肾康宁胶囊，具有补肾健脾、扶助正气等作用。活血化瘀胶囊具有活血化瘀、软坚散结、改善肾脏供血的作用。补肾止血胶囊具有补肾扶正、凉血化瘀止血的作用。针对慢性肾炎的补肾活血膏方适用于慢性肾脏病患者经中药汤剂治疗病情趋于稳定后，以此调理可进一步稳定病情，改善预后。

### （三）消渴肾病（糖尿病肾病）

糖尿病肾病是糖尿病严重并发症之一，糖尿病属于中医学"消渴"范畴，其症状有明显"三多一少"的特点，即多饮、多食、多尿及乏力消瘦，当糖尿病肾病出现水肿、小便浑浊如膏脂等症时，又当辨为"水肿"。而一旦脏腑亏损，气血阴阳不足，呕吐不止兼见小便不通，尿道关闭时，已属"虚劳""关格"等病范畴。

#### 1. 病机

（1）阴津亏耗，燥热偏盛：阴津亏耗，燥热偏盛是消渴病早期病变的主要特征。中医学在论述消渴病发病机理时大多以阴虚燥热立论。五脏同病，脾肾为主，消渴病的病变部位虽与五脏有关，但主要在脾肾二脏。概而言之，消渴病之病变关系肺、胃、肾、脾等，但以脾肾虚为基础。

（2）气阴两虚，阴阳俱衰：气阴两虚是消渴中最常见的基本病机，甚则阴阳俱虚。消渴病阴虚证候十分明显，贯穿于整个病程之中，涉及肾、肺、脾、肝等脏腑，但不同阶段、不同病情，侧重不同脏腑。诸脏之中，尤以肾阴亏虚最为重要。

**2. 专病专方**

根据其病机特点，张大宁创立了以补肾活血为主的专方来治疗。该方以糖肾1号、糖肾2号方加减而成。

［组成］

糖肾1号：生黄芪60g，白术30g，补骨脂30g，丹参30g，川芎30g，三棱30g，公英30g，败酱草30g，石斛30g，苦丁茶30g。

糖肾2号：生黄芪60g，白术30g，补骨脂30g，丹参30g，川芎30g，三棱30g，公英30g，败酱草30g，石斛30g，苦丁茶30g，地骨皮30g，煅牡蛎30g等。

［方解］

糖肾1号方中重用生黄芪并白术健脾益气，补骨脂补肾壮阳，石斛滋养胃肾之阴，使脾肾健旺，气血阴精生化旺盛。用丹参、川芎、三棱活血化瘀。丹参活血凉血，川芎为血中气药，三棱破血祛瘀，消除由瘀血引起的肌肤甲错、舌质淡紫或有瘀斑、脉细涩或结代。该方适用于糖尿病肾病早期。

糖肾2号方中用蒲公英、败酱草、苦丁茶、地骨皮清热化湿解毒，对消渴引起的尿浊、水肿、舌苔黄腻有效；煅牡蛎收敛固涩，对肾精亏虚、内热滋生、精微外泄所致的消渴、持续性蛋白尿有治疗作用。该方适用于糖尿病肾病持续性蛋白尿患者。

［加减］肝肾阴虚（多见于糖尿病肾病的早期、仅有轻度蛋白尿）存在腰膝酸软，头晕耳鸣，尿频量多，尿浑浊，口干咽燥，舌红少苔，脉细数者，方以糖肾1号加二至丸加减补肾活血、滋阴养肝。气阴两虚存在疲乏无力，小便频数，口渴多饮，心慌气短，舌嫩红苔薄，脉细无力者，方以糖肾1号加生脉散加减补肾活血、益气养阴。脾肾阳虚（多见于糖尿病肾病的Ⅲ、Ⅳ期，临床出现持续性蛋白尿）存在腰膝酸软，腰以下肿甚，畏寒肢冷，便溏，纳呆食少，舌淡胖苔白，脉无力者，方以糖肾2号加二仙汤加减补肾活血、补脾温肾。阴阳俱虚（多见于糖尿病肾病的晚期、临床出现持续性蛋白尿及肾功能异常）存在小便频数、浑浊如膏，面色黧黑，耳轮焦干，腰膝酸软，舌淡暗苔白，脉沉细者，方以糖肾2号加七味都气丸加减以补肾活血、阴阳双补。

另外，治疗时可配以张大宁研制的院内制剂新肾康宁胶囊、糖肾康胶囊，具有补肾健脾、扶助正气等作用。活血化瘀胶囊具有活血化瘀、软坚散结、改善肾脏供血的作用。针对糖尿病肾病的补肾活血膏方适用于糖尿病肾病患者经中药汤剂治疗病情趋于稳定后，以此调理可进一步稳定病情，改善预后。

# 五、方药之长

## （一）核心方剂

### 1. 滋阴补肾——六味地黄丸

［组成］生地黄八钱（24g），山萸肉、干山药各四钱（各12g），泽泻、牡丹皮、茯苓（去皮）各三钱（各9g）。

［用法］上药为末，炼蜜为丸，如梧桐子大。温水服用。

［功效］滋阴补肾。

［主治］肾阴虚证。头晕目眩，耳鸣耳聋，腰膝酸软，骨蒸潮热，盗汗，遗精，消渴，手足心热，牙齿动摇，足跟疼痛，小便淋沥，以及小儿囟门不合。舌红少苔，脉沉细数。

［方解］张大宁认为，肾为先天之本，肾阴不足，则一身诸阴虚弱。方中重用地黄，滋阴补肾，填精益髓，为君药。山萸肉补养肝肾，并能涩精，山药补益脾阴，亦能固精，共为臣药。三药相配，滋养肝脾肾，称为"三补"。但地黄的用量是山萸肉和山药两味之和，显示出以补肾阴为主。配伍泽泻利湿泄浊，并防地黄之滋腻敛邪；牡丹皮清泻相火，并制约山萸肉之温涩；茯苓淡渗脾湿，并助山药之健运。合之三药为"三泻"，渗湿浊，清虚热，平其偏盛以治标，均为佐药。六味合用，三补三泻，其中补药用量重于"泻药"，故以补为主；肝脾肾三阴并补，则以补肾阴为主，这是本方的配伍特点。

六味地黄丸系宋代儿科专家钱乙根据小儿"阴常不足，阳常有余"的病理特点，从张仲景《金匮要略》的肾气丸中减去桂、附而成，以专治肾阴虚诸证。

［临床心得］本方是治疗肾阴虚证的基本方剂，被誉为中医补肾阴的第一方，至今仍被广泛运用于临床，以腰膝酸软疼痛，头晕目眩，口燥咽干，舌红少苔，脉沉细数为证候要点。

临床上慢性肾炎、慢性肾盂肾炎、高血压病、糖尿病、肺结核、甲状腺功能亢进、冠心病、骨质增生、中心性视网膜炎及无排卵性功能失调性子宫出血、围绝经期综合征等，属于肾阴虚弱者，均可加减应用。

### 2. 滋阴补肾，填精益髓——左归丸

［组成］熟地黄八钱（24g），山药四钱（12g），枸杞子四钱（12g），山茱萸四

钱（12g），川牛膝三钱（9g），菟丝子四钱（12g），鹿角胶四钱（12g），龟甲胶四钱（12g）。

［用法］先将熟地黄蒸烂，杵膏，炼蜜为丸，如梧桐子大。温水或淡盐水送下百余丸。

［功效］滋阴补肾，填精益髓。

［主治］真阴不足证。头晕目眩，腰酸腿软，遗精滑泄，自汗盗汗，口燥舌干，舌红少苔，脉沉细数。

［方解］本方为明代医家张景岳所创制的滋补肾阴的著名方剂，原方主治"真阴不足，精髓亏损"。方中重用熟地黄滋肾填精，补人之真阴，为君药。山茱萸养肝滋肾，涩精敛汗；山药补脾益阴，滋肾固精；枸杞子补肾益精，养肝明目；龟鹿二胶为血肉有情之品，峻补精髓，其中龟甲胶偏于补阴，鹿角胶偏于补阳，在补阴之中配伍补阳药，取"阳中求阴"之义。几味均为臣药。菟丝子、川牛膝益肝肾，强腰膝，健筋骨，俱为佐药。诸药合用，共奏滋阴补肾，填精益髓之效。

左归饮与左归丸均为纯补之剂，同治肾阴不足证。然左归饮药味较少，滋阴补肾之力逊于左归丸，适用于肾阴不足之轻症。

**3. 滋阴降火——大补阴丸**

［组成］熟地黄、龟甲各六钱（各18g），黄柏、知母各四钱（各12g）。

［用法］上为细末，猪脊髓蒸熟，炼蜜为丸。温水或淡盐水送下。

［功效］滋阴降火。

［主治］阴虚火旺证。症见五心烦热，骨蒸潮热，盗汗遗精，咳嗽咯血，心烦易怒，腰膝酸痛，舌红少苔，尺脉沉数等。

［方解］本方主治因肝肾阴虚、相火亢盛所致诸证。方中重用熟地、龟甲以滋阴潜阳，壮水制火，共为君药。黄柏、知母相须为用，苦寒降火，保存阴液，平其阳亢，均为臣药。应用猪脊髓、蜂蜜为丸，此乃血肉甘润之品，既能滋补精髓，又能制约黄柏的苦燥，俱为佐使。诸药合用，滋阴精而降相火，以达培本清源之效。

**4. 阴血不足，阳气虚弱——炙甘草汤**

［组成］炙甘草四钱（12g），生姜三钱（9g），桂枝三钱（9g），人参二钱（6g），生地黄一两（50g），阿胶二钱（6g），麦冬二钱（10g），麻仁二钱（10g），大枣十枚。

［用法］上以清酒七升，水八升，先煮八味，取三升，去滓，阿胶烊化，温服。

［功效］滋阴养血，益气温阳，复脉止悸。

［主治］阴血不足，阳气虚弱证。脉结代，心动悸，虚羸少气，舌光少苔，或质干而瘦小者。虚劳肺痿。咳嗽，涎唾多，虚烦不眠，形瘦短气，咽干舌燥，大便干

结，自汗盗汗，脉虚数。

［方解］本方原治伤寒脉结代、心动悸，系由阴血不足，阳气虚弱所致。方中重用生地黄滋阴养血为君。《名医别录》谓地黄"补五脏内伤不足，通血脉，益气力"。配伍炙甘草、人参、大枣益心气、补脾气，以资气血生化之源，阿胶、麦冬、麻仁滋心阴，养心血，充血脉，共为臣药。佐以桂枝、生姜辛温走散，温心阳，通血脉。诸药合用，使阴血足而血脉充，阳气足而心脉通，共成阴阳气血并补之剂。如此则气血充足，阴阳调和，心定脉复，故本方又名"复脉汤"。用法中加酒煎服，可温通血脉，以行药力。

［临床心得］本方常用于因肾虚气血不足而致的功能性心律不齐、期外收缩等。因冠心病、风湿性心脏病、病毒性心肌炎、甲状腺功能亢进等而有心悸、气短、脉结代者，均可加减应用。

### 5. 肾阳虚弱——肾气丸

［组成］干地黄八钱（24g），薯蓣（即山药）、山茱萸各四钱（各12g），泽泻、茯苓、牡丹皮各三钱（各9g），桂枝、附子各一钱（各3g）。

［用法］上为细末，炼蜜和丸，温水送下。

［主治］肾阳虚弱证。腰痛腿软，下肢冷痛，少腹拘急，小便不利，夜尿增多，或小便反多，入夜尤甚，阳痿早泄等，长期痰饮，慢性水肿，消渴。

［方解］本方为医圣张仲景之名方，后世六味地黄丸即以本方减桂、附而成，因其出自《金匮要略》，故亦名"金匮肾气丸"，为主治肾阳虚弱之基础方剂。方中重用干地黄滋阴补肾为君药。臣以山茱萸、山药补肝脾而益精血；加以附子、桂枝之辛热，助命门以温阳化气。君臣相伍，补肾填精，温肾助阳，乃阴中求阳之治。从用量分析，补肾药居多，温阳药较轻，其立方之旨，又在微微生火，鼓舞肾气，取"少火生气"之义，而非峻补。

［临床心得］治疗慢性肾炎、肾病综合征、糖尿病肾病、慢性肾功能衰竭、糖尿病、醛固酮增多症、甲状腺功能低下、神经衰弱、肾上腺皮质功能减退、慢性支气管哮喘、肺气肿、肺心病、肝硬化腹水、围绝经期综合征等属肾阳不足者，均可加减应用。

### 6. 温补肾阳，养肾填精——右归丸

［组成］熟地黄八钱（24g），山药四钱（12g），山茱萸三钱（9g），枸杞子三钱（9g），菟丝子四钱（12g），鹿角胶四钱（12g），杜仲四钱（12g），肉桂二钱（6g），当归三钱（9g），制附子二钱（6g）。

［用法］将熟地蒸烂杵膏，余为细末，加炼蜜为丸，如弹子大，温水淡盐水送下。

［功效］温补肾阳，养肾填精。

［主治］肾阳不足，命门火衰证。人老或久病后气衰身疲，畏寒肢冷，腰膝软弱，阳痿遗精，性欲减退，慢性腹泻，五更泄泻，便不成形，阳衰无子，或小便自遗，夜尿增多，舌淡苔白，脉沉而迟。

［方解］本方方中以附子、肉桂、鹿角胶培补肾中之元阳，温里祛寒，为君药。熟地黄、山萸肉、枸杞子、山药滋阴益肾，养肝补脾，填精补髓，取"阴中求阳"之义，为臣药。佐以菟丝子、杜仲补肝肾，健腰膝；当归养血和血，与补肾之品相配，以补养精血。诸药合用，肝脾肾阴阳兼顾，仍以温肾阳为主，妙在阴中求阳，使元阳得以归原，故名"右归丸"。

右归丸系由《金匮要略》之肾气丸减去"三泻"（泽泻、丹皮、茯苓），加鹿角胶、菟丝子、杜仲、枸杞子、当归而成，增加补阳作用，减少用"泻"妨补之力，使药效能更专于温补。

［临床心得］治疗慢性肾炎、肾病综合征、老年骨质疏松症、精少不育症，以及贫血、白细胞减少症等属肾阳不足者，均可加减治疗。另有右归饮，熟地二钱或加至一二两（9～30g）、山药（炒）三钱（9g）、枸杞子三钱（9g）、山茱萸二钱（6g）、甘草二钱（3g）、肉桂一二钱（3～6g）、杜仲三钱（9g）、制附子二三钱（6～9g），以水煎温服。功用为温补肾阳，填精补血。主治肾阳不足证。气怯神疲，腹痛腰酸，肢冷脉细，舌淡苔白，或阴盛格阳，真寒假热之证。

**7. 温肾暖脾，固肠止泻——四神丸**

［组成］肉豆蔻二钱（6g），补骨脂四钱（12g），五味子、吴茱萸各二钱（各6g）。

［用法］上为末，与生姜、红枣制成丸剂，或水煎服。

［功效］温肾暖脾，固肠止泻。

［主治］慢性腹泻，五更泄泻，或饭后泄泻，不思饮食，食不消化，或腹痛肢冷，神疲乏力，舌淡，苔薄白，脉沉迟无力。

［方解］中医将大多数慢性腹泻归于脾肾阳虚，尤其是肾虚命门火衰，五更泄中医称为肾泄、鸡鸣泻。《素问·金匮真言论》说："鸡鸣至平旦，天之阴，阴中之阳也，故人亦应之。"脾肾阳虚，阳虚则生内寒，而五更正是阴气极盛、阳气萌发之际，阳气当至而不至，阴气极而下行，故为泄泻。方中重用补骨脂，辛苦大温，补命门之火以温养脾土，《本草纲目》谓其"治肾泄"，故为君药。肉豆蔻辛温，温脾暖肾，涩肠止泻，配合补骨脂则温肾暖脾，固涩止泻之功益彰，故为臣药。五味子酸温，固肾益气，涩精止泻，吴茱萸辛苦大热，温暖肝脾肾以散阴寒，共为佐药。生姜暖胃散寒，大枣补脾养胃，为使药。诸药合用，火旺土强，泄泻自愈。方名"四神"，正如《绛雪园古方选注》所说："四种之药，治肾泄有神功也。"

［临床心得］适用于慢性结肠炎、过敏性结肠炎属脾肾虚寒者。但应注意，其对肠结核、肠息肉、肠癌等疗效较差。

### 8. 补肾涩精——金锁固精丸

［组成］沙苑蒺藜、芡实、莲须各二钱（各10g），龙骨、牡蛎二钱（各10g）。

［用法］莲子粉糊为丸。温水或淡盐水送下。

［功效］补肾涩精。

［主治］遗精滑精，精神不振，体疲乏力，腰酸腰痛，耳鸣耳聋，舌淡苔白，脉细弱等。

［方解］方中沙苑蒺藜甘温，补肾固精，《本草纲目》谓其"补肾，治腰痛泄精、虚损劳气"，《本经逢原》谓其"为泄精虚劳要药，最能固精"，故为君药。芡实、莲子甘涩而平，俱能益肾固精，且补脾气，莲子并能交通心肾，共为臣药。佐以龙骨甘涩平，牡蛎咸平微寒，俱能固涩止遗，莲须甘平，尤为收涩固精之妙品。诸药合用，既能补肾，又能固精，补涩共用，标本兼顾，但终以治标，即以"涩、固"为主的良方。秘肾气，固精关，因专为肾虚遗精滑精所设，故美名曰"金锁固精"。

［临床心得］主治遗精、滑精、早泄等症，近年有人将其用于治疗蛋白尿、乳糜尿、重症肌无力，属肾虚精气不足、下元不固者。

### 9. 调补心肾，涩精止遗——桑螵蛸散

［组成］桑螵蛸三钱（9g），远志二钱（6g），菖蒲二钱（6g），龙骨五钱（15g），人参三钱（9g），茯神四钱（12g），当归三钱（9g），龟甲五钱（15g）。

［用法］上为末，以人参汤二钱（6g）送下。

［功效］调补心肾，涩精止遗。

［主治］心肾两虚证。症见小便频数，或尿如米泔色，或蛋白尿，或遗尿遗精，心神恍惚，健忘，舌淡苔白，脉细弱等。

［方解］本方主治为心肾两虚，心肾不交之证。方中桑螵蛸甘咸平，补肾固精，为君药。臣以龙骨收敛固涩，且安心神；龟甲滋养肾阴，亦补心阴，螵蛸得龙骨则固涩止遗之力增，龙骨配龟甲则益阴潜阳安神之功著。佐以人参大补元气，茯神宁心安神，菖蒲善开心窍，远志安神定志，且通肾气上达于心，如此则水升火降，心肾相交；更以当归补心血，与人参合用，能双补气血。诸药相合，共奏交通心肾，补益气血，涩精止遗之效。

［临床心得］治疗糖尿病、神经衰弱等属于心肾两虚、心肾不交者，可以本方。

## （二）经典用药

药具有四气五味、升降浮沉、有毒与无毒等特性。在医疗实践基础上，张大宁

对大量药物的各种性味加以分析，总结深入研究。在临床用药中，做到升降并用，寒热并用，脏腑同治，攻补兼施，补中寓攻，攻中无损，相济为用。例如，慢性肾功能衰竭，涉及多个脏器，病理变化复杂，临床应"补肾活血法为本，祛湿降逆为标，整体局部相结合，理论治疗相结合，多种治法相结合"，所以应采用补肾活血排毒法。

补肾法以平补为基础，偏于补气，用药如冬虫夏草、生黄芪、白术、补骨脂等；活血法中，以辛温为主，用药如丹参、川芎、五灵脂、蒲黄等；排毒法中以降逆祛湿排毒为主，用药如大黄或大黄炭。张大宁研制了肾衰排毒汤、健肝补肾汤、滋补肝肾汤、活血汤、补肾生血汤等多个治本方剂，以及化湿汤、降浊汤、利水汤、平肝汤、清热防感饮等多个治标方剂，标本并治。另外，还应注意各种药物的药性，如一些药需生用，如黄芪、生地黄；一些药需煅用，如龙骨、牡蛎等；一些药需炒炭用，如大黄、蒲黄等，以增加疗效。一些药物需先煎或后下，如冬虫夏草，先单煎，后加入群药，既经济又增加疗效；大黄一般采用后下，以加大排毒祛浊破瘀之力。补肾药重用补气，但宜药性平和以平补，如用山药、旱莲草等；同时尽量选用兼以益肝之品，防止其他脏腑受害，如用五味子、茵陈等。

"三联药配伍法"是张大宁特色用药方法，现举例如下。

**1. 黄芪、五味子、川芎**

黄芪为补虚圣药，李时珍在《本草纲目》中称黄芪为"补药之首"。本来，《神农本草经·上品》论述黄芪的补益作用时，只言其"补虚"二字，并没有脏器之分。陶弘景在《名医别录》中解释曰："治五劳羸瘦，止渴，益气，利阴气。"《药性论》中更以"内主虚喘，肾衰，下补五脏"而谈及黄芪的功效，意思是"五脏虚弱均可补益"，既可"益气"又可"利阴"。同时，在"补益"之外，尚有一点"逐五脏间恶血"，即"活血之功"，所以张大宁认为，黄芪是一味五脏均补，尤以补肾、脾、肺、心气为主的"圣药"。至于中药学常以"健脾""补肺气"为其主要功能的论述，系由于李东垣为强化其脾胃学说和《医方类聚》中的玉屏风散而致。所以，王清任在《医林改错》中的补阳还五汤，也实为"补气活血，补肾活血"的妙方，临床用于慢性肾病及心脑血管疾病每每奏效。现在中医肾病界治疗慢性肾脏疾病，几乎均以黄芪为君药、首药，甚至西医肾病医生也多予患者中药黄芪颗粒服用，就是这个道理。此外，张大宁临床常以生黄芪为用，取其固表、防止感冒之意。

川芎一药，血中气药，活血之中，亦可行气，气血均行，这是川芎的一大特点，也是其他活血药所不具备的。《日华子本草》中说："川芎，治一切气，一切血，破癥结宿血，养新血，消瘀血。"至明代倪纯宇的《本草汇言》则发展为"川芎，上行头目，下调经水，中开郁结，血中气药，味辛性阳，气善走窜而无阴凝黏滞之态，虽入血分，又能祛一切风，调一切气"，显然，此时对川芎的认识加深了。慢性肾脏疾病"气虚瘀血，血瘀，日久血瘀"，且微观之中癥瘕尤甚，故"行血中之气，气中之血""破癥瘕积聚"的川芎，实是治疗慢性肾脏疾病的要药。

五味子，《神农本草经》列为上品，书载："主益气，咳逆上气，劳伤羸瘦，补不足，强阴，益男子精。"其性味酸甘而温，既可补肾益气，滋肾填精，又可收敛固涩，确为治疗肾虚精关不固之要药。慢性肾脏疾病之蛋白尿和血尿，从中医角度分析，均属"精血流失"之症，故治疗上既需"补"，又需"固"，故五味子确为治疗此病之良药。

黄芪、川芎、五味子三药配伍，补肾气、健脾气、养肺气、补气行气活血，且"补中兼活，补中兼固""补、行、固"三法相互为用，互相促进，为治疗以"肾脾气虚，血瘀精漏"为主要病机的慢性肾脏疾病的优秀中药配伍。

用量：黄芪一般为 30～60g，川芎为 20～30g，五味子为 20～30g。

**2. 黄芪、鬼箭羽、五味子**

黄芪为补虚圣药，前已论及。

鬼箭羽，又名卫矛、鬼见愁，出自《神农本草经》，其曰："卫矛，味苦寒，除邪，杀鬼毒，一名鬼箭。"古之言"卫矛"者，谓其逐瘀之力尤强也。该药与雷公藤同科同属，雷公藤是一味中药，味苦、辛，性寒，有大毒，归肝、肾经，功效活血通络、消肿止痛、祛风除湿、杀虫、解毒。清代赵学敏在《本草纲目拾遗》中载："雷公藤，蒸酒服，治风气。"后来，《中国药用植物志》及一些地方药志中都有一些关于雷公藤的现代研究记载。20 世纪 60 年代，张大宁曾以雷公藤 3～6g 或鬼箭羽 9～15g，先煎 2 小时后置入中药方剂中使用，治疗慢性肾炎蛋白尿有一定疗效。后见天津医院骨科以雷公藤酊治疗类风湿关节炎疗效较佳，遂他以该药治疗慢性肾炎 2 例，前 2 例效果不错，疗效明显好于中药汤剂，第 3 例女性服药后出现全身药物性皮疹，故停止使用。以后出现雷公藤提炼片剂，效果较好，故基本停止使用该草药。

应当讲，植物学中同科同属的植物在功效和副作用上是非常相似的，出自《滇南本草》的昆明山海棠，为卫矛科卫矛属，后来经提炼也制成成药，治疗慢性肾炎有一定效果，实为情理之中。

五味子一药，前已论及。这里还应当说明的是，五味子除了具有补肾固涩之功效外，近几十年来研究证实，它还有一个非常肯定的功效，那就是"保肝、护肝，降低血清转氨酶"。临床上五味子对慢性肝炎的疗效是非常肯定的。同时动物试验证实，五味子仁醇提取物对 $CCl_4$ 引起的动物肝细胞损害有明显的保护作用，其肝细胞的超微结构发生明显变化，显著好转。

正因为以上所述，张大宁在治疗慢性肾脏疾病蛋白尿时，注意使用黄芪、鬼箭羽和五味子的配伍，"补、固"为治本之法，一味鬼箭羽治疗蛋白尿有效，但恐其副作用，故以五味子意相佐，即为佐药中的"佐制药"，用以消除鬼箭羽的副作用，因此在临证中，几乎未见过因使用鬼箭羽而产生副作用者。

用量：黄芪一般为 30～60g，鬼箭羽为 2～3g，五味子为 20～30g。

### 3. 黄芪、金樱子、芡实

黄芪一药前已论及。

金樱子出自南朝宋雷敩的《雷公炮炙论》，广泛应用于明清之后，其性味酸涩而平，归肾、膀胱、大肠经。功用：补肾固精，缩尿止泻。换言之，其虽有补肾之功，如《医学入门》所言，久服"养精益肾"，但究其"固、涩"为主效。宋代陈直所撰《寿亲养老新书》中，以该药一味药煎汤服用，治脾虚下利；明代皇甫中所著《明医指掌》中，以一味金樱子熬成膏滋，治疗男子遗精滑精；《泉州本草》中以本品与猪小肚煎煮服用，治疗肾虚、膀胱失约的遗尿、尿频、夜尿多者。这些均体现金樱子的强大固涩作用。《丹溪心法》中的五子衍宗丸正是取其"以固为主，兼以补益的作用"。明代医家缪希雍在其代表作《本草经疏》中曾这样概括金樱子的功效，说："《十剂》云：涩可去脱。脾虚滑泄不禁，非涩剂无以固之。膀胱虚寒则小便不尽。肾与膀胱为表里，肾虚则滑精，时从小便出，金樱子气温，味酸涩，入三经而收敛虚脱之气，故能主诸症也。"

芡实性味甘涩而平，归肾、脾二经，出自《神农本草经》，列为上品，名为鸡头实。书中载其"主湿痹，腰脊膝痛，补中，益精气，强志，令耳目聪明，久服轻身不饥，耐老神仙"。清代大医家徐灵胎在其《神农本草经百种录》中解析为"湿痹腰脊膝痛，下焦湿痰之疾"。清代黄宫绣的《本草求真》中有更详细的论述，曰："芡实，如何补脾，以其味甘之故；芡实，如何固肾，以其味涩之故。唯其味甘补脾，故能利湿，而使泄泻腹痛可治；唯其味涩固，故闭气，而使遗带小便不禁皆愈。"由此可见，芡实一药以"固涩"为主，略有补脾肾之用，然"固""涩"之外，尚可"利湿""除湿"，所以《医方集解》中的金锁固精丸、《傅青主女科》中的易黄汤等，均以本药为主药。

黄芪、金樱子、芡实三联药配伍，突出黄芪的"补益"作用，先树大旗，与金樱子配伍，一佐其"补"，二用其"固涩"之效；与芡实配伍一佐其"固""涩"，二用其"除湿""祛湿"之效。因慢性肾脏疾病，"湿"为其一大病机，脾虚可生湿，肾虚气化不利亦可生湿，所以祛湿实为该病的一大治要，故芡实之用可见一斑。金樱子与芡实配伍，为水陆二仙丹。该方出自宋代名医洪景严的《洪氏集验方》，芡实、金樱子各等份，制成蜜丸服用。因芡实生于水，金樱子生于山，故名水陆二仙丹，但称"二仙"，后代医家多不赞成，如清代费伯雄的《医方论》云："虽能涩精固气，但力量甚薄，尚需加味。"正是如此，张大宁以此二味与大剂量"补虚圣药"黄芪配伍，治疗慢性肾脏疾病，起到"补脾肾，固精血，祛湿邪"的作用。

**4. 黄芪、沙苑子、升麻**

黄芪一药前已论及，在此不赘。

沙苑子一药，不少中药专著中列入"补阳药"之类，岂不知它是"补""固""养"三者合一的药物。《外台秘要》曾以此一味药治疗下元虚冷的腰痛而奏效；《集贤良方》中亦以该药为主，制成药酒"千口一杯酒"，专治男子阳痿。李时珍在《本草纲目》中，以"补肾，治腰痛泄精，虚损劳乏"来总结沙苑子的"补""固"之效。"养"指沙苑子尚有滋养肝血、清头明目的作用。如《医品补遗》中以本品为主，佐伍蔓荆子、草决明二药，名曰决明丸，治疗肝肾不足、目失所养的两目干涩、头晕眼花之症等。慢性肾脏疾病，在其发展的整个过程中，除了肾脾两脏外，乙癸同源，精血互化，肝血亦已受损，故沙苑子确有很大用武之地。

升麻，最早出自《神农本草经》，味辛，性微寒，归脾、肺经，解表透疹，清热解毒，升举阳气。本来《神农本草经》指其功效为"主解百毒，辟温疾障邪"，一段时期医家多宗此意。至金元时期，李东垣始正式提出"升提、升阳的概念"。《东垣试效方》中普济消毒饮治疗风热温毒上攻之大头瘟，即以升麻与黄芩、黄连、连翘、板蓝根等清热解毒药物配伍，取其解毒之外尚有"升提药性"之意。另外，人们所熟识的补中益气汤，即以参、芪配伍升麻，一则引清阳之气上升，二则加强参芪补气之力，临床疗效显著。张锡纯《医学衷中参西录》中的升陷汤，亦以参、芪佐升麻，均取此意。张大宁认为，慢性肾脏疾病之"精""血"流失，治疗上除了"补""固"之外，还当以"升提之升麻"辅佐，确起到妙手回春之效，这是张大宁在长期临床实践中首次提出的。近些年来，不少国内外肾病业内医生采用此药此法，都收到很好效果，获得同行的认可与赞誉。

黄芪、沙苑子、升麻三药配伍：一则"补"；二则强化"阳虚补阳""固涩"及"养肝"之力；三则"补、升结合""固、升结合"。三药相合对于慢性肾脏疾病中"脾肾阳虚、肝血不足"的"蛋白尿、血尿"患者效果甚佳。

用量：黄芪一般为 20～30g，沙苑子为 15～20g，升麻为 5～10g。

**5. 黄芪、三七、升麻**

黄芪之用，不再赘述。

三七，又名参三七、田三七。这里要说明的是该药不同于土三七。我们日常所说的土三七，实际是两种：一种学名为菊叶三七，始见于《滇南本草》，为菊科多年生宿根草本植物菊叶三七的根和叶；另一种学名景天三七，始见于《植物名实图考》，为景天科多年生肉质草本植物景天三七的根及全草。两种土三七功效虽近似三七，但效力很差。近年来，有人研究证实长期服用土三七，对肝脏尚有一定损坏，故当慎用。

三七始见于《本草纲目》，该书载："止血、散血、止痛，金刃箭伤，跌仆杖疮，血出不止者，嚼烂涂，或为末掺之，其血即止。亦主吐血衄血，下血血痢，崩中经水不止，产后恶血不下，血运血痛，赤目痈肿，虎咬蛇伤诸病。此药近时始出，南人军中用为金创要药，云有奇功。又云：凡杖仆伤损，瘀血淋漓者，随即嚼烂，罨之即止，青肿者即消散。若受杖时，先服一二钱，则血不冲心，杖后尤宜服之，产后服亦良。大抵此药气温，味甘微苦，乃阳明、厥阴血分之药，故能治一切血病。"后世医家多宗此论，将三七列为"化瘀止血药"，指其功效为化瘀止血，活血定痛，尤应用于各种出血病证。如《本草新编》云："止血神药也，无论上、中、下之血，凡有外越者，一味独用亦效，加入于补血补气之中则更神。盖止药得补，而无沸腾之患，补药得止，而有安静之休也。"

张大宁指出：如果单从"血分"来讲，三七是一种化瘀止血药，既止血又化瘀，通过活血化瘀来止血，血止而又不生瘀血，二者既有关系又是两种互不矛盾的功能，忽视任何一个方面都是不对的，那种仅仅把三七当成止血药的说法，显然是不正确的。正如《本草求真》中所言："三七……世人仅知功能止血住痛，殊不知痛因血瘀则痛作，血因敷散则血止。三七气味苦温，能于血分化其血瘀……故凡金刃刀剪所伤，及跌仆杖疮血出不止，嚼烂涂之，或为末掺其血即止。"

此外，张大宁指出，三七为五加科植物，与人参、西洋参、五加皮同科，同科植物肯定有其相似之处，如含有多种与人参皂苷类似的成分等。所以三七在治疗上可以说有"补"的成分，长期临床试验及实践证实，三七可补血养血，且可补"血中之气"。故三七一味，充分体现了"补、活、止"三者的统一。

黄芪、三七、升麻三者同用，以补气健脾补肾的黄芪，佐以升麻的升阳，再佐以"补、活、止"三者合一的三七，出血以止血，血瘀以活血，血虚以补血，则对慢性肾脏疾病中的血尿，包括肉眼血尿及镜下血尿，均有一定效果。

用量：黄芪一般为 20～30g，三七如以三七片水煎则为 10～20g，冲粉则为 1～4g，升麻为 5～10g。

### 6. 黄芪、桂枝、冬瓜皮

黄芪为"补药之首"，不再赘述。

桂枝是人们非常熟悉的一味中药，始见于《名医别录》。张仲景的《伤寒杂病论》中已广为使用，这是一味先记载"应用"，后发现记载药物专著的常用中药。桂枝在临床上主要有三方面功能：一是用于风寒外感，以桂枝汤为代表，即《伤寒论》所谓"太阳中风"；二是温通经脉，包括治疗上焦寒凝心脉胸痹的枳实薤白桂枝汤、治疗中焦虚寒胃痛的小建中汤、治疗下焦妇女胞宫虚寒月经不调的《金匮要略》温经汤，以及治疗风寒湿痹的《伤寒论》桂枝附子汤；三是助阳化气，行水利水。张大宁说，桂枝的"治水"作用是通过"化气"来完成的。一则以咳喘水肿支饮为主的小青龙汤和以心悸为主的苓桂术甘汤；二则脾虚水肿的溢饮，如《医醇賸义》的桂苓神术汤；三则温阳化气以利小便治水肿的《伤寒论》五苓散等。

在慢性肾脏疾病中，水肿是一个大内容。过去中医病名将所有慢性肾炎都定为水肿，其实不少慢性肾脏疾病患者并不水肿，但无论如何"水肿"仍然是慢性肾脏疾病中的一大病证。"水肿"，从中医角度分析病机，多与肺、脾、肾三脏有关。急性水肿中医称为"阳水"，多与肺有关。慢性水肿中医称为"阴水"，多与脾、肾阳虚有关。脾阳虚弱，中运无力，则水湿停留，泛于肌表而为水肿。肾阳虚弱，一不能温煦中州，致使脾运无力；二不能化气温阳，致使膀胱开阖无力，尿失正常，造成水肿。但无论如何"阳气虚"是一个病机或称主要病机，但"气化不利"亦是一个重要病机，而这个"气化不利"的治疗，则主要在于桂枝，所谓"桂枝化气"，气化正常，中运脾健，气化正常，膀胱开阖正常，则水肿自消。

冬瓜皮一味是临床上效果比较肯定的有利水消肿作用的中药，始见于宋代《开宝本草》，为葫芦科植物冬瓜的干燥果皮。其性味甘凉，归脾和小肠经，主要功效为利水消肿，有的医家认为其有一定健脾作用，但反复临床实践证实，它"补"的作用甚小。至于其"消暑、清暑"作用，张大宁认为当以鲜冬瓜皮为佳，干燥后已无大用。古来各中医药专著中均记载其利水消肿作用，临床用之亦经证实。

黄芪、桂枝、冬瓜皮三药同用，自然黄芪"树大旗"，"补"中有"利"，冬瓜皮佐其利水消肿，但张大宁认为冬瓜皮"利"的作用，必须以"补"与"化气"为伍，方可事半功倍，单以冬瓜皮一味，则功效甚微。所以黄芪、冬瓜皮、桂枝配伍，"补、利、化气"搭配绝妙，实为治疗慢性肾脏疾病水肿的重要中药配伍。

用量：黄芪一般为 10～30g，桂枝为 5～10g，冬瓜皮为 20～30g。

### 7. 黄芪、土茯苓、丹参

土茯苓，出自《本草纲目》，原书载："健脾胃，强筋骨，祛风湿，利关节，止泄泻，治拘挛骨痛，恶疮痈肿，解汞粉、银朱毒。"后世多认为其为"解毒、除湿、通利关节"药物，尤其突出了"解毒"而忽视了"健脾、除湿、通利关节"的作用。所以张大宁说慢性肾脏疾病中选用土茯苓，系取其"祛湿、利关节、治拘挛骨病"的作用，健脾力极弱，可略其不记，但慢性肾病中，随着患者肾脏功能的逐渐减退，其"排毒"功能亦随之虚弱，故"解毒"功能逐渐提上日程，所以土茯苓在此确有一箭双雕的作用。

丹参，人们最为熟悉的活血化瘀药物，最早源于《神农本草经》，被列为上品，内有"破癥除瘕"的记载，近几年来随着各种丹参制剂的迭出不尽，丹参几乎已成为中药活血化瘀、治疗心脑血管疾病的代表性中药。

张大宁认为使用丹参要注意以下几点。

一是性味。迄今为止，业内所认为丹参"微寒"的说法，系来源于《神农本草经》，该书云："丹参味苦，微寒。"由此而定局至今。实际上"血为液体，得温则舒，遇热则妄行，遇寒则凝"，故活血药大多性温。至于凉血活血药，如牡丹皮、赤芍、紫草之类，当为治疗血热瘀血，实属少数。而丹参用途之广，绝非"凉血活血药"，结合多年临床经验，当属"平性"为宜。

二是"功同四物"之议。"丹参一味，功同四物"之说，来源于《妇人明理论》，谓"一味丹参散，功同四物汤"，后李时珍《本草纲目》云："四物汤治妇人病，不问产前产后，经水多少，皆可通用，唯一味丹参散，主治与之相同。"清代医家张秉成在其代表作《本草便读》中更详细解析，丹参功同四物，能祛瘀以生新，善疗风而散结，性平和而走血，虽有参名，但补血之力不足，活血之力有余，为调理血分之首药。张大宁说，丹参之所以称"参"，之所以被《神农本草经》列为上品，原因在于其"活血之中略有小补之意，小补者，养也"。

三是"治癥瘕积聚"。本来《神农本草经》中即有丹参"可破癥除瘕"的记载，当今以丹参为主的各种制剂治疗冠心病、脑梗等，这些疾病可谓各种部位微观辨证的"癥瘕积聚"，而慢性肾脏疾病的病理表现，肾小球、肾间质及血管等多呈现出各种不同类型、不同程度的"癥瘕积聚"和"瘀血"，则丹参的活血化瘀、破癥瘕积聚之力尤可得以发挥。

总之，黄芪、土茯苓、丹参三药配伍，黄芪以"补"为主，土茯苓"祛湿"为要，丹参"活血软坚"，略有微补血之用。三药配合，对于慢性肾脏疾病中"虚而瘀血，虚而失血"者用之甚佳。

### 8. 黄芪、大黄、大黄炭

大黄一味是使用最早、用途最广，且在慢性肾脏疾病，尤其是后期使用最多，同时得到中西医共识的中药。

《神农本草经》在"大黄"一节中可以说论述得最科学、最完整、最精彩，可以说至今尚没有跳出这个范围。原文："大黄，味苦寒。主下瘀血，血闭，寒热，破癥瘕积聚，留饮宿食，荡涤肠胃，推陈致新，通利水谷，调中化食，安和五脏。"这里可以看出：一是大黄的性味"苦寒"。二是"主下瘀血，血闭"，即活血、破血的功能，如张仲景的桃核承气汤、下瘀血汤、大黄䗪虫丸等。三是"寒热"，即"性味苦寒，以泄热"，指清热泻火的功效，如《金匮要略》泻心汤、《太平惠民和剂局方》之凉膈散等。四是"破癥瘕积聚"，如《金匮要略》中的鳖甲煎丸。五是"留饮"，指其既可以除水又可以破痰湿的功能，如治疗老痰壅塞、喘逆不得卧、癫狂惊痫的礞石滚痰丸。六是泻下攻积，清热泻火的通便功能，如张仲景的承气汤类、麻子仁丸，以及慢性肾脏疾病中常用的黄龙汤、温脾汤等。

张大宁说，《神农本草经》中论述大黄最精彩的语言是"推陈致新""安和五脏"，这八个字是对大黄主要功能的高度总结与升华。"推陈"是将体内陈腐的东西排出体外，"致新"是生成新的东西；"安和五脏"就是说通过"推陈致新"以使体内五脏六腑功能趋于正常。正如《汤液本草》所言："阴中之阴药，泄满，推陈致新，祛陈垢而安五脏，谓如勘定祸乱以致太平无异，所以有将军之名。"慢性肾脏疾病中后期，肾脏功能逐渐衰竭，体内代谢废物也随之淤积，日久则人体内环境紊乱，包括水代谢、酸碱平衡、电解质等。所谓"五脏不安"，表现在症状上如尿中氨味儿逐渐减少，而口中出现氨味儿，周身瘙痒难忍，搔抓后则皮肤出现"白碱"样变化，这些表现从中医学角度都属于"浊毒不得排泄，蕴于体内"和"浊毒上扰""浊毒泛于肌表"的表现，所以"推陈致新、安和五脏"的大黄是最恰当的药物了。况且，大黄能"活血化瘀"，以及微观上的"破癥瘕"，对于肾小球硬化、间质纤维化、血管狭窄等也有一定的治疗效果。当今，这种认识也得到西医肾病界的共识，诸如中成药尿毒清的大量使用，大黄苏打片的研制等，都说明了这点。张锡纯在《医学衷中参西录》中较为全面地总结了大黄的功能："大黄，味苦，气香，性凉，能入血分，破一切瘀血，为其气香，故兼入气分，少用之亦能调气，治气郁作疼。其力沉而不浮，以攻决为用，下一切癥瘕积聚，能开心下热痰以愈疯狂，降肠胃热实以通燥结，其香窜透窍之力又兼利小便。性虽趋下，而又善清在上之热，故目疼齿疼，用之皆为要药。又善解疮疡热毒，以治疔毒尤为特效之药。其性能降胃热，并能引胃气下行，故善止吐衄，仲景治吐血、衄血有泻心汤，大黄与黄连、黄芩并用。《本经》谓其能推陈致新，固有黄良之名。仲景治血痹虚劳，有大黄䗪虫丸，有百劳丸，方中皆用大黄，是真能深悟推陈致新之旨者也。凡气味俱厚之药，皆忌久煎，而大黄尤甚，且其质经水泡即软，煎一两沸药力皆出，与他药同煎宜后入，若单用之开水浸服即可。若轧作散服之，一钱之力可抵煎汤药者四钱。"

大黄炭是张大宁使用的炭类药中的一味重要药物。制法：取大黄片置于锅内，用武火加热，炒至表面焦黑色，内部焦褐色，喷淋清水少许，灭尽火星，取出凉透即成。大黄炭经炒制泻下作用极弱，但其他作用均在，且"炭可止血"，出血者用之尤宜。慢性肾衰后期多见的衄血等症，该药此时适宜。另外，大黄炭除口服外，张大宁还将其压细粉后搅于灌肠液中，起到一定"吸附"作用，疗效甚佳。

黄芪、大黄、大黄炭三药配伍，充分体现了"补肾活血，降浊排毒"的功效，黄芪"补"，大黄、大黄炭"活血而降浊排毒"，三者配合，治疗慢性肾脏疾病后期肾衰患者确实起到"推陈致新，安和五脏"的作用。

### 9. 肉苁蓉、郁李仁、枳壳

肉苁蓉，古称肉松容，出自《神农本草经·上品》，其曰："味甘微温，主五劳七伤，补中，除茎中寒热痛，养五脏，强阴，益精气，多子，妇人癥瘕。久服轻身。"五劳七伤均为古代病名。五劳者有两个说法。一是《素问·宣明五气》云："五劳所伤，久视伤血，久卧伤气，久坐伤肉，久立伤骨，久行伤筋。"二是《诸病源候论》云："五劳者，一曰志劳，二曰思劳，三曰心劳，四曰忧劳，五曰瘦劳。"七伤者说法亦二，均为《诸病源候论》所言，一者"七伤者，一曰阴寒，二曰阴萎，三曰里急，四曰精连连，五曰精少，阴下湿，六曰精清，七曰小便苦数，临事不卒"；二者"一曰大饱伤脾，脾伤，善噫，欲卧，面黄；二曰大怒气逆伤肝，肝伤，少血目暗；三曰强力举重，久坐湿地伤肾，肾伤，少精，腰背痛，厥逆下冷；四曰形寒寒饮伤肺，肺伤，少气，咳嗽，鼻鸣；五曰忧愁思虑伤心，心伤，苦惊，喜忘善怒；六曰风雨寒暑伤形，形伤，发肤枯夭；七曰大恐惧不节伤志，志伤，恍惚不乐"。以上所论，虽然说法不一，但究其实质则大体相同，即肉苁蓉可阴阳并补，治五脏虚劳，尤以肾为主，所谓"强阴，益精气，多子"。《日华子本草》云："治男绝阳不兴，女绝阴不产，润五脏，长肌肉，暖腰膝，男子泄精，尿血，遗沥，带下阴痛。"《本草经疏》又补充道："白酒煮烂顿食，治老人便燥闭结。"由此肉苁蓉的主要功效可归纳为"补五脏阴阳，以补肾助阳为主，亦可润肠通便"。

郁李仁为润肠通便之药，力缓润下，又有滋养津血的作用，故常用于老人、产后及体弱阴虚"水乏舟停"，大便干燥之症。同时，又可利水消肿，主治各种水肿胀满、脚气浮肿之症，如《圣济总录》中的郁李仁汤，即以该药与桑白皮、赤小豆等配伍，《神农本草经》言"主大腹水肿，面目四肢浮肿，利小便水道"，《本草纲目》言"郁李仁甘苦而润，其性降，故能下气利水"，以及《用药法象》言"专治大肠气滞，燥涩不通"等，均说明了这点。

枳壳，味苦、辛、酸，性温，归脾、胃、大肠经，功效破气除痞、化痰清积。《名医别录》谓其"逐停水，破结实，消胀满"。《本草纲目》云："大抵其功皆能利气……气通则痛刺止，气利则后重除。"张仲景曾以下气之力较枳壳强的枳实，与大黄、芒硝、厚朴配伍，而成扬名古今的大承气汤。与枳实比较，枳壳力缓且尤长于下气宽中除胀。

慢性肾脏疾病的全过程中，大便通畅是一个重要问题，尤其随着病程的延长，肾功能的逐渐减退，人体代谢废物在体内的蓄积会越来越多，所以大便的通畅是非常重要的。临床经验证实，适当增加大便次数是增加排泄毒素的一个重要渠道，中医所谓"泄浊排毒"就是这个道理，而在这个治法中要充分考虑到此时患者的正气已经很弱，大力通便显然是不适宜的。所以张大宁以肉苁蓉、郁李仁、枳壳三药配伍，润肠通便，兼顾正气，即所谓"增水以行舟"，枳壳下气促使大便通畅。张大宁经常讲，从中医理论和实践来讲，体内任何一种"有形物质的运动"，包括血的运行、小便的通利、大便的通下等，都要有气的推动，所谓"行气"，此时通大便者，当以"下气"为佳，故选择力缓的枳壳，下气而不伤正。此外，用郁李仁还取其利水消肿之功，尤适于慢性肾脏病患者。

### 10. 女贞子、旱莲草、石韦

女贞子与旱莲草组方，名为二至丸，出自清代医家汪昂的《医方集解》。盖女贞子冬至日采为佳，旱莲草夏至日采为上，故曰二至丸，为滋补肝肾之通用药方。女贞子亦称冬青子，味甘、苦而性微寒，归肝、肾二经，功效滋补肝肾、乌须明目。由于本品性微寒，偏重补肝肾之阴，即肾精与肝血，所谓乙癸同源、精血互化。正如《本草备要》所云："益肝肾，安五脏，强腰膝，明耳目，乌髭发，补风虚，除百病"，亦如《本草纲目》所言："强阴，健腰膝，变白发，明目。"

旱莲草又称墨旱莲，亦为滋补肝肾之品，但又以其性味甘寒而可凉血止血，故尤宜于阴虚血热之出血证，正如《本草正义》所言："入肾补阴而生长毛发，又能入血，为凉血止血之品。"

石韦一药出于《神农本草经》，列为中品，原文："石韦，味苦平。主劳热邪气，五癃闭不通，利小便水道。"一般认为，石韦通过其甘苦微寒之性，利尿通淋，凉血止血，清肺止咳。其实，石韦之利水通淋更有其特殊之用。正如《本草崇原》所云："石韦……主治劳热邪气者，劳热在骨，邪气在皮，肺肾之所主也。五癃者，五液癃闭，小便不利也。石韦助肺肾之精气，上下相交，水津上濡，则上窍外窍皆通。肺气不化，则水道行而小便利矣。"

张大宁以女贞子、旱莲草、石韦三药配伍，取其滋补肝肾、清热导淋、凉血止血之功效，治疗中医称之为"劳淋"的慢性肾盂肾炎，疗效尤甚。盖慢性泌尿系感染的病证多见于女性，其反复发作，病程绵长，西药不易治愈。中医认为其属于正气虚弱，肝肾阴虚，湿热下注所致。故以女贞子、旱莲草二至丸之滋补肝肾而扶正，石韦的清利湿热导淋以祛邪，加之旱莲草、石韦的凉血止血，治疗慢性肾盂肾炎，既扶正，又祛邪，且可止血，确实为珠联璧合的巧妙搭配。

# 六、读书之法

张大宁认为中医大夫必须要认真品读经典，中医的经典一般是这四部:《黄帝内经》《伤寒论》《金匮要略》《神农本草经》。经典本身必须是一本书，这样才叫经典。那什么书能作为经典呢？必须是重要的书。但只是重要的书还不行，它必须在这门学科的建立和发展当中起到重要推动作用、历史性的作用，这才能成为经典。中医学作为一门系统学科的建立，是在春秋战国到西汉这个时代，为什么说这一时期是中医学建立的时代呢？

第一，《黄帝内经》的产生。《黄帝内经》是一部约 14 万字，系统完整地论述中医学的生理、病理、诊断、治疗、药物、方剂的著作，换句话说，它是奠定中医学这门学科基础的一部著作。这部著作的产生，标志着中医学从医学零散的经验升华为一门科学。零散的中医药的经验不构成中医学，换句话说，一个采药者知道哪个草药能治病，但他不是医生，他仍然是采药者，因为必须系统地掌握中医学理论之后才能成为医生，而这门理论形成的标志就是《黄帝内经》，所以《黄帝内经》能成为经典。第二，中医学的诊治原则是独特的，是辨证论治，不是辨病论治，而辨证论治虽然在《黄帝内经》当中有所涉及，但是很少，凤毛麟角，而正式奠定辨证论治基础的是《伤寒杂病论》。张仲景把外感病用六经辨证，把杂病用脏腑辨证，这都是张仲景奠定的，所以张仲景这两部书实际上是一部书，应当列为经典。而中药和方剂的基础是《神农本草经》。《神农本草经》中 365 种药分上、中、下三品，不仅论述了每种药物的性味归经、功用主治，而且讲七情和合、君臣佐使、煎药方法，换句话说，它既是中药的基础，又是方剂学的奠基，所以它是经典。以上这四部书应当列为经典。

中医大夫必须要念经典，经典本身内容渊博、博大精深，这个是现在很多人还没有完全掌握的，它还在有效地指导临床。在疫情期间，张大宁提出三点，根据《黄帝内经》，第一是"避其毒气"，第二是"治其毒气"，第三是"辅助正气"。"避其毒气"，中西医是一样的，戴上口罩是避其毒气，隔离患者也是避其毒气;"治其毒气"，张大宁使用的是小柴胡加石膏汤加麻杏石甘汤，加上鱼腥草、穿心莲这类治疗肺热的药;第三点是"辅助正气"，《黄帝内经》讲"邪之所凑，其气必虚""正气存内，邪不可干"，所以正气是非常重要的，年轻人感染率就比较低，老年人就高，这是因为正气的关系，所以张大宁曾经出过一个方子，以玉屏风散为主，加上补肾活血的药制成制剂。所以说，合格的中医首先要熟读经典，其次才是熟练地将其运用于临床。一个大夫不但要熟读经典，而且要熟读自古以来的各种著作，从《黄帝内经》时代开始到新中国成立前总共有 12124 种中医药古书。这些书虽然不能都读，但是重点的书要念。

# 七、大医之情

## （一）思想境界

作为一名中医大夫，"必须把医德摆在最高的位置"，这是张大宁经常对学生讲的话，他用精湛的业务水平和厚道的做人典范，践行何谓"大医之德"。孙思邈的《千金要方·大医精诚》中的"大医"指大大夫、大专家、大师，是每个大夫终生追求的目标，如何成为大医，需"精诚"两点。"精"是医术要精，"诚"是心术要诚。换句话说，医德要好，心术要诚，医术要精，技术要好，又能治病，又有与人为善、大慈大悲的心态，德艺双馨方可为"大医"，所以要想成为一个好的大夫，两者都很重要的、缺一不可。"凡大医治病，必当安神定志，无欲无求，先发大慈恻隐之心，誓愿普救含灵之苦，若有疾厄来求救者，不得问其贵贱贫富，长幼妍媸，怨亲善友，华夷愚智，普同一等，皆如至亲之想。"这应该是我们每一个学医者的行医信念，更是一生都要遵守的行医之本。

医生影响着患者的一生，一名医生应该了解自己所肩负的责任，这样才能做一名好医生。张大宁认为，从个体上、现象上讲，是患者求医生；但从整体上、内涵上讲，是医生求患者。世界上是先有的患者，后有的医生；一个医生永远不能脱离病人，不懂得这个道理的医生，永远不会是个好医生。病人把所有的期望都寄托在医生身上，如果医生没有高尚的医德，是不配做一名合格的医生的。张大宁 60 多岁出门诊的时候，从星期三早上八点看到星期四早上四五点钟，看了 200 多名患者。那时候电视台采访问："您是不是有奖金？"张大宁说："没有啊。"电视台又问："那您是不是觉悟高？"张大宁说："也没有什么觉悟，就是看到那么多急切的病人，有时病人还在那跪着，我就迈不开腿，从患者身上迈过去我就回家了，我迈不出这条腿，所以我看了 20 多个小时。整个医院里边人山人海，我是真累得动不了啊！但是我仍坚持每个星期一查房，星期三出门诊到星期四。作为一个好大夫，必须拿患者当自己的父母，这个还跟演员把观众当为衣食父母不一样，观众是给演员钱的，我们是给患者治病的，还不是衣食父母，是把患者视为我们的亲人，这样就能成为一个好医生。"

## （二）文化修养

中医学是建立在长期的经验积累基础之上的，但是在经验的基础上它又采用了一些古代的哲学思想，例如阴阳五行学说、精气学说。中医学运用这些古代哲学思想对临床的丰富经验进行分析和归纳，从而升华出中医学的一种独特的理论体系。这一经验在传承中呈发展趋势，而非衰减。例如中医学的经典《黄帝内经》《伤寒杂病论》《神农本草经》等，在两千年的传承中也是在发展，而且有了很大的发展。比如清代的温病学说实际上是张仲景《伤寒论》的发展。当时人们已发现张仲景的《伤寒论》不能完美地解释温病，于是在其基础上，叶天士、吴鞠通等医家结合自己的临床经验，逐渐形成了温病学说。中医学是发展的。中医肾病学是中医内科学的一个独特的临床分支，虽然其形成是近几十年的事，但在中医学几千年的历史中，其理论阐述、临床经验、方药方法等可以说是浩如烟海，博大精深，不仅存在于数以万计的名家著作中，更散在于数以万计的老中医手中，不仅是中医学的精华，更是包括现代医学在内的整个医学学术界的精华所在。所以，更要完整地、系统地继承好中医，并在此基础上，科学地、全面地发展好中医肾病学。

# 八、养生之智

张大宁认为中医学从《黄帝内经》开始就把养生防病作为主导思想，讲"上医治未病"。"养生"最早见于《庄子·内篇》：所谓"生"，是生命、生存、生长之意；所谓"养"，是颐养、保养、调养、补养、护养之意。"养生"的内涵：一是全面、全方位提高人体整体的体质，延长生命的时限；二是提高生活质量。

张大宁常常说："古代医书，尤其是经典著作是中医学各个方面一个巨大的宝库，内容浩如烟海，取之不尽，用之不竭，需要我们用一生去探求。"所以，张大宁孜孜不倦地研究着这个宝库中的内容，他认为唐代大医家孙思邈是位极重视治未病的医家。孙思邈比较科学地将疾病分为"未病""欲病""已病"三个层次，"上医医未病之病，中医医欲病之病，下医医已病之病"；他反复告诫人们要"消未起之患，治病之疾，医之于无事之前"；他论治未病主要从养生防病和欲病早治着眼，其著作中载有一整套养生延年的方法和措施，很有实用价值。

张大宁认为，中医养生讲究四时阴阳，春生、夏长、秋收、冬藏，这是自然界的规律，即合于四时。所以，一个懂得养生的人一定要做到顺应四时阴阳。

那么，怎样做才能做到养生呢？张大宁认为上古之人已经给出了答案。

## （一）注意寒邪的侵袭

张大宁指出，中老年之后，要注意保暖，人体的"卫气"是以肾气为根本的。肾气足则卫气足，卫气足则不易感受寒邪。另外，睡眠的时候，"卫气行于里"，人体卫外功能最差，所以一旦睡着，即须多加被服，以免感受寒邪。

## （二）注意饮食调养

饮食是养生和肾保健的重要内容，它指正确地调节饮食结构，以便合理摄取营养，以补养肾中精气，增进健康，强壮身体，预防疾病，达到延年益寿的目的。唐代著名医家孙思邈在其著作《千金要方》中说过，"安身之本，必资于食""不知食宜者，不足以存生也""是故食能排邪而安脏腑，悦神爽志，以资血气"。

## （三）注意适当运动

"生命在于运动""运动有利于健康"是人们经常说的两句话，但如果说到养生与肾保健，则应当是"适当运动"。适当运动对人体呼吸系统、消化系统、运动系统、神经系统等都有着有益的作用。张大宁指出，中老年的运动我们叫"适当"，也就是说要"恰当"，不可"太过与不及"，不运动不行，过量也不行，每个人要根据自己的身体条件、环境条件、生活条件等，采取适合自己的运动方式。运动不足时，会导致体内的代谢，尤其是脂类代谢发生紊乱，引起高血压、糖尿病、肥胖、冠心病等。运动太过，超过自身的适应量，也会影响人体的脏腑功能。

## （四）注意精神调养

张大宁指出，精神调养是养生的重要环节。中医经常将人的精神、情绪变化概括为"七情"，即指人体喜、怒、忧、思、悲、恐、惊七种情志变化，是人体对客观事物的本能反应和表现，一般属于正常的生理反应。良好的情绪、健康的心理状态是有助于养生、有助于健康的。一个人能保持精神愉快、情绪舒畅、恬淡宁静是养生的重要内容，《黄帝内经》上提示了"恬淡虚无"的保肾养生思想，指出"恬淡虚无，真气从之，精神内守，病安从来"。

## （五）注意睡眠的养生调养

睡眠是养生的重要内容，古人有"眠食二者为养生之要务""能眠者、能食、能生"的说法，睡眠能使身体消除疲劳、恢复体力，使肾精保持充足，使身脑得到充分休息。中医学认为，睡眠是阴阳消长平衡的一个过程，阳入于阴则成寐，阳出于阴则为寤。总之，睡眠与养肾有着至关重要的关系，保证睡眠时间，尤其注意睡"子午觉"，无疑对人体的保肾养肾及健康有着至关重要的作用。

## （六）注意性生活适度

张大宁指出，要适度性生活，不能房事过度。房事不节则使肾中精气受损、亏损，人体正气损伤，则百病丛生，不利于养生。

## （七）注意定期体检

张大宁指出，随着社会的进步、人们生活水平的提高，体检已经成为人们日常生活的重要组成部分。对于没有特殊疾病的人，一年一体检应当成为惯例，如果有条件的人能做到半年一体检，则更为恰当。

## （八）注意科学使用保健品

随着人们生活水平的提高，人们对养生健康、长寿的要求日益强烈，随之而来的多种多样的保健品应运而生。张大宁指出，在众多的保健品当中，我们要科学选择，查其有无国家正式批号，要在医生的指导下使用，请医生诊治后再用，以保证对症，保证效果。

总之，中医养生包括形神共养、协调阴阳、顺应自然、饮食调养、谨慎起居、和调脏腑、通畅经络、节欲保精、益气调息、动静适宜等一系列养生原则，其最核心的思想是"治未病"思想，也就是达到《内经》中所说的"阴平阳秘，精神乃治"的境界，其做法是"虚邪贼风，避之有时，恬淡虚无，真气从之，精神内守"。也只有如此，才能使生命质量达到最高。

# 九、传道之术

## （一）人才培养方法

2007年3月"两会"期间，张大宁在汇报发言时，曾讲过这样一段话："中医学，从学科的属性上讲，它属于自然科学当中应用科学的范畴。但由于它在形成、发展过程中的特殊历史背景和条件，使其具有浓厚的传统文化的底蕴和内涵，从而形成一整套独立于现代医学之外的完整的医学科学体系""中医药学有着自己一整套对于人体生理、病理、诊断、治疗、预防、保健等方面独特的认识，有着自己一整套完整的临床分科，是世界已有科学体系中的一个重要分支"。完整地、系统地继承中医学是我们这一代中医药工作者的神圣职责，只有完整地继承，才能科学地发展中医。不谈继承的发展固不可取，故步自封地停留在两千年前的保守思想更是不可取的。中医学好比是一本完整的书，有前言、目录、开篇、故事发展高潮和结尾，所以，无论是中医学子还是中医大夫，都要把这本书完整地读下来，也就是说中医需要传承下去，念这本书的人万不能断章取义，而现在存在的问题是年轻一代中医学子对于如何能完整地继承中医学还没有准确的方向。所以其再三强调，中医学要完整地继承。

张大宁认为，中医学是一门独立于西医学之外的系统完整的医学科学体系。换句话说，中医学自成一门医学体系，它和西医学是根本不同的，它的基础理论，它的病理、生理、病因、诊断、治疗完全是独立的，它的临床分科是系统完整的，所以张大宁觉得现在的年轻大夫学习中医，主要任务是把中医学的知识系统地掌握，而不急于掌握一些西医学的东西。当然，作为临床大夫必须要掌握一些西医学知识，但是你首先是一个中医大夫，首要系统完整地把中医的东西掌握下来，在这个基础上掌握一定的和临床有关的相关西医医学知识，但不能喧宾夺主。因为现在实际上我们中医人很多，中医人才也很多，医学院校每年要招收很多医学生，但是缺乏的是系统完整地掌握中医知识的人，这部分人越来越少，而大部分人掌握一点儿西医知识，掌握一点儿中医知识，他几乎搞不清楚自己到底是什么样的，自己也很迷茫，没有方向，这个现实使得中医容易断代。闻道有先后，术业有专攻，中医大夫跟西学中的大夫不一样，西学中的大夫首先是掌握西医的知识，然后再学习懂得一部分跟他专业有关系的中医学知识。我们搞肾脏病也必须懂一些西医学肾脏病的知识，但是不可以喧宾夺主。张大宁经常劝学习中医的年轻人一定要认真地、踏实地把中医学本来的东西掌握好，这是我们的要领。

## （二）人才培养成果

现在国家中医药管理局、中华中医药学会非常重视"中医传承"，把这项工作放到了很高的位置，通过设置传承奖、高徒奖，鼓励老中医把经验传承给徒弟。张大宁认为这项决策非常英明。中医讲传承，传承是老师徒弟一起努力，学生们跟随其出诊、抄方，其间他也会抽出一些时间给学生们讲课。有时师生围坐，有时准备一块小黑板，讲课会从天人合一、阴阳五行、精气元气等概念入手，也会从《神农本草经》讲到《本草纲目》。张大宁经常告诉学生，中医对病机的判断一定要精准，对药物的理解一定要精到，药方一定要精简。张大宁的徒弟有100多位，大都是医院的年轻大夫和院校博士，他的儿子张勉之也在其中。张勉之和徐英把他的学术思想、临床医理整理成《张大宁临证医案选》一书，对临床起到重要指导作用。为了研究补肾活血法，2011年，张勉之申请成立了"中华中医药学会补肾活血法分会"，每次学术年会的参会者都有四五百人。2017年，中国中医药研究促进会张大宁医学工作委员会在天津成立。目前在全国各省市建立国医大师张大宁学术思想传承工作室，张大宁定期出诊、授课、讲学，传道授业，为中医药事业的发展作出了自己的独特贡献。

# 张大宁学术传承谱

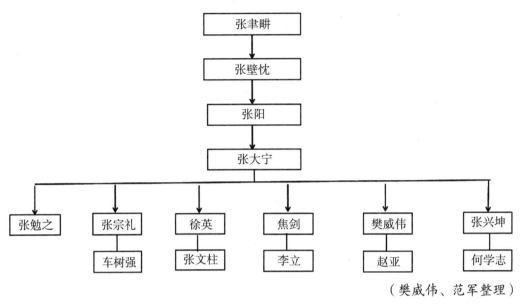

张聿畇
↓
张壁忱
↓
张阳
↓
张大宁
↓
张勉之　张宗礼　徐英　焦剑　樊威伟　张兴坤
　　　　车树强　张文柱　李立　赵亚　何学志

（樊威伟、范军整理）

（马勤、吕梁编辑）

# 李士懋

　　李士懋（1936—2015），教授，主任医师，博士生导师。1979年任教于河北中医学院（现河北中医药大学）至退休。兼北京中医药大学博士生导师，担任第二、三、四、五批全国老中医药专家学术经验继承工作指导老师，中国中医科学院传承博士后合作导师，2008年被授予首届"河北大名医"称号。2014年被授予第二届"国医大师"称号。

　　李士懋教授博览古籍，深入探讨，认为中医应正本澄源，回归经典，经过几十年的临床观察和总结，最终形成以脉诊为中心的诊疗特色，以及"溯本求源、平脉辨证"的思辨体系。李教授认为温病的本质是郁热，不论新感温病、伏气温病、温疫、湿温化热，还是温病的卫气营血、三焦等各个传变阶段，热邪的本质概为郁热。温病只分温热与湿温两类，传变也只有在气在血的区别，治疗原则就是清、透、滋。李教授首次提出汗法不仅用于表证，还可用于里证、虚实相兼证、阳虚阴凝证，代表方剂为寒痉汤，并提出正汗、邪汗的概念。李教授提出创新学术观点，如：研读《伤寒论》，拓展了乌梅丸的应用；研读薛生白《湿热病篇》，对连苏饮和薛氏四号方提出应用指征等。他研发出中药新药"连苏止呕胶囊"，与田淑霄教授编写学术专著15部。

# 一、学医之路

李士懋 1956 年于北京 101 中学毕业后，秉父命考入北京中医学院（现北京中医药大学）。当时学院仓促上马，没有宿舍等基础设施，只是从北京市中医进修学校借了两层小楼，教员只有刘渡舟、张志纯等 4 名。讲义是老师边教边编的，常是临上课时发几页油印的纸张。开始上课就讲四大经典，第一节课就是"恬淡虚无，真气从之，精神内守，病安从来"，这使李士懋仿佛坠入五里雾中，懵懵懂懂，不知所云。由于中学学的都是数理化，习惯了现代科学体系的思维方法，一下转到古老的中医学，老师所讲的概念、理论让他很难接受，因此感到苦闷、抑郁。

第二学年，学院从北门仓中医进修学校搬到了海运仓，办学条件得到很大改善，又聘来了秦伯未、任应秋、余无言、陈慎吾、赵绍琴、董建华、杨甲三、王绵之等一批中医名师名医任教，并从沈阳医学院调来了一批西医老师，中国中医研究院（现中国中医科学院）的朱颜、耿鉴庭等名医名家亦兼职任教。国家在极为困难的条件下，对中医教育给予了很大支持。

李士懋对中医最初的认识，是从一些临床实例开始的。其母亲患高血压，余冠吾先生重用蜈蚣，4 剂药就治好了，且血压几十年一直很稳定。一次母亲患下颌关节肿痛，嘴张不开，余先生摸了摸，说是瘀血，予桃核承气汤，2 剂而愈。父亲患关节炎，余先生用桂枝芍药知母汤，重用附子加乌头，亦 4 剂而瘥。三年困难时期，伯父高度水肿，余先生予鸡鸣散，下黑水盈盆而除。参观广安门医院时，有几例脊髓空洞患者，予地黄饮子，均获著效。其表妹患骨髓炎，求治于一名中医，告之脓尚未尽，当应排脓，当一周内破溃流脓，脓尽而再予生肌收口则愈。用药后，果一周内破溃，脓尽而愈，后未再痛。通过这些具体实例，李士懋感到中医确实了不起，逐渐提高了学习中医的热忱。

在学校，许多名师亲自执教，结合自己的体会和临床实践，深入浅出，把一些抽象、深奥的道理，讲得很生动，同学们很容易接受。如秦伯未老师讲便秘一章时，将排便比喻为河里行舟，舟欲行，需风敷布、阴血濡润，因素有许多，对各种因素又再逐一剖析，形象生动又易明了，让其终生难忘。秦老师著的《谦斋医学讲稿》都是给他们做讲座时的讲稿。1962 年暑假本该毕业，但学院领导担心第一届学生经典学得不扎实，又延长了半年，因此请任应秋老师讲了 60 多篇《黄帝内经》的原文。

在校期间，为了多接触临床，学校三次安排学生们下门头沟煤矿医院实习，老师们亲自带队，手把手地教。当时有一寒疝患者，李士懋用小建中汤无效，孙华士老师予麻黄附子细辛汤，一剂而愈。这一验案使李教授的印象深刻至极，使其领悟到什么是"寒邪直中三阴"。针灸实习时，杨甲三老师站在其身旁，亲自指导取穴进针。大学五年级时，李教授参加中央卫生工作队，到甘肃通渭进行医疗救灾，亦由老师带队。他和李岩同学共同管理30张病床，都是腹水患者，老师结合实例给他们讲解"大气一转，其气乃散"。毕业实习李教授在北京同仁医院中医科，名医陆石如老师带教，陆老师倾心相授，使他们受益匪浅。母校的培养，恩师的教诲，使李教授打下了较扎实的中医根基，影响着他的一生。

1962年毕业后，李士懋被分配到大庆油田总医院工作。当时国家极度困难，北京的公共汽车都烧炭，车顶上背个大煤气包。北大荒发现油田后，从全国调集了几十万人搞石油大会战。茫茫荒原，一片沼泽，冬天气温常在 −30℃左右。没有房子，就发动群众盖干打垒、挖地窖子；吃不饱，就开荒种地，挖野菜，硬是靠革命加拼命的英雄气概，战天斗地拿下了大油田。

由于自然环境恶劣，生活条件艰苦，所以油田患者非常多。当时油田总院中医科里，共有五名医生。他和爱人田淑霄都成了骨干力量。李士懋任儿科专职中医大夫，田淑霄是其他各科的专职会诊大夫。

当时儿科共有三个病区，200多张病床，旺季时常加至三四百张，治疗的主要病种为麻疹、肺炎、流脑、菌痢、中毒性消化不良等，病危者占2/3，每年死亡者500多名，有时一天死亡10多名。尤其是冬春麻疹流行时，李士懋白天黑夜都在病房，配合西医抢救半个月，亦难得有空回家一次。其在儿科共8年，解救了大量危重患者，锻炼了中医临床能力，打下了较坚实的基础，也亲身感受到中医治疗急性病、危重病的巨大优势，所以李士懋一向认为中医的优势在于治疗急性病。

刚到大庆工作时，因学识浅薄，更谈不上临床经验，又重任在肩，每天面对那么多危重患儿，李士懋总是企盼能有人指导，但又不可得。因此努力学习温病著作，遍阅历代温病名著，医技渐渐有所长进，也治好了一些急难危重的患儿，在临床中凸显了中医的优势，使儿科的西医大夫乐于与中医合作治疗、抢救。

1970年，大庆南区医院设立中医科，调李士懋夫妇二人任中医大夫。其实中医科只有他们两人，患者多得看不过来，只得每天限号。患者多是头天夜里排队，第二天抢个号。并非其医术多么高明，而是因中医大夫太少，所以只能限号。当时求诊的各科患者都有，当年的实践机会锻炼了李士懋的临床能力。

1979年，李士懋因次子脑出血并发癫痫，其父在京患胃癌，不得已调至河北中医学院任教。自转为教学工作后，他有机会阅读大量中医书籍，理论水平有所提高，再回顾以前临床所遇到的案例，仿佛有豁然开朗之感，反倒比整日忙于应诊收获多一些。因为能从理论高度来认识每个病，所以理解就更深刻一些，互相之间产生一些联想，确有"柳暗花明"之感，欣悦之情油然而生。虽改从教学，但李士懋临床从未间断，除定期出诊外，登门求医者无虚日。从理论到实践，再从实践到理论，互相印证，不断深化，日益体会到中医理论的博大精深，乐此不疲，兴趣盎然，即使逾古稀之年，仍难了情缘。

自 1991 年晋升正教授后，李士懋参与学术活动的机会渐多，如科研立项、评奖、职称、学位评审、稿件审阅、学位论文修改、国家新药评审等，这些都需要广博的现代科研知识，尤其是带硕士、博士研究生后，需知道研究生的学位论文设计、研究。因此，李士懋又踏踏实实学了几年西医基础和科研方法学。相较而言，其感觉自己的所长是中医，其他皆为短。从此专注中医经典、各家及中医临床，以期提高临床水平。过去虽也对经典下过些功夫，但总觉得不深不透，所以他再集中时间、精力，又对《伤寒》《金匮》认真研读，从串读、类方、脉、症等不同角度反复阅读，所写的笔记摞起来有一米多高，对之后提出的汗法不仅用于表证，又可用于里证的学术思想，打下了坚实的基础，发展了中医理论。

李士懋在读书学习中，突出一个"问"字，不断提出问题、解决问题，就能不断前进。问，是前进的起点。学问者，既要学，且要问。有了问题，才能进一步思考，以求解决。佛经云：大疑大悟，小疑小悟，不疑不悟。孔子曰："学而不思则罔，思而不学则殆。"真是极富哲理。许多问题一时解决不了，就先存疑，记下来，不知什么时候或读到哪本书，突然激发了灵感，有所启迪，就可产生许多联想，豁然开朗，大有振聋发聩之感。

自 68 岁退休后，李士懋冗事渐少，心静许多。每日看病、读书、写作，把一生窃有所悟处写出来，既是对中医的情缘，亦免死而为憾。他的学术专著，绝大部分是退休后撰写而成的。

概括起来，李士懋认为，在学医道路上能有所长进，主要归功于以下五点：

第一，大学时期，母校的培养，名师的教诲，打下了较坚实的基础。

第二，几十年来坚持临床实践，尤其是在大庆的 20 多年，大量的实践机会锻炼了临床能力。

第三，教学后，努力钻研经典，博览各家，理论上有了很大进步，理论与实践相互印证，相得益彰，颇多启悟。学而时习之，不亦乐乎。

第四，在学习态度方面，以古为师，努力领悟；以古为友，平等探讨；以古为徒，敢于评说；以古为敌，勇于否定，建立自己的见解。

第五，勤于总结写作，凡有启悟或闪光的灵感，就记下来，先写个提纲，再不断完善。撰写个题目，总得查阅大量资料，深入思考，方能逐渐完成。这种勤于动手的方法，有助于思维的深化。

# 二、成才之道

李士懋的成才经验，有以下几点：

## （一）岐黄之学，亲得名师教诲

大学 6 年期间有很多名家大师亲自执教，李士懋至今记忆犹新。秦伯未老师著的《谦斋医学讲稿》就是临床课的基础教材；任应秋老师亲自讲授 60 多篇《内经》原文。名师们结合自己的体会和临床实践，深入浅出，把一些抽象深奥的道理，讲得很容易接受。在校期间，老师们亲自带队三下门头沟煤矿临床实习，参加中央卫生工作队，到甘肃通渭医疗救灾，跟随名师临床又多有侍诊和请教，深得这些名家前辈的亲传。针灸实习时，杨甲三老师亲手纠正取穴进针；在北京同仁医院实习时，名医陆石如老师亲自带教，倾心相授，受益匪浅。

六年岐黄之学，亲聆秦伯未、朱颜、余无言、耿鉴庭、任应秋、刘渡舟、董建华、陈慎吾、赵绍琴等中医老前辈的教诲，李士懋铸就了扎实的中医理论根基，从此对中医结下了不解的情缘，为今后的成才之路铺垫了坚固的基石，也影响着李士懋的一生。

## （二）临证实践，成就名医铺垫

1962 年李士懋以优异成绩毕业后，响应党的号召，奔赴祖国最需要的地方——创业初期的大庆油田总医院。大庆 17 年的临床实践，是李士懋成就今天的名医大师至关重要的 17 年，之后改从教学，但临床从未间断。临床实践积累了丰富的经验，后更是从理论到实践，相互印证，不断深化，并使理论得以升华。从那时起，李士懋对温病的本质、卫气营血的各个阶段及温病治疗的核心等都有了自己新的认识，初步形成了自己独具特色的学术见解，并著书《平脉辨证温病求索》。

## （三）钻研经典，发皇古意创新说

李士懋常说："经典是实践的结晶，是临床的智慧。经典是中医基础的灵魂，是中医精华之所在，是中医辨证论治的宝典。学习经典是学习中医、研究中医、发掘中医的基础。"

李士懋主张对经典要熟读多背，由浅入深，反复拆解，纵横挖掘，用心感悟，变化以为己用，以经典释证、悟证、解证。教导学生初学要先从入门书读起，如

《医学三字经》《濒湖脉学》《药性赋》《汤头歌诀》等；之后再反复研学"四大经典"，即《内经》《伤寒论》《金匮要略》《温病条辨》；提高阶段再读百家对经典的发挥和百家经典著作，如《临证指南医案》《湿热病篇》《脾胃论》《医宗金鉴》《景岳全书》等，以及与临床各科相关的专著。

熟读经典是李士懋成才、成名、成家的基础。

中医的价值在于理论体系，中医的生命在于临床实践。中医的理论指导临床实践，临床实践丰富中医的理论。只有不断研究和传承中医学的经典理论和学说，才能更好地弘扬中医，才能更好地发展中医，才能更好地创新和丰富中医理论与临床实践。李士懋被称为"传统中医"，就是因为他坚持和遵循中医理论指导下的临床实践，创立和形成了自己鲜明的学术思辨特点，创立平脉辨证思辨体系，拓展了"汗法"的应用范围，指出了温病的本质属于"郁热"等。

# 三、学术之精

## （一）对温病的认识

### 1. 温病的本质是郁热

李士懋教授认为，温病乃是郁热。不论新感、伏邪、温疫、湿温化热，还是卫气营血、三焦等各个传变阶段，只要有热邪存在，其热统统属于郁热在里。明确了这一本质，对温病的分类、传变、治疗都有重大影响，所以，必须先将温病本质讨论清楚。

（1）新感温病属郁热

①卫分证：新感温病初起的卫分证，其本质属郁热。卫分证的临床表现为发热，微恶风寒，头痛，无汗或少汗，咳嗽，或胸闷胸痛，口微渴，苔薄白，舌边尖红，脉浮数。依八纲辨证的表里划分，卫分证属表证范畴。所以叶天士说："肺主气，其合皮毛，故云在表。"温病表证，与伤寒表证有着本质不同，其治疗亦大相径庭。这点至关重要，惜多为人所忽略，致使两者混同。

温病的表证亦即卫分证，有何特征呢？除具上述四点特征的恶风寒一症外，尚有舌边尖红、脉数。只要具备这三点，就可确诊为温病初起的卫分证，亦即温病的表证。

伤寒表证与温病的卫分证，虽然都有恶风寒这一主要特征，但二者恶风寒的机理却是不同的。这一点非常关键，必须明确。它不仅关系到对伤寒与温病不同本质的认识，也直接关系到二者治疗原则的不同。

伤寒表证为什么恶寒？是由于风寒袭表，腠理被风寒之邪闭郁，阳气被遏，不能温煦皮毛，故而恶寒。这里有两点要强调：一是风寒自肌表而入；二是外邪所窃居的部位在肌表。肌表有邪，自当汗而解之。

温病卫分证为什么恶风寒？是由于"温邪上受，首先犯肺"。温邪袭入的途径，不是自肌表，而是从口鼻。外邪盘踞的部位是在肺，而不是肌表皮毛。

卫气的主要作用之一是温煦。卫气依赖肺来宣发敷布于肌表。当温邪上受袭肺后，造成肺气闭郁，卫阳不得宣发敷布，外失卫阳之温煦，于是出现恶风寒一症。所以吴鞠通曰："肺病先恶风寒者，肺主气，又主皮毛。肺病则气闭郁，不得捍卫皮毛也。"杨栗山对此说得更明确："在温病，邪热内攻，凡见表证，皆里热郁结，浮越于外也，虽有表征，实无表邪。"请读者注意杨氏这段非常重要的话。表无邪，就非汗法所宜，所以温病学家都强调"温病忌汗"。吴鞠通曰："温病忌汗，汗之不惟不解，反生他患。"又曰："病自口鼻吸受而生，徒发其表亦无益也。"叶天士于《幼科要略·风温篇》曰："夫风温春温忌汗。"《临证指南医案·卷五·风温某案》中又指责那些用汗法治疗温病者说："温邪忌汗，何遽忘之？"

至于温病卫分证的其他症状，也都是由于温邪袭肺、肺气闭郁、郁热内盛而引起的。身热的产生，一是由于温邪上袭而热，二是由卫阳郁而化热。郁热上灼则咽痛、头痛、口渴、舌红，肺气不宣则咳喘胸痛等。至此可以明确指出，温病初起即属郁热。

前述判定伤寒、温病表证的主要依据是恶风寒，而不以脉浮与否作为主要依据。因为表证初起，不论伤寒还是温病，脉往往不浮。毫无疑问，这种说法与传统观点不同，甚至与经典相悖，但只要临床注意观察，就会发现表证初起，脉确实不浮。所以，不能以脉浮与否，作为判断表证的主要依据。

表证初起，脉为何不浮？伤寒表证，是由于寒邪外袭，寒性收引凝泣，气血不能畅达，故而不浮。不仅不浮，反而见沉。正如《四诊抉微》所云："表寒重者，阳气不能外达，脉必先见沉紧。"又曰："岂有寒闭腠理，营卫两郁，脉有不见沉者乎。"

新感温病初起，由于是温邪外袭，温邪升浮主动，脉本当浮，可是证之临床，脉多不浮。何也？因温邪犯肺，肺气闭郁，气机不畅，气血不得外达，不能充盈鼓荡于血脉，故而脉沉。

当然，并非表证始终不见浮脉。当外邪化热，热郁而伸时，激荡气血外达，脉方见浮。若热势进一步亢盛，气血为热所迫而外涌，脉不仅浮，且浮而大，成洪脉之象。此时已由太阳转入阳明，或由卫分传入气分。

②气分证：气分证的本质也是郁热。气分证的范围虽然较广，因邪热所侵犯的脏腑不同，而有热壅于肺、热灼胸膈、无形热盛、阳明热结、热郁少阳等不同，然

皆属郁热。伏气温病热在气分，湿温证湿邪化热，邪在气分，甚至伤寒寒邪化热传入阳明，皆与新感温病的气分证相同，本质都属郁热，治法亦同，清、下为其两大治法。

历来皆云《伤寒论》详于寒而略于温，非也。《伤寒论》实乃中风、伤寒、温病三纲鼎立。《伤寒论》第6条即温病提纲，概括了温病的各个传变阶段及类型。因其特点为但热不寒，而归入阳明篇中论之。太阳上篇论中风，太阳中篇论伤寒，太阳下篇论太阳腑证及结胸、痞等坏证，阳明篇即详论温病。三纲昭昭，何言仲景略于温乎？陆九芝曰："阳明为成温之渊薮。"诚谓一语破的，入木三分。温病传入气分，湿温化热传入气分，伤寒传入阳明，殊途同归，至此，三者径可视为一也。

热壅于肺者：由于热邪不得外达而壅遏于肺，肺气不得宣降，上逆而为咳喘；气机窒塞而胸闷、胸痛。

热扰胸膈者：胸中乃心肺所居，肺主气属卫，心主血属营。所以邪在上焦者，卫气营血四个阶段的病变皆可出现。此时关键在于畅达胸膈之气机，胸膈气机畅达，则热可透转肌表而解。若气机不畅，则逼热入营，出现营分、血分的症状。栀子豉汤所主之心烦懊恼不得眠，剧则反复颠倒，心中窒，甚至心下结痛，已然出现逼热入营之端倪。所以热在上焦，最易出现逼热入营的逆传心包之病变。

无形热盛者：气分证的无形热盛，即阳明经证或白虎汤证。热邪亢盛，出现大热、大汗、脉洪大，已然有热郁而伸的外达之势，似应不属郁热的范畴。其实不然，仍属郁热，只不过热邪郁伏的程度较轻而已。其肌表的壮热，乃是阳明的郁热外淫于肌表使然。病变之根本，依然在于里热，故仍须因势利导、透热外达，主以白虎汤。吴鞠通云："白虎本为达热出表。"因其属郁热在里，故仍须达热出表。

阳明热结者：由于热与糟粕相搏结，蕴伏于内，阻闭气机，阳气不能外达，可出现肢厥，甚至于通体皆厥。气血不能外达而脉转沉实，甚者脉可沉迟、涩小乃至脉亦厥，其状如尸。其本质属郁热，毋庸置疑。

热郁少阳者：温病之少阳证，亦称热郁胆腑，仍属郁热。其热，可但热不寒，亦可往来寒热。但是，热郁少阳的往来寒热，与《伤寒论》的少阳证往来寒热本质不同。少阳主枢，乃阴阳出入之枢。温病热郁少阳，是由于邪热郁滞，阻遏气机，阳气不能外达而恶寒，当热郁而伸时则热，于是形成寒热往来。热郁胆腑的性质属郁热，属实证、热证。热郁胆腑属半表半里证，这个半表半里属部位概念，位居表里之间，内近胃腑，外近肌肉。而伤寒之少阳证，虽亦称半表半里，但这个半表半里不是部位概念，而是病机概念。表为阳，里为阴。半表半里，即半阴半阳证，邪将从三阳传入三阴，属阴阳交界之分野，除有邪热以外，已现正气不足的一面，故小柴胡汤中加参、草、枣以扶正祛邪。伤寒之少阳证与温病之热郁少阳本质不同，治法有别。

③营分证：热陷入营，亦属郁热，且热郁程度较气分更甚，病位更深，出现神昏谵语、灼热肢厥，甚至舌謇囊缩。不仅气机窒塞，而且血行亦凝泣，故而出现舌绛唇暗、脉沉细数。

气分热郁内陷入营的原因有二：一是营阴亏，热易陷；二是气机壅塞，逼热入营。导致气机闭塞的邪气有痰湿、瘀血、热结等。此时治疗关键，务在宣达气机，使深陷营分的热邪透转气分而解。

④血分证：血分证的实质仍是郁热，是在营分证的基础上，进而出现动血。血分证的出血，不仅是热邪迫血妄行，还有瘀血阻滞，血不循经而妄行，两个因素相合而造成动血。此时的治疗原则为凉血散血。散血，不仅是活血化瘀，还有散血中伏火的意思。瘀血除，气机畅，郁热方能外达。

可见，新感温病，不论处于卫气营血哪个阶段，其本质都属郁热。

（2）伏气温病属郁热：伏气温病，医家皆谓伏气化热，里热外达，此属郁热。诚如章虚谷所云："温病由伏气者，邪自内发，未病时，已郁而成热。一旦触发，势如燎原，故急清里热，表热亦除。是内热为发病之本，表热为传变之标。即或非伏气蕴酿，凡感温病，终是阳邪。"对伏气温病属郁热这一本质，医家并无异议，故而从略。

（3）温疫属郁热：早在《内经》就已明确认识到，温疫是具有很强传染性的一类特殊疾病。曰："五疫之至，皆相染易，无问大小，病状相似。"吴又可结合自己治温疫的丰富实践经验，全面发展了《内经》的疫病学说，著有不朽之作《温疫论》。

关于温疫的病原，吴氏于卷首即云："夫温疫之为病，非风、非寒、非暑、非湿，乃天地间别有一种异气所感。"并郑重声明："此治疫紧要关节。"

吴氏认为温疫是别有一种异气所感，这种见解在当时是很先进的。异气，毕竟也是一种外感邪气。外邪，乃指六淫。中医理论体系关于六淫的性质、致病特点、辨证论治规律，都是非常明确的。若云异气是六淫之外的另一种外邪，那么它的性质、特点及辨证施治规律，则无法纳入中医理论体系之中。所以，若将异气欲纳入中医理论体系，就必须将其与六淫相衔接，临床方能实际操作。

异气究竟是什么性质？《吴医汇讲·瘟疫赘言》曰："所云厉气，无非郁热。"又云："疫皆热毒。"《伤寒瘟疫条辨》亦云："温病得于天地之杂气，怫热在里。"异气虽属郁热，但常夹秽浊之气闭郁气机，故《温热逢源》云："温疫之邪，从口鼻吸受，所受者湿秽之邪。"据此可知，温疫本质属郁热无疑。

综上所述，温病无论新感、伏邪，还是温疫，其本质是相同的，都是郁热。明确这一点，对温病的分类、传变、辨证论治规律的认识有重要意义。

**2. 温病应分温热与湿热两大类**

为什么将温病分为温热与湿热两大类？因二者有相同的一面，又有不同的一面。

相同：因皆有外感热邪，故皆属温病范畴。尤其当湿已化热化燥，转成热邪后，则与温热类温病相同，也就无可分之处。

不同：温热类温病邪气单一，就是外感温热之邪。而湿温既有外感热邪，又有内生之湿邪。有热，就要表现热的特征；有湿，就要表现湿的特征。湿遏热伏，热蒸湿横，相互为患，其辨证施治规律与单纯热邪有别，故将温病分此二类。其他烦琐的分类，既无本质的区别，又无临床指导意义，故可废除。试观叶天士《温热论》中，亦只分温热与湿热两大类而已。

**3. 传变规律——气血传变**

李士懋教授认为：温病的本质为郁热在里，其传变不外气血传变。本书所说的气分证，包括叶氏的卫分证及气分证；本书所说的血分证，包括叶氏的营分证及血分证。

（1）气分证

①气分证的病理改变：气分证的实质，是热郁于气分。这个阶段，邪气亢盛，正气亦较强，正邪抗争，呈现一派实热的病理改变。其主要病理改变有以下四点：

第一，阳盛则热。前已申明，中医所说的热，与西医所说的热概念不同。中医的热，主要是病理概念，指疾病的性质属热。体温高只是一个具体症状，包括身热。温病属外感热病，身热是各个传变阶段共有之症，而非气分证所特有。

热郁气分，扰乱气机，引起脏腑经络功能障碍，出现咳喘气粗、口秽吐利、心烦狂躁、谵语神昏、痉厥、腹满疼痛、便结溲赤等。

第二，热阻气机。只要有邪热存在，就要有不同程度的气机阻滞，阳气被阻滞不能外达，则外失阳之温煦而恶风寒；阳不达于四末，则四肢冷。气机被阻，气血不能充盈鼓荡血脉而脉沉。热伤脏腑，随其所伤部位不同而临床表现各异。

第三，阳胜则阴病。热在气分阶段，主要是伤津，出现津亏失润的表现，如口舌干燥、口渴喜饮，肺津伤则咳喘少痰，胃津伤则呕恶不食，大肠津伤则便结，膀胱津少则溲赤涩少等。

第四，壮火食气。热盛则耗气，令人气短、倦怠、背微恶寒、肢厥、脉虚等。重者亦可亡阳。

这四个方面的病理改变皆是因热所致。由于病理改变的侧重不同，以及热邪所伤的病位不同，因而出现不同的临床表现。尽管临床表现有很大差异，但有着共同的特征。

②气分证的重要特征：身热，口渴，舌红，苔白或黄，脉数实有力。关于选择

以上五点作为判断气分证的主要指征，说明如下：

第一，身热：气分证的身热，可以程度不等，兼症不同。有的可微热，有的可壮热；有的兼恶风寒、肢冷，有的但热不寒；有的兼汗出，有的无汗。尽管存在许多差异，但身热为气分证的主症之一。

关于但热不寒问题：依叶氏卫气营血传变规律来分，气分证的特征为但热不寒、反恶热。以恶风寒的存在与否区分卫分证还是气分证。而本书只提身热，没有提但热不寒。固然，恶风寒是卫分证的特征，但卫分证的恶风寒是里热之标象，只反映里热郁遏之程度，没有质的改变。但热不寒属气分证，伴恶风寒者仍属气分证。卫分证不是一个独立的传变阶段。

至于寒湿袭表，或温病兼风寒袭表者，也有身热恶风寒。但这个恶风寒，与温病热郁的恶风寒本质不同，不仅属表证，亦有表邪，当汗而解之。而温病的恶风寒，是里热之标象，虽有表证，却忌汗解。二者表现虽似，但本质不同，治则亦异。

关于汗的问题：气分证可有自汗、大汗，亦可头汗、阵汗、手足濈然汗出或者无汗。当热邪郁闭较重，气机遏郁，阳气不能宣发，津液不得敷布，此时可无汗，或郁热上蒸而头汗出。若热郁而伸，迫津外泄，此时可见自汗，甚至大汗。因汗的情况各异，故不以汗为气分证的特异指征。

第二，口渴：气分证的口渴，程度不同，或微渴，或烦渴引饮。引起口渴的原因，无非是热耗津亏及邪阻气机，津液不布两端。

第三，舌红：舌红程度轻者，仅舌边尖红；重者，全舌皆红。

第四，舌苔：苔可薄白欠润、微黄、黄甚或发灰黄色，或黑而干起芒刺等。

第五，脉：典型之脉当沉而躁数，若郁遏重者，脉可沉实、沉迟、沉涩、沉小，但按之有躁急不宁之感，甚至可脉厥。若热郁而伸，有外达之势者，脉可浮数、洪数。若津气为热邪耗伤，脉可细数。若热邪耗气，脉可虚芤而数。

临床凡见身热、口渴、舌红、舌白或黄、脉数实有力，即可诊为气分证。其中尤以舌红、脉数实为主要依据。

（2）血分证

前已述，营血是同一范畴的东西，举血可以赅营，所以叶氏所说的营分证、血分证，可并称为血分证。

①血分证的病理改变：里热深入血分，其主要病理改变有以下四点：

第一，阳盛则热：因热邪亢盛，且深陷血分，表现为灼热夜剧。

第二，阳胜则阴病：热邪深陷血分，耗伤阴血，脏腑筋脉失于濡养，出现脏腑筋脉的功能障碍。见脉沉细数、烦躁不寐、心中憺憺大动、神昏谵语、筋脉拘挛而瘈疭、舌謇囊缩、头眩耳聋、齿枯颧红等。

第三，热盛动血：热邪迫血妄行，致发斑动血。

第四，热阻而气滞血瘀：热邪更加深陷入血，气机阻滞更甚，阳气不能达于四末，致灼热肢厥，脉沉而细数。热邪煎烁阴血而成瘀血，致舌质绛或深绛。瘀血阻滞血脉，致血不循经，加重出血发斑。

这四个方面的病理改变，皆因热邪深陷血分，耗血动血所致。由于病理改变的侧重不同，以及涉及脏腑不同，因而临床表现不同，但有其共有的特征。

②血分证的主要特征：身热夜剧，动血，舌绛无苔，脉沉细数。选择以上四点作为血分证的主要判断指征，说明如下：

第一，身热夜剧：热入血分，其热更甚，故身灼热无汗，肢厥。除热邪亢盛外，阴液耗损亦甚，故其热多呈弛张状态。

第二，舌绛无苔：舌绛，乃因热耗阴伤，且血行瘀滞所致。瘀滞愈重，则绛色愈深。阴亏不润，则舌干绛而敛，甚至舌謇。无苔，乃因气分之邪已入血分。若尚有苔，乃气分之邪未尽。

第三，动血：出血程度可不等，或斑疹隐隐，或广泛出血发斑。由于严重出血，可很快痉厥衰竭，乃至死亡。

第四，脉沉细数：热陷血分，郁闭更甚，脉乃沉。热郁于里而脉数，热耗阴伤而脉细。

除上述四点外，血分证尚有许多其他症状，尤以痉厥为多见。痉乃筋之病，凡邪阻、热灼、阴阳气血虚衰，皆可导致筋脉拘急而为痉。昏厥皆心气不能出入所致。《内经》云："出入废则神机化灭。"凡浊气蒙蔽，邪阻心窍，或正气虚衰无力出入者，皆可致神明失司，或为狂躁，或为昏谵等症。痉厥虽为血分阶段常见之症，然非其独有，故不作为血分证的特异性判断指征。

温病热在气分，经适当治疗调养而邪退者，往往遗留肺胃津伤，当养阴生津。若热陷血分而后邪退者，往往形成真阴耗伤的虚证，当填补真阴。若阳气耗伤而亡阳者，亦当回阳救逆。

李老将温病传变分为气分与血分两个阶段，但并没有截然区分。温病里热燔灼，充斥三焦表里上下，轻者可邪灼气分；重者，热邪虽已然深传血分，但鲜有单纯血热而气无热者。血分证，是邪热较气分更盛，多是气血两燔，不可能血热与气热无涉，所以凉血必兼清气。

**4. 温病治则**

李老提出温病治则的三字诀：清、透、滋。

（1）清：温病的本质是郁热。既有热邪，故当清之。此即"热者寒之"。

温病之热邪，有轻重程度之不同，有所在病位之别，有兼夹邪气之殊，有正气强弱之异，因而在清热时，还要全面权衡。

①寒凉适度：有热邪，则寒凉乃必用之品。但由于热邪程度不同，所以用寒凉清解之时，既要防止病重药轻，又要防止孟浪，过于寒凉，冰伏气机。

②治分气血：温病热邪，无非在气在血之别，故治当分气血。

清气，是治疗温病的中心环节。邪热外淫内陷，皆气热燔灼充斥使然。里热清，而表证自解；气热清，而邪不内陷。故陆九芝称"阳明为成温之渊薮"。

清气，当选能入气分而清解气热之品，如辛寒、苦寒、甘寒及咸寒之品。若虑苦寒化燥伤阴，可以甘寒监之。

气热炽盛，内陷血分，则当选入血分而能清解血热之品，如甘寒、咸寒、酸寒之品，既能清热凉血，又具养阴生津之功。但清血热时，亦必伍以清气热药。气热盛，热方淫于血分。作为理论讲述，可将气血分开，但临床实际中没有气无热而单纯血热者，故凉血必伍以清气。

（2）透：温病的本质是郁热，只要有热邪存在，从始至终都要透。透邪的原则为祛其壅塞，展布气机。气机畅达，邪热外出的道路通畅，郁伏于里之热方能透达。所以，在寒凉清解热邪的同时，必须伍以畅达气机之品。欲使气机畅达，又必须分辨气机窒塞之因。

前面已经阐明，引起火郁的原因非常广泛，外感六淫、内伤七情、气血痰食、正气虚馁，皆可令气机窒塞。但此处是讲温病，温病中令气机窒塞者，主要有热邪、痰湿、瘀血、热结、食积及新寒外束等。欲使气机畅达，必须将阻滞气机之邪气祛除。所以在清解时，要视其兼邪，或伍以化湿，或伍以活瘀，或伍以消导，或伍以通下，或伍以表散等。壅塞除，气自展布，热自透达而解。

郁热外达的标志有六：

①汗：正汗的出现，标志已然里解表和矣。

②脉：郁热脉当沉而躁数。沉乃气机郁滞，气血不得外达以鼓荡充盈血脉所致。气机展布，气血得以外达，则脉由沉伏转见中位或浮位，脉体亦可由细迟短涩转见洪大滑数。

③舌：舌由绛紫而暗，转为红活；由无苔转为舌苔渐布。

④神：由昏谵或狂躁，转为神志清晰。

⑤色：面色由红而暗滞，转为红活润泽。

⑥症：由肢厥转为四肢渐暖。至于身热，可较前显露，不足为讶。

六者之中，以汗与脉的转变为主要标志。

（3）滋：温病最易伤津耗液。温病的治疗核心，在于保存阴液，故曰："留得一分津液，便有一分生机。"

滋阴是温病治疗的一大法门，轻者肺胃津伤，多取甘寒之品以清热生津；重者，肝肾真阴耗伤，多取甘寒、咸寒、酸甘，甚至血肉有情之品以滋补真阴。阴竭阳越者，还要伍以酸敛潜镇之品，以防阳脱。

温病因邪盛正气不支，或汗、吐、下、失血，正气迅速耗散，转致阳气衰亡者，亦屡见不鲜，当断然予以回阳，不可拘泥踌躇，要在辨证施治。

清、透、滋三字诀的提出，是根据温病的郁热这一本质，以及热易伤阴这一基本病理改变。不论各种温病，各个传变阶段，清、透、滋三法尽皆适用。

**5. 治疗温病的代表方剂**

（1）升降散：对温病的治疗，历代创立了许多有效方药，极大地丰富了中医学宝库。在诸多方药中，李老首推杨栗山之升降散。赵绍琴老师对升降散倍加赞誉，加减灵活，应用极广。李老受赵先生影响，应用升降散也颇多，疗效确切。李老用升降散，主要掌握郁热这一关键，凡有郁热者，不论外感内伤，内、外、儿、妇各科皆用之，并不囿于温病一端。

①升降散组成、主治：龚廷贤《万病回春·瘟疫门》有"内府仙方"一首："治项肿大头病、虾蟆瘟病。僵蚕二两，姜黄、蝉蜕各二钱半，大黄四两。上共为细末，姜汁打糊为丸，重一钱一枚。大人服一丸，小儿半丸，蜜水调服，立愈。"杨栗山于《伤寒瘟疫条辨》云："是方不知始自何氏，二分晰义，改分量服法，名为赔赈散，予更其名曰升降散。"又云："炼蜜丸又名太极丸。"改后之升降散：白僵蚕二钱（酒炒），全蝉蜕一钱（去土），广姜黄三钱（去皮），川大黄四钱（生）。合研匀。病轻者分四次服，最重者分二次服。黄酒两盅，蜜一两，调匀冷服。杨氏将其列为治温15方之总方。升降散所治计70余证，包括了叶氏所说的卫气营血各个传变阶段的病变。

②用僵蚕、蝉蜕的意义：升降散以僵蚕为君，辛咸性平，气味俱薄，轻浮而升，善升清散火、祛风除湿、清热解郁，为阳中之阳。蝉蜕为臣，甘咸性寒，升浮宣透，可清热解表、宣毒透达，为阳中之阳。二药皆升而不霸，无助热化燥、逼汗伤阴之弊。

温病的本质是郁热。"火郁发之"，务使郁伏于里之热邪透达于外而解，这就是治温病三字诀中的"透"。僵蚕、蝉蜕，二药皆升浮宣透，故可透达郁热。温病初起之表证，皆是热郁阳遏不达所致，故温病初起，僵蚕、蝉蜕即可用之。若热邪深陷气分乃至血分，其热邪闭郁的程度更重，虽已无表证，亦当透达郁热。僵蚕、蝉蜕，功在疏透郁热，非为表证之专设，故杨氏治温15方中皆用之，充分体现了透邪外达贯穿于温病治疗的始终这一学术见解。

张锡纯为近代温病名家，以善用白虎著称。其治温病共列9方，除治温病阴伤之滋阴清燥汤、滋阴固下汤两方外，其余7方皆用蝉蜕，也体现了透邪外达的原则。张氏于《医学衷中参西录》中，并未提及《伤寒瘟疫条辨》，或未见此书，然其见解，与杨氏如出一辙。张氏除用蝉蜕透散之外，更随症加用薄荷、连翘等，助其透散之力。

③用姜黄的意义：温病本质是郁热。热邪何以被郁？关键在于气机郁滞，郁热外出之路不畅。欲使郁热得以透达于外而解，必须展布气机。姜黄气辛味苦性寒，善能行气活血解郁。气机畅达，热乃透发。

杨氏15方中，计有升降散、增损双解散、加味凉膈散、增损大柴胡汤4方用姜黄，其余各方未用。温病的本质是郁热，毫无疑问都存在不同程度的气滞，基于此，姜黄皆可用之，不必删去。

④用大黄的意义：大黄苦寒降泄，清热泻火，通腑逐瘀，擅降浊阴，推陈致新。温病乃里有郁热，故用大黄以清热泻火，使里热下趋而解。

僵蚕、蝉蜕透热；姜黄行气血而调畅气机，以利热邪外达；大黄降泄，使热下趋。四药性味虽然各异，但都是集中解决郁热这一主要矛盾。郁热是各种温病、各个传变阶段的共同本质，所以升降散为治温之总方。

⑤升降散加减：温病由于郁热程度、兼夹邪气、邪袭病位、正气强弱等诸多不同，因而应用升降散时，尚需依据具体情况，灵活加减。

因湿遏热郁者，加茵陈、滑石、佩兰、菖蒲等；温邪袭肺者，加豆豉、栀子、连翘、薄荷、牛蒡子等；情志怫逆致热郁者，加玫瑰花、代代花、绿萼梅、川楝子等；瘀血致郁者，加赤芍、牡丹皮、桃仁、红花、紫草等；痰浊蕴阻而热郁者，加瓜蒌、川贝、黛蛤散、杏仁、竹沥等；食积中阻热郁者，加三仙、鸡内金、炒枳壳、焦槟榔等；阳明腑实热瘀者，加芒硝、枳实；郁热重者，加石膏、知母、黄芩等；热郁津伤者，加芦根、天花粉、石斛等；气血两燔者，加石膏、知母、黄芩、水牛角、生地黄、牡丹皮、赤芍等；热郁兼气虚者，加西洋参、生黄芪、山药等；肝经郁热上扰者，加桑叶、菊花、苦丁茶、龙胆草、栀子、石决明等。总之，加减颇多，应用甚广。

⑥新加升降散：李老用升降散，恒加豆豉10g，栀子7g，连翘15g，薄荷4g，助其清透之力，名之曰新加升降散。

加栀子、豆豉，乃受叶天士治风温诸案之启发。上焦心肺所居，包括卫气营血各个传变阶段。上焦气机畅达，则郁伏之热可透达于外而解；若气机窒塞，则逼热入营，出现逆传心包。所以，解决好气分郁热至为关键。栀子豉汤，辛开苦降，为宣泄胸膈郁热之主方。虚烦不得眠，反复颠倒，已露热淫心营之端倪；胸中窒，乃气机窒塞不通。此时若不辛以开郁，宣畅气机，必逼热入营，出现神昏谵语或狂躁。

所以升降散加栀子豉汤，增其宣泄郁热之力。

重用连翘者，是受张锡纯之启发。张氏称连翘"升浮宣散，流通气血，治十二经血凝气聚""治外感风热，用至一两必能出汗，且其发汗之力甚柔和，又甚绵长。"张氏曾治一少年，风温初得，俾单用连翘一两煎汤服，彻夜微汗，翌晨病若失。李老取其清热解毒，入心经且散热结，升浮宣散，透热外达。

少加薄荷者，取其辛凉宣散，辛以解郁，疏风热而外达。

凡郁热者，不论外感内伤，内、外、儿、妇各科，李老皆以此方化裁，颇觉得心应手。

## （二）论汗法

汗法，是中医治疗疾病的八法之一，是驱邪外出的重要法则。汗法的理论源自《内经》，其辨证论治体系奠基于仲景。河间将汗法推至顶峰，认为中医治病应以攻邪为先，邪去而元气自复。驱邪之法有汗、吐、下，三法可以兼众法，无第四法也。晚近汗法已渐趋荒疏、萎缩，令人惋惜。为继承发扬中医学这一重要法则，故对汗法相关问题进行探讨。

### 1. 汗法的概念

汗法，是通过发汗以驱逐外邪的一种方法。汗法，包括药物发汗，以及针灸、熏蒸、热熨、火疗等。本内容重点在于讨论药物发汗法。

这里所说的汗法，是指狭义汗法而言，并不包括广义汗法。

### 2. 汗的本质

汗，是津液外渗于肌肤，称之为汗。《灵枢·决气》曰："何谓津？岐伯曰：腠理发泄，汗出溱溱，是谓津。何谓液？岐伯曰：谷入气满，淖泽注于骨，骨属屈伸，泄泽，补益脑髓，皮肤润泽，是谓液。"这段经文明确指出津液外渗于肌肤而为汗，濡养润泽肌肤毫毛，因而皮肤固密润泽。正常人体都有微量的津液渗于肌肤，起到充皮肤、肥腠理、润泽肌肤的作用。这种微量的汗，可称为常汗，或生理之汗，属正汗范畴。

### 3. 汗出机理

《素问·阴阳别论》云："阳加于阴谓之汗。"这句话是理解生理之汗、邪汗、正汗、发汗法、测汗法的理论渊源。悟彻了这句话，就掌握了有关汗的所有理论的关键。理论的价值在于指导实践，若能从理论高度对汗有深刻的认识，就可以把握全局，运用自如。

李士懋教授认为，若要正汗出，必须符合三个条件：第一，阳气充盛；第二，阴津充足；第三，阴阳升降的道路通畅。

**4. 汗的分类**

人身之汗有正汗与邪汗之别，邪汗是阴阳失调而汗出，正汗是阴阳和调而汗出，二者本质迥异。

（1）邪汗

①邪汗范围：邪汗是以汗出异常为主症的一类病证，包括自汗、盗汗、大汗、阵汗、汗出不彻、头汗、手足汗、偏汗、阴汗、脱汗、黄汗等。

②邪汗的病因病机：汗出异常的病因与病机，不外邪阻与正虚两端。

正虚者，包括阴阳气血之虚衰。阳虚者，轻则为卫阳虚，开阖失司，腠理不固，津液外泄乃为汗；重者，阳气衰亡，津液不固而为脱汗。阴虚者，阴不制阳而阳气升浮，迫津外泄而为汗；重者，阴竭阳越，阴失内守而汗泄，亦为脱汗。血虚轻者，气失依恋而浮动，气浮失于顾护而汗出；重者，血脱则气脱，津失固摄而大汗。气虚轻者，肌表失护而汗出；重者，气脱津失固摄而汗泄。阴阳气血虚衰，皆可致津泄而汗或脱汗。至于阳虚自汗、阴虚盗汗，未必尽然。阳虚盗汗者有之，阴虚自汗者亦有之，不可以出汗的时间或部位来分阴阳。究竟何者虚，须四诊合参，尤以脉诊为重以别之。

邪实者，包括六淫、七情及内生五邪等。热胜者，可迫津外泄而为汗；风袭者，卫强营弱，营卫不和，开阖失司而汗泄；湿、瘀、痰饮阻隔，使营卫敷布失常，致营卫不和而为汗。七情所伤，气机违和，升降出入乖戾，开阖失常而为汗。致于邪犯的病位，因为汗出是一个涉及五脏六腑、三焦腠理、经络血脉、肌肤毫毛的复杂过程，因而邪阻于任何一个部位、环节，都可造成汗出异常。

更有虚实兼见，寒热错杂，邪气相兼，病之新久，外感内伤兼病等，因而汗证甚为繁杂，绝非几个方子或几个僵死的套路可以应万变者，必须精于辨证，谨守病机，方能全局在握。

③邪汗的特点：一是大汗或汗出不彻，或无汗，而非遍身漐漐微似有汗。二是局部出汗，而非遍身皆见。三是阵汗或汗出不止，非持续微汗。四是汗出而脉不静，身不凉，非随汗出而脉静身凉。

（2）正汗

①正汗的范畴：正汗，包括人体的生理之汗，或曰常汗；疾病经治疗后，由于阴阳已和，而出正汗，因气候环境、饮食情绪、劳作运动而自我生理调节之汗，皆属正汗。

②正汗的机理

常汗：人的脏腑、筋骨、肌肤、孔窍、毫毛，既须阳的温煦，又须津液的濡养。正常的人体，都有微量的汗液分泌，以濡养肌肤毫毛、孔窍、筋骨、脏腑。而布于肌肤者，这是生理之汗或曰常汗，是阴阳调和的自然之汗。

正汗：当人体阴阳失调，或升降出入乖戾时，可无汗，或汗出异常，此即邪汗。当经过适当治疗而出现正汗时，标志阴阳已调，病已然痊愈矣。这种正汗出，若原为外邪所犯而已见正汗者，标志邪气已除，阴阳调和；若无外邪侵袭者，仅由人体的阴阳失调而患病者，此正汗出亦标志阴阳已和。

③正汗特点：一是微微汗出，而非大汗或无汗。二是遍身皆见，而非局部汗出。三是持续不断。外感病而引起的无汗或汗出异常者，经治疗后之正汗，可持续二三小时或五六小时，非阵汗出。待汗出邪退，正气恢复后，此汗自然收敛。若无外邪，因阴阳失调而汗出异常者，经治疗后，亦可见此正汗，汗后自然收敛，转为人体之常汗。四是随汗出，脉静身凉，阴阳和调而愈。

**5. 汗法分类**

汗法，可分为广义汗法与狭义汗法两类。

（1）广义汗法

①广义汗法的概念：广义汗法，是指用汗、吐、下、温、清、补、和、消八法，使阴阳调和，可使正汗出者。

请注意，在广义汗法的概念中，有两点须强调：一是八法皆可令人汗的"可"字。可者，可致汗出，而非必然汗出。若用八法而得正汗者，则属广义汗法；若未得汗，或反见邪汗、脱汗者，则非广义汗法。二是强调正汗出，若用八法后所出者非正汗，而是汗出不彻，或邪汗、脱汗，当属误治，也不属于广义汗法。

一般认为吐法也有发汗作用，其实吐法并不直接发汗，而是因邪壅上焦，因势利导，在上者，引而越之。上焦邪去，肺气得开，卫气得敷，津液得布而汗出，属广义汗法的一种，吐法并非狭义汗法。

②广义汗法的机理：正汗出，必阴阳充盛，且升降出入道路通畅，方能阳加于阴而正汗出，即"精气胜乃为汗"。

"天地阴阳和而后雨，人身阴阳和而后汗。"当人身无汗或邪汗，皆因阴阳不和所致；而人身之正汗出，皆是阴阳调和的结果。八法施治的目的，皆在调整阴阳，阴阳和而后汗。所以，张锡纯曰："发汗原无定法，当视其阴阳所虚之处而调补之，或因其病机而利导之，皆能出汗，非必发汗之药始能汗也。"又云："白虎汤与白虎加人参汤，皆非解表之药，而用之得当，虽在下后，犹可须臾得汗。不但此也，即承气汤，亦可为汗解之药，亦视其用之何如耳。""寒温之证，原忌用黏腻滋阴……而用之以为发汗之助，则转能逐邪外出，是药在人用耳。"这就是"调剂阴阳，听其自汗，非强发其汗也"。

近贤金寿山亦云："大多数温病须由汗出而解……在气分时，清气分之热亦能汗解，里气通，大便得下，亦常能汗出而解。甚至在营分，血分时，投以清营凉血之药，亦能通身大汗而解。"《景岳全书·伤寒典·论汗》中曰："凡治表邪之法，有宜发散者，有宜和解者，有宜调补营卫者……元气虚而邪不能退，则专救根本，以待其自解自汗为宜。"此言汗法，不仅指狭义汗法之一端，他如吐、下、温、清、补、和、消，皆可令阴阳调和而自然汗出。所以，从一定意义上来讲，八法皆属广义汗法。正如《医学心悟》所云："盖一法之中，八法备焉；八法之中，百法备焉。"程氏又于论汗法一节云："凡一切阳虚者皆宜补中发汗，一切阴虚者皆宜养阴发汗，夹热者，皆宜清凉发汗，夹寒者，皆宜温经发汗，伤食者，皆宜消导发汗。"这就是发汗原无定法，八法皆可为汗法，亦视其用之何如耳。

（2）狭义汗法

①狭义汗法的概念：狭义汗法，是指经服发汗剂或针熨灸熏等法治之后，必令其正汗出的一种方法。

在狭义汗法的概念中，有两点须要强调：一是必令其正汗出的"必"字，即必经发汗使正汗出而邪乃散的一种治疗法则。若虽予发汗剂而汗不出，或汗出不彻，则为误治或药力未达。二是强调所出之汗必须是正汗，若为邪汗、脱汗，则为误治，皆非狭义汗法。

②狭义汗法的机理：皆知发汗可以祛邪。但是发汗为什么能祛邪？因发汗剂，皆辛散之品，辛能行能散，能开达玄府，鼓动阳气，促其汗出，且兼以辅汗三法，助其发散之力，一般皆可汗出。但根本机理还要靠人体正气来祛邪。设若人的正气已亡，给再多的发汗药亦不会出丝毫的汗。人的正气，虽有气血、营卫、津液、精等，统而言之乃阴阳耳。只有阴阳充盛，且升降出入畅通，方能正汗出而祛邪，此即"阳加于阴谓之汗"。

狭义汗法的机理与广义汗法的机理，岂不相同吗？诚然，二者确实相通，只不过所治之病证病机有别而已，都是"调剂阴阳，听其自汗"。吐法，开提上焦，已寓散于中；下法去菀陈莝，使气机通畅，亦调其阴阳；和法，调其表里上下之气机，亦即调其阴阳；温法扶阳，补法扶正，亦调其阴阳；清法祛热邪，消法去邪结，皆使阴阳升降出入之路畅达。

所以广义汗法，着眼于阴阳调和。狭义汗法亦是着眼于阴阳的调和。如狭义汗法的典型代表方剂之麻桂剂，是针对阴邪外袭者，或在表，或在里。麻黄发越阳气散寒凝，桂枝通阳气，振奋鼓荡阳气以祛邪，亦着眼于阴阳调和。所以，狭义与广义汗法机理是相通的，只不过针对的病证不同，调节阴阳失和的环节不同而已，最终都离不开"阳加于阴谓之汗"这一基本理论。

（3）辅汗三法：狭义汗法是必令其正汗出的一种方法，但临床上常见予麻桂剂，病者并不出汗，甚至有的连服多剂亦不出汗，所以李老在应用狭义汗法时，必加辅汗三法，即连服、啜粥、温覆。辅汗三法，实从桂枝汤将息法而来。

辅法三法的作用有三：一是助其发散之力，促使汗出；二是调节汗出的程度，防其汗出不彻或过汗；三是益胃气，顾护正气。

### 6. 应用发汗法的辨证要点

总结的要点有三：一是脉沉弦拘紧，李老将此脉称之为痉脉；二是疼痛；三是恶寒。依其在辨证中的权重划分，脉占80%，疼痛占10%，恶寒占5%，其他舌征、体征、症状，可占5%。此乃约略言之而已。

（1）痉脉：痉脉的特征就是沉弦拘紧。这种脉摸起来有一种呈痉挛状态的感觉，故称之为痉脉。

沉：沉主气，或为邪气阻遏，气血不能外达以充盈鼓荡血脉而脉沉；或正气虚衰，无力充盈鼓荡血脉而脉沉。邪阻者为实，脉当沉而有力；正衰者为虚，脉当沉取无力；以沉取有力无力以别虚实。

寒邪所犯，因寒主收引凝泣，气血亦随之收引凝泣，脉焉有不沉者。寒邪袭表，因表为寒邪闭郁，气血不得外达，所以此时脉并不浮，反以沉者为多见。若寒袭经脉、筋骨，恶寒而痛者，其脉亦沉，此亦因寒邪凝泣收引所致。若邪犯于里者，恒因里之正虚，寒邪得以内传或直犯，其脉当沉弦拘紧之中，按之无力。无力为正虚，脉痉为寒凝，证属虚实相兼，治当温阳散寒，扶正祛邪。正虚的程度有轻有重，轻者，脉力稍逊，李老以脉减相称，即介于脉实与脉虚无力之间。

弦而拘紧：寒主收引凝泣，血脉亦拘紧，乏舒缓之象，呈一种痉挛状态。拘紧之象越著，则寒凝越重，寒的轻重与脉的拘紧程度呈正比。寒闭于表者，脉即沉紧而拘，寒犯于里者，脉亦沉而拘紧。寒闭表者，因正气尚强，其脉沉而拘紧有力，伴恶寒、头身痛、无汗。寒闭于里者，脉沉而拘紧力减，伴疼痛、畏寒。

若湿邪所犯，湿为阴邪。阴湿者，脉多兼濡软；然湿又能闭阻阳气，故脉亦兼弦紧。阴湿之脉当沉而弦拘之中，兼见濡软之象。湿盛则濡，湿盛则阳微，脉亦可见沉拘紧无力，症多伴酸、沉、胀、僵，头沉、胸痞、畏寒，苔白腻等。

若温邪袭肺而兼表闭者，脉可浮数，因温邪其性属阳，当热郁而伸时，故脉浮数。表闭的特征为无汗或汗不彻，恶风寒，伴头身痛等，此时亦可以辛凉之剂加辅汗法，令其汗出，透解表郁，此亦通常达变之法。

（2）疼痛：关于疼痛的病因病机，经典中有详尽的描述。

《素问·举痛论》："寒气客于脉外则脉寒，脉寒则缩蜷，缩蜷则脉绌急，绌急则外引小络，故卒然而痛。"这段经文明确指出寒邪外客，引起脉的蜷缩、绌急。表现在脉象上，则沉弦拘紧，呈一种痉挛状态，此即痉脉。脉既已痉，且外引小络亦绌急而痉，气血运行受阻，故必然不通而痛。若寒客于外者，表现为头身痛、骨节痛、恶寒、无汗；寒客于肺者，则胸痛憋气、咳喘；寒客于肝者，则胸胁痛、头痛、少腹痛、阴痛、阴缩；寒客于心者，则胸痛彻背、憋气、心悸怔忡；寒客于肾者，则小腹痛、腰痛、阴痛、小便不利、水肿、头痛、肢厥；寒客于脾胃则脘腹痛、吐利。总之，疼痛是一主要见症。但引起疼痛的原因甚多，虚实寒热皆可引发疼痛。何以知为寒邪引起的疼痛？脉沉弦拘紧可知。脉为寒凝之脉，则此疼痛属寒凝所致可知。不论疼痛或轻或重，或表或里，或暂或久，皆属寒邪所引发。

（3）恶寒：寒邪所客，因寒能痹阻阳气，且寒盛伤阳，阳气不能温煦则寒。寒客肌表者，恶寒是一主要见症，其程度或轻或重，时间或短或长，只要脉沉弦拘紧，皆为寒邪所引发。若寒入里者，恒因阳虚而寒邪传变入里或直入，其寒象以畏寒、肢冷为多见。其寒，或隐或显，或暂或长，或局部或周身，若脉沉弦拘紧而减或无力者，皆为寒所引发。

痉、痛、寒三者，作为寒邪所客的主要指征。除此三征之外，当然还有兼邪者，兼气血阴阳之虚者，出现诸多兼症，只要此三点具，症状与体征再多，亦以寒客论之，皆予汗法治之，或纯予辛温发汗，或扶正发汗祛邪，有兼邪者兼顾之。

**7. 汗法的临床应用范围**

所谓汗法，这里要特别指明的是狭义汗法。

关于汗法的应用范畴，一般多停留在"外感表证当汗""汗法可以解表"这一较粗、较局限的层面。实则表证、里证、虚实相兼证及阳虚阴凝者，皆可用之。

（1）用于表证

①寒邪袭表：一般仅笼统地讲，外邪袭表所引起的病证，即为表证。

外邪，当然是指六淫，即风、寒、暑、湿、燥、火。六淫依其属性，分阳邪与阴邪，寒、湿属阴邪，风、暑、燥、火属阳邪。阳邪引发温病，而温病忌汗，自非狭义汗法所宜。所以，适宜狭义汗法所治的表证，是指阴邪所引起的表证而言。

寒为阴邪，寒邪袭人从肌表而入。寒多兼风，寒邪袭表，多与风邪相兼而入。风虽为阳邪，与温邪相合则为风温，属阳邪；与寒相合，则为风寒，属阴邪。

表证的特征是什么？风寒袭表则为太阳表证，表证的恶风寒，尚须具备以下四个特点：

第一，初起即见。表证一开始，最早出现的症状就是恶风寒。若在疾病演变过程中，由于阳伤或阳郁等原因，中途出现了恶风寒，则不属表证的恶风寒。表证的恶风寒，必须初起即见。

当然，表证的恶风寒，程度上可有很大差别。重者可寒战，轻者略觉身有拘束之感，或怕缝隙之风，或仅背微恶寒，甚至因症状轻微，不大在意而忽略之。恶寒的持续时间，短者可不足半小时，长者可达数日或数十日不解。

第二，寒热并见。除虚人外感可恶寒不伴发热外，凡属表实证者，皆寒热并见，当然，热的程度可有很大差别。

第三，持续不断。只要表证不除，恶寒就不解，故曰"有一分恶寒有一分表证"，恶寒伴随表证的始终。若表证已解或内传，恶寒也就不存在了。

第四，伴有其他表证。在恶风寒的同时，伴发热、无汗、头身痛等症，其他如鼻塞、流涕、喷嚏、咳嗽、咽痛、呕恶等，则为或然之症，非必皆见。

太阳表实的第二个特点是脉紧。因寒主收引凝泣，血脉收引而拘紧。至于脉浮否，却未必，因寒为阴邪，其性沉降，脉非但不浮，竟多见沉。《伤寒论》第3条："脉阴阳俱紧者，名为伤寒。"这里强调太阳伤寒应脉紧，而未言脉浮。

只要具备了上述四个特点的恶风寒一症，又有脉紧，两项俱备，即可诊为太阳伤寒表证。若兼见发热、头身痛、无汗三症，则诊断为太阳表实证的条件更加完备。至于其他或然之症，则非必见。

②湿伤于表：湿属阴邪，亦可伤表。湿邪伤表，分为阴湿伤表与阳湿伤表两种类型。

阴湿，即湿未化热，与寒湿近。寒湿郁遏表而恶寒无汗、头身痛重，脉当沉紧而濡，或弦濡，或濡缓，苔当白或白腻，症当兼胸痞。具上述特征的表证，即属阴湿伤表。恶寒无汗、头身痛、脉紧，是寒邪袭表的表现；身重、胸痞、脉濡、苔白或腻，是夹湿的表现。所以阴邪伤表，实为寒与湿相合袭表。治当散寒化湿解表。

阳湿伤表，即湿已有化热之势，与湿未化热之阴湿相对而言。《湿热病篇》第3条曰："湿热证，恶寒发热，身重关节疼痛，湿在肌肉，不为汗解，宜滑石、大豆黄卷、茯苓皮、苍术皮、藿香叶、鲜荷叶、白通草、桔梗等味。不恶寒者，去苍术皮。"自注云："此条外候与上条同，惟汗出独异，更加关节疼痛，乃湿邪初犯阳明之表。而即清胃脘之热者，不欲湿邪之郁热上蒸，而欲湿邪之淡渗下走耳。此乃阳湿伤表之候。"此谓阳湿伤表方。

湿伤于表，自然不同于伤寒之太阳表实证。伤寒之太阳表实，因太阳主一身之表，风寒必自表入，寒遏卫阳，故恶寒发热、无汗、头身痛、脉紧，当辛温发汗而解。湿邪伤表，是内外合邪，先有内湿，方招致外湿，且湿性黏滞，故不同于伤寒之辛温发汗可解。若大汗出，湿必不除，当芳化渗利内湿，兼辛散疏化外湿，表里合治，微微似汗出者，风湿俱去。

③阴邪外袭肌肉、经脉、筋骨：人体之表，并不仅指皮毛，还有深浅层次的不同。《灵枢·寿夭刚柔》说："内有阴阳，外亦有阴阳。在内者，五脏为阴，六腑为阳；在外者，筋骨为阴，皮肤为阳。"可见人体之里有阴阳，人体之外亦有浅深阴阳

的层次不同。人体的外层，大约可分为皮毛、肌肉、经络、血脉、筋、骨6个层次。

邪袭肌表皮毛，引起恶寒、发热、无汗、疼痛等表证者，主要为寒邪或寒夹风而外袭，当辛温发汗，主以麻黄汤类方。若太阳表虚，主以桂枝汤类方。邪袭肌肉，若因于湿者，主要表现为肌肉、四肢的酸、沉、胀、僵，可伴有恶寒、发热、疼痛、自汗、胸痞、首如裹等。因湿邪外袭，先有内湿，易招致外湿。胃主肌肉、脾主四肢，故多肌肉四肢之见症。法当化湿解表，令其微微汗出，风湿俱去。若风客肌肉，即太阳中风，见汗出恶寒，发热头痛，脉浮缓，主以桂枝汤，解肌发汗。桂枝汤不言解表发汗，而言解肌发汗，因太阳中风实为虚人外感，先有正气不足，又遭风邪外邪。因其正虚，外邪可不经表之第一层，而直入表之第二层，即肌肉，出现太阳表虚证。

若阴邪客于表之第三层，则经络、血脉不通，不通则痛，沿经络血脉循行部位而寒痛，可伴僵、麻、酸、沉、痹、挛、痿等，当辛温发汗通经，或加扶阳、活血之品。薛生白《湿热病篇》第4条说："湿热证，三四日即口噤，四肢牵引拘急，甚则角弓反张，此湿热侵入经络脉隧中，宜鲜地龙、秦艽、威灵仙、滑石、苍耳子、丝瓜络、海风藤、酒炒黄连等味。"这就是湿侵于表，但不在表之一二层，而在第三四层的经脉。湿在经脉，经脉不通而可寒痛、酸、沉、痹、挛、僵、痿等。薛氏未列举酸沉、痛胀、僵麻、痹痿等症，而独言成痉。概湿侵经脉，气血不通。痉乃筋之病，筋之柔，须阳气之温煦，阴血之濡润。今湿侵经络脉隧，气血不通，筋失温养，故拘急而痉。痉虽与僵麻、酸胀、痹痿不同，但其理一也，皆须化湿疏风通经。若邪袭筋骨，则筋骨寒痛，可伴活动障碍、感觉障碍、气血循行障碍等。邪气之所以能够深入到表的第五层六层，必因正虚，邪方能深入。

外邪客于体表，不管其层次或深或浅，或新或久，只要有外邪，总要驱邪外出，所以汗法一概适用。应用汗法时，有正虚者须扶正，有兼邪者须统筹其兼邪。若阳邪所客，兼有阴邪外袭者，则祛其阳邪之时，兼散阴邪。如暑兼寒者，当清暑散寒；燥兼寒者，当润燥散寒；火热兼寒者，俗称寒包火，当散寒清火透热；若气机逆乱兼阴邪外袭者，当调畅气机，兼以散寒。若内生之痰饮、瘀血兼阴邪外袭者，则活血涤痰化饮兼以散寒。相兼诸证，要权衡轻重缓急，恰当处措。

（2）用于里证：阴邪外袭，可袭于表、亦可袭于里。阴邪包括寒与湿，或夹风而为风寒、风湿。因与阴邪相合，则其性从阴。阴邪袭里者，主要指寒邪。湿邪是以脾胃为中心，阳湿归于胃，阴湿者归于脾。湿邪袭里，主要见脾胃及六腑病变。寒邪袭里，则六腑、五脏皆可客之，远较湿邪广泛且多见。湿邪蕴里者，主要治则为化湿，或健脾化湿，或淡渗利湿，或清热化湿，或苦燥化湿，或风药胜湿等。此时用风药，已不在于发汗，而在于升发清阳。脾以升为健，脾升方能化湿。故这里讨论的阴邪袭里，主要是寒邪所袭者。

寒邪袭里，有两个途径：一是传变，由表及里，逐渐形成里寒证；《素问·缪刺论》说："夫邪之客于形也，必先舍于皮毛；留而不去，入舍于孙脉；留而不去，入舍于络脉；留而不去，入舍于经脉，内连五脏，散于肠胃，阴阳俱感，五脏乃伤。此邪之从皮毛而入，极于五脏之次也。"这就是寒邪由表及里的逐步传变。另一途径，是寒邪直入三阴及六腑。寒邪之所以能够不经外表而直入者，皆因正虚所致。《素问·评热病论》曰："邪之所凑，其气必虚，阴虚者，阳必凑之。"推而可知，阳虚者，阴必凑之。阳气虚，寒邪可直入，哪个脏腑阳虚，寒邪就直入哪个脏腑。

由于客邪所袭的病位不同，因而临床表现亦颇繁杂。寒客心经者，可见心痛、憋气、心悸、惊怵、动则喘喝、唇舌青紫、舌暗等；寒客于肝，则胸胁痛、头晕痛、痉厥转筋、阴痛囊缩等；寒客胃肠则吐利不食、脘腹胀痛等；寒客于肺则咳喘不得卧、呼吸困难、痰涎涌盛等；寒客于肾则畏寒肢厥、但欲寐、水肿、阴痛、腰痛膝软、二便不利等。

既然寒邪入里，干于脏腑，损伤阳气，阻痹气血，升降出入之路闭塞，当务之急是驱邪外出。所以寒邪入里者，当汗而解之。即使为多年痼疾，沉寒痼冷伏于里者，亦当断然汗解，不以时日为限。汗之之时亦要兼顾正气及兼邪。这里须强调此处以汗法所治之寒，是客寒，而非阳虚阴盛的内生之寒。临床中，凡西医诊为咳喘、慢性阻塞性肺病、高血压、冠心病、肾病、胃肠病、干燥综合征、脑中风、类风湿关节炎等，只要具备脉痉且寒、痛三个特征，发汗法概可用之，不以西医诊断所束缚。

（3）用于虚实相兼证：寒邪所以能外客，甚至长驱直入袭于脏腑，皆因正虚所致。当然正虚程度不同。若正气已虚，又有寒客者，发汗法可用否？可用，此时要扶正祛邪，当视其轻重缓急而权衡之。阳虚者，温阳发汗；阴气虚者，滋阴发汗；阴阳两虚者，阴阳双补发汗，气血两虚者，益气补血发汗；若有兼邪者，则当相兼而治。

（4）用于阳虚阴凝证：阳虚阴凝者，并无外邪所客，纯为阳虚所致。由于阳虚阴盛而阴寒凝泣收引，其脉当沉弦细无力且拘紧。在扶阳的基础上，麻桂辛等辛散之品亦可用。如仲景之桂甘姜枣麻辛附汤（即桂枝去芍药加麻辛附子汤），意在转其大气，此时用麻桂辛，并非发汗，乃激发鼓舞阳气之布散。方药虽似，然方义已变。《金匮要略心典》尤注云："麻黄非独散寒，且可发越阳气，使通于外，结散阳通，其病自愈。"若虽阳虚阴盛，然脉已成格阳、戴阳，若再用辛散之品，则当谨慎，防其阴阳离决。若必欲用其解寒凝，不仅辛散之药量宜小，且须加山茱萸、龙骨、牡蛎，在温阳辛散的基础上，佐以敛涩镇摄，防阳气之浮散，张锡纯之来复汤，即寓此意。

综上所述，狭义汗法，用于寒湿客于肌表者，或客于肌肉、经脉、筋骨者，亦用于寒邪袭里者；若正虚而寒袭者，可扶正发汗散寒。若阳虚阴盛而无客邪者，在扶阳基础上，亦可用其激发阳气以解寒凝。由此可见，辛温发汗法，广泛用之于临床，绝不仅仅用于解表。

### 8. 汗后转归

汗法分狭义汗法与广义汗法两类。此处所说的汗后转归，是指狭义汗法而言。

讨论汗后的转归，是指当汗而汗者的转归。至于不当汗而汗者，变证丛生，则为误汗，不在讨论范围。

汗后的转归，仲景进行了详尽的论述，概括起来不外 4 种情况。

（1）汗出而愈：对新感、邪浅、正气强者，往往一汗而愈。对沉寒痼冷者，虽不能一汗而瘥，亦可因邪去而病减，余证再观其脉证，随证治之。

（2）汗出不彻：所谓汗出不彻，就是俗话所说的汗未出透。什么样才算汗出透了呢？标准就是正汗。

汗出未透的原因，或为辨证治疗有误，或为方药配伍、药量失当，或为煎服方法及辅汗法的运用失宜，或正虚不能托邪等。

何以知汗出未透呢？或虽予发汗而未见汗出，或虽汗而汗少，或局部见汗，或只一阵见汗，或虽汗而症未解，或虽汗而脉仍痉或涩。若大汗出者，乃发汗太过，属发汗失当。

汗出不彻者，后续当如何治疗？若脉仍痉，且当汗之证仍在者，当继予发汗，务求正汗出。本当汗后不可再汗，李老一般发一次汗，少数发两次汗，极个别的曾发三次汗。即使脉仍痉者，亦不敢再汗，当观其脉证，知犯何逆，随证治之。

（3）汗后阳盛：若汗后脉转滑、数、大、渐起有力者，乃热邪已盛，当转予清透热邪。

（4）汗后正虚：发汗太过，可伤阴，亦可伤阳，出现正气虚馁之象。正虚，不外阴虚、阳虚、气虚、血虚。阳虚者，脉当按之无力或减，伴有寒象。气虚者，脉亦按之无力或减，伴头晕、心慌、气短、乏力等气虚之象，但寒象不著。血虚者，脉细而减，伴有不荣不华之象。血虚者，恒伴气虚之象，治当益气生血，使无形生出有形来。阴虚者，脉当细数，伴虚热之象。

若汗后邪除，则当转而扶正，视其阴阳气血之虚而调补之，亦观其脉证，知犯何逆，随证治之。

### 9. 汗法的代表方剂：寒痉汤

［组成］桂枝 9～12g，生姜 9～15g，细辛 6～9g，炙甘草 6～9g，麻黄 6～9g，炮附子 10～30g，大枣 6～10 枚，全蝎 6～10g，蜈蚣 5～15 条。

［煎服法］炮附子先煎 1 小时，加余药再煎 30 分钟，共煎两次，分服。2～3小时服一煎，加辅汗三法，令其汗出。汗透，即正汗出，停后服；未透继服。汗后，再观其脉证，随证治之。若不令其发汗者，则一剂两煎，早晚饭后分服，不加辅汗三法。

［方义］此方实由桂枝去芍药汤、麻黄细辛附子汤、止痉散三方相合而成。

桂枝去芍药汤见于《伤寒论》第 21 条："太阳病，下之后，脉促胸满者，桂枝去芍药汤主之。"此下之后阳虚，心阳不振而脉促胸满，以桂枝、甘草温振心阳，去芍药之阴柔酸敛，佐姜枣益胃气。

麻黄细辛附子汤见于《伤寒论》第 301 条："少阴病，始得之，反发热，脉沉者，麻黄细辛附子汤主之。"前已论及，此方可用于三种情况：一是太少两感，二是寒邪直入少阴，三是少阴阳虚寒凝。

桂甘姜枣麻辛附汤见于《金匮要略·水气病脉证并治》："气分，心下坚，大如盘，边如旋杯，桂枝去芍药加麻辛附子汤主之。"此方温阳散寒，桂枝温振心阳，附子温补肾阳，麻黄发越阳气，细辛启肾阳，鼓舞阳气之升腾敷布。麻、辛、桂、姜散寒解寒凝，草、枣益胃气。此方功用，重在转其大气，即仲景所云："大气一转其气乃散。"大气者，人身之阳也，犹天之红日，"离照当空，阴霾自散"。寒痉汤取桂甘姜枣麻辛附汤，意即取其温阳散寒解寒凝。

止痉散由全蝎、蜈蚣组成，取其解痉，搜剔入络。三方相合，其主要功效为温阳散寒解痉。

［应用范围］《素问·举痛论》说："寒气客于脉外则脉寒，脉寒则缩蜷，缩蜷则脉绌急，绌急则外引小络，故卒然而痛。"这段经文揭示了一个重要问题，即寒客血脉，由于寒邪收引凝泣，脉可缩蜷、绌急，气血不得畅达而引发疼痛。这个疼痛，可痛在外，包括皮、肉、筋、脉、骨；可痛在里，包括五脏六腑及其关联的组织器官。气血不通，不仅引起疼痛，还必然引起相应脏腑、组织器官的功能障碍，如寒客五体，引起肢体的痛、僵、麻、不仁、拘挛、痿废；寒客于肺脉则咳喘胸闷、呼吸不利；寒客心脉则心悸、疼痛、昏厥；寒客胃脉则脘痛、吐利不食；寒客肾脉则腰痛、冒眩、水肿、小便不利；寒客肝脉则胁痛、痉厥等，引发广泛病变。

欲祛寒，使血脉畅通，必辛温发汗散寒，不论寒在表在里，皆当汗之，本方即据《内经》之旨，温阳散寒解痉，故名曰寒痉汤。

# 四、读书之法

李士懋教授认为，中医经典著作源远流长。它不仅包括《黄帝内经》《难经》

《伤寒杂病论》《神农本草经》，历代著名医家的著作皆可称为经典。李士懋教授说："《内经》《难经》乃中医之根，《伤寒论》《金匮要略》犹中医之干，而各家经典著作犹中医参天大树之枝杈，在众多枝杈上长满绿叶红花，结出累累硕果。时至今日，中医这棵大树仍葆其旺盛生命力，有着巨大发展空间。"

李士懋教授重视中医经典的特点表现在以下几个方面。

## （一）涉猎面广

李士懋教授阅读的经典包括内科、外科、妇科、儿科、眼科、方剂、药物、医案、理论、综合等各个方面。如内科著作包括王肯堂的《证治准绳》、张山雷的《中风斠诠》等；外科著作包括陈实功的《外科正宗》、顾世澄的《疡科大全》；妇科著作包括昝殷的《经效产宝》、万全的《万氏妇人科》、傅青主的《傅青主女科》、张山雷的《沈氏女科辑要笺正》等；儿科著作包括钱乙的《小儿药证直诀》、叶天士的《幼科要略》等；眼科著作包括孙思邈的《银海精微》、傅仁宇的《审视瑶函》等；方剂著作包括葛洪的《肘后备急方》、孙思邈的《千金要方》《千金翼方》、太平惠民和剂局《太平惠民和剂局方》、汪昂的《汤头歌诀》《医方集解》等；药物著作包括雷敩的《雷公炮炙论》、李时珍的《本草纲目》、赵学敏的《本草纲目拾遗》等；理论或综合性著作如陶弘景的《名医别录》、巢元方的《诸病源候论》、王焘的《外台秘要》、龚廷贤的《万病回春》、张璐的《张氏医通》、林珮琴的《类证治裁》、徐大椿的《医贯砭》、高世栻的《医学真传》、陈士铎的《石室秘录》《辨证录》、曹颖甫的《金匮发微》和日本医学家丹波元简的《金匮要略玉函要略辑义》等。

## （二）重点突出

李士懋教授重点突出地研习了伤寒学、温病学、脉学三个方面的中医经典。伤寒学经典包括张仲景的《伤寒杂病论》、成无己的《伤寒明理论》、喻昌的《尚论篇》、沈金鳌的《伤寒论纲目》、黄元御的《四圣心源》、曹颖甫的《伤寒发微》等。在此基础上，李士懋教授对《伤寒论》各篇逐条给予阐释，对张仲景桂枝汤、麻黄汤、小柴胡汤、承气汤、逐瘀诸方、逐饮诸方、清热泻火诸方、温阳类诸方、寒热并用诸方等详解方义，并及时总结应用心得。

温病学经典包括吴又可的《温疫论》、余师愚的《疫疹一得》、陈良佐的《二分晰义》、杨栗山的《伤寒瘟疫条辨》、雷丰的《时病论》、叶天士的《外感温热篇》、吴鞠通的《温病条辨》、薛生白的《湿热病篇》、王士雄的《温热经纬》、章虚谷的《医门棒喝》、柳宝诒的《温热逢源》、陆九芝的《世补斋医书》等。在此基础上，李士懋教授对叶天士的《外感温热篇》、薛生白的《湿热病篇》各篇逐条给予阐释，对吴又可《温疫论》达原饮、吴鞠通《温病条辨》三甲复脉汤、薛生白《湿热病篇》薛氏四号方和连苏饮、杨栗山《伤寒瘟疫条辨》升降散都详解方义，并及时总结应用心得。

脉学经典包括李言闻的《四言举要》、李时珍的《濒湖脉学》《奇经八脉考》、李延昰的《脉诀汇辨》、吴谦的《医宗金鉴》、林之翰的《四诊抉微》、程曦的《医家四要》、日本医学家丹波元简的《脉学辑要》等经典著作。在此基础上，《伤寒论》《金匮要略》所涉34种脉象、《濒湖脉学》各条文、《四言举要》各条文都逐条给予阐释。

## （三）古今结合

李士懋教授厚古不薄今，他对近现代著名医家也非常推崇尊重，如他提到的就有章次公、孔伯华、蒲辅周、瞿文楼、金寿山、秦伯未、陈慎吾、余无言、严仓山、任应秋、董建华、刘渡舟、赵绍琴、胡希恕、邓铁涛、朱良春、路志正、余冠吾、孙华士、陆石如、张灿岬、李可、王永炎、张伯礼等多位著名医家。

李士懋教授认为，研读经典本来就需要长期的苦行僧生活，而实践经典更需要长期坐得住的坚强意志，所以成就一名中医人才非一朝一夕之功，要有耐得住寂寞和耐得住清苦的精神。

# 五、大医之情

## （一）思想境界

医乃仁术，自古以来，大医精诚，以济世为己任。李老临床上常怀悲悯之心，对患者悉心诊治，所治患者有半数是外地人，常常诊治到下午一两点，不曾限号，他常说患者大老远来了，晚下会儿班，晚吃会儿饭，也给人家看了。他从来不开大处方，能用便宜药，绝不用贵药，避免增加患者负担。他说农村患者省吃俭用，甚至卖牛卖羊来看病，太不容易了。遇到条件实在困难的，他还免单赠药。

患者痛苦是李老探索中医的动力，为了探索药物的用量，他曾以身试药。如对于蜈蚣，书上归于有毒中药，用量1～3g，可李老认为此物息风最强，但量太少难以起效，他为了验证其毒性大小，试着加量服用10条蜈蚣，没有出现任何不适，后来将此量用于患者，非但没有出现什么副作用，反而治愈了好多高血压患者，取得了应有的临床疗效。他说古代医、药不分，李时珍既是医家又是药学家，现在中医学院分为中医、中药两个专业，中医学生应识药、认药，熟悉药物的习性特点，才能准确理解药性、功用。

李老治病从不为经济利益所诱，处方以经方为主，药少价廉。临床中绝不瞎吹乱侃，哗众取宠，从不讲保证治好等大话，也常教导学生摒除江湖习气，树立严肃的学者风范。

### （二）文化修养

一个名中医的成长，不是一蹴而就的，既要饱读医书，精研经典，还要在临床上摸索多年，总结积累。自古而今，"断无俭腹之名医"，有可能读了很多书，没有成名医，但没有一个名医是腹无积墨的。

李士懋教授高中毕业于北京101中学，为新中国成立后北京中医学院首届大学生，知识渊博，文学造诣深厚，其出版的16部专著均为李老自己撰写，且李老字迹娟秀，颇有书法家气魄，每年的春联均由自己撰写，以抒发当年的心情。通过李老的春联，可以领略李老的文化修养。

2005年李老刚退休，写了一副对联。上联：虽未隐居山林尘念却已渐淡宁静方致高远。下联：本已退休赋闲还忙看病著书总因未了情缘。横批：怡然陶然。体现李老对中医的热爱。

又一年春联，上联：古稀未觉老，皓首读岐黄。下联：秋实胜春华，晨星著文章。横批：桑榆未晚。体现李老"老骥伏枥，志在千里"的胸怀。

又一年春联，上联：夫妻毕生献身中医，深深热爱祖国医学。下联：一世看病教书著述，相濡以沫壮心未歇。横批：扪心无愧。体现李老与老伴田淑霄教授相濡以沫、献身中医事业、服务人民群众的宽阔胸怀。

以上种种，体现李士懋教授的人文情怀与文学修养。

## 六、养生之智

### （一）顺其自然

李教授平素思维敏捷，声音洪亮，底气十足。谈到养生，李士懋教授谦虚地说："我对生活无奢望，随遇而安；养生不刻意，顺其自然。"此硬朗的身体状况，得益于他青年时期奔赴创业初期的大庆油田总医院，一干就是17年，当时自然环境恶劣、工作条件极其艰苦，在工人阶级胸怀宽广、自强不息、不畏艰苦的高尚品质熏陶下，李士懋教授铸就了乐观豁达的人生态度，自强不息的精神风貌，乐于助人的高尚品德，艰苦朴素的生活作风，刻苦钻研、孜孜以求的奋斗精神。李士懋教授的养生之道是和他的人生观与世界观紧密结合在一起的。

## （二）淡泊名利

李士懋教授说："真能看淡名利，做到恬淡虚无，并非易事。"李士懋教授为人宽宏豁达，大度洒脱，和蔼可亲，心地善良，淡泊名利。他最大的长处就是能看到别人的优点与长处，宽忍原谅别人的缺点，从不计较个人名利得失，总是把荣誉让给别人。由于李士懋教授具有良好的道德和与人为善的品性，自然会受到周围人的尊敬和爱戴，凡同他接触过的人，无不对其加以称道。对于学生，李士懋教授不仅授业解惑，而且在生活乃至毕业工作以后都给学生倾注了无尽的拳拳之爱。李士懋教授遇事常为他人着想，很少为自己的名利与别人相争，因此他内心平静，朋友遍天下，自然会受到周围人的尊敬，所以他心境宁静，人缘好，心情舒畅，在这样的氛围中生活，自然健康长寿。

# 七、传道之术

## （一）人才培养方法

为使学生较快地掌握辨证论治的方法，李士懋教授坚持每周上一次大课，系统讲解其积毕生之力所著的《溯本求源 平脉辨证》《脉学心悟》《平脉辨证温病求索》《冠心病中医辨治求真》等。每周讲 1 次，每次讲 2～3 小时。学校的本科生闻讯，也都纷纷赶来听课，授课教室只好由小变大，最后干脆在大阶梯教室进行。通过系统讲授，徒弟们对所学的中医知识融会贯通，理论水平有了较大提高。

在系统讲解、传授真经的同时，李士懋还结合实际病例随时讲解。这些即兴讲解，往往是李老的灵感闪现，蕴含着他数年的临证体悟。如"亚革脉""寒痉汤"的命名、补中益气汤加大补阴丸的应用标准等，都是即兴所得，学生们把这些内容记录下来称之为"零金碎玉"。

为使徒弟尽快掌握这些要素和思辨方法，李老对学生所写的每一篇学习心得、临床体会、临床病案、学术论文，都认真朱批、圈优勘误，有的批语多达数百字。除口传笔授外，李老还经常手把手地教他们哪个是火郁脉、哪个是寒痉脉，什么是涩脉、什么是劲脉……学生们通过反复体会脉力、脉位，以及左右手及寸关尺脉象的异同，很快掌握了李士懋脉诊的独特手法。

"五段教学法"是李士懋传承模式的核心。传承中的第一阶段是半年到一年，跟师出诊，熟悉脉诊和老师看病的方法。第二阶段，学员独立诊治，老师把关。第三阶段采用《经方实验录》法，学员互为老师，相互批改，最后老师把关。第四阶段是撰写总结。第五阶段是轮流讲课。

这种方法实质是以问题为中心的 PBL 教学法，诊治每个患者时要对每个症状体征做出解释，都要确定其性质、病位、程度、病势，要立法、选方、用药。一系列问题都要努力做出正确的回答，来不得半点虚假。老师要在众目睽睽之下进行分析判定，指出其是非优劣，并讲出道理。老师给学员打分，而患者的反馈是给老师打分。所以在这个过程中，李老常说倍感压力。这种传承法，比"跟师三年、抄方三年"的传统传承模式，要学得快，学得扎实。而传承过程，也是教学相长的过程。现在，经过多年的传承，学员诊治与老师的符合率可达 90% 以上，学生们进步很快。

## （二）人才培养成果

河北中医学院有个学生社团叫"扁鹊医学社"，有些学生课余随李士懋出诊，都是大学三四年级的学生，有的专家看了这些学生诊治过的病例，认为其水平不亚于主治医师。为什么没毕业的学生能达到主治医师水平？李士懋认为，一是学生个人的努力；二是平脉辨证体系是一条正路，而且是一条登堂入室的捷径，只要掌握了平脉辨证体系，就可具备一个较高的起点；三是五段教学法，是启发式教学，故可较快入门。国家振兴靠人才，中医的振兴同样靠人才，选择一条正确的道路，采取恰当的教学方法，这是中医成才的捷径。李士懋的经验，给我们提供了有益的借鉴。

为了传承李士懋国医大师的学术思想，在河北省中医药管理局和河北中医学院的指导下，有 6 个"李士懋传承工作室分站"建立起来了，旨在传承国医大师李士懋的学术思想和学术经验，治病救人，造福当地百姓。每年举办继续教育项目"国医大师李士懋学术传承研修班"，来自全国各地中医专家参会，广泛传播李老学术思想。2015 年在河北省中医药管理局的大力支持下，举办"国医大师学术传承研修班"，从河北省内遴选具有副高以上职称的中医专业技术人员 50 余名，分两批进行培训，每期 25 人。培训时间为 3 个月，每周六、周日上午临床跟诊，周六下午、晚上授课，周日下午返回。临床带诊以李士懋教授为主，还包括李老的高徒及工作室相关人员，授课老师也是以李老为主，及其高徒和工作室相关人员，通过临床跟诊及理论培训，学员的临床和理论水平明显提高。

2017 年在内丘县中医院，"国医大师李士懋再传弟子拜师大会"隆重举行，7 名学员拜李士懋教授弟子王铎为师。

2021 年河北中医学院燕赵医学院成立"李士懋学术思想研究院"，为进一步传承李老学术思想奠定了基础。

李士懋教授有教无类，只要想学习中医，就毫无保留地教授，跟其学习者有中医优秀人才、高徒、省级中医优秀人才、省级高徒、本科生，还有民间中医等，可谓"桃李满天下"。他的弟子中有 5 位评为河北省高徒指导老师，大部分弟子已经成为当地中医骨干。

# 李士懋学术传承谱

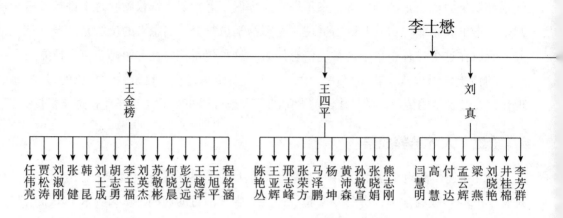

李士懋

王金榜

任伟亮　贾松涛　刘淑刚　张士健　韩志昆　刘志成　胡英勇　李玉福　刘英杰　苏敬彬　何晓晨　彭光远　王越泽　王旭平　程铭涵

王四平

陈艳丛　王亚辉　邢志峰　张荣方　马泽鹏　杨沛坤　黄敬森　孙敬宣　张晓娟　熊志刚

刘　真

闫慧明　高慧　付达　孟云达辉　梁晓燕　刘晓艳　井桂棉　李芳群

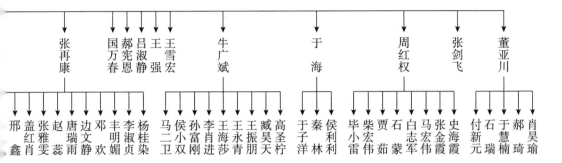

李士懋

张再康　　国万春　郝宪恩　吕淑静　王雪强　王宏　　牛广斌　　于海　　　周红权　　张剑飞　董亚川

邢鑫　盖红肖　张雅雯　赵瑞蕊　唐文雨　边文静　邓明欢　丰淑媚　李桂贞　杨桂染　　马二卫　侯小双　孙富刚　李肖进　王海莎　王永青　王振朋　臧昊天　高圣柠　　于子洋　秦利林　侯利利　　毕小雷　柴宏伟　贾茹　石志蒙　白宏军　马金伟　张海霞　史海霞　　付新元　石瑞　于慧楠　郝琦　肖昊瑜

（王四平整理）

（刘观涛、房润丞编辑）

# 李今庸

　　李今庸（1925—2022），湖北省枣阳市人。曾任湖北中医药大学教授，兼任北京中医药大学中医临床特聘专家、中国中医科学院研究生部客籍教授、中华中医药学会终身理事、文化部、国家中医药管理局《中华医藏》专家委员会委员等职。享受国务院政府特殊津贴，1999 年获中华中医学会颁发的"国医楷模"奖，2002 年获"中医药学术最高成就奖"，2006 年获中华中医药学会"中医药传承特别贡献"。获得第二届"国医大师"称号。

　　李今庸长期从事中医学术研究和临床研究，形成了独特的医疗风格、完整的中医药理论学术和临床医学思想，积累了大量临证治疗经验。他的中医学辨证思维性、中医学理论的指导性、临床医疗对理论的依赖性、理崇藏象而"辨证施治"的方法性、注重痰瘀而补主脾肾的独特性，以及方小量轻、不尚贵药、善治疑难杂证等无一不反映出其学术思想和临证特点。其著述颇丰，出版和刊印的学术专著有《读古医书随笔》《金匮要略讲解》《黄帝内经考义》《李今庸临床经验辑要》等数十部之多。

## 一、学医之路

先生 7 岁时入私塾，攻读《论语》《孟子》《幼学故事琼林》等。1939 年 13 岁时，因日寇蹂躏鄂北，家产破坏，生活艰难，无法续读，遂辍学，从其父习医，同时学文。其父讳贵德，字道安，幼年习儒，旋而学医，行医数十年，颇有经验。始授先生以《黄帝内经》《八十一难经》《伤寒论》《金匮要略》《脉经》《千金要方》《千金翼方》《外台秘要》和《医宗金鉴》《陈修园医书全集》《唐容川医书五种》等；再命先生广阅历代各家论著和各科专著，并侍父临诊。同时，阅读《纲鉴易知录》《春秋左传》等，获历史知识。11 年学成，1950 年正式在当地行医，积极开展诊疗活动。1954 年 6 月到湖北省中医进修学校进修，学完《中医学术讲座》《针灸学》和西医学的《解剖学》《组织胚胎学》《生理学》《病理学》《微生物学》《寄生虫学》《化验诊断》《物理诊断》《内科学》《妇科学》《儿科学》《外科学》以及《急救学》等课程，于 1955 年 3 月结业。同年 5 月，调至湖北省卫生厅中医科工作。1957 年春，又调至湖北省中医进修学校任教师，担任中医教学工作。1959 年 2 月湖北省中医进修学校改为湖北中医学院后，继续任教。治学方法受已故副院长、近代湖北著名学者蒋笠庵先生影响颇深。1978 年夏，中医开始评定教学职称，评为副教授，1980 年 8 月晋升为教授。

## 二、成才之道

先生喜读书，勤笔记，爱写作，耽好思索，治学态度严谨，学术上一丝不苟，言必有据，又不为古人所囿，能提出新观点，新见解。谓"知识非博不能返约，非深不能至精"，"读医书必须深入到医学实际里面去，不能停留在文字表面上"，"学习古代书籍只能用辩证唯物主义与历史唯物主义的立场、观点和方法，研究其学术思想和科学价值，不能要求古人说出我们现代同样的语言。"认为"研究古籍内容，必须首先读懂其本来意义，然后再加评论，决定取舍，才是正确态度"。数十年来，先生除重点博览医学群书外，对"经"、"史"、"子"、"集"之书和现代某些著作亦多阅览。因《黄帝内经》成书于先秦之世，且与古代哲学密切相关，是故先生尤其注重于阅读汉唐以前著作和古今哲学著作。能以马克思主义哲学思想为指导，整理中医学的基本理论和实际经验，并能在中医专业知识基础上，运用"训诂学"、"古文字学"、"方言学"、"历史学"、"文献学"和"校勘学"以及避讳知识等整理中医古代各种书籍。对《黄帝内经》、《金匮要略》《难经》的研究尤深，对历代有争议的一些学术问题提出了自己独到的见解。

中医学术，先生认为是我们这个伟大民族的一份宝贵文化，"它的基本特色，是把医学世界看作一个整体，并不断发展变化。医疗活动，则是以其基本理论为指导而辨证施治。""辨证施治，不是中医理论，而是中医在医疗工作中的思想方法，是唯物辩证法'具体问题具体分析'原则在医疗实践中的体现"，"中医学的哲学基础，是中国古代自发的辩证法思想，因而规定了其基本理论的笼统性，不能适应临床工作中辨证施治的需要。如不提高到现代科学水平上来，今天是很难有大的发展的"；"发展中医学术，根据当前实际情况，一方面应以唯物辩证法为思想指导，按中医学术传统思想和传统理论，继续实践，继续总结，不断求得发展。另一方面，应在中医医疗实践中，利用现代各种检查方法，认真观察，细心体验，大量积累新的资料，以中医传统理论为指导，以中医传统观点详加分析，从中找出新的规律，纳入辨证施治范围，使之为辨证施治服务，从而发展中医学的辨证施治。防止简单依靠西医学已有的现成结论，而丢掉中医学的特色。"同时，先生还指出"中西医学产生和发展的条件不同，是两种完全不同的医学理论体系，也有各自的哲学基础，二者不能相互取代，只能在发展的础上互相结合。然结合应该是'辩证'的，需要做大量而又艰苦的科学研究工作来完成。简单从事，把二者毫无内在联系的拼凑在一起，是没有意义的"；"临床工作中，依据具体病人的实际病情，采用中西医药配合治愈疾病，这是需要的，但这是医疗工作上'一切为了病人'的中西医合作共事，而不是学术上的中西医结合"。多少年来，先生一直为正确发扬中医学术、正确理解中西医结合，最大限度发挥中医药学作用，进行着不懈的努力。

# 三、学术之精

## （一）倡导中医药学应立足特色和优势

李今庸教授指出：中医药学是民族的瑰宝。它是由"阴阳五行学说""藏府经络学说""精神津液学说""营卫气血学说""七情六淫学说""气机升降学说""四气五味""君臣佐使"等构建成的一整套中医药学理论体系。它阐明了医学世界各个事物都是在相互联系、相互依存和不断发展、不断变化的。从而规定了在中医药学临床医疗活动中，必须随着疾病的不断发展变化而改变自己的认识和治疗；必须对具体问题进行具体的分析，病万变药亦万变。这就是中医药学的"特色和优势"。因而在发展中医药学上，李今庸教授提出"在现代科学飞速发展的今天，实有必要在保证和提高中医药学疗效的原则下，以辩证唯物主义和历史唯物主义为指导思想，运用现代科学的知识和方法，根据中医药学理论体系的内部规律，对中医药学理论体系进行客观地切实认真地研究，以便将其纳入现代科学的轨道，推动中医药事业的发展。

## （二）"辨证"和"论治"是构成中医学的整体观念

李今庸认为，中医药学术"具有浓郁的东方特色，含有精深博大的辩证法科学。中医学的基本理论，就是在对各种疾病的普遍规律的总结中形成的。中医药基本特色是把医学世界看作一个整体和一门不断发展变化的学科，其医疗活动，则是以中医基本理论为指导的辨证论治过程。所谓辨证论治，就是在中医学基本理论的指导下，根据患者的临床表现辨别其病症的性质（病机），并依据辨别出来的病机，确立治疗方法。"他指出："这既是中医学的特点，也是其精髓，是其灵魂。"既然辨证论治是中医学的灵魂，必然有它科学的内涵，那就是"中医学在临床活动中，运用望、闻、问、切四诊方法，全面搜集和掌握有关疾病的各种情况，然后以中医学基本理论为指导，对占有资料进行细致的研究分析，找出疾病的本质，并据以确立其治疗疾病的方针。"因此，强调临床上的"论治"，必须"辨证"。"辨证"和"论治"是构成中医学的整体观念。

李今庸从辨证论治的内涵出发，通过"'辨证论治'要善于抓住主要矛盾""'辨证论治'要关注疾病的变化""'辨证论治'要抓住疾病的本质""'辨证论治'要活用医学理论""'辨证论治'是病万变药亦万变"等几个方面，详细阐明了辨证论治在中医药学医疗活动中的重要作用和所占据的重要地位。辨证论治是中医药学辨证思维的治疗思想，这就构成了与世界其他医学质的区别。它体现了"一切真知从实践出发"，"实践第一"的观点，即客观世界的不断变化促进了中医学术在主观认识方面的不断发展和更新，这正是中医药学术历经千年而始终保持旺盛生命力，并不断充实、完善、创新和代有发展的过程。

在充分发挥中医药传统优势的同时，还应积极吸取现代科学技术的成果，借助现代一切检查手段，来延伸我们的感觉器官，扩展中医药学望、闻、问、切的四诊，以认识人体深层的病理变化，并在实践中逐渐积累起大量资料，坚持不被别人已有的结论牵着鼻子走，用中医药学理论体系为思想指导，对占有资料进行认真细致地研究分析，找出新的规律，把它纳入辨证施治的轨道上去，从而发展中医药学的辨证施治。

## （三）对《黄帝内经》学科的发掘与研究

### 1. 对《黄帝内经》考校、训释研究

李今庸从《黄帝内经》的实际内容出发，运用考据学原理并结合医理，以大量资料为佐证，对其历来存在的疑点、难点等具体内容进行了全面系统的考义研究，包括古今医家未曾详解甚至误解的字、词、句或病证或病机或治法等类。如对《素问》考义研究中，内容有"天师""岐伯""天荣""女子七七，男子八丫""因于气，四维相代""精则养神，柔则养筋""精乃亡，邪伤肝老""阳密乃固""阴平阳秘""蚘蛆""此平人脉法老""十二藏、十二官""中正之官""罢极之本""凡十一藏取决于胆老""祝由""五藏阳以竭老""去宛陈董""夫五藏者，身之强也""面肿曰风""乳子""七节之傍，中有小心""少腹冤热而痛""沐敷者其叶发""奎害于言""食亦""人身非常温也，非常热也""所谓甚则跃者""洽篡间绕篡后下至篡""在况骨下空""退行一步"，以及《素问·五脏生成》《素问·举痛论》《素问·奇病论》《素问·大奇论》等。再如对《灵枢经》考义研究中，有"神乎神客在门""沙阳属肾，肾上连肺，故将两藏""命门""肠胃黔群""狂忘不精""可将以甘药，不可饮以至剂""阳重脱者易狂""胭然未蓄""寒热淋露""冲其眸子""乃下留于罗""六府不和则留为廖""火之所受气者，谷也"等。这些考义研究，使《黄帝内经》中存在的许多问题焕然冰释，提出的许多新观点、新见解都获得了中医界《内经》学科领域里的广泛认同，消除了中医理论经典著作研究中的大量疑难问题，使中医药理论学术得以正确阐明，临床治疗上也得到了客观验证，这些都有力地推动了中医药学术的进步与发展。关于《素问·平人气象论》"面肿曰风"，李今庸按此文"面肿"不曰"水"，但曰"风"，与上文"目裹裹微肿如卧蚕起之状曰水"，下水"足胫肿曰水"之"水肿"病异。《黄帝内经素问注证发微》《黄帝内经素问集注》《素问释义》《黄帝内经素问校释》《素问注释汇粹》等于其病"风邪"之外又加"水邪"而释之曰"风水"，皆误王冰连上文"已食如饥者，胃疸"句读，注谓"加之面肿，则胃风之诊也"，亦未当。《素问·风论》载"胃风"无"面肿"之证也。且证之临床，"面肿曰风"者，亦不必善消水谷而"已食如饥"也。风邪激水上行而面肿谓之风水，此风邪壅遏于上而面肿，未激于水，则于风水无涉矣，是则所谓"风肿"之病也。然"风肿"者多骤然起病，始肿于面，次及四肢，亦可延及全身为肿，皮肤虽肿而无水病之鲜泽，惟瘙痒不已，脉多浮，饮食如常。《诸病源候论·肿病诸候·卒风肿候》所谓"人卒有肿，不痛不赤，移无常处而兼痒，偶腠理虚而逢风所作也"是其病，当以疏风为治，余每用"荆防败毒散"治之而收效。

如李今庸对《素问·生气通天论》中"因于气，四维相代"一句，以确凿资料

论证了前人释为"四肢交替浮肿"之非，提出"四时邪气更替伤人"的新论释，不仅使前后文理贯通，而且还符合临床实际。又如《素问·汤液醪醴论》"去宛陈莝"之句，历代医家均作祛除积留的水湿浊物作注，但泛而未明。李今庸经过校考后提出疑"莝"为另一句之字，其句因脱落太甚而只留"莝"字，故不可再为句。据此，则"去宛陈"三字本为一句。而《灵枢·小针解》说"宛陈则除之者，去血脉也"。《素问·针解》又说"菀陈则除之者，出恶血也"，均说明本句应为一种针对络脉的放血疗法，为临床运用活血化瘀治疗水肿病提供理论依据。李今庸对《黄帝内经》考义的许多研究结论，已被全国高等中医药院校多版《内经》教材引用，以及被国家组织编写的中医古籍校释本所采纳。

**2. 对《黄帝内经》中医基本理论的研究**

李今庸利用归类整理的方法，发掘出《黄帝内经》中大量有关中医基本理论的资料，并对这些资料进行了专门研究，形成各类学术专题，其内容涉及阴阳学说、五行学说、藏象学说、经络学说、营卫气血、精神津液、六淫学说、七情学说、升降学说、运气学说、补法和泻法等中医理论体系、病因病机、治则治法以及心与神的关系、脑病的认识、胆腑的临床意义和疫病的防治等。李今庸认为"阴阳五行学说是构成中医学理论体系的哲学指导思想，它以补素的唯物论认识论和辩证法方法论，把我国古代散在的零碎医疗经验加以总结，使之上升为理论，建立了中医学完整的理论体系，造就了一部伟大的医学巨著——《黄帝内经》，为中医学的发展奠定了基础。""而藏象学说又是中医学理论体系中的一个重要组成部分，是辨证论治的理论基础，它广泛地应用于中医学的解剖、生理、病理、诊断、治疗、方药、预防等诸方面，对临床各科的医疗实践起着重要作用，几千年来指导着中医学的临床实践"。经络、营卫气血、精神、津液，是脏腑功能活动的物质基础和人体生命活动的概括。人体疾病的发生无外乎外感六淫和七情内伤，致使人体气机升降功能失常，因而临床治疗当根据疾病的病因病机给以调理阴阳，恢复气机升降，或补法或泻法，使人体归于正常。

**3. 对《黄帝内经》学术思想的研究**

李今庸认为，《黄帝内经》是一部划时代的经典理论著作，其中含有大量的学术性思想。"她以阴阳五行、脏腑经络、精神津液、五官九窍、皮肉筋骨等，奠定了具有辨证思维的中医药学理论体系，体现了我国古代'天人合一'的'整体'论思想，体现了"无病先防，有病防变的预防医学思想，以及医学世界是一个'变动不居'的过程"。李今庸认为，根据《黄帝内经》的观点，人是一个小天地，与自然环境和社会环境构成一个统一的整体。人有食、色的天性，保证着人的生存和延续，人以五脏六腑为中心，而禀赋的五行之秀产生着人体内在的"六气"，与客观外在的风寒暑湿燥火六气息息相关，产生着人体内在的喜怒忧思悲恐惊"七情"，以适应客观外界的变化。然而这些风、寒、暑、湿、燥、火、喜、怒、忧、思、悲、恐、惊以及欲食、男女等一旦失常，就可能转化为致病因素而致人于病。《素问·宝命全形论》说"人生有形，不离阴阳"。《素问·调经论》说"人之所有者，血与气耳"，而"血气不和，百病乃变化而生"。人体一切疾病的发生，从总的来说都是在一定的致病因素作用下，人体的阴阳气血平衡状态被破坏，导致人体阴阳气血失去正常的协调与和谐而发病，治疗则当调整人体功能，使之达到恢复人体阴阳气血平衡的协调状态，而不搞你死我活的对抗疗法。这种调整人体功能而愈病的治疗思想，对于查不清病原体或虽查清病原体而一时尚无治疗方法的疾病，可以根据"有诸内必形诸外"的事物规律和不同病原体及病原体为病的不同过程所显现出来的不同证候给予辨证施治，调整人体功能，改善人体内环境，使之不利于病原体生存而愈病。《黄帝内经》提出了"无病先防，有病防变"的"治未病"预防医学思想，认为人生活在大自然中，自当与大自然和谐统一，尊重大自然规律，对大自然有所敬畏，不杀夭愿，不媲胜池，保持自然生态，法于阴阳，和于术数，食饮有节，起居有常，不妄作劳，心不惑于淫邪，目不劳于嗜欲，不慕于外物，不溺于声色，恬淡静寞，精神内守，呼吸精气，吐纳导引，内养真气，外慎邪风，神与形俱，气血周流，则体魄健全而却病，尽终其天年，度百岁乃去《灵枢·本神》说"故智者之养生也，必顺四时而适寒暑，和喜怒而安居处，节阴阳而调刚柔，如是则僻邪不至，长生久视。此所谓'未病先防'者也。"《黄帝内经》认为，医学世界是一个"变动不居"的过程，人身生病总是要传变、要发展变化的。疾病的发生发展可由轻变重，应当早期治痕"上工救其萌芽"，以防止其传变而趋重，对病人造成严重伤害。在《黄帝内经》提供的汤液、方药、必齐、醪醴、药酒、药熨、针刺、砭疗、灸熵、按摩、放血、膏疗、导引、行气、扎指和手术切除等，以及其思想体系指导而发展起来的各种治法中，选择最适合其实际病情的治疗方法给予辨证施治，所谓"已病防变"者也。

## （四）对古医藉的整理与研究

### 1. 阅读校勘、训诂

读书是治学的最基本方法之一。但由于古医籍年代久远，理论深邃，文义古奥，晦涩难懂，错简讹误难免，因此，读古医书又必须从字、词、句入手。首先，明确字、词、句的正误，避免以讹传讹，要做到这一点，就要熟悉并运用校勘学、训诂学等方法，比较鉴别，判断正误；其次，还要借助古辞书及古今各家注释，并结合临床实践深入研究，方能读破万卷书，解千古之谜团。李今庸正是通过大量阅读分析，并综合运用校勘学、训诂学、音韵学、古文字学的基本原理，结合方言学、历史学、文献学和历代避讳知识，对古典医籍中大量的疑难问题进行了深入的研究。如其所言："我在长时间从事中医学术研究工作的过程中，深刻地体会到中医古典著作在中医学术里的重要地位；深刻地体会到在继承、整理、发扬中医学术的今天，研究中医古典著作的必要性；深刻体会到在研究中医古典著作中运用考据学的知识和方法的实际意义。多年来，我在阅读中医古典著作时，每遇疑难处，则记录之，进而研究之考证之，心中晰然，则笔之以为文而系统阐述之。"他对古医书中有问题的语言文字、医学内容，采取多者刈之，脱者补之，隐者彰之，错者正之，难者考之，疑者存之的方法，细心疏爬研究。他治学态度严谨，一言之取舍必有据，一说之弃留必合于理。其研究所涉及的范围相当广泛，在重点研究《黄帝内经》《八十一难经》《金匮要略》《伤寒论》的基础上，还研究了《太素》《甲乙经》《神农本草经》《肘后方》《新修本草》《千金要方》《千金翼方》《马王堆汉墓帛书》《五十二病方》，以及包括《庄子》《淮南子》《史记》《尔雅》在内的周秦两汉典籍中的有关医药学资料等共计 24 余种古书。在他的代表著作《古医书研究》中，考证所引用先秦两汉、唐宋时期的书籍，其书名达 257 种，篇数近 500 篇。简单的分类为：医学类 75 种，子类 19 种，经类 16 种，史类 79 种，典籍 50 种，杂记约 18 种。如子类就有《老子》《庄子》《墨子》《荀子》《孔子》《孟子》《列子》《淮南子》等；经类有《大洞经》《山海经》《太玄经》《内经》《难经》《华氏中藏经》《十三经注疏》等；史类有《尚书》《史记》《周礼》《春秋左氏传》《国语》等；赋有《洞箫赋》《甘泉赋》《宋玉神女赋》《张平子东京赋》等。诗有《诗经》，词有《词诠》，歌有《楚歌》等。仅书中有关字词典就有《广韵》《集韵》《韵英》《广雅》《尔雅》《通雅》《骈雅》《广雅疏正》《小尔雅》《玉篇》《类篇》《说文解字》《辞源》等 50 多种。在 257 种书籍中，有些书籍的内容在书中亦多次出现，反复被引用。如《黄帝内经》在书中出现约 202 次。《素问》出现有 76 篇，《灵枢》出现有 60 篇，两者相加达 136 篇，占总篇数的 85%。《吕氏春秋》见有 19 篇，《汉书》21 篇，《史记》13 篇，《国语》7 种语篇，《淮南子》14 训篇等。在书中出现的《说文》一书的偏旁部首高达 92 个。具体研究内容，比如：《黄帝内经》中的"病名曰疝瘕、一名曰蛊""尻阴股膝髀腨胻足皆痛""所谓甚则跃者"；《金匮要略》中的"其脉如蛇""身体魁羸""酸削不能行""若发则白汗出""阳前通，阴前通""邪哭，阴气衰者为癫，阳气衰者为狂"；《伤寒论》中的"目瞑""必额上陷脉紧急""却治其厥"；《八十一难经》中的："善潔""其病四肢满闭淋"；《难经》中的"成书年代考"；《针灸甲乙经》中的如："痛痓筋挛""阳气绝则瞑、阴气绝则眠"，《神农本草经》中的"成书年代考""苦菜""彼子"；《肘后备急方》中的"青蜂，分等，麝芮，毒之"；《马王堆汉墓帛书》中的"数""胻瘦"；《五十二病方》中的"罢合""般服零，最取大者"等。例如"鮔䖘"之"鮔"字，李今庸考证在《素问·气交变大论》中，为鼻塞之意，而在其余诸篇，则应训"齆"为"鼻"。如《素问·金匮真言论》："故春善病鼽衄……故冬不按跷，春不鼽衄。"有王冰、吴崑等，注鼻出水为"鼽"，又有解为"鼻塞"者。以鼻出水而论，则鼻既出血，又出水，不知为何病，显然与《金匮真言论》等篇所述病情不符。若是"鼻塞"则鼻塞者，未必衄；而衄者，未必鼻塞，亦与医理不合。李今庸据医理，结合文字考据学知识，训此"齆"字为鼻，则一部《内经》诸多"鼽衄"，均迎刃而解。如《素问·六节藏象论》"肝者，罢极之本"中的"罢极"，各家注释或有错误，或义近而文理未详，李今庸以充分证据，训此二字，为"耐受疲劳"，读来令人信服。再如《伤寒论》第12条有"啬啬恶寒，淅淅恶风"句，《伤寒论》注家谓无风亦恶寒者为恶寒；有风而恶者，为恶风，借此以详"伤寒""中风"之辨。其实辨"伤寒"与"中风"之最大关键，在于无汗、自汗，至于恶风寒之轻重，仅属辨证之参考因素，故第12条桂枝汤证"啬啬恶寒，淅淅恶风"并提。第164条"伤寒，大下后，复发汗，心下痞，恶寒者，表未解也……当先解表……解表宜桂枝汤"。第3条曰"太阳病，或已发热，或未发热，必恶寒，体痛呕逆，脉阴阳俱紧名为伤寒"，而第35条则曰："太阳病，头痛，发热，身疼腰痛，骨节疼痛，恶风，无汗而喘者，麻黄汤主之。"可见仲景于"伤寒""中风"二证，每多"恶风""恶寒"互称，故不必强解"啬啬"者为恶寒，"淅淅"者为"恶风"。李今庸考证啬啬、淅淅，均有"洒洒"之义，为恶寒貌，是文字虽异，而文义相同，可谓一语破的。

在中医经典著作《黄帝内经》的162篇论文中，记载了战国时期各国的医学成就，基于这种思想，李今庸首先提出了"楚医学"的概念。他认为楚医学是楚文化的一个重要组成部分，所以他从楚文化的角度出发，以大量的古文献资料为佐证，对楚医学进行了研究。

**2. 归类研究整理**

中医药学古籍浩繁复杂，许多埋藏在中医药学古籍中的重大医学理论无章无系，而散见于各医籍各篇之中，使阅读者往往有究尾遗首，究首遗尾之虑，难以窥其全貌，更难以正确理解。李今庸在研究整理古典医籍时，首先将重要内容一一摘录，勿使遗漏。然后将相关内容收集荟萃，分门别类，最后根据中医药学基本理论原理，运用辩证唯物主义和历史唯物主义的思想方法，对每一专题内容进行认真地比较分析，谨慎取舍，去粗取精，去伪存真，晦者明之，伪者辨之，思之考之，引出新义新理，并笔之以为文。形成首尾相联系，前后相呼应的系列中医药理论学术专题。其内容几乎涉及中医药学理论的各个方面，内容有阴阳学说、五行学说、藏象学说、经络学说、营卫气血，精神津液、六淫学说、七情学说、升降学说、运气学说、补法和泻法等中医理论体系、病因病机、治则治法以及心与神的关系、脑病的认识、胆腑的临床意义、疫病的防治等等。李今庸认为"阴阳五行学说是构成祖国医学理论体系的哲学指导思想，它以补素的唯物论的认识论和辩证法的方法论，把我国古代散在的零碎的医疗经验加以总结，使之上升为理论，建立了中医学完整的理论体系、造就出了一部伟大的医学巨著——《黄帝内经》，给中医学的发展奠定了基础。""而藏象学说又是中医学理论体系中的一个重要组成部分，是辨证论治的理论基础，它广泛地应用于中医学的解剖、生理、病理、诊断、治疗、方药、预防等方面，对临床各科的医疗实践起着重要作用，几千年来指导着祖国医学的临床实践。"经络、营卫气血、精神、津液是脏腑功能活动的物质基础和人体生命活动的概括。人体疾病的发生无外乎外感六淫和七情内伤，致使人体气机升降功能失常，因而临床治疗当根据疾病的病因病机给以调理阴阳，恢复气机升降，或补法或泻法，使人体归于正常。李今庸之于中医基本理论的各类学术专题，在他的《读医心得》《中医科学理论研究》中都给予了详细的阐明。这些专题既有发陈，更有创新，使人们读后对中医药学中的一些理论有了一个系统而清晰的认识。且李今庸运用的这一辩证历史唯物主义思想指导下进行的文献学上的补苴罅漏，发掘整理，研究提高，实往往事半功倍，解决了许多千百年来聚讼不已的中医基本理论学术问题。同时，它也彰显出了中医药学真正的科学价值。

# 四、专病之治

## （一）伤寒

伤寒是指冬季感受自然界寒邪所形成的一类外感疾病。伤寒重于感冒，一般来说，伤寒首先伤及太阳经，形成太阳表证，然后向里传变，从而形成六经病证。伤寒在不同的经脉，其病理变化不一样，临床表现也不一样，因而其治疗原则和治疗方法也就各异。

### 1. 太阳病

（1）太阳经证

①麻黄汤证：症见恶寒发热，无汗而喘，头痛身疼，脉浮而紧等。

寒邪外束，阳气不能畅达于外，故见恶寒；寒主收引，腠理致密，故见无汗；阳气被郁，与邪抗争，故见发热；太阳主一身之表，其经上额交巅下项夹脊抵腰，寒束太阳，营卫气血运行不利，故见头痛身疼；皮毛内合于肺，邪气内壅，肺气不降而反上逆，故见气喘；脉浮主表，紧脉为寒，寒邪袭表，故见脉浮紧。此寒伤太阳而然，法当辛温发表。治宜麻黄汤加味：

麻黄 10g，桂枝 10g，炙甘草 8g，苏叶 10g，防风 10g，杏仁 10g（去皮尖，炒，打），以适量水煎药，汤成去渣取汁温服，日 2 次。

方中取麻黄、桂枝、苏叶、防风辛温发表，散外表之风寒；取杏仁配麻黄宣肺平喘；取炙甘草调和诸药。外寒解，则诸症悉退。

②桂枝汤证：症见恶风，发热，头痛，干呕，自汗出，脉浮缓等。

风邪外袭，卫阳被郁而不伸，故见发热，风性疏泄，肌腠疏松，故见自汗出，恶风；足太阳膀胱经行于头部，风袭太阳，太阳经气不利，故见头痛；风气内通于肝，木动土虚，胃气不和，逆而上冲，故见干呕；脉浮缓者，亦为风邪伤表之征。此为风邪袭表，营卫失和而然，法当调和营卫。治宜桂枝汤加味：

桂枝 10g，白芍 10g，炙甘草 8g，当归 10g，生姜 10g，大枣 2 枚（擘）。

上 6 味，以适量水煎药，汤成去渣取汁温服，日 2 次。

方中取桂枝辛温散寒，发表解肌；取白芍酸收而敛阴液；桂枝配白芍调和营卫；取当归养营血；取生姜、大枣降逆和胃；取甘草调和诸药。

③大青龙汤证：症见恶寒发热，头痛身疼，无汗，烦躁不安，脉浮紧等。

寒邪束表，阳气不能伸达于外，故见恶寒；寒性收引，肌腠致密，故见无汗；阳气被郁，与邪抗争，故见发热；太阳主一身之表，其经上额交颠下项夹脊抵腰，寒袭太阳，故见头痛身疼；阳气被郁而化热，热邪内扰心神，故见烦躁不安；脉浮紧，亦为寒邪束表之征。此乃外伤寒邪，内兼郁热。法当辛温散寒，清热除烦。治宜大青龙汤。

麻黄 10g，桂枝 10g，炙甘草 8g，生姜 10g，大枣 2 枚（擘），生石膏 15g，杏仁 10g（去皮尖，炒，打）。

上 7 味，以适量水煎药，汤成去渣取汁温服，日 2 次。

本方即麻黄汤加石膏、生姜、大枣而成，方中取麻黄汤辛温发表，散在表之寒邪，取生姜、大枣温胃和中，以资汗源，取生石膏清热除烦。

④小青龙汤证：恶寒发热，无汗，咳喘，干呕等。

寒邪外束，阳气不能伸达于外，故见恶寒；寒性收引，肌腠致密，故见无汗；阳气被郁，与邪抗争，故见发热；饮停肺胃，升降失常，肺气上逆，则见咳喘，胃气上逆，则见干呕。此为寒邪束表，饮停肺胃而然。法当外散表寒，内化寒饮。治宜小青龙汤。

麻黄 10g，白芍 10g，炙甘草 8g，细辛 6g，干姜 10g，五味子 8g，桂枝 10g，法半夏 10g。

上 8 味，以适量水煎药，汤成去渣取汁温服，日 2 次。

方中取麻黄、桂枝辛温发表，散在表之寒邪；取法半夏降逆止呕；取干姜、细辛、五味子温化寒饮，散寒以治咳喘；取白芍利小便，导饮邪下出；甘草调和诸药。

（2）太阳腑证

1）蓄水证：太阳表证未罢，病邪随经内传膀胱，症见发热，恶风，小便不利，口渴，脉浮等。

太阳表证未罢，故见恶风，发热，脉浮；《素问·灵兰秘典论》说："膀胱者，州都之官，津液藏焉，气化则能出矣。"邪传膀胱，气化不利，水邪内停，故见小便不利；水不化气，津液不能上承于口，故见口渴。此乃表邪未解，水蓄膀胱所致。法当化气行水，兼解表邪。治宜五苓散，改散为汤。

猪苓10g，茯苓10g，炒白术10g，泽泻10g，桂枝10g。

上5味，以适量水煎药，汤成去渣取汁温服，日2次。

方中取桂枝辛温通阳化气，兼解表邪；取白术健脾燥湿；取猪苓、茯苓、泽泻通利小便，导水下行。

2）蓄血证

①桃核承气汤证：症见小腹胀满，神志恍惚，小便自利，脉沉等。

外邪随经下陷膀胱血分，瘀于胞室，故见小腹部胀满，脉沉；《素问·五脏生成》说"诸血者皆属于心"，心藏神，病入血分，故见神志恍惚；膀胱气化未受影响，故见小便自利。此为太阳蓄血轻证，法当活血祛瘀。治宜桃核承气汤。

大黄12g，桂枝10g，炙甘草8g，芒硝10g，桃仁10g（去皮尖，炒，打）。

上5味，以适量水先煎3味，汤将成加大黄微煎，去渣取汁，纳芒硝于药汁中烊化，搅匀温服，日2次。

方中取桃仁活血祛瘀；取桂枝辛甘通阳，温通经络；取大黄、芒硝通泄大便，使瘀热由大便排除；取炙甘草，甘温培中，以防过下伤损胃气。

②抵当汤证：症见小腹硬满，神志恍惚，小便自利，脉沉结等。

外邪随经下陷膀胱血分，热与血结，瘀于胞室，故见小腹部硬满，脉沉结，结者，脉无定时一止而复来，以瘀血阻塞，血脉流行不能相续也，病入血分，心主血藏神，热扰心神，神明失常，故见神志恍惚；膀胱气化未受影响，故见小便自利。此为太阳蓄血重证，法当破血逐瘀。治宜抵当汤。

炒水蛭10g，炒虻虫10g（去翅足），大黄10g，桃仁10g（去皮尖，炒，打）。

上4味，以适量水煎药，汤成去渣取汁温服，日2次。

方中取水蛭、虻虫、桃仁破血逐瘀；取大黄苦寒通下，导瘀血从大便而除。四味相协，合奏逐下焦瘀血之功。

**2. 阳明病**

（1）阳明经证：邪传阳明，症见身大热，汗出，心烦，口渴索饮，脉洪大等。

《素问·至真要大论》说:"帝曰:阳明何谓也?歧伯曰:两阳合明也。"《素问·血气形志》说:"阳明常多气多血。"阳气旺盛,邪入阳明多从阳化热。阳热亢盛,故见身大热;里热逼迫津液外泄,故见汗出;热邪内扰心神,心神不宁,故心烦;热盛耗损津液,津液不能上承于口,故见口渴,且欲索饮以自救;热邪盛实,故见脉象洪大。此乃阳明气分邪热鸱张使然,法当清解里热。治宜白虎汤。

知母10g,生石膏20g,炙甘草6g,炒粳米10g。

上4味,以适量水煎药,煮米熟汤成,去渣取汁温服,日2次。若兼见背部恶寒,加入参10g,名为白虎加人参汤。

方中重用生石膏辛寒清解里热,取知母苦润清胃热,生津液;取粳米、甘草养胃气,生津液。若兼见背部恶寒,为热盛伤气,故加人参甘温益气。

(2)阳明腑证

①调胃承气汤证:症见发热,腹部胀满,不大便,心烦,甚则谵语等。

邪气初传阳明腑,热邪与大肠燥屎相结不甚,胃气不和,肠中干燥,故见腹部胀满,不大便;里热外达,则见发热;热扰心神,心神不宁,故见心烦,甚则谵语。此为阳明燥热,腑实未甚。法当通下,调和胃气。治宜调胃承气汤。

炙甘草10g,大黄10g,芒硝15g。

上3味,以适量水煎炙甘草,汤将成加大黄微煎,去渣取汁,内芒硝于药汁中烊化,温服,日2次。

方中重用芒硝咸寒润燥软坚,泻热导滞;取大黄泻下实热;取甘草调和胃气,以防过泻伤正。

②小承气汤证:症见腹部胀满坚硬疼痛,不大便,或大便硬,心烦,潮热,谵语,舌苔黄垢,脉滑实。

邪热结滞大肠,气行不畅,故见腹部胀满;腑气不通,故见不大便,或大便坚硬,舌苔黄垢;热扰心神,心神不宁,故见心烦,谵语;阳明经气旺于申、酉之时,里热亢盛,故见潮热,脉滑实。此为邪热阻滞大肠,气机不畅所致,法当通泄邪热。治宜小承气汤。

大黄12g,厚朴10g,炒枳实12g。

上3味,以适量水煎厚朴、枳实,汤将成加大黄微煎,去渣取汁温服,日2次。

方中取大黄攻逐肠胃实热,取枳实、厚朴宣畅气机,气行则肠胃积滞可去。

③大承气汤证:症见大便秘结,腹部胀满坚硬,疼痛拒按,矢气频频,潮热,烦躁,谵语,舌苔老黄,脉沉实。或见泻下黄色水样便,秽臭难闻。

邪热与燥屎相结,阻遏肠道,腑气不通,故见大便秘结,腹部胀满坚硬,疼痛拒按,矢气频频,舌苔老黄,脉沉实;阳明经气旺于申、酉之时,阳明热甚,故见潮热；热邪内扰心神，心神不宁，故见烦躁，谵语。或燥屎结于肠道，水从燥屎之旁而下，燥屎仍然内结而不动，此谓之热结旁流。古人云：热结旁流者，若水投石，水去而石自若也。热郁则腐败，故泻下秽臭难闻。此为阳明邪热与燥屎相结，腑气不通而使然。法当峻下热结。治宜大承气汤。

大黄 12g，厚朴 15g，炒枳实 15g，芒硝 10g。

上 4 味，以水先煎 2 味，汤将成加大黄微煎，去渣取汁，纳芒硝于药汁中烊化，搅匀温服，日 2 次。

方中取大黄泻下肠胃实热；取芒硝咸寒润燥软坚；取枳实、厚朴行气导滞，以助泻下之力。四味相合，泻热攻积，荡涤肠胃，为泻下中之峻剂。

**3. 少阳病**

（1）少阳经病：入少阳，症见口苦，咽干，目眩，往来寒热，胸胁苦满，嘿嘿不欲饮食，心烦喜呕等。

少阳位居半表半里。《灵枢·根结》说："少阳为枢。"邪入少阳，热邪熏蒸，胆气上溢，则见口苦；热伤津液，津液不能上承于口，故见口干；肝开窍于目，与胆为表里，少阳经气不利，故见胸胁苦满而目眩；邪正相争，枢机不利，故见寒热往来；胆气犯胃，故见不欲食而喜呕；热扰心神，心神不宁，故见心烦。此乃邪入少阳，枢机不利而使然。法当和解少阳。治宜小柴胡汤：

柴胡 20g，黄芩 10g，法半夏 10g，党参 10g，生姜 10g，炙甘草 10g，大枣 2 枚（擘）。

上 7 味，以适量水煎药，汤成去渣取汁温服，日 2 次。

方中取柴胡、黄芩和解半表半里之邪热；取生姜、半夏降逆止呕；取党参、甘草、大枣培土健中，助正驱邪。

（2）少阳太阳同病：阳表证未罢，病邪内陷少阳，症见发热恶寒，肢节烦痛，心下支撑胀满，微呕等。

太阳表邪未尽除，故见发热恶寒，肢节烦痛；邪入少阳，少阳经气不利，故见心下支撑胀满；胆气犯胃，胃失和降，故见微呕。此为少阳、太阳两经同病。法当外解太阳，内和少阳。治宜柴胡桂枝汤：

柴胡 15g，黄芩 10g，法半夏 10g，党参 10g，白芍 10g，炙甘草 8g，桂枝 10g，生姜 8g，大枣 3 枚（擘）。

上 9 味，以适量水煎药，汤成去渣取汁温服，日 2 次。

本方即小柴胡汤与桂枝汤的合方，为解表和里之剂。方取小柴胡汤调和少阳；取桂枝汤外解太阳未尽之余邪。

（3）少阳阳明同病：阳邪气未罢，内传阳明，症见往来寒热，胸胁苦满，呕吐，大便不通，心烦，舌苔干黄等。

少阳邪气未尽，阳明结滞已成。邪留少阳，故见往来寒热，胸胁苦满，呕吐；阳明结滞，腑气不通，故大便秘结，舌苔干黄；热邪内扰心神，心神不宁，故见心烦。此为少阳、阳明同病所致。法当和解少阳，通便泻结。治宜大柴胡汤。

柴胡20g，生姜10g，炒枳实10g，黄芩10g，白芍10g，法半夏10g，大黄10g，大枣3枚（擘）。

上8味，以适量水先煎7味，汤将成加大黄微煎，去渣取汁温服，日2次。

本方为小柴胡汤加减而成。方取小柴胡汤去人参、甘草甘缓留邪之味，以和解少阳之邪，加大黄、枳实、白芍以通泻阳明之结热。

（4）表邪内陷少阳：表邪未解，内陷少阳，症见胸胁疼痛，咳嗽，或呼吸时疼痛加重，口苦咽干，咳嗽吐黄稠痰。

叶香岩《外感温热篇》说："肺主气属卫。"卫为表，肺居胸中，肺卫表邪不解，内陷少阳。少阳气机郁滞，故见胸胁疼痛；肺热气郁，故见咳嗽或呼吸时疼痛加重；肺热灼津炼痰，故见咳吐黄稠痰；少阳属胆，咽为胆之外候，胆热则胆气外泄，故见口苦咽干。此乃表邪内陷少阳使然。法当和解少阳，兼化痰热。治宜小柴胡汤与小陷胸汤合方。

柴胡10g，黄芩10g，法半夏10g，黄连10g，党参10g，瓜蒌仁10g，大枣3枚（擘）生姜10g，炙甘草8g。

上9味，以适量水煎药，汤成去渣取汁温服，日2次。

方中取柴胡、黄芩和解少阳，疏利枢机；取黄连苦寒清热；取半夏、瓜蒌仁、生姜化痰降逆；取党参、甘草、大枣健脾益气，扶正逐邪。

**4. 太阴病**

邪传太阴，症见腹胀，腹痛，腹泻，四肢不温，口不渴等。

病邪内传太阴，从阴化寒，寒邪阻滞于内，气机不利，故见腹胀、腹痛；脾运失常，水湿下趋肠道，故见腹泻；脾主四肢，阳气不能外达于四末，故见四肢不温；阴盛于内，故口不渴。此为寒滞太阴，脾运失常使然。法当温中健脾。治宜理中汤：

党参10g，干姜10g，炒白术10g，炙甘草10g。

上4味，以适量水煎药，汤成去渣取汁温服，日2次。

方中取干姜温中散寒；取党参、白术、炙甘草甘温健脾益气。

**5. 少阴病**

（1）少阴寒化证

①四逆汤证：症见四肢厥冷，恶寒，蜷卧，下利清谷，呕不能食，或食入即吐呕，脉沉细而微等。

寒为阴邪，易伤阳气，且寒主收引，阴寒内盛，故见恶寒，蜷卧；寒邪盛于内，阳气衰弱，脉行不利，故见四肢厥冷，脉沉细而微；火衰则不能生土，胃失和降，而反上逆，故呕不能食，或食入即吐；阴盛阳衰，无阳热之化，脾之运化失常，水谷不分，直趋肠道，故见下利清谷，此乃阴寒内盛，阳气衰微而然。法当回阳救逆。治宜四逆汤。

生附片10g，干姜10g，炙甘草10g。

上3味，以适量水煎药，汤成去渣取汁温服，日2次。

《素问·至真要大论》说："寒淫于内，治以甘热。"方中重用大辛大热之生附片，逐寒回阳；取干姜温中散寒，以助附片逐寒之力；取甘平之甘草益气安中。

②通脉四逆汤证：症见四肢厥冷，下利清谷，身有微热，其面少赤，脉微欲绝等。

阴寒之邪盛于内，不能与阳气相顺接，故见四肢逆冷；脾肾阳微，不能消磨水谷，且运化无能，故见下利清谷，阴盛于内，格阳于外，故见身微热，面少赤；阳气衰弱，气血运行无力，故见脉微欲绝。此为阴盛于内，格阳于外所致。法当通阳救逆。治宜通脉四逆汤加味：

生附片15g，干姜12g，炙甘草8g，葱白寸长9根。

上4味，以适量水煎药，汤成去渣取汁温服，日2次。

本方即前四逆汤在加重附片、干姜用量基础上再加葱白而成。方中重用生附子大辛大热之味，急逐在里之阴寒，以回外浮之阳气；倍加干姜助附子温中散寒；取葱白之温通，以助附子、干姜回阳；取炙甘草益气调中，调和诸药。

③附子汤证：症见脊背恶寒，手足寒冷，口中和，身体痛，骨节痛，脉沉等。

督脉行于脊背，总督诸阳，少阴寒盛，阳气衰微，故见脊背恶寒；阳气不能达于四末，故见手足寒冷；内无邪热，故见口中和；阴盛阳弱，故脉沉；肾主骨，寒滞少阴，故见身痛，骨节痛。此乃少阴阴寒气盛而然。法当温阳益气以祛阴寒。治宜附子汤。

制附子10g，茯苓10g，党参10g，炒白术10g，白芍10g。

上5味，以适量水煎药，汤成去渣取汁温服，日2次。

方中取辛热之附子温经散寒，回逆止痛；取党参、白术培土益气，扶正祛邪；取茯苓、白芍利小便，导附子之毒由小便而去。

④真武汤证：症见四肢逆冷，且感沉重疼痛，腹痛下利，小便不利，或心悸，头眩，身瞤动，振振欲仆地等。

下焦阴寒内盛，阳气不能达于四肢，故见四肢逆冷；寒主收引，气血不通，故见腹痛；少阴阴寒内盛，阳气受阻，欲通而不能通，不通而又欲通，故见身瞤动，振振欲仆地；阳不化气，水道失常，则水不行故道而趋后阴，故见小便不利而大便泄水；水湿内停，故身重；水气凌心，则心下悸；清阳不升，浊阳上扰，故见头眩。此乃阴寒内盛，水气停蓄而然。法当温阳散寒，利尿行水。治宜真武汤：

茯苓 10g，白芍 10g，炒白术 10g，生姜 10g，制附片 10g。

上 5 味，以适量水煎药，汤成去渣取汁温服，日 2 次。

方中取附片、生姜温阳散寒；取白术健脾燥湿利水；取茯苓、白芍利小便，导附子之毒由小便而出。

【案例】

患者某，女，60 岁，住湖北省枣阳市农村，家庭妇女，1950 年 12 月某日就诊。发病已 5 日，卧床不起，时妄言语，语多重复，语声低微，咳嗽唾白色泡沫，小便黄，手足冷，脉微细而浮。先此 2 月见面颧色红如指头大。乃少阴伤寒，阴盛阳浮，治宜温阳行水，散寒止咳，拟真武汤加减：

制附片 10g，茯苓 10g，白芍 10g，炒白术 10g，干姜 10g，细辛 6g，五味子 8g，炙甘草 10g。

上 8 味，以适量水煎药，汤成去渣取汁温服，日 2 次。药服 2 剂而愈。

按：《伤寒论·辨少阴病脉证并治》说："少阴之为病，脉微细，但欲寐也。"所谓"但欲寐者"，病者昏睡，呼之则应，旋又昏睡，今谓之"半昏迷"也。邪入少阴，正气大伤，阳浮于上，神明失守，故其卧床不起，时妄言语，语声低微，微细之脉见于浮象之中。阴寒内盛，正阳被遏，则小便黄而手足冷。寒邪化饮，上逆犯肺，故咳嗽而唾白色泡沫。真武汤方，用附片为君，以复其少阴真阳之功能而消阴寒之邪气；白术健脾培土以制水气；干姜、细辛、五味子止咳，且干姜、细辛气味辛温，可助附片散寒去饮；茯苓、白芍利小便，使附片温阳祛寒后，其毒从小便去之，不留于人体内为害；甘草调和诸药。全方共奏温阳行水，散寒止咳之效。其病此方治之可愈。惟其"两颧色红如指大"之象已见 2 月，殆非佳兆。《灵枢·五色》说："赤色出两颧，大如母指者，病虽小愈，必卒死。"先父说："年老人无故而两颧发红如指大，为命门相火动摇，活不过一年。"故示其病此方治之虽可愈，而其寿命终不过一年之期也。后果然。

（2）少阴热化证

①黄连阿胶汤证：症见身微热，口干，口渴，心烦不眠，甚至谵语，舌尖红赤，苔黑，脉细数等。

邪入少阴，从阳化热，里热外达，故见身热；火极似水，故见苔黑；热伤津液，津液不能上承于口，故见口干、口渴，热邪内扰心神，心神不宁，心火偏盛，故见舌尖红赤，脉细数。此乃阴虚阳盛而然。法当滋阴清热。治宜黄连阿胶汤：

黄连 10g，黄芩 10g，鸡子黄 2 枚 白芍 10g，阿胶 10g（烊化）。

上 5 味，以适量水先煎黄连、黄芩、白芍，汤成去渣取汁，纳阿胶于药汁中烊化，稍微待冷，再加鸡子黄搅匀温服，日 2 次。

方中取黄连清心火；取黄芩助黄连清热；取阿胶滋补肾阴；取白芍收敛营阴，以助阿胶补阴之力；取鸡子黄交通上下，使心肾相交。

【案例】

患者某，女，50 岁，住湖北省枣阳市某乡镇，家庭妇女，1950 年 12 月某日就诊。发病已数日，卧床不起，但欲眠睡，而又烦躁不得安卧，神昏，呼之则应，妄言胡语而作郑声，口舌干燥，小便黄，舌苔黑色而少津，脉微细数。乃热入少阴，水火未济，治宜滋水泻火，交通心肾，拟黄连阿胶汤：

黄连 12g，黄芩 10g，鸡子黄 2 枚 白芍 10g，阿胶 10g（烊化）。

上 5 味，以适量水先煎 3 味，汤成去渣取汁，纳阿胶于药汁中化，待温加入鸡子黄烊化，搅匀温服，日 2 次。另用犀角磨水取汁一小杯顿服（现犀角已禁用）。

**按：**《素问·天元纪大论》说："少阴之上，热气主之"，邪入少阴，病势已深，故其卧床不起，神昏但欲寐，且妄为言语，然呼之则应。少阴热化，真阴受灼，水火不相济，故心中烦，不得卧而小便色黄。少阴水亏，无以上布，则口舌干燥；少阴热盛，火极似水，则脉微细数，舌苔色黑而少津。《伤寒论·辨少阴病脉证并治》说："少阴病得之二、三日以上，心中烦，不得卧，黄连阿胶汤主之。"黄连阿胶汤方，用黄连泻心火，使之下交肾水，以黄芩清热助之；用阿胶补肾水，使之上交心火，以白芍和阴佐之；鸡子黄入中宫，运转上下，以达心肾相交、坎离交媾、水火既济而成"泰"。另用犀角磨水服者，以其入心解热毒，凉血清神也。药服一剂而邪退神清，遂专事调理而病渐愈。

②猪苓汤证：症见身微热，口干渴，尿黄，心烦不眠，甚则谵语，小便不利，苔黄等。

邪入少阴，从阳化热，里热外达，故见身微热，苔黄；热邪内扰心神，心神不宁，神明失守，故见心烦不眠，甚则谵语；热伤阴液，故见口干渴，尿黄；水热互结，气化不行，故见小便不利。此乃水热互结，邪热伤阴所致；法当滋阴利水；治宜猪苓汤：

猪苓 10g，茯苓 10g，泽泻 10g，滑石 10g，阿胶 10g（烊化）。

上 5 味，以适量水先煎前四味，汤成去渣取汁，纳阿胶于药汁中烊化，搅匀温服，日 2 次。

方中取滑石甘寒清热；取阿胶滋养肾阴；取猪苓、茯苓、泽泻淡渗利水。合奏清热、育阴、利水之效。

【案例】

患者某，女，3 岁，住湖北省咸宁县农村。1967 年 8 月某日就诊。发病 5 天，发热，昏睡，偶尔太息，心烦，时见右腿抬起，而欲小便，尿短少色黄，口渴欲饮水，舌苔黄。乃病邪入里，化热伤阴，治宜养育真阴，利水泄热；拟猪苓汤加味。

猪苓 6g，茯苓 6g，大贝母 5g，泽泻 6g，滑石 6g，麦冬 6g，阿胶 6g（烊化）。

上 7 味，以适量水先煎前 6 味，去渣取汁，纳阿胶于药汁中烊化，搅匀温服，日 2 次。

按：《素问·天元纪大论》说："少阴之上，热气主之。"邪气入里，从少阴之热化，则见发热，口渴，心烦，舌苔黄。热盛伤阴，肾水不济，心神失聪，则小便短少，色黄、昏睡，此"昏睡"者，正是《伤寒论》中所述"少阴病"之"但欲寐"也。其正气郁结，故偶尔见一太息。猪苓汤方加味，用猪苓、茯苓、泽泻、滑石利小便以泄热邪，阿胶养肾之真阴，加麦门冬生津清热除烦，从高源以滋肾水，促真阴之早复，大贝母解郁开结，有助于正气流行。服药 1 剂，邪热去则真阴复，神气清，病即告愈。

**6. 厥阴病**

（1）厥热胜复：入厥阴，症见四肢厥冷与发热交替出现，心烦，口渴等。

《素问·阴阳应象大论》说："阳胜则热，阴胜则寒。"病入厥阴，阴盛阳微，故见四肢厥冷，阳进阴退，故见发热；热扰心神，心神不宁，故见心烦；热伤津液，津液不能上承，故见口渴欲饮。此乃厥热胜复，寒热错杂使然。法当寒热并投。治宜乌梅丸，改丸为汤。

乌梅 10g，细辛 5g，制附片 10g，干姜 10g，黄连 10g，当归 10g，蜀椒 8g，桂枝 8g，黄柏 10g，党参 10g。

上 10 味，以适量水煎药，汤成去渣取汁温服，日 2 次。

厥阴属肝，酸入肝，故方中取乌梅酸以补肝；肝藏血，故取当归养肝血；取附片、干姜、蜀椒、桂枝、细辛以散阴寒之邪；取黄连、黄柏苦寒清热；取党参助正以祛邪。

【案例】

患者某，女，38 岁，住湖北省枣阳市农村，农民。1950 年 10 月某日就诊。发病 10 余日。开始恶寒发热，旋即恶寒已而发热 3 天，则转为手足厥冷 3 天，今又转为发热已 4 天，心中烦闷不舒，舌苔白，脉数。乃病入厥阴，厥热胜复，治宜寒热互投，拟乌梅丸方，改丸为汤服：

乌梅 12g，黄连 10g，制附片 8g，黄柏 10g，干姜 8g，桂枝 8g，细辛 6g，党参 10g，蜀椒 8g，当归 10g。

上 10 味，以适量水煎药，汤成去渣取汁温服，日 2 次。

**按：** 病入厥阴，则随其厥阴之化，《素问·至真要大论》说："帝曰：厥阴何也？岐伯曰：两阴交尽也。"两阴交尽谓之厥阴。厥阴为阴气将尽，阳气初生。然阴气将尽而未尽，阳气初生而未壮，居于阴阳进退之界，进则阳胜，退则阴胜。故厥阴为病，进则阳胜而发热，退则阴胜而手足厥冷，阴阳进退，则证见厥热胜复。《素问·六微旨大论》说："厥阴之上，风气治之，中见少阳。"厥阴本风而标阴，中见少阳相火，今厥阴风火循手厥阴心包络经脉上扰心神，故心中烦闷不舒。寒热错杂，故舌苔白而脉数。乌梅丸方，寒热互投，以治其阴阳错杂。《灵枢·经脉》说："酸生肝。"故用乌梅之酸以补肝体为君；当归养血以和肝；《素问·脏气法时论》说："肝苦急，急食甘以缓之。"用党参、甘草之甘以缓肝经之急迫；黄连、黄柏以泄阳热之邪；桂枝、蜀椒、干姜、附片、细辛以祛阴寒之邪。寒以泄热，温以祛寒，各自为功，两不相妨。改丸为汤者，丸缓而汤速也。药服 1 剂而病愈。

（2）血虚肢厥：入厥阴，伤及肝血，症见四肢厥冷，脉微欲绝等。

厥阴属肝，《素问·调经论》说："肝藏血。"邪入厥阴，肝血受损，致使阴血不能与阳气相顺接，故见四肢厥冷；《素问·举痛论》说："寒气入经则稽迟，泣而不行。"肝血不足，不能充盈经脉，故见脉细；寒气入经脉，阳气受阻，气血运行不畅，故见脉微欲绝。此乃肝血不足，阳气不通所致。法当养血通阳，温经散寒。治宜当归四逆汤：

当归 10g，白芍 10g，炙甘草 10g，木通 10g，细辛 6g，大枣 3 枚（擘）桂枝 10g。

上 7 味，以适量水煎药，汤成去渣取汁温服，日 2 次。

方中取当归、白芍、大枣养血活血；取桂枝通血分之阳气；取细辛温经散寒；取木通通经脉之滞；取炙甘草益气补中，助气血生化之源。七味相协，从而达到补阴血、通阳气、散寒邪、温经脉之效。

（3）热深厥深：邪入厥阴，厥热胜复，阳复太过，症见四肢厥冷，身热，口舌干燥，烦渴欲饮，脉滑。

四肢为诸阳之本，阳气内盛，热深厥深，其阳不能与阴相顺接，故见四肢厥冷；热邪内盛，灼伤津液，津液不能上承于口舌，口舌失濡，欲饮水以自救，故见身热，口舌干燥，口渴欲饮；热邪内壅，故见脉滑。此乃邪热内郁，热深厥深；法当清热回厥；治宜白虎汤。

生石膏 15g，知母 10g，炙甘草 8g，炒粳米 10g。

上 4 味，以适量水煎药，汤成去渣取汁温服，日 2 次。

方中重用生石膏甘寒清热除烦；取知母清热止渴；取甘草、粳米资汁和胃，以资津液生化之源，热清则厥回。四味相合，共奏清热回厥之功效。

《素问·热论》说："今夫热病者，皆伤寒之类也。"其"伤寒"之名，首见于此。《难经·五十八难》说："伤寒有五：有中风，有伤寒，有湿温，有热病，有温病。"是从广义角度讲，则中风、湿温、热病、温病等，亦可称之曰"伤寒"，然真正独立的"伤寒"一病。则是人们所说的"狭义伤寒"，乃触冒隆冬严寒之气而即时发病者。《伤寒论·伤寒例》说："冬时严寒。万类深藏，君子固密，则不伤于寒。触冒之者，乃名伤寒耳……以伤寒为毒者，以其最成杀厉之气也。中而即病者，名曰伤寒。"又说："从霜降以后、至春分以前，凡有触冒霜露，体中寒即病者，谓之伤寒也。"是伤寒之为病，具有特定之时令界限以其时值隆冬严寒，气最猛烈，伤人则重，故伤寒病发病甚猛，变化尤速，俗有所谓"走马看伤寒"之语者，正谓此也。

伤寒的传变，《素问·热论》提出了"太阳""阳明""少阳""太阴""少阴""厥阴"的"六经传变规律"，《伤寒论》则在此基础上大大发展了这一理论，阐发了疾病六经传变的具体过程、证候和方治，成为中医药学辨证施治最系统的一部典籍。尽管其中尚有不足和错简脱误，它仍然长期有效地指导了人们临床医疗的实践，促进了中医药学的发展与提高。

前几年里，有人见到《伤寒论》中"麻黄汤""麻杏石甘汤""小青龙汤"等方证在《太阳篇》，就误认为这是张仲景搞"错"了，说应改成"病在肺"。殊不知《伤寒论》论述的是"传经疾病"，而不是说的"止在肺，始终不传"的"感冒"。如把《伤寒论》中"病在太阳"，改为"病在肺"，试问其病怎样"传到阳明"？又怎样"传到少阳"？再怎样"传到太阴"？麻黄汤方证等在肺，李时珍早就说过，如能改，何待今日？中医学术界可悲的是，一些中医药报刊竟将这一说法当做"最新见解"转载去转载来。可见中医药知识水平在一些人的头脑中低下到何等地步！

另外，中医药学的"伤寒病"，与西医学上"伤寒病"是不一样的。西医学的伤寒病，多发生于夏秋之交，是苍蝇传播的一种传染性疾病，日人叫作"肠窒扶斯"。上海伍连德等人，留学日本回国后，要把日文译成中文，见"肠窒扶斯"的临床证候在《伤寒论》中都记载有，又误认为《伤寒论》一书是专论"伤寒病"的，于是，遂将日文"肠窒扶斯"一病翻译成了中文"伤寒病"至今已有好几十年，大半个世纪了。后来人们又多说《伤寒论》一书是论述"流行性感冒"之病了。

## （二）失眠

失眠也称不寐，指夜间难以入睡，或睡而易醒，醒后难眠，甚至彻夜不寐，又叫作"不得眠""不得卧""目不瞑"等。

人之睡眠由营卫的正常循行及阴阳的相互协调而来。《灵枢·邪客》说："卫气者……昼日行于阳，夜行于阴…今厥气客于五脏六腑，则卫气独卫于外，行于阳，不得入于阴，行于阳则阳气盛，阳气盛则阳蹻陷（满），不得入于阴（则）阴虚，故目不瞑。"因此，由于某种因素引起营卫气血不和，阴阳失调是失眠的根本病机。这些因素可能是邪气的干扰，也可能是本身气血阴阳的不足，故《景岳全书·不寐》曰："不寐虽病有不一，然惟知邪正二字则尽之矣。盖寐本乎神，神其主也，神安则寐，神不安则不寐。其所以不安者，一由邪之扰，一由营气不足耳。有邪者多实证，无邪者皆虚证。"治疗大法正如《灵枢·邪客》所说："补其不足，泻其有余，调其虚实，以通其道而去其邪，阴阳已通，其卧立至。"

（1）虚证失眠

①心阴亏损：难以入睡，心悸不安，手足心热，口燥咽干。

因心阴不足，心阳偏旺，阴不敛阳，故手足心热，口燥咽干。心阴心阳不和，则心神不安，故出现失眠、心悸等症。治宜滋补心阴，养心安神，方用天王补心丹。

党参10g，玄参10g，丹参10g，茯苓10g，五味子8g，远志10g，桔梗8g，当归12g，天冬12g，麦冬12g，柏子仁12g，炒枣仁12g，生地15g。

上13味，加水适量，煎汤，取汁，去渣，日1剂，分2次温服。

方中由多种养阴安神药物组成。其中生地、玄参壮水制火，当归、丹参补血养心，党参、茯苓益心气，远志、柏子仁养心神，天冬、麦冬增阴液，枣仁、五味子敛心气，桔梗载药上行。诸药合用，可滋阴敛阳，养心安神。

②肝血不足：虚烦不眠，心悸，头昏，口咽干燥。

因肝之阴血不足，虚火上扰，故烦躁不得眠，并头昏、口咽干燥。肝血虚，血不养心，致心神不安，故心悸不适。治宜养血安神，清热除烦，用酸枣仁汤：

炒枣仁15g，知母10g，茯苓6g，川芎6g，甘草6g。

上5味，加水适量，煎汤，取汁，去渣，日1剂，分2次温服。

方中以枣仁敛肝安神为君；佐川芎调血养肝；茯苓宁心神；知母除烦热；甘草味甘，以缓肝之急。诸药合用，使肝气和，虚烦止，睡眠安。

③心肾不交：难于入寐，甚至彻夜不眠，头晕耳鸣，五心烦热，腰膝酸软。

因劳倦内伤，肾阴亏于下，不能上济于心，心火独亢于上，以致辗转反侧，彻夜不眠，头晕耳鸣。阴虚阳亢，故五心烦热。腰为肾府，肾亏故腰膝酸软。治宜滋阴降火，交通心肾，用黄连阿胶汤合交泰丸。

黄连10g，黄芩10g，肉桂3g，芍药10g，阿胶10g（烊化），鸡子黄1枚。

上6味，加水适量，先煮前4药，汤成去渣，纳阿胶，烊化，稍冷，纳鸡子黄，搅匀。日1剂，分2次，温服。

方中用阿胶滋阴补肾；芍药敛阴以助之；鸡子黄补脾以交通心肾；黄连、黄芩清泻心火；肉桂引火归元；合用滋阴降火，除烦宁心。

④心脾两虚：失眠，多梦易醒，面色少华，身体倦怠，少气懒言，食少便溏。

因思虑劳倦过度，损伤心脾，生化不足，气血两虚。心失所养，故失眠多梦；血虚不能荣于色，则面色少华。脾不运化，故食少便溏。气虚不能充养形体，故身体倦怠，少气懒言。治宜补益心脾，养心安神，用归脾汤。

党参10g，炒白术10g，茯神10g，炙黄芪10g，木香3g，当归10g，远志3g，龙眼肉10g，炒枣仁10g（打），炙甘草8g，生姜5片，红枣3枚（擘）。

上12味，加水适量，煎汤，取汁，去渣，日1剂，分2次，温服。

方中用党参、黄芪、白术、甘草补脾益气；当归、龙眼肉、养血；茯神、远志、枣仁、补心安神；木香醒脾，使补而不滞；生姜、红枣和中。诸药合用，则归脾养心，益气补血安神。

（2）实证失眠

①心火亢盛：症见失眠，多梦，胸中烦热，心悸，口渴。舌尖红，脉细数有力。

因烦劳伤心，心血亏虚，心火偏盛，故心神不安而失眠多梦，胸中烦热。血少，无以养心，故心悸。心火偏盛，故口渴。舌脉俱为心火亢盛之征象。治宜补血泻火，养心安神，方用朱砂安神丸：

黄连10g，生地10g，当归10g，炙甘草6g，朱砂3g（水飞）。

前4味，共捣，研细末，水泛为丸，如黍米大，朱砂裹衣，睡前温开水送服，每次服6～10g。

方中用生地、当归补血养心；黄连苦寒，直折心火；朱砂重镇，宁心安神；甘草缓急调中。合而用之，可养血泻火，镇心安神，主治心胸烦乱，失眠多梦。

近年来为防止汞中毒，朱砂较少用，可以龙齿代之，功效相同。

如热病后期，余热未清，移热于心，出现心中懊憹，失眠多梦，可用上方合栀子豉汤。

黄连10g，生地10g，当归10g，龙齿15g，栀子10g，豆豉10g，炙甘草6g。

上7味，加水适量，煎汤，取汁，去渣，日1剂，分2次温服。

方用朱砂（易以龙齿）安神丸养血泻火，镇心安神，又加栀子清热除烦，豆豉宣泄胸中郁热，共奏清余热，安心神之效。

②食滞失眠：睡卧不安，难于入寐，脘腹胀满，嗳气吞酸。

宿食停滞于胃，不能正常运化，卫气独行于阳，不得入阴，故睡卧不安，难于入寐。胃中有宿食不得消化，故脘腹胀满，嗳气吞酸。治宜消食和胃，用平胃散加味。

苍术10g，陈皮10g，厚朴10g，甘草8g，山楂10g，麦芽10g，神曲15g，莱菔子 10g，生姜 3g。

上 9 味，加水适量，煎汤，去渣，取汁，温服。日 1 剂，服 2 次。

方中用苍术健脾和胃，陈皮理气；厚朴除满消胀；山楂、麦芽、神曲、莱菔子消化宿食；甘草、生姜、调和脾胃。全方可健脾消食和胃。宿食去，卫气入，营卫和，睡眠可立至。

③瘀血失眠：睡卧不宁，多梦易醒，口干不欲饮，大便色黑，舌有瘀斑，脉涩，或沉迟。

由各种原因引起血液凝涩，滞而不行，故见口干不欲饮，大便黑色等症状。人卧血归于肝，肝藏魂。如瘀血阻于肝经，血不归舍，肝不藏魂，则睡卧不宁，多梦易醒。治宜活血化瘀安神，用桃红四物汤加减。

当归 10g，赤芍 10g，川芎 10g，桃仁 10g，红花 10g，琥珀 3g（研末冲服）。

上 6 味，加水适量，先煮前 5 味，汤成，去渣，取汁，入琥珀末，温服。日 1 剂，服 2 次。

方中用当归、赤芍、川芎养血活血；桃仁、红花祛瘀；琥珀既能活血散瘀，又能镇惊安神。诸药合用可活血祛瘀，镇惊安神。瘀血祛除，血归于肝，魂有所藏，则可安然入眠。

【案例】

患者某，男，62 岁，退休干部，住湖北省武汉市武昌区。1999 年 4 月某日就诊。其人患"心脏病""高血压"已多年，1996 年 3 月又突发"中风"，经中西医药治疗未效。现经常感觉心慌心悸，头目昏暗，右侧上下肢无力而活动不灵，右脚踏地如履棉花之上而无实感，长期失眠，惟赖吞"安眠药"以为睡，舌苔薄白，脉结甚，数至一止，或十数至一止。病乃血气瘀滞，心神不宁，肝风内动，肢体失养，治宜活血破瘀，疏肝利气，方用血府逐瘀汤加味。

生地 15g，当归 12g，川芎 10g，赤芍 10g，红花 10g，桔梗 10g，柴胡 10g，枳实 10 克（炒）川牛膝 10g，甘草 10g（炙），桃仁 10g（去皮尖，炒，打），香附 10g（制）。

上药 12 味，以水适量，煎药，汤成，去渣，分温再服，日服 2 次，每日服 1 剂。

**按**：《素问·阴阳应象大论》说："心生血。"《灵枢·营卫生会》说："血者，神气也。"《灵枢·大惑论》说："心者，神之舍也。"心主血藏神而赖血以濡养。今血液瘀滞，失去正常流动之性而不能濡养于心，心失血养则无法安宁而神不归舍，故心慌心悸而长年失眠。《素问·解精微论》说："夫心者，五脏之专精也。目者，其窍也。"《灵枢·大惑论》说："目者，心之使也。"心神失守则难以司窍而使目，目不为心神之所使，故头目为之昏暗，而视物不审。血主于心而藏于肝。肝藏血，为风木之藏，其性喜条达。今血液瘀滞则肝不能条达而木气为之郁，木郁则风生，肝风内动，风邪循虚而犯，并至于身半之上下，则身半之经络阻滞不通，无血以濡养其身半之形体，故见其右半身不随，活动不便。《素问·脉要精微论》说："夫脉者，血之府也。"《灵枢·经水》说："经脉者，受血而营之。"《素问·举痛论》说："经脉流行不止，环周不休。"瘀血停滞，阻碍血脉正常运行，致血脉运行不相连续，故脉见"结"象，脉动而时见一止也。治以血府逐瘀汤，方用生地、当归、川芎、赤芍为四物汤以养血活血，红花、桃仁以行血破瘀，柴胡疏肝解郁，川牛膝入肝去风，桔梗、枳实疏利气机，甘草调和诸药，加香附以行血中之气，助行血破瘀之力，更利于瘀血之消除。共奏活血破瘀、疏肝利气之效。其药服10余剂后，即渐能入睡，坚持服药数十剂，失眠虽时有反复，但诸证好转，坚持服药近200剂，则诸证消失，只待恢复和巩固。遂将原方改汤为丸，以其为病日久，特加党参助正而促其体质之康复。

生地150g，当归120g，川芎100g，赤芍100g，红花100g，桔梗100g，枳实100克（炒）柴胡100g，甘草100g（炙），川木膝100g，香附100g（制），党参100g，桃仁100g（去皮尖，炒，打）。

上药13味，共研细末，过筛，炼蜜为丸，每服10克，1日服3次，开水送下。

上方药丸，患者服用至2000年12月，睡眠恢复正常，诸证咸退，身体康复，嘱其将早锻炼持之以恒，希勿间断，停止服药。

④痰饮失眠：睡卧不宁，多梦易醒，胸闷多痰，舌苔厚腻。

脾不健运，聚液成痰，痰湿壅盛，阻塞经络，故胸闷不适。痰饮内阻，卫阳不能入于阴，阴阳不能交通，故睡卧不宁，多梦易醒。治宜化痰祛饮，交通阴阳，用二陈汤加牡蛎。如郁久化热，见烦躁易惊者，用温胆汤。

二陈加牡蛎汤：制半夏10g，陈皮10g，茯苓10g，炙甘草10g，牡蛎15g。

上5味，加水适量，煎汤，去渣，取汁，温服，日1剂，服2次。

温胆汤：制半夏10g，陈皮10g，茯苓10g，炙甘草10g，竹茹10g，枳实10g。

上6味，加水适量，煎汤，去渣，取汁，温服。日1剂，服2次。

以上2方均为二陈汤加味。二陈汤可化痰祛饮；牡蛎化痰，镇静安神；竹茹祛痰清热；枳实理气豁痰。临床可用于痰饮所致的睡卧不宁，多梦易醒等证。

【案例】

患者某，男，40岁，湖北咸宁供销社干部。1967年6月就诊。

严重失眠已有数年，经常彻夜不能入寐，每晚必赖安眠药方能入睡。形容消瘦，心悸，胸闷短气，咳嗽，唾白色泡沫，脉结。此证乃水饮内结，阻遏卫阳，阳不交阴所致。治宜温阳祛饮，拟二陈汤合苓桂术甘汤加味。

茯苓 15g，炒白术 10g，桂枝 10g，炙甘草 10g，制半夏 10g，陈皮 10g，牡蛎 15g（先煎）。

以水煎服，日服 2 次。嘱停服其他安眠药。

第 4 天复诊，服上方 1 剂后，当晚停服安眠药即能入睡。连服 3 剂，感觉稍舒，要求加大药力，遂于原方以甘遂易甘草，拟方：

茯苓 15g，炒白术 10g，桂枝 10g，制半夏 10g，陈皮 10g，牡蛎 15g（先煎），甘遂 1.6g（研末，分 2 次冲服）。

前 6 味以水煎汁，冲服甘遂末，日 2 服。

**按：**《金匮要略·痰饮咳嗽病脉证并治》说："凡食少饮多，水停心下，甚者则悸，微者短气。"水饮内结阻遏胸阳则胸闷，滞碍息道则短气，水气凌心则心悸，饮邪犯肺则咳嗽唾白色泡沫。津液内聚为饮，无以充养肌肤，故形容消瘦。饮邪结聚于内，卫气行于阳不得入阴，以致无法成寐而失眠。方用白术、甘草、茯苓健脾行水，半夏、陈皮燥湿祛饮，桂枝温阳化饮，《金匮要略》所谓"温药和之"也。加牡蛎潜阳以交阴，故服药即能入睡。药服 3 剂又加大药力，原方中去甘草加甘遂末冲服，每服则大便泻水数次，使水饮从大便而去，故诸症皆退，脉之结象仍在，乃饮邪所结之窠囊未除，病将复发，后果然。

《灵枢·卫气行》说："阳主昼，阴主夜，故卫气之行，一日一夜五十周于身，昼日行于阳二十五周，夜行于阴二十五周，周于五脏。是故平旦阴尽，阳气出于目，目张则气上行于头，循项下足太阳，循背下至小指之端；其散者，别于目锐眦，下手太阳，下至手小指之间外侧；其散者，别于目锐眦，下足少阳，注小指次指之间；以上循手少阳之分侧，下至小指之间；别者，以上至耳前，合于颔脉，注足阳明以下行至跗上，入五指之间；其散者，从耳下下手阳明，入大指之间，入掌中。其至于足也，入足心，出内踝，下行阴分，复合于目，故为一周。"如是行二十五周，"阳尽于阴，阴受气矣。其始入于阴，常从足少阴注于肾，肾注于心，心注于肺，肺注于肝，肝注于脾，脾复注于肾，为周"，如是行亦二十五周，"而复合于日"。卫气日行于阳二十五周则入寤，夜行于阴二十五周则入寐。如人之五脏衰弱，则阴阳不相和调，卫阳不入于阴而独盛满于阳蹻则目张而不合矣，是谓"不寐"今则谓之"失眠"也。五脏血气未衰而体内停有邪气如痰饮、瘀血、宿食等阻滞，致卫阳不得入于阴分，独留于阳而阳蹻盛满，目张而不合，发为"失眠"之证。是故治疗"失眠"证，除补虚安神外，举凡"化痰逐饮"、"活血破瘀"、"消积导滞"等法，皆所以治疗"失眠"之证也。

# 五、方药之长

## 二陈汤临床运用十五例

二陈汤，出自《太平惠民和剂局方》，由半夏、陈皮、茯苓、炙甘草四药组成，用时加生姜同煎服，主治湿痰咳嗽，胸膈满闷，恶心呕吐，头眩心悸等，为治痰通剂，故凡因痰而致之病证，皆可以其为基础加味而治之。兹将用之有验者择要加以论述。

1. 治小儿惊风，时发四肢抽搐，两眼上翻，眼珠青蓝色，宜二陈汤加味。

法半夏6g，陈皮6g，茯苓6g，炙甘草5g，竹茹6g，炒枳实6g，石菖蒲5g，僵蚕5g。

上八味，以水适量煎药，汤成去渣，取汁，分温三服，一日服尽。方即为温胆汤加石菖蒲、僵蚕。如有热口渴尿黄者，加天竺黄5g。如惊风日久，正气已衰，抽搐轻微，神识模糊，气息微弱者，则加党参、远志、胆南星，为涤痰汤加远志、僵蚕。

2. 治癫痫，或数月一发，或月一发，或日一发，或日数发，发则卒然仆地，叫呼一声，不省人事，口流白沫，四肢抽搐，移时自行苏醒，宜二陈汤加味。

法半夏10g，陈皮10g，茯苓10g，炙甘草8g，制南星10g，炒枳实10g，远志10g，石菖蒲10g，僵蚕10g，大贝母10g，当归10g，川芎8g，明矾3g。

上十三味，以水适量煎药，汤成去渣，取汁，分温再服，一日服尽。方即导痰汤加僵蚕、远志、石菖蒲、大贝母、当归、川芎、明矾。

3. 治中风有痰，语言謇涩不利，半身不遂，口眼㖞斜，脉虚，宜二陈汤加味。

法半夏10g，陈皮10g，茯苓10g，炙甘草8g，竹茹10g，炒枳实10g，胆南星10g，党参10g，石菖蒲10g，僵蚕10g，竹沥12g，生姜汁10g。

上十二味，以水适量煎前十味，汤成去渣，取汁，加入竹沥、生姜汁，分温二服，一日服尽。方即涤痰汤加僵蚕、竹沥、生姜汁。

4. 治精神失常，奔走不已，多语，少眠，喜悲哭，宜二陈汤加味。

法半夏10g，陈皮10g，茯苓10g，炙甘草8g，竹茹10g，炒枳实10g，石菖蒲10g，远志10g，党参10g。

上九味，以水适量煎药，汤成去渣，取汁，分温再服，一日服尽。方即温胆汤加党参、远志、石菖蒲。

5. 治体胖，头昏闷，寡言语，面部时发微笑而不能自控，舌苔黑黄干燥，脉弦滑，宜二陈汤加味。

京半夏10g，陈皮10g，茯苓10g，炙甘草8g，竹茹15g，炒枳实10g，黄连10g，天花粉15g，玄参10g。

上九味，以水适量煎药，汤成去渣，取汁，分温再服，一日服尽。方即温胆汤加黄连、玄参、天花粉。

6.治头痛，昏闷不爽，口渴，舌苔黄腻，脉弦，宜二陈汤加味。

京半夏10g，陈皮10g，茯苓10g，炙甘草8g，竹茹10g，炒枳实10g，黄芩10g，天花粉10g，胆南星10g。

上9味，以水适量煎药，汤成去渣，取汁，分温再服，一日服尽。方即温胆汤加黄芩、天花粉、胆南星。

7.治或左或右一侧肩背疼痛，不能牵动，脉细，宜二陈汤加味。

法半夏10g，陈皮10g，茯苓10g，炙甘草8g，当归10g，川芎10g，姜黄8g，僵蚕10g。

上八味，以水适量煎药，汤成去渣，取汁，分温再服，一日服尽，每日一剂。

8.治两脚浮肿不匀，一脚肿甚，一脚肿轻，皮肤颜色不变，脚有重滞感，小便正常，治宜二陈汤味。

法半夏10g，陈皮10g，茯苓10g，炙甘草8g，制南星10g，炒枳实10g，木瓜15g，苍术10g。

上八味，以水适量煎药，汤成去渣，取汁，分温二服，一日服尽。每日一剂。方即导痰汤加木瓜、苍术。

9.治气虚浮肿，早起面目肿甚，两脚肿消；下午两脚肿甚，面目肿消，肢体易疲乏，脉虚，苔薄白，宜二陈汤加味。

法半夏10g，陈皮10g，茯苓10g，炙甘草8g，党参10g，炒白术10g，生姜6g。

上七味，以水适量煎药，汤成去渣，取汁，分温再服，一日服尽。每日一剂。方即六君子汤。

10.治失眠，烦躁不易入睡，睡则易惊醒而心悸，或有呕恶，治宜二陈汤加味。

法半夏10g，陈皮10g，茯苓10g，炙甘草8g，竹茹10g，炒枳实10g，酸枣仁10g。

上九味，以水适量煎药，汤成去渣，取汁，分温再服，一日服尽，每日一剂。方即温胆汤加酸枣仁。

11.治胃部胀痛，每于饥饿时发作，稍进饮食则痛止，腹软，大便稀溏，小便黄，苔白薄，脉虚，宜二陈汤加味。

法半夏10g，陈皮10g，茯苓10g，炙甘草10g，党参10g，炒白术10克炒　生姜

6g，桂枝 8g。

上八味，以水适量煎药，汤成去渣，取汁，分温再服，一日服尽，每日一剂。方即六君子汤加桂枝。

12. 治疝气，睾丸肿大疼痛，坠胀，引小腹不舒，小便色黄，宜二陈汤加味。

法半夏 10g，陈皮 10g，茯苓 10g，炙甘草 8g，青皮 10g，小茴香 10g，荔枝核 10g，橘核仁 10g，川楝子 10g。

上九味，以水适量煎药，汤成去渣，取汁，分温再服，一日服尽，每日一剂。

13. 治积聚，腹满气塞，短气不得息，不下食，宜二陈汤加味。

法半夏 10g，陈皮 10g，茯苓 10g，甘草 6g，槟榔 12g，生姜 10g，柴胡 10g，紫苏 6g，细辛 3g，熟附片 8g，大黄 10g。

上十二味，以水适量煎药，汤成去渣，取汁，分温再服，一日服尽，每日一剂。方为槟榔汤。

14. 治妇女体胖月经闭止不来，起居饮食如常，脉沉微，宜二陈汤加味。

法半夏 10g，陈皮 10g，茯苓 10g，炙甘草 8g，炒白术 10g，苍术 10g，当归 10g，川芎 10g，射干 10g。

上九味，以水适量煎药，汤成去渣，取汁，分温再服，一日服尽，每日一剂。

15. 治妇女妊娠恶阻，呕吐不止，饮食不下，宜二陈汤加味。

法半夏 10g，陈皮 10g，茯苓 10g，炙甘草 8g，党参 10g，炒白术 10g，生姜 10g，黄芩 10g。

上八味，以水适量煎药，汤成去渣，取汁，频频呷服，一日服尽。不瘥，更作。方即六君子汤加黄芩。

（王秋华编辑）

# 陈可冀

陈可冀（1930—　），中国科学院院士，中国中医科学院首席研究员及终身研究员，中国中医科学院及中国医学科学院学部委员。现任国家中医心血管病临床医学研究中心主任，国家卫生健康委科技创新战略顾问，国家中医药管理局中医药改革发展专家咨询委员会顾问，中央保健委员会专家顾问组成员。中国科学技术协会荣誉委员，中国医师协会常务理事，中国药典委员会顾问，中国中西医结合学会名誉会长，中国老年学学会名誉会长，中国医师协会中西医结合医师分会会长，世界中医药学会联合会高级专家顾问委员会主席。《中国中西医结合杂志》及 Chinese Journal of Integrative Medicine 杂志主编。曾任中国科学院生物学部副主任、中国科学院学部主席团成员、世界卫生组织传统医学顾问。2014 年被授予第二届"国医大师"称号。

曾获首届立夫中医药学术奖，国家科技进步奖一等奖、二等奖，世界中医药学会联合会首届中医药国际贡献奖，中国非物质文化遗产传统医药项目代表性传承人，吴阶平医学奖，首届张安德中医药国际贡献奖，国家卫生计生委脑卒中防治工作卓越成就奖，全国杰出专业技术人才，中华中医药学会终身成就奖，中国中西医结合终身成就奖等。主编的《清宫医案研究》《清宫医案集成》分别获古籍整理金奖和中国出版政府奖等奖项。

# 一、学医之路

## （一）启蒙初学

1930 年 10 月 20 日，陈可冀出生于福建省福州市闽侯县。福州深厚的文化积淀，给予年少的他丰厚的滋养。他幼时就对我国传统文史知识兴趣浓厚，读过《三字经》《千字文》，也曾系统学习《古文观止》，常常情不自禁地想多读些多看些。茹古涵今，使他对我国灿烂辉煌的古典文化、伦理学以及各类科技艺术中所蕴藏着的非凡智慧，产生一种民族自豪感。尤其是几千年中国传统医药学的成就，同样也令他极为热爱和钦佩。

1936～1942 年间，他在福州上小学，因抗日战争，他从福州铺前顶小学转至闽侯苏坂小学，再转至闽侯南灵小学。童年时代的他最喜欢到乡间外婆家看农家生活和耕作，最美好、最难忘的事是拼命看小说，憧憬将来当文学家和医学家，为人们做好事。1943 年，他从福州三山中学辗转至福建省立闽清初级中学（后更名福建闽清中学），当时的艰辛培养了他吃苦耐劳、坚忍不拔的精神。1946 年，他回到福州，就读于福建省立高级中学，也就是现在的福州第一中学。福州一中的前身是正谊书院、凤池书院及全闽大学堂，素有"四大书院"美名，这里曾经培养出陈宝琛、林纾、朱谦之、林觉民、陈衍、邓拓等杰出人物。福州一中走出了 11 位中国科学院、中国工程院院士，可谓"人杰地灵"。斗转星移，丰碑长矗，在 2007 年福州第一中学 190 周年校庆典礼上，他在代表校友致辞《怀念母校，师恩不忘》中说道："每次回福州，我总希望有机会路过三牧坊，希望走到更近它一些，更亲近它一些，去感受那些过去母校和老师们对我们的教诲。"福州一中群贤毕至，名师荟萃，学风淳朴，英才辈出，三年的高中就读经历对他的成长影响颇大。

在中学时，他就酷爱文史，喜好读书，常以卓越的文笔发表文章，并于 1948 年加入中国作家协会。福州一中的老师对他启蒙教育很大，其中国文、历史、音乐老师对他影响尤深。有一年新春，他和几位同学一起去看望国文老师薛畬，薛老师随口诵读了清代赵翼的《论诗》："李杜诗篇万古传，至今已觉不新鲜，江山代有人才出，各领风骚数百年。"他由此感悟到后浪推前浪是人生永恒的主题，生命短暂，每个人都应当在有生之年想到为社会、为民族、为国家留下点什么。他也曾怀疑是否真正有人能够做到"数十年如一日"，薛老师给了他肯定的答案，这对他来说是莫大的鼓励。薛畬先生当时对他的启迪之深，1949 年 5 月 27 日他在福州版《中央日报》

上发表的《我最敬爱的薛畬先生》一文中写道，"他永远过着勤苦的生活，无论什么事，他都以研究和学习的态度出发；他使任何人都觉得他是好的，都堪与言'学'的！所以他常常指给一个人以明确的道路"。历史老师也曾引导学生自选题目评古论今，客观评价历史人物，使他对应当如何面对人生，如何古为今用等问题进行自己的思考。音乐老师则教过一系列李叔同、苏曼殊作词的意境深远的歌曲。

他年少生病时，父亲经常带去找中医医治。当时福州城里有一位著名中医名叫叶烺藩，处方字迹极其工整洒脱，令他毕生不忘。给他开的治疗鼻炎的处方中多有辛夷，辛夷在福州俗称木笔花，章太炎曾专论此药，对此他印象也很深刻。他少年时，住处离一家医院很近，常常目睹患者解除病痛时的欢欣与丧失亲人时的痛苦，使他心中逐渐树立了学医救人的远大志向。

1949 年他高中毕业。毕业后同时被福建医学院、厦门大学和北京医学院录取，他最终选择在福建医学院（现福建医科大学）医疗系就读。在读期间，他曾两次荣获全省诗歌比赛及论文比赛第一名，并且在社团活动中结识了同学师妹陈维养。她中学时代就参加地下革命工作，后来成为与他风雨同舟走过金婚的人生伴侣。1956 年 2 月，他们完婚，育有一儿一女，儿子陈舟获美国得克萨斯州 A&M 大学医学院药理学博士学位，女儿陈丹获美国加州理工学院医学分子生物学博士学位，均在美国美国国立卫生研究院（NIH）作博士后研究，现均在美国从事医药学术研究工作。

1954 年他以优异成绩毕业，成为该届仅有的两名内科留校生之一，大学毕业论文为《毛地黄中毒》，后发表于 1955 年《中华医学杂志》第 5 期。同年 9 月，任福建医学院内科助教，兼任附属医院内科住院医师。内科主任王中方教授早年毕业于北平协和医学院，他虽精于西医学，但巡诊查房时，竟不时处以中药医治疾病，并屡屡获效，这令他极为钦佩。他对中医药热爱之忱开始躁动于胸臆之中。

大学期间扎实的医学基础教育、老师们奋严谨的科学态度给他留下了深刻的影响，这种优良传统影响了他一生。2007 年 12 月 8 日，他在母校福建医科大学 70 周年校庆发言中，深情回忆在母校的点点滴滴，"回忆在母校学习和工作的时光，老师和领导要求我们扎实牢固地打好医学基础知识，教育我们要精益求精地完成学业，要有理想、有抱负、有使命感和雄心壮志，要有攀登科学高峰的精神，以便更好地为患者服务，为国家争光。母校使我们锤炼了思想，丰富了知识，增长了技能，提高了整体素质。我从 1954 年毕业后，成为一名内科医生，在医疗岗位上，长期致力于中西医结合事业；在中西医结合医学领域，做出了一些成绩。我深深地体会到，我们所有成绩的取得，都凝聚着母校老师们的心血，都是与母校对我们的培养分不开的，怎么表述也不为过。母校的教导，我们将终身受益，永志不忘"。

## （二）择师入道

陈可冀的中医及中西医结合之路都是在中医老前辈的激励和教育下走过来的。

### 1. 冉雪峰

为建立并完善我国医疗卫生保健体系及更好地发展我国医药学事业，1954年6月，毛泽东同志发出"即时成立中医研究院"和"派好的西医学习中医"的指示。1955年12月，中国中医研究院在北京成立，并从各地选派有3年以上临床经验的优秀西医到北京学习中医。由于当时福建医学院附属医院原定派赴北京的医生未能成行，1956年初，医院决定改派陈可冀进京。1956年3月初，内科主任王中方教授征求他意见，他毅然听从上级指派，服从组织安排，愿意来北京中国中医研究院转学中医，成为全国首批西医学习中医人员。从西医来学习中医，这是他从医人生道路上的一次重大转折。在新中国广袤的天地中，他的命运再次发生改变。

1956年4月6日，他抵达中国中医研究院（现中国中医科学院），和著名老中医冉雪峰先生同一天到研究院报到。冉先生是当代著名的中医药学大家，"论接千载，名噪一时"，与河北盐山的张锡纯先生齐名，在业界素有"南冉北张"之美誉。冉老以78岁高龄应召到北京参加工作，担任中医研究院学术委员会副主任委员，全国政协委员等职。让陈可冀没有想到的是，这次巧遇注定了他和冉老一生的缘分。他还记得当时冉老用一口浓重的四川话对他说："我78了。"他本是奉调至全国第一届西医离职学习中医班学习，由于迟到了一些日子，就在职学习下来了，并与冉老同在高干外宾治疗室工作。

根据中央卫生部当时关于抢救名老中医学术经验的精神，他和郭士魁医师同时受命拜冉老为师，由当时中医研究院内科研究所领导带领至冉老家，向冉老和冉师母恭恭敬敬地行三鞠躬拜师礼。此情此景，他现在犹历历在目。作为冉老的"关门弟子"，他倍感荣幸。冉老认为想学好中医、精通中医，首先应将《黄帝内经》《难经》《伤寒论》《金匮要略》等书潜心领会，而后再深究后世诸家流派学术源委，撷取精华，心有所获，临证方能"变化在我"。冉老毕生钻研伤寒，《冉注伤寒论》就是很好的说明，冉老尤其推崇徐灵胎的《兰台轨范》，对徐灵胎的观点极为认同，"一病必有主方，一方必有主药，或病名同而病因异，或病因同而病症异，则又各有主方，各有主药。千变万化之中，实有一定不移之法，即或有加减出入，而纪律井然"。这里的辨证论治和专病专方的思想给他很大启迪。

临诊之余，冉老系统指导他学习中医学经典著作。冉老中医经典娴熟，功底深厚，常常背诵如流，援古证今，令人豁然开朗，如沐春风。冉老认为经方是群方之祖，临证则经方时方同用，尤其善用经方治疗内科杂病。如治风病用风引汤、越婢汤、宣明地黄饮子等；治历节病用黄芪桂枝五物汤、桂枝芍药知母汤；治厥证用通脉四逆汤、当归四逆汤；治喘证用麻杏石甘汤、定喘汤及清燥救肺汤；治水肿用防己茯苓汤、己椒苈黄丸、局方五皮饮等。经方疗效卓著，让他真切体会到古方能够治今病，古方可以经久长新。冉老在学术上主张融汇张仲景《伤寒论》和后世的温病学说于一体，认为"伤寒原理可用于温病，温病治疗可通于伤寒"，所以既能遵古法，用经方和古方，又能灵活运用时方，效果卓著。这种经方时方灵活运用的思想在冉老的临床实践中也得到了很好的体现。从冉老身上，他看到了老一代中医学家在学术上水滴石穿、持之以恒、以柔克刚的钻研精神。他跟随冉老学习侍诊历时两年半，确凿的中医临床疗效坚定了他对中医学的信心，培养、孕育了他对中医学的浓厚情趣，并开始了他今后中医和中西医结合事业的新篇章。

### 2. 岳美中

在跟冉老学习的同时，陈可冀的才华也受到另一位著名中医的赏识，他就是经方派大家岳美中先生。岳老是我国一代名医，是当时的中医国手，被中医界誉为"圣惠传方"。所谓"东邻鸿爪，西土萍踪，北国青囊，南洋丹鼎"，岳老曾十余次远涉异邦，为苏加诺、胡志明、米高扬等外国领导人看病，使中医药扬威海内外。

岳老早年攻读文史，25岁时因肺病吐血，发奋自学中医。曾行医于冀东、鲁西一带。新中国成立后历任唐山市中医公会主任、唐山市卫生局顾问，后调中医研究院工作。曾任全国政协四届医卫组副组长、全国五届人大常委、中华医学会副会长、中华中医学会副会长、中医研究院研究生班主任、中医教授，一生从事中医医疗和教学工作。主张学宗三家（张仲景、李东垣、叶天士），临证主张辨证论治与专病专方相结合，善用经方治大病；于中医老年病学领域有新创见；鉴于中医人才匮乏，岳老上书中央，倡议并获批创办了我国首批高级中医研究班及高级研究生班，为我国改革开放培养了一大批中医精英人才。该班后有被称为"中医黄埔"者；多次出国从事重要医事活动，获得周恩来总理、吴阶平教授等高度赞扬，在国内外享有盛誉。在陈可冀眼中，岳老是一位国学基础深厚，经典著作倒背如流，辨证论治法度谨严的一代有代表性的经方派大师。初至京华，陈可冀就聆听岳老逐条逐句讲授《金匮要略》，用的课本是清代吴门医派尤在泾所撰写的《金匮要略心典》，当时的听课札记至今仍然珍藏如故。该书中的方剂，他至今仍在运用。时而，也曾随从岳老到北京协和医院、北京人民医院会诊尿毒症患者，其重用野山人参和口芪降尿素氮之经验犹历历在目。当时，虽随冉雪峰、王易门二老临诊，但与岳老私谊和过从则较密。1957年，岳老访日归来时，曾转赠大塚敬节赠《汉方诊疗之实际》等医书，并膝赠小诗云"东医虽亦学南阳，一病终归是一方；那晓论治凭辨证，此中精义耐思量"，言短旨深，笔力感人。他此后对岳老所持的辨证论治与专病专方相结合的立论尤能通神悟达。后来，在中国科协第三次全国代表大会上，他与吴阶平教授提到岳老，吴教授称赞岳老的专方与辨证论治相结合的经验。

岳老医德高尚，治学严谨，足为楷模。陈可冀常讲述与恩师岳美中老先生的师生情谊，常忆念投桃报李，知遇之恩。岳老"治心何日能忘我，操术随时可误人"的自警，"治学，要忠诚于学术的真理，直至系之以命；治病，要真诚地对患者负责，此外绝无所求"的自律，"勤临证、细观察，常总结，晚下笔"的勤奋对他影响较大。岳老十分欣赏李杲和叶桂的理论和临床经验，主张应结合临床实际，各取其长，而不应偏执一己之见，常告诫他不可以自傲，所谓"桃子万家宗一脉，纷纷井底各言天"。师长的教诲和鼓励让他如沐春风。

"鸡鸣风雨听钟声"，岳老虽然年事已高，但仍笔耕不辍，好学笃思敏求，陈可冀平常去看望，总见岳老勤奋伏案。岳老晚年时，陈可冀已经承担了繁重的医疗研究任务，但感到跟岳老相处的时日不会很多，每周仍腾出一两个半天跟师临诊，此时的心得收益已远非昔日可比。20世纪70年代中后期，岳老也意识到年老体力不支，报告领导"希望能继续为人民做出贡献"，要求派陈可冀整理他的学术经验。岳老善治老年病，1975—1977年，他与岳老讨论老年病防治经验，后整理成《岳美中老中医治疗老年病的经验》一书，以后他致力于老年医学事业，也可以说是对先师医疗经验的继承和发扬。陈可冀先后整理出版了《岳美中论医集》《岳美中医案集》及《岳美中医话集》，并荣获卫生部科技进步奖。2000年，纪念岳美中教授百年诞辰座谈会在北京人民大会堂召开，由他主编的《岳美中医学文集》北京简体字版和台湾繁体字版发行，吴阶平院士和陈立夫先生分别题写书名。医之有案，犹如奕之有谱，这些医籍，忠实生动反映了岳老的学术造诣与卓越技艺。其辨证娴熟，有理有法，生动灵活，令人屡读不厌，受到中医界的广泛好评。

他与岳老相知、相交20多年，形成了情义相投、心意相知的师生、同事和朋友的深厚情谊。1982年岳老去世后，他写了多篇纪念文章，其中《涕泣失恩师》这篇悼文，情真意切，令人感动于相知相慰的师生情谊中。追忆往昔，他常有"孤帆远影碧空尽"和"峰回路转不见君"的别情悠悠之感。岳老对中医事业的热爱，对后学的扶植，堪为后世楷模。

### 3. 蒲辅周

对陈可冀影响较大的还有蒲辅周老中医。蒲辅周（1888—1975），四川梓潼人，著名中医学家。蒲辅周老中医曾经给他讲解过温病，他从蒲老身上学到其治疗冠心病心绞痛的学术思想。蒲老认为，冠心病心绞痛是虚证而不是实证，虚多实少。其病因是"心气不足，营气不周"，病位在心。蒲老根据"损其心者，调其营卫"的原则，以补为本，以通为用，"通心气，调营卫"，主张"活血顺气"，不主张"破血攻气"。蒲老曾自拟"两和散"两和气血，药用人参三两，丹参一两，鸡血藤五钱，血竭或藏红花五钱，琥珀五钱，石菖蒲二两，炒没药五钱，香附二两，远志五钱，茯神一两，上药共为细末，调匀，每次服五分至一钱，日服三次。蒲老还指出，本方以人参为主药，目的是"助心气"；丹参性偏凉，必要时可以改为当归；鸡血藤是很好的活血养血药，胜过桃仁；血竭活血而不伤正气，也可用药性柔和而有效的藏红花，草红花最好不用，因其只能行气，且多用耗血；没药因其气味较差，可以改用不伤正气的郁金；石菖蒲"止痛，运中，强心"。蒲老还曾经向陈可冀等人出示其家乡四川梓潼生产的气味浓烈的石菖蒲，称自己因肺心病咳喘而经常用此药，该药可使痰量锐减，自汗减少。此方治疗心绞痛通补兼施，安全有效，需要长期服用的患者也可耐受。

### 4. 赵锡武

赵锡武（1902—1980），河南省夏邑县人，著名中医学家。陈可冀曾与赵锡武老中医同在心血管病研究室当主任，从赵老身上真切感受到其经方大剂量的学术风格。赵老临证治疗冠心病心绞痛，善于采用瓜蒌薤白半夏汤为主方加减。赵老认为张仲景在《金匮要略》一书中对"胸痹心痛"与"胸满瘀血"分篇论述，说明"胸痹心痛"不同于"胸满瘀血"。"胸痹心痛"是由于"上焦阳微"而导致血运失常和血脉痹阻的，所以应以"宣痹通阳"法则为主进行治疗，用瓜蒌薤白半夏汤为主方随症加减。由于本病本虚标实，因虚致实，所以应当以补为通，通补兼施，适当运用扶阳抑阴和补气养血药。但要注意补而不助其阻塞，通而不损其正气。赵老治疗冠心病心绞痛一般不用活血药，只有在病情发展至合并心功能不全时，才适当选加当归芍药散、参苏饮（人参、苏木）及桃仁、红花等药。应用瓜蒌薤白半夏汤时，若伴有胃气胀满、噫气干呕时，选加橘枳姜汤；动则气短，心悸胸闷者，选加茯苓杏仁甘草汤；伴有心悸脉数者，选加生脉散、炒酸枣仁、生龙骨、生牡蛎、当归等；伴有胁下逆满、肢凉者，选加枳实薤白桂枝汤；伴有体弱便溏者，选加人参汤；伴有头昏脉弦，阴虚阳浮者，选加天麻钩藤饮、杞菊地黄丸。陈可冀曾经运用赵老上述经验治疗31例冠心病心绞痛患者，有效率为83.3%。胆识即胆量和学识，看病要有胆有识，体现疾风知劲草。赵老临证素以大剂量著称，其薤白用量很大，常为30g。陈可冀也体会到，瓜蒌和薤白用量分别在一两以上者效果更好。

### 5. 郭士魁

郭士魁（1915—1981），北京人，著名中医学家。陈可冀和郭士魁医师同时受命拜冉老为师，郭士魁老中医少时在中药铺当学徒工多年以后入华北国医学院，对中药生药学、炮制学以及临床配伍应用经验均极丰富。郭士魁教授的成名与当年和黄宛教授一起参与抢救梅兰芳的急性心肌梗死有关。"他是一位笃于实践的临床家，满腔热情面对患者，并以真挚的情谊对待同事，淡泊名利。通常我们心血管病区早8时开交班会时，他已然在7时半左右巡视了一遍住院的重患者，勤奋敬业，常年如此，是一般医生所不可能做到的。20世纪50年代后期，我和郭老同参加与阜外心血管病医院的冠心病协作研究，他的善良和勤恳的合作精神，细心精湛的技术，中西医合作亲如家人，深得吴英恺院士，黄宛、陈在嘉教授的赞许。直到现在，陈在嘉教授还常常忆念到他，对他经常赞许有加"，这是陈可冀在"郭士魁先生95周年诞辰暨学术思想研讨会"上的发言。

与郭士魁教授相识时，陈可冀年方26岁，可谓风华正茂，壮志待酬。当时郭士魁教授每周四个晚上就陈存仁所著之《中国药学大辞典》为蓝本，为他讲述其对中药材的识别及临床应用经验，深入浅出，前后共讲三百味，所讲皆即记录于前述大辞典中，现尚珍藏。他原想就郭教授临床遣药之实际，写出一本新颖之《比较本草学》，可惜郭老溘然辞世，此愿未能实现。当年他由西医初入中医药界，郭教授以极大的耐心和助人为乐的精神为他讲解完，他永远忘不了那些珍贵的夜晚。1958年，卫生部为抢救名老中医学术经验，研究院领导安排郭教授和他共同拜名医冉雪峰先生为师，这使他们之间又增添了一层亲密关系。

20世纪70年代初期，风靡全国的所谓"活血化瘀现象"，实与陈可冀的临床实践有关。当年他和郭老一起，与西苑医院心血管科临床及基础研究的同行，以及中国医学科学院协作组专家、北京地区的同道，开展中西医结合防治冠心病心绞痛的研究，共同研发冠Ⅱ号、川芎嗪等制剂，并在心脑血管病的治疗中推广活血化瘀方药，阐明其作用机理，推进了中西医结合心血管病的防治研究，学术效应辐射到全国，得到了东北亚、南亚地区和国家的认同，这里面有郭老的贡献。郭老高尚的人格魅力，实实在在的学术影响力，为中医药学术发展，为中西医结合进步，贡献了自己无私的一生，郭老无愧于全国劳动模范的称谓，真是风霜不改活血志，更以容忍对异端。陈可冀给郭老的挽联"自有公心如烈火，献身无愧是劳模"，切合实际。郭老的学术理念现在已得到中医药界和中西医结合界的充分认同和肯定。"他的内敛的热情，他的有所作为，他的苦乐年华，他对中医药事业奉献的一生，是值得我们永远学习的楷模"。

此外，王易门、陈慎吾、朱颜等名老中医对陈可冀都有教益。韶华流逝，以上老中医虽已作古，但他们对中医事业的理想、志气、德识、才智和阅历，以及他们甘当人梯、扶植后学的精神品质，时常激起陈可冀的追思眷念之情。他们作为一代名医，并非过誉。陈可冀提到的中医前辈们在学术上的造诣、成就更加激励着他。此外，他的现代医学水平日益提高，精益求精，并与中医融会贯通，才能做出一系列中西医结合成果。在北京陈可冀结识了方圻、黄宛、吴阶平、吴英恺这些现代医学界的高手，阜外医院后来成了他的第二母校。

# 二、成才之道

陈可冀年轻时，家离医院很近，经常目睹患者解除病痛时的欢欣与丧失亲人时的痛苦，这在他的心中逐渐树立了学医救人的志向。后来，先后从事西医及中西医结合专业 70 余载，作为我国第一代中西医结合科学工作者，他始终孜孜以求，精勤不倦，深深地热爱着中医药学，热爱着中西医结合事业。

陈可冀之所以能够不断走向成功，关键就在于他有一颗赤子爱国之心，积极响应国家的号召与社会的需求调整自己的人生方向。这在"国家与社会需求和个人品牌相匹配"的今天，专业的选择及个人的努力尤为关键。20 世纪 50 年代中期，他积极响应党的号召，响应毛主席发出的"即时成立中医研究院"和"派好的西医学习中医"的指示，毅然放弃离家很近的福建医学院附属医院的工作，只身来京学习中医，这是他从医人生道路上的一次重大转折。50 年代末，国家重视高血压的防治工作，在全国各地开展大规模的高血压人群普查，他积极响应国家号召，开始高血压病的中西医结合探索，研究了高血压患者弦脉与儿茶酚胺代谢水平的机制、高血压病的中医辨证分型治疗、血压昼夜变化规律与高血压阴阳辨证的联系、天麻钩藤饮和清眩降压汤的临床应用、中药方剂调节血压的相关机理等。在 70 年代初，国家提出要加强冠心病的防治工作，周恩来总理亲自主持召开全国中西医结合工作会议，北京地区成立了以吴英恺院士为组长的冠心病协作组，他作为主要研究人员之一，对冠心 II 号等活血化瘀复方治疗心脑血管疾病进行了临床和基础研究，硕果累累。清宫医案中蕴藏着宝贵的宫廷保健及老年医学的学术精华，他独辟蹊径，开展清宫医案的整理研究，挖掘传统中医药学中的瑰宝，并加以临床应用推广。随着老龄化社会的来临，他敏锐意识到老年医学的重要性，率先开展老年医学研究，在中医药抗衰老方面取得重要进展，推动了我国老年医学的发展。

陈可冀非常热爱他所从事的医学事业，非常重视医德修养。过去老一辈中医药学专家看病时要求"胆大、心小、智圆、行方"，他曾多次谈起老师岳美中先生的名言警句以告诫学生："治心何日能忘我，操术随时可误人。"医非有德，则所持以活人者，反致误人，甚至害人。岳老还强调，作为一名医生，有两条最为紧要，"治学，要忠诚于学术的真理，直至系之以命；治病，要真诚地对患者负责，此外绝无所求"。岳老是个急性子人，但是临证治疗患者时却从未有过稍稍急躁，他对待患者认真负责，一丝不苟，对于每一位患者他都详细询问病情变化和治疗经过。陈可冀出门诊时通常有学生抄方，每张处方在交给患者前他都要反复核对，剂量也要思量再三，对于复诊患者更是仔细询问服药后的反应。每一次问诊、每一次查体、每一次开处方，他都要自己亲自去做，对待患者非常宽厚友善，表现出极大的责任感和爱心。"五十知天命，六十耳顺，七十随心所欲"，他已年过九旬，仍然经常告诫学生作为一个好医生要有自律，既要有精湛的医术，又要有高尚的医德和人格，"重学习，淡名利"，强调人文素质与科学素质的有机结合。正是因为对"健康所系，性命所托"的医学事业的深深热爱，他在人生道路上，在中西医结合事业上，能够坚持不懈，不断进取，挖掘宝藏，提高疗效，贡献社会。他在心血管疾病、血瘀证与活血化瘀研究、老年医学以及清宫医案研究上取得的成就无不与此相关。

# 三、学术之精

## （一）注重气血辨证，倡导十纲辨证

陈可冀重视气血相关理论，推崇人身以气血为形体阴阳之具体体现，人之有形不外血，人之有用不外气，气血平和，阴平阳秘，则身安无病；气血不和，阴阳失调，则疾病由生。在诊治过程中，他十分强调气血辨证，指出"古人所云人之一身不离阴阳，所谓阴阳，如果以气血二字予以概括，抑或不为过"，因此在临床辨证中强调八纲之外再加上气血两纲，"十纲"并重。从病因学上讲，陈可冀认为寒热失宜、情志不遂、饮食劳倦等因素均可影响气血运行，造成气血失调的病理改变，导致血瘀证的产生，故活血化瘀之法是临床常用大法，可主用，亦可兼用。这一学术思想受到国内外医学界的普遍推崇，多次受邀在国际会议上进行讲演和交流，并组织了一系列国际、国内的学术会议，其学术思想辐射全国，在临床各科得到广泛的推广应用，取得了社会效益。

## （二）善用活血化瘀，兼容其他治法

陈可冀将血瘀证归纳为慢瘀、热瘀、伤瘀、急瘀、毒瘀、老瘀、寒瘀、潜瘀、前瘀等多种类型。活血化瘀是针对血瘀证而设的治疗大法，具有促进血行、祛除瘀滞、疏通血脉的作用。根据兼夹症状不同，血瘀证分为气虚血瘀、气滞血瘀、痰浊血瘀、血虚血瘀、寒凝血瘀、热毒血瘀等不同证型，应分别采取益气活血、理气活血、化痰活血、养血活血、温通活血、解毒活血等不同治法。陈可冀临证善于抓住血瘀主证，重用活血化瘀方药，以解决基本矛盾，又当适当兼顾他证，以解决从属矛盾，充分体现辨证的规律性与灵活性相结合的特点。

### （三）注重标本缓急，合理使用活血化瘀法

陈可冀认为中医的标与本，只是相对概念，主要是用以说明疾病发生、发展过程中矛盾双方的主次关系。对于急性心肌梗死、不稳定型心绞痛及多种慢性疾病的发作期，他均主张先通后补，急则治标；而对于高血压、心力衰竭、心律失常平稳期，则主张标本兼治或以治本为要。在冠心病心绞痛发作期，陈可冀认为标实为主，并以"三通"为法，且"芳香温通""宣痹通阳"两种通法与"活血化瘀"共同使用以达温通活血或宣痹活血之功，最为常用的医方有冠心Ⅱ号、宽胸丸、宽胸气雾剂、愈梗通瘀汤、愈心痛方（丹参、三七、延胡索）、瓜蒌薤白系列方药及血府逐瘀汤加减变通等。治疗高血压他常以平肝清热息风等治标之剂为主，待血压平稳后，再加强滋补肝肾之品以固本。治疗心力衰竭亦经常在发作期活血利水，急以攻伐为主，缓解期再佐以益气养阴固本收功。

### （四）注重辨证论治与专病专方相结合

陈可冀推崇清代名医徐灵胎所提出的"一病必有一主方，一方必有一主药"的见解，主张临床既要注意讲究辨证论治的整体性，也要切中病损的关键，立方遣药，注重辨证论治与专病专方相结合，着眼于提高疗效。如冠心病心绞痛病变的形成多因冠状动脉狭窄及血液黏稠度增加，从而导致相应供血部位的心肌缺血而出现胸痛，不通则痛，与血瘀证关系密切，故陈可冀在常规辨证本虚标实的基础上，多以血府逐瘀汤加减化裁。高血压病虽临床可见肝阳上亢、阴虚阳亢、阳虚及夹痰、夹瘀等多种证型，然以阴虚阳亢者多见，处方常以天麻钩藤饮及自拟之清眩降压汤化裁。心力衰竭多因脾肺肾化气行水不利，气虚血脉不通，临床常见唇甲发绀、癥瘕痞块等气虚血瘀之象，则多以生脉散和苓桂术甘汤及活血利水之品化裁。体现了陈可冀在临床处方用药时辨证论治与专病专方相结合的思路。

### （五）善于自古方探微，引发新义，主张经方、古方、时方可因证施用，不可偏废

"古方可以治今病"是陈可冀临诊治疗患者时的一大特色，陈可冀认为中医的精华在经方，经方经过几千年的应用千锤百炼而传承下来，其良好的疗效使其得以流传。因此，陈可冀经方、古方、时方并用。经方多选用《伤寒论》及《金匮要略》之原方；古方多宗金元四大家及清代王清任之活血化瘀医方；时方多喜用清代《临证指南医案》《温病条辨》《时方歌括》《长沙方歌括》《成方便读》中的方子。陈可冀注重对古方的继承和创新，自创了治疗冠心病心绞痛的冠心Ⅱ号方、高血压的清

眩降压方、治疗心肌炎心律失常的新补心丹、治疗缓慢型心律失常的温通复脉汤、治疗心肌梗死的愈梗通瘀汤等，是继承与发展、创新相结合的典范。

### （六）注意阴阳平衡，善用调理之法

陈可冀认为所有疾病的产生均与阴阳气血失调有关，因此临证治疗时尤其注重机体内环境平衡的调节，如自拟清眩降压汤平肝潜阳治疗高血压病，但同时注意顺应肝气之性以调达之。陈可冀也十分重视人体气机的调理，如冠心病心绞痛，临床上确有些患者随情绪变化而症状加重，对此类患者注重疏肝解郁、调理气机，根据病情采用四逆散、逍遥散或越鞠丸治疗，有一定佐助。另外对于痰热内扰的失眠患者，陈可冀在方中多配以行气开郁的玳玳花、枳壳、陈皮，以收开郁化痰之功效。

### （七）重视脏腑关联，顺应脏腑之性

整体观念是中医理论的精髓，陈可冀在临证中尤其重视脏腑的关联，如喜用心胃同治法治疗冠心病、交通心肾法治疗失眠、调理肝脾法治疗妇女更年期综合征、心肝肾同治法治疗高血压、滋补肝肾法治疗肾虚诸证。他认为高血压的病位主要在肝，肝喜调达恶抑郁，肝体阴而用阳，肝藏血、血养肝，肝体常有不足即常见阴血不足，治疗时注意固护肝阴，滋阴养血以益肝体；肝之用即为肝之功能，常见亢进，治以泻肝、凉肝以抑肝阳。因此陈可冀在疾病治疗中均顺应脏腑特点选择用药。

## 四、专病之治

### （一）中西医结合临床论治模式

陈可冀在《世界科学技术》2006年第二期发表"病证结合的临床研究是中西医结合研究的重要模式"一文，通过具体的事例说明了西医疾病诊断与中医辨证相结合的病证结合临床诊疗和研究模式是重要的中西医结合临床研究模式。他认为病证结合的临床诊疗和研究模式是中医学历史发展的必然，病证结合在临床中的广泛应用是对中医学发展的巨大贡献，充分体现了中西医两种医学的优势互补，是中西医两种医学有机结合的表现形式，也是较高层次中西医结合的具体体现。

西医辨病和中医辨证从不同角度辨识疾病病位、病因、病性，两者相互联系、相互补充以臻完备。辨病着眼于疾病整个病理过程的基本矛盾，有助于辨证从整体、宏观水平认识疾病的病位、病性、病势及疾病的发展变化；辨证侧重于疾病某阶段的阴阳失却平衡状态的辨识，可为辨病提供分析，认识疾病病理、生理演变规律的

方法导向。在科学技术迅速发展的今天，人们面对的已不仅仅是那些内涵和外延较为模糊的病名，如眩晕、呕吐、痰饮、水气等，而是诊断基本明确，有一定病理、生理变化规律可循的现代医学疾病。临床只注重辨证，强调整体的调节，治疗就会缺乏实质性。辨病施治和辨证施治是两种不同的认识和治疗疾病的方法，陈可冀认为临床应辨证施治、辨病施治结合，中西并参，取长补短。中医辨证由于受传统文化思路的影响，其局限性在于偏重于疾病表现在外的症状的归纳、综合，忽视利用现代科学手段进行疾病内在病理生理改变的分析研究，而这些表现在外的症状往往可掩盖疾病内在的病理变化。有时经辨证治疗，疾病症状虽可减轻或消失，但疾病却不一定真正根除。如病毒性肝炎，辨证治疗后腹胀、恶心、纳呆等症状虽然可减轻或消失，但肝细胞变性坏死、肝功能异常却可持续存在。若不与辨病结合，就会只满足于症状的改善，难以获得疾病的真正治愈。中医辨证、西医辨病结合，可从不同的侧面剖析疾病的本质，可为探索和筛选更全面、恰当有效的治疗方法提供依据。尤其强调将现代的科学技术方法纳入中医自身的范畴，进行病证结合，认为这样一可赋予中医"证"以现代科学的内涵，使中医传统的诊断和疗效判定有客观指标，避免只注重功能态的调整，忽视机体器官内的病理状态变化的针对性治疗，以致耽误病情；二可使遣方用药具有针对性，提高临床疗效；三可在中医理论思维启发下，实现辨证、辨病的有机结合，避免西医辨病、中医分型的不同程度的机械性倾向。

陈可冀指出病证结合可有多种类型的表现形式，从诊断上讲，中医多根据患者的主症来命名疾病（中医），同一西医学的病可涵盖多种中医学的疾病病名，如心律失常既可以包括中医学的"心悸"，也可以包括"胸痹"，辨证可以完全相同，也可以完全不同。所以临床研究时就需要根据病证相结合的模式来进行。临床既要重视"异病同治""同病异治"，也要注重"同证异治""异证同治"，病证结合，从不同的侧面把握疾病的病位、病势，才能切中病情，提高临床疗效。从治疗上讲，西医针对的是患者共性的问题，如高血压病，表现的都是血压升高，治疗上西医选用多种降压药物使血压降至正常范围，但症状有时改善并不明显，然中医辨证根据其阴阳的偏盛及其兼夹风、火、痰、瘀、虚的不同对患者进行高度个体化的诊疗，则可明显改善患者的症状，但多数情况下血压指标恢复得并不满意。此时通过病证结合的治疗模式则既可降低血压指标，又可明显改善头晕、头痛等症状。

中医比较强调宏观和整体，西医则比较注重微观和局部，病证结合是两种医学最好的结合模式，只有两者的有机结合才能准确反映疾病及患者的状态，才能更有针对性地治疗病患，以达到最好的治疗目的。

辨病施治是着眼于疾病病理变化规律的治疗，这弥补了单纯辨证施治不足，一

529

些疾病的潜伏期、初期或无症状期可无任何不适，此时辨证施治因无证可辨，施治亦难，而通过理化检查可发现异常，通过辨病亦可治疗，对于貌似无证可辨的患者，但根据中西医结合的方法，辨病辨证相结合，常取得满意疗效，此种情况在陈可冀临证时，实不少见。

病证结合陈可冀运用起来可谓得心应手，其认为中医辨证与西医病理分期存在诸多吻合之处。如心肌炎急性期多见邪热伤心或阳虚气脱证，多为病毒感染而损伤心肌，治以清热解毒，佐以养阴，此期重在祛邪外出，养阴药不宜太多；有气虚、体虚者可酌加补气药沙参、黄芪，但量不宜过大。恢复期及慢性期多见气阴两虚、痰湿内阻、心脉瘀阻及阴阳两虚证，然治疗过程中始终不忘本病发病的关键在于正气不足，邪毒伤心。故而陈可冀在临证时认为，除邪毒炽盛之急性期外，均应加用生脉散、玉屏风散等益气复脉扶正之品；除阳虚气脱需急救回阳外，均应加用清热解毒、养心安神之品。

中西医病理机制兼顾以辨病、辨证相结合。如原发性肺动脉高压凝血系统活跃而致高凝血状态是最常见的病理表现，陈可冀观察到本病患者血红蛋白偏高、红细胞升高，查体面色唇甲紫暗，认为与中医学的血瘀证相通，常辨证为阳虚血瘀，阳虚水泛凌心射肺则见胸闷气短、呼吸困难，辨治本病总以温阳活血利水为法，临床上取得满意疗效。如何在中医理论指导下，认识这种共同的病理生理变化和相似的临床症状，是中医辨证、西医辨病论治结合的关键。

现代中医临床自觉或不自觉地皆应用了中医辨证、辨病论治结合的方法，亦即运用中医的自身理论，去认识分析西医疾病的病理改变，而后根据患者的禀赋，证候的寒热、虚实，进行辨证辨病结合论治。冠心病心绞痛，其血管痉挛、狭窄，血栓形成，血小板黏附、聚集等这一血瘀机制为疾病发生发展的基础，故无论辨证属寒、属热、属虚、属实，皆配合活血化瘀中药。陈可冀治疗冠心病心绞痛，擅用活血化瘀方药冠心Ⅱ号及血府逐瘀汤，结合益气、化浊、芳香温通等法；治疗冠心病心肌梗死，因其多伴有血流动力学和心功能的改变，擅用益气理气活血方药，辅以温阳、化浊等法，结合病证变通加减，临床收到较好的效果。从中医的角度和思路分析西医的病从而开出中医的处方，如高脂血症多从化痰浊治疗，高血压多见肝阳上亢，方选清眩降压汤治疗。

西医的对因治疗、中医的辨病论治都有专方专药的应用，如胸痹、心痛在《金匮要略》中用瓜蒌薤白半夏汤，陈可冀治疗心肌梗死急性期及恢复期则用自拟愈梗通瘀汤。一些对症施治也可归结为使用专方专药，如心痛时常加延胡索，失眠时用夜交藤等。针对冠心病心绞痛，就常选用活血化瘀方药冠心Ⅱ号及血府逐瘀汤，结合益气、化浊、芳香温通等法治疗。以专方专药为基础开展现代药理研究，是实现病证方药相应的可靠途径之一，如芎芍胶囊用于冠心病介入治疗后再狭窄的防治等。由病证而处方药，由结果判断疗效，无论病、证、方、药之间的关系如何复杂，最终还是要看病证方药是否相应。病证方药的相应首先体现在病因的消除、症状体征的减轻或消失上面，然后体现在病证的痊愈、生存期的延长上等。

## （二）三通两补法治疗冠心病心绞痛

冠心病心绞痛常归属于中医之"胸痹""心痛"范畴，为本虚标实之证。本虚包括心气不足、肾气虚弱、心阴亏虚、肝肾阴虚、心阳不振、肾阳虚亏、脾阳不健，标实包括痰浊痹阻、痰热郁阻、血瘀心脉、肝郁气滞、寒凝心脉等，不过临床上各型常亦可交叉出现。临诊治疗时，陈可冀善用三通两补（三通即活血化瘀、芳香温通、宣痹通阳，两补即补气血、补脾肾）之法，以及攻补兼施之法。

**医案举隅：**患者郭某，男性，84岁，主诉因阵发性胸闷1年，于2004年9月1日来诊。

现病史：患者1年前左耳鸣、胸闷，查BP170/90mmHg，服降压药后血压维持在140/80mmHg，以后服降压0号1片每日1次，血压过低，在协和医院诊为"冠心病"。后胸闷逐渐加重，以扩冠降压治疗。3个月前胸闷明显加重，冠脉造影示左前降支狭窄70%，未予干预治疗。每次发作胸闷与情绪有关。平时口服倍他乐克12.5mg每日2次，欣康2mg每日2次，立普妥20mg每晚1次。现活动后乏力，纳少，大便偏稀，小便可。

既往史：8岁时行阑尾切除术，30岁时行甲状腺次全切术，扁桃体切除术，高脂血症史1年。

查体：血压120/70mmHg，心率60次/分，律齐，舌红少苔、中后部有黄干苔、有裂纹，脉弦。超声心动图：升主动脉增宽，左房轻度增大，老年性主动脉瓣，二尖瓣环退行性变。轻度主动脉瓣关闭不全。EF＞60%。冠状动脉螺旋CT：冠脉中度舒张，前降支中段重度狭窄。颈动脉超声：双颈内动脉粥样硬化伴斑块形成。核素心肌显像：左心室前壁、心尖、间壁心肌缺血。

中医诊断：胸痹，气阴两虚、瘀血痹阻。

西医诊断：冠状动脉粥样硬化性心脏病，心绞痛，高血压病。

治疗原则：益气养阴，活血宣痹。

处方：生脉散及冠心Ⅱ号方加减。

531

太子参12g，麦冬10g，北五味子6g，生黄芪12g，紫丹参12g，川芎10g，赤芍10g，藏红花10g，全瓜蒌10g，焦四仙各15g。

服前方1个月后自觉诸症明显好转，血压一般控制在（120～145）/（68～79）mmHg。

2004 年 12 月 1 日二诊：心率 68 次 / 分。查体：舌暗红、苔根部微腻，脉弦滑。平时皮肤瘙痒，纳食可，大便时有偏干，眠可。

处方：防风 15g，桑白皮 15g，白鲜皮 15g，牡丹皮 12g，山栀子 12g，杭白芍 12g，甘草 12g，紫丹参 12g。7 剂。

**按：**本例患者年老久病合并全身性动脉硬化的情况，此时选用冠脉介入更应审慎。对于冠脉狭窄不太严重的患者，应提倡全面细致的中西医结合内科保守治疗，特别是冠心病危险因素的控制上，可避免这类患者接受介入治疗后极易出现的再狭窄情况的发生。冠心Ⅱ号方是理气活血复方的代表，为 20 世纪 70 年代陈可冀与郭士魁老中医、阜外医院及协和医院合作研究的治疗冠心病的有效复方，并一直沿用至今。全方由川芎、赤芍、红花、丹参、降香组成，活血化瘀，理气定痛，用于治疗气滞血瘀之心绞痛，为目前中西医结合共同研制的以活血化瘀为治则治疗冠心病的早期中成药。陈可冀在本例患者常规西医用药的基础上结合阵发性胸闷，活动后乏力，纳少，大便偏稀，舌红少苔、中后部有黄干苔、有裂纹，脉弦等症状舌脉，辨证气阴两虚、瘀血痹阻非常恰当，方用黄芪生脉散与冠心Ⅱ号方加减益气养阴，活血宣痹，加用全瓜蒌以加强化痰宣痹之功效，焦四仙则为健脾化食而选用。综观全方，标本兼治、攻补兼施，选方用药兼顾老年人的特殊体质，补法选调补，表现在选用生脉散上以太子参代替参类，全瓜蒌、焦四仙亦可助脾运湿以防补益滋腻太过而达动静结合的用药目的。选用活血药物则避免破血动血药物，而选用紫丹参、川芎、赤芍、藏红花等养血活血药物。二诊出现皮肤瘙痒，大便时有偏干，结合舌暗红、苔根部微腻，脉弦滑等舌脉表现，考虑选用祛风止痒、凉血清热、化痰活血之防风、白鲜皮、牡丹皮、山栀子、桑白皮、杭白芍、甘草、紫丹参组方用药，本方亦是陈可冀治疗皮肤瘙痒特别是老年瘙痒症的常用方剂。

### （三）活血化瘀防治冠状动脉介入术后再狭窄

冠心病介入术后，由于血管内皮细胞损伤、内膜撕裂、基底膜暴露等因素，发生局部炎症和血栓形成。血栓中的血小板释放出大量生长因子、细胞因子和血管活性物质，促进血管平滑肌细胞增殖、迁移，使管腔再次狭窄。陈可冀带领团队根据再狭窄发生的病理生理改变，提出再狭窄发生与"心脉痹阻""心脉不通"有相似之处，属于中医"血瘀证"范畴，探索应用活血化瘀方药进行防治。经过国家"八五""九五""十五""十一五"连续攻关研究取得了显著进展，为介入术后再狭窄患者提供了有效的中医药干预手段。

血府逐瘀汤为清代王清任《医林改错》代表性的活血化瘀方剂。陈可冀带领课题组在国家"八五"攻关期间通过初步的临床观察证实，血府逐瘀浓缩丸对预防冠脉介入术后再狭窄有一定的作用。在此基础上，陈可冀带领课题组简化方药制成精制血府胶囊（由柴胡、枳壳、赤芍、川芎组成），动物实验和临床研究皆显示有明显的抗心肌缺血作用。进一步选择方中活血化瘀代表药物川芎、赤芍，提取川芎总酚和赤芍总苷制成芎芍胶囊，利用猪冠状动脉球囊损伤后粥样硬化斑块模型进行实验，结果表明该药可诱导细胞凋亡、抑制胶原堆积及病理性血管重塑等再狭窄形成的多种病理环节。在国家"九五"科技攻关期间，采用芎芍胶囊进行介入术后再狭窄预防的临床研究，也显示有较好疗效。国家"十五"期间，陈可冀带领课题组开展的随机、双盲、安慰剂对照研究结果显示芎芍胶囊可显著降低再狭窄率，增大最小管腔直径，降低介入术后3个月及6个月的心绞痛复发率，在1年随访期间无明显不良反应。现代药理学研究证实，芎芍胶囊干预心血管疾病的机制可能与抗血小板聚集、抗炎、抗心肌缺血、促进血管新生、调脂稳定斑块、保护内皮及改善血管重构等相关。

陈可冀认为，在冠心病介入术后临证时，宜采用病证结合的方法将西医的方法与中医的辨证分型有机结合，重视专病专型专方的研究，以充分发挥活血化瘀中药在防治冠心病介入术后再狭窄的优势。

**病案举隅：**患者李某，女性，68岁。主因"阵发性心前区闷痛半年"于2013年6月18日来诊。

患者半年前开始出现心前区疼痛阵作，劳累或情绪紧张时诱发，以往未引起重视。5个月前行冠状动脉造影示左前降支近中段狭窄90%，安装支架后，诸症好转。1个月前再次出现心前区疼痛阵作，行冠状动脉造影支架内出现再狭窄，再次行冠状动脉内球囊扩张术（PTCA）。出院后一直服用阿托伐他汀20mg，每晚1次，阿司匹林75mg，每日1次，消心痛10mg，每日3次。现仍有心前区闷痛，心烦急躁，喜太息。既往有高血压病病史20余年，血压一般波动在（120/80 ~ 180/100）mmHg之间，高脂血症史20余年，脑梗死8年无后遗症。查体：血压130/75mmHg，心率72次/分，舌暗红，苔白厚腻，脉弦滑细。

西医诊断：冠状动脉粥样硬化性心脏病；支架术后再狭窄；不稳定型心绞痛；高血压病2级（极高危）。

中医诊断：胸痹；气滞血瘀证。

治疗原则：理气活血。

处方：血府逐瘀汤加减。

| | | | |
|---|---|---|---|
| 当归10g | 赤芍10g | 川芎10g | 生地12g |
| 桃仁10g | 柴胡10g | 枳壳10g | 桔梗10g |
| 藿香30g | 佩兰20g | 夏枯草15g | |

7剂，水煎服，日1剂。

533

复诊：诉服用7剂后，自觉胸闷痛已不明显，查其舌暗，苔白厚腻，脉沉细。于前方去生地、桃仁，加用黄芪20g，苍术15g，以加强益气化痰标本兼治之功，续服7剂，体力明显好转，疼痛未发，舌苔微腻。

**按：** 冠脉介入术后再狭窄是全球性关注的问题。陈可冀在国家"八五""九五""十五"科技攻关期间，一直致力于活血化瘀方药对于冠脉介入术后再狭窄防治的基础和临床研究，取得了满意的疗效。研制的国家级二类新药芎芍胶囊颗粒剂（川芎酚、芍药苷组成）已经通过多中心随机双盲RCT试验的循证医学的验证，疗效显著，前景看好。本例是一位冠心病支架植入术后出现冠脉再狭窄的患者，陈可冀认为，冠脉再狭窄的发生与血瘀证相关，而已有研究结果也证实，活血化瘀治法可以显著降低再狭窄的发生率，而其中具有确切疗效且经过临床验证的方子即血府逐瘀汤，血府逐瘀汤为清代王清任《医林改错》诸活血化瘀方中具有代表性的一首方剂，为陈可冀治疗冠心病的常用方剂。陈可冀和课题组同仁运用血管造影、核酸分子杂交、电镜观察及血浆内皮素和降钙素基因相关肽测定等较先进技术手段，从临床和实验两方面对该方进行了防治PCI术后再狭窄和动脉粥样硬化的临床和实验研究，对预防PCI术后再狭窄的发生具有一定作用。故陈可冀在临床上遇到再狭窄且中医表现为气滞血瘀证的患者往往选用。湿浊不除，常致阳郁不解，胸阳不振，故在临证常选用藿香，该药辛而微温，芳化湿浊、醒脾开胃。现代药理学显示，本品尚具有一定的钙拮抗作用。佩兰辛平，芳化湿浊、醒脾开胃与藿香类似，另具有散郁化浊、疏理气机以达到止痛目的。藿香、佩兰均可醒脾快胃、理气祛浊，用于治疗冠心病，亦寓有心胃同治之意。

# 五、方药之长

陈可冀开展了"血瘀证与活血化瘀研究"，发展和创新了气血理论，在血瘀证诊断标准的建立、血瘀证现代分类、活血化瘀中药分类、活血化瘀方药作用机理和临床应用及血瘀证的病理生理基础等方面，皆取得显著进展，以主要研究者成功研发了"冠心Ⅱ号"、精制冠心片、精制冠心颗粒、川芎嗪、芎芍胶囊、愈心痛、血府逐瘀系列方药、宽胸气雾剂、清达颗粒等30余种新药，推动了中药现代化进程。

## （一）冠心Ⅱ号方

活血化瘀治法可作为中医治疗冠心病的基本治法。冠心Ⅱ号方是活血化瘀复方的代表，为20世纪70年代陈可冀与郭士魁名老中医、阜外医院及协和医院心血管病专家合作研究的治疗冠心病有效的复方，并一直沿用至今。全方由川芎、赤芍、红花、丹参、降香组成，活血而不破血、行气而不破气，用于治疗气滞血瘀之心绞痛，现代药理学研究亦证实该方具有抗血小板聚集、扩张冠状血管、增加冠脉血流量等作用。

## （二）愈梗通瘀汤

急性心肌梗死属于中医学"厥心痛""真心痛"范畴，陈可冀认为本病的发生、发展过程以本虚标实为主，本虚多为气阴两虚，标实则可见痰瘀互阻，通常以标本兼顾法施治。陈可冀依据益气养血、生肌活血、化浊通脉定痛等治疗大法，自拟愈梗通瘀汤用于心肌梗死急性期及恢复期治疗。本方由生晒参、生黄芪、丹参、当归、延胡索、川芎、藿香、佩兰、陈皮、半夏、生大黄组成。方中人参、黄芪并用，扶正益气生肌。与当归、丹参并用，调气养血活血，使气血各有所归。延胡索、川芎并用，可增强理气定痛、化瘀抗栓通脉之功。半夏、陈皮、藿香、佩兰合用芳香化湿、醒脾和胃，健脾燥湿、降逆止呕，治疗浊阻呕吐尤好。大黄通瘀化浊，推陈致新，使胃气和顺而五脏安和。

## （三）清眩降压汤

陈可冀在临证过程中，总结发现临床上肝肾阴虚、肝阳上亢型患者较多，并根据天麻钩藤饮自拟清眩降压汤（苦丁茶 30g，天麻 30g，钩藤 30～60g，黄芩 10g，川牛膝 10g，生杜仲 10g，夜交藤 30g，鲜生地 30g，桑叶 15g，菊花 15 克）滋阴清热平肝息风为主加减进行治疗。方中苦丁茶散肝风、清头目、活血脉；天麻、钩藤平肝潜阳息风；杜仲补益肝肾；夜交藤搜风通络、养心安神；黄芩、桑叶、菊花清肝热、走头目、平肝阳；佐以牛膝祛瘀通络、引血下行以折其肝阳偏亢；鲜生地清热养阴以滋肾水以涵肝木。诸药合用，益肝肾、清肝热、平肝阳。肝阳上亢明显者，加用羚羊角粉 3～4.5g，每日分两次冲服，以凉肝息风镇惊。

## （四）温通复脉汤

缓慢性心律失常及病窦综合征"脉迟"，或迟与促、结、代、疾脉交替，可有眩晕或晕厥发作，常见乏力、肢重、喜暖畏冷、心悸、气短、胸闷、心痛等症状，多数为"虚寒"的表现，病位在"心、脾、肾"三脏。陈可冀针对患者"心、脾、肾阳虚"特点，根据中医"劳者温之""虚者补之""寒者温之"的治疗原则，创制温通复脉汤（党参 10～15g，黄芪 10～15g，柴胡 10g，干姜 10g，升麻 10g，肉桂 1.5～3g，白术 10g，陈皮 10g，麻黄 3g，细辛 3～6g，制附子 10g，炙甘草 10g）治疗缓慢性心律失常。温通复脉汤由保元汤、补中益气汤及麻黄附子细辛汤三方合方组成，能温通心阳、温运脾阳、温补肾阳以使脏腑阳气及血脉运行复常，起到劳者温之、虚者补之、寒者热之的功效。但在应用该方时，为减少伤阴助火的副作用，需注意温而勿燥且慎用苦寒，可配地黄、知母、黄柏等，达到温阳不助火的作用。临证时可适当配合当归、鸡血藤、川芎等活血化瘀药以提高疗效。

### （五）新补心丹

对于快速性心律失常陈可冀认为气阴两虚、阴虚火旺者最为常见。临床应用自拟方新补心丹（西洋参 10g，丹参 20g，玄参 20g，天冬、麦冬各 15g，生地 20g，柏子仁 15g，酸枣仁 30g，鹅不食草 10～15g，生黄芪 15～30g）效果显著。方中西洋参益气养阴，生黄芪补益脾肺之气而固表，共为君药；辅以玄参、天冬、麦冬、生地滋阴清热，丹参补血活血养心，使心血充足而心神自安，柏子仁、酸枣仁宁心安神，鹅不食草苦寒清热解毒，使热毒清而神安。临床上根据异病同治的原则，本方临证时也可用于病毒性心肌炎、甲状腺功能亢进、心脏神经官能症、高血压病、更年期综合征等证属气阴两虚、阴虚火旺者，症见心悸、失眠、健忘、低热、便干、舌红少苔、脉细数等，心阴不足、阴虚内热之病毒性心肌炎用之效佳。

## 六、大医之情

### （一）思想境界

#### 1. 继承与创新

在中医药的研究工作中，陈可冀提倡不仅要重视继承，更要勇于创新，师古而不泥于古。多年的研究使其认识到瘀血的概念有广义和狭义之分。狭义的瘀血是指血液运行不畅，瘀积于局部；而广义的瘀血概念，还涉及血管的病变及各种病因病理的综合性病变。正是基于这种概念的扩展，他大胆地将活血化瘀治则用于经皮冠状动脉腔内成形术（PTCA）后再狭窄的预防。近年来，PTCA 因无须开胸而获冠脉血运重建之效，成为冠心病的主要治疗方法之一，但术后 30%～50% 的再狭窄高发生率限制了其临床应用和远期疗效。西医学尽管不断地将新药物、新技术投入临床加以防治，至今仍未有实质性进展。陈可冀认为再狭窄属于中医学"血瘀证"的范畴，PTCA 术后再狭窄形成的诸多病理因素如血小板聚集、血管平滑肌细胞增殖、纤维增生、血管痉挛等皆与血瘀有密切关系。"八五"期间，陈可冀抓住这个世界性冠心病防治领域内关注的难题，与北京大学第三医院合作，运用活血化瘀名方血府逐瘀汤进行了预防 PTCA 术后再狭窄的临床和实验研究，在临床上显示有良好的前景，符合上述观点，并阐明了活血化瘀方药防治再狭窄形成的作用机理。这一成果不仅为防治 PTCA 再狭窄开拓了一条新途径，而且更新了传统的治疗观念，扩大了活血化瘀治则的运用范围，是中西医结合、古方新用研究的一个新领地。此外，对于血瘀征象较突出的冠心病心绞痛，提出了通补兼施或先通后补的治疗原则，更新了前人"痛无补法"的传统认识。

**2. 由面到点，由点到面**

对于传统的活血药，以前仅是散见在各代中医文献中，没有系统的论述。陈可冀和同事们经过查阅 16 种本草学著作，对 150 余种活血化瘀药物，按书中出现的频率结合临床用药实际，筛选出 35 种常用活血药，并依据药物活血作用的程度分为和血、活血、破血三大类，对临床用药和澄清认识有一定的指导意义，丰富和发展了活血化瘀理论，为进一步深入研究活血化瘀药物的作用机理和活血效应奠定了基础。

在长期的临床实践中，陈可冀观察到活血化瘀冠心Ⅱ号复方（由丹参、赤芍、川芎、红花、降香组成）对冠心病确有很好的疗效。"当年我和老中医郭士魁一起，带领全科同事与阜外医院合作，对冠心Ⅱ号方进行了大量的临床与实验研究。发现，冠心Ⅱ号方及组成药物，具有抗心肌缺血、抗血小板功能亢进和抑制血栓素（TXA2）生成等多方面的药理作用。"在此基础上，又以冠心Ⅱ号方提取物研制成"精制冠心冲剂"投入临床，疗效更著，引起国内外医学界的关注。同时，陈可冀和同事们还对作用相似的赤芍精、元胡碱等多种活血化瘀药物的有效成分进行了深入的研究，发现了一些具有规律性的药理作用，促进了活血化瘀方药研究的进展。在研究中采取了分阶段逐步深入的研究方法：①初期临床探索阶段：在这一阶段逐渐找出带有一定规律性的、有效的主方、主药。②固定方药，重复验证阶段：这一阶段是为了排除干扰，集中力量。③简化方药，确定有效药物有效成分的作用以及相互关系阶段，进行二次开发。这项研究成果及其成功的经验，对于推动全国复方研究起到了一定的示范作用。

陈可冀通过对我国医药学宝库中的大量中草药和治则的梳理及临床探索，由面到点，筛选出各类最有效的部分再集中加以研究，揭示出有效成分与作用机理，然后再由点到面，进行二次开发，研究新的药物和治则。

上述思路在一定条件下还可扩展到相关治疗领域。如在对冠心病的临床研究中，在电镜下观察到活血药川芎的一种生物碱——川芎嗪可降低冠心病患者血小板聚集性和表面活性，提高纤维蛋白溶解活性。经进一步研究发现，这一活性成分——川芎嗪有预防体外血栓形成，改善血液循环的效应。鉴于对心脑血管疾病相关性的认识，于是首创了用川芎嗪治疗缺血性脑血管病的先例。当时陈可冀和郭士魁教授组

537

织并协同北京协和医院、北京大学第一医院、宣武医院等治疗五百余例，获得成功，救治了大量患者，至今仍被临床广泛应用，并推广应用于其他血管栓塞性疾病。

### 3. 宏观把握与微观探索相结合

在研究方法上，陈可冀既重视中医理论特点，也注重采用国内外先进方法，在借鉴的基础上加以创新，体现了古为今用、洋为中用、推陈出新的学术思维。陈可冀认为学术的发展与研究方法的改进密切相关，因而大力倡导应用最先进的科学技术方法来研究中医中药。20世纪60年代，陈可冀和学生们运用电子显微镜技术系统观察了冠心病血瘀证与血小板超微结构和功能之间的联系，发现冠心病患者的血小板结构和功能均处于异常状态，揭示了冠心病表现为血瘀证的病理生理学基础及活血化瘀方药的作用环节。高分辨率的彩色多普勒超声方法，为临床提供了在无创条件下观察血管壁及血流状态的检测手段。陈可冀带领学生在国内首先应用这一方法评价活血化瘀复方对颈动脉粥样硬化的疗效。研究表明，活血化瘀复方对消退颈动脉粥样硬化斑块有一定作用，达到国内领先水平。20世纪70年代，细胞生物学、分子生物学技术发展很快，他意识到分子生物学技术在中医药研究领域中将产生重要的作用。于是，他和学生们在对活血化瘀名方血府逐瘀汤防治动脉粥样硬化的实验研究中，引入分子杂交技术，进一步观察该方对于家兔血管平滑肌细胞增殖及相关基因表达的影响。结果显示，血府逐瘀汤可能是通过影响家兔动脉壁血小板衍化生长因子–A及B（PDGF-A、B）、原癌基因c-myc、ras mRNA表达水平，以抑制血管平滑肌细胞DNA的合成，使细胞周期从G1–S期的进程受阻，从而抑制血管平滑肌细胞的增生。这一研究在分水水平上探讨了活血化瘀方药防治动脉粥样硬化的作用机理，属于国内外同类研究的前沿。

### 4. 兼收并蓄，博采众长

陈可冀受过系统西医训练，将西医重实证和定量化的科学传统也带到中医研究中来。

在中药的药理研究中，陈可冀常采用体内（整体）和体外（离体）实验相结合的方法，以相互补充，从不同角度、不同深度加以分析、验证。以往在做中药的离体实验时，往往将中药粗制剂直接加入离体反应体系中（如细胞培养、酶促反应、血小板体外试验）进行实验研究，在方法学上存在一些问题。由于中药及其复方成分复杂，药物中的杂质成分、各种电解质和鞣质成分、酸碱度等，都会影响药物的生物活性，而某些药物又必须经体内代谢成活性物质才有药理作用，因而直接加入中药粗制剂的实验方法会造成一定的假象，影响实验结果的正确性和可靠性。血清药理学是对动物给药一段时间后的含药血清进行体外实验的一种药理实验方法，可以排除上述多种干扰因素的影响，比较接近药物在体内环境中产生药理效应的真实过程。该方法于 20 世纪 80 年代由日本学者提出，但还不太成熟。面对这一尚在萌芽状态的新生事物，陈可冀大胆地将其应用于活血化瘀方药的研究中。他和学生逐步摸索适合中药及复方研究的血清标本的最佳采取时间和最适含药血清浓度，初步解决了中药离体研究中的关键问题，提高了中药药理研究的可信度。虽然结果还存在若干问题，有待解决，但当时在国内率先走了这一步，对我国中药临床药理学研究产生一定的影响。

陈可冀还尝试将数学运算化推理方式应用于中医血瘀证的研究。他和博士研究生在国内率先应用多元线性逐步回归分析和判别分析方法，对冠心病血瘀证的诊断标准进行了定量化研究。该标准通过得分的累计，不仅可明确诊断有无血瘀，而且还可以区分血瘀的轻重程度。该标准与过去国内的血瘀证标准相比较，增加了主客观所见的定量赋值；与日本的同类研究相比较，补充了理化检查项目，使中医的诊断能在保持中医特色的前提下得以标准化和规范化，得到同行的认可和好评，为中医研究从定性走向定量提供了可行的思路和方法，是中医血瘀证候研究方法学上的一次创新性收获。

## （二）文化修养

陈可冀 1936—1942 年在福州上小学，在远离福州的闽清县上初中，抗日战争胜利后又回到福州读高中，之后在福州上大学。他上的是省立福州第一中学，是一所名牌学校，有很高的教育水平，出了 9 名院士。陈可冀从小家教甚好，幼时先读《三字经》《千字文》，懂得了一些宇宙洪荒，性善性恶的道理，也曾经系统地学习过《古文观止》，对四书五经也曾涉猎。学生时代国文、历史、音乐老师对他影响最大，这些老师帮助他了解历史，培养情操。在中学时，他最喜欢文史，但不偏科。所以陈可冀具有深厚的中国传统文化底蕴，具有深厚的古汉语功底，书法也是极好的，对于古哲学知识也基本通晓。早在上中学时期，他就以卓越的文笔发表文章，并加入中国作家协会。陈可冀在平日的学习和工作中也常妙笔生花，杂文随笔诗歌信手拈来。他常讲，作为新一代高级医学工作者，既要有扎实的苦干精神，又要有夺人的口才基础，还要有良好的笔墨功夫。

他具有深厚的中国传统文化底蕴，对于我国灿烂的古代文化、艺术、伦理学，特别是对于古代哲学具有浓厚的兴趣，因此能够从心底接受中医思辨的哲学思想，崇尚热爱几千年中国传统医药学的成就。他认为，中医学的萌芽、形成和发展，与数千年来中国传统文化的生态环境，有着不可分割的血缘联系，说中国文化是中医药学这一巨大硕果的载体或母体，毫不过分。如中医以"施仁术""重义轻利"为本分，实际秉承了中国文化里的"仁"和"礼"思想概念，由此形成的以"求善"为宗旨的伦理型医学思想，迥然有别于西方医学以"求真"为目标的科学型思想。他还系统比较探讨、阐发中国文化与中医学的种种因缘，1990 年，他发起组织编写"中华文化与中医学"丛书，着手这一文化建设的系统工程。丛书内容包括中医学与儒学、佛学、道文化、文物考古、周易、象数、饮食文化、传统美学、史学、文学、民族学、民俗学等之间的关系。在他亲自主持、督导下，经过五六年的艰苦努力，一批有一定学术价值和独立见解的专著已陆续出版问世，填补了国内这方面研究的空白，取得较好的社会效益。正如他在该丛书序言中所强调的："我希望本丛书对于开创从中国文化的各个层面和各个角度探究传统医学的种种奥秘，起到哪怕是一些推陈致新、继往开来的用处，就很满足了。"饱受中国文化熏陶的他本人，他也很重视当代医生的伦理道德。1996 年 9 月，他与吴英恺教授、吴阶平教授、宋鸿钊教授等 28 名中国科学院及中国工程院院士一起，联名建议制订的《临床医师公约》，融严肃、严格、严密的医德医风与精益求精的医疗技术为一体，当可视为传统人文精神的现代回归。

# 七、养生之智

养生，亦称长生、摄生、道生、颐养或养性。我国传统养生学流派众多。综合历代有关老年保健养生的理论和实践，陈可冀关于养生的学说或见解可归纳如下。

## （一）主张动以养生

《吕氏春秋·尽数》谓："流水不腐，户枢不蠹。形气亦然。形不动则精不流，精不流则气郁。"范晔《后汉书》载华佗主张："人欲得劳动，但不当使极耳。动摇则谷气得消，血脉流通，病不得生，譬犹户枢，终不朽也。"华佗所创的五禽戏，猿功以固纳肾气，鹿功以增强胃气，虎功以强壮肺气，熊功以舒郁肝气，鹤功以增强心气等，对防病很有益。我国古典养生学多数主张要运动养生，使"形与神俱"，方能"尽终其天年，度百岁乃去。"《颜习斋言行录》并说"养生莫善于习动""一身动则一身强"。关于老年运动种类和方式，多数主张练太极拳，散步，或由他人拍打肢体，起到被动运动作用。老人运动，以不气急，"动而不劳"为原则，心率在 100 次 / 分上下为平妥。

## （二）主张以静养生

《道德经·第四十五章》主张"清静为天下正"；所谓"见素抱朴""虚无恬淡"，达到老年保健养性目的。气功有静功、动功两大类，老年人更适应做静功，实际上"静中有动"，王船山谓"静者静动，非不动也"，是外静内动。通过静动（坐功、卧功、内养功）的调身、调息，使息调、心定、身强。所以陶弘景《养性延命录》称"能动能静，所以长生"，起到延寿效用。上海邝安堃教授研究表明，气功可以使高血压患者的血压趋于稳定。印度学者的研究表明，气功可以使儿茶酚胺分泌减少，交感神经活动稳定。气功的循经意守，如大小周天、交通心肾、运任督脉等多种方法，对于老年衰弱体质可以起到运行气血、畅通血脉、消除疲劳等很好的作用。每天 2～3 次，每次 1/2～1 小时，久行可起到防病延年的作用。国外在医疗体育和康复治疗中应用的生物回授法（biofeedback），也证明对老年肌肉及神经疲劳的恢复有良好功用，其来源实受我国气功导引的启发。

## （三）主张补益养生

我国倡导长期应用药物以去病延年，实创于秦汉，盛于魏晋南北朝，隋唐以近仍多沿用，与道家"修仙术"论有关。古代服金石药以求"长生不老"是有教训的，但应用药物以延缓衰老却有一定可能性和前途。《神农本草经》所载的 365 种药物中，有"轻身延年"作用的可达 165 种。中国科学院动物研究所搜集《备急千金要方》及《本草纲目》中的抗老医方，汇为 12 类 152 种，不可谓少。最常用的为包含灵芝、茯苓、人参、枸杞子、白术、黄精、豨莶草、首乌、天冬、麦冬等药的方剂，多属补益强壮药；医方更有大造丸、资生丸、琼玉膏、七宝美髯丹等。陈可冀观察到清代宫廷医方有助于老年保健者，如清宫八仙糕有改善老年人脾虚症状作用，可以改善老年人之下降的小肠吸收功能；清宫寿桃丸可改善老年人肾虚证候，降低血浆过氧化脂质的作用，证明有减少自由基生成的作用；清宫配方制成的紫禁城牌老年皂，对老年人的皮肤瘙痒症效果较好；清宫仙药茶也有一定的降脂作用。清宫帝后常服少量人参以健身，实验表明人参茎叶苷有明显延长家蚕生存时间功效。其他如何首乌复方、黄精、黄芪、骨碎补、肉苁蓉、菟丝子等在寿命试验中也都看到有延长家蚕寿命的作用。其他如龟龄集、桑椹、当归等在抗老、提高免疫功能方面，也都很好。

## （四）主张食饵调摄养生

"食饮有节"，是老年保健养生的重要方面，《吕氏春秋》指出："无强厚味，无以烈性重酒……凡食之道，无饥无饱，是谓五脏之葆。"唐代孙思邈更说："不知食宜者，不足以存生"，认为"安身之本，必资于食"，饮食且有"排邪而安脏腑"等作用。孙思邈强调，"五味不欲偏多""食欲数而少""常学淡食"和不进"陈腐之食"等，都很适合老年人的生理特点。孙思邈主张，"若能用食平疴，释情遣疾者，可谓良工"，所谓"先晓病源，知其所犯，以食治之。食疗不愈，然后命药"，并专列"食治"一节。历代有关食疗文献很多，如肝阳上亢多进菊花茶，肝热咳嗽进百合、白果汤粥，心脾虚者进红枣桂圆汤粥等，都有佐助。有关这方面的文献很多，《饮膳正要》及《随息居饮食谱》等皆可参考。

### （五）主张修性养生

中医学认为"精神内守"是祛病抗老的重要方法，《内经》认为"知之则强，不知则老"，有"愚者不足，智者有余，有余则耳目聪明，身体轻强，老者复壮，壮者益智"的功效。孔子谓"仁者寿"，今天我们可以理解为在道德精神方面的养生，这点也是非常重要的。临床观察表明，情志失节、愁感思虑过多，可使老年人气血运行瘀滞而患病；相反，若能善于排忧解虑，可获健康延年的可能。所以，老年人在日常生活中，应安排一定的时间寄情于花卉鱼草、弈棋书画或音乐之中，以怡神养性，保健防病。

### （六）主张顺应自然养生

老子、庄子都提倡顺应自然养生，有理论和方法。《内经》提出"天人相应"的学说，指出要能"提挈天地，把握阴阳""调神四时"，能"处天地之和，从八风之理"。在《素问·四气调神大论》提出春季要避免伤肝气，夏季要避免伤暑气，秋季要避免伤肺气，冬季要注意养藏。孙思邈则提倡"善摄生者，卧起有四时之早晚，兴居有至和之常制""鸡鸣时起，卧中导引"，然后漱洗进餐，并"徐步庭院"。更指出要"常避大风、大雨、大寒、大暑、大露霜雹雪"，不冒"旋风恶气"，以顺应自然，养生益寿，"免其夭枉"。现代研究表明，自然环境对老年人健康长寿有很大关系，有有利的一面，需顺应自然环境，以期防病延年。自然环境中的空气、温度及景色协调者，使人少患病，而各种污染、逆境、恶劣气候，都可使机体适应性低下的老年人罹患。所以要依据《灵枢·岁露》"人与天地相参也，与日月相应也"的理论，注意春夏养阳，秋冬养阴，保健养生。

### （七）主张固肾精养生

我国中医学主张戒节色欲，因为肾为先天之本，若房劳过度则伤肾，将影响健康长寿。《素问·上古天真论》谓："醉以入房，以欲竭其精，以耗散其真，不知持满，不时御神，务快其心，逆于生乐，起居无节，故半百而衰也。"后世朱丹溪宗《内经》理论，以《色欲箴》专篇论述节欲。《吕氏春秋》当然更早就有《情欲篇》主张节情戒欲之论。故民间有"房劳无寿星"之说，如同《寿世保元》所说的道理："年高之人，血气既弱，阳事辄盛，必慎而抑之……若不制而纵欲，火将灭更去其油。"关于精、气、神的全面保养，中医学也十分重视，并注意到其间的联系，如《寿亲养老新书》谓："主身者神，养气者精，益精者气，资气者食。"故提倡："一者少言语，养内气；二者戒色欲，养精气；三者薄滋味，养血气；四者咽津液，养脏气；五者莫嗔怒，养肝气；六者美饮食，养胃气；七者少思虑，养心气……"对于老年保健，有一定参考价值。近年，我国老年医学工作者根据中医学肾虚是衰老的根本原因的认识，进行了不少基础理论和临床研究，注意到老衰者肾虚比例偏高，补肾固精医方有调节丘脑－垂体－性腺轴和丘脑－垂体－甲状腺及／或肾上腺轴功能的作用，有助于改善老年人体质，取得了一定进展。

老年人脏腑功能低下，易虚易实，易生寒热，心理状态也有类似孩儿之事，故世有"老小孩"之说，治疗应当入细。老年病施治原则，一是药量要小，二是药宜平和，三要首重脾胃，四要方法多样，治疗理当因势利导，不拘泥于药物，可按摩、气功、针灸、食疗等合理兼用。

从中医的养生学思想来看，老年健康的自我调控，是一个十分普遍而又非常重要的保健问题。健康的一半是心理情绪健康。老年人中通常有1/5～1/4的人存在忧郁、浮躁和伤感情绪，如不能善自排解，常常使原有病情加重，导致血压的不稳定、消化性溃疡的剧痛、癌症的恶化等，症候多可反复或增剧，以至于当今医疗上的高新科技有时也无能为力。每一个人包括老年人，要做到老有所为，有一个积极的、热情的、健康的生活心态。长寿无秘诀，健康在自己。老年人应当加强防病意识，定期查体，做到早期发现，早期治疗；应当与家庭、朋友、邻居等周围伙伴有和谐的交往关系，享受这种美妙的平衡联系，不至于加重孤独感；也要有适合个人身体状况的运动方式和运动量，包括走步、散步、练太极拳、八段锦，乃至于室内诸项活动，以达到"形神共养"；要吃的科学，提倡杂食而不偏食，要荤素搭配，原则上少肉多菜，少盐少糖，不嗜烟酒，"已饥方食，未饱先止"（苏轼《东坡志林》），不饿昏，不撑饱，避免肥胖，真正做到"给岁月以活力"。

老年人有病，要及时治疗，不要讳疾忌医，以免由于拖延而使感冒转致肺炎、高血压转致中风、单纯痔疾转成脓肿，甚而难以收拾。老子《道德经》第七十一章有"夫唯病病，是以不病"，明代医学家王纶《明医杂著·医论》云"讳疾忌医，骄姿不论于医之类，为不治之疾"，足以为戒。医生的劝告，一般都要尊重。例如高血压病，绝大多数要终身服药，不要自以为是停药，以免酿出出血性中风等重病。疾病康复时，要总结经验教训，避免重蹈覆辙。例如有的阵发性心房纤颤患者与体位有关，应当避免再犯，清代申涵煜的《省心短语》有这样一段话："病中必有悔悟处，病起莫教忘了。"老年人对药物代谢的能力减退，剂量一般不宜过大，阿司匹林对预防血栓的形成效果很好，但长期大量应用，可能导致胃黏膜弥漫性出血或溃疡病，用量要遵医嘱。对于中西补益药，也不要滥用。

# 八、传道之术

## （一）人才培养方法

陈可冀也曾于 1997 年在《天津中医》上发表名为"小议培养高素质中西医结合人才"的文章。文章中提出了对中西医结合人才的一些要求，这些也都是他几十年来始终坚持并做到的。如文章提到，中西医结合医疗科研人才应当联系本专业的历史使命，形成敬业信念，为中国传统文化的继承和发展，为中西医结合事业的发展，培养坚强的信心。有人说"人是信念的产物（Man is what he believes）"，古人云"君子有三不朽，立德、立功和立言"。我们应当紧握这把双刃利剑去从事中西医结合工作——这份前人还没有完成的事业。此外，中西医结合医疗科研人员不仅应当有为患者服务的优秀品德，还应当有科学严谨的治学精神。我们不仅要继承和学习古典理论和经验，所谓钩深致远、探颐索隐，还应当面对现实存在不同体制下的医学的差异、东西方文化的差异，在比较、研究二者异同中开阔视野、增长智慧、启迪创造力。这就要求科研人员对现代科学和现代医学的日新月异进展有追踪力度，且能增强提出结合点、思考结合点、探究结合点的能力，为解决临床实际或理论问题作出贡献。有自我超脱的精神境界，有学习传统而又超越传统的能力。

陈可冀在文章中还提到，作为中西医结合学科带头人，他体会到一定要不囿于偏见，"闻道有先后"，不论是中医、西医、西学中等不同类型人员，他认为都各有所长，不可忽视。为了共同的目标，要有凝聚各种类型的人才的素质，没有成见，能够组织一场好的"交响乐团的演奏"。对于他人的歧视，还应有能忍、能受的姿态，勤于磨炼，所谓"不如意事常八九"。少些私心，少些名缰利锁，是做好团结群众、做好学科带头人的基本条件。

"写好人生这本书"，是陈可冀带领学生临诊时经常说的一句话。似水年华，人生如梦，即使活到百岁，也不过 36500 天，一闪即逝，千金难买好人生。做人就像写人生这本书，要写好则实属不易。人的一生可圈可点的东西并不多，如何给后人留下一些与时俱进的有价值的东西，值得深思。"时不我留，不经意间已流年八十，到了古称'杖朝之年'或'耄耋之年'的时分了。这本集子帮助我反躬自省；尽管多少事可能有如烟如梦之感，但我国儒家孔门之学是着重'修己'的。回首我这一生的经历，心潮不免时有起伏，有过胜意之时，也有一些遗憾和失误之过，但可以自以为慰的是，正如我在大学读书时看的小说里苏联保尔·柯察金所说的一句很诚挚的话：'每当回首往事的时候，不因碌碌无为而羞愧，也不因虚度年华而悔恨。'是的，我是把我习医六七十年来的全部精力奉献给我国的中西医结合医学这一年轻而又壮丽的事业。"这是陈可冀在《中国中西医结合医学家》一书的序言中回顾往事，并感慨书写的，是他注重修己内求，不断求真进取的真实写照。

## （二）人才培养成果

自 20 世纪 60 年代陈可冀担任西苑医院心血管病研究室主任以后，就把培养中医、中西医结合专业技术人才放在重要位置。60 年代初，来自全国各地中医学院或医学院的毕业生陆续分配到了西苑医院心血管病研究室，陈可冀特地请郭士魁、赵锡武等名老中医对他们进行带教，安排他们跟这些著名中医专家查房随诊、到阜外医院等多家医院进修学习现代医学知识，带他们一起整理中医文献、分析临床病例，让他们承担中医、中西医结合研究课题，让他们到全国性的学术会议上去经风雨、见世面。如今这些当年由陈可冀亲自带教过的住院医师已成为中医、中西医结合领域的骨干人才。

1978 年，陈可冀被聘为国务院学位委员会医学评议组成员，先后担任硕士研究生及博士研究生指导教师。他要求研究生不仅要有较好的中医知识，而且要掌握现代医药学的最新进展；不仅要有良好的中、西医临床技能，而且要受严格的医学科研训练，掌握各种实验方法；不仅要从事中医传统研究，进行文献和临床经验整理，而且要具有医学科研的敏锐思维，能进行高水平的严格科研设计下的中医、中西医结合临床、实验研究。他亲自查房临诊带教，提高研究生的中西医临床水平；深入实验室，指导检查研究生实验操作的每一步骤。研究生的每一个科研课题，乃至其中的每一细节他都要严格审定；每篇论文他都要认真审阅，乃至其中的每一数据，甚至英文参考文献的拼写错误。他要求研究生的毕业论文要有科学的思维、严格的设计、确切的数据、恰如其分的文字表达、合乎逻辑推理，要有所创新，在中西医结合临床与基础研究上有所突破。他还要求研究生的论文要实事求是，不搞虚、浮、假、大、空，要经得起时间的检验。

几十年来，陈可冀早已桃李满天下，培养博士后、博士、硕士及师承人员二百余名，有出国发展取得杰出成就的，也有在国内发展、为中西医结合事业做出杰出成绩的，由于学生太多，此处不一一列举。

## 陈可冀学术传承谱

岳美中 ┐
　　　├ 陈可冀
冉雪峰 ┘

| |
| --- |
| 1978 级：何愉生、董泉珍、刘裕钊 |
| 1979 级：刘京、马胜兴、张铁忠 |
| 1982 级：梁洪之 |
| 1983 级：余真 |
| 1984 级：陈楷、陈耀青、张文彭 |
| 1985 级：王阶、吴锦 |
| 1986 级：丘万嵩、卫明 |
| 1987 级：崔晶 |
| 1990 级：史大卓 |
| 1991 级：李静 |
| 1992 级：李艳梅 |
| 1993 级：雷燕、申铉守（韩国）、王伟、张群豪 |
| 1994 级：潘苏燕、秦淑兰、夏亦嗣（美国）、周亚伟、赵英杰（新加坡） |
| 1995 级：柯富扬（中国台湾）、谢梅林、于蓓、张壮 |
| 1996 级：黄熙、张方直 |
| 1997 级：韩玲、马晓昌、徐浩、徐凤芹 |
| 1998 级：张荣华 |
| 1999 级：蔡晶 |
| 2000 级：卢全生、马春涛、王卫霞 |
| 2001 级：陆曙、鹿小燕、徐丽林、尤士杰、姚魁武 |
| 2002 级：蒋跃绒、刘菊妍、李立志、苗阳、宋军、文川、汪晓芳、赵含森、张京春、周佩云 |
| 2003 级：郭艳、马路、王承龙、王振瑞、王文祥、王培利、张红霞、张颖、曾显棠（中国台湾） |
| 2004 级：梅之南、铙向荣、薛梅 |
| 2005 级：胡雯青（中国台湾）、江巍、李深、马晓娟、毛炜、吴大嵘、王宁元、谢元华、郑广娟、周明学 |
| 2006 级：陈浩、褚剑锋、迟东升、付肖岩、冯妍、高铸烨、衡先培、凌昌全、刘龙涛、吕渭辉、任毅、吴宗贵、郗瑞席、徐慧聪、夏城东、杨庆有、朱伟、郑锋 |
| 2007 级：李雪峰、区文超、曲丹、王磊、徐伟、张大武 |
| 2008 级：陈懿宇、黄烨、李欧、麦舒桃、郑国华、杨琳 |
| 2009 级：刘玥、杨叔禹、张萍 |
| 2010 级：尚青华、郗瑞席 |
| 2011 级：李思铭、彭军、王景尚、王宁 |
| 2012 级：白瑞娜、罗静 |
| 2013 级：丛伟红、付长庚、邬春晓、信琪琪、张立晶 |
| 2014 级：施伟丽、王燕 |
| 2015 级：陈宏伟、崔源源、何飞、李力、于美丽 |
| 2016 级：李四维、王安璐、杨巧宁、袁蓉 |
| 2017 级：陈盛君、蔡巧燕、王松子、于子凯、郑源、张玲 |
| 2018 级：陈达鑫、郭丽君、刘献祥、孙敬辉、沈志清、徐丹苹、王丽丽、朱正川 |
| 2019 级：董国菊、黄明艳、姜众会、龙霖梓、刘征堂、吴宝金、袁慧 |
| 2020 级：戴璐璐、李秋忆、沈阿灵、王泽平、赵芳芳 |
| 2021 级：李洪峥、王心意、张曈 |
| 2022 级：卢妍、马曙东、闫龙美 |
| 2023 级：谭颖子、徐梓铭 |

（徐凤芹、于子凯整理）

（伊丽蒙编辑）

# 金世元

金世元（1926—　），北京市人，中共党员。北京卫生学校（现北京卫生职业学院）教授、主任中药师，首都医科大学与北京中医药大学客座教授，中国中医科学院学部委员，传承博士后导师。第一、二、五批全国老中医药专家学术经验继承工作指导老师，北京市第四批老中医药专家学术经验继承工作指导老师，中国中医科学院"医药圆融"团队合作导师。兼任中华中医药学会终身理事、北京中医药学会学术顾问、第四次全国中药资源普查顾问、故宫研究院中医药文化研究所顾问、北京世园会本草印象馆建设顾问等。2014年被授予第二届"国医大师"称号。

金世元从事中药工作80余年，始终将中药的质量放在第一位，在中药鉴定、中药炮制、中药调剂、中成药合理使用四个领域均有极高的学术造诣，是国家级非物质文化遗产项目（中药炮制技术）代表性传承人，荣获全国中医药杰出贡献奖、"岐黄中医药传承发展奖"成就奖、中华中医药学会终身成就奖、非物质文化遗产传承人"薪传奖"等，入选《中华中医昆仑》。研制开发"射麻口服液"，编著《药道致诚》《中成药的合理使用》，主编《金世元中药材传统鉴别经验》《中药饮片炮制研究与临床应用》等著作6部，主审著作3部，副主编与参编著作22部。通过创办中药学专业、建立传承工作室以及师带徒传承，培养大量中医药人才。

# 一、学医之路

金世元崇尚医德，恪守药德，勤奋学习，精读历代本草和中医药典籍，并善于汲取现代科学知识充实自己，练就了一身理论结合实践的基本功。金世元在中药鉴定、中药炮制、中药调剂、中成药合理使用四个领域均有极高的学术造诣，并善于将这四个方面融会贯通，可谓"融通四艺，集之大成"。他本着"习古不泥、广采博纳、勇于创新、不离根本"的精神，广泛学习各方面现代中药学知识，并与自己在传统中药领域的实践经验相融合，将植物分类的知识运用到中药真伪鉴别领域，重视中药的采收季节、加工炮制与药效成分变化的关系等。以深厚的中医药基础理论为指导，立足于"中医、中药的基本理论是同一根源，必须密切结合"的立场，把握涉及中药领域事物的内涵与规律，不断总结，形成了内涵丰富的实践经验体系，以"五象七原论"为代表的理论观点，以"品质观、融通观、格致观"为主体的认识论，形成了核心理念的学术思想体系。根据多年临床治疗支气管炎的有效处方，研制开发成"射麻口服液"。与同仁堂合作将"乌鸡白凤丸"研制为口服液。编著《药道致诚》《中成药的合理使用》，主编《金世元中药材传统鉴别经验》《中药饮片炮制研究与临床应用》等著作 6 部，主审著作 3 部，副主编与参编著作 22 部。独立发表学术论文 70 余篇。

1926 年金世元出生于京郊普通农民家庭，少时攻读四书五经。1940 年 2 月到北京复有药庄学徒，先从饮片炮制（蒸、炒、炙、煅）学习干活开始，再学习成药（丸、散、膏、丹）制作。同年 6 月被选送到北京市公共卫生局主办的"北平中药讲习所"系统学习中医药理论知识，师从京都中医名宿赵树屏（清太医院医官赵云卿之长子）、瞿文楼（清代御医）、杨叔澄、安幹青等。经过 2 年的勤奋学习，他以优异的成绩毕业并获得"药剂生"资格。阶段性考核合格后，1944 年进入前面柜台抓药，升为"斗子头"（调剂饮片的负责人），同年 4 月到通州益元堂药店从事中药调剂工作，1945 年 6 月到益成药行做"大外柜"（北京市南城原料药材经营），1950 年白手起家独立经营大品种原料药材批发。

1954 年，金世元利用业务时间参加北京中医学会举办的"中医预备会员学习班"，学习内容主要是中医经典著作和临床各科诊治经验；具体课程有卢治忱讲授《黄帝内经》，方鸣谦讲授《伤寒论》，宗维新讲授《金匮要略》，申芝塘讲授《温病条辨》，赵炳南讲授《皮外科学》，赵心波讲授《儿科学》，刘奉五讲授《妇科学》，单玉堂讲授《针灸学》等课程。通过学习，金世元结合在中药讲习所学习的中医基本理论知识，通过各位专家对中医深奥理论的精辟论述，使之豁然贯通，扩大了知识领域；通过临床各科的学习，掌握了不同疾病辨证施治的要点和处方遣药的经验。金世元深感基础理论和研读经典著作的重要性，反复精读，强化背诵，如《黄帝内经》《伤寒论》《温病条辨》《本草纲目》重点章节，流利背诵清代吴谦《医宗金鉴》中一些章节和清代汪昂《汤头歌诀》等原文。学习中医经典选读及老专家临床诊治经验，一年半的学习奠定了深厚的中医理论基础。1956 年初北京市实行全行业公私合营，他被分配到北京市药材公司业务科负责市场供应和管理工作。1957 年夏季参加北京市卫生局举办的"中医师资格考试"，取得中医师资格证书和开业执照，但未弃药从医。1957 年 12 月，北京市药材公司成立了中药研究室，金世元被任命为主任，主管原料药材和炮制饮片的质量，以及整理全市中成药配方与考证。

1961 年 3 月，金世元被调入北京卫生学校（现北京卫生职业学院），创建中药专业，任教研组组长，组织课程设置、教材编写与教学工作，先后讲授了《中药鉴定学》《中药炮制学》《中药调剂学》《中成药学》和《中医学基础》等多门课程，主编全国第一版中等中医药学校统编教材《中药炮制学》。2007 年 2 月，金世元 81 岁退休，从事中药教育工作 46 年。2008 年 10 月首都医科大学中医药学院经北京市中医管理局批准，建立北京中医药"薪火传承 3+3"工程金世元名老中医工作室，2012年 10 月建立国家中医药管理局"金世元名老中医药专家传承工作室"，2015 年 8 月建立国家中医药管理局"金世元国医大师传承工作室"。时至今日，金世元已从事中药行业 80 余年，他关注中医药事业的传承创新发展，始终饱含深情，从 14 岁学徒到 96 岁高龄坚持潜心钻研、带徒传业，80 余载笔耕不辍，始终与药相伴，不离不弃。心怀药道致诚之志向，求真、恶假、崇尚药德，在中药鉴定、炮制、调剂、中成药合理使用四个领域精益求精，广传薪火，毫无保留，影响深远。

## 二、成才之道

金世元认为，要成为一名优秀的中药师，务必做到以下几点。

### 1. 不畏艰辛，刻苦励志

金世元出生于北京东郊一个农民家庭，出生 7 个月母亲病逝，姑母抚养至 8 岁。即使生活艰辛，父亲还是送他读了 7 年的私塾，14 岁时送他去药庄学徒，开始自谋生路。三年的学徒生活，每天至少 12 小时的工作，既要照顾好师傅的生活起居，又要做饮片炮制（蒸、炒、炙、煅）与成药制作（丸、散、膏、丹），还要到前柜学认斗子、包药包、使铜缸子砸药、使药戥子称药。他的刻苦认真感动了掌柜，送他出去参加专业培训，这期间有两年，金世元坚持每天晚上六点到九点参加"北平中药讲习所"的课程学习，风雨无阻，徒步往返 20 多里地，学习中医学、中药学、处方学、制药学等课程，课上专心听老师讲课，认真做笔记，下课回到药庄，在店铺灯熄之后，借着灶膛里的火苗看书，刻苦攻读中医典籍。

"世上无难事，只要肯登攀。"虽然学徒生活很苦，但它也能锻炼人，磨炼人的意志。虽然课程知识难以理解，但机会难得，必须比别人花更多时间去学习，理解不了就狠练狠背。金世元坚信"有志者，事竟成"，他暗暗下决心，一定要坚持，绝不能半途而废。三年学徒顺利出徒，两年讲习所学习也以优异的成绩毕业，获得了毕业证书及"药剂生"的资格。这段经历，对金世元的一生产生了极其重要的影响，为他以后从事中药工作、钻研中药学术、做出行业贡献打下了坚实的实践与理论基础。

### 2. 习古不泥，广采博纳

中医药理论来源于经典，从事中药工作的也必须熟读经典。金世元在药庄学徒期间参加"北平中药讲习所"学习时开始读经典、背经典，后来参加"中医预备会员学习班"再次研习经典，《黄帝内经》《伤寒论》《温病条辨》等谙熟于心，至今仍可随口背诵朗朗上口，1954 年参加医师培训并通过医师资格考试，后来因工作和北京药行需要忍痛弃医从药，专心从事中药工作后更是精读历代本草著作，如《太平惠民和剂局方》《本草纲目》《医宗金鉴》等，用以指导从事中药工作实践，融入心脑，灵活运用，游刃有余。

金世元曾这样说起过自己对中药的情感，"我从小学徒学的就是药徒，与中药太亲近了。这药本来就是大自然的精华，人呢，也是大自然的产物，也必须依赖大自然才能生存，这里面的关系呀，天然就是这么亲近……"

### 3. 医药兼备，融会贯通

金世元作为医药兼通的大家，始终坚持医药结合不可分割的原则，他认为中医中药是一个理论体系，有着不可分割的关系，历史上那些撰写本草著作的名家大多是能医善药的名医，所以中医中药是一个整体。中医治病通过"四诊""八纲"等辨证后就要立法处方，最后的"药"就是克病疗疾的有力武器。"医靠药治，药为医用"，两者只有紧密结合，才能战胜疾病。如果误用了质量低劣或假冒药材，医生辨证再准确，用药再精确，也难以达到治疗目的，甚至还会误病伤人。正如明代李时珍所说："一物有谬，便性命及之。"中药行业是一个特殊的行业，其特殊之处就在于它也是治病救人。唐代孙思邈说："人命至重，有贵千金，一方济之，德逾于此。"金世元在指导学生鉴别药材之前，首先要求学生要崇尚医德，恪守药德，并将此作为从事中药工作的基础，他经常在讲中药时会讲到中医辨证用药，以及临床用药特点。

**4. 勤于实践，擅于总结**

由于中药品种繁多，既有原料药材，又有炮制饮片，其性状特征各异，要想准确辨认并非易事。从事中药工作，既要不断学习历代本草书籍的相关论述，如药材产地、采收加工、显微鉴别、理化鉴定等，又要勤于实践。金世元的实践包括全国重点药材市场、药材种植基地的考察，上山采药，实地参观加工处理和中药饮片厂的规范炮制，以及"道地药材"与非地道药材、真优品种与伪劣品种的鉴别等。

**5. 勇于创新，不离根本**

研发能力是衡量一个学者的尺子，金世元不但具备行业生产的多项技能绝活儿，还倾心教育教学和中药的研发，1985～1990年，针对老年人多发、对健康有较大危害的慢性支气管炎（哮喘），金世元将自己多年临床应用的有效处方无条件地献给了北京卫生学校，并促成了学校与北京东风制药厂协作，成功研发出"射麻口服液"，后经卫生部指定全国三家重点中医院临床验证，疗效肯定。又经卫生部审核正式批准生产供应，治疗效果良好。此后不久，又与北京同仁堂制药厂合作，将著名中成药"乌鸡白凤丸"以新工艺研制成口服液剂型，以方便患者服用提高疗效，经卫生部审核批准投产供应市场。

# 三、学术之精

## （一）"药道致诚"的学术思想体系

金世元从14岁学徒至今80余年，他在中药工作实践中始终将中药的质量放在第一位，在带徒传授技艺时要求自己的徒弟也必须这样做，总结提出"药道致诚"学术思想。"致"，细致、详致、精致；"诚"，真诚、拙诚、虔诚。这与唐代医圣孙思邈所倡导的"大医精诚"有异曲同工之意。"药道致诚"学术思想体系的形成，主要源于以下两方面。

**1. 师承名家，循自经典**

金世元1940年进入北京复有药庄学徒，因工作勤勤恳恳，踏实肯干，且聪颖好学，有培养前途，故被选派到我国第一所官办的中医药学校——北平中药讲习所学习，京城四大名医之一的汪逢春先生任讲习所所长，清太医院医官赵云卿之长子赵树屏先生任教务长。清代御医瞿文楼先生主讲《中医处方学》，杨叔澄先生主讲《中药制药学大纲》和《中国药物学》，安翰青先生主讲《病理学》（其主要内容是《伤寒》和《金匮》），仉即吾先生主讲《中医诊断学》。这些老师的中医药理论功底深厚，临床技艺高超，授课时引经据典，并融入临床经验，深入浅出，金世元刻苦努力，勤奋好学，以优异成绩毕业并取得"药剂生"资格。

**2. 勤于实践，求真务实**

金世元从复有药庄的中药炮制技术学徒，益元堂药店的中药调剂工作，益成药行"南城大外柜"的药材采购批发工作，白手起家做大品种原料药材批发生意，北京市药材公司的原料药材鉴别、药材产区考察、中药饮片质量检验、中成药配方整理，北京市卫生学校的中药学专业创建、编制教材、组织教学、建立中药标本馆、拍摄《鹿茸》教学录像片、研发"射麻口服液"、研制"乌鸡白凤丸"口服液剂型，到退休后培养中药传承人才，建设工作室总结凝练学术思想，体现了金世元经历了中药炮制、中药调剂、中药鉴定、中成药合理使用的各项技术实践，经历了道地药材产地与全国中药材市场的考察实践，经历了从创办专业到培养专业人才的教学实践，经历了发表学术论文、研制中成药、著书立说的学术实践。从学徒到技术顾问，从教师到专家，从药师、首都国医名师到国医大师，无不体现金世元勤于实践、求真务实的治学精神。

## （二）"治学四观"的学术认知与方法

金世元长期从事中药工作，包括中药鉴定、中药炮制、中药调剂与中成药合理使用四大领域，总结80余年中药工作的认识与方法，结合学术传承工作的体会与感悟，可概括为"治学四观"。

**1. 品质观**

（1）"品质观"是金世元治学的重心所在："品质观"包含两个方面的内容，一是中药材与中药饮片的质量鉴别，二是中药各方面工作的技术质量。在中药材及饮片质量鉴别方面，金世元经常强调：中药的品质不光是道地药材要讲质量，即便是最普通的一味草药也要讲质量。并常引用陶弘景"小小杂药，多出近到，气力性理不及本帮"一语，告诫弟子任何一味中药都关乎临床疗效，都要讲质量。《增订伪药条辨》说："不意四十年来，假药混售有许多名，病家罔识，药贩昧良。若不详细研究，大声疾呼，则草菅人命，未始非医者之咎也。"

（2）"品质观"的组成要素，涵盖范围广泛，贯穿中药工作整个系统：从中药的原始生态与形态，直至应用于临床的整个过程。其中影响中药临床疗效的重要因素，可以分为自然要素与技术要素两个方面。自然要素包括物种要素与环境要素。物种要素即中药的品种是否正确，环境要素即中药生长的水文、阳光、气候、土壤等。技术要素包括中药材种植技术、采收加工技术、鉴定技术、炮制技术、制剂技术、调剂技术6个方面。特别是技术要素，贯穿中药工作的全过程，这也是金世元倡导的"药道致诚"学术思想中包含的自我要求与职业素养。

### 2. 融通观

"融通观"是金世元治学的内涵特色：从表象上体现两个方面，一是擅于将中医与中药紧密结合，即"能医擅药""医药圆融"。例如金世元在评述"水半夏是否可以完全替代半夏"的问题上，就引用《金匮要略·痰饮咳嗽病脉证并治》说："呕家本渴，渴者为欲解，今反不渴，心下有支饮故也，小半夏汤主之。"并指出，通过上述经典原文不难看出，在临床上"呕"与"痰饮"在病机病理上是存在必然联系的。水半夏应用于临床具有止咳化痰作用而无止呕作用，半夏则是两者兼具，所以水半夏是不能完全取代半夏在临床使用的。可见，要解决中药方面的问题，必须依据中医理论，将之紧密地与中药品质判断相结合。二是将中药鉴定、炮制、调剂、中成药四方面技艺相互结合，即"四艺融通"。从表及里探求"融通观"的本质，是善于把握中医药理论与实践当中内在规律的体现。例如金世元在带徒授课过程中，每每旁征博引，将一味药讲得深入透彻，从药物来源一直讲到代表成药与临床应用，这正是"融通观"的深入体现。

### 3. 格致观

"格致观"是金世元治学的基本方法："格致"一词是"格物致知"的简称，属于上古学者的认识论的范畴。《礼记·大学》曰："致知在格物，物格而后知至。"宋代理学大家朱熹，首次将"格物致知"思想引入自然科学领域，强调对事物由表及里的认知过程，强调实践积累的重要性。朱丹溪在所著《格致余论》开篇便讲："医为吾儒格物致知一事，故目其篇曰《格致余论》。"表明格物致知的思想指导其致力于医学实践与研究。李时珍对朱熹的"格物致知"思想极为推崇，正如他所言"医者，贵在格物也"。在《本草纲目》凡例中写到："虽曰医家药品，其考释性理，实吾儒格物之学。"金世元在中药鉴定方面，注重体察物性，强调对中药材自然属性与生长规律的认知，注重对药材表象细微特征的鉴察与分析，深究其理，对于药材的真伪优劣做出鉴定，充分体现出由表及里的认知特点。金世元倡导勤于实践，将实践经验的积累，作为获取真知的重要途径。这些都与朱熹及历代医药学家所倡导的格物致知思想一脉相承。同时在治学过程中对格致思想又有所发挥。第一，善于抓住一类药的共性，把握每味中药的个性。第二，善于从整体认知层面上把握规律，有善于在应用层面上抓住关键与要害。第三，注重对常识的把握，把复杂的问题简单化。

### 4. 博物观

"博物观"是金世元治学的独特路径：博物学是人类与自然打交道的一门古老学问，是对动物、植物、矿物、生态系统做宏观层面的观察、描述、分类的学问。中国传统的博物学，也称为"多识之学""名物之学"。包括名物学、地志学、农学、本草学、图学等内容。中国古代的众多本草书籍，在药物的形态、性状、生境、产地、命名、采收时间、性能、主治等很多方面都属于博物学的内容。金世元在中医药领域的长期实践，形成了以"识药、采药、制药、用药"为序的认知逻辑。这一逻辑同时具有典型的博物学路径特征。

## （三）中药四论

金世元从事80余年的中药工作，主要集中在中药的品质鉴定与评价、中药的传统炮制理论与技法、中药调剂的传统特色与技能、中成药的合理使用等四大领域，对中医药行业与人才培养做出了突出贡献，四大领域的学术精华总结概括为"中药四论"，介绍如下。

### 1. 中药鉴定领域的"五象七原论"

金世元在中药鉴定领域，通过几十年的实践经验积累，逐渐形成了以"五象七原论"为核心的理论体系。深刻把握中药材的生长规律与物种属性，通过观察形、色、气、味、质五方面的表象，进而深刻辨析影响中药材质量的七方面内在原因，能够准确鉴别中药材的真、伪、优、劣以及是否"道地"。

"五象"是指中药材及中药饮片的五种形态表象，包括"形、色、气、味、质"五个方面。"七原"指影响中药材质量和外观的七方面内在原因，包括"品种来源、野生家种、生长年限、产地所出、采收季节、加工方法、贮藏保管"。明悉物性是"五象"与"七原"之间建立联系，并对中药真伪优劣、地道与非地道做出判断的前提条件，包括对中药材自然属性与生长规律两方面。

"五象七原论"中药鉴定理论，是金世元在中药鉴定领域的核心逻辑，体现了探析物性、由表及里的思维特点。同中医"四诊八纲"的思想在思维过程、应用目的、核心关键三个方面具有高度的一致性。首先，思维过程都体现由表及里。中医临床通过望、闻、问、切为手段，体察患者症状表现，通过"表里、寒热、虚实、阴阳"为辨证思路，合参四诊，探求病机，是一个由表象到内向思辨的整体过程。"五象七原"鉴定理论，其思维过程亦是由观察药材形、色、气、味、质等表象特征，到探求影响中药材内在质量影响因素的整体思辨过程。其次，从应用目的上讲。"四诊八纲"的中医诊疗目的在于明晰病机、克病疗疾。"五象七原"应用的目的在于鉴定中药品质、保证临床疗效。最后，从核心关键上讲。"四诊八纲"关键在于医师对人体生理、病理内在规律的深刻认识。"五象七原"鉴定理论的关键在于对中药材内在自然属性、生长规律的全面把握。虽然二者应用对象不同，但在思维模式上具有高度的一致性，同为祖国传统医药学的精髓所在。

### 2. 中药炮制领域的"物效论"

金世元在中药炮制领域，深谙古法之玄奥，参悟其中机理，形成了"物效论"

的中药炮制理论。"物效论"的核心思想是解决复杂的中药炮制问题，关键是抓住两条主线，一是中药材的自身性质（物性），二是中医临床对中药药性（效用）的需要。能使这两条主线统一的炮制工艺，就是适度（适中）的中炮制技术。

金世元以《伤寒论》著作中处方脚注为着眼点，结合处方主治病症与药味配伍关系，深入分析中药炮制对改变药性的作用以及与临床疗效的关系。他汲取古人关于中药炮制的论述的菁华，关注"本草物性"与"临床效用"的关系。例如，张仲岩在《修事指南》中指出："煅者去坚性，煨者去燥性，炙者取中和之性，炒者取芳香之性，浸者去燥烈之性，泡者去辛辣之性，蒸者取味足……"深刻领会陈嘉谟在《本草蒙荃》中指出："凡药制造，贵在适中，不及则功效难求，太过则气味反失。"的论述。在炮制技法与火候上强调"适中"，讲求技术的规范与质量。

"物效论"的中药炮制理论，体现了"大道至简，回归本源"的思维特点，金世元在从事中药炮制的工作中，先后参与或指导了四部行业规范及标准的制订。主编第一部全国中等中医药学校统编教材《中药炮制学》与《中药饮片炮制研究与临床应用》。2008年被文化部授予国家"非物质文化遗产中药炮制技术代表性传承人"，2012年获得文化部授予的非物质文化遗产传承人薪传奖，在同仁堂建立中药炮制传承基地。

**3. 中药调剂领域的"常识应用论"**

金世元经常强调：中药调剂是中药工作与中医临床疗效的重要桥梁，中药调剂的诸多技术经验，均体现了他注重常识、强调应用的学术特点。他精通中医临床组方的规律，进而应用于中药斗谱的合理编排。他在传统调剂技术方面，掌握濒临失传的"一口印"操作技术。他在1963年《药学通报》上发表论文，介绍中药调剂的基本操作，文章影响深远，至今仍是指导制定行业规程的重要依据。金世元参与或指导编写了先后两版的《北京市中药饮片调剂规程》。指导弟子完成《传统中药调剂人才培养模式与途径的研究》课题，2014年获国家级教学成果二等奖。

**4. 中成药合理使用领域的"一二三论"**

金世元在中成药合理使用领域，倡导在辨证论治的前提下，合理使用中成药，形成了系统的"一二三论"。即"一主线、两对比、三关注"。"一主线"即病机和配伍之间的这条主线；"两对比"即名称相似中成药、功效相似中成药的对比；"三关注"即关注中成药的历史演变、处方药味加减、处方组成中的关键药。

"一二三论"体现了金世元在中成药合理使用领域中，层次清晰、抓住要害的思维特点。他常常考证传统中成药的历史衍变，博学强记，能将复杂的处方组成倒背如流。察微析异，善于名称类似、功效类似品种的应用。1957年，任北京市药材公司研究室主任期间，以其深厚的中医理论功底与经验，主持完成全市中成药配方配本统一工作，解决了长期以来中成药"同名异方"的问题，澄清了长期混乱的现象。先后两次主编了《中成药合理使用》一书，其中第一版为"文革"期间独撰完成。

# 四、方药之长

## （一）道地药材

历代医家对药材质量都非常重视。因此，在处方药名上常冠以不同的质量要求的字样。如杭白芍、广藿香、关防风、辽细辛、怀山药、川贝母等，目的是要求使用真、优品种——地道药材，以达到质优效宏，尽快解决患者疾苦。金世元在长期的中药工作中，不断深入到全国各药材产地和药材市场，在地道药材与非地道药材，以及伪药品种的性状鉴别方面掌握了一套娴熟本领，尤对北京市传统用药特色了如指掌。

### 1."道地药材"的形成与品质

"道地药材"，是指名优正品而又生长在适宜条件和特定产区的药材而言。因其产品质量优良，功效显著，故被全国医药界同仁所公认。我国幅员辽阔，地域广大，气候地势十分复杂，从北部寒冷的黑龙江到南部四季如春的海南岛，从西部的青藏高原到东部的沿海平原及大小岛屿都盛产不同的药材，所以我国有世界伟大药库之称，是名不虚传的。一个"道地药材"的形成，并不是某个时期、某一个人命名的，它是我国历代医家从用药的经验中总结出来的。如我国第一部药学专著《神农本草经》在序录中就强调"土地所出"，即指出地道药材的重要意义。其后，到晋代，陶弘景亦云："江东以来小小杂药，多出近道，气力性理不及本邦……"也指出产地的重要性。

明代伟大的医药学家李时珍，根据自己对实物的调查，结合用药经验，对某些优质药材论述更加具体。如地黄，其云："今人唯怀庆为上。"怀庆，即现在河南省的泌阳县，其毗邻的孟县、温县一带均为地黄主产区，具有悠久历史，产品质量优良，被誉为"四大怀药"（地黄、山药、牛膝、菊花）之一，一向被国内外称为"道地药材"。又如麦冬，李时珍说："浙中来者甚良。"今用之麦冬，其主流品种分为两大类：一是杭麦冬，主产浙江慈溪、余姚等地；一是川麦冬，主产四川绵阳、三台等地，但以杭麦冬质量为优。其特点是块根肥壮盈寸，味甜质柔，向乘上品，被誉为"浙八味"（麦冬、杭白芍、杭白菊、白术、延胡索、浙贝母、温郁金、玄参）之一。再如五味子，李时珍说："五味子今有南北之分，南产者色红，北产者色黑。人滋补药必用北产者乃良。"现用五味子仍分南北两类，南五味子（华中五味子）肉薄，干燥不油润，酸味较差，质次；北五味子（又称辽五味子）肉厚，油润，质柔，味酸较重，质优。后者为东北特色药材之一，并为医药学家视为佳品。由此可知，"道地药材"是历代医家公认的。

药材不仅不同产区品质有所不同，即使同一产区、不同县份的产品，其品质亦有差异。如当归，主产于甘肃武都专区的岷县、宕昌、武都、文县、漳县及天水专区的西和、两当等县。因当归喜生气候凉爽、土壤肥沃的山地，按武都专区的地势来讲，位于甘肃南部岷山山脉东支，山后面沿洮河流域的岷县、宕县多为黑钙土，腐质肥厚，土层深厚，全年最高气温为 23℃，很适合当归生长。尤其岷县的南川、梅川、西寨等乡，当地药农具有栽培当归的丰富经验，故岷县产品质量最优。其性状特点：主根肥大而长，支根少而粗壮，内外质地油润，气清香，其为当归中的佳品。山前面沿白龙江流域的武都、文县一带，土层较薄，腐质土少，气温较高，所产当归一般主根较短，支根多而细，油性较差。故有"前山腿子，后山王"之说。当归规格过去分为葫首归、10 支王、15 支王、原来头、筐王归、常行归等。凡高档当归，多取岷县产品加工，主销大城市及出口。

### 2. "道地药材"的栽培技术与采收加工

道地药材不仅靠产地的自然条件，而且也与药材的生长年限、栽培技术、采收季节和产地加工有密切关系。如白芍其主流品种分为杭芍（主产浙江东阳、盘安）、川芍（主产四川中江、渠县）、亳芍（主产安徽亳州）三类。其中以杭芍质量为优，亳芍产量最大。这三类白芍的生长年限、栽培技术与产地加工是有区别的。杭芍栽培后至少需 4 年采收，川芍、亳芍多在栽培后 3 年采收。杭芍栽培后，除第一年外，每年开穴修根一次（摘除小根，仅留粗壮的 5～10 根），集中养分，促使根条肥大。杭芍、亳芍每年在清明节前后，花蕾形成时，即需摘去，可提高产量，但四川习惯不摘蕾。在产地加工方面：杭芍起土后，先用沙土撞去外皮（故表面呈棕红色），再放水中煮透，然后每支捆在竹片上晒干，以防弯曲；川芍则先刮去外皮，立即放在"种子水"（即白芍须根捣碎，加入玉米粉、豌豆粉混合液）中浸泡（保持色泽鲜艳，质坚明亮），之后煮透；亳芍先煮透，后刮皮。由于上述白芍的栽培技术、生长年限和产地加工方法不同，故杭芍根条粗大，挺直，表面呈棕红色；川芍较细短，表面呈粉白色，质坚，明亮；亳芍类似川芍，表面显粗糙。

对于药材的采收季节和产地加工，古人非常重视。早在《神农本草经》序录中，就有"阴干曝干，采治时月"的记载。在唐代，孙思邈在《千金翼方》中论述更详。他说："夫药采取不知时节，不知阴干曝干，虽有药名，终无药实，故不以时采收，与朽木不殊，虚费人功，卒无裨益。"这阐明了药材采收加工的重要意义。经近代科学证明，这种论断十分正确。凡各种植物都有它的生长、发育、成熟的过程，在它有效成分含量最高时采收，最为适宜。如不适时采收，肯定会降低质量，影响疗效。即使是"道地药材"也会变成次劣品种，甚至无药用价值。为此，我们对每一种药材在采收加工方面都有具体规定。如知母，主产北方各省，其中以河北产量大，质优，尤其保定市易县的品种根茎肥大，质坚，色白，柔润嚼之发黏，向为上品，故有"西陵知母"之称。本品采收季节应在春、秋季采集生长三年以上的根茎，尤以深秋产品质量最好。近年来，药农不分季节与生长年限，滥采滥挖，从而导致知母根茎瘦小，有皮无肉（毛知母），故而影响了疗效。

关于产地和加工，不仅"道地药材"（指贵重稀有品种和常用大宗品种）须加注意，即使一般普通草药也须讲究产地和采收加工。如金银花藤（忍冬藤），以山东、河南产者为正品，且以秋后采收为宜。其性状：茎枝直径为 1.5～6mm。表面为棕红色，光滑，尖部为灰绿色，略被茸毛，中空。近年来，临床大多采用南方野生金银藤。其藤茎粗细不一，最粗的如手指，已木质化，表皮多已脱落。再如桑叶，应采收深秋或经霜老叶，性状特征为表面黄绿色或棕黄色，叶脉突出，质厚而脆，抓之有刺手感。而现用的桑叶全为绿色，不符合药用要求。

### 3. 引种"道地药材"的注意事项

引种道地药材应注意质量。地道药材有栽培也有野生，近年来，由于药用量增加，某些药材主产区的产量不能满足需要，故而采取引种或变野生为家种的方式，这是扩大药源的重要途径。自古以来地道药材的产区不是一成不变的，但要注意凡引种的品种必须是正品，也应注意到引种地区的气候、土壤、阳光、湿度等，并考虑与道地药材的原产地接近，这样才能种出符合要求的药材。不能只顾经济效益，一哄而起，不考虑自然条件，无计划的盲目引种，造成产品质量低劣，影响治疗效果。

如黄芪，其主流品种（膜荚黄芪与蒙古黄芪），主产山西的浑源、应县、繁峙、代县，内蒙古的武川、兴和、锡盟及哲盟的西部，黑龙江、吉林等地，各地产品各有不同特点，但按栽培黄芪，当首推山西浑源、应县，其种植黄芪迄今已有300多年历史，黄芪喜生干燥向阳山坡、土层深厚的沙质土壤中。山西浑源、应县的地势、土壤最适宜黄芪生长，一般为半野生半家种的栽培方法，但需种植后5～6年采挖。按黄芪的产量和质量该地区均居于全国首位。其根形状：圆柱形，头粗尾细，支根多已剪去，一般长50～90cm，直径2～3.5cm。质地绵韧，纤维性强，显粉性，味微甜，嚼之有豆腥味。凡高档黄芪，如冲正芪、炮台芪、红蓝芪等出口规格，多采取该地产品加工。近年来，由于黄芪货源一时紧缺，某些地区进行了引种，但由于自然条件所限，生长期短，其药材性状有了较大差异。一般长约50cm，直径最粗约1cm。主根短，支根多，质坚如木棍，粉性极少，味较淡，质劣次。

**4. 我国主要中药材市场经营的本地"道地药材"**

河北安国中药材专业市场的"道地药材"：板蓝根、知母、柴胡、北苍术、北沙参、黄芩、酸枣仁、苦杏仁。

山西省中药材专业市场的"道地药材"：潞党参、远志、连翘等。

安徽亳州中药材专业市场的"道地药材"：亳白芍、紫菀、亳菊花、桑白皮、天花粉、桔梗、木瓜、牡丹皮、茯苓等。

河南禹州中药材专业市场的"道地药材"：天南星、白附子、南银花、半夏、山茱萸及"四大怀药"（怀山药、怀牛膝、怀生地、怀菊花）等。

四川荷花池中药材专业市场的"道地药材"：川芎、黄连、川贝母、干姜、陈皮、川白芷、姜黄、附子、川乌、川麦冬、川泽泻、川牛膝、冬虫夏草、羌活等。

江西樟树中药材专业市场的"道地药材"：枳壳、香薷、枳实、青皮、栀子、防己、前胡、蔓荆子等。

湖北蕲春中药材专业市场的"道地药材"：射干、茯苓、蜈蚣、独活、续断、厚朴、土茯苓、龟甲、鳖甲等。

昆明菊花园中药材专业市场的"道地药材"：天麻、三七、云木香、砂仁、重楼等。

甘肃黄河中药材专业市场的"道地药材"：当归、大黄、黄芪、党参、甘草、肉苁蓉、羌活、秦艽、猪苓、款冬花等。

广西玉林中药材专业市场的"道地药材"：蛤蚧、穿山甲、草果、石斛、千年健、地枫皮、三七、草豆蔻、肉桂、八角茴香等。

广东清平中药材专业市场的"道地药材"：广藿香、化橘红、地龙肉、阳春砂、益智仁、槟榔、广佛手、沉香、海龙、海马、石决明，以及部分进口品种，白豆蔻、胖大海、血竭、乳香、没药等。

浙江磐安新渥中药材专业市场的"道地药材"：杭白术、杭白芍、玄参、杭白芷、浙贝母、杭麦冬、杭山萸、杭菊花、延胡索、温厚朴、温郁金、青皮等。

黑龙江三棵树中药材专业市场的"道地药材"：细辛、北五味子、青毛茸、黄毛茸、关龙胆、关黄柏、关防风、木贼草、锦灯笼、牛蒡子、菟丝子，以及各类人参等。

山东鄄城（舜王城）中药材专业市场的"道地药材"：瓜蒌、东银花、全蝎、丹参、水蛭、北沙参、蔓荆子、牡蛎等。

## （二）中药炮制

中药凡在调配处方和配制成药之前，大都需要经过各种不同方法的加工处理，这种加工处理过程，统称为"炮制"。中药炮制对于临床治疗，在促进药物效用上起着重要作用。金世元作为"国家级非物质文化遗产项目（中药炮制技术）代表性传承人"，深谙中药炮制古法之玄奥，参悟其中机理，形成了"物效论"的中药炮制理论。"物效论"的核心思想：解决复杂的中药炮制问题，关键是抓住两条主线，一是中药材的自身性质（物性），二是中医临床对中药药性（效用）的需要。能使这两条主线统一的炮制工艺，就是适度（适中）的中药炮制技术。中药炮制的技术很多，但各有不同意义，简要介绍如下。

### 1. 除去杂质及非入药部分，达到质纯效宏

一般植物药都需要经过挑、筛、洗、漂等加工处理，除净泥沙，拣净杂草，以及去心（远志、巴戟天），去皮（桃仁、草果仁、益智仁），去核（山茱萸、金樱子、诃子），去芦（人参、玄参），去毛（枇杷叶、石韦、狗脊），去刺（苍耳子、白蒺藜），去瓤（枳壳）；动物有的需要去头（乌梢蛇、白花蛇），有的需要去头、足、翅（斑蝥），有的需要除去皮肉血垢（龟板、鳖甲）；矿物类去净泥土砂石；贝壳类去净泥沙、苔藓等异物。以上不同的加工方法是为了使药物清洁纯净，便于服用，防止副作用，以保证用量准确，达到质纯效宏的目的。

### 2. 区分药用部位，利于疗效发挥

中药有些品种虽同出一体，但在效用上迥然有别，必须通过炮制加工，严格区分，以利于发挥疗效。如麻黄（用茎枝）的功能为发汗、平喘、利尿，主治外感风寒无汗的表实证，如《伤寒论》之"麻黄汤"。麻黄根（用根）功能止汗，主治体虚自汗、盗汗，如《局方》之"牡蛎散"。莲子又称"莲子肉"，其性味甘、涩、平，功能养心益肾，补脾涩精。治白浊如《局方》之"清心莲子饮"；治脾虚泄泻，如《局方》之"参苓白术散"。莲子心性味苦寒，功能清心热，除烦止渴，主治心火亢盛，烦躁口渴，如《温病条辨》之"清宫汤"。蜀椒（用果皮），功能温中散寒，除湿，止痛，杀虫，主治脘腹冷痛，呕吐腹泻，如《金匮要略》之"大建中汤"；椒目功能下水行水平喘，主治水饮停蓄，小便不利，遍身水肿，如《世医得效方》之"疏凿饮"。

### 3. 消除或降低药物毒性，缓和副作用

中药有少数品种是有不同毒性的，这些含毒中药在入药之前都必须经过依法炮制，精心加工，使质量合乎标准后方可入药。否则，服后轻者发生不良反应，重者可危及生命。关于毒药的炮制与应用，古人是非常注意的。如我国最早的医学典籍《黄帝内经》中的"半夏秫米汤"，就用的是"制半夏"。汉代张仲景的《伤寒论》对毒性中药的应用更为谨慎，凡用有毒药物均在脚注上注明炮制要求。如巴豆去皮、心熬黑；商陆根熬；芫花熬；瓜蒂熬黄；附子炮，去皮，破八片；半夏汤洗等。再

如元代《珍珠囊补遗药性赋》说："草乌疗风痹，生用使人蒙。"上述记载都是古人临床应用毒性药物的经验，并提示后人切切注意，不可忽视。新中国成立后，党和政府为了保证人民用药安全有效，对于含有毒性的中药，无论从使用上还是管理上都极为重视，制定了必要的制度，如《中国药典》（1977年版）将收载的有毒中药分别注明有大毒、有毒、有小毒，在炮制项下规定了具体的炮制方法，在用法用量项下，每种都有明确规定，并且有的品种还规定了含量标准。如制马钱子粉含士的宁为20.8%，巴豆霜含油量为18%～20%等，这些都是我们进行有毒的中药炮制与应用的唯一依据。

缓和药性是指经过炮制，缓和某些药物的偏性，减少服后发生的不良反应。如苍术性味辛燥，用米泔制，可减低燥性（减少部分挥发油，缓和对胃的刺激性）；马兜铃性偏苦寒，生用致人呕吐，经蜜制后，可消除其副作用，且可增加润肺止咳功效；肉豆蔻功能温中散寒，固肠止泻，但因生品含有大量的挥发油，脂肪油生用反致滑泻，故煨去油；莱菔子气味辛烈，生用上逆，每易致呕，经炒黄后，气味缓和，重在下气消痰。正如清《修事指南》所说："煅者去坚性，煨者去燥性，炙者取和中之性，炒者取芳香之性，浸者去燥烈之性，蒸者取味足。"这说明，如果药物炮制得当，可以矫正药物的偏性，缓和其副作用，提高临床疗效，适应治疗要求。

**4. 增加辅料，以增强药物疗效**

药物在炮制过程中常加入一些辅料，它可以与药物起到协同作用，增强药物功能。如延胡索其有效成分为生物碱，经醋制后，可使生物碱转化为醋酸盐，增加了在水中的溶解度，故加强了止痛活血作用；淫羊藿用羊脂油制后，可促进助肾兴阳之功；阿胶用蛤粉烫制，可增强润肺平喘、止咳化痰效果；半夏用生姜制可以加强半夏化饮止呕作用，且生姜还可以解半夏毒；黄酒制蕲蛇，可促进活血散风功效，又可减少腥浊之味。

又如蜂蜜制，一为增强润肺止咳之效，如炙款冬花、炙紫菀；一为增强补脾益气之效，如炙黄芪、炙甘草。其他如朱砂面拌制品，取其加强镇心安神作用，如朱麦冬、朱茯神等。正如宋《太平圣惠方》所说："修制合度，分两无差，用得其宜，病无不愈。"这说明药物炮制得法，对促进疗效有很大关系。

**5. 转变药物性能，适应医疗需要**

性能就是药物的性质和功能，它主要包括四气、五味、升降沉浮、归经等。为了适合患者的病情和体质不同的需要，药物通过炮制，可改变其性能，以适应临床要求。①转变药物性味：如生何首乌苦甘涩，性偏寒主泻，可通大便，解疮毒，治瘰疬；经黑豆汁、黄酒炮制后的制首乌性甘温主补，可以补肝肾，益精血，还可以治须发早白。②转变药物作用的趋向：疾病由于病因不同，所表现的症状也各有区别。有向上的，如呕吐、呃逆、喘促；有向下的，如泻痢、脱肛、崩漏、带下；有向外的，如阳气浮越；有向内的，如表邪不解、热陷心包、疹毒内攻等。与之相适应的药物也有升、降、浮、沉的功能，这就是药物的客观属性。但属性经过炮制，往往是可以改变的。如砂仁功能行气和中，开胃消食，作用在中焦；经盐制后，则可下行温肾，治小便频数。大黄生用苦寒直降，走而不守，具有荡涤肠胃、泻热通便之功；酒炒大黄则能引药上行，驱热下降，主治头目诸热。如李时珍说："升者引之以咸寒，则沉而直达下焦；沉者引之以酒，则浮而上至颠顶。"由此可知，炮制对中药作用的趋向确有很大关系。③炮制对引药归经的影响：归经即某些药物对脏腑、经络的病变起一定的治疗作用。药物通过加入不同辅料炮制后，对归经有一定影响，它可引导药物直达病所，在一定的脏腑、经络更好发挥疗效。正如《本草蒙筌》所说的："入盐走肾脏仍仗软坚，用醋注肝经且资住痛。"比如柴胡其主要功用为清热退烧，和解表里，次要功用为疏肝解郁。医生在临床治疗时，为了使其引药入肝，功专疏肝解郁，常用醋炒柴胡。另外，凡疏肝理气之品多用醋制。如醋香附、醋青皮等。再者，活血行瘀之品也多用醋制（因肝藏血，有调节血量的功能），如醋莪术、炙乳香、炙没药、醋炒五灵脂等。凡温肾强腰、散寒治疝的药物多用盐制，如补骨脂、杜仲、小茴香、益智仁、橘核等。其他如麸炒醒脾、土炒和中均属归经之类。

### 6. 便于制剂调剂，易于有效成分煎出

矿石、贝甲、化石及某些坚硬植物的根及根茎、茎木、果实种子类和动物的角质药材，整品既不便于调剂和制剂粉碎，且在短时间内有效成分也不易煎出。因此均需针对药材的不同质地，分别进行炮制，以确保疗效。如矿石类的磁石、代赭石需火煅后醋淬；坚硬的根及根茎类如乌药、土茯苓、天麻、白芍等均需切成薄片；茎木类的苏木、降香、檀香和动物角质类的羚羊角、鹿角，均需镑成薄片；果实类的木瓜、枳壳等也需切成薄片；种子类的草决明、牵牛子、白芥子、牛蒡子等，均须炒黄，用时捣碎。此外，还有一些坚硬药材常研成细粉随汤药分冲服用，如羚羊角粉、水牛角粉、三七粉、沉香粉、朱砂粉等。上述各种炮制加工方法，其主要目的都是为了药物的有效成分溶出，保证临床治疗效果。

### 7. 矫味、矫臭，有利于服用

动物类或其他具有腥臭气味的药材服后往往引起恶心，甚至呕吐，所以对其矫味、矫臭是十分必要的。中药的很多炮制方法都带有矫臭的作用。如麸炒僵蚕、蛇蜕；醋炒鸡内金、五灵脂；砂烫醋淬龟板、鳖甲；黄酒蒸制紫河车、乌梢蛇；滑石烫制刺猬皮等。

总之，中药炮制是一门极为复杂的学科。由于中药来源于植物、动物和矿物质，在这些原生药中，有的含有毒副作用，有的含有杂质及非入药部分，如动物之瘀血

积垢，植物、矿物夹有杂草、泥沙等异物，如不加以剔选或清除，便无法入药。有的药材体积大、坚硬，不便于调剂、制剂和有效成分的煎出；有的则需要区分入药部位；有的因生熟不同或炮制所用辅料不同则作用各异。因此，对药材进行针对性的炮制可以去粗取精，去伪存真，降低毒性，缓和药性，从而提高临床疗效。

## （三）中药调剂

中药调剂是中药工作与中医临床疗效的重要桥梁。金世元在传统调剂技术方面，掌握濒临失传的"一口印"操作技术。在1963年《药学通报》上发表论文，介绍中药调剂的基本操作，文章影响深远，至今仍是指导制定行业规程的重要依据。他参与或指导编写了先后两版的《北京市中药饮片调剂规程》。指导弟子完成《传统中药调剂人才培养模式与途径的研究》课题，2014年获国家级教学成果二等奖。金世元将传统的中药调剂操作规程分为审方、计价、调配、复核、包装和给药六个程序。

### 1. 审方

医师处方不仅是患者的施治记录，也是在用药方面给调剂人员的书面通知，所以审方工作是一项重要工作。中医处方一般用横式，其格式大致包括以下四栏：①患者姓名、年龄、性别、婚否及住址；②脉案：病因、症状、脉象及治疗方法；③处方正文（药味）；④剂数、服法、医师签名及日期。这四项内容既有独立性，又有综合性，但相互间却有着密切联系。在审核处方时，必须注意下列两点：①综合审查。首先看是新方还是旧方。如是旧方，必须向患者问清服药人姓名、处方日期及医师姓名，以防拿错药方而发生误服药品事故。根据患者年龄、性别、婚否、脉案及处方药味，可以审核有无"孕妇禁忌"药物（凡不写脉案者不在此例），如三棱、莪术等。如发现有此类药物，应与医师取得联系后再行调剂，以免引起流产。结合患者年龄、脉案还可以审核有无药性猛烈药物（如麻黄、细辛等）过量，以防医师笔误。②单独审核。主要审查正文（药味）有无"相反"药物（如甘草与芫花、半夏与乌头等）、"相畏"药物（如丁香与郁金、人参与五灵脂等）及"含毒"药物（如马钱子、巴豆等）。凡"相反""相畏"药物，原则上不给调剂；只有取得执业医师同意及签名或盖章后方可调剂。尤其是含毒药物，更需慎重，必须持有医师处方和医疗主管部门的证明，才能调剂，不可草率从事，以防造成事故。此外，还应注意审查有无药名草率疑似（如桔梗与桂枝、清半夏与法半夏等）、重开药物（如甘草与生草等）、分量模糊以及遗漏分量等情况。如有上述情况，除重开药品一般可与患者说清不需询问医师外，其余问题均需与医师取得联系后方可进行调剂，不可主观猜测，以免错配药品。

## 2. 计价

药价是再次调剂时的计价依据和患者的报销依据，所以也不应忽略，必须做到准确。如果计算旧方，则更需寻全药味，注意医师增减药品或更改分量。处方如有贵重药物（人参、鹿茸等）应在药名顶头处注明单价，避免再次调剂时重复核算或拿错规格。同时应向患者说清，以引起重视。在计价后，应将处方栏四角的药味处用笔钩抹，并应将药味总数签写处方背面，以便于核对，同时也便于再次调剂时检查有无增添药味。

## 3. 调配

调配为操作中的重要环节，必须根据医师用药意图进行调配。调剂人员在接到计价后的处方，仍须再进行一次详细审核。除重复审查有无反、畏、禁忌及剧毒药物外，还需对处方药物别名、并开（一名多药）及脚注等，进行一次细致审核。①别名及并开。中药除正名外还有别名，如金银花又称忍冬花、二花及二宝花等。有时医师处方常将两三种药物写在一起，称为"并开"。其意大致有二：一是疗效基本相同的药物，如"二冬"（天冬、麦冬）、"二活"（羌活、独活）、"全紫苏"（苏叶、苏梗、苏子）；二是协同药物，如"知柏"（知母、黄柏）、"生龙牡"（生龙骨、生牡蛎）等。这些情况在中医处方中经常出现，所以在调配时必须注意。此外，有一些中药名称仅一字之差，易于混淆，比如忍冬、款冬、泽兰、佩兰等，在调配这些药物时更需谨慎从事，不能混淆。②脚注。在处方某种药物的下脚旁边加以注解，称为"脚注"，是医师根据药物的质地或治疗需要，以简明字样，对调剂人员的提示。其内容一般包括临时炮制、煎熬与服用要求、捣碎、去掉非药用部分等四类。

## 4. 复核

复核是指在调剂后进行最后一次全面的细致的核对，除再次复核相反、相畏、禁忌及剧毒药物外，主要审查药物调配是否正确，药味是否齐全，以及分量是否准确等。待全面复核无误后，再行包装。

## 5. 包装

在包装时应掌握一定技巧，凡有薄片易碎药物，如杭芍片、清夏片等，不得过加压力，注意药物的完整美观。包装还要求规格整齐，包扎牢固。

## 6. 给药

给药为调剂工作的最后一个环节。目前，中药调剂，无论医院药房还是中药店多采取"按号发牌"的办法，在给药时，除对清号码外，还应问清患者姓名、住址及诊治医师姓名和剂数等，以防"张冠李戴"，错付药品，发生事故。在审核无误后，应根据医师处方要求，例如需要患者自己添加药引（如葱白二寸、黄酒一盅）均须一一告清患者。

## （四）中成药的合理使用

金世元常常考证传统中成药的历史衍变，博学强记，能将复杂的处方组成倒背如流。察微析异，善于名称类似、功效类似品种的应用。下面以中药"急救三宝"的组成、功效对比为例介绍如下。

所谓中药"三宝"，即安宫牛黄丸、局方至宝丹、紫雪丹三种名贵成药。由于这三种成药对于治疗急性热病或某些危急重症出现的高热神昏确有捷效，故被中医誉为中药"急救三宝"。虽然这三种成药同属"凉开"之品，均有清热解毒开窍的功效，皆可用于邪热内陷、传入心包所致的高烧烦躁、神昏谵语等热症，但三者相比，因组方药物不同，其功效亦有所差异，故临床应用时，要辨证使用。

**1. 安宫牛黄丸**

出自清代《温病条辨》。本方是由牛黄、犀角（水牛角代）、黄连、黄芩、生栀子、郁金、朱砂、珍珠、麝香、冰片、明雄黄所制成的蜜丸或散剂。以牛黄清心热，豁痰定惊，犀角（水牛角代）凉血清热解毒；辅以黄连、黄芩、生栀子助牛黄、犀角（水牛角代）清泻心包之火；配伍麝香、冰片、郁金芳香走散之性，功专开关通窍，苏醒神志；用雄黄辟秽解毒，朱砂、珍珠镇静安神解毒。本品具有清热解毒、豁痰开窍作用，主要适用于漏执病毒、内陷心包所致的高热不退、烦躁不安。甚至神昏谵语、舌蹇肢厥、浊痰壅盛，以及小儿急热惊风，或中风痰热内闭等症。常用于乙脑、流脑、中毒性痢疾、中毒性肺炎、尿毒症等，属于热入营血所致的昏厥者，以及脑血管意外症，症见热痰壅盛、神昏不语、面赤、脉数者皆可服用。功效重点在于清心热解毒，豁痰开窍。

**2. 局方至宝丹**

出自宋代《太平惠民和剂局方》。本品是由牛黄、犀角（水牛角代）、玳瑁、麝香、安息香、冰片、明雄黄、朱砂、琥珀所制成的蜜丸或散剂。与安宫牛黄丸比较，本品减去黄芩、黄连、生栀子苦寒降火之品，但突出了麝香、冰片、安息香等芳香化浊之药，故增强了开关通窍作用。所以对于中暑、中恶所致昏迷，或痰热内闭引起的高热谵语等症，服之可立展神明。主要适合于中暑、中恶（感受秽浊之气，忽然昏倒、气机闭塞、不省人事）；温热病因邪热内陷所致的高热烦躁、神昏谵语；或中风引起的痰盛气粗、昏迷不语，以及小儿惊厥属于痰热内闭者。可用于乙脑、流脑等急性传染病出现高热昏厥者，脑血管意外症引起的痰盛昏迷身热、脉数者均可服用。

**3. 紫雪丹**

原名"紫雪"，又名"紫雪散"，出自宋代《太平惠民和剂局方》。本品是由生寒水石、生石膏、生磁石、滑石、羚羊角、升麻、犀角（水牛角代）、麝香、青木香、丁香、沉香、玄参、甘草、玄明粉、火硝、朱砂（原方有黄金）所制成的散剂。方中主以寒水石、生石膏、滑石大寒之品，清热泻火，除烦止渴，以羚羊角清肝热，息风定搐，以解痉厥，以犀角（水牛角代）清心热，以解毒热；辅以麝香开窍启闭，醒脑回苏；配升麻、玄参、甘草养阴生津，清热解毒；用玄明粉、火硝泄热散结，缓通大便；以青木香、丁香、沉香疏通气机，以生磁石、朱砂镇惊安神。本方由于加入了羚羊角，故息风定搐功效较强，所以镇痉开窍是本品的作用特点。主要适用于温热病、邪热入里、逆传心包所致的高热不退、口渴喜饮、唇焦舌干、尿赤、便秘、烦躁不安，甚至神昏谵语、惊厥抽搐等症。可用于乙脑、流脑以及某些急性传染病见有上述症状者。但应注意的是本品有缓泻作用，故表邪未解、邪热尚未入里者勿用，以防邪热内陷，致患凶症。

# 五、读书之法

金世元对于中医经典的学习，始于1940年的"北平中药讲习所"与1954年的"中医预备会员学习班"两次系统的学习。"北平中药讲习所"的授课教师为京都中医名宿赵树屏、瞿文楼、杨叔澄、安翰青等，开始学习中医基础理论的四部经典，通过查阅字典、请教老师、狠练狠背等加强理解，死记硬背。多少年后，金世元说起当年背书的情景感慨仍深，"人生就是那样：每段最艰辛的日子回过头去再看，都苦中有乐。背《黄帝内经》《伤寒论》，每天我都定出量来，必须熟背。背完了还要理解，名家评论要一个字一个字念，《伤寒论》有多少名家进行评论？全都得看了，看了才能开窍。狠背了两年，后来背得就是脑子忘了，嘴都忘不了喽！"

"中医预备会员学习班"的授课教师为京都名医名家，如卢治忱主讲《黄帝内经》，方鸣谦主讲《伤寒论》，宗维新主讲《金匮要略》，申芝塘主讲《温病条辨》，赵炳南主讲《皮外科学》，赵心波主讲《儿科学》，刘奉五主讲《妇科学》，单玉堂主讲《针灸学》等课程。将中医的经典著作中的重点章节反复精读，加强背诵。像《黄帝内经》《伤寒论》《温病条辨》《本草纲目》中的重点章节印在脑海里。尤其是《医宗金鉴》中的"伤寒心法""杂病心法""妇科心法"，以及汪昂的《汤头歌诀》等原文现在仍能朗朗上口。1957年参加北京市卫生局组织的"中医师资格考试"，考试内容包括《金匮要略》《伤寒论》《黄帝内经·灵枢经》《温病条辨》《医宗金鉴》等中医经典内容，顺利通过考试。

中药历史悠久，方书众多，浩如烟海。如唐代孙思邈的《千金要方》《千金翼方》，王焘的《外台秘要》；宋代王怀隐的《太平圣惠方》，赵佶的《圣济总录》，明代李时珍的《本草纲目》等都是庞大的方书，内容浩瀚，各具特色。其中切合实用，流传较广，被历代医家所公认，对中药工作具有重要指导价值的经典著作，主要有以下两部。

## （一）《太平惠民和剂局方》——我国药学史上第一部成药制剂规范

北宋政府为了自身需要和加强药政管理，设置了专为皇家服务的"御药院"。1076年（宋神宗熙宁九年）又设立了"太医局卖药所"，也称"熟药所"。把丸散膏等成药由国家专利出售，这就是"和剂局"前身。在此基础上，1107年（大观元年），朝廷命医官陈承、裴宗元、陈师文将配方进行校正、修订成书，名《和剂局方》。嗣后，又多次增补修订，1131年至1141年（宋绍兴年间）改名为《太平惠民和剂局方》（后世简称"局方"）。

全书共10卷，附指南总论3卷，分诸风、伤寒、一切痛、痰饮、诸虚、痼冷、积热、泻痢、眼目疾、咽喉口齿、杂病等14门，载方788首。每方项下详列成方的药物组成、用量、炮炙、制剂方法、主治病证、服法用量、禁忌等。为了配方选料精良，以防伪劣药物掺入，特设"买药材所"。在制剂操作方法上，也规定得非常具体、翔实。此时成药剂型已发展10种之多。尤其对炮炙技术更为重视，特立专章论述，将炮制方法列为法定的制药标准，提出"凡有修合，依法炮制，分量无亏，胜也"。这使成药的质量得到了保证。

这部成药规范由政府颁发全国，遵照执行。当时流行甚广，影响极大，特别在医生较少的广大偏僻地区多自取其方，配药治病。此书虽比《太平圣惠方》处方少，但大多有实用价值。所收载的处方均是当时全国医家临床经验的结晶，具有疗效显著，使用方便的特点，很快风行全国，很多品种现已成为历史上的名贵成药，享誉国内外，沿用至今不衰。如至宝丹、苏合香丸、牛黄清心丸、藿香正气散（丸）、逍遥散（丸）、平胃丸、参苓白术散（丸）、活络丹、香连丸、二陈汤（丸）、川芎茶调散、八正散、十全大补汤（丸）、人参养荣汤（丸）、青娥丸、青州白丸子、人参败毒散、五积散（丸）、五皮散、木香分气丸、四君汤（丸）、四物汤等。

由于《太平惠民和剂局方》由政府颁行，有一定的学术水平和权威性，故对于当时统一全国成药规范，推行成方使用起到了推动作用。同时也防止了不法商人制售假药、劣药危害人民，对于保证药品质量和用药安全有一定的积极作用。

## （二）《本草纲目》——集16世纪以前中国本草学大成的著作

《本草纲目》全书约190万字，共分52卷，收载药物1892种。其中有374种是李时珍增补的，并有附方11000余首，插图1000多幅，可谓我国16世纪以前中药学的全面总结。该书集中反映了我国劳动人民的智慧和才能，是我国科技史上极其辉煌的硕果。《本草纲目》不但是药学方面的一部杰出著作，而且对矿物学、化学、动植物学都有相当的贡献。本书在 17 世纪末传到国外，对世界药物学、化学等自然科学的发展都有很大影响。《本草纲目》全书先附实物插图，次叙"百病主治药"，然后依纲列目，分述各种药物。每药项下分别包括释名、分类、植物形态、产地、栽培、采收加工、性状鉴别、气味、主治及附方等。所述内容具有科学性、真实性和极高的临床实用价值。

### 1. 植物分类方面的贡献

《本草纲目》的分类方法在当时是世界上最进步的植物分类法。在 16 世纪时，李时珍就已掌握了科学法则，对药物进行"析族、区类、振纲、分目"。如将大戟、甘遂、泽漆、续随子排在一起，并指出花中都有白汁。现代植物学证明，这几种药物均属大戟科植物。这种分类方法可以与欧洲植物分类学的创始人林奈的分类法相媲美，但要比林奈早 170 多年。这足以证明，李时珍的科学见解是史无前例的。

### 2. 药物名词解释方面的贡献

李时珍根据药材的不同品种和特征，无论正名还是异名大都作了较为详细的解释。他将历代药物名称的意义加以说明，这也是前所未有的。如"三七"，李时珍说："彼人言其叶左三右四，故名三七，盖恐不然。"根据三七的植物形态，他的否定是对的。本品异名又称"山漆"。他说："谓其能合金疮，如漆黏物也。"说明三七的主要作用为止血，这也是正确的。

### 3. 药材产地、栽培和采集方面的贡献

植物药材的生长有一定的地域性，土壤、气候、阳光、水分、栽培技术以及采收加工等无不与药材质量密切相关。对此，李时珍均根据他的实地观察和亲自访谈所得出的可靠资料而编写。在产地方面，如五味子，李时珍说："五味子今有南北之分，南产者色红，北产者色黑，入滋补药必用北产者乃良。"今用之五味子仍分南北两类，南五味子（华中五味子）和北五味子（又称辽五味子）。其品质以北五味子肉厚、油润、质软、味酸者为佳。此为东北特色药材之一，并为医药学家视为隽品。由此可知，"道地药材"是历代医家所公认的。在药材栽培、采集方面，如川芎，李时珍说："蜀地少寒，人多栽莳，深秋茎叶亦不萎也，清明后宿根生苗，分其支横埋之，则节节生根，八月根下始结芎䓖……"对川芎栽培和生长季节的描述相当真实，至今川芎仍为四川灌县的独特产品。其质量享誉国内外，栽培方法仍采用茎节（俗称芎苓子），进行无性繁殖。在当时交通极为不便、信息相当闭塞的情况下，李时珍能掌握这一真实资料也是非常不容易的。

### 4. 产地加工方面的贡献

如白芷，李时珍说："今人采根洗刮寸截，以石灰拌匀，晒收，为其易蛀，并欲

色白也……"今天杭白芷的加工干燥仍采取石灰拌的方法。此法不仅易于吸收水分，而且可防虫蛀，并能保持白芷的断面色白不变。这一优良加工方法传承至今。

### 5. 药材性状鉴别方面的贡献

如蕲蛇，李时珍说："其蛇龙头虎口，黑质白花，胁有二十四个方胜纹，腹有念珠斑，口有四长牙，尾有一佛指甲，长一二分……"这种性状的描述非常逼真，至今仍为蕲蛇真伪鉴别的要点。

### 6. 敢于批判和纠正前人错误

李时珍本着"讹者绳之"的精神，对前人的错误敢于批判和纠正。如五倍子，之前的学者在未曾深入调查的情况下，都误认为是植物的果实。李时珍说："宋开宝本草收入草部，嘉祐本草移入木部。虽知生于肤木之上，而不知其乃虫所造也。"并指出，五倍子是一种小虫寄生在盐肤子树上，在叶间做起的虫瘿。这个问题以往的本草学家始终没有弄清楚，然而李时珍搞清楚了。现代研究证实，五倍子为漆树科植物盐肤木、青麸杨、红麸杨等叶或叶柄因受五倍子角倍蚜或倍蛋蚜雌虫刺伤而形成的囊状虫瘿。李时珍能纠正前人之误是他深入群众、虚心向劳动人民学习、重视实践的结果。

### 7. 在修治（炮制）方面的贡献

李时珍在继承前人炮制方法的基础上，通过实践，去芜存菁，从理论上提出了自己新的见解，具有承前启后的作用。如黄连炮制，李时珍说："五脏六腑皆有火，平则治，动则病，故有君火相火之说，其实一气而已。黄连人手少阴心经，为治火之主药，治本脏火则生用之；治肝胆实火则以猪胆汁浸炒；治肝胆虚火则以醋浸炒；治上焦火则以酒炒；治中焦火则以姜汁炒；治下焦火则以盐水或朴硝研细调水和炒；治气分湿热之火则以吴茱萸汤浸炒；治血分块中伏火则以干漆末调水炒；治食积之火则以黄土研细调水和炒。清法不独之引导，盖辛热能制其苦寒，咸寒能制其燥性，在用者详酌之。"不同的炮制方法有不同的治疗效果，李时珍在前人用药经验基础上，进一步从理论上阐发其道理，对中药炮制的发展起到了促进作用。这些方法如今多数仍用于临床。

### 8. 具有许多创造发明

李时珍重点总结了历代著名医家的用药经验和不同的学术见解，并且既有继承，又有批判，且有很多的创造发明。如牡丹皮，李时珍说："牡丹皮治手足少阴、厥阴四经血分伏火。盖伏火即阴火也，阴火即相火也。古人唯此治相火，故仲景肾气丸用之。后人乃专以黄柏治相火，不知牡丹皮之功更胜也，此千载秘奥，人所不知，今为拈出……"李时珍在继承前人用药经验的基础上，提出了自己的用药心得，促进了祖国医药学的发展。可以说，李时珍不仅是一位伟大的药学家，而且是一位医术精湛的医学家。

**9. 广泛罗集民间行之有效的单方、验方**

在《本草纲目》附方项下，李时珍先列旧方和新方，然后不独取古代的著名方剂，如桂枝、麻黄、青龙、白虎之类，而是广泛罗集古代医药书籍和流传于民间而行之有效的单方、验方，并注明用量、服法和治验等。这对继承中医药遗产，保存历史文献资料具有重要贡献。

# 六、大医之情

## （一）思想境界

金世元从小学徒，一辈子与中药打交道。他始终认为：中药是大自然的精华，人也必须依赖大自然才能生存。人与中药有一种浑然天成的关系。药如人生，中药不仅能治病，制药的过程同时也可以教人、育人。清代大医叶天士在《临证指南医案·华序》中曾说："良医处世，不矜名，不计利，此其立德也；挽回造化，立起沉疴，此其立功也；阐发蕴奥，聿著方书，此其立言也。"

80 余年的药学生涯，金世元从一个不谙世事的药庄学徒，到今天的"国医大师""国药泰斗"，一路走来，完全凭着对中药事业纯朴而真挚的情感，以及满腔热忱的执着追求，无论自我学习还是刻苦钻研，无论教书育人还是著书立说，他始终奉行的是先立德，再立功，再立言。在生活中，金世元性格和蔼，平易风趣，乐于助人，在低谷面前不气馁，在机遇面前努力把握，一生追求进步。这种对事业的执着追求与奉献精神，不仅赢得了广大中医药工作者的敬意和爱戴，并成就了他的中药人生。

金世元十分欣赏曹操《龟虽寿》中的那句话："老骥伏枥，志在千里。"也十分欣赏臧克家的那首《老黄牛》中的诗句："老牛亦解韶光贵，不待扬鞭自奋蹄。"面对党和国家授予的众多荣誉，金世元始终保持一种平和心态，谦虚谨慎，平等待人，努力为国家中医药事业做出更多的贡献。

## （二）文化修养

金世元自小在私塾学习，跟随教书先生学习背诵国学经典，《千字文》《百家姓》《名贤集》《论语》《孟子》等，学习传统文化，深受国学影响和传统教育洗礼。其次，金世元自小习字，使用软笔，临摹碑帖，练习柳宗元字体。现在无论是软笔还是硬笔，书写流畅，规整洒脱。再者，金世元在工作之余喜欢欣赏京剧，熟知传统剧目情结和出演演员情况，偶尔学唱两句。

# 七、养生之智

像人参、鹿茸等一些在过去中国人生活里较难得到的滋补佳品，对于一辈子与药打交道的金世元来说，自然是近水楼台。但他却提倡"无药养生"之道，认为"药补"不如"食补"，粗茶淡饭，合理饮食，均衡营养，保护脾胃和肾十分重要。中医学认为，肾为先天之本，脾为后天之本。他说：脾胃坏了，消化不好，人的营养就差；有病了要吃药，药到了肠胃里无法吸收，药性无法起作用，吃了也等于白吃。肾功能不好，体内的废物就无法排出，这就是把一个人的根本破坏了，所以要想有好身体，平时的食养食补最重要。

金世元注重合理运动对身体的调养。每天早上起床后就开始简单的身体锻炼了。第一步，搓脸，俗话叫干洗脸，每次30遍；第二步，搓耳朵，也搓30次，耳朵的穴位很多，能够促进全身的血液循环，再往下搓脚，让两脚对搓，再用两只手专门搓脚心。每天一个小时，一项一项地进行锻炼。从周身的主要穴位，循序渐进到全身的简单运动，就是为了达到一个目的：促进全身的血液循环。他每天早起在家锻炼后，就到楼下的小区花园里，找一个人少的地方，做几次深呼吸，经过一番吐故纳新之后，再做一套保健操。吐故纳新再加上做操，每天不到20分钟的锻炼时间，常年坚持，保持良好的精神状态与健康的身体素质。

# 八、传道之术

## （一）人才培养方法

金世元培养中药人才的方式主要有以下4种。

### 1. 创办中药学专业，通过院校教育培养人才

自1961年开始，金世元在北京卫生学校（现北京卫生职业学院）创办中药专业，他与教研室的同事们一起白手起家，编写了一套适合中等职业技术人才教育教学的教材，填补了这方面教学和人才培养的空白。其间担任中药学科主任，曾讲授中药鉴定学、中药炮制学、药用植物学、中医学基础理论等课程，通过院校教育培养中药学行业急需人才。

### 2. 建立传承工作室，以点带面培养高级专业人才

自2008年开始，首都医科大学中医药学院建立金世元传承工作室，从北京市级传承工作室，到2012年国家级传承工作室，再到2015年国医大师传承工作室，在

北京市及全国多地建设 30 余家工作室分站以及传承基地，通过工作室以点带面，广传薪火建立工作室及其分站培养高层次专业人才。

2008 年 10 月，北京市中医管理局设立北京中医药"薪火传承 3+3 工程"室站建设项目，首都医科大学中医药学院与北京市卫生学校（现北京卫生职业学院）合作申请并获批，创建了金世元名老中医工作室。2011 年 4 月，北京市中医管理局组织考核验收，授予工作室"北京中医药薪火传承优秀奖"。先后在北京中医药大中药学院、中国中医科学院中药资源中心、北京市鼓楼中医医院、中国中药集团北京华邈药业有限公司、北京隆福医院、北京儿童医院、中国航天医院、平谷区中医医院建立 8 个工作室分站。

2012 年 10 月，经北京市中医管理局推荐申报、国家中医药管理局批准，在市级工作室建设的基础上，建立"金世元名老中医药专家传承工作室"。2016 年 6 月通过国家中医药管理局专家组实地考核验收，综合评价 91.2 分，成为全国优秀名老中医传承工作室。

2015 年 8 月，经国家中医药管理局批准建立"金世元国医大师传承工作室"。2019 年 12 月通过国家中医药管理局专家组实地考核验收，综合评分 103.4 分，成为全国优秀国医大师传承工作室。近年来，先后在北京卫生职业学院、首都医科大学宣武医院、广东省中医院、湖北省中医院、山东淄博市岜山集团淄博万杰肿瘤医院、北京中医药大学东方医院、南京市中医院、河南禹州市孙思邈医药研究院、广东省深圳市宝安纯中医医院、山东中医药大学附属医院、首都医科大学附属北京中医医院、湖北省襄阳市中医医院、湖北省武汉市中医院、重庆市肿瘤医院、天津中医药大学第一附属医院，以及北京中医药大学第三附属医院、北京大学第三医院、北京中医药大学东直门医院等 18 家单位建立工作室分站。

金世元传承工作室坚持继续坚持以"燕京医药学"研究为主线开展建设，重点收集整理了金世元在燕京药学方面的成就与特色，主要是中药鉴定、炮制、制剂以及中成药合理使用方面的实践经验与学术思想，逐渐将工作室建设成为集学术传承、特色服务、人才培养和科研学术四位一体的传承基地。

第一是学术传承平台：工作室系统收集整理了金世元从业 80 余年的资料和实物，包括论文、手稿、讲稿、著作、证书、墨宝、照片及音像制品等原始档案资料 10 类 3000 余件，其中新录制音像 6374 分钟，刻录光盘 30 多张，并在此基础上形成数据库，可供相关人员进行查阅和计算机检索，用以寻根溯源。

第二是特色服务平台：工作室将金世元从事中药工作主要经验与学术成就建设成标志性的有形产品，进行永久性的保存，建成了"燕京中药资源陈列馆""金世元道地药材传统鉴别经验传承研究展室""金世元业绩展室""北京市中药资源普查地产资源标本库"，以及"金世元传统炮制经验技能传承资料片"，形成了本室独有的中药文化有形的传承资源，为行业开展技能传承和学习提供了平台和实践场所。

第三是人才培养平台：工作室着力建设传承队伍和人才梯队，与北京中医药学会合作开展金世元的收徒与出徒仪式，现已形成双百传承梯队。金世元及其传承弟子们坚持到高校面向本科生授课，面向全国全行业为中药工作者授课，每年平均百余场次。工作室追踪并整理金世元师带徒传承过程，形成了完整系统的文字和音像资料；在高校在卫生学校探索金世元从事中药工作经验与学术特色传承的方法和模式，建设模拟课堂和实训室，申报不同级别的教育改革课题；组织编写教材应用于中药专业本科课堂教学等，为各层次专业人才培养做出了突出成绩。

第四是科研学术平台：工作室自 2008 年建成之后，注重以科研院所和相关学科为依托，开展研究型的经验与学术传承，承担全国第四次中药资源普查北京市中药资源普查项目，与北京中医药学会合作开展四届金世元学术思想研讨会，开展相关培训与研修班，组织金世元从事中药工作八十年系列著作编写。申报立项各级各类课题 30 余项，如国家自然科学基金面上项目"枳实药材翻肚如盆口性状特征的科学内涵研究"，北京市自然科学基金项目"京郊山区北柴胡种质资源评价及其种植适宜性研究"，中国中医科学院科技创新工程重大攻关项目"基于高精度成像的易混淆药材人工智能识别研究——以柴胡为例"等；发表论文 100 余篇，出版《道地药材"黄金"图谱精粹》《国医大师金世元中药调剂学讲稿》《常用中药饮片炮制规范及操作规程研究》等学术专著 20 余部。

作为国家非物质文化遗产中药炮制代表性传承人，金世元在北京同仁堂（亳州）饮片有限责任公司、山东淄博市岜山集团、北京市双桥燕京中药饮片厂、北京本草方源药业有限公司、北京太洋树康中药饮片厂、北京盛世龙药业有限公司六家企业建设中药炮制传承基地，开展传统中药炮制技术研究与工业化生产等工作。

**3. 师带徒传承，通过师承教育培养高级专业人才**

自 1990 年开始，国家人事部、卫生部和国家中医药管理局启动"全国老中医药专家学术经验继承工作"，金世元入选成为首批 500 名指导老师之一。在北京市卫生局负责组织遴选的 15 人中，金世元是唯一一位中药专家。截至 2022 年 10 月，30 年间金世元收徒 25 批，总计 143 名弟子。通过每月授课、实践带教、工作指导等方式，培养中药行业各个领域的领军人物及学术、技术骨干人才。

**4. 接力再传弟子，通过多种途径培养人才**

金世元的学术传承现已形成了三个层次梯队，即金世元本人——金世元的传承弟子——弟子收徒的再传弟子。弟子翟胜利、李京生与于葆墀，均已收徒传承。

自 2013 年 8 月开始，北京市中医管理局开展北京中药骨干人才培养工作，至今

573

已连续开展三批北京市中药骨干人才的培养。培养这些中药骨干人才的指导教师，大多为金世元的传承弟子，包括翟胜利、李京生、赵京春、赵奎君、郭桂明、林晓兰、华国栋、于葆墀、翟华强、马春、金艳、罗容、鞠海、孔祥文、金敏、吴剑坤、张萍、张颖、赵惠萍、刘长利等，所指导的北京市中药骨干人才，现已成为北京医疗机构热爱中医药事业、中医药理论功底扎实、中药实践经验丰富、中药技能精湛、具有一定中药科研能力的优秀中青年中药人才。

特别是北京市朝阳区卫健委联合区中医药协会，先后组织开展五批医药圆融中医、中药特色经验与技术传承培养工作，培养这些学员的指导教师，也主要来自金老的传承弟子，包括李京生、于葆墀、金艳、罗容、鞠海、翟华强等，所指导的朝阳区中医、中药特色技术传承人才，已成为活跃在朝阳区医药领域的骨干。

## （二）人才培养成果

金世元培养的中药人才主要涉及以下三大领域。

### 1. 中药生产与经营领域人才培养情况

在中药材、中药饮片、中成药的生产与经营领域，金世元传承弟子，从一线技术工人到企业管理者，从中药炮制的大国工匠到中药营销精英，从知名优秀企业家到全国人大代表，传承金世元在中药炮制方面的特色与经验，坚守"药道致诚"理念，发展生产，扩大经营，保证质量和疗效，为提高中药质量、保障产品供应和流通做出了突出的贡献。

### 2. 中医药临床服务领域人才培养情况

在中医临床、药学部、药剂科、中药房等领域，金世元传承弟子，从主治医师到主任医师，从主管药师到主任药师，从科室骨干、主任到院长，在金世元学术思想指导下，传承实践金世元在中药鉴别、中药调剂等方面的技术精髓，创新发展金世元在中成药合理使用方面的学术特色，为提高北京及全国的中药临床药学服务质量，保证患者的用药安全有效，做出重要贡献。

### 3. 中医药教学科研领域人才培养情况

在中医药教学科研领域，金世元传承弟子，从职业教育到高等教育，从地方院校到部署院所，从高校教师到科研院所科研工作者，从学科骨干到院长，从青年学者到首席科学家、中国工程院院士，他们都在潜心探索师承教育与院校教育的融合之路，积极实践医药圆融的传承创新方式，为研究性传承做出了示范引领。

（金艳、刘长利整理）

（李艳玲编辑）

# 郑　新

郑新（1925—2021），河南省郏县人，中西医结合主任医师，成都中医药大学兼职教授。第三批全国老中医药专家学术经验继承工作指导老师，重庆市中医院国家临床重点专科（中医专业）肾病科创始人。2014年被中华医学会授予"终身成就奖"，2019年荣获"全国中医药杰出贡献奖"。2014年被授予第二届"国医大师"称号。

郑新与著名中西医结合专家黄星垣一起，首开中医急症研究之先河，总结出中医内科急症基本治则；发展和丰富了温病学说，提出了高热的"热毒学说""温病截断疗法""三关（高热、伤阴、厥脱）"学说，发明推广了以"参麦针"等为代表的现代中医急症制剂。他又致力于慢性肾脏疾病的研究，提出肾病三因论、肾病多瘀论，以及肾病"治未病"思想——祛邪扶正并重，扶正重在脾肾，为中西结合治疗肾脏病作出了巨大贡献。他著述颇丰，参编论著7部，撰写论文50余篇；开展科研项目26项，获得科技成果奖14项。

# 一、学医之路

郑新祖籍河南省郑县，1949 年在西南财政部卫生科从事医疗预防工作；1952～1954 年在西南军政委员会任医师、科员；1954 年，考入华西医学院医疗系，1957 年 8 月毕业于四川大学华西临床医学院。1954 年在一场篮球比赛中意外摔伤了手臂，经过一周的西医治疗后，受伤的手臂依然红肿疼痛，寻求中医治疗，老中医运用几根银针，在郑新受伤的手臂扎了几针，手臂的伤痛奇迹般的痊愈了。经历了这次与中医的奇妙邂逅，让郑新对中医有了新的认识和期待，给他打开了一扇新知识的大门，中医学的神奇功效改变着郑新的医学思路，他下决心要学中医。数千年中医文化的传承，到现代融合了更多的西医知识，使中医学更加丰富，但传统中医的治疗方法和疗效，有着西医不可替代的作用。1958 年毛主席作出指示，"中国医药学是一个伟大的宝库，应当努力发掘，加以提高"，号召"西学中"。怀揣着对中医的强烈憧憬，郑新报名参加了 1958 年 11 月卫生部组织的的第二届西医离职学习中医研究班，从此在中医学的浩瀚海洋里开启了新的人生，他潜心学习中医知识理论，以优异的成绩结业，初步具备了对内、外、妇、儿各科常见病与多发病的诊断和治疗经验，并掌握了某些疑难重病的处置能力，达到了一个中医师应具备的水平。1961 年起郑新任重庆市中医院中医内科主任医师。1962 年 12 月 22 日在西学中研究班毕业的郑新因成绩优异而获得了卫生部颁发的二等奖，而更让他觉得兴奋的是被调到当时的重庆市第一中医院工作，从此开始了他长达半个多世纪的中医生涯。

医学是严谨的，有了基础并不能说明他就是一个好医生了，郑新觉得自己在中医方面还有好多需要再学习的东西。于是他选择了师从中医泰斗唐阳春老先生系统学习中医。从辨药、司药、制药、配药，到抄方、组方、开方。对经典著作及历代诸家名著广泛涉猎，中医几千年的博大精深，采用"师带徒"这种方式是中医有别于其他学科的成长途径，是一种非常好的教学形式。中医讲究传承，讲究的是潜移默化，讲究的是手把手地教和学，多看、多听、多做，将每一种疾病都了然于心，并能举一反三，见多才能识广，老师将自己毕生的临床经验与成败得失有针对性地传授给徒弟，带着徒弟跨过门槛，将中医学的精华部分展示在徒弟面前，使其尽可能全面地掌握。这样才能少走弯路，更快的学成出师，就像站在巨人的肩膀上看世界，才能看得更远，站得更稳，辨析得更清楚。师带徒，除了师傅带着徒弟学习中医知识和诊病技巧外，更将医者的仁心仁术、济世救人的情怀传承了下去。通过数年如饥似渴的跟师学习与实践，郑新又积累了更多的知识和经验，为他日后取得的成就打下了坚实的基础。

## 二、成才之道

郑新认为，要成为一代名医，务必做到以下几点。

### （一）笃志医学，苦读勤学

郑新自幼养成爱读书的习惯，每天勤学不倦，书不离手，订阅了十几种医学杂志，利用一切余暇苦读勤学。他家中藏书丰富，品种多样，包括中医典籍、西医专著、各种药学著作、医学杂志、文史书籍、四书五经，甚至天文地理等书籍他均有涉猎。郑新学医之初学乃受西医，熟识人体生理病理，为响应国家"西学中"的号召，他怀揣着对中医的强烈憧憬，熟通旧学，勤修新知，严谨治学，厚积薄发，在熟练掌握西医学知识后，研习中医典籍，汲取精蕴，熔为一炉，医术日精。

### （二）精读经典，勤于临证

薪火相传流芳泽，青囊秘术疗百病，古今凡大医者，无不熟识经典。郑新谦虚好学，孜孜不倦地研读《黄帝内经》《难经》《伤寒杂病论》《神农本草经》《医学三字经》《濒湖脉学》《药性歌括》《汤头歌诀》等经典中医著作。纸上得来终觉浅，绝知此事要躬行。郑新将中医典籍娴熟于心，博采众长，用之临床，效如桴鼓，四海之内，求医之人众多。

医难寿世心仍壮，春不留人发暗知。转瞬郑新已两鬓苍苍，至耄耋之年，仍悬壶济世，墨痕浓淡，处方笺日日累积，每每临证之际，重辨证，明病机，立法遣方，用药如兵，虽不能做到覆杯而愈，但求助人阴阳调和，修复本元，正气内生，恢复生机。

### （三）名师引渡，以儒通医

巴山蜀水，钟灵毓秀，国医圣手，汇聚重庆，撑起彼时中医之脊梁。重庆中医研究所内名医云集，其中有中医骨科专家张乐天，中医内科、妇科领域的泰斗唐阳春，医学著作颇丰的熊寥笙，这些名家开展学习研究，在各自的领域都有了极为丰硕的成果，正是这样的耳濡目染，郑新从老一辈中医名家那里开始学习，在中医药知识的海洋里畅游，在传统中医理论和经典中寻找治病良方。临证无数，不如名师指路，郑新师从巴渝名医唐阳春、吴佩衡等中医大家，熟读传统中医典籍，整理他们的随诊医案，学习他们的经验。当时曾经爆发流行性脑炎，西医束手无策，疾病很快蔓延开，后来经过老中医们的反复研究，拟定方子进行治疗并推广，很快就控制住了疾病的蔓延。

郑新从来以"儒医"精神境界自律。南宋吴曾著说："夫能行救人利物之心者，莫如良医。果能为良医也，上以疗君亲之疾，下以救贫民之厄，中以保身长年。在下而能及小大生民者，舍夫良医，则未之有也。"郑新告诫学习中医者，应当一生追求做良医、大医、圣医。良医重技，追求真；大医重德，追求善；圣医注重道之本体，追求美。

## （四）博学善思，传承创新

郑新深知"师古而不泥古，创新不落窠臼"。中医源远流长、自成体系。刚刚踏上中西医结合之路的郑新就面临了一次巨大的挑战。当时的中国刚刚遭受了三年自然灾害，粮食短缺，物资匮乏，很多人因为营养不良、免疫力下降而患上急性病。当时的医学界一直流传着一种说法，中医只能治疗慢性病，说中医是"慢郎中"，但郑新和同为西学中研究班毕业的同事黄星垣却并不这样认为，他们一起立题上报，立志要攻克"中医治急症"这一难题，用事实来回击那些不实的传言。1973年因重庆市第一中医院在中医药科研方面的突出成绩，当时的"四川省革命委员会"批准同意重庆市第一中医院挂牌重庆市中医研究所，这加快了中医内科急症诊疗和中药剂型的改革步伐。

区区岂尽高贤意，独守千秋纸上尘。郑新和黄星垣在运用古代典籍的同时，不断推陈出新，通过多年的发掘创新，他们提出了高热的"热毒学说"，开展了"温热病"防传杜变的临床及机理研究。并在此基础上提出了"三关"（高热、伤阴、厥脱）学说，阐述了益气养心法治疗休克、冠心病、心律不齐的理论等，这些成果在临床中都取得了良好的疗效，并得到广泛应用。有关成果多次获得了四川省和重庆市政府的嘉奖。郑新和黄星垣等一批专家学者联合创办的《中医急诊通讯》更是成为全国中医急诊领域的核心学术刊物。20世纪80年代，郑新和黄星垣等人主办了中医急诊学习班，1982年来自全国各地的40多名学员，参加了卫生部委托重庆市中医研究所举办的第一期全国中医内科急症学习班，开启了中医急症培训的高潮。郑新所在的团队先后举办了中医急诊培训40余期，还受邀到河南、陕西、河北、湖北、辽宁、上海、西安等省市讲学，学员遍布大江南北，此时的重庆市中医研究所在当时已经成为中医急症领域的"高地"。此外，郑新等人还研发了一套系统的中医配方制剂，如"清热解毒针""参麦针注射液""增液养阴注射液""火把花根片"等，对于外感高热、感染性休克、低血压、心绞痛、心律失常等急症都有着显著疗效。特别是"参麦针"的功效不容置疑，从1978年开始研制，有近2年的时间，郑新只能住在医院里，周六周日都没办法回家，先后历时8年，经过了药理实验、动物实验和临床试验之后，正式投产。到现在已经是中成药制剂中的领军品种，在临床中广泛应用，并被国家指定为中医院急症抢救的必备药品之一。"火把花根片"治疗肾脏病也有着公认的疗效，现代有研究发现，该药治疗风湿性疾病和血液系统疾病也有一定疗效，其功效还在进一步发掘中。中医可以治疗急症，在 2003 年和 2019 年的疫情中都得到了验证，中医药也被越来越多的人所接受。郑新说过，"西医是科学，中医同样是科学，只要能治疗疾病，把患者治好，就是真科学，不是伪科学"。

# 三、学术之精

郑新的学术思想主要是肾病三因论、肾病多瘀论、祛邪扶正并重和衷中参西为我用。

## （一）肾病三因论

"肾病三因论"是郑新继承传统中医理论，并经过 40 多年肾脏病临床研究总结出来的。

"肾病三因论"是以肾脏病为纲，中医脏腑经典理论为基础，涵盖了与肾脏病密切相关的肺、脾、肾之生理病理、相互关系、辨证施治及理法方药等在内的一整套理论体系。它不但传承了中医学的传统理论，同时为肾脏病的临床研究与治疗赋予了新的时代色彩，是研究肾脏病并用以指导临床的创新性中医理论。多年来，在指导急性肾炎、慢性肾炎、肾病综合征、慢性肾功能衰竭等疾病的辨证施治中起到了良好的作用。

郑新在长期的临床工作中发现，诸多肾脏病的发生发展大多与肺、脾、肾三脏相关，它们相互影响，互为因果，由此及彼，在疾病演变过程中起着重要作用。《景岳全书》说："凡水肿等证，乃肺脾肾三脏相干之病。盖水为至阴，故其本在肾，水化于气，故其标在肺，水唯畏土，故其治在脾。今肺虚则气不化精而化水，脾虚则土不治水而反克，肾虚则水无所主而妄行。"就是这个道理。

### 1. 因肺

肺为华盖，主一身之气，外合皮毛，为水之上源。肺又为娇脏，易受六淫邪气侵袭。风为六淫邪气之首，多兼夹寒、湿、热、毒合而为患。表气虚则卫外不固，腠理疏松，风邪等邪气每易乘虚而袭。风寒外束，风热上受，均可导致肺气闭塞，气失宣畅，通调失司，水液不能敷布及下注于肾，水湿、湿浊更甚，水液运行逆乱，泛于肌肤乃成胕肿。故《素问·水热穴论》说："勇而劳甚则肾汗出，肾汗出逢于风，内不得入于脏腑，外不得越于肌肤，客于玄府，行于皮里，传为胕肿，本之于肾，名曰风水。"风邪犯肺，肺气郁闭，治节失司，气机升降失调，水道通调不利，水精不能敷布，则精微与浊物下流膀胱产生蛋白尿；风热毒邪壅肺，入肾伤络，血不循常道故尿血。反之，慢性肾脏病患者由于长期大量的精微物质泄于体外，肾虚脾弱，精血耗伤，卫气不固，机体免疫功能下降，又可招致风寒湿热等外邪的侵袭。因此须审证求因，分清标本虚实，择其法而治之。郑新常采用益肺、宣肺、清肺、润肺四法治疗因肺所致的肾脏疾病。

益肺法：对于肺气亏虚，容易外感，导致肾病反复发作加重，病情进展的患者，郑新常用补益肺气的办法，选用玉屏风散治疗，药用黄芪、防风、白术。

宣肺法：对于已经感受外邪，出现肺失宣降的患者，郑新多选用宣肺祛邪法。如属外感风寒，则予辛温解表，多用荆防败毒散、参苏饮等；若是外感风热，多用银翘散。

清肺法：外感风热或风寒化热，病情进一步发展，以致热毒蕴肺，治宜清肺解毒，多用五味消毒饮。

润肺法：慢性肾病属肺肾阴虚者，经常出现反复咽干、咽痛、咽红，当属阴虚肺燥，郑新常用养阴润肺法，多用自拟利咽汤，药用玄参、太子参、板蓝根、鱼腥草、蝉蜕、牛蒡子。

外邪伤肾多见于急性肾炎和慢性肾炎、肾病综合征、肾衰竭合并感染等情况。外邪伤肾，终至肺脾肾三脏受损，水液代谢失调。而肺脾肾俱虚，卫外失固，更易复感风邪，而致病情反复，迁延难愈。因此，预防感染、控制感染又是防止其反复发作的前提。治病必求其本，正本方可清源。

**2. 因脾**

中医学认为脾为后天之本，气血生化之源，主运化。脾的主要功能：一是将五谷之精微敷布全身，以营养五脏六腑、四肢百骸；二是传输水液，将上源之水下输膀胱。脾为中土，喜燥而恶湿，脾虚则水湿不化，运化失职发为水肿；脾气亏虚，生化无源，中气下陷，致蛋白等精微物质下泄；脾虚水湿不运，水湿、尿素氮、肌酐等浊毒内蕴，故有"诸湿肿满，皆属于脾"之说；另风邪夹湿最易困遏脾阳，导致脾失健运，不能升清降浊，以致水液泛滥，湿瘀交阻。郑新认为脾为治水之脏，脾虚土不治水而反克。难治性肾病病程长，病根沉痼，病情反复发作，加之长期、大量使用激素和细胞毒药物，中药雷公藤、清热解毒药物都可影响脾胃功能，引起胃肠功能失调，导致胃炎、胃及十二指肠溃疡等疾病。脾失健运则水液泛滥而加重水肿，清气不升，精微下泄，加重蛋白尿。脾虚又有脾气虚和脾阳虚之分，表现又可以虚为主或虚实夹杂，其主要证型及治法：①脾虚气滞：治宜理气和中，健脾利湿，方选香砂六君子汤合五苓散加黄芪。②脾虚湿滞：治宜健脾燥湿，行气利水，方选胃苓汤加薏苡仁、怀山药、芡实、砂仁等。③脾胃虚寒：治以温中散寒，健脾利湿，方选理苓汤加吴茱萸、广木香、延胡索、乌药等。④脾阳虚衰：治宜温阳健脾，行气利水，方选实脾饮合五苓散加砂仁、焦三仙、黄芪、党参等。

### 3. 因肾

肾主水，司开阖、二便，主藏精。肾精充肾气足，气化得当，开阖有度，人体水液平衡得以维持。肾虚则肾不藏精，蛋白、津液等精微物质外泄；气滞寒凝、虚火扰肾都可以导致血不循经，产生尿血；肾阳亏虚，阳不化气，开阖失司则水湿浊毒内停，导致水肿，尿素氮、肌酐、尿酸等代谢产物增高。对于因肾而产生的肾脏疾病，郑新的思路：肾阴虚治以滋阴降火，凉血止血，方选知柏地黄丸合二至丸加减，另加大蓟、小蓟、白茅根、阿胶、三七、牛耳大黄等；肾阳虚治以温肾益气，常用济生肾气丸加当归、黄芪、菟丝子、金樱子等；肾阴阳两虚治以阴阳双补，用济生肾气丸合补血汤，大补元煎加二至丸、山萸肉、菟丝子、金樱子、淫羊藿等。

慢性肾脏病患者由于长期大量的精微物质泄于体外，肾虚脾弱，精血耗伤，卫气不固，机体免疫功能下降，更易招致风寒湿热等外邪的侵袭；肺失通调，脾失转输，终至肾失开阖，三焦气化不利，水液、湿浊内蕴；或热毒壅盛，下传于肾，灼伤肾络导致血不行常道或气机壅塞、清浊不分等，更进一步加重肾脏疾病。因此，郑新认为肺、脾、肾三脏与肾脏疾病的关系极为密切。肺失通调，脾失转输、肾失开阖是导致水肿的直接原因。肺热壅盛下传于肾，灼伤肾络，脾虚不能统血，肾虚火炽盛，迫血妄行，阳不化气，寒凝气滞，血不循经是产生血尿的病因病机。脾虚不固，精微下陷，肾不摄精，精液下泄，是产生蛋白尿的基本病因。肺、脾、肾三脏功能失调，三焦气化不利，水液、湿浊内蕴是尿素氮、肌酐、尿酸等代谢产物不能排出体外，导致肾功能不全乃致肾功能衰竭的重要病理基础。

临床中常见的肾脏疾病如慢性肾炎、肾病综合征、糖尿病肾病、狼疮性肾炎等病程缠绵，如未治或治疗不当最终将发展为慢性肾功能衰竭直至终末期肾病。此时临床表现更错综复杂，或肺肾两虚，或脾肾两虚，或肺脾肾俱虚，且虚中又常夹实，使整个病变过程中出现本虚标实之表现。

（1）脾虚湿滞、气血不足：症见倦怠乏力，气短懒言，纳呆腹胀，夜尿清长，大便溏薄，舌淡，苔薄白，脉细。治以健脾利湿，益气养血。基本方：当归12g，白芍30g，广木香12g，黄连6g，黄芩12g，黄芪30g，党参30g，白术15g，黄精30g，怀山药30g，茯苓30g，泽泻30g，芡实30g，干姜6g，砂仁12g，益母草10g，熟大黄6g。

（2）脾肾阳虚、水湿不化：症见畏寒身倦，食少便溏，肢体浮肿，小便不利，舌淡苔白，脉象沉细。基本方：制附子12g，白术12g，茯苓30g，白芍15g，厚朴

12g，猪苓 30g，泽泻 30g，桂枝 12g，法半夏 12g，陈皮 12g，砂仁 12g，川芎 12g，丹参 30g，熟大黄 6g。

（3）肾阳亏虚、气化不利：症见腰腿酸软，小便不利或夜尿增多，面色苍白，少气懒言，舌淡苔白，脉沉细弱。治以温肾化气行水。基本方：熟地黄 30g，怀山药 30g，山萸肉 15g，牡丹皮 12g，茯苓 30g，泽泻 30g，川牛膝 12g，车前子 15g，桂枝 12g，黄芪 30g，白术 15g，当归 12g，淫羊藿 30g，菟丝子 15g，金樱子 15g，益智仁 15g，台乌药 12g，熟大黄 6g。

（4）下焦虚火、肾阴亏损：症见口干舌燥，腰膝酸软，头晕耳鸣，潮热盗汗，眠差梦多，五心烦热，尿少而黄，舌苔薄黄或少苔，脉象细数。治以清泻虚火，滋阴补肾。基本方：知母 12g，黄柏 12g，生地黄 30g，怀山药 30g，山萸肉 15g，牡丹皮 12g，茯苓 30g，泽泻 30g，川牛膝 12g，车前子 15g，女贞子 30g，旱莲草 30g，黄芪 30g，当归 12g，生大黄 6g。

（5）脾肾湿热、运化失司：症见面色淡黄，胸腹痞满，口苦纳少，头晕倦怠，腰膝酸软，尿少黄热或频数不利，舌红苔黄白腻，脉象濡数。治当宣化脾肾，清利湿热。基本方：杏仁 12g，白豆蔻 12g，薏苡仁 30g，淡竹叶 12g，厚朴 12g，水半夏 15g，苍术 12g，黄柏 12g，川牛膝 15g，益母草 10g，石韦 30g，萹草 15g，茵陈 12g，金钱草 30g，蒲公英 30g，生大黄 6g。

（6）肾气阴两虚：治以气阴双补。选参芪当归地黄汤加二至丸，知柏地黄汤加减，药用生地黄、怀山药、山萸肉、知母、女贞子、旱莲草、枸杞子、龟甲胶、菟丝子、当归、黄芪、太子参等。

## （二）肾病多瘀论

急、慢性肾脏病以蛋白尿、血尿、高血压、水肿及肾功能损害为主要临床表现。从中医病因病机分析，大多属于本虚标实证，本虚乃肺虚、脾虚、肾虚，标实则主要表现为外邪、湿浊、瘀滞等。郑新认为，在肾脏病的发生发展演变过程中皆可致瘀。一般来说，因虚致瘀常常是血瘀形成的始因，实邪则是加重血瘀的继发因素。然而，不论是诱发或是继发，一旦导致血瘀形成，常常是虚实相兼，相互致瘀。另一方面，血瘀之变反过来既影响气血阴阳等正气的化生，又使水湿、湿热、湿浊之邪愈加猖狂肆虐。外邪、湿热、瘀血、脾肾双亏、气阴两虚直接影响血液的正常运行，产生或加重血瘀。

### 1. 因虚致瘀

本虚主要责之于肺、脾、肾的功能虚损。肾虚则元气亏虚，无力推动血液，所谓"元气既虚，必不能达于血管，血管无气必停留而为瘀"，肾气亏虚，而气为血帅，气行则血行，气虚则血滞。肾病脾肾阳虚者，可因寒从内生，寒凝经脉，涩滞不畅而成血瘀。若肾病患者阴亏水乏，相火偏亢，煎熬阴液，则血液浓聚，阻而成瘀。

**2. 因实致瘀**

实邪致瘀大多与湿密切相关。水湿为肾病的常见致病因素，由于湿性黏滞、重着，最易阻遏气机，妨碍血行，而成血瘀。

因此，郑新的"肾病多瘀论"是中医"久病及肾""久病多瘀"在肾脏病领域中的发展，是对产生血瘀的最好诠释。

在临证中也可看到慢性肾脏病血瘀与水肿、蛋白尿、血尿、尿素氮、肌酐之间的关系。水肿与瘀血有互为因果关系，水肿日久，肾阳衰微，阳气虚损，鼓动无力，血行受阻，血为之瘀结。反之，瘀阻血脉，血不利则为水，加重水肿病情。慢性肾脏病之蛋白尿终守健脾补肾固摄之法往往难以消除，因血瘀肾络，精气不能流通，精微下注可形成蛋白尿，这种顽固性蛋白尿宜从瘀论治。慢性肾脏病之血尿，多为阴虚火旺，迫血妄行，气虚不摄，血不归经所致，但也有血阻肾络，血不循经所致，这种顽固性血尿可从瘀而治。慢性肾脏病后期，部分患者肾功能差，表现为尿素氮、肌酐增高，所致之因多为湿热郁阻、瘀血阻络，用补益脾肾之法改善肾功能反助湿生热，闭门留寇，致尿素氮、肌酐难以降低，而清热利湿与活血化瘀并用，使邪去有路，肾功能可得到改善。在临床研究中发现活血化瘀药物可改善患者血液高凝状态，改善肾脏微循环，增加肾脏入球动脉和出球动脉的血液供应，对减少尿蛋白，改善肾功能有很好的疗效。西医学病理检查发现慢性肾炎的肾小球病理损害多为增生型、硬化型病损，肾小球有微血栓形成，微循环有明显障碍，也证明了血瘀存在的客观性。因此郑新认为血瘀不单是肾脏疾病的基本病因病机之一，而且是肾脏疾病持续发展、肾功能进行性减退的重要环节之一，而活血化瘀则是治疗肾脏疾病的重要方法之一。故郑新在肾脏疾病的诊治过程中辨证不忘血瘀，治疗不忘化瘀。在辨证的基础上，常加用活血利水的益母草，养血行瘀之丹参、当归，温经活血之川芎、红花，破血通瘀之桃仁、姜黄、莪术、水蛭，清热活血之大黄，通络活血之全蝎、地龙等。中成药制剂则常用保肾康、丹参滴丸、川芎注射液等，其结果是法彰效显。

## （三）祛邪扶正并重

郑新在急性肾炎、慢性肾炎、肾病综合征等疾病诊治过程中，常发现患者伴有咽喉肿痛或咳嗽等症状，且不少病例就因咽喉肿痛、咳嗽发病或使病情加重。深究其源，咽喉肿痛为外感邪毒经口鼻而入，结于咽喉所致；痰热咳嗽则为风热邪毒犯肺，热邪壅结所致。《灵枢·五癃津液别》说："邪气内逆，则气为之闭塞而不行，不行则为水胀。"肺为华盖，主一身之气，外合皮毛，为水之上源。表气虚则卫外不固，腠理疏松，风邪每易乘虚而袭，风寒外束，风热上受，均可导致肺气闭塞，气机失宣，水道不通，通调失司，水液不能敷布及下注于肾，水湿、湿浊更甚，水液运行逆乱，外溢于肌肤，乃发水肿；脾为中土，主水谷和水液之运化，喜燥恶湿，风邪夹湿最易困遏脾阳，导致脾失健运，不能升清降浊，以致水液泛滥，湿瘀交阻。肺失通调，脾失转输，终至肾失开阖，三焦气化不利，水液、湿浊内蕴，或热毒壅盛，下传于肾，灼伤肾络导致血不循经或气机壅塞、清浊不分等都会诱发或加重肾脏疾病。《内经》中对水肿的产生早有记载，认为与风、湿等外邪乘虚侵袭有关。《素问·水热穴论》说："勇而劳甚则肾汗出，肾汗出逢于风，内不得入于脏腑，外不得越于皮肤，客于玄府，行于皮里，传为胕肿，本之于肾，名曰风水。"即所谓正气存内，邪不可干。慢性肾脏病患者由于长期大量的精微物质泄于体外，肾虚脾弱，精血耗伤，卫气不固，机体免疫功能下降，招致风寒湿热外邪的侵袭。外邪伤肾多见于急性肾炎、慢性肾炎、肾病综合征、肾衰竭合并感染等情况。外邪伤肾，终至肺脾肾三脏受损，水液代谢失调。而肺脾肾俱虚，卫外失固，更易复感风邪，而致病情反复，迁延难愈。因此，预防感染、控制感染又是防止其反复发作的前提。治病必求其本，正本方可清源。因此，郑新在肾脏病诊治过程中十分注重标本虚实。在临证中郑新每诊必看咽喉，必问有无咽喉不适或咳嗽，必听肺部有无病变。在辨证施治中又注重祛邪扶正并重，疏风清热解毒常选利咽汤、桑杏汤，常用的药物为玄参、蝉蜕、鱼腥草、板蓝根、蒲公英、黄芩、黄柏、射干、马勃等以增强疏风清热解毒之功效；扶正固本则常用二至丸、归芪地黄汤或参芪地黄汤等化裁。并重并非无重点，郑新在思辨过程中，又常根据患者标本虚实的不同灵活变通，取得了良好疗效。

### （四）衷中参西为我用

中医学博大精深、源远流长，但它也和其他自然科学一样，要发展才能生存；只有发展才能进步。特别是现今，对于疾病的认识已经远远不只是停留在望、闻、问、切四诊所获得的信息上，怎样将通过现有的一切科学手段所获得的信息与中医的基础理论有机地结合起来，对疾病作更深层次的认识，更好地突出中医辨证施治优势，更好地为广大患者服务，以减轻他们的疾苦，是当代中医和中西医结合工作者的艰巨任务。郑新吸取西医学知识，为我所用，在肾脏病的临床研究方面作了大量探索和许多有益的工作。比如，脾虚不能散精所造成的精微下泄在尿蛋白阳性中得到验证，而补益脾肾佐以活血化瘀可使尿蛋白明显降低或消失，部分表现为湿浊郁滞、瘀血阻络的慢性肾炎晚期患者，其尿素氮、肌酐多会增高而与湿浊郁滞相对应，通过清利湿浊，活血化瘀，使湿浊消散，尿素氮、肌酐也随之降低。反之，西医学认为慢性肾炎的肾脏以增生与变性为主，肾小球毛细血管内皮细胞增生，肾小球细胞亦增生，继而变性，转为纤维组织，与此同时，肾小管亦显著变性，肾小动脉出现闭塞性末梢动脉炎、动脉壁肌层增厚、小动脉硬化等。郑新认为这些变化都是围绕中医血液瘀滞所发生的病理改变，使用活血化瘀的药物减轻了肾脏反应性炎症，降低了肾小球毛细血管通透性，增强了肾小球排泄功能，改善了肾血流，对肾脏病变起到了良好的治疗作用。在中成药及西药的运用上郑新也能及时把握其药理研究及临床应用新动向，根据病情为我所用。如对慢性肾炎、糖尿病肾病伴高血压患者使用血管紧张素转化酶抑制剂、血管紧张素受体拮抗剂；对 IgA 肾病、肾病综合征患者使用火把花根片、雷公藤多苷片；对肾性贫血患者使用促红细胞生成素；对尿毒症晚期患者使用中药全结肠灌洗、血液透析等。这些药物和治疗方法的及时、合理应用对肾脏病患者病情的缓解起到了积极作用。

# 四、专病之治

用药如用兵，治病如执政。郑新在这方面处理得游刃有余，既有"王道"，又有"霸道"，用药犹如排兵布阵，进退有章有法。用药既大胆，同时又慎重，对于外感实邪，或者热毒炽盛而正气不虚者，单祛邪，不扶正，对于内伤日久，正气渐衰者，扶正祛邪二者兼顾，日久见奇功。在中西医结合治疗肾脏病方面积累了丰富的临床经验，尤其擅长急性肾炎、慢性肾炎、肾功能不全、肾病综合征、急性尿路感染、慢性尿路感染的诊治，并在长期的医疗实践中总结出了独特的临床辨证思维方法和规律，疗效确切，医名远播，兹介绍如下。

## （一）糖尿病肾病（消渴肾病）

糖尿病肾病是糖尿病特异性并发症之一，典型改变是微循环障碍和微血管基底膜增厚，临床以蛋白尿、血尿、水肿和高血压为主要特征。根据其临床表现属于中医的"消渴""水肿""眩晕""关格""肾消""尿浊""虚劳"等范畴。郑新认为，糖尿病肾病是糖尿病经久不愈，迁延发展而成，两者有必然联系，又各有特点。糖尿病肾病早期多为消渴，以多尿、多饮、多食、形体消瘦或尿有甜味为主要表现，中后期出现水肿、眩晕、关格等变证。消渴的病名最早见于《素问·奇病论》，"帝曰：有病口甘者，病名为何？何以得之？岐伯曰：此五气之溢也，名为脾瘅""此肥美之所发也，此人必数食甘美而多肥也，肥者令人内热，甘者令人中满，故其气上溢，转为消渴"。禀赋不足，过食肥甘，情志失调是消渴的主要病因，《灵枢·五变》中提出："五脏皆柔弱者，善病消瘅。""怒则气上逆，胸中蓄积，血气逆流……血脉不行，转而为热，热则消肌肤，故为消瘅。"指出糖尿病的主要病机是禀赋不足，阴津亏损，燥热偏盛，脉络阻滞。消渴早期以多饮多食为主要表现，《证治准绳》说："消渴者……中消之传变。"脾虚失运，湿热积滞，上灼肺津，下耗肾阴，最终致阴阳两虚，痰瘀互结。郑新认为，中医辨证治疗，既要辨证，也要辨病，糖尿病肾病的主要病位在肾，其治疗重点在肾的阴阳平衡，肾精充盈，肾气充足，要抓住消渴肾病病机演变的特点。

**1. 消渴肾病的病机有以下特点**

（1）肾精不足，肾气亏虚：肾为先天之本，主藏精，为全身阴阳的根本，肾精化气，布散全身，肾阳旺，则全身之阳旺，肾阴旺，则全身之阴旺。所谓禀赋不足，通常指肾脏亏虚。肾气不固，封藏失司，精微漏下见蛋白尿；开阖失权，见尿频、水肿；肾阴亏虚，虚火上燔肺脾见烦渴、消谷善饥。脏腑阴阳的衰败，会加重肾阴阳的不足，即"久病及肾"。《圣济总录》说："消渴病久，肾气受伤，肾主水，肾气虚惫，气化失常，开阖不利，水液聚于体内而出现水肿。"所以本病的重点病位在肾，肾精不足，肾气亏虚，气化失常是疾病的关键。

（2）气阴两虚：贯穿疾病全程的是气阴两虚，起病之初是气阴两虚，消渴以阴虚为本，燥热为标，《临证指南医案》曰："三消一症，虽有上中下之分，其实不越阴亏阳亢，津涸热淫而已。"阴虚则热，阴愈虚燥热愈盛，燥性干涩，易伤津液，日久及阴。两者相互影响，彼此加重，随着病情发展，脾胃失养，肾精失滋，阴损气耗见气阴两虚之证，肝肾同源，肝失濡养见肝肾阴虚，病久不愈，阴损及阳，见阴阳两虚之证。

（3）瘀血阻络：气能生血、行血、摄血，气虚推动无力，血行迟缓可致血瘀；气滞血滞可致血瘀；阴虚内热，伤津耗液，血瘀黏滞可致瘀；阳虚内寒，血得寒则见血瘀。叶天士说："初病在气，久病在血。"消渴迁延不愈，病久入络，血脉瘀滞，且"瘀血不去，新血不生"，脏腑经络失养，进一步加重瘀阻。

（4）痰湿内蕴：《素问·奇病论》谓"此肥美之所发也，此人必数食甘美而多肥也，肥者令人内热，甘者令人中满，故其气上溢，转为消渴"。消渴患者多形体肥胖，过食肥甘厚腻，损伤脾胃，脾主运化，为胃行其津液，脾虚则运化失司，水液停滞体内，产生痰、湿、饮证，肾主津液，蒸腾气化无力，水液停滞见水肿。

**2.消渴肾病的治疗方法主要有以下几种**

（1）益气补肾：补益为治疗的根本，据阴阳虚衰的侧重选择补肾气、温肾阳、滋肾阴、填肾精等法。因本病病位在肝脾肾，累及心肺，治疗时应兼顾他脏调理，基础方为参芪地黄汤。气虚明显，重用黄芪、人参、党参、山药、白术等；肾虚偏重，加用熟地黄、山茱萸、枸杞子、菟丝子、女贞子、补骨脂、杜仲等；肾阳不足，加附子、肉桂、仙茅、淫羊藿、肉苁蓉、菟丝子、杜仲、续断等。

（2）益气养阴：用生脉散或二至丸，随症加减沙参、麦冬、生地黄、石斛、玉竹、五味子、天花粉、西洋参等。生地黄、麦冬、玄参滋阴生津，五味子酸甘化阴以滋阴液，女贞子、旱莲草补肝益肾，收敛滋阴。

（3）活血化瘀通络：在益气补肾的基础上选用川芎、郁金、姜黄等辛味药，辛散通络，行气化瘀；肾络久滞，痰瘀互结，选用地龙、蜈蚣、全蝎、土鳖虫、水蛭等虫类药破血消瘀。

（4）化痰除湿：据脾肾虚衰偏重，选用健脾除湿、淡渗利湿、温阳化气等法。药用苍术、白术、山药、茯苓、猪苓、泽泻、薏苡仁等。

（5）解毒化浊：糖尿病肾病后期，脏腑功能衰败，阴阳气血亏虚，痰湿、浊毒、瘀血互结，上凌心肺，则为喘或心悸；内蕴脾胃，则为恶心、呕吐；肾络闭阻，则为尿少、尿闭。治应和胃化浊、清热解毒。随症加减熟大黄、元明粉、附子、川芎、砂仁、猪苓、旋覆花、代赭石、甘草、半夏、生姜等。

糖尿病肾病病性为本虚标实，肾气亏虚是本病发生发展的根本，标实为湿浊、瘀血、浊毒，气阴两虚、血瘀贯穿疾病的全过程。治疗中应侧重益气补肾，兼顾除湿、化瘀、解毒。

## （二）肾病综合征

肾病综合征是以水肿、大量蛋白尿、低蛋白血症、高脂血症为主要表现的症候群，中医学无"肾病综合征"的病名，将其归属于"水肿""鼓胀""癃闭""虚劳"等范畴，在古代文献中对其症状有详细的描写，《灵枢·水胀》对水肿进行了详细的描述，"水始起也，目窠上微肿，如新卧起之状，其颈脉动，时咳，阴股间寒，足胫肿，腹乃大，其水已成矣。以手按其腹，随手而起，如裹水之状，此其候也"。《丹溪心法》对水肿理论进一步发展，将本病分为阴水、阳水两大类。在病理病机方面，《素问·水热穴论》指出"故其本在肾，其末在肺"。诸湿肿满，皆属于脾，故水肿病理变化主要在肺脾肾三脏，其本在肾。而《血证论》中也指出"瘀血化水，亦发水肿"。郑新从医50余年，结合古代文献记载的理法方药，总结出肾病三因论、肾病多瘀论等，运用于临床，收到了良好效果。

水肿是以全身气化功能失调为主的一种病证，涉及肺、脾、肾等诸多脏器，但其病本在肾；若外邪侵袭，饮食、劳倦内伤，气血阴阳不足，均可导致肺失治节，脾失运化，肾失开阖，致膀胱气化失司，三焦水道失调，水液停聚泛溢肌肤而成水肿，引起眼睑、头面、四肢甚至腰背部等处浮肿，严重者有胸水、腹水等多浆膜腔积液。郑新以中医脏腑经典理论为基础，以与肾病密切相关的肺脾之生理病理的相互关系及辨证施治，总结出理、法、方、药理论体系，应用于临床。

**1. 以肾为主，兼以脾肺**

肾主水、藏精，肾气虚衰，关门不利，气不行水，水湿内停，泛溢肌肤，发为水肿，故"肾虚则水无所主而妄行"。肾精充足，气化得当，开阖有度，人体水液平衡得以维持。郑新认为，尿蛋白应当归属于中医精微物质范畴，患者肾气虚衰，肾不藏精，则蛋白等精微物质外泄；肾阳亏虚，阳不化气，开阖失司则水湿浊毒内停。造成水肿及尿素氮、肌酐、尿酸等代谢产物增高。肾虚多因禀赋不足、劳累过度引起，临床表现为水肿，小便不利，健忘，腰膝酸软，精神不足，头晕耳鸣等。肾阴与肾阳是全身阴阳之根本，肾的阴阳失调，主要表现与肾阴亏虚与肾阳不足两方面，偏阴虚者有口苦咽干，夜间潮热，偏阳虚者可有面色㿠白，畏寒肢冷，夜尿清长。

（1）肾阴虚证：以腰膝酸软，头晕耳鸣，失眠多梦，潮热盗汗，五心烦热，咽干颧红，舌红少苔，脉细数为主症，治以益肾补阴。方用知柏地黄汤合二至丸加减。药用知母12g，黄柏12g，生地黄30g，怀山药30g，山萸肉15g，牡丹皮15g，茯苓30g，泽泻30g，女贞子15g，旱莲草15g。肾为先天之本，肾为阴阳并存之脏，肾阴虚则肾阳偏亢，本方重在补肾阴，方中知母、黄柏增强滋补肾阴、清相火的作用，女贞子、旱莲草滋养肾阴，熟地黄调整为生地黄，去除滋腻，三补（生地黄、怀山药、山萸肉）与三泻（牡丹皮、茯苓、泽泻）相互制约，补泻合用，相得益彰。肾病综合征的患者需要长期服用激素，郑新认为糖皮质激素为辛热之品，长期大剂量使用激素，后期往往出现阴虚火旺之证候，中医辨证为肾阴虚证，此时进行中医药干预，可以减轻糖皮质激素的副作用，提高激素的疗效。

（2）肾阳虚证：以水肿、腹部胀满、腰膝酸软、肢寒怕冷、乏力、苔白、脉弱为主要表现，治以温肾益气，方用真武汤或济生肾气丸加减。药用制附片10g（先煎1小时），桂枝12g，熟地黄30g，怀山药30g，山萸肉15g，牡丹皮15g，茯苓30g，泽泻30g。方中以制附片、桂枝温补肾阳，六味地黄丸滋补肾阴，相互配合，阴中求阳，生化无穷。患者在肾病综合征的初期，常常以肾阳虚为主要表现，同时可能合并脾阳虚的表现，患者开始使用激素或者激素减量阶段，常常会出现肾阳不足的表现，故加用补阳之品，有利于增强激素的作用，同时降低对激素的依赖及疾病的复发。

（3）肾阴阳两虚证：主要表现为五心烦热，多汗，四肢畏寒，腰膝酸软，少气懒言，失眠多梦，舌红无苔或舌淡苔白，脉沉迟或细数。治以阴阳双补，方用参芪地黄汤或大补元煎加二至丸。药用太子参15g，黄芪30g，当归12g，山茱萸15g，茯苓 15～30g，生地黄、熟地黄各 15g，怀山药 30g，牡丹皮 12g，泽泻 15g，桂枝 6g。方中太子参、黄芪大补肾气，桂枝温阳化气，六味地黄汤化裁以补肾阴。郑新认为，肾阴阳两虚多见于难治性肾病，这类患者在阴阳双补的同时，需要加用健脾固涩之品，防止精微物质进一步丢失，造成病情迁延难愈。

**2. 脾主运化，健脾为辅**

脾为后天之本，气血生化之源，主运化水湿，脾失转输，水湿运化失司，水湿停聚，发为水肿；脾气亏虚，生化无源，中气下陷，致蛋白等精微物质下泄；脾虚水湿不运，水湿、尿素氮、肌酐等浊毒内蕴，故有"诸湿肿满，皆属于脾"之说。郑新认为脾为治水之脏，故"脾虚土不治水而反克"。难治性肾病病程长，病根沉痼，病情反复发作，久病气虚，加之长期大量使用激素、细胞毒药物及部分祛邪药物，都可影响脾胃功能，引起胃肠功能失调，脾失健运则水液泛滥而加重水肿。郑新认为，肾病综合征水肿及蛋白尿的生成均与脾虚存在直接关系，治脾应贯穿整个治疗过程，蛋白尿是多种肾脏疾病的检查指标，属中医学的精微物质范畴，需进行尿液理化检查才能发现。蛋白尿经常与肾脏疾病的其他表现如水肿、血尿、高血压、肾功能损害等并存，也可单独存在，在进行辨证治疗时，可作为主要临床依据。清气不升，精微下泄，加重蛋白尿。郑新认为，脾肾不摄精，清气下泄是蛋白尿形成的直接原因，脾肾功能失调是产生蛋白尿的基本病机。但风邪、湿热、水湿、瘀血等因素在水肿、蛋白尿的发生及病情加重的过程中亦有重要的影响，直接关系到疾病的进展及预后。肾病综合征水肿、蛋白尿的生成，均与脾虚存在直接关系，治脾应贯穿整个治疗过程。因此，水肿、蛋白尿的形成常因气血阴阳虚衰、脏腑功能失调导致，表现为正虚邪实、虚实夹杂的证候，在祛邪的同时，常常以扶正固摄为主，益气健脾尤为重要。脾虚又有脾气虚和脾阳虚之分。

（1）**脾气虚证**：见腰脊酸痛，疲倦乏力，水肿，纳少腹胀，大便溏，尿频，夜尿多，舌淡红有齿痕，苔薄白，脉细弱。治宜理气和中，健脾利湿，方选参苓白术散或香砂六君子汤加减。药用党参 30g，黄芪 30g，炒白术 12g，茯苓 30g，白扁豆 15g，陈皮 15g，山药 30g，砂仁 6g。以党参、黄芪益气健脾，炒白术、茯苓、白扁豆、陈皮、山药砂仁健脾化湿，在健脾化湿的基础上，常加用利水固涩之品，如五苓散、芡实、金樱子等。

（2）**脾阳虚证**：见腰膝酸痛，神疲乏力，面色萎黄，纳少腹胀，恶心呕吐，水肿，畏寒肢冷，大便溏，夜尿多，舌淡胖，边有齿印，脉沉细无力。治宜温阳健脾，行气利水，方选实脾饮合五苓散加砂仁、炒三仙、黄芪、党参等。药用干姜 10g，制附片 6～10g（先煎 1 小时），炒白术 30g，茯苓 30g，厚朴 12g，大腹皮 10g，泽泻 30g。以实脾饮温阳利水，加用五苓散加强利水消肿之功，标本兼治。

### 3. 肺主气，治水以肺为标

肺为华盖，主一身之气，外合皮毛，为水之上源。肺主宣发肃降和通调水道，肺的失职，水道不通，影响肾脏，气化失司，泛溢肌肤，发为水肿。郑新认为肾病综合征患者由于长期大量的精微物质（蛋白尿）泄于体外，加之长期服用糖皮质激素或免疫抑制剂，脾肾不固，肺气亏虚，又可致风寒湿热等外邪犯肺，导致疾病迁延难愈。在临床工作中，郑新总结出治肺的方法，扶正祛邪，相得益彰。

（1）虚证：肺虚则气不化精而化水，患者常因劳伤过度，病后元气未复，或者久病，肺气亏虚，致腠理不固，外邪易袭，患者反复感冒，致病情反复或加重，郑新提出以扶正为主，治以益肺润肺。

益肺法：对于肺气亏虚，容易外感，导致肾病反复发作加重的患者，临床以乏力、畏风自汗等为主要表现，郑新常用补益肺气的办法，选用玉屏风散治疗，药用黄芪30g，防风12g，炒白术15g等。患者卫气虚弱，不能固表，外邪容易犯肺，导致疾病反复发作，加之肾病综合征的患者长期服用糖皮质激素或免疫抑制剂，免疫力低下，中医认为肺气虚不能固表，所以在疾病的治疗全程加用玉屏风散补益肺气以固表。

（2）实证：肺开窍于鼻，外合皮毛，且为娇脏，外邪首先犯肺，肺气壅闭，通调失司，水液潴留，发为水肿。郑新提出以祛邪为主，治疗以宣肺润肺。

宣肺法：对于已经感受外邪，出现肺失宣降的患者，多选用宣肺祛邪法。如属外感风寒，则予辛温解表，多用荆防败毒散加减。药用荆芥12g，防风10g，羌活12g，川芎12g，柴胡12g，前胡12g，桔梗12g，茯苓30g，甘草15g，鱼腥草30g。若是外感风热，则多以银翘散加减。药用连翘12g，金银花12g，桔梗10g，薄荷12g，淡竹叶10g，牛蒡子12g，鱼腥草30g，板蓝根30g，生甘草6g。急者治其标，在外邪犯肺出现标证的情况下，郑新以治标为主，祛邪外出，不宜补益以防闭门留寇。

清肺法：外感风热或风寒化热，病情进一步发展，以致热毒蕴肺，临床常见咽部不适或咽痛、咽痒、发热，查体见咽部充血或扁桃体肿大等，治宜清肺解毒，自拟利咽汤。药用玄参15g，太子参30g，板蓝根30g，鱼腥草30g，蒲公英30g，蝉蜕12g，牛蒡子12g，以清热利咽为主。西医学也认为，肾病综合征的复发常常以上呼吸道感染为主要因素，患者表现为咽痛、咽部充血、扁桃体肿大，郑新的清肺法和西医学的思路一致，在临床中往往取得立竿见影之效。

### 4. 久病多瘀，从瘀论治

《血证论》言："瘀血化水，亦发水肿，是血病而兼水也。"西医学也证明，肾病综合征患者出现的大量蛋白尿、低蛋白血症、高脂血症等致使血液黏稠度增高，必要时需要抗凝治疗。从西医学角度看，肾功能衰竭是由于肾纤维化所致，属于中医学"癥积"范畴，需要活血化瘀治疗。郑新认为，瘀贯穿肾病的发生发展演变全过程。

（1）因虚致瘀：患者久病，气血阴阳俱亏，使血行不畅，阻滞于肾脏脉络，形成瘀血。

（2）因实致瘀：血寒、血热等原因，使血液凝滞不畅，形成瘀血，瘀血既是病理产物，又是致病因素，故郑新在肾病的诊治过程中辨证不忘血瘀，治疗不忘化瘀。在辨证的基础上，常加用活血利水的益母草，养血行瘀之丹参、当归，温经活血之川芎、红花，破血通瘀之桃仁、莪术、水蛭，清热活血之大黄，通络活血之全蝎、地龙等。中成药制剂则常用保肾康、川芎注射液等，其结果是法彰效显。

### 5. 本虚标实，大胆祛邪

中医学认为，人体各脏腑之间，人体和外界环境之间，存在对立统一的关系，人体因外感六淫或脏腑功能失调所产生的风、寒、湿、热、火等病理产物，引起人体气血阴阳失衡、津液代谢失常，使疾病迁延难愈，反复发作。正气存内，邪不可干，邪之所凑，其气必虚。在疾病的治疗过程中以固本为主，当有风、寒、湿、热等病理产物时，以祛邪为主，急则治其标。

风为百病之长，风为阳邪，易袭阳位。风是六淫之首，寒、热等诸邪多依附于风邪侵犯人体，故有外感风寒、风热、风湿等。在临床工作中，当患者出现风热症状时，治以祛风清热，以银翘散合自拟"清咽汤"加减。药用玄参15g，太子参30g，板蓝根30g，鱼腥草30g，蒲公英30g，蝉蜕12g，牛蒡子12g。风寒证以祛寒解表为主，以荆防败毒散加减。

祛湿清热相辅。重庆属于四川盆地，常年潮湿，在重庆的患者由于受到气候的影响，湿邪入侵机体，湿浊内生，阻滞经络，损伤阳气，加之湿为阴邪，湿邪困脾，脾阳不振，运化失司，精微物质外泄，则发为水肿、蛋白尿，湿邪停滞体内，蕴而发热，湿热交织，非单纯利湿所能达到，故以胃苓汤为主方治疗，加用黄柏、黄连、薏苡仁、栀子等清热利湿。

### 6. 衷中参西，辨证灵活

郑新不仅熟谙岐黄之术，还精通西医学，并将两者完美地结合在一起，衷中参西，为我所用。他在应用糖皮质激素及细胞毒性药物时，观察药物的副反应，认为糖皮质激素为辛热之品。在肾病综合征初期，他发现患者以脾肾阳虚为主，以实脾饮合真武汤加减；激素治疗过程中，容易出现阴虚燥热之证，故以知柏地黄汤合二至丸治疗；激素减量过程中，病情容易反复，出现气虚、阴阳两虚的表现，故以益气健脾固肾、阴阳双补为主，以参芪地黄汤加减。治疗以扶正祛邪并重，扶正不忘脾肺，急则治其标，缓则治其本，辨证灵活，标本兼治。

### 7. 合理运用中成药降低蛋白尿

郑新在治疗蛋白尿时喜单用或并用具有消炎与免疫抑制双重作用的火把花根片、雷公藤多苷片。

儿童用法用量：①火把花根片：5 岁以下，每次 1 片；5～10 岁，每次 2 片；10～15 岁，每次 3 片，每日 3 次，饭后服用。②雷公藤多苷片：按每日 1mg/kg，分 3 次饭后服用。

成人用法用量：①火把花根片：每次 4～5 片，每日 3 次。②雷公藤多苷片每次 10～20mg，每日 3 次，均饭后服用，疗程不超过半年，同时给予抗氧化剂维生素 C、维生素 E，出现白细胞减少时应用升白细胞的药物，定期复查肝功能、血常规等。

### 8. 其他辅助疗法

（1）穴位注射疗法：选曲池、足三里、三阴交、血海等穴位，药物选择黄芪注射液等。

（2）中药熏蒸治疗：可利水消肿。药用红花 25g，防风 25g，羌活 25g，独活 25g，麻黄 25g，桂枝 25g，细辛 20g，艾叶 25g，香薷 20g，川椒 15g，苍术 30g。

（3）穴位贴敷疗法：可免疫调节。适用于反复感冒患者，根据辨证取相关穴位。

（4）药浴治疗：可利水消肿。适用于原发或继发的水肿症状明显，无皮肤糜烂、溃疡者。药用生大黄 50g，红花、丹参、当归、川芎各 30g，麻黄、细辛各 20g，苦参、地肤子、白鲜皮各 30g。

（5）中频离子导入治疗：可改善肾脏循环，增强机体抵抗力。药用盐酸川芎嗪注射液。

## 五、方药之长

郑新用补肾健脾、活血通络法治疗慢性肾衰竭时，常选用单味药物，或疗效相近的两味药，形成药对，取其相须相使，达到协同增效的目的。举例如下。

### 1. 太子参

太子参甘，微苦，微温。《本草再新》云："味甘，性温，无毒。"其功效为补益脾肺，益气生津。主治脾胃虚弱，食欲不振，倦怠无力，气阴两伤，干咳少痰，自汗气短，以及温病后期气虚津伤，内热口渴，或神经衰弱，心悸失眠，头昏健忘，小儿夏季热等。功用与人参相仿，但以清补见长，特点为益气但不升提，生津但不助湿，扶正却不恋邪，补虚又不峻猛。现代药理研究表明，太子参对机体具有适应原样作用，即能增强机体对各种有害刺激的防御能力，还可增强人体内的物质代谢。

郑新认为，IgA 肾病患者的基本病机为气阴不足，针对这类患者应补益正气，使用黄芪、党参，因其药性偏温，可能会加重患者阴虚的症状。而太子参性味平和，用之无"上火"之虞。

**2. 白茅根**

白茅根为禾本科植物白茅的根茎，性甘寒，归肺、胃、肝、肾、大肠、膀胱经。有凉血止血，清热利尿的功效。治热病烦渴，吐血，衄血，肺热喘急，胃热哕逆，淋病，小便不利，水肿，黄疸。《神农本草经》曰："主劳伤虚羸，补中益气，除瘀血、血闭寒热，利小便。"《名医别录》言："下五淋，除客热在肠胃，止渴，坚筋，妇人崩中。"《日华子本草》谓："主妇人月经不匀，通血脉淋沥。"《滇南本草》曰："止吐血，衄血，治血淋，利小便，止妇人崩漏下血。"《本草纲目》载："止吐衄诸血，伤寒哕逆，肺热喘急，水肿，黄疸，解酒毒。"《本经逢原》言："治胃反上气，五淋疼热及痘疮干紫不起。"现代研究表明白茅根的药理作用：①利尿：其利尿作用可能与白茅根中所含丰富钾盐有关。②抗菌：煎剂在试管内对福氏痢疾杆菌、宋内氏痢疾杆菌有明显的抑制作用，但对志贺痢疾杆菌则无作用。③止血：研究表明，白茅根可加速凝血过程的第二阶段，即促进凝血酶原的形成，因而有止血作用。还有人认为白茅根的止血作用在于能缩短出血及凝血时间。④其他：白茅根水浸液有降低血管通透性的作用。

**3. 三七**

三七为五加科植物三七的干燥根和根茎，其性甘，微苦，温，归肝、胃经。功能散瘀止血，消肿定痛。用于咯血，吐血，衄血，便血，崩漏，外伤出血，胸腹刺痛，跌仆肿痛。《本草纲目》言："止血散血定痛，金刃箭伤、跌仆杖疮、血出不止者，嚼烂涂，或为末掺之，其血即止。亦主吐血衄血，下血血痢，崩中经水不止，产后恶血不下，血运血痛，赤目痈肿，虎咬蛇伤诸病。"《本草求真》曰："专入肝胃，兼入心大肠，又名山漆。时珍曰，或云能合金疮，如漆粘物也。"《本草从新》谓："散血定痛，治吐血衄血，血痢血崩，目赤痈肿。"《医学衷中参西录》载："三七诸家言性温，然单服其药数钱，未有觉温者。善化瘀血、又善止血妄行，为吐衄要药，三七能代腐生新，是以治之，为其善化瘀血，化瘀血而不伤新血，允为理血之妙品。"《临证指南医案》对三七亦有经典论述，云："血病五脏六腑皆有，三七治一切血症。"现代研究表明，三七主要含皂苷、黄酮苷、氨基酸等，止血活性成分为三七氨酸。其药理作用主要针对血液系统：①止血作用：三七水溶性成分三七素，能缩短小鼠的凝血时间，并使血小板数量显著增加，主要通过集体代谢，诱导血小板释放凝血物质而产生止血作用。②活血作用：三七既能凝血，又能使血块溶解，即有止血和活血化瘀双向调节功能。③补血作用："人参补气第一，三七补血第一"，近几年的研究发现三七除止血活血作用外，还具有补血作用，能提高外周红细胞和白细胞数量。

### 4. 党参、黄芪

党参,味甘,性平,入脾、肺经,功效既能补中益气,生津止渴,又能补气养血。《本草正义》云党参"补气养胃,润肺生津,健运中气……健脾运而不燥,滋胃阴而不滞,润肺而不犯寒凉,养血而不偏滋腻,鼓舞清阳,振动中气,而无刚燥之弊,是禀坤土中正之气,柔顺之德,而无偏害者"。黄芪,味甘,性微温,入脾、肺经,功效为补气升阳,固表止汗,托毒生肌,利水消肿。党参补中气,黄芪固卫气,党参偏于阴而补中,黄芪偏于阳而补实,二药合用,一阴一阳,相互为用,益气之力更宏,共奏扶正补气之功。

### 5. 杜仲、续断

杜仲味甘,性温,入肝、肾经,能补肝肾、强筋骨、益精气、强肾志。《本草纲目》言:"杜仲,古方只知滋肾,唯王好古言是肝经气分药,润肝燥,补肝虚,发昔人所未发也。盖肝主筋,肾主骨,肾充则骨强,肝充则筋健,屈伸利用,皆属于筋。杜仲色紫而润,味甘微辛,其气温平,甘温能补,微辛能润,故能入肝而补肾,子能令母实也。"《本草经疏》曰:"益肾补肝,则精血自足,其主补中者,肝肾在下,脏中之阴也,阴足则中亦补矣。"续断味苦,性温,入肝、肾经。功效为补肝肾,续筋骨,调血脉。《本草正义》曰:"续断,通行百脉,能续绝伤而调气血。"《滇南本草》谓:"补肝,强筋骨,走经络,止经中(筋骨)酸痛,破瘀血。辛温破散之性,善能活血祛瘀;甘温补益之功,又能壮筋强筋,乃疏通气血筋骨之要药也。"现代药理研究表明,杜仲还有降压、利尿、治疗蛋白尿的作用,其机制可能与杜仲能促进肾上腺皮质功能,提高体内激素水平,改善肾小球血流等有关,另外它对肾性高血压也有治疗作用。杜仲与续断合用,对于慢性肾衰竭久病所致的肾虚腰痛、腰膝酸软、肢软乏力效果显著,对于以肾阳虚为主要表现的水肿患者,也有较好效果。

### 6. 大黄、土鳖虫

大黄又名将军,味苦,性寒,入脾、大肠、肝、心包经。功效能荡涤胃肠湿热,清热解毒,凉血止血,利胆退黄,活血化瘀。《本草新编》曰:"大黄性甚速,走而不守,善荡涤积滞,调中化食,通利水谷,推陈致新,导瘀血,滚痰涎,破癥结,散坚聚,止疼痛,败痈疽热毒,消肿胀,俱各如神。"土鳖虫即䗪虫,味咸,性寒,入肝经。功效既能破瘀血、消肿块、通经,又可逐瘀止痛、接骨续筋。

慢性肾衰竭患者,多为气虚血瘀,浊毒内盛,郑新治疗时喜用大黄,尤其是生大黄,取其"迅速善走,直达下焦,深入血分,无坚不破,荡涤积垢,有犁庭扫穴之功。生用者其力全,迅如走丸,一过不留,除邪而不伤正气",再配用土鳖虫,咸寒能入血软坚,走血分而化瘀血,大黄入血分而逐瘀血,二药相配,相互促进,破血逐瘀之力倍增。如患者久病脾胃虚弱，郑新认为不能一味攻伐，则将生大黄换为制大黄，制过者其力已缓，虽不能速效，但顾护了胃气，可从长计议。

### 7. 白术、苍术

白术味甘、苦，微辛，性温，入脾、胃经，本品甘温补中，苦温燥湿，能健脾益气，燥湿利水，止汗安胎。苍术味辛、苦，性温，入脾、胃、肝经，功效为燥湿健脾，祛风散寒，明目。慢性肾衰竭患者，往往脾虚伴有湿浊证，症见颜面及双下肢水肿，纳食少，脘腹胀满等，郑新常用健脾除湿法治疗，在方中加用白术、苍术，二术皆为脾胃经要药。白术补脾燥湿，益气生血，苍术健脾平胃，祛风除湿；白术甘温性缓，补脾力强，补多于散，苍术气味雄厚，苦温辛烈，燥湿力胜，散多于补。白术以补脾为主，苍术以醒脾为要，二药相伍，一补一散，一脾一胃，则中焦得健，脾胃运化如常，水湿得化，不能聚而为患。临证时郑新习惯用炒白术和炒苍术，一则可去其燥，二则健脾除湿之力更强。现代药理研究表明，白术具有明显而持久的利尿作用，增强细胞免疫功能。说明白术有健脾胃、强壮身体和提高抗病能力的作用。在临床上我们也观察到，运用白术、苍术后，患者水肿得到很好的缓解，对于轻中度水肿可以不用利尿剂治疗。

## 六、读书之法

郑新认为学习中医经典是基石，是中医人的根本，阅读、记忆、临证、反思、传承与创新是中医人的必经之路，反复研学经典方能突破临证瓶颈，更上一层楼。

《黄帝内经》是中国最早的医学典籍，是中医学的基础。作为中医学四大经典之一，它包括《素问》与《灵枢》两部分。《素问》的主要内容为人体藏象、经络、病因病机、诊断、辨证论治、预防养生、人与自然、阴阳五行等中医基础理论。《灵枢》也称《针经》，对经络俞穴、针灸等做了主要论述。郑新每次阅读这些著作均有醍醐灌顶、豁然开朗之感，每过段时间，他都会翻阅出《黄帝内经》，在查房过程中对后辈反复叨念。如若查房遇到糖尿病肾病患者，他常说"肥者令人内热，甘者令人中满""治脏者治其俞，治腑者治其合，浮肿者治其经"。然后将肾病多瘀论与经络病联系起来，讲治肾病需重视活血化瘀之药的应用，继而讲到经验方、院内制剂蛭芎通络胶囊在临床中对肾病综合征、慢性肾衰竭、甚至透析的患者均效果灵验。在查房过程中，面对慢性肾衰竭患者，郑新常提到"能毒者以厚药，不胜毒者以薄药""形不足者，温之以气；精不足者，补之以味""间者并行，甚者独行""治病之道，气内为宝"，认为治疗慢性肾衰竭需扶正与祛邪并用，提到十味肾毒清方中既有补益药，又有泄浊药，是攻补兼顾的方剂。对于现代常见的尿酸性肾病、肥胖相关肾病、糖尿病肾病等疾病，郑新常提到"病热少愈，食肉则复，多食则遗，此其禁也""高粱之变，足生大丁，受如持虚"，提倡饮食有节，食不厌精，脍不厌细，不时不食。大多疾病是因营养过剩，而非气血亏虚，故应少食高脂高糖，清淡饮食至关重要。

郑新重视《难经》中提到的肾脏命门理论。《难经》是在《黄帝内经》的基础上形成的，内容涉及生理、病理、诊断和治疗等各个方面，主要包含脉诊、藏象、经络、针灸等内容，并创立了"右肾命门"的学说，突出肾为命门的重要性。《难经·三十六难》说："肾两者，非皆肾也。其左者为肾，右者为命门。命门者，诸神精之所舍，原气之所系也。"建立了以"肾（命门）—元气—三焦"为轴心的整体生命观，在中医学术史上具有重要意义。《难经》认为元气是人体的先天根本之气，源于父母，化生于命门，由三焦敷布至全身，元气病变总是关乎生命存亡。故临床中应扶正补元气，恢复脏腑经络的生理功能，肾精是化生元气的根本，故重视肾精幻化至关重要。

《伤寒杂病论》将伤寒等外感热性病分为六类，同时在《素问》的基础上分析了"三阳证"与"三阴证"，对伤寒病的病理、诊断、治疗及用药进行归纳。六经辨证是全书的主要纲领，为后世提供了重要的理论体系。书中所记载的大量复方，组方严谨，疗效显著，被后世称作"经方之祖"。在难治性肾病综合征的治疗过程中，郑新常遇到患者长期口服激素，正气不足，反复外感，在治疗过程中，对症运用经方，效如桴鼓。

郑新认为《医学三字经》《汤头歌诀》《濒湖脉学》《药性歌括》等著作汇集了古代医家的智慧，句句经典，朗朗上口，是学习中医的宝典。建议后辈博闻强记，在学习中医的过程中必事半功倍，受益终身。

# 七、大医之情

## （一）思想境界

郑新一生追求做儒医，认为"无儒不通医，凡医皆能述儒"。需精通医术、仁义在心，方能为患者排忧解难。患者求医，大凡身体痛苦所致，医术为首，药到病除，病患身心甚悦。临证亦有难治难愈之疾，如慢性肾病相关之疾，患者愁苦，唉声叹气，心境苦闷。此刻需仁义先行，良言一句三冬暖，恶语伤人六月寒。善言暖于布帛，人谁不老，人谁不病。治病的双向性，医生给患者治病，需要患者配合，不仅医生应该认真负责，还应该善于做患者的思想工作，争取患者的配合，注意对患者情志的疏导。现代医患沟通是门学问，好的医生同时也应该是好的思想工作者。

## （二）文化修养

"求木之长者，必固其根本；欲流之远者，必浚其泉源"。中华优秀传统文化是中华民族的精神命脉，是涵养社会主义核心价值观的重要源泉，也是我们在世界文化激荡中站稳脚跟的坚实基础。中国传统文化是中医学诞生和发展的土壤，中医学是中华民族优秀传统文化不可分割的组成部分。中医文化来源于"天人合一"的古老哲学思想，中医把人放在天地之间去思考，讲究中庸、和谐、顺应四时，人的健康与生命皆受天地气机影响，由此而衍生出五运六气理论。以阴阳五行作为生命和自然界的基本属性，以取类比象的方法来认识生命运动的基本规律，是一种生命文化，是有关生命与疾病的认知文化。

中医学既是临床医学，也是人文科学。文化可以治病，文化可以疗心。完整的中医文化是生命医学与文化医学的结合体，中医文化是实用、修心的文化。

郑新徜徉在中医文化海洋的同时还热爱书法，认为"不独医林仰宗匠，即论书法亦传人"，中医养人，书法养心。书法是中国五千年璀璨文明及无与伦比的丰富文字的体现，已为世人所认可，以其独特的艺术形式和艺术语言承载了中华文化的发展历程。

另外，郑新喜爱阅读诗词，无论是古代还是现代诗词他都有浓厚的兴趣。郑新认为诗词浑然天成，蹙金结绣，扬葩振藻，诗成得袍，熟读诗词的过程即是与大文豪、伟人对话的过程。且郑新喜欢于医学相关的诗词中流露慧心仁术，认为能文者未必谙于医学，而良医多具文学底蕴。

# 八、养生之智

郑新从事中医临床工作 60 余年，治疗病患无数，他自己也患有糖尿病、支气管哮喘等慢性病，但是通过独特的养生保健方法，带病延年，到晚年都红光满面，精神状态非常好。虽然头发花白，但精神矍铄，牙齿齐整，虽然听力稍有下降，但视力很好，看书诊病，早上锻炼，自己买菜做饭，生活自理，日子过得很充实。他养生保健的秘诀有以下几点。

## （一）坚持适量运动

郑新可谓是标准"上班一族"，退休前每天挤公交车上班，上车后都没有座位，他个子高，总是稳稳地拉着扶手，站着到医院。下班还要买菜回家，和老伴一起做饭吃。他认为家务劳动其实也是一种运动形式，而且适合老年人。这样的生活一直持续到80多岁，只要是上门诊的日子，郑新都会早早起床，乘坐公交车去医院。《灵枢·经脉》言："人始生，先成精，精成而脑髓生，骨为干，脉为营，筋为刚，肉为墙，皮肤坚而毛发长，谷入于胃，脉道以通，气血乃行。"退休以后，郑新每天早上6点多就起床，围着操场跑上2圈，接着再打上一套太极拳或八段锦，做几下深呼吸，然后回家吃早饭。另外，他坚信百练不如一走，步行是运动之王，散步可使全身血液、骨骼、肌肉、韧带活动起来，并能调节内脏功能，维持正常的新陈代谢，产生良好的生理效应。通过锻炼达到三焦通畅、气血调和的目的。郑新说什么时候开始运动都不晚，但贵在坚持。

## （二）注重饮食药物调理气血、与病共存

郑新的养身之道自成一派，养生尤重气血，他对饮食是很讲究的。饮食有节，不抽烟，很少饮酒，早晚三餐，饭量恒定，低盐少油，七八分饱，不多食也不吃零食，荤素搭配，以素为主，尤爱吃鱼，有饮茶的习惯，且数十年不变，以绿茶为主。《素问·脏气法时论》有云："五谷为养，五果为助，五畜为益，五菜为充。"这是说杂粮、蔬果、肉蛋为人们日常生活不可缺少的，应合理搭配应用，以使人获得合理的营养，气血调和，百病不生。偏食则可致人气血阴阳平衡失调，有碍身体健康。"食饮有节"也是要求人们要调控自己的饮食。"饮食自倍，肠胃乃伤"，控制饮食，可以减轻胃肠负担，益寿延年。控制饮食也应有限制，每餐以七八分饱为宜，不可过分限量，饥饿疗法也会损伤脾胃，甚至导致脾胃病。最好是饭后一小时左右喝点茶，可以助消化，降血脂，清理血管，又可以保持头脑清醒。肾脏患者尤其要注意多饮水，通利小便。郑新饮食有自己的"三宝"：西洋参、武昌鱼、黑芝麻。用西洋参三四片泡水服用，以达到滋阴补气、清虚火的目的；每周吃两次鱼，尤爱武昌鱼，鱼的营养好，为优质蛋白，胆固醇少，清蒸为主，少油少盐，美味又营养；黑芝麻益气补血，健脾生血，润肠。除了"三宝"以外，郑新还每天服用自己做的健脾粉，其中有补脾益胃的芡实，健脾养胃补肾的山药，健脾利湿的薏苡仁，芳香化湿的豆蔻，白豆蔻磨粉以后还可以增加香气，增进食欲。用法可以和进面粉做面食，也可以煮粥服用，长期服用健脾粉可以达到健脾、利湿、助消化的效果。

人年老以后常伴有慢性病，生命自然规律使然，切莫讳疾忌医，谈病色变。学会与病共存，配合医生，合理用药。

## （三）乐观豁达、淡泊名利

所谓"养气安心不计年，未尝一念住愁边"，郑新乐观豁达，凡事求快快乐乐，

他把中医事业当成最大的乐趣，善思善记，作息规律，思路清晰，才思敏捷。劳逸结合是健康之道，学会调整情绪，调摄精神，处事泰然，乐观豁达。"人生不如意事常十之八九"，学会平常心对待，不能凡事尽善尽美，设立目标，做好一件事足矣。

知足常乐，不慕名利，不以物喜，不以己悲，郑新认为把物质利益看得过重，汲汲追求，就会耗心气，损肝血，长寿就是妄想。他把为患者解除痛苦视为人生最大乐事，专心于专业，不在意外界的干扰。乐以忘忧，故不知老之将至。

# 九、传道之术

## （一）人才培养方法

郑新培养学生注重因材施教，讲课时循循善诱，深入浅出，语言简练，内容丰富，理论联系临床实践。他在88岁高龄时仍坚持教学查房，定期门诊及讲课，坚持点评医案，桃李满天下。郑新认为年年总有中医学子入门，新竹生长全凭老竹扶持，期待中医人才辈出，每年举办学术年会将临证心得与众晚辈分享。期待后辈皆为儒医，强调医者需做到以下几点。

**1. 首重于德**

所谓医者仁心，杏林春暖，高尚的医德永远是成为一名好医生的根本。

**2. 熟读古籍，娴熟于心**

需具备扎实的中医基础理论功底、高超的中医临床诊疗水平和中医临床技术。

**3. 博采众方，勤于临床，善于总结**

郑新不仅常常告诫自己的学生，也经常告诫自己，"作为一名医生，一定要不断学习，不能故步自封。要总结经验，吸收新的知识用于临床实践，再总结然后再实践，如此循环往复，在学习新知识与总结经验的基础上进行创新"。多阅读经典医籍，掌握现代科学知识及医疗技术，多临证并反复总结经验。郑新常说学海无边，书囊无底，需勤为径，做到"博学之，审问之，慎思之，明辨之，笃行之"，终会学有所得，学有所长，学有所进，学有所成。

## （二）人才培养成果

郑新爱才惜才，谆谆教导后继贤才栋梁，经过半个世纪的培养，他的弟子、学术经验继承人经千淘万漉，成为业界中流砥柱，构建了巴渝地区肾病薪火传承的人才梯队。

郑新创建了中医特色鲜明的重庆市中医院肾脏病专科，目前该科室已跻身于全国中医肾病研究领域前列，是国家中医药管理局"十一五""十二五"重点专科，国家临床重点专科（中医专业），重庆市中医药重点学科。2010 年国家中医药管理局批准设立了"全国名老中医药专家传承工作室"，2010 年，习近平同志莅临肾病科视察工作，2014 年成立了"名中医工作室"。2014 年郑新牵头成立了重庆市中医肾病专业委员会，2018 年牵头成立了重庆市中医药学会肾病专业委员会、专科联盟。2018 年、2019 年肾病科连续获得香港艾力比评选的最佳研究型专科。团队成员熊维建 2019 年获"重庆市创新领军人才"称号；2020 年"运用特色诊疗技术延缓慢性肾脏病进展的临床应用与推广"获得重庆市科技进步三等奖。2022 年成立"巴渝肾病"学术流派。

团队申请省部级课题 30 余项，国家自然科学基金 1 项，发表论文数百篇，获得实用型专利 9 项，出版专著 2 部。其中 2 名弟子荣获"重庆市中医院名中医"称号，2 名弟子获"重庆英才创新创业领军人才"称号。团队通过医联体建设、下乡支援、推广国医大师郑新巴渝肾病经验等活动，全面建立了立体的"巴渝肾病"服务网络。

截至目前，郑新门下弟子及再传弟子 1000 余人，为中医肾病的发展起到推动作用。

## 郑新学术传承谱

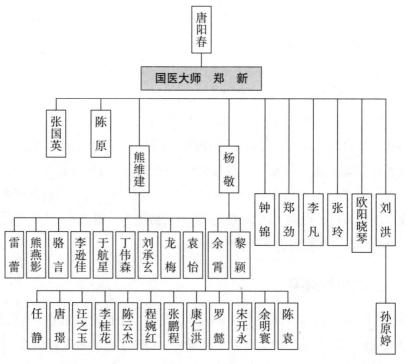

（骆言、熊维建整理）

（毛心勇编辑）

# 尚德俊

尚德俊（1932—2020），河南济源人，中共党员。先后在上海市陆行中学、上海吴淞中学就读，1955年9月毕业于山东医学院医学专业。1955年9月在辽宁省锦西县人民医院参加工作，1956年9月选调参加在天津举办的全国首届西医离职学习中医研究班，以第一名的优异成绩毕业，荣获卫生部颁发的金质奖章和证书。后来尚德俊来到山东中医学院工作，先后任讲师、副教授、教授，1979年被聘为首届中医外科学硕士研究生导师。1981年12月加入中国共产党，历任第五、第六、第七、第八届全国政协委员。先后获卫生部奖状和金质奖章、国务院政府特殊津贴等奖励，以及全国医学科研先进工作者、山东省优秀科技工作者、全国老中医药专家学术经验继承工作指导老师、山东省有突出贡献的名老中医药专家等荣誉称号。2014年8月，由人力资源和社会保障部、国家卫生和计划生育委员会、国家中医药管理局授予"国医大师"荣誉称号；2019年9月，由人力资源和社会保障部、国家卫生健康委员会、国家中医药管理局授予"全国中医药杰出贡献奖"。

## 一、学医之路

尚德俊从上海考入山东医学院医学专业，1955年9月毕业后，进入辽宁锦西县人民医院外科工作，尽管条件艰苦，但是没有忘记祖国和人民的培养，以一颗炽热的心，满怀激情，投身于紧张、繁重的临床外科工作，在实践中锻炼成长。在设备简陋的情况下，开展普外科疾病、急腹症、肛肠疾病、创伤等的诊治和手术治疗工作，到农村、矿区出诊，为工人、农民诊治疾病。他一边勤奋工作，一边发奋读书，经常"贪婪"读书至深夜，总想把白天遇到的疾病和难点，能在夜读中予以消化吸收，或得到解答，在实践中不断积攒知识，积聚力量。在艰苦的环境里，通过广泛的临床外科实践，尚德俊学到了许多知识，打下了比较好的临床外科基础，开拓了思路，受到了锻炼。1956年9月，被选派参加全国首届西医离职学习中医研究班（天津市中医研究班），按照"系统学习、全面掌握、整理提高"的方针，虚心刻苦，努力钻研，经过6个月学习之后，逐渐克服了中医古典文献深奥、不易理解的困难，系统学习了中医经典著作、中医基础理论，以及临床各科诊断和治疗知识等。由于从事外科专业，尚德俊又到南京中医学院、江苏省中医院针灸科、内科等临证实习，在学习班后期，又特别到全国著名的苏州市中医院外科实习。尚德俊总是争取跟随多位著名老中医、中医专家临证实习，虚心学习他们的诊疗经验、用药规律和特长。1958年，撰写《学习针灸疗法的几点主要收获与体会》和《针灸疗法治愈扭伤病例介绍》两篇论文，被中医老师评为西医学习中医的最好论文。经过3年的学习，尚德俊初步掌握了中医基本理论和辨证论治，认识到我国传统医学具有独特的理论体系和丰富的宝贵经验。1959年，学习中医毕业时，尚德俊因为优异的成绩，被评为优秀学员第一名，获得卫生部颁发的唯一金质奖章和证书。作为学员代表，尚德俊在毕业典礼大会上发言，表示："虽然结束了在中医研究班的学习阶段，但不是从此停止了学习，而是重新走上学习和研究中医学的艰苦道路……"这次令人难忘的学习，使尚德俊走进学习研究我国传统医学宝库的大门，走上中西医结合研究的道路。在山东省中医院外科工作期间，虽然担任繁忙的临床外科手术治疗工作，尚德俊仍跟随著名外科专家张瑞丰和著名骨伤科专家梁铁民等，广泛临证看病，积累了大量病例，深受启发，收获很大，为以后中医研究打下了基础。

## 二、成才之道

尚俊德创立了中西医结合治疗周围血管疾病理论体系。研制和创用四虫丸（虫类药物）、活血通脉片、通脉安等系列药品治疗血栓闭塞性脉管炎，临床疗效显著。其主编的《血栓闭塞性脉管炎防治手册》对全国开展血栓闭塞性脉管炎治疗研究起到了推动作用。1978 年全国科学大会上，他主持的"中西医结合治疗血栓闭塞性脉管炎"项目荣获国家一级成果奖。1979 年，在我国首次编著出版《周围血管疾病证治》一书，总结周围血管疾病治疗法则和辨证论治规律，提出了中西医结合、血瘀证和活血化瘀疗法、辨病与辨证、微观与宏观辨证、同病异治和异病同治、临床观察和实验研究等观点、方法、理论，创立了我国中西医结合周围血管疾病学、中西医结合周围血管疾病辨证论治原则和整体疗法。1980 年，首先提出组建全国中西医结合周围血管疾病专业的学术组织设想，并在全国政协会议上提案，积极参与创建全国周围血管疾病学会的工作，是中国中西医结合学会周围血管疾病专业委员会的创始人和领导人之一，担任全国专业委员会副主任和主任 16 年，为创建中西医结合周围血管疾病学科做出了突出贡献。先后出版了《外科血瘀症学》等学术专著 17 部，发表学术论文近 80 篇。

### （一）坚忍不拔，意志坚强

20 世纪"文化大革命"期间，来自全国各地的血栓闭塞性脉管炎患者很多，医院发展到 70 张床收治患者，尚德俊坚持临床治疗工作，努力满足患者的需求，他说："患者信任我们，已经有良好基础，不能下马！"这样保住了临床研究基地，坚持治疗研究工作，没有中断。当时搞研究是要冒风险的，尚德俊总是默默地总结临床资料。1969 年，他总结了中西医结合治疗 221 例血栓闭塞性脉管炎的经验（长篇论著，约 3 万字）。

在学习中医基础理论之后，尚德俊在临床实践中继续努力学习中医学，并积累经验，开展中西医结合研究工作。同时，如饥似渴地学习历代医学文献，广泛收集、学习有关治疗研究血栓闭塞性脉管炎的文献资料（包括很珍贵的内部文献），了解研究动态，开拓思路，吸收好的治疗方法和经验，应用于临床实践。这对于此后尚德俊撰写中西医结合治疗血栓闭塞性脉管炎发展史有很大帮助。20 世纪 60 年代中期，尚德俊探索中西医结合治疗血栓闭塞性脉管炎，应用现代科学知识和方法，根据中医学理论，调整了原有治疗方剂，1964 年，研制创用四虫丸（虫类药物），并相继创用活血通脉片、通脉安、活血通脉饮等著名药剂，治疗血栓闭塞性脉管炎等疾病取得良好疗效。

### （二）鸿儒大医，丹心一片

看门诊时，尚德俊都是早去晚归。无论超过下班时间多久，只要病号往他跟前一坐，他都要从头到尾问个仔细，时间在他和患者之间似乎是完全不受限制的。哪怕是挂号处已经停止挂号了，看到农村来的患者，尚德俊也都是照看不误。

### （三）虚心学习，执着用心

尚德俊工作初期，当时山东省中医院外科是由著名外科专家张瑞丰担任主任，对临床治疗血栓闭塞性脉管炎有丰富经验，辨证精当，用药少而量大，每获奇效，经过治疗，使很多严重肢体坏疽患者保存了肢体，创口得到愈合，这是尚德俊从来没有见过的显著疗效。临床实践中，尚德俊虚心学习张瑞丰主任治疗血栓闭塞性脉管炎的辨证经验、用药特点，还有应用外治疗法（熏洗疗法）的经验。后来，由于工作关系，他又学习了著名外科专家、济南市立中医医院李廷来院长治疗血栓闭塞性脉管炎的经验。在学习和继承前辈张瑞丰、李廷来治疗血栓闭塞性脉管炎经验的基础上，尚德俊以中医中药治疗血栓闭塞性脉管炎为起点，开始探索辨病与辨证相结合的研究中医的思路，以病串证，同病异治，总结临床辨证论治经验。

### （四）思路敏锐，善于思索

临床治疗中，尚德俊仔细观察血栓闭塞性脉管炎肢体缺血性创口的特点及其愈合过程，经过思考，在中西医结合辨证论治整体治疗的基础上，改善肢体血液循环，并对肢体坏死组织施行手术切除，这样比传统的等待坏死组织自然脱落，更能减轻患者痛苦，促进创口愈合，缩短疗程，提高疗效。此处，他还总结了肢体坏死组织手术切除的指征、时机和注意事项。

临床外科实践中，尚德俊认真观察手术治疗的患者，应用中西医结合治疗方法，进行围手术期的处理。如对于脾功能亢进的患者，肝脾大，固定胀痛，身体虚弱，舌质红绛或有瘀斑，为慢性气虚血瘀证，应用益气活血法治疗后，患者身体情况明显好转，血细胞计数升高，脾脏缩小，此时施行脾切除术，可见脾脏变软，容易切除，手术中出血、渗血较少，手术后患者恢复较快，创口愈合顺利，并发症减少。尚德俊注意观察，发现外科手术后患者多有阴虚血瘀表现，故于1976年创用术后汤，广泛应用于外科手术后的患者，具有明显的抗菌消炎、滋阴活血作用，对防止创口感染和手术并发症等有显著效果。

604

### （五）中西教育，知识丰厚

尚德俊接受过系统的西医教育，为新中国的第一代大学生。当时齐鲁大学的培养方式，与英美教学基本衔接，教师基本都是英美博士，有一些是全国知名教授，在这样一所著名的学府，尚德俊受到良好的科学研究探索精神的培养。接着就是三年系统中医学习，老师都是天津的名流，中医功底深厚，都有绝活，班主任是天津著名中医哈荔田先生，然后再到全国知名中医院实习。由于学习起点高，又吸取了众多名医的精华，因此尚德俊的中医知识功底非常深厚。这种独特的知识结构造就了尚德俊特有的中西医结合观点和理念，成为独特的一代医生，取得突出的成绩。

尚德俊的主要学术观点：中国传统医学为宏观整体医学，重视辨证和动态变化，概括性强，具有独特的理论体系和丰富的临床经验。西医学为局部微观医学，是随着现代自然科学同步发展起来的，重视实验研究，观察仔细、具体，针对性强。这两大医学体系同属于自然科学，是在各自不同的历史条件下发展起来的，其研究对象都是人体——生理、病理和疾病防治，存在一定的内在联系，各有所长，又各有所短，中西医结合取长补短——互补性结合，形成了具有中国特色的新医学体系。在临床中，以现代医学的检查诊断方法，对外科疾病做出明确的现代医学诊断，同时结合中医辨证论治进行治疗研究，即以病为纲，病证合参，既有整体观念，又不忽视局部变化，可提高诊断的完整性和治疗的全面性。

## （六）临床工作，蕴涵研究

尚德俊深深受到现代科学研究探索教育的影响，给平凡的临床工作赋予研究的内涵，非常注重开展研究工作。他认为，不能仅仅是做医生看病，还要做临床科学研究。

王嘉桔教授在一篇文章中指出：尚德俊"撰写的专著《外科血瘀症学》，把中医有关血瘀症学的基本理论，与外科疾病，特别是与周围血管疾病的关系进行精辟的论述，并融合许多现代医学理论观点。尤其是1990年，他出版专著《中西医结合治疗周围血管疾病》，总结自己多年的研究成果，融汇许多学者的经验。这些专著对中西医结合周围血管疾病学的形成和发展，都产生很大的积极的影响。"

为了更好地开展中西医结合外科、周围血管疾病治疗研究工作，1964年以来，尚德俊根据临床实践，先后创用治疗方剂如下。

①内服方剂：四妙勇安汤加味、活血通脉饮、丹参通脉汤、补肾活血汤等28首。

②熏洗方剂：燥湿洗药、四黄洗药、活血消肿洗药、解毒散瘀洗药等11首。

③外用方剂：丹参酊、消炎膏、润肌膏、生肌膏等6首。

临床应用这些方剂，治疗外科、周围血管疾病、骨科和皮肤科疾病等，取得显著疗效。如四虫片、活血通脉片等，治疗动脉硬化症、心脑血管疾病、结核病、肠粘连、关节炎等病症，均有一定疗效。

## （七）眼光高远，展望未来

随着临床治疗工作的不断开展，患者日益增多，尚德俊除治疗血栓闭塞性脉管炎之外，还进行其他周围血管疾病的治疗研究工作，以满足社会的需求和患者的需要。尚德俊说："这是患者的真诚、信任和要求，把我们推入周围血管疾病研究领域。"

自1971年起，尚德俊对外科疾病、周围血管疾病等的活血化瘀疗法进行重点研究，无论理论探讨和临床实践都积累了宝贵的经验。由于中西医结合治疗血栓闭塞性脉管炎获得成功，全国中西医结合脉管炎学术会议之后，尚德俊根据我国传统医学血瘀证和异病同治的理论，以证带病，探索中西医结合治疗周围血管疾病。尚德俊在临床实践中发现，各种不同的周围血管疾病，虽然其发病原因和病理变化有所不同，但都可以出现血瘀共性——瘀血、缺血、瘀斑、肿胀、粥样斑块、血栓形成、血管狭窄或闭塞，引起肢体血液循环障碍和微循环障碍，甚至出现溃疡或坏疽。因此，各种不同的周围血管疾病，都可以应用中医辨证论治，采用活血化瘀法治疗，这是中西医结合治疗周围血管疾病的重要特点。

1979年，尚德俊撰著出版《周围血管疾病证治》一书，将学术发展到中西医结合治疗周围血管疾病（血栓闭塞性脉管炎、闭塞性动脉硬化症、大动脉炎、雷诺病、下肢深静脉血栓形成、下肢静脉曲张等），总结周围血管疾病治疗法则和具有一定水平的辨证论治规律。从中医中药治疗血栓闭塞性脉管炎一个疾病，发展到中西医结合治疗周围血管疾病经历了20年时间。此后，尚德俊又总结周围血管疾病活血十法和治疗八法。1980年10月，在济南召开了山东省中西医结合治疗周围血管疾病学术会议，结束了我国20余年血栓闭塞性脉管炎单病研究的时代。

尚德俊首先提出了周围血管疾病的全新概念，首先举办了中西医结合治疗周围血管疾病学术会议，率先成立中西医结合周围血管疾病专业委员会（包括中医和西医）学术组织，是主要发起人和创建者。

## （八）风清气正，始终不变

经历了数十年历史变迁，尚德俊全心全意为百姓服务的根本宗旨始终未变。尚德俊曾写道："50年来，我是在医疗实践中不断地学习、进步的。我没有虚度年华而悔恨，没有碌碌无为而羞愧。我在学术上和事业上的成功在于真诚、勤奋。没有出卖自己的良心，没有出卖自己的灵魂，没有在嫉妒和诽谤面前退却，而是挺起胸膛勇敢地前进！"

# 三、学术之精

## （一）发展传统外科学理论和实践

尚德俊在系统研究传统外科学的基础上，重视临床实践，不断总结临床诊断和治疗经验，开拓外科学研究新领域，丰富外科理论，充实临床内容，使传统外科更具特色和新的内容。他开展中西医结合研究，促进传统医学与现代医学相结合，使传统外科学取得新的进展。

### 1.理清外科外治疗法的内涵和释义

尚德俊对我国历代医学文献进行深入的研究，总结外科外治疗法的剂型、种类及其应用方法，尤其对"围药""薄贴法""贴熁药"进行了重点整理和研究。外治疗法外用药的剂型繁多，尚德俊结合临床实践，将常用外用药剂型总结为散剂、软膏、糊膏、膏药、水剂、醋剂、油剂、乳剂、药捻、药锭、新鲜植物剂、烟熏剂等13种，在《外科外治疗法》专著中，详细论述各种剂型功效特点、临床应用和各剂型有代表性的方药和主治。尚德俊对外科外治疗法最主要和最常用的12种方法进行归纳和总结，结合现代外科理论和临床经验，深入研究各种外治疗法应用的适应证和应用方法。如膏药疗法主要有6种，适用于急性化脓性感染疾病、淋巴结结核、急慢性损伤疾病及皮肤疾病。

尚德俊对外科"围药"进行研究，明确了"围药"的使用方法、应用范围和治疗作用，认为治疗痈疽疮疡（外科化脓性感染疾病），除膏药、疮口敷药之外的一切外敷药，使用时敷于患处周围"留头"者，都可以称之为"围药"。围药疗法主要是外敷痈疽疮疡的四周，收缩炎症肿毒，使其内消，或使炎症、化脓局限，易于溃脓引流，外敷时应"留头"，以使热毒外泄。

在贴敷疗法方面，尚德俊重点研究"贴熁药"，在国内首先系统总结"贴熁药"的临床应用，指出"贴熁药"的基本剂型和应用方法，许多相当于后世的"围药"，一部分属于"薄贴"和"药贴"，其临床应用特点是贴温热药，具有温通解毒、消肿散结、活血止痛作用。

关于"薄贴"，从其外敷药的形式和应用方法看，尚德俊认为其主要属"围药"，并非单指膏药（硬膏），而是包括膏药在内的多种外敷药的泛称，从而明确了"薄贴"的概念。

对于掺药疗法，根据临床应用不同，尚德俊将其分为解毒消散、提脓祛腐、生肌收口、止血等6种药物。

熏洗疗法在外科外治疗法中占有重要地位，尚德俊在《熏洗疗法》专著中对其种类、应用方法、适应证、禁忌证等进行详细论述，在继承中国传统医学的基础上，结合现代外科的理论和观点有所发展和创新，指出临床常用的熏洗疗法有溻渍法、淋洗法、熏洗法和热罨法。

**2. 创立外科血瘀症理论和实践**

尚德俊创立外科血瘀症学，总结外科血瘀症的独特理论、外科血瘀症疾病及其活血化瘀治疗的丰富经验，发展了中国传统外科学、传统"瘀血"理论和实践，并且丰富了现代外科学理论和临床内容。总结外科血瘀症的主要原因、临床表现和诊断依据，同时强调血瘀症的宏观辨证与微观辨证相结合，整体辨证与局部辨证相结合。根据中国传统医学理论结合现代医学理解，提出外科血瘀症的病理学概念：瘀血成痈、瘀血腹痛、瘀血癥积、瘀血四肢、瘀血脉络、损伤瘀血、瘀血性溃疡或坏疽、瘀血瘢痕粘连、瘀血肿胀和出血后瘀血等。

结合临床实践，提出外科血瘀症的治疗经验：调和气血是治疗血瘀症的理论基础，消除瘀血是治疗血瘀症的基本原则，温通活血法是治疗血瘀症的主要法则，排除脓血是治疗血瘀症的重要原则。

应用活血化瘀法治疗外科血瘀症的原则：调理气血，重视辨证论治，注意瘀血的部位和程度，内治疗法与外治疗法相结合，重视中西医结合治疗。

尚德俊总结的活血化瘀十法是益气活血法、温通活血法、清热活血法、活血利湿法、滋阴活血法、行气活血法、通下活血法、养血活血法、活血破瘀法和补肾活血法，成为治疗外科血瘀症的主要法则，同时创用临床疗效显著的系列活血化瘀方药。

## （二）开拓周围血管疾病治疗的新途径

尚德俊根据我国传统医学同病异治、异病同治理论和血瘀证学说，从以病串证，到以证带病，探索中西医结合治疗周围血管疾病。从中医中药治疗血栓闭塞性脉管炎开端，发展到中西医结合治疗研究周围血管疾病，总结周围血管疾病治疗法则、辨证论治规律，提出中西医结合辨证论治整体疗法。

**1. 周围血管疾病的诊断要素**

对于周围血管疾病的诊断，尚德俊提出，既要明确现代医学的诊断和分期，又要充分发挥中医辨证的精华，辨别发病过程中不同阶段的病理变化特点，把现代医学诊断与传统医学辨证相结合——病证合参。现代医学诊断和中医辨证相结合，可以取长补短，更明确疾病的发病原因、部位和性质，了解疾病发生的全部过程，既有整体观念、动态观念，又不忽视局部变化，充实了诊断的完整性和治疗的全面性。

尚德俊注重详细询问病史和认真体格检查，并结合辅助检查，以了解发病因素、发病规律和疾病特点，从临床症状和体征来诊断周围血管疾病，这都是不可忽视的重要的诊断方法。

**2. 周围血管疾病的血瘀症表现**

尚德俊将周围血管疾病的血瘀临床表现归纳为肢体疼痛，肢端发绀，肢体青筋，肿胀，皮肤色素沉着，肢体红色痛性结节、红斑或硬条索状物，全身发热，舌质红绛、紫暗、青紫或有瘀斑，脉象沉涩、沉迟、弦涩，微循环障碍和血液流变学异常等。

**3. 周围血管疾病治疗的新途径**

周围血管疾病发病机制复杂，临床表现繁杂多变，治疗困难。尚德俊通过长期临床实践，总结治疗八法：活血化瘀法、清热解毒法、温经散寒法、温肾健脾法、利水渗湿法、软坚散结法、镇痉通络法和补气养血法。

周围血管疾病是血瘀性疾病，有明显的血瘀表现，可以应用活血化瘀法治疗。尚德俊总结活血化瘀法治疗经验，开辟了新的治疗途经，中西医结合治疗周围血管疾病，应用活血化瘀疗法占有重要地位，是一个重要特点。而周围血管疾病，由于病因和病理变化不同，以及疾病发展过程中的不同阶段有其不同的变化和特殊性，就不能单纯以活血化瘀法应用于疾病的全过程。只有对具体患者进行具体分析，针对每种疾病各个阶段的特殊性，进行辨证论治，灵活应用活血化瘀法，才能提高临床疗效。

（1）益气活血法：周围血管病患者表现瘀阻而体弱气虚时（气虚血瘀），活血法与补气法配合应用，加用黄芪、党参、人参，以补其不足，攻其瘀滞，攻补兼施，目的在于消除瘀阻，流通血脉，调和气血。《景岳全书》认为"气虚而血滞"，"气弱而不行者"，应重视调气、益气。清代王清任应用活血化瘀法治疗各类瘀血证，常重用黄芪加活血化瘀药，以补气消瘀为其突出特点。

适用于：①瘀阻久积或病情恢复阶段而有体弱气虚者；②活血法与补气法联合应用，使元气健旺，增强、改善血液循环，扩张周围血管，改善机体免疫功能，可以提高活血化瘀法的疗效；③在重用或久用活血化瘀药时，配合补气药，以达到消瘀而不伤正气。

（2）温通活血法：血宜温，温则通，寒则凝。《黄帝内经》指出："寒独留，则血凝泣，凝则脉不通……""血气者，喜温而恶寒，寒则泣不能流，温则消而去之"。"血脉凝泣"，寒凝血瘀，宜用温法。汉代张仲景总结瘀血证的辨证论治规律，提出温寒化瘀治疗法则，应用当归四逆汤、黄芪桂枝五物汤。周围血管疾病，如血栓闭塞性脉管炎、闭塞性动脉粥样硬化、雷诺病、大动脉炎等，主要表现为寒凝血瘀证，患肢发凉怕冷，遇寒则症状加重，或引起发作，肢体疼痛加重（寒痛），宜用温通活血法治疗。现代临床上，应用当归四逆汤、黄芪桂枝五物汤治疗雷诺病有满意效果。临床上可选用偏温性活血化瘀药物，如当归、川芎、鸡血藤、苏木、红花、三七、延胡索、姜黄、刘寄奴等。同时配合温热药，如附子、桂枝、肉桂、干姜等。

（3）清热活血法：张仲景提出"瘀热在里"，血热瘀结，应用泻热逐瘀法。清代王洪绪的《外科证治全生集》创用犀黄丸，为清热活血著名方剂。肢体血液循环障碍，寒凝血瘀，瘀滞久而化热，发生肢体坏疽继发感染，局部红肿热痛，以及肢体出现痛性红斑结节（血栓性浅静脉炎），表现为热证，宜用清热活血法治疗。现代临床上，应用犀黄丸治疗血栓闭塞性脉管炎、闭塞性动脉粥样硬化并发肢体坏疽继发感染和下肢深静脉血栓形成等颇有疗效。临床上可选用偏寒性活血化瘀药物，如丹参、赤芍、牡丹皮、地龙、茜草、土鳖虫等。同时配合清热解毒药，如金银花、蒲公英、紫花地丁、黄芩、连翘、黄柏、板蓝根等。

（4）活血利湿法：血瘀湿重，湿瘀互阻，肢体粗肿，水肿时，宜用活血利湿法治疗，在活血化瘀方药中加用利湿药物。

适用于：①血栓闭塞性脉管炎、闭塞性动脉粥样硬化、肢体动脉栓塞伴有肢体肿胀者；②下肢静脉曲张、上下腔静脉梗阻、下肢深静脉血栓形成，静脉回流受阻，出现不同程度肢体肿胀者。

消瘀通脉，从根本上便于利湿消肿，利湿后肢体肿胀消退，有利于消瘀通脉，恢复肢体血液循环。

（5）行气活血法："气为血帅，血随气行。"气与血有密切关系，气行血亦行，气滞血亦滞，血瘀时，气必滞，郁怒而气滞时，则形成气滞血瘀。气血运行不畅，"气塞不通，血壅不流"。《黄帝内经》很强调保持气血的运行，指出："疏其气血，令其调达。"李东垣的《脾胃论》很重视"调和气血"，所创用的复元活血汤立意于行气活血，治疗瘀血病症。如雷诺病、雷诺综合征患者，当生气、情绪激动时，可引起两手或足对称性颜色改变，出现明显的气滞血瘀症状。因此，应用活血化瘀法治疗周围血管疾病时，应配合行气药，如香附、木香、枳壳、青皮、乌药、沉香等，而一些活血化瘀药同时兼有行气作用，如川芎、郁金、延胡索、姜黄、川楝子等。

（6）养血活血法：《黄帝内经》指出，"脉泣则血虚，血虚则痛"。张仲景治疗血瘀虚证用大黄䗪虫丸、鳖甲煎丸，用于瘀久而正虚者，为攻补兼施——扶正活血消坚法，是以活血化瘀法治疗慢性虚弱证。《景岳全书》指出："血有虚而滞者，宜补之活之。"王清任指出："气有虚实，血有亏瘀。"唐容川的《血证论》对活血化瘀法治疗血瘀症，主张补血祛瘀，指出："不补血而去瘀，瘀又安能尽去哉？"周围血管疾病血瘀而兼有血虚，身体瘦弱者，应活血化瘀法与养血法配合应用。常用的养血药有当归、芍药、地黄、阿胶等，而一些活血化瘀药同时兼有养血作用，如丹参、赤芍、鸡血藤等。

（7）活血破瘀法：《黄帝内经》指出，"结者散之，留者攻之""血实宜决之"，认为瘀血凝结者，可用活血破瘀法。张仲景善用活血破瘀的虫类药物治疗瘀血重证，如大黄䗪虫丸、鳖甲煎丸等。现代临床上，应用大黄䗪虫丸治疗血栓闭塞性脉管炎、雷诺病、大动脉炎、下肢深静脉血栓形成、血栓性浅静脉炎等取得较好效果。《景岳全书》指出："血有蓄而结者，宜破之逐之""血有涩者，宜利之。"王清任的《医林改错》中治疗各类瘀血病证50多种，包括外科疾病、脱疽等，很重视活血逐瘀法的应用为其又一突出特点，创制了"活血汤""逐瘀汤"等重要方剂，其中应用血府逐瘀汤治疗血栓闭塞性脉管炎的疗效已被临床证实。周围血管疾病瘀阻严重时，可应用活血破瘀法，适用于：①肢体固定性剧烈疼痛；②肢体紫红、青紫瘀肿；③肢端出现瘀点和瘀斑；④肢体青筋肿胀（下肢静脉功能不全），皮肤色素沉着或呈暗褐色。常用的活血破瘀药有三棱、莪术、穿山甲（代）、土鳖虫、桃仁、血竭、水蛭、虻虫、全蝎、乳香、没药、苏木等。

（8）补肾活血法：血栓闭塞性脉管炎、雷诺病和大动脉炎等患者，可出现肾阳虚证候，血瘀而兼有肾虚，表现为全身和肢体怕冷、腰膝酸软无力、肢体疲累酸困等，应活血化瘀法配合温补肾阳法治疗。常用的温补肾阳药有淫羊藿、巴戟天、肉苁蓉、补骨脂（破故纸）、菟丝子、川续断、狗脊等。

（9）滋阴活血法：周围血管疾病患者在发病过程中，有瘀血阴虚表现时（阴虚血瘀），可以应用滋阴活血法治疗。适用于：①大动脉炎（急性活动期）等疾病，出现低热、潮热、手足心热、心烦，或有虚汗、消瘦，舌红绛少苔，脉细数或虚数；②肢体血液循环障碍（血瘀），郁久化热，肢体坏疽继发感染，热盛伤阴者；③周围血管疾病后期或恢复阶段，由于久病而阴液耗伤，虚热不退者。滋阴活血法与补气养血法、清热解毒法相结合应用，可以提高疗效。如热毒炽盛，阴液耗伤者，应以清热解毒为主，佐以滋阴活血法。《刘涓子鬼遗方》中治疗外科化脓性感染疾病（痈疽虚热及溃后虚热），以滋阴活血法，应用生地黄汤、黄芪汤（生地黄、黄芪、麦冬、知母、当归、芍药、人参、川芎等）。常用的滋阴药有生地黄、玄参、麦冬（滋阴生津），知母、银柴胡、石斛（滋阴清热），鳖甲、龟甲（咸寒滋阴）等。

（10）通下活血法：治疗周围血管疾病，通下活血法主要用于以下情况。①血瘀积留日久，肢体瘀肿、疼痛难消，而身体壮实者；②瘀热蕴结，如下肢深静脉血栓形成、急性肢体动脉血栓形成等，肢体明显瘀肿，剧烈疼痛，发热，大便燥结者；③热毒炽盛，瘀热在里，严重肢体坏疽继发感染，高热，烦躁，神志模糊，舌苔黄燥或黑苔。主要以大黄、芒硝结合活血化瘀法应用，以清除瘀血热结。《刘涓子鬼遗

**4. 周围血管疾病的辨证论治规律**

尚德俊以中西医结合治疗血栓闭塞性脉管炎为开端，辨病与辨证相结合，以病串证，同病异治，总结辨证论治规律。根据血栓闭塞性脉管炎的发病过程、证候变化，结合患者的体质强弱、气血虚实，将临床各期分为阴寒证、血瘀证、湿热证、热毒证和气血虚证等 5 型进行辨证论治。在总结血栓闭塞性脉管炎辨证论治经验的基础上，根据传统医学血瘀证和异病同治理论，以证带病，探索慢性肢体动脉闭塞性疾病的辨证论治规律，既重视疾病的共性，又注重不同疾病的特殊性。闭塞性动脉硬化症和糖尿病肢体血管病变患者多是中老年人，临床辨证论治分为阴寒证、痰瘀证、湿热证、热毒证和脾肾阳虚证。多发性大动脉炎的病理过程主要有血管炎症急性活动期和稳定期两个阶段，根据临床表现辨证论治分为阴虚内热、脾肾阳虚和气虚血瘀 3 个证型。

下肢静脉疾病主要有静脉回流障碍和静脉血液倒流两大类疾病，共同特点是下肢静脉系统血液淤滞、高压、缺氧。下肢深静脉血栓形成急性期辨证为湿热下注型，慢性恢复期辨证为血瘀湿重型，后遗症期辨证为脾肾阳虚型。下肢静脉曲张的主要病机是气滞血瘀，治宜行气活血；并发淤积性皮炎，局部红肿热痛者，辨证为湿热下注型；并发瘀血性溃疡者，根据局部疮面情况辨证分为阴虚内热型和气血两虚型。对于血栓性浅静脉炎，还要注意到发病部位与辨证分型的关系。肢体血栓性浅静脉炎多为湿热蕴结，胸腹壁血栓性浅静脉炎多为肝郁内热、气滞血瘀。这种辨证分型方法能反映疾病的发病过程和临床分期，比较符合临床治疗需要。

**5. 周围血管疾病诊疗中的中西医结合理念**

尚德俊根据周围血管疾病的临床特点，结合我国传统医学整体观念辨证论治理论和现代医学病理生理学观点，将传统医学和现代医学的有效疗法结合应用，创建中西医结合周围血管疾病辨证论治整体疗法，已成为我国治疗周围血管疾病的独特疗法之一。

（1）辨病与辨证相结合：就是既明确现代医学的诊断，又不忽视中国传统医学的辨证，以病为纲，病证合参。有利于认识疾病和研究病与证的变化规律，有利于总结临床经验，提高疗效。

（2）宏观辨证与微观辨证相结合：就是中国传统医学宏观整体辨证与现代科学有关检查相结合，深入了解疾病的微观变化，进行微观辨证，使疾病的辨证更深入、更准确、更具体，有利于疾病的早期诊断，更能发挥辨证论治的优势和疗效。

（3）内治疗法与外治疗法相结合：是在辨证论治内服中药的同时，结合应用外治疗法。外治疗法是在辨证论治的原则下，针对不同疾病的具体病情，应用熏洗疗法、贴敷疗法、掺药疗法等。

（4）临床辨证论治与药物静脉滴注相结合：可明显改善血液流变学异常，降低血小板聚集性和纤维蛋白原含量，扩张血管，促进侧支循环建立，使病情得到迅速缓解，预防和减少并发症或后遗症。

（5）活血化瘀法与莨菪药物治疗相结合：具有明显的扩张周围血管作用，改善肢体血液循环和微循环，促进侧支循环建立；降低血液黏滞性，改变血液流变学性质，能够提高活血化瘀疗效。

（6）临床辨证论治与手术治疗相结合：可以取长补短，控制病情发展，巩固疗效，预防或减少复发，防治手术并发症，缩短疗程，提高疗效。

## （三）外科领域外治疗法的新思路

### 1. 外科疾病

尚德俊系统总结外治疗法对外科感染疾病、慢性溃疡、肛肠疾病、皮肤疾病和手术常见并发症的临床治疗经验，注重内治疗法与外治疗法相结合，传统治疗方法与现代外科治疗方法相结合，强调辨证论治原则，应用中西医结合理论指导临床实践，现代医学诊断与中医辨证相结合，取长补短，明确病症发生的原因、部位和性质，全面了解疾病过程，使传统外治疗法更具科学性和针对性。在对外科疾病的治疗中，主要应用膏药疗法、围敷疗法、贴敷疗法、掺药疗法、药捻疗法、药筒疗法、熏洗疗法、热熨疗法和艾灸疗法等。

尚德俊根据外科疾病的临床特点和各种外治方药的治疗作用特点，结合现代医学理论，创新提出外科外治疗法的作用原理和治疗作用，主要有如下几点。

（1）解毒消肿，促使内消：急性化脓性感染疾病的初期，局部红肿热痛，炎症浸润明显，外贴拔毒膏，外敷围药，或应用解毒消肿的方药，如解毒洗药、疔毒洗药煎汤熏洗溻渍，可以宣散肿毒，促使内消，使炎症消散吸收而治愈。

（2）收束肿毒，促使成脓：急性化脓性感染疾病，欲成脓时，外贴拔毒膏、外敷围药，或应用解毒消肿的方药熏洗，能收束炎症肿毒，束毒聚脓，使炎症局限化，早日形成脓肿。

（3）开结拔毒，促溃排脓：急性化脓性感染疾病已形成脓肿时，外敷围药留头，能使热毒外泄，促溃排脓。或应用提脓祛腐药白降丹少许点涂疮头上，以追蚀疮头，促使脓肿溃破排脓。

（4）消毒杀菌，祛腐生肌：急性化脓性感染疾病，已溃破流脓，脓液多，有坏死组织者，应用清热解毒方药，如解毒洗药、四黄洗药等煎汤浸洗患处，外敷黄连膏等，具有显著的消毒杀菌、祛腐生肌作用。

（5）生肌敛口，促进愈合：急性化脓性感染疾病已溃脓，疮口干净，脓液很少，或慢性溃疡，久不愈合者，应用溃疡洗药、艾黄洗药等煎汤乘热浸洗患处，既有消炎杀菌作用，又能改善局部血液循环，促进疮口愈合。应用生肌收口掺药（生肌散）撒布疮面，或外敷生肌膏，也具有生肌敛口作用。

（6）活血通络，散瘀消肿：外伤瘀血肿痛，慢性肢体动脉闭塞性疾病肢体缺血、瘀血，下肢深静脉血栓形成和下肢静脉曲张肢体瘀血肿胀，下肢淋巴水肿（象皮肿），肢体肿胀增厚等，应用活血止痛散、活血消肿洗药等煎汤趁热熏洗患肢，具有活血通络、散瘀消肿作用，改善患肢血液循环、消除静脉瘀血、消除淋巴水肿均有良好效果。

临床治疗外科疾病，内服药物疗法与外治疗法相结合应用，可以缩短疗程，提高疗效。如外科化脓性感染疾病、丹毒等（热毒证），宜清热解毒、凉血清营，内服五味消毒饮加减、清营解毒汤等，用解毒洗药熏洗患处，外敷大青膏等，具有明显抗炎解毒作用，迅速控制和消除感染。急性乳腺炎，局部红肿热痛，瘀结硬块（发病5天以内），宜清热活血，内服蒲芍橘汤，结合应用芒硝或薄荷，煎汤乘热溻渍热罨患处，大多数能使乳房炎症消散痊愈。急性下肢深静脉血栓形成（湿热证），宜清热利湿、活血化瘀，内服四妙勇安汤加味、安宫牛黄丸，同时使用溶栓疗法，结合应用硝矾洗药等熏洗热罨患肢，可以迅速消除下肢瘀血肿胀，明显提高疗效。血栓闭塞性脉管炎、闭塞性动脉硬化症等疾病，严重肢体缺血，特别怕冷发凉，呈苍白色（阴寒证），宜温经散寒、活血通络，内服阳和汤加味，应用回阳止痛洗药、温脉通洗药等熏洗患肢，可以明显改善患肢血液循环障碍。下肢慢性蜂窝织炎、下肢慢性丹毒、下肢静脉曲张并发慢性炎症等，局部发红肿硬、微痛（慢性瘀血炎症），宜活血化瘀，佐以清热利湿，内服活血通脉饮、西黄丸等，应用硝矾洗药、解毒散瘀洗药煎汤趁热熏洗热罨患处，外涂丹参酊等，对消除慢性瘀血炎症有良好效果。

**2. 周围血管疾病**

尚德俊根据周围血管疾病的病变特点和临床实践经验，从现代外科角度对周围血管疾病的外治疗法进行系统研究和总结。对周围血管疾病属气滞血瘀，瘀阻表现明显者，用活血通络法治疗，能够促进侧支循环建立，扩张血管，改善肢体的血液循环和微循环，并能促进静脉和淋巴回流，消除肢体瘀血肿胀；属寒凝血瘀，阴寒证明显者，用温经回阳法治疗，以温通血脉，解除动脉痉挛，扩张周围血管，促进肢体血液循环，改善患肢缺血状态；肢体坏疽、溃疡继发感染，局部红肿热痛，或有明显炎症，属瘀热证、热毒证者，应用解毒消肿法治疗。根据具体病情，选用熏洗疗法、贴敷疗法、掺药疗法等不同的治疗方法。对肢体慢性溃疡，创口经久不愈，属气血亏虚者，应用生肌敛口法治疗，在改善肢体血液循环和静脉瘀血的基础上，对促进慢性溃疡愈合有良好效果；对湿毒证较明显者，应用清热燥湿法治疗。熏洗疗法、贴敷疗法、掺药疗法等多种外治疗法结合应用，具有抗菌消炎、清洁创口、改善局部血液循环作用，促进肉芽组织和上皮组织生长，而使创口愈合。

# 四、专病之治

尚德俊临床善于治疗中医外科疾病，特别是周围血管疾病，疗效确切，医名远播。

## （一）闭塞性动脉硬化

闭塞性动脉硬化（arteriosclerosis obliterans，ASO），为常见的慢性肢体动脉闭塞性疾病。由于动脉内膜粥样改变，而导致管腔狭窄、闭塞，发生肢体血液循环障碍，甚至出现肢体溃疡或坏疽。尚德俊诊治 ASO 积累了丰富的经验，对 ASO 辨证论治规律的研究是其重要经验之一。

### 1. 血脉瘀闭是 ASO 主要病机

研究 ASO 的辨证论治规律，首先要符合 ASO 的病变特点。动脉粥样硬化斑块的形成、累积增加，是 ASO 发病的主要病理改变，最终导致动脉狭窄、闭塞，血流量减少，不能满足肢体的需要量。由于 ASO 的病理过程和病理生理特点符合中医学"血瘀""痰结"的表现，因此瘀血阻络，血脉闭阻是 ASO 主要病机，也应是 ASO 辨证论治规律研究思路的出发点。活血化瘀法是治疗 ASO 的主要法则，应贯穿于 ASO 治疗的始终，临床上要根据中医辨证，灵活应用活血化瘀疗法。尚德俊总结出益气活血法、温通活血法、清热活血法、活血利湿法、滋阴活血法、行气活血法、通下活血法、养血活血法、活血破瘀法、补肾活血法等活血化瘀十法。

### 2. 既重"诊病"，又须"审证"

在临床诊疗实践中，尚德俊强调既要明确现代医学 ASO 的诊断和分期，又要辨别 ASO 发病过程中不同阶段的病理变化特点，使现代医学诊断与传统医学的辨证相结合，充分发挥中医辨证论治的优势。这样，充实了诊断的完整性和治疗的全面性。ASO 病变早期或是病变较轻，肢体动脉搏动尚好，无"证"可辨，但是通过检查可以发现动脉粥样斑块，动脉壁增厚，有血流动力学的异常等，这是病变早期典型的痰瘀证，应用活血通络、化痰软坚法治疗。病情进展，血管狭窄闭塞，出现临床症状，表现为间歇性跛行、肢体疼痛、皮肤发绀，或坏死，这是典型的血瘀证表现，宜应用活血化瘀法为主治疗。

### 3. ASO 的辨证要点

对 ASO 的辨证论治规律进行系统研究和总结，提出 ASO 的辨证论治应着重注意以下几点。

（1）肢体特别发凉怕冷：ASO 患者肢体发凉、怕冷，皮温降低，失去应有的耐寒能力，呈苍白色，这是 ASO 发生肢体动脉狭窄或闭塞而引起血液循环障碍所致的瘀血表现。如遇寒冷，肢体发凉、怕冷加重，冰凉、呈苍白色，为寒凝阻络，经脉血瘀证，宜用温通活血法。药选熟地黄、炙黄芪、鸡血藤各 30g，党参、当归、干姜、赤芍、怀牛膝各 15g，肉桂、白芥子、熟附子、炙甘草、鹿角霜（冲）各 10g，地龙 12g，麻黄 6g。

（2）患肢皮肤发绀：肢体发凉、怕冷，持续性发绀，或肢端出现瘀斑、瘀点，为病久气血不通，血脉瘀闭，属血瘀重证，宜用活血破瘀法。药选丹参、赤芍、当归、鸡血藤、桑寄生各 30g，川牛膝、川芎、炙黄芪、土鳖虫、郁金各 15g。

（3）肢体疼痛：ASO 患者年老久病，体弱气短，行走时下肢乏力、疼痛，四肢不温，小便不利，为肾亏不足，宜用补肾活血法。选用熟地黄 30g，川续断、怀牛膝、桑寄生、鸡血藤、山药、淫羊藿、补骨脂、云苓各 15g，当归、川芎、威灵仙、丹参、赤芍各 12g，白术 10g。ASO 患者趾（指）和足部出现固定性持续性剧烈疼痛，一是肢体严重缺血，二是肢体发生溃烂的先兆，多属血瘀日久，脉络闭阻的血瘀重证，应重用活血化瘀药物。突然发生肢体剧烈疼痛，同时伴有肢体厥冷，皮肤苍白和紫斑，感觉丧失，活动障碍，表现为 5 "P" 征，则为动脉粥样斑块脱落或破裂导致的急性肢体动脉栓塞，或是在动脉粥样硬化动脉管腔狭窄的基础上并发急性动脉血栓形成，属于气血骤闭，脉络瘀阻的急性动脉血瘀证。为血瘀重证、实证，应活血破瘀，通络止痛，选用丹参、红花、金银花各 30g，赤芍、土茯苓各 60g，当归、川芎各 15g。并加用四虫片加强通络止痛效果。

（4）肢体溃疡和坏疽：ASO 患者发生肢体溃疡或坏疽，多属于瘀血停聚，瘀久化热的重证。应注意溃疡和坏疽的诱因、时间、部位、范围，创口情况，坏疽界线是否清楚。溃疡继发感染，局部红肿热痛，脓多，有坏死组织，都属瘀热证、热毒证。应清热解毒，佐以活血、凉血、滋阴。药用金银花、蒲公英、紫花地丁各 30g，玄参、当归、生黄芪、生地黄、丹参各 15g，牛膝、连翘、漏芦、防己各 12g，黄芩、黄柏、贯众、红花各 10g，乳香、没药各 3g。溃疡处如果见到肉芽红活，脓多质稠，说明气血尚充，血瘀易祛，毒滞易消。溃疡干枯无脓，肉芽灰淡，脓水稀少，或坏疽界限不清，疮口久不愈合，为气血不足，应用托里解毒法治疗，选用生黄芪、党参、金银花、鸡血藤、石斛各 30g，当归、丹参、赤芍、紫花地丁、蒲公英、川牛膝、白术各 15g，生甘草 10g。

（5）舌苔与脉象：临床上观察舌苔与脉象的变化，对了解ASO的病情轻重，判断病变的发展和预后，以及指导临床辨证论治等，均有较大的指导价值。肢体轻度坏疽感染，可出现黄苔而舌质红绛，为瘀热证，宜用清热活血法。肢体严重坏疽继发感染，高热，可出现黄苔或黑苔，而舌质红绛或起芒刺，为热毒证，热极伤阴，宜用清热滋阴凉血法。肢体缺血常见白苔而舌质红绛或有瘀斑，为血瘀证，宜用活血化瘀法。肢体麻木、发凉常见舌质淡，苔白，或舌体胖。脉象弦滑、弦细、弦涩，为痰瘀证，可以应用活血通络、化痰软坚法治疗。

**4. 重视外治疗法的应用**

患肢发凉、疼痛，呈苍白色，为阴寒证，宜用温通活血法，应用回阳止痛洗药、温脉通洗药，煎汤趁热熏洗患肢。患肢发凉、疼痛，呈紫红色，为血瘀证，宜用活血化瘀法，应用活血止痛散、活血消肿洗药，煎汤熏洗患肢。足趾有甲沟炎或溃烂感染时，为热毒证，宜用清热解毒法，应用解毒洗药、四黄洗药温洗患处，外敷黄连膏等换药。肢端慢性溃疡久不愈合者，为气血不足，宜用生肌敛口法，应用溃疡洗药、艾黄洗药浸洗患处，撒布生肌散，外敷玉红膏油纱布换药。应用外治疗法，对改善患肢血液循环，控制感染，促进创口愈合，常常能取得显著疗效。

**5. 临床治疗经验**

（1）中西医结合治疗原则

①早期治疗，消除痰瘀，改善肢体血液循环，防止和延缓动脉粥样硬化病变的进展和促使粥样斑块消退。

②应清热解毒、凉血清营，使用抗生素等治疗，控制肢体坏疽继发感染，降低截肢率，保存患者肢体。

③并发病是危险因素，应重视积极治疗，有效控制并发病，获得应有效果。

（2）临床辨证论治：闭塞性动脉硬化的中西医结合治疗，以中医辨证论治为主。目前此病的中医辨证分型尚未统一，现以中医理论和临床分期，结合实践经验，提出中医辨证分型及治疗如下。

1）根据中医理论分型

①阴寒型：肢体明显发凉，冰冷，呈苍白色；舌苔薄白质淡，脉弦细或沉迟。为寒凝血瘀，宜温通活血，内服阳和汤加味：熟地黄、鸡血藤各30g，党参、当归、干姜、赤芍、怀牛膝各15g，肉桂、白芥子、熟附子、炙甘草、鹿角霜（冲）各10g，地龙12g，麻黄6g。

②血瘀型：肢体发凉怕冷，麻木，疼痛，肢端或肢体有瘀斑，或呈紫红色；舌有瘀点或舌质绛，脉弦涩。为气虚血瘀，宜益气活血，内服丹参通脉汤：丹参、赤芍、当归、鸡血藤、桑寄生各30g，黄芪、郁金、川芎、川牛膝各15g。

③湿热型：肢体轻度坏疽，红肿疼痛；舌苔白腻或黄腻，脉滑数或弦数。为寒凝郁久化热初期阶段，湿热蕴结，宜清热利湿、活血化瘀，内服四妙勇安汤加味：金银花、玄参各30g，当归、赤芍、川牛膝各15g，黄柏、黄芩、山栀子、连翘、苍术、防己、紫草、生甘草各10g，红花、木通各6g。

④热毒型：肢体严重坏疽继发感染，红肿热痛，高热，神志模糊，谵语；舌苔黄燥或有黑苔，脉弦数或洪数。为寒凝郁久化热炽盛阶段，热毒炽盛，宜清热解毒、活血化瘀，内服四妙活血汤：金银花、蒲公英、紫花地丁各30g，玄参、当归、黄芪、生地黄、丹参各15g，牛膝、连翘、漏芦、防己各12g，黄芩、黄柏、贯众、红花各10g，乳香、没药各3g。

⑤脾肾阳虚型：肢体发凉、乏力，全身畏寒怕冷，腰膝酸软，胃纳减退；舌质淡，脉沉细。应温肾健脾、活血散寒，内服补肾活血汤：熟地黄30g，续断、怀牛膝、桑寄生、鸡血藤、山药、淫羊藿、补骨脂、云苓各15g，当归、川芎、威灵仙、丹参、赤芍各12g，白术10g。

四型均可同时兼服四虫片、活血通脉片、通脉安，或用白花丹参注射液静脉滴注。

2）根据临床分期提出中西医结合治疗原则

①改善血液循环，控制病情发展：此病是慢性动脉闭塞性疾病，表现为明显的气血瘀滞。因此，在发病早期（一、二期），应以益气活血法为主治疗，以及使用扩张血管药物、降血脂药物，低分子右旋糖酐静脉滴注等。

②清热消炎，控制坏疽感染：肢体发生坏疽感染时，以清热解毒法为主，佐以滋阴、凉血、活血法治疗，以及选用抗生素；病情严重者，输血输液，以控制坏疽继发感染，使坏疽感染停止发展。

由于闭塞性动脉硬化为血瘀症，瘀阻为重，气行则血行，气滞则血瘀，血瘀时，气必滞，所以益气活血法为重要的治疗法则，应贯穿在整个治疗过程中。临床治疗中，均可同时兼服大黄䗪虫丸、四虫片、活血通脉片、通脉安等。

闭塞性动脉硬化症为痰病，与痰瘀有密切关系。实际上，动脉粥样硬化、斑块，为痰凝、痰结。因此，临床治疗应用上述方剂时，可以根据病情适当加入消痰通络、软坚散结药物，如夏枯草、生牡蛎、王不留行、穿山甲（代）、海藻、昆布、皂角刺、地龙、土鳖虫、浙贝母、橘核等。

发病早期，患者肢体无缺血表现，肢体动脉搏动正常，经过彩色超声多普勒、CT检查等，发现动脉粥样钙化斑块，就应早期应用活血化瘀、消痰通络、软坚散结法治疗，促进动脉粥样病变消退，控制病情进展。

闭塞性动脉硬化属于中医学脱疽（脱骨疗）范围，为血瘀症之一。然而脱疽包括许多疾病，作出现代医学诊断能使辨证论治具有针对性，可更好地发挥治疗效果。

闭塞性动脉硬化是老年性动脉退行性非炎症性疾病，因此辨病要与辨证相结合。闭塞性动脉硬化的演变过程不同，证也不同，可以出现阴寒证、血瘀证、湿热证和热毒证等，因此治疗法则和方药也就不同。治疗既要重视改善肢体血液循环障碍这个病的血瘀共性，又要注意解决证的个性。

## （二）下肢静脉曲张

下肢静脉曲张是由于先天性静脉壁的薄弱，下肢深静脉、浅静脉和交通支静脉瓣膜关闭不全，瓣膜松弛、脱垂，以及长期从事站立性工作和重体力劳动，损伤静脉瓣膜，使静脉血液由近侧向远侧倒流，由深静脉倒流入浅静脉，引起下肢静脉瘀血和高压状态，而使下肢静脉曲张。因此，下肢静脉曲张是下肢静脉倒流性疾病，是临床上常见疾病，属于"瘀血""臁疮"等范围，为气血瘀滞，脉络瘀阻，气血失调所致。

本病多发生于男性青年、中年人。发病隐匿，缓慢加重。患者常感到小腿沉重、胀痛、疲累，站立过久时小腿、足踝部可出现浮肿。在下肢前内侧（大隐静脉）和小腿后外侧（小隐静脉）有明显的静脉曲张、隆起、弯曲，严重时呈扭曲或团块状。临床症状的轻重与下肢静脉曲张的程度并无关系。当站立劳动和行走过多，至午后或晚间症状加重，出现踝部和小腿浮肿，卧床休息后症状减轻和浮肿消失。到后期，由于下肢静脉高压、瘀血、缺氧，常并发血栓性浅静脉炎。以后出现皮肤营养障碍改变，多见于小腿下端，如萎缩、干燥、脱屑，皮肤色素沉着，呈棕褐色或暗褐色，皮肤、皮下组织纤维性硬化。最后引起湿疹样皮炎或小腿溃疡。小腿（瘀血性）溃疡多位于小腿下 1/3 的内侧和外侧，不易愈合，为其临床特点。由于患肢抵抗力降低，常并发慢性炎症、蜂窝织炎或丹毒等。还可以发生曲张静脉破裂出血。

下肢静脉曲张是许多下肢静脉疾病的共同临床表现，同时可以累及淋巴管，发生淋巴水肿，与静脉水肿同存，在诊断时应加以注意。

**1. 辨证论治**

（1）血瘀证：下肢静脉曲张，肢体瘀肿、胀痛，皮肤棕褐色，纤维性硬化，或慢性炎块，微红硬痛。应活血化瘀、通络散结，内服活血通脉饮、舒脉汤、丹参通脉汤等，兼服四虫片、大黄䗪虫丸、活血通脉片等。

（2）湿热证：并发血栓性浅静脉炎、急性炎症，或小腿溃疡继发感染，红肿热痛，伴有全身发热等反应。应清热利湿、活血化瘀，内服四妙勇安汤加味、五味消毒饮加减，兼服西黄丸、大黄䗪虫丸、四虫片、活血通脉片等。

（3）气血虚证：身体虚弱，溃疡久不愈合，肉芽淡红或苍白色，分泌物稀薄。应补气养血、和营通络，内服人参养荣汤、十全大补汤加减。

### 2. 外治疗法

小腿瘀肿，皮肤呈棕褐色，纤维性硬化，应活血通络、软坚散结，应用活血止痛散、活血消肿洗药煎汤，趁热熏洗患肢，每日 2 次，每次 1 小时，坚持治疗 1～2 个月，可活血消肿，扩张血管，促进侧支血管建立和使静脉血液回流，并有软化组织作用，有显著疗效。

慢性瘀血炎症，出现小腿大片发红硬痛者，应清热解毒、活血散结，应用四黄洗药、硝矾洗药煎汤，趁热熏洗患处，洗后外涂黄马酊、丹参酊，也可外敷大青膏、消炎膏等。

出现小腿湿疹样皮炎、瘙痒、渗液者，应清热燥湿，应用燥湿洗药、润肤洗药熏洗患处。洗后擦干，外敷黄柏散（或用香油调和涂搽）。小腿慢性溃疡继发感染，有脓性分泌物，或局部红肿热痛者，应清热解毒，应用解毒洗药、四黄洗药煎汤乘热浸洗患处，洗后外盖大黄油纱布。

慢性溃疡干净时，应生肌敛口，则改用溃疡洗药、艾黄洗药，或以艾叶煎汤，趁热熏洗患处和创口，然后创面撒生肌珍珠散或八宝丹，外盖玉红膏油纱布，直至溃疡愈合。

下肢静脉曲张的外治是很重要的治疗方法，具有独特的治疗作用，具有良好效果。

患者的自我保护很重要，应穿弹性袜，抬高患肢，防止外伤，不宜过度劳累。

# 五、方药之长

尚德俊是我国著名中西医结合外科专家、周围血管疾病专家，提出的中西医结合辨证论治整体疗法，已成为我国治疗周围血管疾病的独特疗法。他总结周围血管疾病治疗法则和具有一定水平的辨证论治规律，创用了许多治疗周围血管疾病的有效方剂，兹介绍如下。

## （一）经验方

### 1. 四妙勇安汤加味

[组成] 金银花、玄参各 30g，当归、赤芍、牛膝各 15g，黄柏、黄芩、山栀、连翘、苍术、防己、紫草、生甘草各 10g，红花、木通各 6g。

[用法] 水煎服，日一剂。

[功效] 清热利湿，活血化瘀。

[主治] 用于血栓闭塞性脉管炎、动脉硬化闭塞症、糖尿病足溃疡属湿热下注，

热毒蕴结，瘀血阻络导致的肢体溃疡、红肿、疼痛、红斑、硬结、缺血性坏疽等证候。

[方解] 方中金银花、玄参清热解毒，为君药；当归、赤芍、黄柏、黄芩、山栀、连翘、苍术、防己、生甘草活血通络、清热解毒，为臣药，紫草、红花活血祛瘀，为佐药；牛膝通络止痛，引药下行，为使药。

[临床心得]

①血栓闭塞性脉管炎：对于中西医结合治疗血栓闭塞性脉管炎如何使用中药，尚德俊认为如临床上被脉管炎的临床表面现象所迷惑，辨证用药经常频繁更换，则会忽视了它的实质；也有采用单味药物或始终一方一剂的应用，均有不妥。尚德俊依据中医辨证论治的原则和理论，结合自己 10 多年临床研究的结果和一些学者们的有关论述，于 1971 年完成了血栓闭塞性脉管炎中医分型、论治原则和方剂选用的研究。尚德俊主张根据中医病因病机学说，并结合现代医学知识，抓住疾病实质来立法、处方、用药，才能符合中医学辨证论治的原则，正确使用中药。血栓闭塞性脉管炎是血瘀症疾病之一，气滞血瘀、经络瘀阻为其主要病机，有明显血液循环和微循环障碍，所以活血化瘀法是血栓闭塞性脉管炎的主要治法，在脉管炎的治疗中有较广泛的适用范围。在辨证论治的基础上，在脉管炎的整个病程中应贯穿活血化瘀治疗。活血化瘀药具有活血化瘀、通络止痛、消坚散结等作用。在脉管炎急性进展阶段，对急性动脉或静脉炎症，活血化瘀法与清热解毒法配合使用，可以控制急性血管炎变。当脉管炎处于稳定阶段，以活血化瘀法为主可改善肢体血液循环，进一步消除血管炎症。在脉管炎恢复阶段，补气养血法与活血化瘀法结合使用，可巩固治疗效果。

②动脉硬化闭塞症的辨证规律：尚德俊认为，闭塞性动脉硬化症湿热下注证是肢体血液循环障碍，气血凝滞，经脉瘀阻，瘀滞久而化热，在肢体缺血、瘀血的基础上，肢体发生轻度坏疽继发感染，灼热疼痛，宜清热活血法治疗，用四妙勇安汤加味治之，能够有效地消除组织炎症，改善血液循环，控制坏疽感染。尚德俊认为此证属瘀久化热的初期阶段，临床表现为轻度肢体坏疽感染，局部发红、肿胀、疼痛，或是肢体大片瘀斑感染（急性瘀血炎症），皮肤紫红，瘀痛。或是肢端感染，肢体局部红肿、灼痛或是剧痛，伴有间断发热或是持续低热，舌苔白腻或黄腻，舌质红绛；脉象滑数或弦数。此型多属Ⅲ期（坏死期）1 级闭塞性动脉硬化症，发生轻度肢体坏疽感染，或肢体瘀斑继发感染等。

**2. 丹参通脉汤**

[组成] 丹参、赤芍、黄芪、桑寄生、当归、鸡血藤各 30g，郁金、川芎、川牛膝各 15g。

［用法］水煎服，日一剂。

［功效］益气活血，通络止痛。

［主治］用于动脉硬化闭塞症、糖尿病足、大动脉炎、雷诺综合征属气虚血瘀型，肢体发凉、怕冷，麻木，疼痛，肢端或肢体有瘀斑，或呈紫红色；舌有瘀点或舌质绛，脉弦涩。

［方解］方中赤芍、黄芪益气活血化瘀，为君药；丹参、当归、桑寄生、鸡血藤活血祛瘀通络，为臣药；郁金、川芎行气活血止痛，为佐药；川牛膝引药下行通络，为使药。尚德俊认为此方有显著的活血止痛作用。

［临床心得］闭塞性动脉硬化症患者多为中老年人，表现为瘀阻而体弱气虚（气虚血瘀），尚德俊将活血法与补气法配合应用，以补其不足，攻其瘀滞，攻补兼施，目的在于消除瘀阻，流通血脉，调和气血。《景岳全书》认为"气虚而血滞"，"气弱而不行者"，应重视调气、益气。活血法与补气法联合应用，使元气健旺，增强改善血液循环，扩张周围血管，改善机体免疫功能，可以提高活血化瘀法的疗效，能够消瘀血而不伤正气。

**3. 活血通脉饮**

［处方］丹参、金银花各 30g，赤芍、土茯苓各 60g，当归、川芎各 15g。

［用法］水煎服。

［功用］活血化瘀。

［主治］肠粘连、外伤性瘢痕、象皮肿、血栓闭塞性脉管炎、血栓性浅静脉炎、下肢深静脉血栓形成、闭塞性动脉粥样硬化、肢端动脉痉挛病，以及一切慢性瘀血炎症等。

［临床心得］

①血栓闭塞性脉管炎主要是血瘀证，一般炎症表现较轻。患肢持续性固定性疼痛，呈紫红、暗红或青紫色，肢端皮肤有瘀点、瘀斑，或略有肿胀。舌质红绛、紫绛或有瘀斑，苔薄白，脉象沉细涩。多属第二期或三期1级血栓闭塞性脉管炎患者，活血化瘀法是主要治法，具有活血化瘀、通络止痛等作用。以活血化瘀法为主来改善肢体血液循环，进一步消除血管炎症。常用药物有丹参、金银花、赤芍、土茯苓、当归、川芎等。

②糖尿病肢体动脉闭塞症患者有典型的血瘀证表现，肢体发凉怕冷、麻木、瘀痛，持续性固定性疼痛，或急性肢体缺血剧痛（急性血瘀症）；肢端、小腿、股部出现瘀斑、瘀点，手部或足部呈紫红色、青紫色，瘀肿；间歇性跛行痛加重，夜间静息痛加重。舌有瘀点、瘀斑，或舌质红绛、紫暗；脉象弦涩或沉细。尚德俊认为本证以肢体疼痛、皮色青紫为主要特点，应活血化瘀。糖尿病肢体动脉闭塞症肢体大

中小型动脉粥样硬化和微血管病变，微血管基底膜增厚和动脉内皮细胞损伤，粥样斑块形成，血栓形成，使血管狭窄和闭塞，引起血液循环和微循环障碍，组织缺血、缺氧，是典型的血瘀症疾病。活血化瘀法具有抗凝、促纤溶、降低血液黏度和扩张周围血管等作用，可以调整全身功能，纠正代谢紊乱，并有控制糖尿病及血管病变发展的作用，疗效快，效果好，可以迅速改善肢体血液循环障碍，防止肢体发生溃烂。药用丹参、金银花、赤芍、土茯苓、当归、川芎等。

**4. 补肾活血汤**

[处方]熟地黄30g，川续断、怀牛膝、桑寄生、鸡血藤、山药、淫羊藿（仙灵脾）、补骨脂（破故纸）、云苓各15g，当归、川芎、威灵仙、丹参、赤芍各12g，白术10g。

[用法]水煎服。

[功用]补肾活血，通络止痛。

[主治]颈椎病、增生性脊椎炎、增生性关节炎、肩关节周围炎，以及脑动脉硬化、闭塞性动脉粥样硬化等。

注：此方剂是尚德俊根据我国传统医学肾主骨和瘀血证的理论，于1965年所创用，由补肾药物和活血化瘀药物所组成，主要用于治疗增生性骨关节炎，以及闭塞性动脉粥样硬化、脑动脉硬化等，具有强壮身体、补肾健脾、活血止痛作用。补肾活血汤与四虫片结合应用，能增强活血止痛作用。治疗糖尿病并发肢体动脉闭塞症、周围神经炎也有显著效果。

**5. 顾步汤加减**

[处方]黄芪、党参、鸡血藤、石斛各30g，当归、丹参、赤芍、牛膝、白术各15g，甘草10g。

[用法]水煎服。

[功用]补气养血，活血通脉。

[主治]血栓闭塞性脉管炎、糖尿病肢体动脉闭塞症、大动脉炎、下肢慢性溃疡等。

注：此方于1964年组成并应用于临床，对周围血管疾病气血两虚型和下肢慢性溃疡久不愈合者颇有疗效。同时，应用于周围血管疾病恢复期，巩固疗效和防止复发治疗，临床应用比较广泛。

[临床心得]本病多见于病久气血耗伤，营卫不和，或平素身体虚弱的患者。患者身体虚弱，面容憔悴萎黄，消瘦无力。患肢皮肤干燥、脱屑，趾（指）甲干燥、增厚，生长缓慢，肌肉萎缩。创口久不愈合，肉芽灰淡、暗红，脓液清稀。舌质淡，舌苔薄白。脉象沉细无力。多属早期血栓闭塞性脉管炎或血栓闭塞性脉管炎恢复阶

段身体虚弱者（稳定期）。尚德俊认为血栓闭塞性脉管炎患者表现瘀阻而体弱气虚时（气虚血瘀），当活血法与补气法配合应用，以补气养血，调和营卫。加用黄芪、党参、人参，以补其不足，攻其瘀滞，攻补兼施，目的在于消除瘀阻，流通血脉，调和气血。药用黄芪、党参、鸡血藤、石斛、当归、丹参、赤芍、牛膝、白术、甘草等。

### 6. 阳和汤加味

〔处方〕熟地黄、炙黄芪、鸡血藤各 30g，党参、当归、干姜、赤芍、怀牛膝各 15g，肉桂、白芥子、熟附子、炙甘草、鹿角霜（冲）各 10g，地龙 12g，麻黄 6g。

〔用法〕水煎服。

〔功用〕温经散寒，活血通络。

〔主治〕血栓闭塞性脉管炎、雷诺综合征、闭塞性动脉粥样硬化，以及冻疮等。

注：此方剂是尚德俊根据清代王洪绪著《外科证治全生集》所载阳和汤，结合外科临床实践，于 1964 年组成并应用于临床，对慢性虚寒性血瘀症颇有疗效。具有温阳散寒、温通活血之功效，为治疗外科疾病的重要方剂。

〔临床心得〕病患主要病机为年老体衰，气虚不充，气血运行不畅，复感寒邪，寒凝血瘀，脉络不畅，阳气不达四末，失于濡养，终成本病。此为寒邪过盛，寒凝血瘀，经络阻塞，呈现一派阴寒证。患肢特别怕冷，冰凉，局部皮肤苍白或潮红色。恢复阶段创口愈合，而寒凝不易消退，患肢仍发凉怕冷。舌质淡，舌苔薄白。脉象沉细或迟。尚德俊认为本证以患肢特别怕冷、皮色苍白为突出特点，应温经散寒、活血通络。《黄帝内经》指出："寒独留，则血凝泣，凝则脉不通……""血气者，喜温而恶寒，寒则泣不能流，温则消而去之。"血宜温，温则通，寒则凝。"血凝泣"，寒凝血瘀，主要表现为患肢发凉怕冷，遇寒则症状加重，或引起发作，肢体疼痛加重（寒痛），宜用温通活血法，应用阳和汤加味治之。药用熟地黄、炙黄芪、鸡血藤、党参、当归、干姜、赤芍、怀牛膝、肉桂、白芥子、熟附子、炙甘草、鹿角霜、地龙、麻黄等。

### 7. 四虫片

〔处方〕蜈蚣、全蝎、土鳖虫、地龙各等份。

〔制法〕将上药共研为细末，水泛为丸，如绿豆大，晾干，备用（四虫丸）。或压制成 0.3g 的片剂。

〔用法〕每次服 1.5～3g，或每次服 5～10 片，每日服 2～3 次。

〔功用〕解毒镇痉，活血化瘀，通络止痛。

〔主治〕血栓闭塞性脉管炎、闭塞性动脉粥样硬化、大动脉炎、血栓性静脉炎、增生性骨关节炎、淋巴结结核、骨与关节结核、肠粘连，以及各种慢性瘀血炎症、癌症等。

注：此方为尚德俊根据我国传统医学理论和现代医学的见解于1964年所创用，为应用虫类药物重要代表方剂，广泛应用于临床治疗外科疾病有显著疗效，与清热解毒法、温经散寒法、软坚散结法等结合应用，可以增强其解毒镇痉、活血化瘀、通络止痛作用。如用黄酒、舒脉酒冲服四虫片，具有良好的活血止痛作用。

**8. 蒲芍橘汤**

［处方］蒲公英150g，赤芍50g，青皮、橘核各10g。

［用法］水煎服。

［功用］清热解毒，活血散结。

［主治］急性乳腺炎早期（发病5天以内），乳房有硬块、胀痛、皮肤微红者。

注：此方剂适用于早期（气滞期）急性乳腺炎，炎性硬块，尚未化脓。蒲公英清热解毒，还有通络散结作用；赤芍活血消肿；青皮、橘核具有行气通络、软坚散结作用。因此，治疗早期急性乳腺炎，可使炎症消退吸收（内消），每获奇效。治疗乳房小叶增生症也颇有效果。

**9. 活血消肿洗药**

［处方］刘寄奴、海桐皮、苏木、羌活、大黄、芒硝各30g，当归、川芎、红花、白芷、丹参、鸡血藤、泽兰、甘草各10g。

［用法］加水煎汤，趁热熏洗患处或坐浴，每日2次。

［功用］活血消肿，软坚散结。

［主治］软组织损伤，局部瘀血肿痛；慢性瘀血炎症、复发性丹毒所致象皮肿；下肢深静脉血栓形成、下肢静脉曲张等肢体瘀血肿胀，血栓性浅静脉炎瘀血硬结。血栓闭塞性脉管炎、闭塞性动脉硬化症、糖尿病肢体动脉闭塞症、大动脉炎、雷诺综合征等肢体瘀血、缺血者。

**10. 燥湿洗药**

［处方］白鲜皮、马齿苋、苦参各30g，黄柏、苍术各15g。

［用法］加水煎汤，过滤去渣，趁热熏洗或渍溃患处，每日1～2次。

［功用］清热燥湿。

［主治］原发性下肢静脉瓣膜功能不全并发湿疹样皮炎、湿疹、皮脂溢性皮炎、神经性皮炎、足癣等。

注：此方剂尚德俊在临床上很常用，具有清热解毒、消肿敛疮、燥湿止痒之功效。临床适用于：①下肢静脉曲张、下肢深静脉血栓形成等并发瘀血性（湿疹样）皮炎或慢性溃疡，瘙痒，瘀肿，皮肤湿烂，渗液；②瘙痒性皮肤病，如湿疹、皮脂溢性皮炎等；③皮肤癣病，如手足癣、股癣等。临床治疗，可以取得良好效果。

### 11. 解毒散瘀洗药

[处方] 大黄 50g, 芒硝、紫花地丁、芙蓉叶各 30g, 川芎、红花、白芷、苏木、皂角刺各 15g。

[用法] 加水煎汤, 趁热熏洗患处或坐浴, 每日 2 次。

[功用] 清热解毒, 消肿止痛。

[主治] 急性化脓性感染疾病、丹毒等局部红肿热痛, 下肢静脉瘀血炎症, 外伤瘀血肿痛, 以及痔疮肿痛等。

### 12. 四黄洗药

[处方] 大黄、紫花地丁各 50g, 黄芩、黄柏、赤芍各 30g, 黄连 10g。

[用法] 加水煎汤, 熏洗患处, 或冷湿敷患处, 每日 1～2 次。

[功用] 清热解毒, 消肿止痛。

[主治] 外科急性化脓性感染疾病、丹毒, 慢性肢体动脉闭塞性疾病, 并发肢体感染者, 下肢静脉曲张并发瘀血炎症、溃疡等。

### 13. 温脉通洗药

[处方] 当归、川芎、赤芍、艾叶、羌活各 20g, 川椒、白芷、生附子、生天南星、干姜、红花、甘草各 10g。

[用法] 加水煎汤, 趁热熏洗患处, 每日 2 次。

[功用] 温经散寒, 活血通脉。

[主治] 慢性肢体动脉闭塞性疾病 (阴寒证), 肢体明显发凉怕冷, 遇寒冷肢体缺血加重, 或引起疾病发作 (雷诺综合征) 等。

## (二) 活用药物

1. 丹参 30g, 赤芍 30g, 当归 15g, 川芎 15g。活血通络。用于下肢动脉和静脉闭塞性疾病。

2. 泽兰 30g, 茯苓 30g, 猪苓 15g, 泽泻 15g。活血利水。用于下肢静脉和淋巴管疾病。

3. 土鳖虫、地龙、全蝎、蜈蚣各等份, 水泛为丸。镇痉止痛。用于肢体严重疼痛性疾病, 血管性疼痛、神经性疼痛。

4. 熟地黄 30g, 川续断 15g, 怀牛膝 15g, 淫羊藿 15g, 补肾活血。用于糖尿病肢体血管病变、骨关节退行性病变。

5. 金银花 30g, 蒲公英 30g, 生地黄 30g, 赤芍 30g, 清热解毒, 滋阴凉血。用于腹部手术、甲状腺手术、乳房手术、周围血管疾病手术等之后。注: 此为 1976 年创用的方剂。广泛应用于外科手术后患者, 具有明显的抗菌消炎、滋阴活血作用, 对防止创口感染和手术并发症等, 有显著效果。

# 六、读书之法

## （一）重视中医经典和基本功

临床实践是发展我国中医药学的基础，是形成中西医结合研究思路的源泉。这是尚德俊经常说的，常常以之告诫弟子和学生。

尚德俊曾回忆说："经常凌晨三四点钟悄悄起床，走进那间静谧的教室，攻读四大经典著作——《黄帝内经》《伤寒论》《金匮要略》《神农本草经》，理解、记忆、体会。"对四大经典一定要熟读、背诵、理解，这是学好中医的前提。

## （二）阅读相关历代名著

临床实践中，尚德俊发现应用中药煎汤熏洗患处，治疗外科疾病、骨伤科疾病和皮肤病有良好的效果，具有独特的治疗作用，而现代医学外科则缺乏这方面的治疗经验。我国传统医学还缺少有关专著，只是散在于各种医学文献里。1963年着手撰写《熏洗疗法》时，尚德俊广泛阅读历代医学名著和现代医学文献，摘录和积累了大量文献资料。

临床实践中，要不断学习，不断地积累经验，不断地进步，对重要理论和治疗经验，要有深入认识和理解。尚德俊随身带有记录本，专门记录著名中医专家珍贵的治疗经验。同时广泛阅读历代医学名著和现代医学文献，经过消化和体验，形成自己的中西医结合治疗经验。这都为著书立说打下良好的基础。

## （三）提炼精华，传承创新

尚德俊认为外治疗法是治疗外科疾病的独特疗法，是学习中国传统外科学必须掌握的重要内容。"外科之法最重外治"，这是尚德俊的中医老师经常指出的，引起了尚德俊的重视。后来尚德俊广泛阅读我国传统医学文献时，深深被外治疗法宝贵的经验和突出成就所吸引，使尚德俊很痴迷，进而通过临床实践，不断积累应用外治疗法的经验，创用一些外治方剂。经过20多年的学习、实践、积累，尚德俊从现代外科角度，对我国传统医学外科领域的外治疗法进行系统的整理和研究，在1992年出版《外科外治疗法》一书（人民卫生出版社出版），此书既保持我国传统外治疗法经验，同时吸收了现代外治疗法的新经验。总结了外治疗法13种剂型，膏药疗法、围敷疗法、贴敷疗法、掺药疗法、药捻疗法、熏洗疗法、热熨疗法等12个种类，对外治疗法的应用起到了推动作用。

## 七、大医之情

### （一）思想境界

尚德俊对自己写的东西也要求很高，每个章节、段落，哪怕一个标点符号，他都要仔细斟酌。因此出版社喜欢出版他的著作，因为他们收到手稿后几乎都不用修改。

尚德俊不仅医术精湛，而且医德高尚，在近60年的从医生涯中，他始终以患者为中心，想患者之所想，急患者之所急。

他对患者尽心尽责，赢得了患者们的一致好评。同时，他以自己的行动潜移默化地影响着同事和学生。他极为看重病历的填写，要求科室医生在填写病历时，住院病历要填上门诊号，门诊病历要填上住院号，这样交叉进行，正规书写；而且自己严格执行，每一份病历，他都认真工整地填写。"这样写病历的习惯我到现在都有。我的手腕处有腱鞘炎，但在填写病历的时候还是做到完善而工整，手腕再疼也坚持完成。不在老师身边这么多年了，但总感觉一直有人在监督着自己，还会有人来检查我的病历写得怎么样。"弟子张恒龙如是说。

尚德俊还把自己整理好的或是发表的资料主动送给学校图书馆，把材料整整齐齐地包好，写上"珍贵资料，注意保存"。理解他的，明白一位医者的良苦用心；不理解他的，可能以为他恃成就而骄傲。但他从来不考虑这些，一心想的是要把自己的研究成果毫无保留地奉献出来。

尚德俊从来不在其他医院做"挂牌专家"。他说："我不是不能两处跑，但我在这里的病号这么多，不一定什么时候来找我，还有从外地来的，要是来了不能解决困难，这就是我对工作、对患者的不真诚。"

尚德俊对同事也是非常认真。以前，发表学术文章都是需要科主任先审阅签字。曾有一位同事请尚德俊审阅一篇学术文章，他看了之后直接说："写得不真实，你治疗的病例有这么多吗？"这么一问，同事感到有点难堪："就是多写了几个……""那不行，你有几个就是几个，多写了这文章就不现实了。"后来那位同事多次修改之后，才总算过了尚德俊这一关。

他对学生要求也严。他带的第一届研究生张恒龙，到现在都完好地保存着老师在30年前为他修改的论文，所有修改意见都用红笔一条条罗列出来，连标点符号的改动都认真恰当。

尚德俊曾写过一段文字：我们在崎岖的道路上，克服艰难险阻，不断地学习、前进。我们在任何时候、任何情况下，都没有被贼气、恶流所击倒，没有趴下，没有退却，坚定信念，为创建我国中西医结合周围血管疾病新理论体系作出贡献。我们清晰看到自己的旅程，总是起步而不是终点，因为我们仅仅是走到周围血管疾病研究领域的边缘。

淡泊以明志，宁静以致远。尚德俊说："我虽然经历了风吹雨打，艰难险阻，但我没有屈服，没有谄媚乞求，始终坚定信念，以顽强的毅力，克服许多困难和阻力，终于实现了学习我国传统医学的诺言……"

心怀感恩，言行一致。尚德俊曾说："我在外科、周围血管疾病研究道路上，得到前辈、老师、同事、朋友的支持、帮助和指导，使我永远难以忘却！我是踏在前辈的肩膀上取得学术研究成就和事业成功。"

## （二）文化修养

尚德俊喜欢阅读，写过散文 10 余篇，写的部分读后感如下。

### 1. 读书心悟

在坎坷的人生旅途中，真诚的友谊是快乐的鼓舞，是前进的巨大力量。

做人要有骨气——不攀附权贵，不阿谀奉承！

心沉于医海，爱奉献人间。

为事业写书，是庄严的责任和事业的激情。

我们都是共同享受黄河的哺育，我们的血液里充盈了黄河的真气、卫气、营气，我们都是中原大地黄河的儿子！

如果失去理想追求，比穷死更可怕。

一切学术成就，都是用血汗蕴结的。

一个人的成就不是靠宣传出来的，只有靠自己的勤奋和成果来证明。

不管遇到多少崎岖坎坷，也要走正路。

一个人所受到的打击、磨难越厉害，就越有勇气获取辉煌的成就。

凡是有学术成就的人，要准备一生在嫉妒和诽谤中度过。

### 2. 人生感言

我的一生耐得寂寞，耐得冷清，主要精力都放在学术研究和事业发展上，没有懈怠。我只是在学习继承前辈经验的基础上，有所前进，有所收获。当我回望自己走过的道路，才发现：做的事情总是十分有限，很微小、很微小。

我们在周围血管疾病治疗研究道路上，平等地对待每一个患者，始终真诚地为患者服务，尽心尽力使患者获得良好的治疗效果，这是我们为患者服务的原则。我们不能让患者感到失望……

我们在周围血管疾病治疗研究道路上，得到前辈、同事、朋友的热情支持、帮助和指导，我们是踏在前辈的肩膀上取得学术研究成就和事业成功。我们永远铭记在心中，并表示诚挚的感谢！

我们在周围血管疾病治疗研究道路上，对于宣扬、折腾、评奖之类不感兴趣，不追求桂冠，也不追求荣誉，只是心底平静地走自己认为正确的道路，踏踏实实、一步一个脚印向前走……

我们要坚持走中西医结合道路，克服一切艰难险阻，不懈努力，为发展山东省周围血管疾病事业、为创建我国中西医结合周围血管疾病新理论体系作出贡献。

# 八、养生之智

## （一）饮食养生

关于饮食起居的调养，尚德俊常提到《黄帝内经》所讲：上古之人，其知道者，法于阴阳，和于术数，食饮有节，起居有常，不妄作劳，故能形与神俱，而尽终其天年，度百岁乃去。

尚德俊主张清淡饮食，尽量少吃过咸的食物，多吃粗粮。他认为饮食得当，既能补气养血，又能达到防病治病之目的，这对周围血管疾病患者尤为重要。

黄豆及其制品含有丰富的蛋白质，并可降低胆固醇。绿豆具有解毒、清火防暑作用，也可降低胆固醇，治疗高血压病。进食过多的肉类和动物脂肪，长期血脂过高，以及高盐饮食，易形成动脉粥样硬化，发生心、脑、肾、肢体血管疾病等。

尚德俊建议，中老年闭塞性动脉粥样硬化和糖尿病肢体动脉闭塞症患者，饮食宜清淡，减少食物热量，补充蛋白质。应食用植物油如大豆油、芝麻油、菜油、玉米油、葵花子油等，含有较多不饱和脂肪酸，可以降血脂，具有抗动脉粥样硬化作用。多摄入植物蛋白（黄豆、黑豆、绿豆、赤豆）和鱼类，多吃新鲜青菜等。主食细粮和杂粮（小米、玉米等）都要吃，但不可过量、过饱，避免身体肥胖。这些饮食调养疗法，从青年时代就要注意，对防治疾病和身体健康都有很大好处。

尚德俊的一日饮食餐单：早餐，2个鸡蛋，稀粥或豆腐脑。午餐，五谷类稠粥一碗，青菜一般三种，配少量牛肉、瘦猪肉，盐很少。晚餐，稠粥或荞麦面条，青菜为主。他平时吃的干果主要是核桃；吃牛肉面，喝羊肉汤等；对山药、枸杞、木耳、冻豆腐、豆芽、杂粮煎饼也食有独钟。这是他多年来的饮食习惯，也是一位国医大师的饮食养生经。

## （二）精神养生

尚德俊养生很重要的一点是少欲、心静，淡泊名利。私欲会干扰心神之清静，从而对身体产生伤害。"精神内守"则"病安从来"（《素问·上古天真论》），"志意和则精神专直，魂魄不散，悔怒不起，五脏不受邪矣"（《灵枢·本脏》）。保持心身健康的最好方法就是知足常乐，心胸坦荡，淡泊名利，宁静致远，顺应自然。"志闲而少欲，心安而不惧"（《素问·上古天真论》），达到精神上和生理上和谐统一的高尚境界，才是最完美的健康状态。

尚德俊有很深的文学情结，国外的如苏联高尔基《我的大学》等文学作品，都非常熟知。国内鲁迅、冰心、丁玲等知名作家作品中，读过《太阳照在桑干河上》《冰心散文选》《风波》《故乡》《孔乙己》《狂人日记》等。在上学的时候，他就有这样的文学情结，常常在学校宿舍的被窝里看书，是他的一个爱好。阅读能提高个人的文化情操，感觉生活着很充实，很有滋味。尚德俊自己也有写作，认为养生关键是养心，阅读是很好的放松方式。每天看《齐鲁晚报》《生活日报》《作家文摘报》，读巴金、王蒙、老舍等回忆录。书一读，心先静。读一本书，就像是和书中的人物在交谈，心情格外愉悦，一切忧愁烦恼都抛之九霄云外。同时，开卷有益，一本书就是一个世界，与大师对话，可以滋润灵魂，充实生活，使人生快乐。善读书可以使人聪明。其实读书不仅是药，而且是一帖良药，有解除烦恼和宣泄苦闷的效果，能够调整人的心情状态。有书卷气的人，自然会有合理健康的人生态度、高尚的行为准则和高雅的情趣。尚德俊还爱好写作，有多篇回忆录散文。心境的宁静、安静，这是养生中"养神"的重要内涵，少私欲，才能保持心境宁静以养神。尚德俊光明磊落，心无邪念，对人友爱，重道德，乐观，精神内守，做到"嗜欲不能劳其目，淫邪不能惑其心"，这是他长寿的原因之一。

## （三）运动养生

周围血管疾病大多是慢性疾病，患者因为病痛而减少活动，甚至长时间卧床，常发生肢体肌肉萎缩和关节活动功能障碍，应当引起注意。适当的活动锻炼是防治疾病、强身健体的最有效的方法。每天锻炼半小时，持之以恒，就能显著延缓人体血管老化，对于预防心脑血管和周围血管疾病的发生，有十分重要的积极意义。

久病卧床，手术后或妇女产后，要争取早期下床活动，更应注意下肢的主动或被动运动，充分发挥下肢肌肉泵的作用，促使滞留在下肢静脉内的血液向心脏流动，消除下肢静脉瘀滞，防止发生下肢深静脉血栓形成。同时，有利于下肢静脉曲张患者的康复。

患有血栓闭塞性脉管炎和闭塞性动脉硬化症等慢性肢体缺血性疾病患者，有计划、循序渐进地进行锻炼，增加肌肉的活动，能促进侧支循环的建立和增加末梢组织的灌注。

糖尿病患者并发周围动脉病变或有糖尿病足时，应注意运动锻炼的方式和强度，避免运动量过大而加重肢体缺血，甚至成为导致肢体坏疽的因素。可采用行走锻炼和 Buerger 练习。具体方法：患者平卧，先抬高患肢至 45°，维持 1 ～ 2 分钟，然后将患肢沿床边下垂 3 ～ 5 分钟，再放平患肢 2 分钟，并作踝、足部旋转和伸屈活动。如此反复运动 5 ～ 6 次，中间休息 2 分钟，每天 3 ～ 5 遍。

尚德俊建议，根据疾病的不同，可以选择如慢走、做体操、练气功、打太极拳、按摩等活动。也可以根据自己的体质、所处环境和爱好来选择。

尚德俊生前每天都会去千佛山散步，来去 40 分钟，5 ～ 6km 路程。天气不好时他便由室外转到室内行走运动。

# 九、传道之术

## （一）人才培养方法

作为科主任，尚德俊注重人才培养，对科室医生要求非常严格，在日常工作如查房、手术中都有意识地灌输经验，培养了一批专家。以研究生导师、以及全国名老中医药师承指导老师、名中医工作室建设为契机，先后培养多名学生，以拜师收徒形式又收徒 20 余人，其中有张恒龙、孙克元、金星、陈柏楠、秦红松，科室成员有侯玉芬、宋爱莉、宋爱武、周黎丽、周涛、刘明、李铮、张晓杰、刘政、张玥、张大伟等，其他学生、徒弟主要有邢乐友、刘洪普、刘福君、何春红、鞠上、刘惠洁、任青松、李浩杰、彭伟、郝清智、宋福晨、刘春梅等。

## （二）人才培养成果

山东中医药大学附属医院（山东省中医院）周围血管病科是由尚德俊教授为首，于 20 世纪 50 年代在国内率先成立的该领域特色专科，学科建设及发展水平居国内领先地位。2003 年被批准为山东省中医药管理局重点中医专科，2006 年被国家中医药管理局批准为国家级重点中医专科，2007 年被山东省中医药管理局命名为山东省名中医专科。2012 年批准为国家临床重点专科建设单位，2013 年被批准成立山东省重点实验室，2019 年被山东省中医药管理局批准为山东省中医专科专病诊疗中心。现成为全国治疗周围血管疾病的研究中心，已纳入国家中医临床研究基地和重点研究室的重要科室，全国周围血管疾病继续教育培训基地，山东省卫生健康委员会医疗技术（外周血管介入技术）临床应用规范化培训基地，全国"人文爱心科室"，在全国享有较高的声誉。

周围血管病科培养人才方面，目前有国医大师尚德俊工作室 1 个，国家级名老中医传承工作室 3 个，全国老中医药专家学术经验继承工作指导老师 3 名，全国中医临床优秀人才 2 名，山东省名中医药专家 5 名，山东省五级传承导师 3 名，山东省有突出贡献的中青年专家 1 名，山东省中医临床优秀人才 2 名。

科研能力和实力强大，近 3 年立项各级课题 30 余项。"中西医结合治疗血栓闭塞性脉管炎的临床研究"获得 1978 年全国科学大会科研成果奖一等奖，另有 110 余项科研成果获得国家级和省级科学技术优秀成果奖，开发国家六类中药"八味舒脉胶囊"。出版专著 40 余部，发表论文 800 余篇。

本科室是博士和硕士学位授予点，博士研究生导师 4 人，硕士研究生导师 10 余人。曾为中国中西医结合周围血管疾病专业委员会主任委员单位，现为山东中医药学会周围血管病专业委员会主任委员单位、山东省医师协会中医周围血管病分会主任委员单位及多个国家级和省级学会的副主任委员单位。

## 尚俊德学术传承谱

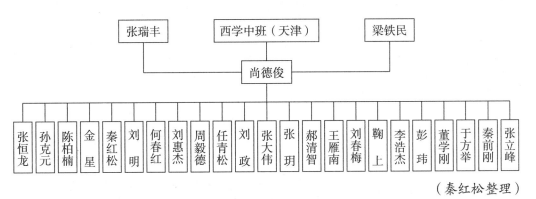

（秦红松整理）

（李昆编辑）

# 洪广祥

　　洪广祥（1938—2014），江西婺源人，中共党员。教授、主任中医师、博士研究生导师。曾任江西中医学院（现江西中医药大学）副院长、党委书记，江西省人大代表、政协委员，国家中医药管理局中医呼吸内科学术带头人，第一批全国名老中医，第一、第四批全国老中医药专家学术经验继承工作指导老师。兼任中华中医药学会理事、肺系病专业委员会副主任委员、中医内科学会常务理事、国家药品监督管理局新药评审专家及中药新药临床药理基地主任。享受国务院政府特殊津贴。2014年被授予第二届"国医大师"称号。

　　洪广祥勤求古训，博采众方，创建了全国首个中医呼吸病研究所，提出诸多创新学术思想和观点，如"痰瘀伏肺"为哮喘发病的夙根；哮喘发病的"三因学说"；全程温法防治哮病；治肺不远温；补虚泻实为治疗慢阻肺的全程治则；"宗气不足"是慢阻肺发生、发展的关键因素等。担任多个国家传统医药学院顾问、客座教授、名誉校长。主编、副主编或协编专著10部，发表论文100余篇。曾获国家中医药管理局中医药基础研究奖一等奖、国家科技进步奖三等奖；获国家专利局发明专利3个，研制国家三类新中药12个。其中治疗支气管哮喘的新中药——蠲哮片获中国发明金奖和世界华人发明博览会金奖。

# 一、学医之路

洪广祥祖籍是江西婺源，由于环境及医药物资缺乏，很多村民患有血吸虫病。其家中双亲终年患哮喘、肺气肿、肺心病等。正是由于这种环境和令人揪心的疾苦，使洪广祥自幼艰苦勤学，激发了他学习中医的愿望。1948年小学毕业后，其父就将他托付给舅舅开始学习中医，从此，早上鸡未打鸣他就起床背诵经典，清早就随舅舅从医待诊，晚上在煤油灯下总是学习到深夜才入睡，15岁熟读中医经典名著，17岁时被安排到县卫生院中医科，进一步得到舅舅的真传和指导，对舅舅的学术经验，采取一看、二背、三琢磨的方式学习。1957年，洪广祥以全省第一名的优异成绩作为中医学徒考进江西中医药进修学校（现江西中医药大学），在学校实现了学习方法的根本转变，充分发挥独立性、探索性，1958年以优异成绩毕业，而后参加工作，在工作时遇到一些病例，有了一点感悟，因此他继续深造，边工作边深造，在江西医学院医疗专修班，攻读西医4年。1978年至1983年，在江西医学院及一附院学习、工作，始终坚持以中医药理论为指导，以临床实践为基础，以客观疗效为依据，创新思维方式，认真专研治学。1989年，洪广祥任江西中医学院（现江西中医药大学）党委书记，全面主持学院工作，之后一直在江西中医药大学从事教学、临床、科研工作。

# 二、成才之道

洪教授告诫每一位中医学子都当立志高远，要以名中医的标准要求自己，在努力继承的基础上，应该加大创新力度，否则就很难成为一代名医。名医的要求是很高的，不但能做，还要能写、能讲，还应该多才多艺，这是一个名医的综合素质的具体体现。名医是勤践、实干出来的，不是争论、包装出来的。要成为一代名医，务必做到以下几点。

## （一）克服艰难，勤学善变

洪广祥小时候，其双亲常年患病，哥哥洪广发就读中学，弟弟洪广槐在上小学，家中收入微薄，经济困难。1948年他小学毕业后，父亲将他托付舅舅开始学习中医，学习过程艰难但充实，鸡未打鸣他就起床背诵经典，清早就随舅舅从医待诊，晚上在煤油灯下总是学习到深夜才入睡，15岁时就熟读《汤头歌诀》《药性赋》《内经》

《伤寒论》《金匮要略》等经典名著。洪教授指出，在学习过程中不仅要勤学，也要善于变通，从最初的"一看、二背、三琢磨"，到转变为发挥独立性、探索性，真正弄懂每一处"是什么""不是什么""为什么"，力求做到"不思量自难忘"，同时转变也是一个思考的过程。

### （二）立足经典，开拓创新

凡中医大家，皆以经典为基。在经典学习过程中，洪教授主张对于文义不明，甚至矛盾之处，大可不必只字不差地死记硬背，只要做到领会和掌握基本立场、观点和方法，能分析问题指导实践就行；同时，在理解经典书籍的基础理论和基本知识上，还应查阅国内外有关理论和临床研究的文献资料，了解学科的学术前沿，扩大视野，拓展思路，促进自学、临床能力的提高；此外，对于古代医案，应进行大量反复比较和论证，如此，方能深入浅出，推陈出新，如"治肺不远温"学术思想，便是在《金匮要略·痰饮咳嗽病脉证并治》"病痰饮者，当以温药和之"基础上充实、发展、完善起来的，并在《内经》"肺苦气上逆，急食苦以泻之"理论启示下，创制了平喘新方"蠲哮汤"。创新之数，不胜枚举，然基在经典。

### （三）勤求博采，取长补短

1957年洪广祥以全省第一名的优异成绩考入江西省中医进修学校，在校时勤奋学习，并在毕业工作后继续攻读西医4年，力求相互借鉴，取长补短，促进中医学术发展。洪教授认为，在实践中坚持辨证论治的前提下，大胆地吸收利用先进科技手段和西医学知识，发挥西医辨病求因和鉴别诊断的优势，努力掌握西医基础理论和实验检查手段来弥补中医的不足。并且在辨证用药的前提下，重视选择一些已被西医学证实了的，具有某些药理作用的药物，从而使得疗效不断提高。

### （四）学以致用，大胆实践

"实践出真知"，理论和实践属于相辅相成的两个概念，只有理论没有实践，或只有实践没有理论支撑都行不通。洪教授在攻读医书之时，就给家乡的亲戚和群众免费诊病处方，对经济困难的患者还从自己家中拿钱买药；经他治疗的患者，第二天他都要登门访问，了解疗效如何。

在跟舅舅出诊时遇到疑难杂症，他采取先看后论的方式，提出一些创新的观点。有时在临床上遇到西医比较难解决，而中医有独特优势的情况，洪教授胆大心细，只要方证吻合，便积极运用中医诊疗手段力挽危局，将理论与实践密切结合。

## （五）察病仔细，严谨辨病

洪教授在诊疗过程中严谨认真，不放过患者症状的细微变化。他耐心地坐在患者床头听咳痰声，判断其咳嗽是来自上呼吸道还是下呼吸道；或拿起患者床边的痰盂，察看痰液的颜色，以求精确辨证和正确治疗。每次查房以后，洪教授对每个人的病史和舌脉都记得清清楚楚，分析病情确凿有据，这样处方用药才能得心应手。

## （六）精勤不倦，甘为良医

洪教授医术精湛，不少慕名前来应诊的患者凌晨四五点就来排队。为了满足病患们的求治心愿，洪教授超负荷出诊，也成了家常便饭，对待患者的真诚铸就了医患关系的融洽，面对患者的信任，更是谨遵"真善为本，济世成德"的思想和行为准则。他认为行医首先就是立品做人，做一个正直的人，一个有真才实学的人。只有仁善待人，才能济世活人。对于一位中医而言，他认为必须热爱中医，把为患者解除痛苦、治病救人作为最高追求，刻苦学习，钻研医术，在业务上精益求精，疗效是关键，同时要具备仁人之心和奉献精神。

# 三、学术之精

洪教授学识广博，思维灵活，从医 60 年来，坚持继承与创新相结合，善于发现并总结问题，并能创造性地形成自己独特的学术思想体系。如针对哮喘的病因病机，率先提出了哮喘"三因学说"的学术观点；对于哮喘的治疗，提出了"全程温法防治哮喘"及"治肺不远温"的治疗原则；对于慢性阻塞性肺病提出宗气不足是其发生发展的关键因素，此外，提出补虚泻实为治疗慢阻肺的全程治则；"肺心病重在治肺，而不在治心"；"以补助攻，留人治病"治疗晚期肺癌；"肺系、胃系、肝的气机逆乱是慢性咳嗽的中心环节"；宣散透热是外感发热的重要治法等独特的临床经验。依据上述学术观点及临床经验，他独创了许多颇有疗效的经验方，如蠲哮汤、益气温阳护卫汤、丹赤紫汤、补元汤、复方参蛤片、蛭散胶囊、温肺煎、寒咳宁、清咽利窍汤、干咳宁、窍痒煎、咳喘固体冲剂等。

## （一）"治肺不远温"思想

西医对慢性肺病的治疗主要依赖抗菌、化痰、激素类等药物，若遇见发热者基本采取冰敷或用解热镇痛药；诸多中医认为，慢性肺病发热病机多为痰热郁肺，故常用大量苦寒清热、凉血解毒类中药。洪教授认为这些措施虽然可以暂时控制症状，但也存在弊端，即损伤人体阳气。阳气乃人体立命之本，数次戕害，则慢性肺病的发作间隔时间缩短，对药物的敏感度降低，最后加速病程而不可逆转。洪教授认为慢性肺病有其自身的发病特点，发病时间主要集中于冬春季节，致病邪气主要为风寒湿邪，冬春气候寒冷，慢性肺病患者气阳虚于内，为虚寒体质，同气相求，外寒与内寒交织，诱导慢性肺病急性发作，其表现常为虚寒夹实证，诸如恶风畏寒、背寒肢凉、咳吐痰涎、神疲倦怠等。针对慢性肺病的上述症状，结合经典古籍中的温法理论，洪教授提出"治肺不远温"的学术思想。

### （二）哮喘"三因学说"发病观及"全程温法防治哮喘"

哮喘的病因病机错综复杂，洪教授根据多年的临床经验，提出了哮喘的"三因学说"发病观，即"外感风寒""痰瘀伏肺"和"气阳虚弱"。在哮喘的发病中，气机不畅，宿根痰瘀潜伏于肺，"痰瘀气阻"形成了哮喘的重要病理基础，当以外感风寒为首的六淫之邪侵犯机体时，肺失肃降，从而引起哮喘发作，同时哮喘患者素体气阳虚弱，抗邪能力弱，又易受外邪侵犯，所以在三因素的综合作用之下导致哮喘的发病反复。在哮喘的整个发病过程中，哮喘患者本身素体气阳虚弱，宿根痰瘀阻滞体内又会导致气阳不通，风寒侵犯机体，也会郁遏卫阳、肺阳，损伤机体阳气，所以哮喘的发病与气阳的病理变化密切相关。《伤寒论》《金匮要略》都主要以温法为主线遣方组药治疗咳喘，即使遇到邪热郁肺的情况，也会温清并用。再结合"阳虚""痰瘀""风寒"三方面发病因素，哮喘患者临床上多表现虚实夹杂之证，气阳虚弱为本虚，寒、痰、瘀为标实，且痰、瘀之邪均属阴邪，非温不化。综上，故提出治疗哮喘应以全程温法为治疗主线。

### （三）宗气虚衰是慢阻肺的重要病机，补虚泻实是慢阻肺的全程治则

慢阻肺患者久咳久喘，肺气虚弱，宗气生成不足，临床每见咳嗽喘促、少气不足以息、语声低微、身倦乏力、脉沉微等全身气虚症状；慢阻肺继续发展，就是肺心病，出现唇甲青紫、心悸肢肿、喘促欲绝、脉弱。洪教授坚持以中医理论为基础，创新和发展宗气理论并指导临床，认为气阳虚弱不仅包括肺的气阳虚和卫的气阳虚，还包括宗气的不足。宗气属阳气范畴，宗气虚衰，可视为阳气虚衰。随着疾病的反复发作和病情的逐渐加重，由肺卫的气阳虚可累及脾阳和肾阳的虚弱。不仅如此，洪教授认为慢阻肺的咳、痰、喘、虚的临床表现，还有呼吸肌疲劳、营养障碍等，都与宗气有关，拓宽了慢阻肺的中医临床辨证思路，提出宗气虚衰是慢阻肺发生发展的重要病机，并认为气阳虚为慢阻肺本虚，痰瘀伏肺为慢阻肺标实。

依据慢阻肺本虚标实，虚实夹杂的基本证候特点，洪教授认为：补虚重在纠正

气阳虚弱，特别是元气虚和宗气虚。泻实着眼涤痰行瘀。慢阻肺患者的气阳虚弱证候当益气温阳，选用补中益气汤、补元汤（经验方）。如由阳及阴，呈现气阴两虚证候者，可增配生脉散或麦门冬汤以阴阳两补。慢阻肺痰瘀伏肺证多治以祛痰行瘀，痰瘀为阴邪，非温不化，选用千缗汤、苓桂术甘汤、桂枝茯苓丸加减。因此用药宜温，切忌寒凉郁遏，出现痰瘀胶固，加重气道壅塞。若痰瘀化热，出现痰热瘀阻证候时，可用清化痰热、散瘀泄热法。兼有表邪遏肺，喘满症状较甚者，可合用麻杏石甘汤，以宣肺泄热。待痰热证候顿挫后，及时改用"温化"方药以图缓治。临床中，虽不同病程使用治法方药不同，但洪教授始终强调补虚泻实是慢阻肺的全程治则。

# 四、专病之治

洪教授善于治疗咳嗽、肺胀、哮喘、肺癌、咯血、肺痨等各种肺系疾病，以及发热、虚劳、脾胃肠系病症、不寐、中风眩晕等内科杂病。在此将洪教授治疗慢性咳嗽及呼吸衰竭的经验介绍如下。

## （一）慢性咳嗽

咳嗽是诸多肺系疾病的常见证候。临床中将病程超过 8 周，影像学检查正常者称为慢性咳嗽。咳嗽虽是肺系的病变，但其他脏腑的功能失调，亦可引起肺气宣降不利，《素问·咳论》曰："五脏六腑皆令人咳，非独肺也。"慢性咳嗽病因复杂，洪教授治疗慢性咳嗽见解独到，提出"肺系、胃系及肝诸脏失调，气阳虚弱"是慢性咳嗽的核心病机，并在治疗中重视调理脏腑气机，采用益气温阳之法，临床疗效显著。

### 1. 病因病机

洪教授认为，既然定位为慢性，应属中医内伤咳嗽范畴。外感六淫常为其发病诱因，其所表现的外感证候可列入标证或兼证范畴。此外，临床中多数患者有反复发病及急性加重的病史。古代文献中有"五脏六腑皆令人咳"和"十咳"等理论，说明古代医家已知晓咳嗽病因的复杂性和治疗上的难度。洪教授认为，慢性咳嗽可因外感六淫之邪，或闻异味、情志不遂等因素而诱发，与"肺系""胃系"和"肝"三者的气机失调密切相关。而多数患者内外合邪，互为因果，造成咳嗽慢性迁延不愈，反复发作。

（1）肺系与慢性咳嗽：洪教授认为慢性咳嗽与肺系的鼻、喉官窍不利密切相关。《黄帝内经太素·脏腑气液》云："肺脉手太阴正别及络皆不至于鼻，而别之入于手阳明脉中，上侠鼻孔，故得肺气通于鼻也。"《黄帝内经太素·经脉正别》云："手太阴之别，入泉掖少阴之前，入走肺，散之大肠，上出缺盆，循喉咙，复合阳明，此为六合。"《素问·太阴阳明论》云："天之清气，由鼻而入，通于喉，故喉主天气也。"可见，三者在生理经络上关系密切。病理上，《灵枢·五阅五使》说："鼻者，肺之官也……故肺病者，喘息鼻张。"鼻喉二窍，皆以通利为顺，喉鼻通利，清气得入，浊气得出，则肺气宣肃有度，呼吸顺畅。若邪气侵扰鼻喉，鼻喉闭塞，则肺气宣肃失常，肺气上逆则咳嗽不止。

（2）胃系与慢性咳嗽：洪教授认为胃系包括食管、咽和胃腑。《黄帝素问直解》云："嗌，咽嗌也。嗌受水谷，下接胃口，而地气与之相通。"胃系的病变可引起咳嗽，《黄帝素问直解》云："五脏六腑，皆能为咳。五脏则关于肺，六腑则聚于胃。"从经络上看，手太阴肺经起于中焦胃脘部，还循胃口，足阳明胃经起于鼻翼旁，其支脉循喉咙，且肺气通于鼻，地气通于咽，"胃系"与"肺系"的经络互有络属，胃系的病变则可通过经络影响肺系而表现为咳嗽症状。肺系与胃系在气机调控上具有相同之处，肺气以肃降为常，胃气以和降为顺，故邪犯胃气，气机运转失枢，则胃气上逆，影响肺的肃降功能而生咳嗽。

（3）肝与慢性咳嗽：肝主疏泄，为调畅气机之要塞，肝失疏泄，易乘土侮金，气机逆乱而变生咳嗽。经络上，足厥阴肝经挟胃而沿喉后边入鼻咽，分支上注于肺。《素问·刺禁论》："肝生于左，肺藏于右，心部于表，肾治于里，脾为之使，胃为之市。""肝生于左，肺藏于右"对于维持人体气机升降及指导气机失常病变的治疗皆具有重要的意义。肝从左升，肺从右降，肝肺相合，共同维持人体内外环境及体内各脏腑、经络、气血、营卫的阴阳平衡。若肝气过旺而升发太过，易导致肺气宣肃失调，肺气上逆而诱发咳嗽。

（4）气阳虚弱与慢性咳嗽：洪教授认为慢性咳嗽属于内伤咳嗽范畴，《素问·评热病论》曰："邪之所凑，其气必虚。"一方面，慢性咳嗽病程较长，久病必虚，正虚邪恋而成气阳耗伤之势，逐渐由肺脾肾诸脏气虚演变成气阳两虚之证。另一方面，慢性咳嗽治疗中经常使用抗生素、激素、冰凉输液及寒凉清热中药，以致阳气冰伏，邪气郁遏，从而导致慢性咳嗽缠绵难愈，复杂多变。

**2. 治则治法**

洪教授认为，肺系、胃系及肝诸脏气机逆乱是慢性咳嗽的中心环节，正虚邪实贯穿慢性咳嗽全程，强调治疗时贯彻调理气机、扶正祛邪的治疗思想，并根据证候灵活化裁组方。临证中坚持肺鼻同治、肺胃同调、清肝和胃、疏肝利肺、益气温阳等治则治法。

### 3. 分型论治，辨证翔实

洪教授从辨病与辨证相结合出发，通过多年的理论研究和临床实践，将慢性咳嗽的辨证施治方案整理如下。

（1）痰滞咽喉证：本证是指鼻咽部疾病引起鼻后和喉咽部有较多分泌物黏附，甚至反流入声门或气管所导致的咳嗽。临床中，鼻炎、鼻窦炎、慢性咽喉炎等多种疾病都可导致此种病理状态，与西医鼻后滴漏综合征类似。病机：痰阻咽喉，肺失宣肃。证候：发作性或持续性咳嗽，以白天为主，入睡后较少咳嗽，咽痒如蚁行，有异物阻塞之不适感，舌质偏红，舌苔薄白或微腻，脉细滑或细弦滑。治法：清咽利窍，畅气止咳。方选清咽利窍汤（经验方）。药用：荆芥、薄荷、桔梗、木蝴蝶、牛蒡子、苏叶、桃仁、百部、射干、辛夷、苍耳子、甘草。方中荆芥性温，使邪散郁开而气调畅。苏叶不仅解表舒郁，又可行气宽中，为疏利气机之要药。薄荷疏风散热，利咽止痒，又芳香化郁。桔梗开提肺气，宣肺祛痰而利胸膈咽喉，亦可载诸药上行。百部甘润不燥，润肺降气且化痰止咳，为治咳之要药。临床中痰滞咽喉，还可出现咽喉经络气血郁滞，常见咽痒咽痛，可适当配伍桃仁以活血行瘀。射干以降痰涎、散气滞、宽胸膈、清肺金、润肺燥、止咳平喘为其长。苍耳子、辛夷辛温香散，轻浮上升，能散肺部风寒而宣通鼻窍；木蝴蝶味苦性寒，不仅通鼻利咽，还有疏肝和胃，润肺生肌之功，与牛蒡子相伍，可加强清利咽喉，止痒除嗽的功效。咽干较甚者，可加玄参、麦冬以养阴利咽；局部瘀血明显者，可加丹皮、赤芍以活血散瘀。

（2）胃逆侮肺证：本证多见于胃酸和其他胃内容物进入食管导致以咳嗽为主要表现的一种胃食管反流性疾病。病机：胃逆侮肺，肝胃失和，气机逆乱。证候：咳嗽与进食明显相关，如餐后咳嗽、进食咳嗽等，入夜或平躺时加重。常伴有胃食管反流症状，如反酸、嗳气、胸骨后烧灼感，或伴有咽干、音哑等，舌质红，苔白黄相兼而腻，脉象弦滑。治法：和胃降逆，清肝泄热，调畅气机。处方：旋覆代赭汤加减。药用：旋覆花、代赭石、法半夏、生姜、炙甘草、党参、黄连、川楝子、大枣、枇杷叶、煅瓦楞子。方中旋覆花、代赭石宣通壅滞，下气降逆，使胃气和降；半夏、生姜、枇杷叶和胃降逆，气逆平则噫气自除；黄连、川楝子清肝泄热，以和肝胃；煅瓦楞子配半夏，一化一降，降逆和胃以制酸。胃逆侮肺，肝胃失和，缘于中虚失运，升降失常，胃强脾弱，而致气机逆乱。方中党参、红枣、炙甘草甘温益气以健胃。脾气健旺，胃气和顺，肝气条达，肺气清肃，则咳嗽自平。

（3）寒邪客肺证：此证类似西医咳嗽变异型哮喘，多本为气阳不足体质，卫外功能下降，常因外感或过敏诱发加重。洪教授指出该证治疗要坚持标本同治和扶正固本的治则以减少复发。病机：寒邪客肺，肺失宣肃，气逆作咳。证候：慢性咳嗽，表现为刺激性干咳，夜间或清晨咳嗽较多见。遇寒或气候突变，闻特殊刺激性异味易诱发或加重咳嗽，平素怯寒、易感冒、易自汗，舌质淡红或暗红，脉弱，如兼夹外感风寒，可显浮脉，舌苔薄白或白微腻。支气管激发试验阳性，或支气管舒张试验阳性。支气管舒张药物、糖皮质激素治疗后咳嗽显著缓解为重要判断标准。治法：温散肺寒，宣肺止咳。方用温肺煎（经验方）。药用：生麻黄、细辛、生姜、紫菀、款冬花、生姜、矮地茶、天浆壳。方中药性多辛多温，有温肺散寒、止咳化痰之功。若风寒束肺证候较重者，可用小青龙汤合温肺煎加减；外有表寒，又阳虚内寒者，可用芪附汤合温肺煎加减；兼有寒郁化热者，可适当选加黄芩、夏枯草、金荞麦根。病缓后可用温阳益气护卫汤（经验方）或补中益气汤扶正固本，以防复发。

（4）湿热郁肺证：洪教授观察发现，慢性咳嗽西医诊断为嗜酸细胞性支气管炎者，临床多见湿热郁肺证候。慢性咳嗽中的湿热郁肺证是以干咳少痰，同时兼见湿热证候为主要表现。故湿热郁肺咳嗽与痰湿咳嗽是不同的。病机：湿热郁肺，肺气失宣。证候：慢性干咳或晨咳，有少许黏痰，伴胸闷和气道作痒，呼吸不畅，咯出黏痰则舒；晨起口黏腻，胃纳欠佳，喜热恶冷，大便软或不爽，舌质红，舌苔厚腻黄白相兼，脉濡滑。部分患者对油烟、灰尘、异味或冷空气比较敏感，环境因素常诱发或加重咳嗽。治法：清热化湿，宣畅肺气。方用麻黄连翘赤小豆汤加减。药用：生麻黄、杏仁、桑白皮、赤小豆、连翘、苍术、土茯苓、蚕沙、厚朴、法半夏、茵陈、枳实。洪教授应用麻黄连翘赤小豆汤加减治疗慢性咳嗽湿热郁肺证，是基于该方既能清利湿热，又能宣畅肺气；既可外散表邪，又能内清湿热，表里双解。洪教授在该方基础上，再加苍术、厚朴，以苦温燥湿；茵陈、土茯苓擅长清利湿热，使湿热毒邪由小便而解，并能健脾胃、助运化、绝湿源，为治湿热之要药；晚蚕沙味甘辛、性温，有祛风湿，化湿浊的作用，王士雄谓其"既引浊下趋，又能化湿浊使之归清"；枳实有较强的疗肌解表功效，可祛游表之风；蚕沙与有较强抗过敏活性的枳实相配伍，对抑制嗜酸细胞性支气管炎的变态反应，必然会起到相得益彰的效果。

（5）气阳虚弱证：洪教授认为，慢性肺系病症患者，咳嗽日久，久病必虚，损伤肺气，《素问·通评虚实论》曰："精气夺则虚。"肺不布津，诸脏皆失所养。气阳虚弱不仅包括肺的气阳虚和卫的气阳虚，还包括宗气的不足。由肺卫的气阳虚可累及脾阳和肾阳的虚弱。其病机：阳虚卫弱，肺失宣肃。证候：平素恶寒怯冷，易感冒，遇寒冷或季节交替时容易出现咳嗽，舌淡或暗，脉细沉。治法：益气温阳，护卫御咳。方用益气护卫汤（经验方）。药用：生黄芪、防风、白术、桂枝、白芍、红枣、生姜、炙甘草、仙茅、淫羊藿。益气护卫汤由玉屏风散加味而来，取其益气护卫之功。桂枝调和营卫，白芍一取其养血滋阴，阴中求阳；二与桂枝配伍，散收相合。仙茅、淫羊藿二者为温补阳气之峻剂，二药相合，功专力宏。需注意此二药不可久服，壮火之气衰，以防辛散太过反伤阳气。若阳虚重者见四肢厥冷、面色无华、倦怠乏力、精神不振等症状，可加用芪附汤中熟附子、补骨脂、地锁阳等药物以加强温阳益气之功效。

### 4. 灵活变通，圆机活法

上述五种证型中前四种以治标实为主，第五种则以扶正治本为主。临证时若邪重病急，标实突出，则先治标实；若邪轻病缓，本虚突出，则治本虚为主；若本虚标实俱显，则标本兼治。同时依据不同兼症和并发症，也应随症加减：若"气机不利"征象突出，存在气道高反应者，加用蠲哮汤（经验方：葶苈子、鬼箭羽、牡荆子、陈皮）以泻肺利气平喘。咽痒甚者，加窍痒煎（经验方：枳实、苏叶、地肤子、白鲜皮）以祛风止痒。眼痒、鼻痒、打喷嚏及对刺激性气味反应敏感者，加抗敏煎（经验方：枳实、蝉蜕、乌梅、苏叶）抗敏止痒。咳引胸胁胀痛者，加郁金、枇杷叶、香附以疏肝达肺。或兼咳时面赤、烦躁易怒者，改用青黛、蛤蚧、桑白皮、郁金等清肝泻肺。唇红、舌红暗者，加用丹赤紫草汤（经验方：丹皮、赤芍、紫草）以清热凉血，活血祛瘀。

慢性咳嗽的病因病机复杂，临床易出现治疗上的盲目性。因此，当客观条件有限时，经验性治疗可作为一种替代措施。中医药治疗慢性咳嗽应尽量使用辨病与辨证相结合的方法，既能体现病因治疗，也能遵循辨证施治的经验性治疗。

## （二）呼吸衰竭

呼吸衰竭是呼吸功能严重障碍，导致缺氧，伴或不伴二氧化碳潴留，从而引起一系列的病理生理改变和临床表现的病症。呼吸衰竭的早期诊断对于治疗极为重要。当任何患严重支气管－肺、胸壁或中枢神经疾患的患者，一旦出现急性呼吸道感染、哮喘或急性心衰时，即应高度警惕急性呼吸衰竭的发生。呼吸衰竭的主要临床表现是呼吸困难、发绀等，属于中医学喘、闭、脱等危急重证范畴。洪教授辨治本病的学术经验如下。

### 1. 病因病机

呼吸衰竭病因亦复杂，常见病因有毒热内陷、败血停凝、痰阻气道、肺脾肾虚。本病病位主要在肺，与脾肾密切相关，涉及心肝。本虚标实是其基本病机特征，肺、脾、肾虚为本，热毒、痰火、瘀血、痰浊为标。急性呼吸衰竭发病急、变化快，初起邪壅肺气，气机逆乱，可迅速出现邪扰神明，肝风内动之证。后期累及肾，可出现闭证、脱证，病势极为险恶。其总的趋势是由肺→心→肝→肾，短期内相继出现，或可同时出现。慢性呼吸衰竭初起由肺病所致，咳喘不已，肺病及脾，久病及肾，肺脾肾俱虚，复感外邪，正虚邪盛，病情恶化，可见痰浊或痰瘀蒙蔽心窍，或引动肝风，最后可致心肾阳衰，肺气欲绝，阴阳离决。呼吸衰竭的基础病机是肺气壅塞，气道受阻，肃降失常；肺气虚衰，肾不纳气，气无所主，摄纳失常。在疾病发展过程中，常随病势的进退而不断转化。

**2. 证候特征**

（1）中心证候特征：呼吸衰竭可由多种疾患引起，其病变主要在肺，涉及五脏、气血、阴阳。因而其临床证候也复杂多变，常见症状有呼吸困难、发绀、头痛、烦躁、认知障碍。进一步加重继发肺性脑病，可出现多种神志症状。其中呼吸困难、发绀是呼吸衰竭的最主要特征。

（2）分类证候特征：本病证大体上可分为热毒犯肺、痰火壅肺、腑结肺痹、气阴两竭、痰瘀阻肺、水凌心肺、喘脱等7类证候，每类证候的特征是其辨证的要点。热毒犯肺证以高热面赤、口渴唇燥、喘促胸闷等邪热迫肺，热甚伤津之证候为特征。痰火壅肺以痰声如锯、喘促息粗、抬肩掀胸、高热烦躁、面赤神昏为特征。腑结肺痹以高热喘促、腹满便结、烦躁神昏为特征。痰瘀阻肺，以喘促气逆、喉间痰鸣、面青唇暗、嗜睡昏迷等为特征。气阴两竭以呼吸微弱、间断不续、神志昏沉、时作抽搐、汗出如洗、舌红无苔为特征。水凌心肺以喘咳气逆不能平卧、心悸浮肿、怯寒肢冷、面青唇紫等为特征。喘脱证以喘促加剧，或状若抽泣，或突然痰鸣暴喘、鼻翕唇黑、额汗如珠，脉微欲绝为特征。

（3）证候转化与演变特征：急性呼吸衰竭多由感受暑温、火毒之邪所致，发病迅速，病势凶险，具"火性急迫"的特征。因火热毒邪内盛，初起可见气分高热，可迅速出现神昏、谵语等热入营分的征象，或初起即见气营两燔。热毒内盛，肠腑热结，邪无出路，是病情恶化的关键。热甚动风易形成肝风内动之候。火热灼津耗液，后期表现气阴衰竭，阴虚风动。如邪热内闭，气阴已耗，则可见内闭外脱之证。慢性呼衰多有慢性咳喘病史，日久而成肺胀，多表现为肺肾两虚，痰瘀阻肺证候。痰瘀化热，热极生风，可见肝风内动。痰瘀不解，迷闭心窍，又可见痰蒙心窍之证。脾肾阳虚，水气不化，既可上凌心肺，又可损及心阳，转化为心肾阳衰，肺气欲绝的喘脱证。

**3. 辨证要点**

（1）辨中心证候：呼吸急促是呼吸衰竭最主要的特征症状。《景岳全书·喘促》说："气喘之病，最为危候，治失其要，鲜不误人，欲辨之者，亦唯二证而已。所谓二证者，一曰实喘，一曰虚喘也。"实喘呼吸深长有余，呼出为快，气粗声高，伴痰鸣咳嗽，脉数有力。虚喘呼吸短促难续，深吸为快，气怯声低，脉象微弱。若伴心阳虚衰，可见喘息持续不已，面色、唇舌、指甲青紫，甚则出现喘汗致脱，亡阴、亡阳的危局。肺气上逆，血脉瘀阻，见口唇青紫，面色青灰，舌质紫暗等发绀症状。

（2）辨病邪主次：起病急骤，呼吸喘促，伴高热面赤、口渴便秘、烦躁谵语、舌红苔黄、脉数有力等症，属毒热为主。呼吸喘促，伴高热神昏、喉间痰鸣、苔黄厚、脉滑数等症，以痰火为主。喘促气急，喉间痰鸣，嗜睡昏迷，伴发绀见症，属痰瘀为患。起病缓慢，反复发作，喘促气急难以平卧，伴面目肢体浮肿、怯寒肢冷、面青唇暗、舌胖暗等症，为阳虚水泛。

（3）辨正邪盛衰：正邪盛衰的辨别，常以病程、伴发症、舌脉等为依据。起病急，病程短，进展快，以邪气盛实的见症为主者，多为邪实正盛。病邪深入，伤阴耗气，出现虚实并见的证候为主者，则多邪胜正衰。起病慢，病程长，以正虚的见症为主者，多为正衰邪微。若复感外邪，或兼夹痰瘀见症者，则多正衰邪盛。若喘促加剧，神识昏聩，呼吸时停时续，汗出如珠，四肢厥逆，脉散乱或沉微欲绝者，则是正不敌邪，邪胜正衰的表现。

### 4.分证论治

洪教授认为，本病多由毒热、血瘀、痰阻和肺、脾、肾虚所致。其基本病机是肺的肃降和摄纳失常。肺的肃降和摄纳失常贯穿于呼吸衰竭的始终和各分类证候之中。危重症症状多变，切记药物用量需随症加减。

（1）热毒犯肺证

证候：喘促胸闷，高热面赤，口渴唇燥，便结溺赤，烦躁或谵妄，舌红苔黄，脉数有力。

病机：热毒亢盛，正邪剧烈抗争，故身热面赤；邪热壅肺，肺失宣降，故喘促胸闷。热灼津伤，则口渴便秘；热郁于里，神明被扰，故烦躁或谵语。舌红苔黄脉数，为热毒炽盛之象。

治法：清热解毒，泻肺利气。

方用：黄连解毒汤合泻白散加减。

药用：黄连、黄柏、大黄、甘草、芦根、葶苈子、桑白皮、杏仁、冬瓜仁。方中黄连、黄芩、黄柏清热泻火解毒，石膏、芦根清肺生津，大黄通腑泄热，导热从下而出；葶苈子、桑白皮泻肺利气以除壅，杏仁、冬瓜仁豁痰肃肺，甘草调和诸药，以加强芩、连等清热解毒之功。热毒重者再加金银花、连翘、鸭跖草等；喘甚痰多加鲜竹沥、胆南星、瓜蒌等，以清化痰热；热伤气阴加人参、麦门冬、生地等，益气养阴以助祛邪；热盛动风，肢体抽搐，角弓反张，加羚羊角、钩藤、全蝎、蜈蚣等，以平肝息风止痉；神昏谵语加水牛角、生地、丹皮、玄参等凉血清营，并可选加牛黄丸，以清热解毒开窍。

（2）痰火壅肺证

证候：高热，神昏面赤，喘促气急，痰声如拽锯，抬肩掀胸，鼻翕，烦躁，时有抽搐，舌红绛，苔黄厚，脉洪滑数。

病机：热毒内炽，灼津炼液为痰，痰火壅肺，闭阻气道，肃降无权，故见喘促息粗，抬肩掀胸，痰声如拽锯等症；痰火郁遏，神明被扰，肝风内动，故见高热神昏，时有抽搐；血脉瘀滞，故面色青紫。舌红暗或绛，苔黄厚，脉洪滑数为痰火壅盛之征。

治法：清热泻火，逐痰泻壅。

方用：礞石滚痰丸加减。

药用：礞石、沉香、黄芩、大黄、滑石、石膏、连翘、葶苈子、贝母、桑白皮、杏仁。方中石膏、黄芩、大黄、连翘清热泻火，滑石导热从小便而出；葶苈子、桑白皮泻肺除壅，杏仁、贝母化痰平喘，礞石、沉香逐痰降气，共奏降火逐痰，泻壅救肺之功。舌质光绛而紫赤，为热盛伤阴，加生地、麦冬、玄参清热滋阴；神昏谵语加安宫牛黄丸、至宝丹清心化痰开窍；抽搐加山羊角、僵蚕、蜈蚣、全蝎凉肝息风。

（3）腑结肺痹证

证候：喘促气粗，胸满抬肩，高热不退，烦躁不安，腹满便结，小便短赤，舌质红，苔黄燥，脉洪数。

病机：邪热入于阳明，正邪剧争，阳热亢盛，故高热不退，烦躁不安；热壅于肺，气机不利，肃降失常，故喘促气憋，胸满抬肩；热结肠道，津伤化燥，燥热与糟粕相结，腑气不通，故腹满便结；热盛伤津，则小便短赤；舌苔黄燥，脉弦数，为阳明热盛之征。

治法：通下救肺，釜底抽薪。

方用：宣白承气汤加减。

药用：石膏、杏仁、瓜蒌皮、大黄、芒硝、桑白皮。方中石膏、桑白皮清泄肺热，杏仁、瓜蒌皮宣肺平喘，大黄、芒硝通腑泄热，以助肺气肃降。诸药合用，共奏通肺泄下，宣肺平喘之功。喘甚者加葶苈子、枳实以泻肺除壅；热毒炽盛者加知母、黄芩以加强泻火解毒之功。

（4）气阴两竭证

证候：呼吸微弱，间断不续，或叹气样呼吸，时有抽搐，神志昏沉，精神萎靡，汗出如洗，舌红无苔，或光绛而紫赤，脉细微而数，或散或芤。

病机：正气被耗，肺阴涸竭于内，肺气暴脱于外，故呼吸微弱，间断不续，或叹气样呼吸；气阴亏耗，心神失养，故神志昏沉，精神萎靡；筋脉失养，虚风内动，故时作抽搐；阴竭于内，阳失阴敛，则汗液外泄如洗；舌红无苔，脉虚细数，为气阴两竭之候。

治法：益气救阴防脱。

方用：生脉散加味。

药用：人参、麦冬、五味子、生地、山萸肉。方中人参大补元气，麦冬、生地益阴清热，五味子、山萸肉敛汗固脱。诸药合用共奏补气益阴防脱之功。汗多不敛者加龙骨、牡蛎；暴喘下脱，肢厥滑泻者，加服黑锡丹；阴竭阳脱者加附子、肉桂急救回阳。

（5）痰瘀阻肺证

证候：喘促气逆，发绀，喉间痰鸣，神志恍惚，或嗜睡昏迷，谵妄躁扰，或抽搐瘛疭，舌质暗或紫暗，苔浊腻，脉滑或滑数。

病机：痰浊阻肺，气机不利，血行不畅，血脉瘀阻，痰瘀互结，阻塞气道，肺失肃降，故见喘促气逆、喉间痰鸣、发绀等症；痰瘀迷闭心窍，则现嗜睡昏迷、神志恍惚等精神见症；痰瘀郁闭，郁而化热，热极生风，肝风内动，则可出现抽搐；舌质暗紫，舌苔浊腻，脉弦滑为痰浊血瘀之候。

治法：涤痰祛瘀，开窍醒神。

方用：涤痰汤加减。

药用：法半夏、茯苓、橘红、胆南星、竹茹、枳实、石菖蒲、郁金、桃仁、赤芍、丹参。方中法半夏、茯苓、橘红、胆南星涤痰息风，竹茹、枳实清热化痰，桃仁、赤芍、丹参活血祛瘀，石菖蒲、郁金开窍醒神。痰瘀化热，蒙闭心窍，昏迷谵妄，加用至宝丹或安宫牛黄丸以豁痰清心开窍；化火动风，抽搐瘛疭，加山羊角（或羚羊角）、僵蚕、全蝎以凉肝息风止痉。

（6）水凌心肺证

证候：喘咳气逆倚息难以平卧，心悸，咯痰稀白，面目肢体浮肿，怯寒肢冷，小便量少，面唇青紫，舌胖暗，苔白滑，脉沉细。

病机：阳虚水泛，水气射肺，肺失肃降，则喘咳气逆倚息难以平卧；水气凌心则心悸；水泛肌肤，则肢体面目浮肿；阳衰阴盛，故怯寒肢冷；阳虚血滞，则见面唇青紫，舌暗脉涩；舌胖苔白滑，脉沉细，为阳气虚衰之候。

治法：温阳利水，泻壅平喘。

方用：真武汤加减。

药用：制附子、桂枝、干姜、白术、茯苓、车前子、泽泻、葶苈子、益母草。方中制附子、桂枝、干姜温肾通阳，茯苓、白术、泽泻、车前子健脾利水，益母草活血行水，配合葶苈子泻壅平喘。肿势盛加沉香、牵牛子行气逐水；发绀明显，加泽兰、红花、桃仁以活血祛瘀。若水泛阳损及阴，见水肿、五心烦热、口苦而干、舌红暗、脉沉弦细数，治宜温阳益阴利水，以生脉散合五苓散及济生肾气丸加减。

（7）喘脱证

证候：喘促加剧，或状若抽泣，呼吸时停时续，或突然痰鸣暴喘，唇黑鼻翕，额汗如珠，体温骤降，血压下降，神昏肢厥，脉散乱或沉微欲绝。

病机：肺、心、肾俱衰，真元不固，摄纳无权，逆气上奔，故喘逆加剧，唇黑鼻翕；阳气上脱，故额汗如珠，鼻头冷；肺气欲绝，故呼吸时停时续；阳气外脱，故神昏、肢厥、脉微欲绝。

治法：扶阳固脱。

方用：人参四逆汤加减。

药用：附子、干姜、炙甘草、人参、肉桂。方中附子、肉桂、干姜温阳救逆，人参益气固脱，炙甘草温中补气。诸药合用，共奏益气回阳，救逆固脱之功。临床中，洪教授遇汗多者加煅龙骨、煅牡蛎敛汗固脱；发绀明显者，加丹参、川芎；暴喘下脱、肢厥滑泻者，加黑锡丹。

### 5. 转归与预后

（1）转归：洪教授认为，本病转归取决于正气强弱及治疗是否得当。急性起病者多属新病暴病，邪盛正衰，易发生内闭外脱等危重症。若能控制病势，正气日复，邪气渐退，亦可获痊愈。慢性发病乃久病风疾，正虚邪实，病情发展缓慢，但可因正不敌邪，病情增剧，而出现神昏、抽搐、厥脱等变证，正确治疗可使病情逐渐减轻。洪教授对不同证型转归的总结：热毒犯肺、痰火壅肺、肺结肺痹等证，大都由温热毒邪致病，起病即见气分实热，或气营两燔之候。如病在气分实热，及早投以大剂清热解毒方药，可使高热渐退，喘促渐平，方选黄连解毒汤、白虎汤、千金苇茎汤等加减。气分热盛，胃腑燥结，腑气不通，急宜通腑泄热，使邪有出路，方选承气汤类方。若气分实热，由气入营，或气营两燔，方选清营汤合安宫牛黄丸，动风抽搐，可选羚角钩藤汤配合应用，以凉肝息风止痉。痰火壅肺证，经清热化痰、泻壅救肺后，见热退、喘平、神爽是病将愈之象。若痰火内盛，病势未能及时控制，易致痰火扰心，应选礞石滚痰丸合安宫牛黄丸泻火涤痰开窍。若神昏痰涌，可辅以机械吸痰，以免痰阻气道，引起痰闭气绝。温热毒邪易灼阴耗气，而致气阴两竭，当选生脉散加减，以益气救阴。服药后，多数患者气阴得复，病情改善。少数患者则气阴难复，阴竭于内，阳散于外，遂成气阴两脱之危候。痰瘀阻肺证，经涤痰化瘀治疗后，痰消瘀散，肺功能得以改善。若复感外邪，因素体之差异，痰瘀既可以寒化，也可以热化。同时，痰瘀久蕴，正虚邪盛，又易蒙蔽神窍，应以涤痰开窍为先，方选涤痰汤合菖蒲郁金汤加减。若痰热扰心，可配鲜竹沥送服安宫牛黄丸以清热涤痰开窍。服药后可窍开神清，转危为安。少数患者因病情过重，正气不足，窍开后又复闭，或者因过用通窍走窜之品，气虚不耐复耗，窍虽开却复转脱证，当急救固脱。喘咳日久，阳虚气衰，水气不化，水湿泛滥，极易上凌心肺，出现水凌心肺证，可选真武汤合葶苈大枣泻肺汤加减，以温阳利水，泻肺除壅。若在治疗过程中，由脾肾阳衰，转为心肾阳衰，五脏气血阴阳皆损，出现肺气欲绝，阳气外脱的喘脱证时，治疗急宜扶阳固脱，镇摄肾气，选四逆加人参汤送服黑锡丹以救脱。如阳损及阴，出现气阴俱衰之喘脱，用生脉散加减以益气救阴固脱。通过全力抢救，综合处理，可望转危为安。

（2）预后：洪教授认为，急性呼吸衰竭多属实喘，起病急、病程短，若及时对证治疗进行抢救，多可获痊愈。少数患者可因感邪太甚或治疗失当，邪盛正衰而预后不良。慢性呼吸衰竭多为虚实夹杂，病情缠绵，可常年不愈，常因反复发作使病情日益加重，也可因复感外邪使病情增剧，出现各种变证，以致病势日趋恶化，而出现阴阳离决，精气乃绝，生命危殆。

# 五、方药之长

洪教授善于挖掘"古方"，对经方化裁运用，使经方的疗效提高，治疗范围再扩大。如他把《外科证治全生集》中的阳和汤，以及张仲景治疗肠痈的经方薏苡附子败酱散、大黄牡丹皮汤方等，用于支气管扩张症的治疗。如此巧辨善用，独辟蹊径，不仅为中医"古方新用"拓宽了视野，且为中医药理论宝库添新。他带领团队开发新药，获国家专利局发明专利3个，研制2个国家三类新中药，研制国家级三类新药"蠲哮片"，已应用于临床。系列产品"咳喘固本冲剂""复方参蛤片""寒咳宁""蛭散胶囊"等药物疗效获得广泛好评，受到广大患者欢迎。

洪教授在坚持中医辨证论治的前提下，积极大胆地吸收利用先进科技手段和现代医学知识，发挥西医辨病求因及鉴别诊断的优势，临证常常采用中西医两种理论来指导诊病辨证，并在辨证用药的前提下，很重视选择一些已被西医学证实了的，具有某些药理作用的药物，让疗效不断提高。他说："中医与西医虽理论体系各异，但有相通之处，可相互借鉴，取长补短，促进学术发展。"

## （一）常用方剂

### 1. 内生痰热方——黄连温胆汤

［组成］川黄连6g，竹茹10g，枳实10g，法半夏10g，陈皮10g，甘草6g，生姜2片，茯苓10g，大枣6个。

［用法］水煎服。

［功效］清热燥湿，化痰和中。

［主治］主治伤暑汗出，身不大热，烦闷欲呕，舌黄腻。

［方解］方中半夏降逆和胃，燥湿化痰；枳实行气消痰；竹茹清热化痰，止呕除烦；陈皮理气燥湿化痰；茯苓健脾渗湿消痰；黄连清热燥湿，泻火解毒；甘草、生姜、大枣益脾和胃，以绝生痰之源。制方精当，药专力宏。若病机与痰、浊、湿、药性发热相关，拘其法而不泥其方，随症加减，可获良效。临证运用时以舌苔黄白厚或黄腻、脉滑数为辨证要点。

［临床心得］洪教授临床喜用黄连温胆汤"清化痰热"，治疗痰热郁遏证候，疗效非常显著，已成为常用方。凡属气郁生痰，痰郁化热，内扰心神而致的病证并伴随自主神经功能紊乱者均可应用。舌苔黄腻或白黄厚腻，脉滑或弦滑等为其关键指征，"痰热"表现为其中心证候。洪教授常用于如下病症：①以多汗、心烦、头晕、心悸、失眠、多梦、四肢麻木等神经性症状为主者。②以心悸、胸闷、气急、眩晕等心血管性功能紊乱为主要症状者。③以经闭、烘热、多汗等内分泌性功能失调为主要症状者。④以胃痛、泛酸、嘈杂、呕恶、食少，或腹痛、腹泻、便秘等消化性功能紊乱为主要症状者。⑤以咳嗽、咯痰、胸闷等呼吸功能紊乱为主要症状者。以上病症的共同点是痰热郁遏，气机紊乱，平衡失调。均可以黄连温胆汤为基础方，根据辨证随证加减。

洪教授对黄连温胆汤体会颇深，临床运用本方治疗多种病症均取得了相当好的疗效。如治疗咳喘时，洪教授认为慢性咳喘多以"痰瘀伏肺"为其反复发作之凤根，缓解期亦多为虚中有实，痰瘀气阻，极易郁而化热。症见：喉间吼鸣，胸闷气憋咳嗽，痰白黏难出，咽喉部有痰堵感，伴口干口苦，舌质偏红暗，苔白黄腻，脉弦滑或弦滑数。常以温胆汤随症选加葶苈子、牡荆子、青皮、金荞麦根、芦根等。痰多咳嗽，痰黄白相兼者酌加鱼腥草、浙贝、金荞麦根、天葵子等。卫气不固而易感者合玉屏风散益气固表，有气阴两虚者合用生脉散以益气阴。

治疗咯血时：支气管扩张症咯血停止后常存咳嗽，咯白黏痰或黄脓痰，胸闷心烦，大便结，脉弦滑，舌质红暗，苔腻偏黄。由于患者痰液黏稠，排痰不畅，易致痰郁化热，治疗主要在于清化痰热，使痰液稀薄以利排出，减少咯血复发。随症选加冬瓜仁、全瓜蒌、鱼腥草、金荞麦根、海蛤粉、浙贝等。若见神疲气短、纳差，加黄芪、太子参、白术、薏苡仁等补益肺脾。

治疗癥积时：痰瘀交阻于肺，结而成癥，久之易形成肺积症。洪教授认为"痰热"常为晚期肺癌的常见合并症，治疗要重在祛痰泄热、软坚散结。症见：气喘气短，胸闷痛，声嘶，咳嗽，痰黄白相兼，偶或痰中带血，舌质偏红暗、苔黄腻，脉弦滑。拟黄连温胆汤选加瓜蒌皮、猫爪草、薏苡仁、郁金、麻黄、矮地茶、鱼腥草、七叶一枝花等。若气阴两虚明显或肺脾气虚者可酌加红参或西洋参、黄芪、党参、白术、怀山药等。

治疗梅核气时：痰气交阻易导致梅核气，常见胸闷喜叹息，心烦不宁，咽中如有痰黏堵感，咽喉发痒发干，痒甚则咳，舌质偏红暗、苔薄黄或黄腻，脉弦滑。拟黄连温胆汤，随症选加木蝴蝶、瓜子金、青果、北沙参、鱼腥草、桔梗等。

治疗胁痛时：胁痛多见于肝炎恢复期、慢性胆囊炎、胆石症等。症见：胸胁胀闷不适，口干口苦，口中黏腻，纳食欠馨，大便不畅或不爽，舌质偏红暗、苔黄腻或厚腻，脉细弦或弦。拟黄连温胆汤，随症选加茵陈、虎杖、半枝莲、败酱草、郁金、柴胡、金钱草、生大黄等。

治疗郁证时：郁证有六，气、血、湿、热、食、痰郁，本方重在治痰郁、气郁。症见：心烦不宁，心慌易惊，多疑善虑，胸闷喜叹息，口干或口苦，夜眠不安，多见于精神受刺激或药物过敏后。舌质偏红、苔黄或黄腻，脉弦滑或细弦数。拟黄连温胆汤加柴胡、白芍、郁金、百合、知母、淮小麦、大枣等。

治疗胃脘痛时：痰浊阻滞气机，肝失疏泄，横逆犯胃乘脾，以致肝胃或肝脾不和。症见：脘腹胀痛，胸胁引痛，气怒则甚，精神抑郁，喜叹息，嗳气频作，吞酸嘈杂，口燥咽干，食欲不振，夜眠欠佳，大便燥结，舌质偏红暗、苔黄，脉弦或弦滑。拟黄连温胆汤加瓜蒌仁、郁金、丹参、柴胡、青木香等。

治疗眩晕时：痰浊久郁化火，痰火上扰清窍，为眩晕诱发的病机。症见：头晕或眩晕，或头昏痛，恶心，耳鸣，心慌烦躁，口干口苦，纳呆，夜寐不宁，大便较结，舌质偏红暗、苔薄黄或黄腻，脉细弦或弦滑。拟黄连温胆汤加全瓜蒌、石菖蒲、郁金。

治疗胸痹时：胸痹之症，多为痰湿阻遏胸阳，以致胸阳不振，影响心肺气血运行，痰阻气遏，郁久化热，而呈现痰热见证。如胸前憋闷，甚或胸前短暂绞痛，或气喘难以平卧，胸痛彻背，心悸怔忡，口干口苦或黏腻乏味，大便结，舌质红或暗紫，苔黄腻或白腻偏厚，脉弦滑或弦而结代。拟温胆汤选加全瓜蒌、黄连、葶苈子、土鳖、水蛭、郁金，气短明显加西洋参或太子参。

**2. 温阳化痰，活血化瘀方——温肺化纤汤**

［组成］生麻黄10g，肉桂4g，熟地黄20g，鹿角霜15g，炮姜10g，炙甘草6g，红花10g，桃仁10g，川芎10g，白芥子10g，地龙10g，土鳖虫10g。

［用法］水煎服。

［功效］温阳化痰，活血化瘀。

［主治］阳虚寒凝，痰瘀阻络证。

［方解］该方由古方"阳和汤"加桃仁、红花、川芎、地龙、土鳖虫组成。方中重用熟地黄温补营血，用鹿角胶补髓生精，助阳养血。二者配伍大补阴血，并寓

"阴中求阳"之意。阳得阴助，而生化无穷，使温阳之功速达。以炮姜炭、肉桂、麻黄、白芥子等温热之品为佐，其中肉桂与炮姜炭配伍，二药均入血分而温经散寒，又可引熟地黄、鹿角胶直达病所，故二药温经通脉，使经络、血脉、肌肉得温，而寒邪自除。麻黄辛温宣散，用于发越阳气，以祛在皮表之寒邪。白芥子辛温宣通，除湿祛痰，常用于寒痰湿滞、痰气阻塞之证。麻黄、白芥子合用能使血气宣通，使鹿角胶、熟地黄滋腻之品补而不滞。因此，从本方配伍组方上看，从筋骨、血脉、肌肉、经络、皮里膜外到皮表均有药物作用，使寒邪无稽留之所，对气血虚寒凝滞之疾有"阳和一转，寒凝悉解"之效。加用桃仁、红花、川芎、地龙、土鳖虫，全方共奏温阳散寒、化痰行瘀之功。

[临床心得] 洪教授认为阳虚是肺间质纤维化的内因，为本；痰与瘀构成肺间质纤维化的继发病因，为标。痰与瘀在辨证上属实，故肺间质纤维化是标实而本虚之证。肺间质纤维化虽然有急性发作期与慢性迁延期之分，但治疗应灵活处理好疾病之标本缓急。肺间质纤维化患者在急性发作期可能出现热象，或气阴亏虚甚至热毒之象，须知此"热"是因阳气虚衰致痰浊、瘀血内生，进一步导致或痰浊壅阻，或痰瘀阻塞，壅遏日久而成。因阳气不振者，痰瘀难蠲，郁热则定难退，此时只须在治本的基础上兼顾治标，方中稍佐清热药即可，绝不能单行大剂苦寒清热之品，以免阳气更伤，病邪难除。即使患者兼夹外邪，也不能一味地祛邪，一味地祛邪必然损伤人体正气，致使肺阳更衰，痰瘀更壅；治疗应在温阳散寒、化痰行瘀的基础上，加用疏散外邪之品则可。因此，肺间质纤维化在其发生发展过程中，由于患者所处的阶段不同，其兼夹证可不尽相同，但"阳虚寒凝、痰滞血瘀"则是其共同病机，故主张"温阳散寒，化痰行瘀"为肺间质纤维化全程总的施治原则。

（1）分析病症：肺朝百脉而主治节，肺气不利，病及于血而为瘀；脾失健运，痰湿内生，阻碍气机而生瘀；病久耗气，脉络空虚，气血不复而致瘀。故"瘀"贯穿肺间质纤维化疾病始终，因此，活血化瘀在其治疗中尤为重要。桃仁、红花为活血化瘀常用药对，善泄血滞、行瘀通经。川芎为血中气药，"气行则血行"，通过调气可达到调血作用。然本病日久，邪气久羁，循经入络，痰浊瘀血壅塞不行，致道路不通，远非草木之品所能宣达，必借虫蚁之属以搜剔窜透。清·叶天士言："初为气结在经，久则血伤入络，辄仗蠕动之物松透病根。"其在《临证指南医案》中指出："取用虫蚁有四，意谓飞者升、走者降，灵动迅速，可追拔沉混气血之邪……以搜剔络中混处之邪。"地龙、土鳖虫性寒凉，为虫类药，善飞行蠕动，具有逐瘀散结、通络攻坚之能，可搜剔络道，松透病根，直达经络，对病情顽固者，诚如破竹之势，其力非草木所能达也。因此，瘀血重证，加用虫类以搜剔，可解深伏之邪，复困阻之正。盖辛能通瘀络，温能散寒滞，辛温药与活血化瘀药相伍，能增强行瘀

653

之力，使脉络瘀滞得以散通，气机得于调畅。所谓"络以辛为泄""辛气最易走表，当求其宣络者宜之"，肺属上焦，清·吴瑭《温病条辨》言："治上焦如羽，非轻不举。"然温肺化纤汤全方配伍中温养通并用、阴药与阳药相伍、刚药与柔药互济，不可谓不是一剂猛药，其药性乃因肺纤维化疾病中血络瘀滞较重的病理特点决定的。

（2）温通并用

①辛甘扶阳：温肺化纤汤是在阳和汤的基础上发展而来。阳和汤出自王洪绪之《外科全生集》，为治疗阴疽的代表方，用于阳虚阴寒之证。而肺阳气虚所导致痰凝血瘀的肺间质纤维化这种病理状态，与外科所论"阴疽"十分相似，故我们认为肺间质纤维化的本质是一种出现在肺脏的"阴疽"。然肺间质纤维化因肺脾肾气阳不足，阴寒内生，复感外邪而出现诸如恶寒、肢冷、舌淡苔白、脉沉细等症状，属"少阴寒化证"范畴。郑钦安《医理真传》言："凡三阴病以温补为要，是阴盛阳必衰，故救阳为急。"病至三阴，机体抵抗力已衰，故应重在温补扶阳。扶阳有温阳、通阳、养阳之分。阳和汤中药物组成多为辛、甘之品。

②虫类搜剔：肺朝百脉而主治节，肺气不利，病及于血而为瘀；脾失健运，痰湿内生，阻碍气机而生瘀；病久耗气，脉络空虚，气血不复而致瘀，故"瘀"贯穿肺间质纤维化疾病始终，因此活血化瘀在其治疗中尤为重要。桃仁、红花为活血化瘀常用药对，善泄血滞、行瘀通经。川芎为血中气药，"气行则血行"，通过调气可达到调血作用。然本病日久，邪气久羁，循经入络，痰浊瘀血壅塞不行，致道路不通，远非草木之品所能宣达，必借虫蚁之属以搜剔窜透。《临证指南医案》云："取用虫蚁有四，意谓飞者升，走者降，灵动迅速，可追拔沉混气血之邪……以搜剔络中混处之邪。"地龙、土鳖虫性寒凉，为虫类药，善飞行蠕动，具有逐瘀散结、通络攻坚之能，可搜剔络道，松透病根，直达经络，对病情顽固者，诚如破竹之势，其力非草木所能达也。因此，瘀血重证，加用虫类以搜剔，可解深伏之邪，复困阻之正。

盖辛能通瘀络，温能散寒滞，辛温药与活血化瘀药相伍，能增强行瘀之力，使脉络瘀滞得以散通，气机得于调畅。温肺化纤汤全方配伍中温养通并用、阴药与阳药相伍、刚药与柔药互济，不可谓不是一剂猛药，其药性是由肺纤维化疾病中血络瘀滞较重的病理特点决定的。

**3. 交通心肾效果佳——黄连阿胶汤**

［组成］黄连6g，黄芩10g，芍药20g，鸡子黄2枚，阿胶10g。

［用法］水煎服。

［功效］养阴泻火，益肾宁心。

［主治］适用于邪多虚少，热炽阴伤的少阴病证。余临床常用于因火旺阴虚所致之失眠、高血压、心悸、焦虑症等，常获显著疗效。

［方解］方中用黄连、黄芩之苦寒，清心中炽热，阿胶、芍药以滋养阴液，鸡子黄以镇心安神，五药相配，使火降水升，心肾相交，则心烦不寐自愈。

《伤寒论》303条指出："少阴病，得之二三日以上，心中烦，不得卧，黄连阿胶汤主之。"黄连阿胶汤由黄连、黄芩、白芍、鸡子黄、阿胶组成，仲景原用于少阴病阴虚阳亢证。"得之二三日以上，心中烦，不得卧"则是少阴病热化证的典型症状。证之于临床，还当有咽干口燥、舌红少苔或苔黄、脉细数等症。其病机应为素体阴虚，邪从热化，肾水不足，心火亢盛，心肾不交，水火不济，故"心中烦，不得卧"。是证并非纯虚证，除有阴虚之虚外，尚有邪热之实，故治以黄连阿胶汤泻火滋水而交通心肾。

［临床心得］洪教授认为本方以清火为主、滋阴为辅，只适宜于邪多虚少的少阴热炽而伤阴的病证，而不适用于虚多邪少的少阴水亏火旺的病证。因为前者偏于外感邪实，而后者偏于内伤正虚。正如吴鞠通所说："壮火尚盛者，不得用定风珠、复脉；邪少虚多者，不得用黄连阿胶汤。"

## （二）活用药物

### 1. 麻黄——宣肺解表之专药，灵活配伍取奇效

麻黄，麻黄科植物，草麻黄中麻黄或木贼麻黄的干燥草质茎，始载于《神农本草经》。麻黄有生麻黄和炙麻黄两种，生麻黄偏于辛散，长于解表发汗利水，炙麻黄蜜炒后作用缓和，略有补益之效。麻黄味辛、微苦，性温，归肺和膀胱经。具有散寒解表、宣肺平喘、宣肺利水等诸多功效，是解表散寒第一要药，其性轻清上浮，专疏肺郁，宣泄气机，是为治外感风寒要药。洪教授指出："该药虽曰解表，实为开肺，虽曰散寒，实为泄邪，风寒固得之而外散，即温热也无不赖之以宣通。"麻黄其性温味辛，辛能开其闭，温可散其邪，最能拔除深陷之邪，实为宣泄气机，疏散客邪之佳品，对于新发咳嗽或久咳不愈者，均可选用。临证时视寒热之不同而予温凉相伍，不拘泥于寒象、表证，而根据患者的寒热偏盛、表里缓急、正邪强弱等进行配伍。例如，配桂枝则发汗解表，配杏仁则止咳平喘，配石膏则宣肺泄热，配附子则温经发表，配细辛以宣肺通窍，配射干可宣肺利咽，配地龙则发汗平喘等，灵活配伍使得疗效甚佳。

（1）宣肺解表：麻黄为肺经专药，性辛温而苦，用之以开宣肺气，发汗解表。对于风寒犯肺，喘逆咳嗽治以温宣，《伤寒论》的麻黄汤中麻黄、桂枝相伍，属君臣为用。麻黄偏入肺经气分，辛开苦泄遍彻皮毛，专发汗而散寒邪；桂枝偏入心经血分，辛甘温煦透达营卫，能解肌而祛风邪。两药配伍，既入卫又入营，共奏解肌表、散风寒之效。

（2）宣肺平喘

①外感兼喘咳：肺主宣降，配以杏仁肃降肺气，兼制麻黄辛散而不致太过，如此清气得以下行，浊气得以散越，二者能在温肺同时，起到肺气平调的作用。诚如《药鉴》所言："杏仁入麻黄，利胸中气逆而喘促。"二药相合，一升一降，一方面外应皮毛而有助于发汗祛邪，另外可宣肺气。麻黄汤、麻杏石甘汤等经典方剂均采用二药配伍运用，洪教授常以麻黄为治咳的首选药，并组成一个通用方：麻黄、杏仁、生甘草、矮地茶、白前。用于外感或内伤咳嗽，常能收到较好疗效。

②虚喘亦可用麻黄：喘证虽有虚实之分，洪教授认为虚喘中亦多见虚中夹实，尤其慢性阻塞性肺部疾患所致的喘证，不仅有肺肾两虚，摄纳失常的虚喘本证，同时还可见痰瘀阻肺，肺失肃降，气道壅塞的实证。这就是虚喘亦可用麻黄的理论和临床依据。当然，在组方时必须在辨证论治的前提下，进行合理配伍。虚喘用麻黄，一般宜炙用，这不仅可以缓和麻黄辛散之性，同时还有补益作用，用量一般以10g为宜。例如将麻黄与地龙为伍，是洪教授治疗虚喘常用药对。临床应用麻黄、地龙药对，适用于气道阻塞所见咳喘，其配伍关系为相反药对中的升降相反，又属于寒温并用之法。麻黄辛苦温，其性升散；地龙咸寒，其性沉降，能清热、通络、平喘，兼制麻黄升高血压和引起心悸的副作用。两药均具有松弛支气管平滑肌，缓解支气管痉挛的作用，同时还有利于排痰。两药同用，功擅宣肺平喘，有升降既济、开合适度之妙，可适用于痰浊阻塞气道之哮喘、慢性阻塞性肺病。此外，还可麻黄伍生黄芪、熟附子、五味子等，既可收温补阳气、敛汗止喘之效，又可增强抗御外邪能力，以减少感冒而控制发作。

当然，麻黄配伍地龙另有妙用，洪教授认为多种肺系疾病的后期都将出现"瘀"证，创造性地提出"痰瘀伏肺"是肺系疾病后期的重要病理因素，尤其是其原因在于肺朝百脉而主治节，肺气不利，病及于血而为瘀；脾失健运，痰湿内生，阻碍气机而生瘀；病久耗气，脉络空虚，气血不复而致瘀。因此，活血化瘀在其治疗中尤为重要。对于肺病日久，邪气久羁，循经入络，痰浊瘀血壅塞不行，致道路不通，远非草木之品所能宣达，必借虫蚁之属以搜剔窜透。临床上慢阻肺、哮喘、肺纤维化患者适当配伍桃仁、红花或温阳之肉桂、炮姜、熟附子、紫石英等以温阳通络、纳气定喘，效果显著。

（3）并治肺系

①肺鼻同治：洪教授认为肺、气道、喉、鼻共同组成"肺系"，鼻部和肺部相同，生理上肺系开窍于鼻，鼻藏精于肺，故肺鼻能知香臭矣；自然清气又经鼻吸入，走气道，注入肺与水谷之气合为宗气，宗气通过上走息道司呼吸促进鼻部功能，如此循环往复，互根互用，故而两者关系密切，缺一不可。

麻黄细辛两药古往今来就是重要的药对，如小青龙汤、麻黄附子细辛汤等，对于外感风寒，肺失宣畅而引发的风寒咳嗽证，风寒郁肺、肺失宣肃为其基本病机。治疗用药均以宣散为主，故取效甚速。证之临床，外感咳嗽以感受风寒居多，正如张景岳在《景岳全书》中所说："六气皆令人咳，风寒为主。"程钟龄《医学心悟》强调指出："咳嗽之因，属风寒者，十居其九。"尤其随着现代生活消费水平的提高，夏季冷气的广泛使用，和冷饮食品的供应增多，外感咳嗽由于寒（风）邪所致的比例将进一步加大。因此，麻黄和细辛两者，一能快速祛邪，二能温肺化饮，通利鼻窍。并且洪教授认为"肺鼻同治"不仅仅将温热法局限于服用温性药物的中药上，还可以体现在贴敷温热药物的中医外治上。穴位贴敷是洪教授喜用的外治法之一，在"冬病夏治"的治法上又提出了"冬夏并治"，旨在"春夏养阳，秋冬养阴"。在洪教授"治肺不远温"的学术思想指导下，结合清代名医张璐"白芥子涂法"，"冬夏并治"穴位敷贴防治各种慢性咳喘达到很好的效果。从脏腑、经络层面防治慢性咳喘，临床疗效更加明显。通过药物、腧穴的双重作用，由表及里对经络和脏腑起到温通散寒，激发阳气，祛除外邪的作用，佐助中药内治法，内蕴温法之意，且简单易行。洪教授常常将温阳通窍之麻黄、细辛（或加入辛夷花、苍耳子、藿香等），再配合穴位贴敷治疗鼻炎或鼻后滴漏综合征患者，常常效如桴鼓，令其惊叹，且能保持良好的稳定性，坚持定期治疗者能够经久不复发，深得广大患者好评。

②肺咽同治：麻黄宣肺平喘，射干降泄肺气，两者药性亦为升降相反，可调理肺气升降出入，主治痰壅肺咽病证。其中麻黄性温，射干性寒，射干用量少于麻黄，佐之可制麻黄之辛温，使其性不至过于温燥。但若兼有郁热，则可适当加大射干用量以清郁热，二药合用，一宣一降，一温一寒，辛开苦降，临床常用于哮病、喘病。现代药理学研究也表明，射干与麻黄配伍后对异黄酮类成分在大鼠体内的药动学产生了影响。两药合用目的在于"肺咽同治"，对于咳喘伴有咽喉不适患者常常巧取奇效。咽部的不适是正邪相互胶着，相互抗争的表现，其特点为伴随咽喉不舒、干燥、喉痒等症状，查体常可见咽后壁充血、滤泡增生。这时候在宣利肺气的基础上，加用射干、木蝴蝶、牛蒡子等，能快速缓解咳嗽症状，有效防止频繁咳嗽导致的肺络受损出血。再者如哮喘患者，小青龙汤类方之射干麻黄汤具有温肺化饮、下气祛痰之功效，是治疗支气管哮喘的经典名方，此方最早出自《伤寒杂病论》"咳而上气，喉中水鸡声，射干麻黄汤主之"。洪教授常将其应用在哮喘急性发作期，其症状表现为喉中痰鸣作响，应用射干善消痰、散结、利咽，麻黄善宣肺、平喘。另外现代药理学研究证明，麻黄的活性成分除有平喘作用外，还具有抗过敏、免疫抑制等作用，射干具有抗炎、抗过敏等作用，可配合治疗慢性咽炎。

（4）寒热相制，宣肺泄热：洪教授常用麻黄与生石膏相伍。宣肺泄热的代表方为《金匮要略》治"肺胀"的越婢加半夏汤，麻黄与石膏同用，辛凉配伍，辛能宣肺散邪，凉能清泄内热；生姜、半夏散饮化痰以降逆；甘草、大枣安内攘外，以扶正祛邪。这里要说明的是，石膏虽属寒凉类药，但与其他苦寒清热药不同，因石膏味辛甘性寒，辛能散，甘能养，寒能清。石膏为清解肺胃气分实热之要药，邪在卫分即外感风热表证亦不忌石膏；对肺卫邪盛高热者，非但不忌，反为必用之品。盖其味辛能散，邪热可由表外解。对此张锡纯论述甚为透彻："盖诸药之退热，以寒胜热也，而石膏之退热，逐热外出也……其与麻黄相配具有较强的宣肺泄热作用。麻黄与石膏用量比例，对疗效有很大影响。麻黄与石膏原方用量是 $1:2 \sim 1:3$，大量的石膏，一则制麻黄的辛温，使本方变为辛凉，二则功效专一，使本方专于清宣肺热。洪教授临床用量多掌握在 $1:3 \sim 1:5$ 之间，若石膏用量过大，又会遏制麻黄辛温宣散之力，反而导致邪热郁闭，咳喘加重。石膏用量的多少，应视肺热轻重而定，如热重者石膏宜重用；麻黄与甘草比例，也宜恰当，一般取等量为宜。因为甘草量大则牵制麻黄宣散之力，量小则恐麻黄宣散太过，都会直接影响疗效。临床上麻黄和生石膏可明显改善肺热咳喘证肺炎患者的临床症状，作用机制与降低炎性反应状态、改善肺通气功能有关，对支气管哮喘急性发作期亦有良效。

（5）宣肺退黄：临床上洪教授也应用麻黄治疗急性黄疸型肝炎。对湿邪或寒湿偏重者，喜用生麻黄以"宣肺退黄"，常可收到比单纯应用"利湿退黄"更好的效果。通过"宣肺"不仅可以使湿邪从外而解，同时还能通过肺的肃降，更好地发挥"通调水道"的功能，促使湿邪从小便而出，以达到加速退黄的目的。"宣肺退黄汤"的组成：生麻黄、杏仁、薏苡仁、石菖蒲、溪黄草、茵陈。临床可随证加减变通。

（6）宣肺利水：水肿为肺系疾病中的常见并发症，"宣肺利水"为麻黄的重要效用之一，故麻黄治水肿，尤以治阳水为好。洪教授常以麻黄为主药，治疗晚期肺癌所致的上腔静脉压迫综合征，症见面、颈和胸部水肿，静脉怒张，呼吸气急，面色晦暗等，在治疗上根据"肺为水之上源"和"通调水道"的理论，选用生麻黄 $10 \sim 15g$，葶苈子 $15 \sim 20g$，猪苓 $15g$，泽泻 $15g$，益母草 $20g$ 等组成基本方，治疗上腔静脉压迫综合征，以宣肺泻壅，行瘀利水，常可收肿消喘减之效。又如肺心病心肺功能不全的患者，常因肺气不宣，气滞血瘀，水不得泄，而见全身高度浮肿、咳嗽喘满、舌质紫暗、肝脏肿大等。可用宣上泄下，活血化瘀的治法。洪教授常用生麻黄 $10 \sim 15g$，南杏仁 $10g$，椒目 $10g$，防己 $15g$，红花 $6g$，益母草 $20g$，泽泻 $20g$，葶苈子 $20g$。此方对改善心肺功能，纠正心衰，消除水肿有较好效果。

**2. 矮地茶与天浆壳——慢性咳嗽常用药**

矮地茶，又名平地木，为紫金牛科植物紫金牛的全株。性平味辛微苦。有化痰止咳、利湿、活血功能。洪教授常将其用于慢性支气管炎咳喘痰多者。无论肺寒、肺热均可，单用或配伍其他药煎服，亦可作片剂使用。煎服常用剂量为 15～30g，无明显副作用。又因本品具有散瘀止血功用，临床也可用于肺结核、支气管扩张的咳嗽咯血患者。既可镇咳又能止血。20 世纪 70 年代初，全国攻克老年慢性支气管炎工作中，湖南医疗单位根据土家族用药经验，用本品治疗慢性支气管炎，并进行了药理、药化和临床等方面的研究，从中找出了一种止咳成分岩白菜素。中国医学科学院药物研究所成功地进行了人工合成。研究证明，合成品与天然产物的疗效一致，并已用于临床治疗慢性支气管炎。

天浆壳，为萝藦科植物萝藦的果壳。味甘、辛，性温，入肺、肝经。具有宣肺化痰、止咳平喘、透疹功效。洪教授临床应用于咳嗽痰多、气喘等。常用于肺气不宣，咳嗽痰多、气喘等症。与百部配合可治疗百日咳。本品有宣肺透疹作用，故又可用于麻疹透发不畅之症。常与蝉衣、桑叶、牛蒡子等配合应用。天浆壳以宣肺止咳见长，故常用于急、慢性支气管炎咳嗽痰多气喘等症，与矮地茶相伍，止咳效果更佳。

**3. 茯苓——健脾祛痰，渗湿利水，益肺宁志**

茯苓，味甘淡，性平，入心、肺、脾、肾经，气味俱薄，升而复降。味甘补土，健脾祛湿，又淡能利窍。气味俱薄而升浮，可生津上行，又复下降，可导浊下行。故茯苓为淡渗利水、健脾和胃、宁心安神之要药。

（1）健脾祛痰：慢性支气管炎患者痰液的分泌增多，腺体分泌亢进，在这种情况下，痰始终是标实的一个主要矛盾。缓解期痰量减少，但不等于没有痰生成，也不等于腺体分泌不亢进。这里就提示了我们治痰不但要注意治寒痰、治热痰，关键还是看如何减少生痰之源、杜绝生痰之源。临床上洪教授用补宗益气法以绝生痰之源，茯苓在这一治法中起到重要作用，既能健脾又可祛痰，配伍白术、黄芪加大健脾力度，但应用时配方的水平很关键，这与用药的剂量很有关系。如果茯苓用量10～15g，疗效必然大打折扣。洪教授指出茯苓一味用量宜大，一般以30g 为起始剂量，一能因势利导，助痰瘀饮等阴邪从小便而出；二是补肺脾之气，祛痰之时，患者常有口渴之象，此为津液无能上承所致，并非热象，法当补益，助肺气散精，脾气转运，口干自解。

（2）渗湿利水：洪教授认为，《金匮要略》"病悬饮者，十枣汤主之"之法，或《三因方》控涎丹，或《金匮要略》葶苈大枣泻肺汤对泻水除满虽均有一定作用，但与西医抽胸水以治标的方法相比，其"逐水"疗效无论从速度或局部症状改善程度来看，都有一定差距。但如何控制胸水复发却是西医之短处。洪教授根据"崇土制水""饮为阴邪，非温不化"和"血滞水停"等理论，确定"崇土制水""温阳化饮""行瘀利水"之治法，并应用补中益气汤补土生金，崇土制水；应用茯苓配伍组成苓桂术甘汤温阳化饮；桂枝茯苓丸行瘀利水，从而达到标本同治，既防水又治水之目的。临床实践证明，采取这种思路治疗结核性胸膜炎，远比单纯"见水治水"疗效要好，体现了中医"治病求本"之特色和优势，从而为中医药治疗结核性胸膜炎提供了新的思路和方法。

（3）益肺宁志：茯苓补脾益肺，生津上行，而麦冬甘寒润肺，生津止渴，二药相伍，使肺能通调，脾能运化，水精四布，可防口渴、尿少之患。又，麦冬清心除烦，茯苓养心益智，二药配伍，能安心定志。故二药相配成方，可治肺燥口渴、心烦、消渴诸证，对于各种肺系疾病后期气阴两伤患者均可适当配伍。若患者失眠梦多，可加用远志；夜间惊悸易醒，用石菖蒲；阴伤内热，可用丹栀逍遥散。

（4）合理配伍，拓宽应用

①助肺宣肃，化痰解郁：肺居上焦，主气，司宣发和肃降以调节全身气机，气顺津布，营养全身，反之则气滞水停，抑郁发病。故《素问·至真要大论》曰："诸气膹郁，皆属于肺。"《素问·宣明五气》也指出"精气并于肺则悲"。而《本草纲目》曰："茯苓气味淡而渗，其性上行，生津液，开腠理，滋水源而下降，利小便，故张洁古谓其属阳，浮而升，言其性也；东垣谓其为阳中之阴，降而下，言其功也。"虽然单味茯苓的抗抑郁作用报道较少，但在治疗抑郁症的复方中极为常用，逍遥散就是其中的代表方剂。

②通脉祛瘀，化痰消癥：洪教授临床上喜用茯苓与桂枝相伍，配伍活血类药物，组方之意与桂枝茯苓丸一致，洪教授认为"血气者，喜温而恶寒，寒则涩不能流，温则消而去之"。桂枝既善温通，又入血分，正如《医方考》所云："桂枝辛物也，能利血而行滞。"桂枝温通经脉而运行气血，化瘀行滞而消癥块；血不利则为水，故用茯苓渗湿降泄，利水消痰以助瘀血下行，兼益心脾；用药比例上桂、苓等分而用，相辅相成，共为君药。根据患者血瘀新久、严重程度，适当配伍草木类活血药或者虫类药物。在慢性阻塞性肺病、肺癌、肺间质纤维化等疾病的治疗过程中均可灵活运用。

**4. 枳实——破气消积，化痰散痞，祛风止痒，炒用止痛**

枳实为芸香科植物酸橙的幼果，性微寒，味苦、辛、酸。归脾经、胃经。破气消积、化痰散痞，属理气药，洪教授还应用此药以抗过敏，止痛。

（1）行气破滞除胸满：胸中为宗气聚集之所，气行不畅易导致胸部不适，轻者满闷，不可名状，常喜揉按，多叹息，深呼吸得舒；重者见胸中气机梗阻不通，兼有痰瘀者，更有阴寒内甚者，见胸中疼痛不可忍，有濒死感，伴冷汗淋漓。上述所言均以气机壅滞不畅为主，枳实行气作用强，作用部位相对偏上，正与唐宗海"枳实以泄胸中之气……仲景凡胸满均加枳实"之意契合，临床上当权衡枳实配伍他药用量比例：枳实与瓜蒌实用量比例近1：4，提示药效行气与化痰之间的用量调配关系，以治痰气胶结；枳实与厚朴用量比例1：4，以治气郁；枳实与薤白用量比例1：6，提示药效行气与通阳之间的用量调配关系，以治阴寒内盛，气机凝滞。

（2）祛风止痒疗过敏：《神农本草经》载枳实"主大风在皮肤中，如麻豆苦痒，除寒热结，止痢"，从其主治病症分析，枳实可治"皮肤苦痒"。洪教授对此有自己独到的理解，认为枳实所治之症，类似现代的皮肤过敏性病症。常配合抗敏煎（全蝎、僵蚕、蝉蜕、乌梅）以及防风、地肤子、土茯苓等，可用于治疗过敏性鼻炎、过敏性哮喘患者。

洪教授曾用大剂量的枳实治疗嗜酸性粒细胞增多症1例。患者为21岁年轻男性，受寒后高热恶寒，经对症治疗后仍见有低热，先后经历抗疟原虫治疗、抗风湿治疗均无效。中医辨证为湿热郁肺，治以宣化利湿后发热消失，辅助检查示嗜酸性粒细11%，绝对计数0.528×10⁹/L，血沉73mm/h，胸部CT显示肺炎基本吸收。但患者屡诉胸及背部酸痛，困倦乏力，精神不振，伴咳嗽咯痰、胸部憋闷。舌质红暗，舌苔厚腻黄白相兼，脉弦滑近数。西医诊断为嗜酸性粒细胞增多症。属中医湿痰咳嗽范畴。辨证痰湿伏肺，郁而化热，治法为燥湿化痰清热。方用：法半夏15g，茯苓15g，陈皮10g，生甘草5g，白芥子10g，黄芩10g，枳实30g，白鲜皮15g，地肤子15g，土茯苓15g。二诊：症状已基本消除。复查嗜酸性粒细胞直接计数0.2×10⁹/L，血沉25mm/h。常规应用二陈汤燥湿痰外，并加用了枳实、白鲜皮、地肤子、土茯苓以清利湿热。

重用枳实30g，是本方的一个显著特点。研究提示枳实对变态反应的影响甚为明显。洪教授指出由于枳实的主要成分为挥发油，高温煎煮时易挥发，故加大生药用量，以减少挥发油中有效成分的破坏，临床上治疗过敏性疾病常常使用较大剂量，一般用20g以上。此外，白鲜皮、地肤子、土茯苓等均有较强的利湿清热作用，用治各种瘙痒证候，其与大剂量枳实相配，强化了"清利湿热"的力度，有效遏制了嗜酸性粒细胞的增多，达到较为理想的治疗效果。

（3）开水气之聚除痞满：枳实在《金匮要略·水气病脉证并治》中组方成枳术汤，药用"枳实七枚，白术二两"，以行气散结为主，兼健脾胃，用于治疗"心下坚大如盘，边如旋盘，水饮所作"之心下痞，用汤剂以取速消痰饮之功。此外，后世尚有以汤化丸之枳术丸治脾胃运化功能失调，不能运化精微而导致痰湿停滞的心下痞证。枳术丸至金元张元素始成现在常用方，药用"白术二两，枳实麸炒黄，去瓤，一两……同为极细末，荷叶裹烧饭为丸，如梧桐子大，每服五十丸，多用白汤下，无时"。从上述可知，枳实所治的心下痞其病机关键在脾弱气滞，失于输转，致水气痞结于胃部，故心下坚，如盘如杯。

（4）除血分瘀滞治腹痛：枳实能兼入血分，则于枳实芍药散、排脓散中见之。《金匮要略·妇人妊娠病脉证并治》言："产后腹痛，烦满不得卧，枳实芍药散主之。"可用于产后气血郁滞成实的腹痛证。烦满腹痛不得卧，是属里实，但与阳明里实不同，而是由于产后气血郁滞成实，气机痹阻不通所致。烦满腹痛虽是气滞，若见于产后，则其滞不在气分而在血分，故用枳实芍药散破气散结，和血止痛。方中芍药以利血中之气，"破阴结，布阳气"；用枳实而必炒黑，"破热结，坠坚气"，使之入血分利气中之血。"并主痛脓者"，是因脓乃血所化，此能行血中之滞故也，大麦粥和胃安中，合而用之，使气血宣通则腹痛烦闷诸症自除。

## 六、读书之法

"强学博览，足以通古今"。洪广祥治学主张放眼百家、博采众长。中医学中有"四大经典"和"四小经典"之说。而"四小经典"通常指的是《医学三字经》《药性赋》《汤头歌诀》《濒湖脉学》这四部著作，也有些说法用《药性歌括四百味》代替《药性赋》，但是无论哪一种说法，"四小经典"都是作为人们初学中医的启蒙读物而著称的。说它是启蒙读物，并不是说它浅白不经，而是指通俗易懂。古人治病，药有君臣，方有奇偶，剂有大小，此汤头所由来也，并且《汤头歌诀》读时朗朗上口，易读易记，能够很快入门。又如《药性赋》，每味药点一两句，非常精练，又非常实用，读熟了，可以受用一辈子。《医学三字经》是三字一句的歌诀，包括医学源流，内、妇、儿科常见病之证治，以及常用方剂、阴阳、脏腑、经络、运气及四诊等。《医学心悟》纲目清晰、立论明确、治法精要、方药简专，是一部系统学习中医的启蒙著作，在后世得到了广泛流传。

"不读《灵》《素》，则不明经络，无以知致病之由；不读《伤寒》《金匮》，无以知立方之法，而无从施治。"中医"四大经典"《黄帝内经》《难经》《伤寒杂病论》《神农本草经》对中医学的理论和临床实践都有着重大意义，初学中医自然可以对其进行诵读和背诵。学习中医的路程，虽然各个阶段学习形式和方法有所差异，但可以说基本是一条"背书再背书"的路子。特别是中医"四大经典"之一的《伤寒论》更强调背功。只有不断学习、背诵、使用，才能够加深理解，在学习古籍的基础上不断创新。

《伤寒论》的学习，主要在证、理、法、方、药的连贯上，学习辨证论治的基础理论和基本知识，理解《伤寒论》的理论体系，掌握六经辨证论治的原则、方法及其规律。同时查阅国内外有关伤寒学理论和临床研究的文献资料，了解学科的学术前沿，扩大视野，拓展思路，促进自学、临床能力的提高。真正弄懂"是什么""不是什么""为什么"。只有这样，才能做到"不思量自难忘"。

## 七、大医之情

天行健，君子以自强不息，地势坤，君子以厚德载物。洪教授一生致力于中医药事业的传承，忠诚于国家中医药事业的发展，鞠躬尽瘁，其情操如夏花般灿烂，绚丽多姿。洪教授以他"自信人生二百年，会当击水三千里"的人生信念，拼搏书写了灿烂辉煌的篇章。

洪教授出身平民家庭，双亲患老慢支，死于肺心病。揪心的病痛使他自幼萌发从医的愿望，直至后来他成为全国中医呼吸专业创始人之一，并参加当年周恩来总理亲自领导的防治老慢支科研工作，以至他出任江西省中医和中西医结合防治老慢支课题组负责人和他在呼吸病领域的科研成果受到国家和同行的高度重视。这无不与他早年的经历和理想追求有关。1948 年洪教授师从舅舅潘希璜，舅舅家有三个远房亲戚都是知名中医，舅舅是江西省名中医，两个表叔章子鸣、何子勋是婺源名中医，良医济世，妙手回春。自此，洪广祥耳濡目染，忘情医学，夜以继日，孜孜以求，将青春与热血铸就大医的理想，奉献给中医的发展。其十五岁开始就熟读各种中医经典名著，背药性、背汤头、背脉学，为今后岐黄医术奠定了扎实的基础。洪教授常说中医人要把自己的命运同中医药发展的命运联系在一起，愿与全国同行在中医学领域，为弘扬中医奋斗终生。他始终澎湃着一颗沸腾、炽热的心来追求事业，热爱生活。

洪教授诊疾问病仔细，态度和蔼，尽管患者众多，但从未面有愠色。无论新旧老少，望闻问切皆详尽，学生病历书写错误或不准确之处他均会一一耐心修正。为了便于学生理解学习并掌握病因病机、治则治法、选方用药，洪教授会将有关辨证论治逐一讲解，有问必答，诊治体会及经验毫无保留，可谓用心良苦、诲人不倦。每次查房带教，更是认真仔细。洪教授记忆力超群，六七个患者查看过后，讨论病情时仍能非常清晰地讲述每位患者的病史、特征、辨证论治、理法方药等，并能引经据典，触类旁通。洪教授扎实的中医理论基础，以及富有创新性的思维方式在临证时体现得淋漓尽致，每一则病例分析如讲述一个故事，既形象生动，又富有哲理。

精于专业、诚于品德。多年来，洪教授始终以追求真理，追求知识，追求美德为标准严格要求自己，并将自身所学毫无保留地传授给自己的学生。在工作上，他将振兴中医作为自己的毕生信念，兢兢业业，勤勤恳恳。洪教授抱诚守真，言而有信，即使出差开会当天买好了下午的火车票，也依然坚持上午看完门诊。洪教授一生无私奉献，出差当天深夜回家，第二天上午还是照常上班。同时洪教授十分注重临床疗效，他始终认为疗效是中医的生命，中医药是一座伟大的宝库，只有在临床疗效中显示出它独特的优越性和强大的生命力，才能使它受到世界上更多人的重视和欢迎。在学习中，洪教授勇于创新、敢于实践，在传承中创新，在实践中思辨，准确地把握疾病的病因病理变化。

中医的起源和发展，根植于中国古代传统文化的深厚土壤，可以说其本身就是传统文化的载体和重要组成部分。纵观中国文化与中医药的历史，不难发现它们相辅相成，唇齿相依的发展轨迹。中医药文化是中华文化的重要组成部分，充分彰显了中华文化的精华之处。立足传统文化，秉承中医思维，依此来聚焦、解读中医，"观其源可以知其流，而因其流亦可溯其源"，从而更加深刻地了解、认识和应用中医药，弘扬中医药。洪教授是一位学识渊博、爱国敬业的名老中医。他曾经说过："国家富强、民族振兴才能自立于民族之林；一个单位有实力才会凝聚人心，才能调动各方面积极性；一个人有实力才能担当起建设社会主义祖国的重任。"洪教授刻苦钻研，在继承中医学过程中，寻求古训，立足创新，他的学术观点大都源于中医经典著作，并采诸家精华，有继承、有发展，更重视创新，并辅以长期的肺系疾病临床研究，逐渐归纳提炼形成自己的思想体系和临床风格。他主张学医首先应从研读医经入手；他珍视中医经典，推崇其理论价值，但绝不故步自封；他努力实践，勇于创新，遵古而不泥古，善于去粗取精，去伪存真；他反复强调，只有精通经典，才能正确运用其理论并有所创新；他德艺兼修，在培养学生上，始终把发扬中医学的责任感和使命感放在首位。他强调不仅要学好中医药理论，掌握中医药诊疗技术，更要认识到自我价值，并在创造社会价值的同时实现自身价值。

# 八、传道之术

洪教授热爱中医事业，治学严谨，做事严格。在师承带教过程中，严格要求弟子，帮助他们打好中医经典基本功，训练临床辨治思维，指导处方用药技巧，使他们更好地传承中医学术，造福广大患者。他强调的"四结合，四为主"的师承教学方法，即理论与实践结合以实践为主、中医与西医结合以中医为主、辨证与辨病结合以辨证为主、继承与发展结合以继承为主的教学方法，有效地提高了师承教育的质量。他曾说："学术继承人的导师应是伯乐。因此不仅要善于发现和选拔名医的'苗子'，而且还要有甘于当人梯的奉献精神，让自己的学生'青出于蓝而胜于蓝'。"

经过多年的悉心培养，洪教授培养的弟子、学术经验继承人大多数已经成为中医事业发展的骨干力量，先后培养了博士、硕士研究生 20 名，国家级中医高徒 4 名。其弟子现都已相继成为业务骨干，其中三级医院院领导 3 名，博士生导师 2 名，省级名中医 2 名，国家级重点专科学科带头人 2 名，全国优秀中医临床人才 1 名，科主任 6 名。

此外，在深入研究中医学术流派发展壮大、传承消亡、构成要素与传承规律的基础上，申报并获批了国医大师洪广祥传承工作室，将有关研究资料实现信息化管理，实现典型医案、系统的诊疗方案、影像资料、继承工作成果等资源共享。同时举办国医大师洪广祥学术思想研修班，每年举办国家级继续教育项目，对国医大师洪广祥的学术思想及临床经验做专题报告分享，邀请国内肺系疾病知名专家亲临现场讲座，研讨交流中医、中西医结合治疗肺病的新理论、新技术和新方法。运营国医大师洪广祥肺病经验交流公众号平台，以国医大师学术思想为源头，以工作室团队成员为主体，系统整理、阐释、传扬洪教授学术经验。

# 洪广祥学术传承谱

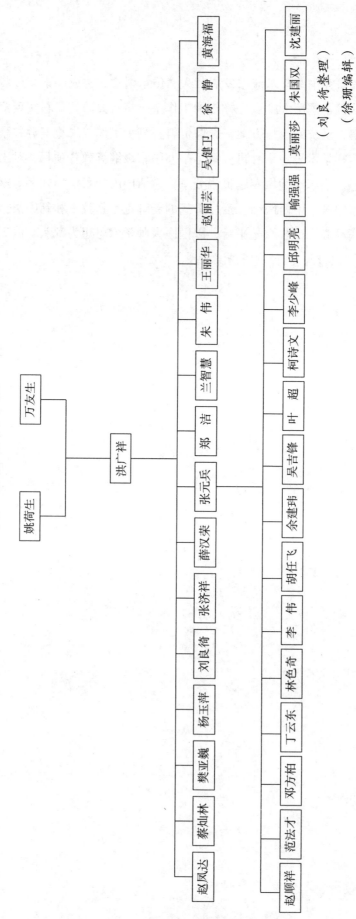

（刘良绮 整理）

（徐珊 编辑）

# 段富津

段富津（1930—2019），吉林怀德人，中共党员，黑龙江中医药大学终身教授、博士生导师、博士后合作导师。曾任国家新药审评委员会委员、中华中医药学会方剂学分会常务副主任委员，享受国务院政府特殊津贴。首届国家级教学名师，全国优秀教师，全国师德先进个人。担任第二、三、四、五批全国老中医药专家学术经验继承工作指导老师，国家重点学科方剂学学科奠基人，国家中医药管理局及黑龙江省重点学科方剂学学科带头人，首批国家级精品课程方剂学主讲教师。2014年被授予第二届"国医大师"称号。

段富津教授善于总结经验，结合现代药理学、毒理学研究开发新药，研制出"寒痹冲剂""宁嗽胶囊""解醒保肝胶囊"等10余种新药。其中治疗心肌病的"养心口服液"和治疗肾阳不足的"秘真回春液"均获得新药证书，并正式投入生产。段教授先后主持、承担国家级科研课题4项，省部级课题6项，厅局级课题8项。获黑龙江省政府科技进步二等奖2项，三等奖2项，厅局级奖项6项；发表学术论文60余篇；段教授著述颇丰，主编我国第一部全面剖析《金匮要略》全部方剂的理论专著《金匮要略方义》，以及集其临床教学丰富经验的《段富津医案精编》《段富津方剂学讲课实录》等。

## 一、学医之路

段富津出生于黑龙江省肇东县的一个农村，自幼身体羸弱，不耐劳役，故其父为他择取了学医之路。他刚过垂髫之年，便只身离家，到二十里外的五站镇拜师学医，师从当地著名老中医曲培文。老师自幼熟读各家经典，审因辨证入微，用药独到，注重脾肾，擅治各种内科疑难杂症和温热病。段富津在老师的严格教导下，始读《四百味》《药性赋》《濒湖脉学》《汤头歌诀》等入门医书，以奠医学之基。继而，随师应诊，先认舌脉，随识方药。同时，阅读《医宗金鉴》，进而熟读《内经》《伤寒论》《金匮要略》《温病条辨》等经典著作。

时移光转，随师六载有余，1949 年段富津以优异的成绩通过全县中医甄别考试，获得中医师资格。但自知经验匮乏，恐有济人之心，而无治人之术，甚或坐误事机，草菅人命，故复随师侍诊年余，后独立悬壶于乡里。临诊之时，凡病必溯其本，用方遣药必穷其理。乘隙浏览各家杂著，取其真谛，择善而从，受益匪浅。几年之间，医名鹊起，1952 年，他组建了黑龙江省肇东县民主联合诊所，担任所长。长年坚持不懈地出诊看病，随着医术的日趋精湛，看病的人也越来越多。没过多久，才二十出头的段富津就名满全县，他的联合诊所声誉如日中天。不少患者从周边村镇赶来请他去家里诊病，不管刮风下雨，无论严冬酷暑，他一心救治病人，从不考虑个人利益。由于业绩突出，深受广大群众爱戴，他被推选为肇东县第一届人民代表大会代表。不久，黑龙江省筹建中医学院，段富津遂于 1958 年调至黑龙江中医学院（现黑龙江中医药大学）执教。

## 二、成才之道

段富津虽立医林 60 余年，但临诊时仍如履薄冰。年轻时临证总有"书到用时方恨少"之感，故下定决心，"焚膏油以继晷，恒兀兀以穷年"。调到黑龙江中医学院后，他仍然如饥似渴地读书，反复阅读了《内经》《伤寒论》《金匮要略》《温病条辨》等著作，同时还系统阅读了《备急千金要方》《外台秘要》《证治准绳》《张氏医通》《伤寒指掌》《医学心悟》等书籍。同时，数种中医杂志每期必阅。凡他读过的书，均加了批注、心得体会或摘抄。他寻章览句，每得训迪，几十年来，记了数十万字的读书笔记。他认为欲穷医理，探赜索隐，不外"勤""博"二字。勤读书，方能明理；广读书，庶可达辨。他常说："不经几番风霜苦，难得春梅吐清香"。直至晚年，他还坚持每天早晚读书的习惯。每当凌晨和夜静的时候，他书桌上的灯光总是准时拨亮，伏案阅读，孜孜不倦。医书浩瀚，可谓汗牛充栋，其理深邃，令人望洋兴叹。前贤名哲，各有建树，对此，唯有博采众长，守经达权。数十年来，他每于临诊之隙，教学之暇，远溯灵素，崇尚仲景，潜心诸家之说，旁及各派之见，兼收并蓄，校短量长，颇得新意。每当伏案灯下，涉猎各门方书，颇感盛唐孙思邈治学严谨，力掘仲景之学，熔百家于一炉，堪称方之大主，故专心于《千金》，深究其方意。景岳之学，独树一帜，开归类注释《内经》之先河，倡"阳非有余""真阴不足"之理论，临证喜用温补之剂，慎用寒凉攻伐之品，每起沉疴而无疑虑。

中医学是一门实践性很强的学科，段富津长年坚持出诊。他临床60余年，擅长诊治中医内、妇、儿科及诸多疑难病证，尤其对痹证、消渴病、肾病、肝病、心脑血管病，以及温热病等，有较为独到的诊疗经验。他立足于中医理论，强调辨证论治，以法组方。先后发表了"麻杏苡甘汤的方义与临床运用""浅谈方剂学与辨证施治""肾气丸辨""芪药消渴胶囊治疗2型糖尿病的临床研究""养心口服液的临床与实验研究"等数十篇临床价值较高的论文。由于他医德高尚，医术精湛，被评为黑龙江省名老中医。

任何一门学科都有其自身体系与内在规律，辨证施治是中医学的精髓，理、法、方、药是辨证施治的全过程，而施治的主要手段是方剂。方剂是由药物组成的，指导遣药组方的理论是君臣佐使。段富津置身研析方药之学，深感君臣佐使乃遣药处方必遵之圭臬。然如何理解其含义，众说不一，他笃信以药力之大小而定。君药，在方中是药力最大者，由于它力大，能起主导作用，即《苏沈良方》中"所谓君者，主此一方"之意。就疾病而言，它是治疗主症的，是解决疾病的主要矛盾和矛盾的主要方面的。《脾胃论》云："力大者为君。"如何说明药力大小？张元素谓："为君者最多，为臣者次之，药之于证，所主同者，则各等分。"详言之，大凡有三：其一，在单味药力基本相等的情况下，用量大者即为君药，如紫苏与荆芥、柴胡与黄芩等，若用量相同，则药力相当，难分君臣，故小柴胡汤中将柴胡与黄芩的用量定为8：3，使柴胡的药力居全方之首。其二，在单味药力相差悬殊的情况下，用量虽小，然其药用量仍超于他药者，亦为君药。如牛黄与黄连、犀角（水牛角代）与生地黄等，犀角（水牛角代）清热凉血之力远为生地黄所不及，故犀角地黄汤中虽生地黄八两，犀角（水牛角代）一两，仍推犀角（水牛角代）为君。其三，在相互配伍下，药力被加大者，亦为君药。故临证处方与分析方义时，段富津十分注重药量和配伍。方中药物的配伍关系亦是随着药量的多少（药力的大小）而起着不同变化。

段富津善于总结经验，并结合现代药理学、毒理学研究开发新药，研制出"寒痹冲剂""宁嗽胶囊""解醒保肝胶囊"等10余种新药。其中治疗高血压病的"天麻

669

钩藤片"，治疗消渴病的"芪药消渴胶囊"，在疗效上均明显优于同类中成药。治疗心肌病的"养心口服液"和治疗肾阳不足的"秘真回春液"均获得新药证书，并正式投入生产。段富津先后主持、承担国家级科研课题4项，省部级课题6项，厅局级课题8项。获黑龙江省科技进步二等奖2项、三等奖2项，厅局级一、二、三等奖6项，发表学术论文60余篇。段富津在对大量经方的研究基础上，主编了我国历史上第一部全面剖析《金匮要略》全部方剂的理论专著《金匮要略方义》，力求阐前贤之高论，又不囿他人之己见，以戒仁者见仁，智者见智之弊。段富津既是国医大师，又是国家级教学名师，主编出版了集其临床教学丰富经验的《段富津医案精编》《段富津方剂学讲课实录》。

# 三、学术之精

## （一）谨守病机，首重君臣佐使

方剂是由药物组成的，指导遣药组方的理论是君臣佐使。段富津强调"医必有方，医不执方，方贵配伍，君药为重"。君臣佐使的核心是药力的大小，即"力大者为君"，臣次之，佐使又次之。药力是由药性、药量、配伍、用法等因素构成的，药力判断公式：药力＝药性＋用量＋配伍＋用法。这一公式使"主病之谓君"的理论更加充实、完善、明确、客观，不仅解决了方剂学的诸多争端，而且为"方剂学逻辑推理教学法"奠定了坚实的理论基础。这一理论的创立对于教学、临床及科研均有着十分重要的指导意义。

君臣佐使是中医处方用药必须遵循的组织原则。中医处方绝大多数是复方，它是在辨证、立法的基础上，根据病情的需要，将诸药组合在一起的。每味中药都有各自的特性（性味、功能、归经、升降浮沉等），混合一处，使其协调，发挥综合作用，或降低毒性与烈性，或使药力增强与减弱、药效延长与缩短，并且有主有从，谨守病机，各司其所，这就需要有个组方原则——君臣佐使。君臣佐使的区别，就是在于药力的大小。君药，在一个处方中是药力最大的。由于它药力大，所以起主要作用。对于疾病来说，是治疗主症的，是解决疾病的主要矛盾和矛盾主要方面的。臣药，药力小于君药，是协助与配合君药的。一般用于君药的药力不足或功能有偏的情况下，取之补其不足，以合病情。佐药，药力又小于臣药。它的作用可概括为四个方面：第一，从不同方面配合君药或臣药，以增强其功效。第二，治疗次要兼证。第三，对君、臣药起制约作用，用于君、臣药有毒或性烈，以减低或消除其毒烈之性。第四，反佐作用。所谓反佐，即从反面帮助君药或全方发挥"正治"作用，一般用于病情较重时，恐邪气拒药不纳，用少许与全方功效相对立、与病情相吻合的药物，本着"同气相求"之理，以径达病所，进而发挥处方的应有作用。使药，药力与佐药相似。它的作用大致有二：其一，多数方剂中是用以调和诸药，每一味中药均有独特之药性，又有寒热并用、攻补兼施等，为了协调药性，往往加入一至两味使药（如甘草、大枣等）。其二，使药尚可起引经作用。段富津强调"力大为君，君臣有序，加减灵活，精于权变"的原则，

## （二）注重正气，衷于辨证论治

段富津认为，正气是维持生命的原动力，人体各种机能活动和抗病能力都是正气的体现。人体是一个有机的整体，脏腑之间相互依存、相互制约、相互协调，共同发挥正常的生理功能。所以在诊治上，他注重保护和恢复正气，注重调理脏腑功能，注重调节脏腑关系。"正气存内，邪不可干"，正气不仅能抗御邪气，而且还能祛除邪气。他认为人每天都处在与邪气相对抗的状态中，其不病者是正气抗邪、邪不伤人；其病者是邪正相争，正不胜邪。药物治病实际上就是用药物协助正气祛邪或抗邪扶正，用药应尽力祛邪不伤正、补正不留邪。同时他特别提出"正气运药"的学术思想，强调药物治病要依赖正气的运化进而发挥其功效，正气不能运药则药亦无功。段富津在治疗胸痹心痛方面，多以治虚为要，主张补心气，益心血，滋心阴，助心阳，兼以活血化瘀，理气化痰。重在治本，急在治标。

谨遵中医理论，衷于辨证施治，善用经方。段富津认为，中医学是具有独特理论体系的医学，辨证施治为其灵魂，而处方用药更有其独到之处，西医学理论及其诊断检查技术与方法，可供临证参考，切不可轻易对号、敷衍而痛失中医之本。辨证施治是中医学的精髓，辨证是基础，施治是手段。方剂是施治的主要措施，尽管有些非药物疗法，如针灸、按摩等，但是方剂在施治当中是主要措施之一。整个辨证施治过程，可以概括为理、法、方、药四个环节，方剂是理法方药的重要组成部分。前人的直接经验，便是后人的间接经验，这些经验是在长期实践中，经过无数次失败与成功所取得的，甚至是用无数生命换取的。所有行之有效的方剂，无一不是辨证的产物，其中的关键就是辨证准确，用药恰当。段富津临床长于经方加减运用，如以逍遥散加减治肝脾不和证，前医曾以原方 20 余剂治之不效。由于患者以浮肿为主，故将逍遥散之茯苓用量加至 50g 为君，减轻柴胡用量为佐。结果 4 剂肿消，10 剂而诸症平。

# 四、专病之治

## 胸痹心痛

胸痹心痛可见隐痛、闷痛、刺痛、灼痛、悬痛。轻者仅感胸闷如窒，呼吸不畅，重者则胸痛彻背，连及肩臂、咽喉、胃脘，持续时间多为数秒至十几分钟。多发于40岁以上的中老年人，常因情绪波动、气候寒冷、多饮暴食、劳累过度而诱发，亦有无明显诱因或安静时发病者。其辨证要领可概括为如下7种。

### 1. 基本证型

（1）血瘀证

临床表现：心胸疼痛剧烈，痛如锥刺，发有定处，甚则心痛彻背，背痛彻心，或痛引肩背，伴有胸闷，心悸，常于夜间加重，亦可因怒而痛甚，或因冷而卒发心痛，舌质暗，有瘀斑，舌下青筋，甚则全舌紫暗，舌苔薄，脉弦涩或结代或促。

病机分析：导致瘀血的原因很多，情志失调，饮食失节，寒邪内侵，均可使血行不畅，瘀阻心脉，发为胸痹心痛。情志内伤，气机不畅，气滞而血瘀，饮食失节，肥甘生湿成痰，醇酒助湿碍气，食积碍气生满，均可导致气血运行不畅；寒邪内侵，胸阳不振，寒凝气滞，则血脉瘀阻。《素问·举痛论》曰："寒气客于背俞之脉则脉泣，脉泣则血虚，血虚则痛，其俞注于心，故相引而痛。"《诸病源候论》又曰："心腹痛者，由府脏虚弱，风寒客于期间故也。邪气发作，与正气相击，上冲于心则心痛。"血为有形之物，停蓄不动，则损伤脉络，故刺痛而痛有定处。瘀血内停，心失所养，故心悸，脉来时有一止。血属阴，至夜阴气盛，血行迟缓，故至夜加重。血得寒则凝，得温则行，故遇冷则行迟而病情加重。

药物组成：丹参25g，桃仁15g，红花15g，当归15g，赤芍15g，桂枝10g，三七粉10g（冲服），郁金15g，桔梗15g，川芎15g，枳壳15g，炙甘草15g，水煎服，每日1剂，分2次服。疼痛甚者，加乳香、没药、延胡索；疼痛剧者加水蛭、土鳖虫，口含速效救心丸；畏寒者，加肉桂、附子；胸中热者，加牡丹皮、生地黄；食不下者，加生山楂、莱菔子。

方义分析：本方以丹参、三七为君药，丹参化瘀血，生新血，祛瘀不伤正。《本草汇言》云："丹参，善治血分，去滞生新，为调经顺脉之药也。"三七善化瘀定痛，《医学衷中参西录》云："三七味苦温，能于血分化其瘀血，试以诸血入以三七，则血旋化为水。"臣以桃仁、红花、赤芍、川芎，桃仁能祛瘀润燥，去经络之蓄血，《药品化义》谓其"破蓄血，逐月水及遍身疼痛……以其舒经活血行血"。红花能通利经脉，破瘀行血，《本草经疏》云：“红蓝花，乃行血之要药……入心入肝，使恶血下行。”赤芍能除血痹，散恶血，《药性论》谓其“通宣脏腑壅气，治邪痛败血，治心腹坚胀”。川芎行气活血止痛，能上行头目，下行血海，《本草正》谓其“破瘀蓄，通血脉，解结气，逐疼痛，排脓消肿，逐血通经”。以上君臣配伍，重在破瘀活血，使瘀血去则疼痛止。血随气行，气行则血行，气止则血止，故方中佐枳壳、郁金行气以助活血之力，枳壳能理气宽胸，行胸膈滞气，王好古谓枳壳“主胸膈皮毛之病”。郁金行气而兼活血，《本草汇言》称其为“清气化痰，散瘀血之药也……心肺肝胃气、血、火、痰郁遏不行者最验”。血得温则行，故方中佐以桂枝，温通血脉，《本草思辨录》云“桂枝所优为在温通经脉”。方中以桔梗、甘草为使，桔梗能载药上行，引诸药入胸中，且能“宣心气之郁”，甘草调和药性。诸药相伍，共奏破瘀活血，理气止痛之功。

**典型病例**：隋某，男，42岁，1998年3月17日初诊。2年前自觉胸闷，偶有微痛。一周前左胸痛加重，连及肩背，痛有定处，如锥刺感，甚则下颌疼痛，伴有心悸，舌质紫暗，苔薄，脉弦。心电图示 $V_1 \sim V_4$ T波倒置，$V_4 \sim V_6$ S-T段轻度下移，辨证：胸中血瘀。治以活血祛瘀，行气止痛之法。方药：丹参25g，川芎15g，红花15g，郁金15g，木香10g，当归15g，枳壳15g，赤芍15g，姜黄15g，三七粉10g，延胡索15g，炙甘草15g。7剂，水煎服。

3月24日二诊：胸闷、心悸明显减轻，舌质转淡，脉略细。方中行气活血之品久服可耗伤正气，尤以木香辛香走窜为最。故上方去木香。脉细为阳气不足，故加黄芪25g，桂枝15g，以扶正气，增强益气活血、温通心脉之效。

3月31日三诊：服上方6剂，胸中微觉憋闷，下颌已不痛，舌质正常，脉已不细，有轻微气滞之象，故守前方之意，少佐行气作用较为和缓的陈皮15g，以行胸中气滞。

4月7日四诊：服上方6剂，诸症皆消，心电图T波大致正常，唯脉略数，予上方去桂枝，续服8剂，以善其后。

（2）气滞证

临床表现：胸中憋闷，甚则闷痛，时欲太息，或活动后略减，遇情志不快则加重，常欲噫气，每于凌晨加重，甚或不得卧，或食后加重，舌苔薄白或薄腻，脉弦或弦滑。

病机分析：此证多因郁怒、忧思，以及饮食不节而诱发。恚怒伤肝，肝失疏泄则气机上逆；忧思伤脾，脾失健运则湿郁生痰，阻碍气机，气滞不能帅血而行则气滞血瘀，痹阻心脉，故心胸憋闷。《灵枢·百病始生》云：“若内伤于忧怒，则气上逆，气上逆则六输不通，温气不行，凝血蕴里而不散，津液涩渗，著而不去。”《杂病源流犀烛》亦云："曷言乎心痛由七情也。经云：喜则气散，怒则气上，忧则气沉，思则气结，悲则气消，恐则气下，惊则气乱，除喜之气能散外，余皆足令心气郁结而为痛也。"

药物组成：方用瓜蒌薤白半夏汤合橘枳姜汤加减。瓜蒌 30g，薤白 15g，半夏 15g，枳壳 15g，陈皮 15g，郁金 15g，乌药 15g，川芎 15g，木香 10g，炙甘草 15g。水煎服，每日 1 剂，分 2 次服。兼有胃脘痞闷，嗳气食少者，加沉香、砂仁；兼胁肋疼痛或连及背痛者，加香附、青皮；见口苦、苔黄者，加栀子、黄连；见畏寒肢冷者，加桂枝、干姜。

方义分析：本方以瓜蒌为君，取其理气宽胸、消痰散结之功，《本草正义》谓其能"通胸膈之痹塞"。以半夏、枳实为臣，半夏能散结除痞，降逆化痰，《本草经疏》谓其"辛温善散，苦善下降，诸邪在胸中则心中坚，胸胀咳逆"。枳实能行气开痞，导滞下行。《本草纲目》云："仲景治胸痹痞满，以枳实为要药"。佐以乌药、陈皮、木香、薤白，乌药能行胸中逆气，《本草求真》谓其"主逆邪横胸，无处不达，故用以为胸腹逆邪要药"。陈皮能理胸中滞气，《日用本草》谓橘皮"能散能泻，能温能补，能消膈气，化痰涩"。木香能行三焦之气，《本草求真》谓"木香，下气宽中，为三焦气分要药"。薤白能理气宽胸散结，《长沙药解》谓其"能通胸膈痹塞"。气为血之帅，气滞则导致血瘀，气滞血瘀则胸痛加重，故方中又佐以川芎、郁金活血化瘀，兼可理气。川芎为血中气药，《本草汇言》谓其"非第治血有功，而治气亦神验"。郁金能行气活血，《本草汇言》谓"郁金，清气化痰，散瘀血之药也……心肺肝胃气血火痰郁遏不行者最验"。使以甘草，调和诸药。综合全方，共奏理气解郁，宽胸散结之功。

典型病例：李某，女，53 岁，1998 年 11 月 5 日初诊。素患冠心病，近因情绪激动而诱发心前区疼痛，胸中憋闷，时欲太息，心烦易怒，失眠，舌质微红，苔薄白，脉弦滑。心电图示 $V_3$、$V_5$ S-T 段下移 0.1mV，T 波变平。辨证：胸中气滞，痰热内扰。治以理气宽胸化痰。方药：瓜蒌 30g，薤白 15g，半夏 15g，陈皮 15g，川芎 15g，竹茹 10g，郁金 15g，炙甘草 15g。7 剂，水煎服，日 1 剂，分 2 次服。

11 月 12 日二诊：疼痛略减，脉仍弦滑，胸闷如初，乃痰气不利之征。上方加川朴 15g，枳壳 15g。7 剂，水煎服。

11 月 19 日三诊：心胸不痛，胸闷、心烦等症亦减轻，脉象转为和缓，可见痰气渐消。唯左肩臂痛，抬举困难，似有经络瘀阻之象。故以上方加秦艽 15g，姜黄 15g，通络止痛。7 剂，水煎服。

11 月 26 日四诊：唯左肩臂轻微疼痛，余症均消。方中川芎、薤白等药久服伤气，故以二诊方去川芎、薤白，加黄芪 30g，使行气而不耗气。嘱其复查心电图。

12月3日五诊：心电图基本正常，T波由低平变直立，继服上方6剂，巩固疗效。

（3）痰郁证

**临床表现：**心胸闷痛，咽中如有物阻，胸脘痞塞，痰多口黏，肢体沉重，饮食不快，或形体肥胖，下肢浮肿，苔白腻，脉弦滑。

**病机分析：**此证多因饮食不节，过食肥甘，嗜酒无度，致使脾运不及，停湿生痰，痰阻气机所致。《证治准绳》云："水谷不消，停留水饮，食积与真气相搏为痛。"痰气郁阻，气机不畅，故心胸闷痛，甚则胸脘痞塞，咽中如有物阻，以及痰多口黏。湿属阴邪，其性重滞，湿浊内盛，不得运化，故肢体沉重，饮食不快，形体肥胖，下肢浮肿。舌苔白腻，脉弦滑，均为气滞痰湿不化之象。

**药物组成：**瓜蒌20g，半夏15g，陈皮15g，茯苓30g，杏仁15g，莱菔子10g，厚朴15g。水煎服，每日1剂，分2次服。痰郁化热，口苦苔黄者，加黄芩、胆南星；胸脘痞塞较甚者，加枳实、沉香；痰多者，加礞石、郁金；小便短少者，加泽泻、猪苓等。

**方义分析：**本方以瓜蒌、茯苓为君，其中瓜蒌既理气宽胸，又消痰散结，《本草求真》云："瓜蒌性寒，味甘，能除上焦伤寒，胸膈郁结痰气，使之入肠胃而下降。"《本草思辨录》亦云："瓜蒌实之长，在导痰浊下行，故结胸胸痹非此不治。"茯苓甘淡，健脾利湿化痰，既治已生之痰，又杜生痰之源，《本草经》称其"主胸胁逆气……心下结痛"。《本草经疏》更谓茯苓能去"膈中痰水"。以杏仁、半夏、厚朴为臣，杏仁能利肺气，开水之上源，非但"消痰下气"（《本草正》），且气化则湿化，使痰湿下行。半夏燥湿化痰散结，不仅使痰郁开，尤可降逆和胃而除痞塞。厚朴行气消痰，与半夏配伍有半夏厚朴汤之意，可除痰利咽。佐以莱菔子顺气消食化痰，陈皮理气健脾化痰，全方共奏化痰理气之功。

**典型病例：**郁某，女，52岁，1999年5月9日初诊。素体肥胖，患冠心病5年余，近年曾因胸闷短气，甚则不得息而两次住院治疗。昨起胸闷痛，偶有窒息感，咽胸胃脘均觉上下不通，时有呕恶、咳逆，下肢浮肿，舌苔白腻，脉沉滑较有力。心电图显示Ⅲ、aVF、V$_5$ S-T段轻度下移。辨证：痰气郁结之胸痹心痛。方药：瓜蒌25g，半夏15g，云苓40g，杏仁15g，厚朴15g，苏子10g，泽泻15g，莱菔子15g，当归15g，白前15g。4剂，水煎服。

5月13日二诊：上方服后胸闷疼痛减轻，自觉胸脘宽舒，舌苔白腻减少，脉仍弦滑，效不更方，继投4剂。

5月17日三诊：诸症大减，唯饮食尚觉乏味，食后微胀，苔已不腻。上方加神曲15g，炒麦芽15g。去苏子、厚朴，以防久服伤气。

5月26日四诊：服上方6剂，诸症基本消失。上方去莱菔子、泽泻，加陈皮15g，6剂以巩固疗效。

（4）心气虚证

临床表现：气短，动则气喘，四肢无力，倦怠懒言，心胸阵阵隐痛，常易汗出，面色㿠白，舌质淡或胖嫩，有齿痕，苔薄白，脉虚细缓或结代。常因劳累而病情加重，且易感冒。

病机分析：本证多因年老体衰，或素体虚弱，或劳役过度，耗伤正气，以致心气不足，心失所养，《素问·阴阳应象大论》云："年四十，而阴气自半也，起居衰矣。年五十，体重，耳目不聪明矣。年六十，阴痿，气大衰，九窍不利，下虚上实，涕泣俱出矣。"心主血脉，为五脏六腑之大主，心气不足，心失所养，则气短，乏力，倦怠懒言。心气虚则心失所养，故心悸，甚则心胸隐痛。气属阳，心气不足，则阳气不固，故常易汗出。心气失于温煦，不能上荣于面，故面色㿠白。气为血之帅，气虚血行迟缓，故脉虚细而缓，甚则气虚鼓动无力，脉来不能自续而为结代。

药物组成：以养心汤为基础方。人参15～20g，黄芪30～50g，炙甘草20g，五味子15g，茯苓20g，当归15g，川芎10g，柏子仁20g，山萸肉20g，炒酸枣仁20g，半夏10g。水煎服，每日1剂，分2次服。血虚较重者，加枸杞子、熟地黄；兼血瘀者，加丹参、红花；兼气滞者，加郁金、瓜蒌；兼脾虚者，加白术、莲子肉；兼肾虚者，加山药、冬虫夏草。

方义分析：方中以人参为君，大补元气，《药性论》谓其"主五脏气不足，五劳七伤，虚损羸瘦"。人参补气之力最速，《本草经疏》谓其"能回阳气于垂绝，却虚邪于俄顷"。臣以黄芪、炙甘草，黄芪能补中气，固表气，《本草求真》谓"黄芪入肺补气，入表实卫，为补气诸药之最，是以有耆之称"。《医学衷中参西录》谓"黄芪能补气，兼能升气，善治胸中大气（即宗气）下陷"。本品偏于固表气，若自汗较甚者又常以其为君药，可用至50g。炙甘草能补气和脾胃，且能缓急止悸，对心悸较重者可用量略多。《本草正》谓其"得中和之性，有调补之功……助参、芪成气虚之功"。以上三药配伍，补气之力颇佳。《医宗金鉴》称其为"保元汤"，有保护元气之用，并有"芪外参内草中央"之效，即黄芪偏于补表气，人参偏于补中气，甘草补气调和于参、芪之间，故此三者合用，可以大补一身之气。佐以五味子、山萸肉，取其酸收补气，不仅增强君臣药补气之力，而且可以使之补而不失。五味子能补五脏之气，《本草纲目》谓其"酸咸入肝而补肾，辛苦入心而补肺，甘入中宫益脾胃"。李杲谓其"补元气不足，收耗散之气"。山萸肉能涩精气，收敛元气，《医学衷中参西录》谓其"大能收敛元气，振作精神……元气将脱者，服之最效"。此二味又能敛汗，若自汗多者，尤为必用之药。方中又佐柏子仁、酸枣仁、茯苓补心气，安心神，止心悸。《本草纲目》谓柏子仁"养心气，益智安神"。酸枣仁《本草汇言》谓其"补心气不足，止惊悸怔忡"。《本草经疏》谓茯苓"补心益脾，治心气不足，忧恚惊悸"。心气不足，每致心血虚少，因心主血，气为血之帅，故方中佐以当归、川芎养血活血，生新祛瘀。诸多补益酸收之品，恐其壅滞碍胃，故佐以半夏降逆和胃，使之补而不滞。方中甘草兼使药之用。综合全方，共奏补气养血、宁心安神之效。

**典型病例：**颜某，女，56 岁，1999 年 4 月 5 日初诊。夙患冠心病，近因劳累而加重。自觉胸闷，气短，轻微活动即觉心前区隐隐作痛，心悸、乏力、常自汗出，少语懒言。面色㿠白，舌质淡暗，有齿痕，脉缓滑无力。心电图示 $V_4 \sim V_6$ S-T 段下降 0.1mV。辨证：心气不足，血行无力。治以补益心气，养血安神之法。方药：人参 15g，黄芪 50g，五味子 10g，当归 20g，川芎 15g，郁金 15g，柏子仁 20g，半夏 15g，山萸肉 15g，茯苓 15g，炙甘草 15g。7 剂，水煎服。

4 月 12 日二诊：服上方后气短略轻，但腹泻，余症无明显变化，思方中当归、柏子仁可润肠通便。今于上方中去二药，加焦白术 15g，改五味子为 15g，以增强补气之力。7 剂水煎服。

5 月 4 日三诊：服上方 7 剂后，诸症大减，故又自服 10 余剂，现微觉气短，眠差，梦多，舌质淡，苔薄白，脉细。故于上方加炒酸枣仁 20g 以养心安神。

5 月 11 日四诊：服上方 7 剂，睡眠转佳，胸不痛，但头目不清，尚觉乏力，自汗，脉较前有力，故于前方加蔓荆子 15g 以清利头目。

5 月 18 日五诊：服上方 7 剂，乏力气短减轻，体力有增，唯自汗，舌略暗，于上方加煅牡蛎 30g 以敛阴止汗，丹参 15g 以益活血之功。

5 月 25 日六诊：服上方 7 剂，自汗减轻，舌已不暗，但觉咽干，故于前方去辛燥之半夏。

6 月 1 日七诊：服上方 7 剂，心电图已大致恢复正常，仍觉乏力，自汗恶风，于前方加防风 15g，与黄芪、白术配伍有玉屏风散之意，继服 7 剂。

6 月 8 日八诊：汗少，胸不闷，体力基本恢复，后制丸剂巩固疗效。

（5）心阳虚证

临床表现：胸中闷痛，甚则心痛彻背，常于夜半之后加重，伴心悸，气短，自汗，面色㿠白，四肢不温，畏寒喜暖，腰膝酸软，舌质淡嫩，舌苔白或腻，脉沉细迟或结代。

病机分析：心阳虚证多因年老体弱，肾阳虚衰，以至心阳不振，《素问·上古天真论》曰："五八肾气衰，发堕齿槁，六八阳气衰竭于上，面焦，发鬓颁白。"肾阳为人身之元阳，《难经·三十六难》称其为"诸神精之所舍，原气之所系"。心与肾关系最为密切，心肾交养，坎离既济，若心失肾阳的温煦，则心阳不足，而出现心悸、气短、汗出、肢冷、脉迟及心痛等症。

此外，尚有素体阳虚，寒邪外侵，寒凝气滞，心阳不振，气血运行不畅，发为胸痹心痛。《素问·举痛论》曰："经脉流行不止，环周不休，寒气入经而稽迟，泣而不行，客于脉外则血少，客于脉中则气不通，故卒然而痛。"《医门法律》则明确指出："胸痹心痛，然总因阳虚，故阴得乘之。"由于心阳不足，夜半阴气盛极，故其心痛常于夜半发作。阳气不足，不能温养四末，故四肢清冷。阳气不固，则汗自出，而畏寒喜暖。腰为肾之府，肾阳不达，则腰膝酸软。心阳虚则心气少，故呼吸气短。

药物组成：以参附汤合桂枝去芍药汤加减。人参15g，制附子15g（先煎），桂枝20g，炙甘草20g，石菖蒲15g，薤白15g，当归15g，川芎15g，砂仁15g，生姜15g，大枣4枚。水煎服，每日1剂，分3次服。气虚较重者，加黄芪、山茱萸；兼血瘀者，加红花、苏木；兼气滞者，加檀香、香附；兼见下肢浮肿者，加茯苓、白术。

方义分析：方中以人参、附子为君药，人参大补元气，附子温壮元阳。人参与附子配伍，善于温补阳气，使阳能化气，气能升阳，特别是附子能温补肾阳，人参能补心气，使肾阳上通于心，则心中阳气大振。明代虞抟谓"附子禀雄壮之质，有斩关夺将之气。能引补气药行十二经，以追复散失之元阳"。以桂枝、石菖蒲、薤白为臣药，桂枝能温通心阳，且可温通经脉，《本草疏证》谓"其用之之道有六：曰和营，曰通阳，曰利水，曰下气，曰行瘀，曰补中。其功之最大，施之最广"。桂枝与附子相伍，又可温补肾气，助阳化气以通诸经。石菖蒲能辛温通窍，芳香醒神，《重庆堂随笔》谓其"舒心气，畅心神，怡心情，益心志，妙药也"。石菖蒲与人参相伍，益心神之力更强，《本草新编》说："开心窍必须佐以人参……除烦满，治善忘，非以人参为君，亦不能两有奇验也。"薤白亦属辛温之品，能理气宽胸，通阳散结，《本草求真》说："薤味辛则散，散能使在上寒滞立消……实通气，滑窍，助阳之佳品也。"人参、附子得此温通阳气之品，则温阳之功更迅。心阳不足，则气血运行不畅，故方中佐以砂仁温中行气，既有助温通心阳，又使诸药补而不滞，《本草汇言》谓"此药辛香而窜，温而不烈，利而不削，和而不争，通畅三焦，温行六腑"。佐以当归、川芎养血活血，此三者与补阳药相伍，则使心阳得振，气血运行无阻，其胸痹心痛自解。方中佐以生姜、大枣，此二者既有桂枝之用，且又有调和气血之功。以炙甘草为佐使，调和药性，与桂枝相伍，有辛甘化阳以助阳气之效。综合全方，共奏助阳益气，温通气血之功。

**典型病例：**刘某，男，75岁，1999年10月12日初诊。患冠心病多年，甲状腺机能低下，现心胸憋闷，气短，时发心绞痛，动则痛甚，面目唇暗，易感冒，畏寒，四末不温，舌体胖大，有齿痕，脉细缓无力。心电图示 aVF、$V_1$ S-T 段下移 0.15mV。

辨证：心阳亏虚。治以温阳益气。方药：黄芪 30g，丹参 20g，茯苓 25g，白参 15g，半夏 15g，桂枝 15g，附子 10g，陈皮 15g，薤白 15g，川芎 15g，当归 15g，炙甘草 15g。7 剂，水煎服。

10 月 19 日二诊：诸症有所好转，但仍畏寒气短，辨其药证，仍温补之力不足，故上方附子加 5g，黄芪用量增至 40g。

10 月 26 日三诊：服上方 7 剂，诸症又见好转，心绞痛发作程度和次数均减轻，手已转温，舌仍胖大，脉沉，前方加乌药 15g。

11 月 9 日四诊：服上方 10 剂，仅左胸时有不适，舌仍胖大，效不更方，守前方继服 7 剂。

11 月 16 日五诊：四末已转温，心胸部舒畅，脉已有力，舌仍胖大。附子大辛大热，恐久服过燥，前方附子改为 5g，桂枝改为 10g。

11 月 23 日六诊：心电图有改善，S-T 上升 0.1mV，诸症悉愈。继用上方 10 剂，巩固疗效。

（6）心阴虚证

临床表现：心胸疼痛，时作时止，或灼痛，或悬痛，心悸怔忡，心烦不寐，手足心热，口干，盗汗，耳鸣头眩，舌红少苔，脉细数或促。

病机分析：本证多因年老体弱，肾精不足，或七情化火，耗伤肾阴，或遇事烦冗，思虑过度，阴精暗耗，或久病阳损及阴，肾阴不能滋养心阴，以致心阴亏虚，心失所养，而发胸痹心痛。《素问·阴阳应象大论》云："年四十，而阴气自半也。"《医宗必读》中说："里虚而痛者，阴不足也，非养营不可。"阴虚生内热，故其心痛有灼热感；心阴不足，每致心血亏少，阴血失养，心动过急，故心悸怔忡，甚则心中悬痛。同时，伴有手足心热，口干舌红。阴虚则阳不内守，虚阳上扰则耳鸣头眩，虚阳外浮则盗汗，虚阳（火）内扰则心烦不寐。

药物组成：以生脉散为基础方。人参 15g，麦冬 25g，五味子 15g，柏子仁 20g，炒酸枣仁 20g，生龙骨 30g，生牡蛎 30g，玄参 20g，生地黄 20g，炙甘草 20g，丹参 20g，当归 15g。水煎服，每日 1 剂，分 2 次服，若心悸甚者，加珍珠母、朱砂；若阳亢明显者，加磁石、石决明；若气虚较重者，加黄芪；心痛较重者，加三七、延胡索；腰膝酸软者，加龟甲、山药。

方义分析：方中以人参、麦冬为君药，人参能大补元气，麦冬能滋养心阴，人参与麦冬相伍，能滋补心阴，大有补气生阴之效。麦冬又能除烦止渴，退虚热，安心神，《本草汇言》曰："麦冬清心润肺之药也，主心气不足，惊悸怔忡，健忘恍惚，精神失守。"《本草新编》谓其"补心气之劳伤，止血家之呕吐，益精强阴，解烦止渴，美颜色，悦肌肤，退虚热神效"。以五味子、玄参、生地黄为臣药，五味子能补五脏之气，且有酸收之性，与人参相伍，则收敛元气，与麦冬相伍，则收敛阴津，三者合用，一补一润一敛，可使气阴迅复。生地黄能滋阴养血，既补肾阴，又滋心阴，《本草经疏》谓干地黄"乃补肾家之要药，益阴血之上品"。玄参能滋阴降火，清浮游之火。《药品化义》云："如纵欲耗精，真阴亏损，致虚火上炎……无根浮游之火为患，此有清上沏下之功。"方中以生牡蛎、生龙骨为佐，滋阴潜阳，镇心安神，且能敛汗。《医学衷中参西录》云"牡蛎咸寒属水，以水滋木"，龙骨"能收敛元气，镇安精神"。阴虚每致血少，阴血失养，心悸尤甚，故方中佐以当归，配合生地黄以补养心血。佐以柏子仁、酸枣仁以养心安神；丹参祛瘀生新，且能使诸药补而不滞。使以炙甘草调和诸药，且可缓急，以止心之动悸。综合全方，共奏益气滋阴、养心安神之效。

**典型病例：**刘某，女，54岁，1998年11月10日初诊。心悸、气短，心胸不适半年。现周身乏力，心悸怔忡，心烦少寐，多梦，心绞痛时作，有灼热感，口渴，盗汗，舌质红少苔，脉细略数。心电图示 $V_3$、$V_5$ S–T 段下移 0.2mV，T 波倒置。辨证：心阴不足，治以益气养阴。方药：人参 15g，黄芪 30g，三七粉 10g，郁金 15g，麦冬 20g，五味子 15g，丹参 25g，牡丹皮 15g，生龙骨、生牡蛎各 30g，炙甘草 20g，柏子仁 20g，生地黄 20g，玄参 15g。7 剂，水煎服。

11 月 17 日二诊：心前区略觉舒畅，仍少寐多梦，食欲不佳，麦冬滋腻碍胃，故其用量减为 15g，于前方中加炒酸枣仁养心安神，敛阴止汗。

11 月 24 日三诊：服上方 7 剂，心绞痛减轻，发作次数亦减少，盗汗渐止，仍气短，口干渴，舌质淡红，脉仍细略数，上方人参用量增至 20g，加葛根 15g，以益气生津。

12 月 1 日四诊：服上方 7 剂，未再发作心绞痛，盗汗已止，仍有轻微胸闷气短，口干，舌脉如前，前方中茯苓淡渗，不利养阴生津，故去之。黄芪用量增至 50g，麦冬增至 20g，增强益气养阴生津之力。

12 月 8 日五诊：服上方 7 剂，口已不渴，无心悸心烦，仍胸闷气短，腹微胀。本例心阴亏损，益气养阴为治疗大法，然滋补又易气滞，故于前方中少佐枳壳 10g以行气滞。

12 月 15 日六诊：服上方 7 剂，气短减轻，余症悉除，前方麦冬用量减至 15g。

12 月 22 日七诊：服上方 7 剂，复查心电图有明显改善，$V_1$、$V_5$、S–T 段下移 0.05mV，T 波转为低平。诸症悉愈。嘱其自行调服生脉散冲剂以善其后。

（7）心血虚证

临床表现：心中悸而痛，或悬痛，常心悸，甚则怔忡，心律快而不齐，时有心房纤颤，失眠多梦，善惊易恐，头眩、健忘，面色无华。女子月经不调，经血量少色淡或闭经。舌质淡，脉沉细涩或促。

**病机分析：**此证多由素体不足，或脾胃虚弱，生化乏源，或失血过多，或久病不愈，或思虑过度，耗伤阴血所致。心主血脉，心血不足，心失所养，不荣则痛。《杂病源流犀烛》云："寒气客背俞之脉，则血脉涩，血脉涩则血虚，血虚则痛，其俞注于心，故相引而痛。"心藏神，心血不足，血不养神，故心悸怔忡，失眠多梦，善惊易恐。心血不能荣于面则面色无华，即《灵枢·决气》所云："血脱者色白，夭然不泽。"血少脉道失充，故脉细涩或数而时止。女子血虚则月经不调，甚或月事不以时下。

**药物组成：**以四物汤为基础方。熟地黄 25g，当归 15g，酒白芍 15g，川芎 10g，山萸肉 15g，人参 15g，柏子仁 20g，炒酸枣仁 20g，炙甘草 15g。水煎服，每日 1剂，分 2 次服。心悸、失眠甚者，加茯神、蜜远志；心律不齐，脉促者，加麦冬、五味子；惊悸善恐者，加煅龙骨、煅牡蛎等。

**方义分析：**方中以熟地黄为君药，取其味甘性温，质润多汁，守而不走，大能滋腻补血。《药性解》称熟地黄"为补血上剂"。臣以当归、人参，当归为血中气药，能走能守，善能补血和血，《本草求真》云："诸脉皆属于心，心无血养，则脉不通，血无气附，则血滞而不行。当归气味辛甘，既不虑其过散，复不虑其过缓，得其温中之润，阴中之阳，故能通心而生血，为血中气药。故凡一切血证，阴虚阳无以附，而见血枯、血燥、血闭、血脱等症，则当用此主治。"气为血之帅，气旺则血生，故又臣以人参大补元气，与熟地黄配伍，则有补气生血，阳生阴长之效。《本草正》云："人参有健运之功，熟地禀静顺之德，此熟地之与人参，一阴一阳，相为表里，一形一气，互主生成，性味中正，无逾于此。"佐以白芍、山萸肉，养血益阴，以助熟地补血之力。白芍味酸，敛阴养血，与熟地黄配伍，有补而不滞之妙；山萸肉固精养血，与熟地黄相配，收精血互生之功，心藏神，血不养心，则心神不宁，故又佐以柏子仁、酸枣仁养心安神；川芎行气活血，使之补而不滞。使以炙甘草调和药性。全方共奏养血和血，益气安神之效。

**典型病例：**古某，女，43 岁，1998 年 9 月 11 日初诊。素体较弱，患冠心病多年，长期服用复方丹参片等维持。近年月经量时多时少，且有时一月再行。2 个月前因劳累心悸加重，西医诊断为心房纤颤而住院治疗。出院后月余，又出现心悸，心律不齐，来院就诊。自述心悸频繁，动则悸甚，活动受限，失眠多梦，头目眩晕。观其身体较瘦，贫血面容，语声低微，呼吸气短，舌质淡白，脉沉细略数，时而一止。辨证为气血两虚，以血虚为主。方药：熟地黄 25g，当归 15g，酒白芍 15g，川芎 5g，人参 15g，黄芪 25g，柏子仁 20g，炒酸枣仁 20g，煅龙骨、煅牡蛎各 30g，炙甘草 15g。7 剂。

9月18日二诊：服上方心悸减轻，但仍时而心律不齐，脉同上。初见成效，继投上方加蜜远志10g，茯神20g以加强养心安神之力。

9月25日三诊：心悸明显减轻，气短缓解，可以进行较微活动，睡眠好转。脉不数，休止减少。继投上方14剂。

10月14日四诊：诸症均显著好转，病去大半，时值经期，血量不多，但逾期未止。上方加阿胶养血止血。投14剂。

11月5日五诊：服上方14剂，血止，余证继续好转，精神良好，面色转佳，继用上方去龙骨，14剂。后以上方制蜜丸，服两月余而安。两年后因咳嗽来诊，诸症未发。

**2. 治病十法**

胸痹心痛多虚实夹杂，段富津在治疗此病时，多以治虚为要，主张补心气，益心血，滋心阴，助心阳，兼以活血化瘀，理气化痰。重在治本，急在治标，总结出十种治法。

（1）益气活血法

[药物组成]黄芪30g，人参15g，丹参25g，当归、川芎、郁金、生山楂、赤芍、红花、甘草各15g。

[主治]气虚血瘀之胸痹。症见胸闷，胸痛，气短，遇劳即发或加重，疲劳乏力，舌质暗淡，脉沉无力。

方药配伍分析：方中以人参、黄芪补气为君，二者相伍，能补一身之气，且益气有助于血行。方中以丹参、川芎、当归为臣，三者相伍，祛瘀血，生新血，祛瘀而不伤血，养血而不腻滞。郁金活血行气止痛，山楂通行气血，有活血祛瘀止痛之功。赤芍活血散瘀止痛，红花活血通经、祛瘀止痛，此四味共助祛瘀止痛之效，用以为佐。方中甘草既助君药参芪补气，又可调和诸药，以为佐使。全方共奏益气活血，祛瘀止痛之效。使正气复，瘀血行，胸痹之证得除。

**病案举例：**李某，女，46岁。左侧胸痛1年余，遇劳加重，日轻夜重，每于夜半胸痛难忍，不能入睡，周身乏力，呼吸气短，舌暗淡，苔薄白，脉沉无力。西医诊断为冠心病心绞痛。心电图：$V_4$、$V_5$、$V_6$ ST-T下降。以上方加三七粉6g，分2次冲服，以增活血止痛之力。服5剂，胸痛大减，诸症明显好转，继服上方加桂枝15g，生姜为引。又进5剂，心电图明显改善，诸症亦安。

（2）益气养阴法

[药物组成]人参15g，黄芪30g，麦冬、生地黄各20g，五味子、炙甘草各15g。

[主治]气阴两虚之胸痹。症见胸部隐痛，心悸，气短体倦，自汗，五心烦热，口干，舌红少苔，脉虚数无力。

方药配伍分析：本方由生脉散合保元汤化裁而成。方中人参大补元气，黄芪补气升阳，共为君药。以麦冬、生地黄为臣，养心阴，清心热，除心烦。与君药相伍，使阳生阴长，气阴速生，补气生阴之力捷。方中五味子之性酸敛，与参芪相伍，一补一敛，可补敛欲耗之气，与麦冬、生地黄相配，一滋一收，可补敛将竭之阴，用以为佐。炙甘草既助君药益心气，又可调和诸药，以为佐使。全方共奏益气养阴之功。使气阴得复，则胸痹自除。

**病案举例：** 于某，女，65 岁。患冠心病 2 年，现胸部隐隐作痛，气短乏力，心悸，口干，手足心热，舌质淡红，脉虚数无力。心电图：ST-T 下降。证属气阴两虚，服上方 12 剂，脉转缓，但仍无力，胸痛减，心悸少，口干除。又进 14 剂，诸症悉减，原方继服 10 余剂，而获痊愈。

（3）益气养血法

[药物组成] 人参 15g，黄芪 35g，山茱萸、枸杞子、川芎、当归各 15g，柏子仁 20g，五味子 15g，茯苓 20g，远志 10g，炒酸枣仁、炙甘草各 20g。

[主治] 气血两虚之胸痹。症见胸部隐痛，周身乏力，气短，心悸，惊惕不安，头晕健忘，失眠多梦，面色无华，舌淡苔薄白，脉沉弱无力。

方药配伍分析：本方由养心汤化裁而成。方中人参、黄芪为君，补益心气。当归、川芎补血和血以养心；山茱萸、枸杞子养肝补血，四药与参芪相配，有益气养血之效，用以为臣。柏子仁、五味子、茯苓、远志、酸枣仁宁心安神，共为佐药。炙甘草既助参芪益心气，又调和诸药，用为佐使。全方诸药相伍，共奏益气补血，养心安神之效，使气旺血生，胸痹得除。

**病案举例：** 王某，男，57 岁。左胸部隐痛，气短乏力，心悸，头晕，面色少华，眠差，舌淡苔薄，脉缓弱无力。心电图：ST-T 下降，心率 56 次／分，西医诊断为冠心病。证属气血两虚。服上方 12 剂，诸症明显减轻，脉转有力，略有弦滑之象，上方加枳壳 15g，又服 12 剂，各症基本消失，心电图恢复正常，心率达 72 次／分左右。继服上方 14 剂，以巩固疗效。

（4）益气温阳法

[药物组成] 人参 20g，制附子 15g，黄芪 30g，桂枝 15g，炙甘草 20g，薤白、石菖蒲、五味子、山茱萸、当归、川芎各 15g。

[主治] 胸痹，心阳不足、心气虚怯者。症见胸中闷痛，心痛彻背，遇寒则痛，痛有定处，心悸，乏力，气短，自汗，手足欠温，畏寒喜暖，舌体胖大，质暗或有瘀斑，苔薄白，脉沉迟无力或沉缓。

方药配伍分析：方中附子大辛大热，温壮元阳；人参甘温，大补元气。心阳有赖肾阳之温煦，二药相伍，上助心阳，下补肾命，中温脾土，共奏回阳益气之功，

683

用之得当，能挽元阳于垂危之际，共为方中君药。黄芪、炙甘草益心气；桂枝、薤白、石菖蒲温心阳，助君药益气温阳之力，用以为臣。五味子、山茱萸收敛欲耗之阳气；当归、川芎养血活血止痛，共为佐药。方中炙甘草又可调和诸药，兼为使药。诸药相伍，使心阳得温，心气得补。全方共奏益气温阳养血之效。

**病案举例：**王某，男，56岁。患冠心病多年，常胸痛，时觉拘紧作痛，心悸，乏力，气短，胸痛作则冷汗自出，四末不温，舌体胖嫩有瘀斑，脉沉迟无力。心率46次/分。服上方8剂后，诸症明显好转。至秋季，自诉夏季较好，近日又时而胸痛，舌体仍胖嫩，脉沉无力。继投上方12剂，诸症均明显好转，心率超过60次/分。上方加茯苓20g，鹿角胶10g烊化。又进14剂而诸症均安。随访2年再未复发。

（5）益气温阳、滋阴养血法

［药物组成］人参15g，黄芪30g，桂枝15g，生地黄25g，麦冬、当归、川芎各15g，丹参20g，炙甘草25g，石菖蒲、五味子各15g，酸枣仁、柏子仁各15g，生姜15g，大枣8枚。

［主治］阳气虚弱，阴血不足之胸痹。症见胸闷或胸痛，反复发作，遇劳即发，心悸怔忡，气短，周身乏力，动则尤甚。自汗，盗汗，五心烦热，口渴咽干，畏寒喜暖，四末不温，眩晕，面色无华，失眠多梦，舌淡少苔，脉沉弱或结代无力。

**方药配伍分析：**本方主治之证由气、血、阴、阳俱虚所致。阳气虚弱，无力鼓动血脉流行，阴血不足，无以充盈血脉，而诸症皆生。方中以人参、黄芪补益心气为君。炙甘草益心气，桂枝、生姜、大枣助心阳，生地黄、麦冬滋心阴，当归养心血，共为臣药。川芎、丹参助当归养血活血，石菖蒲助桂枝温通心阳，五味子、酸枣仁、柏子仁养心安神，共为方中佐药。全方诸药相伍，使阳气得复，阴血得充，则诸症自除。

**病案举例：**徐某，女，63岁。患冠心病多年。现胸中闷痛，反复发作，遇劳尤甚。常心悸，眩晕，失眠多梦，气短乏力，自汗心烦，口干而渴，畏寒喜暖，手足不温，舌淡苔少，脉沉弱无力。证属气、血、阴、阳俱虚。治以上方，服18剂后，胸闷轻，胸痛减，眠卧正常，心不烦，口不渴，脉略迟缓。上方去石菖蒲、远志、酸枣仁，加附子10g。又服12剂，诸症皆大减，脉较有力，上方出入又服20余剂而获痊愈，随访3年未复发。

（6）理气宽胸除痰法

［药物组成］瓜蒌50g，薤白、半夏、陈皮、枳壳各15g，茯苓20g，厚朴15g，郁金20g。

［主治］气滞痰阻之胸痹。症见胸中痞闷疼痛，呼吸短促，不能平卧，胸痛彻背，咳唾痰多，舌苔白腻，脉沉滑。

方药配伍分析：本方所治之胸痹，系由痰气壅盛，痹阻之甚为患。方由枳实薤白桂枝汤合橘枳姜汤化裁而成。方中瓜蒌为君，理气宽胸，豁痰散结，《名医别录》云其"主胸痹"，《本草思辨录》曰："栝蒌实之长，在导浊下行，故结胸胸痹，非此不治。"薤白温通滑利，通阳散结，行气止痛，为治胸痹之要药，用以为臣，《长沙药解》云："薤白，辛温通畅，善散壅滞，故痹者下达而变冲和。"《本草求真》也说："薤味辛则散，散则能使在上寒滞立消，味苦则降，降则能使在下寒滞立下，气温则散，散则能使在中寒滞立除，体滑则通，通则能使久痼寒滞立解……胸痹刺痛可愈。"方中半夏善能燥湿化痰，降逆散结，配瓜蒌、薤白，则理气宽胸，豁痰散结之功尤佳；郁金、陈皮、枳壳，助君药行气祛痰止痛，茯苓健脾渗湿化痰，共为佐药。诸药相合，共奏理气宽胸，化痰散结，宣痹通阳之效。

**病案举例：** 尹某，男，43岁，患胸痹3月余，自觉胸中闷痛，咽中如有物阻，常憋闷不得卧，每以手捶胸稍安，服上方14剂，胸闷大减。但仍觉咽中不利，此仍痰气未尽，继用上方加厚朴15g以行气化痰，紫苏叶10g以理气散郁，且轻而上行。此仿半夏厚朴汤之义，治咽中如有物阻（梅核气）。服7剂，病情明显减轻。三诊：瓜蒌减为30g，又服7剂，诸症消失而停药。

（7）活血化瘀法

［药物组成］丹参25g，当归15g，川芎15g，桃仁15g，红花15g，赤芍15g，枳壳15g，桔梗15g，川牛膝15g，炙甘草15g，生地黄20g，生山楂20g，三七粉10g（冲服）。

［主治］胸中血瘀之胸痹。症见胸部刺痛，痛有定处，按之痛剧，或自觉胸中烦热，或背热、唇暗，舌质暗或有瘀斑、瘀点，脉弦有力或沉涩。

方药配伍分析：方中以丹参为君，活血祛瘀，《本草汇言》谓丹参"善治血分，去滞生新"。当归、川芎、红花、桃仁共助君药活血化瘀止痛，用以为臣。方中山楂活血祛瘀止痛，三七活血化瘀定痛，《医学衷中参西录》称三七"善化瘀血"，"化瘀血而不伤新血，允为理血妙品"；赤芍活血散瘀止痛，《滇南本草》云其"行血，破瘀"，《本草备要》也称其"能行血中之滞"。方中生地黄与当归、川芎、桃仁、红花、赤芍相配，为活血之基础方桃红四物汤，《名医别录》亦言生地黄治"瘀血，留血"，《神农本草经》曾谓其"逐血痹"，可见生地黄亦具有活血之功，且配当归养阴血，使祛瘀而不伤新血；方中枳壳理气有助于活血，桔梗载药上行，为舟楫之药，使诸药之力直达胸中；牛膝引血下行，共为佐药；甘草调和诸药。全方共奏活血祛瘀，理气止痛之效。活血化瘀一法在胸痹的治疗中，有其特有的证治要点，即胸痛，固定不移，痛如针刺，舌质暗或有瘀斑瘀点，脉弦有力或沉涩。

**病案举例：** 刘某，男，72岁。临床表现：胸闷不舒，胸痛如针刺，固定不移，食后加重，活动后减轻，舌质暗有瘀斑，脉弦滑有力。证属瘀血阻滞。服上方 14 剂，胸痛大减。但腿又疼，舌略暗，脉同上，上方加地龙 15g。服方 14 剂，症状均明显减轻，又服上方 14 剂，诸症消失。

（8）理气活血法

[药物组成] 瓜蒌 30g，薤白 15g，半夏 15g，郁金 15g，川芎 15g，红花 15g，桃仁 15g，甘草 15g，丹参 25g。

[主治] 气滞血瘀之胸痹。症见胸中闷痛，胸痛彻背，痛如针刺，甚则不得平卧，舌质暗或有瘀斑，舌苔白腻，脉弦滑有力。

方药配伍分析：方中以瓜蒌为君，理气宽胸，豁痰散结；薤白辛散苦降，温通滑利，善散阴寒之凝滞，行胸阳之壅结，具理气宽胸，通阳散结之功，为治胸痹之要药；丹参活血祛瘀，二者与君药相伍，则具理气活血之效，共用以为臣；又以半夏祛痰散结，郁金、川芎、红花、桃仁活血祛瘀止痛，以助薤白、丹参之力，共为佐药；甘草调和药性，用以为使。全方诸药相合，理气有助于活血，活血则有助于行气，使气行血活，共奏理气宽胸，活血止痛之效。

**病案举例：** 宋某，女，60 岁。临床表现：左胸部闷痛彻背，短气，甚则不能平卧，舌质暗有瘀斑，脉弦滑有力。西医诊为冠心病。治以理气宽胸，活血祛瘀。服上方 14 剂，胸痛轻，憋闷减，已可安卧，舌仍暗，脉转缓，心电图已正常，但时而左胸微痛，上方加桔梗、延胡索各 15g，继服 12 剂而痊愈。

（9）养血理气法

[药物组成] 瓜蒌 30g，薤白 15g，半夏、当归、酒白芍、炙甘草各 15g，炒酸枣仁 20g，川芎 10g。

[主治] 血虚气滞之胸痹。症见胸中憋闷，胸痛彻背，甚则不得平卧，喘息咳唾，心悸，失眠，眩晕，健忘，面色萎黄，唇爪无华，舌淡，脉沉弦而细。

方药配伍分析：本方瓜蒌薤白半夏汤合四物汤化裁而成。方中瓜蒌为君，理气宽胸，祛痰散结；薤白温通胸阳，行气散结，用以为臣。半夏为佐，助瓜蒌、薤白理气宽胸之力；当归入心、肝、脾经，甘温质润，为补血之要药，正如《本草正》所云："当归，其味甘而重，故专能补血……血中之圣药也。"酒白芍养血柔肝，《滇南本草》谓其"调养心肝脾经血"；酸枣仁性平，入心肝之经，养血补肝，宁心安神；川芎为血中之气药，既助君药行气，又可使当归、白芍补而不滞，与酸枣仁相配，酸收辛散并用，相反相成，具有养血调肝之妙，使肝血充足，心得所养，四药相伍，具补肝血、养心血、安心神之功，亦用以为佐。以甘草为使，调和诸药。综观全方，诸药相配，共奏理气宽胸，宣痹通阳，补血养心之效。使气机调畅，心血旺盛，则血虚气滞之证自愈。

**病案举例：** 桑某，女，47 岁。临床表现：患冠心病 3 年余。现胸闷，胸痛彻背，甚则不得平卧，时而咳唾，心悸，眠差，面色无华，口唇色淡，眩晕，舌淡，脉沉弦而细。经静脉注射丹参等药无效，故来求治。辨证属血虚气滞，治以上方。服 6 剂，胸痛轻，可以安卧。上方加枳壳 15g，又服 6 剂，诸症悉减。再进上方 6 剂，临床症状不明显，舌不淡，心电图大致正常，继服上方 6 剂，以善其后。

（10）益气开郁法

[药物组成] 瓜蒌 30g，薤白、枳实、厚朴、桂枝、焦白术、茯苓、炙甘草各 15g，人参 10g。

[主治] 心脾气虚，胸中气滞之胸痹。症见胸背引痛，动则痛甚，气逆上冲，胸脘痞闷，呼吸不畅，倦怠乏力，食少，气短，舌淡，苔白腻，脉沉弦无力。

方药配伍分析：本方由枳实薤白桂枝汤合四君子汤而成。方中瓜蒌为君，理气宽胸；薤白为臣，温阳理气；枳实、厚朴行气散满，降上逆之气；桂枝既助薤白温通胸阳，又温里而降冲气。方中人参大补元气，白术、茯苓益气健脾，共为佐药。甘草既助人参补气，又可调和药性，以为佐使。综观全方，枳实薤白桂枝汤理气宽胸，振奋胸阳；四君子汤健脾益气，使脾胃健运则气血生化有源。全方共奏益气开郁之效，使脾胃得健，气血旺盛，气机通畅，胸痹得除。临床运用本法时，应根据气滞与气虚的程度不同，灵活化裁。如以气虚为主，气滞为次，应重用人参，酌加黄芪，并减瓜蒌、薤白、枳实、厚朴之用量。辨明主次，权衡用药，巧妙配伍，方能收效。

**病案举例：** 程某，女，35 岁。病胸背痛多年，动则痛甚，自觉有气从小腹上冲，呼吸不畅，胸脘痞闷，气短乏力，舌淡苔白腻，脉沉无力。证属气滞为主，兼有气虚之胸痹。服上方 5 剂，胸痛已愈，胸脘痞闷减轻，气已不上冲。仍气短，乏力，但舌苔已不腻，脉仍无力。上方瓜蒌减 5g，去厚朴，加黄芪 20g，人参 5g，又服 5 剂而诸症消失。

**3. 心得体会**

段富津在治疗胸痹心痛时还特别指出以下几点。

（1）胸痹心痛不离瘀血：胸痹心痛最主要的症状是胸痛，不论实证、虚证，均与瘀血有关，无瘀不痛，痛则不通。心主血脉，循环不已，一旦血行不畅，则形成心血瘀阻而作痛。在实证中，除血瘀之外，气滞亦可导致血瘀，气为血之帅，气行则血行。在虚证中，无论气虚、血虚、阳虚、阴虚，均可导致血瘀，气虚则无力鼓动血脉流行；血虚则血行不畅而停瘀；阳虚则血失温煦，血得寒则凝，阳虚血寒，则凝涩不通；阴虚则血少，阴血不足，脉道不充，血行不畅，亦可形成瘀血。故治疗胸痹心痛方中，常使用丹参、川芎，分别配伍瓜蒌、枳壳、陈皮；或地黄、当归；

或人参、黄芪；或桂枝、附子；或人参、麦冬等；治疗胸痹心痛，以达理气活血，益气活血，养血活血，温阳活血，养阴活血之效。

（2）胸痹心痛皆缘血虚：心以血为主，心血不足，则心失所养，血不养心，则络脉空虚而痛。尤其是各种虚证，如气虚则无力推动血脉流行，阳虚则血行不畅，阴虚则血少，气滞证与血瘀证亦会出现血虚，二者均能使血行滞涩，血不养心。因此，在处方中均用当归、川芎养血和血，配入活血祛瘀方中还可祛瘀生新，活血而不伤血；配入补气方中可以补气生血，气旺则血旺，补血亦可补气，使气有所附；配入温阳方中可使温而不燥，助阳而不伤血；配入养阴方中有阴血互生之妙。

（3）胸痹心痛虚证均有气虚：在胸痹心痛的虚证中，均兼有气虚的症状，况补气又助于温阳，亦有助于养阴。因此，在各种虚证的方剂中均常用人参，甚者加黄芪。人参大补元气，《本草蒙筌》谓："气虚宜用，血虚亦宜用。"《本草正》曰："人参，气虚血虚俱能补，阳气虚竭者，此能回之于无何有之乡；阴血崩溃者，此能彰之于已裂之后，惟其气壮而不辛，所以能固气；惟其味甘而纯正，所以能补血。"说明人参虽以补气为主，但只要配伍得当，亦具补血、益阴、温阳之功。"人参与当归并用，可以治气血虚"（《本草新编》），与麦冬相配，达益气养阴之效；与附子配伍，名参附汤，奏益气温阳之功；与活血药如丹参、三七等配伍，有益气活血之用。黄芪同当归相配，名当归补血汤，补血之效捷；"黄芪与川芎齐服，则气旺而血骤生"（《本草新编》）；与附子配合，名芪附汤，尤具益气回阳之力；与活血药如红花、赤芍等相伍，则达益气活血之效。

（4）药力是组方用药的首要问题：临证处方尤要注重药量，因为药量是标识药力的。在一个处方中要有主要药，有次要药。主要药就是君药。君药应该药力最大，它的用量一般要重，以治疗主证。如在治疗心气虚时，常常是以人参 20g 为君药，黄芪 30g 为臣药。从药量上看，黄芪用量较大，但人参 20g 要比黄芪 30g 药力大，所以人参是君药，但如果患者自汗比较明显，动则汗出，或者有中气下陷，动则气喘的时候，则加大黄芪用量，有的用 50～70g，此时，黄芪为君药，取其补气固表，或升阳举陷。特别是气虚证兼有气滞的情况下，补气药与理气药的应用，更十分注重药量。在以人参、黄芪为主要药的同时，加入瓜蒌、枳壳，取其补而不滞，行气而不伤气。在治疗气滞而兼血瘀的方剂中，则重用行气药，如瓜蒌、薤白、枳壳、陈皮等，加入郁金、红花、丹参，此时特别要加重瓜蒌的用量，以便突出行气的作用，而活血药只是佐药而已。这要与活血方中加行气药区分开来，活血方中加行气药是以活血祛瘀为主，如桃红、红花、丹参、郁金、延胡索、川芎等，加入枳壳、陈皮，这是因为气为血之帅，气行则血行，行气是为了活血。这类方剂常常以丹参、三七为君，丹参可用至 30g，在一般方剂中丹参只用 20g。只有突出君药的药力，才能有针对性地治疗主证。

# 五、方药之长

## （一）常用方剂——养心汤

[组成]黄芪30g，茯苓15g，茯神15g，半夏15g，当归15g，川芎10g，远志10g，肉桂10g，柏子仁20g，酸枣仁20g，五味子15g，人参15g，炙甘草15g。

[用法]加生姜5片，大枣2枚，水煎服。

[功效]益气补血，养心安神。

[主治]气血不足，心神不宁证。神思恍惚，心悸易惊，失眠健忘，舌淡苔白，脉细弱。

[方解]方中黄芪、人参为君，补脾益气。臣以当归补血养心，与黄芪、人参配伍，以培气血不足；茯神、茯苓养心安神，以治心神不宁。佐以酸枣仁、柏子仁、远志、五味子补心安神定悸；半夏燥湿和胃，与黄芪、人参配伍，补脾和中，以资气血生化之源；肉桂引火归原，并可鼓舞气血生长而增温养之效；川芎调肝和血，且使诸药补而不滞；煎加生姜、大枣，更增益脾和中、调和气血之功。甘草调和诸药，且与人参、黄芪配伍，以增益气之功，用为佐使。诸药相伍，气血并补，重在补气；心脾并调，重在宁心，共奏补益气血、养心安神之功。

[临床心得]养心汤是段富津治疗胸痹心痛的常用方剂。胸痹心痛分虚证、实证，虚证有气虚、血虚、阴虚、阳虚，实证有气滞、血瘀、痰阻等。虚证以气虚为多，实证以血瘀为最。气虚血瘀证是临床最常见的证型。针对气虚，方中黄芪、人参、甘草共用，即"芪外参内草中央"，三药配伍，补一身内外之气，可以理解为是补气的最佳配伍。针对血瘀，用川芎、当归，即佛手散，临证常加丹参、赤芍、郁金、姜黄等增活血化瘀之力，重者加延胡索、三七活血定痛。方中还有酸枣仁、柏子仁、远志、茯神等安神之品，亦有半夏、茯苓等化痰和胃祛邪之药。如无明显寒象，方中肉桂可以不用，以防温燥伤血。胸痹心痛其他证型，如见有气血不足者，均可以养心汤作为基础方进行加减变化。血虚较重者，加枸杞子、熟地黄；脾虚重者，加白术、山药；兼阴虚者，加麦冬、石斛；兼阳虚者，加桂枝、附子；兼气滞者，加枳壳、乌药；兼痰浊者，加瓜蒌、陈皮。

## （二）活用药物——论桂枝调和营卫

桂枝具有调和营卫的作用，元代王好古曾指出"汗多用桂枝者，以之调和营卫，则邪从汗出而汗自止，非桂枝能闭汗孔也"。明代赵以德在《金匮方论衍义》中分析黄芪芍药桂枝苦酒汤的方义时也曾说："桂枝理血，入营散寒，通顺血脉，解肌肉，用之调营以和卫。"在论述白虎加桂枝汤中也说："加桂疗骨节痹痛，通血脉，散疟邪，和阴阳以取汗也。"特别是在解释苓桂术甘汤的方义时，明确提出"桂枝通阳气，和营卫，开经络"。明代李中梓亦云桂枝"助阳散寒，温经通脉，达营卫，和表里"。明代缪希雍在《本经疏证》中称桂枝"其用之道有六：曰和营，曰通阳，曰利水，曰下气，曰行瘀，曰补中"。明代刘若金在《本草述》中称："桂枝与薄桂，虽皆属细枝条，但薄桂尤其皮之薄者，故和营之力似不及枝也。"清代以降，论桂枝调和营卫之医家尤多，如喻昌在论述炙甘草汤时曰："桂枝能通营卫，致津液，营卫通，津液至，则肺气转输。"柯琴在论参胡三白汤中亦云"若营卫不和，则去柴胡，用桂枝"。汪昂在《本草备要》中明确指出桂枝"调和营卫，使邪从汗出"。吴仪洛在《本草从新》中再次提出与《本草备要》相同的论点。黄宫绣在《本草求真》中又称"用桂枝以调其营，营调和卫气自和"。周岩在《本草思辨录》中云："桂枝辛而不苦，且与甘埒……故只能于营卫之间，调和其气血，俾风寒之邪无所容而自解。"他在麻黄条下又云："麻黄泄营卫之邪，桂枝调营卫之气。"徐大椿在《药性切用》中则称："桂枝调和营卫，解散风寒。"张锡纯在《医学衷中参西录》中称"桂枝非发汗之品，亦非止汗之品，其宣通表散之力，旋转于表里之间，能和营卫，暖肌肉，活血脉"。《施今墨对药临床经验集》论麻黄、桂枝时亦称"桂枝味辛甘，性温……它既能解肌发表，调和营卫，温阳气，利水消肿"。《经方配伍用药指南》中亦云："桂枝解肌和营卫，祛邪散风寒。"综上所述，桂枝具有调和营卫之功，已毋庸置疑。从其药性分析，桂枝乃辛甘性温之品，既入气分（卫分），又入血分（营分），辛能发散，甘能调和，温能祛寒，既可发散风寒，又能温里祛寒，既可调和营卫，又能调和阴阳。

在具体运用上，取桂枝调和营卫的代表方剂，当推麻黄汤与桂枝汤。麻黄汤主治太阳伤寒，其病机为风寒束表，卫闭营郁。营卫俱受邪，二者必不和。治当发汗解表，故方中首选辛温发汗最强的麻黄为君药，但麻黄只能开表祛邪，而无和表之功。若表气不和，腠理开泄，则外邪必得复入。因此，方中取桂枝为臣药，既协助麻黄发汗散风寒，又调和营卫，使风寒外解，营卫调和，肌表复常。或云麻黄祛卫分之邪，而需加桂枝以透营达卫。然麻黄乃"轻可去实，为发表第一药"，岂只发卫分之汗？李时珍曰："汗即血也，在营则为血，在卫则为汗。"早在《珍珠囊》就曾谓麻黄"泄营中寒邪"。《神农本草经百种录》则谓"麻黄散营卫之外邪"。由此可见，麻黄汤中用桂枝，当以其解表散邪、调和营卫为要旨。当然，还缘于方中用杏仁，如果不用桂枝，而麻黄与杏仁相伍，则重在宣肺平喘，而解表发汗之力较弱。再从桂枝汤以桂枝为君观之，桂枝汤主治太阳中风，其病机为"营弱卫强"，即风邪伤卫，卫中邪气盛；卫分受邪不能内护于营，营阴外泻作汗，而营中阴气弱。其治法首当发散卫中之邪，同时复其营中之阴，使营卫调和，故方中以桂枝为君药，既解肌散邪，又调和营卫。或云麻黄祛卫分之邪，本方治邪在卫分，为何不用麻黄？或云麻黄发汗力强而弃之，何不减其量而用之，诸如桂枝二麻黄一汤、桂枝麻黄各半汤等。然本证营阴已虚，若营阴不复，营卫仍不能和，故方中臣以白芍，敛阴和营，与桂枝相伍，一散一收，使卫中邪气去，营中阴气复，阴平阳秘，营卫调和。大青龙汤主治风寒表实兼有内热之证，以"不汗出而烦躁"为着眼点。不汗出是为表实，烦躁是为内热，其证重在表实，故治当发汗解表为主，兼清内热。其方仍以麻黄汤为基础，麻黄为君，开表发汗，解在表之风寒；以桂枝为臣，解肌发表，调和营卫；证兼内热烦躁，因而又加石膏为臣，清热除烦；但石膏性大寒，有碍麻黄、桂枝之发散，故方中麻黄用量加倍。加倍麻黄理当相应加倍桂枝，以便既发汗又调和营卫，但因桂枝温热，恐助内热而增烦躁，因而不倍桂枝，而加生姜、大枣，姜、枣配伍，有似桂枝之功，其性微温，和营卫而不助内热，且大枣又可补脾和中以滋汗源，故方中倍麻黄而加生姜、大枣，表明发汗与调和营卫必须两者并行。

## 六、读书之法

段富津热爱祖国中医药事业，治学严谨，崇尚实践，兼收并蓄，潜心研习《内经》《难经》《伤寒论》及诸家之学，对中医理法方药运用自如，见解独到。他虽立医林60余年，但授课时仍谦虚谨慎，临诊时如履薄冰。因其年轻时临证总有"书到用时方恨少"之感，故下定决心，"焚膏油以继晷，恒兀兀以穷年"。从事教学工作后，他更加如饥似渴地读书，除反复阅读了《内经》《伤寒论》《金匮要略》《温病条辨》等著作外，还系统阅读了《备急千金要方》《外台秘要》《证治准绳》《张氏医通》《伤寒指掌》《医学心悟》等书籍。同时，各种中医杂志每期必阅。凡他读过的书，均加了批注、心得体会或摘抄，几十年来，记了数十万字的读书笔记。他认为欲穷医理，探赜索隐，不外"勤""博"二字。勤读书，方能明理；广读书，庶可达辨。他常说："不经几番风霜苦，难得春梅吐清香"。段富津坚持每天早晚读书的习惯。每当凌晨和夜静的时候，他书桌上的灯光总是准时拨亮，伏案阅读，孜孜不倦。

## 七、大医之情

段富津是首届国家级教学名师、第二届国医大师，同时获得这两项荣誉充分体现了段富津治学严谨求实、勇于创新的精神，临证技湛德馨，大医精诚。

段富津热爱中医，热爱教育，热爱学生，忠诚于人民的教育事业，他对"传道、授业、解惑"的内涵理解深刻，时刻注重以德修己，以德育人，他爱岗敬业，无私奉献，坚持把德育放在首位。段富津常说，作为一名人民教师，除了要具备扎实的专业知识外，还必须注重自身的道德修养，育人必当先修身。他特别关心、爱护学生，不仅殚精竭虑地指导学生业务知识，更无微不至地关爱他们的生活，尤其注重培养学生树立人生理想，树立正确的人生观、世界观和价值观。他数十年如一日，呕心沥血，把自己的学术经验无私地传授给他的弟子们，并对年轻教师的成材给予热情的帮助。他告诫学生：中医学书籍浩瀚，不博览无以扩大学识眼界，懒于独立思考则瑕瑜不辨，浅尝辄止是不够的，他特别要求学生要有扎实的古文功底，中医的理论内容包括词义句读、词汇、术语、文风笔调，无不受到古代文化的渗透。古典文学功底越深，知识面越广，学习、钻研中医学的障碍越少。成就每门科学都必须具有坚实的基础知识，学习中医学，练好基本功尤为重要。熟读、精读经典论著，背诵药性、脉诀、方剂歌诀及针灸歌赋等是学好中医学必备的基本功。中医理论比较古奥深邃，必须细心领悟，方能得其要旨，正所谓"医者意也"。他还认为，随着时代的发展变化，21世纪的中医应该掌握一些西医学基本知识，无论从事医疗，还是搞教学、科研都需要面对的问题，但是有一个前提，作为中医专业的人，首先必须把自身专业掌握好，打下坚实的基础，同时学习一些西医学知识，二者相辅相成才会对中医学术有所提高和发展。既掌握扎实的辨证论治功底，又吸取了相关的西医学知识，但前提是必须保持中医特色。中医院校的学生应该先学会用中医来辨证，发挥中医的特色和技能。中医学有其独特的理论体系，辨证施治为其灵魂，而处方用药更有其独到之处，西医学的诊断技术与检查方法，只供临证参考，切不可轻易对号、攀附，而失中医之本。

段富津医德高尚，对患者态度和蔼，无论贫富贵贱、长幼妍媸都能一视同仁、精心医治。不但治病更治心，对待每位患者都耐心细致的做思想工作，指导其生活、起居、情志、饮食等方面的调养，使其增强战胜病魔的信心。段富津淡泊名利，始终将治病救人作为自己的天职，即使是八十高龄仍坚持常年出诊，每次半天都要诊治六七十例、有时甚至达到八九十例患者，并常因额外加号而延长出诊时间。此外，他还坚持每周两次在教研室为急需治疗的患者义诊，深受全校师生和广大患者的崇敬。"医乃仁术"是他的口头禅。他从不开大方、奇方，处方多用价廉效佳的常见药，尽量减轻患者经济负担。虽为国医大师，他却始终不让挂特需专家号，对有困难的患者还免挂号费，仅此一项每年就可为患者节省上百万元。他老骥伏枥，坚持工作在一线，一心用在中医事业发展上，一心为他培植的方剂学科努力拼搏。曾有多家医院以重金请他出诊，都被他婉言谢绝。他的高风亮节有口皆碑，在81岁高龄时，仍被黑龙江中医药大学评为"优秀共产党员标兵"。

作为黑龙江中医药大学国家级重点学科——方剂学学科创始人及国家中医药管理局、黑龙江省重点学科带头人，段富津多年来为中医药教育教学、学科建设、人才培养和临床研究工作做出了杰出贡献，堪称"一代方宗"。他自己却谦逊地说："我只是一名普通的医生和教师，做了一个医生和教师应该做的事。"

# 八、养生之智

对于养生，段教授坦言他并没有什么特殊的方法，如果一定要说有的话，可勉强从"三因学说"论之。致病有"三因"，养生亦应有"三因"。

## （一）内因——调心为上

从养生角度讲，"三因"之中，内因最为重要，而重中之重，便是心态的调整。众所周知，喜、怒、忧、思、悲、恐、惊"七情"，尤其是后"六情"，最易过而伤人。而纵观七情，虽出于五脏，却与心之关系最为密切。《素问·灵兰秘典论》云："心为五脏六腑之大主，主明则下安，主不明则十二官危。"心对五脏六腑之影响，其大也如此。段富津认为，日常生活中，难免遇到不顺心的事，此时若不懂得适时调心，必然影响身体健康。凡高寿之人，必心胸宽广。段富津提出，"遇事不怨人，凡事先替别人着想"，是保持良好心态的不二法门。善于理解人，想亲人之所想，想患者之所想，想同事之所想，想学生之所想。除此之外，他从不计较个人得失，也没有过分的妄想和奢望，正合《素问·上古天真论》中"恬淡虚无，真气从之，精神内守，病安从来"之旨，亦属于其独特的"内因"养生法之一。

## （二）外因——道法自然

人生天地之间，与天地自然之气相应，顺天者昌，逆天者殃，养生也是一样。段富津认为，"最好的养生，就是道法自然，不违背天地四时自然之气。"《素问·四气调神大论》中详细记载了顺应"春生、夏长、秋收、冬藏"四时之气养生的方法，而更为重要的，是揭示了阴阳四时为"万物之根本"，"逆之则灾害生，从之则苛疾不起"的道理。风、寒、暑、湿、燥、火为"六淫"，为致病之外因，善养生者，当谨慎避之。然而，仅仅"避之"还不够，段富津提出还应顺应自然，保持自身正气的充盈不虚。《灵枢·百病始生》载："风雨寒暑不得虚，邪不能独伤人。"即是此意。自然环境之外，社会环境也很重要。段富津无论是当学徒还是参加工作，一直被大家关爱，他都能做到与大家和谐相处，不仅工作、生活非常愉快，也为身体的健康注入了源源不断的"正能量"。

### （三）不内外因——守正和中

不偏不倚是谓"正"；无太过，无不及，是谓"中"。内因、外因之外，诸如饮食、起居、劳作等，皆属不内外因，以"守正和中"为要。饮食方面，段富津言："并没有什么特殊的要求和嗜好，按时吃饭，有啥吃啥，啥都吃，啥都不多吃。"可谓饮食有节。段富津每天早晨五点半起床，洗漱完毕后，便开始帮家里擦地，然后去早市买菜。如果下午不出诊，午饭后一般都休息 10 ～ 20 分钟，以便下午精力充沛地投入工作。晚饭后，他一般都会看书写作，十点便上床睡觉。起居有常，且日日如此。耄耋之年的他还每天擦地、买菜，对此，段富津解释说："人不能停止活动，擦地、买菜，既做了家务，又锻炼了身体，还可与人接触交流情感，一举三得啊！"

# 九、传道之术

## （一）人才培养方法

中医学具有独特的理论体系，博大精深，古奥隽永，必须深入钻研，细心领悟，正所谓"医者意也"。学习中医要练好基本功，熟读、精读经典论著，背诵药性、脉诀、方剂歌诀以及针灸歌赋等，具备坚实的基础知识。段富津根据早年的求学经历，反复对弟子强调读书、背书的重要性，并引用《医宗金鉴》"医者，书不熟则理不明，理不明则识不清，临证游移，漫无定见，药证不合，难以奏效"之语，指出"背"是为了书熟，书熟是为了理明，理明是为了识清，识清是为了临床辨证。由此可见，《医宗金鉴》所写的大量歌诀体裁，是为了人们的背诵和记忆，这也就勿怪其然了。要把主要的经典著作读熟、背熟，这是一项基本功。"书读百遍，其义自见"。读一遍有一遍的收获。特别是《金匮要略》《伤寒论》这一类经典著作，更应该做到不加思索，张口就来，到临床应用时，才能触机即发，左右逢源，进而才能熟能生巧，灵活运用。否则，读时明白，一遇到障碍又记不起，临证时就难于得心应手。段富津多次强调经典学习的重要性，认为很多经典著作的内容我们还没有完全地发掘出来，特别是一些具有指导意义的知识我们还没有掌握好。在中医学习的过程中，必须把经典著作的学习放到一个非常重要的位置来对待。中医学更是一门实践性很强的医学，辨证施治是其精髓，处方遣药尤多技巧。在打好基本功的前提下，力求早临床、多临床，从医疗实践中加深理解，不断提高，古人早有"熟读王叔和，不如临证多"之训。

## （二）人才培养成果

段富津60余载为中医药事业培养了大批优秀人才，已培养博士研究生48名，硕士研究生36名，博士后12名（其中有我国第一位中医博士后）。他培养的弟子中有国家级重点学科带头人1人、国家级教学名师1人、全国名中医1人、岐黄学者1人、全国优秀教师2人、新世纪百千万人才工程国家级人选1人、全国劳动模范及先进工作者1人、全国老中医药专家学术经验继承工作指导老师1人、卫生部有突出贡献中青年专家1人、国家名老中医学术经验指导教师1人、黑龙江省名中医8人、黑龙江省课程思政教学名师1人。

### 段富津学术传承谱

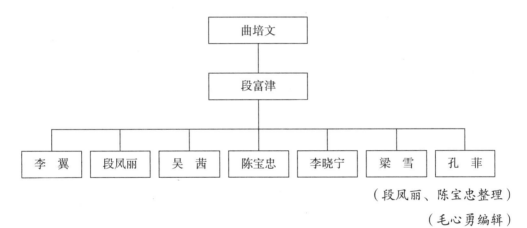

（段凤丽、陈宝忠整理）

（毛心勇编辑）

# 徐经世

徐经世（1933— ），安徽巢湖人，中共党员。安徽中医药大学第一附属医院主任医师、教授。中国中医科学院学部委员，首届"安徽省国医名师"。曾任中华中医药学会中医肝胆病专业委员会常务委员，安徽省中医药学会常务理事、中医肝胆病专业委员会主任委员，安徽省委保健专家委员会资深专家。为全国中医药传承博士后合作导师，全国老中医药专家学术经验继承工作指导老师，全国优秀中医临床人才研修项目指导老师，享受国务院政府特殊津贴。获中华中医药学会终身成就奖，中国民族医药学会中医药传承突出贡献奖，被国家中医药管理局授予"全国老中医药专家学术经验继承工作优秀指导老师"。2014年被授予第二届"国医大师"。

徐经世教授深耕中医内科60余年，在肝胆病、脾胃病、风湿病、糖尿病、妇儿科病、恶性肿瘤等多种疾病的诊治上卓有成效，提出了"杂病因郁，治以安中""妇科诸病，从肝论治""肝胆郁热，脾胃虚寒"病机理论和"尪痹非风"等创新学术观点；总结出32字调肝法和调理脾胃的"三原则，四要素"；用药注重双向调节，提倡用反佐及药对，寓奇效于平淡之中；研制出扶正安中汤、消化复宁汤、迪喘舒丸、复方二草合剂等特效专方。主持和指导国家级、省部级科研项目5项，获安徽省科技进步奖三等奖2项、科技成果2项。编撰出版《徐恕甫医案》《徐经世内科临证精华》《杏林拾穗·徐经世临床经验集粹》《国医大师徐经世》等6部临床专著。先后发表论著、临证经验、中医药传承文章近百篇。

# 一、学医之路

## （一）私塾学堂筑根基

徐经世出身书香门第，祖籍安徽省巢湖市黄麓军徐文化村，曾祖徐树官乃当地饱读诗书的晚清秀才。他自幼受家学熏染，6 岁入私塾，从《三字经》《千字文》《百家姓》《尺牍句解》到《论语》《古文观止》《唐诗三百首》等，日日诵读。后又研读四书五经，并涉猎诸子百家。研学之余苦练书法，以柳体为主，每天 2 张大小字，先描红后临帖再到放手写。十年寒窗造就了其深厚的古文字功底，为日后习医打下了坚实的国学基础。

## （二）秉承家学奠基础

徐经世祖父徐恕甫先生（1884—1964），江淮名中医，民国时期即名噪一方，精通内儿妇外等科，曾悬壶于巢湖地区，医术精湛，屡起沉疴，是建国初期安徽中医"五老"之一。徐经世幼失怙恃，在祖父严格要求和亲自指导下学习，先背诵《药性赋》《汤头歌诀》《医学三字经》《濒湖脉学》《伤寒赋》等启蒙读物，后大量阅读医学经典及历代名著，反复精读《脾胃论》《医学实在易》《临证指南医案》《医学心悟》《医宗金鉴》，尤其是《黄帝内经》《神农本草经》《备急千金方》《伤寒论》《金匮要略》《温病条辨》，至今他对经典医籍中的很多段落都能熟读成诵，了然于胸。其间，徐经世还跟随祖父学习临床基本技能，白天随祖父出诊，晚上读书，复习白天遇到的问题，深刻领会祖父的辨证思路和处方用药技巧。从理论到实践，再由实践上升到理论，反复不断地循环学习，很快掌握了辨证论治、遣方用药、诊治疾病的技能，逐渐练就了厚实的基本功。

## （三）院校深造增异彩

1956 年，徐恕甫先生被安徽省卫生厅调至安徽省中医进修学校（安徽中医药大学前身）任研究员，从事教学临床工作，为安徽中医学院附属医院的创建作出了卓著贡献。徐经世因中医基础和临证基本功扎实，亦随祖父一起调动，被推荐入学校学习。在校期间他认真攻读了《解剖学》《生理学》《药理学》《内科学》《外科学》《病理生理学》等基础理论知识，熟练地掌握了现代医学临床技能，为其临床诊断、治疗疾病提供了不同的思维模式与方法，丰富了运用中医药诊治疾病的内涵与手段。经过多年理论深造和临床实践的历练，他对中医思想的理解、各家学说的领悟、临证诊疗的把握、理法方药的运用等初步形成了自己的风格。

### （四）名师指点添羽翼

1959年安徽中医学院创建，从全省乃至全国选拔了一批有真才实学的中医大家，如陈粹吾、崔皎如、高翰府、陈可望等，充实教学与临床岗位。徐经世抛弃门户之见，转益多师，跟从诸位中医前辈学习，每遇难题，虚心请教，进一步丰富了中医理论与临床辨治水平。

## 二、成才之道

### （一）熟读经典，发皇古义

中医经典辞旨古奥，意蕴幽深，即使对于有深厚古文化功底的徐经世来说，也不是一件容易的事。他反复研读，仔细品味，潜心其间，去粗取精，透过文字表象，着重领悟其实质，学习古代医家"辨证"思维方式，不拘泥于字句，力求得其真知。同时非常注重在临床实践中去领会经典，时常带着问题、联系实际去寻求经典依据，再反过来通过实践验证经典的正确性。如读到《伤寒论·厥阴病篇》"消渴，气上撞心，心中疼热""饥不欲食，食则吐蛔，下之利不止"时，反复琢磨，发现前者应责之于肝胆郁热，后者则应求之于脾胃虚寒；受此启发，他提出了"肝胆郁热，脾胃虚寒"病机理论，用之以指导临床用药，为解决诸多疑难杂病提供了新思路。他坚持不懈的学习，学以致用，古为今用，不断加深对经典的理解。

### （二）勤于临床，融会新知

徐教授始终扎根于临床一线，即使是担任医院主要领导职务期间，也未放弃每周的门诊及疑难会诊。临床中他善于总结，大胆创新，摸索经验，探索规律，逐步总结出一整套行之有效的治疗方法，形成了具有鲜明特色的学术理论。如调理脾胃提出两个掌握：一是掌握脾胃生理功能与特性，遵循"理脾守东垣、和胃效天士"之意，提出调理脾胃"三原则、四要素"；二是要掌握方药选择，用药既不克伐太过，有伤脾胃，又针对不同病情因人因时因地而异。临床研制出多种制剂，为胆胃病、肿瘤术后、顽固性咳嗽、尿路感染等病症的治疗提供了有效组方。

## （三）摒弃门户，博采众长

徐教授自幼秉承家学，后又接受现代中医院校教育，并跟师了多位名老中医抄方及诊疗，开阔了视野。他信守"三人行必有我师"的古训，只要周围有比自己高明者，都会虚心求教，博采众长。另外，还要博览群书，从经典到抄本，从仲景之书到各家学说，都广泛涉猎，兼收并蓄，尊古而不泥，在总结前人经验基础上结合临床实践，逐渐总结摸索出许多临床中行之有效的思路和方法。

## （四）矢志岐黄，德行为先

徐教授能有今天的成就，与他始终怀有一颗济世仁爱之心分不开的。他认为：医者德行为先，非有志于解黎民之疾苦，愈万家之病痛者，终不得医道之真。其书桌旁贴着这样的座右铭："矢志岐黄，不忘初心；牢记宗旨，忠诚敬业；仁德仁术，以人为本；知彼之苦，若己有之；严于律己，宽恕为怀；传承有责，寄望后学。"他不矜名，不计利，至精至一钻研医术，心系病患，始终视病人之疾苦若己受之，千方百计搜求愈病之法。他说白天坐诊，晚上看书，白天遇到的问题，晚上就翻出思考，就是要为病人找到最好的答案，久而行之，其术自然日臻完备。

# 三、学术之精

徐经世教授积 60 年学验，于临床各科疾病均有独到见解，中医内科着力尤甚，总结出很多行之有效的方法，在诊治杂病中形成了其独特的理论认知和诊疗思想，验之于临床常收显效。

## （一）杂病因郁，从中调治

### 1. 杂病致因，多从郁论

徐经世教授将疾病之因归结于气机失调所致，所谓"百病生于气"，内科杂病尤是如此。《素问·六微旨大论》曰："出入废则神机化灭，升降息则气立孤危。"早已明言气机和调的重要性。而气机失调首先的表现也是气机郁滞，"郁"是导致诸多疾病的一种潜在因素。所以他认为内科诸多杂病虽症状体征千差万别，论治皆需考虑"郁"的因素，方可切中病机。

他指出，"郁"有积滞、蕴结之义，应分广义与狭义两类。广义包括外邪、情志等诸多因素所致气机郁滞，出现各种阻滞不通，脏腑郁结在内；狭义指情志不舒为主要表现的郁证，亦多缘于志虑不伸，气先为病。气失所常，由气致郁，临床所见如气喘、咳嗽、气厥、气胀、气痛、气疝、脘痛、胁痛、眩晕、心悸、不寐、积聚、不孕等，都是"郁"在其中。可见郁之为病涉及面广，不只限于脏躁和梅核之类。即使以"六郁"来说，其病种也非一二。

气与郁又互为因果。从"气"言之，《素问·举痛论》有言："怒则气上，喜则气缓，悲则气消，恐则气下，寒则气收，炅则气泄，惊则气乱，劳则气耗，思则气结。"说明气之为病既有六淫又有七情引起，情志引起者如怒为肝阳亢逆，喜为心神不定，悲为肺虚少气，恐为肾虚精却，惊为肝风抽搐，思为脾伤不运，劳为虚损等。他认为，气与郁二者同曲不同词而已，且互为因果，内科杂病由郁所致、从郁论治确有据可循。

现代社会工作和生活节奏加快，人们欲求也随之增加，如欲而不达，则久而成郁，内伤杂病由郁所致多见。徐教授临床体会，内科杂病不管外感还是内伤，由寒转热，由湿温化热，由实变虚，虚实交错等转化，其演变和归宿虽有不同，均寓"郁"于其中。

**2. 调肝理脾，安中治郁**

徐教授认为，杂病因郁而致，郁以气机失调为因，而气机升降之枢纽则在中焦，以"安中"之法使气机升降平衡，可达舒郁的目的。他明确指出，中焦应当包含肝胆脾胃四者，而非以往认为的脾胃而已。明确中焦即肝胆脾胃，对理解"安中"以治郁，意义重大。

其所谓"安中"，关键在肝胆脾胃关系调和，含义有两个维度：一是气机升降枢纽在中州脾胃，脾升胃降主一身之升降，中焦生化气血及升降气机功能正常，则气机郁滞自然得解，调气机须以中州为要，重视脾胃气机升降，使其升清降浊、纳运协调，当为治病之先。二是肝主调畅气机，脾胃之升降又全赖肝之生发、胆之顺降，所以脾胃之调其制在肝胆。脾胃肝胆四者之间升降相因，内科杂病辨治当遵以脾论治、调肝为主的原则。故其治当分两途，一则健运脾胃以使气血生化有源，二则舒调肝胆以使气机升降如常，二者相辅相成。用药上既要注意到顾护脾胃，又要防止郁折肝气，宜平和不宜偏颇。

徐教授认为，气机和调本质即是气机升降有"度"。调气机关键在于掌握"升"要升到什么程度，"降"要降到什么位置，才可使之平衡，恢复常态。此升降之"度"的衡量标准，要视疾病症状缓解的程度。譬如胃气上逆、嗳气频频，如药后症减说明降已到位；又如头昏乏力，血压低，用升举之法而得解，说明升已应效。这种"以效为度"才是评价中医疗效的标准，远非实验室指标所能及。徐教授认为用药最忌矫枉过正，稍有偏颇即会出现不适表现，须中病即止。处方用药上要善用双向调节之方，尤喜以黄连温胆汤加减，作为调和肝胆脾胃气机之基本方，因此方能升降相兼，四者同调。其创立的消化复宁汤一方，即依黄连温胆汤化裁而出，临床用之屡收捷效。

徐教授强调，安中治郁关键在治肝。诸气之郁，先责之肝；且肝主藏血，肝气一病，脏腑气机失调，气血失和，运行不畅，经络不通。他认为，治肝之法当遵《素问·至真要大论》"疏气令调"之论。后世刘完素讲玄府，李东垣讲胃气，朱丹溪讲开郁，叶天士讲通络，都有疏肝之理寓在其中。在用药方面，朱丹溪以善用苦寒而闻名，却又很注重开郁，常用之药不外香附、川芎、白芷、半夏之类，很值得深思。前人所谓平肝之法，主要是芳香鼓舞，疏以平之。当然，若肝气盛之还得用泄，但又不可一概用泄，以免伤肝，要善于调。如何条达肝木，历代总结出很多行之有效的治法，其中徐教授对清代王旭高"治肝三十法"情有独钟，并通过数十年临床研究，将其归纳总结为四句话32字，第一句"疏肝理气，条达木郁"，方选逍遥散、四逆散、温胆汤之类；第二句"理脾和胃，和煦肝木"，方选归芍六君汤、芍药甘草汤等；第三句"补益肾水，清平相火"，方选魏氏一贯煎等；第四句"活血化瘀，燮理阴阳"，方选燮枢汤、三阴煎之类。他认为，就杂病而论，不管病在何脏，由郁而致都应以此调之，和缓中州、转枢少阳，抑制木郁、反克取胜，邪去而正安。

### 3. 调理脾胃，用药兼顾

徐教授调理脾胃，着重强调两点：

一是补不峻补，润燥适宜。临证用药既不能克伐太过以伤脾胃，又当适度掌握方药配伍及剂量大小。针对不同病情，他常以平和多效方药，取双向调节之功，以达脾胃升降平衡之效。他认为，辛香理气药少投可行气化湿、悦脾醒胃，过用则破气化燥、反损脏腑，对阴血不足及火郁者更当慎之，以防止耗阴助火。故其用丁香、沉香等辛窜温燥之品，均不过投，常配伍白芍以制约其性。脾喜燥恶湿，用药忌柔用刚；胃喜润恶燥，用药忌刚用柔。其在脾胃调治中，对温燥及寒润药物的使用慎重有加，以防出现胃燥津伤或湿困脾阳之弊端。他强调，即使出现胃阴不足或脾阳不振之症，亦应牢牢把握脾胃生理特性，以刚柔相宜、燥湿相济为原则，掌握寒温、燥湿之度。如白术与白芍相伍，健脾阳而不燥胃津。脾胃阴不足之象，以山药加石斛、沙参，均可润养脾胃之阴。

二是益脾重理气，养胃用甘平。脾为阴土，性善升运，而大凡滋补之品多为阴药，滋腻且易助湿碍脾，故补脾阴不宜纯用滋补，而以平补为贵。为此徐教授提出"护脾而不碍脾，补脾而不滞脾，泄脾而不耗脾"三原则。脾胃阴虚者治宜甘寒滋润，常选用补而不燥、滋而不腻、行而不滞的平补之品，如天花粉、葛根、五味子、山药、石斛、麦冬、沙参、玉竹、莲子肉、扁豆、甘草、糯米等。脾主升，胃主降，脾得阳始运，胃得阴始和。甘味补中，故以甘温之剂运其气，辛甘之剂助其阳，甘寒之剂滋其液，酸甘之剂化其阴。其运用理脾阴法时，常配以绿梅花、香橼皮、白扁豆等运脾和中之属，使静中有动，滋而不腻；湿热较著者则慎用滋阴法，或酌加藿香、佩兰等芳香开窍之品。同时，还须避香燥耗阴和苦寒消导，常用熟地拌砂仁、黄柏、陈皮等，以防滋腻伤中。

徐教授对脾阴虚证的成因与治疗也有独到见解。他认为，脾阴不足非脾脏本身之病，多系肝肾阴虚、胃腑及肺脏燥热所导致。素体阴虚，或生活失于调摄，劳心竭虑，营谋强思，致伤于肝，肝郁日久致肝肾阴虚，而生内热，伤及于脾，耗伤津液，引起脾阴亏虚；或肝气不舒，郁而化火，或嗜食肥甘厚腻，辛辣香燥，热积于脾，日久伤及脾胃，形成阳明燥热，消灼阴津，累及于脾，而成脾阴不足证。又肺主燥，肺经燥热，日久子伤及母，二燥相炽则成脾阴虚证。治疗上首选二至丸、一贯煎以养益肝肾，滋阴条达；若见食欲不振，口干咽燥，舌红少苔等阳明燥热证，加养阴益胃、清热润燥之品，如沙参、麦冬、生地、玉竹、石斛等。取方用药要遵守"滋而不腻，温而不燥，补而不滞"的法度，防止偏盛，用于临床确实疗效彰显。

## （二）"肝胆郁热，脾胃虚寒"论

徐经世教授通过长期临床及对肝胆脾胃相关病症以及诸多慢性疑难杂病发病机因的探求，发现很多疾病在发生发展过程中，表现出寒热交错并存的病理状况，其间或肝胆郁热较甚，或脾胃虚寒为重，两者相互影响、相互制化，形成复合的病理因素。对于诸多内伤杂病而言，肝胆脾胃四者之间的病理则多由"肝胆郁热，脾胃虚寒"的性质转变，出现寒热交集，或寒热各居其位、相互格拒的状态。

### 1. 病因病机

徐教授从肝胆郁结、脾胃损伤、饮食情志所伤、体质差异四个方面，对"肝胆郁热，脾胃虚寒"因机性质作了分析。

（1）肝胆郁结：朱丹溪谓："气血冲和，万病不生，一有怫郁，诸病生焉，故人身诸病多生于郁。"徐教授认为，在诸多内伤杂病中气机郁滞首当其因，而"郁"者又先责于肝胆。他分析说，肝主疏泄，喜条达而恶抑郁，且肝主谋虑，胆主决断，人的精神情感、思维决策多受其左右，故病态下肝胆之气多郁滞。肝为将军之官，体阴而用阳，其性急而动，若郁滞日久必从火化，耗血劫阴，而见口中干苦、心烦易怒、失眠多梦、头痛眩晕等郁火内炽、肝阳上亢之候。肝胆郁滞，失于疏泄，必影响脾胃的纳运；脾胃纳运失健，升降失宜，寒湿内生，阻遏气机，胀、满、呕、痛、泄诸症丛生，最终出现"肝胆郁热，脾胃虚寒"之机、寒热交杂并存之势，正如叶氏所言"肝为起病之源，脾胃为传病之所"。

（2）脾胃损伤：李东垣有云："内伤脾胃，百病由生"，"百病皆由脾胃衰而生"。

徐教授指出，若脾胃受损，寒湿内生，纳运失常，气血化生不足，肝体失其柔养，肝木有失条达，则郁而为病。再者，脾胃受伤，升降失权，清阳无以升，浊阴无以降，影响肝胆升发疏泄，肝随脾升、胆随胃降的生理无以运转，则出现肝胆郁滞，气郁化火，形成"肝胆郁热，脾胃虚寒"的病理状态。

（3）饮食情志所伤：当今社会，一则生活水平提高，人无节制，纵饮多食，且无规律，而瓜果冷食、肥甘辛辣习以为常，终使脾胃受损而化湿、生寒；二则生活、工作节奏加快，精神压力增大，渴求不遂、欲壑难填者甚多，因病而郁、因郁而病，久则五志过极而皆化为火，两者对"肝胆郁热，脾胃虚寒"形成有着最为直接的影响。

（4）体质差异：从临床实际看，"肝胆郁热，脾胃虚寒"病机在某一类人群中更为易见，如妇女、老人、小孩，这类人多性情好强，或抑郁寡欢，对事物的感知较为敏感，这种体质在疾病过程中，每有肝气郁结的病理表现，发展到一定阶段又影响脾胃的纳运功能，最终形成"肝胆郁热，脾胃虚寒"的病理状态。

**2. 临床症状**

"肝胆郁热，脾胃虚寒"病机所表现的证候较为繁杂，但从临床所见，主要为胃脘胀满冷痛、饮食不振、多食、饮冷即胀、嗳气吞酸、口中干苦、但喜热饮，或口舌生疮、口中秽臭，或胁满刺痛，或烦躁易怒、不寐多梦，或面部烘热、易发痘疹，或头晕目痛，或咽部不利、似有痰阻，或月经紊乱，经前腹痛腹泻、乳房胀痛，或手足不温，或大便稀溏、干稀不一，小便偏黄，舌偏红、苔薄黄微腻，脉细弦或数等。临床但见一二症便是，不必悉具。

**3. 常见病证**

临床涉及"肝胆郁热，脾胃虚寒"病机的病证极为广泛，包括胃脘痛、呕吐、痞满、胁痛、泄泻、吞酸、呃逆、黄疸、积聚、鼓胀、眩晕、头痛、厥证、不寐、郁证、梅核气、惊悸、瘿瘤、乳癖、乳核、痤疮、风疹、湿疹、女子不孕、小儿疳积等。

**4. 诊疗原则**

针对临床诸多疾病所表现出寒热交错并存的病理特点，若单以苦寒之药清解郁热，则恐伤脾胃阳气，有碍纳运；而独以辛温之品健脾暖胃，又惧助热伤阴，以生他患，临床较为棘手。唯有寒热并用方为得法，辛开苦降是治疗基本法则。叶天士指出："辛可通阳，苦能清降。""通阳"即温通胃中阳气，宣化寒湿；"清降"即清泻肝胆郁热，降逆和胃。就"肝胆郁热，脾胃虚寒"病机而言，此法又另有新意。"辛"者，有辛温、辛香之别，辛温可健脾暖胃，燥湿散寒；辛香则可疏肝理气，行气解郁。而"苦"者，有酸苦、苦寒之分，苦寒既可清泄肝胆郁热，亦可通降胃腑；

酸苦则能直折肝胆郁火且养肝阴。从临床来看，用辛开苦降之法治疗诸多寒热交错疑难杂病，其疗效多较显著。

**5. 经典方药**

徐教授基于当今国人体质、发病因素，以及证候表现，吸取古人制方特点并结合临床体会，拟定了治疗"肝胆郁热，脾胃虚寒"的基本方药：竹茹、陈皮、藿香各 10g，炒白术、枳壳、石斛各 15g，清半夏 12g，绿梅花、白芍各 20g，炒黄连 3g，煨姜 5g，谷芽 25g。此方取半夏泻心汤、黄连温胆汤之意，以枳壳、陈皮、半夏、煨姜、藿香辛温燥湿、健脾暖胃。其中藿香芳香辟秽，与石斛、黄连等清热养阴之药相伍，可除口中秽臭；而煨姜温而不燥，既不若生姜辛温宣散，又不如干姜温热伤阴，于脾胃虚寒、肝胆郁热者用之最宜；炒白术、谷芽以健运脾胃；石斛养阴生津而无寒中碍胃之弊；黄连、白芍合用，酸苦涌泄，直折肝胆郁火；竹茹清泄肝胆，降逆和胃，脾胃寒甚者可以姜制；绿梅花芳香悦脾，疏肝解郁，较之柴胡有升无降，更切合病机。全方用药体现了温燥有度，苦寒适宜，寒不犯中，温不助热的用药特点。

**6. 随证化裁**

"肝胆郁热，脾胃虚寒"者临床表现多端，且同时可伴有其他诸多变证，临症时须识同辨异，用药应"活泼泼的，如盘走珠"，可收佳效。

（1）辨兼证化裁：肝气犯胃、胃脘疼痛，加檀香、丹参、蒲公英；嗳气吞酸，呃逆呕吐，加代赭石、红豆蔻；肝火内炽，心烦易怒，不寐多梦，加酸枣仁、合欢皮、琥珀、淮小麦、甘草；肝气不舒，胁满刺痛，加金铃子散；肝胆郁滞，升降失常，胃腑不通大便不畅，加杏仁、桃仁、瓜蒌仁；肝胆郁滞，脉络不通，手足不温，加桂枝、白芍；肝强脾弱，大便痛泄，加防风、薏苡仁、扁豆花；胆热脾湿相互胶着，全身黄疸，加茵陈、车前草、赤茯苓、赤小豆；郁火上扰，头晕目痛，加天麻、炒菊花、珍珠母；咽部不利，似有痰阻，加甘青果、木蝴蝶等。

（2）辨变证化裁：痰甚加胆南星、贝母、白芥子、竹沥、天竺黄、僵蚕、白蒺藜等，瘀甚加红花、赤芍、丹参、川芎、王不留行、益母草、三棱、莪术、土鳖虫、地龙、穿山甲等。视脏腑病位、寒热、虚实而选用。另肝胆郁热，耗伤肝阴，加熟女贞、甘枸杞、北沙参等。

（3）辨寒热轻重化裁：肝胆郁热较重，以苦降为主，温通为辅，可去煨姜，加黄芩、焦山栀、龙胆草等；脾胃虚寒较著，以温通为主，苦降为辅，去石斛，加吴茱萸、砂仁，甚则熟附亦可入用。

（4）辨因果关系化裁：肝胆郁滞，木乘土位，使脾胃纳运失健，虚寒内生，应着重治疗肝胆，木平则土自健，柴胡、郁金、香附、沉香、合欢皮、玫瑰花等皆可选用，此类药同具疏肝悦脾之功，于病情最符；若脾胃受损、纳运失健而致土壅木郁，又需扶土为主，人参、黄芪、大枣、甘草、茯苓、山药、焦三仙皆可选入，土旺则木荣。

徐教授临床体会，"肝胆郁热，脾胃虚寒"已逐渐成为临床诸多病证最主要的致病机因，特别是许多慢性内伤杂病，多有寒有热、夹虚夹实，如不明病机则辨证诊断往往如千丝万缕、毫无头绪，但以此病机指导用药，却多能取效，从而为解决中医诸多疑难杂病开辟了新的思路。"肝胆郁热，脾胃虚寒"病机理论的提出，不仅丰富了中医理论，而且对于指导临床、提高疗效亦具重要意义。

### （三）尪痹非风论

徐经世教授认为，"尪痹"作为痹证的一个特殊证候，其临床表现以小关节肿痛明显、病程漫长，晚期引起关节僵直、畸形和功能严重受损为特点，《金匮要略·中风历节病脉证并治》描述"诸肢节疼痛，身体尪羸，脚肿如脱"，极类似于西医类风湿性关节炎。因属"痹证"范畴，历代多推崇风寒湿三气杂至合而成痹说，且首推风邪为患，常从感风寒、风湿、风热之邪究其因，见痹意味有风、治痹不离祛风。徐教授不以为然，其认为尪痹成因非六淫之风，而是阳气虚怠、肝血亏损而致寒凝血滞、痰湿流注所形成的一种变态性疾病。所提观点现已得到中医界广泛认同。

从风邪性质而言，风为阳邪，其性善行多变，有走而不定的特点，风邪或夹他邪所致的痹证，如风湿性关节炎，有游走侵害组织的多样性和化热所出现的关节红肿热痛等特征。然尪痹患处多长期胶注不移，病情变化缓慢，证型以阳虚多见，化热者极少，与由风邪所致之游走性和动摇性显然有别。

从临床表现而言，尪痹小关节痛剧而不移，晚期患处肢节肿胀变形、僵直拘挛等，均系寒湿之邪侵袭之征。寒与湿都有外受内生两途。外受者，阴寒侵袭人体后，最多见的为凝滞和牵引性病变，常有经络不畅、关节酸痛等体表症状，这正是寒邪稽迟、注而不行的特征；湿为水生，人体受水湿入侵则有沉重如裹、四肢酸懒的感觉。内生者，寒湿均为阴邪，内生则相互依存，并为因果，互错为病，阳气受伤，水液内停，出现运化不全，吸收而有余留、排泄而有不尽的湿邪产生。其病在里，犯于脾胃，常见食欲不振、大便溏泄等症。若注及四肢，气血受阻，又可见肢节肿痛、痛处不移、屈伸不利、活动障碍。之所以如此，是由于寒湿阻遏气机，损伤阳气，难以施化之故。正如《素问·痹论》所描述："痛者，寒气多也，有寒故痛也。"因寒则凝，遇湿则滞，互相胶注，发为肿痛。以上是痹的特征，非风邪的表现。若论尪痹与风有关，此风为"内风"。所谓"尪痹非风论"，指非外感风邪所致。肝为风脏，尪痹为筋病，其与肝脏条达、肝血充盈与否密切相关。肝一旦为病，往往筋失濡养，血虚生风，若尪痹即受所扰，但伴随游走性症状不明显，充其量不过是症状加重或变化之诱因，并非六淫之风所致。

从西医观点而言，风湿病为溶血性链球菌感染后引起的全身变态性反应，侵犯部位多样，如心脏、关节、肾脏等组织器官，病情变化较为复杂，常有明显的炎性反应，符合风邪为患的特征；而类风湿关节炎则为一种慢性全身性自身免疫性疾病，起病缓慢，隐匿起伏，病位固定，鲜有多变、游走等明显的风邪为患特征，其病因主要是由寒冷、潮湿、疲劳、营养不良、精神等所致，临床表现及病位符合尪痹的特有体征，这为"尪痹非风所致"提供了客观依据。

从中医治疗而言，无论是仲景治疗历节病的乌头汤、桂枝芍药知母汤，还是后世治法，多从补益肝肾、温阳除湿、活血通络入手，少有祛风之法或药物。徐教授指出，其本在肾，取益肾壮督的治本之法，多取良效。如国医大师朱良春创益肾蠲痹丸，主以养益肝肾、逐瘀通络之品，并以虫类取胜；又如娄多峰教授倡导以疏通经络、畅通气血为法则，疗效卓著。反观针对类风湿性关节炎研制的祛风制剂，用之则鲜效。他指出，治疗尪痹如仍囿于祛风，势必会出现津液耗散、筋骨失养，加重病情。

徐教授指出，痹证多由风寒湿三气交感而致，而尪痹则为湿邪内生，气血失调，经络阻滞，其非外风所致，图治有异，治分两途。寒湿流注经络，气血不和，筋骨受累，损及肝肾，所见内外交错，虚实并存，标本互见，治疗图以求本。类风湿性关节炎作为一种全身慢性进行性疾病，患者不仅形体虚弱，且精神常悲观失望，徒用峻攻往往伤正碍胃，于病不利；祛邪之中注重调理气血，则能从根本上改善机体状态，从而最终控制病情。所以徐教授主张，治尪痹当以调和营卫、和其脾胃、理其气血、养益肝肾治本，配用辛温通阳、通络止痛以图标。治法宜宣通，注重除湿，温经通络，虚实兼顾，方常取黄芪桂枝五物汤加味。药以静中有动，动中有静，内外结合，交替取用。因本病疗程长，单以煎剂内服，往往胃难以受纳。实践证明，虚实兼顾，立足治本，不仅症状可得缓解，而且可促使患者精神振作、体质增强，特别是在治疗过程中注重理脾和胃，对改善症状和功能修复起着潜移默化的作用。

## （四）药尚平和，善用反佐

徐经世教授临床处方用药向来慎重，无论常见病还是疑难顽疾，从来诊询入细，明审病机，多采取调养、调节之法，平和之剂，既疗疾又不伤本体，所选方剂药味不多，也不见偏怪之药，却能屡屡治愈疑难顽疾。中医治病以偏纠偏，以药之寒热温凉偏性纠正人体失常之性，但应注意不能矫枉过正，因药致病。徐教授所说"平和"之剂，并非单指配方药味少、剂量轻，而有其更深层次的含义。

**1. "平和"之义**

"平"，大而言之即"阴平阳秘"；"和"，中医文化之精髓，具体到人体，即指五脏六腑功能和谐，五脏之间生克制化如常。徐教授所言"平和"，即建立在"阴平阳秘""生克制化"之上，抓住异常症状，归纳病机，拟定治疗大法。

徐教授十分注重脏腑生理病理的演变，知常达变，以复其平。如肺为华盖，主司呼吸，喜宣通而恶壅塞，治肺系疾病重"翕辟"，以宣降通调为顺，治疗用药上敛散结合，复肺之宣发肃降，宜轻不宜重，重则易过病所，所谓"上焦如羽，非轻不举"；肝为升发之机，主司疏泄，又主藏血，体阴而用阳，治肝系疾病重"体用"，要在疏肝、调肝、清肝、平肝、柔肝，用药以条达肝气、柔养肝体同施；脾胃为一身气机升降之枢纽，然有赖于肝胆的制化，治脾胃疾病重"升降"，升降有"度"，以"效"为"度"，升降不过位，且用药要把握平衡，所谓"治中焦如衡，非平不安"；心主血脉，心脉要通畅，治心系疾病重"通养"，以温通心脉、益养心阴共用；肾为水火之脏，内寓先天元阴、元阳，主司封藏，治肾系病重"补泻"，虽宜补不宜泻，然实中有泻，泻中有补。

所谓"平和之剂"，体现在配伍上有三个方面：一是多以药性平和之品组方，绝少选用偏性过强或者毒性药物，却能祛除各种疑难偏怪之疾。二是采用一药多效之药，通过精当配伍，既减少药味的使用，又使其多种功效得到充分发挥。如桂枝与白芍伍用，既能调和营卫，又可通调血脉，温通阳气，启发生机。徐教授秉持药不尚多、简便廉效之准则，方多以 12 味为数，但一方之中有多法多方，有时只取经方某几味药，有时只取方义另组新方，师前人之法而不泥前人之方。三是用药剂量不大，一般 9～12g，但并非剂量越小越好，旨在恰到好处。如治疗肝胃不和，常用绿萼梅开郁和胃，《中国药典》用量仅为 5g，而他一般用 15～20g，因其芳香开郁之功非小量可达。此外诸如煨葛根常用 30～40g，浮小麦 30～50g，薏苡仁 30～50g，因治某些疾病有特殊作用。另外，徐教授非常注重药物炮制，其治疗"肝胆有热、脾胃虚寒"喜用煨姜，生姜煨用减其辛热之性，留其温胃暖中之功，亦平和之义。

**2. "反佐"之法**

运用反佐法的病症多错综复杂，如真寒假热、真热假寒、大实有羸状、至虚有盛候。如真寒假热，大辛大热之品治其寒，是为治本之策，但常因病灶真寒格拒，药难达病所，须有向导引之，避实就虚，巧寻经隧，直达病灶。这个向导就是引药，在大剂量热药中加一点寒药，真寒病灶受到同气相吸相引，从而使热药长驱直入，其治当效如桴鼓。

反佐之法，朱丹溪"左金丸"是为典范。肝火犯胃，症见胁肋疼痛，呕吐口苦，嘈杂吞酸，舌红苔黄，脉弦数，治当清泻肝火、降逆止呕，此方黄连清泻肝火治本，但以少量吴茱萸配伍，一则取辛热之性以制之，防苦寒伤胃；二则疏肝降逆，协助解郁止呕；三则引黄连直入肝经区，以泻其火。

徐教授认为，反佐其义有二：一是药物寒热之性的反佐。即大队温热之中加入苦寒之品，寒凉药队中加入少许辛热之味，以佐制其性。二是药物升降之性的反佐，即针对病位及病性，在沉降药中加入升提药味以防过于重坠，或在升发之品中制以重镇之药以防升发太过，并以此发明了诸多升降相制的药对，如治疗眩晕喜用葛根配赭石，一升一降，相反相成，共同达到平衡气机的作用。

反佐法不仅体现在药物配伍上，还体现在"炮制反佐"上。如治真热假寒，将寒凉药适当经火炒制，取其火性，使热性附于寒药，从而使寒药趋之病灶而不会产生格拒。如砂仁拌熟地滋补而不碍胃，用熟地捣麻黄以疗阴疽，蒲黄炒阿胶补血止血兼得等，亦反佐之义。还有"服法反佐"，热药冷服，寒药温服，以免格拒。反佐法的运用义在防止配伍偏颇，进而使人体升降气机趋于平衡，恢复正常生机，其实也是"平和之义"的延伸。鉴于疑难病证机因复杂，徐经世教授用药往往另辟蹊径，取以"兼备""反佐"，正合古人"假兼备以奇中，借和平而藏妙"之说。

徐教授还认为，"引火原元"法其实也可列入反佐之列。清代新安医家程钟龄言："肾气虚寒，逼其无根失守之火，浮游于上。当用辛热杂于壮水药中导热下行。所谓引火归原，导龙入海。"因肾水亏于下，心火炎于上，多见口干唇裂，频欲饮水的症状，而患者舌脉均无阳证之象。若独用滋阴降火，往往见效不明显，而少佐肉桂以引浮越之火下归其原，往往显效。又有"阴盛阳衰，阴格阳于外"，如清代《医理真传》所载潜阳丹，治疗少阳之真气为群阴逼迫不能归原，出现"面目忽浮肿，色青白，身重欲寐，一闭目觉神飘扬无依者"，方中以龟板"通阴助阳"以引游龙归位，以生龙骨、生牡蛎、磁石介齿质重之品交通阴阳，防止附子大热之药难以入阴。仲景名方金匮肾气丸中有"三补三泻"的配伍，既泻肾中格阳之阴，更防止桂、附补火引起上焦火旺之偏。

徐教授临床常用反佐药物当推黄连与肉桂。肉桂作为引火归原的常用药，当选酸甜苦辣诸味俱全的上等官桂，使用时在大队滋阴壮水药中，仅需少佐几分即可，其常用为 1～3g。黄连，其常用炒黄连 3～5g 以制药性，过多则处方之性易变。这些临证用药经验，弥足珍贵。

# 四、专病之治

## （一）肿瘤术后调治

徐经世教授每年接诊肿瘤患者数以千计，他认为手术创伤、放化疗损伤及肿瘤毒邪本身等因素，会导致人体气阴两伤，脾胃受损，心神受扰，而呈现出正衰或邪盛之势，如继续一味地攻伐"以毒攻毒"，无异于"雪上加霜"。此阶段需要的是"雪中送炭"，从整体出发，调理内环境，增强机体抵抗力，调和气血、平衡阴阳，以助机体恢复，达到"正气存内，邪不可干"的目的。他创立了"扶正安中"大法，倡导"留人治病，带瘤生存"的理念，对于恶性肿瘤术后调理，并非单纯从病位考虑，而是既观整体又重局部，权衡缓急、明辨病情，调整脏腑、扶正祛邪。

### 1. 扶正气

肿瘤术后"正气虚"。自身免疫力下降，出现贫血、消瘦、白细胞计数降低、反复发热等症状。徐教授认为，基本病机为气阴两虚，毒邪内伏。手术损伤脏腑，耗津伤血，造成术后精气耗散，营阴不足；化疗药性峻烈，攻伐失度，灼伤肝阴；又肝藏血，重病耗血，血伤则肝先受累，且肝肾同源，发为肝肾不足。

### 2. 养脾胃

肿瘤术后"脾胃损"。消化系统机能受抑制，出现食欲差、消化不良、腹泻或便秘、脘腹胀满等。徐教授用药取旨醇正，每以轻灵变通、不伤正气为度，因势引导，发挥机体抗病力为要点，和缓治之；并强调要时刻顾护脾胃，健脾不过燥，养胃用甘平。由此随证化裁，不拘一格，仿意用之，每每收效。

### 3. 调心神

肿瘤术后"心神乱"。精神负担压力过大，出现失眠多梦、情绪焦虑、悲观厌世等。徐教授临诊时，始终抓住"气""郁"两字，缓以调之。从脾论治和缓中州，调肝为主转枢少阳，达到抑制木郁、反克制胜之目的，使邪去正安。酸枣仁、远志、茯神、合欢皮等药加减，以交通心肾，安神定志。南北交通、水火得济，终使患者正气足、邪毒伏、肝火祛，而营卫调和，情志畅调。

### 4. 化痰瘀

肿瘤患者"痰瘀互结"。病灶局部疼痛，术后放化疗后气血运行不畅，痰浊阻滞，瘀血内停。"不通则痛"，扶正的同时酌加活血化瘀及化痰通络止痛之药，以减缓疼痛，改善生存质量。

**5. 典型验案**

殷某，女 53 岁。2016 年 12 月 2 日初诊。

患者 53 岁，2 年前行卵巢癌手术，术后化疗 6 个疗程，今年 3 月复查示：肿瘤标志物升高，腹腔、腹膜后淋巴结转移伴腹腔积液，遂继行化疗 11 个疗程，9 月复查 CA125>1000U/mL，PET-CT 考虑腹膜转移。2016 年 10 月 31 日 B 超示：肝脏多发囊肿，大量腹水。11 月 10 日检查：CA125>1000U/mL，CA199 211.41U/mL，CEA153 144.2U/mL。11 月 10 日行腹腔穿刺引流术，引流出血性液体。病理镜检发现癌细胞，考虑为腺癌细胞，后行腹腔灌注化疗 1 个疗程。

刻下：疲乏明显，需人搀扶，胃脘部胀闷不舒，伴呃气频，纳谷不馨，五心烦热，手足心热，大便需靠开塞露辅助，夜尿频，入睡困难，夜眠易醒，醒后难以入睡，舌淡红，苔薄黄略腻，边轻齿印，脉来细数略弦。

辨证：病至如斯，呈本虚标实之势。

治法：当先和中，以扶正祛邪，而观其后。

处方：北沙参 20g，姜竹茹 10g，枳壳 15g，绿梅花 20g，石斛 15g，川朴花 12g，代赭石 9g（布包），酸枣仁 25g，鸭跖草 15g，生大黄 3g（后下），牵牛子 2g，麝香 0.2g（冲服），7 剂。另用三年老陈米 500g，炒焦黄色，研末；玄明粉 100g，放锅内溶化炒干，研细末。每次用玄明粉 5～10g，加陈米粉 15～20g，并加红糖少许，用开水调服，上下午各 1 次，以通便利水。

二诊：2016 年 12 月 9 日。服前方后，胃脘胀满、五心烦热症情均有减轻，唯疲倦乏力，等候就诊时体力不支，坐不住，口中淡而乏味，夜眠较前安和，夜尿次数有减，舌质淡，苔薄黄腻，脉来虚弦略滑。12 月 8 日血常规示：红细胞计数 2.6×10⁹g/L，血红蛋白 72g/L。按其药后转归，其他无变，故当守原方出入，继以调之。

处方：北沙参 20g，姜竹茹 10g，石斛 15g，枳壳 15g，绿梅花 20g，川朴花 12g，姜半夏 9g，酸枣仁 25g，半边莲 15g，代赭石 10g（布包），牵牛子 2g，炒谷芽 25g，麝香 0.2g（冲下）。

三诊：2016 年 12 月 20 日。经诊 2 次，症情改善，眠食且可，二便较前通畅，诊脉虚细弦，舌淡红，苔薄。守方出入，继以调之。

处方：北沙参 20g，石斛 15g，姜竹茹 10g，枳壳 15g，绿梅花 20g，橘络 20g，川朴花 12g，半边莲 20g，酸枣仁 25g，姜半夏 10g，炒牵牛子 2g，炒谷芽 30g。

另熏洗方：晚蚕沙 60g，苏木 15g，丝瓜络 30g，隔日 1 剂。

四诊：2017 年 1 月 9 日。2017 年 1 月 4 日检查：CA125 71.7U/mL（较前明显下降），血常规：红细胞计数 2.96×10⁹g/L，血红蛋白 84g/L，白细胞计数 3.8×10⁹g/L，

肝肾功能未见明显异常。腹部B超示：肝脏多发囊肿，无腹水。刻下：自觉精力渐复，元旦爬山体力尚可，偶有食油荤后自觉胃脘闷堵不舒，伴呃气，纳食可，二便调，夜寐欠安易醒。舌淡红，苔薄黄，脉来细弦，右大于左。此系木乘土位、胃气不和之象，治当降逆和胃，调节气机。继以图之，有望稳定。

处方：北沙参20g，仙鹤草15g，姜竹茹10g，枳壳15g，石斛15g，绿梅花20g，代赭石10g（布包），酸枣仁25g，半边莲15g，橘络20g，炒谷芽30g，制牵牛子2g，麝香0.2g（冲服）。

## （二）胃脘痛

徐经世教授认为，胃脘痛的辨治无非分以下几类，属寒湿阻滞者，当以温化；属肝气横逆、胃失和降者，当降逆和胃，理气止痛；属脾胃虚寒、寒湿中阻者，当温补脾阳，宣化寒湿；属病久不愈、瘀血阻络者，当活血和络，行气止痛。但不管施以何法，"理气"当寓于其中，方可达止痛之效。正如《景岳全书》所言："胃脘痛证，多有因食、因寒、因气不顺者，然因食、因寒亦无不关乎气，盖食停则气滞，寒留则气凝……皆当以理气为要。"现列案举要如下：

**1. 疏肝理气，通降止痛**

胃脘痛多因情志不遂、恼怒气郁，致肝气不舒，疏泄无权，木郁土壅，胃腑纳腐功能障碍，或肝气过盛，疏泄太过，横逆犯胃，胃腑通降不能，致胃脘胀满作痛，痛连两肋，常兼胀满、嗳气泛酸、大便不畅，每因情志因素而痛卒作。徐教授擅以四逆散合温胆汤随症加减治之。

**案一** 袁某，女，38岁，2010年4月8日初诊。

胃脘闷胀作痛反复发作2年余，常因工作劳累、情绪波动而发作或加剧，嗳气频作，饮食少进，多食则腹胀不适，大便数日1次，舌质暗淡，苔薄白，脉弦细。

辨证：此乃肝郁气滞、横逆犯胃、胃络失和降之象。

治法：拟以疏肝利胆、通降止痛。

处方：姜竹茹10g，枳壳15g，陈皮10g，姜半夏12g，绿梅花20g，杭白芍20g，郁金15g，炒川连3g，石斛15g，代赭石15g，谷芽25g，10剂。

药后胃痛缓减，嗳气泛酸亦减轻。上方加入红豆蔻10g，又进服15剂，胃痛基本消失，其他症状亦明显改善。嘱调畅情志，停药观察。

**按：** 徐教授临床体会，胃脘痛一证以肝气横逆、胃失和降型最多见，"内科杂证应从郁论治"观点也缘于此。方中以绿梅花、郁金代四逆散之柴胡，因嗳气频发，用柴胡嫌其升散，而绿梅花芳香悦脾开郁，且有和胃降逆之功，一药两用；郁金辛寒解郁，且可行气活血止痛，亦一药两用。姜竹茹、代赭石为治疗肝气犯胃而致嗳气、呕吐之要药；川连、白芍合用，酸苦涌泄以清肝，使其安于原位，不致横逆犯胃。白芍乃平肝缓急止痛要药，凡肝气犯胃之疼痛皆可加量用之。若泛酸为重，方中可加入红豆蔻与黄连相伍，以苦通辛降之功而抑制胃酸，不但取效快捷，较之左金丸之用吴茱萸，少了辛热伤阴之弊，徐教授称之为"假左金"。另肝阴不足、肝失所养而致气结者，临床亦不少见，此方辛香行气疏郁又不相宜，法宜调肝柔肝为稳，可另选一贯煎合芍药甘草汤加绿梅花、郁金，养阴行气而解郁止痛。

**2. 调肝健脾，转枢止痛**

情志不畅，肝气郁结，肝强必犯脾土，脾土受遏则脾气不升，胃气不降，中焦气机不能转枢，致脘腹胀满疼痛，纳呆腹胀，或便溏不爽，肠鸣矢气，腹痛欲泻，泻后痛减，舌淡白边有齿痕，脉弦或弦缓。徐教授常以逍遥散加减调之。

**案二** 周某，女，52岁，2010年3月9日初诊。

反复发作上腹胀痛2年余，时有腹泻，情志不遂或稍进油脂则痛泻，腹痛以脐周为甚，泻后痛减，肠鸣辘辘，嗳气，食欲不佳，眠可，舌暗淡，苔薄白微腻，脉弦缓。

辨证：系肝强脾弱、肝胃不和。

治法：治以调肝健脾、转枢止痛为先。

处方：柴胡10g，杭白芍20g，炒白术15g，茯苓20g，陈皮10g，姜半夏12g，姜竹茹10g，绿梅花20g，炒薏苡仁40g，丹参15g，檀香6g，煨姜5g。

二诊：10剂后上腹胀疼痛明显减轻，食欲改善，仍有痛泻。原法得效，无须更方，去煨干姜、茯苓，易白术为苍术，加杏仁10g，桃仁10g，马齿苋15g，再进10剂。

经诊2次，诸症皆减，腹痛已除，大便已转常。嘱其畅情志，节饮食，停药观察。

**按**：徐教授指出，此类胃痛教科书中不载，但临床经常遇见，应予重视。根据临床证候变化，撷选逍遥散、丹参饮、痛泻要方等方中之主药，灵活组方施治，师古而不泥古，体现了临证用药的严谨、精炼和灵活。特别是二诊，患者诉仍有痛泻，随证加入杏仁、桃仁、马齿苋等药，药后痛泻即减。徐教授解释，腹泻日久，经年不愈，脾虚湿滞，便质既出现溏薄，又兼有黏液、滞下，此时不能单纯健脾利湿、固涩止泻，还应兼施宽肠导滞，推陈出新，方可补偏纠弊。颇堪师法。方中绿梅花，为徐教授所喜用，常用以治疗梅核气、肝胃气痛、食欲不振等，盛赞其为解郁悦脾之要药，谓其调肝而不伤阴，醒脾而不嫌燥，常突破常规用量，临床可用至20～30g。

### 3. 温中健脾，缓急止痛

素体亏虚，或过食寒凉，或久病伤及脾胃等，引起脾胃阳气受损，纳运不健，胃失温煦，中寒内生，致胃失温养而作痛，往往病势缠绵，喜温喜按，空腹痛甚，得食则减，时吐清水，纳差，神疲乏力，甚则手足欠温，怕冷，大便溏薄，舌质淡胖，苔白，脉虚弱或迟缓。治当温中健脾、缓急止痛。徐教授常以附子理中汤加减以治之，强调附子用量不可过多，一因有毒，二防其破气，少少用之，取"少火生气"之意。

**案三** 王某，34岁，2009年12月20日初诊。

宿有慢性胃炎5年余，面黄形瘦，畏寒怕冷，常觉胃脘隐痛不休，症状逐渐加重。

刻下：胃脘部冷痛不适，常以局部热敷稍得缓解，遇寒则痛势加甚，不思饮食，进食稍多或饮冷水即感胃脘不舒，常口泛清水，舌淡苔白，脉缓。迭用西药效果不佳，药停诸症即复。

辨证：脾胃虚寒，气机不利。

处方：拟附子理中汤加减。附子9g，白术15g，陈皮10g，枳壳15g，川朴10g，藿香10g，砂仁10g，沉香9g，姜半夏12g，煨干姜5片，焦红枣3枚。

二诊：10剂后，胃脘疼痛大为缓解，余症皆有改善。原方去附子、藿香，加党参15g，谷芽25g，再进15剂。

药后胃脘疼痛已无，饮食渐增，嘱注意保暖，慎进瓜果冷食，巩固疗效。

**按**：本案中所用方药的特色，在于加用了理气燥湿之品。徐教授解释，虚寒胃痛临床常见两种情况：一是中焦虚寒，脾阳不振，以致寒湿内生，出现胃脘冷痛，纳食不运，大便溏薄，苔白微腻，这种情况应在振奋脾阳基础上，加用一些理气燥湿药，以祛寒湿、理气机，这一点很关键；二是寒湿中阻不甚，中焦气虚较著，可另选黄芪建中汤加减，以其甘温补中，缓急止痛。因个体差异，用后若出现胃脘部嘈杂不适，应仿用附子粳米汤意，原方加入粳米，甚者加石斛、黄连等柔润胃阴之品，正所谓"补不得峻猛，温燥要适度，用药做到燥中有润，润中有燥"。

胃脘痛就其临床体征有属西医浅表性胃炎、慢性萎缩性胃炎、胆汁返流性胃炎、胃十二指肠溃疡等，大多数胃病患者幽门螺杆菌检查呈阳性，故视之为"罪魁祸首"。徐教授认为，幽门螺杆菌感染乃因脾胃亏虚，湿邪内蕴，久成湿毒，阻塞气机所诱发，论治最根本当须修复脾胃功能，方可防止其死灰复燃。

# 五、方药之长

徐经世教授临床数十年，所遇病者万千，所治疾病百种不一，所创效验方亦不计其数，常以所立验方据症情加减，获效良多。

## （一）核心方剂

### 1. 扶正安中汤

［组成］生黄芪 20 ～ 30g，仙鹤草 10 ～ 20g，怀山药 15 ～ 20g，橘络 10 ～ 20g，石斛 10 ～ 20g，灵芝 5 ～ 10g，绿梅花 5 ～ 10g，无花果 5 ～ 10g，酸枣仁 20 ～ 30g，姜竹茹 5 ～ 10g，谷芽 15 ～ 25g。

［功效主治］扶正安中，滋养化源。用于各种恶性肿瘤术后及后期调治。

［用法用量］水煎服，日 1 剂。不拘时间，以饭后半小时服药为佳，每服以 150 ～ 200mL 为宜，每次药量不宜大。

［加减］临证取方，注意应变，若病位在胃，肝气横犯，出现嗳气、呃逆及咽膈不利等症，当加代赭石以增强降逆和胃之力，并配用诃子以收纳，二药相伍，使降不过位，升降平衡；如肠腑有变，大便阻滞不畅，可加杏仁、桃仁、炒大黄宽肠导滞，以通为顺；若泻下为溏稀，又当止泻，药用山药、莲子、山楂、川连、马齿苋、扁豆花、炒薏苡仁之类以固涩而通顺。若病位在上予清宣肃降，滋养化源；病位在下亦当变通，清利下窍。

### 2. 徐氏消化复宁汤

［组成］竹茹 5 ～ 10g，苍术 10 ～ 15g，柴胡 5 ～ 10g，黄芩 6 ～ 9g，枳壳 10 ～ 15g，郁金 10 ～ 15g，延胡索 10 ～ 15g，白芍 20 ～ 30g，山楂 10 ～ 15g，蒲公英 15 ～ 20g，车前草 10 ～ 20g，谷芽、麦芽各 15 ～ 25g。

［功效主治］宽中理气，疏肝利胆，健脾和胃，平衡升降。用于胆囊炎、胆石症、慢性胃炎、胆汁返流性胃炎等，以胆腑气机通降功能失常为主的胆胃病。症见脘胁痛胀，善太息，口苦纳呆，嗳气腹胀，大便干稀不一，小溲偏黄，苔薄或滑腻或质红少苔，脉细弦。

［用法用量］每日 1 剂，水煎 2 次，共取汁 400mL 左右，分 3 ～ 4 次服下。

［加减］湿浊不化、阻滞中焦、脘闷纳呆者，去白芍、黄芩，加厚朴花、绿梅花、建曲，以化湿健脾、理气和胃；湿邪热化、胃脘饱闷、大便不通者，去白芍、山楂，加大黄，重用蒲公英，以清热导滞、通腑畅中；肝气犯胃、嗳气吞酸较甚者，去车前草、黄芩、山楂，加法半夏、乌贼骨、代赭石，以降逆止酸；胆汁返流而致

口泛苦水者，去柴胡、黄芩、山楂，加葛根、代赭石、黄连，以镇逆和胃、顺气利胆；有黄疸者，加茵陈以淡渗利湿、利胆退黄；舌红少苔者，重用石斛，以益胃养阴、救护化源；有结石者可加沉香、玄明粉，以利胆排石。

［注意事项］本方运用之时应注意调护，嘱病人做到劳逸结合，主动适应寒温变化，避免情志刺激，勿过度劳累，保持大便通畅，寐时多取左侧卧位，禁食油腻肥厚之品，少进辛辣煎炸生冷之食。

## （二）经典用药

### 1. 竹茹

竹茹又名竹皮，其性微寒而味甘，既入胆胃二腑，又归心肺两脏，为上中二焦之要药。明代《本草汇言》曰："清热化痰，下气止呃。"故其善开胃郁，降逆胃气，具有止呕和胃、清肺祛痰、通利三焦之功。徐教授指出，其性虽寒，而滑能利窍，可无郁遏客邪之虑。他认为，古云"竹茹性寒，虚寒忌用"属于偏见，如脾胃虚寒，兼有他疾，竹茹姜炙则无碍于脾，反可起到和胃健脾、使胃受纳之效，药半功倍。其轻可去实，引药入胃；凉用去热，和胃降逆，且有清化痰热之力。实为宁神开郁最佳之品，不可不选。中医治病主要以脾胃吸收为路径，途径单一，如用药味重，很难受纳，有伤于胃，取效首先要使胃能受纳，亦所谓用药平和之义，徐教授在药中配竹茹之意也在于此。竹茹既能调和诸药，功过甘草，又可起到治疗性作用，可谓有益无弊，一举双得。

竹茹用药历史悠久，历代医籍屡有记载，《金匮要略》首方"竹皮丸"，治产后烦呕，后世如竹皮汤、竹茹石膏汤、竹茹橘皮汤等，至今均为临床常用。徐教授指出，当今膏粱厚味已成日常，脾胃虚寒证似已乏见，一旦为病，多为湿邪化热，郁蕴于内，亦正合竹茹之证。所以他临床常将竹茹用于治疗咯血（竹茹有凉血止血作用）、痰喘、呕吐、胁痛（胆囊炎、胆石症、胆心综合征所致）、胃脘痛（胆汁返流性胃炎）、失眠（痰火内扰、心烦）、眩晕（包括梅尼埃综合征）、郁证（抑郁症）等。

### 2. 煨姜

煨姜系姜之炮制品，与生姜、干姜、炮姜乃是一物多用。虽源自同一植物，但炮制不同，功效亦有差别。徐教授指出：生姜气重于味，辛散之力较强，偏于发表，走而不守；干姜气走味存，辛散之力减弱，长于温中回阳、祛在里之寒邪，守而不走；炮姜，专于摄血，为治中焦虚寒、脾不统血之要药；煨姜是将鲜生姜洗净，用草纸包裹，放在清水中浸湿，直接放在火中煨，待草纸焦黑、姜熟为度，或直接放火中烤熟，其性味辛温，具有温中止呕、止泻作用。清代《本草从新》曰："煨姜，和中止呕，用生姜惧其散，用干姜惧其燥，惟此略不燥散。凡和中止呕，及与大枣并用，取其脾胃之津液而和营卫，最为平妥。"他认为，其性温而不燥，用以暖胃，既不若生姜辛温宣散，又不若干姜温热伤阴，于"肝胆郁热，脾胃虚寒"者最宜。他常配以蒲公英寒热并用，虚寒重者配伍沉香，温中散寒止痛之力更宏，治疗胃脘痛症疗效颇佳。清代《会约医镜》记载："煨姜，治胃寒，泄泻，吞酸。"徐教授深以为然。其临床常煨姜与肉豆蔻、木香同用，以治疗脾胃虚冷，脱腹疼痛，大便泄泻；与当归、白芍同用治疗妇女月经不调，具有调和气血之功。但量不宜重，一般入煎剂 5g 为宜。

# 六、读书之法

## （一）如何学经典

徐经世教授认为，学习经典首先要过"文字关"，俗语说："秀才学医，笼中捉鸡。"因中医经典系文言文，惯用春秋笔法，需了解其文辞用法，通晓古代哲学，于无字处用功。同时又要注重思考，不应有口无心，泛泛而过，应谨守"学而不思则罔，思而不学则殆"之诫。古代典籍往往粗精并存，故要沉潜其间，仔细品味，去粗存精，透过文字表象领会其精神实质，才能得其真知。要注意到经典的时代性，不能完全用现代人的思维去苛求，贵在学习古代思维方式，做到不苛责古人，不死于句下。徐教授就"多读书，读为所用"，归纳了"读、看、练、记"四字诀。"读"，就是埋头学习中医基础理论，尤其是经典书籍、孤本、手抄本等，站在理论的高端上；"看"，是随师应诊，认真抄方、记录看病日记，学习老师的诊治经验，从实践中加深对中医理论的理解；"练"，是在老师的指导下跟诊临证历练，不断提高医术；"记"，是在实践中多写多记，认真记录、整理中医典籍的学习心得，揣摩"大家"的临床思维特点、辨证技巧、治疗方法、用药规律、临床疗效等，一一记录，心领神会。"四字诀"读书法颇为实用，可资借鉴。

徐教授强调，学经典要着力于三个方面，一是着力以"恒"：所谓"读书破万卷，下笔如有神"，要本着"瘦因吟过万山归"的精神，活到老，学到老，学而不怠，方有所成。二是着力领悟：初学要通读熟记，掌握要领后要有目的地再深研经典，如屠呦呦发现青蒿素就得益晋代《肘后备急方》的启示，又如《伤寒杂病论》不可看成仅治伤寒专著，正如柯琴所言："原夫仲景六经为看病立法，不专为伤寒一科，伤寒杂病治无二理，咸归六经节制。"不能学而不化，关键在于领悟。三是着力临床：学经典、做临床是中医成才的必由之路，着力临床提高疗效至关重要，而疗

## （二）《黄帝内经》学用体会

### 1. 解读经典，指导临床

徐经世教授认为，解读《黄帝内经》需要具备两大基本要素，一要有深厚的古典文学功底，建立中医思维；二要有丰富的临床经验，带着问题联系实际去理解。如《素问·阴阳应象大论》"阳化气，阴成形"理论，体现了中医对生命、疾病的认识，指出了有形的形体结构与无形之气之间的辩证关系，即有形物质的形成是由无形之气所决定，若人体出现积聚性疾病，也可从"阳不化气""阴成形而不化"来思考，还可借助后世张景岳的"阳动而散，故化气，阴静而凝，故成形"的解说来加深理解。解读经典要联系临床，用实际验证经典的正确性，做到学以致用，古为今用。

### 2. 研读经典，探究病机

《素问·至真要大论》有云："谨守病机，各司其属，有者求之，无者求之，盛者责之，虚者责之，必先五胜，疏其血气，令其调达，而致和平，此之谓也。"徐教授解释，"谨守病机，各司其属"是病机十九条的纲领，指治疗前必须审慎地把握病机关键，审察疾病归属，采用恰当的治疗方案；"有者求之"是说，任何疾病当根据病机十九条找出病因，审察是否符合某条病因；"无者求之"是说，没有符合的条文则必须从其他方面去寻求。疾病症状错综复杂，表现的虚实跟实际虚实并不等同，需要在探求病因的同时明辨虚实。如"盛者责之"，实证病因和症状不同治疗各异，即使同一治法仍需分清轻重缓急；"虚者责之"，其意亦然。"必先五胜"系辨五脏五气盛衰，而五气盛衰是指风（春）、暑（夏）、湿（长夏）、燥（秋）、寒（冬）的偏胜，自然界气候有常有变，其变化最主要的是太过和不及，二者皆为反常之象，均能成为致病因素或影响进展。

"病机十九条"可归纳为五脏病机五条，上下病机二条，风寒湿病机三条，火病机五条，热病机四条。字数不足三百，但内容涵盖诸多方面，从疾病的不同症状、体征、发病原因着眼，外以六淫之害、内以五脏所伤归列诸病。

以首条"诸风掉眩，皆属于肝"而言，徐教授指出，肝为风木之脏，善行数变，病多居上；其性体阴而用阳，故阳之潜藏，风之宁谧，全赖肝脏平衡协调，肝脏条达濡养，其刚劲之质得以柔和，则可得安泰，一旦失调，风病从生。以眩晕为例，其病机概属于肝，但就其性质当以虚实立论，虚则有阴阳气血之分，实则有痰瘀风火之辨。临床往往以虚实互见、下虚上实为基本特征，而下虚不外气与血，上实不外风、痰、火；下虚是本，上实是标。故图本为主，辅以治标，乃治疗的基本原则。但须认识到，随着医学的发展，临床检测手段的日益增多，从微观上大大提高了疾病诊疗水平。如检查提示椎基底动脉供血不足引起者，为从脏腑、经络及周边器官关系分析病机提供了客观参数。针对病机，徐教授总结出治疗眩晕五法：①郁结气逆宜条达——气郁致眩，乃肝失条达、气逆于上而致，治用加减逍遥散，切中病机。②肝风上扰重柔平——肝为风木之脏，一旦失调，内风因动，病见眩晕，方用一贯煎合二至丸与天麻钩藤饮，出入为用。③痰浊蒙空取和降——湿困脾土，致中阳不伸，再加忧烦扰肝，则厥阴气逆，风痰上扰，阻遏清阳之路，发为眩晕，治用半夏白术天麻汤合温胆汤出入，则病去体安。④脾虚下陷用升清——脾阳不振，转枢失权，升降失调，逆转为眩，治用补中益气汤最为合体，方中升麻、柴胡并升二阳（阳明、少阳）之清气，清阳升则阴浊降。⑤气血两虚施养荣——先天不足，后天失调，或久病不愈，或失血过多，耗伤气血，致使精髓失布，脑失所养，上下俱虚，发为眩晕，治用人参养荣汤，同补五脏，取下治上，以收全功。

再以"诸痛痒疮，皆属于心"为例，徐教授指出，条文中所述证候在初起时患处皮肤微红而痒，疼痛尚轻，此后迅速加重，局部皮肤焮红灼热，疼痛日益加重，明代李中梓所谓："热轻则痒，热重则痛。"他分析说，疮疡初起病轻，病轻则热轻，热轻则痒；延久病重，病重则热炽，热炽则痛，进而热极化火，血受火灼，腐而成脓。此类病证属于阳毒热证，阴疽不在其列。对天疱疮、口疮、唇风等体表疾病，徐教授从心火论治，均收满意效果。"唇风"是以口唇红肿、痛痒，日久破裂流水，或脱屑脱皮，或有嘴唇不时响动为主要表现，现代医学所指慢性唇炎和继发感染性唇炎即属于此类。多因风热湿邪外侵，或脾胃湿热内蕴，上蒸口唇所致。治疗首先要考虑脏腑官窍隶属关系，即"脾开窍于口，其华在唇"和"心开窍于舌"，唇舌相依，口唇之病，多从心脾着手。热积既久，必蕴而成毒。从清泄心脾积热着手，清心、泻脾、解毒，为治疗本病之良法，方以景岳玉女煎合导赤散加减出入，如人中黄、青黛、蒲公英、玄参等清热解毒之品皆可参伍为用。如此施治，收效确切，绝非单纯药膏外搽可比。

再看五"火"四"热"病机，其"火""热"乃是依病理而言，是疾病变化过程中身体机能亢进的一种表现，但凡感受种种病邪，或七情所伤，或五志过极，都将会使五脏机能产生变动，正如《素问·阴阳应象大论》所言："心志为喜，肝志为怒，脾志为思，肺志为忧，肾志为恐。"这五志过度，都能化火。其一，这种病理之"火"，临床上应分为实火、虚火两类，实火又有火邪、邪火、郁火、火毒之分。"火"又有君火、相火之别，君火属心，相火内寄肝肾；病理心火多为实火，病理相火多属肝肾阴虚，不能制阳，属于阴虚火旺，还有一种"心肾不交"也属于阴虚。

其治疗原则，朱丹溪有言"实火可泻，虚火则补，郁火则发"，也谓之心火宜清，阴虚火旺宜滋阴降火，心肾不交宜交通心肾。至于虚火则多由内伤渐次而致。其二，以"热"论之，外热以实，有风热、暑热、湿热、燥热之别，内热多虚，多因五脏阴虚而成，所谓"阴虚生内热"之意。其三，因"火、热"而致诸疾，一旦由气候骤变，酷热反常，则产生烈性致病物质，人若感受就可能发生疫病流行，谓之"戾气"，当须注意热性病的转化。

徐教授在条分缕析后指出，综观"十九条"，其文字虽然简要，但涉及疾病较多，包涵脏腑、六经、卫气营血诸多方面，具有执简驭繁之妙，是中医多科综合性纲目，是指导临床之指南，即使当今疾病谱发生变化，病机还是会寻到的，万变不离其宗。

中医经典深奥，内容广泛，要达到有所领悟和运用，徐教授用"学"和"用"二字来概括："学"要着力以"恒"、着力"领悟"、着力"临床"；"用"要在经典中引出"格言"，应用于临床，探求疾病病机，解决临床问题。临证须首明病机，病机明则治法明，治法明则方药随法可出。中医阴阳五行，藏象经络，辨证论治，理法方药，是一套严密的科学理论体系，要学好用好，一定要坚定信念，持之以恒，非浅尝者可得。

# 七、大医之情

## （一）思想境界

### 1. 为国为民，医之大者

君子立身，泽被后人。徐经世教授本身就是一本厚重的书，其渊深的学识、博大的胸襟、儒雅的品格、深厚的涵养、高尚的情操，犹如一竿标尺令人敬仰。从医60余年，为中医传承发展竭尽心力，把解除病患、攻克顽疾视为己任，堪称德医双馨的杏林大师。生活中淡泊名利，朴素节俭，博爱宽容，真诚旷达。他将业医治病视为终生的事业，誓与中医同呼吸共命运，即使已期鲐背之年，仍老骥奋蹄，苦苦探索。新冠疫情发生以来，年近九旬的徐教授不仅参与了预防方药的制定，指导《安徽省新型冠状病毒性肺炎中医药治疗专家共识》的出台，还多次通过视频指导学生在临床一线抗击疫情，并亲临战疫一线救治重症新冠肺炎患者，充分展现了"对党忠诚、不忘初心"的坚定信仰和传承救人的使命担当。

### 2. 务实求真，科学精神

徐教授出生于中医世家，幼年耳濡目染中感觉到先辈为患者解除痛苦而带来的喜悦与欢乐，对医学产生了浓厚的兴趣，在祖父指导下阅读了家中珍藏的大量医著，由于理论基础扎实，能深刻理解前人的丰富经验，故临床诊治得心应手。尽管如此，他依然重视现代医学知识的学习，早在20世纪60年代在安徽中医进修学校学习期间，就开始学习并掌握了现代医学基础理论和应用。中西医两套思路与方法的训练，培养了他客观求真、科学务实的精神，丝毫没有门户之见。新冠肺炎肆虐期间，徐教授明确提出要中西融合诊疗新冠肺炎，发挥协同作用，取长补短，针对实际情况，或以中医药治疗、西医支持疗法，或以西药治疗、中医药辅助，宜中则中、宜西则西，堪称中西兼收并蓄的典范。

### 3. 医者仁心，修行修德

徐教授医德高尚，体恤民情。门诊时常有人前来寻求中医保健，希求名贵之品，徐教授既不斥之鄙薄无知，更不会依其所言，而是平心静气、深入浅出讲解养生原理。很多养生堂馆等民营医疗机构欲高薪聘任，均被婉言拒绝。他说："医者以祛病疗疾为务，而非矜技恃能以邀财赀，古人尝有'家无百亩田者不为医'之说，业医治病，不仅是一种职业，更是一种修行，是一辈子的事情，若不能超出物欲名利的羁绊，如何能够以平常心对待患者，更不消说至精至一地钻研医术了。倘是真有愿传我医术经验以服务大众者，我定会不遗余力地教授。"诚如其言，凡有志于习医者皆来者不拒，无私奉献，毫无保留。其应国家需要，他被聘任为全国老中医药专家学术继承工作指导老师。凡是跟师学习的学生，无不心存感激。医院里常常有医生及研究生前去门诊"偷师"，他一视同仁，诊病之余悉心讲解指导，有时随诊室抄方者达十多人。

### 4. 知彼之苦，如己有之

徐经世教授常说：医者，德行在先，知彼之苦，如己有之。非有志于解黎民之疾苦，愈万家之病痛者，终不得医道之真，此学医之最为重者。中西医虽术有不同，各有所侧重，但于医德别无二致。西医所尚之《希波克拉底誓言》与药王孙思邈的《大医精诚》，皆当为行医者所共铭。为医而尚德，以病人之疾苦若己受，始能千方百计搜求愈病之法，久而行之，其术必日臻完备，于疑难病症尤有着力而出新意。倘以医技仅为谋生计，持偶中之药或惜售之方以糊口，愈小恙而矜能，见疑难则推诿，其技必不能有所长进，不进则退而渐衰。

他如是言亦如是行，数十年来遵奉不辍，绝不因病人身份不同而有差别，无论何人无论何病，等而视之，不推诿、不敷衍，皆尽心竭力而为，念念不忘"行医以祛病救人"为务。曾有一出生仅月余的先天肝内胆道闭锁患儿，辗转寻至徐教授处，时已是危殆之候，通体暗黄，腹胀如鼓，神志萎靡。见其家人希冀之情，徐教授于心不忍，细思良久，处一小方，药仅数味，嘱其打散敷脐，以减少口服药的戕害。

药后患儿周身黄疸竟逐渐消退，精神状态日渐好转，家属及门诊患者见之皆叹其医技之神妙。一弟子某年中秋随师回乡，在巢湖边偶遇一年届五十的妇人，一见徐教授竟难抑激动之情，挽着教授连称"恩人"，兴奋得如同孩子一般。原来30年前其因产后高热多日不退而致昏迷，西医已断为不治，家人连夜叩门求诊，徐教授不避险恶、一心赴救，凭其经验处以安宫牛黄丸2粒，连夜喂服，次日清晨即热减神清，后经调治恢复如初。迄今30年，病家犹不忘再生之恩。

## （二）儒医典范

徐经世教授曾说：古今精于医者，无不文理悉通。文是基础医是楼，文理不通则医理难明，学好古文是学好中医的基本功之一。他本人就是这样走过来的，自幼年始研读四书五经，旁至诸子百家，从塾师学堂走进医学殿堂，从背诵《药性赋》《汤头歌诀》到精读《内经》《伤寒论》《金匮要略》，再到反复研读《医学心悟》《临证指南医案》等医著，终成"儒医"。他认为，"儒医"熟识经典，博览群书，诊疗疾病深思熟虑，远拒投机取巧，可以长生矣。中医与中国古典文学是相通的，与传统易道是相融的，其整体观、天人和谐精神、济世治病的追求，无一不是来自中国传统文化。他认为，学习中医贵在"悟"，知识分为意念和记忆两类，中医属于意念性知识，这种"意念"实质就是"悟"，需要建立在熟读经典和丰富临床实践之上。

### 1. 医与古典相通

以徐经世教授读《礼记》《医方考》所悟为例。《礼记·月令》载："季夏三月……腐草为萤。"《医方考》论述化虫丸曰："肠胃中诸虫为患，此方主之。经曰：肠胃为市，故无物不包，无物不容，而所以生化诸虫者，犹腐草为萤之意，乃湿热之所生也。"受此启发，徐教授联想到胃炎幽门螺杆菌感染，所谓"腐草化萤"，实指大暑前后恰为萤火虫卵化而出的时节，此时土润溽暑，气温上升，土壤内湿气潮润，天气湿热郁蒸难耐，可取象比类为幽门螺杆菌感染，正是脾胃湿热的表现。其后，他每每采用健脾除湿、调节制化之法，尽可能清除幽门螺杆菌，拟玉屏风合痛泻要方加减，药用生黄芪、苍术、陈皮、防风、芍药、蒲公英、马齿苋、五谷虫、绿梅花、生薏米、甘草等。

### 2. 医与易道相融

徐经世教授理解，"易"是指在观察研究和分析处理问题时，须掌握事物的发生发展和运动变化规律，中医则以之防治疾病。易涵盖简易、变易和不易，诊疗中以易之思维考虑问题，则可圆机活法，疗效在握。

（1）简易思维：徐教授曾治一个8个月的小宝宝，反复面部皮疹瘙痒，药膏外涂效果不理想，孩子不停抓挠，皮肤溃烂流水，认定为风火上炎，当清热凉血、祛风止痒，但婴儿内服用药要注意轻灵，避免不良反应及胃不受纳，故其拟方予桑叶5g，连翘3g，蝉蜕3g，白茅根10g，甘草2g，水煎服，日1剂；外用滑石15g，冰片1g，研末扑于局部，日2次。药味不多，取以简易，3天即收效。他指出，简易思维是指治疗用药要抓住关键病机，有的放矢，做到药少力专，简易取效。他分析说病机之机不仅是发病机制，更有机关机宜之意，用药有时"重拳出击"，有时"点到为止"，有时"润物无声"，有时"双管齐下"，均蕴含简易思维在内。简易不是简单、草率，而是抓住要害，四两拨千斤。其每用处方不过十一二味，皆平淡无奇，为常用之品，配伍之后却能屡起沉疴。

（2）变易思维：徐教授治一女患者，已年过七旬，平素身体偏弱，血压居高，服用降压药物治疗，时感神疲体倦，乏力胸闷，头晕耳鸣，其老伴受电视广告影响，两人每天用黄芪30g煎水送服，以为大补元气，不想连服旬日后，她陡然夜间盗汗薪起，连绵多日，睡眠欠安，头晕乏力更甚于前。诊其脉细弦数，舌红苔薄。考虑属阴虚阳浮，拟滋阴潜阳、宁心敛汗为治。不想服药三日后盗汗不但未止，持续时间更长，从下半夜转到上半夜，更出现口苦舌干、心烦不宁等症。于是徐教授反复诊察、思考后认为，细观舌红，苔薄黄，脉弦偏数，原是相火沸腾使然。乃于前方加龙胆草9g继服，盗汗即止，病情转安。由此他指出，运用变易思维，同一致病因素作用于不同机体当采取不同治法，临证当注重病机变化，做到圆机活法，加减变通，方可取效。以本案而言，阴虚体质无疑，原并无盗汗之症，由误用黄芪益气升阳所致，初投潜阳和阴、安神敛汗之品，本可收效却反呈加重之势，细考其因，乃肝胆郁热、相火偏盛，证属阴损及阳、虚实夹杂之证，虚中有实，故治有所改易，育阴潜阳之中佐以泻火，加用清泻肝火之龙胆草，应手而效，盗汗立止，诸症皆消。所谓变易思维，病千变药亦千变，实寓有旋转造化之机。

（3）不易思维：徐教授曾治一13岁小儿，自幼过敏体质，时有哮喘发作，5年前始现反复口唇破裂，甚则加重以致红肿流血，多方治疗乏效，视其唇周破裂，伴有脱屑，瘙痒不已，舌红便燥，脉来细数，系心脾积热、风毒上炎所致，为"唇风"之证，予祛风透邪、清热解毒之法，然药进1周症情不减反重，大便干燥，舌红苔薄，脉来细数。考之辨证无误，虽暂未得效，仍应不易其方。与其家长沟通，嘱再服药1周，症状果然明显减轻，又连服2周口唇破裂愈合如常，后无再发。他指出，要处理好守方与变方的关系，处方用药切不可操之过急，只要识证无误，治疗方向正确，药方切中病机，就不必轻易改弦更张，而要守方不易。守方不仅是守法更是守"机"，缓以图之以待病愈，所谓证不变法亦不变，效不更方，此为其常；但如疗效欠佳，甚或病情加重，病家不免有疑甚至责难，当此之时医者应不为所扰，坚持不易思维，似浣纱浆衣，必以长流水缓除陈垢，而后收功，切不可操之过急。

# 八、养生之智

## （一）身心合德话养生

徐经世教授提出"三养益寿"，即养身、养心、养德并进的养生观。"养身"即顺应自然，起居有度。顺应自然必须做好四个顺应，即顺应人体生长规律，顺应自然季节更替，顺应地域环境特点，顺应所处的人文社会环境；起居有度一要做到饮食有节，清淡为主，细嚼慢咽，食不过饱，营养均衡；二要每天坚持适度运动，如八段锦、摩腹、括耳等。"养心"，首先在于调整心态，对人生充满信心，热爱自己的工作，有宽广的胸怀，严以律己、宽以待人，助人为乐，胜不骄、败不馁，奋发前进；其次，进入老年时期要做到老有所乐，始终保持乐观状态，不自寻烦恼。"养德"，德为立身之本、养生之基，养德更重于养身，只有修身正心方可延年益寿，正所谓"仁者寿"。概而言之，上应天地阴阳之理，中合世道人伦之德，下爱万物生存之乐，这是养生最基本道理。用他常说：知止无忧，知足常乐，知耻不辱，平静终身。

## （二）常饵妙药治未病

对于中药养生，徐教授十分推崇三七，他自己坚持日服三七粉已有 40 余年。他认为三七有双向调节作用，既可活血又能止血，少量久服可以起到祛瘀生新、以通为补、保护血管的作用。李时珍《本草纲目》称为"金不换"，徐教授深以为然。

徐教授曾因胆囊结石行手术治疗，术后不久肝内胆管又生结石，便自拟方药以防止结石复发，处方为竹茹 10g，枳壳 15g，柴胡 10g，延胡索 15g，滑石 15g，玄明粉 3g，鸡内金 30g，郁金 10g，山楂 10g，绿梅花 10g，白芍 20g，仙鹤草 20g，谷芽 25g，甘草 6g，水泛为丸。本方以四逆散加减为用，调肝利胆，畅达气机，更助消化，可有效防止结石复发。

## （三）恬惔虚无享高寿

所谓"恬惔"就是平静无愧于心，"虚无"就是没有过度欲念和患得患失思想。徐教授虚怀若谷，淡泊名利，与世无争，一生专注于中医事业，将自己的命运同中医的命运紧紧联系在一起，耄耋之年仍坚持每天读书、写作、带徒、门诊，生活简单而充实，心境非常平和。他常说："人上了年纪不能让自己闲着，要自己找乐趣。"

而他最大的乐趣莫过于能救病人于水火之中，看到弟子们成长进步。他个人生活十分简朴，一日三餐粗茶淡饭，每天适度活动，曾总结出"法于阴阳，顺应天时；居住适宜，环境为要；形神修养，自我心知；饮食有节，注意偏胜；运动有度，贵在坚持"5句话，并以此作为生活的指导。

# 九、传道之术

徐经世教授认为，中医药传承发展的根基是人才，只有培养更多具有坚定信念的中医后继之人，方能为中医药事业可持续发展注入源头活水。他自1997年起即被遴选为全国老中医药专家学术经验继承工作指导老师，后连续被聘为全国优秀中医临床人才研修项目指导老师，更是首批全国中医药传承博士后合作导师，20多年来先后带教师承学员10余批次，而在校学生、进修生、基层医生跟师者，更是不计其数。

## 1. 交心

年近九旬的徐经世教授，至今仍坚持门诊不辍，跟诊学习的学生络绎不绝，他们既有国家及省市选拔的各类优秀中医人才，亦有慕名而来的求学者，包括已工作的不同级别的医生或院校学生。在徐经世教授看来这些学生均为中医药的热爱者，对待学生徐教授从来都是一视同仁，不分先后，不分年资，不谈基础扎实或薄弱，只要热爱，只要肯学，来者不拒，尽心尽力。

徐教授和蔼可亲，不以老师自居，以一颗平常心与学生深入交流，了解其求学目的。其中有基于临床跟诊想学诊治经验者；有想以其临床经验来更好诠释经典理论者；有想在诊疗中发现临床问题获得科研思路者。凡此种种徐教授均有的放矢，因材施教，以其在短期内达到事半功倍的效果。

徐教授平素喜欢倾听，记录学生的心声，通过交谈了解学生的困惑，针对中医诊治病种越来越少的现状，"慢郎中"的偏见认识等环境，初学尚未形成中医思维等问题，鼓励学生增强中医自信，立继承精华、守正创新之志，坚持理论与实践并重，课堂与临床相融，"辨证"思维与逻辑思维互补，在发挥中医药独特优势上下功夫。

经过一段时间相处，徐教授还会跟学生互换意见，询问教学方法是否合适，哪些方面需要完善，以便进一步提升带教水平，增强学生获得感。外地求学者对其生活、家庭状况给予更多关注，鼓励既来之、则安之，沉下心来学习，相信现在的付出终究是有用武之地的。

## 2. 授业

徐经世教授临床带教认真严谨，视徒为己出，倾心沥血，毫不保留。

徐教授手书的医案，不论是语言文采还是辨证施治都有其独到的风格，充分体现他的治病特点和学识水平。他强调，书写好中医病案是临证的第一步，要求学生首要做好门诊病历的书写，要在繁杂的症状、体征、各种检查检验单中，翔实记录四诊资料，理清主诉，熟练掌握望闻问切的基本功。

毛泽东主席曾说过，一张白纸好写最新最美的文字，好画最新最美的画图。对于有一定临床经历和接受院校教育的学生，徐教授要求他们放下固有的思维定式，运用中医思维审视和诊疗病人，才更容易接受老师的诊疗思路与方法。跟诊一段时间后，他会鼓励学生基于所学，分析病因病机、确定治疗方法、拟定方药，然后加以点评指导，提出自己的治疗思路，并通过两者比较找到异同，进一步分析病情、思考最佳方法，达成共识，方才确定最终施用的方药。经其悉心指导，学生们对疾病多因素性的认识、对病机的把握、辨证论治水平、中医思维能力，都有大幅度的提升。

徐教授告诫学生，跟诊不单单是为学到一病一方一药，更重要的是学老师的中医临证思维。而对于中医思维的重塑，要通过温习中医经典和在接受中国传统文化的熏陶，潜移默化中形成。这种思维不是一蹴而就的，需要平时不断自我修炼，循序渐进，是一个终身学习、积累和领悟的过程。面对就诊者是选择单一的治法还是综合方案，抑或用中药还是采用非药物疗法、情志疗法、茶饮等，抑或单独内服还是内服与外用相结合等，都要结合病情作出最佳选择，充分发挥中医药简便廉验的特色。而且诊疗思维不是一成不变的，要随着疾病变化而有所变化、有所侧重。

徐教授认为，临床带教既是技术经验的传承，也是综合素质的培养。他谆谆教导学生要关心病人，视病人如亲人，视患者之疾苦为自身之疾苦，激发出自身的动力和潜能，绞尽脑汁地想办法解除患者之忧，增强同情心，培养医德医风和忠诚的敬业精神。

### 3. 诊余

徐教授要求学生诊余时间要进一步加强理论学习，结合临床重温经典，从经典中寻找方药，引为今用，努力克服院校教育往往理论与临床脱节的缺陷。他要求学生要熟练掌握经典方剂，但运用时不是固定不变的，有时取方之意，有时取药之性，关键在于能根据病情需要和药性特点灵活应用，方为得法。当然，不论是经方还是时方、经验方，适合病情的就是好方。

每每学员学习结束回到岗位后，徐教授仍反复叮嘱，要求学以致用、活学活用、举一反三，应用中医思维发挥优势；临证中若遇到疑难病、急危重症者，可以通过远程会诊、电话交流等方法，获得诊疗指导意见。如2019年新冠疫情肆虐期间，徐教授在第一时间就拟定预防方药作茶饮，指导弟子在多所医院发放服用。其后更是不顾年迈之躯先后两次前往隔离医院进行实地会诊，对无症状感染者和核酸检测结果久不转阴者，提出"一方统筹"和"一人一方"相结合的方略进行施治，收到满意疗效。2022年上海突发新冠疫情，徐教授团队多名弟子主动申请奔赴疫情防控一线，并通过视频方式"师徒互动"会诊患者，徐教授要求弟子大胆使用中医药介入患者诊疗，缩短了核酸检测阳性患者转阴时间，取得意想不到的疗效。

徐教授还倡议举办"国医沙龙"，至今已连续召开5届。每次活动都能针对中医领域热点问题，基于"传承与临床""提高中医临床疗效的路径和方法"等主题开展讨论，活跃中医药学术氛围。这一高层次、高水平的学术平台，云集了大师们的集体智慧，通过讲座、授课各显神通，在现场交流中释疑解惑，各抒己见，在碰撞中进一步深入思考，加深理解、提升水平，使中医临床从业者学到"真功夫"，为中医药事业培养合格接班人。此外，他还不定期举办学术讲座、开展临床医案小讨论、共同研读经典与学术专著、分享学习心得等多种形式的活动，做好活态传承。

"随风潜入夜，润物细无声。"徐经世教授言传身教，一批又一批弟子在其人格魅力的影响下，逐渐成长为临床一线的栋梁，他为培养中医后继人才作出了突出贡献。

## 徐经世学术传承谱

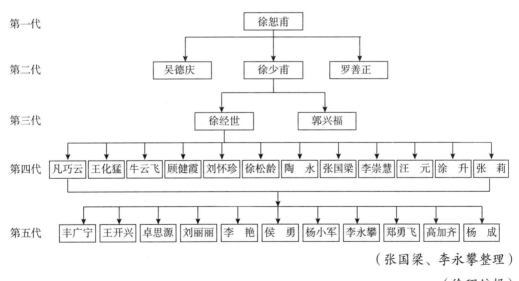

（张国梁、李永攀整理）

# 郭诚杰

郭诚杰（1921—2017），陕西省富平县人，中共党员，教授。曾任中华中医药学会终身理事，中国针灸学会常务理事、临床分会第二届委员会副主任委员，国际针灸医师水平考核委员会委员。全国老中医药专家学术经验继承工作指导老师，第一批中医药传承博士后合作导师。人类非物质文化遗产（中国针灸）代表传承人。获中华中医药学会终身成就奖，中国针灸学会中医针灸传承贡献奖，享受国务院政府特殊津贴。2014年被评为第二届"国医大师"。

郭诚杰始终坚持临床一线。在针刺治疗乳癖（乳腺增生病）、中风后遗症、面瘫、癃症、失眠、痹证、月经不调等诸多疾病方面积累了丰富的经验并形成了独特的理论和针刺手法。他借鉴张仲景调肝以治四脏的思想，创新性提出"疏肝和胃，滋肝肾，调冲任"治疗乳癖病的学术思想，据此选配穴位的治疗方案，疗效显著。获1987年度全国（部级）中医药重大科技成果乙等奖；"针刺与免疫学功能的研究"获陕西省科学技术成果一等奖；"我国对经络实质的研究"获陕西省科技成果二等奖；"针灸对小白鼠移植性乳腺癌抑制作用的研究"获陕西省中医药科技成果二等奖；"针刺对E2所致大白鼠乳腺增生病疗效的实验观察"获陕西省自然科学优秀论文三等奖；发明的乳腺增生治疗仪获第四届国际科学与和平周医疗保健卫生用品科技成果展金奖。先后出版专著2部，主编全国高等学校中医药教材4部，主审3部，发表论文36篇。

# 一、学医之路

郭诚杰 1921 年 12 月出生于陕西省富平县。幼年时其母亲多病，当地医生极少，请医困难，自此少年的他萌生学医之念。1947 年，26 岁的郭诚杰终于有机会来到医馆，于是一心为母治病的郭诚杰拜师富平庄里镇名医别鉴堂学医、辨认药材，自此踏上了学医征程。后他又拜富平县城贾汉卿为师，跟诊学医。新中国成立后，郭诚杰开始独立应诊，并加入医事会为当地群众服务，早期积累了大量临床经验。随着临床工作的深入，郭诚杰发现自己在理论上的不足，为了进一步提升自己的医学知识与技术，1953 年 4 月他离开家乡来到古都咸阳，在陕西省咸阳专区中医进修班学习半年；1954 年 5 月他从陕西省中医进修学校结业，回到富平县医院从事针灸临床工作。1959 年 5 月郭诚杰又回到陕西省中医进修学校（陕西中医药大学的前身），参加中医师进修学习，由于学习认真刻苦，成绩优异，学习结束后留校任教，开始了一生的事业，从事针灸教学、临床和科研工作至耄耋之年。

# 二、成才之道

郭诚杰从医近 70 年，在医、教、研方面硕果累累，成为享誉全国的一代针灸大家。回顾他成长的历程，总结其学术上的造诣和事业上的成功，其经验如下。

## （一）深研经典，宽广见识

中医源远流长，具有完整、独特的理论体系和防治疾病的丰富经验，所载文献资料浩如烟海。郭诚杰在多年习医执业中，非常重视经典著作的学习。上至《素问》《灵枢》，中及《难经》《伤寒杂病论》，再有《针灸甲乙经》《备急千金要方》《明堂孔穴》《针灸大成》等经典医籍，均详研精读，重要段句条文还能熟背，做到胸中常有典故条文。郭诚杰常以《医宗金鉴·凡例》"医者书不熟则理不明，理不明则实不清，临证游移，漫无定见，药证不合，难以奏效"为训诫，勤习常诵经典古医籍，临床见症才能明辨气血阴阳内外脏腑等所在，借鉴传承经典，为当代医学所用。他对中医经典古籍学习认识的识记过程总结为：对重要著作必先熟读，继之精思，记忆和思维紧密相连，记忆是思维的基础，思维又能提高记忆效果，读中求记，思是求明，不可偏废。总之，中医经典的学习，绕不开知识记忆的一般过程和规律。

郭诚杰善于溯流探源历代代表性医著，博众家之长为己所用。探源始自经典，依时间顺序，究其发展脉络。如研读《黄帝内经》以知医理之源；习《难经》以知奇经八脉、脏腑经脉原气、八会穴；读《伤寒杂病论》以求辨证论治、针药结合之法；究《针灸甲乙经》，确立经穴、交会穴与刺灸方法；从《备急千金要方》明阿是穴的临床应用；自《外台秘要》知灸法防治诸多疾病之作用；从《疡科心得集》"乳中结核，形如丸卵……其核随喜怒消长，多由思虑伤脾，恼怒伤肝，郁结而成"之载，结合乳癖流行病学、发病特点与规律，总结出该病以肝郁气滞为病机关键，治疗当以疏肝解郁为法，进而筛选出甲、乙两组主穴及辨证配穴方案，临床疗效颇佳。

### （二）博学笃行，重视实践

"笃行"就是多临床实践。理论学习对一个从医者的成才是重要的，但临床实践更为重要。理论学习需要实践，更应在实践中学习、总结和提高。郭诚杰信奉"熟读《甲乙经》，更要多临证"之道。郭诚杰应用针刺法治疗乳腺增生症，选穴、配穴都是基于他大量临床实践、走访调研后对搜集到的案例总结的结果。近70年来，在陕西中医药大学附属医院的门诊与病房，咸阳数家纺织厂、电子设备厂，陕西关中许多县市的农村，都留下了郭诚杰探究乳腺增生专病诊治实践的印迹。在治疗周围性面瘫的临床实践中，郭诚杰特别注重观察病人病情与治疗方法之间的关系，如早期针刺刺激量不宜过大、不可应用电针治疗，否则将加重病情，延长病程，还可能引起继发的后遗症；加用艾灸、局部热敷、按摩和注意保暖，均可促进其恢复。这些经验体会均源于临床实践。郭诚杰针灸临床诊治病种十分广泛，内、外、妇、儿、骨伤、杂病都有涉及，常见良效，乃是博学、笃行之果。他深知业医者应在精专上下功夫，才能有所创新、发展。他专研针刺治疗乳腺增生症，并取得显著成绩就是"博学笃行，业精于专"的极好说明。

### （三）勤于思悟，精益求精

郭诚杰认为，医者的成长过程是一个学、思、悟的过程。在学习、实践的经历中务必勤于思考，才能从中悟出道理，再将其用于实践，从而得到提高。如对针刺治疗乳腺增生症穴位的选择，最初只是对症选取，即选择了具有止痛作用的合谷、乳房局部的屋翳、膻中，虽对乳房疼痛有效，但应用后乳房肿块消散不佳。后经审视所有临床表现，反复分析、思考，探究其病因，本病主由肝郁气滞致使乳络气血不畅、不通，不通则痛，不通日久，气血郁结，或夹痰、夹瘀而形成肿块，其病机关键为肝郁气滞，治疗上应以疏肝解郁为主法，再辨证选加相关穴位，故在原基本方上加用疏肝之肝俞、肩井和古人治乳疾之经验效穴天宗穴；又将其按针刺操作方便与否分为胸、背两组，即后来称之为甲、乙两组，一天一组，两组交替使用。经临床验证，这两组穴位针刺后，不仅止痛快，且有较好的消散乳块作用。这是学、思、悟的典型例子。

### （四）确定目标，持之以恒

郭诚杰认为医学至精至深，属大道之术，并非短时可成、可精。他曾这样评价自己：天生并非聪智、高人一等，不过"勤""苦""恒"三字而已。郭诚杰学习十分认真，尤其在开展乳腺增生症临床研究的初期，坚持每晚看书学习至深夜，乳腺增生症的病因、病理、临床表现、辅助检查、诊断等知识，均是坚持学习，向人求教而来的。这些为他运用中西医结合方法在国内首创针刺选穴治疗乳腺增生症的学术成就奠定了坚实的基础，正如他说："学习是件苦差事，当以此习以为常时便不觉其苦，当领悟其道理后反觉乐趣无穷。"这种坚持一直持续到他人生的终点，年近百岁的他，还坚持每天看医书、读医（学）志、阅医报《健康报》《中国中医药报》等，从不间断，掌握中医政策、科研方向。他还坚持每天晨练半小时到一小时，几十年来从未间断，故 90 多岁高龄时还身手敏捷，健步如飞，思路明晰，口齿清楚。这些均得益于他持之以恒的毅力。

### （五）中西汇通，法古创新

郭诚杰是一位学识渊博的学者，他认为中医药发展，受多学科的影响，故业医者必须知识渊博，除精通中医外，还应熟悉掌握现代医学、哲学、史学、文学、地理等方面知识，才能在学术上有所发展和创新。中西医各有所长，临床应重视西医辨病与中医辨证的有机结合，乳腺炎、男性乳房发育症、乳房结核、乳痛症、周围性和中枢性面瘫等病的诊治均如此。尤其是乳腺增生症，乳房肿块是其重要特征，其性质虽属良性，但部分可癌变，临床应先辨西医之病，明确肿块性质，以防误诊而失治误治，再辨中医之证，以切中本质。

## 三、学术之精

郭诚杰一生致力于用针灸之法解百姓疾苦，他以乳癖为突破口，开创了国内用针刺方案治疗乳癖的先河，形成了独特的诊治思想。

郭诚杰通过研读中医经典，并结合自己几十年临床实践，发挥王清任气血理论，逐渐形成气血为要的学术思想，并用以指导临床疾病诊治。

## （一）以气血辨证为纲，脏腑经络辨证为目辨治内外病证

郭诚杰在临证中深受《黄帝内经》、王清任气血论的影响，认为气血是脏腑经络的核心，诊疗疾病中，以气血辨证为核心，认识分析病机并诊治疾病，如对乳腺病及内伤杂病的认识强调疾病过程中着眼于气血之变对脏腑功能等的影响，以气血盈亏顺逆阐释病机。

郭诚杰认为，气血是维持人体生命活动的基本物质，《素问·调经论》云："人之所有者，血与气耳。"所谓气，《灵枢·决气》云："上焦开发，宣五谷味，熏肤，充身，泽毛，若雾露之溉，是为气。"气是由五谷精微生发，具有温煦皮肤、充实形体、润泽皮毛作用的一种物质，由上焦开启发布。何谓血？《灵枢·决气》说："中焦受气取汁，变化而赤，是为血。"血是中焦水谷之精所化生的，行于脉中的红色液体，源于气和津液，又不同于气和津液，具有营养滋润全身的作用。气与血，主要来源于脾胃化生的水谷精微，通过肺的宣发肃降和经络布散到五脏六腑及四肢百骸。同时，气血在脏腑经络的状态，与人体生理、病理密切相关。第一，气血为病可表现于阴阳失调。气血为人体阴阳的主要物质基础之一，气血相对而言，气属阳、血属阴，所以疾病过程中的阴阳失调根源于气血功能和物质基础的失常。第二，气血盈亏的病机还体现于脏腑失调。正如张景岳在《景岳全书·传忠录·藏象别论》中所述："五脏皆有气血。"郭诚杰认为：气血失调渗透于脏腑病机中，脏腑失调中也必有气血不和。脏腑气机升降出入障碍，必然会反映为气血代谢失调，气血的阴阳虚实变化；气血升降出入失调，亦将影响脏腑的功能，或者脏腑失养，或者脏腑气机不畅，进而导致气血生成和运行的障碍。使气血运行不能保持常态，而引起气机紊乱，基础物质代谢失调，脏腑平衡破坏而生内伤杂病。第三，气血失调还体现于经络病机中。《灵枢·经别》中云："夫十二经脉者，人之所以生，病之所以成，人之所以治，病之所以起，学之所以始，工之所以止也。"在疾病诊疗中，经络气血的盛衰及运行异常是发病与否及病情轻重的关键因素，是重要的辨证施治依据。总之，临床诊治过程中，气血盈亏逆顺是生病与否的本质，气血因受外部刺激或脏腑内伤之扰，或盈满瘀滞为病，或亏空虚弱为病，或逆顺不调为病，所以在临证中，当结合脏腑经络所在先辨明气血虚实盈亏和出入循行的顺逆，才能对症治疗。

郭诚杰强调气血辨证的思想早在他对乳癖病的辨证治疗中就有所显露。他在早期谈对乳癖病机认识的文章中就指出："若肝气不舒，肝肾亏损，精血不充，脾气虚弱，湿浊壅聚，均可引起气血失调而影响冲任，导致本病（乳癖）发生。乳癖虽与冲任有关，实为肝脾功能失常所致。"对于乳腺病的病机，郭诚杰基于气血论的观点提出："乳腺病以郁、痰、瘀为主。"又如他在情志病的辨证治疗中，主张"气血盈亏

为病论"，无论病在何脏，均以气血盈亏为物质基础，以气血紊乱为病机关键。

总之，临床辨治疾病，以气血为纲纪，调治气血为基本出发点。

## （二）"疏、通、调、补"气血论治法

郭诚杰博览古代诸家医籍，广阅现代针灸书刊，结合自己多年临床经验，临床诊疗疾病以气血为纲，脏腑经络为目辨治病证。据此提出"疏、通、补、调"气血论治法，这一思想是对中医治病原则的具体深化，其本质"疏"与"通"针对实证而设，而"补"仅对虚证而立，"调"则是对机体失衡的病理状态的调整，使阴阳平衡，精神顺治，疾病恢复，身体康健。

### 1."疏、通、调、补"的含义

（1）疏即疏散、疏导之意，一指疏散外邪，对外感六淫实邪为病者，治宜疏散，即采用疏散外邪之法为主治疗；二指疏导、舒畅之意，疾病或因情志失调、起居不节等不内外因所致之内伤实证者，或为气血痰火湿食等有形之邪停聚脏腑经络者，皆应疏调气机。郭诚杰认为人体气机关键在于"以肝为枢"，若"以肝为枢"气机障碍，必致阴阳气血紊乱而见脏腑、经络之病。针对人体气机这一特点，以"疏肝"为核心，疏肝气，补肝血，柔肝阴，恢复肝的阴阳平衡及其他脏腑的功能，病去体安。

（2）通指畅通脏腑、经脉，或化瘀逐湿祛（积）食等直去脏腑经脉中的有形无形之实邪，使因实邪堵塞经脉而致不通之邪尽去，经脉通畅，气血流畅，脏腑组织器官得以营养而功能正常，其方法是运用针灸之法在局部、远端或应用中药之法行气活血，促通局部经络气血的运行。

（3）补即补益不足。对于素体虚弱，或因病致虚，或年老体弱者，则以"补"为要，或益气养血，或补益肝肾，扶助正气，改善功能。其方法或针，或灸，或药，正复则安。

（4）调即调理。临床上对于诸多虚实证不很明显、虚实错杂或脏腑功能紊乱初起者，郭诚杰主张以针灸、药物调和、调理，调经脉，调气血，调上下，调内外，调情志，调饮食起居等，以平和为期而纠正紊乱的脏腑、经脉与气血，逆转病情向愈。

### 2."疏、通、补、调"的应用

郭诚杰创新地提出了"以肝为枢"，以通气血、补肝肾、调冲任，治疗乳腺病的观点。他认为肝藏血，主疏泄。足厥阴经经脉布于胸胁，乳头色青属肝，若肝气不舒，胸胁经脉郁阻不通，气机不畅致气滞血瘀而见乳腺疾病。乳房部位为足阳明经脉所过，阳明乃多血多气之经，乳房又是妇人气血流注之处，若肝气受阻，又可横

克脾土，导致脾胃气机失其升降，致水湿不化而痰湿内生，气血痰湿互结乳络，形成乳腺疾病。明代医家余听鸿云："若治乳从一'气'字着笔，无论虚实新久，温凉攻补，各方之中，夹理气疏络之品，使其乳络疏通，气为血之帅，阴生阳长，气旺流通，血亦随之而生，自然壅者易通，郁者易达，结者易散，坚者易软。"同时，"女子以血为用"，肝主藏血调冲任，故无论从血、从气，肝皆为枢，都需从调肝而起。乳房的发育、乳络的通畅、乳汁的分泌均依赖于肝血的充足及肝气的舒畅条达，又肝之经脉上贯膈，布胁肋，故理气调血，以肝为枢论治乳腺病。郭诚杰认为乳腺病的病机以气血痰湿火瘀阻为多，治疗在以调肝为先的基础上，配合脏腑辨证和气血辨证处方用药、选穴，或疏肝理气，或化瘀散结，或祛痰清热，或健脾利湿，通经活络。一方面可辅助补气、益气、降气等理气调气而通经络，助肝调气血通经脉；另一方面，辅助以促进脾胃功能的穴位或中药，以使气血有所生，湿痰有所化，则自然达到邪（瘀血痰湿）祛脉通、痛止、癖消的效果。临床选穴以疏肝健脾，畅阳明之气为主，并随证加减而补泻之。甲组穴：屋翳、合谷、乳根（期门），均双侧。乙组穴：肩井、天宗、肝俞，均双侧。两组穴位交替使用。对于气血虚弱者，方剂以《医宗金鉴》圣愈汤方加减，常伴情志抑郁忧思者以《太平惠民和剂局方》之逍遥散加减或归脾汤最为常用，易怒者辅以柴胡疏肝散加减。

**3. 对于内伤杂病者，调肝为先辨治杂病**

在"肝脏为人体脏腑气血枢纽"的认识指导下，本着辨证论治、脏腑相关思想，郭诚杰临床治疗杂病也强调"调肝为先"，结合脏腑辨证和气血辨治，论治杂病。诚如《血证论》云："三焦之源，上连肝胆之气。"清代周学海也在其《读医随笔》指出："凡脏腑十二经之气化，皆必借肝之气化以鼓舞之，始能调畅而不病……医者善于调肝，乃善治百病。"对于内伤杂病者，郭诚杰强调治疗杂病在辨证基础上，以"疏、调"为先，先以方药疏调肝气，人体气机枢纽之肝气调顺，则其他脏腑气机的升降出入才可有序进行。而"气、血、痰、火、湿、食"等阻滞经脉的有形之邪，皆与脏腑气机紊乱有关。所以，郭诚杰治疗内伤杂病，不论病症归属何经，一方面常配以肝经原穴太冲和募穴期门，以理肝气、平肝风、调肝血。同时，根据辨证确定脏腑归经及虚实等，和以"通""调"或"补"法，配以对应方药和脏腑，以达其效。

## （三）乳房为奇恒之腑

乳房为相对密闭的组织器官，不与水谷直接接触，但能在产妇哺乳期储存乳汁，即似腑非腑；同时具有类似于五脏贮藏气血精气化生乳汁的作用，即似脏非脏，故郭诚杰提出乳房当为奇恒之腑的新脏腑观。乳房与脾、胃、肝、肾关系密切。脾胃为后天之本，气血生化之源，胃主受纳，脾主运化、主肌肉，乳房之主为肌肉，其气血营养必由脾胃所供。怀孕后期及哺乳期的乳汁均为气血所化，藏于乳内，婴幼儿需要时可及时供给；肝主藏血，主疏泄，又主筋，乳房为筋之所聚，有赖肝血的不断濡养。同时，乳房的生长、发育与肾关系极为密切，亦有"冲任隶属于肝肾"之说，肾主藏精，化生天癸，可激发冲任通盛。肾气—天癸—冲任相互影响，成为妇女子宫、乳房周期性调节的中心，而肾是这个调节中心的核心所在，肾气充，天癸足，冲任盛，则胞宫、乳房发育良好，如果肾气不足，天癸不充，冲任不盛，则胞宫、乳房必受其累而发病。又乳房为足阳明胃经贯穿，足少阴肾经、足太阴脾经、足厥阴肝经及冲任二脉也散布乳房周围。同时，形体功能上，乳房又有其特殊性。乳房分为孕期、哺乳期和非孕非哺乳期，其形呈中空的管状，类似于腑，但在功能上，非孕非哺乳期乳房，不藏乳汁又不泄乳汁，即非脏非腑。怀孕后，在脾胃化生气血、肝主疏泄功能正常，肾精充沛的情况下，乳房逐渐充盈，乳头、乳晕也渐增大，这时乳房呈现出"藏而不泄""满而不实"的脏的特性（即似脏）。哺乳期，乳房既储藏乳汁又排泻乳汁，以满足婴幼儿的需要，这时呈现的是"藏而不满"和"传化物"的脏腑双重特性，既似脏又似腑，故为"奇恒之腑"。

郭诚杰据此认识，治疗乳腺病（如乳癖、乳痛、男女乳疬、乳衄、小乳、乳头溢液、缺乳等）均宜"以通为用"为主，以应腑之属性（腑病多实，以通为用）；仅在哺乳期治疗气血不足之乳少或缺乳时"充而补之"，以应脏之特性（脏病多虚，以补为要），在临床实际应用时完全体现出乳房以通行为主；又不失其藏精的特点。尤其对乳癖治疗法则的确定和具体方法的应用，总以疏肝理气的"疏通"为主，用针（甲、乙两组主穴），或遣方（乳乐冲剂为主），兼以健脾除湿化痰，或活血散结，或滋补肝肾，或相兼而治，却又不忘养血益气。治疗时遵循乳腺的疏泄与封藏变化规律（月经周期、孕期、哺乳期），动静结合，泄藏有度，缓急相辅，灵活应用，每每收到较好的临床疗效。

### （四）推崇针药结合

郭诚杰以孙思邈的"针而不灸或灸而不针，非良医也，针而不药或药而不针，亦非良医也"为训，遇病详为辨证，不拘于只针不药的局限。在具体实施"补、调"大法时，郭诚杰不但擅长施以针灸之术，也不废药食之功，临床治病强调全方位介入，治养结合，针药结合。药食有四气五味、寒热温凉之偏性，针灸也有气血阴阳之适宜。药食有形，气味温凉入胃肠脏腑，直干气血之实；针灸循经络穴位之孔窍，引阴阳营卫之变动，调脏腑气血之出入。临床诊疗过程中，他主张针灸医生既要精通针灸，也要精通药学，无论治疗何种疾病，宜针宜药，何时用之皆应灵活掌握。

如对气血双虚型乳腺增生患者，单用针刺治疗收效慢，若配合服用补益气血的中药，则很快见效。对于慢性病及远道患者，根据辨证调配方药，极大弥补了不能连续针灸治疗的不便，也充分体现了中医脏腑与经络共治的思想。

# 四、专病之治

郭诚杰以乳癖（乳腺增生病）为突破口，针灸治疗乳腺病取得了良好的效果，随后，他也在其他乳腺疾病的针灸诊疗过程中不断总结经验，逐渐形成了特色的诊疗方案。另外，他在不寐、郁证、脏躁等中医情志病，以及面瘫、痹痛等病证治疗方面也有独到见解，陈述如下。

## （一）从气血论治乳癖

郭诚杰在 20 世纪 70 年代首次提出辨证分型针灸治疗乳腺增生病，并在治疗该病取得良好疗效的基础上，对乳腺增生病病因及针刺治疗机理进行深入实验研究，其"针刺治疗乳腺增生病临床疗效及机理研究"荣获 1987 年国家中医药管理局重大科技成果乙等奖。

郭诚杰于 1978 ~ 1999 年，先后 9 次进行了乳腺病调研，积累了大量关于乳腺病诊治的宝贵资料和经验。他通过对 2000 余名妇女的普查，经过几十年临床实践和总结，系统梳理了以乳癖为代表的乳腺疾病的中医病机，并用气血理论，以气血辨证为纲，脏腑经络辨证为目，紧扣气血充盈与顺逆，针药结合辨证论治乳腺疾病，临床收到满意效果，并在全国进行推广。

### 1. 基于气血论，以肝为枢论治乳腺病

乳房为足阳明经脉所过，故属胃。乳头色青而属肝，是足厥阴肝经之气所灌。生理上乳房是产生、贮存和流注乳汁的器官，受多气多血的阳明经所养。病理上易气滞血瘀寒凝，遂积成核。在临床实践中，发现患此病者，稍有动怒，乳痛立即加剧，说明中医之肝对本病有明显的影响。再以冲任论述其病变机理。冲、任二脉皆起于胞中，多与生殖器官有关，需要脏腑气血以滋养。肝藏血，主疏泄。乳房的发育、乳络的通畅、乳汁的分泌均依赖于肝血的充足及肝气的舒畅条达，又肝之经脉上贯膈，布胁肋，故郭诚杰认为若肝气不舒，肝肾亏损，精血不充，脾气虚弱，湿浊壅聚，均可引起气血失调而影响冲任，导致乳癖发生。但纵观前后，郭诚杰鲜明提出："乳癖虽与冲任有关，实为肝脾功能失常所致。"明确指出该病本质在气血失调，肝体阴（藏血）用阳（肝主疏泄），故理气调血，以肝为枢论治乳腺病。

### 2. 辨证分型，针刺治疗乳癖

郭诚杰根据乳癖病的疼痛特点、发作时间及肿块特征及伴随症状等，将其分成虚实两类。实证分为肝火和肝郁两型。在治疗上应以清泻肝火、疏肝理气为主；虚证则分为肝肾阴虚和气血双虚两型，治以滋肝肾之阴和补益气血为主。

郭诚杰最早在国内开创了针灸辨证治疗乳癖的诊疗方案，具有止痛迅速，肿块消退快、疗程短，医疗费用少，疗效高（总有效率为94%及以上）特点。

（1）选穴：根据本病在肝，又多累及于脾的特点，以疏肝健脾，畅阳明之气为主，并据证补泻之。

甲组穴：屋翳（双）、合谷（双）、膻中。

乙组穴：天宗（双）、肩井（双）、肝俞（双）。

（2）加减用穴：肝火型去合谷，加太冲、侠溪；肝郁型加阳陵泉，肝肾阴虚者去肝俞、合谷，加肾俞、太溪；气血双虚者去肝俞、合谷，加脾俞、足三里；月经不调去合谷，加三阴交；胸闷肩困者去合谷，加外关。

（3）方义：本病病位在乳，病因在肝。由于肝气不舒，经气运行不畅。乳房为胃脉所贯，肝郁则胃脉受阻，气血凝滞于乳，故乳中结块疼痛，选屋翳、膻中以畅乳部经气而活血；肩井、肝俞以疏调肝经之气；合谷为手阳明经之原穴，手足阳明经为同名经脉，故合谷有疏导上下阳明经气的作用；天宗治乳病功著。六穴相配，具有疏肝理气、调理阳明、通络活血的作用，从而达到消块止痛的目的。

（4）刺法：屋翳穴针刺呈25°，向外刺入1.5寸，局部有胀感；膻中穴向下平刺1.5寸，有刺胀感，或向剑突放散；肩井穴针尖向前平刺1寸，有胀麻感向肩臂放散；天宗穴针尖呈25°向外下方刺入1.5寸，有胀重感。以上两组穴位，交替使用，每日1次，补虚泻实，连针10次为一疗程，根据并且酌情使用1～2个疗程。

### 3. 针药结合，辨证选方

郭诚杰主张针药结合，共达病所。急以针刺畅通经络去痛，缓以药运气血，或在施针治疗的同时，配合中药内服或离子导入治疗，以加强疗效。

遵循以肝为枢调气血的指导思想，郭诚杰在逍遥散基础上自拟乳乐冲剂方，经加工制成冲剂，每天2次，每次10g，温开水冲服。组方以柴胡辛散疏肝解郁为君，疏散肝郁之气；配以当归、白芍养血柔肝，缓肝之急。佐以香附、青皮、延胡索、莪术等行气又活血止痛；另方中昆布消痰软坚，散乳中结块，以茯苓、炙甘草补中健脾益气，使脾土健旺以御肝乘，以炙甘草甘缓和中，调和诸药。一方中集合"疏、通、补、调"，甚为精要，临床应用也广受患者欢迎。此方为肝郁实证之乳癖患者基础方；对于肝郁火热型的乳癖患者，以蒲公英为君清热解毒，辅以金银花消散热毒，当归、柴胡疏肝解郁，乳香、没药活血通络止痛，肝火盛者加夏枯草；另临床多见气血不足虚证乳癖者，郭诚杰以圣愈汤加减，人参、黄芪补气，四物养血活血，通补兼施，辅以香附、延胡索理气止痛，补而不滞甚效；肝肾阴虚不足者，以银柴胡、胡黄连、地骨皮清阴虚热；以秦艽、青蒿善透伏热外解；佐以鳖甲滋阴潜阳，配三七活血消肿止痛。

## （二）辨气血，调肝为先治杂病

以气血辨证为纲，脏腑经络辨证为目辨治内外病证。郭诚杰通过研读中医经典，并结合自己几十年临床实践，发挥王清任的气血理论，逐渐形成气血为要的学术思想。其中，肝为将军之官，体阴用阳，藏血主疏泄，郭诚杰主张肝为人体气血枢纽，内伤杂病气血逆乱者，调肝为先。内伤杂病中，郭诚杰尤其关注不寐，他从气血理论阐述了不寐的病机，并形成独特的诊疗思路。

**1. 不寐的病因病机认识**

郭诚杰总结历代医家对失眠的认识，认为失眠是内外因素联合作用于人体的结果，社会环境、情志不和、饮食不当等体内外因素作用于机体，致使脏腑功能失调，阴平阳秘打破，心神不安，难以入寐。病位涉及心、肝、胆、脾、胃、肾等脏腑。但阴阳失交为核心，气血不足为基础，病在心脑，脏腑相佐。郭诚杰认为临床上失眠虽如张景岳云"不寐"有"受邪"和"不受邪"之分别，但慢性失眠症"不受邪"更多见。盖《素问·阴阳应象大论》云："天地之动静，神明为之纲纪。"睡眠是神气安守的表现，神乃寐之主也。长期的起居不规律或慢性消耗，过度疲劳，耗散阴血神气，神气难以内守，就容易表现为不寐。长期慢性疾病最终都损耗气血，表现在失眠病中更是如此。因此郭教授认为失眠临床以虚证多见，或气虚，或血虚，或阴虚等，慢性失眠积劳成疾者多见，劳伤气血，尤以气血虚弱不足多见。

**2. 补益从脏腑，阴阳调经络**

《景岳全书·不寐》中提到"血虚则无以养心，心虚则神不守舍……以致终夜不寐，及忽寐忽醒，而为神魂不安等证。"说明气血不足影响神志活动，表现为夜寐不安。另王冰《素问·解精微论》注中云："气和则神安，神安则外鉴明矣。"所以郭诚杰从气血入手，以"补、调"为法，补益虚损不足，调和阴阳顺接，理顺气血，使心神安定，寤寐自律。气为血帅，血为气母。故临床虚损不足之失眠首当固摄气血。五脏亦主五志，脏腑也参与人的神志活动调节，因此补益气血当从脏腑入手。气血循行于经络，脏腑连于经络，阴阳交接于经络，郭诚杰主张治疗失眠不忘调整阴阳，从经络入手。

失眠病位在心，故郭诚杰针刺治疗时必选手少阴心经之原穴神门穴。配合经外奇穴印堂，起到调和阴阳、畅达气机、安神助眠的功效。另外，郭诚杰认为失眠多为阴阳失调，心肾不交，故治失眠还常与足少阴肾经原穴太溪穴配伍，既滋补肾阴，又同神门相应，交通心肾阴阳，阴阳之气顺接，心神安定，眠自安。同时，肝体阴用阳，藏血主疏泄，郭诚杰多配三阴交穴，以健脾养血，补肝肾之阴。为了避免在一个针刺疗程中一组穴位重复针刺过多，郭诚杰通常配用两组处方，交替使用。因背为诸阳之会，又膀胱经汇聚十二经脉之气血，故另一组穴位取背部心俞穴、肝俞穴、肾俞穴，以交通阴阳，调理脏腑功能。同时，可配头部百会穴、四神聪穴、神庭穴等，充养清窍，镇静安神。

同时，郭诚杰常常针刺配合中药治疗失眠。针刺通过调经脉气血阴阳以安眠，中药方剂药食通过理脏腑、益不足以安神定志，两者结合，共达效果。对于临床常见的虚证失眠者，郭诚杰多以补益方扶助脏腑气血，安定神志。选方多用益气养血、入心、肝、脾之药，脉中气血可按时循经行走，阴阳之气顺接，睡眠自然安稳。郭诚杰喜用甘麦大枣汤调养。《灵枢·五味》有云："心病者，宜食麦。"《名医别录》亦云："麦养肝气。"心肝为母子相生之脏，故小麦、大枣同用，心肝皆养，并甘草以和中缓急，补养心气。三药合用，甘润平补，养心调肝。

# 五、方药与用穴之长

## （一）经典用药

### 1. 应用单味药经验

（1）黄芪：炮制有考究（生用，或蜜炙），用量有法度（大、中、小剂量不同），煎服随症情（合煎合服、单煎兑服、前后分服），各得其所宜，多效如桴鼓。

剂量偏小：用量在15g以下，功在助行；气虚不甚，力在助补；血虚之证，补血行气；辅佐正气，托里排毒；泡水煮粥，强身健体。

中等剂量：用量在18～30g，补气效著。

剂量较大：用量在30～120g，用于重病大虚，多单煎兑服，如气虚崩漏用30～60g；中气下陷，内脏脱垂用40～60g；中风偏瘫用60～120g。

（2）细辛：古代医书均载细辛有毒，用量"不过钱"（3g左右），过量则"气闭塞不通者死"。郭诚杰认为，汤剂细辛用量不过钱（3g），是指单味细辛研末冲服或入丸散一日的剂量，而非汤剂的一日用量。细辛确实有毒，其毒为挥发成分之甲基丁香酚（占挥发油的60%）中的黄樟醚（占前者8%），只要降低黄樟醚的含量，即可大胆使用。

汤剂常用量：9～12g，偶有1剂药用至15g者，常用于颈肩腰腿痛、头面疾病、乳腺增生症、寒饮内停之咳嗽、顽固性痛经、四肢厥逆等的治疗。

降毒方法：细辛先煎 30 分钟（打开煎药锅盖），让黄樟醚充分挥发，使含量低于 2% 以下的安全剂量。这样，既发挥了药物的作用，又保证了安全，能取得了较好的临床疗效。

（3）麦芽

疏肝理气，生品为用，多入复方，常量为 10～30g，也可代茶频饮；

气结为病，量大入方，多为 30～60g，与其他药物同煎同服。

肝胆郁滞、湿热交阻，无黄疸者，复方中多遣 20～30g 生麦芽；对于胆汁外溢之阳黄、阴黄者，取生麦芽 30～50g 以起清泻肝胆、利湿退黄之效。

生炒同用，催下乳汁。生、炒麦芽各 10～20g，以畅达乳部气机，乳汁分泌自多。

炒制量巨，回乳效佳。对于乳房偏大不硬、乳管畅通、乳汁多而需回乳者，取炒麦芽 300g，开水冲泡，加盖浸焖 15～20 分钟，温服，剩 2/3 时再续开水再焖再饮，如此反复 4～5 次，连服 4～6 天即可回乳。对于乳房大而略硬、乳汁排出基本正常而需回乳者，取炒麦芽 120～200g，再加枳壳、桔梗、当归、益母草等行气活血、回乳，又可防止乳汁淤积。如乳房微胀，或微痛、微热感，存在积乳或早期急性乳腺炎可能，则再加入蒲公英、金银花、瓜蒌、黄芩、连翘、丹皮等以清热解毒、活络通乳之品。

炒用消食，醒脾健胃。对于因饮食过量、面食积滞或脾胃虚弱而运化无力，或湿困中土而水谷难行，或年老脾胃运化衰退者，均用炒麦芽 20～30g；肉食积滞者，常遣炒麦芽 30～40g，配以炒山楂 20～30g，槟榔 10～15g，鸡内金 15～20g 共奏消食化积之力。

（4）附子：附子为含乌头碱的有毒药物，有较好的驱寒逐冷，温经止痛作用。郭诚杰认为，只要疾病对证、以验配伍、量小渐增、久煎频服可达到安全有效之目的。

用量：3～6g 为小剂量，作用在于补阳，助补气血；每剂 9g 为中剂量，主为通阳，以行气血；12g 大剂量，其功散寒，通络化痰；一剂在 15g 及以上者为重剂，其目的为攻散寒邪。临床应结合病人病情、年龄、体质、心肝肾功能正常与否等逐渐增加剂量，一般以 3～5g 为一个增加单位。病程短、病情轻者，一剂 10g 左右即可；病程长、病情重、心肝肾功能正常、非重用不能奏效者一剂可达 15～20g。

解毒与服用方法：加水应超过药物表面 3～4 横指；武火煎开后文火煎煮至少 0.5～1 小时，并不断搅拌，以筷子蘸药液口尝舌头无麻感为度，再下它药煎煮；饭后分 2～3 次服用，1 日一剂，连服一般不超过 20 剂，中病即止；若在服用过程中见唇舌麻热，则为早期轻度中毒现象，停服即可自行消失。

### 2. 治疗乳腺增生病常用对药

（1）对病对药

①柴胡-淫羊藿：郭诚杰认为本病病机关键在于肝郁，疏肝解郁为要，故治疗乳腺增生病不离柴胡；淫羊藿归肝肾二经，能调理肝肾、固摄冲任、温阳化湿。郭教授认为，冲任的功能与雌激素有关，而本病多为体内分泌过量雌激素所致，淫羊藿有类雄激素作用，可抑制内源性雌激素分泌。两药合用，柴胡主疏肝、调气机，淫羊藿温补肾阳而暖脾，一疏解，一温肾，用量柴胡多6～15g；淫羊藿则根据雌激素含量而用6～30g。

②延胡索-川楝子：延胡索辛散，具有活血化瘀、理气止痛之效，"能行血中气滞，气中血滞"；川楝子苦泄，可清泻肝火、行气镇痛。两药组对，一血一气，既泄气分之热，又行血分之滞；一温一寒，清泻肝火之余兼理气活血，使气血通畅，火消痛止。延胡索9～18g，川楝子6～10g。

③三棱-莪术：三棱性平，味苦辛，能破血行气、祛瘀止痛、消积化块，苦能开泄，辛性疏散；莪术性温，味苦辛，可破血逐瘀、消积止痛、行气散结，既入血分，又入气分，善破气中之血。二药配伍，辛开苦降，气血并施，重在散结，既增强破血行气散结之功，又相互制约。用量上，根据肿块大小和硬度，其比例定为1∶1，常用量6～12g，且中病即止。

（2）对证对药

①肝郁气滞型：白芍-香附。白芍酸收，以养血敛阴、柔肝调经见长；香附主辛散，既行气，又活血，为疏肝理气常药。二药均归肝、脾二经。两药伍用，一升一敛，一气一血，散收相合，共奏疏肝理气之效，使肝气得疏，肝血得补，以合肝体阴用阳之性，升阳之中敛阴，调气兼顾养血，令肝气疏，肝血补，升降结合，动静相宜。常用量：白芍10～24g，香附9～12g。

②肝火型：夏枯草-龙胆草。夏枯草苦寒泄热，辛行疏散，归肝、胆经，善于宣散肝胆火之郁滞，还能散结消肿；龙胆草味大苦，性大寒，为纯阴之品，可清热燥湿，擅于大泻肝胆之火。二者均为苦寒之品，合用以增清肝泻火之力。常用量：夏枯草12～15g，龙胆6～9g。

③肝肾阴虚型：熟地黄-山萸肉。熟地黄为补血生精、滋阴补肾要药，山萸肉能补肝肾之阴，又可温补肾阳，收涩中暗含条畅之性。两药参合，一补一敛，大补元气，元阴与元阳俱补，对肝肾阴虚证甚妙。常用量：熟地黄15～24g，山萸肉15～20g。

④气血两虚型：当归-黄芪。当归辛散，补血活血、调经止痛；黄芪甘温，补

气升阳力著，又可养血生津，气旺则血生，以补气促养血。两药齐下，益气养血，阳生阴长，一血一气，气血双补，气血得养，气机得畅，则乳痛易消。常用量：当归 10～20g，黄芪 20～30g。

## （二）用穴经验

针刺治疗，取穴多分组别，每日一组，交替应用。针灸临床相同作用的穴位较多，取之最宜精少；两组穴位交替应用，可免穴位耐受性的产生，较大限度地发挥其效能；穴位轮换刺激，多途径发挥作用。

**1. 乳腺增生病**　分为肝郁、肝火、肝肾阴虚、气血双虚四型。主穴分为甲乙两组，甲组：屋翳、乳根、合谷（均双侧）；乙组：肩井、天宗、肝俞（均双侧）。随四个中医证型加减配穴（肝郁加阳陵泉，肝火加太冲、侠溪，肝肾阴虚加肾俞、太溪，气血双虚加脾俞、足三里）。

**2. 乳腺纤维瘤**　主穴分为甲乙两组和肿块 12 点三组围刺法。甲组取屋翳（双侧）、膻中、合谷（双侧）；乙组取天宗、肩井、肝俞（均双侧），辨证加减取穴。

12 点三组围刺法：第一组从 3、6、9、12 点钟方向围刺；第二组从 1、4、7、10 点钟方向围刺；第三组从 2、5、8、11 点钟方向围刺。围刺时针身与皮肤呈 25° 角，向中央斜刺。每次 2 组，与主穴相配轮换进行。

辨证配穴：肝郁气滞加太冲，痰湿凝结加丰隆，每次治疗均选。

**3. 周围性面瘫**　主穴分为甲组取地仓、颊车互透，阳白透鱼腰（均患侧）；乙组取下地仓、牵正互透，丝竹空、鱼腰互透（均患侧）；同时每次均加合谷、太冲、翳风（均双侧）。

**4. 男性乳腺发育症**　主穴分为甲组取屋翳、乳根、合谷、太冲（均双侧）；乙组取肩井、膈俞、肝俞、丰隆（均双侧）。

## （三）针刺手法

**1. 乳腺增生病**

（1）滞针颤抖外甩法：屋翳、乳根为甲组三穴中的两个，进针时针尖呈 25° 向外刺入 1.2～1.3 寸，捻转得气后，再行以滞针、颤抖和外甩手法。

滞针法——针刺到达应刺长度后，将针单方向捻转，屋翳穴拇指向上捻转，乳根穴拇指向下捻转，即均向乳头方向捻转，各 9～12 次，使针体发生滞针。

颤抖法——每穴小幅度、快频率、几乎在原地提插捻转 30～60 秒。

外甩法——在滞针的基础上，手持针柄，将针向外甩动 9～12 次。

（2）雀啄环转法：天宗、肝俞为乙组三穴中的两个，进针时，天宗呈 25° 向外下方刺入 1.5 寸，肝俞向下直刺 1 寸，均捻转得气，再行雀啄环转手法。

雀啄法——小幅度上下提插 12 ～ 18 次。

环转法——手持针柄，将针提起，做顺、逆时针连续 360° 环转 6 ～ 9 次。

上述两种手法，均在进针得气后和出针前各操作 1 次，其目的在于加强局部针感，增强临床疗效。

（3）痛点加刺法：对于迂曲腺管伴有轻度增生者，表现为触诊包块手下颗粒状，并伴有触、压痛明显者，明确属良性肿块或结节者，用 1.5 寸毫针直刺，其深度以刺中肿块或结节中央为度。

（4）围刺肿块法：用于诊断明确、肿块稍硬、肿块直径 ≥ 5cm 者，即在肿块周围向中央斜刺 5 ～ 6 针。

（5）乳头放血法：对于乳腺增生症伴有乳头瘙痒或乳痛、乳头挺立明显者（系邪郁经脉，乳络不通），在乳头处点刺放血 8 ～ 10 滴，多 3 ～ 5 次治愈。

（6）撤针治疗：取穴屋翳、乳根、期门、肝俞（以上均取双侧）、乳块处等。每次留针 3 天，以求发挥针刺的持续刺激作用。本方法适用于不能每天坚持每日来诊的患者。

**2.乳腺纤维瘤**

（1）围刺纤维瘤周围法：详见针刺治疗疗法中的乳腺纤维瘤 12 点三组围刺法。

（2）震颤摇摆法：行围刺纤维瘤周围法后，再行本法。先插针左转，再提针右转，同时左右摇动针柄，使针尖与肿瘤产生摩擦，反复操作 3 ～ 5 次，每 10 分钟行针 1 次。

**3.男性乳腺发育症**

石磨盘转法：从后向前平刺肩井穴 1.2 ～ 1.3 寸，捻转得气后，医者右手紧握针尾，下压约 30°，分别做顺时针环转 10 ～ 12 圈，再逆时针环转 10 ～ 12 圈。

**4.乳腺导管内乳头状瘤**

三穴五点通调乳络针法：双侧乳根向外呈 30° 斜刺进针，得气。关元穴直刺约 0.5 寸，行顺时针单向捻转 3 ～ 6 圈，待针下现酸重感，行重插轻提 3 ～ 6 次，再将针迅速上提至 0.5 寸。重复操作至产生热感，且有上行之势。双侧三阴交由浅入深分层直刺约 0.5 寸，得气，行小幅度提插振颤手法，再将针刺入 1.0 ～ 1.5 寸，针尖向内侧触及骨膜，使针感强烈。

# 六、读书之法

郭诚杰毕业于陕西中医进修学校（陕西中医药大学前身），在行医从教的 70 多年间，勤求古训，反复研读《黄帝内经》《伤寒杂病论》《针灸甲乙经》等中医经典，为他的临床教学和开展针灸科学研究奠定了坚实的中医理论基础。

### （一）研读《内经》《针灸甲乙经》，思辨现代针灸学

郭诚杰毕业后即留校在针灸系任教。陕西中医药大学针灸专业是新中国成立后最早开办针灸本科和研究生教育的院校，面临针灸教材建设问题。郭诚杰教授博览中医古籍经典，在研读《内经》《针灸甲乙经》等基础上，组织编写了陕西中医药大学最早的针灸学本科教材，并参与全国针灸学教材的编写工作。在研读《内经》《针灸甲乙经》等古代中医著作中，引发了郭诚杰对中医经络理论的深入思考，早在20世纪70年代后期，他就从文献学、实验学角度，积极投入经络实质的研究工作，发表了一系列论文，探讨经络实质和经络气血等问题。如郭诚杰在1975年第七期《新医药学杂志》发表的《经络感传现象的研究简况》，《陕西中医学院学报》1978年至1980年发表的《对十二经脉起始与形成的探讨》《古人对经络实质的认识》，以及1981年在《陕西中医》发表的《关于十二经气血多少的浅解》等文章。反映了郭诚杰基于中医经典并结合临床教学实践，对中医经络理论的深入思考和探究。并于1984年在《陕西中医》连续发表了《针灸学发展简史》《经络学说述要》等文章，系统论述了针灸学和经络学说。

### （二）推崇药王孙思邈

郭诚杰除了熟读《内经》《针灸甲乙经》等经典，还对唐代医家孙思邈的著作《备急千金要方》《千金翼方》研究颇深，并总结了孙思邈对针灸学术的贡献，并以《孙思邈对针灸学术的创见》为题发表论文。郭教授指出，孙思邈对针灸学的贡献包括：第一，绘制经络腧穴彩色图谱，孙氏博览诸方，考证图经，绘制了针灸彩色图3幅，这是针灸史册中的创举，对提高针灸教育和推动针灸发展是有极其深远意义的。第二，强调针、灸、药并用，他认为孙氏在《备急千金要方》和《千金翼方》中充分论述了针、灸、药并用的重要意义，这对提高针灸效应和指导针灸临床是有现实意义的。第三，孙思邈首创"阿是"穴之命名。他指出孙思邈在"以痛为俞"理论启发下，把"以痛为俞"命名为"阿是"穴，给针灸医籍增添了新内容，为发展奇穴作出了贡献。通过对郭诚杰学术思想的传承研究，不难发现，他在为医之道等方面，深受药王孙思邈影响，心怀仁朴济世之心，践行"大医精诚"之道。他的很多学术思想也深受孙思邈影响，如注重身形保养、擅长针药结合等。

## （三）博览群书，勤思擅悟

20 世纪 70 年代开始，郭诚杰开始专注于乳癖（乳腺增生病）的研究，他虚心好学、勤思善悟，潜心研读历代古籍文献，参阅了大量文献，总结了如《诸病源候论·乳绪核候》《备急千金要方》《外台秘要》《外科大成》等书对此病的载述。指出乳癖这一病名的提出首推《外科正宗》。而清代高锦庭的《疡科心得集》记载最为翔实，即"乳癖乃乳中结核，形如丸卵，或垂作痛、或不痛，皮色不变，其核随喜怒消长。多由思考伤脾，恼怒伤肝，郁结而成。"他不但继承了古代医家对乳癖的病证描述和病因病机认识，更开创性地使用针刺为主的方法治疗，并形成系统规范的针药结合诊疗方案，广泛应用于临床。

# 七、大医之情

## （一）价值观念

### 1. 好学敬业，谦虚谨慎

学习是立身做人的永恒主题，也是郭诚杰为患者服务的重要基础。他对待自己所从事的医疗工作，认认真真，兢兢业业，并不断地探索。他由最初不懂现代医学，到后来成为中西医融汇贯通、享誉海内外的针灸、针药并用及乳腺病专家，他常说，医生看好的病不少，但看不好的病更多，这就需要不断学习和探索，才能不断提高临床效果，选择医生这个行业，就选择了终生学习。郭诚杰成为世界非物质文化遗产中医针灸代表性传承人和国医大师以后，依然谦逊虚心，不断学习，从不高傲自大，这是他成为一代针灸大师的重要的品格。

### 2. 实事求是，躬身自省

"吾日三省吾身"是郭诚杰的真实写照。郭诚杰不但谦虚好学，更注重自我修养，不断反思自己，躬身自省，严格要求自己，对已经做的和正在做的事情进行总结，吸取经验和教训，以便今后做得更好。在最初诊治浆液性乳腺炎时，由于该病的病例太少，文献报道少有，郭诚杰先按清热解毒、利湿散结治疗近 1 个月几乎无效，反思后认为本病表象有热，其本质为乳内寒凝，浊痰瘀血阻滞所致，施以阳和汤加味，外用化瘀除浊散剂治疗效果明显。

### 3. 自力更生，艰苦奋斗

郭诚杰信奉"有条件要上，没有条件创造条件也要上"的大庆王铁人精神。20

世纪 50 年代陕西中医学院成立初期，没有针灸教材，郭诚杰根据自己所学所获，自编、手写供中医专业使用的《针灸学》；针灸教研室成立之初，除了几间房子和几张办公桌外，几乎别无它有，郭诚杰就策划、制作针灸学挂图 600 余副，绘制疾病病理图片；1979～1980 年，在郭诚杰建议下，学校创立了针灸系，该系是全国最早成立针灸专业的 4 所院校（北京、成都、陕西、天津）之一，郭诚杰为第一任系主任，没有统编教材，他就组织教师自编、自印针灸专业系列教材 13 部，后被国内 12 所院校用作教学参考，在国内产生了较大的影响。这正是履行自力更生、艰苦奋斗精神的体现。

### 4. 持之以恒，勇往直前

郭诚杰是一位老中医，为了明确乳腺增生症的病因病理、掌握临床诊断和治疗方法，坚持向中西医书本学习、向西医教师和临床大夫请教，直至完全掌握。为了熟悉乳腺增生的流行病学和观察针刺疗效，他坚持数年在多家医院走访调研，开展临床研究。为了观察针灸对大鼠乳腺癌的防治效果，不管闲忙，郭诚杰几乎每天都要到实验室亲自指导、检查实验。郭诚杰对事业一丝不苟，持之以恒，勇往直前，这种拼搏精神最终成就了他的事业，成就了他不平凡的人生。

### 5. 不断进取，勇于开拓

郭诚杰在继承前人的基础上常常勇于创新。他大胆试用针刺治疗乳腺增生症，获得了良好的止痛消块效果，被国人誉为"国内外针刺治疗乳腺增生第一人"。乳头瘙痒症部分病人难忍至极，中西医均无有针对性的治疗方法，郭诚杰首创乳头点刺放血疗法，均当日见效，大多病例 3 次治愈，打破了"无风不作痒"，"无虚（血虚）不作痒"的传统中医治法。浆液性乳腺炎被誉为"不死的癌症"，郭诚杰分析其病因病机，探究其病本质乃为阳虚寒凝乳房深部所致，当用温阳补血，散寒通滞的阳和汤加解毒散结等品治疗，取得了前所未有的临床效果。

### 6. 乐于吃苦，宽广无私

为了掌握陕西关中地区健康育龄妇女一个月经周期中每天的性激素水平，以便与乳腺增生症患者对照，1984 年春天，郭诚杰决定远赴 100km 之外的富平县流曲卫生院采集血样，时间持续半年之久，感冒发烧也不曾间断调研。他笑着说："我这人有个习惯，就是最不怕吃苦。"郭诚杰对待学生心底无私，教导学生时从无保留，倾其所有把他所掌握的针灸理论和临床经验传授给学生们。他对学生的问题也有问必答，遇到难以立即回答的问题，从不回避，并说："大家提出的许多问题，有的我也不知道，我看看书，查查资料，这样也促进了我的学习。"

### 7. 团结一致，共同努力

凡要做事，郭诚杰不仅自己带头，更擅长带领同志们一起做，具有较强的号召力、组织力。例如筹建针灸系时，组织大家编写、蜡刻《经络学》《腧穴学》《刺法灸法学》等13部专业教材；由郭诚杰领衔陕西中医学院七位专家团队、花费6年多时间开展了新中国成立以来的经络学文献研究，被认为是当时国内收集资料最全的项目，荣获陕西省医药卫生科学技术研究成果二等奖，所撰写的研究专著《现代经络研究文献综述》倾注了郭诚杰团队共同的心血，也是郭诚杰人格魅力产生良性效应的典型代表之一。

## （二）医德医风

医德是医者的品格和价值观，是人们能够感知到的精神力量。大德为医，普救众生是郭诚杰坚持一生的为医之道。

### 1. 医心仁慈，恩泽众人

郭诚杰从20世纪50年代初开始学医、悬壶济世，到成为中国赫赫有名的针灸大家、世界非物质文化遗产中医针灸传承人、国医大师，经郭诚杰治疗的病人数以万计，病患和学生们从他身上感受到的不仅是精湛的医术，还有仁爱之心。他一生以医心仁慈，恩泽众人。他常教导后辈："要想做一名好医生，先要有一颗仁慈、善良的心，体会病人所受的痛苦，并为他（她）精心治疗。"郭诚杰常考虑患者行动不便，坚持亲自去患者家里治疗；有患者家境贫困，更是不收取任何费用，还赠送药物；家乡（方圆60华里地）的人都曾受到郭诚杰的免费诊疗。许多患者复诊时已经把郭老当作自己最信赖的亲人，和他交流谈心。

### 2. 贫富等同，一视同仁

郭诚杰一贯奉行《大医精诚》："若有疾厄来求救者，不得问其贵贱贫富，长幼妍蚩，怨亲善友，华夷愚智，普同一等。"特别是被评为世界非物质文化遗产中医针灸传承人和国医大师后，名声威望享誉国内外，各地患者慕名而来，郭诚杰均一视同仁，认真诊治。

### 3. 患者至上，仁心所系

郭诚杰出门诊时从不迟到，为的是按时诊治，减少病人的等候时间。遇到外地或病重患者请求加号时，总是尽量满足。从不让其他事情耽误出门诊的时间，始终为患者考虑。

### 4. 孜孜不倦，精益求精

郭诚杰临床遇见自己治疗效果不佳的病人，不是查书，就是请教他人或会诊，并进行追踪随访及进行专门的探讨、总结、学习，力求精益求精，他这种"活到老学到老"的精神为后辈树立了光辉的典范。

**5. 医风正派，淡泊名利**

郭诚杰常说："医学不是扬名的阶梯、谋利的手段，而是治病救人的职业，必须清正廉洁。"郭诚杰面对多家媒体采访的请求时常说"不要帮我宣传了，作为一名医生，想办法解除病人的痛苦就可以了。"郭诚杰的药方，一向药味少（以 7～8 味多见），用量小，配伍精当，避免使患者负担过重。

# 八、养生之智

郭诚杰在养生保健方面也具有自己的特色。他推崇动形养生学派，主张以运动形体来保养生命。在他众多养生保健方法中，首推运动保健。

## （一）形气宜动，恒而效之

《素问·六微旨大论》云："气之升降，天地之更用也……出入废则神机化灭，升降息则气立孤危。"人之气血，贵在升降出入有常，运行不息。故郭教授认为善养生者，必调和气血，科学合理地运动，是调和气血运行最简易、有效的方法。他结合个人爱好，总结为头、五官、颈、肩、手、腰背、腹部、四肢、关节"九部动形操"，以畅通四肢躯干的气血运行。

**1. 局部手法**

按照从上到下的顺序，晨起洗漱后，即到空气新鲜的草木旁，搓热双手，从头部开始，头面五官及关节腰腹局部多用双手叩击、拍打、点穴、搓擦等手法；每个部位分别用手掌揉搓法予对侧局部揉搓 2～3 分钟，至有微热感。此法可疏通畅达经脉气血，调节脏腑气机，疏通内外。其中腹部内藏的脏腑有肝脾、胃肠等。脾胃为后天之本，气血生化之源，是人体营养供给的物质源泉。脾胃等腹部脏腑的受纳、腐熟和转输等功能，均以气机为核心，故腹部保健以调畅气机为要。第一步推腹：开步直立，双足同肩宽，双手重叠置于腹部，绕脐用力缓慢匀速按腹并做顺时针方向推动按揉 30 圈。第二步捧肠：双手十指交叉置于下腹部耻骨联合上，用力向上承托腹部 30 次，本法可增强肠的蠕动和防止老年人中气下陷而出现疝气等。第三步击肠：双手半握空拳，在下腹部轻叩 30 次以激荡肠道，可促进肠的蠕动。最后，对于预防老年人常见的遗尿、脱肛等，除应用补中益气汤等升提中气外，提肛法也很有效。直立位开步同肩宽，做缩肛提肛动作，每次保持 3 秒，放松 2 秒，反复 30 次。

注意仅收缩肛门局部肌肉，禁止收缩下腹部的肌肉。

**2. 疏利关节运动**

颈肩、腰背及四肢关节则进行主动屈伸及拔伸运动。依然遵循从头到脚的运动顺序，进行运动，运动从慢渐快，并注意活动前后的拔伸。颈部的锻炼应慎重，开始活动时要避免快速旋转或摇摆，速度要慢、要稳，幅度从小到大，循序渐进。最后进行争力动作，其要点是：双手十指交叉置于项后，将颈部用力向前推，颈项与手力方向相反，用力向后挺直，然后放松，稍停片刻，重复5次。肩部的主动活动，包括肩关节的屈伸、外展及肩部划圈运动，各做30次。最后以叩肩放松结束。腰椎是承载人体重量的支柱和运动的枢纽。中医学认为，腰为肾之府，肾为先天之本，主藏精，主生殖。因此，护腰不仅保障人体的运动功能，也维护和强壮人体正气。腰背部在运动前可借助健身器或其他设施，进行由轻而重、由上而下地自我按揉，促进背部阳经气血畅利，从而促进人体阳气的升发。接着，以主动运动为主，由上而下，如扩胸、展臂、动腰等，腰部主动运动时动作要徐缓，循序渐进。最后进行简单的上下肢主动活动，如关节的屈伸、旋转活动等，由慢渐快，舒利关节筋骨，畅通四肢经脉气血，从而保证全身的协调运动功能。

以上全套活动完成约需50分钟，由上而下，并循经络而行，能疏通经络气血，调节脏腑功能，简单易行。唯以坚持为要，获体健神清之益。

## （二）食饮有节，以简为要

民以食为天。饮食是维持生命的最基本活动，通过摄食，人们获得营养和能量。早在《黄帝内经》时代，古人就注重饮食养生，提出"饮食有节"的观点。现代人养生，注意饮食的合理有节制很重要。脾为后天之本，饮食必须以脾胃的受纳运化为基础，尽量减轻脾胃负担。郭诚杰一直生活在关中平原，素喜面食。"肠中常清"是饮食调养的要点。所谓"肠中常清"是指饮食简单、清淡，少量多餐。忌辛辣，不饮酒。同时，坚持规律三餐，特别是每餐只吃八分饱，以求"肠中常清"。另一方面，饮食宜简。所谓"简"指清淡饮食，多素食，粗细粮搭配，少油荤及性味厚重的佐料。"少盐多醋、少荤多素"是他的佐餐原则。

## （三）起居有时，自然为宜

《素问·上古天真论》指出："上古之人，食饮有节，起居有常，不妄作劳，故能形与神俱，而尽终其天年，度百岁乃去。""运动是时尚，饮食是品质"，所以人们乐于接受。而每天平淡、重复的生活方式，或因惯性而行，或因生计所迫必行，很少人在意对健康的影响。事实上，最新的调查结果显示，威胁人类健康的疾病相当多与生活方式有关。所以，养生要特别注意调节起居，有规律的生活、充足的睡眠是健康的秘诀之一。郭诚杰常年坚持起居有时，坚持春夏日 6 点起床晨练，秋冬季 7 点起床，午休半小时至一小时，晚上 10 点休息，从不熬夜。这样的生活保证了他充沛的体力和精力，如孙思邈所言："早起，尤千金妙方，长寿金丹也。"

### （四）养性调心，宁静致远

"养生莫若养性"，这是养生之道的核心。"养性"主要是指道德修养和生活情操的陶冶。郭诚杰深谙此理，用平淡之心处理平常之事，不以物喜，不以己悲，一心追求悬壶济世，所以享受着恬淡虚无的晚年。另外，他有意培养自己广泛的兴趣，书法、收藏甚至 80 多岁高龄还独自游历祖国名山大川，这些兴趣爱好可开阔心胸，陶冶情操，保持夕阳中的生命热情。

# 九、传道之术

## （一）人才培养方法

郭诚杰主要是通过以下四种方式进行人才培养。

### 1. 硕士研究生在校培养方式

郭诚杰在担任陕西中医学院针灸推拿系主任期间，开始培养研究生。研究生均为全日制跟随郭诚杰学习、临床和开展科学研究 3 年，领悟其学术思想的内涵，学习、总结其临床实践经验。

### 2. 师承传承培养方式

除院校本科及研究生培养的模式外，21 世纪中医教育也重新开始了师承制人才培养模式探索。郭诚杰也以这种以跟师临床为主的方式，开展中医临床人才的培养带教，对跟诊学生临床中遇到的疑难问题随时开展专题指导与讨论，针对性提示临床型学生的诊疗技能和中医针灸经络理论。

### 3. 工作传承培养方式

郭诚杰在科学研究工作中，还以工作关系组成学术团队，一方面研究科学问题，一方面开展传道授业，其内容有经典医籍的讲授，以夯实中医针灸理论；临床疑难疾病的诊疗指导与研讨，以提高诊断的准确性和治疗效果；科研思路与方法的指导与研讨，以明确研究方向、课题选择以及实施。传道授业以此方式为主，培养人才较多，成绩也较为显著。

#### 4. 短期培训班、继续教育、会议等培养方式

通过学术会议交流及国家、省级继续教育项目，对郭诚杰的学术思想和临床经验进行对外交流分享，也是一种高效的培养方式，使更多人了解到郭诚杰的学术特点和医德风尚。

## （二）人才培养成果

### 1. 培养硕士研究生 38 名

陕西中医药大学是国内中医药类高校较早培养硕士研究生的单位，针灸学是该校首批招收硕士生的专业之一，郭诚杰作为针灸专业的首位硕士生导师，先后招收硕士生 17 届共 38 名，他们中的许多人如今已经成长为学界栋梁，在国内外中医学术界具有较大影响力。曾任中国针灸学会副会长、上海针灸学会会长、上海中医文献研究所所长的张仁研究员；北京中医药大学针灸推拿学院党总支书记、博士、博士生导师赵百孝教授；曾任北京大学校医院院长的张宏印主任医师、教授；中国中医医科学研究院研究员、博士导师王宏才教授；中国中医医科学研究院博士、博士生导师鞠大宏研究员；天津中医药大学第一附医院博士导师杜元灏教授；北京大学生命科学院博士吴鎏桢教授；空军军医大学西京医院中医科主任、博士、博士生导师李峰教授；陕西省中医研究院原附院副院长、博士、陕西省名中医程小红主任医师；陕西中医药大学原副校长、博士、博士生导师王瑞辉教授；江苏省中医医院博士、博士生导师艾炳蔚主任医师；陕西省中医研究院针灸医院副院长、苏同生主任医师；西安市针灸学会会长、中医市中医院针灸科主任安军明主任医师等中医药知名专家、教授等。

### 2. 工作传承

工作传承方式培养是郭诚杰人才培养的主要方式。先后培养出殷克敬等在省内外针灸领域有影响的专家。如以下代表人物：殷克敬教授，主任医师，曾任中国针灸学会临床分会副主任委员、陕西省针灸学会副会长，陕西中医学院针灸系副主任、全国名老中医、陕西省名中医、国家级师承大师；原陕西中医药大学针灸推拿学院院长张卫华教授，主任医师，现任中国针灸学会学术流派专业委员会副主任委员、陕西省针灸学会临床专业委员会副主任委员、陕西省名中医、国医大师郭诚杰学术思想与临床经验研究所所长、国医大师郭诚杰中医针灸学会会长、国医大师郭诚杰生平展馆馆长；贾成文教授，曾任陕西省针灸学会副会长、陕西省名中医；原陕西中医药大学针灸推拿学院党总支书记、副院长雷政权教授，陕西省名中医，现任陕

西省针灸学会秘书长、陕西省康复学会针灸学会常会委员；陆健博士，副教授；陕西中医药大学针灸推拿学院康复教研室主任，兼任陕西省康复医学会副理事长、陕西省康复医学会教育专委会主任委员、陕西省体育科学委员会常务理事、中国人口文化促进会中医药健康科普分会常委、陕西省中医药学会疼痛专业委员会副主任委员等社会职务；刘娟博士，副教授，兼任高等学校中医学类专业核心课程"刺法灸法学"课程联盟理事、陕西省真就学会第一届盆腔专业委员会副主任委员及咸阳市针灸推拿学会第二届委员会副会长等职。

**3. 师承培养**

师承传承是郭诚杰人才培养的方式之一。先后有陕西中医药大学郭英民副主任医师、陕西省泾阳县永安医院乳腺病专科主任赵敏怡副主任医师、西安市鄠邑区济仁医院副院长赵敏霞副主任医师等，更有 100 余名短期跟随郭诚杰临床师承学习者，他（她）们均成为基层医疗服务的骨干力量。

**4. 短期培训班和继续教育、会议等形式培养**

先后举办"全国针灸治疗乳腺增生病培训班"、西学中培训班、基层医生人员培训班 20 余班次，各种会议交流研究成果 50 余次，共计约 5000 余人次。尤其是进入二十一世纪以来，连年举办国家级省级继续教育项目，影响广泛：

（1）2011 年 8 月 3～5 日，陕西咸阳，陕西省级继续教育项目：全国著名中医药专家郭诚杰学术思想研讨会。

（2）2012 年 9 月 21～23 日，陕西咸阳，国家级继续教育项目：全国名老中医郭诚杰针药治疗乳癖病学术交流大会。

（3）2013 年 7 月 19～20 日，陕西咸阳，国家级继续教育项目：名老中医临床经验传承和学术思想系统整理研讨会。

（4）2016 年 10 月 22–23 日，陕西咸阳，陕西省级继续教育项目：国医大师郭诚杰学术思想传承研讨会暨临床经验学习班。

（5）2017 年 12 月 22～23 日，陕西咸阳，国家级继续教育项目：纪念国医大师、著名针灸学家郭诚杰诞辰 97 周年暨中国针灸特色技法学习班。

（6）2019 年 10 月 25～26 日，陕西咸阳，国家级继续教育项目：国医大师郭诚杰学术经验传承暨中医针灸特殊技针法学习班。

（7）2020 年 12 月 13 日，陕西咸阳，国家级继续教育项目：国医大师郭诚杰学术传承培训班。

（8）2021 年 12 月 25 日，线上，国家级继续教育项目：国医大师郭诚杰临床经验及特色技法学习班。

# 郭诚杰学术传承谱

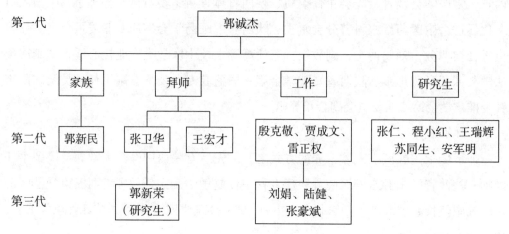

第一代 　　　　　　　　　　　　　　郭诚杰

　　　　　　　家族　　　拜师　　　　　工作　　　　　研究生

第二代　　　郭新民　　张卫华　王宏才　　殷克敬、贾成文、　　张仁、程小红、王瑞辉
　　　　　　　　　　　　　　　　　　　　雷正权　　　　　苏同生、安军明

第三代　　　　　　　　郭新荣　　　　　刘娟、陆健、
　　　　　　　　　　　（研究生）　　　　张豪斌

（张卫华、陆健整理）

（包艳燕编辑）

# 唐祖宣

唐祖宣（1942—　），河南邓州人，中共党员，教授，主任医师，中国中医科学院学部委员，全国先进工作者，全国中医药杰出贡献奖获得者。国家级有突出贡献的中青年专家，享受国务院特殊津贴；中华中医药学会常务理事；中华中医药学会血栓病分会副主任委员；瑞典中医药学会永远名誉主席，泰国中医药学会永远名誉主席；全国老中医药专家学术经验继承工作指导老师；第七届、九届、十届、十一届、十二届全国人大代表。2014年被授予第二届"国医大师"称号。

唐祖宣在半个多世纪的临床与科研实践中，积累了丰富经验，运用温阳法治疗心脑血管病效果显著，在防治四肢血管病和养生保健方面有独到建树，治疗老年病经验丰富，研制出国家三类新药"脉络舒通颗粒"。发表学术论文386篇，编著学术著作和履职著作138部。唐祖宣在周围血管病领域造诣极深。1978年获河南省重大科技成果奖，1986年科研成果获河南省科技进步一等奖，1998年研制出国家级三类新药"脉络通颗粒剂"，2009年获中华中医药学会科学技术二等奖。他自20世纪50年代便开始对"脱疽"的治疗进行研究，1965年他的治疗经验在《中医杂志》首发。

## 一、学医之路

1950年，少年唐祖宣在邓县第一小学入学，在良好的教育氛围中成长。恩师姚坦章经常给他讲张仲景的故事，加上父亲因病早逝，对他触动很深，幼小的心灵中便立下了学习中医、济世救人的宏愿。

小学毕业后，唐祖宣因家庭贫困不得不放弃学业，两个姐姐也早早出嫁，少年唐祖宣开始担起养家糊口的重担。人小志大的唐祖宣，只要能糊口，什么都干。他为饭馆洗过盘子，为杂货店拉过车子。他嘴甜不偷懒，人们都很喜欢他。很多时候就是为了混碗饭吃，给不给钱无所谓。时间久了，人们都知道，唐祖宣是个吃苦、懂事、肯干又不贪财的小伙子。

虽然生活艰难，但唐祖宣学医的梦想时刻埋在心底。他的辍学，使以前同居一个大杂院的雷爷爷很惋惜。当他知道唐祖宣立志学医时，便指点其学习《本草纲目》。唐祖宣去了新华书店，但购买《本草纲目》的书钱从何而来使他犯了难。他去找雷爷爷求教。雷爷爷支招让他去卖大碗茶："虽然利薄，但本钱少，一张小桌，两把凳子，几个茶碗，一个茶瓶就能开业。不到一个夏天就能挣到书钱。"很快，唐祖宣走上了街头，开始卖大碗茶，两分钱一杯但生意惨淡，收入只是杯水车薪。后来听说大粪干也可卖钱，他就去野外捡粪。经过自己的努力，唐祖宣终于买回了梦寐以求的《本草纲目》。此后，他白天摆摊卖茶看书，晚上就着微弱的煤油灯光如饥似渴地学习《本草纲目》，从此叩响了中医殿堂之门。

1958年5月，在邻居的帮助下，唐祖宣谋到了第一份工作——到街道印刷厂当学徒，月工资18元。当时的街道印刷厂设备陈旧、简陋，机器笨重，靠手摇印刷，摇一次印出一张，非常耗费体力。由于唐祖宣个子瘦小，工作时显得体力不支。经过几个月的磨炼，年少的唐祖宣逐渐适应了印刷厂的工作。平时，他随身携带《本草纲目》，一有空闲就翻上一两页、背上一两段。

印刷厂的隔壁有一家街道诊所。诊所汇集了张感深、李来臣、张子常等一批医术精湛、在邓县城乡享有很高威望的老中医。一直梦想当中医的唐祖宣，时不时地到诊所串一串，向老中医学习把脉问诊看病，帮助打扫卫生、炮制药物、司药等，他的勤快好学得到了老中医们的肯定和喜爱。1958年5月，街道印刷厂和街道诊所合并，诊所负责人把唐祖宣要到诊所，到药房当一名调剂员。就这样，唐祖宣有幸开始正式接触中医，结缘中医。此前对《本草纲目》的研读，使他对中药打下了良好基础。到诊所工作后，他更加勤奋，吃住都在诊所。对诊所的老中医，唐祖宣常侍奉左右，端茶，倒水，点烟，学习中医知识。

一天黄昏，刚下班，老中医张感深便把唐祖宣叫到了他那间不大的住室。

考察了唐祖宣的基本功底后，张老问他："你是想当一个大医生，还是想当一个小医生？"

"啥是大医生？啥是小医生？"唐祖宣急切地问。

"当大医生，就要从张仲景的《伤寒论》《金匮要略》和《内经》《难经》等中医经典学起，打下扎实的中医基础理论知识，才能在学术上有更大的突破，造福人民。当小医生，就是混饭吃的郎中，背几个汤头、药性、三字经、脉诀，再学点偏方，就可以行医治病了。"

"我要当大医生！"

唐祖宣从老中医那里借阅了《伤寒论》《金匮要略》等中医经典，开始学习、背诵。每天晚上，他便在诊所微弱的灯光下，边读边抄边背。饿了啃口馒头，渴了喝口开水，困了就趴在桌上小睡一会儿，醒来后继续学习。每天晚上都要到凌晨一点才休息，第二天早上 5 点钟就早早起床，继续学习。

最后，他硬是将《伤寒论》中的 397 条原文、113 个方子，《金匮要略》中的 25 篇内容、262 个方子，认真地誊写了一遍，并将主要条文背得滚瓜烂熟。张感深老中医对唐祖宣很关心，对一些常见病，也让唐祖宣把脉问诊，试谈一下自己的体会，然后再予以指点。通过点点滴滴的学习和实践，唐祖宣的中医基础越来越扎实。

1959 年，街道诊所和印刷厂脱钩，合并于城关卫生院。院领导看中了唐祖宣勤快、务实、思路敏捷，中医功底扎实，将他要到卫生院，当了一名药房调剂员。深知唐祖宣志向的张感深老先生，一心想把他这个中医苗子培养成材，一见面就督促他精研经典著作，指导他学习中医知识。而此时的唐祖宣，对中医经典著作的学习正是如饥似渴，废寝忘食。

在之后半个多世纪的从医生涯中，唐祖宣一直树立终身学习的理念，始终立足于中医临床最前沿，引领周围血管病科研和治疗的发展方向。2002 年 2 月，中国中医研究院资深研究员路志正曾这样评价唐祖宣："自幼立志做一代名医，他矢志不渝，严格要求，无论酷暑严冬，学习不辍，如饥似渴，废寝忘食，手不释卷，孜孜以求。对仲景学说更是情有独钟，颇有心得。"这正是对唐祖宣一生学而不恹的真实写照。

## 二、成才之道

学医，绝对的无师自通是少有的。唐祖宣拜周连三为老师，由于他心诚、尊师，周老乐于传授。周老说："学医要先学经典，《内经》《伤寒》《金匮》《本草》属必读之书，必须下一番强记的功夫。"周老把《黄氏八种》从头到尾给唐祖宣讲了一遍，经常背诵清代名医徐大椿一生精勤研读医经的诗句："终日遑遑，总没有一时闲荡。严冬雪夜，拥被驼绵，直读到鸡声三唱；到夏月蚊多，还要隔帐停灯映末光。只今日，目眵神衰，还不肯把笔儿轻放。"以此鼓励唐祖宣干到老，学到老。唐祖宣自学中医的肤浅体会是苦背善问，勤读多写，练好基本功。

## （一）苦背

周老强调背书，认为书不熟则理不明，书读百遍，其理自见。趁年少记忆力强，熟背精读，临证运用才能左右逢源。唐祖宣以蚂蚁啃骨头的笨劲，坚持每天早上起床背两个小时，晚上就寝前将要背的书先读几遍，领会意思，就寝后闭目再默读几遍。如此持之以恒，镂而不舍。医书浩如烟海，谁也不能一一皆背，要有重点和方法，并要归类，背几个代表方剂，然后加减记忆其他方剂，这样可事半功倍。对于《伤寒》《金匮》的原文必须背熟，若每天背四条，不到一年时间就可背完。唐祖宣先后背诵了《药性赋》《汤头歌诀》《内经》的部分原文和《伤寒》《金匮》的条文等，后来用起来就得心应手。

## （二）善问

对于自己不懂的东西，要善于问，直到弄懂、弄通为止。除了问自己的老师，还要问其他老师，要反复深入，不惜打破砂锅问到底。还要不耻下问，向病人学习。不管问什么人，态度必须诚恳，并注意方法。

## （三）勤读

中医学的精华记录在浩瀚的医学文献里，所以勤读书是学医的必由之路。中医书籍大多是古文字，要读懂很困难，周老教导唐祖宣说："书山有路勤为径，学海无涯苦作舟。"于是"勤"和"苦"成了唐祖宣读书的座右铭，每天读书必至午夜以后，节假日也不例外。苦学习惯了，则不以为苦反以为乐。

"书到用时方恨少。"唐祖宣参加临床后常常遇到一个接一个的难题，迫使自己向博学迈进。唐祖宣又学习了《儒门事亲》《丹溪心法》《脾胃论》《景岳全书》和《温病条辨》等著作。如瓜蒂散是仲景方，但学习《儒门事亲》后，对吐法有了新的认识，大胆用此方治愈了很多急重病人，同时还订阅报纸杂志，视为良师益友。

唐祖宣体会，读书还贵在专一，不能忽而学这，忽而学那，分散精力，终究一事无成。对要读的著作要扎扎实实地下功夫，熟读它，吃透它，消化它，要勤奋持久，要知难而进，要有时间保证。

### （四）多写

眼看千遍，不如手作一遍。初学时，唐祖宣常写体会，做到眼到、口到、手到，并把重点列出来，以加深理解。从事临床后，他或写笔记，或作摘记，把重要的论点从原始材料摘录下来，对文章的主要内容概括写出自己的见解，在书上画出重点或贴上纸条。像这样随时留心，经常搜集，写心得体会，确是艰苦的脑力劳动，但日积月累，就能获得丰收。

要写好病历。病历是总结经验及临床研究的原始资料，又是复诊和转诊或病案讨论的依据，记载必须详细清楚，实事求是。

多年来，唐祖宣积累了大量的医案、数百本书、数千本杂志，写文章每在晚上，以利绝虑凝神，深入其中。再者，唐祖宣深知人生有限，抓紧时间十分重要。对路上、车上、枕上的时间他都不放过，每思考出问题便随时记下，尤其是在枕上思考，一有所得，立即起床记录，有时每夜起来三四次，真有点如傻如痴，废寝忘食。

### （五）勤于实践，不断提高

学医必须从事临床实践，中医的宝贵经验大量掌握在老中医手里，他们继承了前人的经验，经过自己实践，又有新的发展，要学习他们怎样运用中医理论体系来指导临床实践，怎样吸取前人经验，结合自己心得来认识疾病和治疗疾病。只有通过虚心请教，勤奋侍诊，才能把他们的经验学到手。周老长期行医于农村，所接触到的病人多为正虚阳弱，他在实践中反复验证，加深了对阴证的认识，从而对温阳法的应用有独到阐发。唐祖宣学习他的经验，广用温热药于临床，取得了很好的疗效。

## 三、学术之精

唐祖宣从医 60 余年，治学严谨，辨证精细，具有丰富的临床经验和精辟的理论见解。其学术思想渊源于《内经》，效仿于张仲景，对历代各家学说博采众长，择善而从，师古而不泥古，不独守一家之藩篱，形成了系统的学术思想，具有自己的临床特色。

### （一）善于辨证施治四肢血管病

唐祖宣在临床中一贯重视辨证施治。他强调，"理不辩则不明"，只有辨证正确，用药得当，才能收到预期的效果。对于中医"脱疽"，在 20 世纪 70 年代前并无明确的分型、分期、分类。唐教授从临床中总结经验，探索规律，率先对血栓闭塞性脉管炎进行分型、分期，并辨证施治，固定方剂。对阳虚型温经散寒、益气通络，对热毒型清热解毒、化湿行痹，对气虚血瘀型益气固正、活血通络，对阴阳俱虚型益气养阴、补阴活络。与此同时，他结合周围血管病西医学研究方法，对中医"脱疽"辨证与辨病相结合，把心源性动脉栓塞（心悸脱疽）、动脉硬化闭塞症（老年脱疽）、血栓性浅静脉炎（青蛇便）、多发性大动脉炎（无脉症）、红斑性肢痛症（热痹）、深静脉血栓形成（股肿）一个个剥离出来，明确分型，辨证施治，形成了自己的独到见解，采用独特的治疗方法，对中医临床具有重要指导意义。

**1. 对病因病机的探讨**

四肢血管病的病因至今尚未完全明了，唐教授认为，此病有多种致病因素。

（1）寒凝脉络：严寒涉水，步履冰雪，久居湿地，致寒湿外受，寒邪客于经脉，寒凝血瘀。尤其是血栓闭塞性脉管炎，多发于寒冷地带，我国北方地区的发病率远高于南方地区，大多数患者在寒冷季节病情加重。其原因多由跣足在冰雪地上行走，致气血为寒气冰凝而成。《素问·举痛论》曰："寒气入经而稽迟，泣而不行，寒客于脉外则血少，客于脉中则气不通。"寒主收引，寒邪袭络则经脉收缩，气血凝滞而瘀阻不通，气血不行，壅遏不通，不通则痛；血脉凝涩，阳气不达四末，肢体失于温煦濡养，而致本病。

（2）房劳损伤：房劳太过，伤肾致亏。肾为先天之本，藏阴精而寓元阳，肾气旺盛，则五脏充沛，气血畅行。若房室不节，伤肾致亏。《疡科心得集·脱疽》篇说："因房术涩精，丹石补药，消烁肾水，房劳过度，气竭精枯而成。"陈士铎《洞天奥旨》载："人身气血周流于上下，则毒气断不聚结于一处。火毒聚于一处者，亦乘气血之亏也。脱疽之生，正四余之末，气血不能周到也，非虚而何？"肾中阴阳乃人体阴阳之根本，房劳过度则肾之阴阳失衡，阳气亏虚，四末失于温煦，而致寒凝血瘀，且肾主骨，故血栓闭塞性脉管炎、动脉硬化闭塞症等四肢动脉性疾病的后期易骨损而脱。

（3）情志内伤：精神刺激，忧思过度，情志不畅，均可使五脏不和，气血功能紊乱。郁怒伤肝，肝郁气滞则血瘀于经脉之中；肝血暗耗，筋失所养，肝血不养则麻木。脾为后天之本，思虑伤脾，脾阳不振，运化失职，不能正常输布精微于血脉。《素问·太阴阳明论》载："四肢皆禀气于胃而不得至经，必因于脾乃得禀也。今脾病不能为胃行其津液，四肢不得禀水谷气，气日以衰，脉道不利，筋骨肌肉皆无气以生，故不用焉。"今"清阳实四肢"失权，可使四肢肌肉酸软、倦怠无力，渐致气血亏损，血脉不得充盈，血流滞缓，滞而成瘀。

（4）饮食失节：过食膏粱厚味、辛辣之品，可使脾胃受伤，痰湿浊聚，积久成毒，留滞于筋脉之中，影响脏腑、经络的功能和气血的运行，经络瘀阻，乃生本病。《素问·生气通天论》载："高粱之变，足生大丁。"《诸病源候论》说："疽者，五脏不调所生也……饮食不节……营卫虚寒，腠理则开，寒客经络之间……壅遏不通……故积聚成疽……发于足趾……"

（5）素体虚弱：先天禀赋不足，或脏腑功能失调，引起心、肝、脾、肾虚损，而致气血亏损，运行无力，阴阳失衡，肢体筋脉失养，外邪内袭，导致气滞血瘀，脉道阻塞而发本病。《灵枢·刺节真邪》载："虚邪之中人也，洒淅动形，起毫毛而发腠理。其入深，内搏于骨，则为骨痹；搏于筋，则为筋挛；搏于脉中，则为血闭不通则为痈。"此即"邪之所凑，其气必虚"。

（6）外伤：《外科大成》认为本病"有因修甲受伤，咬伤冻伤，又因轧伤所致者……"《增订治疗汇要》载本病为"修甲受伤及咬伤，轧伤所致。"外伤肢体，经络受损，气血瘀滞可导致四肢血管病的发生。

（7）动脉栓塞：唐教授认为，本病多发于45岁以上的中老年人，多因心阳不足，卫阳不固，寒邪湿毒内侵，凝于血脉；或醇酒炙煿膏粱厚味伤于脉道；或房劳肾水亏损，以致阳气虚弱，荣卫之气与湿寒之邪，互作搏结，使瘀邪凝结，阻塞脉道，脉道壅遏不通。气机阻塞，气血循环障碍，阳气不能达于四末，盖气血失于温煦则运行无力，气滞血瘀，则远端肢趾（指）色泽紫暗、冰冷。气血瘀滞，阻塞脉道，瘀久则可化热，毒热炽盛，肉腐筋败而成坏疽。

（8）糖尿病性坏疽：唐教授认为，本病主要由于禀赋不足，贪食甘美，过食肥甘，醇酒厚味，损伤脾胃，辛劳少逸，运化失职，胃热内盛，消谷耗津而致阴虚津亏；或七情内伤，情志不舒，肝气郁结，或外邪侵袭，化火伤阴；或素有阴虚，劳欲过度，耗伤肾精，虚火内生，或因过食辛辣燥热，或因劳累过伤，均可化热化燥，耗气伤阴，转化为阴虚燥热，故而导致消渴。消渴以阴虚为本，燥热为标，互为因果，最终累及肾阴肾阳。消渴日久，耗伤气阴，气血不畅，脉道不充，经脉瘀阻，运血无力，而生瘀血，瘀血凝滞脉络，导致气血不通。或外伤感受邪毒，或脏腑热毒内结，阳气不达，肢体失于温煦濡养，故肢体发凉、怕冷、麻木疼痛；若寒凝郁久化火生热，再有脾胃受损，健运失司，湿热内生，火热与痰湿相结，下注于肢体，可见肢端红肿溃烂，甚者变黑坏死。若复感邪毒，热毒炽盛，毒火攻心，则证属凶险；若迁延日久，气阴大亏，气虚无力推动血运，脉道失充，肢体失于濡养，可致脱疽久不收口，新肉不生，缠绵难愈；若生变证，则病情更加严重，甚至危及生命。本病寒热错综，虚实夹杂，因虚致实，病久又转虚，本虚乃阴阳气血不足，标实为瘀血、寒邪、湿热、火毒，其病机则为经脉瘀阻，血行不畅而导致本病的发生。

（9）红斑性肢痛症：唐教授认为，素体阳热偏盛，恣食辛辣、膏粱厚味，使脾运失健，湿热内生，或情志不畅，五志化火；外受风寒湿及热毒之邪侵袭，营卫不和，寒湿入里化热，湿热蕴蒸。热瘀脉络，气血瘀滞，郁结于足，以致脉络痹阻，气血周流失畅，气血不荣四末而发病。

（10）深静脉血栓形成：唐教授认为，深静脉血栓形成是由创伤、手术、妊娠、分娩、恶性肿瘤，或慢性感染及其他长期卧床等因素，导致久坐久卧伤气，气伤则运行不畅，气为血帅，气不畅则血行缓慢，以致瘀血阻于脉道，经脉壅遏不通，或因风寒湿邪损伤经脉而脉痹血凝，阻塞脉道而致脉络不通，或因嗜食膏粱厚味，致使湿热内生，水湿壅滞，流于皮肉，则肌肤肿胀，停滞肌肤，遂生肿痛诸症，盖脉道阻塞则肿，气血瘀滞则痛。《素问·调经论》曰："血气不和，百病乃变化而生。"《灵枢·痈疽》亦曰："营卫稽留于经脉之中，则血泣而不行，不行则卫气从之而不通，壅遏而不得行……"《素问·痹论》说："痹……在于脉则血凝而不流。"巢元方在《诸病源候论》中谈及类似于现今深静脉血栓病的病因病机时说："皆由血气虚弱，风邪伤之，经络否涩而成也。"孙思邈在《备急千金要方》中也认为静脉血栓形成的病因是"久劳，热气盛，为湿热所折，气结筋中"。

**2. 吸烟和饮酒的影响**

唐教授经治的患者中，多数有 1～20 年的吸烟史，烟草是否是此病的病因呢？据文献记载，烟草自明代从吕宋传入中国，而距今 2000 年的《灵枢·痈疽》就有关于此病证的论述："发于足指，名曰脱痈，其状赤黑，死不治，不赤黑，不死。不衰，急斩之，不则死矣。"这说明中医学的论述远较烟草传入中国为早。吸烟在中国和世界各地都很普遍，而四肢血管病属常见病，不属多发病。很多人不吸烟也患此病。唐教授认为尼古丁可使动脉血氧结合力减退，嘱患者戒烟诚属必要，但把吸烟列为此病的发病原因尚不能成立。

唐教授经治的患者中，部分有饮酒史。中医学认为，酒为水谷之剽悍，助下湿而动上热，伤气耗血。酒可以刺激血管，初饮时使血流加快，耗伤津液，使血管的张力和血液的黏稠度有所增加。如患者述：若大量饮酒一次，当即病情加重，有温度下降的症状产生。

**3. 对疗效机制的认识**

唐教授认为，四肢血管病患者由于脏腑功能的特点不同，临床症状也有差异，有的表现为"寒痛"，有的表现为"热痛"，故须辨证论治，从整体观念出发组成方药，措施应因人而异。

（1）温经散寒：四肢血管病如症见四肢厥冷，遇冷加重，喜温怕冷，呈现一派寒象者，唐教授常用附子、干姜、桂枝、肉桂、细辛等温经散寒药物以温化沉寒痼冷。经临床观察，服后四肢转温，耐寒力增加，脉从沉、细、迟向有力发展。

（2）活血化瘀：四肢血管病患者，尤其是动脉血栓闭塞的患者，多见患肢色呈红紫、剧烈疼痛、舌质晦暗等一派瘀血表现，唐教授在临床中运用活血化瘀法，患者服药后患肢和舌质渐变红，疼痛减轻，温度好转，炎症消退，伤口缩小，甚至愈合。

（3）清和补的效用：临床中很多患者痛如汤泼火燃，但扪之患肢发凉。唐教授认为，痛如汤泼火燃是由于血管炎症病变，扪之冰凉是由于供血不足。他采取寒凉之药和温阳之药并用，佐以通瘀之品，起到了一定的疗效。血管发炎则细胞肿大，血管管道狭窄，所以用清热之药以消其炎，炎消则管道变宽，用温阳药物促进血液循环，使血液灌注患肢。温热之药和寒凉药物辨证配伍得当，临床中会起到较好的效果。

有的患者出现一派正虚的表现，唐教授采用补的法则，能取得正气恢复，脉络畅通，肢体向愈的效果。如临床常用黄芪、人参、甘草等，黄芪具有扩张外周、改善外周微循环的作用，人参具有止痛的作用。对剧痛患者大量运用参、芪可使疼痛缓解，除它们可直接或间接作用于机体、抑制症状、消除病因外，还体现在调整机体因素这个复杂的环节中。

（4）关于疼痛的处理：治疗疼痛的关键在促进循环和控制感染，这是一种根本措施，唐教授大量长期的临床观察发现，此病的疼痛周期性很长，从静止痛开始到痛止的过程一般要1～3个月时间，关键在于控制感染和建立侧支循环。

（5）关于伤口的处理：此病伤口是缺血诱发，所以以内治为本，但控制伤口感染亦是取得疗效的关键。过去唐教授认为剧烈腐蚀药物不可用，后经过细菌培养和长期临床观察，他选择了升降丹运用于伤口，虽用后有疼痛的弊病，但对于细菌的杀灭和控制有着一定的作用。

## （二）善用温阳药物

温阳法，《黄帝内经》称之为"阴病治阳"，王冰谓"益火之源，以消阴翳"，即用扶阳益火之法，以消退阴盛。如肾阳虚衰则阳微阴盛的寒证，此非寒之有余，乃真阳不足，故当温补肾阳，消除阴寒。温阳学说即是在此基础上衍化而来。该理论既本于仲景之辨证论治，而又有所创新，突出强调了阳气在维持人体生命活动中的重要性，主张以阳气为主导的"阳主阴从理论"，辨证时着重辨别阴阳，用药多为姜、附之类温热药。

唐教授擅用附子、干姜等温阳药物，在此方面积累了丰富的经验。1963年他治疗一妊娠患者，由于感寒身重，腹部冷痛，久治不愈，辨其为阴寒内盛，遂处以真武汤，炮附子用至24g，4剂而愈。一虚火上炎之患者，前医投用肾气汤，服后烦躁妄动，病情加剧。后邀唐教授诊治，视其脉症，肾气丸证无疑，但病反加剧，其因为桂、附用至 12g，剂量过大，温下寒而助上热所致，复以此方，改桂、附为 3g，月余即愈。

四逆加人参汤乃仲景于霍乱病中为抢救阳亡之证而设，论述虽简，治症尤为广泛。药味虽少，实为回阳复阴之峻剂，临床中救治急性心力衰竭、心源性休克、吐利失水之危症多能获效，尤其对外周血管疾病，可使肢体缺血体征改变，温度增高，疼痛缓解或消失，脉搏恢复。此方为温热峻剂，功专力猛，加之方中大量运用附子，故医生多望而生畏，较少运用。唐教授认为："仲景大量运用附子，意在取其峻而救命于顷刻，附子虽有大毒，而用之得当实有起死回生之效。先煎频服，毒去而力分。干姜虽燥烈，而是无毒之品，常食姜辣调味，尚没有害，对于中寒阳败之证焉有不用之理？况仲景用干姜三倍于附子，有制附子毒之功，对于阳败阴竭之证，挽回一分阳气，就有一分生机，不用峻剂，怎起沉疴？"验之临床，多能收效。其运用于纠正心源性休克患者，附子、干姜用量常在 9～15g。对外周血管疾病，用量常在 15～30g，大剂复方，取其回阳救逆、益气通脉之功。

附子大热有毒，禀雄壮之质，有斩关夺将之气，因服用不当而引起中毒者屡见不鲜，稍有疏忽，祸不旋踵。患者孙某，于 1977 年 8 月 14 日患急性阑尾炎，右少腹阵发剧痛，发热呕吐，血象升高，处以此方，嘱其频服，但三煎一次服下，少顷即出现口唇麻木、恶心心慌的中毒症状，待两小时后其症状自然缓解，而腹痛大减，继服上方 2 剂而愈，正所谓"药不瞑眩，厥疾弗瘳"。此例乃附子中毒之症状，但症状缓解后而阑尾炎治愈了，所以附子必大剂运用，才能取得较好的效果，也证明附子小量则有温经回阳之功，大量则有镇痛之效。另外，对此方剂的禁忌亦不能忽视，正确掌握煎服方法，也是提高疗效的关键。附子中毒的原因不外与剂量过大、煎煮时间过短，以及机体对药物的敏感程度有关。所以附子宜先煎半小时，成人以 30g 为宜，以三煎混匀，分 3 次服，这样既能达到治病的目的，又不致中毒。

唐教授在治疗肾阳虚衰、气血瘀滞的脱疽时善用温阳之剂。他认为：脱疽乃心、肝、肾三经之病，属阴证范畴。治疗主张以温经疏肝、通阳复脉之法。常用白芍、白术、茯苓、炮附子、桂枝、潞党参各 30g，干姜、甘草各 15g，黄芪 60g。疼痛甚加麻黄；湿重加苍术、薏苡仁；病在上肢加桂枝；病在下肢加牛膝；气血瘀滞加桃仁、红花、水蛭、乳香、没药；发热者去干姜，但附子不可去，否则无效。因此，患肢厥冷，虽盖棉被而不暖，疼痛入暮阴气盛时加重，溃破多流毒水而少脓，故用温阳之剂矣。治疗后甲皱微循环及血液流变学的变化，充分证明了本方有促进循环、扩张外周血管的作用。

临床上常见的寒凝气滞、血瘀脉络所致的血栓闭塞性脉管炎，其症状表现多为肢色紫暗，针刺样固定性疼痛，入暮尤甚，患肢发凉、麻木、沉困、跛行，肌肤甲错，舌质紫或有瘀斑，脉沉细涩，呈现一派寒象。寒者，功能衰退之谓，虚者，乃阳气不足、气血不足之意，此证的由来或因误治失治，损伤阳气。《素问·厥论》云："阳气衰于下，则为寒厥。"因阳气虚微，正气不足，身体功能代谢活动衰退，抵抗力减弱，导致气血运行不畅，寒凝气滞，脉络不通，遂为是证。唐教授认为，其治则应以温阳益气、补肾健脾、活血化瘀为主。常用药物有炮附片、干姜、桂枝、白术、当归、黄黄、石斛、红花、丹参等。寒湿郁久，有化热之象，可酌加金银花、蒲公英等清热解毒；若溃疡不愈合，可加用低分子右旋糖新静脉滴注。伤口清洁换药，可以抗生素溶液、雷夫奴尔等药交替外敷。经脉瘀阻重者，于大剂温阳之品中加水蛭、土鳖虫、蜈蚣等虫类走窜之品；辨其有虚寒之证渐有化热之象，在大剂益气温阳之品中，少佐以清热之金银花等品，均可收到较满意的效果。

唐教授认为心主血脉，有推动血液在脉管内运行以营养全身的功能，心是血液运行的动力，心气旺盛，就能使血液在脉管中运行不息。血栓闭塞性脉管炎初期多因寒冷外侵，凝阻脉络，心阳衰弱，气血运行无力，肢体失于血脉之温煦，故常见皮色苍白，畏寒肢冷，精神萎靡，面色㿠白，胸闷心悸，舌淡脉沉。治宜温通心阳，益气活瘀。以桂枝、炮附片、干姜、细辛、鹿角胶温补心肾，回阳救逆；丹参、红花、桃仁、乳香、没药活血化瘀，通络止痛；加甲虫类助化瘀通络之功，如蜈蚣、全蝎、水蛭等。多施仲景真武汤、金匮肾气丸之剂加减运用，可温通心阳，扶正祛邪，促进血液循环，改善局部缺血症状，使血流通畅，肢末充润。

唐教授常用附子、干姜、桂枝、肉桂、细辛等温经散寒药物以温化沉寒痼冷。服后四肢转温，耐寒力增加，脉从沉、细、迟向有力发展。在临床中大剂量运用附子，可使温度增加，患肢有蚁走感，疼痛减轻，配伍在不同方剂中，可使相互对立症状得到改善。如脉搏迟的患者服后可使脉搏增快，脉搏快的患者服后可使脉搏减慢；低血压者可使血压上升到正常水平，高血压者可使血压下降到正常水平。有剧烈疼痛时也大量使用，配伍于不同的方剂中，可使疼痛减轻，炎症消退。实践体会，附子不配干姜不燥，对于外周循环障碍的疾病有较好的疗效。这可能因为附子作用于循环和神经系统，使交感神经和内分泌功能紊乱顺势得到纠正，使外周血管在血流灌注、质量、动力等方面得到改善。实践证明，温经散寒药物具有强心通脉、促进循环、扩张外周血管、改善微循环的功能。

唐教授认为，寒冷刺激、外伤、吸烟仅是血栓闭塞性脉管炎的诱因，禀赋不足才是发病之根本。由于正气不足，导致脏腑功能失调，气血运行不畅，不能温煦肢体，再有寒邪侵入，则"寒气入经而稽迟，泣而不行，血脉挛急，郁久为瘀，气血不通，四末失荣，诸症丛生"。甲皱微循环及血液流变学的变化，从客观上证明了温阳通脉汤治疗此病的疗效是值得肯定的。通过观察，发现本病并不是单纯的中小动脉疾病，而是并行的动静脉腔内都有血栓形成，如微血管内血液流速减慢或不清，流态异常，有红细胞聚集，血流呈颗粒状，由于微循环障碍而加重了局部病变，造成恶性循环，所以纠正微循环障碍不仅有利于临床症状的缓解，而且对预防肢体环死的发生也有一定的积极作用。

### （三）善用经典方剂

张仲景所著的《伤寒杂病论》是中医临床学的经典著作，他以整体观念、辨证施治而备受中医学界的推崇，其所处方药被后人称为经方，历经1800多年的实践而不衰，为中华民族的繁衍昌盛作出了巨大贡献。

唐教授50余年来潜心研究仲景学说，对《伤寒杂病论》的研究有独到阐发，在经方的运用上积累了丰富的经验。他说："张仲景学术思想的精华是整体观念和辨证施治，临床中同病异治、异病同治，既严谨，又灵活，是我们运用经方的楷模。"他认为，经方经过无数次的临床实践，有极高的疗效，经得起历史的检验。这些方剂配伍严谨，用药精炼。他在临床中以善用经方而著称，每能得心应手，屡起沉疴。肾气丸、真武汤、抵当汤、葛根芩连汤、大青龙汤、甘草干姜汤等几十个经方，都是他常用的方剂。

**1. 化裁经方，随证加减**

唐教授师古而不泥古，常以经方化裁，辨治各种疑难杂症，取得满意的疗效。例如，麻仁丸之证治，仲景论中仅为治脾约而设，实际功能远不限于此。唐教授体会：凡邪在肠胃、津液不足引起的烦躁、失眠，由大便干燥、浊气不降所致的高血压、咳喘，小便频数之消渴，便秘等症，皆可以此方加减施治，辨证要点为肠燥、便秘。抓其要领，不受中西医各种病名之限，投之能收异病同治之效。半夏厚朴汤为治疗梅核气的主方，唐教授临床运用体会其实际功能远不限于此。凡痰湿郁结、气机痹阻、胃失和降所致之咳喘，胃脘痛、胸脘痞闷、呕吐，以及慢性咽炎、肝炎、支气管炎、食管炎等具有上述症状者均可以本方加减施治。理中丸药虽仅四味，但功专力宏，仲景论中虽只言"寒多不用水者，理中丸主之"及"大病瘥后，喜唾，久不了了，胸上有寒，当以丸药温之，宜理中丸"，但唐教授临床体会，凡脾胃虚寒、脾阳不振、寒湿内郁之证皆可以本方加减施治，西医学诊断的肝炎、胃炎、胃溃疡、慢性结肠炎等症，凡有脾阳不运、脾胃虚寒之证，用之亦多效。唐教授在临床中常加炮附子，其温阳之力更著，效果更好。五苓散为仲景通阳化气行水之主方，《伤寒论》中应用本方的条文达8条，以证本方应用范围之广。唐教授临床中体会：凡气化不利，水湿内滞皆可以本方加减治疗。

唐教授在运用经方时常注意药物的随症加减，这是提高疗效的重要一环。例如，对西医诊断的细菌性痢疾，辨其下元失固者多合白头翁汤，痔疮下血者加地榆、槐角，五更泄泻者加白术、云苓，脱肛者加黄芪、升麻，中焦虚寒致吐血者重用干姜，下焦失固致下利不止者重用赤石脂。再如，对于抵当汤之证治，唐教授认为，此方仲景论述颇详，后世医家更有发扬。其症脉繁多，临床应用时既要合看，又要分辨。只要详细辨证，紧扣病机，投之能收异病同治之效。若一证突出时，应辨其病位之深浅、病情之轻重，用药亦应灵活变通，以奏其效。若病重势急，则用大剂抵当汤。若病轻热缓，可改汤为丸，以图缓攻。若瘀血在上，加桂枝、大黄酒制，促其上行；瘀血在下，重用水蛭以破下焦污积之血，同时酌增桃仁以滑利污淖，加川牛膝以引药下行。热重瘀甚，增大黄之量；兼湿热者加黄柏；脉沉结兼有寒热错杂之证，加附子以通阳破结，又有泻下止痛之功。总之，须观其脉症，辨其瘀积，随证治之。对葛根芩连汤，仲景在《伤寒论》中说："太阳病，桂枝证，医反下之，利遂不止，脉促者，表未解也，喘而汗出者，葛根黄芩黄连汤主之。"唐教授认为，此方是为治疗误下邪陷阳明，协热下利而设，具有疏散表邪和清解里热的作用，主治外感表邪，兼有里热壅郁之证，在里之热邪只需清解而又不宜攻下时，运用此方比较恰当。若有兼温邪呕重而喘者，酌加竹茹、半夏以降逆止呕；腹胀满者，加山楂、麦芽以健脾消积；内有实邪，大便不畅者，加大黄、白芍以通腑气；喘、呕、利后阴虚内热者，酌加麦冬以养阴清热；对于脉促之患者，热稍除后，合用生脉散较为稳妥。

**2. 讲究药物剂量、剂型及煎法**

唐教授在运用经方时，对药物的剂量十分讲究。例如，对抵当汤的运用，周连三先生生前在论述本方剂的运用时说："抵当汤药物性味峻猛，医家用时多望而生畏，而仲景于方中处水蛭三十枚，其大者过钱，小者亦有数分，其用量在一至二两之间，并嘱大剂频服，在用量和煎服法上给我们树立了楷模。"基于此说，周老先生在数十年的临床中，水蛭用量常在 10～30g 之间，运用之多，不可胜数。唐祖宣教授继承老师的经验，也经常用至 30g。如 1973 年，他诊治由于脑血栓形成而致肢体瘫痪，久治无效的患者，在益气化瘀的方剂中重用水蛭 24g，收到较好的疗效。近治一患者，系深静脉血栓形成，属瘀血重症，用水蛭 30g 后收到满意的效果，未见不良反应和中毒之弊。方中虻虫属虫类走窜之品，常用量为 3～6g，即使用至 15g，一般亦无不良反应。水蛭、虻虫若研细冲服，虽量减 2/3，但有同样效果。方中大黄后下，其泻下之力更著。对于乌梅丸的运用，唐教授常去黄连、黄柏，名减味乌梅丸，治疗脾胃虚寒之久泻久痢，每能应手取效。干姜常用量 9～15g，大剂时可用至 30g，多能应手取效。在运用薏苡附子败酱散治疗急性阑尾炎时，唐教授认为量小则杯水车薪，药不胜病，所以必用大剂，以起急痛。方中薏苡仁其味甘淡而力缓，凡用之，须倍于他药，每以 100g 为宜。黄芪桂枝五物汤益气通阳，和营解肌，以使正复邪祛，血行通畅。唐教授临床中对黄芪以大剂运用，每用至 30～60g，方能起益气之功。若加炮附片，益气温阳之力更著，临床可收事半功倍之效。己椒苈黄丸为肃肺荡饮、通腑坠痰之峻剂，唐教授临床体会：凡痰饮、悬饮、支饮等辨其病机属痰湿热郁结者，皆可以本方加减施治。仲景方中 4 味药药量相等，唐教授在实践中体会：饮在上者以葶苈为君；邪郁于中，以大黄、椒目为君；邪结于下，重用防己通其滞塞。唐教授曾以小青龙汤治一气喘者，麻黄用 9g，汗出而喘不愈，加至 24g，喘热均愈。

　　唐教授在运用经方时，对方药的剂型、煎法灵活运用。麻仁丸乃属缓下之剂，凡津枯便秘，邪郁肠胃者用此方多能取效，临床中，唐教授常改丸为汤，其效更捷。在运用薏苡附子败酱散治疗急性阑尾炎时，改散为汤，因为阑尾炎属急性病，散剂较汤剂吸收缓慢，汤剂易于吸收，奏效较快，而且可以随证加减，能够较周密地适应病情变化。唐教授把己椒苈黄丸改丸为汤，频频服之，其效更速。芍药甘草附子汤宜浓煎频服。柴胡加龙骨牡蛎汤功能和解泻热，重镇安神，对惊悸不安、胸满谵语、癫痫等症，若辨证确切则如水投石，可收立竿见影之效。对小青龙汤，仲景论中谓："先煮麻黄，减二升，去上沫，内诸药。"盖麻黄之性多在沫上，沫去其效亦减矣。临床中，麻黄量大宜先煎，量小则以后下为宜。附子汤中，附子用量较大，需先煎半小时，再纳诸药，三煎兑于一起，浓煎频服，则无中毒之忧。瓜蒂散在临床中改散为汤，效果更佳，但不宜久煎。桂枝加附子汤中，附子虽有大毒，若宽水先煎而其毒自去，控制在先煎 1 小时为宜，后纳诸药，三煎兑于一起，分三次服，饭前服，服后吃饭，虽不采用啜热粥法，而采用进食法，亦能起到一定效果。这样大剂频服，附子虽有大毒，亦不会引起中毒。小柴胡汤乃和中之剂，煎服应取其中和之意，煎服方法，以药一剂，加水煮沸，去滓，滓内再加水适量，以上法煎三次，药液合在一起，微火煎之适量，分三次温服。唐教授曾治一患者，嘱以此法煎服，未遵，乃一次煮沸去滓而服，服后即觉胸中懊恼、烦闷，诸症不解，后遵其法服用，两剂而愈。

# 四、专病之治

## （一）急性动脉栓塞

　　急性动脉栓塞是源于心脏或近端动脉腔内脱落的血栓或由外界进入血管内的异物形成的栓子，随血流向远端动脉并停顿在动脉口径小于栓子处，阻塞动脉血流，导致肢体缺血坏死的急性疾病，栓塞患肢可出现剧烈疼痛、发凉、苍白、麻木、厥冷、运动障碍，动脉搏动减弱或消失。本病发病急骤，症状严重，病情复杂，预后不佳，严重者可因肢体坏死而被迫截肢，造成终身残疾，甚至危及生命。因此，及时诊断及治疗是挽救肢体甚至生命的关键。

急性动脉栓塞在中医学历代文献中尚无确切的名称，但根据其临床表现、证候应归属于中医"脱痈""脱疽""痹证""榻着毒""瘭疽""血瘀"等病证范畴。

**1. 病因病机**

本病多发于 45 岁以上的中老年人，多因心阳不足，卫阳不固，寒邪湿毒内侵，凝于血脉，或醇酒炙煿膏粱厚味伤于脉道，或房劳亏损肾水，以致阳气虚弱，荣卫之气与湿寒之邪，互作搏结，使瘀邪凝结，阻塞脉道，脉道壅遏不通。气机阻塞，气血循环障碍，阳气不能达于四末，气血失于温煦则运行无力，气滞血瘀，则远端肢趾（指）色泽紫暗、冰冷。气血瘀滞，阻塞脉道。瘀久则可化热，毒热炽盛，肉腐筋败而成坏疽。

**2. 临床表现**

经多年的临床实践，唐祖宣体会到，急性动脉栓塞发病急骤，症状、体征变化迅速。急性动脉栓塞可以发生在任何年龄，但多见于 40 ～ 50 岁或以上的心脏病患者，多有风湿性心脏病、冠状动脉性心脏病、心肌梗死、动脉硬化等病史。临床症状除有上述疾病的心悸、气喘、胸闷、关节疼痛等全身症状外，大部分患者还会突然发生肢体剧烈疼痛，患肢常有急性严重缺血、感觉和运动障碍、皮色苍白、温度降低、动脉搏动减弱和消失，肢趾（指）瘀斑，出现水疱或坏死。临床根据栓塞的部位、程度和侧支循环形成情况，可以确定症状的轻重与疾病的转归。

疼痛：突然发生剧烈的患肢疼痛，是大多数患者最早出现且为最重要的症状。部分患者表现为轻度疼痛或酸胀不适，少数患者无明显疼痛，而是感觉丧失与麻木。疼痛部位开始多在栓塞处，以后向远端移位。肢体活动时疼痛加重，活动受限，疼痛可随栓子的移动而减轻和加重。当脱落的栓子骑跨在腹主动脉分叉处，表现为剧烈的腹痛，如栓子被血流冲至腹动脉时，即转为股部疼痛。栓塞远端发生的疼痛是因组织缺血所致，呈持续性静止痛。

皮色苍白、皮温降低：动脉栓塞后，由于肢体的血液供应出现严重障碍，皮肤乳头下静脉丛首先排空，皮肤呈蜡样苍白色，若皮下浅血管仍有少量血液存留，则在苍白的皮肤底色上出现青紫色斑块和条纹，病久发生坏死则呈紫黑色，手足远端较明显。皮肤温度改变与动脉栓塞的部位成正比，栓塞部位越高，肢体皮肤温度下降越明显，肢端尤为严重，扪之有冰冷感觉。由肢端向近侧检查，常可扪到皮温骤然改变的变温带，当腹主动脉分叉段栓塞时，臀部及双侧下肢皮温降低，髂动脉栓塞时，同侧大腿皮温下降。

感觉和运动障碍：当周围神经已有缺血性损害时，肢体远端可出现皮肤感觉丧失区。表现为感觉功能减退或异常感觉，自觉患肢麻木、有针刺样感觉等，栓塞近端有感觉过敏区或感觉减退区。栓塞时间长，缺血严重者可出现运动障碍，肌力下降，手足下垂甚至麻痹，此时常提示已出现肌肉组织坏死。

检查者用手触摸患肢皮肤或用针刺的简单方法即可测出患肢皮肤感觉障碍，被动活动患肢的指或趾，可以明确有无深感觉丧失。

动脉搏动减弱或消失：肢体主干动脉栓塞后，栓塞远端的动脉血流量减少，压力降低，使动脉搏动减弱，栓子完全阻塞血管腔时，远端动脉搏动消失，而栓塞平面以上的动脉搏动反而增强。栓塞肢体严重缺血 4～6 小时，即可发生坏死。利用超声多普勒听诊器或血流记录仪，不能闻及正常的动脉音，或无动脉波形出现，是较可靠的检查方法。

组织坏死：动脉栓塞的病程较长，患肢严重缺血将发生不可逆的组织缺血坏死，肢体坏死组织的程度与范围，与阻塞动脉的平面及侧支循环建立情况有直接关系。末端动脉栓塞可造成趾或指的干性坏死，主干动脉阻塞时组织坏死范围广泛，表现为肢体冰冷，皮肤暗紫并呈网状青紫，皮肤出现水疱，内含血性渗出液，组织增厚、僵硬，压痛，指、趾呈干性坏死。此时已有明显的全身症状，如高热、寒战、神志恍惚、嗜睡、心慌、气短、尿少、血压下降等中毒性休克的症状。

### 3. 辅助检查

利用辅助检查，可以对此病进一步确诊，常用的检查有实验室检查、皮肤温度测试、多普勒超声检查、彩色超声多普勒检查、动脉造影检查和血流图检查等。

在确定诊断为动脉栓塞的同时，还应进一步追查栓塞病因，而做相应的检查，如心电图、心脏 X 线检查等，以协助控制病因。

### 4. 诊断

急性动脉栓塞具有显著的症状和体征，即突然发病，肢体疼痛，苍白，厥冷，感觉和运动障碍，远端动脉搏动明显减弱或消失，结合伴有器质性心脏病、动脉硬化、心房纤颤，近期有心肌梗死及较大的动脉血管手术史，动脉造影显示造影剂突然中断，或动脉腔内充盈缺损，仔细查体，详细询问病史，临床上可以初步估计栓塞的部位、病变严重程度与预后。目前对急性动脉栓塞，国内、外尚无统一的诊断标准，唐祖宣根据本病的临床表现、体征、病史及有关辅助检查，参考国内部分专家的意见，拟出以下标准：

突发性肢体疼痛、皮肤苍白、麻木厥冷、感觉异常和运动障碍、远端动脉搏动减弱或消失；

有风湿性心脏病、冠状动脉性心脏病、心肌梗死并伴有心房纤颤病史；

有动脉瘤或动脉粥样硬化病史；

近期有心脏及较大的动脉血管手术史；

动脉造影显示造影剂突然中断，端面呈杯口状凹陷，或动脉腔内充盈缺损；或肢体血管无损伤性检测有阳性发现。

**5. 辨证**

阳虚瘀阻型：患肢突发疼痛，畏寒怕冷，触之冰冷，皮色苍白，麻木酸楚，遇寒冷则疼痛加剧，行走困难，动脉搏动减弱或消失，有心慌、气喘等，脉沉细，舌质淡，苔薄白。

气滞血瘀型：患肢持续性疼痛，入夜加剧，皮肤有瘀斑、瘀块，色苍白或呈蜡样色。肢体肌肉萎缩，麻木酸困，行走受限。阻塞部位远端冰凉。伴有心悸、胸闷、气喘，感觉异常等症，动脉搏动减弱或消失，脉沉细而涩，舌质紫黯，苔薄白。

热毒型：患肢剧烈疼痛，夜间更剧，局部出现红肿发热，喜凉怕热，患肢皮肤发黑变色，远端出现溃疡及坏疽，伴高热、心悸、烦躁口渴、精神萎靡等全身症状，远端动脉搏动消失，脉沉细而涩，舌质紫或淡红有瘀点，舌质黄厚而腻。

**6. 治疗**

急性动脉栓塞起病突然，发病急重，进展迅速，主干动脉一旦完全阻塞，远端组织处于急性缺血状态，多无足够侧支循环代偿，如治疗不及时，则发生肢体广泛坏死而致高位截肢，甚至危及生命。故确诊后必须积极采用有效措施，严格控制病情进展，尽快解除肢体急性缺血，恢复肢体血流，才能保存肢体，避免截肢，同时应针对由此并发的心肾疾病进行综合治疗。

（1）阳虚瘀阻型

治法：温阳散寒，通络救逆。

方药：黄芪60g，炮附子（先煎）、茯苓、丹参各30g，当归、干姜、水蛭各15g，红人参（另煎）、红花各10g，甘草12g。病在上肢加桂枝12g，病在下肢加牛膝15g。

（2）气滞血瘀型

治法：活血化瘀，益气通络。

方药：金石斛、桃仁、红花、全蝎、红人参（另煎）、甘草各10g，水蛭30g，蜈蚣3条，当归、川牛膝各15g，黄芪60g。

（3）热毒型

治法：清热解毒，益气活血。

方药：金银花、黄芪各60g，当归、薏苡仁各30g，玄参、蒲公英、甘草、苍术、黄柏、水蛭各15g。

## 7. 预防与调护

**严格戒烟**：以减少烟碱和尼古丁对血管的刺激。

**积极治疗心脏病**：栓塞发生后，心脏负担加重，甚至引起血压下降、休克，心脏功能衰竭等，因此应积极配合治疗心脏病。

**情志调理**：急性肢体动脉栓塞患者多紧张、惊恐、忧愁，而以上情志往往可使阴阳、脏腑功能紊乱，营卫气血失调，加重肢体血管痉挛，影响疾病的治疗。《灵枢·本神》载："愁忧者，气闭塞而不行。"《素问·举痛论》曰："喜则气和志达，营卫通过。"医生应引导患者精神放松，用积极平和的情绪促使阴阳协调，气血和畅，对疾病的康复有较好的作用。

**防寒保暖**：寒冷可使血管痉挛，加重肢体缺血。保暖能消除寒冷对血管所致的刺激性痉挛，改善肢体血液循环。因此，在治疗本病时，应注意患肢的保暖。

**功能锻炼**：急性肢体动脉栓塞恢复阶段的患者应进行适当的功能锻炼，活动应循序渐进，可进行适当的散步、保健操等，以加速肢体侧支循环建立。

## 【案例分析】

习某，男，72岁，干部。1981年4月12日入院治疗。

主诉：双下肢发凉、麻木、疼痛已半个月，双足变为紫黑，左足蹬趾溃破已10天。

现病史：10天前，原因不明突觉双下肢发凉、麻木、疼痛，入夜加重，剧痛难眠。3天后，双足变为紫黑色，以活血化瘀中药治疗，症状不能控制，病情急剧恶化，左足蹬趾溃破，流清稀脓液，剧痛难忍，求唐祖宣治疗。1971年曾患肺源性心脏病，经治症状缓解。有30年的吸烟史，每天约1包。

检查：面色青黑，表情痛苦。下肢冰冷，色呈暗黑，双足背、胫后、腘动脉搏动均消失，股动脉搏动微弱。左足蹬趾伤口腐烂，流清稀脓液。舌淡、多津，舌苔白，脉沉迟无力。脉率62次/分。

实验室检查：白细胞计数 $12.4×10^9/L$，中性粒细胞0.82，淋巴细胞0.17，单核细胞0.01。

X线检查：双肺透明度增强，肋间隙增宽，膈位较低，肺纹理紊乱。

心电图检查：完全性右束支传导阻滞。

诊断：心悸脱疽（心源性动脉栓塞）。

辨证：寒凝气滞，络脉不通。

治则：温阳益气，活血通络。

处方：炮附片、党参、茯苓、黄芪各30g，白芍、桂枝各15g，白术18g，细辛10g。

服药 3 剂，疼痛减轻，夜能入睡 3 ～ 5 小时，上方加当归 30g。又服 20 剂后，伤口缩小，双足黑色渐退。继服 32 剂，伤口愈合，静止疼痛消失，腘动脉搏动已能触及。

实验室检查：白细胞计数 $5.4 \times 10^9$/L，中性粒细胞 0.72，淋巴细胞 0.26，嗜酸性粒细胞 0.02，血红蛋白 120g/L，临床治愈。

体会：高龄体弱，正气虚衰，寒凝脉络，络脉受阻，发为坏疽。治则当以温养益气，活血通络。

方取附子汤温阳益气治其本，加当归、黄芪、桂枝、细辛益气通络，使阳气得通，血脉流畅，诸症自消。本例初行实验室检查示血白细胞增高，按西医学理论认为有炎症病变，如对症治疗则应清热解毒，但唐教授在治疗中没有拘泥于此，而以中医辨证治疗，大胆采用温阳之剂，使炎消瘀去，取得了较好疗效。

## （二）血栓闭塞性脉管炎

血栓闭塞性脉管炎是一种动静脉同时受累的血管慢性炎症病变，是一种常见的慢性肢体动脉闭塞性疾病。唐祖宣经多年的临床实践，认为此病大多为在 20 ～ 40 岁的青壮年男性，病变主要累及四肢中、小动脉，下肢多见。此病在中医学属"脱疽"范畴。

中医学在长期的实践中，对血栓闭塞性脉管炎的病因、病机、临床症状、治疗预后等一系列的认识更加系统，为本病积累了丰富的理论和临床经验。

本病在我国各地均有发生，北方较南方多见。国外截肢率为 10% ～ 20%，我国自新中国成立初期就采取了中西医结合的治疗方法，截肢率已降至 1% ～ 2.5%。

### 1. 病因病机

（1）寒凝脉络：本病多发生于寒冷地带，我国北方地区的发病率远高于南方地区，大多数病人在寒冷季节病情加重。其原因多由跣足在冰雪地上行走，致气血为寒气冰凝而成。《素问·举痛论》曰："寒气入经而稽迟，泣而不行，寒客于脉外则血少，客于脉中则气不通。"寒主收引，寒邪袭络则经脉收缩，气血凝滞而瘀阻不通，气血不行，壅遏不通，不通则痛；血脉凝涩，阳气不达四末，肢体失于温煦濡养，而致本病。

（2）房劳损伤：肾为先天之本，藏阴精而寓元阳，肾气旺盛，则五脏充沛，气血畅行。若房室不节，伤肾致亏。肾中阴阳乃人体阴阳之根本，房劳过度，则肾之阴阳失衡，阳气亏虚，四末失于温煦，而致寒凝血瘀，且肾主骨，故本病的后期易骨损而脱。

（3）情志内伤：郁怒伤肝，肝郁气滞则血瘀于经脉之中；肝血暗耗，筋失所养，肝血不养则麻木。脾为后天之本，思虑伤脾，脾阳不振，运化失职，不能正常输布精微于血脉，《素问·太阴阳明论》载有："四肢皆禀气于胃而不提至经，必因于脾乃得禀也。今"清阳实四肢"失权，可使四肢肌肉酸软、倦怠无力，渐致气血亏损，血脉不得充盈，血流滞缓，滞而成瘀。

（4）饮食失节：过食膏粱厚味、辛辣之品，可使脾胃受伤，痰湿浊聚，积久成毒，留滞于筋脉之中，影响脏腑、经络的功能和气血的运行，经络瘀阻，乃生本病。

（5）素体虚弱：先天禀赋不足，或脏腑功能失调，引起心、肝、脾、肾虚损，而致气血亏损，运行无力，阴阳失衡，肢体筋脉失养，外邪内袭，导致气滞血瘀，脉道阻塞而发本病。

（6）外伤：《外科大成》载本病"有因修甲受伤，咬伤冻伤，又因轧伤所致者……"《增订治疗汇要》亦有"修甲受伤及咬伤，轧伤所致"之记载。外伤肢体，经络受损，气血瘀滞可导致本病。

**2. 临床表现**

血栓闭塞性脉管炎属于中医学"脱疽"范畴，在中医学文献中有许多关于血栓闭塞性脉管炎临床表现的记载。本病主要是由于肢体动脉闭塞后血流量减少，肢体缺血而引起的。临床表现由导致脉络瘀阻的病因、血瘀的轻重及瘀血的转化所决定。临床病情依血管阻塞的部位、范围和侧支循环建立程度，以及肢体局部有无继发感染、全身情况的好与差等而各不相同。

（1）疼痛：脉络瘀阻、气血不通是本病主要病机，也是血栓闭塞性脉管炎的主要症状之一。其基本原因是肢体缺血，不通则痛。轻者休息时消失或减轻，行走或活动后，疼痛加重，而形成间歇性跛行。重者疼痛剧烈而持久，夜间疼痛更甚，病人抱足而坐，情绪刺激和受冷均可影响血管的舒缩反应，常可加剧疼痛。

（2）发凉和感觉异常：患肢发凉、怕冷，患部肤温明显低于健侧对应部肤温，对外界寒冷敏感，此乃阳气不足，寒凝血瘀，为本病常见的早期症状。病变日久，患部体表温度冰冷，尤以趾（指）端最明显，患肢在运动后或在夜间，趾、指、足部有发痒、刺痛、烧灼、酸胀、麻木等感觉，此乃气血虚少或气血瘀滞的表现。

（3）皮肤色泽改变：初期患部多皮色苍白，抬高患肢时更为明显，此多为血虚寒凝；中期色呈紫绀，多是气血凝滞；后期则呈暗紫色，坏疽则呈黑色，多为热毒所致。

（4）动脉搏动减弱或消失：趺阳脉（足背）或太溪脉（胫后动脉）、寸脉（桡动脉）或尺动脉的搏动，随病变进展而减弱乃至消失，此乃脉道瘀阻所致。

（5）营养障碍：由于气血亏少或瘀血不去，新血不生，肢体失养导致肢体缺血。肢体缺血可引起不同程度的营养障碍，患肢皮肤干燥、脱屑、皲裂、出汗减少或停止；趾背、足背及小腿汗毛脱落，稀疏或完全停止生长，趾（指）皱缩、变细。趾（指）甲增厚、变形、生长缓慢或停止生长；肌肉松弛、萎缩。

（6）坏疽和溃疡：常见于后期病人。本病后期因肢体动脉功能不全、血运障碍，常发生溃疡或坏疽。溃疡或坏疽可单发，也可同时存在，除肢体严重缺血外，还可因失治、误治、加温、药物、损伤、外伤、烫伤等所致。溃疡和坏疽，常见于一个或数个，于趾（指）端或趾（指）甲旁首先出现，然后波及整个足趾（手指），甚至整个足部直至小腿（手部）。坏疽多为干性，以后继发感染而呈湿性。

（7）游走性血栓性浅静脉炎：有近半数病人在发病前或发病过程中，小腿或足部反复出现游走性血栓性浅静脉炎，偶可延及大腿。其表现为受累浅表静脉有红色条索、结节状，灼热，压痛，这是湿热瘀滞脉络所致。当血栓性浅静脉炎消退后，皮肤上可暂时遗留色素沉着。

（8）雷诺综合征：血栓闭塞性脉管炎早期，受情绪刺激和寒冷后，可出现雷诺综合征的症状，包括指（趾）苍白、紫绀，继而潮红。

（9）缺血性神经炎：局部缺血性神经炎常见于血栓闭塞性脉管炎肢体严重缺血而发生营养障碍改变的患者，是神经处于缺氧状态所致。肢体常有触电样、针刺样剧痛，向肢体远端放射，并伴有发痒、麻木、蚁行感或烧灼感等感觉异常，在足部和小腿可见大小不等的麻木区，皮肤感觉迟钝或感觉、痛觉完全丧失，而且多夜间加剧。

（10）舌、脉（寸口）象：舌质多为淡紫色，瘀重者舌紫暗，可见瘀斑，湿重者舌质白腻，脉以沉、涩、弦多见。根据病程的进展及病情的变化，又可见到舌质淡、红、绛，苔白润、黄腻，脉弦紧、弦细、细弱等。

**3. 诊断标准**

（1）几乎全为男性，发病年龄为 20 ～ 40 岁。

（2）有慢性肢体动脉缺血表现，如麻木、怕冷、间歇性跛行、瘀血、营养障碍改变等，常累及下肢，上肢发病者少。

（3）40% ～ 60% 有游走性血栓性浅静脉炎病史和体征。

（4）各种检查证明，肢体动脉闭塞，狭窄的位置多在腘动脉及其远端动脉（常累及肢体中、小动脉）。

（5）几乎全有吸烟史，或受寒冻史。

（6）排除肢体动脉硬化性闭塞症、糖尿病坏疽、大动脉炎、肢体动脉栓塞症、雷诺病、外伤性动脉闭塞症、结缔组织病性血管炎。

**4. 辨证**

（1）阳虚瘀阻型：患肢疼痛，步履不便，喜暖畏冷，扪之冰冷，痛时内觉发凉，肌肉萎缩，肤色苍白麻木，伤口白腐，脓液清稀，舌质胖淡而多津，脉沉细迟。

（2）热毒型：畏冷怕热，局部红肿，昼夜剧痛，如汤泼火燃，伤口腐烂延开，异臭难闻，发热或不发热，烦躁不安，大便干燥，小便短赤，舌质红，苔黄燥或黄腻，脉多滑数或细数。

（3）气虚血瘀型：患肢萎缩，色呈黯紫，疼痛昼轻夜重，患肢凉、麻、困兼见，趾（指）甲增厚，生长缓慢，汗毛脱落，舌质黯紫或淡白兼见瘀斑，苔淡白，脉沉细涩。

（4）阴阳俱虚型：患病日久，气血耗伤，精神困惫，面黄少华，伤口白腐，肉色不鲜，久不能敛，患肢不温，疼痛入夜加重，阳痿早泄，小便清长，舌瘦苔少，脉沉细无力。

**5. 治疗**

（1）阳虚瘀阻型

治法：温经散寒、益气通络。

方药：炮附子、白芍、白术、云茯苓、潞党参各30g，干姜、炙甘草各15g，黄芪60g。病在上肢加桂枝15g，病在下肢加牛膝30g。

（2）热毒型

治法：清热解毒，化湿行痹。

方药：当归30g，金银花、玄参、板蓝根、薏苡仁、蒲公英各45g，苍术、黄柏、甘草各15g。

（3）气虚血瘀型

治法：益气固正，活血通络。

方药：桃仁、红花、乳香、没药各10g，当归、丹参、刘寄奴各30g，苏木、赤芍各15g，黄芪60g。

（4）阴阳俱虚型

治法：益气温阳，养阴活络。

方药：黄芪60g，当归、炮附子、潞参各30g，川牛膝、石斛、川芎、赤芍各15g。

**6. 预防与调护**

（1）绝对戒烟：烟草中的尼古丁可使血管强烈收缩，毛细血管痉挛，血流缓慢，在敏感人中，血流可完全中断。血栓闭塞性脉管炎患者绝大多数有长期大量吸烟习惯，在治疗过程中，能严格戒烟者，病情可相对减轻，否则病情易加重。已戒了烟又复吸烟者，复发机会增多。因此，戒烟应作为本病临床调护的重要内容。规劝患者严格戒烟，是防止复发的重要因素。

（2）调理饮食：急性期饮食宜清淡，给予清热解毒的食物，忌辛辣、燥热之品，缓解期适当进补。辨证属寒凝血瘀的患者，应给予温补气血之品，可适当选用山楂、桂圆、鸭、生姜等；辨证属瘀血化热或热毒者可选用活血、祛湿利水的食物，如绿豆、薏苡仁、西瓜、梨等；辨证属气血两虚者宜食用补益气血且营养丰富易消化的食品，如牛奶、鸡蛋、瘦肉、大枣等。此外，平时可多食富含维生素C的食品，有改善血液循环的作用。

（3）注重防护：恰当的防护措施十分重要。冬季应防寒保暖，避免感受寒湿。注意保护肢体，防止外伤感染，外伤是诱发本病的常见因素。鞋需适宜，不能太窄；修剪指（趾）甲宜小心；使用理疗、泡洗时要注意防止烫伤，严重缺血者不宜行热疗，以免增加组织耗氧量，加重缺血。如有足癣时，应积极治疗，以防感染。患肢皮肤干裂时，应用温水泡洗，外搽润肤脂、甘油等。

（4）适当锻炼：本病要坚持适度锻炼，如骑自行车、散步、慢跑、上楼等，有利于改善血管舒缩功能，改善肢体血液循环，适用于血栓闭塞性脉管炎早期。运动量的大小应视侧支循环建立的完善与否，侧支循环逐渐建立者，应逐渐增加活动量，坚持肢体位置锻炼，对长期卧床、抱膝而坐的患者，可防止关节挛缩及肌肉萎缩，改善肢体血运。具体方法是患者平卧，抬高患肢45°，保持1～2分钟，然后双足下垂于床沿2～5分钟，再放置水平位2分钟，并做足部旋转、伸屈活动数次，休息2分钟。如此反复，每日3～5次。坏死溃烂期则禁用此法。

（5）精神调护：精神紧张、恐惧和情绪激动等因素，可使脏腑功能紊乱，营卫气血运行失调，经络瘀滞，加重血管痉挛，影响肢体血液循环。本病病程较长，患者长期受疼痛折磨，痛苦较大，又担心丧失肢体而致残，精神负担较重，会出现自卑、失望、烦躁情绪。因此，应注意心理治疗与护理，以积极的态度引导患者树立信心，配合治疗，对疾病的康复有积极意义。

【案例分析】

胡某，男，55岁。1980年4月30日住院治疗。

主诉：双下肢麻木、跛行已半年。

现病史：1968年因被殴打受伤。1969年冬季受寒冷刺激，诱发左下肢麻木、发凉、疼痛，出现间歇性跛行。在某医院确诊为"血栓闭塞性脉管炎"，服毛冬青、脉通等中西药物治疗无效。后住院治疗8个月病愈出院。1980年在东北工作，受寒冷气候刺激，旧病复发，双下肢麻木、发凉、疼痛，服药无效，再次入院治疗。

既往有胃及十二指肠溃疡及颈椎骨质增生病史；无吸烟嗜好。

检查：形体消瘦，面色苍白，表情痛苦，舌质淡，脉沉细迟。心率60次/分。患肢无汗，汗毛脱落，趾甲增厚，生长缓慢，肤色苍白。双下肢足背、胫后动脉搏动消失，右下肢腘动脉微能触及。局部温度检查，室温26℃，左侧足趾31℃，足背32℃，胫骨中段31℃，右下肢足趾32.5℃，足背33℃，胫骨中段32℃。

诊断：脱疽（血栓闭塞性脉管炎）。

辨证：阳气亏损，寒邪郁于血脉，血气失于温煦。

治则：温阳益气，活瘀通络。

处方：白芍30g，白术、炮附片、当归、水蛭各15g，茯苓20g，黄芪60g，红花、党参、甘草各10g。

服药15剂后，皮肤苍白色好转，疼痛减轻，但左下肢肿胀，并伴失眠。舌质红，苔黄，脉数。改服益气养阴、清热活瘀药30剂后，症状好转。继则出现纳呆、泄泻、舌质淡等症状，仍守真武汤加益气化瘀药物。共服75剂，疼痛止，趾甲开始生长，跛行消失，色转红润，舌正脉平。足背、胫后动脉恢复搏动，腘动脉微能触及。皮肤测温计检查：双侧温度基本恢复正常。临床治愈出院。

# 五、方药之长

## （一）核心方剂

［处方组成］黄芪，金银花，黄柏，苍术，薏苡仁，玄参，当归，白芍，甘草，水蛭，蜈蚣，全蝎。

［处方来源］本方是根据唐祖宣祖传验方，结合长期临床经验，依据中医药理论研制出的治疗血栓性静脉炎的有效处方。针对目前血栓性静脉炎的发病率逐年增高的趋势，市场上尚缺乏行之有效的毒副作用小、价格低廉而疗效较好的中成药，以确保临床疗效，服用方便，乐于为广大患者所接受而达到研制的目的。

［理论依据］方中黄芪味甘，性平，具有利水消肿、托毒之功，《本草述钩元》云，本品可"利阴气，泄火邪，能活血脉生血"。金银花味甘气平，其性微寒，入肺经，具有清热解毒，而疗痈肿疔疮、丹毒、血热之功，是解毒消肿之要药，二药配合，即可清热解毒，又可泻阴火，解肌热，清秽恶，疗积毒，故共为君药。黄柏、苍术、薏苡仁清热祛湿，当归能入血分，能使邪气去，气血各归于当归之地。与白芍同用补血养血，与甘草相合更能加强缓急解挛、和营止痛，使脉络早通，玄参甘、

苦、咸，微寒，凉血滋阴，泻火解毒，以上共为臣药。唐容川《血证论》曰："凡血症，总以祛瘀为妥。"水蛭咸、苦、平，蜈蚣、全蝎辛温，三药俱入肝经，肝主筋脉，均有活血消瘀、攻毒散结、通络止痛之能，脉道得通，气血乃行，共为佐药。甘草善调和诸药，故为之使。诸药配伍，共奏清热解毒、化瘀通络、利水消肿、理脾祛湿之功。

［功能主治］清热解毒、化瘀通络、祛湿消肿，主治湿热瘀阻脉络证，症见下肢肢体肿胀、疼痛、发热、肤色暗红或伴有索条状物等血栓性静脉炎（血栓性浅静脉炎、深静脉血栓形成）。

［使用背景情况］本方唐祖宣是在祖传验方的基础上，由益气生血之当归补血汤，缓急解挛、和营止痛之芍药甘草汤，清热解毒、活血止痛之四妙勇安汤，健脾清热祛湿之四妙散，解毒搜剔、止痉散结之止痉散等衍生而来。本方已临床使用数十年，临床疗效良好，没有发现不良反应。

［注意］孕妇慎用。

## （二）经典用药

四逆汤由炮附子、干姜、甘草 3 味药物组成，功能回阳救逆，《伤寒论》《金匮要略》中应用本方的条文颇多。"若重发汗，复加烧针者"，用本方。"下利清谷不止，身疼痛者，急当救里……救里宜四逆汤。""病发热头痛，脉反沉，当救其里，宜四逆汤。"此外，"表热里寒""脉沉""下利而厥冷""呕而脉弱""吐利汗出"均为本方的适应证，以证本方应用范围之广。方用附子温补肾阳，干姜温脾阳、祛除胃寒，姜、附同用则温里回阳之力更强，甘草和中益气，有补正安中之功，三药合用，回阳生脉，祛寒救逆。现将临床运用本方的体会简介于下。

**1. 脱疽（血栓闭塞性脉管炎）**

此方所治之脱疽乃肾阳不足，寒湿内侵，经络不畅，气滞血瘀所致。临床辨证中常见四肢厥冷，肢体困乏，足色苍白，肢体麻木、跛行、疼痛，舌质紫，苔白细腻，脉沉细。若于方中加入薏苡仁、当归、黄芪、丹参等，其效更佳。

临床治验：王某，男，45 岁，1992 年 10 月 27 日就诊。自述患血栓闭塞性脉管炎两年余，先后就治于多家医院，收效欠佳。症见：面色晦暗，肢体困乏，手足冰冷，足色苍白，趾甲增厚，毛发脱落，腓肠肌萎缩挛紧，行走跛行，饮食不佳，便溏溲淋，舌质紫，苔白腻，脉沉滑。检查：右足背动脉、胫后动脉及左足背动脉消失，左胫后动脉微弱。脉症相参，此乃肾阳不足，寒湿内侵，经络不畅，气滞血瘀。治宜温阳补肾，祛寒理湿，通经活络，活血化痰。投四逆汤加味。

方用：金银花、干姜、薏苡仁各 60g，炮附片（先煎）、当归、甘草、黄芪、丹参各 30g。

服方 8 剂，诸症皆轻。药已中的，前方加减续服，如此调治 3 个月，诸症悉除，一年后追访良好。

**2. 心悸案**

此方所治之心悸乃心阳不振，脾肾阳虚，痰湿内阻，气机不利所致。临床辨证中常见：心慌自汗，胸胁满闷，心前区疼痛，四肢逆冷，头晕目眩，心烦失眠，舌质紫体胖，苔白腻，脉结或代。若加黄芪、丹参其效更佳。

临床治验：张某，男，60 岁，1973 年 7 月 18 日就诊。患者自述患冠心病 3 年余，每遇劳累或精神不佳时即有发作，经多家医院诊治，疗效不佳，1 周前又因劳累过度，致使旧病复发，经医院抢救而脱险。但胸闷自汗，心慌心跳不能抑止。

症见：形体高大肥胖，面色萎黄，胸胁满闷，心慌自汗，心前区彻痛，手脚逆冷，失眠烦躁，头晕目眩，纳差食少，便难溲淋，舌紫胖，苔腻白，脉结代。此乃心阳不振，脾肾两虚，痰湿内阻，气机不利。治宜调补脾肾，温阳化痰，疏通气机。投四逆汤加味。

方用：炮附片 30g（先煎），甘草 12g，干姜 15g，丹参、黄芪各 18g。

服方 3 剂，心悸自汗、胸闷胁痛消失，余症皆轻。药中病所，前方加减续服。如此调服两周，诸症悉除，后每欲发作均给予四逆汤加味调治即愈。

**3. 痔血案**

此方所治之痔血乃肝肾亏虚，阳气不振，血不归经，游溢脉外所致。临床辨证中常见：下血不止，大便不畅，腰膝酸软，心悸自汗，苔白无华，舌淡苔薄白，脉沉细无力。若加银花炭、黑地黄、丹参等，其效更佳。

临床治验：刘某，男，28 岁，1986 年 9 月 16 日就诊。自述患痔疮 3 年，经多方治疗，未获效果。此次探亲回里，受某乡医盲目手术，致使痔疮出血不止，险些送命，后送医院抢救而脱险，但仍下血淋漓不止。症见：面色㿠白无华，形体消瘦，眩晕，腰膝酸软，心悸自汗，纳差食少，大便不畅，下血不止，小便利，舌淡瘦、苔薄白，脉沉细无力。此乃肝虚肾亏，阳气不振，而致血难归经，游溢脉外。治宜养肝固肾，壮阳益气，引血归经。投四逆汤加味。

方用：炮附片（先煎）、银花炭、干姜各 30g，炙甘草、黑地黄各 15g，丹参 9g。

服方 5 剂，下血即止，余症亦轻。药切病机，不予更方，上方续服 3 剂告愈。3 个月后随访良好。

**4. 宫寒不孕**

此方所治之不孕乃心肾阳虚，肝血不足，胞宫虚寒，督任失养所致。临床辨证中常见：面色萎黄，腰膝酸软，四肢厥冷，心悸自汗，带下清稀，舌质淡苔薄白，脉沉迟。若加黄芪、当归、丹参，其效更佳。

现举临床治验：孙某，女，28岁，1988年10月21日就诊。自述婚后六年不孕。夫妇双检，未见生理异常。经多方医治，均未获效。症见：面色萎黄，形体消瘦，腰膝酸软，手足逆冷，心悸自汗，食欲不佳，便溏溲淋，带下清稀，舌瘦淡、舌薄白，脉沉迟。此乃心肾阳虚，肝血不足，胞宫虚寒，督任失养所致。治宜温补心肾，益气养肝，固补督任，温宫扶寒。投四逆汤加味。

方用：炮附片（先煎）45g，甘草15g，干姜30g，黄芪、当归各25g，丹参12g，大枣7枚。

服方6剂，白带减少，自汗止，腰膝酸软消失。药症相合，继以前方加减续服。如此调服月余而孕，如期顺产一男婴。1年后随访良好。

通过临床实践，我们体会：四逆汤特为回阳救逆而设，对心源性休克、失血性休克、下利清谷、大汗出亡阳，以及辨证为四肢厥冷之循环系统疾病，投入能挽命于顷刻，救治于重危。本方附子大辛大热，振奋心肾之阳，需大剂应用，亦应先煎，以祛其毒，才能收到预期目的；干姜鼓舞脾肾之阳，温中散寒。二药相配，一走一守，相得益彰。甘草益气调和，既协助姜、附回阳固脱之力，又可减姜、附燥烈之性，若用之得当，可收立竿见影之效。若邪热内陷，阳气被遏，不能外达四肢所引起的四肢厥冷，乃阳厥之证，在本方禁忌之列。

# 六、养生之智

中医学在长期的发展过程中形成了较为完善的治未病思想和有效的防治原则。《黄帝内经》早就提出了"上工治未病"的理念。《淮南子》中有句名言："良医者，常治无病之病，故无病；圣人常治无患之患，故无患也。"可见，"治未病"是中医学重要的防治思想。唐教授认为，在进一步提高疾病诊治水平的同时，要充分发挥中医"治未病"优势，将视点前移，把关注的重点放在预防上面，降低发病率，延长寿命，提高生存质量。而养生正是预防疾病的有效途径。

唐教授强调，养生的指导思想要以传统中医理论为指导，遵循阴阳五行生化收藏之变化规律，对人体进行科学调养，保持生命健康活力。概括起来，就是要有未病先防、未老先养的预防观，天人相应、形神兼具的整体观，调整阴阳、补偏救弊的平衡观，动静有常、和谐适度的辩证观。关于养生法则，他提出要通过养精神、调饮食、练形体、慎房事、适寒温等各种方法去实现，并制定了饮食养生、运动养生、情志养生等养生法则。

针对饮食养生，他不仅提出了"饮食贵在调理，调理旨在适宜"的饮食调理原则，而且倡导食疗、粥疗、药膳等独特的饮食调理方法。食疗方面，他强调围绕"食补平衡"的原则，重在搭配合理，调理应时，五味调和，因人而补。药疗方面，他强调因证、因时、因地、因人施膳，并制订了清热法、下法、温法、消食法、补法、理气法、祛湿法、汗法等药膳，意在寓医于食，药借食力，食助药效，从而调理人体脏腑阴阳之偏颇、气血之盛衰、寒热虚实之变化，达到健体强身的目的。唐教授根据体质辨识，制订了药膳的运用原则和方法，灵活运用补气、补血、滋阴、补阳等药物，制订了山药百杏粥、五爪龙佛手瘦肉汤、党参猪脾粥、五味银叶红枣蜜等药膳处方，用于感冒、胃炎、胃溃疡、高脂血症等，效果良好。唐教授根据自己的临床经验和体会，选择具有补益、抗衰老作用的药物，制订了养生保健方剂。这些方剂根据体质情况，酌情用量，按照组方原则，妥善配伍而成，剂型通常分为汤剂、散剂、丹剂、膏剂、酒剂等，如益精补肾汤、参苓白术散、首乌延寿丹、益胃膏、周公百岁酒等。唐教授指出，应用养生保健方剂首先要根据年龄、性别、工作、生活环境、体质与季节的不同情况，准确地选用一定的剂型、方法进行补益，严谨无虚滥补、片面进补，做到适身而补、适时而补、适量而补。

针对运动养生，唐教授制定的原则是动静结合，因人、因时、因地制宜，顺其自然，循序渐进。不能因为强调动而忘了静，要动静兼修，动静适宜。运动时，一切顺乎自然，进行自然调息、调心，神态从容，摒弃杂念，神形兼顾，内外俱练，动于外而静于内，动主练而静主养神。这样，在锻炼过程中内练精神、外练形体，使内外和谐，体现出"由动入静""静中有动""以静制动""动静结合"的整体思想。

针对情志养生，唐教授指出要做到喜不过旺、怒不过激、思不过虑、恐不过惧、惊不过神，关键做到养神、养性、养气。要善于顺应自然规律、社会环境，实现精神意志的自我调控，养心与养德相结合，动与静相结合，静养心神之时，又适度动以身形，劳而不倦，心身兼养，是情志养生的关键。唐教授重视精神内守，其方法就是保持平和的心态，学会自我愉悦，自我安慰，善于主动发现和寻找生活的乐趣，做到知足者常乐，自得其乐，大肚能容，笑口常开。

唐教授还根据古今名人养生方法，从中总结经验，提醒大家：人的长寿方法虽然多种多样，但应因人而异，选择适合自己体质的养生方法。

782

# 七、传道之术

中医药的薪火传承，是事关中医药事业兴衰的大事情。但现实社会中，也确实存在着名老中医青黄不接、后继乏人的问题，有的名老中医治疗疑难杂症的绝技最终没传承给后人，让人痛心！唐祖宣教授在从医的 60 多年中，就亲身经历过一些同道医门后继乏人，医技失传而造成难以挽回的遗憾！所以在他的从医生涯中，一直把薪火传承放在非常重要的位置。

唐老是从学徒成长起来的中医，对徒弟希望老师如何教自己、老师应该如何带徒弟都心知肚明，感受深刻。他很注意师徒间的亲密关系，主张师徒平等相待，和睦相处，相互学习，取长补短，在身份上常"换位思考"，相互体量。所以，在唐老接纳的徒弟中，充满着包容之心、善待来自不同渠道的各个层面的弟子，他们中有职务、身份不同的情况，但都能团结在大师的旗帜下为中医药传承献身出力。

（唐含笑整理）

（张燕编辑）

# 夏桂成

　　夏桂成，男，（1931——　），汉族。江苏无锡人，中共党员，教授，博士生导师。南京中医药大学附属医院江苏省中医院主任中医师，中国中医科学院首批学部委员，江苏省中医药学会妇科专业委员会终身名誉主任委员，享受国务院政府特殊津贴，担任第二批至第七批全国老中医药专家学术经验继承工作指导老师。

　　2008 年 1 月夏桂成被国家人事部、卫生部授予全国卫生系统先进个人称号；2011 年荣获江苏省"十佳健康卫士"称号；2005 年 11 月荣获国家中华医学会"医师奖"；2013 年荣获全国"白求恩奖章"；2014 年被授予第二届"国医大师"称号。

# 一、学医之路

1931 年，夏桂成出生于无锡江阴南石镇的一个朴实的农民家庭，年幼家贫，读初中一年便辍学，此后曾于上海务工，中华人民共和国成立前因工厂解散而回家务农。1949 年左右，经族人介绍，夏桂成得以在江阴名医夏奕钧家中随师抄方学习中医，侍诊三年，苦读中医经典及基础理论，如《黄帝内经》《伤寒论》《金匮要略》《神农本草经》等，方入中医之门径。也因为这三年中严师的苛求和自己的刻苦，让夏桂成打下了扎实的中医功底。

一年后，夏桂成开始跟随夏奕钧出诊，进而能看到更多珍贵病例，如急重症，时有起死回生；疑难怪症，时常效如应桴。下诊后，夏桂成再到医学著作上去寻找答案，仔细体会，认真记录，收获很大，至此，临床功底更加扎实了。夏奕钧平时治学严谨，每晚都仔细研读经书，常常挑灯夜读至深夜，其博闻广识、勤奋不倦的学风，深深感染着年轻时的夏桂成，他深信"大海不拒细流所以成其大，泰山不拒抔土所以成其高"。夏桂成平时非常注重点滴经验的积累，问诊时亦是以"打破砂锅问到底"的态度，坚持详加辨证，体会出临证中的细微差别，以期待收到最佳的疗效。日后夏桂成临证亦是问诊不厌其详，于细微处见真知，处方用药再三斟酌，有时几易其药，为的是切中肯綮，药到病除。

出师后的夏桂成在地方行医了一年，锻炼本领，后板桥联合诊所成立，夏桂成受到邀请坐诊年余。1956 年，夏桂成考入江苏省中医学校（现南京中医药大学），在校期间，夏桂成参加当时的"交替教学"，众多名老互相讲学，受到很多启发，越发基础扎实，思路开阔。夏桂成学习期间成绩优异，结业时被评为优等学生，顺利进入江苏省中医院内科就职。一年后他经组织安排进入妇科工作，但他并没有抱怨，跟随妇科老中医黄鹤秋主任学习一年后，自己应诊，从此潜心研究中医妇科，深谙女性疾病的特点，善于捕捉临床点滴，全方面注释中医妇科学的内涵和外延，他与这一专业从此结下不解之缘。

# 二、成才之道

夏桂成开创"经间期"学说，填补理论空白，完善了月经周期的全程分期，对女性生理病理特点进行深入的剖析，创制了独特的夏氏月经周期调节法（简称：调周法），总结月经周期中阴阳演变转化的规律，从而达到人体内环境的平衡，气血调畅，择时孕育。该方法的提出，更深层次地揭示了阴阳气血在女性体内活动的有序性，为妇科"已病""未病"的治疗奠定了理论基础，形成中医药调治月经病和不孕症等疑难疾病的特色。

他创立"心—肾—子宫轴"学说，认为人体阴阳气血调节之脏腑在于心、肾、肝、脾诸脏，而心为五脏六腑之大主，是调节的先导和关键，阴阳平衡首在心肾水火既济之功能。他指出月经节律调整是以后天坎离八卦为动力，坎离既济，心肾交合，才有可能推动阴阳消长转化运动的发展，结合肝脾气血疏泄升降的辅助，使得气血协调、水火既济、阴平阳秘、胞宫藏泻，共同调节月经周期节律的有序变化。

夏桂成主要编著有《夏桂成实用中医妇科学》《中医妇科理论与实践》等 20 种著作；发表"月经周期与调周法""论经间排卵期的生理、病理及治疗特点"等 120余篇论文；指导科研课题 20 余项。2011 年以"中医女性生殖理论创新及其应用"荣获得江苏省科技进步一等奖，这是 20 余年来中医专业首次获得大奖。夏桂成因其丰硕的学术成就和临证经验，被患者誉为当代"傅青主""送子观音"。

### （一）从医数载，记录 800 多万字读书笔记

夏桂成最开始接受的是"传统师承模式"，于江阴名医夏奕钧门下抄方，他细心观察病例，将病例和医学著作详加对照，体会出临证中细微差别。白天侍诊、夜里伏案苦读，边行医边读书的习惯保留至今。他对妇科诸书及当代有关书籍无不涉猎，比如《黄帝内经》《伤寒论》《金匮要略》《景岳全书》《丹溪心法》《脾胃论》《临证医案指南》等，甚至一些不常见的医书，他都认真学习，比如《绛雪园全书》《埒溪医论》《医贯》《名医汇粹》等，尤对《景岳全书·妇人规》《傅青主女科》的研究造诣颇深。他从医 70 余年，读书笔记写了 800 多万字，内容从医案到秘方，从验方到偏方，从中医学专著到世界医学最新研究等，

### （二）热衷学术交流，博采众长

在江苏中医进修学校学习的一年，是夏桂成一生中进步最大的时期。同学来自五湖四海，大家各抒己见，带来许多书本上没有的观点，常常令人耳目一新。当时一届进修班有四个班级，班级之间互相授课，称之为"交替教学"。既然是交替上课，学生就需要自己收集材料，自己整理观点并到课堂上讲解，这些锻炼了夏桂成的自学能力，并且奠定了他做学问的基础。

在交替学习的同时，南京举办了几期全国教学研究班，也是采取互相教学研究的模式授课，来自全国的诸多名老中医、学界泰斗进行研讨教学，有机会听到这些泰斗的讲课，令夏桂成非常激动。然而，许多老中医虽然有丰富的经验，但是讲课

没有条理，难以归纳成系统的理论来进行教学，因此不少人推脱了这项教学任务。当时的教务处处长一定要让夏桂成来做这项工作，夏桂成当时年轻，吃苦耐劳，常常通宵达旦地写材料，并亲自上台讲课，而且是给许多当时的全国名老中医授课，然后再听这些全国的名医讲学，收获就更大了。这也更加锻炼了夏桂成的讲课经验和对知识的整理归纳能力。

至今，夏桂成对当时的学习经历仍回味无穷，认为自己的讲课技能及对许多学术问题的认识在当时得到了很大的提高，激动地说："交替教学和师资研讨班真是令自己的学识得到了大幅度提高，一年等于五六年的收获！"

### （三）类方对比总结，重视方剂配伍

上学期间，夏桂成用心最多的当属方剂学，这为后来编写《实用中医妇科方剂学》打下了坚实的基础，他对于许多方剂的沿革、运用等进行了深入的研究，颇有心得。

夏桂成善于对比同类方剂的异同，从而准确总结出方剂运用规律，这是夏桂成对于方剂学研究的一个重要方法。夏桂成对妇科方剂著作《妇人大全良方》《景岳全书·妇人规》《傅青主女科》进行了深入的研究。比如，对《妇人大全良方》中10首胶艾汤化裁方进行分析，对《妇人规》中补阴、补阳、滋阴健脾类方进行细致比较，对《傅青主女科》中补阴、补阳、解郁方剂进行研析，仔细分析细微区别，揣摩医家组方思路，从而针对临床，结合辨证，尽可能做到组方正确，用药精当。夏桂成认为，对于方剂、中药的熟练把握，是提高临床疗效的一个不可或缺的法宝。通过对这些经典方剂、中药的分析、提炼、总结、化裁，终于形成了具有个人特色的调周方剂组群，创制了一系列新的方剂，这些方剂大多数都是从古方化裁而来，但是又能够契合现代临床。

## 三、学术之精

### （一）创建"经间期"学说，完善周期理论

女性月经周期具有规律的活动变化，历代文献都有言及经期、经后、经前期的内容，唯独没有关于经间期的理论。夏桂成悉心诊疗经间期出血的患者，发现经间期阴阳的转化具有"重阴必阳"的特征，深究其中动静、升降的运动形式，以及所产生气血变化，痰凝、湿浊、郁滞、血瘀等病理产物的复杂现象，确立了治疗方案，在临床实践中得到公认。1986年该理论成果编入全国高等中医药院校规划教材第五

版《中医妇科学》，完善了月经周期的理论，深化了对经间期学说的认识。

## （二）确立中医药调整月经周期节律法，深化调经的"治本"大法

夏桂成创建"经间期学说"，并提出调周法，根据月经周期演变的规律，顺应阴阳转化，达到内环境的稳态，择时孕育。因而这就更深层次地揭示了阴阳气血的活动规律，对治疗妇科的"未病""已病"确立方法，为中医妇科诊治奠定了规范化基础。

## （三）创新"心肾相交"理论，建立心（脑）-肾-子宫轴新理念

心肾相交是传统的中医理论，夏桂成认为，调节机体阴阳平衡的脏腑关键在于心肾水火之脏的既济功能。月经节律的调整是以后天坎离八卦为动力，坎离既济，心肾交合，才有可能推动阴阳消长转化运动的发展，结合其他脏腑功能，使子宫藏泻有序，共同调节月经周期变化。

## （四）深究"七五三数律"理论，推导精准调周

夏桂成探讨了人体规律活动及其月经周期规律活动内在的量化标准，在月经周期阴长阶段，存在"七五三"数律论。他认为女性体阴而用阳，故规律的节律表现为奇数律的演进，在关键时点反映女性阴阳消长变化，反映肝、脾、肾的活动，这与女性的月经周期、生殖功能、胎产等有着密切的关系。

夏桂成创新了中医妇科理论，形成"中医女性生殖节律理论"，完善了对女性生殖功能调治的理念和方法，建立了新的诊疗方法，有效地指导中医药对女性生殖内分泌疾病的治疗，对中医妇科学的发展做出巨大的贡献。

# 四、专病之治

夏桂成在临床擅于解决生殖系统包括月经周期在内的诸多疑难病症，对不孕症、围绝经期综合征、子宫内膜异位症、痛经、各种月经病症的诊疗颇有心得，尤其擅长诊治不孕症，被患者誉为"送子观音"，兹介绍如下。

## （一）排卵障碍性不孕症

排卵是卵细胞从卵泡逸出的过程，在生殖生理中具有关键性作用。正常的排卵不仅为人类生殖提供了物质基础——卵子，也提供了完成生殖过程的内分泌环境，同样反映了下丘脑—垂体—卵巢轴功能的健全和完善。女性生殖系统依靠着下丘

脑—垂体—卵巢之间的互相调节、互相制约，在 20 世纪 80 年代已被公认为生殖内分泌的核心。随着分子生物学的发展，女性生殖功能还受神经中枢及其他内分泌腺功能活动的影响渐为人所认识，尤其是卵巢的旁/自分泌活动在卵巢局部发挥"微调节作用"。整体和局部的调节这种复杂的功能活动最终目的是通过卵巢实现卵细胞的发生、卵泡的成熟和排卵，以及伴随这一过程的甾体激素的生成。若上述调节过程的任何一个环节功能失调都可导致排卵障碍，酿成无排卵。这是女性不孕症的主要原因之一。

**1. 病机阐释，精当详明**

夏桂成认为中医历代医家指女子之精，是为生殖之本。精又与血、阴密不可分。女子以血为主，血藏于肝，生化于脾胃，汇聚于血海，为冲任所主，即为月经。所以夏桂成常说女性正常排泄月经，必须具备生殖系统协调，呈周期性变化。这最显著的特征就表现在卵巢产生排卵，月经如期而至，并周而复始。而其中阴精是物质基础，其源于先天之癸水，亦"出诸肾"。因此，肾藏精，为生殖之本。血、阴虽与之同源，又要不断充实阴精，可见精（卵）是在阴长的基础上发育成熟，阴长不仅通过血以养精，以促精之成熟，而且有助于排卵。《傅青主女科》所制养精种玉汤，其方药即说明了血中补阴，阴中养精，养精才能种玉的道理。

血、阴、精（卵）对于生殖至关重要，它虽来源于先天之肾，但需得后天水谷之滋养，同时在演变滋长的运动过程中，与"心—肾—子宫生殖轴""任督循环圈"，以及肝脾血气等调节功能有关。故夏桂成认为，在临床当这些环节发生功能紊乱时，就会影响卵泡的生成以及顺利的排卵。

肾为先天之本，主藏精。先天之精，禀受于父母，是繁衍后代、构成胚胎的原始物质，为生殖之精。妇女的生长发育、妊娠及衰老，肾起主导作用。肾阴亦为元阴。夏桂成认为在排卵障碍性不孕症中，肾阴不足为病之根本。精藏于肾，血藏于肝，精能生血，精血亦同源，精血充足则冲任旺盛，血海满盈，疏泄有度，胞宫满盈适时，月经按期排泄，因而肾主生殖必赖肝的配合。若因禀赋不足、发育较差或多产房劳、长期失血等原因，暗耗营阴以致水不涵木，耗损肝肾之阴，酿生肝肾不足、阴血亏虚之证，影响精卵的发育成熟。

脾为后天之本，气血生化之源，气血充足，方可养先天之精，并使肝血充盛，血海满盈。若素体脾胃不强，或饮食不慎，或劳累过度，或缺乏活动等，以致脾失健运，出现纳差、腹胀、便溏等。脾胃者，后天生化之源，气血阴阳赖水谷以滋养。《医宗金鉴·妇科心法要诀》就明确指出：精血赖水谷以滋生。若脾胃失和，水谷生化之源失能，则必然影响肝肾阴血，从而影响精（卵）的生成和排出。

肾主癸水，其居于下，与居于上的心之间有水火既济之关系。夏桂成认为，肾阴充足，可以上承以济心火，使心火不亢；心气（阳）下降，以煦元阳，使之不断蒸腾肾阴（精）上承。如此配合协调，广义来说是为了平衡女性体内紊乱的状态，达到阴阳平衡。如此周而复始，阴阳消长转化，从不平衡到平衡，或达到正常的月节律变化，必须要在"心—肾—子宫生殖轴"或"任督循环圈"的协调下，才有可能正常进行。夏桂成提出尤其是心肾交济，对调节阴阳消长转化极为重要，所以要保证心肾的交济。若心火偏旺，或者肝火扰之，必然使心肾不得交济。心肾不交，心肝火旺，不仅使阴阳失衡，而且耗损阴精，出现卵泡生成和排出的异常。

同时在月经周期当中，夏桂成认为卵泡的生成和排出在时间上虽与经后期关系最为密切，但由于月经周期是一个循环往复的整体，故其他各期的异常，也将会使阴阳消长失衡，而出现排卵缺陷，致生不孕症。

**2. 分期论治，辨证翔实**

（1）经后期养阴，奠定卵子基础：经后期是阴长阳消的时期，阴长奠定物质基础，推动月经周期演变。在此期因行经期的排泄，较易出现由于血、阴、精的不足而影响卵子卵泡发育成熟的病理变化，所以对于该期的治疗，夏桂成以补养阴精为主，具体治疗方法如下。

①养血滋阴：夏桂成常常是"未雨绸缪"，从行经之末期开始至经后期即以补益阴血之法，为卵泡发育生长奠定物质基础。经后阴血不足，补阴结合补血，更适合妇女的生理特点。他推崇《傅青主女科》养精种玉汤立方旨意，强调养血达滋养阴分之重要，临证拟用归芍地黄汤为主方加减治疗，并在滋阴方药中加入少量的助阳药物。张景岳云："养补阴者，必予阳中求阴。"所以在滋阴方药中加入助阳之品，使阴得阳的支持，更易生长、转化，目的是为了更有效地补阴。临证他常选用归芍地黄汤合苁蓉散加减，于经后中期服用，较单纯运用补阴药的疗效提高了一步。

②活血生精：夏桂成以活血化瘀与滋阴养血的药物组成方剂，针对血滞或血瘀所引起的精卵发育欠佳或排卵功能不良者，方选自制的活血生精汤，药用炒当归、赤白芍、山药、山萸肉、炙鳖甲、五灵脂、红花、益母草等，以清化扶正、滋阴活血，双向调节精卵的发育。

③健脾养精：夏桂成注重阴血化精，但时刻不忘脾胃为生化之源。若有脾胃虚弱的病理状态存在，则欲养阴而每每难以奏效。因此对脾胃功能不足的患者，先用健脾养阴的药物奠定后天之基础，多用于脾胃虚弱、运化失常的阴血虚证，精失所养的不孕症。临床常用参苓白术散、资生健脾丸加减，药用太子参、白术、山药、山萸肉、广木香等。健脾滋阴重在健脾，以后天水谷之精养先天之阴精，脾运健旺，不补阴而阴自复耳。

④宁心敛精：夏桂成以其心肾观为阴阳平衡之关键。若心（脑）失宁，必下及

肾水，以致肾阴不复。故常用宁心安神、收敛阴精的药物，如炒酸枣仁、柏子仁、青龙齿、合欢皮、钩藤，或用交泰丸等方加以治疗，或在大量养阴之品中配伍清心肝、宁神复阴之品，治疗由于心神妄动所致阴精耗损的不孕症。

（2）经间期益肾调气血，促进卵子排出：《古今医鉴·求嗣》中指出："人欲求嗣……经脉既调，庶不失其候也。诀云：三十时中两日半，二十八九君须算……但解开花能结子，何愁丹桂不成丛。"由此可见，经间期是最易受孕的时期。

经间期的特点，按周期变动的规律，其阴阳转化特点为重阴必阳，为一次月经周期中极为重要的变迁阶段。当阴长至重，卵子欲将排泄，这一关键时刻要借助于阳气的推动。因此夏桂成认为当重阴已成，应由静转动，促进其转化，才能诱导排卵。具体方法有活血化瘀、滋阴宁神稍佐活血、养血补肾佐活血之品等。

①活血化瘀：根据经间排卵期的生理特点，为使氤氲乐育之气能够顺畅活动，常以活血化瘀之药促进气血活动，达到转化之目的。夏桂成拟有排卵汤，药用当归、丹参、赤芍、泽兰叶、茺蔚子等。因这一时期卵泡一旦排出，即由阴分为主的经后期过渡到排卵而转入经前期，此时阳分首当其冲，因此夏桂成在促排卵的同时，时刻不忘各期特点，加入补阳药，其意不仅在助阳气之动，促排卵，而且更在于使"重阴必阳"的转化顺利地过渡到经前期阶段。临床用药常加入川断、仙灵脂、紫石英等调补肾阴肾阳之品。

②滋阴活血：夏桂成认为中国女性，其阴精水平大多稍低，因此重阴常有不足，在活血的同时，务必要加入滋肾养阴之品。而阴精的不足，常与心肾交济不佳有关，而心神在一定程度上又驾驭肾精，故滋阴宁神、调达心气，不仅可提高肾阴水平，而且有助于血气活动，临床常用益肾通经汤。同时，夏桂成认为在经间排卵期使用滋补阴分的药，必须考虑到这一时期所谓重阴的动态问题，同时静止的补阴方法在一定程度上会牵制活血化瘀方药的流动性，所以他主张运用动态的补阴法，选择补阴而有流动性之药，如柏子仁、鳖甲等。

③补肾活血：女性常重阴有所不足，阴阳互根，阴分难以致"重"达到一定的水平，夏桂成认为大多数又与阳的不足有关。因此临床上较为常用的方法为补肾活血，方选补肾促排卵汤，药用当归、赤芍、白芍、怀山药、山萸肉、熟地黄、牡丹皮、茯苓、川断、菟丝子、鹿角片、五灵脂等。本方不仅有滋养阴血的药物，提高重阴水平，而且含有一些活血化瘀药，促进血气活动，打破原有基础，使阴阳低水平的相对平衡被突破，达到生殖水平上的阴阳平衡，以冀能顺利排卵。

（3）经前期阳长至重，成为受孕或泄经之前提：经间排卵期后完成了重阴必阳的转化，就进入了阳长至重的经前期，此期最大的生理特点在于阳长为主。阳与阴有着不可分割的关系，所谓阴阳互根，即是在阴长精卵发育成熟，排出卵子，继而卵巢产生黄体，分泌黄体激素，此时相当于开始阳长，阳分占主要地位。若卵精相合受孕，则黄体即以助孕为任；若未受孕即可达到一定水平后，转为白体，而以这一排卵周期结束并排泄经水，达到重阳必阴之转化。所以在阳长至重过程中，亦依赖于阴分。夏桂成充分认识之间的关系，在经前期把握以补肾助阳为主的治疗，具体方法是：

①阴中求阳：即水中补火的方法，张景岳曰："养补阳者，当阴中求阳。"故临床多仿右归丸加减，药用熟地黄、当归、赤芍、白芍、山药、山萸肉、牡丹皮、茯苓、川断、菟丝子、鹿角片等，其中当归、熟地对脾胃运化较弱者易致大便溏稀，腹胀不适，故他常以丹参易当归，或当归炒后应用，均能改善此弊。而鹿角片对促进基础体温上升及维持高温相有重要意义，是治疗功能性不孕症的有效药物。但由于价格较贵，临床亦可根据患者经济条件，或以紫石英代之。

②血中补阳：女子从血为主，子宫冲任以血为用。临床夏桂成常用张景岳的毓麟珠，以四物汤为基础，加入温润助阳之品，达到暖宫种子的目的。与张景岳有别的是夏桂成在此基础上，加入宁神之品，制成助孕汤，疗效甚佳。此外在经前末期，重阳延续波动之时，有部分患者，心肝郁火明显，表现为烦躁、胸闷、失眠，此时夏桂成喜用调经种玉丸，药如当归、白芍、熟地黄、川断、白术、茯苓、制香附，并适当加入钩藤、牡丹皮、合欢皮、炒荆芥等。

③气中扶阳：脾胃虚弱证在经前期的一些不孕症患者中颇为常见，症见腹胀矢气、大便偏溏、行经期腰酸等症状。夏桂成临床常选用《傅青主女科》的健固汤、温土毓麟汤加减，药用党参、炒白术、怀山药、神曲、茯苓、巴戟天、覆盆子、菟丝子、鹿角片等。而对于不孕症而言，脾肾不足，治在于肾，重在温补肾阳，暖宫种子。所以方中重用巴戟天、覆盆子，并加入鹿角片等，意在气中补阳，暖宫种子。

根据经前期阳气高涨的特点，夏桂成还强调调治心肝。经前期心肝气火上扰，出现一系列胸闷、烦躁、乳房胀痛等症状，影响周期的顺利转化，故予以清降镇泄的治疗，以保证生理阳分的持续增长而达至重的水平。

（4）行经期理气活血调经，以排经通畅为要：行经期既是排泄经血之期，更是阳气下泄，让位于阴的时期，以达到排旧生新的目的。除旧要彻底，留得一分瘀就影响一分新生；新生要扶植，以奠定好下一周期的基础。如若排经失常，"重阳必阴"的转化受之妨碍，势必影响下一个月经周期的规律活动。

夏桂成在行经期采用的调经法，多用理气活血之品。他又具体分为初、中、末三期。行经之初治以理气调血，偏于理气，方用四制香附丸或七制香附丸加减，药用制香附、青皮、陈皮、乌药、当归、赤芍等。行经中期则治以活血调经为主，以五味调经散加减，药用当归、赤芍、丹参、山楂、益母草等。行经后期则偏于滋阴化瘀，以向经后期过渡，方选归芍地黄汤加减，药用当归、赤芍、白芍、怀山药、山萸肉、熟地黄、牡丹皮、茯苓等。在一般调经法的基础上，夏桂成根据不同证型，还常配用特殊调经法，具体如下。

①逐瘀破膜法：适用于有膜样痛经的患者。选用逐瘀力强的药物，以及助阳利浊的药物，如自拟逐瘀脱膜汤，药用肉桂、五灵脂、三棱、莪术、川断、益母草、茯苓等，在行经初中期服用，行将净则停服。

②温经止痛法：用温经化瘀、和络止痛之药物组成的方剂。代表方为痛经汤，药用丹参、赤芍、钩藤、牡丹皮、延胡索、肉桂等，如行经末期仍有腹痛者，可续服。

③清肝调经法：由清热调肝、化瘀止血之药物组成的方剂。代表方为丹栀逍遥散或固经丸合加味失笑散，一般用于行经中末期，如初期量多者亦可服。

④补气调经法：由补气健脾、养血调经之药物组成的方剂。方选归脾丸或香砂六君汤合失笑散加减，行经早中期服用为主，末期亦可服。

⑤化痰利湿法：由化痰、利湿、活血之药物组成的方剂，多用于肥胖型月经失调者，方选越鞠二陈汤合泽兰叶汤加减，以推动行经期的转化。

⑥清降逐瘀法：以清心降火，行血逐瘀的药物为主，拟用益肾通经汤，药用柏子仁、丹参、钩藤、黄连、泽兰叶、牛膝等，以使经血顺畅排出，建立新一轮的排卵周期。

## （二）痛经

痛经者，临床上较为多见，尤其是青年女性，恒多患此与生活不规律、不注意经期卫生、着凉饮冷、心情紧张等有关。根据夏桂成在临床上的长期观察，原发性（功能性）痛经绝大部分疼痛在行经期第 1 天，有的延至经行第 2 天，甚或第 3 天。膜样性痛经，疼痛发生在第 2 天，甚则有第 3～4 天者。子宫内膜异位性痛经大都发生在经行第 1～2 天者，亦有少数发生在经将干净或已经干净后的 1～2 天内。其疼痛大多呈阵发性，亦有少数呈持续性。

### 1.病机阐释，精当详明

前人认为，经前期出现的痛经，大多为胀痛，属气滞为主，治重理气，临床上颇为少见。行经期出现的痛经，疼痛剧烈呈阵发性，属血瘀为主，治重化瘀，临床上较为多见。经将净或已净出现的痛经，坠痛、隐痛者，大多属于气血虚，或疼痛明显者，虚中夹实，注重补虚，或扶正化瘀。但临床上证型多是复杂，不仅虚实夹杂，寒热错杂，而且实中夹虚、虚中夹实，甚至二虚一实，二虚二实，二虚三实。就疼痛的原因而言，一般着眼于"不通则痛""通而不痛"，即把痛经的原因归结于血瘀或者气滞。气血壅阻，脉络不通畅故致痛经，而血气壅阻者，大多又与寒有关，前人所谓"血得寒则凝"。且经水者，未必全是血，其中包含较多癸水，水得寒冷亦将凝结为湿、浊、痰脂等有害物质，从而亦导致瘀阻不通。其二是心神的作用，《黄帝内经》中有"诸痛疮疡，皆属于心"的论述，心神的敏感性强，对疼痛的感觉明显，是以发生经行疼痛，且致昏厥。有些原发性痛经，因每次行经，疼痛剧烈，是以每次行经前均有紧张恐惧的感觉，这就加剧了痛经的发作。其三是肝的影响，一般来说，痛经发作时，其脉弦，脉弦主痛经，弦脉属肝，前人亦有"诸风掉眩，皆属于肝"。子宫肌肉呈痉挛性收缩者，似与肝有关。在《素问·举痛论》中所说的"脉绌急，绌急则外引小络，故卒然而痛"。脉绌急，外引小络，似乎是一种痉挛性的收缩状，而痉挛性的收缩，与肝有着极大的关联，故《金匮要略》一书指出脉弦主痛，又指出"妇人腹中诸疾痛，当归芍药散主之"。当归芍药散系肝经的方药，并不在于痛经活血，亦不在于宁心安神，完全是养血柔肝、缓解痉挛的方药。

**2. 治痛经的两大步骤**

第一步急则治标。痛经者，必须控制疼痛，即止痛，但中医药的止痛，大都与调经相结合，调经止痛，与西医学的服用止痛片有所不同，中医药的治疗是有一定恢复功能意义在内的。第二步缓则治本，论治未病。经夏桂成临床多年观察，经间排卵期是治疗本病症的重要时期，一般来说，痛经者，乃有排卵的征象也，如无排卵，经量少，就无痛经。为此，西医学对一些顽固性痛经，如子宫内膜异位性痛经，会采取抑制排卵的方法，服用避孕药，控制疼痛，虽然能取效一时，停药后又必发作，甚则发作更剧，这是一种逆生理疗法，夏桂成并不赞成使用此法。相反，他认为应促进排卵，提高"重阴转阳"的转化功能，帮助阳长健康旺盛，才能更有效地控制疼痛发作。

**3. 急则治标，控制疼痛的六个特点**

行经期，疼痛剧烈，不得不从急则治标论之，根据夏桂成多年来的临床体会，以及临床实践的归纳，能有效地控制疼痛，解决复杂疑难病症就必须把握止痛、通畅、治心、调肝、温经、解痉六个特点。

（1）止痛：即控制疼痛。痛经者，主要在于疼痛难忍，有些年轻女性服用止痛片，虽能止痛于一时，但终至服用量加大或无效。中医药止痛的方法与药物颇多，就治法而言，有化瘀止痛法，有理气止痛法，有温经止痛法，有清热止痛法，临床上最为常用的是化瘀止痛法。具体方药有众所周知的延胡索，他还用乳香、没药、琥珀粉、三七粉、五灵脂等。在临床上使用时，并不是将众多止痛药组合成一方，而是根据临床需要及君臣佐使的组方原则而制成，如清代王清任所制的膈下逐瘀汤，将理气、活血、止痛的药物有机组合成一方。夏桂成所制成的痛经汤，也是将温经、理气、止痛三者所组合，并加入调经之品。如疼痛过剧时，可加入罂粟类麻醉止痛药物，但中病即止，免得贻害。理气止痛法，重用广木香，甚则沉香、伽楠香等，前人有加味乌沉汤。温经止痛法，重用肉桂。清热止痛法，重用川楝子（金铃子）、赤芍、白芍，以提高止痛效果。

（2）通畅：即活血化瘀，通畅气血，"通则不痛。"一般来说，月经来潮，是除旧生新的时期，也即是说，排应泄之旧血，促进血海生长新鲜的血。在除旧方面，要求"完全干净、全部彻底"，所谓"留得一份瘀浊，影响一份新生"。陈旧性血包括应泄水液，如不及时排出，遗留下来，将导致痰浊。而且痛经者，绝大多数已存在"瘀浊"阻碍气血运行，故导致"不通则痛"。实际上，"通则不痛"有三个意义，其一是上面所述的陈旧性应泄之经血，其二是应泄之水液。在前人的论述中，月经又称为月水、经水，在经血含有一定量的癸水。陈旧性的癸水应及时排出，否则停聚于内，将形成湿浊，更阻碍经血之排泄。其三是内阻之血瘀，所谓痛经者，绝大部分有血瘀内阻，有的瘀血久而结成癥瘕，癥瘕之血瘀，非易消散。在行经期，减轻或减少瘀血，不通者就有所改善。此外，活血的目的在于调畅气血，应泄的经水经血应排出，有血瘀者，更应排出，使重阳转阴顺利。从月经周期的演变来说，是阴阳消长转化，动静升降的结果，也是圆运动的必然。重阳必阴是行经期的特点，排经顺利通畅，重阳转阴亦顺利。这样经后期阴长阳消也顺利，经间排卵期重阴必阳亦能顺利。所以活血调经，不仅能调治痛经，而且有一定的调复周期的作用，夏桂成常用五味调经散（汤）和血府逐瘀汤。

（3）治心：治心者，主要有两个方面的意义，即宁心安神与心理调节。宁心安神者，即安定心神，保证睡眠，镇静与安眠是一致的。故凡心理因素加剧的痛经者，根据夏桂成临床上的观察，一般与失眠、心烦、紧张、恐惧等因素相关，因此安定心理，放下包袱，同时配合宁心安神的方药治之，始能收到较好的疗效。夏桂成有鉴于此，制成安神镇痛方，又称为安神定痛汤，药用：丹参10g，赤芍10g，钩藤12g，合欢皮10g，琥珀粉5g（分两次吞），延胡索12g，茯苓、茯神各10g，青龙齿10g（先煎），景天三七10g。其中延胡索、琥珀不仅是止痛良药，尤其延胡索乃止痛的灵药，而且又有镇静安神的作用。此外，心理调节，或称转移法，能将恐惧疼痛转移。针灸疗法，通过强刺激的手法，转移疼痛。音乐疗法，通过音乐，转移患者的疼痛感觉，减轻疼痛。

（4）调肝：调肝者，有三种含义，其一是养血调肝法，即养血止痛法。在《金匮要略》一书中，提到"妇人腹中诸疾痛，当归芍药散主之"。妇人腹中诸疾痛，包括痛经在内，用当归芍药散，当归、芍药乃滋养肝体之要药。肝者体阴也，即阴血也，故可滋养肝体阴血而控制疼痛。其二是治肝调气止痛法，调肝是止痛的主要方法。如《傅青主女科·调经》中"经未来腹先痛"中所使用的宣郁通经汤，方中用当归、白芍、牡丹皮、栀子、柴胡、香附、郁金、黄芩等药，正如方后所说："此方补肝之血，而又解肝之郁，利肝之气，而又降肝之火，所以奏功之速也。"又如《叶氏女科证治》一书中用川楝汤治疗吊阴痛，就包括吊阴痛痛经，其中主药是川楝子，考川楝子又名金铃子，一般以金铃子名为常用，苦寒入肝，凡肝经郁火所致疼痛，其疼痛部位在少腹部、乳房乳头部、外阴部者，均宜用此，且控制疼痛效佳。实际上，前人早有金铃子散，金铃子散者仅金铃子、延胡索两味药，善治脘胁痛。张洁古认为："热厥暴痛，非此不能除。"张璐亦说它"功胜失笑散，而无腥秽伤中之患"。但如在行经期使用川楝汤或金铃子散方药，必须配伍调经类药物，如赤芍、益母草等品，始为允当。其三是缓解挛急，以控制疼痛，此乃体用并治的方法。一般用芍药甘草汤，芍药者酸以敛之，以治肝体，甘草者，甘以缓之，乃缓解肝用。

（5）温经：温经者，即温阳祛寒也。在痛经病症中，非常重视"寒冷"的因素，故《素问·举痛论》曰："寒气客于脉外，则脉寒，脉寒则缩蜷……故卒然而痛，得炅则痛立止。"所谓炅者，即温热也，温热者能推动血行，前人又有"血得热则行，得寒则凝"。之言脉者，血管也，血管得热则舒展，得寒则蜷缩，且痛经绝大多数是阳虚瘀阻，得寒痛经势必加重。即使肝经郁火、肝经湿热所致痛经，在行经期感受寒冷，亦必加剧痛经。由此，夏桂成自拟温阳止痉止痛汤，不仅桂上加桂，且用制附片、丹参、赤芍、全蝎、青风藤、葛根、广木香、延胡索等药，随证加减，在临床上对某些顽固性痛经确有一定效果。

（6）解痉：剧烈性痛经，大都由于子宫痉挛性收缩所致。故发作剧烈性疼痛，必须应用解痉的药物。解痉或称止痉，前人认为，痉挛者与心肝风火所致的头部颈项痉挛相似，设有息风止痉的药物，首用羚羊角、钩藤、珍珠等品，但夏桂成主要为了缓解子宫之痉挛性收缩，故所用止痉散仅限于全蝎、蜈蚣、地龙，或加入葛根、青风藤及钩藤等品。疼痛剧烈的痛经，甚则昏厥者，此法可以作为辅佐，以提高疗效。

**4. 缓则治本，补肾促转化，重在助阳**

行经期的疼痛，从本质上来看，是与不通有关，之所以不通者，主要又有两大原因，其一是经血经水排泄不畅，关键在于阳气之推送和温化；其二是内有瘀浊阻滞，瘀浊阻滞者，不通则痛。经夏桂成在临床上的长期观察，子宫血海内的膜样性瘀滞之所以形成，是与经间期"重阴必阳"的转化有着密切的关系。因为重阴转阳，是阳长的开始，阳长的目的就在于清除阴长所带来的阴浊之物，所谓"离照当空，阴霾自散"，离照者，太阳也，太阳旺盛，不仅原有的瘀浊能融化，阴长的水湿阴浊之物及组织也将融化吸收，从而温煦子宫，促进孕育。所以阳者，为正气也，只有阳气旺盛，才能保持经行通畅。可以检测基础体温观察阳长是否旺盛，即BBT观察高温相的变化。一般来说，BBT由低温相上升至高温相时，必须要有锦丝状带下，而且要按原有的"7、5、3"奇数律要求，亦即是3数律者，有3天锦丝状带下；5数律者，有5天锦丝状带下；7数律者，须有7天锦丝状带下，温度必须上升0.4℃，时间应维持在12～14天，才是阳长旺盛的标志。阳长旺盛，才能保持经行通畅，减轻或控制痛经的发作，也能促使已婚者孕育。

根据夏桂成在临床上的体会，滋阴助阳，活血调气，促进"重阴必阳"的转化，也即是促排卵者，就痛经而言，主要有三法。一是促排卵法，也即是正常的补肾调心促排卵法；二是微促法，或称微调法，主要在于调补心肾的阴阳，尤其重视心肾之阴；三是健脾补肾调心促排卵法，简称健脾补肾促排卵法，以下扼要述之。

（1）补肾调心促排卵法：简称补肾促排卵法。夏桂成认为，"重阴转阳"者，乃天癸之阴阳也，与肾有着密切的关联，但与心亦有着关联。天癸之阴阳，其消长转化运动十分活跃，属于肾之阴阳，其特点在于"静""藏"，所谓"肾阳宜静，静则藏，藏则坚"，且天癸阴阳者，到50岁左右将衰竭，而肾之阴阳是不能衰竭的。天癸之阴阳，虽来源于肾，但有其独特性，与心有关，心主动，为君主之官，心肾水火相交，是以天癸之阴，实概括心肾之阴在内，但在一定程度上以心为主，推动阴长阳消运动。阴长的目的在于滋养精卵，充实血海，提高水液，为排出精卵做准备，阴长至重时，出现较多的锦丝状带下，与行经期重阳转阴生理持点相一致，亦即是7数律者，7天左右；5数律者，5天左右；3数律者，3天左右。血海充盈者，得到融解，精卵发育成熟，故用补肾调心促排卵汤，简称补肾促排卵汤，方药如下：紫丹参10g，赤芍、白芍各10g，山药10g，山萸肉10g，牡丹皮10g，茯苓10g，川断10g，菟丝子10g，鹿角片10g（先煎），五灵脂10g，荆芥10g，杜仲10g，红花5g。

按7、5、3数律服药，亦即7数律者服7剂，5数律者服5剂，3数律者服3剂，并要求在晚上或睡前服药，以适应排卵均在夜间发生的时间节律要求。原发性痛经可加入紫河车血肉有情之品助长发育，子宫内膜异位性痛经者，加入肉桂、天山雪莲，脱膜样痛经，加入巴戟天、鹿血晶等品。

（2）微促法：即是重在补肾调心，稍佐调血的方法，或者称为微调法。这类患者，不仅阳有所不足，精卵发育欠佳，血海的内膜也有所失调，水液不足，故经间期锦丝状带下较少，或时间短暂。所以治法不在于促，而在于调补，特别要把阴长提高，提高到真正的重阴，即是精卵发育成熟、子宫内膜充盈，是以选方用药重在滋阴，但同时要加强助阳药的使用。此乃阴阳互根之理，夏桂成以前常用补天五子种玉丹、以归芍地黄汤合五子补肾丸，但仍觉五子补肾丸中的药物，有些偏于固涩，不利于经间排卵的微调之用，故加入有流动性质的助阳药物，同时亦更名为补天种玉汤，具体药物如下：紫丹参 10g，赤芍、白芍各 10g，山药 10g，山萸肉 9g，熟地 10g，川断 10g，杜仲 10g，鹿角霜 10g，五灵脂 10g，炙鳖甲 10g（先煎），紫河车 10g。

其服法按上述补肾促排卵汤的要求、时间等服用之，加减亦同上。但如偏于阴虚心肝火旺、湿热癥瘕者，必须加入清心调肝利湿之药，可加入钩藤、莲子心、合欢皮、白蒺藜、川楝子等品，经间期时锦丝状带下偏少，头昏心烦失眠明显者，尚须加入炙龟甲、炙鳖甲、枸杞子、怀牛膝、紫贝齿等品，务必要达到"重阴"，才有可能"转阳"而进入经间期。

（3）健脾补肾促排卵法：简称健促法，这类患者在经间排卵期，容易出现脾肾不足的证候，一方面腰酸、小腹偏凉，有锦丝状带下，但另一方面又伴有腹胀矢气、大便溏薄、胃脘痞胀、形寒肢凉等证候，脉细濡，舌苔白腻稍厚，此乃脾肾不足，湿浊内阻，一定会影响排卵转化的生理演变，故可用健脾补肾促排卵汤，方药如下：党参 15g，制苍术、白术各 10g，茯苓 10g，广木香 9g，砂仁 5g（后下），广陈皮 6g，川断 10g，菟丝子 10g，杜仲 10g，紫石英 10g（先煎），五灵脂 10g，省头草 10g。

其服法按上述补肾促排卵汤的要求、时间等服用之。脾胃失和者，凡阴浊药物，原则上不宜用。原方本有怀山药，今舍之，原因就在于滋腻之品，不符要求。紫石英者，虽有暖宫作用，但亦非脾肾阳虚之要药，故大多亦去之，更换巴戟天 10g，或者加入鹿角片，有益于维持 BBT 高温相，甚则用补骨脂、省头草芳香化浊，并有一定的促排卵作用。

## （三）围绝经期综合征

部分女性在绝经前后，因肾气衰，天癸竭，阴精不足，心肝失养，出现月经紊乱或闭止，并且出现烘热汗出，头昏耳鸣，烦躁不安，心情忧郁，失眠心悸，神疲乏力等证候，相当于西医学之"围绝经期综合征"。古代医籍并无本病的专篇论述，而是散见于"老年血崩""脏躁""百合病"等病证中。目前中医对本病的病因病机的认识，在于妇女肾气渐衰，天癸将竭，肾中阴阳平衡失调，影响心、肝、脾，从而发生一系列的病理变化。

**1. 病因病机**

夏桂成认为，本病多属肾阴虚或偏阳虚。阴虚天癸竭乏，上则影响心肝，下则影响子宫，心肝失养。心肝两脏，原为阴中之阳脏，心者君火也，肝者相火也，阴虚不能涵阳，水亏不能制火，心肝气火偏旺，火旺不仅上扰神魂，出现情志异常，而且又将下扰子宫血海，出现月经紊乱，天癸已竭，月经已多半出现愆期闭经。重于心者，必致心烦失眠，且心者，不仅主神明，而又主血脉，血脉失和，神魂失宁，自然又致烘热出汗、胸闷心悸、怔忡不安等症；重于肝者，必致头痛头晕、焦躁忿怒、胸胁胀痛等症。但病发于心者多见，因为子宫、胞脉、胞络下系于肾，上通于心，心肾子宫有着内在的联系。天癸既竭，子宫失养，经血失调或闭止，则气火不得随经血下泄，从而又将随胞脉胞络而扰乎心肾，使心肾不得交济，心肾子宫之间更加失和，形成这一时期特有的综合征。因此夏桂成提出围绝经期综合征的发生是由心—肾—子宫轴紊乱所致。

夏桂成还认为对本病病机认识仅停留在这里是不够的，其复杂性和反复性在于兼变证的复杂多样。夏桂成指出在阴精不足的前提下，阳气亦有所不足，若兼之禀赋阳虚气弱，病程久旷，必及脾胃，脾胃失运，水液脂肪等代谢不畅，气血输转不利将会产生痰浊、水湿、血瘀等病理物质。

此外，夏桂成强调阴精的不足，常致骨髓不充，骨质疏松，引起骨骼系统方面的衰退性疾病，是当前调治围绝经期疾病应重视的问题之一。阴精不足，津液亏少，所谓"肾主五液"，五液不充，不仅不能涵养皮肤肌肉，引起皮肤肌肉的枯燥松软，而且亦将加速脏腑心脑组织的老化，出现明显的衰退现象。

**2. 辨证分型**

夏桂成以为，围绝经期综合征证型从本质上，阴阳两虚为之基本。

（1）阴虚者：阴虚火旺为多见，月经紊乱，经量或多或少，经色鲜红。烘热汗出，面部潮红。心烦易激动，精神忧郁，或亢奋，或头昏耳鸣，或心悸失眠，或皮肤瘙痒，口干便艰。舌质红或舌尖红，脉细数或弦数。

（2）偏阳虚证：可见月经后期，量少色淡红，烘热出汗，心烦易激动，神疲乏力，面浮肢肿，或胃脘胀痛，或大便溏泄，或夜寐多梦，或心慌怔忡。舌质淡红，苔白腻，脉细或沉。

（3）寒热错杂证：①热多寒少，心肝气火偏旺。上下热，中有轻寒，即心肾之火偏旺，兼有脾胃虚寒。可见月经偏多，烘热出汗频作，心烦寐差，口渴喜饮，心情不畅，时或烦躁，神不守舍。但又伴中脘作胀有冷感，喜热按，或有胃病史，这种热多寒少的病理变化，在治疗上注意滋阴清热法中亦应照顾中焦虚寒的病变特点。

上中热，下有轻寒，即阴虚心肝火旺，兼有肾阳虚寒。可见月经愆期，闭止，烘热出汗频作，头昏头痛，烦躁失眠，胸闷心悸，口渴咽干，情怀不畅。但又伴有小腹作胀，冷感，腰酸尿频等，在治疗上，滋阴清热法中应顾肾中阳虚。②热少寒多，重在脾肾阳虚。夏桂成认为，此类病证虽为少见，但临床亦有所见。其表现形式可再分为三种：一是阳虚气化不利，水湿潴留或泛溢，可见浮肿尿少、经闭形寒、轻度烘热出汗、头昏烦躁、寐差、神疲等症状，治疗当以温阳利水、清心安神等；二是阳虚气滞，血行不利，凝结为血瘀者，可见经行腹痛，有膜样血块、腰酸、小腹冷感、轻度烘热汗出、胸闷烦躁失眠等症状，治疗亦当补肾温阳法，佐清心化瘀；三是寒热参半，阴阳紊乱，此型绝大部分是阴阳俱虚、肝热脾寒的复杂病变。夏桂成认为除少数属于阴阳衰竭病情发展的终末阶段外，大多是病变过程中的短暂相持时期，随病情的发展，将让位于偏阳虚寒为主，或偏阴虚热为主的偏盛状态。

**3. 临证选方用药**

（1）阴虚火旺，偏阴虚：夏桂成自拟滋肾清心汤。此方滋肾清心，主要还在于安定心神心血，方中钩藤、牡丹皮、莲子心、紫贝齿、浮小麦乃清降心肝气火之药，心肝气火平则神魂自宁，更年期肾虚为本，故当补肾滋阴，药用熟地、山药、山萸肉之属，心肾合治，以心为主乃本方之意。

常用加减：烘热加剧，发作较频者，上方应加入黄连3g，炙龟甲15g（先煎），炙鳖甲15g（先煎），炙地骨皮10g；出汗多者，上方加白芍10g，五味子6g，煅牡蛎20g（先煎）；眩晕明显者，上方加石决明15g（先煎），煨天麻6g，白蒺藜10g，伴浮肿者应加车前子10g（包煎），泽泻10g，泽兰10g；烦躁失眠者，上方加炒栀子10g，炙龟甲15g（先煎），炒酸枣仁6g，龙齿10g（先煎），伴痰多者再加胆南星10g，竹沥1匙，炙远志6g；精神忧郁，情绪低落，悲伤欲哭者，上方加广郁金9g，合欢皮10g，娑罗子10g；健忘显著者，上方加制首乌10g，炙龟甲15g（先煎），墨鱼15g，枸杞子15g等；伴痰浊者尚需加入茯苓10g，陈胆星10g，炙远志6g；皮肤风燥者，上方加入麦冬6g，玄参15g，鳖甲胶10g（炖冲溶入），龟甲胶10g（炖冲），枸杞子10g。

（2）偏阳虚：夏桂成自拟温肾宁心汤。治以温肾健脾、清肝宁心，药如淫羊藿（仙灵脾）、仙茅各9g，肉桂（后下）3～5g，党参15g，炒白术、连皮茯苓各10g，钩藤15g，牡丹皮12g，紫贝齿（先煎）10g，黄连3g，广木香5g，川断10g。本方寒热并用，补理兼施，符合更年期生理病理特点之要求。方中二仙、川断、肉桂以温肾阳，党参、白术、茯苓健脾利水，是方中主药。若有心肝火旺、神魂失宁之症，故加钩藤、牡丹皮、紫贝齿、黄连以清肝宁神，黄连、肉桂相合为交泰丸，原治心肾不交、神不安舍之病证，故合之而达温肾健脾，清肝宁心之效。

常用加减：腹胀便溏者，上方加入煨木香5g，砂仁3g（后下），炮姜5g；胃脘胀痛，纳食欠佳者，上方加入陈皮6g，高良姜3g，制香附6g，婆罗子9g；浮肿明显者，上方加入制附片6g，车前子10g，泽泻10g，冬瓜皮10g，泽兰叶10g；肥胖明显者，上方加入制苍术10g，炒枳壳10g，荷叶5g；神疲乏力明显者，上方党参加至10g，加炙升麻3g，炙甘草6g；腰酸形寒者，上方加杜仲10g；肌肉骨节酸痛，加入鸡血藤15g，骨碎补10g，干地龙10g，杜仲10g，牛膝10g；骨质疏松，骨刺作痛，上方应加龟板15g，牛膝10g，骨碎补10g，杜仲10g，狗脊10g等服之。

就更年期综合征而言，阴虚或偏阴虚占有主导地位，因此以热为主者，极为常见，但对于寒热参半、阴阳紊乱的患者，在治疗上一般得同时兼顾，但在具体选方用药上要尽可能避免相互间有冲突性，即矛盾性，而且要注意到寒热间的脏腑归经学说，使滋阴清热不影响到祛寒，祛寒温阳不影响到清热，才能获得较好的效果。

# 五、方药之长

## （一）常用方剂

### 1. 补肾促排卵汤

组成：炒当归、赤芍、白芍、怀山药、熟地黄、牡丹皮、茯苓各10g，山萸肉6～9g，川断、菟丝子、鹿角片（先煎）各10g，五灵脂10g，红花5g。

服法：每日1剂，水煎2次分服，经间期服用。

功效：补肾助阳，活血促排卵。

适应证：排卵功能不良、月经失调、闭经崩漏、不孕症等。

方解：补肾促排卵汤，重在补肾，通过补肾结合调理气血以促进排卵，故方中以归芍地黄汤为基础。众所周知，经间排卵期者，重阴必阳的转化是肾阴充实，癸水高涨，才有可能排卵，故肾阴癸水是排卵的基础。归芍者，乃血药也，血中养阴，也是妇科之特点，所谓阴者，癸水样物质需通过血液才能到达子宫冲任，为排卵受孕奠定基础。之所以又加入川断、菟丝子、鹿角片，为温补肾阳也。温补肾阳在本方药中有两个目的，其一是阳中扶阴，此乃阴阳互根之意，特别当阴长至重时需要有阳的扶助，其二是为阳长服务，因为当重阴转阳时，还应为转阳后的阳长着想。鹿角片，不仅有温阳助阳的作用，还有一定的通利作用，可协助活血化瘀药力促动排卵，但临床上使用时，有时常用紫石英代替，紫石英温阳暖宫，对不孕不育而言，似为较好，复用当归、赤芍、五灵脂、红花活血化瘀，以促排卵，实际上是促顺利转化，完成重阴转阳，从而也保证排卵的顺利，这是一张极为常用的有效方剂。

临床应用：①肾虚性月经后期，量少，不孕症可见月经量偏少或者甚少，色质偏淡，无血块，伴有头昏腰酸，带下偏少，脉象细弦，舌淡红。但在经过治疗后，有白带或出现锦丝状带者，始可用本方药治之。②膜样性痛经、原发性痛经：月经周期有失调，行经量较多，色紫红有较大血块，或夹有烂肉状血块，行经期腹痛剧烈，腰酸小腹有冷感，或伴经前胸闷烦躁，乳房作胀，脉象细弦，舌质淡红边紫，苔黄白腻，治当以本方药加入紫河车 6～9g，广郁金 10g，最好配合经间排卵期服药。

加减：如大便易溏者，可去当归，而加入丹参以代之；若胸闷烦躁明显，头痛寐不安者，可去鹿角片，加入紫石英以代之；若胸闷烦躁，乳房胀痛较剧者，需加入炒柴胡、广郁金、制香附等药；如经间排卵期常有漏红者，需去红花、当归，加入黑当归、荆芥等品，必要时可加入土鳖虫、水蛭、虻虫等。

临床体会：补肾促排卵汤，是夏桂成的临床验方，也是调周法中的一张重要验方，此方是从"中药人工周期"法中的排卵汤加减而来。排卵前期或排卵期，雌激素高涨，所谓重阴，而致垂体前叶分泌促黄体激素与促卵泡激素共同作用于成熟卵泡，促使排卵及排卵后形成黄体。此时选用排卵汤，以祛瘀生新，使成熟的卵子突破卵巢表层而排卵，故排卵期促排卵的重点在于活血化瘀。根据夏桂成的体会，排卵期称为经间期，又称为的候期、真机期，这一时期，具有两个显著的生理特点，第一是重阴，或近重阴，也即是阴长至重。癸阴水平由中至高，即"高水平"，经间排卵期必须具有"高水平"的表现，或近高水平的阴，临床上常表现有蛋清样的白带，这是排卵期的显著标志。排卵功能不良者，常常缺乏这种现象或不明显，所以补养肾阴与补养肾阳必须并重，通过调补肾之阴阳，提高天癸中的阴水包括阳水，就阴补阴，不可能达到"高水平"，因而必须通过助阳，阳化为阴，才有可能达到这一高度，所以补肾促排卵汤者，目的仍在于补阴，但亦有为转阳后扶助阳长的意义在内。第二个是氤氲状的变化，即显著的气血活动，由重阴转阳，阳开始生长，成熟卵子突破卵巢表层而排出，形成黄体，分泌出阳水类物，排卵期用活血化瘀药物，有助于卵子从卵巢表层突破排出。补肾促排卵汤在补肾的前提下，加入当归、赤芍、红花、五灵脂，有时也可加入水蛭、虻虫、地鳖虫等以加强活血化瘀促排卵的作用，但注意，必须在保肾阴近重的前提下才有可能。

### 2. 清心滋肾汤

组成：钩藤 10～15g，莲子心 5g，黄连 5g，紫贝齿 10～15g（先煎），怀山药

10g，山萸肉 9g，太子参 15～30g，浮小麦 30g（包煎），茯苓 10g，合欢皮 10g，熟地黄 10g。

服法：每日 1 剂，水煎分 2 次服。

功效：清心安神，滋肾养阴。

适应证：阴虚火旺型围绝经期综合征。症见烘热出汗，心烦寐差，常或失眠，极易激动、烦躁、抑郁、焦虑、悲伤等情志失常，头昏腰酸，或伴耳鸣健忘等。

方解：围绝经期综合征，即更年期综合征。临床上以阴虚火旺者为多见。阴虚，即以肾阴虚为主，火旺，即以心火旺为多见。本方首在清心火，故以莲子心为主，莲子心专清心火，伍以黄连，黄连能清心胃之火，两药相合，可加强清心安神的作用；钩藤清心肝而安神魄；紫贝齿，善安神魂而泻心肝；浮小麦能养心安神，并有止汗作用。以上均以清心为主，并有降心火、安神魂、养心血的作用，缓解诸多"心"的症状，同时又以怀山药、山萸肉、熟地黄滋肾养阴，以治肾衰癸水不足之本。心肾合治、清滋同用，故在临床上有较好的效果。

临床应用：本方药除用于阴虚火旺的围绝经期综合征外，还可治其他病症。

①阴虚火旺型经前期综合征：月经失调，经前胸闷烦躁。失眠，头晕头痛，腰背酸楚，大便干，小便黄，脉象细弦兼数，舌质偏红，苔色黄腻。用本方药治疗时一般应去山萸肉、浮小麦，加入丹参、赤芍、白芍各 10g，泽兰叶 12g，益母草 15g。

②阴虚火旺型崩漏：崩漏量多或持续性出血，色红，有血块。心烦失眠，口渴咽痛，头晕腰酸，脉象弦数细，舌质红绛，苔黄腻。用本方药治疗时可去熟地黄，加入炙龟甲 10g（先煎），炒黄柏 9g，墨旱莲 10g，炒蒲黄 10g。

③阴虚火旺型失眠证：心烦失眠，头晕头痛，腰脊酸楚，形体消瘦，便干尿黄，脉象细数，舌质红苔黄者，可加炒酸枣仁 6～10g，五味子 6g。

加减：本方药在应用中已有所加减，如经行量少可加入川牛膝 10g，丹参、赤芍、白芍各 12g，益母草 15g；若腰脊酸楚明显者加入川断、桑寄生各 10g，制狗脊 10g；若腰腿酸甚，形体作寒者可加入淫羊藿 6～10g，仙茅 6～9g，杜仲 10g；若周身骨节疼痛者加入鸡血藤 10～15g，虎杖 10g，防己 10g。

临床体会：本方药是夏桂成以前所用的更年期 1 号方剂，经临床上长期观察，夏桂成发现围绝经期综合征以阴虚心肝火旺为其主要病变，其中肾衰、癸水竭、阴水不足是病变的前提，阴虚则火旺，火旺则阴更虚。妇女到 40 岁以上，整个身体以阴虚为主，所谓阴气衰半，"七七"之年，天癸将竭，癸水衰少，阴气衰半，癸阴衰少将竭，自然出现阴虚现象，阴虚则火旺，亦出现心肾之间不得交合。心火旺则火性炎上，心火下降才能交合，今上炎就不能与肾相交，功能失常，故出现烘热、面部潮红，心悸心慌及烦躁、失眠、抑郁、焦虑等病证，均与"心"有关。在临床上夏桂成还观察到阴虚火旺型患者，除心火外还常常伴有肝火旺，或者有时肝火偏旺。心火旺的标志：心烦、失眠、舌尖偏红，尿儿茶酚胺增高。肝火旺的标志：忿怒急躁，口苦头痛，尿 17-羟皮质类固醇增高。如临床既有心烦失眠、舌质偏红，又有忿怒急躁、口苦头痛等症状，同时尿检儿茶酚胺、17-羟皮质类固醇均增高，说明心肝两火都旺。治疗上必须清心清肝同用，始有效果，当然治疗的重点还应稍稍着重在清心安神，正中调节"心—肾—子宫轴"之意义。

**3. 益肾通经汤**

组成：柏子仁、丹参、熟地黄、川断，泽兰叶、川牛膝、炒当归、赤芍、白芍各 10g，茺蔚子、生茜草各 15g，炙鳖甲 9g（先煎），山楂 10g。

服法：水煎分服，每日 1 剂。

功效：补肾宁心，活血通经。

适应证：凡肝肾不足之闭经、月经后期、月经量少等病证，伴见胸闷烦躁，寐差、便艰等。

方解：本方药重在调治"心—肾—子宫轴"，所以方中集合了补肾、宁心、调宫三个方面的药物。方中用柏子仁、丹参，宁心安神，降心气，所谓心气下通，胞脉才能通达也。又用熟地黄、川断、牛膝、炙鳖甲者，大补肝肾之阴，使癸水充实，肾阴足，癸水充，则月经的物质基础厚实，乃治本之道也。再加入丹参、当归、赤芍、茺蔚子、生茜草活血调经，调畅子宫。三方面的药物合在一处，这就组成了益肾通经汤，意在治疗肾虚闭经。

临床应用：本方药虽然主要治疗肾虚型月经失调，特别是月经后期、月经量少、闭经等病证，同时应用于经间期促排卵、青春期月经失调者。

①经间排卵期障碍：经间排卵期，锦丝状带下偏少，头昏腰酸，神疲乏力，烦躁寐差，便干尿黄，脉象细弦，舌质红少苔，可加入五灵脂、太子参等品。

②青春期月经失调：月经初潮后 3～4 年内，月经前后不一，但大多后期，甚或闭经，带下一般，烦躁寐差，脉细弦，舌质偏红，可加入紫河车 6～9g，菟丝子 10g。

加减：若大便偏溏者，去柏子仁、当归，加入合欢皮 10g，煨木香 9g，六神曲 10g；若腰酸明显者，加入杜仲、桑寄生各 10g；若舌苔中根部腻厚，小便偏少者，上方去熟地，加入茯苓 12g，制苍术 10g，薏苡仁 15～30g；若心烦失眠，舌尖偏红者，加入莲子心 5g，青龙齿 10g（先煎）。

临床体会：益肾通经汤是夏桂成根据临床上闭经患者的特点而拟，着重滋阴、降火、通经。降火者，不在于清，因为清火并不能达到目的，而重在通经，故选择柏子仁丸合泽兰叶汤两方加减。考柏子仁丸与泽兰叶汤，均来源于《校注妇人良方》。柏子仁丸是主方，原是治疗"童男室女，积想在心"的闭经，药用柏子仁、生卷柏、泽兰叶、川牛膝四味药，着重治心气郁阻、心血不得下行的郁证闭经。关于致郁者，后世均认为"肝郁"与肝有关，但是在前人，特别是《黄帝内经》一书中，把郁证归纳于心，如云："二阳之病发心脾，有不得隐曲，女子不月。"又云："今心气上迫于肺，不得下降，故胞脉闭塞，月事不来。"且子宫胞脉、胞络与心有着直接的关系，所以心气闭塞、心血不降所致闭经者，实为临床所多见。当然也不能忽视肾阴癸水的不足，是以组成柏子仁丸治之，故明代医学大家张景岳，有鉴于此，他将陈自明的《妇人大全良方》的柏子仁丸，加入川断、熟地两味药，仍然命名柏子仁丸，亦是治疗闭经。

夏桂成认为，张景岳所制的柏子仁丸较《妇人大全良方》中的更适合此类病证。泽兰叶汤是常用的调经轻剂，方中以泽兰叶、当归为主，佐以甘草，本方药的重点在于调治心肾、降心、宁心，在于补肾滋阴，通过降与滋阴，才能解心肝之火。所以方中一些通经活血药物，虽然在于通达子宫，促进月经来潮，但还有下降心气、下通心血的深层含义在内，正由于此，故本方药还有促排卵的作用。

## （二）活用药物

夏桂成强调女性体内月经周期阴阳消长转化有节律，注重心—肾—子宫轴的调节，指出经间期重阴转阳，行经期重阳转阴，经后期阴长阳消，经前期阳长阴消。阴阳消长转化的生理变化模式，蕴含了动静升降结合的运动形式，同时，注重心肾交合、坎离既济等生理变化，调控气机升降。因此，谨察女性体内阴阳转化的复杂精微，洞察其动静升降之变化，注重其升散敛藏的特性，能更好地运用理解中药。

### 1. 月经周期四期中的用药特点

（1）经后期，静降为宜：月经干净过后，进入经后期，此时胞宫排泄，经血已净，祛除旧瘀，新血待生。肾主生殖、封藏，为了孕育精卵的生长，肾阴需要逐渐积累达到重阴的水平。阴主静，主降，主敛藏，经后期需要使用具有沉静、敛藏的阴药来濡润滋长阴分，从而促使精卵发育。夏桂成常常选择炙龟甲、炙鳖甲、山萸肉、白芍、菟丝子、芡实等滋阴敛藏之品。其中炙龟甲入心、肝、肾经，滋阴潜阳、补益肝肾、养血补心，其入心、肾二经，有镇静潜降之意，有益肾宁心的内涵，临床多在经净后使用。而炙鳖甲入肝、脾、肾经，滋阴潜阳、软坚散结。因其有软坚散结之效，一般认为其是滋阴中流动之品，故在经后中期、中末期、经前期均可使用，帮助滋长阴分，补而不滞。随着经后中期、经后中末期的到来，阴长需要以阳为动力，因此适当加入续断、杜仲、五灵脂、怀牛膝、柴胡等滋阴流动、略有助阳的中药以提高其"重阴"的水平，而且越接近排卵期，则助阳促升的中药运用量越增加。需要指出的是，临床上，经后期阴虚火旺者亦不少见，滋阴降火法运用较为常见。

（2）经间期，动升为主：经间期是重阴必阳的阶段，阴长达重，重阴盛极，阴极似阳，降极而升，重阴上升，呈冲击状。此时气血变化较为剧烈，转化顺利与否关系到经前期阳长是否能够达重，因此，此时需要选用具有主动、主升的中药，如当归、赤芍、续断、川芎、红花、鹿角片、荆芥等。有一定活血化瘀作用，但又以升为主，因为此时排卵需触及心脑反应，夏桂成指出，鹿角片可补肾助阳、生精益血、调理冲任，该药能入血分，具有强烈的主升的作用，对于阳气的进发至关重要，是排卵的主要动力，故为要药；荆芥一味，有疏肝理气、清扬气机的作用，对阴阳气机转化有顺势推动作用。此外，排卵时，精卵排出的部位在于下焦、冲任、厥阴经、少阳经，此时需要加入一些疏解这些地方的药物，如柴胡、五灵脂等，加强行气活血，为精卵的顺利排出及输送增强动力。

（3）经前期，动静结合：经前期阳长迅速达到顶峰，此时阳气的旺盛有利于痰湿、瘀浊等病理因素的消除。如果是以孕育为目的，夏桂成常在补肾助阳的中药中加入一些有助于敛藏固摄的中药，如山萸肉、芡实、菟丝子、莲子肉等，一则起到静敛安神的作用，一则帮助子宫敛藏，防止一旦孕育后发生滑胎流产。如果是以祛邪为目的，则应当在助阳的基础上加入活血化瘀、消散癥瘕的中药，此时亦应当选用促进气机升降、通利的中药，如石打穿、路路通、三棱、莪术、桃仁、红花、苏木等。同时，古人指出，经前以理气为先，在助阳的基础上，往往需要加入理气疏肝之品，经常配入越鞠丸、逍遥散、七制香附丸等。

（4）行经期，动降为要：行经期为重阳转阴之期，此时重阳下泄，让位于阴，总体运动状态为下降，并且以月经排泄干净、彻底为要。因此，此时用药特点以下行为主，以川牛膝、泽兰叶、益母草、枳壳等活血化瘀，排除经血。需要指出的是，经期可使用血府逐瘀汤，方中桔梗、柴胡配枳壳、牛膝，这是典型的"两升两降"，使得下焦气血活动旺盛有序，有利于经血的下行，单纯一味地引血下行往往不能达到目的，倒是气血升降协调有利于经血的排畅。血得热则行，得寒则凝，行经期加入适量温药有利于气血畅通，如肉桂、广木香、炒枳壳等。

**2."心－肾－子宫轴"调节下的用药特点**

近年来，夏桂成提倡是"心－肾－子宫轴"主导了月经调节系统，认为心肾交合和子宫藏泻关系密切。心火与肾水，上下相济，肾水上承，使得心火不亢，心火下降，使得肾水不寒。肾中阴阳主宰子宫藏泻，心气下降与否与子宫开合藏泻也有相关。重阳转阴，月事来潮，子宫主泻，重阴转阳，排出精卵，子宫主藏，奠基助孕。

以治疗先兆流产类疾病为例，妊娠后，子宫由原来藏泻有序转为藏而不泻。因此，安胎大法为补肾健脾，务使肾气、脾气旺盛，固摄胎元，临床用药多以敛藏固摄为主。如果肾气亏虚，脾气下陷，胎元则易陨堕，当以补肾固肾之杜仲、桑寄生、菟丝子、莲子肉等品配合黄芪、党参、白术、升麻等益气提升之属。宁心安神亦为安胎要法，心神不定，肾精亦难固实，影响胎元，此时应入宁心安神之品，如钩藤、莲子心、芡实、茯神等，务必使得心神安宁，胎元自实。

更年期综合征，其病机多为上则心肝火旺，下则肾虚阴亏。此时，气机随火气上炎，应当清热肃降。治法宜清上滋下，因此，用药选择清降之品，如钩藤、莲子心、黄连、生龙齿等轻镇敛降之品，但是不应过分加入重镇降逆之品，因为女性患者身体比较柔弱，不能够耐受峻品之攻伐，可适当加入合欢皮、柏子仁、茯神等清心养心安神。

### 3.肝脾调节中的用药特点

心肾主轴是动静升降之根本，肝脾才能升降协调。唐容川《血证论》曰："血生于心火而下藏于肝；气生于肾水而上主于肺；其间运上下者，脾也。"指出了脾在调理枢机方面的重要作用。夏桂成指出：血气者，来源于肝脾，受肝脾之主宰，肝主疏泄，脾胃是升降之枢纽。因此，调理血气、协和肝脾、恢复冲任也非常重要。

女子以肝为先天，肝的生理、病理特点在女性中具有显著的意义。肝主疏泄，亦主藏血，因此对于维持月经是否正常来潮非常重要，肝也调节着女性生理气机，其本身亦体现了动和静两个方面的特点，动则疏泄，静则藏血。肝气上逆、肝阳上亢，则气机不和，法当清降静摄，可以选用钩藤、石决明、牡丹皮等肝气郁结不舒，气机不畅，应予疏解，可以选用柴胡、广郁金、合欢皮等。肝脏体阴用阳，肝血不足，肝阴亏耗，影响肝的疏泄功能，当滋阴养血，柔养肝体，可以选用当归、白芍、生地黄、山萸肉等养阴敛精之品。生地黄、白芍养血敛阴，静守之品同时还应配伍当归、川芎补血行滞，动走之品，动静结合，相得益彰。

脾主升清，胃主降浊，因此，妇科疾病合并有脾胃症状者，用药不得不考虑脾胃，顾护脾胃是医家必须要考虑到的点。现代女性，生理特点为血少气多，平素运动者较少，饮食喜嗜甜腻厚味，久而损伤脾胃，是以阴虚脾弱者不在少数。夏桂成在滋阴养血的同时配伍健脾和胃的中药，常常配入党参、白术、炙甘草等补脾益气，配入木香、砂仁流动醒脾，兼以茯苓健脾渗湿。若妊娠恶阻，胃气上逆，则宜入降胃清浊之品，以竹茹、黄连为代表。妇女产后气血亏耗，多有夹瘀，且脾胃功能往往不能迅速恢复，可选用《傅青主女科》中的生化汤，夏桂成认为其生新生化为先，故从血分促进脾胃升降，旺其生化之源，意义尤其重要，方中以当归、桃仁降浊，炮姜、炙甘草甘温益脾胃，川芎提升气机，脾胃升降之意蕴含于内。

# 六、读书之法

夏桂成通过对临床的学习和了解，认为首先得从源头上来学习中医，注重对《黄帝内经》《伤寒论》《金匮要略》《神农本草经》等经典内容的学习，夯实基础，到下一阶段，将中医学典籍妇科相关内容仔细梳理。对夏桂成影响最大的还要算《景岳全书》和《傅青主女科》，其中《傅青主女科》尤甚。通过对《黄帝内经》的理解，加上对《景岳全书》中肾阴阳调节的阐述，让夏桂成明白了阴阳二字的真谛所在。而《傅青主女科》对于肾阴阳结合心的调节、扶正解郁的思想更加贴近临床，贴近女性的生理病理。这两本书对于夏桂成学术理论的构建起到了决定性的作用。

从夏桂成学医时开始，便喜欢读书，参加工作后，边临床边读书，多年来的体会，觉得读书有三种方法：初读、精读、对比读。今以《傅青主女科》为例，介绍夏桂成教授的读书三法。

## （一）初读，又可称为通读

凡一本书到手后，必须前后通读一遍，叫作初读，要了解该书的特点及其大概情况。《傅青主女科》一书，是妇科的重要著作，一般在初读后，经过思考，要有一个重视肝肾脾胃、气血阴阳的扶正观，又有清经散、两地汤、养精种玉汤、健固汤等方剂的印象，再有"经水出诸肾""水多则经多""水少则经少"经典理论的理解，由此就可。

## （二）在通读的基础上精读

精读者有三：其一是确定重要观点，理论特点，名方药；其二是反复研析，必要时借助有关书籍，如读《傅青主女科》，需借用《傅青主手稿》《辨症录》《辨症奇闻》等有关书籍；其三是结合临床实际，即理论与实际相结合。

如《傅青主女科》"月经先期"中提出的"肾中水火之旺"，火太旺则迫血妄行，故月经先期，这容易理解。"水太旺"，此在《傅青主手稿》中水火之旺，《辨症奇闻》中水火俱旺中都有体现，说明"月经先期"水火均处于旺的状态。

一般来说，水者，《傅青主女科》认为其属肾的范围，或有称之为肾水，属于阴水的范围，阴水者，正常之水也，缘何增多，一不解也；水火处于对立状态，水旺则火不易旺，此不解二也；水火俱旺，是否两者相关，合二为一，此不解三也。

有此三者，就得反复研析，结合临床，并借助现代医学的有关检查检验指标论证。临床上恰有雌激素过多所致功血者，的确亦反复出现水火俱旺，真所谓"阴极似阳"，水盛化火，两者合一，但亦有泻火炽张，或心肝郁火的一面，这就是临床上的复杂性。故清经散应用大量清热药物，并佐以一定量的补阴之药物，含有深意，用之临床上也确有其效。

又如《傅青主女科·经前大便下血》中所说："不知胞胎之系，上通心而下通肾，心肾不交，则胞胎之血两无所归。"由此可知，心肾相交，则胞胎之血，就有所归，引申之，心肾主宰胞胎之血，月经之所以来潮，实际上亦受心肾所主宰。

考心者，火也，藏神明，主血脉，在于动、开、升；肾者，水也，藏精喜静，主生殖。夏桂成认为，月经之来潮、经间期之转化、子宫之开动与心火有关，经净后的阴长，经间期后之阳长，均在子宫静藏下演变，必然又与肾有关。由此夏桂成提出了在"心－肾－子宫轴"的调节下，阴阳消长转化、气血升降、子宫动静演变有序，这对丰富治疗月经的理论依据有着重要的意义。

## （三）在精读的基础上对比读

即在精读的基础上，加以对比分析，找出异同点。一般将相似的条文，或有关的病证，归纳在一起，进行前后对比，找出其中的相同点或不同点，然后再进行推断。如我们用《傅青主女科》中的"月经先期量多"和所用的清经散、与"月经先期量少"和所用的两地汤进行对比分析。

这里着重将《傅青主女科》的"调经"与"种子"两门进行对比分析。众所周知，调经与种子有着密切的关联，故有"调经即是种子""种子必须调经"之说。从《傅青主女科·调经门》看，总的是血分，我们对其常用的滋阴养血方药分析如下（表1）。

表 1 《傅青主女科·调经门》常用滋阴养血方药分析

| 方名 | 荆芥穗 | 山药 | 菟丝子 | 川断 | 当归 | 丹皮 | 人参 | 地骨皮 | 杜仲 | 白芍 | 大熟地 | 青蒿 | 白茯苓 | 黄柏 | 大生地 | 玄参 | 麦冬 | 阿胶 | 川芎 | 白术 | 柴胡 | 五味子 | 沙参 | 肉桂 | 生枣仁 | 适应证 |
|---|---|---|---|---|---|---|---|---|---|---|---|---|---|---|---|---|---|---|---|---|---|---|---|---|---|---|
| 清经散 | | | | | | + | | + | | + | + | + | + | + | | | | | | | | | | | | 月经先期量多 |
| 两地汤 | | | | | | | | + | | + | | | | | + | + | + | + | | | | | | | | 月经先期量少 |
| 定经汤 | + | + | + | | + | | | | | + | + | | + | | | | | | | | + | | | | | 有经先后无定期 |
| 温经摄血汤 | | | | + | | | | | | + | + | | | | | | | | + | + | + | + | | + | | 有经后期量多 |
| 益经汤 | | + | | | + | + | + | | + | + | + | | | | | | | | | + | + | | + | | + | 年未老经水断 |

从这几张代表方药对比分析中，不难看出白芍、当归、山药亦颇为常用，当归、熟地黄最为常用，柴胡亦为常用者，由此说明了女性解郁的重要性。

在《傅青主女科·种子门》中共有 10 条，有 7 条与阳虚宫寒有关，如果把 7 条的方药合起来进行对比，就不难看出种子与助阳暖宫育的重要性，详见表 2。

表 2 《傅青主女科·种子门》阳虚宫寒相关方药分析

| 方名 | 人参 | 白术 | 茯苓 | 巴戟 | 熟地 | 黄芪 | 山黄肉 | 枸杞子 | 覆盆子 | 杜仲 | 菟丝子 | 芡实 | 肉桂 | 附子 | 补骨脂 | 山药 | 神曲 | 麦冬 | 肉苁蓉 | 当归 | 白芍 | 五味子 | 莲子 | 沙参 | 鳖甲 | 荸荠粉 | 半夏 | 车前子 | 柴胡 | 甘草 | 升麻 | 陈皮 | 适应证 |
|---|---|---|---|---|---|---|---|---|---|---|---|---|---|---|---|---|---|---|---|---|---|---|---|---|---|---|---|---|---|---|---|---|---|
| 并提汤 | + | + |  | + | + | + | + | + | + |  |  |  |  |  |  |  |  |  |  |  |  |  |  |  |  |  |  |  | + |  |  |  | 胸满不思食不孕 |
| 温胞汤 | + | + |  | + |  |  |  |  |  | + | + | + | + | + | + | + |  |  |  |  |  |  |  |  |  |  |  |  |  |  |  |  | 下部冰冷不孕 |
| 温土毓麟汤 | + | + |  | + |  |  |  |  | + |  |  |  |  |  |  | + | + |  |  |  |  |  |  |  |  |  |  |  |  |  |  |  | 胸满少食不孕 |
| 宽带汤 | + | + |  | + | + |  |  |  |  | + |  |  |  |  | + |  |  | + | + | + | + | + | + |  |  |  |  |  |  |  |  |  | 少腹急迫不孕 |
| 升带汤 | + | + | + |  |  |  |  |  |  |  |  |  |  |  |  |  | + |  |  |  |  |  |  | + | + | + | + |  |  |  |  |  | 腰酸腹胀不孕 |
| 化水种子汤 | + | + | + | + |  |  |  |  |  |  | + | + |  |  |  |  |  |  |  |  |  |  |  |  |  |  | + | + |  |  |  |  | 便涩腹胀足肿不孕 |
| 加味补中益气汤 | + | + |  |  |  | + |  |  |  |  |  |  |  |  |  |  |  |  |  |  |  |  |  |  |  |  | + |  | + | + | + | + | 肥胖不孕 |

从以上方药分析中，不难看出：一是种子在于助阳暖宫，而助阳暖宫还需与益气健脾相结合，关于这一点，为夏桂成提倡调周法中关于经前期补肾助阳提供了依据；二是助阳暖宫的主要药，傅氏较为常用的是巴戟天、肉桂，亦为夏桂成临床上选择助阳暖宫方药的参考。

夏桂成认为，临床医生在纷繁的工作之余，依然需要温故知新，读经典，做临床，这样才能够可持续发展，学术越来越进步。

# 七、大医之情

## （一）思想境界

夏桂成从医 60 年，学验俱丰，声誉鹊起，均源于他对中医学的执着追求和悬壶济世的高尚品质。他常谓："进与心谋，隔二隔三之治也，治病与治人相合也；退与病谋，对症处理，切忌胶柱鼓瑟也。"他对同道谦恭有加，对学生诲人不倦，对同道、学生的求教，他的讲解深入浅出、旁征博引，使求教者不仅在专业知识上颇多启迪，而且在医德修养上亦获益匪浅。他的学生多为各单位的骨干中坚，有厅局级干部、三级医院的院长、博士生导师、主任医师等，都对夏桂成的治学精神、医德风范与为人之道深为敬佩。慕名前来就诊的患者有省部级干部、商界豪富、演艺界名士，更多的是普通百姓，他对患者不分职位高低、城市乡村、财富多寡，均一视同仁，耐心和蔼。每次门诊虽然不得不限号，但对远道而来的患者总是照顾加号，自己中午仅用几分钟的时间简单充饥，继续诊治患者，每次门诊结束均近下午时分。对困难的患者常常挂一个号开数个方，处处为患者着想。

夏桂成擅于实践，他认为中医学理论只有在实践中才能兑现，因而他在临床不断总结、提高、升华、发展，始终把临床实践放在医疗生涯的重中之重，擅于从实践中总结经验，发掘学术精华，丰富临床实践，将医者的使命感视作天赋职责。这是夏桂成成为当代中医学大家的主导关键。曾有一妇，绝经三载，腹笥膨大，赴某医院诊治，诊断为盆腔肿块，治疗困难；后因感冒，致神昏呓语，腹笥更大，多家医院均谓无治，举家惶惶，以备后事；适有其亲友与夏桂成相交甚笃，请他出诊，夏桂成谨察细思，根据其脉象细数，重按有力，舌苔干燥根部焦黄，遂用药表里双解，热解后转用消食化积法，再行调治，肿块消失，体健如昔，家属登门跪谢。对此，夏教授虽有成功之喜悦，更感到行医责任之重大，他说"医家处方治病，决病家之生死，定病家之安危，为医难，而为病家信赖如斯者更难"。如今，夏桂成虽近耄耋之年，仍工作在临床一线，坚持每周四次门诊，服务患者、带教后学，为中医药特色的发挥、中医妇科学术的传承和发扬，贡献自己的智慧和力量，是中医工作者学习的楷模。

夏桂成一生淡泊名利，甘于奉献。每次碰到党组织生活会，往往不顾上午门诊的劳累提前到场，认真学习，积极发言，始终与党保持一致。他铭记自己是一名共产党员，廉洁行医，对患者极端热忱。他的医术常使患者感激不尽，为了表达谢意，有很多患者给他送红包，而他均委婉地退给患者，对贫困患者总是给予特殊照顾，充分体现了一个共产党员的崇高品质。20世纪60年代，夫妇分居两地，他一心扑在工作上，无暇顾及家庭；他不畏艰苦，多次下乡扶贫搞调查，其主持的天花粉引产的课题曾获国家卫生健康委员会奖励。80年代夫人调入南京，但身体不好，他分担大量的家务，但仍以常人难以想象的毅力承担着繁重的医疗、教学、科研工作。他还热心公益事业，每年多次参加诸如"三八""五一"义诊等公益活动；他积极参加赈灾捐款，印度洋海啸后他立即捐款1000元表达一位"中医医生的心意"。他多次被评为"先进工作者"及医院"十佳医务人员"。2012年，夏桂成将获奖的30万设立"夏桂成中医学术研究基金"，资助青年医师研究生殖疾病、胃癌、溃疡性结肠炎、肾病等。这种打破专业、病种、科室界限的行为，彰显他高风亮节和无私奉献的精神。他是中医药行业优秀共产党员的代表，也是践行中医药学"大医精诚"理念的杰出代表。

### （二）文化修养

夏桂成对《周易》《河图》《洛书》等易理术数多有涉猎，认为凡阴阳运动的变化，尤其是生殖节律、优生优育、月经周期等均可用易理术数推导。唐代医家孙思邈言："不知易，便不足以知医。"《医门棒喝》指出：《易》之书，一言一字毕藏医学之指南。"可见易学对中医学的影响重大。张景岳在其《类经附翼》中载有《医易义》，并论述了中医理论与易理的渊源关系，认为《周易》对中医理论的形成和发展有着重要的指导意义，提出"医不可无易，易不可无医"，强调"医易同源"的理论。清代医家唐容川在其所著的《医易通说》中认为，八卦不仅配人体的外形，而且配人体的功能，可以据此推测人体胚胎的形成程序。

## 八、养生之智

### （一）保持良好的生活规律，与日月星辰的阴阳变幻相合拍

夏桂成根据《周易》所阐述的自然天、地、人之间的关系，阴阳之气总体协调

人体的代谢，平衡着阴阳，使之顺应自然变化，顺应自然就会颐养天年。他提倡"阴阳平秘，精神乃治"，反对不规律的生活习惯，导致夜作昼用，昼则夜寝，黑白颠倒，生活无序。他常谓之：阴阳皆反，岂能不加速衰老，诸病由生。

夏桂成每天五点半起床后，进行八段锦或太极拳，然后看半小时到一小时的书籍。吃完早饭后去医院上班。上午平均诊治 20～25 名患者，工作结束，午餐后稍事小憩，下午自由工作，图书馆等处是他喜去之处。他一直保持在五点半到六点晚餐，餐后稍事休息，即与夫人做短距离的散步和交谈。晚上八点左右用热水泡脚达二十分钟，不需要太烫，而是温热水，时常用手反复搓动，按摩。浴足后穿上舒适的棉质的鞋，稍做走动后，九点半到十点间就寝。一天的生活看似平淡，但是非常有规律。

夏桂成指出：充足的睡眠赛过吃补药，他并不主张多吃补品，所以所谓的补品：冬虫夏草、燕窝、西洋参等，他皆不服用。好的睡眠是精力充沛的基本保证，过迟的睡眠会导致体质的下降，百病丛生，这是他养生信条之一。

### （二）坚持清淡的饮食习惯，抵御伤脾之苦以保后天

夏桂成自知自己肠胃功能历来偏弱，禀赋脾胃虚弱，过度的辛辣、油腻尚且不说，即便是生冷、滋补之品，都会加重脾胃的负担，导致便溏、腹痛。所以当年过半百之后，他唯恐身体素质下降，首先从后天脾胃着手，他认为，肾之衰退，在"八八"之年已经在所难免，唯有保护好后天，才能保养体质。所以在他一概谢绝应酬之余，常以清谈、温润、平补的调养方法，时刻不忘顾护脾胃。

平素饮食以"粗茶淡饭"为主，五谷杂粮为多。尽量少食禽肉类、海鲜等，他认为这些对胃肠道影响比较大。平素喜饮淡茶，忌饮咖啡。水果中夏教授比较偏爱苹果，至于西瓜、猕猴桃由于容易腹泻，吃得并不是很多，主要旨在保护脾胃。

### （三）怡情悦志心境闲适，遇事勿躁宁心胜补肾

夏桂成指出：心肾相合，就是天人合一的境界，心者，离火也，肾者坎水也，正是《易学》中坎离既济，心肾合交之意。古代的高僧参悟练功时也讲究天人合一，心气下降，肾水上滋，心气得以滋养，肾气得以纳藏，这是更高层次上的养生。现实当中，如何面对，如何做到？夏桂成早年怀才不遇，年轻时候的他并不出名，整整做了二十几年的主治医师，但是他一心钻研学问，却在低职称的情况下，依旧当选为全国中华医学会妇科分会常务委员。他在几次晋升职称时将机会让给了别人。

心胸宽广，海阔天高，怡情悦志，宁心安神。禀此观念，生活、工作中的夏桂成总是先人后己，这也是来自中国古代的养生观点，比闲适心情还更深刻：注重心

肾相合，这是在超然于尘嚣之外的一种境界。夏桂成时常锻炼气功，注重冥想，心气得以沉降敛藏，肾精亦可以得到滋养。

### （四）顺应时令，陶冶情操造就精气神

顺应节令是大自然的要求，二十四节气有着大自然特殊的规律，春发、夏浮、秋肃、冬藏，这些都是人应该注意到的节令现象。夏桂成每每于盛夏入三伏天时要休息1日，停诊1～2周，即使再忙，大暑这天也是要注意休息的。他会选择在春分、谷雨等节令外出游玩，呼吸大自然的新鲜空气。他在名医堂的诊室里挂有一张日中服药图和不同体质顺应自然规律的生活时辰图。

夏桂成的养生经验源于生活，亦用于生活。他时常教导学生：人最大的缺点就是"欲"的泛滥。现代社会，各种欲望腐蚀着人的心灵，对于财富、地位等，追求永无止境。达到欲望者则心生贪念，而想要有更好的所求。未达愿者，心生哀怨，忧愁寡欢。熙熙攘攘无不由"欲"而来，只有节制心态，适可而止，善于满足者，在平淡追求中获得乐趣，方是养生之境界。

## 九、传道之术

### （一）人才培养方法

经师易得，人师难求。学术的发展创新需要新鲜的血液注入，夏桂成数十年如一日身体力行，始终激励学生做好良医，发展学术，淡泊名利。他时常告诫学生，医疗学问不得马虎，他的老师夏奕钧就时常拿清代名医喻嘉言的话告诫他："读书无眼，病人无命。"做学问、做临床，切莫草草应付，要心怀敬畏之心。凡是偶尔抄方药物剂量草草校对，以致疏漏，被患者校对出来的，夏桂成都会毫不客气地批评，认为没有用心，需要深刻反省。学生写文章不得要领，他却会再三引导。

夏桂成指导学生，知无不言，言无不尽，毫无保留地将自己的学术思想传授给学生，始终激励他们征服临床疑难问题，耐得住寂寞，求得出真知，成就学术业绩。夏桂成的学术成果不仅在全国广泛传播，还在东南亚、欧美等地区得到大量应用，在诸多英文、日文版本书籍中有详细论述，为中医妇科的学术发展发扬做出了巨大的贡献。

### （二）人才培养成果

如今夏桂成妇科团队已经有3代优秀人才步入创新研究平台，期待将夏桂成学

术思想和临床经验发扬光大，为全人类妇女的健康服务，在这个辉煌的时代，笃行不怠，砥砺前行。其中谈勇教授秉承夏桂成的学术思想，率先在国内成立中西医结合的生殖辅助技术，创立生殖医学科，20余年来安全运行生殖医学科的各项 ART 技术，成为中医妇科学学科新一代带头人，担任了全国各级学会的重要职务，建立合理发展的团队，在全国中医妇科界代际活态形成良好的发展态势，临床、科研、教学齐头并进，将把夏桂成中医妇科学术体系进一步发扬光大。

## 夏桂成学术传承谱

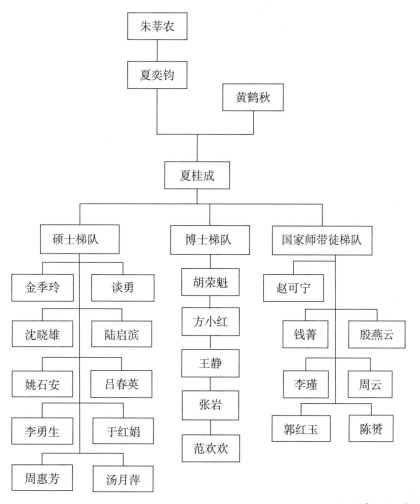

（谈勇、胡荣魁整理）

（刘聪敏编辑）

# 晁恩祥

晁恩祥（1935—   ），河北唐山人，中共党员，中日友好医院主任医师、教授、博士生及博士后导师。中华中医药学会学术委员会副主任委员、肺系病专业委员会名誉主任委员、急诊分会名誉主任委员，世界中医药学会联合会呼吸病专业委员会名誉会长。全国老中医药专家学术经验继承工作指导老师，第一批中医药传承博士后合作导师，香港浸会大学中医药学院荣誉教授。中央保健会诊，享受国务院政府特殊津贴专家。获中华中医药学会终生成就奖、国医传承特别贡献奖、全国中医药杰出贡献奖等。2014年被授予第二届"国医大师"称号。

晁恩祥从医60余年，创新中医"风邪"理论，形成风咳、风哮辨治体系，提出"发时疏风解痉、宣肺平喘，平时扶助正气、固本培元"理念，"风哮、风咳理论及其临床应用"研究获中华中医药学会科学技术奖一等奖、北京市科学技术奖三等奖。指导研发针对"风咳"感冒后咳嗽及咳嗽变异性哮喘的新药苏黄止咳胶囊，并荣获2015年度中国药学发展奖创新药物突出成就奖。晁恩祥重视并参与感染性疾病、慢性咳嗽、哮喘、慢性阻塞性肺疾病和间质性肺病等的研究，参与肺系常见病中医诊疗指南，SARS、甲流、新冠肺炎等传染病的中医药防治及诊疗方案的制定，2009年获首都中医药防治甲流科技攻关奖。主编《明医之路 道传薪火》等专著8部，副主编《碥石集》等2部，参编著作12部，主审3部。发表论文百余篇。主编的《明医之路 道传薪火》获2019年度中华中医药学会学术著作奖一等奖；参编的《临床中医内科学》获国家图书奖提名奖。

# 一、学医之路

## （一）第一批步入中医药院校殿堂学习

晁恩祥是唐山市第二中学的毕业生，当时有位教语文的冯老师，学问颇深，懂中医之术，兼任学校的校医，常用中医经典方药治病，价廉且效果显著，晁恩祥对他很钦佩。在冯先生指点下，晁恩祥于1956年成为北京中医学院首届大学生。

晁恩祥在北京中医学院系统学习了中医基础理论及中医经典著作，得到了一大批中医大家的面传心授，如刘渡舟、祝谌予、董建华、任应秋、方药中、岳美中等，从而奠定了扎实的中医理论基础，也形成了对中医理论的重视与传承观念。秉承学院派教育模式，培养中西医并重的思维理念。经过6年课堂学习与临床实习，晁恩祥在毕业后被分配到内蒙古支边。

## （二）内蒙古行医，令人难忘

晁恩祥在内蒙古生活了20余年，从住院医师开始，基本没有离开临床。初出茅庐，贵在积累。出门诊，管病房，做住院医。下乡参与防治克山病，到农村指导内蒙古医学院（现内蒙古医科大学）学生。在乡村的医疗活动为晁恩祥提供了广阔的天地，提高了晁恩祥作为"全科医生"的水平。

## （三）深入研究支气管炎与相关药物

1971年中央提出"在全国开展大搞老年慢性支气管炎的防治研究"，引领晁恩祥开启科研活动。下乡选点开展呼吸四病——感冒、慢性支气管炎、肺气肿、肺心病的研究及普查，开展药物观察。晁恩祥通过临床观察、药学研究等，研制出固本止咳夏治片（黄芪、补骨脂、沙棘、百部、黄精、陈皮、赤芍等），获得了内蒙古科技进步奖，这一成功引领晁恩祥走上医药相关的学科发展之路。

## （四）筹备展览，宣传中蒙医药

1970年卫生部在北京筹备举办《全国中草药新医疗方法展览会》，各省选派一名编辑参会。晁恩祥应荐参加，作为文字编辑负责中西医结合组的选项、制备小样、撰写参展照片说明和前言等文字工作，还参加了《资料汇编》的编辑工作。1971年，北京展刚刚完成，内蒙古卫生厅随即在呼和浩特也举办了中医蒙药展览会，展出内蒙古中蒙医药优秀项目、药物资源以及先进的医疗方法，晁恩祥凭借在全国展会中收获的经验，在此次展会中担任了总编辑，并成为总负责人。

### （五）办杂志、办函授

在内蒙古时，晁恩祥创办了《内蒙古中草药》杂志，限于条件，组稿、选稿、编辑等工作均由晁恩祥一个人负责。晁恩祥还参与了"全自治区中医函授班"的工作，大家自编教材，办函授辅导杂志。当时函授班仅有4名工作人员，大家自己组稿，自己出问题，自己撰写解答，并在函授辅导上发表。参与培训的学员多达700余人，虽然很忙但很有意义。大家还经常到呼和浩特以外的乌盟、昭盟、巴盟等地讲学、辅导等。这些虽属兼职，但也锻炼了晁恩祥的写作能力，复习了中医理论知识。

### （六）参加全国中医高级研究班

1976年3月至1977年10月，名老中医岳美中先生提出建议，全国每个省、市选派一名中青年中医医师参加高级研究班的学习，提高诊疗水平。晁恩祥有幸被推荐在北京西苑医院参加了为期一年半的学习、研究与临床工作，聆听了岳美中、方药中、姜春华、万友生、任应秋、刘渡舟、祝谌予等几十名老先生的讲学，他们亲临讲坛，介绍经验，令晁恩祥受益匪浅，实感难忘。那段时间，听讲座、做讨论、跟师出诊、查阅资料文献、撰写论文，是晁恩祥一生中最为难忘的继续教育经历。

### （七）临床是医生的第一要务

1984年，由印会河先生写信邀请，由关幼波教授给时任内蒙古原卫生厅厅长的云曙碧写信，并在同学钱英力促下，晁恩祥得以回到北京，参加了新建医院中日友好医院内科的筹建工作。在内蒙古时，晁恩祥曾多次表示不参与行政工作，就只做一名合格的医生，专门为患者服务。因此，晁恩祥在内蒙古已经做了10余年的内科主任，一直在临床一线查房、出门诊。1984年来京后，因当时的情况等原因无法推辞，晁恩祥做了2年中日友好医院中医处处长，很不情愿。出于对临床的考虑，在医院步入正轨后，晁恩祥还是选择回到病房从事一线的临床诊疗工作。

## 二、成才之道

"读经典、做临床、善思悟、拜名师、做科研、写文章"是名医成长的必由之路。

## （一）读经典

中医经典著作大都是经历多人之手的中医理法方药的总结，是理论和临床的宝库。"书中自有黄金屋"，中医学经典、各家学说的确可以点拨思路、传授获取技能。目前的教科书，如方剂、本草以及理论基础都是经典论著中的精华。老先生们主张读经典是很有益处的，不读经典的确不知道中医学的博大精深。

读经典也不只是《黄帝内经》《伤寒论》，还有很多书，在临床科研中发现问题，都要查找历代著作充实自己。工作多年重看经典也别有味道。读经典著作的同时也要读杂志、专业报刊。作为当代的医生，西医书也要读，运用互联网查阅资料也很必要，这些都有助于行医水平的提高。

## （二）做临床

医生的工作就是要不离开临床，不离开患者。古代名医如张仲景、华佗、孙思邈、张景岳、吴鞠通等，哪个不是紧贴着临床，一生行走于患者之间，甚至于传染病患者之中，摸爬滚打地收集资料，研究病情，提出防病治病的方法。先人提供了丰富的经验、理法方药供我们学习、选择应用。多临床，临床水平必定提高得快。

## （三）善思悟

善思悟是指医生有能看好的患者，也有看不好的患者，作为医生面对患者要想方设法解决患者的病痛，解决不了的一定要认真思悟、考虑，认真揣摩，反复推敲，回顾自己的经验、所学的知识，认真对待。思悟还有悟性的潜质，可以是医生本有的特质，但也可以培养锻炼的。要追求治疗中的闪光点，寻求思路、出路，尤其是承担会诊任务时，要更加认真思考。邀请方想让我们给出中医的治疗办法，我们应该经常思考自己的四诊是否准确，辨证与用药是否符合病情，一定要拿出合理的、具有特色的意见，如此便可以收效。

## （四）拜名师

中医自古以来就有师带徒和家传等方式，培养了无数优秀的中医人才，其中不乏名医名家。拜名师让师徒关系更亲密，建立"一日为师，终身为父"的师徒情谊。同时，拜名师让教学更全面深入，学习更安心，师父言传身教，倾囊相授，毫无保留地将本门绝技传授给弟子，弟子更容易学习到深沉技术，师父一心一意地教，徒弟一心一意地学，把师父的精髓，变成自己的东西，也可以少走弯路，更易取得突破。

## （五）做科研

临床人员虽诊务繁忙，但也要把科研当作一项任务，从事临床工作的同行应该认识到科研能够推动我们临床水平的提高。医疗人员每天面对大量患者，应以临床为中心，在医疗过程中捕捉研究课题，发现新的疾病规律，探索、揭示新理论、新疗法、新证候，以及进行新的流行病学调研等课题，不断为中医临床科研提供新的思路。

早在秦汉时代，《黄帝内经》《伤寒论》中就有类似哮喘的病症描述，但至金元时期才有了"哮喘"的病名，然其内容仍然是哮病与咳喘混称，而随着时代的发展及西医学研究的推进，学者发现中医哮喘病或哮病与西医支气管哮喘相近，完全可以给予哮喘以新的内涵，并将哮病与咳喘加以区别，确定各自的定义、内涵。中医中确实尚有一批疾病的诊疗标准、证候、治法有待在研究中加以规范或修订，任重道远。

## （六）写文章

经常写文章是一个好习惯，一般有点造诣的同道大都在行医 10 年左右有 10 余篇或更多的文章发表。写文章一是可以总结经验，实事求是地总结科研成果，将心得、体会及教训告知于人；二是可以使人更有条理，做事分层次，更是对逻辑方面的锻炼。写文章也要有目的，对人有启迪。晁恩祥早年写文章要借阅很多书刊资料，查询后经过思考再撰写，在查阅参考文献中也可以提高自己。晁恩祥还主张先思考，写个提纲，酝酿几天再写；多修改，也不一定急于发表，细水长流；写出自己感到有意义的文章再去发表。

# 三、学术之精

在继承中医传统理论的基础上，晁恩祥继承并丰富了"风邪"学说及"通法"理念，结合当今临床诊疗实践，创立并发展了中医肺病和急诊学科。与此同时，晁恩祥从温病理论辨治"非典"、甲流等传染病，重视"温邪上受，首先犯肺"的先导病机，延伸了现代温病学的科学内涵，充分发挥了中医药在突发公共卫生事件中的重要作用。在中医整体观念和治未病思想的指导下，倡导"调补兼施"，为疑难杂病和老年病的诊疗开拓了新途径。

## （一）继承并丰富中医"风邪"理论，立肺病"八法八方"

针对肺系病提出"发时疏风宣肺，平时固本培元"的治则。对于哮喘的病机及治疗而言，古人"专主于痰"，历代医家恪守古训。但现代临床发现，对于特禀质（过敏体质）或由过敏因素诱发的哮喘而言，"痰"象并不显著，从痰论治疗效不甚理想。晁恩祥在多年的临床实践中发现，此类患者所表现的哮鸣鼽喘、咽痒咳嗽等症状，从现代医学角度而言，均由气道痉缩狭窄所致，与中医学"风邪致病"理论相类似。因此，其在继承中医理论的基础上，结合哮喘现代发病机制，根据"风善行而数变""风为百病之长""风胜则动""风性挛急"及"风性轻扬，善侵于上"的特点，首创"从风治哮"，指出"风盛痰阻、气道挛急"是哮病发作的主要病机，拟定疏风缓急、宣肺平喘的黄龙舒喘汤，常用麻黄、杏仁、地龙、白果、苏子、白芍、石菖蒲等，临床疗效显著。晁恩祥在"风哮"研究的基础上，进一步扩大"风邪致病"理论，独辟蹊径，提出现代"风咳"概念，此即《儒门事亲》"风、寒、暑、湿、燥、火，皆令人咳"是也。如部分感冒后咳嗽，反复发作，缠绵难愈，且伴有咽喉痒感，遇冷空气及异味则加重，多表现为刺激性阵咳或挛急性咳嗽，此即"风咳"之范畴，多由风邪犯肺、肺气失宣所致。根据疏风宣肺法采用苏黄止咳方治疗，亦取得了较好疗效，相关研究在国内外杂志发表，得到专家认可。

呼吸系统疾病多反复发作，时轻时重，某些疾病可长期稳定，但一遇诱因即可发作。晁恩祥根据此类疾病特点提出"抓主症，找共性，析病机""急则治标、缓则治本"的辨治思路。肺系病咳痰喘为其主症，外感风邪犯肺为其主要加重因素；肺失宣降、痰瘀互结为其共有病机；病位在肺，久及脾肾。故治以疏风宣肺、化痰祛瘀与扶正固本、调补肺肾为主。缓解期本虚为主，扶正固本、调补肺肾为要；发作时表实为主，疏风宣肺、化痰祛瘀为先；本虚标实并现，疏风宣肺、化痰祛瘀，扶正固本、调补肺肾并重，根据情况调整比重。晁恩祥在长期诊治肺系疾病过程中，针对肺病之咳痰喘炎，结合发作期和稳定期的不同，制定了八法八方，如发作期用疏风宣肺法、清热排痰法、泻浊纳气法、解痉平喘法；稳定期用扶正固表法、益气敛肺活血法、调补肺肾法和解表清里法，研制了苏黄止咳方、泻浊纳气方、调补肺肾方、肺痿方、黄龙舒喘方、疏风止痒方、疏风通窍方和解表清里方，分别用于呼吸系统常见病和疑难病的诊治，提高了临床疗效。

## （二）注重"肺衰"研究，继承中医"通法"理论

晁恩祥提出"气血不通，百病由生；气通血通，百病不生"，认为"通可去滞，

通能祛邪"，并灵活应用于危重症患者救治，丰富和发展了中医急诊学。

中医历来被称为"慢郎中"，急危重症领域如何发挥中医药作用，一直是晁恩祥思索并研究的问题。早在 20 世纪 90 年代，晁恩祥就针对危重症领域最常见的呼吸衰竭开展了临床与基础研究，以"肺衰"为点展开中医药诊治急危重症研究。较之《黄帝内经》"喘息汗出，此为肺绝"，晁恩祥将临床表现为呼吸困难、喘息汗出，痰量增多且不易咯出，兼见四末、口唇、耳轮发绀，舌质紫黯，舌下静脉迂曲粗乱等体征的慢性呼吸衰竭称为"肺衰"。此类疾病临床上以老年患者多见，通常还伴有大便不畅或干结的情况，部分患者因缺氧或二氧化碳潴留导致神志异常。总而言之，多属肺肾气衰、浊气上逆、痰瘀闭阻之证，治以泻浊纳气，标本兼治，为此晁恩祥创立泻浊纳气汤，临床疗效显著。此法之关键在于"通腑"，肺与大肠相表里，腑气通则肺气降，《外台秘要·许仁则疗咳嗽方》亦提出，治疗饮气咳嗽经久不愈且兼见昼夜嗽不断、汗出、大小便不利、气上喘急等症状者取"大便通滑为度，时时的鸭溏亦佳"。"久病致瘀"，泻浊即通腑泻肺、化痰祛瘀逐饮，与现代医学改善通气功能的观点相一致；"久病致虚"，纳气即补肾气之虚而纳上逆之气以降，这与现代医学消除呼吸肌疲劳、改善换气状态的观点相吻合。在此基础上提出了运用"通法"治疗危重症的理念，"气血不通，百病由生；气通血通，百病不生""通可去滞，通可祛邪"，人体气血以通为顺、以利为常，气血滞则百病始生。以通利之品，通过通窍、通腑、通络等祛除气滞邪阻的方法，调畅全身气机，改善气血阻滞状态，使人体功能正常发挥。因通利之品多具辛温（烈）活血、逐瘀、攻下之性，可祛除滞结于脏腑、经络间的痼邪顽痰，消除直接危害机体的病理因素，故为内科急症常用药物。晁恩祥常将其用于退热、消胀止痛、平喘、止血、解痉、醒脑开窍以及逐水等方面，并且强调"急则治标""急症当祛邪，邪祛正自安"，注重辨证论治，重视对疾病过程、阶段证候的治疗。

### （三）针对"非典"、甲流等新发突发传染病，注重"温邪上受、首先犯肺"

传染性疾病发病急骤，传变迅速，感染人群较广，属于中医温热病、温疫病的范畴。晁恩祥运用温病理论辨治现代传染性疾病经验丰富，且成果卓著。在 20 世纪 90 年代开展中医药诊治传染性疾病研究，培养博士研究生 1 名，发表《"肺与大肠相表里"理论在急性肺部感染治疗中的应用研究》论文，其后参加"非典"、禽流感和甲流等传染病的诊治。他强调需不断分析传染病的病因、病机，注意疾病的动态发展。例如"非典"的病机为"温邪上受，首先犯肺"，毒邪侵袭人体，肺为华盖，上先受之；正邪搏结交争，出现以肺为中心的热毒损伤，毒损络瘀；同时温毒内蕴，中焦受之，困遏脾胃，以致后期出现肺胃气阴两伤与血瘀痰阻。人感染高致病禽流感，发热时间较长，符合温疫发热的特点。该病起病急骤、来势凶猛，传变迅速、变化多端、感染范围广、持续时间长，皆具毒、热、湿、瘀、虚、脏衰的证候要素表现，病情复杂而严重。邪传于表发于卫分、气分，传于里而入肺胃，毒热伤及营血及脏腑阴阳，层层深入，甚至气阴耗伤，衰竭而亡，故应预防、治疗和瘥后调护相结合。

晁恩祥认为伤寒与温病是相辅相成，相互补充与发展的关系，是完整的中医外感热病学不可或缺的两部分。传染性疾病并不单纯是外感热病，外感病邪仅是诱因，"邪之所凑，其气必虚"，内伤是疾病的核心病机。他运用中医药治疗"非典"和甲型 H1N1 流行性感冒等急性呼吸道传染病的经验，结合西医学理论，认为"正虚邪郁、瘀热互结"是其基本病机，提出"清透截断、扶正祛邪"的基本治法。如疾病初期，外感为主，正邪交争，以"驱邪外出、防止内伤"为首务，疫毒外受，毒发伤及肺卫，致使肺卫受邪，肺气失宣，当以清热解毒，宣肺透表。随着疾病进展，毒发伤及肺胃之气，湿热内蕴，胃肠失于和降，当以清热解毒，祛湿和胃，兼以泻肺化瘀。乃至极期，内闭外脱，病情危重，当在西医学支持下以扶正固脱、回阳救逆、清热开窍。疾病后期，病势缠绵，以"驱邪务尽、防止复发"为首务，立以"疏风透邪、利咽养阴"之法。

### （四）注重整体观念和"治未病"思想

晁恩祥在 20 世纪 70 年代防治"老慢支"的基础上，结合长期诊治老年病和疑难病的经验，注重从整体观念和"治未病"思想诊治为疑难病和老年病诊治开拓了新途径。

慢性阻塞性肺疾病属于中医学"咳嗽""喘证""痰饮"等范畴，反复发作，进行性加重，目前尚无根治药物。晁恩祥从 20 世纪 70 年代开始，根据《黄帝内经》"治未病"思想和"冬病夏治"理论，强调"正气存内，邪不可干"，总结出该病的主要病机是肺肾两虚、痰浊阻肺，针对这一病机特点提出了补肺益肾、健脾化痰的治疗方法，研制了固本止咳夏治片和张氏医通冬病夏治白芥子涂法，用于慢阻肺稳定期肺肾两虚、痰浊阻肺证的治疗，临床上取得了满意疗效。后来晁恩祥又将慢阻肺稳定期与中医虚喘相联系，认为其主要病机是肺肾两虚，并提出调补肺肾的治疗方法，育调于补，调补兼施，指导研发了调补肺肾胶囊，获中药新药临床批件。

随着环境污染加重，肺间质性疾病发病率逐渐上升，该病被归为中医"肺痿"

范畴，中医学将其分有虚热与虚寒两种，这一观点为后世医家所遵崇。晁恩祥在长期临床实践中发现该类疾病无论虚寒、虚热或寒热错杂，其病久必有瘀血，并首先提出"瘀血肺痿"概念。肺间质纤维化是临床常见间质性肺疾病之一，临床常常表现为"动喘""干咳，咳唾涎沫""易疲乏无力"等典型症状。晁恩祥联系肺间质纤维化典型症状及"肺痿"的论述，在20世纪90年代即提出将肺纤维化归入"肺痿"病范畴进行辨证论治。认为三者可并现、可或缺，且属难治。临床表现以喘息气短为主，可有咳嗽，或干咳，或咯黏稠或泡沫痰，可有杵状指，发绀，舌下静脉迂曲等。常由外邪犯肺，肺气受损，耗气伤阴，日久及肾，至肾不纳气，动则气喘。或因风邪犯肺，或因痰浊、瘀血阻络，而成本虚标实之证。本虚多为肺、肾，标实则多为风、痰、瘀。这样既重新从现代疾病角度丰富了中医肺痿病证的内涵，也深化了肺痿病本身的认识。晁恩祥认为其主要病机是肺肾气虚和气虚血瘀，制定调理肺肾、益气活血的治法，研制了院内制剂肺痿冲剂。

中医临床之关键在于四诊合参，辨证精当，内外妇儿均有各自特点，晁恩祥认为只要抓住核心病机就可确定治则治法，方药随机而出，理法方药一致。

# 四、专病之治

晁恩祥临床善于治疗咳嗽、慢性阻塞性肺疾病、支气管哮喘、支气管扩张、肺恶性肿瘤、间质性肺病等肺系疾病及脾胃病，疗效确切，医名远播。

## （一）风咳

在肺系疾病中，风咳表现为咳嗽咽痒，咳嗽剧烈，多呈痉挛性咳嗽或刺激性呛咳，言语时欲咳，干咳少痰，具有阵咳、挛急、干咳的特点，突发突止，遇冷空气或异味刺激则突发或加重等。而在治疗上，应用传统治疗方法，疗效不好。晁恩祥基于中医学整体观，审症求因，辨证论治，结合《诸病源候论·咳嗽病诸候》中对"风咳，欲语因咳，言不得竟也"的描述，认为本病表现出风邪之突发特性，如"风善行数变""风盛则挛急"及"风邪为患可致疹痒"等特点。因此把这类咳嗽诊为"风咳"，主张治疗本病以疏风解痉、缓急解痉、止咳利咽为主要治法。

### 1. 病机

风咳主要临床表现为较剧烈的刺激性咳嗽，突发而骤止，难以抑制，咽痒气急，无痰或少痰，夜间为甚，体现了突发性、痉挛性的症状特点，正如《素问·阴阳应象大论》言："风胜则动。"《素问·风论》说："风者，善行而数变。"又说："肺风之状……时咳短气，昼日则瘥，幕则甚。"以及符合"风盛则挛急"等病机特点。风咳常由冷空气、异味刺激或其他外源性吸入性异物诱发，部分咳嗽也由其他原因的咳嗽，久咳不愈发展而来。晁恩祥教授认为：这是由于风邪犯肺，肺络受损，不耐外邪侵袭所致。风咳发作前，受外邪刺激，常常表现为咽痒、气道痒感，痒即咳，不能自止的前驱症状，体现了"风邪为患，可致瘙痒"的特点。

**2. 专病专方——苏黄止咳方**

［组成］炙麻黄，紫苏子，紫苏叶，杏仁，紫菀，前胡，枇杷叶，牛蒡子，五味子，地龙，蝉蜕。

［方解］炙麻黄疏风散寒，宣肺平喘，《神农本草经》谓："麻黄止咳逆上气，除寒热。"《本草纲目》中提道："麻黄微苦而辛，性热而轻扬……发表出汗，祛邪热气，止咳逆上气，除寒热。"并称其为"肺经专药，麻黄虽治太阳，实则治肺""乃肺经专药，故治肺病多用之"。本方以疏风、宣肺的麻黄为主药。紫苏叶，《本草备要》谓："味辛入肺经气分，利肺定喘下气止嗽。"麻黄与苏叶相伍，辛散宣通之力增强，疏风散寒，开宣肺气。紫苏子温而不燥，质润而下降，善于降上逆之肺气，消壅滞之痰涎，为治痰逆喘咳之要药。风咳患者因风邪犯肺，肺气宣降失常，肺气失宣则肺气不利，郁闭为咳。麻黄与苏叶、苏子相伍，一宣一降，宣降同施，疏风散寒，定喘止咳。杏仁降气止咳平喘，润肠通便，有苦降之性，长于降上逆之肺气，又可宣发肺郁，以降为主，降中宣郁，为治喘咳要药。且杏仁可润肠通便，肺与大肠相表里，腑气通畅有助肺气宣通。紫菀辛散苦降，质润不燥，长于润肺下气，开宣肺郁，化痰止咳，肺气壅塞者最宜，又可制约辛药之燥。《本草纲目》谓前胡："清肺热，化痰热，散风邪。"故痰热喘嗽最宜。枇杷叶苦寒清降，可清肺胃之热，故可清肺化痰止咳，清胃降逆止呕。杏仁、紫菀、前胡、枇杷叶这四味药，升降同施，寒温并用，温而不燥，顺应肺的宣发肃降特点，又符合风咳寒热不明显的特征。杏仁伍麻黄，为经典配伍，祛邪利肺，宣降得宜，使邪气祛而肺气和。《素问·脏气法时论》谓五味子"肺欲收，急食酸以收之"，能收敛肺气，缓解气道挛急，上敛肺气，下滋肾阴，肺肾同治，久咳虚喘最宜。牛蒡子辛散苦泄，升散之中寓清降之性，功能疏风宣肺，止咳化痰，利咽散结；风咳者，咳嗽常因咽痒而咳，牛蒡子解毒利咽，有助止咳，且咽喉为肺之门户，咽喉畅通有利于肺气出入。地龙，性寒降泄，清肺平喘，息风止痉。蝉蜕，质轻上浮，可疏散风热，平肝息风解痉。地龙与蝉蜕均为虫类药，息风止痉，地龙能缓急平喘，蝉蜕能疏风解表，对外界刺激极度敏感者可再加僵蚕、全蝎加强息风解痉之力。

［加减］咳嗽气急明显者加乌梅、芍药；重者加罂粟壳，罂粟壳收敛太过，不宜

久服，中病即止；兼寒者酌加荆芥、防风、桂枝；兼热者酌加金银花、连翘、黄芩、桑白皮、鱼腥草；兼燥者加沙参、麦冬、川贝母；兼湿者加藿香、佩兰；鼻塞喷嚏者加苍耳子、辛夷花；病久咳剧，风盛挛急，脉络瘀阻者常加蜈蚣、全蝎等虫类药搜风通络；久病肺肾亏虚者，酌加黄精、山萸肉、枸杞子等。

## （二）慢性阻塞性肺疾病稳定期

慢性阻塞性肺疾病（COPD）是一种可以预防和治疗的常见疾病，以持续性呼吸道症状和气流受限为特征，常由暴露于有害颗粒物或气体环境造成气道和（或）肺泡异常引起。根据世界卫生组织报告，2012 年慢性阻塞性肺疾病仅次于缺血性心脏病与脑卒中，成为全球第 3 位主要致死疾病，每年有近 310 万的慢性阻塞性肺疾病患者死亡。

### 1. 病机

慢性阻塞性肺疾病属中医学"喘证""肺胀"范畴，为虚实夹杂的疾病。久病肺虚，金不生水，肾气衰惫，肺不主气，肾不纳气，故呼吸困难，气短难续，动则更甚，故本病缓解期以肺肾不足为主，但肺气不足，肺病及脾，子盗母气亦可见脾虚失于健运；而痰浊、水饮、血瘀等标实的症状多于急性加重期出现并加重，并不是稳定期的主要矛盾。晁恩祥在《素问》"春夏养阳"和冬病夏治理论基础上，提出 COPD 稳定期的主要病机为肺肾两虚之虚喘，认为 COPD 稳定期当以扶正固本为先，取补肺汤加减，调补肺肾、纳气平喘。

### 2. 专病专方——补肺汤

［组成］太子参，黄精，麦冬，五味子，山萸肉。

［方解］方中太子参性平，味甘、微苦，归脾、肺经，具有益气生津、补肺健脾之功效，可达到肺脾双补。太子参与人参相比，以"清补"见长，补虚又不峻猛，生津且不助湿；与黄芪相比，扶正却不恋邪，益气但不升提。黄精性平，味甘，归脾、肺、肾经，具有养阴润肺、补脾益气、滋肾填精的功效，与太子参一样，药性平，补而不腻，益气同时养阴润燥、缓补不峻，恢复三脏不足之气阴。麦冬为养阴药之代表，其性甘，味微苦、凉，归肺、心、胃经，功能滋阴生津、润肺止咳、清心除烦。《神农本草经》将麦冬列为养阴润肺的上品，言其"久服轻身，不老不饥"。五味子性温，味酸、甘，归肺、心、肾经，有收敛固涩、益气生津功效。山萸肉性微温，味酸、涩，归肝、肾经，有补益肝肾、收涩固脱的作用。五味子与山萸肉"相须"为用，增强酸收作用，以提高补益肺肾之气、收敛生津的功效。五药合用共奏益气养阴之功，起到扶正固本之效，用于慢性阻塞性肺疾病稳定期疗效显著。

[加减] 如水饮，若为寒饮，则口干不欲饮，加用干姜、半夏、桂枝等温化寒痰之药；而若为阳虚水泛，则咳痰清稀，面浮，下肢肿，加茯苓、干姜等温阳化饮之药。若气虚血瘀，则见气短、胸部膨满，在使用益气养阴补肺汤的基础上可酌加桃仁、红花、泽兰等活血化瘀药；气滞血瘀则在使用活血化瘀的丹参、赤芍基础上酌加香附、厚朴、木香、砂仁等行气药。

# 五、方药之长

## （一）常用方剂

### 1. 黄龙平喘汤

[组成] 炙麻黄，蝉蜕，地龙，白果，苏子，白芍，石菖蒲，五味子。

[用法] 水煎服，日一剂，分2次服。

[功效] 疏风宣肺，缓急解痉，降气平喘。

[主治] 风哮。发前多见有鼻痒、咽痒、眼痒，流清涕，打喷嚏，喉中不利等，发时喘鸣如水鸡声，喘促气急，胸中憋而不畅，气不得续，夜不得卧，伴微咳，痰少而黏，突发突止，夜重日轻，舌苔薄白，脉弦浮。其辨证证属风邪犯肺，气道挛急。发作时多有先兆，寒热不明显，或突然发作，或多有过敏史和致敏原接触史，如花粉、异味、饮食不当等，常有季节性发作。舌淡，苔薄白，脉弦。

[方解] 方中炙麻黄辛温，疏风散寒，宣肺平喘，宣中有降。《神农本草经》中说麻黄"止咳逆上气，除寒热"。《本草备要》中说麻黄"治痰哮气喘"。地龙，咸寒泄降，息风解痉定喘。炙麻黄与地龙相伍，一温一寒，一宣一降，相得益彰，皆为治疗哮喘的要药。苏子，辛温入肺，善于下气消痰，《药品化义》谓其"味辛气香主散，降而且散，故专利郁痰。咳逆则气升，喘急则肺胀，依此下气定喘"。蝉蜕性味甘寒，体轻性浮，能入肺经，宣肺定痉，与麻黄、地龙相伍，以增强解痉之力。白果甘苦涩，有敛肺气、定喘嗽之功。石菖蒲"辛苦而闻，芳香而散"（《本草从新》），具有开窍、豁痰、理气、活血的功效，《神农本草经》记载用它治"咳逆上气"。《素问·脏气法时论》云："肺欲收，急食酸以收之。"故配伍酸温的五味子及苦酸微温的白芍。《神农本草经》记载五味子"主益气，咳逆上气。"酸收的五味子、白芍与辛散的麻黄、苏子相配伍，不但不产生敛邪之弊，而且即可制约麻黄等的辛散之性，又可甘酸配伍，解除痉挛，同时通过一酸一敛的相反相成，促进肺气的宣通。诸药合用，辛温宣肺，疏风解痉，通窍降气平喘，使风散痉消，肺气得以宣降，

哮喘自平。

[临床心得]晁恩祥根据多年的临床症状学观察及反复验证，从风立论，创立应用"疏风宣肺、缓急解痉、降气平喘"法治疗风哮。本法源于古代医家以疏风之法治疗哮喘病，如清代蒋宝素在《问斋医案》指出"哮喘发，发时以散风为主"、沈金鳌也认为"哮之一症……治需表散"。晁恩祥针对哮喘患者急性发作时表现的"风邪犯肺，气道挛急"的病机而设治标、治肺之法，并根据此法制定了具有祛风解痉、宣肺化痰平喘作用的黄龙平喘汤。

**2. 解表清里方**

[组成]炙麻黄，蜜紫菀，杏仁，生石膏，黄芩，知母，牛蒡子，鱼腥草，荆芥，防风，羌活、独活，生甘草。

[用法]水煎服，日1剂，分2次服。

[功效]疏风宣肺，清热化痰。

[主治]表寒里热之咳嗽、发热。

[方解]方中不选生麻黄而选炙麻黄重在宣肺，乃以荆芥、防风疏风解表，可发汗而力不峻，顾及表邪虽在而里热已成之势，恐发汗太过伤阴化燥；紫菀、杏仁加强宣肺之功，并以生石膏、知母清热养阴，黄芩、鱼腥草清肺化痰；牛蒡子清热利咽，羌活、独活解表化湿以除周身酸楚不适。

[临床心得]外感风寒之症虽极为常见，但单纯表现为风寒表证的患者却并不常见，患者或素有热邪内蕴，或因表邪入里化热，而在临床上多表现为表寒里热证。此时单纯解表则里邪不去，单纯清里则表邪不除。而重剂解表如麻黄汤之类则易致发汗太过而里证更深，因而宜选用解表散寒轻剂治之，同时顾及里热已成之势，肺气失宣之征明显，而立解表清里之法，疏风宣肺解表，清肺化痰，而拟解表清里方。临床酌情加减，痰多而黄加金荞麦解毒化痰；发热加入青蒿养阴清热；鼻塞加入辛夷通鼻窍。

## （二）活用药物

**1. 麻黄——开肺闭、平咳喘、利水肿**

麻黄味辛，微苦，性温。归肺、膀胱经。味辛可以开散，走肌表，轻清发汗解表，入肺经，宣泄内外之邪；性温可以散寒通痹。《别录》称麻黄"主五脏邪气缓急，风胁痛……通腠理，疏伤寒头痛，解肌，泄邪恶气"。晁恩祥在临床上经常选用麻黄治疗痰热郁闭证，风哮证、风水证。

（1）麻黄配栀子：治疗痰热壅盛，肺气郁闭证。痰热壅盛，肺气郁闭证的临床主要表现是：咯黄痰或白黏痰、咯痰不爽、喘促气急、息粗痰鸣、咳嗽重浊、胸闷、或发热面赤、口干喜饮、舌红苔黄、脉滑数。

肺的生理作用是主气司呼吸，通过宣发肃降的过程，实现对气的管理和控制，也可以理解为宣发和肃降是肺主气的生理常态，通过宣发和肃降使气流动起来、水津分布出去。可见肺是一个开放的脏器，具有动态的生理功能，在动态中不断达到平衡是它的生理特点，基于这样的生理特点，晁恩祥治疗肺系疾病尤其注重宣肺、开郁，常用麻黄配栀子治疗痰热壅盛，肺气郁闭证。

肺为娇脏，外合皮毛，不耐寒热，外邪侵袭时，肺首先表现为宣发不利，肺气郁闭，痰浊内生，气郁化热，痰热互结，壅塞肺气。晁恩祥认为治疗的关键点在于开肺——开郁宣肺。一方面痰与热的产生因肺气郁闭而起；另一方面治疗要打破肺气的郁闭，热才可以透散出去，热才有出路。麻黄味辛可以开散，宣泄内外之邪是开肺的首选药物，入肺经是麻黄治疗痰热的又一大优势，其他药物无可比拟。但是麻黄性温，对于痰热之证有"热者热之"的弊病，犯了治疗的大忌，使用不当会助长热势，加重病情。栀子苦寒，清三焦之热，配合麻黄可以纠正温热之性的弊病，防止助热生火，又不影响辛散之力。两药配合开肺、清热双管齐下，各司其职，相辅相成，相得益彰。

（2）麻黄配地龙：治疗"风哮"证。"风哮"是晁恩祥在总结长期临床经验的基础上，对哮病证型的一种新认识。哮病的传统病机是宿根学说，"以痰为中心"已成为经典之说。晁恩祥在临床中发现一些哮病患者在发作时并无明显的痰象，患者最典型的症状是干喘或干憋，在看不到有形之痰的情况下，如何从痰辨治？从无形之痰的宿根理论出发，化痰平喘治疗效果往往不甚理想，这些临床现象引发了新的思考。晁恩祥提出"风哮"的病名，且以"风盛挛急"来诠释"风哮"的病机，认为"风"是哮喘病的主要因素，而发作时患者表现的干喘或干憋是肺气失宣、气道挛急、肺管不利的结果。"风哮"的治疗采取疏风宣肺、缓急解痉。

麻黄辛温发散，给郁滞的邪气一条出路，正所谓"肺欲辛是也"。麻黄轻清上浮，专疏肺郁，宣泄气机，是谓外感第一要药。虽曰解表，实为开肺，虽曰散寒，实为泄邪。风邪轻浮上扬，飘忽不定，无影无踪，麻黄顺应了风邪的特性，欲动则助动，遇扬则助扬。治风本无压抑、封闭之理。地龙因其灵动走窜的特性，可以疏散风邪，息风止痉，降低气道平滑肌的紧张性，降低气道的高反应性。

（3）麻黄配滑石：治疗风水证。肺为水之上源。肺气宣肃不利可以导致小便不利、一身悉肿的风水证。晁恩祥认为：治肺与治水既是治疗的两个方面，又是一个整体。说是两个方面，就是应用两种治法：宣肺与利尿，不可有一方偏废。说是一个整体，就是只有宣肺才能利尿；只有利尿才能宣肺，两法相辅相成，不能独立存在。晁恩祥习惯使用麻黄与滑石治疗风水证。

麻黄宣肺，通腠里，发汗可以"开鬼门"，一方面可以发散在表的水气外出，另一方面恢复肺的正常功能，使"水精四布，五经并行"，水道通畅。滑石甘淡寒，归胃、膀胱经。"分水道，实大肠"，可以利水通淋，"洁净府"。泛滥的水邪已经形成了新的病理因素，妨碍肺气的宣发和肃降，滑石通利膀胱经使水邪外出。

**2. 乌梅——敛肺止咳、生津利咽**

乌梅味酸，性平。归肝、脾、肺、大肠经。《本草纲目》谓其"敛肺涩肠，治久嗽，泻利"。《医林纂要》谓其"和脾，泻肝火，解热毒"。乌梅性酸可以收敛肺气，敛降虚火，化津液。晁恩祥在临床上经常选用乌梅治疗久咳证、喑哑证。

（1）乌梅治疗久咳证：久咳之证有虚、实的不同，不能以虚概括所有的久咳证。晁恩祥治疗久咳证时无论虚证还是实证都使用乌梅，配伍灵活，变化多端。乌梅配合麦冬，山萸肉治疗虚咳，补虚止咳；乌梅配合蝉蜕治疗"风咳"，疏风敛肺止咳。晁恩祥认为乌梅之酸性可以生津润燥息风，治疗"风咳"之咽痒、久咳。

（2）乌梅治疗喑哑症：治疗咽喉干痛证，临床大多用清热解毒之品。晁恩祥擅用乌梅治疗咽喉干痛，效果突出。乌梅可以"下气，除热烦满"，酸味可以生津，以利咽喉。

# 六、读书之法

"四部经典"，即《黄帝内经》《难经》《神农本草经》《伤寒杂病论》。概括地说，《黄帝内经》总结了战国时期以前的中医理论，至今被奉为经典。该书强调阴阳五行、四诊八纲辨证，注重诊断治疗、治则治法及理法方药一致的应用原则、不治已病治未病、养生保健等。其中，《素问》主要讨论人体脏腑功能、生理病理、病因病机以及人与自然的相关性，讲究天人合一；《灵枢》主要讨论了经络腧穴以及针刺诊治方法。《难经》以"问难"的形式讲述了脉学知识，重视寸口脉，书中包括经脉流注、奇经八脉及多种病证的诊治内容。《伤寒杂病论》体现了中医临床原创思维，分《伤寒论》和《金匮要略》。《伤寒论》属外感热病，仲景始创六经分类，辨病辨证；《金匮要略》为有病证、有方药的临床实用医书，论述中医对脏腑内伤疾病的认识及治疗方剂用药。战国时期的《神农本草经》，为我国最早的药学专著，载药365种，全书分上、中、下三品，记述了药学理论、四气五味、有毒无毒、配伍变化、服药方法还有丸、散、膏、丹等剂型。

除此之外，历朝各代中医大家均对中医原创思维有突出的贡献。《备急千金要方》是唐代孙思邈的巨著，总结了唐代以前的医论医方，"博极医源，精勤不倦"，讲究"大医精诚"，将中医原创思维的四诊八纲、辨证施治贯彻于医疗活动之中，共收集医方6500多首。宋代最为突出的是《太平惠民和剂局方》，乃召集朝廷御医、名家共同撰写，综合此前历代经验的医疗药物手册，明确表达了药方的药味、主治，十分重视配伍禁忌。明代最著名的药物学家李时珍，广泛搜集、亲自考察药物，著有《本草纲目》《濒湖脉学》《奇经八脉考》，均颇具原创思维。明末清初，江浙一带连年大疫，当时医学遵伤寒之法治效不明显，致疫虐猖獗。温病大家吴又可认为"守古法则不合今病"，指出今病病因、感邪途径、发病与传染传变有其自身规律。叶天士、吴鞠通先后强调，疫疠之邪乃口鼻而入，病情严重，易于传染，提出"卫气营血辨证""三焦辨证"，创立新方，针对近代烈性传染病开创了一条新路。在中医原创思维指引及临床观察的基础上创立"温邪上受，首先犯肺"，乃属传承基础上的创新。清代太医院御医吴谦等组织编著的《医宗金鉴》当属一部高水平的医学教材，全书90卷，由15种中医书组成，包括《伤寒论注》《金匮要略注》等书，是一部较全面且实用的书籍。这些医籍均为反映中医原创思维的代表作。

# 七、大医之情

晁恩祥医者仁心，医术精湛，且医德高尚，总是想患者所想，急患者所急，用自己的实践为世人证明了作为中医人的医德医风，对事业和病人可谓诚心、诚信、诚意。

首先要确定"普救含灵之苦"的志向；在诊治上要"纤毫勿失"；在作风上不得炫己毁人，谋取财物。

晁恩祥的精湛医术，博得广大患者的赞誉，患者来自五湖四海，许多国外的患者专程过来看病。他们一般病程较长，需求较多，接触的医者也较多。讲述病情过程中往往常有不满情绪，含有焦虑、忧虑，对疾病认识不全面。常问"大夫您什么时候能给我这病'去根'呀？""怎么总治不好？"晁恩祥就好像他们最后一棵救命稻草，可想象他们的热切期盼，晁恩祥总是开导患者：各个医生均有自己的治疗观念、用药特点、诊疗思路，每位医生均想给患者治好病，不会故意为难患者，不会能一天治好的病，非拖一个星期、一个月，只是有时疗效不尽如人意罢了。使患者多理解医生，构建和谐的医患关系。每次患者回来高兴地说：晁医生您给我的病治好了，我可以爬楼，自由活动，可以跑步，您救了我。这时候，晁老总是笑笑，从来没有炫耀之意，没有骄傲之情，总是那么谦和，那么淡定。

# 八、养生之智

## （一）冬季养胃时刻表

对于老人而言，若想冬季身体能量充足，需要让胃保持高效率的工作，为身体提供足够的能量和养分。而要养好胃，关键在于"里外不受寒"。以下这个冬季养胃时刻表，老人们不妨参考一下。

7：00 喝杯温开水。早起喝水，可以补充一晚上流失的水分，充分滋润身体的每一个角落。需要注意的是，早晨是人体阳气生发之时，喝凉水属于"逆势而为"，容易给胃部造成不良刺激。

8：00 早餐吃热食。调查表明，不吃早餐引发肝胆疾病的概率为 11.7%，引发胃病的概率高达 36%。一份营养均衡的早餐中应包含谷类、奶类、肉类、豆制品以及水果、蔬菜等几大类食物。

9：30 晨练别受寒。由于胃靠近腹壁，只有少量的肌肉、脂肪等在外围包裹，容易受"凉"。因此老人冬季晨练时，一定要做好胃的保暖工作。最好等阳光明媚后再出门锻炼，运动时护好腰腹。

12：00 午饭前喝汤。在食物比较干而唾液分泌不足的情况下，适量的汤水有益于消化和吸收，尤其适合在冬季肠胃"懒惰"时。汤水会稀释唾液和胃液，但它对肠道消化液的影响很小。注意不要将饭和汤一起吞下去，饭没有经过充分咀嚼，容易消化不良。

15：00 找老友聊天。不少人生气后一点胃口都没有，原有胃病的还会病情加重。冬天人的心情容易随气温一起变得低落，多和家人、老友聊天，可以让心变暖，胃也会随之暖和起来。

18：00 晚饭别太饱。一定要控制在"七八分饱"。每顿少吃一点，两顿正餐之间适量加餐，既保证摄入总量，又不会让胃挨饿。

19：00 站立助消化。胃容易有灼热感的人，尽量不要饭后躺着或久坐，否则容易返流到食管，使症状加剧。餐后半小时以内不要做剧烈运动。

## （二）中医养生保健，益寿延年

### 1.老年人首先应当注意自我调养

65岁以上的人，几十年奔波劳碌，可能会有各种各样的身体不适或疾病，年老后更为明显。现在卫生条件有了很大改善，医改医保政策的贯彻，使大家获益。老年人应每年主动进行一次体检，一旦出现问题，及早处理。

### 2.老年人正确应对退休

目前我国退休年龄一般在60岁，此时人们身体尚好，继续工作的也不少。退休是人生的一大变化，晁老认为对退休当正确认识，要保持心态平衡，正确对待并适当安排自己的生活，不要认为自己已是无用之人。

### 3.老年人更应注意外感病

老年人不要轻视外感病，外感病可以诱发其他疾病，应及时诊治，避免发展、变化。另外，脾胃病、心脑血管病、精神病变、糖尿病等也应及时诊治。

### 4.老年人的用药原则

老年人的保健康复、养生、用药当然离不开中医的整体观念、辨证论治。但由于老年人的特点、体质强弱、疾病情况，更应注意正邪兼顾，扶正固本。用药不必过猛烈，调补比大补更可取。老年人应用中医药除了治病（包括外感病），尊崇急者治其标，缓则治其本之外，在康复保健中注意针对个体情况辨证用药，或选药组方制作膏方。不一定一味滋补、活血，而要注意阴阳气血的虚实调理。

## （三）关于老年人养生的几点建议

### 1.个人、家庭共同作用

老人自己或家庭要对健康问题给予关注。首先个人要有自知之明，任何事不必强求，独善其身足矣！老人不要过多干涉家人之事，老夫老妻和睦更为可贵；年轻人也要带着晚辈多关怀老人，不住在一起也要多联系，多回家看看。经常交流，给予老人尊重，做到和谐相处。

### 2.注意调整好饮食

各地饮食情况有所不同，难以一言而就，但应在原来的习惯基础上注意平衡。早、中、晚分别对待，早晨可以食用牛奶、豆浆、鸡蛋、点心之类，中午随习惯食主食、蔬菜，鱼肉少许，晚餐可以吃少些。若年老牙齿不好，要把牙修整好。老年人进食要慢，一定要细嚼慢咽，防止进食呛或水呛，老年人屡有进食噎住者，重者当去医院处理。

**3. 选择适合自己体能的锻炼方法**

锻炼身体属一生之事，各人认识有所不同。有的爱活动，有的不太爱活动。晁恩祥主张少年、青年应当注意身体的锻炼，目前跑族、走族日益增加，是一种好现象。但老年人运动种类应适当，根据自己的身体情况选择慢跑、散步或气功、太极拳、八段锦等方法，运动一定要适量！自己也可以早晚做做腿部、头面部按摩。

**4. 戒掉坏习惯，养成好习惯**

有的人从年轻时吸烟，直到出现了慢性阻塞性肺疾病才想戒烟，但已晚矣！有的人高龄仍不想戒烟，还借口多多，这显然在自毁身体；有的人饮酒多年，以饮为乐。到了老年还是戒烟、少酒为好；坚果少吃为好，可以多吃蔬菜及水果；有些爱好如打牌、玩游戏都比较有益，但不可熬夜打牌；可以适度玩玩手机，不可日夜不断；起床不要过猛，穿裤不要站立；养成定时起睡的习惯。

# 九、传道之术

读经典、做临床、善思悟、拜名师、做科研、写文章，是名医成长的必由之路，这也是晁恩祥对弟子的要求。在人才培养方法上，晁恩祥强调下面几点：

**1. 师承带教**

中医传承有其特点，其中师承带教尤为突出。自古以来难以计数的师带徒以及家传等方式，使一个个无知少年早早就由家长或师父言传身教，侍诊、助医而慢慢成为为民服务的医生。也有人通过多方拜师而博采众长，吸收他人经验，提高自己的诊疗技能。

**2. 远程视频疑难病例讨论**

定期远程视频参与晁恩祥国医大师工作站分站的疑难病例讨论，能够督促外地徒弟加强学习，同时，不同地域思想的碰撞，能产生新的思路与治疗方法。

**3. 定期举办经验传承学习班**

晁恩祥国医大师工作室定期举办经验传承学习班，让分散在全国各地的徒弟加强学习，分享成果，教学相长。

经过多年的悉心培养，晁恩祥培养的弟子、学术经验继承人大多数已经成为中医事业发展的骨干力量，其中1人当选国家中医药管理局"岐黄学者"，2人当选"全国名中医"等。

此外，以晁恩祥国医大师工作室为核心，先后在北京市宣武中医医院、保定市第一中心医院、深圳市中医院、上海中医药大学附属龙华医院、福建省第二人民医院、福建医科大学孟超肝胆医院、北京康益德中西医结合肺科医院、广东省中医院、广东省中医院珠海医院分中心建立工作站分站。

## 晁恩祥学术传承谱

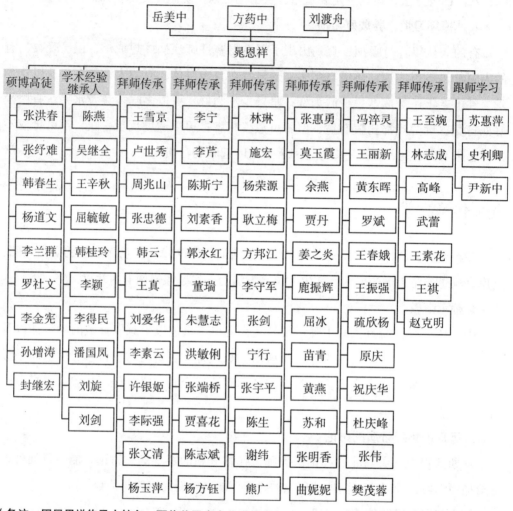

（备注：因晁恩祥传承人较多，再传弟子未在此谱体现）

（张洪春、刘剑整理）

（王爽编辑）

# 禤国维

禤国维（1937—　），主任医师、教授、博士研究生导师。现任中国中医科学院学部委员，中华中医药学会皮肤科分会顾问，广东省中医药学会顾问、终身理事，广东省中医皮肤病研究所名誉所长。曾任广东省中医院副院长、首任世界中医药学会联合会皮肤病专业委员会会长等职。享受国务院政府特殊津贴，获"当代大医精神代表""和谐中国十佳健康卫士""全国优秀教师""全国中医药杰出贡献奖"等荣誉。第二、三、五批全国老中医药专家学术经验继承工作指导老师，第一批中医药传承博士后合作导师。2014年被授予第二届"国医大师"称号。

禤国维的学术渊源于《内经》《伤寒杂病论》、中医各家学说及岭南医学。他认为平衡思维是贯彻于中医学术史的核心思维，在中医理论中平衡被表述为阴阳；提倡"平调阴阳，治病之宗""解毒驱邪，以和为贵"等观点；对中医补肾法的理论有深入研究，应用补肾法治疗皮肤病和疑难病取得满意的疗效；注重辨证与辨病相结合，推动了皮肤病中西医结合学术体系的发展；系统总结了中医皮肤病外治法；开发了消炎止痒霜、茶菊脂溢性外洗液、滋阴狼疮胶囊、银屑灵片等多个疗效可靠的院内制剂。获得国家中医药管理局、广东省科技厅、广东省中医药管理局、广州中医药大学科技进步奖多项。

## 一、学医之路

禤国维与中医的缘分从小就开始了。中华人民共和国成立前后广州有两个中医馆最多的地方，一个是现在的和平路，一个是龙津路。禤国维居住的地方是中医馆林立的龙津东路。那时街坊邻里和要好的小学同学家里有不少人从事中医行业。那时的医馆都是楼下看病，楼上住人。他到同学家玩，必定要经过诊室。正是一次次在同学家串门，他接触到了中医中药。不知不觉间，中医能治病救人的信念埋入了他的心底。他对中医的感情就在这种氛围里慢慢建立起来了。他从广州市洞神坊小学毕业后，有幸进入著名的广雅中学度过了初中和高中时光。在广雅中学快读完高中时，他就下定决心考中医大学。

1957年他如愿以偿地进入了广州中医学院（现广州中医药大学）这座中医的殿堂，开始了他的中医人生。在大学6年期间，他勤学中医经典，广采现代新知。广州中医学院的人才培养目标是通晓中西医学的现代中医。因此，开的中医课程占70%，西医课程占30%。这种培养方式使他们打下了全面的医学理论基础。在中医学习方面他十分注重背诵，年轻时背诵下来的内容，至今还不会忘记，即使在刚刚睡醒朦朦胧胧的状态下，他都能马上背出来熟悉的中医药经典歌诀。

1963年大学毕业，他被分配到千里之外的湖南长沙当一名住院医师，任职于刚刚建立的湖南中医学院（现湖南中医药大学）第一附属医院，从事中医外科临床工作。在独立开展临床工作中，他很快发现传统中医药对很多疾病的治疗有其特色和优势，在解剖结构认识和手术技能方面则西医学理解得更深入。为了更好地服务患者，在1970年，他被派往湖南省人民医院进修普通外科，使他对现代西医外科技术的应用和掌握得到了进一步的提高。

当时医院对进修学员是有规定的：一年的进修期必须有两个月要出门诊，其余的十个月必须要到病房。在出门诊的两个月，他大有收获。湖南省人民医院的皮肤科门诊是西医治疗为主，诊室刚好就在他出诊的中医外科旁边。中医外科包括了皮肤科、肛肠科、乳腺科等。遇到疑难杂症，疗效不好的时候，西医的皮肤科主任就喜欢叫他去以中医药的方法诊治一下，效果竟然还不错。通过对专科特点认真地研究对比，他体会到中医对皮肤病的治疗优势较多，于是决定日后专攻皮肤病的中医治疗方向。

1976年，禤国维已经成为湖南中医学院一附院中医外科的业务骨干。他从好朋友处得到消息，广东省中医院的外科发展得不错，但皮肤科还没有独立出来，很需要人才充实医院的医疗队伍，发展中医优势专科。经过再三思量，他决定回到广东省中医院，帮助家乡发展中医皮肤科事业。在之后的日子里，在大家的共同努力下，岭南皮肤病学得到创新性发展，建立了岭南皮肤病流派传承工作室，被国家中医药管理局确定为中医学术流派传承工作室建设项目，建立了广东省中医皮肤病研究所，禤国维国医大师传承工作室。广东省中医院皮肤科逐步发展壮大，成为国家级重点学科和国家区域中医皮肤科诊疗中心，也是全国中医皮肤科门诊量最大的单位之一。

## 二、成才之道

禤国维认为，作为一名医生，心里应该永远装着患者。在治学方法上要"勤学医源，广采新知"。在人生道路上要"立志高远、脚踏实地、领悟感恩、学会珍惜，保持积极向上的态度，经得起挫折的考验，努力实现人生的价值"。

### （一）一切为患者着想

禤国维经常对年轻医生说：医生是高尚的职业，医者必具仁道、仁义、仁人之心，做医生心中就要永远装着患者。中医和西医各有所长，不管你是中医、西医，能治好病就是好的医师。当然学中医的一定以中医为主。患者来了，首先从中医方面予以考虑，可有些病如红斑狼疮，就不是单凭哪种医学能说清楚的。在其急性发作期，首先肯定要用点西医的激素，在把病情控制住以后，我们就以中医为主治疗了。最后有一部分我们完全可以用中医方法来解决问题了。中西医结合治疗红斑狼疮，效果还是比较令人满意的。另外，医生要深入了解患者的病情就必须用现代的检验方法。如 ANA、dsDNA、补体的检测，有助于了解红斑狼疮的发展情况和疾病预后。这些现代手段是化学家发明的，西医可以用，中医同样可以用。中医或西医，关键是一切为患者着想。像大家熟悉的高血压，中医的降压效果比较慢，患者血压很高的情况下还坚持中医疗法为主那就可能会发生中风了。所以须加强西医的方法，先把血压降下去。但高血压总是伴有很多并发症，用中药调理它，防止并发症，提高患者的生活质量，何尝不好呢？所以禤国维的观点是这样：中医有中医的优点，西医有西医的优点，医生应当把二者融合起来。他非常乐观地看待中西医结合的发展前景和未来趋势。

### （二）勤学医源，广采新知

中医学思维古老而常新。古代中医学在"阴平阳秘"的启发下，通过人体临床试验发现了丰富的医药宝藏，现代医学工作者有责任挖掘和提高这一宝藏。现代医学将人体的平衡态理解为神经－内分泌－免疫网络的稳态。站在平衡思维的角度，中医学和西医学并没有不可通融的鸿沟。平衡思维既需要宏观整体定性认识，也需要微观局部量化认识作为其科学基础。古代中医体悟了阴、阳、表、里、寒、热、虚、实等整体性平衡，建立了行之有效的辨证论治体系，至今仍然在临床发挥着不可替代的作用。这正是中医学传承守正之所在。但是由于古代科学技术背景的局限，在微观局部量化平衡方面的认识则是空白。现代科技为解决微观局部量化问题提供了非常有效的工具。比如超声波、CT、磁共振、分子生物学技术、介入治疗等各种技术，为发现和治疗病灶提供了有力的工具。中医和现代技术之间并没有天然的壁垒。中医应该充分利用现代科技来提高解决实际问题的能力，丰富和发展自身的内涵。这也是思维服务于实践的题中之义。

现代社会中西文化大交流、大碰撞，必然迎来大融合。整体论、还原论已经酝酿出系统论。现代中医不可能置身于现代思维模式之外。现代思维模式也绝不是凭空而来，它与传统思维模式必将殊途同归。自从产生人类文化以来，文化的交流就以各种直接或间接的方式进行，从来没有间断过。从来就没有一种绝对封闭的文化。

### （三）以"和"思辨，融合古今

裘国维推崇以"和"思辨。中华"和"文化的精髓就是善于吸收、融合各学科的成果为己所用。在历史上《黄帝内经》是吸收阴阳五行学说和古代天文、地理、历法、气候、物候的成果而建立的中医学理论的奠基之作。《伤寒杂病论》吸收东汉以前的医学、哲学、易学思想，创造了辨证论治体系。金元四大家从宋代理学的角度发挥《黄帝内经》和《伤寒杂病论》的学术思想，创立火热论、滋阴论、脾胃论、攻下论，各成一家。明清医家对金元各家学说进一步研究，形成了温补学说、温病学说、瘟疫学说、气虚血瘀学说。虽然这些学说大部分仍然应用阴阳五行理论进行说理，却有小部分已经逐渐脱离阴阳五行理论体系。如瘟疫学说就认为天地间别有一种戾气是瘟疫的致病原因。现代医学借助现代科技挖掘中医宝库取得了令人瞩目的成绩，比如研制出青蒿素制剂治疗疟疾，三氧化二砷制剂治疗白血病。这些研究应用了现代科技使中医学取得重大突破。

## 三、学术之精

裘国维教授的学术渊源于《内经》《伤寒杂病论》、中医各家学说及岭南医学。他将中医阴阳五行理论的特征归纳为整体、辨证、平衡、共性、模式五种思维。他认为，平衡思维是贯彻于中医学术史的核心思维。平衡相当于辩证法的事物矛盾对立统一关系，同时是一种不同于形式逻辑的思维规则。在中医理论中平衡被表述为阴阳。临证他贯彻"平调阴阳，治病之宗""以和思辨，提高疗效"的理念，凝练出"皮肤解毒汤"治疗炎症性、变态反应性皮肤病的治法，总结了补肾法治疗结缔组织、皮肤附属器疾病的原则，发展了中医皮肤病外治法体系。

## （一）学术思想的源头——以和思辨，提高中医临床疗效的思考

中医学认为，一阴一阳之谓道，阴阳消长转化，生命是普遍联系、永恒运动的，健康和疾病的变化是机体的阴阳矛盾变化的结果。中医药文化面对矛盾、化解矛盾的智慧可以概括为"致中和"。致，是达到；中，是平衡；和，是和谐。

以和思辨有着悠久的发展历程，反映了中华优秀传统文化的基本思维原则。在以和思辨的原则下，中医学发明的"和法"在临床各科中得到了广泛的应用，能有效提高临床疗效。

### 1."和"思辨的历史源流

最初，"和"并非是以"和法"这一具体的治疗方法出现，而是作为一种思维原则。早在《道德经》中"道生一，一生二，二生三，三生万物。万物负阴而抱阳，冲气以为和"指出，阴阳合和的动态平衡才能衍生万物。接着，《内经》中出现大量关于"和"的概念，如《素问·生气通天论》中"阴平阳秘，精神乃治"，《素问·至真要大论》中"寒者热之，热者寒之，微者逆之，甚者从之""温者清之，清者温之，散者收之，抑者散之，燥者润之，急者缓之"，均涉及"和"的概念，为"和法"的确立提供了重要参考，奠定了基础。此后，张仲景在《伤寒论》中巧妙地结合寒热、攻补等，提出小柴胡汤、半夏泻心汤、桂枝汤、小建中汤等，用于和解少阳、调和寒热、调和营卫、调和脏腑，开创了和法的临床应用。后来，金元的众多医家都对"和法"进行了内涵的补充和临床实践的丰富。直至清代程钟龄根据八纲辨证，在《医学心悟》中论述："有清而和者，有温而和者，有消而和者，有补而和者，有燥而和者，有润而和者，有兼表而和者，有兼攻而和者，和之义则一，而和之法变化无穷焉。"故《内经》是"和法"产生的思想根源，《伤寒论》开创了"和法"的临床应用，《医学心悟》确立了"和法"在中医治法学上的重要地位，使其成为治疗八法中重要的一法。"和法"的内涵和应用不断地得到丰富和拓展。

### 2."和"思辨的临床应用

疾病的病因病机往往纷繁复杂，存在寒热夹杂、气血不调或者正邪交争等多种情况。现代系统论也认为：整体性、关联性、等级结构性、动态平衡性等是所有系统的共同基本特征，人体内存在着许多对立关系，而这些对立关系之间都存在着相互依存相互制约，并在一定条件下相互转化的关系。各层次的对立调节均处于相对

的动态平衡之中，以维持机体健康状况，也是人体生理的一种稳态。一旦发生异常，人体就会产生病理征象，若这种失衡得不到纠正，以致继发多个对立失衡，甚至导致整个机体失衡。"和"的思辨正是试图恢复机体的系统动态平衡，保持生理的状态。中医"和"的思辨与西医学系统论有着异曲同工之妙，可以相互借鉴、交相辉映。

（1）调和肾中阴阳：综观许多疾病，尤其是一些难治性、顽固性疾病与肾的关系非常密切。而肾的疾患又以肾虚为主，肾虚分肾阳虚衰和肾阴虚亏，都会导致许多病变。如硬皮病、皮肌炎、白癜风、皮肤色素沉着、雷诺氏病等，多属肾阳虚衰，表现为畏寒怕冷、四肢不温、面色苍白、精神疲乏、大便溏薄、小便清长、自汗，或者阳痿滑精、舌淡胖而润、苔白滑、脉沉弱无力等，治疗上应当采用温肾壮阳；而白塞氏病、痤疮、黄褐斑、脱发等，多属肾阴虚亏，常有头晕耳鸣、五心烦热、形体消瘦、面色潮红、遗精盗汗、便秘尿黄、舌质红、苔少或剥或裂等症状，治疗上宜滋阴补肾；还有红斑狼疮、慢性荨麻疹等，则可能属于肾阳虚衰，也可能属于肾阴虚亏，辨证施治就更为重要。肾中阴阳不和是疑难病发生的根本原因，调和肾中阴阳，往往能使很多疾病得以痊愈。

调和肾中阴阳，尤其推崇"阴中求阳，阳中求阴"的阴阳互济、以平为期理念。在临床治疗中，阴虚者接受补阴药并发挥作用要靠阳气的生化，故治疗用药上以补阴为基础辅以补阳之品，及时帮助阴精的滋生，从而实现阴阳动态平衡的重建。同样阳虚者在一般情况下，均应在补阳药中加以补阴药，其目的在于补阳而不伤阴，从阴中补阳，使阳气得补阴之品而变化有源。由此可见，"阴中求阳，阳中求阴"的目的在于通过阴阳互相生化的原理，对机体调节起协同作用，以维持阴阳动态平衡。

（2）调和扶正与祛邪的关系：大多数疾病都是由于外邪侵袭加之正气内虚所致的，故调和正邪是疾病诊治的首要任务。但在不同疾病的不同时期，正邪所占主导地位有所区别，要求我们在临床中根据不同疾病所处的阶段进行适当的调和，以达到祛邪扶正的目的。但是，邪与正是矛盾的双方，两者的相互斗争贯穿了整个病程，过早的扶正会导致滞邪，祛邪的过度会伤正，只有正确调和祛邪与扶正两者的关系，才能达到祛邪不伤正，扶正不留邪，调和双方的力量对比，能使疾病向痊愈方向转化。

一般认为，风、寒、暑、湿、燥、火等六淫是疾病最常见的致病因素，这些邪气侵及人体后，若不能及时化解则可能与阳热体质相合，极易化火，蕴而成毒；若邪气伏于体内不发，感春夏温热之气，则伏毒自内而出，表里皆热，熏蒸体肤，而成疾患；如若内伤七情，更易五志化火，宣泄不得，蕴毒生热，发为疾患。故疑难疾病的发病和迁延常与"毒邪"蕴结有密切的关系。在疑难疾病的病因病机中，常常由于病情反复不愈，导致六淫之邪胶着难解，日久均可化毒，壅遏不解，内伤脏腑，阻碍气血运行，耗伤津液。病程越久，蕴毒越深，"毒"邪致病之机越需要重视，临床常用解毒法治疗。

例如：系统性红斑狼疮病情多变、病机复杂，但虚虚实实之中，肾阴亏虚而瘀毒内蕴是贯穿病程之主线。本病最常见的临床征象：颜面红斑，身热起伏，脱发，面赤潮红，腰膝酸痛，劳则加重，头目眩晕，女子月经不调，经色紫暗，或经来腹痛，甚则闭经，反复口舌生疮，肌肤瘀点、瘀斑，舌质黯红或有瘀点，苔黄，脉细数等。因此，补肾阴，解瘀毒，标本兼治乃切合病机之良策。故在系统性红斑狼疮的辨证论治中，要注意毒邪与正虚的力量对比，调和正邪。

（3）调和水火：肾为水火之源、阴阳之根，肾阴不足则水不济火、真阳无根、虚火上炎。阴虚火旺是众多皮肤顽疾的病因，如临床常见阿弗他溃疡患者，往往表现为口舌生疮，牙龈肿痛，牙齿松动，并有头晕耳鸣，舌质嫩红，脉细尺弱。此时应以滋阴壮水，引火归原法治之，以调和水火。"引火归原"是调和水火最常用的治法。《医学心悟》中指出："肾气虚寒，逼其无根失守之火，浮游于上，当用辛热杂于壮水药中导之下行。所谓导龙入海，引火归原。"引火归原法即用温阳、潜阳之药以引无根浮越之火重归肾宅，使水火相抱，阴平阳秘的治法。运用本法，水火不济是前提，运用此法时是在滋阴壮水的基础上加用知柏、龙牡以滋阴潜阳，用牛膝引火下行，视病情需要少佐桂附，使水火相济。

（4）调和方药：用中药治疗疾病就是通过调理机体阴阳、正邪等矛盾关系，把"失和"调为"和"，把"偏"调为"平"，从而达到治疗疾病的目的。这是中医治疗学的特色之一。中医治疗时非常注重双向调节，平调阴阳也就自然成为治疗疾病的总原则。这一总治则要求方剂的配伍是发而不过散，收而不过敛，升而不过亢，降而不过沉，清而不过寒，温而不过燥，补而不过腻，攻而不过破，补阳当于阴中求阳，补阴当于阳中求阴。如桂枝汤有发汗作用，而实际上不是发汗之剂，而是调和营卫的和剂。白虎汤、承气汤，为治阳明热盛津伤之剂，泻热即能存阴。小柴胡汤以和解之，全方寒温并用，攻补兼施，有疏利三焦，宣通内外，和畅气机的作用。

中药方剂作为中医临床重要的治疗手段，使机体阴阳自和服务是其重要任务之一。推动机体的阴阳自和机制产生治疗效应，是中药药效的重要方面，而中药的调整作用则更接近于阴阳自和的本质，其在药物应用方面具有极为突出的优势。在遣方用药方面，既要重视整付方药内的调和，也要注意药味和剂量的选择，以免纠偏太过。

综上所述，"和"的思辨在疾病治疗中具有广泛的应用。以"和"的思辨指导临床辨证论治，主要从调和肾中阴阳、调和正邪关系、调和水火关系及调和方药方面入手，旨在有效提高临床疗效。

## （二）中医思维与临证——整体、辨证、平衡、共性、模式五种临证思维

思维一般包括逻辑思维、形象思维和灵感思维。思维的形式是概念、判断、推理。思维的方法是抽象、归纳、分析和综合。

中医学和思维学各自属于两种不同的学科体系，中医学属于理论实践的范畴，思维学归属于逻辑哲学的范畴。在理论及临床研究过程中，中医学与思维学常出现多重学术关系的交叉和统一。在人类文明的发展过程中，包含在哲学体系的思维学对人类的进化及生产实践活动，从思想的高度，发挥认识、指导、发现规律、应用创新等作用；从这一方面讲，起指导实践作用的思维学与以临床实践为目的的中医学的交融是必然的。实际上，中医学从创立之初，就内蕴自身独特的思维逻辑方式，如阴阳论、五行论、天人一体观等，这种思维建立并根源于中国古代朴素的哲学基础上。随着时代生产力的变革和文化的繁荣，中医思维也得到了逐步的丰富与完善，其思想光辉一直蕴藏在浩瀚的中医典籍之中，并传承至今。

近年来，中医思维学的概念愈发在各种学术场合及期刊中被提及，成为中医学术研究者的共识专业概念，并在不断地研究中演变成为一门融合中医学、中国古代哲学、中国传统文化等多学科精粹的新的独立学科。探微中医思维，特别是中医临证思维，对中医未来的发展有重要指导价值，中医临证思维实际上就是指中医对生命和疾病的认知方式。

### 1. 整体思维

整体就是统一性和完整性。人类社会及科学技术发展到今天，系统、可持续、整合、集成、组织等概念的研究方兴未艾，大到世界政治经济、国家管理，小到企业组织运作、医学保健，对整体的认识和把握总是解决问题的焦点。中医是一门系统的科学，中医在其起源至发展的每个阶段，都以整体思维认识人体，认为人与天地万物，自身形体与内神，内在的五脏六腑、经络、气血津液，和七情等之间，均存在细微紧密的联系与沟通。整体观是中医理论的基础，是古代唯物论和自然辩证法思想在中医的体现，它贯穿于中医生理、病理、诊法、辨证、治疗，预防养生等整个理论体系之中。

中医自始至终将人体置身于天地宇宙之间，认为人与自然相互统一。《素问·宝命全形论》曰"人以天地之气生，四时之法成""天地合气，命之曰人"；《灵枢·五癃津液别》亦云："天暑衣厚则腠理开，故汗出……天寒则腠理闭，气湿不行，水下流于膀胱，则为溺与气"。人存在于社会中，人体的变化同样与社会人文环境密切相关，中医主张"中知人事""治病亦不失人情"；《黄帝内经》中讲"凡欲诊病者，必

问饮食居处，暴乐暴苦，始乐后苦，皆伤精气，精气竭绝，形体毁沮"即是体现，亦如李中梓于《医宗必读》中指出："大抵富贵之人多劳心，贫贱之人多劳力……劳心则中虚而筋柔骨脆，劳力则中实而骨劲筋强……故富贵之疾，宜于补正；贫贱之疾，利于攻邪。"这一宏观一体的思维决定了中医独特的诊病治病的思路。中医重视机体表现于外的异常征象，运用望闻问切合参构思，把分散的表征与病机组合成具有整体联系的综合证候，从宏观认识上，总体把握病情，进而系统指导治疗。对于养生，古代医家顺应自然，兼顾形神一体，五脏一体，形成了独具特色的整体养生观。正如《素问·四气调神大论》所言："夫四时阴阳者，万物之根本也。所以圣人春夏养阳，秋冬养阴，以从其根，故与万物沉浮于生长之门。"《灵枢·本神》"故智者之养生也，必顺四时而适寒暑，和喜怒而安居处，节阴阳而调刚柔。如是则僻邪不至，长生久视"。作为中医思维的首要思维，整体观对中医基础理论的建构起到了主导的作用。

在西医学发展史中，随着显微镜的出现，人们开始逐渐把视野深入到更微观的结构中去，生物及细胞之间的个性差异特征愈来愈被放大，各个病种及病理之间的细微差别逐渐被探明，这些极大地促进了生物学及其他各学科的进步，中医学领域也慢慢开始探究中医治疗在现代生命科学中的依据及中药的分子结构、代谢过程和复方在机体内在作用原理，并取得部分研究成果。中医的"微观"研究为其适应现代临床发展提供了切入点，也在一定程度上促进了中医药的现代化、国际化进展，进而获得多方面的支持和持久的发展需求；但另一方面，过于把研究精力放在"微观"上，忽视中医"整体思维"的理论支撑，将使中医的发展丧失精髓特色，这是目前中医现代发展应注意的问题。

**2. 辨证思维**

辨证思维是中医的另一纲领性思维，体现了中医在整体认识下又注重具体的、个体化差异的观念，体现了中医注重人体的复杂性、非线性特点。中医十分重视自身的理论体系在个体化中的应用，中医的思维逻辑丰富蕴含在解决各种具体化问题的过程中。在长期的临床实践中，中医逐渐形成了基于四诊基础上的辨证论治的诊疗思想，探索出辨证性质的概念、判断及推理模式，构建了矛盾分析式的辨证逻辑体系。在科技欠发达的古代，人类对自身组织结构了解甚微，中医即在实践中运用矛盾分析方法，在对立统一中把握生命运动在不同层次、不同方面及不同阶段的运动变化规律。张仲景的六经辨证，张景岳、程钟龄等医家的八纲辨证，温病学派的三焦及卫气营血辨证等均是中医具体问题具体分析的智慧体现。

中医辨证思维以"阴阳"为总纲和逻辑开端，以阴阳学说的对立制约、依存互根、消长转化和动态平衡观作为对立统一思维规律。《易经·系辞》"一阴一阳之谓道。"认为整个世界由阴阳两大势力组成，二者对立又统一，是构成世间一切事物内部共同具有的相互对立而又相互消长的两种基本因素。《易经》最早提出了中国哲学以阴阳为主的辨证思维，继而被中医所接受和吸收。《黄帝内经》及后世医家典籍均借助了阴阳这一概念和命题来认识和说明人体的生理和病理，并被不断充实和弘扬，成为后世各种中医辨证学说创立的思想基础。在阴阳理论指导下的中医辨证分型论治，可全面把握患者的机体特性，掌握疾病的发展规律、严重程度和总体预后判断，选择适当的治疗时机和方法。中医的辨证思维是在整体思维下，统一人体与自然的关系，在明辨脏腑、经络、七情等因人制宜的要素基础上，因时制宜、因地制宜，如《灵枢·顺气一日分为四时》中所论"春生、夏长、秋收、冬藏，是气之常也。人亦应之"，《内经》"西北之气，散而寒之，东南之气，收而温之"，《素问·五常政大论》"是以地有高下，气有温凉，高者气寒，下者气热"皆是中医辨证思维广泛而具体的应用体现。

传统中医的辨证思维主要是辨证论治，即在结合四诊八纲的基础上，收集患者各种表观病理征象，司外揣内，审证求因，综合分析判断，来总体把握疾病本质，指导运用理、法、方、药对疾病进行诊疗。随着时代的变迁，中医的辨证思维也在与时俱进，在传统诊疗的基础上，正不断融合现代循证医学的方法提高辨证论治水平，亦借助实验研究使临床有效经验和成果得到客观量化的数据证明，这些成果促进了临床实践的推广和继承。中医的传统四诊也结合了日益发达的现代检测技术和手段，拓展了传统中医诊疗的视野和思路，改变了传统辨证的主观化不足，实现精准化、规范化辨证。众多现代先进生物技术，如病理生理学、细胞生物学和分子生物学等微观诊疗技术的不断完善和发展，加之患者对自身机体日益的重视关注和对精细化、直观化的诊疗要求，也使中医不断改进传统模糊的辨证诊疗模式，将辨证与辨病相结合，实现在整体辨证的基础上，对"病"有针对性的判别治疗，使辨证论治有更加明确的目标，帮助制定更加可行的个性化治疗方案，获得更好的临床疗效和预期。

### 3. 平衡思维

阴阳是中医辨证的总纲，决定了中医对人体"阴平阳秘"的生理状态和阴阳失和病理状态的认识，如《素问·生气通天论》所言"阴平阳秘，精神乃治；阴阳离决，精气乃绝""凡阴阳之要，阳密乃固，两者不和，若春无秋，若冬无夏，因而和之，是谓圣度"。阴阳调和，则"正气存内，邪不可干"，人则无病；阴阳不和，则引起人体气血运行紊乱，脏腑经络功能失调而百病丛生。因此，调和阴阳，使机体平衡和谐，是中医治疗的基本原则。

"以平为期""阴平阳秘"是中医平衡思维的代表，中医自始至终都以此理念指导理论的发展。《素问·至真要大论》"谨察阴阳所在而调之，以平为期"，目的是根据正邪的盛衰，阴阳之虚实，用相应的方法调整人体机能，以达到平和、协调、稳定的状态。中医的平衡思维并非一成不变的僵化平衡，中医从来没有孤立静止地看问题，中医认为的人体平衡是一种动态平衡模式。《道德经》早已提出"万物负阴而抱阳，冲气以为和"，指出阴阳在动态平衡中衍生万物。不论是中医阴阳平衡还是现代的"内环境稳态"，都是一种动态的平衡。动态平衡性是所有系统的基本特征。

另有医家指出，人体的动态平衡仅处于理想状态下，现实中人体受多种因素影响，常处于非平衡状态。如朱丹溪提出了"阳常有余""阴常不足"的理论，认为阴阳是动态增减的；张介宾则提出"阳非有余""真阴不足"论。这种非平衡态并不是病理表现，而是一种使人体趋向于某种病理反应的生理状态。"天人相应"认为人体的系统处于开放状态，故人体内环境会随所处的年龄、地域及社会关系的不同而有所偏颇。如中医体质学说即根据年龄性别等因素，将人分为多种体质类型：小儿多为纯阳之体，女性多为血虚体质；岭南之人，多为阴虚火旺体质；西北之人，多为燥盛体质；富贵使人易生痰湿，贫苦之人多为虚弱，皆是此例。

无论是生理性的不平衡，还是病理上的不平衡，中医平衡思维皆对其发挥指导作用，灵活运用理、法、方、药辨证辨病施治，用药物之偏性纠正机体之偏性，使"寒者热之""热者寒之""虚则补之""实则泻之"，通过调整"太过"与"不及"，从而逐步实现阴阳平衡。中医的优势就在于调整阴阳而不破坏人体正常平衡，具有双向调节作用，故只要辨证用药得当，就不会出现温阳而伤阴，补阴损阳的现象。对皮肤病来说，大部分疾患是由于外邪侵袭加之正气内虚所致，故调和正邪是疾病诊治的首要任务；但在不同疾病的不同时期，正邪所占主导地位有所区别，即要求我们在临床中要根据不同疾病所处的阶段进行恰当调整，达到祛邪不伤正，扶正不留邪，调和双方以达到祛邪扶正的目的，使疾病向痊愈的方向转化。对于一些结缔组织病、免疫性疾病，由于长期或不恰当使用激素及免疫抑制剂，患者可能出现免疫功能、代谢功能及自主神经功能的变化和紊乱，从中医辨证看，多属阴阳失调，采用补益肺脾肾，调和阴阳，"阴中求阳，阳中求阴"的方法，利用补阴药的气化和补阳药的生化功能，对机体阴阳调节起协同作用，实现阴阳动态平衡的重建，往往可改善病情。另外，中药的四气五味、升降沉浮等理论，是体现中药药效作用的重要方面，药物的偏性可推动机体的阴阳自和机制从而产生治疗效应；故在遣方用药方面，既要重视整剂中药君臣佐使关系的调和，又要注意药味和剂量的配比，以免纠偏太过。

### 4. 共性思维

中医是一门经验科学，其理论随着社会实践的不断发展进步而逐步创新提高。

中医一开始就是从整体观的角度看待事物，随着临床经验的积累及认识的深入，逐步形成辨证论治的思维认识。共性思维则是以整体、宏观的视角，辅以辨证论治的理论依据，从具有千差万别特征的事物中，总结临床相似事件，发现其共同特征和特性，从而用某种类似的方法来帮助指导这类事件的处理的思维方法。体现中医共性思维的就是证候理论，异病同治则是以此思维为基础的特色治疗方法。

证候是中医在长久的临床实践中对疾病的生理病理变化进行整体性的概括，并可随着机体的功能改变而呈动态变化。中医证候从宏观表征对机体状态进行认知和分类，注重整体把握人体功能状态，因而存在其共性的内在基础。根据望闻问切所获得的临床资料，提炼疾病属性、疾病部位、疾病性质及正邪力量对比等共性特征，概括为阴阳表里虚实寒热八纲，结合细分的脏腑辨证、六经辨证、卫气营血辨证等形成证候，并作为论治的依据来指导临床的诊断、治疗、调养及预防。

长期临床实践发现，许多疾病往往具有相似的病因病机，故在辨证的基础上，可将其划分为同一证候类型，治法亦相似，即异病同治法。许多皮肤病，如湿疹、荨麻疹、银屑病等多为风湿热毒郁结肌肤而发病、临床多辨证为风湿热证，法为解毒化瘀，利湿通络；痤疮、脂溢性皮炎等多由肾阴不足、相火过旺引起，多归于肾阴虚证，治则是滋肾泻火，凉血解毒；斑秃、脂溢性脱发、产后脱发等因多数伴有腰膝酸软、耳鸣目眩、遗精滑泄、失眠多梦等症状而多属肾气不足证，治以益气固肾养血；难治性免疫性皮肤病，如红斑狼疮、硬皮病、皮肌炎等多病程长、反复发作、耗竭肾元，往往导致肾阳亏虚证、肾阳虚水泛证，治疗上多用温阳补肾之法；另有部分患者精神压力大、忧思过度，郁久化火，暗耗阴精，发为阴虚内热证，治法则为滋阴降火法。

### 5. 模式思维

中医主张以灵动、发展的眼光来看待和解决问题，但并不否认和排斥模式思维的作用。模式是人类学习知识的途径，也是从古至今人类通过人脑、书籍等各类载体承载、继承人类文明的要求，是人类思维在长久进化的结果。中医作为一门经验学科，数千年的经验积累必然要求其探索出一套适合自己理论的模式结构。历代医家总结出丰富的临证经验，在模式思维的指导下，将零散的、无序的经验智慧知识片段进行抽象化、框架化、标准化、系统化，通过反复地实践形成固定的思维格式，且被后人不断改造发展形成一定模式，并形成某种成熟的模式知识链，使之能够被后世准确地模仿和学习掌握，使其在历史的长河中得到长久的传承。

中医模式思维的产生，是一个从低级到高级的过程。中医十分擅长利用模式框架来解释说明中医理论。最初中医的模式结构为"阴阳"这一简单矛盾框架，后来发展为木火土金水五行理论，由于对个体及微观方面的指导有限，后世又不断"添砖加瓦"，形成脏腑、气血津液、经络穴位等模式，将复杂凌乱的临床诊疗论述精炼成条理清晰的纲要性指南。中医证候学、中医辨证论治的关键环节，是模式思维的突出体现，它完全根植于中医诸多辨证学说，融合汇通临床四诊所见，形成一套完整的诊疗模式体系，使中医思维逻辑更加清晰，极大促进了中医的发展。给模式命名或口诀化，是形成模式思维的一种有效办法。作为中医的重要武器——中药，亦有许多建树，例如《药性赋》《汤头歌诀》等中医典籍，化繁为简，利用歌诀的形式使数千种中药及复方能被快速及精确地掌握。这种模式思维同其他学科思维有极大不同，很大程度上简化了理论知识，促进了中医的理论知识的结构优化，促成传授方式的转变，丰富了中医学的内容，为中医的发展和广泛传播奠定了坚实基础。

目前，中医学正处于既要保持传统特色，又要现代化的境遇之中，通过"形而下"式的临床实践及试验研究等手段已取得许多突破性进展，但仍未深入触及中医现代化之精髓内核，用一些数据和公式来阐释中医学的博大内涵仍显苍白。作为中医理论中"形而上"的中医思维，将帮助中医在现代化的进程中，以新的视角展现其古老而常新的思想精神，获得更有力的发展动力和更明确的未来走向。

# 四、专病之治

## （一）斑秃

### 1. 病因病机

中医学称斑秃为"油风"。中医学认为，肝藏血，肾藏精，肝肾不足，精血亏虚是斑秃的主要病因病机，同时与血热生风、肝郁血瘀、脾虚血弱等有关。褟老结合本人体会认为，在岭南地区本病发病的中心环节是肝肾不足、气血亏虚、毛发失养而脱落；七情所伤，肝气郁结，精血失于输布，以致虚风内扰、毛发失荣，是诱发或加重本病的重要因素。因此，阴阳失和、气血失调、正邪交争是斑秃的基本病机。

### 2. 经验方介绍

在临床实践中重视补肾法在斑秃治疗中的应用，并形成以六味地黄汤加减治疗斑秃的验方——松针滋肾生发汤，其组成为松叶、蒲公英、熟地黄、牡丹皮、茯苓、山萸肉、白芍、山药（或芡实）、沙苑子、牡蛎、甘草、菟丝子、薄树芝、昆布、北沙参等。在组方时重视机体各层次的阴阳协调，在运用六味地黄汤滋补肝肾之阴的同时，加用沙苑子、菟丝子等温肾助阳，以调和肾中阴阳；运用六味地黄汤、薄树芝、北沙参或治疗后期加用太子参、黄芪等补益正气，加用昆布、牡蛎等平肝息风，以调和正邪之阴阳以调和方药之阴阳。在斑秃稳定期，加用黄芪补气升阳以促毛发生长，初用 15g，最大可用至 50g。纵观治疗斑秃的全方和治疗全过程，均以"和"为贵，平补肝肾。

### 3. 结合经典和现代药理选药

古医籍中记载，松针、蒲公英、沙参等中药具有"生毛发""乌须发"的功效。如《神农本草经》称松针为"仙人之食物"；《本草纲目》记载松针"气味苦、温，无毒，久服令人不老，轻身益气，主治风湿疮，生毛发，安五脏，守中，不饥延年"；《名医别录》谓松针"味苦温，主治风湿痹气，生毛发，安五脏，守中，不饥，延年"。松针的形状似毛发，从"比类取象"理论讲松针应有生发作用；而现代研究亦表明，松针中含有大量的原花青素，具有抗高血压、舒张血管、抗血小板凝聚、抗氧化、清除自由基活性、促毛发生长及免疫调节活性等功效，可诱导休止期毛发再生。《本草纲目》记载，蒲公英可"乌须发、壮筋骨"，李时珍认为"盖取其能通肾也"；《名医别录》记载沙参"去皮肌浮风，补虚"。斑秃患者皮肤干燥时加用沙参可滋阴补虚。现代药理学研究亦显示，沙参有免疫抑制作用。《神农本草经》将灵芝列为上品，其中赤芝"久食轻身不老，延年成仙"，紫芝"久服轻身不老延年"。在治疗斑秃时喜用薄树芝即薄盖灵芝，相对于普通灵芝，薄树芝里的有效成分是灵芝和紫芝的两倍，且口感较好，没有普通灵芝的苦味。现代药理研究证明，薄树芝对人体免疫系统有双向调节作用，能增强巨噬细胞活化而分泌白细胞介素 -1，抑制 T 淋巴细胞、B 淋巴细胞增殖反应，可促进毛发生长。临床运用松针、薄树芝、蒲公英、沙参等治疗斑秃，取得较好疗效，并形成鲜明的用药特点。

### 4. 中西医结合治疗

在斑秃中医辨证施治的初期常辅助使用少量西药，中西药联合治疗能够阻断病情恶性循环，如使用复方甘草酸苷调节患者的免疫功能；对头皮瘙痒患者加用抗组胺药依巴斯汀片，既能止痒又可生发；对正在服用激素治疗的患者，嘱其不可骤然停药，只能渐停以防病情反弹。

### 5. 避免长期服药的毒副作用

斑秃患者需要较长时间服用药物，方可改变体质，取得满意疗效并防止复发。一般 3 个月为 1 个疗程。现代中药药理学实验表明，泽泻、何首乌等中药长期服用会产生累积效应，导致肾毒性，不可久用。因此，运用白芍取代六味地黄汤中的泽泻，长期治疗还常以太子参、黄芪等取代生发常用药物何首乌，避免损伤患者的肝肾功能。此外，斑秃患者的发病与作息时间、情绪有重要关系，可表现为自身免疫功能下降，故临证常用黄芪、太子参等补益正气、补气生血之品，以达延缓衰老、增强机体免疫、抗氧化、抗压、保肝等多种功效，而沙参、薄树芝等药物均有调节人体免疫功能的作用。

### 6. 三因制宜，辨证施治

治疗斑秃时常运用三因制宜的法则。如根据广州春夏季节雨水偏多、气候潮湿等特点，使用香薷、防风、薏苡仁等祛风解表、健脾除湿。广东地处岭南，长年气候温热潮湿，可使用岭南地方中草药，如布渣叶以清热消食；兼有湿热的腹痛、腹泻患者，加用救必应、火炭母、土茯苓等；兼有胃病的患者，不宜长期服用山萸肉等酸味药，而改用葳蕤仁发挥滋补肝肾的作用；对过敏体质或脾虚泄泻患者，运用芡实取代六味地黄汤中的山药；睡眠不佳或因脱发而烦躁者，以茯神取代茯苓；皮肤、毛发油腻者，将沙苑子改为桑叶，牡丹皮改为丹参，加用蒲公英、茵陈、积雪草等清热凉血，除湿生发；舌质淡、体质偏寒者，减去蒲公英、昆布。当患者服用熟地黄、当归等补血药感觉燥热时，加用生地黄滋阴养血、平调阴阳；难治性、"蛇形"斑秃患者，加用黄精、覆盆子等补气生血固本；患者皮肤瘙痒，加用防风、白鲜皮等祛风止痒。同时常联合运用多种方法治疗斑秃，如中药外洗、外搽、梅花针叩刺等。另嘱患者放松心情，不要熬夜，每日用指腹轻叩头皮穴位，注意饮食忌口等。

## （二）脂溢性脱发

### 1. 病因病机

脂溢性脱发，多因头皮油腻或白屑增多伴脱发，犹如虫蚀而致，又称蛀发癣。以往医家认为本病初期多以血热风燥、脾胃湿热为主，后期可出现阴血耗伤、肝肾不足之证。结合褟老体会认为，在岭南地区本病发病的中心环节是肝肾不足。肝藏血，主疏泄，发为血之余；肾藏精，发为肾之华。肝肾互为子母，乙癸同源，精血互生。若肝肾得养，则精足血旺，毛发生长旺盛；若肾精耗伤，肝不藏血，毛发失其滋养，故见发枯脱落。岭南气候炎热，湿邪较重，加之现代人生活紧张，精神压力大，七情所伤，损及肝肾，致虚火上炎，相火过旺，气血失和，肌肤毛发失荣，成为诱发或加重本病的重要因素。

### 2. 经验方介绍

褟老诊治脂溢性脱发以肝肾不足为其本，血热风燥为其标，治以平调阴阳为则，拟滋补肝肾为法。《岭南卫生方》言："岭南既号炎方，而又濒海，地卑而土薄。炎方土薄，故阳燠之气常泄，濒海地卑，故阴湿之气常盛。"结合岭南地理气候特点，本病治疗在滋补肝肾的同时还需兼顾清热利湿。方用二至丸加味，平补肝肾治其本，凉血清热治其标。基本组方：女贞子20g，旱莲草15g，松针15g，蒲公英 20g，桑叶 15g，生地黄 15g，丹参 20g（后下），蔓荆子 15g，桑椹 20g，桑寄生 15g，茯苓 20g，布渣叶 15g，薄盖灵芝 15g，昆布 15g，甘草 10g。方以女贞子、旱莲草、桑椹、生地黄、桑寄生、昆布滋补肝肾，丹参清热活血，布渣叶、茯苓清热利湿，松针、蒲公英养发生发，蔓荆子、桑叶疏风散热止痒，薄盖灵芝平调阴阳，甘草调和诸药。诸药合用，共奏平补肝肾，滋阴除湿，清热活血，养发生发之功。

### 3. 辨证加减

在辨证的基础上，脾肾两虚者选用芡实、菟丝子、益智仁健脾补肾；肝肾不足者选用沙苑子、覆盆子益肾填精；湿热内蕴者选用茵陈清热除湿。还常用桑叶治疗头皮油腻，《本草纲目》记载桑叶主治"劳热咳嗽，明目长发"，《神农本草经》谓桑叶主治"寒热出汗"，桑叶能除寒热，入膀胱而有燥湿之性，故可用于减少相火过旺导致的油脂分泌，同时促进生发。另一方面，选北沙参配合桑叶用于平素头皮干燥、油腻交替的患者，因沙参秉金水之精气，益肺气于皮毛，故毛发得养。

### 4. 岭南特色用药

结合岭南的地理气候特点，常加减运用岭南中草药治疗本病。布渣叶，味微酸，性凉，归脾胃经，有消食化滞、清热利湿之功，尤其适用于儿童，湿热兼食积者亦可选用。其他岭南道地药材的加减：白花蛇舌草、积雪草化湿解毒，肿节风、石上柏解毒活血，木棉花、火炭母清热祛湿等。

### 5. 内服外治综合治疗

在内服汤药的同时，配合适当的外治，往往事半功倍。临床治疗脂溢性脱发常采用综合疗法，注重整体辨证，内外合治，标本兼顾，尤其注意调节阴阳平衡以增强身体免疫功能。中医外治法包括梅花针叩刺配合 TDP 高效电磁波照射、丹参穴位注射等。梅花针叩刺配合高效电磁波照射可以疏通经络、运行气血、改善脱发区血液循环。王清任《医林改错·方叙》认为血瘀是脱发的病因之一，原文载："伤寒、温病后头发脱落，各医书皆言伤血，不知皮里肉外，血瘀阻塞血路，新血不能养发，故发脱落。无病脱发亦是血瘀。"丹参穴位注射于足三里功在清热凉血、活血化瘀、调补脾胃，与梅花针叩刺配合高效电磁波照射有异曲同工之妙。

在临床中发现，大部分脂溢性脱发患者工作紧张、作息不规律，故注重改善患者睡眠质量，阻断恶性循环，常用七叶神安片、乌灵胶囊等口服以养心益气安神，并配合中药沐足、穴位按压（嘱患者将中药煎剂第三煎用于睡前浸泡双足，并按压神门、劳宫、涌泉等穴位）。

促进头发生长方面，让患者以手指指腹轻敲头顶部、两侧额角，早晚各 1 次，促进局部血液循环，有助于毛发生长。饮食调护及养生作息方面，叮嘱患者少食甜食及油腻、燥热的食物，注意休息，避免过度紧张和熬夜。

# 五、方药之长

## （一）核心方剂

### 1. 皮肤解毒汤

禤老认为疑难皮肤病的发病和迁延常与"毒邪"蕴结有密切的关系。在疑难皮肤病的病因病机中，常常由于病情反复不愈，导致风湿热邪胶着难解，日久均可化毒，壅遏不解，内伤脏腑，阻碍气血，耗伤津液。病程越久，蕴毒越深，"毒"邪致病之机越需要重视。因此，在疑难皮肤病的辨治方面，除了祛除常见的致病因素之外，设法"解除毒邪"是提高疗效的关键所在。

"毒"邪致病的治疗，一是用针对毒邪的药物直接解除之，包括用清、消、汗、下、吐等方法使毒邪从汗液、尿液及消化道排出体外；二是增强和调节机体自身的抗毒能力，以抵御毒邪对人体损伤的治法，即扶正祛邪法。解毒法中有清透、清泄、清解、清降、清通、清凉、清开等治法。历代医家对"毒邪"病证和解毒方药的运用积累了丰富的经验。禤老在20世纪60年代查阅文献中偶然发现日本尚药局生徒村上图基等人所撰的《续名家方选》记载有从革解毒汤，据云为"治疥疮始终之要方……凡疥疮，不用他方，不加他药，奏效之奇剂也"。其组成药物：金银花、土茯苓各2钱，川芎1钱，莪术、黄连各7分，甘草2分。"金曰从革"，从革乃肺主皮肤之义，从革解毒汤即皮肤解毒汤也。从方药组成来看，本方以金银花、土茯苓、黄连、甘草解毒为主，其中金银花归肺经，善解疮疡热毒；土茯苓归肝经，善解肝胆湿热毒邪；黄连归心经，善解火热毒邪；甘草归脾经，善解诸药毒；川芎、莪术归肝经，善解瘀毒，是以共奏解毒通瘀之功，组方确有独特之处。

禤老经过临床实践，发现此方对多种皮肤病有效，尤其对湿疹、慢性荨麻疹、银屑病等难治性皮肤病疗效较好。随着治疗的病例积累越来越多，进一步完善了组方，以尽量涵盖难治性皮肤病存在的各种"毒邪"蕴结的问题。如银屑病、湿疹、荨麻疹等难治性皮肤病常与血热毒邪、寒湿毒邪、鱼虾毒、食积毒、酒毒、药毒、风毒等密切相关，需要在组方中加以考虑。因此，有必要优化从革解毒汤的处方，使其更广泛适用于难治性皮肤病的治疗。在反复实践中，取从革解毒汤之义，经加减变化，组成新方并命名为皮肤解毒汤，更贴近临床实用。

皮肤解毒汤由乌梅15g，莪术10g，土茯苓20g，紫草15g，苏叶15g，防风15g，徐长卿15g，甘草10g组成。方取乌梅滋阴解毒，莪术祛瘀解毒，土茯苓利湿解毒，紫草凉血透疹解毒，苏叶解鱼虾毒，防风祛风解毒，徐长卿通络解毒，甘草善解药毒。全方关键在解毒，解除外犯之毒和内蕴之毒。随证可根据各种毒邪的轻重加减药物。如知母配乌梅可加强滋阴解毒；石上柏、九节茶配莪术可加强活血解毒；川萆薢、白鲜皮、绵茵陈配土茯苓可加强利湿解毒；生地、蚤休、半边莲、鱼腥草配紫草可加强清热凉血解毒；蒲公英、葛花配苏叶可加强解食积酒毒和鱼虾毒；苦参、地肤子、白蒺藜配防风可加强祛风解毒；当归、川芎、地龙干、全蝎配徐长卿等可加强活血通络解毒。临床应用仍需根据患者病情的变化随症加减。

### 2. 健脾消风汤

健脾消风汤是禤国维教授在参苓白术散和《外科正宗》消风散的基础上创造的一首经验方。该经验方的药物组成：北沙参、生地、茯苓、薏苡仁、徐长卿、苦参、白鲜皮、地肤子、防风、蝉蜕、紫苏叶、甘草。健脾消风汤的特色在于清补之中寓以降泻。升举脾阳宜清轻，从而维持毛孔开合正常；降泻胃阴宜清凉，从而维持大便通畅；升清降浊配合达到徐徐驱除外感风邪和内蕴毒邪的治疗目的。

该方由以下四个方剂加减化裁而来。第一、消风散（药物组成：当归、生地、防风、蝉蜕、知母、苦参、胡麻、荆芥、苍术、牛蒡子、石膏、甘草、木通）。取消风散的防风以祛风，蝉蜕以透疹，苦参以止痒，生地以滋阴养血。第二、参苓白术散（党参、茯苓、白术、山药、莲子、薏苡仁、砂仁、白扁豆、陈皮、甘草）。取茯苓、薏苡仁以健脾、渗湿。第三、益胃汤（沙参、麦冬、冰糖、细生地、玉竹）。第四、一贯煎（北沙参、麦冬、当归、生地、枸杞子、川楝子）。取北沙参配伍生地，兼有益胃汤、一贯煎养阴益胃，滋水涵木之意，可治肝郁化火的情志病因。北沙参还有疗恶疮疥癣的功效。此外，加入现代药理研究提示具有抗过敏功效的白鲜皮、地肤子、徐长卿以止痒，加入紫苏叶以解鱼蟹毒，加入甘草调和诸药，解诸毒。以上十二味药物共同组成健脾消风汤。通观健脾消风汤的病因病机基础和其组方来源，其组方的功效重点在于健脾除湿，养阴益胃。茯苓、薏苡仁、北沙参、生地是健脾消风汤的核心药物。

禤教授创立的健脾消风汤是基于临床实践的一次创新。在岭南地区临床所见的湿疹患者，常见舌质淡或红，苔薄白或微黄，脉虚弦。表现出的是脾虚湿困，阴虚内热证。健脾消风汤以茯苓、薏苡仁、北沙参、生地为核心药物。禤国维教授在临床中以该方加减，广泛用于治疗岭南地域的成人湿疹患者，取到了较好的疗效。

## （二）特色用药

### 1. 薄盖灵芝

薄盖灵芝是灵芝科的一种药用真菌，其粗蛋白、粗脂肪、粗纤维、总醣、还原糖和灰分等含量约为灵芝、紫芝子实体含量的两倍，其脂肪酸构成以油酸、亚麻酸等不饱和脂肪酸为主。本药味甘清香，性平，无毒，具有安神、补肾、强精的功效。禤教授在长期临床实践中发现，本品对肿瘤、红斑狼疮、营养不良、肌炎、脱发、失眠等有良效。

### 2. 丹参

禤教授常用丹参治疗痤疮，但煎煮时间不宜过长，因为丹参中有效成分丹参酮高温下易被破坏。现代药理研究表明，丹参酮具有抗雄性激素、抑制皮脂腺分泌及抑制痤疮丙酸杆菌的作用。

此外，他常用丹参穴位注射疗法治疗肺胃血热型、阴虚内热型、肝郁型、血热夹瘀型痤疮，可选用双侧足三里、曲池或血海等穴位。

### 3. 松针

松针味酸、苦、涩，性温，无毒。入心、脾、肝经。能祛风燥湿，杀虫止痒。主治风湿痿痹，湿疮疥癣等。《名医别录》谓其"主风湿疮，生毛发、安五脏"。《本草纲目》中记载"松针，气味苦，温，无毒，久服令人不老，轻身益气，主治风湿疮，生毛发，安五脏，守中，不饥延年"。禤教授每于脱发方中，均在辨证的基础上加松针一味，生发效果很好。

### 4. 桔梗

黄褐斑发于面部，如何使药物上达于面部是治疗的一个关键点，禤老配伍桔梗一味，取其有"载药上行"之功。桔梗为"舟楫之官"，禤老认为桔梗之所以能载药上行，与其入肺经息息相关，桔梗质轻，辛散上浮，故其入肺，能宣畅肺。桔梗宣肺，助诸药宣发于上焦，上承于面部，濡养面部气血，则色斑可消。

### 5. 乌梅

《神农本草经》记载，乌梅"主下气，除热烦满，安心，肢体痛，偏枯不仁，死肌，去青黑痣、恶肉"。在皮肤病的治疗方面，禤教授指出，乌梅功效有三：一是《神农本草经》中的"去青黑痣、恶肉"作用，故用于鸡眼、胼胝，或者扩大适用于寻常疣、尖锐湿疣等各类疣体。二是《神农本草经》中除"死肌"作用，故用之于鹅掌风、手足癣、牛皮癣等。三是乌梅的新用，即抗过敏作用。现代药理证实，乌梅有脱敏作用，可非特异性刺激产生游离抗体，中和侵入体内的过敏原。禤教授著名的经验方"皮肤解毒汤"中即以乌梅为主药，取其去死肌、恶肉以及现代被证实的抗过敏作用。

### 6. 徐长卿

徐长卿别名为寥刁竹、竹叶细辛。味辛，性温，无毒。归肝经、胃经。具有祛风化湿，解毒消肿，止痛止痒的功效。《神农本草经》记载徐长卿"主蛊毒，疫疾，邪恶气，温疟"。禤教授认为徐长卿所含主要成分丹皮酚对Ⅱ型、Ⅲ型及Ⅳ型变态反应均有显著抑制作用，亦可调节细胞免疫功能，故常用于湿疹皮炎、荨麻疹起风疹块，以及顽癣风痒等皮肤病。常与蝉衣、白鲜皮、丹皮等配伍，有很好的疗效。

### 7. 菟仁肉

菟仁肉功能清肝、明目、退翳。《神农本草经》云菟仁肉"主心腹邪结气，明目，目赤痛伤泪出"。既往多见眼科使用。褚老指出，菟仁肉之所以能清肝、明目、退翳，在于其具滋水涵木之功，其功效与山萸肉颇相类似，但其性微寒，其味甘而平和，口感甚佳。因山萸肉其味过酸，许多患者不能忍受其酸，而菟仁肉代则无此弊。故每见褚老处六味地黄汤时，易山萸肉而代以菟仁肉。

### 8. 蒲公英

蒲公英，性寒，味苦、甘，归胃、肝经，能清热解毒、消肿散结、利尿通淋，用于痈肿疔疮、湿热淋证等疾病的治疗。蒲公英对痤疮杆菌、金黄色葡萄球菌等均有较强的抑菌作用。《本草正义》说："蒲公英治一切疔疮，痈疡，红肿热毒诸证，可服可敷，颇有应验。"褚老在临床上常用其治疗有脓疱、结节、囊肿表现的痤疮。

### 9. 桑叶

桑叶，味甘、苦，性寒，归肺、肝经。具有疏散风热、清肺润燥、平抑肝阳、清肝明目、凉血止血的功效。桑叶质轻易达头面部。现代药理研究表明，桑叶中的黄酮类、生物碱类、多糖类等化学成分具有抗炎、抗氧化、清除自由基、抗衰老而美容、降血脂、控制油脂分泌等广泛药理作用。抑制皮脂分泌过旺是治疗痤疮的原则，故褚老常用桑叶治疗痤疮。

### 10. 女贞子

女贞子，性凉，味苦、甘，入肝肾经。具有滋补肝肾，明目乌发的功效。其化学成分主要有三萜类、黄酮类、环烯醚萜类、苯乙醇苷类、多糖类等。现代药理表明，女贞子具有雌激素样活性，能增加血清雌二醇的水平，且无雌激素类副作用。褚老治疗痤疮常用二至丸加减，利用女贞子具有雌激素样作用抑制雄激素从而抑制皮脂分泌。

### 11. 冬瓜仁

性微寒，味甘，归肺经、大肠经。具有清肺化痰，消痈排脓，利湿，润肠通便的功效。《神农本草经》："主令人悦泽，好颜色，益气不饥，久服轻身耐老。"《日华子本草》："去皮肤风剥黑干，润肌肤。"冬瓜仁是明代《普济方》中"七白膏"的主要药材，研究表明冬瓜仁在高浓度时对黑素细胞增殖抑制作用明显，抑制黑素合成作用明显，七白膏对黑色合成抑制作用中冬瓜仁在其中效果是最好的。故褚老常用冬瓜仁治疗黄褐斑或痤疮患者伴有便秘、面部遗留色沉较多者。

### （三）擅用岭南中草药

**1. 布渣叶**

布渣叶为岭南地方草药，味淡、微酸，性平，归肝、脾经。功效清热消滞，利湿退黄，化痰。主要用于感冒，中暑，食欲不振，消化不良，湿热食滞之脘腹痛，食少泄泻，湿热黄疸。布渣叶含有黄酮类成分，具有多种生物活性，药理作用方面，布渣叶具有清热消滞、利湿退黄作用，用于心血管疾病、降脂、抗衰老等方面有较好的作用，可以调血脂，解热，退黄，镇痛，降低胃液 pH 值，提高胃蛋白酶活性，抗炎等。广东地处岭南之地，长年湿热温蒸，很容易出现痤疮、咽痛、口腔溃疡、眼屎多等"热气""上火"表现。自古以来，岭南地区的民间常用布渣叶煎茶作夏季饮料，有很好的解"热气"作用。考其功用，即在于能清热利湿、消食导滞。褛老常用其治疗痤疮、脂溢性皮炎，因其味甘淡，能祛湿热而无苦寒败胃之弊，相反还能健脾燥湿和胃，特别适合脾胃功能弱而又畏惧苦药的小儿。

**2. 崩大碗**

崩大碗亦是多见于岭南之草药，又名积雪草、马蹄草、雷公根、蚶壳草、灯盏草、破铜钱、铜钱草、落得打等。味苦、辛，性寒，归肝、脾、肾经。功能清热利湿，解毒消肿，主治跌打损伤、湿热黄疸、中暑腹泻、尿频涩痛、热疖疮毒、咽喉肿痛、湿疹肤痒等病症。南方地区盛夏至立秋，气候炎热潮湿，民间常选用此药煲汤服用，有很好的清热下火作用。

现代药理研究此药主要含三萜类积雪草苷等成分。实验研究证实，积雪草苷能抑制胶原纤维，具有抑制纤维组织增生的作用；可促进皮肤生长，并有抑制皮肤溃疡的作用；镇静安定作用。常用于治疗肺病、肝病、肾病等的纤维化，黄疸型肝炎，肾炎蛋白尿以及硬皮病和皮肌炎。褛教授衷中参西，指出崩大碗能促进真皮层中胶原蛋白形成，又能防止皮肤水肿，使皮肤变得柔软、光滑，有弹性。故常用于治疗进展期脱发、硬皮病肿胀期，以及皮肤溃疡肉芽生长过度者。但需要注意的是，若每次服用剂量过大，会引起眩晕，一般 15 ～ 30g 为宜，大剂量不超过 60g。

**3. 土茯苓**

土茯苓是多见于岭南之草药，味甘、淡，性平，归肝、胃经。具有解毒，除湿，通利关节的功效。现代药理表明，落新妇苷是土茯苓中主要活性成分，为二氢黄酮醇苷类化合物，具有抗炎、抑制免疫、护肝护肾、抗氧化、镇痛、抗菌等多种药理活性，还具有雌激素样作用，能拮抗雄激素从而抑制皮脂分泌。褛老治疗痤疮患者面部油腻，舌苔黄腻者常加土茯苓 20g。

### 4. 白花蛇舌草

白花蛇舌草是岭南医家治疗痤疮常用的道地药材，其性寒无毒，味苦、甘，归心、肝、脾、大肠经。有清热、解毒、利湿之功效，主治疗肿疮疡。广州部队《常用中草药手册》："清热解毒，活血利尿。"禤老治疗既有湿邪内阻，又兼热毒内盛的痤疮尤其是脓疱、结节、囊肿、瘢痕较多者，常在清热祛湿的基础上配合白花蛇舌草以清热祛湿、消痈散疖、凉血解毒。现代药理研究表明，白花蛇舌草具有抗菌抗炎作用，对金黄色葡萄球菌、痤疮丙酸杆菌等有抑制作用，通过增强机体的防御能力而达到抗炎的作用。痤疮丙酸杆菌作为痤疮的主要致病菌，主要聚集于皮肤毛囊皮脂腺中，从药理作用上看，其能起到抑制痤疮丙酸杆菌的作用从而起到治疗痤疮的目的。

## （四）重视外用药

### 1. 重视中医外治法

中医外治法在皮肤病治疗中有着重要地位。广义的外治法是指除内服药物治疗以外的一切治疗方法。皮肤病的外治法是指运用药物或有关治疗操作，直接施于患者机体外表或病变部位，以达到治疗目的的一种治疗方法。禤国维教授在临床实践中十分重视中医外治法的应用，也强调内外合治。

### 2. 外治能提高临床疗效

禤教授认为，外治法是中医治疗皮肤病的一大特色和优势，其历史悠久，内容丰富，疗效确切，很值得我们去发掘和发展提高。许多皮肤病，单用外治法就可取效；对一些难治性皮肤病，如果配合外治法治疗，则能提高疗效。如禤教授研制的院内制剂乌发生发酊内含西洋参、边条参、川芎、红花、丹参等成分，能增加血流量，改善局部微循环，加强毛囊营养，促进毛发生长和再生。

# 六、读书之法

## 对《内经》和《伤寒论》中的平衡思维浅识

人的生命有赖于精气的存在，而精气表现为阴阳，阴阳是互根的。《内经》曰："阴平阳秘，是为平人。"正常健康之人，阴阳处于平衡状态。当邪气侵犯人体，即使只是损伤人体的阳气，但由于阴阳互根，阳气亏损不能化生阴液，必进而损伤人体之阴精；即使只是损伤人体的阴精，但随着阴精的亏虚，不能化生阳气，也必进一步损及阳气，而致阳气不足，最终结局均是导致阴阳两虚。

平衡相当于辩证法的事物矛盾对立统一关系，同时是一种不同于形式逻辑的思维规则。在中医理论中平衡被表述为阴阳。比如男为阳、女为阴，白天为阳，夜晚为阴，升为阳、降为阴，热为阳、寒为阴，辛甘发散为阳，酸苦涌泄为阴，等等。西医学中的平衡概念也可以赋予阴阳属性，比如运动神经功能亢进为阳，迟钝为阴，雄激素增多为阳、减少为阴，雌激素减少为阳，增多为阴，免疫力亢进为阳、低下为阴。阴阳平衡是这些对立统一现象存在的基础。

**1. 健康和疾病是平衡态与失衡态的关系**

《素问》用"阴平阳秘"描述健康状态，用"阴阳离决"描述病理状态。"以平为期"是平衡思维的代表，中医自始至终都以此理念指导理论的发展。因为生命运动不息，所以平衡是动态的。当设定健康作为平衡态的时候，生命就是围绕着健康平衡态的运动。当生命离开平衡态而变为失衡的运动时，就会出现疾病甚至死亡。中医学认为生命整体信息是"气"，气有升、降、出、入的运动方式。由于气失去正常的平衡运动，就会表现出阴虚阳亢，阳虚阴盛的状态。例如伤寒必伤阳气，温病必伤阴津，元气虚则阴火胜，命门火衰则雷火上越，君火不降则相火上炎等种种提法，无非是气的运动由平衡状态向失衡状态的变化。临床治疗就需要顾阳气，存津液，培补元气而消阴火，温养命门而潜雷火，养君火而降相火。实际上阳气和阴津，元气和阴火，命门火和雷火，君火和相火本来只是一气。由于这一气的平衡运动失常，因而表现为相互对立的两种现象。因此平衡阴阳，恢复气的平衡运动是临床治疗的根本宗旨。

《伤寒论》继承了《素问》的阴阳平衡思维，设立了一个胃气向上、向下、向内、向外有序运动的气的运动平衡模型，这个运动的平衡态就是"阴阳自和"。在感受寒邪之后气运动失衡，人体的异常反应被划分为六种典型病态，即太阳病态、阳明病态、少阳病态、太阴病态、少阴病态、厥阴病态。这六种病态能够从天阳的运动变化中吸取能量或释放能量而得以纠正，因此其欲解时对应于一天中的六个时段，分别是巳午未，申酉戌，寅卯辰，亥子丑，子丑寅，丑寅卯。由于感邪轻重、体质差别、病程进展等因素的影响，常见六种典型病态混杂而成的非典型病态，此时则需要通过"观其脉证"的方法进行判定。

**2. 中医学常用的人体平衡态模型**

除了《伤寒论》构建的气运动平衡态模型之外，脏腑平衡态模型、气血平衡态模型和正邪平衡态模型是另外三个重要的人体平衡态模型。脏腑平衡态模型以五脏为中心，联络六腑、皮毛、筋、脉、肉、骨、五官九窍等，发展出脏腑特有的生理特征（如脾主运化、升清、统血等），以及脏腑的寒、热、虚、实、生、克、乘、侮等病理生理机制。气血平衡态模型基于气血两分法，发展出卫、气、营、血层次病理的动态演变。正邪平衡态模型基于正邪两分法，发展出正气存内，邪不可干，邪之所凑，其气必虚的病理机制。各种平衡态模型中都嵌入了八纲病理特征，蕴含着中医临证实践中取得的宝贵经验，是古代中医学的成就，至今仍然发挥着临床指导作用。

### 3. 诊断是判断病位上失衡的病因病理特征

在《伤寒论》中，诊断疾病主要凭脉证。脉分为寸、关、尺小三部或者寸口脉、趺阳脉、少阴脉大三部，分别对应于人体上、中、下部位，三部脉象从容和缓为健康平衡态，任何一部的脉象出现异常都提示相应部位的疾病失衡态。证相对地划分为全身和局部症状。通常认为，全身症状包括发热、恶寒、有汗、无汗、口渴、不渴、烦躁、懊恼、惊悸等，局部症状包括头、项、背、胸、膈、心下、腹、四肢、毛、皮、肌、肉、筋、骨、脉等部位的症状，如疼痛、瘙痒、痞、满、硬、结、胀、呕、利、厥、气上冲等。脉、证的病理特征被概括为"阴、阳、表、里、寒、热、虚、实"八纲。依据八纲，对疾病部位的脉证进行推理，判断其病因病理，审症求因，"知犯何逆"，得出诊断结论，从而"随证治之"。

### 4. 治疗是使失衡态转化为相对平衡态

《素问》中指出当机体具体的失衡态被诊断时，相应的治疗目标是用药物之"寒""热""攻""补"偏性纠正机体之偏性，使失衡态转化为平衡态。《伤寒论》以八纲的模式表述药物的总体平衡功效，同时以对症对位的模式表述药物的针对性功效。针对性功效从属于总体平衡功效。针对的部位包括上、下、内（里）、外（表）等框架性模型样结构，以及头、项、背、胸、膈、心下、腹、四肢、毛、皮、肌、肉、筋、骨、脉等实在的具体结构。例如：甘草的总体平衡功效以补虚为主，并在此基础上逐渐发现其缓急（芍药甘草汤）、止咽痛（甘草汤）、止咳（小青龙汤）、治痞（甘草泻心汤）、治厥（四逆汤）、治悸（炙甘草汤）等针对性功效。桂枝的总体平衡功效以解表为主，并在此基础上发现其止头痛（麻黄汤）、止痒（桂枝麻黄各半汤）、止利（桂枝人参汤）、治厥（当归四逆汤）、平气上冲（桂枝加桂汤）等针对性功效。

在不同的疾病中，可以表现出相同的失衡态（病因、病位、病性、病势相同），故可辨证为同一证候类型，治法亦相似，即异病同治法。许多皮肤病，如湿疹、荨麻疹、银屑病等多为风湿热毒郁结肌肤而发病、临床辨证为风湿热证（向外），治法为祛风清热，利湿解毒；痤疮、脂溢性皮炎等多由肾阴不足、相火过旺引起（向上），多归于阴虚火旺证，治法为滋阴泻火；斑秃、脂溢性脱发等多因肾气不足引起（向下），治法为益气固肾；难治性免疫性皮肤病，如红斑狼疮、硬皮病、皮肌炎等多导致肾精亏虚证（向内），治法为补肾填精。

**5. 解毒法和补肾法中的平衡思维**

我们在临床上综合运用气运动、脏腑、气血、正邪等四种平衡态模型，依据八纲病理，提出了解毒法和补肾法治疗疑难皮肤病。运用此二法要注意正邪平衡。解毒法属于祛邪法，常常需要佐以适当的扶正，而不能一味地猛攻，所谓祛邪而不伤正。补肾法属于扶正法，常常需要佐以适当的祛邪，而不能一味地蛮补，所谓扶正不留邪。解毒法和补肾法常常相辅相成。在整体观念的指导下，全面地认识疾病状态，才能在运用解毒法和补肾法治疗疑难皮肤病时达成适当的平衡。

现代社会中人为造成的各种污染，包括工业废物、农药、化肥、食品添加剂、宠物皮毛以及噪声、通讯的电磁波、超高频率等，形成了许多过去没有的新的致病因素，均属于"毒"邪的范畴。"毒"邪导致的疾病越来越多。毒邪致病往往难以用单一的六淫邪气解释，通常表现为六淫兼夹错杂的临床特征。

毒的病理性质在八纲中相对属于邪实。"毒"邪致病的治疗，一是用针对毒邪的药物直接解除之，包括用清、消、汗、下、吐等方法，使毒邪从汗液、尿液及消化道等排出体外，即祛邪法；二是调节机体自身的抗毒能力，以抵御毒邪对人体的损伤，即扶正法。

补肾法是扶正法的代表之一。所谓久病及肾，肾虚常见于慢性疾病。疑难皮肤病经年不愈，常见肾虚，因此运用补肾法治疗尤为重要。肾是水火之脏，肾虚往往是肾的阴阳两虚，是许多疑难皮肤病久治不愈的重要因素。运用"阴中求阳，阳中求阴"的方法平调肾阴肾阳，往往可取得满意的疗效。

补肾法的优势在于调整阴阳而不破坏人体正常平衡，具有双向调节作用。故只要辨证用药得当，就不会出现温阳而害阴、补阴则损阳之现象，避免出现要么增强，要么抑制，难以两全的尴尬。对于一些免疫性疾病，由于不适当滥用肾上腺皮质激素及免疫抑制剂，使许多接受过这些药物治疗的患者出现免疫功能、代谢功能及植物神经功能的紊乱，多属中医的阴阳失调，采用"阴中求阳"和"阳中求阴"的方法治疗，调和肾中阴阳，阴阳调和则脏腑、经络、血脉中气的运动恢复平衡态，从而能够排出毒邪，往往可奏效。

在健康状态下，肾中的阴阳相互依存，处于"负阴而抱阳"的状态。在水火不济的失衡状态下，肾阴亏虚，肾阳无所依附，出现阴虚火旺。或者肾阳亏损，不依附于肾阴，出现阳虚外越。如临床常见系统性红斑狼疮患者，往往表现出面部红斑，口舌生疮，舌质嫩红，尺脉细弱。此时治以滋阴补阳法。临床常用六味地黄汤加减，视病情需要少佐知母、黄柏或肉桂、附子，使水火相济，阴平阳秘。

综上所述，平衡思维贯彻中医诊疗过程的始终。在天人合一整体观念基础上，中医辨证诊治都是围绕着恢复整体平衡展开的。在中医学理论的整体观念基础上，平衡思维是中医临床的核心思维。

# 七、大医之情

褚国维教授从小就立下了从事中医的纯真志向，在20世纪60年代中期的一天，一个小伙子拄着双拐、一脸痛苦地来到医院，原来，他下乡劳动的时候不小心被木桩刺破了脚掌，开始并没在意，结果情况一天比一天恶化。褚老急忙打开伤口绷带一看，不由倒吸了一口凉气：小伙子的伤脚肿得厉害，皮肤发黑，脚背、脚底有7个疮口，脓液不断地外渗，奇臭无比。

他曾到省级、地市级多家医院诊治，照了很多 X 光片（当时 X 光片供应非常困难），几个医院都考虑截肢。但患者家属与他自己考虑截肢则意味着终身残疾，于是想到求救中医。门诊将其收入病房，刚好褚老接诊，看到前面的情景。看着小伙子那期盼的眼神，褚老暗下决心：一定要竭尽全力帮他保住脚！在看过 X 光片后，褚老判断小伙子有异物残留在脚内，导致感染发生，他当即采用了中药药条引流以及中药内服治疗，通过两周的治疗足背4个瘘口慢慢闭合，但足底的瘘口仍未能明显好转，于是决定用有较强腐蚀作用的中药引流条，疮口里果然流出了残留的木刺和死骨，脚肿渐渐消了。三个月后，小伙子的脚奇迹般地恢复了健康。

还有一个女孩媛媛，在她3岁的时候，不知怎么回事，走路总是摔跤，摔倒了半天都起不来，连马桶都坐不稳。爸爸妈妈带她先后辗转多家医院求治。后来，在某院被诊断为皮肌炎，这是一种自身免疫性疾病，是皮肤病中难攻克的病症之一，连续治疗一段时间，病情却没有任何好转。甚至有医生说："你们要做好最坏的打算！"沮丧万分、几近绝望的父母经人推荐找到褚老。他采用调和阴阳的治疗方法施治，从调理脾胃开始，每天辨证用药，一次次给媛媛鼓励及耐心指导。慢慢地，媛媛一天天站稳了，走快了，好转起来了！如今25岁的媛媛，已经大学毕业顺利参加工作了，现在还会定期来门诊看望褚老，顺便调理身体。

这些都只是褚老攻克的众多难题中的个别案例。然而就在他事业如日中天的时候，一场意外的灾难猝然降临。

1990年的一个晚上，已经是副院长的褚国维在医院值班。由于头一天办公大楼六楼的挂钟被盗，所以在大楼巡视时，褚国维就格外留心，看看楼层的后门有没有关。当他走到六楼办公室时，晚上本应一直开着的走廊灯全关了，一片漆黑。褚国维把灯打开，男洗手间那头却隐约传来声音。褚国维喊了一声："谁？"随着喊声，男洗手间里窜出几条黑影（这几个歹徒原本准备夜里盗窃医院财务科，以为被发现），一个歹徒"唰"地卡住了褚国维的脖子。褚国维反应很快，用手掰住歹徒的手，以免自己窒息。凭着早年在广雅中学读书时练就的体育底子，褚国维差点就掰开了歹徒的手。歹徒没想到禤国维竟有如此大的手力，另一个歹徒竟然用羊角锤朝禤国维的头上猛砸，禤国维倒在了血泊之中。时间一分一秒地过去，禤国维的生命危在旦夕！此时，奇迹出现了：禤国维竟然从昏迷中恢复了意识，他扶着墙壁，用尽全身力气，艰难地向总值班室走去，可惜伤势过重，他没能走到值班室就又晕倒了。幸运的是，正是禤老拼全力挪动了这几步，在走廊留下了大量血迹。住在七楼的学生下楼时看到这条血路，立马顺着血路寻觅，把他送去了急诊室。值班医生见抬进来一个血人，他用一大团药棉抹去伤员脸上的鲜血时才惊讶地发现，这个伤员竟是自己爱戴的副院长禤国维！

虽然手术做得很成功，但禤国维伤得实在太重了，颅骨广泛性、粉碎性骨折，脑挫伤，脑血肿。在亲人和同事的守护中，他从昏迷中清醒，他睁开眼睛，谁也没有想到，他开口说的第一句话竟是"今天的夜诊我去不了了，快去停号，别让患者白等"。

禤老回忆说："当时我经过抢救，虽已无性命之忧，但可能出现严重伤残。很多关心我的朋友都劝我提前退休调养身体。但我是一名共产党员，在年轻的时候就曾立志要为党和人民工作 50 年，这还没到，怎能打退堂鼓？"于是，当时 50 多岁的禤国维认真钻研，坚持锻炼，努力康复，现在 80 岁多了，仍能坚持上全班，为中医药事业继续努力工作。

病愈后的禤国维患上了外伤性脱发的顽疾，头发全掉了。他带伤研究用中药治疗脱发和斑秃。他根据《本草纲目》的记载，研究松针的药性，反复琢磨试验出一种药液，辅以梅花针治疗。终于，他头上又恢复了浓密头发。此后，这一整套研究成果也惠及了大量病患，他们的处方中也增加了"松针"这味中药。

多年前，家住 8 楼的禤国维在一次上楼梯时不慎摔了一跤，造成左足跖骨粉碎性骨折。骨科医生叮嘱他在家休息调养，可一心惦记着工作的禤国维休息了一天就坐着轮椅、挂着拐杖坚持出诊了。

禤国维为自己着想得很少，为患者和学生着想却很多。"如果看的患者里有复诊的，发现前次治疗的效果不够理想，晚上我总睡不好觉。"禤国维说："我总是在翻来覆去地想，这些患者需要怎样的治疗，才能取得更好的效果呢？"

在禤老的眼里，患者永远是第一位的，他的号一加再加，甚至成倍增加，最多的时候他一天要看超过 100 个患者。85 岁的他依然坚持每周 6 天在临床一线服务患者，还经常谋划着皮肤学科的发展。在他的推动下和科室同志的共同努力下，广东省编制办批准在广东省中医院率先设立了全国第一家省级中医皮肤病研究所。中华中医药学会联合中国中医科学院在北京发布《2021 年度中医医院学科（专科）学术影响力评价研究报告》，中医皮肤病学排行榜广东省中医院皮肤科排名第一。

行医近60年，禤老身心全部专注于"治病救人"，心里装着的永远是患者，用他那颗纯真、纯净、纯粹的心，温暖了无数患者，照亮了无数患者的生命。同时，也正是这份纯真、纯粹、纯净，成就了他高尚的医德和精湛的医术，被评为南粤楷模、中国中医科学院首届学部委员、国医大师等荣誉。

# 八、养生之智

禤老认为养生保健的基本原则是未病先防，既病防变，有病早治。古今中外，长寿地区和长寿老人的养生经验都确切地说明，养生保健抗衰老并没有什么神功秘诀，也没有什么灵丹妙药。而应当在衣食住行日常生活中，落实各项保健措施，如规律生活、合理膳食、坚持体育运动、保持乐观欢愉的心境等。

# 九、传道之术

## （一）人才培养方法

### 1. 善于阐释中医药传统理论

禤老将中医临证思维归纳为整体思维、辨证思维、平衡思维、共性思维、模式思维，他在日常教学、学术讲座等各种场合宣讲，学习者普遍认为通过这五种思维更容易理解中医阴阳理论的内涵。

### 2. 善于发展中医药理论

禤老运用补肾法治疗疑难皮肤病如系统性红斑狼疮、重症斑秃等，取得了确切的临床疗效。在此基础上深入开展科学研究，率先获得广东省皮肤科界国家自然科学基金支持。他运用活血解毒法治疗银屑病，获得了确切的临床疗效。在此基础上深入开展科学研究，2020年获得广东省科技进步奖一等奖。他发展了中医外治法体系，研制了系列便捷、实用的皮肤科外用新制剂，这些制剂很多都成为广东省中医院的品牌制剂，在患者中拥有很好的口碑。

### 3. 勤于著书立说

禤老主编了《皮肤性病中医治疗全书》《中医皮肤病临证精粹》等多部著作，发表皮肤病临证见解、补肾法治疗疑难皮肤病等论文，在国内外学术界产生了一定的影响。

### 4. 积极搭建学术平台

在禤老带领下，依托广东省中医院皮肤科，搭建了系列学术平台。大批人才在这些学术平台上得以施展才华，快速成长。包括国家中医药管理局中医药重点学科中医皮肤病学、全国中医学术流派传承工作室建设单位、广东省中医药学会皮肤病专业委员会主委单位、广东省中西医结合学会皮肤性病专业委员会主委单位、广东省中医皮肤病研究所、禤国维国医大师传承工作室、广州中医药大学教学名师工作室、中国湿疹皮炎皮肤过敏研究基地、中华医学会皮肤性病学分会老年皮肤病研究中心、复旦大学附属华山医院皮肤科医联体合作单位、南方皮肤外科互助联盟、广东省中医院银屑病诊疗中心、广东省中医院特应性皮炎诊疗中心。

### （二）人才培养成果

禤国维教授领衔组建的岭南皮肤病流派团队，聚集了国医大师 1 人，岐黄学者 2 人，广东省名中医 2 人，博士生导师 6 人，硕士生导师 11 人，专职人员 1 人。禤国维国医大师传承工作室团队设立专职副主任 1 人，专职人员 2 人。

以禤国维为代表的岭南皮肤病流派培养了一批杰出人才：省部共建湿证国家重点实验室主任 1 人，岐黄学者 2 人，中华中医药学会皮肤科分会副主委 1 人，中国中西医结合学会皮肤性病分会副主委 1 人，广东省名中医 2 人，江西省名中医 1 人，河南省名中医 1 人，广东省中医院院长 1 人，副院长 2 人，海南省皮肤病医院院长 1 人，江西中医药大学第二附属医院副院长 1 人，广东省中医皮肤病研究所所长 1 人，河南中医药大学皮肤病研究所所长 1 人，广东省中医院皮肤科主任 2 人，河南中医药大学第一附属医院皮肤科主任 1 人，越南河内医科大学传统医学系主任 1 人，美国纽约大学医学院博士后 1 人。

"岭南皮肤病学术流派"现在已经发展成为国内知名的学术流派之一，在全国占有重要的学术地位。来自全国各地的研修人才，包括访问学者、流派骨干、进修生等，常年不绝。

# 禤国维学术传承谱

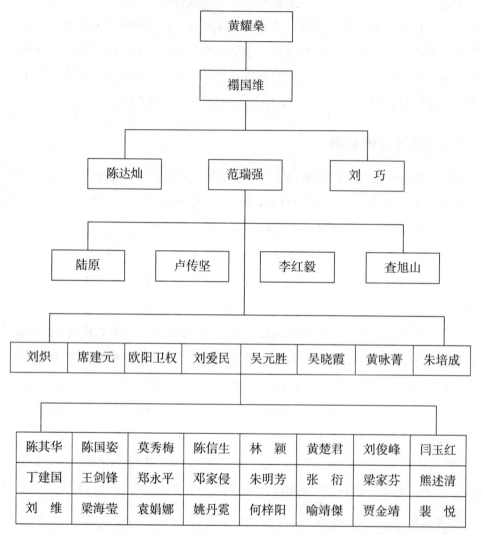

黄耀燊

禤国维

陈达灿　范瑞强　刘巧

陆原　卢传坚　李红毅　查旭山

刘炽　席建元　欧阳卫权　刘爱民　吴元胜　吴晓霞　黄咏菁　朱培成

| 陈其华 | 陈国姿 | 莫秀梅 | 陈信生 | 林 颖 | 黄楚君 | 刘俊峰 | 闫玉红 |
| 丁建国 | 王剑锋 | 郑永平 | 邓家侵 | 朱明芳 | 张 衍 | 梁家芬 | 熊述清 |
| 刘 维 | 梁海莹 | 袁娟娜 | 姚丹霓 | 何梓阳 | 喻靖傑 | 贾金靖 | 裴 悦 |

（刘炽、熊述清整理）

（王秋华编辑）